复旦法学百年文丛

杨兆龙文集

杨兆龙 / 著

复旦大学出版社

杨兆龙 1936 年在哈佛大学法学院获得法学博士学位,在校园内留影

1932年杨兆龙与沙溯因沙订婚照

自传 （1976年交海宁县革委统战部）

我于1904年生于中农家庭，父亲曾为走人家的佃户。我幼年时期都助父亲耕作。九岁时，到金坛城的外祖父家，入私塾读书。十岁转入新式学校。十二岁毕业。十七岁由乡亭小学毕业。因金坛无中学，于是由父亲借字膳书入镇江润洲中学肄业。十九岁以专一成毕业。因父视觉我读书尚好，遂商请亲友资助致入北京燕京大学改读哲学心理学。但每年所耗约一百五十余元。第二年家中无力支援，经一老师介助于上海民主中学任一教专职务，日间教书，晚间则入东吴比学院攻读法律。在北京就学期间，我阅读了孙中山先生所著之《孙文学说》，深觉哲学及心理学不能救中国，所以当时决心改学法律。1924年在廿婚业毕考。我由东吴同学介绍送加入上海学生会。任该会之五州惨案后援委会委员。1924年冬秘密加入C民党。是时正是反动军阀李宝章蚕戮进步之士之际，因我当时写信孙中山先生之革命救国学说，骂军阀无遗，也无所顾忌。1927年夏，我由东吴法学院毕业，由老师介绍任上海法政大学教授，兼任上海之等担军及上海法院推事。是时C民党清党竞免，我被清免，自此不复加入C民党。1929年上海临时法院改组为上海特区法院。然案上诉法院改组为上海法院分院，俾改归南京司法部管辖。（该二院在九一二若政府管辖）。我在临时法院及新案上海法院期间，专办华洋诉讼，即中国人与外国人之诉讼案件。确实成法律修护中国之权利。与外国领事之间不时发生冲突。外国领事因衔恨在心，欲除之而后快，故向南京司法部提出条件，即为强迫我在改组后的法院任推事，当时反动的南京司法部的魏道明顺从外国领事之要求，将我专聘。我随应聘任上海持志大学教授一职。同又在上海及镇江任律师。且在东吴比学院兼聘任教。在沙期间，对贫民受重之迫害首白诋冉用力之辩护。在金坛曾据直起诉宣判无功徒刑及死刑之案件。我全力为之平反。李荣新致。金坛系吉时无正式法院，所有诉讼案件，均由代表县长之审判员兼理。因此黑暗多之，很向极地庭底诚任基严漏。我见状即向南京他堂整院去发。

杨兆龙1976年交于浙江省海宁县统战部的自传资料

杨兆龙与哈佛大学法学院庞德教授合影

杨兆龙与庞德夫妇于中山陵

1937年摄于武汉
杨兆龙及夫人沙溯因、长子杨任远

1939年摄于重庆
杨兆龙及夫人沙溯因、长子杨任远、
女儿杨黎明

抗战胜利后,南京全家福,后排左四为杨兆龙

1976年，杨兆龙夫妇与长子一家摄于碛石照相馆
第二排：杨任远、杨兆龙
第三排：杨任远妻、沙溯因

杨兆龙在华东政法学院上课

1948年，中国社会学社第九届大会成立于南京国立中央大学合影
一排左五为杨兆龙，一排右六为庞德

上海市高级人民法院
刑事判决书

(79)沪高刑复字第2696号

杨兆龙，又名杨一飞，男，一九〇六年生，江苏省金坛县人，原系复旦大学教授，住本市四川北路二三四〇弄十八号。

杨兆龙一案，由中国人民解放军上海市公检法军事管制委员会于一九七一年六月二日以反革命罪判处无期徒刑，一九七五年特赦出狱，一九七九年四月病故。杨生前对原判不服，提出申诉。

经本院复查查明：杨兆龙原系旧司法人员，南京解放前夕，充任国民党最高法院检察署代检察长职务，曾接受我地下党的劝说，做了有益于中国人民革命的事。解放之后，将其历史问题向组织上交代，有关组织作过"不予处分"的结论。一九五七年被错划为右派，子女家属都受株连。杨为改善处境，谋求出路，曾托人设法送其子杨定亚出国求学。原判以历史反革命及叛国投敌罪判处无期徒刑，是错误的。是林彪"四人邦"极左路线破坏社会主义法制的结果，应予纠正平反。为此，本院特重新判决如下：

一、撤销中国人民解放军上海市公检法军事管制委员会(71)沪公军审刑字第117号判决；

1979年，上海市高级人民法院平反杨兆龙的刑事判决书

《复旦法学百年文库》编委会

编委会主任：王 伟

编委会委员：王志强　王 伟　韩 涛　史大晓
　　　　　　陈 立　孟 烨

总序 | Preface

复旦大学自1914年设立法科以来，法学院百年光辉历程中曾涌现出王宠惠、张志让、梅汝璈、杨兆龙、孙晓楼、端木恺、卢峻、何任清等一大批铁肩担道义、妙手著文章的法学家和法律家。他们不仅在法学上著书立说，教书育人，还承担了一个时代的法律人的社会责任。他们当中有国内法学者，也有国际法学者；有实体法学者，也有程序法学者；有公法学者，也有私法学者。他们的法治思想至今具有现实的价值，他们的感人事迹至今成为励志的能量。

虽然与前辈法学家相隔半个多世纪，但身处前辈开创的复旦法学的道场，我们时时感受到前辈的学术和精神力量在支持着我们，在激励着我们。复旦大学在20世纪80年代恢复法学教育以来，创造并坚持了人才培养"精法律、通外语、懂经济"的复旦模式，也形成了复旦法学特有的精神特征。传承和创新，成为新时期复旦法学院的使命。今天，在复旦学术生态中，法学院始终不断地聚集着优秀的法律学者。随着法律在国家治理现代化中的地位的提升，随着国家与社会的法治化和国际化，复旦法学院面临转型发展、改革创新的历史性机遇。我们在原有九个学科的扎实基础上，凝炼确定了四个新的研究特色和方向，包括：一是以国际金融法为核心的跨国界法律事务研究，二是以人的终极权益法律为核心的行业法治研究，三是整体格局下的国家司法理论探索，四是以传承与创新法学学科为目标的基础法学研究。我们已经开启复旦法学学科的新起点、新模式和新生态。我们传承薪火，创新转型，立足中国，面向世界，努力培养自信应对21世纪新格局的疏律维权、跨国竞争和治国理政之卓越法律绅士。让我们共同参与复旦法学院的转型与发展，让我们共同见证复旦法学院更加美好的明天！

喝水不忘挖井人。为了缅怀和致敬，为了传承和启迪，学习和研究，我们在这些已故法学家和法律家的家属后人的帮助下，整理编辑，陆续付梓。在此感谢所有为《复旦法学百年文库》的出版付出心血、作出贡献的人们！

孙笑侠　谨识于

2017年10月28日

代序　杨兆龙先生狱中手迹

大约十年前,一个偶然的机会,我在上海市城南一旧书店的老板家中买到一大批资料,当天晚上我就迫不及待地整理起来,其中两页钢笔手稿引起我的注意,因为撰写这份手稿的人是中国著名法学家——杨兆龙先生。更加让我惊讶的是,在杨兆龙先生签名的旁边,豁然盖着一方大印——

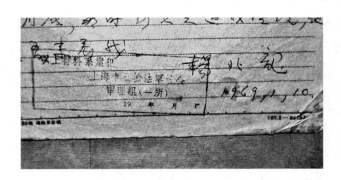

我突然反应过来,我手持的居然是一份杨兆龙先生的狱中交代!这份交代的日期是1969年1月10日,此时杨兆龙先生已经被关押6年。两页交代的内容主要是其与一位同事的关系,涉及杨先生50年代在复旦大学外文系、法律系的经历。里面有一个情节:1958年夏秋之交,杨兆龙先生在复旦法律系的一次会议上突然"因高血压晕倒",他在妻子的陪同下到某医院看病。该医院的内科主任因其是右派而拒绝诊治。救死扶伤乃医生天职,不要说右派,就是罪犯也享有医疗的权利。但在那个扭曲的年代,有些医生是否出手诊治居然要视病人的"身份"而定,这令人唏嘘不已。然而让我惭愧的是,杨先生是在某种会议上因血压升高而晕倒,而组织那次会议的单位——复旦大学法律系,即杨先生当时的工作单位,也是我现在工作的地方,只不过名称已由法律系换做法学院。

余生也晚,在杨先生撰写这份狱中交代的时候我尚未出生。余生也幸,能在今日一睹先贤狱中手迹。2015年,我将这份手迹的复印件交给杨先生的女儿女婿杨黎明女士、陆锦璧先生,他们也是第一次见到先生的狱中手迹。杨先生狱中字体歪歪扭扭,与《复旦大学档案馆馆藏名人手札选续集》所载1945年手迹相比，丝毫不见当年挥洒自如、笔走龙蛇的风采。这份交代并未提及杨先生在狱中的遭遇，不过从歪斜的笔迹中，多少可以看出他在狱中的日子并不好过。两年前我第一次到杨黎明女士家拜访，她告诉我，杨先生1963年被捕，而她费尽周折，直到1972年才终于在提篮桥监狱见到杨先生，父女隔窗相对，已经9年未见亲人的杨先生早已泣不成声。我至今清楚地记得，杨女士在回忆那段苦难往事的时候已经不再有泪水，只是轻轻地说："他吃了不少苦头……"

杨兆龙先生苦难的真正源头虽然不是复旦法律系，但他在复旦法律系受到批斗并被打成右派却是不容否认的事实，他在这些批斗会上的心情我们不得而知，但从其高血压以至于当场晕倒的事实可以推断他当时压抑在内心深处的激愤之情。无论从哪个角度看，杨先生没有对不起复旦法律系，而复旦法律系却欠杨先生一声沉重的道歉。

今天，历史早已翻开了崭新的一页，经过风风雨雨，复旦法学教育已经走过百年。今天，复旦法学院出版杨兆龙先生文集，既是为了纪念复旦法学先贤，弘扬中国近现代学术，也是为了偿还欠了杨兆龙先生半个多世纪的一笔旧债。

愿杨兆龙先生在天之灵安息，愿复旦法律教育繁荣昌盛，愿中国法学之树常青。

本书能顺利出版，首先要感谢著名法史学家、上海文史研究馆馆长郝铁川教授百忙之中审阅本书，并提出宝贵意见。还要感谢复旦法学院2001级国际经济法专业第二学士学位班校友的资助。在该班校友胡志强的牵头下，经与戴佳佳、方俊、司越彤等校友商议，决定由该班校友资助本书的出版。除上述几位校友外，该班参与资助的校友还有：黄德才、黄夷、李小明、曲均保、宋磊、孙甲银、王浩峰、薛伟、杨闵、殷永平、赵世敏、周乐、陈海虹、陈雪慧、程剑、胡飞燕、江福娣、柯飞、刘铁威、邱鑫、尚琼郦、孙伟杰、王冬妹、王华秀、王志平、于长慧、于琳琳、赵军惠。他们当年的班主任赵文斌老师也慷慨解囊，热情资助。特此感谢。

王　伟

复旦大学法学院教授

2017年3月13日写于沪上

目录 | Contents

总序 ·· 孙笑侠 1
代序　杨兆龙先生狱中手迹 ·· 王　伟 1

杨兆龙学术思想简述 ··· 郝铁川 1

民国时期
论著 ··· 53
　中国司法制度之现状及问题研究
　　——与外国主要国家相关法制之比较 ··· 53
　公证制度之探源 ··· 129
　改革现行诉愿制度之商榷 ·· 133
　中国法律教育之弱点及其补救之方略 ··· 138
　美国最近改革法院组织运动之略述 ··· 149
　美国之司法制度 ··· 157
　美国司法现状之一瞥 ··· 165
　论三审制之存废或改革 ·· 168
　由检察制度在各国之发展史论及我国检察制度之存废问题 ································ 172
　关于疏通监狱之研究 ··· 192
　欧美司法制度的新趋势及我国今后应有的觉悟 ··· 224
　法治的评价 ·· 229
　领事裁判权之撤废与国人应有之觉悟 ··· 232
　司法与监狱之改良及管理 ·· 239
　领事裁判权与危害民国的外籍人民 ··· 271
　最近德国宪法上分权制度之变迁 ·· 276

宪政之道 ·· 288
　　中国法院的权限 ·· 297
　　大陆法与英美法的区别究竟在哪里 ································· 312
讲义 ··· 333
　　商法概论 ··· 333
　　证据法概论 ·· 368
时评 ··· 395
　　应养力，毋泄气 ·· 395
　　从抗日问题说到中国的民族性 ······································ 398
　　关于抗战期间政府组织问题的几种错误见解 ·················· 400
　　知识界阵线之统一 ·· 403
　　国民党临时全国代表大会闭幕以后 ······························· 407
　　我们的出路 ·· 411
　　赶快跳出"口号""标语"的圈子 ···································· 413
译著 ··· 418
　　意大利今日之法律学校 ··· 418
　　法律与法学家（庞德教授学术第一讲）·························· 427
　　法学思想与法律秩序（庞德教授学术第三讲）················· 429
　　法律教育第一次报告书 ··· 432
　　近代司法的问题 ··· 449
　　从欧美法律教育的经验谈到中国法律教育 ····················· 460
　　论中国宪法 ·· 468
　　比较法及历史在中国法制上应有之地位 ························ 472
立法文献 ·· 476
　　吴经熊氏宪法草案初稿试拟稿 ····································· 476
　　国家总动员法 ·· 489
　　军事征用法 ·· 501
　　军事征用法施行细则 ·· 507
　　惩治汉奸条例 ·· 513
　　战争罪犯审判条例 ·· 515
　　联合国宪章 ·· 519
往来信函 ·· 534
　　杨兆龙致函复旦大学法学院院长张志让 ························ 534
　　庞德与杨兆龙的来往函件 ·· 535
其他 ··· 545

关于司法改革的若干提案 …… 545
杨兆龙副团长在杭州司法调查座谈会上的发言 …… 552
庞德顾问在杭州司法调查座谈会上的发言 …… 553
关于撰写《中国法通典》的计划大纲 …… 554
出席美国政治社会科学研究会报告书 …… 558
出国考察及参加国际会议之经历 …… 561
关于因保险赔款涉讼案的民事判决 …… 573

中华人民共和国成立以后

马列主义法学概论 …… 579
法的阶级性和继承性 …… 602
刑法科学中因果关系的几个问题 …… 613
法律界的党与非党之间 …… 617
我国重要法典为何迟迟还不颁布？
——社会主义建设中的立法问题 …… 620
刑事法律科学中的无罪推定与有罪推定问题 …… 638
关于社会主义立法的若干问题
——致最高法院董必武院长的一封信 …… 655
在法学会民主与专政问题座谈会上的发言 …… 657
在法学会关于法的阶级性和继承性问题座谈会上的发言 …… 658
杨兆龙教授谈知识界贯彻百家争鸣问题 …… 659
杨兆龙：歧视老一辈，令人有点心寒 …… 660
在市委宣传会议上的发言稿 …… 661
检查一下历次运动的合法性，尤其是肃反运动 …… 665
在民盟政法座谈会上的发言 …… 666

附录

追怀庞德教授 …………………………………… 谢冠生 669
法院组织与法律秩序（庞德教授学术第二讲） …… 倪征燠译 673
我和《剑与盾》 ………………………………… 房 群 675
杨兆龙的功与"罪" …………………………… 穆广仁 678

杨兆龙学术思想简述

郝铁川

杨兆龙是一个保留中国传统士人经世致用风格的学者。他凭借精通八国外语、熟谙英美法系和大陆法系的深厚功力，围绕中国近代怎样从中华法系向新的法律体系转变、怎样从人治向法治转变等一系列法治现代化问题，做了大量研究，发表文字达三百万之多。由于当下中国法治现代化进程并未完结，由于中国法学并未完全脱离"幼稚"，他昔日提出的许多远见如今依然熠熠闪光，给人良多启迪。

一、杨兆龙在法理学领域的建树

（一）关于法治的内涵

1. "法治"与"人治"相辅相成，缺一不可。法虽是国家所必需的，但如果没有适当的人去运用它，便变成了一个死的甚而至于坏的东西。人虽是国家所必需的，但如果没有一定的法作行为标准，便难免举措失当。

杨兆龙在1937年2月15日发表于《经世》的"法治的评价"一文从人和法的关系着眼，强调法是人制定的、又是靠人实施的，那当然是法治离不开人治。如果从统治者的意志和法律冲突时是法大还是权大的角度来分析，那就是法治和人治冰炭不相容。

2. 社会主义民主与法治密不可分。杨兆龙在《我国重要法典何以迟迟还不颁布？——社会主义建设中的立法问题》一文中指出，社会主义民主和法治是不可分割的，构成一个有机的统一体的东西；它们是一事的两面。因为社会主义法治是社会主义民主的构成部分，同时也是它的体现；社会主义民主是社会主义法治的指导原则，同时也是它的内容。无产阶级的专政，虽然对于阶级敌人不必讲民主，但在人民内部却必须实现真正的民主；至于法治，那就是对于阶级敌人，也不是应该有例外的。社会主义法治和社会主义民主的这种有机联系及统一，乃是社会主义国家法律和政治制度的一个基本特点。在实践中，社会主义民主的建立和发展，在许多场合，是非靠法律不可的。它要靠法律的制定，将民主的原则变为具有强制性的行为规范，它要靠法律的执行，将法律中所包含的民主原则贯彻到实践中去。在这个意义上，社会主义法治的这一面往往显得更重要。因此有些人特别强调社会主义法治的重要性。这种提法曾经引起一种错觉，以为在社会主义国家可以多谈法治，少谈民主，甚至可以只谈法治，不谈民主。实际上这种看法是没有根据的;因为依照我们上面所说过的,强调社会主义法治的重要性也必然意味着相应地承认社会主义民主的重要性;否则就不可能有真正的社会主义法治。

3. 法治最重要的是遵守形式正义。杨兆龙在《法治的评价》中指出,世界上无论何种国家都不能没有秩序。若是没有秩序,便不能没有任何政治经济社会组织,因为组织和秩序如形影不可须臾相离。单靠道德、宗教往往不能够维持住秩序,必须靠具有强制力的法律来补充它们才行。尤其是一个需要改良或革命的国家,人民往往习惯于旧制度,专靠道德、宗教等去感化他们,收效一定很慢,也许绝对不可能。这时候若要新制度、新秩序站得住,便不能没有法律。所以世界上没有一个健全的国家不具有相当的法治。推翻旧制度后,必定要建立一种新制度,以便创造一种新的社会秩序,而这一种新制度和新秩序仍非由法律来维持不可。即便是和西方先进国家不同的俄国等国家,尊重法治的精神也与西方先进国家大同小异。美国总统的权力虽然比前扩大,但这种情况至少在形式上是根据法定的手续发生的,况且人民原来在法律上所享有的救济权(即对于政府的不当或不法行为向法院请求救济的权利)并没有受何限制,政府对法院的裁判仍是绝对服从。今日中国正处在内忧外患之中,需要组织和秩序的程度,恐怕比世界任何国家都厉害些。也许中国所需要的"法治"在内容上和西洋那些典型式的"法治"不同,可是这不足以成为反对法治的理由:"法治"本身的价值并不因此而减损。

对于一个专制、人治已久的国家,首先要养成守护形式正义的法治习惯,然后在此基础上兼顾实质正义。杨兆龙认为当时中国处于内忧外患,必须靠法律来组织社会、维持社会,它比道德、宗教更有效率。

4. 法治既要防范专制主义,又防止无政府主义;它对敌人和人民都适用。1938年1月,杨兆龙在《经世》杂志第1卷第一期发表的《司法改革声中应注意之基本问题》一文中说,法律为专制之堤防、人事之机器、民治之基础,他还引用一位德国法学家的话说,无法律之政府能促成专制;无法律之民族会陷于无政府、混乱之状态。

1957年6月3日杨兆龙在复旦大学教师座谈会上说道,"讲法律是阶级镇压的工具,这定义今天是否要改一改?中国今天镇压对象只有百分之几,百分之九十几的人民要不要法律?可见法律又是同一阶级内部维持纪律的工具。"

学界一般只强调法治是为了约束公权,防止专制主义,政界一些人只强调法治要对敌人专政。杨先生对这两种看法都不赞成,他认为约束公权的同时也要对公民约束,公民内部不能没有纪律,不能导致无政府主义。

5. 司法是决定中国历代治乱的两大标准之一。杨兆龙在《司法改革声中应注意之基本问题》(载于《经世》杂志1938年第2期)一文中指出,纵观中外历史,政治修明、国家富强都与良好的司法互为表里。欧美如此,中国也是如此。决定中国历代治乱的标准,一是赋税,二是司法。司法是中外立国之大本,它与一般政治的关系,如同演剧的主角与剧团。主角不善,则整个剧团为之减色。司法不善,则整个政治失其精彩,人民必定不会相信政府。若要人民信服政府,必须整饬司法。

6. 法治的心理基础是"知法"和"重法","知法"是指能把纸上法律变成现实中法律的法学修养,"重法"主要是指政府和领导干部带头守法。杨兆龙在1944年5月发表于《中华法学杂志》上的"宪政之道"一文认为,"知法"不仅仅是指了解法律,更重要的是要具有让纸上的法律变成现实中法律的法学修养。换句话说,在各种法律的抽象原则逐步具体化的过程中,我们要能够做许多造法的工作;我们不但站在立法机关及制定规章、办法、命令的机关的立场要造法,就是站在解释或运用法令者的立场,也要造法。因为法令是常会犯疏漏、矛盾、含混、不合时宜等毛病的,补救这些毛病的工作实质上就是造法的工作。法律虽不完美,只要有适当的知法的人去解释运用它,仍旧可以在生活上发生良好的作用。西洋法制史上罗马的"市民法"与英美法系的"普通法"本来都是闭关保守时代的产物,都是重形式、范围狭窄、不能迎合时代需要的法制,但因为在罗马有了一大批法官,在英国有了衡平法裁判机关的出现,这两种陈旧落伍的法律制度能够因合理的解释与运用而得到一种新生命,满足了时代的需要。

所谓"重法",就是真心诚意地奉行法律,使法律成为人们共同意识的一部分,法律才可以从抽象原则变成活的制度。至于重法风气的树立,则有赖于政府及社会上的领导力量以身作则,使一般人由模仿而信仰、由信仰而习惯、由习惯而自然的见之于生活行动。

杨兆龙所言的"知法"不是普通人所说的了解法律,而是指法律职业人运用法律专业知识弥补法律漏洞的能力,这是当时一般人未曾论及的;杨兆龙所言的"重法",强调的是政府和领导力量要带头守法,这和现在我们所说的依法治国要抓住领导干部这个"关键的少数"不期而同。

7. 被人民战胜的敌人也有法律地位。杨兆龙1957年5月9日《新闻日报》发表了《我国重要法典何以迟迟还不颁布?——社会主义建设中的立法问题》一文指出,社会主义法治是社会主义民主的构成部分,同时也是它的体现;社会主义民主是社会主义法治的指导原则,同时也是它的内容。无产阶级的专政,虽然对于阶级敌人不必讲民主,但在人民内部却必须实现真正的民主;至于法治,那就是对于阶级敌人,也不是应该有例外的。在社会主义国家里,无论在什么时候,无论对什么人(哪怕是反革命分子)都必须"依法办事"。

这里最重要的是,杨兆龙指出了法治同样适用于阶级敌人。当时其他人都说对敌人实行专政,而不说要用法治的观点和规定对待敌人,这是难能可贵的。改革开放后的1979年10月30日,《人民日报》刊登了吾师李步云先生《论我国罪犯的法律地位》,提出罪犯也有未被法律剥夺而剩余的权利,因而要保障罪犯的权利。此文引发一场风波,一些人质问"罪犯还有权利,立场到哪里去了?!"应该说,杨兆龙比李先生更早地意识到了这个问题。

(二) 社会主义制度建立后必须尽快立法

杨兆龙并没有说新中国成立后完全没有进行立法工作,他在《新闻日报》召开的一次座谈会上说过,人民政府成立以来的政策是一贯地主张及时制定各种重要法律(包括民刑法典及民刑诉讼法典在内)的。这表现在:(1) 1949 年 9 月 29 日通过的中国人民政治协商会议共同纲领第十七条关于"制定保护人民的法律、法令,建立人民司法制度"的规定(因为要保护人民,就必须制定有关人民基本权利的保障及一般社会关系的调整的民刑法典;要建立人民司法制度,就必须制定保障人民的诉讼权利及防止侦查、追诉,审判机关的偏差的民刑事诉讼法典);(2) 1949 年 9 月 27 日通过的中华人民共和国中央人民政府组织法第十八条关于设置"法制委员会"的规定;(3) 法制委员会在成立的初期(即 1949—1950 年)对于民刑法典及民刑诉讼法典起草的努力(到了 1950 年夏已经有了两次的刑法草案,一个诉讼通则草案,民法典草案也已在着手准备中,后来因为大家的看法不一致,就将工作延搁下来)。

但杨兆龙认为新中国的立法速度还不够快,所以他在 1957 年 5 月 9 日《新闻日报》发表的《我国重要法典何以迟迟还不颁布?——社会主义建设中的立法问题》一文中指出,1949 年 4 月间大陆尚未全部解放时即由中共中央发出指示:"废除国民党的六法全书",同时由华北人民政府训令各级政府"废除国民党的六法全书及一切反动法律"。在同年的 3 月间,南京尚未解放前,新华社还曾发表过一个关于为什么要"废除伪法统"的解答。以后 1949 年 9 月 29 日由中国人民政治协商会议第一届全体会议通过的共同纲领第 17 条又正式规定:"废除国民党反动政府一切压迫人民的法律、法令和司法制度,制定保护人民的法律、法令,建立人民司法制度"。这就明确了一个基本原则:过去国民党政府统治时代所颁布的法规一律废除,应由人民政府的有关部门制定新的法规,以资遵守。就当时国内的形势来讲,国民党统治集团还未完全屈服,他们还想标榜旧"法统"以与人民政府对抗。为了端正大家的视听起见,采取这个原则,也是可以理解的。为了贯彻这个原则,自 1949 年以来我们曾一面坚决地肃清旧法的观点和影响,一面从事于新法规的制定和推行。不过我们过去八年的成就同欧洲人民民主国家在 1952 年左右所达到的一般水平相比,还差得很多。例如,平常与人民的基本权利的保障及一般社会关系的调整最有密切关系的刑法典、刑事诉讼法典、民法典、民事诉讼法典等至今还没有颁布。什么是合法的,什么是违法的,什么不是犯罪,什么是犯罪,以及应如何处罚等等,在好多场合,一般人固然无从知道,就是侦查、检察、审判人员也没有统一明确的标准足资遵循。这就使得我国法律制度的建设,在整个的社会主义建设中,变成了最薄弱的一环。党的领导同志无疑早已注意到这一点,所以刘少奇同志和董必武同志在"八大"的报告和发言中都指出今后立法工作必须很好地展开。

1. 苏联和东欧社会主义国家比中国重视立法

苏联在列宁的领导下,对于立法一开始就特别重视。早在 1917 年的年底,在苏俄的人民司法委员部里就成立了一个法案及法典起草机构,它的任务是:(1) 将革命政权建立后所颁布的法规(最初原想包括未经废止而可利用的旧法规在内)整理出一套法规汇编,将其中矛盾之处去掉;(2)起草当时所需要的法规;(3)起草法典。如果不受帝国主义干涉和内战的影响,这些工作当然可以进行得很快。

保加利亚在1944年初步建立了革命政权以后,除及时地颁布各种基本法及关键性的法规以外,还继续利用了一部分旧的法规。这些旧的法规,有的是经新政权加以修改过的,如于1948年经过修改而准许适用的1896年的刑法典及1897年的刑事诉讼法;有的是未经新政权正式修改过的,如新政权初建立时未经废止的,或没有被新的法规替代的一般旧法规。后者的适用须不违反劳动人民的法律意识。因为1944年的人民法院法第9条曾这样规定:"审判由法院根据理智和良心自由进行。"所谓"理智和良心"就是劳动人民的革命的法律意识。这种办法当然不完全符合新政权的要求。不过为了不造成无法规可适用的脱节现象起见,保加利亚政府在重要的法典及法规没有完全公布以前,并没有完全废除旧的法规。直到1951年11月,那时新的完整的法院组织法、检察机关组织法、刑法典、民事诉讼法典及重要民事立法已经具备,而刑事诉讼法典草案也已完成(1952年2月4日公布),他们才颁布一个法律,废止1944年9月以前颁布的一切旧法律。特别值得注意的是,保加利亚的法典和重要立法,在某些方面,比苏联的更合理,表现了更高的立法水平。例如,关于刑事被告无罪推定的原则:在苏联的司法实践及法学理论中虽已得到广泛的承认,但尚未规定为法律条文。而在保加利亚1952年2月4日公布的刑事诉讼法典中已首先将它订入。该法典第8条规定:"刑事被告,未经证明有罪前,被认为无罪。他有诉讼防卫权。"这无疑为社会主义的立法树立一个民主法治的先例,不能不说是一大贡献(1953年3月30日公布的阿尔巴尼亚的刑事诉讼法典第12条也仿此例作类似的规定)。

捷克斯洛伐克的立法工作进展得比较快。从1948年2月工人阶级完全取得胜利以后,在短短的三年内,即到1951年1月止,国家的新宪法和重要法典,如民法典、民事诉讼法典、家庭法、刑法典、刑事诉讼法典等以及有关法院组织的法令,都已公布。它第一个废除刑法上的类推解释的制度(其次就是匈牙利1950年的刑法典总则篇),第一个对刑法的原则及犯罪的构成要件与处罚作比较细密精确的规定。

波兰从1944年起,就着手起草法典。1949年颁布了刑事诉讼法典,1950年颁布了民法通则(相当于民法典的总则篇)、家庭法、著作权法、普通法院组织法、波兰共和国检察机关法、律师制度法,及一系列的劳动法。刑法典草案于1951年即完成初稿,提出来由各方面讨论,1956年上半年又将修正的草案公布展开全国性的讨论。自新政权建立以来,一直局部地适用着1932年的刑法典。

德意志民主共和国成立后,继续适用的旧法规最多。到1956年还在不同的程度上适用着1870年的刑法典、1877年的民事诉讼条例、1896年的民法典、1897年的商法典。法院组织法及刑事诉讼法到1952年才公布,在这以前曾适用1877年的法院组织法及刑事诉讼法条例。

1956年正在起草刑法及民法典。

从以上可以知道,捷克斯洛伐克、波兰、德意志民主共和国都有一个共同之点:在条件许可的情况下加紧新的立法工作,但为了使大家有一定的法律规范可以遵循起见,在新的法规颁布以前不轻易废除暂时可用来为社会主义建设服务的旧的法律规范。

2. 新中国重要法典为什么迟迟不予制定的十大原因

与苏联东欧社会主义国家相比,中国立法工作在某些方面进展得慢的主要原因是过去在人们对这种工作存在着一些不正确的或片面的看法。这些看法主要可归纳为下列十种:

(1) 认为自己有一套(如老解放区的那一套),只要将这一套搬用一下就行,不必有什么大的改革,因此不必急急乎立法。这种看法忽略了一点,即:过去那一套,在当时那样的环境中虽然可用,在现在这种要求高的环境中未必都行得通,我们必须制定一些法律来建立各种新的更适合需要的制度。

(2) 认为中国的情况特殊,别的国家,甚至如苏联等国的立法可供参考之处很少,必须靠自己创造出一套经验来作立法的根据;在这经验未创造出以前,不应轻易立法。这种看法的缺点在于:一是过分强调中国的特殊性而忽视了社会主义国家间很大程度的共同性和类似性;二是过分相信自己的创造能力,而没有想到专靠自己创造经验而不吸取别国的经验是会限制并推迟自己发展和进步的。

(3) 认为主张立法,尤其主张及早系统地立法,就是"旧法"或"六法"观点,甚而至于就是立场有问题。这种论调,我在一位高级干部处听到过,我们只要略微看看苏联及其他兄弟国家的情况就知道他是如何幼稚可笑。

(4) 认为只要懂得"政策",有了正确的"立场、观点、方法"就可以解决法律问题;司法及一般政府机关如果有了可靠的干部,虽无法律,也没有关系;因此应先培养干部,晚进行立法。这种看法的缺点在于:一是误认政策、立场、观点、方法就是法律,而不知法律的内容是比较具体细密而专门的,它和政策、立场、观点、方法并非完全相等;二是没有把干部的培养和法律制度的改善充实都看作建立发扬社会主义民主和法治的基本要件;三是没有注意到:在现代这样复杂社会里,在绝大多数的场合,一般老百姓,没有法律的明确规定,是不大能辨别合法与违法的。

(5) 认为中国正在大的变化过程中,尚未定型,不妨等到发展得更完备些,即情形比较稳定些的时候,再加紧立法,借收一劳永逸之效。这种看法的不正确性表现在:一是没有研究为什么别的社会主义国家在大的变化过程中积极地进行立法工作;二是不知道大的变化过程是一直在进展的,是相当长的;在这个悠长的过程中,我们不能没有比较完备的法律,以资遵循;三是忽视了法律在国家的发展变化过程中的积极推动作用,以为没有法律可以有顺利的、健康的发展变化;四是误认立法必须一劳永逸,而不知它是应该随时配合国家的需要,随时加以修改的,要想订立一种一劳永逸的法律是不可能的。

(6) 认为在国内外现阶段的动荡局面中政府应该有可能灵活地应付各种局面;现在如果制定一套完密的法律,难免限制政府机关的应付事情的灵活性;因此某些法律,如刑法典、刑事诉讼法典、民事诉讼法典等,不马上制定出来,也没有什么大害处。这种看法的主要错误在于:一是没有考虑到,政府机关那种无明确的法律限制的办事的"灵活性"有时颇足以破坏社会主义的民主与法治,因而影响人民对政府的信仰;二是把解放了八年的中国还当作一个基本上没有上轨道的,需要用什么特别方式来治理的国家;三是忘记了在社会主义国家里,无论在什么时候,无论对什么人(哪怕是反革命分子)都必须"依法办事",给坏人以应得的制裁,给好人以应有的保护。

(7) 认为中国从老解放区那种水平发展到现在这样的立法水平,已经跨了一大步了,我们应该表示满意,不应该要求过高。这种看法既反映了一种不应该有的自满情绪,又低估了人民政府的工作能力和水平,更没有考虑到广大群众的迫切要求。

(8) 认为中国缺乏能胜任法律起草工作的法学家,老的既有旧法观点,新的又未完全成熟,最好等待一个时期再展开立法工作。这种看法不足取的原因是:一是它没有研究别的社会主义国家,尤其苏联,是如何克服困难,发挥老的法学专家的力量来推动立法工作的;二是未作详细调查而把中国的法学家,尤其是老的法学家的能力和水平估得很低;实际上这是一个对某些法学家的信任与否的问题,并非法学界中有无人才的问题。

(9) 认为在较短期间不可能将各种重要法律都制定出来。这种看法没有考虑到兄弟国家的立法经验,缺乏事实根据。

(10) 认为立法工作过去既然已经拖迟了好几年,现在不必着急,不妨再拖迟几年,将工作做得彻底一些。这种看法反映出一种无原则的容忍精神;它没有考虑到:一是过去我们对于某些重要法律的起草并没有动员一切可能动员的力量在那里继续不断深入地进行;如果照过去那样因循下去,再拖迟十年也不能解决问题;二是某些重要法律迟出来一天,在六亿人口的中国会使多少人遭受到多么大的损害。

杨兆龙认为,以上这些看法在过去曾或多或少地对立法工作的顺利及时的开展起了一些消极作用。它们在领导部门可能会使某些人对立法(至少对某种性质的立法)不重视或缺乏信心,对立法起草工作不热烈支持和适当督促。它们在立法起草部门的本身可能会引起对工作要求的错误看法,对工作方法的无谓争论,对工作力量的不适当的调配,对劳动成果的不正确的评价。它们在法律实践机关可能会助长某些工作同志强调经验,轻视立法的保守思想。它们在法律教学及研究机关可能会产生一种对立法工作不愿关心或不敢关心的态度,而使大家不能在立法问题上展开自由的讨论和批评或提出正确的意见和主张。为了积极展开立法工作,争取在最短期间制定出各种重要法律,特别是本文所说的与人民的基本权利的保障及一般社会关系的调整最有密切关系的法律,我们必须纠正这些看法。

1957年5月,杨兆龙在上海市委宣传部的一次座谈会上的发言中指出,我国过去几年的立法工作,虽有不少成绩,在某些方面还存在着一些片面性,这主要表现在以下几个方面:

(1) 有时因强调集体利益而不免忽视个人利益。有些人认为:个人利益是和整体利益完全或基本对立的;维护整体利益就不可能照顾个人利益,维护个人利益就会影响整体利益。因此在制定法规时,对个人利益不免考虑得不够,实际上在一个社会主义的国家,在一个没有剥削的国家,整体利益是和个人利益和谐地结合的,个人利益固然要通过整体利益的保障而得到保障,而整体利益也常须通过个人利益的维护而体现出来。为了加强社会主义法治,必须将各人利益的保障,提到一定的重要地位。

(2) 过去所颁布的法规中关于政府机关组织及职权者比较多,而关于一般公民的相互关系者比较少,因此牵涉到公民权利及相互关系的一些问题有时缺乏明确的规定。

(3) 法规的灵活性有时不免太大。这主要表现在:一是某些刑事法规对犯罪的概念有时规定得不够明确,二是量刑幅度有时太大,三是对加重减轻处罚的情节规定得不够具体,四是在民刑事审判上法院的自由裁量权比较大。

今后的努力方向应该是针对这些情况采取一系列的措施。这些措施包括以下几种:

(1) 制定比较完备的民法典、民事诉讼法典、刑法典、刑事诉讼法典等。在民法典及民刑事诉讼法典中,须分别做到以下几点:

一是确立罪刑法定主义,废除类推解释,罪刑法定主义的主要内容是:无论何种行为,在它发生的当时,法律不认为(即明白规定为)犯罪而加以处罚者,不得作为犯罪了加以处罚,换句话说,司法机关决定某种行为是否构成犯罪时,应以法律的明白规定为根据。类推解释的主要意义是:一种有社会危害性的行为,在法律上无明文直接规定将它当作犯罪而加以处罚时,可以比照那个规定在严重性及种类上和该行为最相似的犯罪的条文加以处理,(如苏俄刑法典第16条就这样规定)换句话说,刑事法律无明文直接规定的行为,在某种条件下,(这种条件在司法实践中,有时并不明确,很容易弄错)也可以当作犯罪加以处罚,类推解释制度在德意志民主共和国、波兰、南斯拉夫、匈牙利、捷克斯洛伐克始终未被采用,其余如保加利亚、罗马尼亚等最初虽曾采用它,现在也已经将它废除。苏联学者中远在二十年前就有人反对过这个制度,二十次党代表大会以后,主张废除者更多所以罪刑法定主义已成为在现在社会主义国家获得广泛承认的刑法基本原则。

二是确立无罪推定的原则,这个原则的主要涵义有三:第一,刑事被告(包括犯罪嫌疑人,被检举人),在未经充分证明犯罪以前,推定为或认为无罪;第二,刑事被告对自己的无罪不负举证责任;侦查、检察与审判机关及其工作人员对刑事被告的有罪应负举证责任,第三,当刑事被告的有罪发生疑义时,应判决被告无罪。它是苏联刑事法上一个基本原则。在欧洲人民民主国家已得到广泛的承认。

三是在民事及刑事诉讼方面酌采三审制度,使有些重要条件能得到最高人民法院的审理,予当事人,尤其刑事被告,以更多的保障。这样的做法,不但可以纠正省市以下法院的错误裁判,并且还可以通过最高人民法院的裁判,保证法律的统一解释。

(2) 建立行政诉愿制度及行政诉讼制度,行政诉愿制度的主要内容可大体归纳如下:一是行政机关的行政处分或行为(包括行政命令及发布的行政决定等)如有违法或不当情形,有利害关系的公民可在一定时期内向该机关或其上级机关表示不服,请求予以撤销或改变(这种意思表示就称为诉愿);二是如该机关不愿撤销或改变原处分而其上级行政机关又不能满足诉愿人的要求,一般可提起再诉愿,即申诉予再上级行政机关;三是诉愿与再诉愿均依照一定的法律程序而进行;受理机关不得拒绝受理或拖延不理,它们须如期作出决定。

行政诉讼制度比诉愿制度更正式一点,其主要内容,可大体归纳如下:一是有利害关系的公民,如认为行政机关的行政处分或诉愿或再诉愿的决定违法(某些国家还包括"不当"在内),可向行政法院或具有行政法院性质的机关正式提起行政诉讼,请求予以撤销或改变;二是行政法院审理这类案件,须依照一定的诉讼程序(大体类似于民事诉讼程序)。这两个制度都可以在某种程度上防止行政机关的官僚主义及违法或不当行为,社会主义阵营的某些国家有的已经逐步推行,有的正在考虑采用。有些人过去曾因为它们被资本主义国家采用过而反对它们,这是不正确的。

(3) 改进立法技术,保证法律的完密性、正确性、稳定性和统一性。这点非常重要,在苏联和欧洲人民民主国家很受到重视。我国过去在这方面做得还不够,应特别注意。我认为在起草中的一些法律,尤其是刑法典,应该尽可能地符合这个要求。在起草刑法时,应该将条文规定得详细具体些,将各种可能的犯罪尽量包括进去,对各种犯罪的构成要件作具体详细的规定,尽量避免以内容不明确的口号或用语(如"勾结帝国主义","招摇撞骗"等等)来替代犯罪的定义,明确地规定刑罚的适用标准等等。

(三) 论法的阶级性和继承性

新中国成立后,对法律的阶级性,学界是没有任何异议的,但对于法律有无继承性,争议颇大。杨兆龙当然是赞成法律有继承性的。1956年12月他在《华东政法学院学报》上发表了《法律的阶级性和继承性》一文,阐述了他的观点。

1. 法的阶级性含义

杨兆龙认为,学界对国内法的阶级性有五种错误观念:

一是认为法的起源是决定法的阶级性的唯一标准,忽略了经济社会文化条件才是决定法的阶级性的主要因素。例如,同样一个"杀人者死"或"不得窃盗财物",在奴隶社会、封建社会、资本主义社会和社会主义社会都会存在,如果因为它最初是奴隶主阶级制定的,就说它只能是奴隶主阶级的本质,显然是错误的。包括苏联在内的近代各国法律还有不少发源于古代的规范。

二是认为法律规范的阶级性固定不变。照这种看法,凡被某一个统治阶级采用的法律规范,永远只为那个统治阶级服务,即使被另一个统治阶级采用,但它还保持它原来的阶级本质。苏联法学界就有人认为苏联的法律由工人阶级的社会主义法、农民阶级的土地法和资产阶级的民法三部分组成。这种看法错就错在旧社会采用过的法律,被用在新社会之后,因为社会的政治经济文化条件的变化,已具有新的内容而发生不同的作用。

三是法律的形式决定了法律的阶级性。照这种看法,凡形式相同的法律,其阶级性亦相同。我国解放后反对旧法的学者在旧法能否被批判地吸收这一问题上,也表现出这种看法。这种观点错就错在他们不知道同一形式的法律规范可以为不同的阶级服务,从而表现出不同阶级性。

四是认为一个法律体系内的法律规范在反映阶级利益或立场时其作用是一样的,没有主次之分。照这种看法,凡是一个法律体系内的法律规范,其阶级性都是一样强,这样的见解是与事实有出入的。实际上一个法律体系内的法律规范可以分为两大类:一是主导性或关键性的,二是辅佐性或从属性的。前者是纲领、主干,后者是细则、树叶。前者可以改变法律的阶级本质,后者往往可以用于不同性质的阶级社会。

五是认为一个国家的法律只有一个阶级性。照这种看法,一个国家的法律规范不问性质如何,都只能为那个国家的统治阶级服务。杨兆龙认为,这对社会主义国家来讲是对的,但对剥削阶级国家来讲,未必完全说得通。首先,从历史来看,在剥削阶级国家的统治权不一定完全掌握在一个阶级手中,可能在某个阶段掌握在不同的阶级手中。其次,在现代资本主义国家,虽然资产阶级掌握统治权,但人民的觉悟日益提高,资产阶级有时不得不对人民的要求做出一定让步。进步势力在某些资本主义国家的发展情况以及苏共第20次代表大会的决议已经证明,通过议会斗争的方式过渡到社会主义,在某些国家不是不可能的。从这两点来看,法律的阶级性在任何时代、任何国家必然是统一的看法,是值得考虑的。

上述五种错误看法在思维方法上都是机械地、孤立地、形式地、不加分析地看问题,正确的做法应该是根据法律规范的性质,联系具体社会经济及政治文化条件,来分别决定法律的阶级性表现在哪里。

杨兆龙认为,法律规范的性质可以分为主导性和辅佐性两种。前者往往只能用于某一个特定阶级社会,而后者却可以用于各种不同性质的阶级社会。例如,社会主义国家确立公有制的法律规范是主导性的,而保护公有制财产的方法的法律规范是辅佐性的。

杨兆龙认为,法律的阶级性在绝大多数情况下是单一的,但在不同历史条件下由于国家统治权掌握在几个不同的阶级手中,而这几个不同的阶级力量的对比也可能是不相上下的,这就可能出现有代表几个阶级性的法律规范。他举出法国大革命初期的制宪会议及国民会议的组成成员中有僧侣贵族代表,也有新兴资产阶级代表为例,认为这些党派集团中有替贵族说话的,也有为农民说话的,他们代表不同阶级利益,制定的法律反映不同阶级立场。

杨兆龙认为,在资本主义国家,也有一定的代表无产阶级要求的法律规范。因为资产阶级在无产阶级的反抗斗争下会作出一些让步,制定一些对劳动人民有利的法律。

2. 国际法的阶级性和表现方式

杨兆龙认为,国际公法是有阶级性的,因为它是国际社会里各国统治阶级在国际合作与斗争的过程中一致的结果。在社会主义国家尚未强大、帝国主义独霸世界的时期,国际公法呈现的是各个国家统治阶级的阶级性。当社会主义国家强大之后,专对资产阶级有利的法律会愈来愈少,这种条件下国际公法的阶级性主要表现在各国对规范的实际运用或从规范所获得的,或预期获得的利益。

杨兆龙认为,国际私法也是有阶级性的。因为国际私法是与国内法及国际公法有局部共同之点的,就现阶段实际情况来说,它的规范大体可分为国际法性质的和国内法性质的两部分,我们既然不能否认国内法及国际公法都有阶级性,当然应该承认国际私法也有阶级性。

3. 法的继承性

据南京大学高济宇教授回忆,1950年,他与时任南京大学法学院院长的杨先生同被选为南京市各界人民代表会议的代表。在一次各界代表会议上,杨兆龙针对建国初期尚未制定法律的情况,坦率地说:"有法比无法好,目前国民党时期的《六法全书》仍然可以用。"为此主管江苏文教工作的陈某与杨兆龙在小组会上争吵起来,后来又闹到大会上争吵,双方各执一词互不相让。会后杨兆龙挨了批。〔高济宇:《校事琐忆》,载《高教研究与探索》1988年第2期。〕据山东大学端木文教授回忆,杨兆龙在南京大学法学院任教时,曾对1949年2月中共中央《关于废除国民党的六法全书与确立解放区的司法原则的指示》与《共同纲领》的效力关系作过专题研究。杨兆龙指出,《共同纲领》是临时宪法;在《共同纲领》通过以后,中共中央《关于废除国民党的六法全书与确立解放区的司法原则的指示》就应失效。他指出,宪法与其他五个法律是不在同一个位阶的,"六法"中的宪法被《共同纲领》所替代,其他的"五法"仍应可以引用。① 这在当时语惊四座,但在粉碎"四人帮"之后,著名民法学家江平教授也说了类似观点:旧的"六法"没法全部废除,比如在"六法"实施时期依法结为夫妻的,难道"六法"废除之后就不是合法夫妻了?

(1) 法律遗产是有继承性的。

杨兆龙认为,许多法律规范的阶级性并不表现在规范本身,而是取决于谁运用它们或用它们对付谁,这在国际法里表现得尤其多。它们或是人类正义感的表现,或是被人类长期的经验证明为有益于共同生活的规范。它们既曾被剥削阶级利用过,又可以在新社会各种新条件下

---

① 周永坤《杨兆龙与新中国初期法治建设》,载《中西法律传统》,中国政法大学出版社2006年版,第321页。

取得新的内容,发挥新的作用。罗马法是奴隶社会的东西,但为后代不同社会形态的社会吸纳,就是社会主义苏联也不例外。法国拿破仑法典吸取了法国封建王朝的民商法和过去法学著作中的研究成果,在形式上对社会主义国家也有一定的影响。英国的宪法产生于封建社会,有些基本原则和制度至今还大体保留。西方法学家说过:在私法方面,罗马法统治了世界;在公法方面,英国的宪法统治了世界。在今日社会主义国家,有个别国家还利用着人民民主政权成立前的立法。如德意志民主共和国成立后一直到如今(1956年)还利用着希特勒以前的民法典、刑法典及民事诉讼法典,不过对旧法典做了一些补充和修改,旧的刑事诉讼法典直到1952年10月才废止。波兰至今(1956年)还利用着1932年的刑法典,新政权成立后仅做了某些补充和修改。

(2) 法律继承的性质是指局部地吸收过去的东西,吸取之后它已失去原来的性质。

杨兆龙认为,继承是指局部地吸收过去的或先产生的东西,绝不意味着全盘地、机械地、无原则地抄袭或复制。从旧的或不同的法律体系中所吸取来的法律规范在被吸收到新的或另一个法律体系以后,尽管还保持着原来的形式,在新的社会经济及政治文化条件之下,是会失去它原来的内容的。

(3) 法律继承的重要性表现为离开继承性,任何法律体系的形成发展和任何阶级统治的成功都是不可能的。

杨兆龙认为,一个新政权建立后,它只能制定一些主导性或关键性的法律规范,这些规范也很可能是参考过去的或别的国家的法律或受其启发而制定的。至于那些辅助性或从属性的法律规范,绝大多数是过去长期经验智慧积累的结果,如果因为是前人或别的国家有过的,就一概摒弃,那后果不堪设想。就拿刑法和刑诉法来说,社会主义国家与旧类型国家在这方面的主要区别,在形式方面,二者的区别主要表现在少数的主导性或关键性的规范,如犯罪概念、犯罪构成、刑罚目的、刑诉的基本原则、基本阶段等规范。但就这些规范来讲,新型和旧型法律也不是没有一点共同之处的。至于其余的辅佐性的规范,则形式上共同之点更多。

(四) 经济基础不是决定法律的唯一因素

杨兆龙《法的阶级性和继承性》一文在《华东政法学院学报》1956年12月发表后,上海法学会于1957年3月召开了学术座谈会,其中讨论了法与经济基础的关系问题。杨兆龙在会上发言认为,法律是受经济基础最终决定的,但不是唯一因素,政治、文化等因素对法律的影响也是很大的。如我国西藏和印度的法律制度有很多是受宗教影响的。经济基础和法律的关系是互相制约、互相影响的,在某种历史情况下新的统治阶级是先建立了统治权以后才建立它的经济制度,如苏联和蒙古人民共和国都是在新的经济制度建立以前就制定了法律。

(五) 法律除具有政治性之外,还有专门性和科学性

1957年5月8日杨兆龙在《文汇报》发表"法律界的党与非党之间",批评了1952年的司法改革、法律院系调整和法学教育中不重视"学旧法"出身的司法人员、教师等现象,认为之所以产生这些现象,是三种错误观念引发的:一是过分强调法律的政治性而基本忽视了它的专门性和科学性;二是将党外的"旧法出身"的人士估计得很低,认为她们不可能或很难改造成为新社会有用的法学人才;三是不信任党外的法学人才,不敢放手使用他们。这些错误在过去七八年中,除制造了党与非党之间许多矛盾外,还阻碍了我国法律科学及教育的提高与发展,耽误了立法工作的及时开展与完成,引起了司法工作方面的一些混乱与落后现象。它促成了一般人对法律科学及法学家的轻视与失望,对社会主义民主和法治的怀疑与误解。杨兆龙说,法律是为统治阶级服务的,因此我们必须重视法的政治性。但只是一个方面,除此之外法律还有丰富的技术性知识、独特内容。重视法的政治性不等于可以忽视法的专门性和科学性。正是因为法律具有专门性、科学性,东欧社会主义国家才规定:法官须由法律系科毕业而且具有比较高的文化水平的人担任。在苏联,当提名竞选法官的候选人时,也很注意候选人所受的法律教育。同时,这些国家的科学院院士及大学教授中,有不少是"旧法出身"的法学家。他们在新政权成立前,就已经在大学里教授法学,发表过著作,其中有不少党外人士,是现在法律科学研究机关及大学法律院系教研室的领导人,是公认的当代权威法学家。这些都可以说明:过去那种宁可信任不懂或不大懂法学的少数干部,而不敢放手使用专门研究法学的党外人士的看法是很成问题的。我们应该吸取十月革命后在列宁领导下的苏俄如何不分彼此地发挥苏俄法律界的潜在力量,在五年内创造性地全部完成各种法典;捷克斯洛伐克在工人阶级夺取政权后,如何不分彼此地发挥法律界的潜在力量,在三年内全部完成各种法典的宝贵经验。我们应该吸取苏东社会主义国家如何人不分彼此地动员法学界的力量来发展新的法律科学、培养新的法律人才、建立新的司法制度的宝贵经验。总之,我们应该贯彻毛主席的指示,走快消除在法律界所存在的那种党与非党间的矛盾,使大家都能热情地、无保留地投入社会主义法治和民主的建设。

二、杨兆龙在法制史领域的建树

(一)中国具有实行法治的历史传统

1. 中国古代的"法治"是"刑法之治",治国方式是一种"德治"为上、"礼治"(刑法之外的法律之治)次之、刑法之治再次之的综合治理方式

杨兆龙在《法治的评价》一文中指出,中国古代的"法治"与"人治",与西方或现代所说的"法治"与"人治"的含义是不同的。用现代的眼光来看,中国古人所说的"法"只是法的一部分,即刑法;古人所说的"礼"却包含了现代所言的宪法、行政法和私法。中国,古代的所谓"法治"实为现代法治观念中极为狭隘的"刑法之治",而古代的"人治"思想中的"礼"却包含了较为广泛的现代宪法、行政法及私法的含义。因此古代"法治派"之"法"固然是地道的"法",就是"人治派"的"礼"也具有"法"的性质。这只要看古人的"引经断狱"和依据"礼"以规谏帝王等事例

便可知道。所以,杨兆龙认为,从前"人治派"所提倡的人治中也有现代法治的元素在内,他们所反对的"法治"是反对专以刑法治国。他们觉得单有刑法还不够,还必须有广义的法(即"礼")和道德。儒家提倡的人治标准"德"与"礼",乃是为了补正古时专任刑罚之治的狭隘见解而设的。在儒家看来,为政者首先要以"德治",即靠人格的优点及其感化力而治,这是最高理想;其次要以"礼治",即靠刑法以外的法律而治。若是这两种理想都行不通,那就靠刑法而治。换句话说,儒家虽以"人治"为最高的理想,但并没有忽视现代式的"法治"。这一点从孔子担任鲁国司寇七天便杀少正卯的事情即可看出。他杀少正卯所依据的法律是什么虽不可知,但重视"法治"乃是不可否认的事实。孔子这种对待德治和法治的态度,和现代一般提倡法治者的态度没有什么冲突。因为现代提倡法治的人也没有忘记德化的重要。西洋那些先进国家的统治者除了尊重法律之外,也有不少是以德治为最高理想的。现代式的"法治"不是像有些人所想象的,和中国古代传统的思想不和。

杨兆龙在《宪政之道》一文中再三强调,现代社会的法律,除刑法外,还包括民商法、宪法、行政法和其他部门法,这些部门法,在古代虽不及刑法那样发达,但不能说完全没有,后来流传下的习惯、成训和"礼"都包含了许多关于这些部门法的原则。这种原则经过人们的长期遵守已经取得习惯法的效力,有的经过官府多年的引用(如引经断狱之例)而成为裁判的先例或法理的一部分,又有的经过法典规章的采取(如历代刑律及会典等类)而具备成文法的形式,倘若加以整理而分类编列起来,一定可以构成一个相当完备的体系。西方国家所施行的"法",实际上在我国早就实行,不过一般人专在名称上做功夫,未能注意及此,导致误解我国古代只有"刑法"之"法"而无其他部门之"法"。换句话说,我国古代所讲的"礼",在古代虽不叫"法",而实具有现代"法"的性质。现代的法实包括古代的"法"与"礼"。我国古代一向所称的"法"与"礼",实际是现代"法"的体系中几个不同的部门,并非对立的东西。所谓"法治"与"礼治"的争论,以现代的眼光看来,实不过是"刑法之治"与"非刑法之治"的争论。无关乎古代的"法治主义"者遭到"刻薄寡恩"之讥。现代一般文明国家所提倡的法治实包括我国从前的"法治"与"礼治"。

2. 中国古代具有守法的良好传统

杨兆龙认为,中国古代不仅对"刑法"能够充分表现重法守法的精神,对于"礼"也充分地注意恪守,有过不少可歌可泣的事迹。如明朝的方孝孺,因燕王朱棣称帝,紊乱皇统,不肯草拟即位诏,身受极刑,祸及十族,至死不屈。清朝的吴可让因光绪即位,请为穆宗立后不遂,而自杀尸谏。这在当时的人看来,他们是维护"礼",可在现代法学家视之,他们是在维护宪法的威信。这足以证明我国历代充满了现代文明国家所重视而罕有的"法律至上"的法治精神。

近代以来的中国法律史研究中,对中国古代有没有法治、除了刑法之外还有无宪法等其他法律,学界分为两种看法,一种认为没有法治,只有人治、礼治、德治,除了刑法之外,也无民法、宪法等其他法律,而是诸法合体、以刑为主;另一种看法是认为古代的礼治之礼,含有现代宪法、行政法、民法等部门法内容,因此,礼治就是法治。杨兆龙是第二种看法的代表性人物之一。在当下,中国人民大学法学院的马小红教授也持这种看法,她说,中国古代法绝非仅仅是所谓的"刑法"或"以刑为主"的法。中国古代的法律体系应该是以礼为主导的,这表现在礼既是中国古代法的精神所在,同时又是由下而上形成的深入到人们社会生活方方面面的"规范",正所谓"礼不远人"。在中国古代法的研究中,可以发现礼在中国古代社会中所起的作用与宪法相类似,我们姑且将其称之为中国古代的"宪法"。①

(二) 关于大陆法系与英美法系的区别

1949年,杨兆龙在《新法学》第二、三、四期发表了《大陆法与英美法的区别究竟在哪里》一文,论述了大陆法和英美法的形成和两者的区别。

1. 大陆法系和英美法系的形成

杨兆龙指出,大陆法系是以古代罗马法为主要根据演变而来的一种近代法,即近代罗马法,因曾与教会法对立过,又叫近代非教会法。英美法是以发源于英格兰的法制为主要根据演变而来的一种近代法,又称普通法。在11世纪以前即盎格鲁萨克逊时期,英格兰只有各地不同的习惯,没有统一的习惯或法律,司法审判事物完全操之于各地的领主法庭,富于地域性的。到了欧洲北部诺曼民族于11世纪中叶征服英格兰以后(此期间称为诺曼期间),国王开始派遣中央法官赴各地审理讼案,于是由于这些法官合理及统一的解释便产生了一套法官形成的判例法。这些判例法源于各地习惯,但经过法官们合理统一的解释,成为统一性的一般适用的法,所以称为普通法,以别于各地的特别法。

大陆法系的形成经过了四个时期:古代罗马法时期(约自公元前4世纪起至公元6世纪止);罗马法衰落及欧洲黑暗时期(约自公元6世纪起至11世纪止),这个时期,与法治有关的有两件大事,一是罗马法学研究工作发生大退步,二是日耳曼法在欧洲流行;罗马法复兴、适应及与其他法系混合时期(约自12世纪起至16世纪止),这个时期,与法制有关的有五件大事,一是罗马法学复兴,二是罗马法在二三百年间(第14至16世纪)成为欧洲本土的普通法,三是罗马法与地域法(封建法)的融合,四是罗马法与教会法的融合,如刑事方面采纳了教会法上的纠问主义,民事方面采纳了教会法的限制离婚,遗嘱上禁止重利、重视善意、承认代理制度等,五是罗马法和商人法的融合;各国法制统一化、系统化、法典化及现代化时期(约自17世纪起至20世纪止),在这个时期,大陆法出现了系统化、统一化、法典化、现代化(英美宪法制度传入,刑事陪审等英美刑诉法基本原则被采纳,刑事实体法发生人道化及合理化,民事实体法发生个人本位到社会本位变化,行政法勃兴,社会法与经济法出现)。

英美法系的形成经过了四个时期,一是英美普通法之雏形时期(约自公元5世纪初叶起至13世纪初叶止),在这个时期,经历了习惯法到英格兰法制形成;二是英国普通法之发展及固定

---

① 马小红:《中国古代法巡礼》,《法制日报》2017年8月16日。

时期（约自1272年起至1616年止），在这个时期，英格兰普通法与教会法、罗马法有所融合，英格兰法被大力提倡，起因是因为罗马法和教会法在公法方面崇拜权力而有利促成君主专制，而英格兰普通法的理论是限制君权而保障民权的，在15至17世纪英国王室屡有趋向专制的可能，提倡或尊重英国的普通法是防止专制的一个妙法。三是英国衡平法之勃兴及普通法与其他法系调和时期（约自1616年起至1769年止），在这个时期，衡平法兴起，普通法与其他法系有所融合，英国法开始向外流传。四是美国法治发达及英美法的系统化现代化时期（约自1796年起至今），在这个时期，美国法发达并与英国法沟通，英美法系统化，英美法现代化。

2. 两大法系的差别

两大法系的不同主要是两类，一是司法制度，二是法律技术（包括法律的形式、法律的分类或体系、法律概念的运用、法律解释的程序等）。

在司法制度方面，两大法系有如下八点不同：(1) 在法院系统方面，大陆法系国家法院系统大都直接间接以法国的制度为根据，相当整齐划一，而英美法系各国法院种类较为复杂紊乱。(2) 在法院组织方面，大陆法院的内部组织较英美整齐划一，其法官人数往往比英美多，不但总数如此，每个法院的人数也往往如此，大陆法系的检察官不仅整齐划一，同时也是法院的一部分，其地位与法官相等，是司法官之一种。英美执行检察官职务的公诉人相当散漫，与法院的关系不及大陆检察官那样密切，地位与法官相差颇远。(3) 法官之任用升迁。大陆法官以考试出身为主，大部分是从年轻时便立志以法官为终身职业的。英美的法官及公诉人以律师出身为主，他们当法官略有半路出家或中途改业的意味。大陆的法官大都由政府任命，美国各州的法官及公诉人有不少是人民选举的。大陆的法官因系科班出身，其升迁依照年资决定，高级法院的法官大都以下级法院法官提升，并且调动时不一定以法官调法官，检察官调检察官，而是法官可以调检察官，检察官可以调法官。英美高级法院的法官大都直接由律师或教授中选拔，大家对调升的观念非常薄弱。至于法官检察官之间互调，则更属罕见。(4) 法官之训练准备。大陆的法官因大部分考试出身，在充任法官前多数缺乏法律实务的经验，所以他们在考试及格后例须在法院或律师事务所学习。有些国家并规定需在行政机关学习一个时期才可充任低级法院的法官，并且还要经过一个后补或试用的时期，从此以后便可按部就班的升调高级法院的法官。英美的法官因律师出身，年龄较长，学识充实，所以不必学习而能胜任法官职务。一般而言，低级法院与高级法院的法官在学识经验上没有显著差别。由于出身的不同，大陆法官一生都保持侧重学理的态度，英美的法官多数侧重实务经验。(5) 法官的地位待遇。大陆的法官地位在一般人的眼光中没有英美的法官那么高；大陆的检察官也不及英美的公诉人。其主要原因，一是大陆各国法学的权威大都操于大学法学教授之手，法官在法学上的权威不及法学教授；英美的传统思想重视法院的法官甚于法学教授。二是大陆法官的名额多，显得不名贵；英美法官的名额少，显得名贵。三是大陆法官的判例对以后类似的案件缺乏拘束力；英美法官的判例是主要法源,有拘束力。四是英美法的程序使法官的活动较大陆的法官易于为社会所注意,英美的公诉人也较大陆的检察官活跃而有所表现。大陆法官的待遇标准一般比英美低,这与法官的人数多寡固然不无关系,而财力不同,亦为原因之一。(6)司法行政之组织。大陆法国家大都有司法行政部之设,其司法行政颇有组织与系统;英美法的国家还没有这样完整集中的机构,因此司法行政相当散漫而效能不高。(7)程序法之制定。大陆的程序法以由立法机关制定为原则;英美的程序法大都由立法机关授权法院单独或会同其他机关或人员制定之。(8)程序法制之内容。大陆的法院在诉讼程序上主动的地方比英美的法院多;英美的律师在诉讼程序法上之活动比大陆的律师多而显得重要,英美的诉讼程序因为各方律师的活跃,显得比大陆的诉讼程序有声有色、引人注意。大陆虽然在刑事方面采用陪审制度,其一般的证据原则仍以自由心证主义为出发点;英美的证据法则含有不少法定主义的成分。大陆国家仅在刑事方面采用陪审制度,而英美国家在民刑事两方面都没有完全放弃陪审制度。大陆有放弃刑事陪审制度而改采参审制的趋势,英美无此趋势。大陆各国合议庭裁判的案件中各个法官的意见对外不公开,裁决书为各法官的集体作;英美法官的意见可记载于裁判报告并对外公开,何人持反对意见、何人持赞成意见,世人都能知道。

　　法律技术的不同,是大陆法与英美法的主要区别。庞德教授曾经说过,大陆法与普通法的区别属于形式及技术者多,属于内容者少。但在杨兆龙看来,以前两大法系形式上多有差异,可现在却是越来越少。(1)在法律形式上,19世纪两大法系有三种不同,一是大陆法以成文法为主,英美法以判例法为主;二是大陆法有系统,英美法缺乏系统;三是大陆法富于一般性或综合性的规定及原则,英美法则颇为缺乏,或几乎等于没有。但到了20世纪,大陆方面的判例的效力已提得很高,成文法的意义要靠判例来确定。英美某一部门(如买卖、保险、合伙、公司、票据等)法典相当流行,其比较综合性的法典如民法、刑法、民事诉讼法、刑事诉讼法等已产生了不少。(2)法律的分类或体系方面,英美法比大陆法琐碎,以及二者所有的名称颇有出入。例如大陆法的债务法通常是一个部门,英美法并无这样综合的概念,只有契约法、侵权行为法、保证法、买卖法……而无所谓"债务法"。英美衡平法的 trust 可包括大陆法上属于好几个部门的东西,它也已自成一个部门,这是大陆法的学者所不易了解的。(3)在法律观念方面,一部分是某种法系所特有,另一部分为两大法系所共有。前者如"法律行为"、"意思表示",英美法系的"关系"等;后者如"推定""拟制"。

3. 两大法系的差别将越来越小

　　杨兆龙认为,不能夸大两大法系的差别,因为两大法系相同之处实际上大于不同之处,原因有四,一是包含的传统成分大体相同,即罗马法、日耳曼法、教会法、封建法、商人法;二是两大法系包含的新的成分大部分具有相同的社会政治思想背景;三是两大法系相互借鉴之处颇多。四是两大法系的文化是同一来源。即古希腊、罗马及基督教,自17世纪以来也都先后经受自然法和反自然法思潮的影响,是非观念或善恶标准是相当统一的。因此,未来两大法系将日益融合。

三、杨兆龙在宪法领域的建树

(一) 宪政就是由"死宪法"变成"活宪法"

1945年5月,杨兆龙在《中华法学杂志》第3卷第2期发表了《宪政之道》一文,指出关于宪政问题的鸿文巨著虽然数见不鲜,但其内容大都以宪法本身的问题为主,而对于宪法实施的基本条件或方法问题,并未详加论究。杨文对此加以阐述。

1. 宪政就是在民主政治的基础上实施宪法

在杨兆龙先生看来,所谓宪政(Constitutional Government)是与纸面上的宪法(Constitutional Law)有区别的。他认为,宪政"是实际政治受宪法的抽象原则支配的结果,或宪法的抽象原则在实际政治上的具体化",可谓"在实际政治上已发生作用的宪法";而宪法"只是一些与实际政治尚未发生关系的抽象原则的总称",可谓"书本上的宪法"。前者是"活宪法",后者是"死宪法"。

死宪法变活宪法的途径,在杨兆龙看来,主要是推行民主。宪政就是一种"具有民主精神或较富于民主精神的法治"。实施宪法较之实施其他法律具有特殊性。首先,宪法的抽象性和与普通民众生活的距离感,使宪政实施易为一般人所忽视;其次,宪法所涉及的事项多为国家基本政策或基本组织与作用,一般人不易了解;再次,宪政乃是一种具有民主精神的法治,"如何使其他法律规范的内容、形式及其解释、运用合乎宪法的基本精神,而于不违反实际需要的范围内促成民主政治。"

杨兆龙认为:如同法治的推行条件一样,"知法"和"重法"乃是宪政实施的重要条件。在"知法"方面,解释和运用宪法的人要比解释运用一般法律的标准要高。担任这种工作的人,必定要有一种远大的眼光与高深广博的法律知识,才可以使整个法律制度得着合理的调整与必要的联系,适应环境的需要,并发挥民主政治的精神。仅知道一点民刑法或仅知道各部门法学的皮毛,固然不能胜任;就是对各部门法有相当研究却对于政治经济社会等学科没有研究的,也未必称职。因为凡涉及宪法的问题,多半是法学上基本而高深的问题。我们研究到法学的深刻处,绝不能忽视这类问题。在"重法"方面,宪法容易为一般人所忽视,尊重宪法的风气便比较难以树立。所以要推行宪政,政府及社会方面特别要有一批领导分子以身作则,引起一般人的重视与信仰,而在生活行动上造成一种合乎宪法精神的习惯。关于这一点英美两国的成就很值得重视。如英王能够自觉地尊重国会通过的决议,英国上院执行上诉法院职务时,非法律议员皆不得参与裁判,内阁遭下议院不信任时即行辞职,美国总统不得连任三次以上,都不是成文宪法规定,而是一种政治道德。它主要靠领导人的自觉遵守。

据江苏科技大学卜宗商教授回忆,"文革"中杨兆龙早已身陷囹圄,像他这样"里通外国"的

"反革命分子"随时都可能被"砸烂狗头"。但当他在狱中听说共和国主席刘少奇被打倒时,竟然敢于批评"这是违宪的"。为此,他理所当然地受到批判,并被施以"背铐"酷刑,但是他仍不改初衷。①

2. 推行宪政的条件主要是在渊博知识基础上了解宪法和行为上严格地遵守宪法

杨兆龙说,宪政之所以能见诸英美两国而不能见诸许多有完美宪法的国家,其原因就在于前者真正能够了解宪法精义。就"知法"方面讲起来,在宪政制度下解释、运用及创造法的人,必定要有一种远大的眼光与高深广博的法律知识,才可以使整个法律制度得着合理的调整与必要的联系,适应环境的需要,并发挥民主政治的精神。担任这种工作的人,仅知道一点民刑法或仅知道各部门法学的皮毛,固然不能胜任,就是对于各部门法学有相当心得而对于政治经济社会等学科没有研究,也未必称职。因为就法学方面讲,凡是牵涉到宪法的问题,多半是法学上基本而高深的问题。我们研究到法学的深刻处,决不能忽视这类问题。近代各国法学家之所以于宪法或一般公法的著作里面精究法律哲学上之重要问题者,其原因就在此;而著名法律哲学家中之所以有许多是研究宪法或一般公法出身者,其原因也在此。在就其他方面讲,凡是牵涉到宪法的问题,因有关国家的基本政策、组织或作用,多半是政治经济社会等学科上重要而复杂的问题;苟非对于这类学科的理论与实际有深刻研究而能认识时代的精神及社会的动向者,往往不免判断错误。近代宪法学界中研究政治、经济、社会等背景的风气之所以日渐流行者其原因就在此。

就"重法"方面讲起来,宪法既容易为一般人所忽视;尊重宪法的风气便比较难以树立,而宪法的原则便常会失效或变质。所以要推行宪政,在政府及社会方面特别要有一批领导分子以身作则,引起一般人的重视与信仰,而在生活行动上造成一种合乎宪法精神的习惯。关于这一点英美两国的成就很值得重视。在这两个国家,大家不但有笃信力行宪法本身的规定或原则的风气,并且还很能尊重那些无宪法或普通法律的效力而可以防止流弊或发生宪法精神的种种原则。戴内雪氏尝于其所着《宪法导言》内举了许多例子,如"英王不得对于国会两院所通过之议案表示异议即要求复议(Veto)"、"英国贵族院执行上诉法院之职务时,凡非法律议员(Law Lord)皆不得参与裁判"、"英国阁员遭平民院之不信任时,即行辞职"、"美国大总统不得连任至三次以上"等,都不是地道的宪法原则,而不过是宪法以外的一种政治风尚或道德。这种风尚或道德,非至万不得已,决不轻易变更。考其所以至此之原因,实不外这两国政府及社会的领导人物颇能以身作则,为大家的表率。

(二) 民国司法组织制度的缺点与改进

杨兆龙在《司法改革声中应注意之基本问题》(载于1938年1月《经世》杂志第1卷第1期)和《司法与监狱之改良及管理》(未刊稿)两文中说,当时的司法组织制度有三大缺点:

---

① 周永坤:《杨兆龙与新中国初期法制建设》,载《中西法律文化传统》,中国政法大学出版社2006年版,第327页。

1. 县或与其同等区域的司法裁判机关组织不健全

当时的中国设有正式法院的县或同等区域,仅有十分之一。没有正式法院的有 1 400 左右。1914 年 4 月,北洋政府颁布《县知事兼理司法事务暂行条例》与《县知事审理诉讼暂行章程》,其中规定,在全国没有设置法院的各县,司法裁判事务由县知事兼理。同时为协助县知事处理司法裁判事务,为各县知事配备承审员助理,一般不超过三人,并设书记员一至三人。除此之外还有承发吏、检验吏等,皆由县知事领导。南京国民政府成立之后,于 1927 年 9 月下令停止使用北洋政府颁布的《县知事兼理司法事务暂行条例》和《县知事审理诉讼暂行条例》,并在 1936 年 4 月颁布《县司法处组织条例》对"兼理司法"制度作了一定的修正,其第一条规定"凡未设法院各县之司法事务,暂于县政府设置司法处处理之"。这就意味着,各县行政机关与古时各县衙门无所差异,并在很大程度上恢复了行政与司法结合的传统。杨兆龙认为其流弊约有如下四端:

一是担任裁判事务的人不谙法律。县长兼理司法或同等地方的行政官署,大都由承审员主持裁判事务。可此类承审员因为地位不高、保障薄弱,往往不能由精通法学者充任。那些不设承审员的县政府或同等地方的行政官署,审判实务由县长或同等地方行政长官担任,他们对法律的隔膜,较之承审员有过之而无不及。

二是司法与行政界限不明。承审员受县长等地方长官的监督指挥,往往以县长等人的意志为转移,而县长等因与人民过于接近,容易被地方上的土豪劣绅或包揽诉讼者诱惑,承审员因此难以做到审判公正。那些不设承审员的兼理司法机关,行政长官对于审判实务有直接处理的机会,其弊更加甚之。

三是兼理司法的行政机关,因职务关系,易于感情用事。县长对地方的治安负有重大责任,对于妨害治安的刑事被告人,易存成见,不能以客观态度裁判。

四是司法辅佐人才特别腐败。兼理司法机关的书记官、执达员、司法警察、检验员等,大都由旧时的司书、差役等充任,水平低,品行更坏。

杨兆龙还认为,虽然司法行政部也试图创设县司法处来取代县政府兼理司法的制度,但实际上不过是采用变相的承审员制度。司法处的辅佐人员与往日相差无几。其审判官的学识、经验、地位与俸级,亦较承审员所胜无几。

2. 国家设立的各省的高等法院或分院的数量过少

杨兆龙指出,中国幅员辽阔,交通不便,各省的高等法院与分院为数很少,当事人往往必须跋涉数百公里去对簿公堂,讼累之重,莫此为甚。依照现行的三级三审制凡第二审案件,无论巨细,均需高等法院或分院受理。以前由地方法院或分院管辖的第二审案件,现在皆划归高等法院或分院办理。各省的高等法院或分院既少于原有的地方法院或分院,三级三审制实行后,第二审当事人中必有一部分较前更感跋涉之劳与讼累之重。

3. 公安机关组织不完备,并与司法机关缺乏联络

按照刑事诉讼法的规定,公安机关负有司法警察之职务。自广义言之,它是一种司法辅佐机关。从司法立场角度来看,公安机关组织有三大缺点。一是公安人员缺乏法律知识,二是对于犯罪的侦查及预防缺乏完善的设备,三是缺乏纪律与守法精神。不仅如此,公安机关与司法机关缺乏充分的联络。如关于犯罪的侦查预防、证据的搜集保全、犯人情况的调查、刑罚的执行、出狱人的监督保护等,都未能与司法行政级裁判机关共同筹划和实行。

如何改进以上缺陷?杨兆龙提出了如下三点建议:

1. 取消县政府或其他同等地方行政机关兼理司法及县司法处制度

凡是没有正式法院的各县或同等区域,必须设立地方分院。以法官代替现在的县审判官和承审员;法官必须由富有经验学识的法律专业人士担任;如因限于经费紧张而不能设置检察官,仍由县长兼办检察事务时,必须限制县长这方面的权力。如县长不得行使侦查权,如需羁押或拘捕,县长要咨请法官签发押票或拘票。

2. 增设高等法院或分院,并于必要时实行巡回裁判制

一是将每省划为若干区。每区之大小,视交通情况而定。交通便利者,其区域不妨稍大;交通困难者,其区域以小为尚。每区内设高等法院或分院一所。此高等法院或分院需设于每区内的交通中心,以便各县诉讼当事人跋涉之劳相等。

二是如果限于经费紧张而不能设立高等法院或分院,则可以将高等法院或分院与所在地的地方法院合设于一处,并可随时调用该地方法院的法官或检察官兼办高等法院或分院的事务。如此,则地方法院与高等法院或分院的关系可因事务之繁简而加以调整。英国之高等法院与上诉法院就采用此制。

三是如果上述第二种办法推行有困难,则于地域辽阔及诉讼及诉讼不多之区酌行巡回审判之制,由高等法院或分院的法官按期赴各县或中心地区审理第二审案件。1925年广州国民政府就试行了巡回法院制,南京国民政府1928年批准甘肃采用巡回法院制,但与前者不同的是,它仅适用于上诉案件。可到了1932年的《法院组织法》却撤销了巡回法院制度。杨兆龙梳理了赞成和反对设立巡回法院制度的各种看法,然后提出了自己的主张:在英法美西方各国的司法制度发展历史中,巡回裁判制都曾普遍实行过,虽然这项制度也在上述国家中废除或限制,但从中国特定的国情中,还是有其存在的价值。中国疆域辽阔,经费困难,要在全国普遍设置各级正规法院将破费时日(抗战胜利时,全国设立新式法院的县也只有600会个,较十年前仅增加400余个,全国仍有1 300余个县未正式设立法院),不仅如此,即使参照法英美,在相同的面积地域上设置数量相同的各级法院,在一定程度上,耗费的人力物力财力也是巨大的,这与中国的国情实不相符。人口稀少的地区诉讼太少,不必要求由法院来专门处置该地发生之案件,最佳方法并非是在当地设置诸多法院。

3. 改良公安机关，并调整其与司法机关之关系

一是训练公安人员，灌输法律知识。

二是充实并改善关于侦察预防犯罪之种种设备，如推行并研究指纹学，研究关于侦查犯罪方面的应用化学与物理等学科，布置各种犯罪方面的警报设备，推行警犬制度等。

三是对公安人员严加考核、甄别、训练，并优其待遇，使其养成遵守纪律、服从法律之精神。

四是由司法与公安机关双方切实分工合作，使公安人员能够对于侦缉犯罪事件充分发挥作用，并协助执行判决等事宜。

（三）民国司法经费预算制度存在的问题

杨先生认为，民国的司法经费预算制度有如下三大缺点：

1. 预算数额过少

按照当时国家预算，中央每年的司法支出300多万，仅占中央每年总支出的3%，若除去上海租界法院看守所之支出100多万元外，仅占中央总支出的1%。各省每年司法支出占各省总支出的1%至11%。较诸其他国家，落差巨大。20世纪20年代，德国普鲁二邦，面积仅29万多平方公里，而其每年司法支出约在2亿至3亿马克（每马克约至华币1元3角）。巴耶邦面积仅7.5万余平方公里，而其每年的司法支出约在4800万马克。法国面积仅56万平方公里，而每年司法支出约在2亿法郎（若以每华元6法郎计算，其数当在3300万元左右）。英国本部面积仅25万多平方公里，每年司法支出约在1000万镑以上（合华币1亿数千万元）。波兰面积仅38万平方公里，而其每年司法支出约在6000万至9000万波圆（约合华币同数）。西班牙面积仅50余万平方公里，而其每年司法支出约在3600至4000万公元（约合华币同数）。比利时面积仅3万余方公里，而其每年司法支出常在1.6亿法郎左右（约合华币2700万元至4000万元）。中国较上述各国大至数十倍或数百倍，而其司法支出之总数反见减低。

2. 预算数额无保障

杨兆龙指出，中央司法经费虽然列入预算，但中央财政机关向来以不实发款项为原则，预算所列之数额由司法行政部收取的讼费、状纸费、律师登记费来维持。各省当局也是不遵预算发款。司法机关不得已，乃将应解中央之款收截留已抵充经费。

3. 支付保管机关不集中

杨兆龙指出，司法经费由中央与各省机关分别支付保管，导致经费支配缺乏监管，司法机关叫苦连天。

揭示司法经费问题上的种种弊端之后，杨兆龙提出了如下解决办法：一是增加司法经费的预算数额。二是国库应遵照中央与地方预算统一按实发给司法经费。所有司法行政机关及法院的法定收入不得抵充经费，而应专被司法建设之用。三是指定中央或地方可靠之收入，作为司法经费。四是指定集中保管及支付司法经费的机关，使司法经费能够适当分配。

(四)中国检察制度不能废除

民国时期,围绕检察官制度的存废与改革问题,司法界产生了诸多争论。针对当时国内一些人竭力主张废除检察制度,杨兆龙 1935 年在其博士论文《中国司法制度之现状及问题研究》、1936 年 10 月在《东吴法学杂志》发表《由检察制度在各国之发展史论及我国检察制度之存废问题》、1937 年 1 月在《经世》杂志第一卷第一期发表《欧美司法制度的新趋势及我国今后应有的觉悟》等文章对这一争论发表了他的看法,揭示检察制度的国际发展动态,说明废除检察制度根本不可行。

杨兆龙指出,检察官在大陆法系和英美法系都被视为是行政官,所以为贯彻三权分立原则,欧美各国大都对检察官的传讯、拘捕、羁押等权力予以严格的限制。这些权限在英美两国差不多等于零,就是在大陆法系国家也只可于几种例外情形之下可以行使。这种制度可谓欧美近几百年来理想的典型。从前大家对它几乎毫无怀疑,但近来许多人觉得这种制度在事实上行不通。因为检察官如果缺乏讯问、拘捕、羁押等权力,就很难行使侦查的职务。因此,欧美各国现在大都开始扩张检察官的权力。

杨兆龙把主张废除检查制度的说法归纳为如下七种,然后逐一反驳。

第一,有人认为检察制度乃大陆法系产物,为英美法系国家所无。近来欧美各国刑法学者对于检察制度不如往昔重视。杨兆龙说,这一点不符合事实。英国经过几十年的争论,终于产生了现在的公诉主任制度,这说明英国有检察制度。欧美学者虽对检察制度有检讨,但主张废除的实属凤毛麟角。

第二,有人认为检察制度有拖延诉讼、增加负累和足以消灭证据、使真相难明两大缺点。杨兆龙说,出现这些问题主要是检察官人选或组织不当造成,非检察制度本身所致。

第三,有人认为在检察制度之下有些确凿或被告供认不讳的刑事案件,也须由检察官先行侦查而后移送法官审理,徒费时间而无益。杨兆龙说,这虽然是现行检察制度的一种毛病,但只要在刑事诉讼法里对于证据确凿或被告供认不讳的案子设一种特别的规定,这种毛病便可避免。

第四,有人认为刑事案件或由被害人及其家属告诉,或由第三者公安机关告发,不用检察官来起诉。杨兆龙认为此种观点错在忽略了检察官的性质。检察官在刑事方面的主要任务是以法律家的资格代表国家追诉犯罪,虽有侦查犯罪的责任,但和侦缉的公安警察是不同的,只是对后者指导而已。

第五,有人认为检察官侦查程序不公开,告诉人对其不起诉决定没有权利救济办法,易使检察官流于专横。有些侦查程序不公开,是为防止无辜的被告的名誉免受损害。至于检察官是否专横,那是具体人选是否恰当问题。

第六,有人认为检察官受司法行政长官及其他上级长官指挥监督,缺乏法官那种独立性。

杨兆龙认为,这是检察官制度运行中的问题,可以改进,但不必为此废除检察官制度。

第七,有人为中国向无检察官制度,犯罪案件有被害人或其家属检举,检察官制度不合乎中国国情。杨兆龙认为,过去没有,不等于今天不可以有。人类应该与时俱进。

杨兆龙认为要求废除检察官制度的理由都不充分,而有更充分的理由证明检察官制度存在是合理的:(1)检察官能防止法官专断。(2)对于犯罪事件,私人或因怠惰不愿、不敢过问,导致犯罪者逍遥法外,而检查制度可以补救这种情形。(3)检察制度能减少私人诬告滥诉情况的发生。(4)检察官对于情节轻微或不值得诉讼的案件不予起诉,这样可以减少健讼之风。(5)检察制度可以使法官与检察官有所职能分工。在此五点理由中,杨兆龙认为最重要的是第二点和第五点。杨兆龙列表显示1930年至1933年鸦片、赌博、私盐、吗啡、赃物、公共危险及伪造货币等案的告诉、告发和司法警察机关移送的数字之后指出,由司法警察机关发动者比私人发动者多得多,这说明检察制度确实能补救私人在起诉某些犯罪方面的缺陷。此外,检察官可以借助侦查程序对于那些无理由、不合法或不值得诉讼的案件予以不起诉处分,一方面防止人民的滥诉诬告,一方面减轻法官的工作;法官的工作相对是静的,时间上也有规律,而检察官搜集证据以迅速为主,工作是动的,时间是不规律的。这表明检察官可以与法官的工作有所分工。

杨兆龙通过如上分析比较,得出的结论是:根据各国历史的考察和中国情形的比较,检察制度在中国确有保存的必要。尽管检察官制度现在也有不少缺点,但都是人选配置不当和制度运用失当所致,并非检察官制度本身必然的结果。我们今后应该努力改进它的不足,而不是因噎废食地把它废除。

四、杨兆龙在行政法领域的学术建树
(一) 改革行政复议(行政诉愿)制度

杨兆龙于1933年4月在《法学杂志》第6卷第2期发表了《改革现行诉愿制度之商榷》一文;1935年他在其哈佛大学博士论文《中国司法制度之现状及问题研究——与外国主要国家相关制度之比较》中涉及行政复议。他的见解主要包括:

1. 改革诉愿的级别管辖制度。依照国民政府1930年《诉愿法》第二条、第三条规定,行政相对人不服各级政府及其下属各部门的行政行为,只能向本级政府提起复议;不服复议决定的,才能向上级政府提起再复议。对此,杨兆龙指出,各级政府与其下属各部门表面上分立,实际上利益相关。因此,杨兆龙明确主张,无论是各级政府作出的行政行为,还是其所属各部门作出的行政行为,提起复议时均应可以越过本级政府,直接向上级政府提起之。杨先生的这一观点已被现在我国及我国台湾地区的行政复议制度所采纳,说明他是有远见的。

2. 强调行政相对人与行政机关在复议程序中权利义务的平等。杨兆龙认为,依《诉愿法》

第六条、第七条规定,行政相对人在提起复议时,须提交按照法定格式填写具备多项内容的诉愿书,并且要将副本送达被复议的行政机关。相比之下,被复议的行政机关虽须提交答辩状,法律却未规定答辩状应有的格式及应当包含的内容,亦未规定行政机关亦须将答辩状副本送达行政相对人。杨兆龙指出,中国官厅好为模棱两可、文过饰非、不着边际之辞,其所提出之答辩书,如果不加以程序及内容上的限制,则难免敷衍草率。况原处分官署的处分常用以一纸公文或批示而为之,往往不叙理由,或叙焉而不详,根据何在,也不明说。因此,答辩书的内容应像复议申请书那样,按照一定条件提交。同时,答辩书副本亦应当送达行政相对人,以符合相互平等的原则。可见,杨兆龙的是按照行政相对人与行政机关地位平等的原则来设计行政复议制度的。

3. 改革复议期间原行政行为不停止执行的规定。依《诉愿法》第十一条规定,在复议审理期间,原行政行为不停止执行,若因此而使当事人受到损失的,当事人只能在复议机关确认原行政行为违法后,再申请行政赔偿。设置这一制度的目的是要兼顾行政管理的效率。虽然该条亦规定"受理诉愿之官署,得因必要情形停止其执行",但杨兆龙认为,原处分官署因对复议人有恶感,虽无正当理由,也可以先执行其处分,以图报复,这就导致复议人遭受不当之巨大损失。受理复议的官署,或则疏于审查,或则袒护属下,对于原处分之执行鲜有勒令停止者,使得《诉愿法》第十一条但书规定等于具文。因此杨兆龙认为必须修改第十一条,将"行政行为原则上不停止执行"改为"行政行为原则上停止执行原处分,除遇下列情形外,经提起诉愿后,应由原处分官署依职权停止执行:一、处分不即执行,日后有执行困难之虞者。二、处分之执行与国家、社会有深切重大之关系,因当时之急切需要,不得不立即实施者。"在杨兆龙看来,诉愿期间行政行为不停止执行这一原则,不利于处在弱势地位的行政相对人。而且,即便行政相对人胜诉,此时因原行政行为的执行,损失早已造成。相对人再去请求行政赔偿,又增加了相对人的讼累。这一条对我们今天有启发。我国现行《行政复议法》第二十一条依然规定原则上"行政复议期间具体行政行为不停止执行",该条"但书"规定是:(一)被申请人认为需要停止执行的;(二)行政复议机关认为需要停止执行的;(三)申请人申请停止执行,行政复议机关认为其要求合理,决定停止执行的;(四)法律规定停止执行的。对照之下,我觉得杨兆龙的意见更能体现行政复议法"抑制公权、保障私权"的精神。

4. 应该明确规定复议期限。在复议制度中,对于人民向中央或地方官署提请的复议,除超过30日人民可向行政法院提起诉讼有这一时限外,并没有规定官署应在多少时日内回答人民的复议申请和再复议申请,因此,他提出,应制定有关期限:受理复议或再复议的官署送达复议书及卷答辩副本,决定书正本和终结复议案件的期限;原处分或决定官署提出答辩书及其副本,并将案卷级关系文件送与直接上级机关的期限;该上级机关如非受理复议的官署,转送该项案卷及文件于受理复议之机关,或撤销原处分或决定的期限。并且,指出各官署应严格执行上述期限,"违反前述规定之各官署负责人应受法律上之制裁"。杨先生的意见是对的,我国现行《行政复议法》第十七条第一款规定,行政复议机关收到行政复议申请后,应当在五日内进行审查,对不符合本法规定的行政复议申请,决定不予受理,并书面告知申请人;对符合本法规定,但是不属于本机关受理的行政复议申请,应当告知申请人向有关行政复议机关提出。第二款规定,除前款规定外,行政复议申请自行政复议机关负责法制工作的机构收到之日起即为受理。第二十七条规定,行政复议机关在对被申请人作出的具体行政行为进行审查时,认为其依据不合法,本机关有权处理的,应当在三十日内依法处理;无权处理的,应当在七日内按照法定程序转送有权处理的国家机关依法处理。处理期间,中止对具体行政行为的审查。此与杨先生的意见精神是完全一致的。

5. 应该取消行政复议是行政诉讼的前置程序规定。当时的行政诉愿法规定,对违法的行政行为必须经过复议和再复议两道程序后方能提起行政诉讼。杨兆龙反对这种规定,主要理由是:(1)经过复议程序,徒使纠纷的时间延长。既费金钱劳力,又使调查证据因日久而生困难。(2)行政机关之间或因利害关系,或因感情作用,往往互相包庇,此在法治尚未昌明的中国尤其严重。人民所提起的行政复议能够得到公平处理的,殊不多见。(3)人民提起复议,容易引起原处分官署的恶感,对复议申请人常常加以报复。弱者慑于强权不敢提起复议。(4)行政行为是否违法,应有通晓法律的人来解决。普通行政机关里的法律专业人才向来很少,导致复议决定者常常不知法律为何物,复议决定书多不合法。(5)按《行政诉愿法》的规定,对中央最高行政官的国民政府的行政处分行为,人民无法提起复议。如果将行政复议作为行政诉讼的前置程序,人民则不能对国民政府的行政处分行为提起行政诉讼。根据以上理由,杨兆龙主张,人民对违法行政行为既可提起复议,亦可直接提起诉讼。杨先生的意见立足于保障公民的权利,是对的,与我国时下行政诉讼法的规定吻合。

6. 应实行"条线"行政复议制度。行政复议制度有两种模式,一种是上级业务领导或指导部门的"条线"行政复议,如县政府教育局的行政行为复议机构应为级别比县高一级的市政府教育局,县政府的行政复议机构应为市政府;另一种是"块状"政府行主导的行政复议制度,如县教育局的行政复议机构应为县政府。1932年公布的《行政诉愿法》实行的是后种。杨兆龙反对"块状"政府主导的行政复议制度。理由是中央各院与其所属的各部会、省政府与其所属的各厅、市县政府与其所属的各局等,表面上虽属分立,实质上休戚与共、互相勾连,他们的利害密切关系较之与人民高出十百倍,采用这种复议制度,肯定达不到公平目标。因此,杨兆龙主张采行"条线"行政复议制度。

7. 官吏应有诉愿权。当时的诉愿法规定官吏所受行政处分属于内部行政事务,不得提起行政复议。杨兆龙反对这一规定,认为官吏亦有权利,受到不当或违法处分,应同人民一样享有复议权。

新中国成立后的1957年5月,杨兆龙在上海市委宣传部召开的一次座谈会上,提出了建立行政复议制度的建议。他把行政诉愿制度(即:行政复议制度)的主要内容可大体归纳如下:(1)行政机关的行政处分或行为(包括行政命令及发布的行政决定等)如有违法或不当情形,有利害关系的公民可在一定时期内向该机关或其上级机关表示不服,请求予以撤销或改变(这种表示就称为诉愿);(2)如该机关不愿撤销或改变原处分而其上级行政机关又不能满足诉愿人的要求,一般可提起再诉愿,即申诉予再上级行政机关;(3)诉愿与再诉愿均依照一定的法律程序而进行;受理机关不得拒绝受理或拖延不理,它们须如期作出决定。

(二) 行政法院废立问题

1912年《中华民国临时约法》规定行政诉讼案件应由设置于政府所在地的行政法院管辖。但1923年颁布的《中华民国宪法》又规定行政案件应归属普通司法审判机关。南京国民政府于1932年11月颁布了《行政法院组织法》,行政法院制度再次重建,设置于南京的行政法院成为全国唯一的行政案件审判机关,与最高法院平级,同为司法院组成部分。从北洋政府到南京国民政府,要否设立行政法院是一个争论激烈的话题。杨兆龙梳理了赞成和反对设立行政法院的意见,然后提出了自己的主张:行政法院的设立不能提供普通法院所不具备的新内容,相反容易产生分派法官、确定管辖权和法律解释上的诸多困难。由于法国在长期的历史发展过程中建立起一套珍贵的并已被证明为有效的传统制度,所以行政法院的设立利大于弊。而中国的情形则完全不同。

1. 因为行政案件数量较少,若像普通法院那样普遍设置行政法院于各地,则会增加司法成本,若仅在首都与省会设立,则又因中国疆域辽阔、国民教育层次较低而增加当事人讼累;二是行政法院与普通法院的分设,若遇到行政责任与民事责任、刑事责任并存的疑难案件,则容易引起管辖权的冲突及法律解释的分歧。因管辖权冲突而引起的困难,在许多情况下会导致法院拒绝审判,而法律解释出现分歧的后果之一,就是人民会感到他们的权利得不到有效保障,从而失去对法律及执法机关的尊敬。三是设置行政法院缺少法国那样的历史背景。因此行政法院制度在中国弊大于利,应该废除它。

2. 废除诉愿前置制度。1932年民国行政诉愿法规定了诉愿前置,即行政相对人对行政行为不服的,须经过诉愿与再诉愿,仍不服再诉愿机关的裁决,才能提起行政诉讼。杨兆龙认为,经过诉愿程序,徒使纠纷之时期延长;既费金钱劳力,复使调查证据因日久而感觉困难。并且,行政官署,或因利害关系,或因感情作用,往往互相包庇。此在法治尚未昌明之中国尤其严重。人民所提起之诉愿,能够得到公平处理的,殊不多见。人民提起诉愿,容易引起原处分官署的恶感,弱者则每每慑于强权而不敢诉愿。因此,应废除诉愿前置原则,行政相对人有权选择诉愿与行政诉讼两种救济方式。实行诉愿和诉讼并行不悖的原则,即:人民对于中央或地方官署之违法处分所为之行政诉讼,得于诉愿或再诉愿后提起之,亦得不经诉愿,径向行政法院提起之。事实上,诉愿为行政权力体系内部的救济制度,而行政诉讼则为司法权对行政权的制约,是宪法上权力制约原则的体现,二者有着质的不同,民众应有权选择救济途径。

3. 行政法院之法官应由法学专业人才担任。民国《行政法院组织法》第六条规定充行政法院之评事者,只须具有三种资格:(1) 对于党义有深切之研究;(2) 曾任国民政府简任职公务员两年以上;(3) 年满三十岁者而对于法学之有专门研究。杨兆龙认为,这样的资格规定不足以保证行政法院内之法学人才必多于普通行政官署,保证不了行政法院应有的司法水平。

(三) 论司法人才的培养、甄用、考核和待遇

1. 司法人才的培养

司法人才的培养有学校与政府两种。

(1) 学校培养法律人才应注意的问题

杨兆龙指出,中国学习法律的人比学习其他学科的虽然多,但学有根基的却少见。原因是法律学校办得不好,这些学校大都没有深远的计划和高尚的理想。课程与教学方法几十年不变,办学者既不知道国家所需求,又不明了世界潮流的动向。该怎样改革呢?杨先生主张,在多办培养司法辅佐人才的学校的基础上,对法律学校的教学和科研进行改革。一是以培养创造与应变之精神为宗旨。注重法律方法和法律哲学之研究,学习法律的人知道如何制定和解释,能够用法律满足时代地方之需要,而不成为法条的奴隶。提高入学的资格条件,并注重智力测验,使学法者俱为优秀之士而易收培养之效。二是充实课程,使学习者对中外法律的过去与现在的发展趋势和实际利弊有深切研究,因此要开设中外法制史课目、比较法学、司法统计与调查科目、主要的与法学关系密切的科目等。三是充实图书及法学实验科目,四是提高法学教授待遇;添设法律研究院或研究部,使毕业于法律学校而有志深造者在学术上有充分发展的机会。

应注意培养通才。杨兆龙在《新法学》月刊1948年第1期上发表了《法学界的贫乏》一文,分析20世纪40年代法学界存在严重的营养不良、精神萎靡的衰弱症,主要表现为以下五个方面:

一是法学内容的陈腐。很多法学界人士抱残守缺,不喜欢吸收新知识和研究新问题。有许多在别的国家早已被人怀疑或放弃的制度或理论,他们仍旧奉为圭臬;有许多在别的国家早已成为问题的问题,他们却看得很简单。例如,陪审制度,无论在英美或大陆试验的结果,都很难令人满意,英美大陆各国都在逐渐放弃这种制度,可在我国还有人竭力主张予以采取;国内法上的罪刑法定主义不适用于国际法上的犯罪行为,纽伦堡战争罪犯的裁判即为明显事例,可国内有人在起草战争罪犯审判条例时竟然还主张将罪刑法定主义原则作为处罚战犯的标准。

二是法学研究范围狭窄。中国学法律的人最容易犯两种毛病:(A) 对于与法学有关的非法学科目缺乏必要的了解。经济学、社会学、心理学、政治学、历史学、哲学、伦理学等与法学都有密切的关系，由于时间与精力的限制，我们当然不能希望个个学法之士对于这些科目都有相当研究，但一个专业的法学家至少应该对与他的法律专业有关的几种科目有适度的认识，例如，教公司法的人至少要对于经济组织有相当研究；教票据法的人至少要对于银行界、工商界运用票据的情况有相当认识；教海商法的人至少要能了解航业界及海上运输的实况，不然他们对于所教法律之立法政策及其规定之得失，便不会知道很清楚。但在我们所知道的法学教员中能够符合这一条件的人并不多见。(B) 对于法学科目仅有局部的研究。法律的分门别类，本为研究之方便，并不是彼此间有何严格的界限存在而各自独立。学法之人应该对于整套法律有全面的认识，可近来一般法学专家有只懂公法而不懂私法者，有只懂私法而不懂公法者，有只懂刑法而不懂民法者，有只懂民法而不懂刑法者，有只懂民法而不懂商事法者，有只懂商事法而不懂民法者，有懂国内法而从未学过国际法者，有终生致力于法学的教学工作而未尝一窥法理学或国际私法之门径者。这些法学专家对于法学的认识真担当得起"管窥蠡测"四个字。

三是机械地看待法律，而不顾法律的目的。立法者只是制定法律，法官只是审理法律，而对法律的宗旨是否实现、法律实施的情形及其对人民生活的实际影响却不过问。例如，现代刑法的宗旨侧重于犯人的感化与改造，但民国刑法中适用短期自由刑的罪名非常多，经法官判处不满 6 个月之短期自由刑的犯人约占全体处自由刑者 60% 以上。试问：一个经父兄师长多年教育而不能改善的犯人在短短的不满 6 个月的监禁期间会受感化而痛改前非吗？经验告诉我们这是不可能的，并且这种措施反而会使多数犯人由偶犯变成职业犯、习惯犯。

四是法律见解的肤浅。许多法律学者对许多法律问题浅尝辄止。例如，坊间流行的"六法全书"之称传自日本，系指宪法、民法、商法、刑法、民诉法、刑诉法。但这种称呼目前在日本已嫌名不副实，因为所谓"六法全书"所包括者已远超上述六种法令之范围，名为"六法"而实有"法令全书"的意味。中国有些学者不察，竟将"六法"之称奉为天经地义，不问中国有无六法或书中所包罗者是否多于六法，概以"六法"名之。民国连宪法在内也仅有五法。西方各国法令汇编也不一定称"六法"。

五是创新能力薄弱。许多法学家很容易信赖、模仿国外，对某种制度是否合乎国情，往往辨别不清，遇到新问题时也时常束手无策。

杨兆龙认为，上述五种毛病的根源可归纳为三类：第一，法学者本身之缺点：自满；保守；脱离社会生活；忽视法律学理的研究；不讲法律制度的功能。第二，法律教育之落后：教育当局轻视法律教育；法律教育课程设置不合时宜；法律图书设备简陋；法律教学方法缺乏改进；法律研究工作未有切实展开。第三，社会环境不好：一般人不重法；一般人不尊重专家，尤其是法律专家。正是因为法学者自满保守、脱离生活实际，所以法学的内容才陈腐，研究的内容才肤浅；因为法学者忽视法律学理的研究及不讲法律制度的宗旨，立法、执法和司法才机械，缺乏适应性,创造性;因为法律教育落后,法学家才有种种缺点;因为一般人不重法治与轻视法律专家,有许多问题才不被重视或不依正当途径解决,使法治法学失去权威,没有多少人去潜心研究。

(2) 政府培训司法人才应注意的问题

培训课程方面应多设学校所谓设置科目。例如,为了能够适应废除领事裁判权之后的司法业务需要,应多灌输各国法律知识和外国文字,培训时间不能长到2年,也不能只有1个月。

2. 司法人才的甄用

这方面可分为司法事务与政务人才两个方面。杨兆龙认为,时下甄用司法事务人才存在重形式而不尚实质、注意抽象之资历而忽视专门之学识等问题。今后应克服此种现象。至于政务司法人才,今后也应注意是否精通法律,不懂法律就会用人不当。

3. 司法人才的考核

杨先生认为,时下的考核司法人才制度共有四大缺点。一是办理考核事务的人都不是专家,二是办理考核事务的人并不热心考核工作,三是办理考核事务的人不注意保密,致使考核走过场,四是考核程序拖沓,动辄经年累月。今后改进考核应解决这四个问题。

4. 司法人才的待遇

杨先生认为,时下司法机关对于司法人员的资格条件限制较其他人员严格,但待遇却较其他公务员低下。因此,应该提高司法人员的待遇,并予以家庭补助养老金等其他便利。

(四) 中国法律教育的弱点及改进

杨兆龙认为,当时中国法律教育的弱点有两种,一是关于学校方面的,二是关于学生方面的。

学校方面的缺点主要是:(1) 管理不周。怕得罪学生不敢管理,造成学校没有纪律。(2) 教授不好。表现为:学识浅薄;因循守旧;任课过多;课程不良(忽视法律的发展趋势,缺乏比较法学的课程等,不重视理论法学,没有法律操作能力,没有法律伦理的课程)。(3) 法律的辅助课程不完备。如没有国文、英文、日文或其他外国文的课程。(4) 设备不全。如图书馆、操场等。

学生方面的缺点主要是:(1) 基本教育不好。(2) 对于法律的兴趣不浓厚。(3) 智力不尽合标准。(4) 纪律不严密。

怎样补救上述缺陷? (1) 在学校管理方面,最应注意的是学生的纪律。但管理者一要检点自己的言行,因为己不正,焉能正人? 二要多与学生接触,以自己的人格去感化他们,建立友谊。三要处处照顾到学生的困难。四是赏罚严明。(2) 在教授任用的条件方面,一要对于法律的理论与实际都有相当的研究。二要对于教授法学有浓厚的兴趣。三要具有健全的人格。四是不能兼职过多。在符合这些条件的基础上,要提高教授的待遇。一是提高薪水,二是延长合同的期限,三是设立养老金。(3) 在课程设置方面,一要扩充课程范围,如法律演化及其现代趋势、比较法学、法律理论、法律伦理、中文、外国文、拉丁文、中国方言、哲学、逻辑学、心理学、伦理学、社会学、政治学、经济学、中外文化史等。二要延长修业年限为6年,分为法律预科和法律本科两个阶段。三要先讲法律补助科目、再讲法律科目;先讲普通科目、再讲特别科目;先讲实体法、再讲程序法;先讲总论、再将分论;先讲公法、再讲私法。

五、杨兆龙在刑法学领域的学术建树

(一) 犯罪现象产生的原因

杨兆龙在《关于疏通监狱之研究》一文中,阐述了他对犯罪现象何以增多的看法。他认为有如下四个原因:

1. 经济原因

杨兆龙认为,经济原因最足增加犯罪,这从第一次世界大战结束后欧美各参战国因经济困难而犯罪人数因之增加的事实可以获知。如德国1923年经济恐慌达于极点,当年犯罪人数也特别多,计有823 902名,为该国从来未有之现象。其中犯盗窃罪者达367 435名,占44%,在该国亦前所未有。妇女犯罪平时很少,但在该年竟有134 943名(其中以犯窃盗者居多数),亦打破了以前记录。但在1924年以后,德国经济情况逐渐好转,上述各项数额随之减少。

2. 教育原因

杨兆龙认为,教育的主要功能在于发展技能、培养道德、启迪理智。人之犯罪,往往由于缺乏应付环境的能力,如谋生技能不足、道德观念薄弱、理解能力欠缺等,这些归根到底与其缺乏受教育有关。在美国1923年关于监狱及感化院里的犯人中,10.7%为文盲,67.5%是小学肄业者,15.4%为中学肄业者,3.4%是大学肄业者,3%是受教育情况不明者。可见教育程度之高低常与监狱及感化院犯人的数量多寡成反比例。

4. 家庭及社会原因

杨兆龙引述美国学者关于1923年监狱犯人的有关统计数字,说明凡都市生活发达人口集中区域,犯罪率比其他区域要高;已婚夫妇同居者犯罪率要比未婚及已婚而离异者为低;身心有某种缺点者易于犯罪,有些犯罪属于遗传。

5. 立法及司法不善

杨兆龙引述德国学者的话说,现行刑法既不足以改善犯人,又没有泛指犯罪的震慑力。刑罚的实施反而增加了受刑者犯罪(累犯)的趋势,使犯罪人数愈来愈多。

(二) 关于罪刑法定原则

杨兆龙先生早在20世纪40年代就提出在刑法实践中要真正贯彻罪刑法定原则的观点,具体包括:一是除刑法外的一切习惯、命令、政策都不能作为定罪量刑的根据;二是定罪量刑不适用类推;三是刑法效力原则上不溯及既往;四是在刑法解释和运用上采取有利于犯罪人的原则。杨兆龙1957年5月3日在上海市委召开的知识分子座谈会上的发言稿中再次指出,某些刑事法规对犯罪的概念有时规定得不够明确;量刑幅度有时太大;对加重减轻处罚的情节规定得不够具体；在民、刑事审判上法院的自由裁量权比较大。他建议，要确立罪刑法定主义原则，废除类推解释。罪刑法定主义的主要内容是：无论何种行为，在它发生的当时，法律不认为（即明白规定为）犯罪而加以处罚者，不得作为犯罪了加以处罚，换句话说，司法机关决定某种行为是否构成犯罪时，应以法律的明白规定为根据。类推解释的主要意义是：一种有社会危害性的行为，在法律上无明文直接规定将它当作犯罪而加以处罚时，可以比照那个规定在严重性及种类上和该行为最相似的犯罪的条文加以处理，（如苏俄刑法典第 16 条就这样规定）换句话说，刑事法律无明文直接规定的行为，在某种条件下，（这种条件在司法实践中，有时并不明确，很容易弄错）也可以当作犯罪加以处罚。类推解释制度在德意志民主共和国、波兰、南斯拉夫、匈牙利、捷克斯洛伐克始终未被采用，其余如保加利亚、罗马尼亚等最初虽曾采用它，现在也已经将它废除。苏联学者中远在二十年前就有人反对过这个制度，二十次党代表大会以后，主张废除者更多所以罪刑法定主义已成为在现在社会主义国家获得广泛承认的刑法基本原则。

（三）关于区别对待幼年犯

在 20 世纪四十年代，杨兆龙先生就对幼年犯问题有了自己独到的看法。他认为，关于幼年犯的种种法律或制度，在实体和程序方面都应与适用于成年犯的法律不同。要设立适合于幼年犯的幼年法庭，此法庭在观念、认识、管辖方面都应具有特殊设置。在组成上应包括法官、监训员、助理法官、收监所职员、书记员和文牍员，其法官除精通法律外还必须在心理学、社会学方面有所研究；监训员的职责是监训幼年犯并调查其家庭关系、个人历史等状况；收监所的设备必须体现家庭化，所内配有教师、心理医生等，并且多任用女子为其工作人员：由于生理及心理的关系，女子在这方面胜于男子。在审判程序方面也应遵循有利于幼年犯的要求，在处理案件时，应做到：(1) 尽量避免诉讼色彩，开庭地点应与普通法案隔离；(2) 审理程序不应公开；(3) 特别注意调查社会环境、既往历史对犯罪的形成影响；(4) 咨询幼年专家、教师的意见；(5) 程序简单化；(6) 执行案件时特别注重感化，力图使幼年犯自己意识到自己的错误，从内心去改正；(7) 允许教育、慈善及公益等机构的介入；(8) 加强父母的责任观念。杨先生的这些观点，现在看来也是相当进步的。

（四）改进刑罚制度

1. 自由刑适用范围过广的弊端

杨兆龙在《司法与监狱之改良及管理》（未刊稿）中指出，古代大都把死刑、流刑、身体刑及财产刑作为主要的刑罚方法，监狱在多数国家不过是羁押顽固的民事债务人、宗教犯及未决刑事犯的地方。监狱成为正式刑罚机关始于 18 世纪末叶。起初是用来代替死刑及身体刑，旨在减少犯人的痛苦。到后来感化主义流行，各国渐渐重视监狱在改良罪犯方面的作用。英美等国倡导在先，其他国家跟随其后，不及百年，此类思想已弥漫全球，过去不被重视的自由刑一变而为近代主要的刑罚，常占整个刑罚总量的十分之八九。

但自由刑适用范围过广,容易产生如下流弊:(1)监犯人数过多,国家限于财力而无法承担监狱管理的成本。于是原可采取分房别居制者,不得不采取混合杂居制,一任犯人互相熏陶;原可以用良好待遇招聘监狱管理人才,可现在不得不招些劣等之人。这就影响了监狱应有作用的发挥。(2)多数犯人因刑期过短,根本无从改善,反因监狱管理不良而变本加厉。(3)刑罚浪费。在罪犯中,多数是由于一时的失检或无知而知,触犯刑律实属偶然,没有必要适用自由刑,不把他们关在监狱,他们也不会再犯。(4)对犯人的震慑力不足。许多罪犯未受自由刑之前,犹视之为畏途,当自由刑执行完毕后,则反对自由刑没有了畏惧,不以监狱生活为苦,不以坐牢为耻,这种情况在短期刑中最易发生。(5)对于犯人的家庭及被害人,害多而利少。犯人身系囹圄,不能抚养家人,还要玷辱门楣。导致的后果小则家人生活受窘,大则子女走入歧途。自由刑对受害人来说,益处亦不大。受害人的愿望,一是发泄对加害人的愤恨,二是责令犯人交还财产或赔偿损害。但自由刑对后一个愿望的实现不见得有什么益处。

2. 要缩小自由刑的适用范围

既然自由刑具有上述弊端,那就应该缩小自由刑的适用范围。缩小自由刑的基本原则是:(1)两类犯人方可适用自由刑。一是罪犯具有危险性,必须与社会隔离。二是不处以自由刑,则不足以收到感化或震慑的效果。(2)下述情形应竭力避免使用自由刑:一是犯罪情节轻微而没有必要处以长期自由刑。二是因一时失检或无知而犯罪,并有悔改表现。西方国家替代自由刑的方法约有下列几种:(1)训诫。(2)罚金。(3)笞刑。(4)提供结状。(5)不加拘禁的强制劳役。(6)本人住宅或房屋内之拘禁。西方国家变通自由刑使用方式的方法主要包括:(1)缓刑。(2)假释。

杨兆龙认为,中国限制自由刑适用的重点,应放在不满一年或六个月之短期自由刑上。方法不外是训诫、罚金、提供结状和缓刑。

(五) 改革监狱制度

1. 关于监狱的设备及待遇

杨兆龙认为,监狱的设备及待遇应顾及监犯身体上之基本需要,不可过于舒适奢侈。(1)设备及待遇不得超过监狱外一般之生活标准,不能仿效西方超过监外平均生活水平的做法。如果设备及待遇超过狱外一般生活标准,则对犯人丧失足够的惩戒力。(2)设备及待遇需足以维持监狱安全及秩序。房屋坚固到何种程度,犯人应遵守什么样的纪律,须以轻罪犯、男犯、女犯、幼年犯、普通犯等不同情况而定。(3)设备需使监狱管理便利和经济化。例如,牢房须有联络,门户不可过多,曲折宜少。(4)设备及待遇应足以养成犯人勤苦耐劳、整齐清洁的习惯。(5)监狱内应有一定的劳动作业和教化设施。(6)狱内应有足敷分配之别居设备,使应行隔离之犯人不互相混杂。

2. 关于监狱的管理方法

(1)调查分类。如性别、健康状况、年龄大小、教育程度、婚姻有无、职业、犯罪的性质、刑期长短、犯罪次数等,不同种类采用不同管理方法。

(2) 教化。教化的宗旨是改善犯人的品行。杨兆龙认为,民国法令关于犯人感化的规定存在四种缺陷。一是教化教师待遇菲薄,不能由学识高尚,且对监狱教化事业有兴趣、有研究者来充任。二是监狱教师图书等设备非常缺乏。三是教师的教学方法强求一律,较为呆板,犯人没有兴趣。四是感化教材落后。教化内容任由教师自定。

3. 关于狱内的劳动改造

杨兆龙认为,劳动改造的目的,一是培养犯人的谋生技能,使其出狱后可以独立谋生;二是把犯人的注意力集中于工作,减少其在监狱的痛苦;三是养成犯人勤劳的习惯;四是增加监狱的收入,减轻纳税人的负担;五是使犯人在执行自由刑期间有一定收入,以赡养家庭或供储蓄而维持出狱后之生活。民国监狱在此方面存在的问题是:自由刑滥用,监狱内根本没有劳动工厂,管理方法失当。

4. 关于监狱的营养卫生

杨兆龙指出,民国的监狱在犯人的营养卫生方面,存在两大问题,一是监狱内的饮食、起居、作息等不适合于犯人的需要,二是监狱内的医药人员及设备根本不合格。今后要从五个方面改进:(1) 要根据各类犯人身体的实际需要,供给适当的饮食及起居设备。(2) 使犯人有适度的劳动与休息。(3) 隔离有传染病者,严防疾病蔓延。(4) 慎选医疗人员,提高其待遇,充实医疗组织和设备。(5) 经常检查犯人的身体,多进行疾病预防工作。

5. 对待犯人要态度诚恳,使其感觉有希望

杨兆龙说,对比民国监狱和西方国家监狱,便会发现前者不如后者的最大之处,就是监管人员对犯人不够尊重。对犯人不尊重,犯人就会觉得前途无望,意志消沉下去。

6. 要重视犯人刑满释放后的生存问题

杨兆龙指出,民国犯人刑满释放出狱后,由于出狱前未受适当的技能训练,出狱后则没有合适的就业机会,无事可为,仍旧过着入狱前的那种生活,而且还会遭人歧视。因此,他建议:(1) 在监狱里注意培养犯人出狱后独立谋生的技能,减少其寻求就业的困难。(2) 犯人出狱后,应尽可能让他不再回到原来的生活环境。(3) 建立保护刑满释放人员权益的组织。

六、杨兆龙在诉讼法学领域的建树

(一) 中国证据学研究的开创者

中国证据法学研究的发端,应该是在20世纪30年代。1929年,杨兆龙先生在上海法政大学开设《证据法概论》课程,并于翌年出版了《证据法》教材。这是我国第一部证据法学的著述。该书虽然仅三四万字,部头不大,体系不备,却观点鲜明,直言不讳,锋芒毕露,极具批判性,充分显示出东吴法学教育长于英美法和比较法的优势。作者对事实、证据、证据法作了概念上的区分,认为三者虽密切相关,却是根本不同的范畴,不可混为一谈。他特别针对当时国民政府

在加速法律转型的过程中一味模仿大陆法系的做法,明确指出:尽管大陆法系的诉讼法对证据有所规定,但"述焉不详",不能与完善的英美证据法相提并论。英美的证据法是为陪审团提供证明事实方法的规则,而大陆法系的证据法是为法官裁判事实提供依据的法律,后者虽非一无是处却远逊于前者。因此,中华民国政府在推进法律进步的过程中应取法乎上,不应取法乎下,应当效仿英美的证据法,大陆法系的证据法充其量是"聊资参考"而已。

杨兆龙认为,"证据法者,规定证据之方法之法律也"。所谓"证据之方法",按照杨氏的解释,乃是关于事实的法律上的证明方法,因此,它既有别于规定权利义务的实体法,也有别于法律解释学的方法。在他看来,证据法目的在于确定某事实的存在或真实与否,与实体法中权利与义务的存在范围和效力毫无直接关系,而只对实行和保护实体权利义务关系的程序上提供一个推断的根据,应当属于程序法的一部分。而且,因为证据法的规定维系事实主张能否成立、探求真相能否实现的关键,故成为程序法的重点。虽然他承认证据法为程序法的一部分,但是又不依附于程序法,因为他已经意识到,当证据法的规定不当时,保障权利以及执行义务的程序也会"失其效用"。杨兆龙从实体法和程序法的分野以及功能主义的角度,提出了证据法的目的和意义,确立了证据法的独特品格。杨兆龙的《证据法》是我国内第一部证据法学教材,它开启了学习与研究证据法学的序幕。

1. "谁主张、谁举证"是指当事人应就对自己有利的事实举证

学界习惯于将举证责任的分配原则一般概括为"谁主张、谁举证"或原告负举证责任,杨兆龙认为这是不够精当的。他认为,举证责任的一般原则应该是当事人应就有利于自己的事实负举证责任。举例来说,如甲被诉犯重婚罪,经检察官举证证明其重婚事实后,甲乃负反证之责任。此时如果甲能证明其第一次婚姻系出于威吓胁迫,故无效,则其反证之责任已尽,反对之事实成立,于是举证责任复移至检察方面。此时检察方面如能证明威吓胁迫排除后,甲曾与前妻乙同居若干时,以示其容忍此等婚姻,则反证之责任依然归属于甲。这种情况在证据法上谓之举证责任之转移。如最后一方不能尽举证之责任,则于该方之不利之事实成立,而他方即为胜诉。当然,有四种情况当事人可以不就有利自己的事实来举证:一是法庭认知之事实;二是法律上推定之事实;三是不能否认之事实;四是自认之事实。

2. 为何要实行言词原则

杨先生说,自白之事实分为法庭内者和法庭外这两种。法庭内者,是在法官面前或辩诉状上所陈述的事实;法庭外者,是在法官以外之人前或辩诉状以外之文书上所陈述的事实。前者因为是对法官直接所陈述的,所以最为可靠。而后者则不然,其陈述时,法官没有亲耳所闻,自白者究竟有无这一陈述,必须在法庭上加以证明。举证责任当然属于自白者。证人之所以必须出庭陈述,一是因为书证之作者如不出庭,则可不负责任,妄为陈述;二是书证之作者如不出庭,则法院无法了解其品行学识,其所言之可靠与否,不得而知;三是书证之作者如不出庭,则

提出书证者可以伪造书证。

3. 证人的拒绝作证权

杨兆龙认为,拒绝证言是一种权利。在七种情况下,证人可以拒绝作证:一是证人为当事人之未婚配偶或亲属者,其亲属关系消灭后亦同;二是证人如果作证,会对自己的未婚配偶或亲属的财产利益带来损害;三是在刑事案件中,证人为被告人之法定代理人、监护人、保佐人等;四是在刑事案件中,证人担心因为作证会导致自己的未婚配偶、亲属、法定代理人、监护人或保佐人遭到刑事追诉;或在民事案件中,证人作证会导致自己或与自己曾有的、现有的亲属婚姻之人遭受刑事追诉或蒙受耻辱者;五是证人就其职务上或业务上负有保密义务的内容可以拒绝作证。但在刑事案件中,此类证人专指国家公务员、医师、药师、药商、产婆、宗教师、律师、辩护人、公证人及其业务上佐理人等;六是如果作证就会泄露自己职务或业务上的秘密;七是在民事案件中涉及夫妻是否同房一类问题可以拒绝作证。

因为证人拒绝作证是一种权利,是否行使这一权利一就证人之变。如果证人放弃拒绝作证权而作陈述,那么其陈述仍属有效。

4. 阐述证据分量

杨兆龙认为,决定证据分量的标准有三:一是证据之数量;二是证据与系争事实之关系;三是证据本身之地位。以数量而言,证据有充分的证据与满意的证据之别;依与系争事实之关系而言,证据有正面的证据与侧面的证据之别;依本身之地位而言,证据有最优的证言与此等的证据之别。

证据分量有三大原则,第一,证人的证言需根据自己之观察,书证作者必须出庭。第二,证人之证言需根据其所知者,而不得根据其所推想者。传唤证人之目的在使其陈述事实,故证人之证言须根据其所知者。至于事实之推想,乃法院职务上之事,非证人所得越俎也。第三,书证不得为言证所更改。因为人们用文字表达意思是要比用言语更慎重,较可靠。

5. 阐述品格证据

杨兆龙认为,虽然当事人的品格容易导致一个人做出某种行为,但不能由此把当事人的品格作为定案的证据。但此一原则有如下之例外:一是在损害赔偿案件中,原告的坏品格与赔偿额之间有重要关系时,原告的坏品格方可作为减少损害赔偿恶的证据。此类证据仅能在违背婚约、略诱、损害名誉等案件中提出。二是在反讯问时被告的坏品格可以作为证据提出,但应局限于证明其有前科。否则即为不得当之证据。三是刑事被告人在诉讼中可以以自己的好品格作为无罪证据,但其坏品格除证明犯罪嫌疑外,他方当事人或证人不得举以对抗之。不过以下两种情形例外:反正被告方面证人所举关于被告好品格作为证据时;被告有累犯某罪之嫌疑时。

6. 阐述臆度证据

臆度证据是凭主观猜测、推测的证据。杨兆龙认为,臆度证据在下列情况下,证明力较强:

一是系争之点为人或物质确认时;二是系争之点是关于某人或物之显著情形时,如某人之胖瘦或某物之大小;三是系争之点属于科学范围而又依赖来鉴定人之鉴定时;四是系争之点为人之操守时,如某人是否诚实或勤俭。

上述杨兆龙关于证人证言的拒绝权,证据的分量,品格证据,臆度证据等问题的研究,在目前都是一些证据法学的前沿问题,而杨兆龙在几十年前就有所论述,可见其超前性。

(二) 建立民事小标的诉讼制度

民事小标的诉讼是指基层法院专设受理民间较小金钱纠纷的制度。1935年杨兆龙在《现代司法》发表了《美国最近改革法院组织运动之略述》一文,其中便对美国各州创设民事小标的法院作了介绍和研究,分析了各州关于创设此项措施的利弊,并提出我国区域广阔,人民讼累过重,应当广设民小事标的法院。1938年他在《司法改革声中应注意之基本问题》一文中引用美国学者史密斯《正义与贫者》的话说,现代司法制度之所以不能伸张正义的原因,主要是诉讼代价昂贵,诉讼代价之所以昂贵的原因,则为诉讼的久拖不决和法律的艰深。诉讼久拖不决,使得当事人疲于奔走,费时而丧财;法律艰深,使得当事人不得不乞援于律师,费用动辄百金。这两项使贫者无法承受,遭人侵害也不敢诉诸法院。杨兆龙指出,史密斯所言的问题在中国尤其严重。要想纠正这一弊端,就必须广泛设立民事小标的法院。做法是:

在县或同等地域之各区或乡镇,斟酌地方大小,人口多寡,设立公断所或其他类似机关,由地方公正绅士等担任公断。凡民事、金钱或财产争讼,其标的在一定限度以下的(如50元或100元以下等),应先由所在地此种机关公断。经公断后而不服者,始得诉诸普通第一审法院。普通第一审法院关于此类案件所作的判决,不能上诉。这一制度早为德国威尔登伯格及巴登等邦(现改为省)所采用。中国本系农村社会,士绅公断,由来已久,揆诸国情,并无不合民事小标的法院固定在县一级行政区域以下,避免了民众长途跋涉寻求司法救济的讼累;以当地乡绅为裁判官,可以凭借其在当地的威望,对当地风俗习惯的了解,以及对双方当事人个性的熟悉来裁判。通过这一方式,使本地细微的民刑案件在本地消化,可谓一举兼得。

杨兆龙的上述主张,体现了他的立足中国实际的司法专业化和独立化、司法便民等思想。既符合司法规律,又具有中国特色。

(三) 呼吁中国必须实行无罪推定原则

无罪推定原则起源于古罗马诉讼中的"有疑,为被告人利益"的原则,十八世纪,意大利启蒙思想家贝卡里亚在《论犯罪与刑罚》中最早从理论上提出无罪推定思想,他在1764年所著的《论犯罪与刑罚》中指出,在法官判决之前,一个人是不能被称为罪犯的。只要还不能断定他已经侵犯了给予他公共保护的契约,社会就不能取消对他的公共保护;如果犯罪是不肯定的,就不应折磨一个无辜者,因为在法律看来,他的罪行并没有得到证实。从无罪推定的历史发展来看,它是作为封建社会有罪推定和刑讯逼供的对立产物,是资产阶级革命胜利以后在否定中世纠纪问式诉讼制度的基础上形成并发展起来的一项法律原则。

无罪推定的提出至今已经发展了200多年,根据贝卡里亚的思想和表述,无罪推定包含以下三方面的基本内容:一是只有法院有权依法判定犯罪嫌疑人、被告人是否有罪。二是在法院判定犯罪嫌疑人、被告人有罪前,其不应被认定有罪。三是举证责任由控诉方承担。从无罪推定原则又可以衍生四个原则规则。一是沉默权规则;二是控方举证责任规则;三是非法证据排除规则;四是疑罪从无规则。

1957年5月在复旦大学第四届科学论文报告会上,杨兆龙作了《刑事法律科学中的无罪推定与有罪推定问题》专题报告。全文共分三大部分,第一部分为无罪推定和有罪推定的一般性质及理论,着重研究无罪推定的一般概念、基本特征、主要涵义及理论根据,必要时与有罪推定作一些对照;第二部分为无罪推定和有罪推定的历史发展,根据剥削阶级国家及社会主义国家各时期的法律原则及法律实践,分别对二者作历史的叙述;第三部分为无罪推定的具体运用。就无罪推定在具体运用上的一些问题加以分析讨论,藉以明确具体贯彻无罪推定的途径。现在我们只能看到第一部分。由于报告不久就发生了"反右"运动,所以,这篇论文没有公开发表。

1. 无罪推定的六个基本含义

杨兆龙认为,无罪推定是一个客观的法律原则,同时也是刑事被检举人在诉讼上受法律保障的地位的一种总的表现。因此,它明确了刑事诉讼的各个参加者,自最初阶段的治安及侦查机关及其工作人员,至最终阶段审判机关及其工作人员,应如何在尊重刑事被检举人的这一法律地位的要求下,行使自己的职权并履行自己的义务。刑事被检举人乃是"人",是享有诉讼权利的主体,并非被研究试验的非人的对象;他和自然科学实验室的研究试验的对象不同。因此,侦查、检察机关及法院在刑事诉讼程序中不应该像自然科学实验室的工作人员那样,只管单纯地研究特定的"事件"或"事实",而不管其他;相反地,他们应该在研究"事件"或"事实"的同时,注意到刑事被检举人作为一个诉讼权利主体所应有的特定的诉讼法上的地位。这种诉讼法上的地位,一方面表现在刑事被检举人对于侦查、检察机关及法院的权利和义务,另一方面表现在侦查、检察机关及法院对于刑事被检举人的职权与义务。换句话说,刑事被检举人的这种诉讼法上的地位,表现在他和侦查、检察机关及法院之间的相互诉讼关系上。

无罪推定的基本涵义在内容方面应该包括以下六点:

(1)有罪的举证责任属于侦查、检察及审判机关人员;刑事被检举人对自己的无罪有举证的权利,但无举证的义务;任何机关或人员,不得强制他对自己的无罪提出证明,也不得因他不提或不能提出这种证明而认为有罪;

(2)在犯罪的调查、侦讯、追诉及审判(包括上诉审理)程序中,调查、侦讯、追诉及审判机关及人员应该全面地、多方地调查事实、搜集证据,并主动地考虑足以证明被检举人无罪的各种

事实及证据(包括被检举人所未主张或提出的在内);

(3) 被检举人在一切刑事的调查、侦讯、追诉及审判程序中享有合法诉讼保障;在未被证明有罪前,他作为一个无罪公民所应该享有的基本权利不应该遭到不必要的限制;刑讯、逼供、骗供、诈供、套供、疲劳讯问等采证方法固须绝对禁止,拘捕羁押等强制措施也不可滥用;不合理的法定证据制度应予废除;讯问证人时不得有威胁利诱及套诈等情事,应让他们客观地自由地反映事实,以免发生故意或被迫诬陷被检举人等情事;

(4) 被检举人的无罪,必须有充分无疑的有罪证明才可以推翻:如果对于被检举人的有罪尚不无疑义,应认为被检举人无罪,为无罪的判决;

(5) 关于被检举人有罪的主张或认定(包括检举及起诉的决定和有罪判决在内),必须做到或争取做到具有绝对的真实性,即不以"概然的"或"相对的"真实为根据,而以"绝对的"、"客观的"真实为根据;

(6) 在被告的有罪未经充分证明前,侦察、追诉及审判机关不得有被告有罪的确信,并不得用检举及起诉的决定和有罪判决的方式将这种无根据或无充分根据的确信表达出来。

2. 无罪推定原则的基本价值:民主与人权

(1) 无罪推定是民主原则在法律上及法律实践上的体现,它的民主性表现在:一是它能防止刑事侦查、追诉及审判机关及人员对刑事被检举人及证人的主观武断、官僚主义及压迫行为;二是保证刑事被检举人及证人的诉讼防卫权,使他有机会自由发表意见以及为自己作种种防卫;三是它能发扬侦查、追诉及审判机关及人员对一般人民及刑事被检举人负责的精神,因而克服官僚主义及主观主义的作风。

(2) 无罪推定体现了法治主义。因为它对有罪的认定提出严格的条件,足以保障刑事被检举人,作为一个公民,在诉讼上的权利及合法利益,而使好人不受到冤枉与侵害。

(3) 无罪推定反对把刑事被检举人当作一个非人的研究对象,反对用不正当的方法讯问、压迫或诬陷被检举人,而主张将被检举人当作一个有法律地位的人或诉讼主体看待。它因此起了保障人权的作用,发扬了人道主义的精神。

(4) 无罪推定不仅足以保障刑事被检举人的权利及合法利益,同时还足以通过民主、法治及人道主义的发扬,加强广大群众的安全感,增进他们对政府的信仰,提高政府的威望,因而巩固国家的政权。它是于公于私都有利的。

3. 实行无罪推定原则的两大原因

(1) 公民忠诚守法是常态,而犯罪是例外。

在任何一个国家里,无论它的法律阶级本质怎样,就平时的一般统计数字来讲,"犯罪"者在总人口中总是占极少数。所以"不犯罪"是通例,"犯罪"是例外。这说明:关于一般公民忠诚守法的推定是有事实根据的;我们不应该因为极少数人的例外情况而忽视这一推定的正确性和重要性。当一个公民被控犯罪时,在没有获得充分确切的有罪证明以前,应该把他的犯罪的可能性当作社会关系中的一种例外情况,而不轻易地相信它(这种可能性)。如果不这样,那就不可避免地要将许多实际上无犯罪可能的公民牵累在里面,弄得大家不安,制造出种种不必要的矛盾。这对于政权的巩固来讲,只能起消极的作用。因此在法律政策上完全有必要在这一事实推定的基础上明确一系列防止错误的要求或原则。刑事证据上的实质真实的要求和刑事诉讼程序中对被检举人的诉讼防卫权及诉讼保障的尊重,基本上都是从一般公民忠诚守法的推定及因此而产生的不轻易把一个公民当作犯罪者的要求出发,其目的基本上都是防止错误,使好人不受冤枉和侵害。无罪推定的主要根据就是上述的事实推定和法律政策。在事实方面,它以一般公民忠诚守法的推定为基本出发点;在法律政策方面,它又和证据上的实质真实的要求及刑事诉讼程序中尊重被检举人的诉讼防卫权及诉讼保障的原则有着不可分割的关系:它是这些要求及原则的原因,是它们的结果,也是它们的一个有机组成部分。

(2) 刺激真实的发现,解除被检举人证明自己无罪的困难及不能证明自己无罪的后果。

无罪推定对调查、侦查、检察及审判机关与人员在调查证据、举证责任及认定事实等方面提出严格的要求。这可刺激大家在这方面多多努力,藉以发现真实。一般讲,由于被检举人负担证明自己无罪要比侦查、检察及审查机关证明被检举人有罪更困难些。相反,无罪推定将被检举人有罪的举证责任摆在侦查、检察及审判机关身上,就解除了(如上面所指出的)被检举人证明自己无罪的困难。不但如此,它还同时解除了被检举人因不能证明自己无罪而可能遭遇的后果——被认为有罪。因为无罪推定的基本涵义之一就是:不得因被检举人不提出或不能提出自己无罪的证明而认为他有罪。

4. 有罪推定的四个基本特征

(1) 法律或法律实践许可、要求或鼓励将犯罪人及刑事被检举人的犯罪的举证责任加在犯罪嫌疑人及刑事被检举人身上。

(2) 在刑事程序法、刑事实体法及其他法律中,有推定某种犯罪的构成要件事实的全部或一部分已存在的原则,或在法律实践中承认这种原则。

(3) 犯罪嫌疑人及刑事被检举人应有的诉讼保障,在法律上缺乏全面的规定,或在法律实践中没有得到全面的承认,使他们在未被证明有罪以前即丧失了一个无罪的公民所享有的对自己的基本权利的防卫权,或使侦查检察及审判人员有可能不尊重他们的基本权利而轻率地将他们当作有罪的人看待。

(4) 在法律实践中,没有事实的根据或没有全面调查事实而预先断定犯罪嫌疑人或刑事被检举人有罪,或明知他们无罪而企图把他们证明为有罪。

这四个特征相互间的关系是:首先,这些特征和无罪推定的特征不同,在有罪推定的具体表现上不一定要同时都存在,实际上只要有了一个,就足以引起有罪推定的作用。无罪推定的特征则不然；只要缺少了一个，就足以使无罪推定成为有名无实的东西。其次，有罪推定的特征，都是对犯罪嫌疑人或刑事被检举人的成见表现形态，但相互间未见得都有必然的联系；所以这个特征（如第三、四个）的存在不一定以那个特征（如第二个）的存在为前提。无罪推定的特征则不然，它们相互间是有必然的联系的；这一个特征是以那一个特征的存在为前提的。这些都说明：要贯彻无罪推定是如何地不易，要体现有罪推定是如何地便当。

5. 在无罪推定和有罪推定之间不存在中间者

无罪推定与有罪推定之间是否可能存在第三种，即中间性的原则，即犯罪嫌疑人及刑事被检举人，在未被证明有罪以前，既不被认为无罪，也不被认为有罪？杨兆龙认为，这种中间性原则的存在是和无罪推定的要求根本抵触的。

第一，无罪推定要求在犯罪嫌疑人及刑事被检举人未被证明有罪前，认为他们无罪；所以未经证明有罪，即是无罪。这是法律充分保护公民的安全与基本权利，使不轻易受到侵害的一种政策。如果准许采中间性的原则，就可能发生这样的结果：未经证明有罪的公民，不被认为无罪。这无异从根本上推翻了无罪推定的原则。

第二，无罪推定要求犯罪嫌疑人及刑事被检举人的有罪必须经多方面调查研究后充分证明属实，毫无疑义，才能认为成立。如果所有的证据及各方面的情况尚不足以毫无疑义地证明有罪，那么即使有可疑，也应该认为无罪，即原有的公民地位不受任何影响。倘若照中间性的原则处理，便不能这样做，并且很可能在刑事判决书中下这一类的结论："被告犯罪虽未经证明，但究属不无可疑"、"被告犯罪证据不足"，有些法院还可能根据这一点对被告采取一些措施或作一些决定，如："被告应予交保释放"、"被告应予管制"、"被告免予刑事处分"。这样就在被告头上拖一条辫子，使他的公民地位不明确或受到限制。这是完全违反无罪推定的原则的。

第三，无罪推定要求必须有充分的、无可怀疑的证明，才可以推翻犯罪嫌疑人及刑事被检举人的无罪。侦查、检察、审判机关及人员应先主动积极充分搜集调查对犯罪嫌疑人及刑事被检举人有利与不利两方面的证据及事实，然后作出客观的论断；必须做到完全充分无疑地证明有罪，才可以作有罪的论断。如果采取中间性的原则，侦查、检察、审判机关及人员就会不这样切切实实地做，对犯罪嫌疑人及刑事被检举人的保障就显得不够，这就违反了无罪推定的要求。

第四，无罪推定要求不得将无罪的证明责任加在犯罪嫌疑人及刑事被检举人身上，更不得因为他们不能证明自己无罪而认为他们有罪。中间性的原则没有明确这一点，在举证责任上对犯罪嫌疑人及刑事被检举人缺乏保障，这是为无罪推定原则所不许的。

因此，关于刑事案件中有罪或无罪的认定，实际上只能有两个对立的、互相排斥的原则，即无罪推定的原则或有罪推定的原则，不可有第三种中间的原则。

6. 无罪推定原则的贯彻需要配套措施

杨兆龙认为,无罪推定不仅仅是一个局限于刑事程序法方面单纯的关于犯罪证明的法律原则。它不仅和刑事程序上各种诉讼保障有着有机的联系,并且还和其他各部门的法律原则或制度,如刑事实体法、民事法、司法组织法、行政法、宪法等(尤其是刑事实体法及司法组织法)的原则或制度,有着密切的关系。杨兆龙举了两类例子重点说明:

首先,在有些国家的刑事实体法中,往往一面规定某种犯罪的构成要件,一面又推定这些要件中的某一要件为存在。在这种情况之下,必须要等到被告有相反的证明,或侦查审判机关已依职权发现有相反的证据,才可认为这种要件确不存在。例如,故意与过失,照无罪推定的要求来讲,是应该经证明以后才可以认为存在的。但在英美法里曾经有过这样的原则:一般的故意(即对于行为的自然和必然的结果的预见或要求发生的意图)毋庸证明:只要有行为的发生,就可以推定他是出于故意的;只有特定的故意(如意图犯某种重罪而侵入他人房屋及意图以欺骗方法取得财货而伪造文件)才需要证明。依照国民党政府的海商法第44条的规定,凡船长在航海中遇有危险而放弃船舶时,"非将旅客救出,不得离船,并应尽其力之所能及,将船舶文书、邮件、金钱及贵重货物救出",如不这样做,"处7年以下有期徒刑,因而致有死亡者,处无期徒刑或10年以上之有期徒刑"。其41条又规定:"船长对于执行职务中之过失(这里所说的'过失'乃广义的,应包括故意在内)时,应负证明之责"换句话说,船长如主张他的违反第44条的规定非出于故意或过失,应负举证之责。特别值得注意的是:过去在西方国家的刑事法律中,往往有对犯罪行为发生某种较严重的结果而加重处罚的规定。这种较严重结果的发生,有时是行为人所不应、并且也不能预见的,因此既非出于故意,也非出于过失,但法律一律使行为人对这种结果负责(如德国刑法典第118、178、220、221、224、226、227、229、239、251、307条)。这说明在某些西方国家的刑法中还存在着一些不容许反证的、对行为人的故意或过失推定。很显然,上述这些刑法的规定或原则的存在是和无罪推定的原则抵触的。如果一个国家不将这些规定或原则取消,那纵然在刑事程序法中明确地规定了无罪推定的原则,也是不彻底的。

其次,有些西方国家的司法组织采陪审制及法官选举制。陪审团的权限太大,它不仅有决定事实的最终权,而且实际上有解决法律问题之权。法官就等于运动会上的评判员,几乎毫无主动性。这种情形在美国有时很突出。所以尽管法律上规定了无罪推定原则,陪审员们还是照他们自己的普通的想法,甚至照自己对被告的偏见行事,并不尊重这个原则。在美国这一类的国家,法官的选举往往是政党操纵的,法官的候选人主要由政党提出,真正有学问而守法不阿者不一定为政党所喜欢,往往得不到他们的支持。加以当选以后,任期既短(有些规定为二年,较普通的是六年至九年),如不好好地敷衍他们的主人,下次就不能再当选;因此在审判案子时就有可能不依法办事。在这种情况下,如果刑事案子的被告是一个和法官的后台老板的政党敌对的人物,那么法官为了见好于他的主子,就不得不抛开无罪推定的原则。所以要保证无罪推定原则的贯彻,还得有一套健全合理的司法组织。

从以上这些例子可以看出:无罪推定原则的贯彻是有赖于其他的法律原则和制度的适当配合和支持的。我们不应该机械地将它看成一个孤立的东西,而应该将它和一切有关的法律原则和制度联系起来观察理解。

(四) 不必迷信和提倡陪审制度

1937年1月,杨兆龙在《经世》杂志第一卷第一期发表了《欧美司法制度的新趋势及我国今后应有的觉悟》一文,指出,陪审制度在当时的欧美已遭人反对,但在中国却有多人竭力提倡,这些提倡的人专说它如何地好,而对它在欧美实践中暴露的短处却完全不提。

杨兆龙接着回顾了陪审制度的演变。他说,陪审制度原来在欧美被视为保障人权的唯一利器。17、18世纪之际,欧洲大陆各国大都采行纠问式的刑事制度,法官权限很大,失之专横,权利无保障。大家觉得人权保障最充分的是英国,因此都提倡英国的政治和司法制度,"三权分立制"、"陪审制"、和"告劾制"等都受到一般学者热烈欢迎。这种运动酝酿于法国,1791年法国国民会议决定采用英国的大、小陪审制。经过十余年的讨论和试验之后,大家觉得大陪审制虽非必要,而小陪审制绝对应该采取。随着法国势力的扩张,这种小陪审制流传到欧洲多数国家。美国宪法规定了大、小陪审制度。在以往的几百年中,陪审制度确曾受到欧美一般人的热烈欢迎。可是到了20世纪其地位受到质疑。经过长期的试验后,大家都感觉它的实际效用并非过去想的那样好。一是陪审员不懂法律、知识浅薄和偏重感情,使裁判往往不能公平。二是陪审程序的复杂迂缓,时间、精神和金钱的损失往往很大。因此,陪审制度如今几乎到处被人反对。大陪审制的地位不如以往重要,小陪审制的范围也比以前小了好几倍。照美国一些重要学者的分析,如果不是因为宪法的限制和宪法修改的困难,恐怕陪审团制度早就不复存在。在法国,刑事案件的审理原由陪审法院审理,但因其程序迂缓,现在有许多陪审法院管辖的案子都由检察官送给普通法院审理,以避免陪审法院的审理。德国1924年由联邦政府依法对陪审制度做了根本性地修改,陪审法院虽然保留,但其内容和参审法院差不多。原来的陪审法院有12名陪审员,职责是决定法律事实问题,法律适用问题则由法官决定。参审法院则不然,其组成人员有一名法官和两名参审员。事实问题和法律适用问题都由他们决定,参审员和法官的权力一样。1924年以后陪审法院便变成一个由3位法官和6位陪审员共同审理事实和法律适用问题的机构。意大利原来也有和法国类似的陪审制度,后因效果不好,已将它根本改造,陪审员已变为参审员,和德国的陪审员性质接近。陪审员的资格也被提得特别高,这种资格条件都是为保证陪审员的知识和道德而设的,社会上能够符合这些资格条件的人仅居极少数。

通过上述陪审制的演变叙述,杨兆龙得出以下结论:从前被视为保障人权所必需、风行一时的陪审制度,现在已暴露出它的弱点,使许多理想家失望。

（五）领事裁判权并非在华外国人完全不受中国法律的约束

领事裁判权是中国近代长期实行过的一项重要制度，是中国近代半封建半殖民地社会性质的一个重要标志。但学术界对这一制度的解释是有误解的，主要表现为：误以为享有领事裁判权国家的国民在中国只受其本国的法律管辖，而完全不受中国任何法律的约束。

例如，《中国传统法律文化辞典》（北京大学出版社1999年10月第1版），对何谓领事裁判权制度的解释是："一国通过驻外领事等机构对处于另一国领土之内的本国国民，根据其本国法律，行使司法管辖权的制度。"《中国法制史》（中国人民大学出版社2004年5月第1版）说，领事裁判权制度在晚清中国的主要内容如次："凡在中国享有领事裁判权的国家，其在中国的侨民不受中国法律的管辖，不论其发生任何违背中国法律的违法犯罪行为，或成为民事诉讼或刑事诉讼的当事人时，中国司法机关无权裁判，只能由该国的领事等人员或设在中国的司法机构据其本国法律裁判。"

但在1937年6月，杨兆龙就于《经世》杂志第1卷第12期发表《领事裁判权之撤废与国人应有之觉悟》一文，指出上述观点似是而非。他指出，就中国与外国历次所订的条约来看，领事裁判权国家在中国所享有的权利只应包括下列4种：

权利国（拥有领事裁判权国家）的人侵犯了中国人的私人利益而为刑事被告时，不受中国法院管辖，也不受中国刑事实体法和程序法约束。但若侵犯了中国的国家利益时，应受中国法律约束。

杨兆龙指出，清朝政府和西方国家的一些条约，仅仅规定了权利国的人对于中国人的私人利益犯罪时可以不受中国法院管辖，并且不依中国法律受到惩罚，而对于权利国的人对中国的国家利益犯罪（如颠覆政府、走私、贩卖毒品、妨害公共卫生等）则未提及，如中英1858年（英文）条约第16条、中美1858年条约第11条、中葡1887年条约第48条、中丹1863年条约第16条、中荷1863年条约第6条、中西1864年条约第13条、中巴1881年条约第10条、中秘1874年条约第13条、中意1866年条约第16条等。依严格的解释，中国对于这类犯罪案件仍保留着司法权。因为依照这些拥有领事裁判权国家的法律，侵害私人利益的犯罪案件和侵害政府或公共或一般社会利益的犯罪案件，是有许多区别的，是不能相提并论的。他们订条约时对此是很清楚的。领事裁判权本是对一个国家固有主权的一种限制，外国人因领事裁判权所得享受的权利，以条约或其类似文件有明白规定者为限。凡依照条约或其类似文件没有明文赋予外国人的权利，仍应由主权国保留。领事裁判权条约规定的是私益刑事案件，那么其余刑事案件自然应由中国司法机关管辖，并依中国法律处置。危害中华民国的犯罪行为，都与侵害中国私人利益的犯罪行为不同，根据条约的规定，不受领事裁判权的保护。

杨兆龙在《领事裁判权与危害民国的外籍人民》（载于1939年1月《中华法学杂志》战时特刊第2卷第1期）一文中指出，按照国际法的基本原则，凡属国家，都享有生存权。这种生存权，除条约有明白的反对规定外,是永远保留着的。所以条约上如对于某种事项仅仅设有概括性的规定,而没有明确这一规定具有绝对效力,那么义务国的生存权并不因此而受限制。危害中华民国国家利益的犯罪行为,都是侵害中国基本生存权的犯罪行为,中国对于这种行为的外国人当然保留着独立依法处罚之权。领事裁判权决不能被视为外国人可以危害中国生存的工具。

2. 权利国人在华洋民事诉讼案件(即华人与权利国人之间的民事诉讼案件)中为被告时,依照大部分条约的规定,权利国人与华人之间的民事案件,不论何方为被告、原告,是应该由中国官厅与权利国的驻华官厅会同审理的。

如中英1858年条约第17条、中丹1863年条约第17条、中荷1863年条约第6条、中西1864年条约第14条、中秘1874年条约第12条、中意1866年条约第17条、中法1858年条约第35条、中比1865年条约第16条等。中外条约对于华洋民事诉讼虽有规定采用中外官厅会审制,但关于会审时适用何种程序法或实体法大都没有明确的规定。这从条约上常用"公平讯断"等语可以看出。依严格解释,这种不明确的规定,并没有排除中国程序和实体法的效力;故会审时仍应照中国程序和实体法办理。其采用会审制而规定权利国人为被告时应适用权利国之法规者,只有中葡1887年条约第51条等少数例子。此外还有少数条约规定华人与权利国人之间的民事诉讼案件归被告所属的官厅审理,如中美1880年天津补充条约第9条、中巴1881年条约第9条、中墨1899年条约第13—14条、中日1896年条约第21条等。

3. 权利国人之间产生民事或刑事诉讼时,不受中国法院管辖,应由权利国官厅"管辖"。"管辖"一词在司法术语上仅含有"审判权"之意。至于行使"审判权"时依照什么法律办理,条约西文上没有确定。依严格的解释,中国法律应该适用。关于法律适用有明确规定的,中外条约中只有1844年及1880年的中美条约、中瑞(典)挪(威)条约与1908年的中瑞(典)条约等少数例子。这些条约似乎承认权利国官厅对于这类案件有适用本国法律的权力。

4. 权利国人与其他外国人涉讼而为被告时,不受中国法院管辖。非权利国的外国人与权利国人涉讼而为被告时,依照历来的惯例仍由中国法院审理。而权力国人与其他外国人涉讼为被告的案件的管辖权,诸多条约规定不一。有不设规定者,如中英1858年条约、中葡1862年条约、中荷1863年条约等;有仅规定中国官厅不得干预者,如中法1858年条约第28条、中比1865年条约第20条、中德1861年条约第39条等;有规定归各国政府官厅审理者,如中墨1899年条约第15条第1项等;有规定依当事人所属国之间条约之规定而中国不得干预者,如中美1858年条约第27条、中瑞(典)1908年条约第10条;有规定权利国所属官厅审理而中国官厅不得干预者,如中日1896年条约第20条等;有一方面规定依当事人所述之间条约之规定,中国官厅不得干预者,但另一方面又声明如有中国人参加该项诉讼应由中外官厅会审者,如中丹1863年条约第15条、中西1864年条约第12条、中巴1881年条约第11条、中秘1874年条约第14

条、中意1866年条约第15条、中奥匈1896年条约第40条等。无论如何,上述条约所赋予权利国人的特权,依照严格解释,至多不过不受中国法院的管辖,他们似乎还应该受中国法律的制裁。

杨兆龙指出,以上四种情形表明,领事裁判权的范围是有限制的,享受这种权利者并不应该主张完全不受中国政府机关及法律的管辖、约束。

杨兆龙在《领事裁判权与危害民国的外籍人民》(载于《中华法学杂志》战时特刊第2卷第1期)一文中,还阐述了怎样解释领事裁判权的基本原则。第一,解释领事裁判权,应根据条约或其他类似文件。有些外国学者认为除此之外,还应包括中国政府片面的表示及各地的惯例。杨兆龙认为这是不对的,因为中国政府片面的表示仅能代表中国单方的意思,随时可以改变,其性质和条约或其他类似文件的规定是不同的。所谓"各地的惯例",实不过外国人片面的背约越权事实或中国政府对于外国人背约越权种种事实的"容忍"或"失察",这与条约或其他类似文件之规定截然不同,并不能赋予外国人以任何合法的权利。第二,条约的权利国与义务国如果对条约的条文发生争执,依照国际法的原则,遇到条约或其他类似文件的规定模糊,或可以做数种解释时,应采取有利于义务国、而不利于权利国的解释原则

但在近代司法实践中,由于种种原因,领事裁判权的范围被肆意歪曲和扩大,产生了如下三大弊端:

第一,把领事裁判权的范围扩大到完全不受中国政府管辖和一切法律约束。从上述领事裁判权的范围来看,权利国人只是在特种情况下,或者不受中国程序法和实体法约束,或者不受中国法院管辖,但绝不是绝对地、完完全全地不受中国法律或中国司法机关管辖、约束。

第二,权利国滥用领事裁判权使其他外国人及某种中国人不受中国法院及其他政府机关管辖和法律约束。享受领事裁判权的主体本以条约所规定的外国人为限,在中国的中国人,应与领事裁判权风马牛不相及。虽然条约上有时规定权利国人雇中国人做正当执役,中国官厅不得干涉阻止云云(如中英1858年条约第13条、中美1858年条约第17条),但这并不是说外国领事可以参与或干涉那些中国人的裁判事项。至于那些依照条约不应该享受领事裁判权的外国人或和中国无条约关系的外国人,在中国领土内应受中国(即领土主权国)的统治,当然不能拿领事裁判权做护身符。然而,事实并非如此。权利国人雇佣的中国人被控诉时,权利国领事往往串通权利国人,多方阻止中国官厅行使职权。甚至有些中国人在中国设立公司,不依法向中国官厅注册而向外国领事或政府机关注册,以便取得外国公司的头衔。这些公司无论在国际法、国内法或条约上当然都没有依据。可是一有事情发生,他们竟以享有领事裁判权者自居,外国领事们竟帮助他们对抗中国官厅与法律。最可气的是,有些中国人犯罪作恶之后,为避免合法的制裁,居然改入有领事裁判权国的国籍以取得领事裁判权国的庇护,有些权利国的领事和他们狼狈为奸,与中国司法机关为难,如葡萄牙等国的入籍手续相当简单,他们的领事

常常会干此类事情。还有一些依照条约不受领事裁判权管辖的外国人或和中国没有条约关系的外国人,因某些领事裁判权国家想讨好或利用他们,也会出面阻止中国官厅依照中国法律对他们行使统治权。

第三,领事裁判权国家歪曲和滥用领事裁判权,使中国国家和人民的利益被权利国人或其他外国人,或某些中国人所侵害时,没有适当的、有效的救济办法。当中国国家或人民的利益被侵害时,领事裁判权机关不能以公平合理的态度制裁犯罪作恶者,原因有四:一是领事裁判机关袒护享受领事裁判权者,忽略中国国家和人民的利益;二是领事裁判权机关的法官缺乏法律知识,因而错误裁判;三是享有领事裁判权的国家在中国所设的裁判机关、组织和系统都不完备;管辖区域既太大,诉讼者备受奔波之劳(如英美等比较好的国家,他们驻华的正式裁判机关亦为数很少),受理上诉的机关远在中国国外或组织极不健全(大部分国家在中国没有受理上诉的正式机关,就是有,亦为数很少,像英美等国,其最高上诉机关都在本国),导致利益被侵害者含冤难诉;四是中国方面的诉讼当事者,因为不熟悉领事裁判权的法律,往往非请外国律师不可,他们因讼累过重有时不得不放弃诉讼。

根据杨兆龙的论述,按照条约的本意,在领事裁判权国的人在中国为刑事被告时,如果涉嫌所犯之罪是颠覆政府罪、走私、贩卖毒品、妨害公共卫生等,中国司法机关拥有管辖权,并适用中国法律;在领事裁判权的人与中国人的民事案件中,多数情况下应由中国和领事裁判权国会同审理,并在多数情况下要适用中国法律。少数情况下归被告所属国管辖,并适用被告所属国法律;在拥有领事裁判权国家之间的民事、刑事案件中,虽由这些国家的司法机关审理,但多数情况下应适用中国法律,少数情况下适用领事裁判权国家的法律;在不享有领事裁判权国家与享有领事裁判权国之间的民事、刑事案件中,如果前者为被告,应由中国法院管辖。如果后者为被告,至少应适用中国法。因此,决不能把领事裁判权简单地解释为外国人在中国涉讼不受中国司法机关管辖,以及不适用中国法律。

作为当时中国比较法学会副会长和国际刑法学会副会长的杨兆龙先生的上述大作,给当时缺乏国际公法知识的国人,联系实际而进行了及时的法律启蒙。但遗憾的是,迄今不少人依然对此不知。

不过,中国从古代到近代的法治历史有一弊端:法律和实践脱节。即:有法不依、有法乱依。特别是近代列强横行霸道,涉外案件往往不是按照有关法律审理,而是在如下两种情形下了结:第一种情形是惧怕洋人而把审理权拱手让给外国人,如杨兆龙在《领事裁判权与危害民国的外籍人民》一文所揭示的抗战期间的一个案例:一个在湖北老河口传教的意大利主教及神父,充当了日本间谍,其教堂内还藏有枪支弹药和无线电收发报机。但中国有关当局却因他们是外国人而不敢对其依照当时施行的《修正危害民国紧急治罪法》予以处置。第二种情形是洋人依仗母国实力,拒绝把犯罪嫌疑人交给中方审理。租界里的警察多为洋人或为洋人控制,他们或者不依法去抓捕危害中国公共利益、社会利益的犯罪嫌疑人,或者抓了也不交给中方法院。

虽然中国近代由于种种原因而不能依法审理侵害中国公共安全、社会利益的外籍犯罪嫌疑人,但我们却不能因此否定中国依照国际法而拥有此项权力。

(六)中国检察官应拥有起诉和指挥侦查权

杨兆龙在1935年的哈佛大学法学博士毕业论文《中国司法制度之现状及问题研究——与外国主要国家相关制度之比较》中指出,中国的检察官与许多国家(不管是大陆法系国家还是英美法系国家)的检察官有一个重要的区别是,后者通常在刑事案件中仅拥有狭义的起诉权,没有积极参与侦查并据此决定是否起诉的权力;而中国检察官则拥有起诉和指挥侦查权。例如,在案件的侦查阶段,检察官拥有其他国家法官才拥有的指挥调查、保存和保护证据、搜查、扣押、逮捕、检查、传讯犯罪嫌疑人、证人或鉴定人及其他旨在发现事实和保证审判的诉讼活动。可以说,中国的检察官一方面是大陆法检察官与预审法官的组合,另一方面又是英美法的公诉人、委任地方裁判官、验尸官和他的陪审团及大陪审团的组合。

在中国,给予检察官如此多的权限是否适当。杨兆龙对此持肯定态度,认为它比其他国家具有两种优势,一是程序的简单化。要充分准备起诉,则传讯被告、证人和鉴定人,实施逮捕、搜查、扣押、检查就必不可少。假如中国的检察官与其他国家一样,也被剥夺实施这些事项的权限,则他常常会受到种种阻碍其工作的限制,从而无法做出迅速而适当的处理。二是责任的集中性。在其他国家,由于起诉之准备由若干人担任,所以责任分散,以致这些人员的思想较为松弛。这种情况在中国则不会发生,因为责任感是保证功效的重要因素。中国采用的责任集中制度是有助于提高起诉的功效的。

在基本肯定中国检察官制度的同时,杨兆龙也指出它的不足之处是检察官的一体性,即:他得服从上级官员(包括司法部长)的命令。司法部长有权指挥检察官执行任务,最高法院总检察长及其下级法院首席检察官对于其下属检察官所处置的案件,在认为有必要时,本人有权处置或指定其他检察官处置。这一制度破坏了检察官执行职务的独立性,必须予以改进。

(七)检察官应拥有不起诉决定权

杨兆龙认为,包括中国在内的世界各主要国家的法律都承认检察官拥有驳回告诉或告发的权力,即决定不起诉的权力。但中国与许多国家不同的是,检察官系统本身就可以决定不起诉,而其他国家的不起诉决定权往往掌握在法官或大陪审团手里。杨兆龙认为检察官的起诉不决定权应该受到一定制约,中国检察官下级必须服从上级的指挥或命令这一规定,有时会损害检察官应有的公正性和独立性。因此,除非他们的地位变得和法官一样独立,否则,不起诉决定权应该交给法官。如果现行检察官制度不变,那就应该允许告诉人最终向法官申诉。

（八）检察官与撤回起诉权的三个问题

1. 检察官或公诉人应该拥有撤回起诉权。杨兆龙认为，对错误地启动司法程序负责的公诉人，在具备既能保护无辜、又能避免滥用职权的条件下，没有理由不允许他们去改正错误。但应该注意的是，必须提供一些办法，使被告免受由于无谓的公开审判所引起的羞愧和窘迫，或至少应避免拖延诉讼。

2. 检察官应该恰当地使用撤回起诉权。杨兆龙提出应注意两点：（1）要避免出现滥用撤回起诉权情况的发生。为此，必须规定行使撤回起诉权的两个前提条件。一是行使这项权限应得到管辖该案件的法院、法官或合议庭的核准，以此避免公诉人由于政治影响、动机不良、法律无知而产生的专横武断，使公众对司法制度的不信任降到最低点。二是公诉人应向法院告知撤回起诉的理由，这不但是对公诉人行使该权的制约，也有助于法院更好地了解案情。（2）应该努力减轻或消除撤回起诉对被告已造成的不良后果。一般说来，撤回起诉是有利于被告的，然而，有时对被告的起诉已使公众产生了单纯依靠公诉人撤回起诉并不能消除他有犯罪嫌疑的印象。此时法院的无罪判决对于恢复被告的信誉和名誉将更为有效。因此，审判开始后，公诉人如果打算撤回起诉，则应经被告默许。

3. 从保护个人不受滥诉侵扰的合理性来看，应禁止已撤回的诉讼在没有新的事实或证据的情况下重新起诉。

根据以上道理，杨兆龙建议：一是撤回起诉应经法院许可，如在审判开始后提出的，则应经被告默许；二是检察官应告知法院撤回起诉的理由；三是延长可以撤回起诉的期限，即允许公诉人在案件移交法官后、言词辩论终结前的任何诉讼阶段提出撤回起诉。

（九）应该废除或减轻体现检察官制度的行政化色彩

杨兆龙认为，大陆法系中的检察官的行政化现象主要表现为可撤换性、等级从属性及一体性。可撤换性，即检察官的免职、调任、停职或减俸取决于其上级官员的决定，无需经过严格的法律程序；等级从属性，即检察官执行职务时应该服从上级官员的命令；一体性，即全体检察官形成一个代表社会或国家的整体，检察官可以替换，而不影响他们所进行的法律程序的有效性。替换有同一法院的检察官之间的替换和不同法院的检察官之间的替换两种。杨兆龙的看法是：

1. 大陆法系的检察官的可撤换规定应该废除。理由是，检察官不具有行政官的性质。只有在法国等一些国家，检察官才有权监督辅助司法事务和少数司法行政事务；但对于那些检察官职务主要是起诉犯罪的国家来说，则和行政官无关。在逮捕、扣押、搜查、检查和询问被告、证人与鉴定人方面，检察官行使了几乎与法官相同的权限。起诉犯罪与行政事务完全不同，它直接关系人民的自由和生命。在许多情况下，检察官因起诉而经历的心理过程与审判刑事案件的法官相同。唯一的区别是与法官的审判不同，起诉不包括为拟判所独有的工作。既然与法官审判权大体相同,那么为了保证检察官的独立与公正,就应像对待法官那样,不得任意免职、停职、减薪和调任。

2. 检察官的等级从属性规定应该废除。为了确保检察官的独立与公正,必须使其能保证思想独立和态度公正的位置。而等级从属性使得检察官服从上级官员的命令和指挥,这会使检察官失去责任心,也会给不当的政治干预留有极大的余地。因此,除非命令依监督权而签发,否则检察官不应服从其上级官员的命令。

关于检察官一体性,杨主张,不同法院的检察官之间不可替换。理由有三,一是没有必要这样做。允许首席检察官执行或指令其他检察官执行其所辖各级法院的检察官之职务,主要是为了使一些重要复杂的案件不致落入无能或不称职的检察官之手。但在实践中,极少有适用这项规定的例子。原因是比较重要和复杂的案子通常分发给经验比较丰富、任职时间较长的检察官来处理,不会落入无能或不称职的检察官之手;上级检察官可以行使对下级检察官的监督权,前者的适时警告已足以使后者意识到他的错误。二是如果一体性原则适用于不同法院的检察官,将产生与等级从属性同样的政治干扰。三是不同法院的检察官之间适用一体性原则,会使人觉得反常并产生疑虑,影响检察官的威信和尊严。

从同一法院的检察官角度来看,一体性原则只能适用于下列情形:某个检察官因事务发生冲突、缺乏法定资格、不能到场或有其他原因妨碍其执行职务,原来分发给他或应分发给他的案件,可改由其他检察官来执行。

(十) 怎样划分公诉和自诉的范围

杨兆龙先是归纳了世界各国关于自诉和公诉范围划分的七种情况,总结出各种制度之间的三点主要区别:(1)允许自诉人参加刑事诉讼的案件;(2)自诉人参加刑事诉讼的方式;(3)对自诉人参加刑事诉讼的制约。最后杨兆龙提出了自己的看法:一是应设法允许自诉人参加有关其私人利益的犯罪的起诉;二是这种参加一般应采用自诉形式,但对于严重的犯罪,应采用介入起诉的方式;三是属于自诉的犯罪,应允许公诉与自诉并存;四是有关个人利益得由自诉人起诉之犯罪,实际已由检察官起诉时,应允许被害人参加诉讼;五是为更有效地制止诬告或滥诉,较为重要的犯罪案件,在开始审判前,应被告之申请,得由法官进行侦查;六是除被害人告诉乃论之犯罪案件外,对于自诉人起诉的案件,应允许检察官作为补充自诉的参加者参加诉讼。

杨兆龙学识渊博,见解独到,笔者不才,对杨先生的学术贡献略作梳理如上,很可能挂一漏万,词不达意,欢迎同道指正。

民国时期

·论著·

中国司法制度之现状及问题研究[*]
——与外国主要国家相关法制之比较

导　言

　　本论文的目的正如题目所示，意欲参酌世界主要国家的制度，研讨我国司法制度之现状及问题。文章分为两大方面：一为现行制度之展示；一为有关问题的讨论。然而，知今必须温古，所以，文章的第一部分就现行制度的起源作一简短的历史概述。

　　考察现行制度可从多方面入手，因受时间与空间的限制，难以作全面的比较研究。因此就中外制度进行局部的比较。第二部分所讨论的问题限于以下四个方面：（1）司法等级制度；（2）法院之组织；（3）法院之权限；（4）司法人员。在1932年颁布的新法院组织法，将可能引起现行制度的若干变化。为明了现行制度如何适应将来的趋势，拟用一章讨论该法的主要特征。

　　如同其他许多国家一样，中国的司法制度也呈现出诸多问题。本世纪初叶曾将所谓的近代司法制度引进国内。历二十五年的经验业已证明：法制改革必须适合中国的国情。清末司法改革运动之初，曾盲目采用外国法制。现在，大家普遍觉得，只能从国家特定的需要出发，对外国法制择其善者而用之。几十年前许多被认为无足轻重的问题，今已变得严重。故文章的第三部分选择其中最紧要的若干问题展开讨论：（1）行政案件之管辖；（2）巡回法院；（3）检察官制度。在第一个问题中，将讨论和普通法院不同的特别法庭审判行政案件的合理性；在第二个问题中，主要分析中国设立巡回法院的可行性与运作方式；在第三个问题中，试图探究中国应否保存检察官制度，如予保存，应作何种修正。

第一部分　历史考察

引　言

　　考察中国之法律发展史，可溯及公元前两千余年前。其中，可用于介绍司法制度之历史颇多。

---

[*] 美国哈佛大学法学博士论文，作者杨兆龙，原著系英文，译者卢勤忠，审校施觉怀。

　　杨兆龙法学博士论文是1935年5月在美国哈佛大学法学院院长、当代法学泰斗庞德（Roscoe Pound）教授亲自主持的论文答辩会上通过的。答辩会进行了整整四个小时。杨兆龙的答辩得到了赞赏，论文被评为优秀。庞德最后说，"杨兆龙是接受我考试的第一个中国人。东方人的思维方式引起了我很大的兴趣。"从此奠定了十年后师徒二人为中国法制重建而通力合作的基础。

但因现在的研究主要围绕现行司法制度的状况和问题,而非其历史,所以,仅探讨可以解释现行司法制度之发展的历史情况。据此,下述第一章所作之历史考察将从十七世纪中叶至 1911 年间统治中国的清代司法制度开始。从清朝初期到现在的中国司法制度,历史虽较短暂,为方便研究起见,也可分为三个时期:第一时期为清朝初期至十九世纪末叶,此期也可称为传统司法制度时期;第二时期为十九世纪末叶至 1911 年民国建立,此期也可称为转型时期;第三时期为 1911 年至今,此期也可称为近代司法制度之形成与发展时期。

第一时期——传统制度时期

满清统治者为来自中国东北的异族部落,有其本身独特的风俗与习惯,但是,作为明代的继承者,它于开国初期即明智地采取维持原有的许多政治制度的政策。其中,以代表中国法制繁荣的唐律为蓝本而制定的明代法制,已使清代前几朝君主深信:从根本上修正明代的法制是徒劳无益的。[①] 结果,清代虽然也有新法律的制定,但明代法律的基本框架却仍被沿用下来。前几百年的司法制度,实系前朝的复制品而少有变异。这种情形一直延续至十九世纪中叶。[②] 概括地说,这一时期的司法制度有以下六个特点:

第一,司法行政不分。此亦为历代法制之共同特征。以下事例足以说明:在地方政府中,缺乏从政治制度中独立出来的、设有专掌司法事务官员的机关。在中央,司法审判机关也不完备。清代的司法审判机关可分为六级。[③] 最低一级为县署,知县系主要长官,兼掌司法、行政两权。其行政权限是:作为地方行政长官,对行政活动的一切方面负责;其司法权限是:对辖区内发生的所有案件行使管辖,既为审判官,同时又为检察官。[④] 县署之上为府或道,系县署的上级机关。作为第二审,在行政和司法事务上对县署进行监督。[⑤] 第三级为按察使或布政使。按察使司主持一省的司法事务,包括法律之实施与适用、官员之惩戒、狱犯之执行;[⑥]而布政使司主掌全省财赋,辅以户婚、田土等事务之处理权。[⑦] 实际上,关于第三审级的审判事务,按察使对全省所有刑事案件行使管辖;而布政使的管辖通常仅涉及民事案件;在"秋审"时布政使司与其他官员共同审录刑事案件(下面即将讨论这个问题)乃属例外。[⑧] 第四审级为总督或巡抚,两者都是省级行政长官,审理各类民刑案件。[⑨]

第五与第六级审判机关为京师中央政府之组成部分。就民事案件而言,户部为第五及最后审级;[⑩]就刑事案件而言,则有两个不同等级的审判机关,一是刑部,一是司法会审,由其中之一组织之。刑部是当时的司法行政部,但它对于刑事案件的审判具有非常重要的作用。一般作为审查全国各地上报案件的第五审。除死刑案件外,它的裁决是终审的,但仍应奏报皇帝核准。[⑪] 司法会审之组成因案而异。如遇审理紧急之死刑案件,它由著名的"三法司",即:刑部、都察院(即监察院)和大理寺(即京师最高审判机关之一)组成。三法司意见一致时,才能对案件作出裁决,然后将裁决

---

① 程树德:《中国法制史》,第 98—107 页。
② 杨鸿烈:《中国法律发达史》,第 761—765 页,第 917—919 页;王永瑢等编:《历史职官表》,第 18 分册,第 1—4 页,第 25—44 页;第 21 分册,第 1—5 页,第 12—25 页;第 22 分册,第 1—4 页,第 15—23 页;第 52 分册,第 1—3 页;第 54 分册,第 1—3 页。
③ 张玉春:《中国司法制度》,载《中国社会政治学》,第二卷,第 4 期,第 78 页。
④ 见王永瑢等编同书,第 54 分册,第 4—5 页。
⑤ 同上书,第 53 分册,第 4 页;第 52 分册,第 6—8 页。
⑥ 同上书,第 52 分册,第 5—6 页。
⑦ 同上书,第 52 分册,第 4—5 页。
⑧ 见张玉春同书,第 82 页。
⑨ 见杨鸿烈同书,第 917 页。
⑩ 见张玉春同书,第 82 页。
⑪ 《大清律例集要新编》,同治四年版,1865 年出版,第 35 分册,第 31 部分,第 2—12 页。

奏报皇帝核准;如意见分歧,具列后,奏报皇帝裁决。①

若遇审理不太紧急之死刑案件,如每年举行的"秋审"、"朝审"案件,司法会审由"九卿"即刑部、吏部、户部、礼部、兵部、工部各尚书与大理寺卿、通政使(管理章奏文书之中央机构)司、都察院都御史组成,九卿会审后,须奏报皇帝核准。②

由此可见,司法与行政职能混合不分。

第二,该时期的司法组织的特点为,以皇权为司法之渊源。与第一点类似,皇权是古代多数君主政体的法制基础。③ 这从下面的事实中非常明显地表现出来,即:许多相当重要的案件得奏报皇帝裁决。皇帝有权随意否决各司法机关的结论。但事实上,刑事案件奏报皇帝核准或裁决,后来仅徒具形式。依历朝之习俗与惯例,皇帝仍应遵奉传统与前代"圣贤和皇帝"所定的古训。因此,他很少任意干预此类事务。尽管如此,司法独立及尊重法律显然仅属道义上的保障。

第三,这一时期对司法审判机关的裁决,其救济相当独特。虽然上诉权是法律承认的,但是它有许多特点。首先,上诉权之行使基于所谓的"等级制度"④,即:与其说上诉是对判决不服,还不如说是对拟判者不满;对下级审判机关能行使监督权的上级机关有多少级,人们就享有多少次上诉权,而并不考虑这种做法的实际效果如何。上述现象导致以下三种结果:(1)在多数情况下,上诉不但意味着法律适用或事实认定上的错误,并且认为下级官员有恶意或重大过失。因此,一方面,若上诉成功,通常导致对有关官员的惩戒;另一方面,若上诉被驳回,上诉者往往将承担诬陷长官的责任。⑤(2)假如人们敢于冒承担诬陷责任的风险,他可以随意提起多次上诉。⑥(3)上诉应向作出不服判决的审判机关的直接上级提出,每上诉一次,上诉者均有可能遭处罚。⑦ 其次,上诉之提出并无中止原判决执行的效力。假如某审判官有权作出的判决无须复审,则该判决就可立即执行。因此,对于所有民事案件或处罚仅为笞杖之刑的刑事案件,判决一旦宣告,可随即执行。这样的司法固然快速而省钱,但在某些情况下,对不公的判决却无从救济。因为就上诉者而言,上诉即使成功,由于无法恢复原状,也不能带来实际的好处。这一时期,对于司法审判机关的裁决,其救济是不寻常的,即刑事案件中的自动复审制。此制与南非的有关制度相似。⑧ 由于涉及人民生命和自由的刑事案件关系重大,为纠正司法中的错误,一种相当全面的复审制被制定出来。如无复审制,这种错误或许无从救济。⑨ 在该制度下,犯罪依所规定之刑罚,分为以下五类:(1)处笞杖刑之罪;(2)杀人罪以外的处定期流放刑之罪;(3)处定期流放刑之杀人罪;(4)处终身流放刑之罪;(5)处死刑之罪。对于第一类犯罪案件,知县有权作出宣判,无须移交上级复审。这种宣判有效并可执行;除非被告上诉,由上级审判机关予以撤销。因此,就此种裁决而言,下级机关依职权无须将案件移交上级复审,可即刻执行。对于其它犯罪案件,无论被告上诉与否,县府之判决必须移交上一级或多级机关复核。其中,就第二类犯罪案件,府、道为最终复审之机关。府、道复审后得呈督、抚核准;就第三类犯罪案件,督、抚为最终复审机关,督、抚复审后,得呈刑部核准;就第四类犯罪案件,刑部为最终复审之机关;就第五类犯罪案件,司法会审为最终复审机关。⑩

第四,审判官缺乏专门训练。从司法与行政职能之混合,我们可以看出,职掌司法之官员无须

---

① 《大清会典》,1895 年版,第 69 分册;《钦定大清会典事例》,1886 年版,第 1043 分册。
② 同上书。可以说,"秋审"和"朝审"是每年阴历八月举行的审判。秋审审录外省案件,朝审审录京城案件。
③ 见张玉春同书,第 83 页。
④ Raoul de la Grasserie, de la Justice en Friance et a L'estramger, 1914, pp. 714 - 716; Morel, Traite elémentaire de procedure civile, 1932, p. 132.
⑤ 《大清律例集要新编》,第 28 分册,第 1 部分;第 35 分册,第 2 部分,第 1—4 页;第 7 部分,第 1—2 页;第 9 部分,第 1—2 页。
⑥ 同上书,第 28 分册,第 5 部分,第 1—9 页;《钦定台规》,第 1 分册,见清朝第一代皇帝顺治八年上谕。
⑦ 《大清律例集要新编》,第 28 分册,第 1 部分,第 1 页。
⑧ Gardiner, F. G., The South African System of Automatic Review in Criminal Cases, 44 Law Quarterly Review, 1928, pp. 78 - 79.
⑨ 《大清律例集要新编》,第 35 分册,第 3 部分,第 1—5、8、12 页。
⑩ 见张玉春同书,第 80—82 页。

适合如今日对司法官员所设立之标准。因此,审判官往往不能深谙法律之精髓。清代法律曾要求所有政府官员熟读法律,①但此规定仅要求官员被任用后应履行之,而非任用之资格。固然,由于各审判衙门配置了一批受过法律专科训练的人员作为审判官的私人顾问,使这种欠缺状况的严重性大为减轻。但是,由于他们以往所受的教育是传统的、对法律进行解释和应用的技术,而不去探究其根本目的,更不将法律视为基于社会需要所订立的一套科学规则。所以,他们的观点易受制于僵化的科条阐释,有时导致执法不公的后果。

第五,审判官在案件审理中起重要作用。由于程序法之不完备,审判官的权限常模糊不清,从而导致审判官控制司法程序,这种情况在今日就成为越权。诉讼当事人居于被动之地位,为诉讼所累。②

最后要指出,执行司法职务时,可附带采用严酷的方法。刑事案件审理中最能说明这一点。除无视诉讼公开原则外,为迫使被告认罪,法律还特别许可对被告刑讯逼供。③ 而且,因无律师行业,当时并不存在辩护制度。

第二时期——转型时期

由前一章所叙显然可知,传统司法制度在许多方面不符合近代法制理论,亟需从根本上加以改造。但因这种愿望产生于相当封闭的君主制政体之中,所以,直至十九世纪中叶才引起足够的注意。其时,由于中国与西方国家外交关系之发展,当局开始感到法制需要改良。从1848年开始,作为中国与西方列强之间战争的结果,订立了一系列条约。其中规定了外国人在中国可以享有治外法权。西方列强提出这项特权的要求是基于:中国的法制在整体上不能令人满意,并不仅仅针对司法制度。列强的要求使国人醒悟,普遍认为各个法律部门均需改良。同时,由于中国学生留学海外并受西方的教育,西方在中国建立了宗教机构及商号,又使西方法制思想渐渐渗入国内。从而促使国内学者与政府当局对司法改革的认识更加明了,并对进行切实可行的改革的合理性及范围,形成了更为开明、积极的构想。④ 另外,自1848年后,外国人依条约而享有之治外法权,导致难以容忍的丧权辱国的局面。大批有识之士认为:主权国家岂能容许外国人享有特权,司法改革乃是废除这些特权的先决条件。⑤ 因此,在1902年及其后若干年与外国订立的商务条约中,中国政府已表明了"改革司法制度使其与西方国家一致的愿望。"对此,英国、美国及其他国家即表示,一俟中国之律例情形及其审判办法与一些相关事宜达到可使他们放弃治外法权的要求时,即放弃之。⑥

然而,此时如无全国范围内宪政运动之崛起,前述因素并不能真正迫使清政府从事司法改革之实际工作。就当时的宪政而言,近代的法制原则,尤其是立法、司法、行政三权分立的学说乃先决之条件。1902年初,首先采取了改良法律与司法制度的步骤。其实,这更多地是为政治改革作准备。⑦ 同年,派著名法学家沈家本、伍廷芳为修订法律大臣,组成修订法律馆。⑧

因认识到程序法最为紧迫;而颁布详尽、全面的刑事或民事诉讼法典又颇费时日,无暇等待。故修订法律馆先着手起草《民刑程序规则草案》以敷急需。⑨ 该草案渗透着英美法之原则,如获采

---

① 《钦定大清会典事例》,第749分册。
② 例如,审判官在审理民事案件时,有权当场处罚他认为有过错的任何人。他可以不考虑那种所谓的"对质"原则。
③ 《大清律例集要新编》,第3分册,第1部分,第2页;第34分册,第10部分,第1页。
④ 王宠惠:《中国法律改革》,载《中国社会政治学》,第二卷,第2期,第15页。
⑤ 同上;江一平:《中国司法制度改进之沿革》,载《东吴法学季刊》第1期,1922—1924年,第156页。
⑥ 见王宠惠同文,第15页。
⑦ 李剑农:《最近三十年中国政治史》,第22、34—43页、79—89页。
⑧ 江庸:《中国近代法制发展与司法改革》,载《东吴法学季刊》第2期,1924—1926年,第123、126页;见江一平同文,第157页。
⑨ 见修订法律馆就此草案奏皇帝章书,载《大清法规大全》,上海法政学社出版于上海,第2分册,第1页。

用，或许我国的司法制度将向另外的方向发展。① 草案中规定，刑民案件中均适用陪审制，②程序上的指控制度中包括当事人或其代理人盘问证人的询问制（accusatory system）。③ 然而，该法于 1906 年颁布后，因不适合中国之传统，遭各方强烈反对而告终。④

尽管如此，1906 年下半年，还是引起了司法制度的一项重要改革，此乃政治改革之反应。清廷发布上谕，刑部着改为法部，负责司法行政；大理寺着改为大理院，为全国最高审判机构。⑤

是年，颁布《大理院审判编制法》，⑥次年，颁行《各级审判厅试办章程》。⑦ 前者规定了位于京城的大理院、高等审判厅、地方审判厅和初级审判厅之组织，后者则厘定各级审判厅之组织和程序。这些法律基本上模仿大陆法制度，尤以德、日制度为基础。⑧ 其中，除正式、明确地认可司法独立原则外，还规定了"四级三审制"。四级为：（1）初级审判厅，（2）地方审判厅，（3）高等审判厅，（4）大理院。三审即一次初审和二次上诉审。初级审判厅管辖之第一审案件，以地方审判厅为第二审，高等审判厅为终审；同理，地方审判厅管辖之第一审案件，以高等审判厅为第二审，大理院为终审。⑨

各级审判厅内分别配置四级检察厅，负责刑事犯罪之侦查、公诉，并保护民事事项中的社会利益，监督判决的执行等。分别为：（1）初级检察厅，配置于初级审判厅内，（2）地方检察厅，配置于地方审判厅内，（3）高等检察厅，配置于高等审判厅内，（4）总检察厅，配置于大理院内。⑩ 检察机关履行其司法职能时为独立于法院之等级机关。⑪

当时的司法制度之所以朝着大陆法的方向发展，有下列五种原因。第一，日本与中国在地理和种族上较为接近，该国采用新法制成功地废除了外国人在其国土上所享有之治外法权，从而由弱国一跃而为世界强国。所以，日本自然地成为实行大陆法制度的首选范例。⑫ 第二，当时赴日留学人数远超过留学英美者，以致仿行日本所采用之大陆法制成为时尚。⑬ 第三，修订法律馆的组成人员中亲日者多于亲英美者。不仅顾问为日本法学家，成员中多数中国人均曾于日本或国内受过大陆法的训练。⑭ 第四，英美法具有的未成文特点及由此而产生的理解上的困难，使其未能受到当时的中国和其它许多国家的欢迎。⑮ 第五即最后的原因是，各方对于《民刑程序规则草案》的强烈反对。此为针对采用英美法者之警告，从而使立法者有所顾忌。

---

① 见修订法律馆就此草案奏皇帝章书，载《大清法规大全》，上海法政学社出版于上海，第 2 分册，第 1 页。
② 第 208—234 页。
③ 第 58—62、116 页。
④ 见江一平同文，第 157 页。该文主要批评另一种观点，即：在执行针对丈夫的民事判决时，不得执行妻子的财产（第 130 条）。这种原则正好与当时认为妻子的财产也属于丈夫的观念相反。
⑤ 见江庸同文：《大清法规大全》，第 7 分册，第 1—3 页。
⑥ 《大清法规大全》，第 1—3 页。
⑦ 同上，第 4—10 页。
⑧ 见大理院和法部就这些法律奏皇帝章书，同上书第 1—2 页，第 4—5 页。
⑨ 见《大理院审判编制法》第 6 条。该条规定："各级审判厅包括大理院及下属审判厅（不论京城或外省）独立行使司法权，各政府部门不得干涉，保证司法独立和人民人身及财产安全。"
⑩ 《各级审判厅试办章程》，第 97—98 条。
⑪ 同上，第 98 页。
⑫ 这可从奏皇帝章书各法律草案理由中看出。有些人在采用某些原则时尚未进一步说明，仅以它们曾被日本采用过和已使日本成为如何状况作为理由。
⑬ 舒新城：《近代中国留学史》，第 46—71 页。
⑭ 见江庸同文，第 126 页；董康：《民国十三年司法之回顾》，载《东吴法学季刊》，第 2 卷，第 3 期，1925—1926 年，第 110—111 页。
⑮ 下面一段话出自莫里斯·阿莫斯（Mourice Amos）先生的论文《法律改革评述》，载《政治季刊》（1932 年 7 月—9 月号）。这段话被中国著名法学家郑天锡博士引用于他的论文《中国司法行政的演变》（载中国版创刊号，上海，1933 年 10 月 10 日），以解释中国的立法朝着大陆法方向发展的原因："我们法律的不成文形式构成了在世界上传播英国公正方法影响的可怕障碍。在上一个世纪，除少数国家外，世界各国包括许多新成立的国家都在进行全面的法律改革，在许多或者说大多数场合，它们直接或间接地模仿法国法典式的法律，在本世纪，也有少数模仿德国法的例子。除了统治者为说英语者即大英帝国和美国外，世界上没有一个民族或国家在修订法律时是模仿英国法制。发生这种全球范围的运动，并不是由于法国或德国的政治或文化有什么特别的吸引力，而仅仅是因为下列事实：这些国家能提供所需要的成品，而我们不能。"

新司法制度首先在京师、省会或依条约开放之港口城市作为试点。① 各省会普遍设立了一个高等审判厅，一个地方审判厅，一个或多个初级审判厅，依条约开放之港口城市则仅设立地方审判厅和初级审判厅。②

各审判厅逐渐设立后不久，即发觉应有一部较完美的关于司法制度的法律。于是，便草拟了一部重要的法典——《法院编制法》（Law of organization of courts），③并及时颁布付诸实施。

这部法律的内容较为全面而且详密，与前述两部法律比较，并非没有新东西；但是却缺乏容纳根本变更既存框架的条款，其中普遍仿效德、日模式，对"四级三审制"的规定亦更为详细。除《法院编制法》外，当时还颁布了另外三部法律，即《司法官（推事与检察官）考试任用条例》、《各级审判厅司法辖区（即地域管辖）条例》、《划分各级地方审判厅与初级审判厅管辖条例》。

以上简述之规划，因1911年革命爆发，清室覆亡，没有完全付诸实施。因此，可以说，直至1911年为止，司法制度之改革，基本上尚未超越立法阶段；新制度的具体实施，有待民国来完成。

第三时期——近代制度的形成和发展时期

民国成立后，尽管政府组织发生变化，《法院编制法》所规定的制度却仍然有效。《法院编制法》与以后制定的部分法令、章程组成了今日司法制度的基础，而各地许多审判厅的设立又使此法之实施向前推进了一大步。这项工作的进行速度可以从以下事例中看出：早在1912年，全国除京师有大理院、总检察厅、各省均设置一个高等审判厅外，另有124个地方审判厅和179个初级审判厅，并于各审判厅内，相应配置检察厅。④

但是，很快就发现，因困于经济、限于人才，再加政府仍须关注其它各项同样应予注意的工作，在短期内，要想在全国辽阔的疆域内都设立根据《法院编制法》所规定的审判厅，是完全不可能的。所以，政府拟定方案：在没有设立地方审判厅或初级审判厅的地方设立一种特殊的审判厅，即"审检所"，其中以助审员（assistant trial officers）为推事，县知事为检察官。到1912年为止，全国900多个地区，即约四分之三的地区设立了这类机构。⑤

民国初期的另一个显著成就是1911年颁布的《临时约法》对于司法独立之保证。这是中华历史上之创举。《临时约法》规定，"法院依法律审判民事诉讼及刑事诉讼"，"法官独立审判不受上级官厅之干涉"。⑥ 这些规定对于司法独立精神的产生究竟有多大的影响，没有比我国的一位著名法学家关于大理院的一段论述更能说明问题：⑦值得一提的是，大理院虽然诞生于清代末季，处于幼稚阶段，在民国之前，并未真正开始运作。但是，初生牛犊不怕虎。短短的一个时期，已记录下两件著名的事件。其一，民国四年，袁世凯"口衔天宪手持生杀大权"，曾对一起督军监守自盗案下达查办指令。此案由大理院朱姓推事审理，该推事经审查后，认为案件的指控证据不足，故予驳回。这就极大地冒犯了本欲对此案定罪的袁世凯。为泄私愤，他竟下令行政审判庭对于该推事之行为进行调查。当然，结果没有发现该推事有任何过错。最后，袁世凯只好自欺欺人地斥责该推事"屈从法律"——一个历史性的笑话，永载中华司法改革史册。此事或许可以使人回忆起记载于英国宪政史册上的一个著名案件（Stockdale V. Hansard）。另一个事件发生于次年，大理院与国会就选举案件

---

① 《大清法规大全》，第7分册，第12页。见1909年2月27日皇帝批准的《法部司法改革九年纲要》。
② 同上书，第7分册，第12页以下（见《各省会及条约港审判厅编制大纲》，1909年7月10日颁布，第1条）；徐谦：《论中国法院制度》，载《东吴法学季刊》，1922—1924年，第4页。
③ 见江一平同文，第158页。
④ 张耀曾：《论中国司法机关之现状及其将来》，载《中国社会政治学》第10期，1926年，第172页。
⑤ 同上。
⑥ 《中华民国临时约法》第49、51条。
⑦ 郑天锡：《中国大理院解释》，收回法权委员会于1923年在北京出版，前言第3—4页。

之申诉管辖发生冲突。国会以法无明文规定为由,否认大理院对此申诉有管辖权。而大理院依据其专有之法律解释权,解释其有管辖权。因此,国会通过决议否决大理院之决定,宣布其为无效。政府也站在国会一边。但大理院理直气壮地指出,虽然国会可以制定法律,但决议并不具有法律性质。这个理由最终迫使国会让步。

然而,在1914年即民国三年,审判厅制度发生了一个变化,即由于政府的紧缩政策,审检所与初级审判厅及初级检察厅被全部取消。此举后来颇受批评。① 初级审判厅之职能归属于地方审判厅,代之以"简易审判庭"。② 在取消审检所或没有近代审判厅的地区,由"承审员"辅助县知事兼理司法。③ 同时,为防止县知事滥用职权,公布并实施《刑事案件裁判复审规则》。其中规定,兼理司法县府管辖之刑事案件,在判决后如遇有上诉权之被告不能上诉或其上诉受阻,得移送高等法院或其分院复审。④ 然而,不久,司法当局发现县知事兼理司法不妥,故首先授予承审员对于初级法院管辖的民刑案件享有独立审判权,并独自对初级法院负责,以限制县知事的管辖权。⑤ 随后于1917年5月1日又颁布并实施《县司法公署组织章程》,规定在没有设立近代法院的地区,设置县司法公署,由一员或多员推事与县知事组成。⑥ 推事独掌审判权,不受县知事干涉,⑦县知事仅充任检察官。⑧ 假如这项制度果能在所有未设立近代法院的地区实现,则它必将使当时的司法体制发生重大的改进。遗憾的是,当时各省未予以足够的重视,仅在少数省份才有县司法公署的萌芽。

1927年后,一种新的司法制度曾一度存在于部分地区。它规定法院分为以下等级,即:(1)人民法院,(2)地方法院或市法院,(3)上诉法院,(4)最高法院。这种制度限制上诉,除死刑案件允许两次上诉外,所有其他案件只允许一次上诉。⑨ 国民政府奠都南京后,即废除此种制度。鉴于国民政府的命令,宣布所有从前施行之一切法令除与国民政府法令相抵触者外仍可援用,⑩故《法院编制法》与其他原北京政府的法令大部分被保留下来。事实上,此后,司法制度极少有根本的变化。有两点值得一提,其中之一为司法院的组成。司法院作为国民政府五院中之一院,行使司法权。⑪ 司法院以下列四机关组织之:最高法院、行政法院、公务员惩戒委员会、司法行政部。⑫ 在1932年,司法行政部改隶行政院,但依据1935年10月举行之中央政治会议,又隶属于司法院。就法院制度来说,司法院组成的效果主要是对最高法院职权的限制。这一点将在文章的其他部分予以讨论。⑬

另一点是县法院的创立。县法院的设立是为了满足某些地区——因经济困难无法设立地方法院,但又必须设置较小规模的近代法院的地区——的需要。这种法院之组织比地方法院简单,内部人员较少;但它又比初级法院完备,内部配置较多的推事、检察官和其他司法人员,处理司法事务。县法院可以管辖所有初级法院或地方法院第一审管辖的案件。有些人员较多的县法院,还可以管辖地方法院作为第二审管辖的案件。⑭

---

① 见张耀曾同文,第172—173页;见江庸同文,第119页。
② 见1915年5月7日司法部谕知令,指示有关法院务必在地方法院内设置"简易审判庭"(《司法法令汇编》1922年,司法部出版,第77页)。
③ 《县知事兼理司法事务暂行条例》第1—2、6条(《司法法令汇编》第160页)。
④ 《修正县知事兼理司法事务暂行条例》第1条。
⑤ 见1915年9月13日司法部谕知令(《司法法令汇编》第161—162页)。
⑥ 第1—4条。
⑦ 第6条。
⑧ 第7条。
⑨ 《法律评论》第185期,第16、17页;第199期,第198—199页。
⑩ 见1927年8月12日国民政府令(《司法法令汇编》1930年,第457页)。
⑪ 自1928年以后,国民政府由"五院"组成,行使五种权限。它们分别是:(1)立法院,行使立法权,(2)行政院,行使行政权,(3)司法院,行使司法权,(4)考试院,行使公务员的考选铨叙之权,(5)监察院,行使弹劾权(《国民政府组织法》第8条)。
⑫ 《司法院组织法》,1928年,第1条。
⑬ 见本文第二部分第三章。
⑭ 没有适用于"县法院"的一般法律或法令。这里所作的论述是基于司法部已批准但未公布的各省有关这类法院的条例。

除上述两点外,另一件事情也相当重要,即《法院组织法》的制订。该法于 1932 年 10 月 28 日颁布。其最重要之特征为采用"三级三审制"。法院只分为三级:(1) 地方法院或地方分院,(2) 高等法院或高等分院,(3) 最高法院。除了少数例外,所有案件以地方法院为第一审,最高法院为终审。[①] 采用"三级三审制"是基于以下两个原因:[②]首先,原先采用的"四级三审制",自 1914 年以来已名存实亡,并在程序上产生了许多复杂问题,从当事人利益考虑应予废止。其次,从统一法律解释的需要来说,采用"三级三审制",可以将第三审中的解释问题留给同一个审判机构,即最高法院。

然而,此法一旦实施,必将增加高等法院和最高法院的工作量。因为在现行制度下,许多不属于高等法院第二审和最高法院第三审的案件在同样情况下根据新法将改由这两类法院审理。为了避免高等法院和最高法院的工作不胜负担,在新法付诸实施前,还有许多事情必须着手解决,包括临时法院的设立,程序法的修正等。因为这类工作仍在进行之中,所以,新法实施的日期还未确定。

第二部分 中国司法制度之现状

引 言

以五权分立[③]学说(前述第一部分第三章已提到)为基础的政权组织,由于其独特的性质,所有与审判及法律解释职能直接或间接有关的权限均赋予政府的司法院,仅有少数例外。因此,司法院除享有司法行政权(如同法国、德国、比利时、日本之司法部对于司法事务所享有之行政权)外,还对以下事件行使职权:(1) 行政案件,也就是对于因政府的行政行为不当而提起诉讼的案件,(2) 公务员之惩戒,(3) 民事、商事和刑事案件以及其他普通法院所管辖的事务。但这并不是说,司法院行使这些权限,是通过其自身或通过某一种为此设立的同类机关去实现。相反,为符合分工的原则,这些权限被分别赋予不同类型的所属机关。司法行政权主要由司法部,或更确切地说,由司法行政部来行使;公务员之惩戒权,在首都由中央公务员惩戒委员会来行使,在各省由地方公务员惩戒委员会来行使;最后,对于民事、商事和刑事诉讼的权限,由最高法院和其下属各级法院来行使。[④]由此可见,从广义上讲,司法制度包括司法部和所有三类法院或审判机关。在全面讨论司法制度时,其中任何一方面均不应疏漏。因限于篇幅,此处主要讨论对于民事、商事和刑事案件以及对其他属于普通法院管辖的事务行使管辖的法院制度;若有说明之必要时,方才涉及他类法院和司法行政部。

第一章 司法等级制度

一、一般管辖法院

从理论上说,我国现在的普通法院与德国日本相同,分为四个等级,即初级法院、地方法院、高等法院和最高法院。但是,正如前面所指,自 1914 年后,初级法院之职能已归属于地方法院。所以,事实上只存在三级法院。然而,原属于四级法院的管辖规定仍有部分实际作用。换言之,所有刑事和民事案件,除少数例外,统分为两类:(1) 初级法院第一审管辖的案件,(2) 地方法院第一审

---

① 第 2、10、17、22 条。
② 见中央政治会议批准的《法院组织法立法原则》第 1 条。
③ 五权是:(1) 立法权,(2) 司法权,(3) 行政权,(4) 弹劾权,(5) 考试权。
④ 《司法院组织法》,1928 年 10 月 20 日,第 1、4—7 条。

管辖的案件。① 前类案件通常也以地方法院为第一审。但是，在判决或裁定后，如遇上诉，后类案件得移送于高等法院，前类案件只能移送于地方分庭，该分庭设立于第一审诉讼同一地区的地方法院内。与此相适应，在第三审时，后类案件将移送于最高法院，而前类案件则由高等法院审理。②

在偏远地区，地方法院可设分院（branch court）③或分庭（branch divisions）④以便办案。分院之管辖权与地方法院相同，⑤分庭对属于地方法院或初级法院管辖的案件有第一审管辖权。但与地方法院或分院不同，它对于初级法院的第一审案件无上诉管辖权。⑥ 国民政府成立后，设置了一类法院即"县法院"，与地方分庭类似；除少数例外，它们也只能管辖第一审案件。高等法院也可设分院，但不设分庭。⑦ 高等分院于其所在地有管辖权。⑧ 1910年《法院编制法》的第40条规定大理院分院的设置；但为了保持法律解释的统一，该规定已为1929年2月27日的国民政府令所取代，这个命令取消了大理院分院。

蒙古⑨地区的政治、社会和宗教状况与其他地方完全不同，势难实行统一的司法制度。除此地区外，各省现均有高等法院和地方法院，其中多数省份另有高等法院、地方分院和地方分庭或县法院。在无正规法院管辖第一审案件的地区，司法职能一般由"县司法公署"或"兼理司法县府"来行使。这两种机关的区别，在于县知事在司法事务中曾起的作用不同。在县司法公署中，县知事仅充任检察官，审判事务全委于审判官，县知事不得干涉；⑩在兼理司法县府中，司法职能由承审员来执行，但该承审员受县知事监督，县知事对于案件的裁决负共同责任。⑪ 但在现制度下，除少数偏远省分外，这两种机关的区分已不复存在。因为国民政府成立后，随着时间的推移，承审员的权限日益扩大。在最近司法行政部批准的有关规则中，出现了下列明显的倾向，即：与县司法公署的情形一样，将审判诸权赋予承审员，并使县知事仅充任检察官。⑫

县司法公署和兼理司法县府的管辖基本上与地方分庭或县法院一致。⑬ 两者对于初级法院或地方法院第一审管辖的案件均有管辖权。但是，若遇上诉，是将案件移送于地方法院、高等法院还是两法院之分院，得视具体情形而定。

为了防止这类法院机构的存在可能产生的弊端，对于刑事案件，政府拟定了两种特别诉讼救济，但它们不适用于正规法院。第一种救济就是如前所述的高等法院或地方法院对于刑事裁决的自动复核制。此制源于晚清，但是，其后陆续进行的修正已使它与原来的复核制大不相同。依据1928年9月19日颁布的《复审暂行条例》，凡由兼理司法县府、县司法公署、县知事兼行检察职权之县法院或其它法院审决的刑事案件，如果败诉方不能按期上诉、或者撤回上诉、或上诉被驳回不是由于事实方面的原因时，均应由该管高等法院或分院复核。⑭ 高等法院或分院复核后，可以作出以下三种处分之一：（1）原审法院的判决未犯影响被告基本权利之错误者，得维持原审判决，（2）宣判之刑因适用法律错误或于事实有意见分歧而不当者，改正原审判决；但原审法院之宣判为终身监

---

① 这些例外是指由高等法院作为第一审的少数刑事案件，即内乱罪和外患罪等案件。
② 见1915年4月3日司法部第334号令及法院制度的附图。
③ 《法院编制法》，1910年，第21条。
④ 《暂行各县地方分庭组织法》，1917年4月22日，第1条。
⑤ 《法院编制法》，第21—24条。
⑥ 《暂行各县地方分庭组织法》，第3、5条。
⑦ 《法院编制法》，第28条。
⑧ 同上，第29—31条。
⑨ 1930年12月试行的《改进蒙古司法办法大纲》其中规定：(1)设置独立的司法审判机关，喇嘛（宗教领袖）不得干涉；(2)任用蒙古人士为推事和检察官；(3)培训蒙古司法官；(4)采用巡回法院制度。
⑩ 《县司法公署组织章程》，1917年，第6—7条。
⑪ 《县知事兼理司法事务暂行条例》，1914年4月5日颁布，1921年1月修正，第6条。
⑫ 例如见《热河省各县承审员条例》，1930年（《司法法令汇编》，1931年，第247页以下）。
⑬ 《县司法公署组织章程》。
⑭ 第1条。

禁及受指令再审后可能会改判为死刑者,应指令重审,(3) 其他情形(包括终身监禁之宣判应改为死刑者),指令重审。①

重审之裁定应择用以下办法之一：发回原审法院重审；交高等法院或高等法院分院复核或交由指定推事莅审。②

这种复核制与晚清的复核制相比较,它更近于南非联邦的自动复核制。

首先,在南非的复核制中,最高法院可直接复核县治安法院的裁决；县治安法院可直接复核特别治安法院的裁决。因此,案件的复核只须通过一级法院,即第一审法院审理后即可直接移交至高等法院。③ 而在晚清的复核制中,案件的复核必须通过多级法院。

其次,在中国现行的复核制与南非的复核制中,复核法院对于复核之案件,既可维持、变更或撤销原判决或宣判,也可发回原审法院重审,或由其他非原审推事审理。④

最后,在中国现行的复核制与南非的复核制中,复核法院的责任为审查案件的审理是否做到了真正的、实质的公正；对于并不影响案件实质的不当规则可不予考虑。⑤

尽管中国现行的复核制与南非的复核制有些相似之处,但仍有以下重要的区别：

第一,在南非,案件经县治安法院裁决后,⑥只有科刑为三月以上监禁或二十五镑以上罚金或鞭刑(未满十六岁科鞭刑者不在此限)者,方得由最高法院复核；⑦在中国,以前虽存在过这种限制,但现在业已取消。⑧

第二,中国现行的复核制以逾期未上诉、撤回上诉或因程序不当驳回上诉为复核的先决条件；而在南非,复核与上诉并非相互对立,两者可同时发生。⑨

第三,在中国,高等法院或分院复核案件以合议行之,合议庭有权维持、变更或撤销原审判决或宣判。在南非,最高法院复核案件时,须先由一推事审查,该推事有维持原审判决或宣判之权；除非他认为原审法院的诉讼不合法或对合法与否存有怀疑、需合议庭审理外,一般上诉的审理并不以合议行之。⑩

第四,在中国,属于复核之案件的判决或宣判只有经法院复核后方可执行；而在南非,科罚金或监禁之宣判,在复核法院审定前并不中止执行,只有被告对于宣判的执行提供担保并经认可者,不在此限。⑪

第五,在南非,自动复核制仅适用于确认被告为有罪的案件；而在中国,复核制适用于各种案件,不论确认被告为有罪与否。⑫

复核制已成为对兼理司法县府和县司法公署非常有效的制约。1919 年至 1923 年间,在这两种机关审理的刑事案件中,每年被复核的案件数平均达 7 000 至 8 000 件。其中,未被核准者过半。⑬ 在 1930 年,因兼理司法县府和县司法公署为正规法院所取代,在这两种机关审理的刑事案件中,被

---

① 第 4 条。
② 第 7 条。
③ Gardiner and Lansdown,《南非刑法和刑事诉讼》,1930 年第 3 版,第 31 卷,第 114、425 页；Gardiner,《南非刑事案件复审制》,1928 年《法律季刊》(总第 44 期),第 78—79 页。
④ Gardiner and Lansdown,同上,第 114、427、428 页；Gardine,同上,第 80—83 页。
⑤ Gardiner and Lansdown,同上,第 432 页。
⑥ 所有经特别的治安法官作出的判决,无论是否判罪,均需由地方行政长官复审(同上,第 114 页)。
⑦ 同上,第 425—426 页。
⑧ 《刑案复判条例》,1928 年 9 月 19 日。
⑨ Gardiner,同上,第 83 页。
⑩ 同上,第 80 页。
⑪ Gardiner and Lansdown,同上,第 431 页。
⑫ 同上,第 114、425 页。
⑬ 在 1919 年,7 863 件案件中只有 3 710 件被核准；在 1921 年,7 914 件案件中只有 2 768 件被核准；在 1923 年,6 883 件案件中只有 2 359 件被核准(司法部公布的刑事司法统计,第 6 卷,第 33 表；第 8 卷,第 33 表；第 10 卷,第 35 表)。

复核的案件数降至 3 810 件,其中只有 1 446 件被核准。①

第二种救济就是原告对于兼理司法县府和县司法公署所作刑事裁决的告诉权。这种权限不适用于正规法院审理的案件。② 对于正规法院审决的刑事案件,原告除为自诉人外,不能自行向上级法院申诉。所以,除被告或检察官提出上诉外,对于法院的裁决,原告即使不服,亦无从救济。这种制度在县知事代替检察官行使抗诉权的法院,对于被害人或被害人的关系人当然极有可能不公正。因为县知事未经法律之训练,易受地方势力所左右,常不能很好克尽检察官之责任。所以,原告对于兼理司法县府或县司法公署的判决享有申诉权,俾使案件得受上级法院审查的规定,是极为合理的。

法院设置于一地通常具有永久性。巡回审判官以钦差身份审理案件,在晚近的朝代及古代虽然并不少见,但在司法改革运动初期关于法院组织的法律中,却并无任何设置巡回法院的规定。直至 1925 年,才开始试行这种制度。是年,广州国民政府将此制引入广东省。③ 但国民政府奠都南京后不久,这种做法即被废弃。自 1928 年以后,唯一实施巡回法院制的省份是甘肃省。该省在联络设施匮乏、一审法院距离上诉法院路程遥远、以致上诉靡费或上诉困难的偏僻地区,故由高等法院或其分院委派推事巡回审理上诉案件。④

为了更清晰地了解法院在实务中的运行情况,以下特别要说明的是各级法院管辖权的问题。前已提及,各类案件的第一审属于不同法院管辖。各级法院管辖的规定见于《民事诉讼条例》(1921 年 7 月 22 日颁布)和《刑事诉讼法》(1928 年 7 月 28 日颁布)。虽然《民事诉讼条例》各有一部分分别被 1930 年 12 月 26 日和 1931 年 2 月 13 日颁布的《民事诉讼法》所取代,但是,其中关于法院管辖的规定,在 1932 年的《法院组织法》付诸实施前,仍然有效。依据这项法律,下列民事案件属于初级法院管辖:

1. 出租人与承租人间,因接受房屋或迁让、使用、修缮或因留置承租人之家俱物品涉讼者,或出租人、承租人与转租人为此涉讼者;

2. 雇佣人与受雇人之间,因雇佣契约涉讼,其雇佣期间在一年以下者;

3. 旅客与旅店主人、饮食店主人或客、货运商行间(包括水上或陆上),因食宿、运送费或因寄存行李、财务或其它物品涉讼者;

4. 因请求保护占有涉讼者;

5. 因确定不动产之界线或设置界标涉讼者;⑤

6. 其它标的之数量或价值不足一千元者。⑥

民事案件中,所有其他不属于初级法院管辖的案件,由地方法院管辖。⑦ 关于财产权及不属于专门法院特别管辖的诉讼,当事人可以明示或默示的方式将第一审案件向法定管辖以外的法院提出。⑧

对于刑事案件,初级法院管辖如下:⑨

1. 最重本刑为三年以下有期徒刑、拘役或专科罚金之罪,但依刑法第 135 条至第 137 条,第 150 条至 152 条,第 161 条,第 164 条,第 201 条,第 283 条第 4 项及第 291 条,第 300 条的规定由地方法院第一审者,不在此限;

---

① 见 1930 年司法统计第 2 卷,第 1550—1554 页。
② 《县知事审理诉讼暂行章程》,1914 年 4 月 5 日试行,1921 年 1 月修正,第 38 条,第 2 款。依最高法院 1928 年 2 月 25 日解释(见《司法法令汇编》,1930 年,第 1 卷,第 508 页),这里所引用的规定也适用于县司法公署作出的刑事裁决。
③ 《广东省巡回审判条例》,载《法律评论》第 122 期,第 9—10 页。
④ 《甘肃省法院试办巡回审判章程》,1928 年 1 月 2 日,第 1—2 条。
⑤ 第 2 条。下列第 1 至 5 类案件均规定于该条。
⑥ 第 1 条。
⑦ 第 3 条。
⑧ 第 39、41 条。
⑨ 《刑事诉讼法》,1928 年,第 8 条。

2. 刑法第 202 条之妨害公共安全罪;
3. 刑法第 271 条至 273 条之鸦片罪;
4. 刑法第 293 条第一款之伤害罪;
5. 刑法第 337 条之窃盗罪;
6. 刑法第 356 条之侵占罪;
7. 刑法第 363 条之诈欺及背信罪;
8. 刑法第 376 条第 2 款之收赃罪。

其他所有不属于初级法院管辖的刑事案件,除高等法院管辖的第一审案件外,第一审均由地方法院受理。① 下列案件的第一审由高等法院受理:

1. 内乱罪;
2. 外患罪;
3. 妨害国交罪;②
4. 1931 年 1 月 31 日颁布的《危害民国紧急治罪法》所规定的罪;③

最高法院以往为第一及最后审级的特别法庭,适用于审理遭国会两院联合弹劾的总统案件。此时,特别法庭由最高法院选任九位推事组成。④ 而在现制度下,最高法院则无此项权限。

每一民刑案件得经三级法院审理的制度并非在任何情况下一概如此。高等法院管辖之刑事案件仅经过两级法院审理,固不必提;另有相当多的初级法院或地方法院第一审管辖的民刑案件亦属例外。《民事诉讼法》第 433 条规定,第一上诉法院(即第二审法院)对于财产权所作的判决,非有下列情况,不得上诉:(1) 如因上诉所得之利益逾三百元,(2) 第二审法院裁定有法律上之疑点或其他合理之情形而特许者。又如,《刑事诉讼法》第 387 条规定,初级法院之案件其最重本刑为一年以下有期徒刑、拘役或专科罚金之罪者,经第二审判决后不得上诉。对于初级法院管辖的案件与较高审级的法院管辖的案件加以区分,已引起第一审法院间程序上的若干差别。适用于前类案件的程序一般较为简单。例如,初级法院管辖的民事诉讼的开始可仅以口头陈述为之,而其他诉讼的开始须有书状。⑤ 又如,初级法院管辖的民事诉讼,当事人两造通常于法庭开庭之日,得不待传唤,自行到场,经法庭许可进行言词辩论,⑥而在其他诉讼中,当事人的到场须经传唤。最后,初级法院管辖之民事案件,判决书之事实及理由可仅记明要领,⑦而其他判决书的记述必须较为详细。⑧

初级法院管辖之刑事案件如最重本刑为六月以下监禁、拘役或专科罚金并有下列情形之一者,法院得适用一种特别程序,即"简易程序":⑨(1) 犯罪事实据现存证据已属明了者,(2) 被告于侦查中自白者。此项程序最初起源于德、奥两国的立法中。

依这种简易程序,法院可不经通常诉讼审判,仅应检察官之书面申请,径以命令处刑;如被告对于此项处刑命令不服,可于接受处刑命令之日起五日内向命令处刑之法院申请按正常程序审判。⑩ 与判决书不同,这类处刑命令仅依一定之简略方式记载下列事项:(1) 被告之姓名、性别、年龄、籍贯、职业、住址,(2) 犯罪之日、时、处所,(3) 犯罪之行为及适用之法律,(4) 应科之刑罚及其它必

---

① 《刑事诉讼法》,1928 年,第 9 条。
② 同上,第 10 条。下列第 1 至 3 类案件均规定于此条。
③ 《危害民国紧急治罪法施行条例》,1931 年 3 月 9 日,1931 年 4 月 18 日修正条例第 1 条。
④ 《中华民国临时约法》,第 1912 年,第 41 条。
⑤ 《民事诉讼法》,第 235、394 条。
⑥ 同上,399 条。
⑦ 同上,第 400 条。
⑧ 同上,第 217 条。
⑨ 同上,《刑事诉讼法》,第 461 条。
⑩ 同上,第 467 条。

要之处分,(5)命令处刑之法院及年、月、日,(6)通知被告可自接收处刑命令之日起五日内申请正式宣判的条款。① 值得注意的是,中国的简易程序虽仿效德、奥模式,它们之间仍有一个重要的差别,即适用处刑命令程序的程度不同。依德国《刑事诉讼法》规定,检察官可申请初级法院(Amtsgericht)管辖的多数犯罪(Übertretungen and Vergehen)适用处刑命令程序,而不必考虑犯罪之事实是否已经为提交法院之证据所证实,或被告于侦查中自白与否。② 依奥地利《刑事诉讼法》规定,处刑命令程序适用于以下场合:公共机关或公务人员在执行公务中已发现犯罪或已接受被告自白的;该项犯罪的被告正取保候审,而其所犯之罪为非营利性或非违背公共道德之罪,并且推事认为对被告应科之刑为十四日以下的自由刑,而不论这种自由刑是罚金或其他情况易服而来。③。

在此,有必要讨论以下中国法律中所谓"简单的违警罪"是否属于初级法院管辖,如由其管辖,是否可以适用简易程序的问题。因为中国的初级法院的地位与德国的初级法院(Amtsgericht)或奥地利的初级法院(Bezirksgericht)的地位一样,所以对这种犯罪的管辖权按理也应与德、奥两国的法院相同。但事实并非如此。在中国的现行制度中,违警罪是由专门的法律④加以规定并由警察机关加以处罚的。对于警察机关的处罚令,只能向上级警察机关提出申诉,而不能向初级法院上诉。⑤ 在德国,警察机关对于简单的违警罪享有科刑权,如被告不服此项处罚令,可向上级警察机关申诉或申请初级法院作出司法裁决。⑥

二、特别管辖法院

在结束上述问题讨论前,还必须说到关于特别管辖的法院。在中国现行制度下,特别管辖法院非常少见,没有欧洲国家常见的商业法庭和盛行于美国的未成年人法庭。这类法院的管辖被容纳于普通法院的管辖之中。唯一兼有特别法院性质的机构为劳资争议调解委员会与劳资争议仲裁委员会。这类机构存在于全国的许多市、县。劳资争议调解委员会仅限于雇佣纠纷之调解。所以,从严格意义上说,它不是法院,而是由该管市县政府派代表一至三人及争议当事人两造各派代表一人组成。⑦ 劳资争议仲裁委员会则负责争议之仲裁,其成员以下列五人组织之:(1)省政府或该市县政府派代表一人,(2)国民党省党部或该地市县党部派代表一人,(3)地方法院派代表一人,(4)与争议无直接利害关系的劳方及资方各派代表一人。⑧ 对于劳资仲裁委员会之裁决,不得上诉。⑨ 调解协议与仲裁裁决视同争议当事人之间的契约。如当事人之一造为工会时,则视同当事人之间的集体协议。⑩ 若争议当事人违反调解协议或仲裁裁决,得处以 200 元以下之罚金或 40 日以下之拘役;同时,对造当事人有权向法院申请强制执行调解协议或仲裁裁决。⑪

第二章　法院之组织

法院之组织可从以下两个方面来考察:(1)就整体而言,包括所有参与诉讼事务之人员,

---

① 《民事诉讼法》,第 466 条。
② Löwe—Rosenberg, Die Strafprozessordnung für das Deut—sche Reich, 18th ed., 1929, S. 407.
③ Lissbauer—Die osterreichischen Strafprozessgesetze, 4th ed., 1929. S. 460.
④ 《违警罚法》,1928 年 7 月 21 日颁布。
⑤ 依据中国制度,警察机关处理这类案件的行为属于行政行为,而不是司法裁决,所以,得适用《申诉法》(1928 年 3 月 24 日)提出申诉。
⑥ Löwe—Rosenberg, op. cit., S. 413.
⑦ 《劳资争议处罚法》,1932 年 9 月 27 日,第 8—9 条。
⑧ 同上,第 14—15 条。
⑨ 同上,第 7 条。
⑩ 同上,第 3,7 条。
⑪ 同上,第 38 条。

(2) 就主体而言,包括少数直接行使裁决权之人员。

一、法院之整体

就整体而言,法院通常由下列四类人员组织之:(1) 职掌审判与法律解释之人员,(2) 法院之行政首长,(3) 检察机关(在法国法中称之为 ministere public)人员,即代表公共利益起诉犯罪、维持秩序、执行法律之人员,(4) 其他司法辅助人员。

从正规法院来看,推事职掌审判与法律解释。在地方法院,推事人数通常不少于八员。① 分为民庭、刑庭,各置推事一员充任庭长监督各该庭事务,并决定事务之分配。② 在地方分院,推事人数相对较少,然其组织方式与地方法院相同。③ 在地方分庭或县法院,推事之人数通常为一员或二员,④ 一般不像地方法院分庭设置。在高等法院或其分院推事之人数通常不少于六员,其组织之方式与地方法院相同。⑤ 最高法院之推事人数现逾四十员,分为民庭、刑庭两种法庭。每个法庭各置推事五员,以其中一员为庭长。⑥

在县司法公署,推事人数通常为二员以下,⑦ 而在兼理司法县府,承审员之人数为三员以下。⑧

在最高法院、高等法院及其分院,地方法院及其分院和县法院,院长为行政首长。而在地方分庭,"首席推事"或"监督推事"为行政首长。最高法院院长由司法院院长兼任。在最高法院和高等法院,院长不参与案件审判事务;但在高等分院、地方法院、地方分院或县法院,院长视情形需要,可同时兼任审判长与推事。⑨ 地方分庭之首席推事或监督推事则主要职掌纯司法事务。在县司法公署,推事及县知事通常共同充任行政首长;但对于特定事务,推事有专断权。⑩ 在兼理司法县府,行政权主要赋予县知事。⑪

检察职能在正规法院由检察官行使,在县司法公署和兼理司法县府,则由县知事行使。最高法院的检察官组成独立于法院的机构,即最高法院检察署。检察长为首席检察官,有权指挥、监督本署检察事务及各级检察事务。⑫ 最高法院下属各法院之检察处在司法上独立于各该所属之法院,但在财政及其他有关事务上,则多少受制于法院。⑬ 在高等法院及其分院、地方法院及其分院,有时包括县法院,其检察长为首席检察官;而在地方分庭,检察官若有多人,以资深者为检察长。首席检察官与资深检察官均有权指挥、监督其下属之检察事务。⑭

在地方分院、高等法院及其分院、最高法院,其检察官人数通常不少于三员,而在地方法院、地方分庭或县法院,其检察官人数一般为一至二员。⑮

---

① 《法院编制法》概括地提到,地方法院至少由一个民庭和刑庭组成,每庭通常由三员推事组成。除此以外,地方法院还有不少于两员的独任推事。所以,从理论上说,地方法院至少应有八员推事,但事实上,由于案件稀少,也有例外,推事人数可在八员以下。本文后面提到的其他推事人数也如此。
② 《法院编制法》,1910 年,第 17、18 条。
③ 同上,第 22 条。
④ 《暂行各县地方分庭组织法》,1917 年,第 6 条。由于县法院之组织大体与地方法院相同,所以,适用于地方法院的规定也适用于县法院。
⑤ 《法院编制法》,第 25—26、29 条。
⑥ 同上,第 7 条。
⑦ 《县司法公署组织条例》,第 4 条。
⑧ 《县知事兼理司法事务暂行章程》,第 4 条。
⑨ 《法院编制法》,第 18 条。
⑩ 《县司法公署组织条例》,第 14—15 条。
⑪ 《县知事兼理司法事务暂行章程》,第 2、6、8 条。
⑫ 《最高法院检察署处务规程》,1929 年 5 月 4 日,第 2 条。
⑬ 《法院编制法》,第 94 条;《各省高等法院检察官办事权限暂行条例》,1927 年 12 月 13 日试行,1928 年 2 月修正,第 12、15 条;《地方法院检察官办事权限暂行条例》,1927 年 12 月 13 日试行,1928 年 2 月修正,第 12、15 条。
⑭ 《法院编制法》,第 98—100 条。
⑮ 同上,第 86—87 条;《暂行地方分庭组织法》,第 6 条。

检察官以往有广泛的权利,不但职掌犯罪之起诉和监督刑事判决之执行,并且对民事诉讼与司法行政也起着重要作用。① 但在现行制度下,其活动主要限于刑事事务;对于民事诉讼,如婚姻、继承、死亡宣告、禁治产或亲子关系等案件,他不再有权以公益代表人之资格进行干预;② 对于司法行政事务,有权过问的重要事项极少。③

司法辅助人员包括书记员、通译员、执达员、司法警察、法警、鉴定人与律师。书记官系掌管推事和检察官的诉讼记录、编案、会计、文牍和其他庶务的职员。

书记处中通常有一位对各书记官进行监督与指挥的首席书记官。④ 法院的检察机关常有其自身独特的书记官体系,以首席书记官或资深书记官为书记官长。⑤ 书记官的事务依分工原则加以规范。换言之,受推事和检察官调用的书记官组成一类,专掌记录、保管案卷及其他必要的司法诉讼事务;而担任他种事务的书记官组成另一类。每个人都根据案件需要从事某项工作,如统计、会计或登记事务。

在政治中心、商业或工业城市之法院,配置通译员通译法院开庭时诉讼参与人的陈述及法院的文书。⑥

执达员负责以下事务:(1) 发送文书,(2) 受法院之命执行判决或没收对象,(3) 当事人有所禀请,进行通知催传。⑦ 执达员受法院中的上级官长的监督。⑧

司法警察包括:(1) 受法院雇佣者,其唯一目的为执行警察活动,尤其是有关刑事案件的活动,(2) 依法兼理此类事务的普通警察或宪兵人员。严格说来,后类人员不属于法院的范围。但为说明问题起见,在此将与前者一并讨论。司法警察有以下两种:(1) 司法警察官,(2) 普通司法警察。司法警察官由:(1) 地方官长,(2) 警察官长,(3) 宪兵官长组成。他们在各自的管辖内享有与检察官相同的侦查权;但应于侦获犯罪嫌疑人后三日内,移送该管检察官侦查。因有延长时间之特别情形者不在此限。⑨ 普通司法警察由以下人员组成:(1) 受法院雇佣之司法警察,(2) 普通警察机关中官资低微的警官与普通警察,(3) 宪兵中官资低微的宪兵官与普通宪兵,(4) 依法对妨害海关、铁路、电讯、森林和其它对象的犯罪行使侦查权的人员。一般说来,他们为法院的辅助人员,或为在犯罪的侦查及其它事务中受检察官和司法警察官指挥与监督的辅助人员。唯一例外的情形是,对于现行犯,任何人均有权进行逮捕。⑩ 关于拘捕犯罪嫌疑人、发送文件、传唤当事人与证人等事务,普通司法警察、尤其是法院雇佣的司法警察得依情形的需要受法院院长、推事或检察官的监督与指挥。⑪

法警是被法院雇佣的主要用于开庭时维持法庭秩序的人员。⑫

鉴定人是被法院雇佣的、负责报告伤亡情况和原因及其它有关事宜的人员。

中国的律师不像英国分为撰状律师与出庭律师,也不像法国分为咨询律师与出庭律师,所有的律师地位相同。他们没有被视作法院的成员。只是在某些情况下,律师必须充任刑事被告的义务

---

① 1907 年的《各级审判厅试办章程》由于间接地以法国制度为基础,所以,给予检察官非常大的权限,其中包括检查法院编制的司法统计的权限和干预婚姻、继承和亲子关系等民事事项的权限(见上述章程第 97、110—114 条);1921 年的《民事诉讼规则》也规定了检察官参加婚姻、继承、亲子关系等民事诉讼的权限(见该法典第五章)。

② 《民事诉讼法》没有给检察官干预民事案件的权限。

③ 检察官执行的一项司法行政职务是监督律师的行为和律师机构的组织及活动(《律师章程》,1927 年,第 31、33—35 条)。在这方面,检察官起着重要的作用,但除此外,很少有值得提及的事情。

④ 《法院组织法》,第 128 条。

⑤ 同上,第 133 条。

⑥ 同上,第 142 条。

⑦ 同上,第 144 条。

⑧ 同上,第 145 条。

⑨ 《刑事诉讼法》,第 127 条。

⑩ 同上,第 49、227、228 条。

⑪ 同上,第 44、46、202 条。

⑫ 同上,第 81 条。

辩护人和从法院获取少量固定酬劳的民事诉讼代理人。① 除了部分刑事案件中为了保护被告的利益,要求法院指定律师来充任辩护人而外,中国的现行法律并不要求律师必须成为诉讼参与人。这一点与法、奥、德等国不同。② 基于此,诉讼当事人参加诉讼,没有义务必须委托律师来代理、辩护或辅佐。并且,即使实际上有必要请指定代理人或辩护人,有关当事人也并非必须聘请律师;因为不是律师者,经法院许可后,也可执行指定代理人或辩护人的职能。③ 唯一例外的情况是,第三审法院审理刑事诉讼,如发生言词辩论,被告的辩护人必须由律师充任。④

二、法院之主体

作为一个由直接行使审判权的人员组成的主体,法院的组织可以从以下两方面来观察:(1)审判案件所要求的推事人数,(2)参与审判的人员。就前者而言,并非在任何情况下均采用作为大陆法司法制度特征的"合议制"。初级法院第一审管辖的案件,常以推事一人独任行之。⑤ 地方法院第一审管辖的案件,亦通常以推事一员独任行之;但案件较复杂的,如当事人申请或法院认为有必要时,得以合议行之。⑥ 地方法院、地方分院或其他同类法院管辖初级法院的第一审上诉案件,应以推事三员合议行之。⑦ 高等法院或高等分院管辖的案件除作为第三审法院外,均应以推事三员合议行之;但院长认为必要时,可增至五员,⑧不过事实上,这种情况从未发生过,因为通常有三员推事已足。最高法院在任何情形下均以推事五员合议行之。⑨

合议庭组成后,以其中一员推事为审判长,指挥诉讼。⑩ 在实践中,合议庭常根据案件的性质由刑庭或民庭选派的推事组成。⑪ 庭长为当然审判长;庭长有事故,不能参加合议时,由庭员中资深者充任审判长。⑫

在民刑案件中,合议庭依法组成后,其中之一推事,即受命推事,得单独进行所谓的准备程序,当事人应到场就案件事实作陈述及提出证据为言词辩论作准备。此项程序得发生于言词辩论的前一日或同一日。准备程序终结后,受命推事应将卷宗及证物向审判长提出,然后,审判长将卷宗等依次交办同案的其它推事传阅和研究。⑬ 这样做可以使本案其它推事节省一些时间。

合议庭审理案件应由审判长主持召开会议,对案件作出判断。⑭ 评议会上,陈述意见之次序,从资历较浅者开始;资历相同时,从年少者开始。⑮ 判断之决议以过半数之意见定之。如推事意见分歧,出现二组以上,不可能有某种意见获得过半数同意时,依下列规定处理:⑯(1)民事案件中在支付金额问题上或民事请求上出现意见分歧时,将诸说排列,以金额之多寡为序数至居中之说为止,

---

① 《刑事诉讼法》,第 170—171 条;《民事诉讼法》,第 49 条。
② 第一审法院、上诉法院和最高上诉法院审理民事诉讼时,辩护人必须由律师担任(Morel,同上,第 363 页)。在奥地利和德国,合议庭审理案件有此要求(《大陆法律史丛书》,第 7 卷,《大陆民事诉讼史》,第 604、635 页)。
③ 《民事诉讼法》,第 66 条;《刑事诉讼法》,第 166 条。
④ 《刑事诉讼法》,第 401 条。
⑤ 1915 年 5 月 7 日的司法部第 586 号令;《暂行地方分庭组织法》,第 4 条。
⑥ 《法院组织法》,第 5 条。
⑦ 同上。
⑧ 同上,第 6 条。
⑨ 同上,第 7 条。
⑩ 同上,第 8 条。
⑪ 当然,这得取决于以下事实,即:有足够的推事人数组成这些法庭。有些法院,由于推事人数过少,无法组织分庭,所以,不适用这个规定。
⑫ 《法院编制法》,第 8 条。
⑬ 《民事诉讼法》,第 258、430、448 条;《刑事诉讼法》,第 297 条。
⑭ 《法院编制法》,第 74 条。
⑮ 同上,第 76—77 条。
⑯ 同上,第 78 条。

以该居中之金额为准;①(2) 刑事案件出现这类情况时,将诸说排列,以不利被告之重轻为序,至居中之说为止,而采用该居中之说。

上述规定能否解决一个案件中可能出现两种以上不同意见的难题,作者表示怀疑。因为有时可能出现偶数的分歧意见,无法选出中间数。如最高法院之五员推事在共同审判案件时,关于返还原告的金额或刑事案件量刑的判断,推事中出现四种意见,即是。所以说,对上述问题无法取得令人满意的解决方法。当然,就作者所了解的情况而言,极少出现这种情况。

就参与审判的人员而言,中外法制间存有较大的差异。在中国,非专门司法人员如陪审员或参审员,除极少数情形外,地位甚低。而在外国,这类人员则有重要的作用。

1926年至1927年国民政府初建于汉口时期,对于民刑案件,曾拟定采用陪审制与参审制。据此方案,最低一级法院即人民法院的审判权由推事行使,参审员辅助之。参审员从法定组织中选任,推事与参审员共同参加案件的审理,对事实及法律问题的决定有同等的投票权。在地方法院或市法院、上诉法院和最高法院,推事审理案件时,由二至四员非法律界人士担任的陪审员辅佐之,其选任方式与参审员相同,其任务仅为确定事实。② 然此计划因1927年中期国民政府移都南京而被搁置。

非专门司法人员参与真正意义上的审判的唯一例子,是《危害民国紧急治罪法》(1931年)规定,对反革命案件的审理得采用陪审制。根据这个法律,下列刑事犯罪适用陪审制:

1. 以危害民国为目的,(1) 扰乱治安者,(2) 私通外国,图谋扰乱治安者,(3) 勾结叛徒,图谋扰乱治安者,(4) 煽惑军人不守纪律,放弃职守,或与叛徒勾结者,或为该罪犯所煽惑而不守纪律,放弃职守,或与叛徒勾结者;③

2. 以危害民国为目的,(1) 煽惑他人扰乱治安或与叛徒勾结者,(2) 以文字、图画或演说为叛国之宣传者;④

3. 明知其为叛徒而窝藏不报者;⑤

4. 以危害民国为目的,(1) 为叛徒购办或运输军用品者,(2) 以政治上或军事上之秘密泄露或传递于叛徒者,(3) 破坏交通;⑥

5. 以危害民国为目的,(1) 组织团体,(2) 集会,(3) 宣传与三民主义不兼容之主义者。⑦

凡犯上述各条之罪者,由高等法院或其分院管辖第一审,陪审团辅佐审判。陪审团有六名陪审员,其中一人为评议主席。⑧ 陪审员应就各该高等法院或其分院所在地的中国国民党员,年龄在二十五岁以上者中选充之。⑨ 但下列人员不得为陪审员:(1) 现任政务官,(2) 现役陆海空军人,(3) 该管法院职员,(4) 被害人,附带民事诉讼当事人、告发人、被告或被害人的亲属、法定代理人、监护人、未婚配偶等。⑩

各高等法院或其分院所在地的最高级党部,应于每年将居住该地的有陪审员资格者,列表送交各该法院。⑪ 候选陪审员名册应以每二十四人为一组,编定其号数。⑫ 遇有应付陪审之案件,审判

---

① 值得注意的是,除决定金额多少的问题外,合议庭评议的民事案件,事实上不会发生两种以上不同意见的问题,例如,被告的损害赔偿责任问题,只能有两种不同意见(即肯定或否定)的问题。
② 《法律评论》第185期,第16—18页。
③ 第1、3条。
④ 第2—3条。
⑤ 第4条。
⑥ 第5条。
⑦ 第6条。"三民主义"倡导国内所有人民一概平等,无分种族、政治和经济地位。这是国民党的基本原则,也是现行政府的基本原则。
⑧ 《危害民国紧急治罪法》,第1—2条;《反革命案件陪审暂行法》,1929年,第4条。
⑨ 《反革命案件陪审暂行法》,第5条。
⑩ 同上,第5—6条。
⑪ 同上,第7条。
⑫ 同上,第8条。

长先就各组以抽签法抽定某组,再就该组二十四名签中抽十二名,以先抽之六人为陪审员,其余依次为候补陪审员。① 陪审员选定时,审判长应将其名签提交于检察官及被告,问其对于各陪审员应否申请回避。② 陪审员执行职务前,应当庭宣誓,本其良心及公平诚实执行职务。③ 陪审员对于事实有不明了之处,有权请审判员向有关当事人及证人提问以说明要点。④ 辩论终结后,审判长应向陪审员提示关于犯罪构成之法律上论点及有关事实和证据,但关于证据之可信与否及犯罪之有无,审判长不得表示意见。⑤ 审判长提示后,陪审员应入评议室评议。评议由陪审团主席主持。评议时,应依次发表意见,但陪审团主席应最后发表意见。⑥

陪审团之答复限于下列三种:(1)有罪,(2)无罪,(3)犯罪嫌疑不能证明。有罪无罪之答复应依陪审员过半数以上之意见评决之;有罪无罪之意见各半数时应为"犯罪嫌疑不能证明"之答复。⑦ 答复应记载于审判长事前提交于陪审团之询问书中,由陪审团主席签名提交审判长。审判长于接受答复时,应询问各陪审员该答复是否与评议之结果相符;如有异议时,应重新评议。⑧ 答复与提出法庭之证据显不相符时,审判长得以裁定将原案移交其它陪审团重新审定。⑨ 陪审团答复后,法院应本其答复依通常程序而为判决。但本于犯罪嫌疑不能证明之答复而判决无罪者,应命被告提供担保或通知所在地公安局于二年内监视之。⑩ 法院经陪审程序所作之判决有下列情形之一者,得为上诉之理由:(1)陪审团之组织不合法者,(2)应行回避之陪审员参加陪审评议者,(3)审判长之提示违背法令者。⑪

上述问题结束前,还应说明,对于危害民国案件适用陪审制具有任意性,并无强制性。其原因有三:首先,陪审制遭到中国诸多学者的反对,多数意见认为,陪审制行不通。⑫ 其次,法律关于这一点的规定不甚明确,对于危害民国案件的审判未采用陪审程序者,并没有法律宣告应属无效。再次,陪审员均为国民党党员,依多数人的意见,其本于党派关系,不免对被告带有偏见,而一般被告也不愿案件审理经过陪审程序。事实上,也从未听说过被告因法院未适用陪审程序而提出上诉的情况。所以,法院如因审判未适用陪审程序而撤销判决,就有些勉强。下列原则似乎已通过司法惯例而建立起来,即:除非法院或当事人认为陪审有必要外,陪审程序的有效放弃仅以默示即可。⑬

第三章　法院之权限

法院之权限可分为两类:(1)一般权限,指通常属于司法审判机关的权限,包括审判权、依判决和裁定执行的权限和处理技术上可认为没有争议的案件。如不动产之登记、遗嘱认证、破产诉讼等的权限;(2)特别权限,指根据特别法律授予的权限。

---

① 《反革命案件陪审暂行法》,第 10 条。
② 同上,第 13 条。
③ 同上,第 16 条。
④ 同上,第 17 条。
⑤ 同上,第 18 条。
⑥ 同上,第 20 条。
⑦ 同上,第 21 条。
⑧ 同上,第 22 条。
⑨ 同上,第 23 条。
⑩ 同上,第 24 条。
⑪ 同上,第 26 条。
⑫ 董康:《民国十三年司法之回顾》,载《东吴法学季刊》,第 2 卷,第 3 期,1924—1926 年,中文版第 113 页;张正学:《上海临时法院应试行陪审委员制吗?》,载《东吴法学季刊》,1926—1928 年,中文版第 56—58 页。
⑬ 由于案件未经陪审程序而撤销判决的情况从来没有听说过。原则上,法院未经陪审程序,也可审理危害民国的案件。

第一节 一般权限

关于法院的一般权限，以下四方面值得特别关注：(1) 关于诉讼的启动和起诉权，(2) 关于案件审理权，(3) 关于案件裁决权，(4) 关于上诉案件的管辖权。

一、关于诉讼的启动和起诉权

民事诉讼的启动和起诉纯属于个人事务，此处不予讨论。这里仅讨论刑事起诉权。除少数例外情形（后面将提到），刑事起诉权由检察官行使。中国的检察官既不同于英美法系的国家律师或公诉人，也不同于大陆法系的组成检察机关的官员。他们非但有刑事起诉权，也有大陆法中常用的附带于起诉的重要权限，即对于被告及证人进行初步侦查，以决定是否起诉之权。陈带于起诉的权限，在大陆法中，通常由预审法官行使；而在英美法中，则由委任行政官、验尸官和其陪审团或大陪审团行使。检察官为查明案情得传唤、逮捕、拘提被告、强制证人到场及进行搜索与调查。简言之，中国的检察官享有法国预审法官所有的权限。侦查结束后，检察官得裁决是否起诉案件。① 如不予起诉，告诉人得于接受不起诉处分书的七日内向原检察官申请再议。② 这份申请书首先交给作决定的检察官。原检察官认为申请有理由者，应撤销原处分，继续进行初步侦查（Preliminary examination）（文中后面所提及的侦查均指初步侦查——译者注）或起诉；但原检察官认为申请无理由者，应将该案卷宗及证据对象送交上级法院的首席检察官，供重新考虑之用。③ 当该案件在第一审地方法院或高等法院的管辖区内，原主办检察官在收到要求重审的申请时，在将该案送交上级法院的首席检察官重新侦查之前，该案原审级之首席检察官可指派与原主办检察官属同一检察署的另一名检察官重新侦查该案。④ 如另一名检察官仍维持原不起诉之决定，则应立即将该案送交直接上级法院之首席检察官重新处理。⑤ 上级法院的首席检察官认为申请无理由者应予驳回，或命令下级法院的检察官续行侦查，藉以获得较好之判断或径行起诉。⑥ 下级法院的检察官续行侦查后不起诉者，告诉人仍可申请再议。⑦

与法国的检察官不同，中国的检察官可在提出起诉后撤回起诉。然而这应于审判开始前为之。⑧ 书记官在法庭朗读案由后，视为审判开始。⑨ 为了宣告审判的开始，朗读案由应依法律的正当程序。所以，由于被告缺席而致无审判合法之开始时，这种朗读不能成为检察官撤回起诉的障碍。⑩ 刑事起诉经撤回后，不得再行起诉。⑪ 由此也产生下列问题：刑事案件的告诉人在检察官撤回起诉后是否可申请再议。依司法院解释令，在这种情况下，告诉人无权申请再议。⑫

检察官对于法院的判决或命令也有抗诉权。此项抗诉在认为对被告量刑畸重畸轻时均可提起。⑬ 对于终审而不能再抗诉的判决，检察官认为被告量刑畸轻畸重时，亦可提起非常上诉，要求重

---

① 《刑事诉讼法》，第 243—245、253 条。
② 同上，第 248 条第 1 款。
③ 同上，第 245 条第 2—3 款。
④ 同上，第 249 条第 1 款。
⑤ 同上。
⑥ 同上，第 250 条。
⑦ 《司法院解释》，第 82 号，1929 年 5 月 6 日。
⑧ 《刑事诉讼法》，第 264 条第 1 款。
⑨ 同上，第 275 条。
⑩ 《司法院解释》，第 802 号，1932 年 10 月 17 日。
⑪ 《刑事诉讼法》，第 264 条第 2 款。
⑫ 《司法院解释》，第 523 号，1931 年 8 月 7 日；第 538 号，1931 年 8 月 8 日。
⑬ 《刑事诉讼法》，第 358、432 条。

审。非常上诉的性质类似法国为维护法律的上诉。非常上诉应由最高法院的总检察长向最高法院提起。[1] 提起非常上诉须以上诉之判决或诉讼程序显系违法之理由为依据。[2] 最高法院认为非常上诉无理由者,应以判决驳回之,但如认为有理由者,应分别作出下列之判决:[3]

1. 原审判决系违法,但并非不利于被告者,将其违法之部分撤销;
2. 原审判决系违法又不利于被告者,应另行判决;
3. 诉讼程序系违法者,撤销其程序。

可以说,非常上诉主要是为维护法律而规定。除原审判决违法又不利于被告者应另行判决外,对非常上诉作出的判决不影响被告。[4] 在这方面,就被告人而言,非常上诉比法国的为维护法律的上诉更像越权上诉。因为依据法国法,为维护法律的上诉并不影响当事人的任何权利。而根据越权上诉所作判决有利于被告时,被告可以享受从判决所得之利益。[5]

终审判决作出后,检察官如在发现及核实新的事实或证据后,足以使原诉讼程序无效;或者在终审判决作出前,检察官认为这些事实或证据属于已知、且足以改变原判决者;也有权为使受刑人加刑或减刑提起再审。[6]

下列情况,检察官不得为刑事公诉人:
1. 初级法院第一审管辖之直接侵害个人利益的犯罪;
2. 根据法律,需被害人或有权起诉者控告。

对于上列犯罪,被害人或其法定代理人、监护人或配偶得取代检察官独立自诉。[7] 但犯罪如发生于直系亲属、配偶或同财共居之亲属之间时,则不适用。[8] 同一案件已自诉者,被害人或其代理人不得再向检察官或司法警察官告诉,要求提起公诉。[9] 另外,同一案件经检察官侦查终结后,不得再向法院自诉。而在侦查终结前已自诉者,有取代侦查之效果,检察官应停止侦查之程序。[10]

二、关于案件的审理权

对这一问题很难作详细分析,否则将大量叙述民事和刑事诉讼规则,从而越出本论文的范围。所以此处仅讨论几个基本的特征。这些特征可分为两类:(1)在民事案件和刑事案件中共同具有的特征,(2)在民事案件和刑事案件中各自具有的特征。就前者而言,得提及下列四点:

第一,不论民事或刑事诉讼,原告或检察官如不以合法方式提起,法院将不予受理。在民事案件中,此乃显而易见,无须加以解释。因为民事案件仅涉及个人利益,除非有关人员提起诉讼,法院无干预之必要。在刑事案件中,上述原则也有规定,以便防止由于起诉权和惩罚权属于同一人而导致权力的滥用。不论何地、何时及对于何人之犯罪,在审判的理由成立前,须由检察官或有起诉权的受害人提出合法的起诉。所以,凡针对推事的犯罪、或推事在现场目击的犯罪或推事在履行公务时发现的犯罪,如同妨害公众务罪、伪证罪或诬陷罪等,得向检察官告发,由检察官侦查并决定是否需要起诉或由告发人自诉。这一普通规则只有一种情况可例外,即无论何人有妨害法庭执行职务或其它不正当行为时,审判长或推事在必要时,除命其退出法庭或命看管至闭庭外,得当场处十日

---

[1] 但在法国,例外的是马提尼克岛(Martinique)和瓜德罗普岛(Guadeloupe)的上诉法院的检察官通常也可以行使这项权力。Goyet, G. Le ministére public, p.389。
[2] 《刑事诉讼法》,第433条。
[3] 同上,第439条。
[4] 同上,第440条。
[5] Goyet,同上,第390页。
[6] 《刑事诉讼法》,第441、442、446条。
[7] 同上,第337、338条。
[8] 同上,第339条。
[9] 同上,第340条第1款。
[10] 同上,第340条第2款。

以下拘留或十元以下罚锾。对于此项处分,不得声明不服。①

第二,在民事和刑事诉讼中,法院审理案件时,既有权力也有义务对就此案件有无管辖权进行调查。② 如案件超出其管辖者,应裁定移送于有管辖权之法院。③

第三,审理的程序实行"职权主义"而非"当事人主义"。在民事案件中,④可以引用下列规定来说明。

1. 书状不合程序或有其他欠缺者,审判长或推事应裁定限其纠正;⑤
2. 由于某些法律上原因中止程序,当事人应继续进行诉讼却延迟者,法院得依职权命其继续进行;⑥
3. 当事人意图延滞诉讼,在言词辩论终结前采取攻击或防卫做法者,法院得驳回这种做法;⑦
4. 言辞辩论包括询问证人或鉴定人、诘问当事人等,应于推事指挥下为之,当事人或其律师得申请推事询问他造当事人、证人或鉴定人,或经推事许可后,自行发问;⑧
5. 法院为确定诉讼各方的关系得随时作出下列各项之处置:(1)命当事人本人到场,(2)命当事人提出文书、图案、文件或其它文书对象,或命将当事人提出之文书、对象于一定期间留置于书记科;(3)汇集或调查其他证据;⑨
6. 法院如认为证人在当事人前不能充分陈述者,得命当事人退庭,但证人陈述完毕后,审判长应就证人之陈述讯问当事人。⑩

在刑事案件中,下列规定也说明了这项原则:

1. 讯问被告。法院应给以机会使其辩明犯罪之嫌疑及陈述对其有利之事实;⑪
2. 被告虽经认罪,仍应调查必要之证据,以便判断认罪是否与事实相符;⑫
3. 讯问被告后,审判长或推事应调查证据;⑬
4. 证据对象应向被告出示,命其辨认并询问其有无辩解;⑭
5. 讯问证人、鉴定人应依下列次序:⑮(1)由审判长或推事讯问,(2)由申请传唤证人或鉴定人之当事人诘问,(3)由他造当事人诘问,(4)由申请传唤证人或鉴定人之当事人复问;
6. 当事人诘问证人或鉴定人时,审判长或推事认为不适当或与本案无关者,得禁止之;⑯在当事人诘问证人或鉴定人后,审判长或推事可继续讯问;⑰
7. 审判长或推事得依职权传唤当事人未申请传唤之证人;⑱
8. 审判长认为证人、鉴定人或共同被告于被告前不能自由陈述者,得命被告退庭再行讯问;但陈述完毕后,应再命被告人入庭,告以证人、鉴定人或共同被告陈述之要旨;⑲

---

① 《法院编制法》,第61、63条。
② 《民事诉讼法》,第26条;《刑事诉讼法》,第5条。
③ 《民事诉讼法》,第28条;《刑事诉讼法》,第319条。
④ 应指出的是,中国的民事诉讼在这方面是模仿《奥地利民事诉讼法》的,与法国和英美普通法所采用的某些原则不同(《大陆民事诉讼史》,第24—26页,第635—636页;Morel,同上,第462—464页)。
⑤ 《民事诉讼法》,第122条。
⑥ 同上,第175条。
⑦ 同上,第189条。
⑧ 同上,第191—193条。
⑨ 同上,第195条。
⑩ 同上。
⑪ 同上,第63条。
⑫ 同上,第280条。
⑬ 同上,第281条。
⑭ 同上,第284条。
⑮ 同上,第286条。
⑯ 同上,第287条。
⑰ 同上,第288条。
⑱ 同上,第294条。
⑲ 同上,第290条。

9. 辩论终结后,遇有必要之情形,法院得令再开辩论。①

第四,审判的公开。1910年颁布的《法院编制法》第55条规定,言词辩论及判决之显示应以公开方式行之。惟下列两种情况属于例外。首先,诉讼之公开有妨害公共秩序或善良风俗之虞时,得不公开。此项情形存在与否,应由法院议决之;当法院认为存在上述情况、并应秘密进行时,其决议及理由应公开宣示。审判长或推事在令公众离开法庭后,得允许合适人员在开庭时仍留在法庭。② 必须注意的是,此项秘密决议程序仅适用于审判而不适用于判决之宣示中,因判决之宣示仍应遵循公开的原则。③ 其次,在旁听者中有妇女、儿童及其它衣着有伤风化者时,得不公开。审判长及推事得于必要时命其退庭。④ 但事实上,这类情形极少发生。

诉讼如违反审判公开的法律规定,应属无效;此事遭当事人反对时,并得为其上诉之理由。⑤

在民事案件中,法院的审判权具有下列两个特征。首先,被告或其诉讼代理人经合法之传唤后,无正当理由而在言词辩论日期不出庭者,法院得依职权径行审判,无须得到当事人之申请。但法院应就当事人提出的诉状、答辩状或其他文书(如有)而作出判决。不过,并非在任何情况下当事人不到场必然如此。⑥ 其次,关于婚姻、继承和亲子关系及其他属于初级法院第一审管辖的案件,在一定的情形下,法院应在当事人间试行和解,以期达成和解协议。法院的民事调解处或其他合法机构调解这类案件具有强制性,非经此项调解程序,不得开始诉讼程序。⑦ 对于其他民事案件,调解程序具有任意性。仅有法院的民事调解处或其他类似机构已试行调解且调解未成的事实,并不妨碍法院在审判开始后认为有利于当事人时再行调解。⑧

在刑事案件中,法院的审判权具有下列三个特征。这些特征中有些与民事案件的特征相反,有些则在民事案件中找不出相对应的特征。

首先,应指出在刑事案件中,被告不到场,法院不得径行审判;否则,判决无效。⑨ 此原则只有两类例外:(1)犯罪为最重本刑不超过拘役或罚金的案件。在此类案件中,被告虽不到场,但被告的指定代理人到场时,并不影响诉讼的有效性;如被告或其指定的代理人经合法之传唤不出庭者,法院得径行审判,并为缺席判决。⑩(2)以简易程序径以命令处刑的不公开的案件。被告对于前项处刑命令不服者,得于接收处刑命令之日起五日内申请正式审判;在正式审判日期,被告经合法传唤无正当理由不到庭者,法院得径以判决驳回被告的申请,此项判决与被告到场的正式审判的判决,其效力相同。⑪

其次,在中国的刑事诉讼法中,与德国不同,没有关于由法院或其他公共机关对刑事诉讼当事人进行调解的明文法律规定。⑫ 但法律虽无此项规定,如果法院试行了调解,也并非必然不合法。

---

① 《民事诉讼法》,第303条。
② 《法院编制法》,第58—59条。
③ 同上,第58条。
④ 同上,第60条。
⑤ 《民事诉讼法》,第436条;《刑事诉讼法》,第391条。
⑥ 《民事诉讼法》,第377—378条。
⑦ 《民事调解法》,1930年,第2条。
⑧ 《民事诉讼法》,第370条。
⑨ 《刑事诉讼法》,第371、391条。
⑩ 同上,第272、311条。在这方面,中国制度是以我们1877年的《德国刑事诉讼法》为基础的,值得注意的是,它与法国和奥地利制度存在以下两方面重要区别。首先,与法国和奥地利制度不同,中国制度没有因为以下原因而确认所谓的"违抗法院命令"的程序,即:法院对于严重的侵害行为(法律术语称为"犯罪")的案件,在具备法定条件如经合法传唤等后,被告不到庭者,可以判决(《法国刑事诉讼法》,第465—470条;《奥地利刑事诉讼法》,第422—427条)。其次,与法国和奥地利的制度相反,尤其与法国制度相反,中国制度只能对科处拘役或罚金的案件才允许缺席判决,而法国制度则允许对所有轻罪和违警罪案件作出缺席判决,奥地利制度则允许对所有违警案件作出缺席判决(Roux, Precis, elementaire de droit penal et procedure penal, p. 134;Garraud Traite theorique et pratique d'instruction criminelle et de procedure penale, Vol. 4, p. 496;《奥地利刑事诉讼法》,第459条)。
⑪ 《刑事诉讼法》,第437条。
⑫ 《德国刑事诉讼法》规定,多数自诉案件在起诉前须经公共调解机构调解(第380条)。

在告诉乃论的案件中,法院试行调解的例子并不少见。

最后,法院得于刑事审判时,附带审判被害人或其代理人就损害赔偿提起的民事诉讼。附带民事诉讼不但可以针对被告本人提起,也可以针对因被告的行为而负民事赔偿责任的人员提起。① 如在车夫驾车时疏忽大意而致他人死亡的案件中,被害人的代理人在对该车夫提起刑事诉讼时,也可对被告和雇主(即依《民法》第188条的规定负连带赔偿责任的人员)提起附带民事诉讼。仅就民事请求而言,这项诉讼可与法国、奥地利的由民事当事人提起的刑事诉讼相比拟,但在与刑事诉讼的关联上,中国法中的附带民事诉讼与法、奥两国有重大差别。其一,与法国民事当事人提起的刑事诉讼不同,中国法中的附带民事诉讼在提出后并没有提起公诉的效力。② 事实上,按中国法,法国的由民事当事人提起刑事诉讼的做法在中国是难以想象的。因为中国法中的附带民事诉讼以提起刑事诉讼为前提。其二,与奥地利的民事当事人不同,中国法中的附带民事诉讼原告人,在检察官于诉讼前后放弃起诉时,不得取代检察官自行提起刑事诉讼。③

三、关于案件的裁决权

第三个问题是关于法院对案件的裁决权,关于法院的裁决权有三个特征:

第一,法院的判决只限于诉讼中主张的事项。在民事案件中,这意味着法院不得就当事人(无论原告或被告)未主张之事项作出判决。④ 法律赋予法院通过未经当事人主张的事项的例外是:关于诉讼费用的负担⑤和对于下列种类判决暂且执行的宣示:(1)命令被告履行抚养义务的判决,(2)法院适用简易程序对被告作出的判决。此处适用简易程序是基于原告与被告间的法律关系,而不是由于诉讼标的金额或价额。⑥ 上述例外事项可由法院经主动审查后,写于判决书中。在刑事案件中,这项规定同样意味着法院不得就被告实施的"罪名行为"中未受指控的部分作出判决。⑦ 然而,这并不妨碍推事可以就起诉中已受指控的罪名行为,适用与检察官所引用的不相同的法条。因此,假若在罪名行为中已受指控的事实构成其它犯罪,不应适用已引用的法条时,法院得依其它法条作出科刑之判决。⑧

第二,法院依其确信作出判决,不受严格的证据规则所束缚,而由其自行定罪。此项原则在《民事诉讼法》和《刑事诉讼法》中均有规定,它来源于多数大陆诉讼法奉为神圣的"自由心证"主义。⑨《民事诉讼法》第213条规定:法院审理事实应斟酌辩论之意旨及调查证据之结果,依自由心证作出判决,但另有规定者不在此限。在判决中应将自由心证之理由记明。⑩《刑事诉讼法》也作了类似的规定,如犯罪事实应依证据认定之(第282条),证据由法院自由判断之(第283条)。

第三,法院作出判决时应记明理由。⑪ 这项规定必须严格执行;违反者,判决无效,且构成上诉之理由。⑫

---

① 《刑事诉讼法》,第506条。
② Roux, op. cit, pp. 267—268.
③ 《奥地利民事诉讼法》,第48—49条。
④ 《民事诉讼法》,第380条。
⑤ 同上,第91条。
⑥ 同上,第381、393条。关于履行抚养义务的判决,法院只有在起诉前六个月内或诉讼中已到履行期限时方可依职权命令暂予执行。
⑦ 《刑事诉讼法》,第259—260条。
⑧ 同上,第320条。
⑨ 《大陆法律史丛书》第7卷《大陆民事诉讼法史》,第45—46页,第609、633页,同书第5卷《大陆刑事诉讼史》,第627—630页。
⑩ 这一规定的例外是,法院必须保证公文书的真实,根据事实作出推断等(见《民事诉讼法》,第344、346、267、269条)。
⑪ 《民事诉讼法》,第217条;《刑事诉讼法》,第182条。
⑫ 《民事诉讼法》,第436条;《刑事诉讼法》,第391条。

四、关于上诉案件的管辖权

上诉有两种：(1) 对于判决之上诉，(2) 对于判决以外的裁定或命令之抗告。此处仅研究法院上诉案件的管辖权，从以下三方面考察：(1) 可审查之上诉事项，(2) 审理，(3) 判决。

(一) 关于上诉事项的法院审查权

就可审查之上诉事项来说，法院的权限适用两项原则。第一项原则为：第二审法院，即第一上诉法院，有权就事实与法律问题进行审查；但第三审法院即第二上诉法院只能就法律问题进行审查。① 因此，对第一审法院的判决提出上诉的理由可以是：法院在事实的确定和法律的解释或适用上均有错误或其中之一有错误；而对第二审法院的判决提出上诉的理由只能是：法院在指挥诉讼或作出判决时违背法令。违背法令系指未适用法规或法规适用不当。② 对于第二审法院是否存在未适用法规或法规适用不当，以致构成违背法令的问题，该管上诉法院有自由裁量权。为防止因发生疑义而引起的不良后果，作为违背法令的情形，在《民事诉讼法》或《刑事诉讼法》已有明确规定。这些情形或许将作为在所有案件中提起第二次上诉的理由。③ 虽然提起第二次上诉只限于存在违背法令理由的案件，但并不是每个存在违背法令理由的案件，都可以提出上诉。依据《刑事诉讼法》，诉讼程序显属不当而对判决无影响者，除另有规定外，不得作为上诉之理由。④《民事诉讼法》的规定虽略有差别，但其目的相同，即：若违背法令显系不重要者，不得作为提起第二次上诉的理由。亦即，第二审判决之理由虽属违背法令，但其判决依其它理由认为正当者，第三审法院应作出驳回上诉的判决。⑤ 依据最高法院的解释，违背法令与裁判无因果关系者，不得作为提起第二次上诉的理由。⑥

第二项原则，为法院应在上诉声明的范围或事项内审判案件。⑦ 在刑事案件中，上诉人在上诉状中并非必须叙述理由，所以，有时对上诉人的上诉是就原审判决的一部还是全部提出的难以确定。为避免争论，《刑事诉讼法》规定如下："上诉得以判决之一部为之，但其情况无法表明上诉系以一部为限者，以全部上诉论。对于判决之一部上诉者，有关系之部分亦以上诉论。"⑧

必须注意的是，在刑事案件中，此项原则亦有以下例外情况，这些例外情况即使不在上诉的范围之内，法院也可依职权进行调查：⑨

1. 根据侵害性质，该法院对该案是否有管辖权；
2. 对于确定事实所适用之法令当否；
3. 关于原审判决后刑罚依照法律是否应予废止、变更或免除。

问题在于：上诉法院在上诉声明的范围或事项内有多大的自由裁量权。由此引起的问题有二：(1) 上诉法院对于事实的确定和法律的适用享有多大的自由权限，(2) 上诉法院对于判决的作出享有多大的自由权限。就前者而言，可以这样说，第二审法院享有第一审法院所享有的各种权限，包括不受当事人意见的拘束，对于事实的确定和法律的适用，依职权进行调查；因第二次上诉审仅限于法律问题，所以，第三审法院仅有权审查下级法院是否存在违背法令的情形，包括不受当事人意见之拘束，依职权调查（不搜集新的证据）下级法院所认定的事实，审查下级法院适用的诉讼程

---

① 《民事诉讼法》，第 413、434、442 条；《刑事诉讼法》，第 389 条。
② 《民事诉讼法》，第 435 条；《刑事诉讼法》，第 390 条。
③ 《民事诉讼法》，第 436 条；《刑事诉讼法》，第 391、393 条。
④ 《刑事诉讼法》，第 392 条。
⑤ 《民事诉讼法》，第 443 条。
⑥ 《大理院决议》，1914 年，第 33 号；1915 年，第 1521 号。
⑦ 《民事诉讼法》，第 411、441 条；《刑事诉讼法》，第 381、405 条。
⑧ 第 362 条。
⑨ 《刑事诉讼法》，第 405 条第 2 款。

序,以确定下级法院是否存在不适用法规或法规适用不当的情形。① 就后者而言,值得讨论之点颇多。但在此仅提出一点,即在何种情形下,上诉法院可变更原判决而不利于上诉人。此项原则依案件属于民事或刑事而有所不同。在民事案件中,除被上诉人提出反诉外,法院无权变更原判决而不利于上诉人;在被上诉人没有提出反诉的情况下,法院惟有两种方式可供选择:(1)驳回上诉,维持原审判决,(2)为上诉人利益撤销原审判决。所以,即使上诉法院认为依法应予修改并作出更不利于上诉人的判决,也不应为之,除非上诉人在适当的时候利用机会。② 其依据为,在民事诉讼中,当事人为自身之利益计,得自由决定是否采取一定之步骤。③

但是,在刑事案件中则不同。因为刑事诉讼关系公共利益,实行司法干预主义。为遵守这项原则,上诉法院有权变更或撤销原判决而使其有利于或不利于被告,而不论提起上诉者是被告或是检察官。所以,在刑事案件中,即使是由于被告不应科刑或应科处较轻的刑罚而对原科刑判决提出上诉,上诉法院也有权变更或撤销原审判决,科处更重之刑罚;但此时科刑之犯罪仍应属于起诉之犯罪。④

(二)关于上诉案件的法院审理权

一般地说,对第一审法院审判的规定作一定的修改后也适用于上诉案件的审理。然两者又有若干差别,此处仅提两点。

第一,对于第二次上诉的案件,原则上实行书面审理。换言之,此时,法院得不经辩论程序而作出判决。因而,第一审法院的审判规定于此不适用。但这并不意味着第三审法院禁止言词辩论;相反,法院得于必要时命开言词辩论。此时发生的程序除以下重要例外,其余与第一审相同。例外为:⑤(1)法院应限于就法律问题进行审查,(2)刑事案件的言词辩论,被告的辩护人非以律师充任不得为之。

第二,在刑事上诉的任何案件中,与第一审不同之处为:被告经合法传唤不到庭者,法院得径行审判。⑥ 理由为:在上诉案件的审判中,被告的出庭有时并非不可或缺,所以,此时严格遵奉被告不到庭不得径行审判的原则并无必要。

(三)关于上诉案件的法院判决权

关于上诉案件的判决,因为前述上诉案件可审判的事项中有许多内容亦适用于此,所以,这里只讨论一个问题:法院对(1)原审判决合理,(2)原审判决不合理。对于前者方法非常简单,法院只需驳回上诉,维持原审判决;对于后者,法院应采取不同的方法,概括来说有两种:(1)撤销原审判决之一部或全部,就该案件的实质问题自行判决,(2)撤销原审判决之一部或全部,发回原审法院重审,或发交与原审法院同级的其它法院审判。详细做法在民事和刑事案件中并不相同,为避免混淆,兹分述如下:

在民事案件中,第二审法院原则上是通过变更原审判决之一部,或同时改变原审判决的方式,来撤销原审判决而自行判决。⑦ 而撤销原审判决之一部或全部,发回原审法院重审,或发交与原审法院同级的其他法院审判,则是例外。此种例外必须具有下列情形之一:

1. 对于与本案无关的问题作出的判决不服,提出上诉而有理由者;⑧

2. 对于在请求之原因及数额均有争议时认定其请求之理由不实的判决不服,提出上诉且有理由者;

---

① 《民事诉讼法》,第 411、430、442、448 条;《刑事诉讼法》,第 379、381、400、405、406 条。
② 《大理院决议》,1915 年,第 591 号;1917 年,第 603 号。
③ 《大理院决议》,1914 年,第 574 号;1919 年,第 1420 号。
④ 《大理院解释》,第 160 号;《大理院决议》,1914 年,第 383 号。
⑤ 《刑事诉讼法》,第 401 条;《民事诉讼法》,第 440 条。
⑥ 《刑事诉讼法》,第 382 条。
⑦ 《民事诉讼法》,第 416 条。
⑧ 例如,因无管辖权而作出的不予起诉的判决。

3. 未到场之当事人以其不到场系有正当理由,对其所作判决不服提起上诉者;

4. 第一审法院之诉讼程序有重大瑕疵者,本于维持审级程序之目的,应将该案件发回原审法院重审。

在前三种情形下,第二审法院将该案件发回原审法院重审具有强制性;而在第四种情形下,则有任意性。如诉讼之两造经合意后愿受第二审法院裁判者,第二审法院可以同意。① 一般情况下,发回的案件是由第一审法院来重审的,但是,若原判决被撤销是因为原审法院无管辖权,则该案件应发交予有管辖权的与原审法院同级的其他法院审判。②

在第二次上诉的民事案件中有下列情形之一者,撤销原审判决而自行判决,亦属当然:③

1. 因基于确定之事实未适用法规或法规适用不当,对该案的事实应作出判决者撤销原判决;

2. 因案件管辖权限不属于普通法院而撤销原判决者。④

而在其他各种情形下,第三审法院则应作出判决,酌情将该案件发回原第二审法院重审或发交其他与原第二审同级的法院审判。

在刑事案件中,原则上,第二审法院如果认为第一审法院的判决不合理,应部分或全部撤销之,而对该案的实质自行作出新判决。只有在下列情形下,第二审法院应将该案件发回原审法院重审或发交其它有管辖权之法院审判:

1. 原第一审法院以无管辖权为由将案件驳回而判决不当者;

2. 原第一审法院无管辖权,应以无管辖权为由将案件驳回而未驳回者。

在第一种情形下,第二审法院将案件发回原审法院重审具有任意性。换言之,第二审法院认为发回重审实际上无此必要时,可撤回原判决而自行判决;在第二种情形下,则相反。但第二审法院依照法律应作为第一审法院管辖该案件时,则应行使第一审的管辖权,撤销原判决而自行判决。⑤

在第二次上诉的刑事案件中,如果该案事实可以根据原判决确定,因原审判决有下列情形之一而被撤销其一部或全部者,第二审法院应就案件自行判决:

1. 原判决违背法令者;

2. 应以免刑或不该起诉的理由将案件驳回而未驳回者;

3. 原判决后刑罚已经废止、变更或免除者;

4. 事实已经清楚,第三审法院对于该案件有终审管辖权者,下级法院应以无管辖权为由予以驳回而未驳回判决不当者。

在上述第四种情形中,第三审法院就案件自行作出判决具有任意性,但在上述其它情形中,第三审法院自行作出判决具有强制性。⑥ 有下列情形之一者,第三审法院应作出判决,将该案件发回原审法院重审:

1. 下级法院以无管辖权为由将案件驳回而判决不当者;

2. 下级法院作驳回起诉之判决,该判决不当者;

3. 事实尚未查清,而下级法院应以无管辖权为由予以驳回起诉而未驳回,该判决不当者;

4. 除上诉情况外,在第二次上诉的刑事案件中,其它下级法院原审判决遭撤销者。

根据上述各种情形,第三审法院得酌情决定,将该案件发回原第二审法院或第一审法院重审,

---

① 《民事诉讼法》,第 416—419 条。
② 同上,第 421 条。
③ 同上,第 445 条。
④ 此时,第三审法院只能作出驳回诉讼的判决。因为它已越出作为普通审判机关的第三审法院的权限,所以,第三审法院无权作出对特别审判机关有约束力的裁决。
⑤ 《刑事诉讼法》,第 385、319 条。例如,对于内乱罪和外患罪的案件,高等法院或其分院可以作为第一审法院。假若地方法院错误地受理了这类案件,高等法院或其分院可以撤销地方法院的判决,就案件事实自行判决。
⑥ 同上,第 410、412 条。

或发交其它与原第二审法院或原第一审法院同级的法院审判。①

发回下级法院重审的判决对接受法院或立即发生拘束力,或于上诉期满后发生拘束力。第三审法院发回重审的判决立即发生拘束力,第二审法院发回重审的判决待上诉期满后发生拘束力。② 这意味着,不但重审应由指定的法院进行,而且指定的法院应依据或不违背案件被发回的理由或指示指挥审判。③

第二节 特别权限

讨论完法院的一般权限后,现对法院的特别权限加以研究。从以下三方面入手:(1)统一解释法令权,(2)创制判例权,(3)法令违宪审查权。

一、统一解释法令权

1910年颁布的《法院编制法》第35条规定,大理院院长有统一解释法令及与此有关之权。依据该条,大理院从此享有该项重要权限。依据《大理院章程》(1919年5月29日总统令颁布),几乎汇集了至当时为止的所有处理有关事务的惯例。统一解释法令权包括:(1)解释与答复法律疑点之权,(2)为国家利益的、由公署或经法令许可之公法人或公务员改正错误解释法令之权。④ 行政统一解释法令权的一般程序是,先由公署、经法令许可之公法人或公务员就执行职务的过程中发现的法令疑点,向大理院申请解释。⑤ 如申请符合条件,大理院不得拒绝。因为法律明确规定,申请解释之事项没有法律规定不得成为拒绝解释之理由。⑥ 对于申请解释之事项,大理院院长得分别民刑事类,分配民庭或刑庭长审查,并拟具解答。必要时,得将事件与民庭或刑庭庭长拟具之解答征求各庭庭长及推事之意见;如其他庭长或推事认为拟具之解答与先前大理院之解释不符,或属创制新的原则者,该庭庭长或推事得表达其意见;如有两种或多种意见,得应其中之任一人申请,召集所有民庭或刑庭的推事举行会议。如申请解释的民事事项与刑事法律相关者(反之亦然),得将该事项与庭长拟具之解答向各庭庭长及推事征询意见,意见之表达及会议之召集与上述程序相同。⑦ 请求解释之事项以抽象之法律疑点为限。对于具体的事项,大理院不得解释;⑧否则,成为指挥或干预下级法院的审判。而这是1910年颁布的《法院编制法》所禁止的。⑨ 解释之事项及大理院所作之解释公布于中央政府的公告中。⑩ 此项解释作为以后审判案件中解决同一争议的训令,对于全国各级法院包括大理院本身都有拘束力。⑪ 对于同一争议有不同之解释时,以最后发布的解释为准。⑫

尽管在1928年设立司法院后,最高法院成为其中的一部分,但是,最高法院的统一解释法令权基本不变。虽然依据《司法院组织法》(1928年10月20日公布,同年11月17日修正并施行),统一解释法令权已授予司法院院长,但司法院院长在行使此项权限时,仍须服从最高法院院长和各庭庭

---

① 《刑事诉讼法》,第411—413条。
② 但对于只允许一次审判和一次上诉的案件,第二审法院作出判决以后,该判决即刻有拘束力。
③ 《法院编制法》,第32、45条。
④ 第202条。
⑤ 第204条。
⑥ 第205条。
⑦ 第206条。
⑧ 《大理院解释》,第98号,1914年2月7日发布。
⑨ 第35条。
⑩ 《大理院条例》,第210条。
⑪ 同上,第203条。
⑫ 《大理院解释》,第460号,1916年6月22日发布。

长会议所通过的决议。① 所以,名义上这项权限已移交于司法院院长,但仍是通过最高法院来作出法律解释。不过,在现行制度下,已发生了几项重要的变化。兹大体陈述如下:

1. 作出解释之任务由统一解释法令会议承担。统一解释法令会议作为司法院之一部分,由司法院院长、最高法院院长及各庭庭长参加。司法院院长为统一解释法令会议的当然主席;院长若有事不能出席时,由司法院副院长代行之;司法院副院长亦有事不能出席会议时,由最高法院院长代行之。统一解释法令会议须由上列人员全员之三分之二以上出席。议决案以出席人员过半数议决之,议决有歧见而得票数相同者,由会议主席决定之。②

司法院院长认为上述议决案尚有疑义时,得召集全体会议复议之。全体会议由司法院院长、最高法院院长、各庭庭长及推事参加。复议时,须由上列人员全员的三分之二以上出席。议决案以出席者的三分之二以上议决之,议决有歧见而得票数相同者,由会议主席决定之。③④

2. 请求解释之事项须与法令之部分规定有关。换言之,与法令无关之事项不得为解释之对象。因此,根据现行制度,从前就非法令规定之事项所作之解释,即使情形相同,也不得再援用。⑤

3. 解释之请求得向司法院或最高法院提出。如向司法院提出者,由司法院院长将事件发交最高法院院长,由最高法院院长分别民刑事类,分配于民庭或刑庭庭长。如向最高法院提出者,可不必呈交司法院院长,直接依前项程序分配于某庭长;受命之庭长拟具解答后,应再征询各庭庭长之意见。解答经半数以上庭长及最高法院院长赞同后,由最高法院院长呈交司法院院长核阅;司法院院长亦赞同者,该项解答即作为为统一解释法令会议之议决案。所以,统一解释法令并非例会⑥,只有遇到特殊情形方召集之。

如半数以上庭长或最高法院院长对于解答不赞同或有疑义,则由最高法院院长呈请司法院院长召集统一解释法令会议。司法院院长对于解答不赞同时,由司法院院长主动召集这项会议。⑦ 统一解释法令会议首先采用普通会议之形式。召开会议时,最高法院的普通推事并不参加。对于普通会议所作出之议决案,司法院院长仍不赞同时,得召集最高法院普通推事参加之全会。

值得一提的是,中国的司法院通过最高法院作出的解释在其他国家(除苏联外)中,并无相对应之法制。依照朱达·泽利奇(Judah Zelitch)书所述,苏联的最高法院亦有解释法律之权。该项权限行使之对象包括所有的实体法和程序法问题,不论这些法律与具体事项是否相关。解释之请求由诉讼当事人、最高法院各庭或院长室、联邦总检察长或其助理或下级法院提起。议决案由最高法院所有推事参加之全体会议议决,全体会议须有半数以上人员出席。举行会议时,联邦总检察长或其助理必须到场。最高法院全体会议所作出的决议案对其境内所有的司法组织均有拘束力。⑧ 因此,恰当地说,尽管中国与苏联在相关制度的详细规定方面存在差别,但两者的基本精神则是相似的。

二、创制判例权

毋庸置疑,除高等法院作为第三审法院的情形外,⑨非最高法院的其他审判机关所作的决议,在

---

① 第3条。
② 《国民政府司法院统一解释法令及变更判例规则》,1929年1月4日试行,第3、8条。
③ 同上,第9条。
④ 校者按:根据1958年的《司法院大法官会议法》第11条对法令之解释经出席人过半数同意。第13条规定对宪法之解释需四分之三大法官出席,出席人数之四分之三同意。
⑤ 同上,第3条。
⑥ 同上,第4—6条。
⑦ 同上,第7条。
⑧ Soviet Adminstration Criminal Law, University of Pennsylvania Press, 1931, pp. 65\75\85\88.
⑨ 高等法院作为第三审法院时,得遵守自身以前的判例,除非经由民庭和刑庭两庭的各推事参加、或由民庭或刑庭的各推事参加的全体会议议决改变,否则不得违背(《法院编制法》,1910年,第32条)。但以下做法已完全确定,即:高等法院的判例并不被视为对下级或同级法院有拘束力的判例(《大理院解释》,第105号,1913年3月5日发布)。

中国现行制度下并无判例效力。但是，对于最高法院的决议有无判例效力，理论上存在的争议极大。不承认者认为，最高法院的决议有以下三种特性：

首先，最高法院的决议仅作为法学专业人士的意见，这种意见对推事审判案件会有所启迪，但根本没有拘束力。① 由此，它在法庭审判所有案件时，仅施以道德之影响。

其次，最高法院的决议仅被视为司法惯例，即法院用来作为习惯的法律渊源。② 基于此，它仅在法无明文规定的民事案件中作为法律渊源，对法院有拘束力；但在所有刑事案件中或法有明文规定的民事案件中并无拘束力。因为在刑事案件中，犯罪如法无明文规定不受处罚，并且，此时的法律渊源仅以法典或成文法为限；③ 而在法有明文规定的民事案件中，习惯或惯例是被拒绝适用的。④

最后，最高法院的决议已退居于法理的范畴。⑤ 这也意味着，它仅在民事案件中作为法律渊源对法院有拘束力。较之作为司法惯例所起之作用，其地位更差。因为法理只能在既无法律明文规定、又无习惯可适用的民事案件中才被适用。并且，因为不同的人会以不同的标准确定法理，所以，最高法院的决议在法院审判案件时，由于推事选择适用之自由而无法得到遵奉。

然而上述主张并不能成立。理由有三：

首先，法律已有明确规定，最高法院的决议具有判例的性质，至少对其本身有拘束力。模仿德国、日本法制⑥而制定的《法院编制法》(1910 年颁布)规定："大理院各庭审理上告案件，如解释法令之意见与本庭或他庭同类案件有异，由大理院长依该法令之性质召开民庭或刑庭两庭之总会决定之。"⑦ 此外，《统一解释法令及变更判例之规则》规定，司法院院长对于某一判例——即已成为训令的最高法院决议——认为有变更之必要时，得召集统一解释法令会议决议之。最高法院院长对于判例认为有变更之必要时，得呈司法院院长照前项程序办理。⑧ 上述诸规定无疑已表明，最高法院的决议对其本身有拘束力，至少其本身应遵奉之。当然，最高法院决议的变更须经特别组成之会议议决，参加该会议的人数应远多于原议决之人数。

其次，诉讼实践亦说明，除最高法院外的其他审判机关在审判案件时，其适用法律不得与最高法院的决议相左。违反者，即属违背法令，得为撤销或变更判决之理由。这种例子至少在 1929 年现行民法典公布前极为常见。其时，下级法院若违反最高法院的创制性决议，即属违背法令。所谓创制性的决议，并非指纯粹对法律条文的解释，而是指设立新的规则来弥补法令之疏漏，或变更法令之内容或规定法令未包括之有关事项。所以，最高法院的决议作为判例，不但对其本身、并且对于各下级法院均有拘束力。

最后，或许可以说，法官与律师均有这样的心理倾向，即：将最高法院的决议视为对全国各审判机关有拘束力的判例。下列事实足资说明：律师常援用最高法院的决议支持其辩护，推事也多以此为依据作出判决而少有例外，似乎这类决议的拘束力已毋庸置疑。因此，承认最高法院的决议为对各审判机关有拘束力的判例，已代表中国法律界的多数意见，这种情况虽然不能说是合理的，但至少在实践中，它对最高法院决议的性质和地位产生决定性的影响。

综上可见，最高法院有权创制对其自身或各下级法院有拘束力的判例，除非基于同一目的而组成的机构即统一解释法令会议变更之。

---

① 陈瑾昆：《民法通义总则》，第 17—18 页。
② 俞启昌（译者据 Yu Chih-Chang 音译）：《民法要论总则》，第 28 页。
③ 《刑法》第 1 条规定："行为时之法律无明文科以刑罚者，其行为不为罪。"
④ 《民法》第 1 条规定："民事法律所未规定者，依习惯；无习惯者，依法理。"
⑤ 胡长清：《中国民法总论》，第 36—37 页。
⑥ 《德国法院组织法》（现行），第 136 条；《日本裁判所组织法》，第 49 条。
⑦ 第 37 条。这一条已为《统一解释法令及变更判例规则》所取代。
⑧ 第 10 条。此类情形下，召开会议的方式与讨论抽象的法律疑点相同。

三、法令违宪审查权

依据统一解释法令权,大理院于民国初期曾宣布数项政府命令因违宪而无效。例如,根据大理院于 1913 年 5 月 28 日所作的解释,司法部发布的指导法院今后在审理绑架案件中应如何适用法律的命令,即被认为违背宪法中的司法独立原则,故无效,对法院无拘束力。但是,大理院因法律违宪而拒绝适用法律并宣布该项法律无效的情形,从未有过。这是因为,虽然大理院享有统一解释法令权(包括解释基本法律和政府命令之权),但 1912 年颁布的《临时约法》,对于违背《临时约法》条款的法规是否无效和大理院是否有权宣告该法律无效,并不明确。直至 1923 年,大理院才正式被授予有限的法令违宪审查权。是年,北京政府公布《中华民国宪法》,其中有以下之规定:

(1) 法律与宪法抵触者无效;[①]

(2) 宪法未明文规定属于中央政府或各省管辖之事项,若有争议,应根据该事项之性质,由最高法院决定其归属;[②]

(3) 各省之法律与中央政府抵触者,无效。如有疑义,根据最高法院之解释确定之。[③]

从上述之规定可以看出,当发生以下争议时,最高法院有权就该法律进行违宪审查:(1) 中央政府或各省就宪法未明文规定之事项,在立法时将其归入自己管辖,是否超越了宪法权限,(2) 各省制定的法律是否与中央政府的法律相冲突以致超越宪法规定的权限。[④]

1927 年后,最高法院不再有违宪审查权。首先,1923 年的宪法被视为旧制度的工具而遭废弃,曾一度恢复 1912 年的《临时约法》,因此,最高法院的违宪审查权问题亦回到不明确的状况。在 1931 年,《训政时期约法》[⑤]颁布并实施。依此宪法,法令解释权与违宪审查权授予国民党中央执行委员会。[⑥]但同时,对于违宪审查权是否应授予国民党中央执行委员会,各界产生争议。有不少人认为,违宪审查权应授予最高法院。[⑦] 然而,在立法院最近起草的宪法草案[⑧]中却规定,违宪审查权应由司法院来行使。[⑨] 如果这个草案通过,则作为司法院组成部分的最高法院就不再享有违宪审查权。

第四章　司法人员

因篇幅所限,难以全面研讨所有直接或间接从事司法事务的人员,兹择其较重要者,论述如下:(1) 推事及检察官,(2) 兼理司法县府和县司法公署的审判官,(3) 书记官。

(一) 推事及检察官

推事和检察官,包括法院院长和首席检察官的招聘和训练,通常采用大陆法中的做法。[⑩] 推事

---

① 第 108 条。
② 第 26 条。
③ 第 28 条。
④ 王世杰:《比较宪法研究》,第 591—592 页。
⑤ 依已故国民党领袖孙中山先生确定的方案,中国政治的发展可分为三个阶段:(1) 军政时期,(2) 国民党训政时期,(3) 宪政时期。
⑥ 第 84—85 条。
⑦ 在 1925 年,一批学者向北京政府的宪法起草委员会提交了一份"统一司法权"的议案,建议将宪法的解释权限授予最高法院(《法律评论》,第 116 期,第 20 页以下),其他人也提出了同样的建议,例如,见董康:《民国十三年司法之回顾》,载《东吴法学季刊》(中文版)第 2 卷,第 3 期,第 113 页以下。
⑧ 这是立法院最后的草案。
⑨ 第 176 页。
⑩ 在这方面,中国制度与法国、德国、意大利或日本制度的基本精神非常相似。原则上,推检之候选人均要求修习法律学科一定期限,通过规定的考试及经过一定的学习期限(见 Ensor:《法国、德国和英国的法院和推事》,牛津大学版,1933 年,第 26—27、55—57 页;Ploscowe:《大陆法国家推检之职业》,载《耶鲁法学杂志》第 2 卷,第 44 期,第 270—275 页;《日本裁判所组织法》,第 57—66 条)。

和检察官是由中央政府任命的,并不是由公众或立法机构来选举的。在现行制度下,推事和检察官依任职资格分为两大类:(一)经由国家考试合格及(或)规定学习期满后任用者,(二)因有下列任职之经历而任用者:(1)曾任推事或检察官者,(2)曾任司法职务之行政官,(3)曾为法律教授者,(4)曾任律师者,(5)曾任法院之书记官者,(6)曾在县司法公署、地方审检所或兼理司法县府担任承审员者。

前类人员又可细分为两大类。第一类,为参加并通过国家司法官(即推事和检察官)两次考试、并在法官训练所或法院学习两年期满的人员,学习期介于两次考试之间。换言之,候选人经首次考试合格后,作为见习司法官,分发法官训练所或法院学习;学习期满后,再参加第二次司法考试;考试合格后,再分充候补推事或检察官。

中华民国国民有下列情形之一者,不得应司法官之首次考试:(1)褫夺公权者,(2)亏欠公款者,(3)盗用公款或渎职者,(4)吸食鸦片者。除上述限制条件外,应司法官首次考试还必须具有下列资格之一:①(1)国立或经立案之公私立大学、独立学院或专科学校修法律政治学科毕业,并有证书者;(2)有大学或专科学校法律政治学科毕业之同等学历,经鉴定考试合格者;(3)确有法律专门学术技能,其著作或其它作品经主管单位审查合格者;(4)经同类之普通考试(即为官资低于推事或检察官的司法人员而设立之考试)合格四年后,或曾任司法机关委任官②三年以上者;(5)在国内外专科以上学校修法律及相关学科一年以上毕业,并曾教授基本法律科目(即民法、商法、刑法、民事诉讼法和刑事诉讼法)二年以上,或曾任审判事务二年以上或法院书记官记录事务三年以上者。

考试次第如下:(1)初试,(2)再试。初试之科目如下:(1)国文——论文及公文,(2)国民党党义,(3)中国历史,(4)中国地理,(5)宪法,(6)法院组织法。③ 初试不合格者,不得应再试。再试分笔试与面试。笔试之必试科目如下:(1)民法,(2)商法,(3)刑法,(4)民事诉讼法,(5)刑事诉讼法。笔试之选试科目为:(1)行政法,(2)土地法,(3)劳工法规,(4)国际法,(5)刑事政策,(6)犯罪学,(7)监狱学。面试之科目为:民法、商事法规、刑法及应考人之经历和经验。④

首次考试合格者,得分发法官训练所或法院学习。通常,一段时期于法官训练所学习,一段时期于法院学习。

司法官之第二次国家考试应分为面试与笔试。其时,以拟判为主要科目,面试时,特别关注应考人学习期间之成绩及经验。⑤ 第二次考试不合格者,补行学习后,再应第二次考试。⑥

第二类为免除首次国家考试径行分发学习的人员。在特殊情形下,应考人可免除首次考试而径行分发法院学习,学习期满后,应与首次考试合格者一并参加第二次国家考试。免除首次考试者,应具备下列资格之一:⑦

(1)在司法院监督之法律学校毕业,经司法院发给证书,其毕业成绩在八十分以上者;

(2)在国立或政府认可之大学、独立学院、专科以上学校,修法律学科三年以上毕业,现任或曾任委任司法行政官办理民刑案件五年以上,现任或曾任法院之委任书记官,办理记录事务五年以上者。

然而,具上列资格者并不一定能免除首次考试,相反,此事完全取决于司法部长。事实上,由于当局不提倡,真正被免考者极少。

---

① 《高等司法官考试条例》,1933年修正,第2条。
② 例如,地方法院的书记官。
③ 《高等司法官考试条例》,1933年修正,第5条。
④ 同上,第6—7条。
⑤ 同上,第12—14条。
⑥ 同上,第16条。
⑦ 《司法官(推事和检察官)任用暂行标准》,1932年4月11日试行,第6条。

就后类人而言,除曾充或现充之推事或检察官外,必须是在国立或经认可之大学或独立学院、专科以上学校修法律学科三年以上并任相当职务一定期限者(其期限长短因人、因事而异),方有任用资格。若系司法行政官,应任荐任职办理民刑案件四年以上;若系法律教授,应在国立或政府认可之大学、独立学院、专科以上学校或司法院监督之大学或独立学院、专科以上学校任职五年以上;若系律师,应实际执业五年以上;若系法院书记官,应任荐任职(即高等法院书记官长,或最高法院书记官,或最高法院检察署主任书记官)三年以上。若不属于正规法院担任审判的司法官,应曾任兼理司法县府之承审员、县司法公署之审判官或审检所之助审员五年以上,并成绩优良者。①

推事及检察官有不同之官阶。自下而上依次为:(1)荐任职,(2)简任职,(3)特任职。荐任司法官为:地方法院及其以下法院之推事、检察官、庭长、首席检察官、院长,高等法院或高等分院之推事、检察官、庭长、首席检察官,高等法院分院院长。简任司法官为:最高法院之推事、检察官、庭长、总检察长。特任职为:最高法院院长。荐任职和简任职还可分级,依此定推事、检察官之官俸与官资。法院之推事、检察官及院长之任用或为临时任用(试署),或为永久任用(实授)。在地方法院及其以下法院,设有一类特别的推事或检察官,即"候补推事或检察官"。其职级高于学习推事或检察官,低于所有其他推事或检察官。司法官之候选人在多数情形下得先由司法部长分发于地方法院及其以下法院为候补推事或检察官;②满一定期限后,根据各人的成绩,依司法行政部部长命令,派充为同级法院之荐任级临时推事或检察官;③一年后,若著有成绩,提请国民政府临时任命(试署);著有成绩者在第二年年底,则提请国民众政府永久任命(实授)。简任司法官以国民政府临时任命之职(简署)为始。一年后,如成绩合格改为实授。④

高级司法官之任用采用晋升原则。换言之,高级司法官通常应就下级司法官中遴选之。高等法院首席检察官或庭长、高等分院院长、首席检察官或庭长,或地方法院院长、首席检察官应就任荐任推事或检察官五年以上者中遴选之。⑤高等法院院长应就任简任推事、检察官,或高等法院首席检察官,或高等分院或地方法院院长三年以上者中遴选之。⑥又,最高法院庭长、推事或检察官应就简任推事、检察官,或高等法院或高等分院首席检察官、庭长、推事或检察官,或高等分院院长三年以上者中遴选之。⑦

荐任司法官之补缺,应依下列次序叙补:首选为经司法官规定国家考试合格后,学习满一定期限之推事或检察官;其次为曾充或现充荐任推事或检察官,第三为曾任荐任司法行政官、法院荐任书记官、兼理司法县府承审员、县司法公署审判官或审检所助审员,第四为其它人员。各省区地方法院每五个缺额就第一组人员中遴选二员,其它各组各遴选一员。其先后为,第一、第二两个缺额就第一组人员中遴选,第三缺额、第四缺额、第五缺额各就第三组、第四组、第五组人员中遴补。下一轮五个缺额,亦按此规定办理。⑧

为使法院廉洁公正,院长、首席检察官、推事或检察官于本地之任用应加以回避。原则上,各省区高等法院及其以下法院之院长,首席检察官不得以本省本区人充任。边远及交通不便或有特殊情形致回避本身有实际困难者例外,但不得担任原籍法院院长或首席检察官。⑨各省区各级法院之

---

① 《司法官(推事和检察官)任用暂行标准》,1932年4月11日试行,第4条。
② 《法院编制法》,1910年,第111条。
③ 《司法官任用暂行标准》,第9条。
④ 同上,第11条。
⑤ 同上,第5条。
⑥ 同上,第3条第1—2款。
⑦ 同上,第2条第1、2、5款。
⑧ 同上,第10条。
⑨ 《司法官任用回避办法》,1932年试行,第1条。

推事或检察官不得在其原籍之法院管辖区内任职。① 司法官之间的亲属关系有时亦得为回避之理由。各省区各级法院院长、首席检察官与直接上级法院院长、首席检察官有四等亲血亲关系或三等亲姻亲关系者,均应自行向司法行政部申请回避;推事、检察官与直接上级法院院长、首席检察官有上列关系者,亦同。有上述关系不自行申请回避者,得受惩戒之处分。② 最后,律师停止执业未满一年者,不得为曾执业地所在省法院的司法官。但为学习推事或检察官者除外。③

司法官之任用权授予不同之机关。候补推事或检察官之任用权专属司法行政部部长;④对荐任司法官,司法行政部部长仅有权以司法行政部之名义,初步临时任用之(派充)。这与国民政府的临时任命(试署)不同。至于其它司法官,则由司法行政部部长提请国民政府任命。⑤ 高等法院院长、最高法院总检察官、推事或检察官,由司法行政部部长呈司法院院长提请国民政府任命之;但最高法院之推事、检察官在提请任命前,司法行政部部长应咨询于最高法院院长、总检察长。最高法院院长由司法院院长提请国民政府任命之。⑥

然而,司法官任用或提请任命权若由司法行政部长绝对控制,其后果不堪设想。因此,在司法行政部设置两个委员会:一为司法官资格审查委员会,一为司法官成绩审查委员会。两委员会各以司法行政部次长、参事、司长、最高法院推事为委员,司法行政部次长为委员长。⑦ 在司法官任用或提请任命前,司法行政部部长应将其资格及成绩提交两委员会审核。

司法官受以下几项权利保证,应提出三种情况:

首先,司法官有不受撤免之权。即非经正当法律程序,不能撤换其职。司法官非有下列情形之一,不得免职、调任、停职、减俸或停俸:⑧

(1) 在任职期间兼任报馆主笔、律师,担任非法律所允许之公职,经营商业及官吏不应为之业务者;

(2) 系学习候补推事或检察官者;⑨

(3) 系精神衰弱不能任事者;

(4) 因受刑事被控或惩戒调查应停职者;

(5) 因渎职受刑律之宣告或惩戒之处分,应免职、调任、停职或减俸。

就上述最后之情形而言,如未经国民政府实授之司法官,可不经刑律之宣告或惩戒之处分而将其免职、调任、停职或减俸。换言之,这类司法官之渎职已足以影响其任职,无须经刑律之宣告或惩戒之处分予以确认。此项规定始于 1915 年。是年,确立了《司法官惩戒法》所规定的惩戒处分不适用于未经实授的司法官的规定。⑩ 理由是,这类人员在享受以下实授司法官的任职保障前,司法行政长官完全可以及时审查其成绩和监督其行为,决定其任职适当与否。实授司法官的任职保障为:如无其它合法之原因,非经刑律之宣告或惩戒之处分,不得将司法官免职、调任、停职或减俸。

另外应指出的是,司法官之不受撤免权不得成为对其进行全面监督的障碍。这种监督权之行使,就最高法院而言,属于最高法院院长、司法院院长以及在某种程度上属于司法行政部部长;就最高法院检察署、高等法院及其以下法院和检察处而言,属于各司法行政长官和司法行政部部长。除最高法院外,各级法院检察处之司法行政长官监督各所属下级法院检察处。因此,最高法院的总检

---

① 同上,第 2 条。
② 《司法官任用回避办法》,1932 年试行,第 3 条。
③ 司法行政部 1931 年 2 月 5 日令。
④ 《司法官任用暂行标准》,第 9 条。
⑤ 同上,第 11 条。
⑥ 《最高法院组织法》,1929 年修正,第 11 条。
⑦ 《司法官任用暂行标准》,第 12 条。
⑧ 《法院编制法》,1910 年,第 112、122、125 条。
⑨ 这些司法官仍处于试用期,所以,司法行政机关可较自由地处置他们。
⑩ 1915 年 11 月 6 日经总统批准的司法部呈请。

察长监督各所属下级法院检察处;高等法院、地方法院及其各检察处之司法行政长官监督各所属下级法院检察处,包括分院、分庭及其检察处。① 监督权之行使有下列两种方式:(1)有废弛职务及渎职、行为不检者,应予警告,使之勤慎;(2)警告后不予悔改或严重失职者,按惩戒法处置。② 司法行政监督权之行使不应有徇私请托情事,或不得影响推事之审判。③

其次,司法官得受恤金之保障。恤金分以下三种:(1)终身恤金,(2)一次恤金,(3)遗族恤金。司法官有下列情事之一,支给终身恤金:

(1)因公致身体残废、不胜职务者;
(2)因公致病精神错乱,不胜职务者;
(3)在职十年以上身体孱弱或残废、不胜职务者;
(4)在职十年以上勤劳卓著、年逾六十自请退职者。

终身恤金自该官吏退职之次日起至亡故月止,按其退职时俸给五分之一按期支给,但该官吏被褫夺公权、丧失国籍或再任职官者除外。④

官吏因公受伤或因公致病而未达身体残废精神错乱之程度者,支给一次恤金。一次恤金以其退职时三个月俸给之限度内支给。⑤ 官吏受一次恤金后,因伤病加剧而致身体残废精神错乱者,更受终身恤金。⑥

官吏有下列情形之一者,支给遗族恤金:

(1)因公亡故;
(2)在职十年以上勤劳卓著而亡故;
(3)依法受终身恤金未满五年而亡故。

遗族恤金自该官吏亡故之次月起至下列事由发生之月止,按官吏最后在职时俸给十分之一按期支给:(1)其子女达于成年,(2)其妻亡故或改嫁;(3)其孙及孙女或弟或妹达于成年,(4)其父母、祖父母或夫之父母、祖父母亡故。⑦

亡故者遗族领受恤金按下列之顺序:(1)亡故者之妻,(2)其子女,(3)其孙及孙女,(4)其父母,(5)其祖父母,(6)其同父弟妹。女性官吏亡故时,依下列之顺序领受遗族恤金:(1)亡故者之子女,(2)其孙及孙女,(3)其夫,(4)其夫之父母,(5)其夫之祖父母,(6)其本身父母,(7)其本身祖父母。遗族恤金得先由第一顺序者领受;无第一顺序者,始由第二顺序者领受;无第二顺序者,得由第三顺序者领受;其它依此类推之。⑧

再次,司法官享有定期加俸及年功加俸的保障。司法官执行职务每满两年即应加俸。如该官吏系荐任职,每月加俸二十元;如系简任职,每月加俸四十元;但两年内曾受惩戒之处分或因事请假逾两月,因病请假逾六月者,不在此限。⑨ 司法官受各该官等最高级之俸在五年以上确有劳绩者,简任官得支给六百元以内之年功加俸,荐任官得支给四百元以内之年功加俸。⑩ 年功加俸按月均分,

---

① 《法院编制法》,1910年,第158条;《最高法院组织法》,1928年11月17日,第2、11条;《最高法院处务条例》,1929年2月16日,第8、10、11、15、40条;《最高法院检察署处务条例》,1929年5月4日,第4、5、8、9、11条。
② 《法院编制法》,第159、160条。
③ 同上,第161、163条。
④ 《官吏恤金条例》,1927年9月9日试行,1931年12月19日修正,第3—6条。
⑤ 同上,第7条。
⑥ 同上,第8条。
⑦ 同上,第9、11条。不具备上述享受遗族恤金条件的官吏,如任职三年以上十年以下而亡故的,按退职时二个月俸给一次支付给其遗族(同上,第14条)。
⑧ 同上,第10条。
⑨ 《司法官官俸暂行条例》,1928年4月6日,第4条。
⑩ 同上,第5条。

与官俸同时发给。①

（二）兼理司法县府和县司法公署的审判官

1. 兼理司法县府的承审员

兼理司法县府之承审员就承审员考试合格并学习期满者中遴选。在现制度下，中华民国国民，凡无不得应司法官考试之情事，并有下列资格之一者，得应承审员考试：②

（1）在国内外大学、独立学院、专科以上学校修法律政治学科毕业并有证书者；

（2）高等考试司法官、监狱官、警察官鉴定考试合格者；

（3）确有法律政治学专著，经考试委员会审查符合条件者；

（4）现任或曾任司法职务、司法行政职务三年以上并有证书者。

与司法官首次考试相同，承审员之考试亦分为：(1) 初试，(2) 再试。初试为笔试。考试科目有：(1) 国文——论文与公文，(2) 国民党党义，(3) 中国历史地理，(4) 宪法，(5) 法院组织法。再试分笔试与面试，考试科目有：(1) 民法，(2) 商事法规，(3) 刑法，(4) 民事诉讼法，(5) 刑事诉讼法，(6) 拟判技巧，(7) 应考人之经验。③ 学习期间为六个月至一年，得分发法院或司法人员训练班学习。

承审员之任用，除就考试合格学习期满人员中遴选外，亦可从有一定经历之人员中遴选。对于后类人员之任用，至今仍无统一之法律规定。一方面，因 1919 年《承审员考试暂行条例》虽在相当程度上为 1933 年修正后的条例所取代，但原条例中关于承审员任用的规定依然有效；另一方面，现国民政府建立后，各省均纷纷自行制定了承审员任用条例。但就一般而言，下列人员具备此种任用资格：④

（1）现充或曾充学习、候补推事或检察官者；

（2）司法官考试合格者；

（3）现充或曾充承审员、法院书记官、司法行政官一定期限者；

（4）在经立案之国内外大学、独立学院、专科以上学校修习法律政治学科毕业并有证书，经县知事或其它同类文官考试合格者。

承审员之任用权，在理论上属于司法行政部部长；但在实践中已确立了以下原则，即：高等法院院长在司法行政部部长监督下行使该项权限，是被允许和正常的。⑤ 有下列情形之人员，不得为承审员：褫夺公权或停止公权尚未复权者，亏欠公款尚未清偿者，曾盗用公款或渎职者，吸食鸦片或其代用品者。承审员在任职期间不得兼任其它职务的规定与推事、检察官相同。⑥ 关于推事检察官的任用回避规定，承审员亦同等适用。⑦

2. 县司法公署的审判官

县司法公署之审判官得就下列人员中遴选之：⑧

（1）经县司法公署之审判官考试合格并学习期满者；

（2）曾奉部派充推事、检察官，或候补推事、检察官，考验成绩确属优良者；

（3）经各省承审员考试合格，办理审检事务二年以上，报部核准备案，考验成绩确属优良者；

（4）经高等文官考试或同等考试合格，系曾在国内外大学或专科以上学校修习法律政治学科

---

① 《司法官官俸发给细则》，1928 年 6 月 15 日，第 3 条。
② 《承审员考试暂行条例》，1933 年 6 月 19 日修正，第 2 条。
③ 同上，第 3、4 条。
④ 《承审员考试暂行条例》，1919 年，第 4 条；《湖南省各县承审员条例》，1928 年，第 4 条；《河南省各县承审员条例》，1929 年，第 2 条；《热河省各县承审员条例》，1930 年，第 3 条。
⑤ 《各省高等法院院长办事权限暂行条例》，1927 年，第 4 条，第 14 项。
⑥ 《县知事兼理司法事务暂行条例》，第 5 条。
⑦ 司法部 1920 年 9 月 4 日令。
⑧ 《湖北各县司法委员任用暂行办法》，1929 年。由于正规法院设置的增加，所以，有司法委员的省份极少。这些省对司法委员的任用通常有独立的规定。然而，这里引用的《暂行办法》可以说代表了这些规定的基本精神。

三年以上毕业获有文凭,并办理司法行政事务一年以上,考查成绩确属优良者;

(5) 在国内外大学或专科以上学校修习法政学科三年以上毕业获有文凭,曾办理审检事务四年以上,报部核准,或办理司法行政事务五年以上,奉部委派,并经考验成绩确属优良者。

虽然这类人员任用的考试标准要高于承审员,但考试之资格及科目与承审员基本相同。①

县司法公署审判官之候选人,无论其为考试及格者,或有相当经历者,均须于六月以下的学习期满后始得任用。② 学习期满,成绩满意者,由高等法院院长初任之;满一年后,成绩满意者,由高等法院院长提请司法行政部部长派充。③ 被派充者,得受荐任司法官之待遇。④ 承审员任用回避之规定,亦适用于此。

(三) 书记官

与推事、检察官、承审员、县司法公署审判官相同,书记官依任用之标准亦可为两类:(1) 书记官考试合格学习期满者,(2) 有相当经历者。前类人员是指具有法定资格、经书记官考试合格并于法院或书记官训练班学习期满(通常为一年)的书记官。中华民国国民,有下列情形之一者,不得应书记官考试:(1) 褫夺公权者,(2) 亏欠公款者,(3) 曾盗用公款或渎职者,(4) 吸食鸦片或其代用品者。除上述限制条件外,应书记官考试还必须具有下列资格之一:⑤

(1) 经立案之公私立高级中学或其它同等学校毕业持有证书者;

(2) 有立案之公私立高级中学或其它同等学校毕业之同等学历,经鉴定考试合格者;

(3) 在经立案之国内外大学、独立学院、专科以上学校修法律政治社会等学科一年至二年毕业获得证书者;

(4) 有应高等考试资格之一者;⑥

(5) 曾在司法机关服务三年以上获得证书者。

书记官之考试亦分为:(1) 初试,(2) 再试。初试科目为:国文(论文与公文),国民党党义,中国历史,宪法。再试科目为:民法大意,刑法大意,民事诉讼法大意,刑事诉讼法大意,法院组织法。⑦ 法院书记官考试及格并经学习期满后试署,试署满一年后始得实授。⑧

对于因有相当经历而任用之书记官,其资格并无专门的法律规定。但在实务中,此类人员常从下列人员中产生:(1) 现充或曾充书记官,或曾于司法机关执行相等职务者,(2) 在经立案之国内外大学、独立学院、专科以上学校修法律学三年以上获得证书者,(3) 现任或曾任法院抄写员三年以上者。⑨ 除上述第(1)类人员外,候选人常先分发学习书记官,满一年后著有成绩者,分充候补书记官。候补期限依候选人成绩及补缺等情形而定。各官署遇初任或晋升官吏时,应将考试合格并学习期满人员优先叙用。⑩ 书记官分下列三等:(1) 委任职,(2) 荐任职,(3) 简任职。委任书记官为各高等法院及其以下法院之书记官全部、最高法院部分书记官。荐任书记官为高等法院书记官长、最高法院检察署主任书记官、最高法院及其检察署之部分书记官。简任书记官为最高法院书记官长。除最高法院及其检察署书记官外,其它委任书记官均应由该管法院及其检察处之司法行

---

① 见《县司法委员考试任用条例》,1917年,第6、10条,目前在较大程度上仍有效。
② 同上,第17条。
③ 同上,第18、19条。
④ 《县司法公署组织章程》,1917年,第5条。
⑤ 《考试法》,1929年8月1日试行,1933年2月23日修正,第7、8条;《普通考试法院书记官考试条例》,1930年12月27日试行,1931年6月19日和1933年5月23日修正,第2条。
⑥ 高等考试系为荐任职(即相当于地方法院或高等法院的推事或检察官)候补人而设置的。
⑦ 《普通考试法院书记官考试条例》,第3—4条。
⑧ 《公务员任法》,1933年,第11条。
⑨ 同上,第4条。
⑩ 同上,第10条。

政长官呈报司法行政部部长任用之。① 荐任或简任书记官由司法行政部部长呈由司法院院长提请国民政府任命之。但最高法院之荐任、简任书记官在呈请任命前,司法行政部部长应向最高法院院长及总检察长咨询意见。最高法院及其检察署之委任书记官由最高法院院长及总检察长分别任用之,但均应咨请及呈报司法行政部备案。② 高等法院主任书记官通常由司法行政部部长以司法行政部名义派充之,此与推事、检察官之情形相同。与推事、检察官相同,同等书记官有不同职级,由此决定各书记官之官俸、官资。书记官之任用亦采用晋升原则。因此,原则上,较高等级之书记官必须经过逐步晋升。

书记官任用回避之规定与推事、检察官基本相同。例外的情形是,书记官在其本籍省或原籍地法院任职不必加以回避。③ 同样,书记官亦有领受恤金、定期加俸和年功加俸之权,只是数额有所差异。④ 书记官不享有不受撤免权,仅得受公务员法律之保障。

第五章 新的法院组织法(1932年)

1932年新的《法院组织法》系司法院、司法行政部起草的两个草案折衷的产物,以中央政治会议所确定的立法精神为宗旨并参酌已有法律而成。在很大程度上,它是原《法院编制法》的翻版,惟体系更趋合理。但在某些方面也有重要的变化。本章就此加以简要分析。为明了起见,兹以前述各章之标题考察之: 1. 司法等级制度, 2. 法院之组织, 3. 法院之权限, 4. 司法人员。

一、司法等级制度

前面曾提到,这方面最重要的变化是新法采用了"三级三审制"。其第一个区别为:由初级法院管辖的第一审案件归地方法院管辖,在没有明示的相反规定时,高等法院管辖第二审案件,最高法院管辖第三审及终审案件。⑤ 原高等法院对于刑事第一审案件的管辖不变。⑥

其他变化是:法院设置的标准化与统一化。现行制度中,第一审法院有不同的称谓,并且形式各异。如有:地方法院、地方分院、地方分庭及县法院。这些法院系于不同时期应特别之需而设,没有统一加以考虑。新法则试图改革,将第一审法院一律称为地方法院及地方分院。⑦

最后一个变化是:新法规定了中国许多地方采用巡回法院制。新法第64条规定:"高等法院或地方法院得于必要时在其辖区内未设分院地方临时开庭,如为高等法院的庭审,其推事除就本院推事中指派者外,在高等法院得以所属分院或地方法院的推事充之,如为地方法院的庭审,以该法院所属分院推事充之。"

二、法院之组织

关于法院之组织,新法有四大变化。

第一,废弃地方法院或地方分院固定推事人数的规定,使法院推事人数的配置有较大的灵

---

① 同上,第7条第2款。
② 《最高法院组织法》,第11条。
③ 《司法官任用回避办法》,第6条。
④ 委任职书记官每月定期加俸的数量为10元,荐任书记官每月定期加俸的数量为20元,简任职书记官每月定期加俸的数量为40元。委任职书记官年均加俸的数量为150元,荐任书记官年均加俸的数量不少于300元。但简任职书记官年均加俸的数量并不固定。这是由于这种官职是最近才增设的(《法院书记官官俸暂行条例》1928年4月6日,第4、5、9条。)
⑤ 第2条。
⑥ 第17条。
⑦ 第9条。

性。地方法院或地方分院视案件需要,推事人数可任意配置,不再受固定不变的规则约束。① 理由有二:首先,新法废除现行制度中初级法院担任第一审、由地方法院为第二审的规定,有初级法院作第一审时就无需地方法院配置较多推事组织分院;其次,不同省区的地方法院,其事务量不等,采用固定推事人数的做法并不适当,对此,各界已有共识。

第二,新法规定,各法院推事、检察官之人数由立法机关来确定。此种变化与前述第一种变化略有矛盾,并可能会发生重大影响。而现行制度下,各法院的推检人数是由司法行政部确定的。因根据 1910 年《法院编制法》,各法院的推检人数由司法行政部确定后须报请国民政府批准。所以,新法规定,将另由特别法来专门规定推检人数及批准问题。②

第三,由少数人员直接行使裁判工作者为主体的法庭组织的变化。新法就作为第一审的地方法院或地方分院,在组织上规定如旧;但就高等法院、高等分院和最高法院,在组织上则有所变化。在现行制度下,高等法院或高等分院的合议庭审判某些案件由三名或五名推事组成;而在新法中,则一律以三名推事组织之。为加速诉讼、减轻推事负担,新法补充规定:高等法院或高等分院审判案件,得以推事一人先行准备及调查证据程序。最高法院之合议庭得以推事三人或五人组织之。具体采用何种方式,得由最高法院自行决定。③

第四,关于合议庭裁判评议之变化。前已提及,现行制度关于合议庭裁判评议之规定有欠妥之处。新法模仿《德国法院组织法》第 196 条和《日本法院组织法》第 123 条之规定,予以补救。合议庭关于裁判之评议,如推事意见分三说以上而每说均不能过半数时,新法规定据下列方法作出判决如下:④

(1) 关于金额,以最多数之意见之得票数依次加上主张次多数金额之票数,顺序相加至达过半数为止,以此金额最少者之意见作为确定金额之依据。

(2) 关于刑事案件,从最不利于被告之意见之得票数加上主张次不利于被告之意见之得票数,顺序相加,至达过半数票数为止,即以最小不利于被告之意见作为多数意见。

如,最高法院合议庭之五名推事 A、B、C、D、E 判与原告之金额各为 100 元、80 元、60 元、40 元、20 元。A 之意见为金额数最多者,顺序添入次多数 B 之意见,至 C 之意见始过半数。因 A、B、C 三人意见中,最少之金额为 C 之意见,所以,以最少额 C 之意见为评议结果。又如,在刑事案件中,推事之意见亦分五说:A 为无罪,B 为 500 元罚金,C 为一年监禁,D 为二年监禁,E 为三年监禁,此时,以最不利于被告之意见即 E 之意见三年监禁顺次添入 D 之意见,至 C 之意见添入始过半数。因 C 之意见为 C、D、E 之意见中最小不利于被告者,所以,以 C 之意见为评议之结果。

三、法院之权限

因为法院的诸多权限是由诉讼法规定的,所以,新法的制订对其影响不大。唯一的变化为取消了原高等法院创制判例之权。依 1910 年《法院编制法》,高等法院作为第三审时,其决议被视为判例,对其本身有约束力。新法采用"三级三审制"后,高等法院作为第三审的管辖已被剥夺,自然,其创制判例权也随之丧失。

四、司法人员

新法最重要之变化在于司法人员方面。兹分析三点:

第一,新法依新标准规定推检任用之资格。推事、检察官应就具有下列资格之一者遴选之:⑤

---

① 第 12—13 条。
② 《法院编制法》,1910 年,第 12、89 条;新《法院组织法》,第 8、27 条。
③ 第 3 条。
④ 第 82 条。
⑤ 第 33 条。

（1）经司法官考试及格，学习期满者；

（2）曾在国立或经立案之公私立大学、独立学院、专科以上学校教授主要法律科目二年以上并著有成绩，经司法官审查机关审查合格者；

（3）曾任推事或检察官一年以上并著有成绩，经（2）所列机关审查合格者；

（4）曾执行律师职务三年以上并著有成绩，经（2）所列机关审查合格者；

（5）在国立或经立案之公私立大学、独立学院、专科以上学校毕业并著有专著，经（2）所列机关审查合格并学习期满者。

地方法院院长及首席检察官、高等法院或高等分院之推事检察官应就具下列资格之一者遴选之：①

（1）曾任推事、检察官三年以上者；

（2）曾任推事、检察官，同时又担任荐任司法行政官四年以上者；

（3）现任推事、检察官并曾在国立或经立案之公私立大学、独立学院、专科以上学校教授主要法律科目二年以上，著有成绩，经司法官资格审查机关审查合格者。

高等法院院长、最高法院之推事、检察官应就具下列资格之一者中遴选之：②

（1）曾任最高法院推事、检察官或高等法院院长一年以上，著有成绩，经司法官资格审查机关审查合格者；

（2）曾任地方法院院长、首席检察官或高等法院或高等分院之推事、检察官四年以上者；

（3）曾任地方法院院长、首席检察官或高等法院或高等分院之推事、检察官，同时又曾任简任司法行政官五年以上者；

（4）现任地方法院院长、首席检察官或高等法院或高等分院之推事、检察官，并曾在国立或经立案之公私立大学、独立学院、专科以上学校教授主要法律科目二年以上著有成绩，经司法官资格审查机关审查合格者。

新法关于最高法院院长任用之规定，可视为对现制度的一大改进。其中规定，最高法院院长应就具有下列资格之一者中遴选之：

（1）曾任高等法院院长或最高法院推事、检察官五年以上者；

（2）曾任高等法院院长或最高法院推事、检察官二年以上，同时又曾任简任司法行政官五年以上者。

然而，司法院院长兼任最高法院院长时，不适用此项规定。③

第二，新法在推、检之待遇方面也有所变化。首先，提高了地方法院、高等法院和高等分院推检之官俸。这是因为：各推检，包括法院院长、首席检察官之俸给得适用有关部门公务员官俸之规定。在现制度下，仅有简任司法官，如高等法院院长、最高法院之推检享有与行政官员同等之官俸；而荐任司法官，如地方法院之推检、高等法院或高等分院之推检，其受领之官俸常低于行政官员。对司法官之俸给，适用关于公务员官俸之规定，将改善地方法院，高等法院和高等分院推检之待遇。④

其次，对于荐任推事、检察官长期任职而成绩卓著者，给予特别之待遇。新法第42条规定，荐任推事、检察官任职十年以上，成绩卓著者，得给予简任推事、检察官之待遇，亦即荐任推事、检察官将得到在现制度下通过晋级无法得到的荣誉和报酬。

再次，对于推事和检察官的保障有些差异。在现制度下，推事和检察官享有同等之保障，而新法则有所变化。与推事不同，实授之检察官仅受非有合法原因并经合法程序不得将其免职、停职、

---

① 第36条。
② 第37条。
③ 第38条。
④ 第41条。

减俸之保障，但转调除外。①

第三，新法将法院书记官的任用标准化。新法规定，书记官、书记官长包括地方法院，高等法院和高等分院之书记官，地方法院、地方分院之书记官长，最高法院及其检察署之部分书记官之任用，应就书记官考试及格或曾修习法律学二年以上并有证书者中遴选之。荐任书记官或书记官长，如高等法院书记官长、高等法院及其检察署之主任书记官，应就具有下列资格之一者中遴选之：曾任委任书记官或书记官长二年以上或具有《公务员任用法》规定之荐任公务员资格。最高法院书记官长（即简任职）应就具有下列资格之一者中遴选之：曾任荐任书记官或书记官长二年以上，或具有《公务员任用法》规定之简任公务员资格。②

第三部分　中国司法制度的有关问题

第一章　行政案件之管辖

一、问题之性质

行政案件，即政府与公民之间因行使行政权（专门术语称执行政府行政行为）而引起的纷争。自民国成立以来，行政案件审判制度已有若干变化。依 1912 年《中华民国临时约法》，行政案件应由设置于国民政府所在地的行政法院管辖。③ 但 1923 年颁布的《中华民国宪法》则规定，行政案件应归属普通司法审判机关管辖。④ 在现行制度下，则行政法院制度又再次重建。设置于南京的行政法院为全国唯一的行政案件审判机关，与最高法院平级，同为司法院之组成部分。

在中国目前情况下，建立行政法院制度究竟是否必要或合理，这个问题一直未能解决。在过去两年中，因立法院着手新宪法的起草，更引起了关于这个问题的激烈争论。最后，立法院决定回避，对于行政案件是由普通法院还是由行政法院受理不作出任何规定。由此可见，立法院处理这个问题感到棘手。

为使问题的讨论较为全面，本文首先分析部分国家的著名学者赞成或反对这种制度的理由，以免局限于中国学者的意见。然后，考察它们在何种程度上适于解决中国的问题。

二、行政法院赞成说

赞成行政法院制度的理由有以下六种：第一种，行政法院是排斥普通司法审判机关审判行政案件、保持司法权与行政权分立的工具，这也是对许多大陆法国家中近代行政法院起源的历史解释。着眼于理论研究的需要，人们仍不应忘记即将被完全抛弃的看法：为保持行政权与司法权的分立，必须防止司法审判机关干预行政案件。⑤

第二种理由认为，行政法院的优势在于，行政审判是由具有专门经验或经专门训练的人员来进行的。⑥ 可以说"行政管辖包含的事项所独具的特征，非有专门知识者无法妥善处置。而推事因过多处理私法问题，所以并不具有这种专门知识"，因"不同的思维方式及行政法律的实践知识，大都来自行政事务的直接接触，行政法院的倡导者们视此为根本"。法国等国家的实践表明，"普通私法

---

① 第 40 条。
② 第 48 条。
③ 第 10、49 条。
④ 第 99 条。
⑤ Hauriou：《行政法与公法》1927 年第 11 版，第 945—946 页。
⑥ Robson, W. A.：《司法与行政法》1928 年版，第 267—274 页；同上 Hauriou 书，第 493 页。

推事面对行政问题,因过于着重法律的专门性而应用私法原则,故常发生错误。"①

第三种理由认为,由于行政诉讼花钱较少及具有非正式性(这是普通法院的诉讼所不具备的),所以,行政法院能给予廉价而较快的审判。这一点,不但可以从诸如法国等行政法院体系较为系统的国家得到验证,并且也可以从刚刚起步的、并未形成体系的英美等国家得到验证。②

第四种理由认为,行政法院在执行职务时有较大的灵活性。因为,行政法院具有普通司法机关所不具备的两大特征:(1)为保持裁判的连续性和统一性,行政法院虽往往与普通司法机关一样遵奉惯例,但它又有独特优势:即"在已知以前的惯例系不良或随后认识到已有更好的解释时,可放弃先例";(2)行政法院"可适用不受法律原则和判例拘束的政策",并且"可避免推事们陷于下述处境,即:他们坦率地承认,因自身受制于法律而作出的判决,有利于请求权利救济之一造。但若按事件的是非曲直,他们或许更愿作出相反的判决"③。

第五种理由,可引用法国一位著名法学家的言论:"发生以下情事是完全有悖常理的,即:(1)作为公共机关的国家会将其合法性受到质疑的行为交付推事来审判,(2)国家会同意去冒风险接受不利于己的判决,(3)国家会支持执行这种不利于己的判决。就国家而言,只有在行政事项是由专职推事而非普通推事来处理,特别是这类专职推事能设法归其控制时才会抱良好愿望,促进其实现"。④ 可以这样说:"世界上没有一个国家的行政法如法国这样发达,不可否认,这是由于行政管辖的存在,以及国家参事院和权限争议法庭要求他们所代表的公众机关不断作出让步的结果。"⑤

最后一种理由认为,行政法院制度在各国不断普及的事实表明,它本身就具有能满足近代国家普通司法法院所不能满足其需要的价值。一方面,在部分行政法院制度已有较长历史的国家,呈现出巩固和扩大其管辖的显著倾向,如法国、德国、奥地利等;⑥另一方面,近几十年来,有些很少听说过行政法院制度、或该种制度与传统思维方式相左的国家,也纷纷设立行政法院或类似的组织,或已有采用行政法院制度的行动,如捷克斯洛伐克、南斯拉夫、日本、美国、英国、比利时等。⑦

三、行政法院反对说

反对行政法院制度的理由有以下五种:第一种理由认为,行政法院制度之存在违背分权原则。法国一位学者提及法国制度时曾这样说:"司法机关与行政机关各为国家主权之组成部分,应相互独立。但只要异议盛行,人们主张司法权独立便会举步维艰。波塔利斯(Portalis)在下述言论中首次表示异议:行政机关即使在从事审理诉讼事务仍然是行政管理行为,诉讼管辖只是行政行为的补充。"⑧

第二种理由认为,设置专门的行政法院审判行政案件的制度将有损司法法院的尊严和威信。戴雪(Dicey)在他的《宪法研究绪论》(Introduction to the Study of the Law of Constitution)一书中关于法国行政法院的论述可资说明:国家参事院即国家最高行政法院日趋上升的权威,已导致民众对除最高上诉法院以外的其它司法法院信任程度的下降,认为他们既无实权,又无英国高等法院推事所具有的道德权威。⑨

---

① Goodnow:《比较行政法》第 2 卷,第 220—221 页。
② Goodnow:《比较行政法》第 2 卷,第 221 页;Robson 同书,第 263—267 页。
③ Robson 同书,第 274—275 页。
④ Hauriou 同书,第 943 页。
⑤ 同上,第 943—944 页。
⑥ Andreades, Le Contentieux, Administratif des Etats Modernes, 1934, pp. 102 - 108 (for France); pp. 112 - 118 (for Germany); pp. 139 - 147 (for Austria).
⑦ Ibid., pp. 236 - 237 (for tchecoslovaquia); pp. 247 - 253 (for Yugoslavia); pp. 260 - 264 (fo- Belgium); Port, Administrative Law, 1929, Chapters VI and VIII and Robson, op. cit., Chap. III (for United States and England); Japanese Law Governing Adjudication of Administrative Cases, 1893, amended in 1917, arts. 1 - 21.
⑧ Fuzier—Herman, La séparation des pouvoirs, 1880, p. 479.
⑨ 7th Ed., 1908, pp. 396 - 398.

第三种理由与第二种理由类似，认为将行政案件提交行政法院而非普通法院审判，违反了在普通法院管辖区域所有人民应平等适用普通法律的原则，而该原则是"法治"的基本要素。因为，在普通法院管辖的区域，所有人民应一律平等适用普通法，要求无论何人、何职、部长或公务员、军士或警察均应服从普通司法法院的管辖。[1]

第四种理由认为，行政法院的审判不如普通法院更接近于民众，并且使管辖和法律解释问题出现困难与复杂性。法国法学家拉乌尔·德·拉·格拉塞利（Raoul de la Grasserie）即持此种理由，他曾在其著作中这样论述："但这项管辖（即对应于普通司法机关的行政法院作为专门法院行使管辖）不仅无用，并且有害。为了极微小的案件，人们不得不去各省（法国的行政划分区域）首府，如遇上诉，则不得不去巴黎提出申请。何况，对于某项事件该由行政法院抑或由司法法院管辖的问题，则又是一个复杂的司法难题。即使许多法学家也会发生迷惑，一般人民更无所适从。正因此，下述两个主要机关常会失调：不是最高上诉法院的裁决反对国家参事院的裁决，便是国家参事院的裁决反对最高上诉法院的裁决。"[2]

第五种理由认为，行政法院由于其组织和程序不当，所以不能像普通司法法院那样为私权提供保障。如前所述，许多行政法院存在以下缺陷：（1）推事任职不享有终身制，易受行政干预，（2）诉讼不公开，（3）事实调查不全面，（4）申诉多数遭拒绝，（5）裁决不说明理由，（6）推事与诉讼之一造为同一人。[3]

四、观点评述

前述赞成或反对行政法院制度的理由，在何种程度上适于解决中国问题？在分析该问题前，首先应明确一个常为人忽视但又系根本的原则，即在考量行政法院的利弊或将其与普通法院作比较时，我们尤应注意两种法院的发达和完备的形态。因任何一种制度在其雏形阶段，都难免带有某些弊病，而这些弊病在该制度成熟后，完全可以克服。行政法院在其不发达阶段所具有的缺陷，不足以成为其不合理的理由；同样，普通法院在其不完善时期存在的缺陷，也并不绝对表明其经过一定的改进后不能良好运作。依据这项原则，我们不难发现，前述赞成或反对行政法院制度的理由中，有些显然不能成立。这些理由包括：（1）行政法院的优势在于：行政审判是由具有专门经验或经专门训练的人员来进行的。（2）行政法院因其诉讼花钱较少及具有非正式性，所以能给予廉价而较快的审判。（3）行政法院的存在违背分权原则。（4）行政法院由于其组织和程序不当，所以不能像普通司法法院那样为私权提供保障。

就第一种理由而言，虽然普通司法法院没有配置处理行政案件的主管推事（今日仍如此），但选拔一些专门研究行政法、或特别爱好行政法、并具有某些行政管理知识或经验的推事组成行政法庭，不是不可能的。因为案件审判专门化的趋向，并不仅仅限于行政案件的审判，民事、商事和刑事案件的审判亦复如此。既然我们可以通过委派或任命不同的主管推事去专门处理不同类的事务，那就没有理由认定同样的做法不能适用于行政案件。或许有人认为，行政案件涵盖面广，常出现有关行政管理的各类专门问题，由主管推事处理所有问题，委实困难。对此看法，可答复如下：若该问题的专门化程度还不到必须征询专家意见的地步，则可在主管行政案件审判的推事间进行分工，使其专门化而予以解决；否则，就去征询专家意见。不过，此时普通法院对这种问题的无能为力，同样也会出现在专门的行政法院中。因为尽管行政法院能被很好地组织起来，但要求组成它的推事既是行政法专家又是其它学科如建筑学、工程学等的专家，这是完全不可能的。[4]

---

[1] Hewart, The New Despotism, 1929, pp. 24 – 26.
[2] De la justice en France et en L'estranger, 1914, p. 924.
[3] 同上，第 924—925 页；Fuzier—Herman 同书，第 480—483 页；Robson 同书，第 275—282 页。
[4] Pe la grasserie 同书，第 924 页。

第二种理由认为,因行政法院之诉讼花钱较少,并为非正式性,所以能给予廉价而较快的审判。必须指出,即便如此,普通司法法院如能改良现行制度或设置不同的程序,以适应行政案件的需要,则也能产生同样的审判效果。① 对此,我们只要看一看,案件因其性质区分为刑事、民事和商事而设立不同的程序,即可明白。例如,刑事简易程序和民事简易程序、平衡程序、遗嘱检验程序等。固然,在那些人民信守传统与遵奉旧制的国家,要进行这种改革有一定难度。但这完全是另外一个问题,它并不影响普通司法法院的内在本质。并且,进行这种改革所需要的全部条件,只在于决定者是否愿意去做对行政案件审判有利或必要的事情。行政法院的设置也有赖于此。假如一国缺乏这种意愿,则要在该国设置专门的行政法院同样是困难的;但若确有这种意愿,则尽可直接在普通司法法院的程序改革中,去发现行政法院的替代形式,而不必去设置独立的行政法院。

第三种理由认为,行政法院的存在违背分权原则。依据前述的、考量行政法院的利弊应关注形态之发达和完备的同一原则,这种理由也不能成立。持此理由者常以法国行政法院为例。诚然,法国的主要行政法院如国家参事院或省参事院,就其组织而言,远未独立于行政之外。但这只是法国制度的特征之一,其形成纯属历史原因。其它许多国家的行政法院并不存在这种历史情况,②所以,法国参事院机关的存在与行政权侵蚀司法权并无必然联系。

第四种理由认为,行政法院的组织和程序不当,所以不能像普通司法法院那样为私权提供保障。该理由也不能成立。因为它在批评行政法院时,同样错误地忽视了下列事实,即:行政法院的这些缺陷仅存在于其未发达阶段,或处于仍保留着传统制度痕迹的发展阶段。所有这些缺陷并非无法补救。事实上,许多近代的行政法院大都已克服了这些缺陷。③

现就其他理由分析如下。

1. 逐一考察赞成行政法院的其他理由,可以看出,没有一种是合理的。

第一种理由认为,行政法院是排斥普通司法法院审判行政案件、保持司法权与行政权分立的工具。这种理由不能成立的原因有二:

(1) 行政权与司法权分立理论的出现,最初是为了适应法国革命前非常形势的特殊需要。革命前普通法院的权限过于扩张。革命爆发后,新政府为了同反动分子作斗争,推行激进措施,觉得有必要采用较自由的方式处置行政事项,所以提议禁止司法机关干预因行政行为而引起的争议,而留待行政机关自身处置。就当时情况看,该理论首次被法国人民运用于现实的政治制度,或许是合理的。然而,毋庸置疑,如今革命前的非常情形已不复存在,因此,这种理由便很难成立。④

(2) 行政权与司法权分立的理论仅仅适用于与行政多少有些联系或受行政控制的行政法院(如法国的国家参事院或省参事院),尤其是这些机构的早期发展阶段。然而,就行政法院已独立于行政之外的国家如奥地利、中国和日本等国而言,这种理论根本无法适用。因为当行政法院已独立于行政之外时,它们之所以存在是基于职能专门化或审判事务分工的理论,而非基于分权理论。所以此时不会发生限制或扩张行政权的问题。⑤

第二种理由认为,行政法院在执行职务时有较大的灵活性。这种理由也不能成立。如前所述,持此理由者的依据有二:(1) 行政法院可不遵守已知为不良的惯例;(2) 行政法院可适用不受法律规则、判例拘束的政策。

第一种依据,它完全不是行政法院所独有的特征,许多司法法院(虽然不是所有)也都具有该特

---

① 这部分为 Robson 所承认,见同书第 316 页(5)。
② 例如德国的部分行政法院、奥地利、匈牙利、捷克斯洛伐克和南斯拉夫的行政法院。见 Andreades 同书,第 115—121、150—171、238—244、25—257 页。中国和日本的行政法院也是独立于行政机关之外的。
③ 见前注和《中国行政诉讼法》,1932 年,第 10—26 条;the Japanese Law Governing Adjudication of Administrative Cases, arts. 22—43。
④ Barthelemy, Le Gouvernement de la France, 1924, p. 196.
⑤ 见 Andreades 同书 Gaston Geze 的前言。

征。世界上没有一个国家会禁止普通司法法院的推事在司法实践中的以下做法：由于已知先前的惯例不良，随后认识到已有更好的解释而放弃先例。这非但在不知遵照先例原则的国家是如此，而且在奉行遵守先例原则的国家亦复如是。① 固然，法院拒绝适用惯例应经过一定程序，但若要保持公正的连续性和确定性，则这种程序不但普通司法法院需要，而且行政法院也同样需要。

第二种依据，行政法院可适用不受法律规则、判例拘束的政策，是由于它所适用的行政法的特殊性质，而非行政法院本身。为说明上述观点，可用常被援引的一个例子，即由法国国家参事院创设的所谓执政官法学。法国国家参事院以大胆的魄力和自由为法国创立了一套渗透着公正的司法观念，但无严格的法律概念的行政法体系。它曾为许多著名法学家所称颂，并将其视作人民权利和自由的主要保护神。② 究其原因，主要是由于当时没有适用于行政案件的法律条文或文本。正是这种情形，引导和促使国家参事院依据其自身的社会需求和公平观念，自由地形成了法律规则，而普通司法法院必须受法律规定的拘束。国家参事院法学的推崇者所引用的许多例子（虽非全部）均说明了这一点。③ 因此，如将普通法院置于同等境地，则它们未必不能产生一套同样公正和进步的行政法学。另外，若国家参事院也管辖民事和刑事案件，并要求依据相当陈旧的民法典或刑法典的规定，而不依据本身自由公正的观念审判案件，则未必不会发生同样的不公平裁决。

或许应该承认，国家参事院有时虽明知法律文本之存在，却仍通过其人为的解释来宣布新原则。④ 但这类事情并非国家参事院所独有，在普通法院也不可胜数。要认识这一点，仍可以法国为例。因为，在法国，普通法院也形成了一套在许多方面与法典不一致的固定法学原则，这些原则已成为制定法典的基础。⑤ 违背法典或许是错误的，但那要归咎于人类固有的缺点，国家参事院官员也不例外。

或许正如一位著名法学家所指出的，国家参事院从其初始形态转变为今日之形态，是因为该机关由年轻官员担任重要职务。与最高上诉法院不同，国家参事院任用了部分考试合格的年轻官员，各成员一律平等，并无上下级之分，从而使他们的思想、著作及创新有可能个性化。这种个性化已对行政法学产生了特殊的影响。⑥ 这在法国或许如此，但在其它国家情形则不同。因为某一推事的思维模式并非仅受单一因素如年龄的影响，还取决于其它许多因素，包括：（1）其出生之特定环境，（2）所在法院的特别氛围及传统，（3）其经历及智能状况，（4）个性。由于这些因素因时因地而异，一国行政法院盛行某种思维模式，并不意味着在别国的同类法院也会产生这种思维模式。

第三种理由认为，若行政法院是由与行政有某种联系的特别推事组成，就能促进国家为实现此种善良愿望而努力。这种理由亦不能成立。因为它主要是为法国国家参事院或省参事院进行辩护而提出的。从这两类行政法院的特别成绩来看，这种理由或许是合理的，但它并不适用于其它国家。原因有二：首先，像法国这样的并不完全独立于行政之外的国家参事院或省参事院制度，在不具备法国行

---

① 例如，参阅加斯洛·布朗（Jethro Brown）的论文《英国的司法行政》，载《耶鲁法学杂志》第33期，第838—840页。文中作者这样写道："假如适用先例会带来不便的后果，法院显然有一种将先例与事件的复杂性加以区分的愿望或独创性……在过去二十年里，一个非常值得注意的倾向是，英国的法官在根据案件事实解释和运用正义时，并没有过多地考虑惯例的效力，因为这种惯例是建立于一种混乱的法律体系基础之上的。"又如，本杰明·卡多佐（Benjamin V. Cardozo）在他的《司法程序的性质》一书中也表述了以下的意见：然而，在遵守先例原则方面，我认为即使英国的僵化程度是逐渐减小，相对地说，美国仍不如英国那么僵化。英国的贵族院认为应绝对遵守自身先前的解释，而美国最高法院和有些州的高等法院如果认为先前的判决明显错误，则可以撤销。波洛克（Pollock）写于四十多年前的论文《案例法学》曾提到作出判例的自由，他同样认为，法律只不过是一种个人的意见。自那以后，这种倾向中更有所增强（第158页）。

② Gardner, James, W., French Administrative Law, 33 yale Law Journal, p. 599; Barthelemy 同书，第199页，第203—209页；Hauriou 同书，第968—969页；Appleton, Traite élémentaire du contentieux administratif, 1027, pp. 2-12。

③ Appleton 同书，第12—15页。

④ 同上，第15页。

⑤ 见 Duguit, The General Transformations of Private Law since the Napoleon Code, forming Chap. III of the Progress of Continental Law in 19th Century (Continental Legal History Series), especially pp. 106-109, 112-113, 128, 141-142; Colin et Capitant, Cours élémentaire de droit civil francais, 5th ed. pp. 36-37。

⑥ Barthelemy 同书，第203—204页。

政法院传统氛围的国家,易沦为行政机关侵犯私权的工具。或许有人会说,我们没有任何证据能证明:今日英国远未独立于行政之外的行政法院对政治势力之依赖,比公认为独立的司法法院更多。① 但即使所言属实,那也只能归因于英国人民传统的诚实,而无法证明此类制度本身的可行性。其次,比较符合通行标准② 的近代行政法院,是与普通司法法院一样独立于行政之外的。上述理由不足以说明近代行政法院存在的原因,所以,对此类行政法院而言这种理由是没有说服力的。

第四种理由认为,行政法院在各国的不断普及,可说明其本身的价值:能满足近代国家普通司法法院所不能满足的需要。这种理由同样不能成立。因行政法院制度的不断普及虽能以各种理由来解释,却并不能由此推断该制度优于普通司法法院。在法国这样的国家,行政法院已有较长历史,并有其珍贵的传统制度,该制度尽管不甚完善,却足以使行政法院高效运行。行政法院制度的存在及其管辖的扩张如基于以下的认识或许是合理的,即保存和发展一种已能良好运行并取得国家信任的制度,总比代之以一个结果尚不十分肯定的新机关明智。然而,这只能说明该制度适用于特定条件下的特定国家,并不能推断出它适用于情况各异的国家。有些背景不同的国家采用这种制度,或许是出于对其本质的误解,因此不能从根本上证明其价值。不错,诸如英美国家设立行政法院的原因之一是由于普通法院的效率低下,③ 但这只能说明在某一阶段某些司法法院尚在初始状态,而并不表明行政法院真正优于已经改良的司法法院。

2. 就反对行政法院制度的理由中余下的三种加以分析。显然,除其中之一外,其余均不能成立。第一种理由认为,设置专门的行政法院审判行政案件的制度,将有损于司法法院的尊严和威信。这是不正确的。原因很简单,即法国所发生的情况只是一种偶然,别国不一定如此。戴雪(Dicey)所引用的两个例子④ 事实上与行政法院毫不相干。在一些著名的法学家们看来,法国不普及陪审制及巡回法院受理案件数的陆续减少,相当程度上得归因于其司法制度存在以下缺陷:(1)法律规定,巡回法院仅管辖刑罚严厉的犯罪;(2)陪审团常会在刑罚过于严厉时有意宽容被告并宣告其无罪,或因偏袒、私利而加重被告的刑罚。这类案件常常发生;(3)陪审制度容易延误诉讼,且费用较大。⑤ 就司法法院的程序而言,因其过时并且繁琐,故与行政法院程序的简单、廉价和有效相比,大众对司法法院信任度自然会明显下降。不过,普通法院的制度本身不应对此负责。

第二种理由认为,将行政案件提交行政法院而非普通法院审判,违反了普通法院管辖区域所有人民应平等适用普通法律的原则。这种理由不能成立的原因有三:(1)承认所有人民均应适用一种法律即一地之普通法,并不足以否认行政法的合理性。不容否认,行政法不论如何称谓,它在客观上总存在着,任何国家都少不了它。所以,没有任何理由说,它不能适用于与政府发生关系的人民。⑥(2)人民服从于专门管辖这一事实,并不表明他们在法律面前的不平等,只要组成这种法院的推事与普通法院的推事同样公正即可。(3)在普通法院管辖区域,人民应平等适用普通法律。这虽可视为法治的基本要素,但它与法律规则本身一样,仅仅是实现目的之手段,而非目的本身。确切地说,其合理性只能由单纯法律规则概念以外的因素,即其服务的实际目的来决定。

反对行政法院的理由中合理的是:行政法院的审判不如普通法院更接近于民众,并且使管辖和法律解释问题出现困难与复杂性。这是上述关于行政法院利弊的讨论所提出的理由中唯一可以成立的;并且可以此为依据,用于解决设立该制度的合理性问题,故在此需详细分析。其所以合理,原因有三:

---

① Robson 同书,第 282—288 页。
② Port 同书,第 341 页。
③ Robson 同书,第 253—255 页;Pound, Organization of Courts, Journd of the American Jusdicature Society, Vol. II, pp. 70 - 72。
④ Dicey 同书,第 397—398 页。
⑤ Garraud, Traité d'instruction criminelle, Vol. IV, 1926, pp. 461 - 463.
⑥ Port 同书,第 1 页;Robson 同书,第 26—33 页。

（1）相对而言,行政法院的数量是要少于普通法院,亦即其管辖范围要广于普通法院,从而使行政诉讼的当事人花费较多的时间和金钱。这种困难在不要求法庭辩论或言词辩论的制度下,诚然无足轻重;但不规定法庭辩论或言词辩论的制度正是人们竭力反对、亟需改良的。① 正是这一点最终引起了人们的注意。对前述困难的救济之一,或许得设置较多的行政法院。但若如此,人们通常又会面临另一个难题,即因行政案件的数量一般较少,在一地设置与普通法院同等数量的行政法院极为浪费。中国的情形就是如此。中国疆域辽阔,部分地区交通不便。如寄希望于行政法院来保护整个国家利益,无疑应增加其数量;而行政案件数量很少,实际上又根本不可能设置那么多的行政法院。

（2）因管辖权冲突而引起的困难,在许多情况下会导致法院拒绝审判。这样不但会延误诉讼、浪费金钱,并且会因不能及时取得证据或证人而使案情模糊不清。关于这一方面的实际情况,从美国一直在进行的有关法院重组的讨论即可看出。罗斯科·庞德(Roscoe Pound)院长在提到组织统一的法院取代多重法院的合理性问题时曾这样写道:"在组织司法部门人员时,核心思想应是以设置专家推事而非专门法院为目的,允许联邦整体司法机构基于联邦司法事务采用最可能有效的方法。审判机关的增加是法律满足专门化及分工需要的首先尝试。然而,这充其量不过是一种拙劣的设计。重要的是必须使处理诉讼案件的推事成为专家。这种需要可通过设立具有专门管辖权的专门法院来满足,但也可通过设立统一的法院,将特定种类诉讼分给专家推事来满足。毫无疑问,大量专门化是合理的,在将来会显得更合理。但法院之间,以及只做一件事情(不管这件事情多么细小,也不管其它事情还有多少)的推事之间的共同管辖、管辖权区分都不是专门化的解决办法。法院之间的共同管辖、管辖权区分会导致职能管辖和地域管辖的争讼,从而影响事实问题的处理。因此,专门化的出路是应有专家推事。"②

（3）两种不同的法院制度会引起法律解释的分歧,从而使法律趋于不确定。事实上,这种问题不但表现在拉乌尔·德·拉·格拉塞利前面已指出的管辖方面,并且也表现在实体法方面。法国最高上诉法院的法学与国家参事院的法学之间存在分歧(虽然该分歧还有其它原因),是最突出的例子。法律解释出现分歧的后果之一,就是人民会感到他们的权利得不到有效保障,从而失去对法律及执法机关的尊敬。

五、结论

综上所述,行政法院制度确实不能提供普通法院所不具备的新内容;相反,容易产生分派法官、确定管辖权和法律解释上的诸多困难。由于法国在长期的历史发展过程中建立起一套珍贵的、并已证明为有效的传统制度,所以,国家参事院的设立利大于弊。也只有在这种国家,行政法院的存在才是合理的。而中国的情形则完全不同。设置行政法院不但缺少如法国那样的历史背景,而且会由于中国疆域辽阔、国民教育层次较低而产生行政审判上的许多困难。因此,行政法院制度在中国弊大于利,废除它是极其合理的。

第二章 巡回法院

一、问题之性质

如前所述,1925 年广州国民政府初次试行巡回法院制。当时基于以下四种考虑。

首先,认为巡回法院制可采用较灵活的方式,仅使用部分必须的法官以节省国家的开支。必须指出,在许多人口稀少的地方,诉讼事件很少,不必单独设置法院。最节省的办法,就是在各省的重

---

① Robson 同书,第 276—282 页。
② Pound 同文,第 78 页。

要地区设置少数法院,由其推事和检察官巡回各地审理案件。

其次,认为此制度能使人民就地得到审判,免其跋涉远地诉讼费时、费财之苦。在中国这样的大国,要在所有地区设置各级近代法院是极其困难的,而巡回法院制则提供了解决问题的实际办法。

再次,认为此制度容易获取证据,了解习惯,故能加快案件审理,而对远离案件发生地、设置于固定地点的法院来说,则无法做到这点。

最后,认为推事、检察官从一地到另一地审判不易受到当地的影响和滋生腐败。如他们一直在某地开庭,由于他们与该地人民有较多的接触,易被了解和接近,故难免会受到影响。[①]

或许出于上述考虑,现南京国民政府于1928年批准甘肃省采用巡回法院制。但该制度与1925年的巡回法院制不同,它仅适用于上诉案件。[②]

二、中国采用巡回法院制之正反意见

尽管各时期均有过这方面的尝试,这一计划在起草1932年的《法院组织法》时仍被撤销了。该法律的立法原则之一就是不采用巡回法院制。不采用的理由有二:首先,巡回法院一次仅于一地开庭,非但不能使案件及时得到审理,反而必须长期等待,使此种制度不能如通常所需的那样快速处置案件。其次,法院于一地短期开庭,势难完成调查取证的任务,惟有待下一次再巡回此处时继续处理。[③] 因此,司法院所起草的《法院组织法》第一稿草案根本没有关于该制度的条款;相反明确规定,在无地方法院或高等法院或设置这类法院有困难的地区,应设置分院。[④]

然而不久,司法行政部即发现上述做法确有困难,故在它起草的《法院组织法》的第二稿草案中补充规定一条,即1932年《法院组织法》的第64条。据此规定,高等法院或地方法院,应根据实际情形在未设置分院管辖的任何地区开设临时法庭。可以看出,关于巡回法院制的该条规定,其结果取决于对它如何解释及其利用程度。若政府当局认为巡回法院制适合中国国情,并希望各地采用,则可将地方法院或高等法院所谓的"临时法庭"自由解释为常开的正规法庭。但如政府当局持相反看法,可将"临时法庭"纯粹理解为一种例外甚或过时的制度。显然,尽管法律有此项规定,就其实际目的而言,巡回法院问题仍未解决。

中国该如何采用巡回法院制?该问题须详细讨论。一方面,从国际潮流来看,似乎此种制度在司法制度良好的国家无立足之地。历史表明,过去曾普遍实行该制度的国家,如今已趋向于废除或限制。在法国,此制建立于旧政府,1790年的国民大会经几次讨论后将其废除。[⑤] 在美国,虽然自1891年后在联邦司法制度中设立巡回上诉法院,[⑥]但各州的巡回法院由于工业的发展和交通工具的改进而渐趋衰落。在大不列颠,虽然该制较他国盛行,[⑦]但其发源地英格兰自1846年后已逐渐扩大郡法院在民事案件和其它初级法院在刑事案件中的权限,巡回法院制适用范围越来越小。[⑧] 若非以下因素,此制可能早已废除:(1)英国人普遍的保守主义;(2)伦敦城外的乡镇居民因高等法院

---

① 见《广东省司法改革纲要》,载《法律评论》总第122期,1925年第1期,第8—9页。
② 见甘肃高等法院呈司法部《甘肃法院试办巡回审判章程》,1928年,《法令汇编》,司法行政部1930年出版,第175页。
③ 《法院组织法立法原则》,第12条。
④ 该草案第11、17条。
⑤ Gasson & Tissier, Traité de procédure civile, 1925, Vol. 1, p. 92; Seligman, La justice en France pendant la revolution (1789-1792), 1901, Vol. 1, pp. 297-298.
⑥ Hughes, Federal Practice, 1931, Vol. 1, pp. 78-80.
⑦ 依Renton and Phillimore's book on Colonial Laws and Courts,重印自1907年出版的Burgess commentaries on Colonial and Foreign Laws,到那时为止,下列英国殖民地实行巡回法院制:赛普勒斯、海峡殖民地、毛里求斯、加拿大、西印度群岛、塞拉里昂、澳大利亚、南非(第152、198、205、221、224、226、230—232、236、245、255、276、290—300、305—319页)。
⑧ 郡法院扩大管辖民事案件的范围可参见下一注;其它初级法院扩大管辖刑事案件的范围可参见霍华德:《英国的刑事司法》,1931年,第265—268页。

巡回推事以国王陛下特使身份来访而产生的虚荣;(3)法庭本身的自私和偏狭。① 尽管它对于保持法律统一、防止地方宗派、控制地方政府和引导法律至上是有用的,②但因其诉讼费时、费力和费财,故已不再需要。并且,由于过去几十年中郡法院的重组,以及不远的将来对于偏远地区的刑事法庭可能进行的改革,用霍尔斯布利(Halsbury)的话说:"它的存在不久(即使不是已经)将成为一种纯粹的被习惯所认可和保证的礼仪问题。"③

然而,另一方面,中国面临的问题有不同的背景,它要求从特定的视角进行考察。首先,中国疆域辽阔、经费困难,要在全国普遍设置各级正规法院将颇费时日,而在英、法等地域较小的国家则不成问题。其次,由于中国部分边远省份缺乏交通设施,人民行动困难。若一地之法院数与法、英、美在相同面积地域上的法院数相等,则在一定条件下,中国法院诉讼所费的时、财、力也较大。第三,正如《广东司法改革纲要》所指出,人口稀少的地区诉讼太少,不必要求由法院来专门处置该地发生之案件,这由以下的司法统计即可说明:

在陕西省,第一上诉案件总数是:1919年为461件,1921年为555件,1923年为697件,1930年为658件。其中20%—25%左右为抗告案件,无需听审,仅为书面审。

在甘肃省,第一上诉案件总数:1919年为455件,1921年为470件,1923年为419件(1930年数未知),其中10%左右为抗告案件。

在绥远省,第一上诉案件的总数:1919年为72件,1921年为75件,1923年为73件,1930年为102件。

在察哈尔省,第一上诉案件的总数:1919年为68件,1921年为72件,1923年为61件(1930年数未知)。④

在陕西省,正规法院受理的同期第一审民事案件和刑事案件总数,在该省最繁荣的地区——首府长安,为631至1 551件和163至331件;在该省其它不发达地区,为233至494件和12至174件。

在甘肃省,正规法院受理的同期第一审民事案件和刑事案件的总数,在该省最繁荣的地区首府皋兰,为281件至879件和131件至153件;在该省其它不发达地区,为35件至105件和26件至37件。

在绥远省最繁荣的地区,正规法院受理的同期第一审民事案件或刑事案件总数未逾30件。而在察哈尔省最繁荣地区,则未逾26件。⑤ 这些数字仅代表各省较发达地区正规法院受理的第一审案件数。至于各省不发达地区的其它审判机关,如兼理司法县府受理的第一审案件数却不得而知。但从上述统计可以推知,为数必少。

鉴于上述各省及其它类似省份诉讼数量有限,在这些省配置一个法院已足以应付各该省上诉案件之司法事务,并且,第一审法院数应大为减少。然而,考虑到这些省份的平均面积在1 000平方英里以上及交通不便之事实,要求所有当事人由该省各地去同一地点申请上诉,以及到指定地点提起一审诉讼,无疑等于拒绝审判。走出困境的最佳方法并非是在当地设置诸多法院,而应定期派遣巡回推事去各地组成一至二个上诉法院和若干一审法院,管辖该省所有的案件。

另外,前面列举的巡回法院制度的弊病并非完全无法补救。例如,可通过增加推检至各地之巡

---

① Mullins, Inquest of Justice, 1930, pp. 289 - 301; Law Journal, Vol. 58(1923) pp. 48, 105, 144 - 145; Vol. 63(1927) pp. 504, 593; Vol. 64, p. 290.
② Holdsworth, History of English law, 3rded., 1922, vol. I, pp. 283 - 284.
③ Mullins 同书;Law Journal, vol. 59(1924), pp. 376 - 377.
④ 司法部刑事司法统计,1921年第6卷第11表,1921年第8卷,第11表,1923年第10卷,第11表;司法部民事司法统计,第6卷第5表,第8卷,第5表,第10卷,第5表;民国十九年(1930年)司法统计,第209—220,906—919页。
⑤ 刑事司法统计,第6卷第7表,第8卷第7表,第10卷第7表;民事司法统计,第6卷第1表,第8卷第1表,第10卷第1表;民国十九年司法统计,第176—187,824—839页。

回次数以及于推检不在场时配置若干代理人员负责案件审理,来避免诉讼之迟延。推检之办案时间可通过以下方法合理使用和分配,即:为在一定时间内应付某些急需,对法律中巡回法院开庭的规定可灵活运用,作必要的变通。若对这些建议给予适当的关注,则并非不可能使其利胜于弊。因此,问题不是巡回法院制根本不适合于中国,而是应如何采用及采用到何种程度。

三、具体的建议

关于巡回法院制是否第一审和第二审均应适用,或仅应适用第二审的问题争论已久。所提主张可为三类。

第一类,认为巡回法院制应适用于第一审和第二审的所有案件。依照1932年新《法院组织法》,地方法院和高等法院或其它分院,可派遣巡回推检审理和调查案件,对多个辖区分庭行使管辖。这一主张是在以下两种场合推行的。首先,它出现于前司法部长罗文干博士所起草的《法院组织法》的方案中;① 其次,又于1925年为广东省所采用。②

第二类,试图采用多少类似英美的制度。该制度以下列两种方式处置第一审案件:轻微的案件由各地的初级审判厅受理,重大案件则由高等法院的巡回推事、检察官受理。但与英国高等法院巡回推事不同,中国高等法院巡回推检同时也为初级法院之第二审。③

第三类,试图形成类似美联邦巡回上诉法院之制,并在1928年采用于甘肃省。依据这一主张,巡回法院仅由高等法院或其分院的推检组成,并只对第一审上诉案件有管辖权。④

比较上述三类意见,第一类意见比较适合于中国国情。第二类意见因既不能节约国家资金,又不能有效利用第一审级法院,故不能被接受。其所以不能节约国家资金,是因为它们保留在每一地区的第一审法院即初级法院配置了规定的推检人数,而实际上他们又无事可做;至于不能有效利用第一审法院,是因为它放弃对重大案件的管辖,而这样做又无任何理由。第三类意见由于仅解决第一审上诉案件而不解决第一审案件问题,因而同样不能被接受。因为就第一审案件而言,巡回法院也有必要管辖。一方面,为加速诉讼,目前有多种建议,在中国如采用每一地区(即相等于美国的一个政治单元)均配置正规法院的方法,财力将不堪负担。即使这种方法真能实现,由于诉讼事务较少,要维持这些法院亦是极不经济的。另一方面,兼理司法县府和县司法公署因其运作不能令人满意,⑤ 得由更有效的机关代替之。而采用巡回法院制后,原用于上述法院的公费开支可拨给维持极少量的巡回法院。这些巡回法院因司法官员较少,且待遇较好,故工作效率也较高。这样,虽未增加公费开支,司法效果却不错。

然而,在采用第一类主张时,存在一个令其他两类主张的赞成者难以苟同的问题,即如何在巡回司法官处理第一审案件的地区配置代理人,以负责初步处理紧急诉讼及需要急速审理的案件。在这些地区,为了负责收发文书事务配置代理人是必要的;并且在巡回司法官未在场时,为防止诉讼延迟、保存证据、防止刑事被告人逃匿、或采取措施保护被告人利益,而授权某些人预先处置案件也是必要的。但因以下的情形常常发生,即:对被告之羁押和财产查封有时需要快速、即刻作出裁决。此时,如将案件留至巡回司法官到场再处理,必导致对当事人的不公。在英美这样存在郡法院、治安裁判官等制度的国家,这些预先处置的职务问题容易解决。而在中国,却并不如此简单。

---

① 罗文干:《改良司法意见书》,第27—31页。
② 《广东省巡回审判条例》,载《法律评论》第122期,第9—12页。
③ 方善征:《巡回裁判制议》,载《法律评论》第158期,1926年,第9页。
④ 《甘肃法院试办巡回审判章程》,1928年,第2条。
⑤ 这些法院的运作不尽如人意,有四方面原因:第一、承审员、推事及其他官员收入过低,招募不到合适的人员;第二、县知事因系行政官员,频繁接触地方人士,易受当地因素干扰;第三、多数县知事缺乏法律知识,常发生错误或不合理的干预审判;第四、县知事属于行政官员,司法机关无法对他的司法行政事务实施有效的控制。

因为中国之所以采用巡回法院制,目的之一是为了避免浪费国家资金,故类似治安裁判官①或郡法院的制度是与解决上述问题的意向不符合的。对赞成其它两类主张者说来,这种困难似乎无法克服。所以,出路不是由巡回法院来处置所有第一审案件,而必须在各地区设置若干固定的法院。这些法院除作为某类案件的第一审外,还将作为巡回法院的代理机构负责预备诉讼。

上述问题在1925年广东省提议的方案中似乎已有相当可行的办法。该方案认为,各地区均应设置地方法院分院作为第一审,某一地区地方分院之推检应从上级地方法院的推检中遴选,并应同时兼任其它地区地方分院的推检,在不同地区巡回开庭。在每一地方分院配置常设书记官,除执行记录、归档、会计、通讯联络、统计和其它庶务外,还在推检不在场时被授权处置该地区巡回法院之行政事务,和兼充推检处置轻微的民刑案件、指挥刑案的初步侦查以及执行民刑判决和命令。② 推检不在场时,以下轻微案件书记官应处置之:

1. 属于民事案件的是:

(1) 标的之金额或价额在二百元以下者;

(2) 出租人与承租人间因收回房屋或迁出、修缮或使用房屋,或因房主留置承租人之家俱物品涉讼者;

(3) 雇佣人与受雇人间,因雇佣契约涉讼,其雇佣期在一年以下者;

(4) 旅店主人、饮食店主人、运送人、船主与旅客或顾客因寄存行李、财物、食宿或运送费而涉讼者;

(5) 因请求临时保护占有或处置涉讼者(即扣押财物、禁止或要求他人于判决前就诉讼之标的实施特定之行为)。

2. 属于刑事案件的是:

(1) 应处之刑罚在罚金以下者;

(2) 应处之刑罚在拘役或一年监禁以下者;

(3) 犯普通窃盗罪,处罚在三年监禁以下者及窝赃者。

然而,民事原告或刑事被告明示应由巡回推检审判时,书记官不得行使此项权限。③

虽然上述方案之细节并非无可反对,但其基本思想是值得赞许的。理由有二:首先,地方司法机关因此能完全独立于行政官员之外,地方行政官将不得再参与任何司法事务,从而得以提高法院之效能及尊严。其次,设置书记官于推检不在场时充任司法官,处理预备诉讼和紧急案件,使困扰巡回法院制的问题得以迎刃而解,并且又丝毫未损害司法制度之独立与完整。因为书记官为法院之官员,得完全服从司法当局之监督和控制。

值得一提的是,中国地方法院分院书记官之地位与英国各郡地方书记官之地位相似,但仍有下列属于例外之重要差别:

1. 英国的地方书记官类似于皇室法院分庭之助理法官,无权处置刑事诉讼,刑事诉讼应由治安裁判官或执行同等职务者来处置;而中国广东制度下的书记官,对民事和刑事案件均有权处置。④

2. 英国的地方书记官由于是管辖重大案件的高等法院的代理人,故一般负责预备性或紧急性之诉讼和执行判决与命令;而中国广东制度下的书记官,其职务亦包括对轻微案件进行裁决,但此

---

① 英国或美国的治安裁判官不是以司法官的身份领取报酬的,所以,不会增加政府的财政负担,但存在缺陷(见Willoughby:《司法行政原理》,1929年,第302—306页;Enzor同书,第86—88页;Baldwin:《美国司法制度》,第129—130页)。如果中国完全实行这种制度,则这些官员应由政府付给报酬。

② 《地方分院组织暂行条例》,1925年,第1、6、10条。

③ 同上,第11条。

④ Gibson, Practice of the courts, 14ᵗʰ ed. pp. 19 - 20.

项裁决在英国则属于郡法院管辖。①

3. 英国的书记官行使上述权限系日常职责。因此,与其说是出于紧急之需,毋宁说是为了在推事和书记官之间分工,以保证效能;而广东制度下的书记官只能于巡回推检不在场时行使权限,所以,其权限行使纯系出于紧急之需。②

给书记官如此多的权限是否合适?对此有探究之必要。答案完全取决于对书记官如何遴选和给予报酬。若依现行制度下第一审法院书记官的通常标准对其遴选和给予报酬,则给予如此多的权限肯定不合适。但是假如与英国的地方书记官相同,对其任用规定特别条件,以保证其有效执行职务所必需的法律知识和司法经验,则理应给予较高之待遇,以保证其按劳取酬。固然,允许书记官执行推检之职务或许有损法院尊严,但重要的是实际功效,而非表象。因为法律实施之目标是实体的公正而非表面的形式。

第三章 检察官制度

一、问题的性质

中国检察官制度之利弊,一开始就引起了许多争论。争论意见分两派:一派认为该制度具有严重的缺陷,应完全废止;另一派认为,该制度必要,应予保留。后者又可分为三组:(1)认为检察官的权限应予扩张以应社会之需;(2)认为其权限应予收缩,使该制度的缺陷得以避免;(3)认为其权限应维持现状。本章对此问题的研究从以下三方面入手:(1)检察官制度是否应予废止或保留,(2)如果废止,以何取代之?(3)若予保留,应予修正还是保持现状?

二、保存检察官制度的合理性

首先,讨论第一个问题。主张废除检察官制度的理由如下:

(1)刑事案件先由检察官侦查,而后移送推事,导致拖延诉讼、增加被告困难;因检察官执行职务之疏忽或忙于事务常使证据不明,而案件直接由推事受理,可免此弊。③

(2)有些证据确凿或被控者供认不讳的刑事案件,也须由检察官先行侦查而后移送推事,就徒费时间而无实益。④

(3)废止检察官制度能省下开支而为其它司法改革之用。⑤

(4)检察官并非起诉犯罪的必要代理人,因刑事案件通常由被害人告诉,或由普通民众、公安机关告发而启动;在实践中,因检察官忙于事务而由其直接发动者则较为少见。这表明检察机关不能尽其检举犯罪之责。⑥

(5)检察官的侦查程序不公开,告诉人对于不起诉的决定缺乏充分的救济,易使检察官滥用职权而降低人民对于司法审判机关的信任。⑦

(6)检察官受上级指挥监督,失去独立性,其措置往往有欠公平。⑧

---

① Gibson, Practice of the courts, 14th ed., 第21页。
② 同上,第21—22页。
③ 王树荣:《改良司法意见书》,载《法律评论》第90期,第18页以下;雷彬章:《检察制度的废除》,载《法律评论》第53期,第45页以下。
④ 雷彬章同文。
⑤ 同上。
⑥ 涂身洁:《对于法院编制法草案之意见》,载《法律评论》第65期,1914年,第19页以下;雷铨衡:《改良司法意见书》,载《法律评论》第94期,第18页。
⑦ 朱鸿达:《检查制度论》,载《东吴法学季刊》第二卷(中文版),1924—1926年,第146—147页。
⑧ 同上,第147页。

与上列观点相左,赞成检察官制度的理由如下:

(1) 检察官能防止推事的专横武断。①

(2) 社会上常有犯罪事件发生,由于私人不愿或不懂如何过问或受到不正当影响与压力无法起诉,致使犯罪者逍遥法外。由检察官提起诉讼,则可以补救这种疏漏。②

(3) 检察官制度能排除或减少自诉人诬告的机会。③

(4) 检察官对于情节轻微或不值得起诉的自诉案件,能权宜行事,不予起诉,这样可以抑制健讼之风,维持社会祥和之气。④

(5) 检察官制度可使推事与检察官分工。⑤

仔细分析双方的理由后,显而易见,主张废止检察官制度的理由不能成立。赞成检察官制度者认为"检察官能防止推事的专横擅断"或"对于情节轻微与不值得起诉之刑事案件可不予起诉"的理由也是不正确的。现行检察官制度也并非没有弊端,但不容否认的事实是,现实社会中存在部分刑事案件需要进行适当的起诉或处置,而要进行这种起诉和处置,现行或经修正之检察官制度有必要存在。

首先,现在有部分刑事案件与私人利益无涉,若国家不予起诉,得使犯罪者逍遥法外。如有关鸦片、吗啡、赌博、收赃、持有危险物品等犯罪。⑥ 随着近年来政府所管社会事务的日益增加及刑法范围的扩张,以往常人认为与其利益无关的或视为合法的行为现在将受到处罚。对此类情事人们往往囿于传统观念而视若无睹,易于采取事不关己、听之任之的态度。而现代的国家,显然有意将这类情事列入刑事案件。诚然,发现或调查这类犯罪通常属于警察事务,检察官制度不能给予多大帮助;但警察对于这类犯罪的发现及调查并不一定意味着案件已有适当的起诉准备。因案件的起诉准备需要相应的法律知识,而警察机关则无力胜任此项工作。英国自 19 世纪以来逐渐形成由政府各部门聘用法律专家进行起诉的制度,并在立法上反复尝试公诉人制度,以及最终出现检察官制度,其原因就在于此。⑦ 基于上述原因,类似检察官性质的代理人是不可缺少的。

其次,许多刑事诉讼是原告基于气愤、恶意或威胁对方欲使其屈服以达到无理要求之目的而发生的。若直接允许原告向法院提起这类公诉,必将产生两种后果:(一)因故意方以无谓的细故或仅凭"莫须有"的指控,使一般无辜者在公众前受到有损名誉地位的刑事犯罪审判。即使最终被判无罪,仍对被告之心理、经济和名誉造成不可弥补的损害;(二)该类诉讼如经过检察官侦查,可以不起诉;直接向法院起诉将使推事不堪负担,从而须增加推事人数,否则将迫使推事分出时间去处置某些完全可以不予处理的案件。⑧ 为说明以上两种后果,我们只需查看一下司法统计资料,便可一目了然。据 1919 年、1921 年、1923 年、1930 年的统计,这几年内全国由检察官侦查过的刑事案

---

① 黄寿:《改良司法意见书》,载《法律评论》第 88 期,第 18 页以下;贺扬武,题目同前,载《法律评论》第 84 期。

② 朱广文:《论国家追诉主义及职权主义》,载《法律评论》第 69 期,第 1 页,第 20 页以下。

③ 同上,第 1 页。

④ 同上,第 1—2 页。

⑤ 朱鸿达同文,第 143 页。

⑥ 统计表明,这类犯罪很少由私诉人向法院起诉。例如,由警察机关向法院起诉的鸦片案件的数量,1919 年为 6 896 件,1921 年为 7 890 件,1923 年为 9 041 件,1930 年为 14 006 件;而各相同年份中由私诉人向法院起诉的鸦片案件的数量分别为:814、855、891、2 365 件。由警察机关向法院起诉的吗啡案件的数量,1919 年为 115 件,1921 年 1 412 件,1923 年为 1 105 件,1930 年为 62 件;而各相同年份中由自诉人向法院起诉的吗啡案件数量分别为:29、60、59、64 件。警察机关起诉的与自诉人起诉的案件数的比例如下:赌博案件是,1919 年为 2 123∶358,1921 年为 2 190∶469,1923 年为 2 585∶363,1930 年为 3 338∶613;窝赃案件是,1919 年为 342∶81,1921 年为 472∶146,1923 年为 452∶192,1930 年为 472∶308;持有危险物品案件是,1919 年为 26∶3,1921 年为 104∶20,1923 年为 115∶26,1930 年为 535∶63(见刑事司法统计,第 6、8、10 卷,各卷第二表;民国十九年司法统计,第 786—791 页)。

⑦ Maitland, P. W.《司法与警察》,1885 年,第 145—149 页;Howard,《英国的刑事司法》,1931 年,第 3 章,第 46—79 页。

⑧ 预审程序相对不正式,因此,可以节省较多时间。

件,依其处分之性质分配如下:①

因犯罪嫌疑证据不足或行为不构成犯罪而不起诉者	不起诉者	起诉者	检察官受理案件总数	年 度
29 875	39 305	28 955	68 260	1919
33 219	47 071	34 009	81 080	1921
37 439	39 668	36 361	89 519	1923
22 755	131 280	52 989	136 119	1930

从上表看来,各年度检察官受理的案件中,常有一大半是不起诉者。而在不起诉之案件中,除1930年外,约70%至90%是因犯罪嫌疑证据不足或行为不构成犯罪,即有过半数以上案件,因检察官制度的设置而使得被告免受公开刑事审判。因此,推事可以不处理的案件与其处理的案件数大致相等。②

再次,另有一类比较严重的案件,个人因怕花钱、有工作压力或无力抵制犯罪者及其党羽的威胁利诱而未予追究,此时如由政府的某些代理人来起诉就较为合适。该类案件如:(1)得处死刑或终身监禁者;(2)被告系恶名昭著且以势压人者;(3)原告贫穷无知并且案情复杂必须有律师参与者。就第一类案件而言,因其关系被告人的生命和自由,从公正和公益角度看,应由与被害人无利害关系者来提起诉讼,而非由涉及利害关系而欲予定罪之人提起诉讼。第二类案件中被害人的力量弱于被告,无法与之抗衡,为防止被告强迫被害人妥协,由政府代理人处置最为有效。最后一类案件也不得忽视,正是这类案件才在上一世纪引起英国法律改革者的关注,增强了他们设置公诉人机关的意愿并予以实施。③ 当然,在其它国家,法律的不成文性和专门化不如英国,该类案件的数量没有英国多,但仍需配置某些代理人以便提起诉讼。

或许有人认为,上述各类案件须由某些有效的代理人处置,未必能证明检察官制度是唯一的救济,其它政府代理人或不同于检察官的代理人也同样能处置这类案件。例如,英美法中的某些代理人,如地方裁判官就可以决定对被告起诉的证据确凿与否,而指挥准备诉讼程序;验尸官和其陪审团的任务之一就是判定被告是否犯有一级谋杀罪或杀人罪;又如大陪审团可决定是否应对被告起诉。但即使如此,并姑且承认这类代理人也能很好地执行职务,却仍有一个不容否认的事实,即英国和美国制度中的起诉工作,其性质是完全不同于侦查的。在多数案件中,此项工作还是由公诉人来执行的。不管对这种公诉人如何称谓和以何种方法任用,他们与大陆法中的检察官同样都属于公务员。这清楚地表明,就上述第一类和第三类案件——与个人私利无关和由政府代理人起诉较为妥当的案件而言,检察官的制度都是不可缺少的。

三、若干改革建议

上述结论已很清楚,故没有必要再去研究第二个问题。以下直接讨论第三个问题,即检察官制度应予修正还是保持现状?关于这个问题,可讨论的内容颇多。在此,仅讨论以下三点:(1)检察官在起诉事项中的附带权限,(2)检察官的地位,(3)公诉和自诉的范围。

(一)检察官在起诉事项中的附带权限

1. 侦查权

中国的检察官与其他许多国家(不管是大陆法国家还是英美法国家)的检察官有一个重要的区

---

① 刑事司法统计,第6、8、10卷,各卷第一表;民国十九年司法统计第770—785页。
② 这是反驳废除检察官制度可以为其它司法改良节省资金论者的事实之一。
③ Howard 同书,第60—61页。

别是,后者通常在刑事案件中仅行使狭义的起诉权,并未积极参与侦查事项,并据此决定是否起诉;而中国的检察官则享有起诉和指挥侦查权。

在大陆法国家中,法国最为典型。在这里,起诉与侦查的职务截然分开。起诉职务授予检察官,侦查职务属于预审法官或刑事起诉庭。这样区分所产生的后果之一是:直接影响人民个人权利的事项,如逮捕和讯问犯罪嫌疑人、指挥搜查住所、传唤和询问证人、收集和保存证据以及其它预备诉讼程序中与正式起诉有关的重要事项,均不属于检察官的权限。① 不论依法是否需要侦查,均是如此。但下列情形属于例外:(1)现行犯罪,(2)犯罪(无论是否现行犯罪)刚于房屋内实施完毕,房屋主人要求检察官调查这一犯罪。在例外情形中,与一般的规定相反,检察官因情况紧急可以行使预审法官的权力。② 只是检察官在行使这些权力时,须受许多限制。例如,对于行为已构成"犯罪"之案件,检察官应通知预审法官到犯罪现场,指挥侦查;要求犯罪所在地市(镇)的警察官、市长或其助理,或两位当地居民在侦查时到场;询问那些作证时可不必宣誓而知道案情的人员;只能搜查犯罪嫌疑人的住所;侦查结束后,检察官应将记录即刻移交于预审法官以备审查,预审法官如认为检察官所作之侦查尚有不足之处,得自行继续侦查。③

以法国模式为基础的1873年《奥地利刑事诉讼法》采用同样原则。假若对某项犯罪应进行的调查(Vorerhebungen)和应采取的措施直接影响人民个人权利时,检察官只能通知预审法官、地方法院推事或警察机关来执行。他一般不得主动参与这项活动,④不享有询问证人、搜查和逮捕等权限。固然,检察官有权指挥警察,并可以通过他们对这类事项实施控制。⑤ 但很少有机会真正利用这些权限。因为通常警察机关所能做的也只能是不直接影响个人权利的事情。唯一例外的情形是,警察机关经检察官的授权有权询问那些不必作证前宣誓的知情人。不过,询问时,检察官得在场。只有在情况紧急和预审法官或其他执行该项任务的司法官不能到场的场合,检察官方能允许警察机关来指挥检查(Augenschein)搜身、搜查住所、扣押,或由警察机关执行上述任务。警察机关在指挥或进行这些活动时,检察官有权在场。但检察官应即刻将记录移送预审法官审查,预审法官可以核实上述行为,或在必要时补充侦查。如果这些记录在移送给预审法官时出现迟延,便不得作为以后诉讼中的证据。⑥ 就逮捕权而言,检察官在情况紧急时可不经预审法官的书面命令而临时执行逮捕⑦(通常执行逮捕,需要这种令状),甚至检察官仅凭无权指挥侦查和调查的推事或警察机关的命令,亦可临时执行逮捕。但是由于检察官为诉讼之一造,依1873年的《奥地利刑事诉讼法》的立法思想,他是不能进行这项活动的。⑧

1877年的《德国刑事诉讼法》已经修正,迄今仍然有效。该法对于检察官在这方面的权限也设置少量类似的限制。一般地说,检察官在准备公诉(Vorbereitung der öffentlichen Klage)时,为了弄清案件事实和保存案件证据,有权要求所有警察机关告发犯罪,有权直接指挥调查或通过警察或公共安全机关及其官员指挥调查。但对于直接关系个人权利的事项,检察官权限的狭窄极为明显。

---

① Garraud 同书,第3卷,第771条,第819条。
② 《刑事诉讼法》,第32—46条。
③ Roux 同书,第322—324、326—328页。
④ 《刑事诉讼法》,第88条。
⑤ 同上,第36条。
⑥ 同上,第88条;另见 Bertrand 和 Lyon-caen,《奥地利刑事诉讼法》,第69页上第140条的说明。
⑦ 《刑事诉讼法》,第176条。
⑧ 见 Bertrand 和 Lyon-Caen 同书,第85页上第177条的说明。对于下列案件可实施当场逮捕:1.实施之犯罪属于现行犯罪;2.有下列情形之一,如果等待预审法官签发正式命令再逮捕正在实施犯罪的人将有危险时:① 犯罪者正准备逃跑,或依据处罚之严重程度、犯罪者的生活方式、身份不明、无国籍,或依据其它重要事实有理由认为他将要逃跑时;② 犯罪者试图唆使证人、鉴定人或共犯掩盖事实或试图毁灭犯罪痕迹,以使侦查和询问困难或不可能;或有明显的理由认为,他试图采取这种步骤;③ 依据案件之情形,有理由认为犯罪者试图再犯新罪或试图将犯罪实施完毕。(见《刑事诉讼法》第175和177条。)

虽然,他有权传讯证人,但不得令证人作证前宣誓;假设证人经传唤后不到场,检察官不得强制其到场。[1] 并且,证人所作之陈述只能作为起诉的依据,缺乏证据效力,也不得作为以后诉讼中的证据。[2] 假若检察官认为需要全面调查案件(包括详细询问被告和证人),则必须请求预审法官进行。

在扩大检察官搜查和扣押等事项的权限方面,德国法并未超越奥地利法。在德国法中,检察官无论何时在延误就有危险时(即有需要立刻侦查的情形下),有权签发扣押证据对象或可能要被没收的物品及对人身或住所进行搜查的命令。[3] 显然,这一规定也意味着检察官有权自行扣押或搜查。不过,检察官在执行扣押和搜查时,得受下列限制:

第一,检察官实施扣押时,若利害关系人或其亲属不到场,或利害关系人对检察官的行为的合法性明确表示异议,或利害关系人虽未明确表示异议,但利害关系人的成年亲属明确表示异议,则该项扣押须经有管辖权的推事同意。[4]

第二,无论是否存在上述情形,检察官执行扣押后,利害关系人有权向有管辖权的推事提出申诉。[5]

第三,检察官对于电报、邮件的扣押权不能用于仅有违警罪(Uebertretung)的案件。[6] 凡在其他案件中扣押的电报、邮件应立即移送有管辖权的推事。[7]

第四,凡从某人住所搜查得来的有关档案,通常应由有管辖权的推事检查。检察官及其他公务员只有征得书件主人的同意方可检查。[8]

与法国和奥地利制度相同,德国制度中的逮捕权原则上赋予有管辖权的推事。[9] 具有下列情形之一,检察官方可当场逮捕:[10]

(1) 实施现行犯罪之人有逃跑的嫌疑或者身份不能立即确定时。

(2) 如果存在合理签发羁押令状或命令的前提条件,[11] 一旦延误就有危险时。

在第一种情形下,检察官行使的逮捕权并不大于私人在这种场合下行使的权力;在第二种情形下,检察官也不独占逮捕权,因为警察官员也享有同等的权力。并且,检察官应当及时地将未被释放的人犯,解交给逮捕地初级法院的推事。[12]

日本在这方面实行的制度多少类似于德国,在现行的《日本刑事诉讼法》中,虽然检察官有调查犯罪的一般权限,但若要对被告实施逮捕、拘留、扣押、搜查,或讯问证人、鉴定人,必须申请有管辖权的地方裁判所的预审法官或初级裁判所的推事执行,或者申请他们签发命令。[13] 只是在情况紧急时,检察官方可行使这些权限。所谓情况紧急,是指由于出现下列情形之一,在延误诉讼等待推事签发命令就有危险时:

---

[1] Löwe-Rosenberg,《刑事诉讼法》,第 18 版,1929 年,第 447 页。
[2] Daguiin,《德国刑事诉讼法》,第 159 条之说明,现该条为 161 条,第 94 页。
[3] 《刑事诉讼法》,第 980、105 条。
[4] 同上,第 98 条(2)。
[5] 同上。
[6] 理由是,立法机关认为这种犯罪过于轻微,不许可非司法机关违反个人通信秘密。(见 Daguin 同书,第 59 页)。
[7] 《刑事诉讼法》,第 100 条。
[8] 同上,第 110 条。
[9] 同上,第 114 条。
[10] 同上,第 127 条。
[11] 要证明逮捕及羁押的合理性,必须是被告有重大嫌疑;并有充分理由相信,被告将潜逃、毁灭证据、唆恿同谋者或证人作伪证。凡有下列情形之一,可以认为被告有法律上的潜逃意图:① 被告实施之犯罪得处死刑或五年以上有期徒刑(《刑法典》第 1 条);② 被告系流浪者,无固定之住所或不能确定其身份;③ 因被告系外国人,有理由认为他将拒绝服从审判,接受判决(《刑事诉讼法》第 112 条)。假如被告实施之侵害,仅得处拘役或罚金,那么,惟有下列情形之一并有理由认为被告意图逃跑时,方可命令逮捕或羁押:(1) 被告实施之侵害一旦属于"犯罪",则有逃跑的嫌疑;(2) 被告已处于警察的监视之下;(3) 被告实施之侵害属于上级警察机关管辖的违警罪(同上,第 113 条)。
[12] 同上,第 128 条。
[13] 第 225 条。

(1) 现行犯在现场或刚离开现场(致一般民众不能逮捕)时;
(2) 犯罪嫌疑人住所不明时;
(3) 讯问现行犯时发现同谋者;
(4) 已经终审判决之犯人脱逃者;
(5) 检查尸体时发现罪犯;
(6) 受讯问者系抢劫、盗窃惯犯;

在上述情形下,该检察官有权请求其它检察官或指挥司法警察实施逮捕、搜查或扣押、传讯证人或犯罪嫌疑人,或实施勘验。不过,除逮捕外,所有这些权限均须于提起公诉前实施。另外,检察官和其它指定官员在行使询问证人和犯罪嫌疑人之权时,不得令他们宣誓。①

英美法制度在许多方面不同于大陆法制度,但是,在公诉制度中的上述规定却与后者有许多共同之处。在英美两国,检察官为准备起诉负有收集证据和实施调查的任务,但本身无权逮捕犯罪嫌疑人、实施扣押或搜查,或询问证人。处理所有这些事项之权基本上属于地方裁判官(通常为治安裁判官)或某些有管辖权的法院。② 或许有人会说,罪犯如在公诉人在场时实施犯罪或实施之犯罪构成现行犯时,公诉人有权逮捕该罪犯。但在这种情形下,公诉人行使的逮捕权纯属普通民众所享有的权力,与他们担任的职务没有关系;由于他们不是担任警察事务或维护治安的官员,所以,并不比普通民众享受更多的保护。③

中国的检察官完全不同于上述各种制度中的公诉人,他在案件的侦查阶段,在下列事项方面享有的权限与推事相同:指挥调查、保存和保护证据、搜查、扣押、逮捕、检查、传讯犯罪嫌疑人、证人或鉴定人及其它旨在发现事实和保证审判的诉讼活动。例外的情形是:当事人对于检察官所作的羁押、具保、扣押及扣押对象的发还命令或处分不服者,有权向有管辖权的法院申诉。④ 不过,检察官一旦提起指控而将案件移交于推事申请审判,就不得再从事上述活动。至于对被告签发通缉令者不在此限。因为,此时通缉令无论由何级法院签发,诉讼处于何种阶段,任何一个检察官及司法警察对于被告执行逮捕或下令逮捕都是合法的。⑤ 可以这样说,中国的检察官,一方面是大陆法检察官与预审法官的组合,另一方面又是英美法的公诉人、委任地方裁判官、验尸官和他的陪审团及大陪审团的组合。

应该指出,造成这样的制度,部分是由于偶然因素,部分是出于实际需求。1906年颁布的首次规定各级法院管辖和民事、刑事诉讼程序的《各级审判厅试办章程》不够完善,对检察官与推事各自的权限以及两者的关系,仅作了非常概括而含糊的规定。在第14条规定刑事事件之令状包括传票、执行令和搜查令后,该法接着规定:"推事有签发令状之权"(第16条),"刑事案件、其令状之执行由司法警察在检察官及预审法官指挥下为之,民事案件,其令状之执行由执达员为之"(第17条);"检察官经司法部长特许后,在发生正在实施的现行犯罪和(或)迟延即有危险时,有权指挥警察、军警实行逮捕或搜查"(第108条)。

上述规定,除第17条外,均使用了概括性的语言,易有多种理解。例如第16条,可理解为刑事案件中签发令状的权限绝对属于推事,理由是条文中明确提到的是推事,而将检察官排除在外;也可理解为检察官得同等行使此权,理由是,"推事有签发令状之权"与"签发令状之权属于推事或应由推事行使"之说意义完全不同。再如,第108条所使用的文字在国文中亦可有两种解释,既可指

---

① 《日本刑事诉讼法》,第125、170、180、214、215条。
② Stephen,《刑事诉讼法汇编》,1883年,第64—67页,第81—83页;Alexander,《英格兰和威尔士的刑事司法行政》,1915年,第20—22页;Howard同书,第298—299页;Maitland同书,第121—122页;Hughes同书,第6922、6928、6974页;Clark,《刑事诉讼指南》第2版,1918年,第27—28、80—82页。
③ Stephen同书,第59—62页;Howard同书,第299—301页;Bishop,《新刑事诉讼》,第4版,1895年,第1卷,第164—184条;Clark同书,第45—54页。
④ 《刑事诉讼法》,第428条。
⑤ 同上,第35、44、53、67、87、125、142、156、242条。

检察官经司法部长特许后,指挥警察、军警实行逮捕或搜查只能发生在正实施现行犯罪或刚实施完现行犯罪、如迟延就有危险的唯一场合;也可指检察官经司法部长特许后,指挥警察实行逮捕或搜查可发生于有现行犯罪或情况紧急时两种场合。并且《试办章程》没有就询问被告、证人、鉴定人和检查权作规定。所以,这些权限是推事独享抑或是推事与检察官共享,不甚明了。

  正由于当时特定的法律状况,实际需求自然就成为与法官有关的检察官制度形成的决定因素。在许多情况下,对犯罪的调查如果不借助询问犯罪嫌疑人、证人、鉴定人、逮捕或羁押被告、搜查人身或财产等手段,便难以完成。所以,为了案件的需要,检察官应该对这些事项享有权限。刚开始时,由于法律的规定并不明确,检察官处理这些事情时并非没有犹豫;但是不久便成为通行的做法,亦获得了大家的认可。在 1921 年起草《刑事诉讼法条例》(该条例已为 1928 年的现行《刑事诉讼法》所取代)时,对这种做法已予确定,以致虽有部分立法者反对,仍被规定于《条例》之中,并演变为现行的法律条文。①

  结束上述比较研究后,自然就产生这样一个问题,即:在中国,给予检察官如此多的权限适当与否。在回答这个问题以前,最好先从反面来考察:这种制度存在什么缺陷(假如有的话)?或许有人认为,由于检察官是案件的公诉人,所以容易对被告产生偏见和滥用权力。然而,这种假定在别国也许如此,在中国却并不正确。理由是,在要使被告判罪方面,中国的检察官并不比推事具有更强的愿望或更深的利害关系。检察官名义上是公诉人,但他与以复仇、赔偿为目的的自诉人完全不同。案件之结局如何与他没有个人利害关系,他的工作成绩并不取决于判罪数量的多少。就其本身而言,只关注查清事实,而被告是否真的有罪并不重要。在这方面,他与推事同样值得信任。或许还有人会说,检察官在作出起诉决定并将案件移交于推事要求审判后,由于他有证明他的决定为正确的意愿,有时可能对被告产生偏见。但此时案件已不掌握在他的手中,他不能再对被告行使权力。

  当然,下述事实不容回避,即:由于检察官的一体性,他得服从上级官员(包括司法部长)的命令。由此产生的后果是司法部长有权指挥检察官执行职务,最高法院总检察长及其下级法院之首席检察官对于其下属检察官所处置的案件,在认为有必要时,本人有权处置或指定其它检察官处置。② 虽然在实践中这种做法很少,但是,不容否认,它破坏了检察官执行职务的独立性。③ 这是检察官拥有上述权限所引起的惟一缺陷。如后文所述,这种缺陷可以通过对现行制度的若干修正而加以改进。④ 因此,从反面来说,对现行制度除检察官与其上级的关系这一点外,没有必要改变。

  以下讨论,作出前面提及的修正以后,现行制度与别国相比有无优势,回答是显然有两种优势。

  首先是程序的简单化。毋庸置疑,要充分准备起诉,则传讯被告、证人和鉴定人,实施逮捕、搜查、扣押、检查就必不可少。中国现行制度的发展史足以说明这一点。假设中国的检察官与其它国家一样,也被剥夺实施这些事项的权限,则他常常会受到种种阻碍其工作的限制,从而无法作出迅速而适当的处理。果真如此,则势必由于公文往来或检察官与推事之间的案卷移送而耗费大量本

---

  ① 罗文干博士(前司法部长)是该草案的起草者之一,他建议检察官在普通案件中不应享有逮捕和羁押权,但他的建议未被采纳。因为其它立法者认为这种变化会导致起诉的不便。(见罗文干:《狱中人语》,第 54 页。)

  ② 《法院编制法》,1910 年,第 98 条;新《法院组织法》,1932 年,第 31、32 条。

  ③ 依据 1930 年的《刑事诉讼法》,在下列案件中,意大利检察官有权指挥简易侦查(l'instruction sommaire):1. 被告作为现行犯被抓获;2. 拘留者、已实施犯罪;3. 被告已承认实施犯罪;4. 有确凿的证据。检察官在指挥这种侦查时,其享有之权限与预审法官相同。他有权逮捕、讯问和拘留被告,有权搜查和扣押,有权传唤、询问证人和鉴定人。尽管检察官并非通常行使这些权限,而是属于例外,但是在实践中,他可以"有确凿的证据"为托词随意在许多案件中行使这些权限。由于意大利的检察官是依附于政府的,得服从政府的命令,所以,这种制度已受到批评。(Ploscowe, La procedure criminelle dans L'Italie fasciste, 55 Revue des Science Politiques, pp. 505 - 507, 521 - 522)。虽然中国的检察官远比意大利的检察官独立,但仍不难看出中国的现行制度并没有完全避免意大利制度中的缺陷。

  ④ 见本文"检察官的地位"部分。

应用于司法的时间。①

其次是责任的集中性。在其它国家,由于起诉之准备由若干人担任,所以责任分散,以致这些人员的思想较为松弛,这种情况在中国则不会发生,因为责任感是保证功效的重要因素。中国采用的责任集中制度是有助于提高起诉的功效的。

2. 驳回告诉或告发权

关于起诉事项中附带权限的另一个问题是驳回告诉或告发,从而对被告不予起诉的权限。一般说来,各主要国家的法律制度都承认检察官或公诉人的驳回告诉或告发权,但各国检察官行使这项权限的效力却大相径庭。在这方面,近代国家的法律制度可分为五类:

第一类,法国和奥地利制度。在这种制度下,检察官可以在将案件移交推事侦查(instruction of Voruntersuchung)前的任何诉讼阶段驳回告诉或告发,从而对被告不予起诉。这种不起诉决定并不成为再行起诉的障碍,换言之,如果同一检察官或其它检察官认为需要重新处置该案件,他仍可以起诉。② 对于检察官的不起诉决定,告诉人享有某些救济。但告发者与告诉人不同,他与案件并无直接利害关系,所以并不享有这种救济权。告诉人享有的最实际的救济是以"民事当事人"的方式达到提起刑事诉讼之效果。在法国,告诉人提起这样的诉讼,就如同检察官已经起诉,法院即拥有处分诉讼的权限。③ 然而,在奥地利,告诉人以民事当事人的身份提起诉讼后,仅享有请求法院的审查庭(Ratskammer)决定是否继续进行诉讼的权利。因此,只有在审查庭亦同意告诉人的请求后,奥地利法院才像同等情况下的法国法院一样,对案件拥有处分权。④ 在此必需了解,审查庭驳回告诉人请求的决定是否构成对被告就同一指控再行起诉的障碍。该问题似乎早已为法院以下的解释所解决,即:审查庭驳回告诉人申请的决定后,除非有新的事实或证据证明被告有罪,否则不得就同一案件再行起诉。⑤

在法国,如告诉人提出告诉后遭检察官驳回,可有以下两种救济:第一种是申请上级法院复议。上级法院举行全会讨论后,认为告诉人之申请有理,得命令检察长起诉此案。第二种是向上级法院的检察官或司法部长申诉。由于上级法院的检察官或司法部长对第一审法院的检察官具有监督权,他们认为有必要时得命令起诉此案。但这两种救济远没有对第一审法院的检察官实施有效的制约。理由是,第一种救济的程序过于繁琐;至于第二种救济,上级法院的检察官及司法部长有时会由于政治原因而维持第一审法院检察官的决定。⑥《奥地利刑事诉讼法》对于检察官的不起诉决定没有规定任何救济。然而,从检察官得服从上级官员(包括司法部长)的监督与指挥的规定来看,⑦以下的说法似乎并无不当,即:只要法无明文禁止,告诉人可以向第一审法院检察官的上级官员提出申诉,请求复议。

第二类,德国制度。与法国和奥地利的同行相同,在德国法中,检察官亦有权驳回告诉或告发。同样,检察官作出的对被告不予起诉的决定,只要未被审查该案件的推事或合议庭维持,其本身并

---

① 在法国,侦查职务交与预审法官而非检察官的制度已引起诸多不便,由此,常发生以下两件事情。第一件是,检察官因情况紧急,常常越权执行了预审法官的职务,非法诘问案件的利害关系人,询问证人和鉴定人,或实施勘验。例如,在不久前,巴黎及其它大城市就有过这种情形。在这些大城市中,刑事诉讼数量过大,亟需简化诉讼程序。另一件是,为了加快起诉,在实践中,预审法官与检察官的权限变得非常模糊,预审法官的侦查徒具形式而已。(见 De La Grasserie 同书,第 487—489 页)。在意大利,依据 1913 年的《刑事诉讼法》,侦查工作实际上大部分是由检察官实施的,因为预审法官与检察官严格分权后,检察官会由于准备起诉的效率不佳从而带来不便。所以,尽管根据法律,预审法官的侦查不应如此,但事实上已为一种形式(见 Ploscowe 同书,第504页)。

② Roux 同书,第 261、264—265 页;《奥地利刑事诉讼法》,第 90 条。

③ Roux 同书,第 267—268 页。

④《奥地利刑事诉讼法》,第 48 条。

⑤ Lissbaur—Suchomel,《奥地利刑事诉讼法》1929 年第 4 版,第 97 页,第 48 之说明。

⑥ Dalloz,《刑事诉讼法》(小型本),1931 年,第 156 页;Roux 同书,第 266—267 页。

⑦《奥地利刑事诉讼法》,第 30 条。

不构成就同一指控再行起诉的障碍。① 但是,德国法对于这种情况的救济完全不同于法国和奥地利。由于民事当事人制度没有得到《德国刑事诉讼法》的确认,所以,惟一的救济是向上级检察机关申诉。假设上级检察机关作出决定后,告诉人仍不服;如果事项属于联邦最高法院(Reichsgericht)管辖,可向联邦最高法院申诉;如为其它情况则属各州有关法院和高等法院管辖。告诉人只有在同时又是被害人时,方可提出此种申诉或申请。告诉人如对检察官的不起诉决定不服,必须在收到该不起诉决定的通知后两周内向上级检察机关申诉。如对上级检察机关的决定不服,必须在收到该决定通知后的一个月内申请联邦最高法院或州高等法院裁判。② 联邦最高法院或州高等法院驳回告诉人申请的裁判后,与奥地利审查庭的裁判一样,非有新的事实和证据,不得就同一指控再行起诉。③

第三类,日本制度。就以下规定而言,日本制度完全符合大陆法的模式,即如果告诉人申请起诉无充足之理由,检察官有权驳回告诉或告发。此项决定本身不成为就同一指控再行起诉的障碍。但是,告诉人对于检察官的不起诉决定,只有一种救济,即:向该检察官的上级官员申诉。这种救济不像德国规定于刑事诉讼法中,它并没有专门的法律规定,因此,成为无效的救济方式。④

第四类,英美制度。在英国,原则上采用自诉或大众极端起诉主义。许多案件的起诉,可不必通过公诉人,除非自诉人放弃起诉权。因此,上述问题的讨论在此根本不重要。但毋庸否认,从理论上讨论检察官对于应由公诉人起诉或非经公诉人许可或同意时不得起诉的案件,驳回告诉或告发的效力问题,是不容忽视的。

就那些非经公诉人许可或同意将不得起诉的案件而言,⑤可以说,假设这种许可或同意权赋予如检察长这样有权作出终审决定的高级官员,则一旦这样的机关作出拒绝许可或同意的决定,告诉者或告发者将无从救济。但是,假设这项权限是由公诉主任来行使,由于公诉主任得服从上级官员的监督,告诉者或告发者有权向公诉主任的上级官员申诉以为救济。例如,在乱伦案件中,由于公诉主任有权起诉这类案件,所以,他亦有权决定是否允许开始起诉,如果公诉人作出拒绝许可或同意的决定,告诉者或告发者如不向其上级及内务大臣申诉,至少可以向检察长申诉,请求救济。⑥

就那些必须由公诉人起诉的案件而言,⑦自诉人是否被允许向地方裁判官提出告诉或向大陪审团提交起诉状尚存有疑问。假设自诉人被允许实施上述行为,则自诉人对公诉主任不起诉的拒绝决定不服,可有两种救济:(1)向地方裁判官或大陪审团提出告诉,(2)向检察长或内务大臣申诉。但是,如果自诉人实施上述行为不被公诉人允许,则只能有第二种救济。然而,当局的态度似乎支持这样的看法,即:自诉人享有向司职讯问的地方裁判官提出告诉或向大陪审团提交起诉状的普通法权利,没有受到某些案件的起诉非由公诉主任担任便不得起诉之规定的影响。⑧

可以这样认为,在所有的案件中,公诉主任、检察长或检察机关的其他长官驳回告诉或告发的决定,由于不具有司法的性质,所以并不成为就同一指控再行起诉的障碍。这一点同样适用于司职

---

① Löwe-Rosenberg 同书,第 170 条,第 457—459 页。
② Löwe-Rosenberg 同书,第 172 条,第 460—462 页。
③ 同上,第 174 条。
④ 《刑事诉讼法》第 294 条间接地承认了检察官的驳回告诉告发权。该条规定,告诉人向检察官提出告诉后,检察官一旦作出起诉或不予起诉的决定,均应立刻通知原告诉人。该法没有规定,检察官不予起诉的决定将成为不得就同一事实再行起诉的障碍。对此项决定之申诉规定于《法院组织法》第 82 条,该条规定检察官应服从其上级官员的命令。
⑤ 例如,依据 1908 年《乱伦处罚法》第 6 条,乱伦案件除非公诉主任或其代理人提出起诉,否则,未经检察长的许可不得起诉;又如,1861 年《盗窃法》第 80 条第 2 款和 1869 年《报馆、印刷者和阅览室取缔法》等所规定的案件(见 Howard 同书,第 35 页)。
⑥ 同上,第 38 页。
⑦ 例如,得处死刑的案件,见 St. R. &O.《英国刑事诉讼法》,1904 年修正,第 9 页,第 1 条。
⑧ Kenny,《刑法大纲》第 11 版,1922 年,第 464—465 页。该书中,作者只提到依 1859 年的《滥诉法》限制向大陪审团提出起诉状的权利,根本未提及这种限制也适用于由公诉主任起诉的案件;Archbold,《刑事辩护、证据与实践》,Ross & Butler 第 28 版,1931 年,第 65—66 页。该书也一般性地讨论了限制向大陪审团提出起诉状的权力问题,但没有说,这种限制适用于由公诉主任起诉的案件。

讯问的地方裁判官或大陪审团的决定。因为这两种决定都不足以构成已获开释的抗辩并作为驳回起诉的理由。①

在美国,除那些只能通过公诉人提出告发而起诉的案件外,任何人均有权向地方裁判官提出指控或向大陪审团提交起诉状(尽管在实践中有所限制)。因此,从理论上说,公诉人驳回告诉或告发的事实,并不妨碍告诉人或告发人向地方裁判官或大陪审团提出指控。② 但是,在那些只能通过公诉人提出告发而起诉的案件中,③提出起诉或担任起诉的权限则完全取决于公诉人。在这类案件中,假设公诉人驳回告诉或告发,则对其决定通常无从救济,因为公诉人是选举出来的。而非委任的,在他上面不存在对他真正进行监督并可接受申诉以为救济的上级官员。④ 美国制度与英国制度相同,公诉人的这项决定,并不构成就同一指控再行起诉的障碍,公诉人无论何时改变看法,都可自由地重新处置该案件。⑤

第五类,中国制度。如前所述,中国的检察官与其他许多国家的检察官或公诉人一样,也享有驳回告诉或告发之权。因为他的决定的效力得取决于告诉人是否申诉。所以他享有之权与德国的检察官颇为相似。⑥ 尽管如此,两者之间仍有重要的差异。

第一,中国制度下的上级检察机关的决定是终审的,不能再行救济。⑦

第二,检察官驳回告诉后,一旦收到告诉人向第一审法院提出的、要求移交于上级检察机关的申诉,假若他认为申诉有理,则有权撤销原决定而起诉该案,或再行调查。⑧

第三,第一审法院的首席检察官在将案件呈交上级检察机关前,也有权任用其它检察官复查该案;除非维持原决定,否则,其它检察官得起诉该案。⑨

第四,检察官作出的不起诉决定,在申诉期满⑩或上级检察机关维持原决定后,即生效;非有新的事实或证据,告诉人不得就同一指控再行起诉。⑪

由此可见,依中国法,检察官在将案件移送推事前作出的不起诉决定的效力与其它国家的法律制度完全不同。接下去要讨论的问题是,从比较的角度来看,中国的这种制度有何合理性。该问题涉及许多点,在作出正确的回答前,有必要先对它们一一加以分析。

第一点,对于检察官驳回告诉的决定应否救济? 显然,作为对检察官执行职务的制约,这种救济是完全必要的。因为检察官与普通人一样,也可能犯错误。被害人要对抗这种权力的滥用而得到全面的保护,需要有一定的救济。

第二点,何种救济是可取的? 判断的标准,可以说在于该项救济对于保证决定的公正和独立的可能性,并且,这种决定必须是依正式和固定的程序而能够获得的。如果承认了这一点,显然,前面已提到的救济方法中,只有以下三种值得考虑。它们是:(1) 法国和奥地利的以民事当事人方式起诉的制度;(2) 德国的向上级检察机关申诉并申请联邦最高法院或州高等法院裁判的制度;(3) 中国的向上级检察机关申诉的制度。而所有其它救济方法均应摒弃,其中有的是因为容易受政治影响的干扰(如法国向检察官的上级官员申诉的情形);有的是因为程序过于繁琐(如法国向上级法院申诉的情形);有的是因为依正式和固定的程序无法获取救济(如英国和日本向公诉人的上级官员

---

① Stephen 同书,第 265 条,第 173 页—174 页。
② Clark 同书,第 89、96、136 页;Hughes 同书,第 9 卷,第 6937 条。
③ 例如,在密苏里州,治安裁判官必须采用控告方式来起诉轻罪(《密苏里州修正法律》,1919 年,第 1 卷,第 3760 条。)
④ 同上,第 1258—1259 页上第 3760。
⑤ 因为那些案件不存在不得再起诉的双重审判问题。
⑥ 《刑事诉讼法》,第 248 条。
⑦ 同上,250 条。
⑧ 同上,248 条。
⑨ 同上,第 249 条。
⑩ 同上,252 条。
⑪ 期限为自告诉人收到决定通知后 7 日内。(同上,第 248 条)

申诉的情形)。

上述三种救济方法,哪一种较为可行?对这个问题可从不同的角度来考察。第一点,从公诉与自诉的关系来看,前面在讨论法国和奥地利制度时,对此已给予特别的注意,并将第一点放在后文考察公诉与自诉关系问题时予以讨论。第二点,从制约检察官的救济的效果来看,因检察官多少得服从其上级官员的指挥或命令(包括司法部长),故比较容易受政治影响。对检察官的制约,德国和奥地利将有关事项留给推事来最终决定的制度,似乎要优于中国的制度。虽然中国检察官的地位在其它情况下与推事相同,但是,他们必须服从上级官员的指挥或命令这一事实,有时会损害他们的公正性和独立性。因此,除非他们的地位变得与推事一样独立,否则,只能改变中国现行的检察制度而将最终决定权赋予推事。最值得模仿的是德国制度。因为采用这种制度只需对现行制度作较小更动,即可保证对检察官实施较好的及可靠的制约。不过,假如以后发生的改革已使检察官的地位变得与推事一样独立,则这种变动就没有必要。理由是,在那种场合下,从推事处能得到的救济同样可从检察官处得到。

第三点,如无新的事实和证据,检察官驳回告诉的决定,应否成为就同一指控再行起诉的障碍?在公诉人的权限不如中国的检察官广泛以及他们的地位不够独立的国家,或许可以认为,公诉人的决定不是建立在任何全面和公正的基础上的。因此,承认这种决定与判决的效力相同是不明智的。然而,在中国的制度下,发生这种事情的可能性较小。告诉人享有对检察官的决定提出异议的权利,已足以制约检察官,使之在驳回告诉前保证作出非常全面和公正的调查。为了保护犯罪嫌疑人免受检察官以后可能的任意起诉,现行制度应予维持,这样对公共利益所造成的损失,即使有,也是很少的。

综上所述,现行中国检察官忽视告诉的制度只需在一个方面——授予最终决定权的地方作出修正。前已指出,解决这个问题可以采用以下一种或两种方式。即:(1)如检察官的地位与推事一样独立,则无须将最终决定权留给推事,或(2)如维持现行制度,则应像德国制度那样,允许告诉人最终向推事申诉。

3. 撤回起诉权

与上面讨论的问题密切相关的是检察官撤回起诉权问题。在法国和比利时,刑事诉讼一旦启动,检察官就不得撤回起诉。不过,除了这些国家以外,①撤回起诉权为许多国家的法律所承认。但行使这项权限的条件在各国并不一致。在德国、奥地利、美国、中国及日本,这项权限由各国的公诉人行使。② 在英国,它只能由检察长行使,公诉主任或其代理人或其他公诉人在撤回起诉前须向法院或检察长申请许可。③

行使这项权限的期限,在各国亦不相同。在德国,这项权限只能在预审法官(Voruntersuchung)的侦查开始前行使。但在案件无须侦查,或无人申请侦查时,这项权限也可在审判开始前行使。④ 在中国,自1928年后,预审法官的侦查已被取消,所以,这项权限只能在第一审法院审判开始前行使。⑤ 在奥地利和日本,这种限制没有如此严格。在奥地利,检察官有权在将案件移送预审法官侦查后、推事公开审判结束作出判决前的任何诉讼阶段撤回起诉。⑥ 在日本,检察官有权在预审法官作出决定或法院作出判决前的任何诉讼阶段撤回起诉。⑦ 在实行普通法规定的

---

① Roux 同书,第 269—270 页;Braas,《论刑事诉讼原理》,1925 年,第 28 页(关于比利时法部分)。
② 然而,在美国某些州,并非所有公诉人都可以行使这些权限,例如,在佐治亚州,它只属于副检察长《法典》,1926 年,《刑法》,第 982 条)。
③ Stephen,《英国刑法史》,1883 年,第 1 卷,第 501 页,Alexander 同书,第 136 页;Archbold 同书,第 125—126 页。
④ Löwe 同书,第 156 条,第 432 页。
⑤ 《刑事诉讼法》,第 364 条。
⑥ Lissbauer-Suchomel 同书,第 109、227、259 条。
⑦ 《日本刑事诉讼法》,第 292 条。

英国和美国,情形基本相同,撤回起诉可以在大陪审团裁决起诉或提出告发后、判决前的任何诉讼阶段提出。①

检察官或公诉人提出撤回起诉后是否立即自动生效的问题,各国的立法和法学有不同的回答。依奥地利、德国、中国和日本的法律,检察官撤回起诉无须由法院或被告的同意来确认;一旦告知法院,法院应中止或终结诉讼,并作出中止或终结诉讼的裁定或决定。② 依据英国法,检察长提出撤回起诉权是即刻生效的,无论法院或被告均不得提出异议。但如撤回起诉是由公诉主任或其代理人提出且未经检察长同意的,则是否允许得取决于法院。③ 在美国,公诉人撤回起诉的有效性,基本上运用英国普通法关于检察长提出撤回起诉的规定。④ 不过美国各州的法律规定不尽相同,许多州撤回起诉必须经法院同意,少数州则只有当撤回起诉是在陪审团宣誓后、判决意见答复前提出时,才需要法院同意。另有些州则规定,如撤回起诉是在案件移交于陪审团后提出的,则必须得到被告的同意。⑤

关于提出撤回起诉后的效力问题,各国的立法或法学理论的意见可分为以下三组:

第一组认为,撤回起诉提出后,非有新的事实或证据,不得对同一人就同一指控再行起诉。属于这一组的是奥地利、中国和日本的立法。⑥

第二组认为,提出撤诉后,即使没有新的事实或证据,仍可对同一人就同一指控再行起诉。英国的法学理论可说明这一点。该法学理论一般认为,提出撤回起诉仅仅表示由于特别的情形而使诉讼停顿,但并不视为无罪开释。因为无罪开释便不能再行起诉,否则将使被告有受到双重审判的危险。⑦ 这项原则同样也为 1877 年的《德国刑事诉讼法》所采纳。《德国刑事诉讼法》虽然没有明确涉及撤回起诉的效力问题,但从以下两件事实可以得出结论,检察官重新处置该案件的权限也未由此受到影响:(1)因为撤回起诉只允许在侦查前提出,如无侦查时只允许在审判开始前提出,所以撤回起诉的效力实质上就相当于检察官驳回告诉的决定,(2)依据德国的法学理论,在法院就检察官的起诉作出裁判前,检察官的起诉权(Klagerecht)尚未充分行使。⑧

第三组认为,提出撤回起诉后,是否可以再行起诉,得取决于具体情况。一般说来,美国所实行的就是这种原则,即(1)任何人不得受双重审判,(2)所谓受审判的危险只是指被告受到有充分理由的有罪指控,已处在有管辖权的法院审判中,并且陪审团已经宣誓,愿对其判决意见负责。根据这种理论,美国大多数法院和学者都认为,假如撤回起诉是在陪审团已宣誓并表示对被告的判决意见负责后提出的或在审判已开始后提出的,则以后不得就同一犯罪再行起诉;但假如撤回起诉是在这些阶段开始前提出的,它就不具有这种效力。⑨

从上述关于撤回起诉权的立法和法学理论的简单分析中,可引出以下三个问题:(1)检察官或公诉人应否享有撤回起诉权?(2)在何种条件下可行使撤回起诉权?(3)撤回起诉应有什么效力?

关于第一个问题,似乎不必多加讨论。行使撤回起诉权有时会导致检察官或公诉人滥用职权

---

① Archbold 同书,第 126 页;Howard 同书,第 136—137 页;Bishop 同书,第 1394 条;Clark 同书,第 154 页。
② 见前一段列举的权限。
③ Archbold 同书,第 126 页;Bishop 同书,第 1388 条;Howard,同书,第 137 页。
④ 《国家法律考察及实施委员会有关起诉问题的报告》,1931 年 4 月 22 日,第 18—19 页。
⑤ Bishop 同书,第 1389 条;Clark 同书,第 154—155 页。依据美国法律委员会于 1930 年 6 月 15 日公布的《刑事诉讼正式草案》,有十四个州的法律规定,法院有权在大陪审团或公诉人提出起诉后,自行或应区律师或其它公诉人为保证公正所提出之申请而命令驳回起诉。这十四个州是:亚利桑那州、加利福尼亚州、爱达荷州、明尼苏达州、蒙大拿州、内华达州、纽约州、北达科他州、俄克拉荷马州、俄勒冈州、南达科他州、犹太州、华盛顿州等。换言之,在这些州是否允许撤回起诉取决于法院的决定(第 895—896 页)。同书也指出,有十二个州的法律规定,除非法院同意,起诉律师不得驳回控告或撤回起诉。这十二个州是:阿肯色州、科罗拉多州、佐治亚州、肯塔基州、密西西比州、北卡罗来纳州、俄亥俄州、宾尼法尼亚州、田纳西州、得克萨斯州、佛蒙特州、怀俄明州。该书还指出,在佐治亚州,案件提交于陪审团后,除非被告同意,否则不得撤回起诉。
⑥ Liss bauer-Suchomel 同书第 352 条;《中国刑事诉讼法》第 264 条;《日本刑事诉讼法》第 315 条、317 条、364 条。
⑦ Stephen《英国刑法史》第一卷第 496 页;Maitleud 同书第 140 页;Archbold 同书第 128 页。
⑧ Lowe 同书,第 459 页。
⑨ Bishop 同书,第 1394、1395 条;Clark 同书,第 442—443 页;wharton,《论刑法》第 11 版,1912 年,第 1 卷,第 517—519 页。

和民众对司法不信任。但这种情况只发生于下述场合,即:起诉的开始或继续是出于公诉人的误会或错误;或出于暂时得不到能发现真相的证据,但在以后的诉讼阶段可以得到时。为了在这样的场合保证对被告的公正,必须提供一些办法,使被告免受由于无谓的公开审判所引起的羞愧和窘迫,或至少应避免拖延诉讼。对错误地启动司法之轮负责的公诉人,在具备既能保护无辜又能避免滥用职权的条件下,我们没有理由不允许他们去改正错误。

关于第二个问题,讨论时应注意两点:

(1) 如何避免行使撤回起诉权所可能产生的不良后果。换言之,如何保证对公诉人行使这项权限实施制约。要避免出现滥用撤回起诉权的情况,必须具备以下两个条件:

首先,行使这项权限应得到管辖该案件的法院、推事或合议庭的核准。规定这一条件的好处是,不但可以避免公诉人由于政治影响、动机不良、法律无知而产生的专横武断,并可使公众对司法制度的不信任降到最低点(假设不能完全消除的话)。这在公诉人不像推事那样独立、易受政治影响和公众怀疑时,尤其如此。在这一方面,英国适用于除检察长外的公诉人的规定和美国部分州撤回起诉应经法院许可的规定,要优于其它国家所实行的、法院对此不加控制的规定。这一事实,已取得了美国刑事诉讼法学家的承认。在美国法律委员会公布的《刑事诉讼法》(草案)中有这样的规定,即:非经法院许可,由大陪审团或检察长提出的起诉或告发不得驳回、中止或撤销。① 中国司法行政部最近起草的《刑事诉讼法草案》是立法院起草该法的基础。这个草案规定对检察官撤回起诉的制约与公诉人撤回起诉需经法院核准的建议不同。即检察官在这种法律规定下提出的撤回起诉,其效力与驳回告诉的决定相同,告诉人对撤回起诉的决定有权向上级检察机关申诉。② 这种方案与上面提议之救济相比较,显然令人无法接受。原因有二,首先,它拖延诉讼。将问题交给上级检察机关裁决所花的时间,将多于将其交给以后审理该案件的推事裁决所花的时间。因为,将问题交给推事解决,就可以完全避免案卷在两地移送所造成的时间浪费。其次,它也可能寻致不合理的决定。由于上级检察机关的首席检察官仅凭记录裁决问题,他对案件的了解一般不如亲自听审的推事清楚,因此常常犯推事所不会犯的错误。

其次,检察官或公诉人应向法院告知撤回起诉的原因。显然、检察官或公诉人对其所采取步骤之目的所作的解释,不但是对其擅断的制约,也有助于法院更好地了解案情。③ 诚然,在实践中,公诉人在经法院核准后撤回起诉时亦常说明原因,但是,将该条件作为他们提出撤回起诉时的法定义务,应该说是合理的。

(2) 如何保障被告对抗撤回起诉的不良后果? 一般说来,撤回起诉是有利于被告的。然而,有时对被告的起诉已使公众产生了单纯依靠公诉人撤回起诉并不能消除他有犯罪嫌疑的印象。此时,法院的无罪判决对于恢复被告的信誉和名誉将更为有效;并且,当案件有关民事伤害或赔偿时,无罪的判决即使并不能绝对免除被告的民事责任,至少也可以在心理上较好地保护被告对抗原告的请求。因此,有人主张,只要被告提出异议,撤回起诉的核准就不得再取决于法院。但是,这样也会产生以下问题:在各个诉讼阶段提出撤回起诉均须经被告默许是否合理? 适当的回答是,这种要求只能适用于审判开始后提出撤回起诉的情形。其理由有二。首先,审判开始前,案件并未公诸于众,被告不必借用法院的无罪判决来洗清有罪的嫌疑;其次,撤回起诉于审判开始前提出时,如被告仍要求继续诉讼,则意味着将使法院承担大量本可避免的工作。换言之,如将诉讼进行到底,对被告并无好处,且会浪费司法部门的大量时间。

在诉讼刚开始阶段,就用检察官或公诉人行使撤回起诉的条件来限制撤回起诉(如德国、中国

---

① 第 295 条。
② 第 271 条。
③ 司法行政部的《刑事诉讼法草案》的起草者完全承认这个事实,见该《草案》第 270 条(2)。

之情形),显然毫无必要。事实上,德国和中国法律中所规定的检察官的撤回起诉权,很少有机会行使,以致徒有虚名。所以,为了使国家和被告真能享受到撤回起诉的制约制度的好处,中国应采用奥地利、日本和英美法的规定,即允许公诉人可在将案件移送推事后、言词辩论终结前的任何诉讼阶段提出撤回诉讼。

讨论完前面两个问题以后,接着考察第三个问题,即撤回起诉应有什么效力?在检察官或公诉人的独立性虽不如推事、却能完全自由地行使撤回起诉权的法律制度下,检察官或公诉人易于不正当地行使撤回起诉权。此时,就保护公共利益来说,应避免将来就同一犯罪的诉讼仅因不正当的撤回起诉而受阻。但如前所述,中国的检察官的地位应予改进,撤回刑事诉讼应得到审理该案的法院或推事的核准。假如这些改革真能实行,必将对检察官行使撤回起诉权实施有效的制约,从而使公共利益得到很好的保护。此时,我们考虑的出发点,不仅是保护公共利益,更重要的是保障私权。从保护个人不受滥诉之频繁侵扰的合理性来看,我们没有理由允许已撤回的诉讼在没有新的事实或证据的情况下,仍可重新起诉。

综上所述,中国应实行的改革包括下列三点:(1)撤回起诉应经法院许可,如在审判开始后提出的,则应经被告默许;(2)检察官应告知法院撤回起诉的理由;(3)延长可以提出撤回起诉的期限,即允许公诉人在案件移交推事后、言词辩论终结前的任何诉讼阶段提出撤回起诉。

(二) 检察官的地位

大陆法的检察官具有三个特征:(1)可撤换性,(2)等级从属性,(3)一体性。可撤换性,意即检察官的免职、调任、停职或减俸取决于其上级官员的决定,无须经过严格的法律程序。检察官的可撤换的程度,各国的规定不同。在法国,检察官得服从免职、调任或其它由司法部长给予的纪律惩戒。① 在德国,检察官享有的保障与普通公务员相同,但与推事有异。关于保障推事不受免职、调任、停职、减俸的特别规定,并不同样适用于检察官。② 另外检察官不是司法官,这有明文规定。③ 他的待遇与保障在没有特别相反的法律规定时,适用公务员法。④ 共和国总统基于合法的理由(Wartegeld),可依命令要求联邦最高法院的检察官暂时退休。只有当这种退休是由于心力交瘁等原因时,关于联邦推事的规定才可适用于联邦检察官。⑤ 奥地利的情形也相同。由于检察官未被视为司法官,所以,他们在免职、调任、停职、减俸方面,不适用推事法的保护。⑥ 在日本,推事享有不得免职、调任、停职或减俸的保障,而检察官仅享有不得免职的保障。即惟一的保障是,检察官非受刑事宣告或惩戒处分,政府不得随意处分。⑦

关于等级从属性,刚才提到的那些国家中所实行的规定,基本上一致。一般都认为,检察官执行职务时应服从上级官员的命令,顶级通常是司法部长,所有检察官都必须服从他的命令。⑧

所谓一体性,是指全体检察官形成一个代表社会或国家的整体,执行职务时每个检察官的个性融合于其整体的制度中。一体性所引起的后果是,检察官可以替换,而不影响他们所进行的法律程序的有效性。替换可有以下两种:(1)同一法院的检察官之间的替换,(2)不同法院的检察官之间

---

① Garraud 同书,第 1 卷,第 173 页;Goyet 同书,第 11 页。
② 见《宪法法院法》第 6—9 条。
③ 同上,第 148 条,该条规定,联邦最高法院的检察官不属于司法官。
④ De la Grasserie 同书,第 506 页;Dubarle,《德国司法组织法》,1875 年,第 89 页。
⑤ 《宪法法院法》,第 128、149 条。
⑥ 关于推事在这方面的法律规定没有提及检察官,例如《联邦宪法》(1920 年)第 87 条和第 88 条规定了推事的独立性和不得撤换性,但未提及检察官(Mirkine-guetzevitch,《les constitutions de l'Europe nouvelle》,1928 年,第 145—146 页)。同样,自 1868 年 5 月 21 日后关于推事的惩戒和不得调动的法律规定也不适用于检察官(Leonhard,《法院组织法》,1932 年,第 167 页以下)。所以,在这些方面,适用于公务员的法律,检察官大都也适用(同上,第 186 页上说明 2)。
⑦ 《法院组织法》,第 73、80 条。
⑧ garraud 同书,第 1 卷,第 174 页;Goyet 同书,第 11 页;Lissbauer-Suchomel 同书,第 30 条;《德国宪法法院法》,第 146—147 条;《日本裁判所组织法》,第 82、135 条。

的替换。前一种替换为上面提到的国家所普遍承认,法院的首席检察官总是亲自处理任何案件,或认为有必要时指令某一检察官将案件移交于另一检察官。① 后一种替换没有取得所有国家的同样认可。在法国,当局在这方面存在分歧,但大部分意见认为一体性原则不适用于不同法院的检察官的替换。② 在奥地利,这种替换仅发生于下列场合,即第二审法院的总检察官(这类法院的首席检察官)可亲自或由其助理接替下属检察官担任职务。③ 在德国,这项原则适用较广。因为州高等法院(Oberlandesgericht)或地区法院(landgericht)的首席检察官有权亲自或指定其它检察官执行其所辖各级法院检察官的职务。④ 但是,州高等法院或地区法院的首席检察官行使这项权限时不得忽视以下事实,即检察官的地域管辖权限是由其所在法院的地域管辖权限所决定的。⑤《日本裁判所组织法》则超过了奥地利、德国制度。该法规定,总检察长、上诉裁判所的首席检察官和地方裁判所的首席检察官均有权执行其所辖各级裁判所检察官的职务。⑥

由于中国模仿大陆法制度,所以,检察官亦带有某些大陆法的特征。依据现行制度,检察官与推事一样不得撤换。但是,如前所述,他应服从上级官员的命令。在理论上,他只是融合了每个检察官个性的、一个不可分的整体的成员而已。最高法院的总检察长和其它法院的首席检察官有权亲自或指令其它检察官执行其所辖各级法院检察官的职务。⑦ 1932年的新《法院组织法》比这走得更远。该法规定,即使未经严格的法律程序,检察官也得服从调任。⑧

这里,自然会产生以下的问题,即:中国现行制度中检察官的地位有多少合理性。在回答这个问题前,最好先讨论一下大陆法中检察官制度的历史背景。

大陆法检察官如同初次出现在法国的检察官一样,是国王在法院的律师(procureurs)。大约在十四世纪初叶,他们成为公务员,自十五世纪以后,他们便不能再办理私人委托的法律事务。在开始时,他们专管与国王权利直接有关的事务,例如国王财政上的利益和皇家领土的完整。随着皇室权限的扩张及询问制之取代审问制,他们开始关注国家的一般利益和维护公共秩序。其中包括制止犯罪、维护失踪人的利益、保障被监护人、贫穷人及弱病者的权利、监察官吏的行为。不过,他们在执行职务时,仍不失为国王的代表。因为在君主政体下,所有这些权限都是属于国王的,与其它官吏一样,他们以"国王的人"(gens du roi)见称于世。⑨ 该制度在作了几次修正以后,经受住了革命的考验。⑩ 依据追诉犯罪和检察机关的其它职务属于行政权范围的理论,就确定了下列原则。即:检察官仅仅是行政权的代理人,应受行政权的控制。⑪ 因此,可撤换性、等级从属性、一体性等,作为有助于行使行政权的基本原则,均被适用于检察官。由于欧洲的其它国家均模仿法国的范例,所以,这些原则成为大陆法中检察制度的代表。

通过以上的简要分析可以看出,大陆法检察官制度呈今日之现状,主要(假如不是绝对)是两个

---

① Goyet同书,第9—10页;Garraud同书,第1卷,第185—186页;Lissbauer—Suchomel同书,第31—33条;《德国宪法法院法》,第145—146条;《日本裁判所组织法》,第83条。
② Mangin,《论公诉》,第3版,Alexander Sord出版,1876年,第146—147页;Garraud同书,第185页上第26点和第27点说明;Goyet同书,第32条。
③ Lissbauer-suchomel同书,第32条。
④ 《宪法法院法》,第145条。
⑤ 同上,第143条。
⑥ 同上,第83条。
⑦ 《法院编制法》,1910年,第125—126条。
⑧ 第40条。值得注意的是,有人在1932年新《法院组织法》的起草过程中首先提出检察官可以与普通公务员一样被撤换。(见《法院组织法立法原则》第11条,立法院起草的《法院组织法草案》第51条;司法行政部起草的《法院组织发草案》第42条。)因此,新《法院组织法》第40条折衷了最初的立法建议和1910年《法院编制法》的有关规定。
⑨ Brissaud,《法国公法史》,《大陆法历史丛书》,第9卷,第466—468页。
⑩ 法国大革命时期,政府一度控制公诉人的任用权。但由于公诉人负责与人民利益密切相关的事务如起诉犯罪,所以国民会议议决,公诉人应由人民选举产生。(Mangin同书,第8—10页)
⑪ Garraud同书,第1卷,第172页;Brass同书,第21—22页;Mangin同书,第12—13页。

原因。首先,检察官制度起初只是国王的工具,国王对于其下属的权力不受任何限制。其次,大约在法国大革命时期,检察官的主要职务,尤其是追诉和制止犯罪,被认为属于行政权的范围。前者说明了该制度在革命前所以如此的原因;后者则说明了这种制度的独具特征何以延续至今。

现在的问题是,在过去那个充满怨愤的时代形成的检察官的独具特征,如今还予以保留是否合理。许多学者作了肯定的回答。他们认为,该制度呈现如此的现状是必然的事情。法国法学家曼金(Mangin)在1831年讨论此问题时曾这样说过:"所以,与古代君主政体下的情形相同,公共诉讼(即对犯罪的公诉)属于国家首脑,它是由国家首脑任用的官吏以首脑的名义来行使职权的。首脑对这些官吏的权限可以随意规定,对他们的职务也可以随意免除。这是君主制原则在我们政府中适当而必要的结果。哪里有行政权,哪里就应该有刑事审判诉讼,这是行政权力的本质属性。事实上,追求惩罚犯罪与违法的权力旨在拥有执行刑罚的权力;若从国家首脑手中分出这项权力给予他人,会分裂行政权,违背君主政体的性质……。审判权与起诉权有天壤之别:审判指适用法律,是司法权的特征;起诉指监督法律之执行,是行政权的特征。"①

另一个例子是近代学者拉乌尔·德拉·格拉塞利(Raoul de la Grasserie)。他在提到检察官的可撤换性时认为,由该制度的历史背景可以说明现行检察官地位的特征。他说:"可撤换性似乎是最显著和最独有的特征。实际上,大多数其它特征都渊源于此。该制度的历史也说明了这一点。在我国的古代法中,它并不是一开始就存在的。起初,检察官只是国王的私人代表,处理的都是关于国王本人的事情。所以长期以来,检察官以'国王的人'见称于世。对我们来说,这似乎是一个表示家仆的名字。他作为公共机关的人员,却既不代表国王,也不代表国家。后来,他逐渐地执行和加强这种职能。因此,人们显然能容易地理解,他为何在民、刑事案件中活动范围如此之大。采用同样的方式,他担当起统治我们国家的政治任务。由于他是可撤换的,同时代表着国家;所以,不论是称之为代理人、代表、还是检察官,他们都保留在原有的位置上。(尽管所做的事情与开始时有所不同);因为他毕竟只是国家首脑或国家的代表而已。当他起诉犯罪的时候,正是国家(即全体中的最重要部分)关注着这些事件……正是由于忽略了他的历史和他恰如其分的必要的作用,所以人们才会觉得他的可撤换性令人遗憾。"②

仔细分析后,上述学者的观点,显然不能成立,其理由有四:

(1)大陆法中检察官制度的历史背景,只能用来解释该制度来源,并不能说明今日检察官地位的特征。在法国革命前的君主政体下,国王是一切权力的渊源。他的意志就是法律。国王的任意处分,使官吏无法得到保护。检察官的地位具有今日显著的特征,主要来自历史的偶然因素。当时的检察官制度取决于国王的临时方便和私人利益,并未制定出极其完善的方案,或以我们今日已知的保护公众和社会利益为主要目的。所以,要根本说明现行检察官地位的特征,除了古代法国君主政体下的检察官地位这一事实外,还必须有其它更多的事实。换言之,如果以今天的社会条件和政府组织来看,我们保留或采用大陆法检察官的制度前,必须根据近代的需要重新进行评价。

(2)检察官在法国革命前是行政权代理人的理论,并不是对历史的真实的解释,因分权理论直至法国革命方才见诸实践。国王手中掌握着各种权力,他并不仅仅是行政首脑,同时也是立法和司法的渊源。他可以将这些权力授予他的臣民;但是,也可以在任何时候行使这些权力或干预与这些权力有关的事项。③ 他设立和控制检察官制度,究竟是以行政首脑还是司法代表之名义,其实并无差别,目的只是要取得相同的结果。至于他是凭借这种权力还是其它权力所得,都只是一种理论上的问题。因此,检察官纯系国王行政的代理人的说法并不确切。

---

① Mangin,第12—14页。
② 同上,第505—506页。
③ Brissaud 同书,第356—358页。

（3）犯罪的起诉属于行政权而非司法权范围的说法，本身容易产生不同的解释甚至争论；而分权理论则引起了更严重的意见分歧。虽然现在一般公认一个国家存在三种权力，但是，仍有许多人认为只有两权，即立法权和行政权，司法权仅仅是行政权的一个部分。① 即使我们认可后一种说法，也要有说明检察官与推事之间的地位差异的理由，仅仅用检察官是行政权的代理人来解释是不够的。另外，司法权的范围很不明确。即使有许多人相信追诉刑事犯罪不属于司法权的范围，也缺乏支持这种说法的合适理由。我们可以这样想：从行政权限中分出追诉刑事犯罪权，会分裂行政权；但这是以刑事起诉权与行政权有内在不可分性为前提条件的，而这种不可分性从来就没有得到过令人满意的证实。

或许有人认为，刑事起诉事关公共利益，应属于行政权的控制范围，不属司法权。这种看法基于以下的错误理论，即：行政权是公众利益的唯一保护人。不容否认的事实是：公共官员负责社会或国家的利益，而其中行使司法权的官员，其地位并不低于（假设没有高于）行政机关的官员。而且，刑事起诉职务涉及人民的生命和自由，并与审判职务密切相关。因此，没有充分的理由认定检察官的事务不应属于司法权的范围。

（4）承认刑事起诉的职务属于行政权力范围，并不能自动说明现行检察官的地位是合理的。因为即使同属于行政权范围的事项，其性质也各异。负责这些行政事项的官员的地位，不应取决于任何统一不变的规定，而应该根据他们处理的各种不同事项的特殊需要。检察官执行的职务是否应与司法职务相同，对此人们意见分歧；但是可以肯定，检察官执行的职务完全不同于普通行政职务。这些职务不但与社会和个人利益有重要的关系，并且涉及执行人员的重大责任。因此，如果我们对于检察官的职务的严肃性和重要性有适当的考虑，则检察官在刑事诉讼法起诉中是行政权的代理人之说，不能成为对检察官适用普通行政官员规定的充分理由。相反，欲证明现行检察官地位的合理性，必须根据功能试验的实践结果，而不能单凭假想的概念。

通过上述讨论，可以清楚地看出，只能从产生大陆法检察官现行地位的历史原因中发现其合理性，而不应从该制度本身的实际可行性中去寻找。下面对该制度内在的利弊问题进行讨论。为使讨论有条不紊，需对该制度的三个特征逐一加以考察。

关于检察官制度的第一个特征即可撤换性，前述持赞成意见之学者的意见很多。因限于篇幅，在此，将通过对这些意见的质疑来进行考察。在这些学者的意见中，以下三点值得一提。（1）如前所述，刑事起诉的职务是行政权的属性之一，故应保持在行政机关的控制之下。（2）检察官职务的严肃性和重要性要求他们服从政府的控制。为使这种控制有效，检察官必须是可撤换的。②（3）不得撤换性并非对抗任意调动的可靠保障，因为在专制政体下，它不起作用。③

第一点在其他方面作过评述，此处不必予以分析。需要论述的仅限于另外两点。第二第三点理由显然均不能成立。第二点理由之所以不能成立，是因其说法与事实正好相反。不可否认，检察官职务的严肃性和重要性，首先应表现为态度的公正。但这种公正的态度只有在检察官不受政治干预时才可能。而不得撤换性是对抗政治干预的保障之一，它对检察官诚实、有效地执行职务是必不可少的。当然，对于那些无能与腐败的检察官应加以制约。在设置了检察官的任用条件、使他们服从上级官员的监督并处于可受该管审判机关的惩戒的情况下，这种制约就可以实现。④ 防止检察官的无能与腐败的救济，肯定不在于政府的任意处分。何况，推事执行的职务并不一定比检察官

---

① Pucrocq,《Cours de droit administratif et de legislatopm francaise des finances》，第 7 版，1897 年，第 1 卷，第 30—36 页；Garsonnet 和 Cezar-bru,《论民事、商事程序的理论和实践》，第 3 版，1912 年，第 1 卷，第 9—14 页。

② Mangin 同书，第 170 页；Lagreze, De la reorganization de la magistrature, p. 74（同书第 171 页上引用）。

③ Mangin 同书，第 170 页。

④ Gasson and Tissier, Traite theorique et pratique d'organization judiciare, de competence et de procedure civile, 3rd ed., 1925, Vol. 1 p. 126.

执行的职务更重要。因为在刑事案件中,正是检察官启动了诉讼之轮,而由推事来决定被告的命运。如果检察官可以撤换,为何推事不能呢?然而,大家却普遍承认,关于推事的规定不能适用于检察官,态度何以如此不同!

第三点理由不能成立,是因为它试图从非常时期找出现行制度的合理解释,而这种解释在正常时期并不适合。诚然,在不尊重法律的专制政体下,不得撤换性确实无法给检察官提供任何保障;但并不能由此得出结论:检察官不得享有他们在正常时期可独立和公正地行使其权限的保证。

由此可见,检察官应享有不得撤换权;而不应像有些国家的法制,规定检察官可以撤换。当然,有人也许会问,给予检察官与推事完全相同的不得撤换权是否合理。这个问题在1932年的《法院组织法》起草时有较多的争论。该草案首次提议检察官只受不得任意免职和减俸的保障。① 这意味着,如将检察官调任和停职,就无须遵守将他们免职和减俸时所要求的法律程序。② 该建议有两个理由。首先,检察官兼有司法行政官的性质,因此,仅享有普通政府官员的保障;其次,有时因工作需要,检察官的职务必须可以调任。只要仔细推敲一下,就可以知道这些理由是不合理的。

首先,检察官兼有司法行政官的性质之说是错误的。从某种程度上说,这种看法对法国等国家或许适合,因其检察官有权监督辅助司法事务和少数司法行政事务;但对于检察官的职务主要是起诉犯罪的国家,确实是不适合的。因为,如前所述,起诉犯罪与行政事务完全不同,它直接关系人民的生命和自由。在许多情况下,检察官因起诉而经历的心理过程与审判刑事案件的推事相同。唯一的区别是:与推事指挥的审判不同,检察官的起诉不包括为拟判所独有的工作。考虑到在中国制度下中国的检察官起着大陆法检察官与预审法官的作用,在逮捕、扣押、搜查、检查和询问被告、证人与鉴定人方面,行使与推事几乎相同的权限。

其次,检察官可以较灵活地适用司法官不得调任的保障规定,此说也并不正确。虽然调任对个人的影响通常不大于免职、停职;但对于已定居某地的人来说,调至别处任职有时会造成较大的损失,在中国尤其如此。因为中国疆域辽阔、交通不便,各地生活标准、地理和社会条件有差异,从而使一地不如另一地令人满意。因此官员受调任而辞职的例子并不少见。事实上,在某种情况下,说该调任等同于免职和停职并不过分。有时调任已足以使某人屈从于政治影响。

由此可见,要使检察官完全独立和公正,非但不得任意免职、停职、减薪,还要不得任意调任。

进一步说,从检察官职务的性质来看,调任也不应取决于政府的决定。如前所述,检察官的职务与推事的职务非常相像,这正说明检察官的待遇应与推事相同。尽管有些学者指出,③ 检察官的工作与推事相比,涉及更多外界的活动和接触。然而,不能据此认为政府对他们加以控制是有益的。即使有理由担忧检察官任职时可能不称职,对此,也应从任用方法及监督、惩戒权中去寻找救济。任意调任检察官不过是为政治影响大开方便之门,并使事情复杂化。

综上所述,大陆法检察官的第一特征即可撤换性应彻底废除,以1910年的《法院编制法》为基础的中国制度,在这方面不应被1932年的新《法院组织法》所修正。

以下讨论等级从属性。一般地说,反对可撤换性的理由同样适用于此。鉴于反对等级从属性,确认检察官职务的严肃性和重要性,必须使其处于能保证思想独立和态度公正的位置。等级从属性使得检察官服从上级官员的命令和指挥。最上级为司法部长。他所处的位置,使他不可能完全不考虑当时的政治形势与影响。所以,等级从属性是与检察官制度的有效运作不相称的,应尽可能予以取消。问题在于检察官与其上级的关系应改变到何等程度。是取消他与所有上级官员的关系,还是仅取消与部分上级官员的关系?毋庸置疑,检察官执行职务时,除非司法部长是出于监督权而下达命令

---

① 有人认为,《公务员惩戒法》(1931年6月8日试行)应适用于检察官,依该法第3条,所以有了现在的结果。
② 在后一种情形下,免职和减俸应有公务员惩戒委员会的决定。
③ Mangin 同书,第170页;De la Grasserie 同书,第506页。

或进行指挥,否则不应服从司法部长的命令或指挥。因为这是检察官免受政治干预所必须的。另一问题是,检察官服从其它上级官员的、旨在维护现行制度的命令是否合理?有人认为,其它上级官员不是政务官,检察官服从他们的命令并无危险。若仔细分析,这种意见,有下列四点缺陷:

第一,它会减少检察官对其事务的关心。因其必须服从上级官员的命令,有时被迫违背其信念而采取相反的行动,从而失去对其事务的关心。

第二,如果检察官只依他人的命令行事,就往往会认为其责任系与别人共同分担,故不必过多考虑其工作的结果。

第三,它会给政治干预留有极大的余地。各个法院的首席检察官虽非政务官,但并非人人都能顶得住政干预。若必须无条件服从其它上级官员,则即使剥夺了司法部长的发布命令权,仍留有政治干预的余地。

第四,它不是防御检察官无能与腐败的屏障。如前所述,监督和惩戒权以及严格的任用标准,是对检察官无能和渎职的充分制约。而使检察官服从上级官员的命令于此则收效甚微。

所以,除非命令依监督权而签发,否则检察官不应服从其上级官员的命令。

继之讨论一体性的问题。这可从以下两个角度来考察:首先是不同法院检察官,其次是同一法院的检察官。从第一种角度来看,一体性原则根本不应适用,其理由有三:

第一,没有必要适用。允许首席检察官执行或指令其它检察官执行其所辖各级法院的检察官之职务,主要是为了使一些重要、复杂的案件不致落入无能或不称职的检察官之手。但在实践中,极少有适用这项规定的例子,至少在中国是如此。其原因有下列三方面:(1)所谓重要与复杂的案件相当少。(2)依既定做法,比较重要与复杂的案件通常分发给经验比较丰富、任职时间较长的检察官来处理。这样就可以有效地保障案件不致落入无能或不称职的检察官之手。(3)还有其它的制约,即上级检察官可以行使监督权。经验表明,在许多情况下,上级检察官的适时警告已足以使下级检察官意识到他的错误。上述事实说明,一体性原则不应适用于不同法院的检察官。

第二,如果一体性原则适用于不同法院的检察官,则将产生与等级从属性同样的后果,即政治干扰。当上级检察官不能命令其下属做他们因政治或其它类似的原因而想做的事时,他们便可以亲自或由其它能贯彻其意图者处置。

第三,在不同法院的检察官之间适用一体性原则,将影响法院的威信和尊严。人民一般习惯于要求审理案件的法院的检察官来处理他们的案件。如由上级机关的首席检察官或其它法院的检察官来处理,则会使人觉得反常,并产生疑虑。结果,人民会怀疑那个法院检察官的正直和能力,或怀疑上级检察机关有不良动机。

从同一法院的检察官角度来看,一体性原则的表现略有不同。在此,不容否认,实际需要证明,不可分性在某种程度上是合理的。(1)有时某个检察官因缺乏处置某类案件的法定资格、身体虚弱或其它无法预见的原因,不适宜执行职务,(2)检察官职务具有以下特点,即由于无法适当分配时间,他们常难以同时处理各种事务。例如某个案件急需他去调查,而另一已起诉之案件又需要他出庭;多宗起诉的案件同时由不同的推事审理,但均需要他出庭;在外地调查其它案件时,又分给他新的案件,或原有的案件需要他继续处置。第一审法院的检察官由于担任多重性质的任务,尤其会遇到这种情况。此时,同一个检察官要自始至终都处置每个案件是非常困难的。为了加速案件的处理,在不影响诉讼有效的必要时间内,允许由某个检察官代替别的检察官处理案件是非常合理的。

问题在于,是否由此可以推论,即首席检察官应享有亲自执行或指令同一法院的其它检察官代行某个检察官职务的全权。答案是否定的。因为给予首席检察官这种全权,会导致他们过度干涉下级检察官执行职务,产生严重的后果,这不符合检察官执行职务的性质和要求,唯有态度公正者方可胜任。因此,从同一法院的检察官角度来看,一体性原则只能适用于下列情形。即某个检察官因事务发生冲突、缺乏法定资格、不能到场或有其它原因妨碍其执行职务,原来分发给他或应分发给他的案件可改由其它检察官来执行。

通过上述关于检察官地位的讨论,可以得出结论,现行制度应作如下的修正:保持1910年的《法院编制法》规定的检察官不可撤换性;免除其服从上级官员命令的义务;首席检察官只有在某个检察官事务发生冲突、缺乏法定资格、不能到场或有其它原因妨害其执行职务、故有必要亲自执行或指令其它检察官执行时,方可亲自或指令其它检察官代行该检察官的职务。

(三) 公诉和自诉的范围

依据公诉和自诉的范围,现代法律制度可分为下列七组。

第一组以法国制度为代表。在该制度中,起诉权完全属于检察官。[①] 除部分被害人或利害关系人告诉乃论的案件外,检察官有权发动所有案件的起诉。[②] 但有关私权的犯罪案件,原则上由被害人以民事当事人的身份使法院受理刑事诉讼。在这种情形下,法院应同时审判刑事与民事诉讼。[③] 民事当事人可以在判决前的任何诉讼阶段退出诉讼,但这只能用于撤回民事诉讼。除非是需要被害人或利害关系人告诉乃论的犯罪案件,民事告诉人撤回民事诉讼,同时表明撤回其告诉;否则刑事诉讼并不因民事诉讼撤回而受其影响,检察官有权照常继续进行诉讼。[④] 在所有由被害人以民事当事人身份起诉的案件中,检察官享有的权限与没有这种民事当事人参加的案件相同。而被害人只享有为保护民事利益所必要的诉讼权利。所以被害人成为民事当事人,仅表明可以由之启动刑事诉讼,但他并不享有对刑事诉讼的直接控制权。[⑤]

第二组以奥地利制度为代表。在该制度中,除了被害人告诉乃论的案件外,检察官有权起诉各类犯罪。[⑥] 在被害人告诉乃论的犯罪案件中,如被害人无意将案件交给检察官起诉,被害人也可以自诉。[⑦] 自诉人几乎具有与检察官同等的权利。[⑧] 在应由检察官起诉的各类犯罪案件中,被害人虽无自诉权,但可在言词辩论前的任何诉讼阶段以民事当事人的身份提出民事诉讼,从而加入刑事诉讼。[⑨] 与法国法中的民事当事人不同,奥地利法中的民事诉讼当事人,在将民事诉讼加入到刑事诉讼的环节中起着重要作用。他们的活动并非仅限于民事请求的范围。如果检察官驳回告诉或告诉后检察官撤回诉讼,他可以自行继续诉讼。如果检察官撤回告诉,民事当事人可先向法院的审查庭(Ratskammer)提出申请,审查庭经侦查后决定是否受理起诉。如果检察官撤回诉讼,民事当事人可通过声明而进行诉讼。[⑩] 然而在所有这些情况下,检察官可以受理应该进行的诉讼,有权在诉讼的任何阶段接管起诉。[⑪] 在民事当事人代替检察官起诉时,除少数例外情形,检察官与自诉人享有的权限相同。[⑫]

第三组为德国制度,规定了三种刑事起诉,即(1)公诉,(2)自诉,(3)介入起诉。涉及所有犯罪的公诉得由检察官提起。但有一个条件,即检察官起诉某类案件,必须先有被害人或当事人的告诉或请求。[⑬]

---

① Goyet 同书,第 212—215 页。
② 同上,第 220—223 页。
③ 同上,第 216 页。
④ 同上,第 216—217 页;Roux 同书,第 296 页。
⑤ De la Grasserie 同书,第 529、536 页。
⑥ Lissbauer-Suchomel 同书,第 34 条。
⑦ 同上,第 48 条。
⑧ Bertrand 和 lyon-Caen,《奥地利刑事诉讼法》,第 23—24 页上的说明。
⑨ Lissbauer-suchomel 同书,第 47 条(1)。
⑩ 同上,第 48 条。
⑪ 同上,第 49 条(1)。
⑫ 例外的情形大略如下:(1)案件未经推事的侦查,民事当事人无权提出指控;(2)除终止侦查的决定外,民事当事人无权就审查庭的决定提出申诉;(3)除少数情形外,民事当事人无权就第二审法院的决定或案件的实质性判决提出申诉或上诉;(4)民事当事人无权申请重审(同上,第 49 条(2))。
⑬ Löwe 同书,第 152 条。被害人或利害关系人告诉乃论之罪规定在刑法中。例如,擅自进入或强行闯入他人住宅(第 123 条),擅自或故意开拆他人信件、文件(第 299 条),故意或非法损坏或损毁他人财产(第 303 条)。

涉及私人利益较多的轻微案件的自诉人得由被害人或他们的法定代理人提起。① 在自诉中,自诉人享有检察官在公诉中行使的多数诉讼权限。② 法律没有要求检察官干预自诉人提起的诉讼,但他有权在判决发生法律效力前的任何诉讼阶段,以明确的声明或对该案件所作出的任何决定提出抗告而接管案件。此时,自诉人退居于介入者(Nebenklager)的地位,从而适用介入起诉规定。③ 介入起诉(Nebenklage)发生于下列三类案件:(1) 允许自诉的案件,④(2) 被害人不服检察官驳回起诉的决定,提出申诉后上级检察机关或有管辖权的法院命令检察官起诉的,与生命、健康、民事地位或财产有关的案件。⑤(3) 被害人要求被告偿付和解费(Busse)的案件。⑥ 对前两类案件,介入起诉甚至可发生在未生效的判决后。⑦ 但对于第三类案件,被害人只能在第一审法院判决前介入起诉。⑧ 介入者自介入时起享有与自诉人同等的诉讼权利,⑨对法院的决定可独立申诉。如该决定被上级法院撤销,检察官就要继续案件的诉讼。⑩

第四组的例子是日本制度。虽然它渊源于大陆法,但与上述各种制度均不同。在该制度中,起诉权绝对以检察官为中心。他有权起诉各类犯罪。但有一个条件,即检察官起诉轻微或有关私人利益的犯罪案件,必须先有被害人或当事人的告诉或请求。⑪ 日本并无自诉制度。被害人或当事人既不能以法国和奥地利制度中的民事当事人身份提起诉讼,也不能采用德国法中刑事诉讼介入的做法。⑫

第五组的代表是美国制度。在该制度中,起诉权原则上绝对赋予公诉人。⑬ 但是,有些州的法律规定,某些轻微的刑事案件,如无自诉人的告诉或宣誓不得起诉。⑭ 公诉人起诉的案件,告诉人可聘请律师加以辅助,不过,此时律师仅担任公诉人的顾问,案件仍控制于公诉人手中。⑮

第六组的代表是英国制度。英国法从大众起诉主义演变而来,⑯所以,起诉权大都留给自诉人,而不论他们与案件有无个人利益。受公诉人控制的案件数虽一直在增加,但仍非常少。这样的案件可分为以下三类:第一类,它的起诉虽可由自诉人担任,但须经公诉人或部分公共机关的同意或核准。例如,适用下列规定的案件:1861年《盗窃法》第80条,⑰1869年《报馆、印刷者、阅览室取缔

---

① Löwe 同书,第 374 条。这些犯罪大多是规定于刑法中的一些轻微犯罪(Vergehen)。例如前一注释中提到的被害人或其法定代理人告诉乃论的犯罪,有关不正当竞争法律规定的所有得予处罚的轻微犯罪和所有侵犯文学、艺术及工业版权的轻微犯罪。
② 同上,第 335、390 条。
③ Löwe 同书,第 377 条。
④ 同上,第 395 条(1)。
⑤ 同上,第 395 条(2)。
⑥ 同上,第 403 条。和解费是指被告有义务通过刑事法庭付给被害人的费用。它与赔偿金及罚金都不同。与前者的区别是,和解费并不要求与被害人造成的损失程度相当,只能在法律确定的限度内、在刑事诉讼过程中向被告本身提出要求。与后者的区别是,和解费并不上交国库,而是交付给被害人。(见 Dubarle 同书,第 232 页上的说明。)
⑦ Löwe 同书,第 395 条。
⑧ 同上,第 403、404 条。
⑨ 同上,第 397 条。
⑩ 同上,第 401 条。
⑪ 《刑事诉讼法》第 278 条。被害人或利害关系人告诉或请求乃论之罪规定在刑法中。如暴力殴打罪(第 208 条),过失伤害罪(第 209 条),毁损名誉罪(第 230 条),亲属相盗罪(第 235、244 条)。
⑫ 被害人可以在预审法官侦查后、第一审法院审判的言词辩论前的任何诉讼阶段将其民事诉讼加入到刑事诉讼中(同上,第 567—568 页)。但是,这种民事诉讼完全不同于法国和奥地利制度的规定,因为它既不能启动刑事诉讼,也不能给予被害人对刑事诉讼的控制权。
⑬ Bishop 同书,第 1 卷,第 26 条,第 278(2)。
⑭ Clark 同书,第 149 页;Bishop 同书,第 1 卷,第 152 条。
⑮ Callender,《论美国法院》,1927 年,第 188 页。
⑯ Maitland 在其《公正与员警》一书中将其称为"公诉"制度,而大陆法学者则用"大众起诉"的术语。(见 Garraud 同书,第 1 卷,第 170 页。)
⑰ 维多利亚女王二十四和二十五年,第 96 章,《公法汇编》,第 101 卷,1861 年,第 492—493 页。非经检察长的同意,自诉人不得起诉;如检察长不在时,非经副检察长的同意,自诉人不得起诉。假如自诉人采用民事诉讼的方式,则起诉应经受理案件的推事的同意。

法》,①1875年《公共卫生法》第253条,②1883年《爆炸物法》第7条,③1889年《反公共机关腐败法》第4条,④1900年《贷款者法》第2条,⑤1906年《贿赂防止法》第2条第(1)款,⑥1908年《乱伦处罚法》,⑦1909年《海事保险(投机保险单)法》,⑧1911年《日内瓦公约法》,⑨1911年《国家秘密法》,⑩在起诉时,一般应得到检察长或部分皇室司法官的同意;遇到例外情况时,可经公共机关同意。第二类是必须由公诉人起诉的案件。例如,(1)得处死刑的犯罪案件,(2)由财政部律师担任起诉的犯罪案件(即货币犯罪和其它公共犯罪),(3)由内务大臣特别命令公诉主任起诉的案件,⑪(4)法院命令对下列犯罪人员予以起诉的案件:实施1869年《债务人法》或它的修正法律规定的犯罪,或发生于破产诉讼中或与破产诉讼有关的犯罪。⑫第三类是检察长认为应由国家进行起诉的案件,或对公诉主任而言属于下列情况的案件,即:"依犯罪的性质和情形认为在公益上应予追诉而同时由于案件重要、复杂或由于其它情形,需要公诉主任参加以便使犯罪者受到适当的追诉"。⑬对检察长认为应由国家进行起诉的前一类案件,检察长可以亲自起诉或继续起诉,或命令公诉主任担任起诉。⑭所有这些,不管是由检察长起诉的,还是由公诉主任起诉的案件,一旦公诉人接管就不再允许自诉。同样,公诉人如对这些案件不予关心,自诉人可以像对待其它案件一样,自由地起诉。

尽管在英国法中,起诉权大都是由自诉人掌握的,但仍有以下两个规定,使公诉人或有些公务员有权停止自诉。第一个规定,检察官有权在任何案件中行使撤回起诉权。关于这一点,因前面已讨论过,所以,在此不再详细探究。需要简略提及的是,尽管这项权限在实践中很少使用,但是,检察长和经检察长许可后的公诉主任可以凭借此项权限控制所有案件。⑮第二个规定是,在某些案件中,对于向大陪审团提出起诉状的权力设置限制条件。此事所依据者为1859年的《滥诉法》和以后扩大该法适用范围的有关法律。依据这些法律,对于以下的犯罪案件,自诉人不得向大陪审团提出起诉状,或大陪审团不得就起诉状作出裁决:(1)伪证罪和伪证罪的从犯,(2)共谋,(3)诈欺取财罪,(4)猥亵罪,(5)开设赌坊、妓院罪,⑯(6)1869年的《债务人法》第二部分规定的轻罪,⑰(7)诽谤罪,⑱(8)1885年的《刑法修正案》规定的轻罪,⑲(9)下列法律所规定的犯罪。⑳(a)1887年的《商

---

① 维多利亚女王三十二和三十三年,第24章《法律公报》,第191页。自诉人应以司法官的名义提出起诉。
② 维多利亚女王三十八和三十九年,第55章《法律公报》,1875年,第436页。自诉人起诉要经检察长同意。
③ 维多利亚女王四十六年,第3章,《法律公报》,1883年,第5页。自诉人的所有起诉要经检察长同意。但治安裁判官依还押令或其它原因认为有必要给予被告保安处分者除外。
④ 维多利亚女王五十二和五十三年,第69章,《法律公报》,357页。英格兰和爱尔兰的自诉人起诉要经检察长或副检察长的同意,苏格兰的自诉人起诉要经检察长的同意。
⑤ 维多利亚女王六十三和六十四年,第51章,《法律公报》,1900年,第165页。自诉人起诉要经司法官的同意。
⑥ 爱德华七世六年,第34章,《法律公报》,1906年,第97页。自诉人起诉要经司法官的同意。
⑦ 爱德华七世八年,第45章,第6条《法律公报》,1908年,第192页。自诉人起诉要经检察长的同意,但起诉由公诉主任或其代理人提出者除外。
⑧ 爱德华七世九年,第12章,第1条,《法律公报》,1909年,第81页。自诉人起诉要经司法官的同意。
⑨ 乔治五世一和二年,第28章,第8条,《法律公报》,1911年,第105页。自诉人起诉要经检察长同意,但逮捕、还押或保释等预备诉讼程序除外。
⑩ 乔治五世一和二年,第28章,第1条(4),《法律公报》,1911年,第75页。自诉人起诉要经检察长的同意。
⑪ 依据1879年和1884年的《犯罪追诉法》,第1条(1、2、3),所有这些案件由1886年1月25日的《公诉主任条例》规定。(《至1903年12月31日为止的修正法律、法令》,1903年,第4卷,1904年,第9页)。
⑫ 《破产法》,1883年,第166条(维多利亚女往四十六和四十七年,第52章,《法律公报》,1883年,第339页)。
⑬ 《公诉主任条例》,1886年1月25日,第1条(3,4)。
⑭ 检察长作为皇室司法官员有权亲自起诉案件。见Howard同书,第34—35上关于这些官员的一般特征。
⑮ Maitland同书,第140—141页;Howard同书,第35页。
⑯ 这五类案件规定于《滥诉法》,1859年,维多利亚女王三十二和二十三年,第17章,第1条,《公法汇编》第99卷,1859年,第57—58页。
⑰ 维多利亚女王三十二和三十三年,第62章,第18条,《法律公报》,第4卷,第319—320页。
⑱ 《报纸诽谤和登记法》,1881年,维多利亚女王四十四和四十五年,第60章,第6条,《法律公报》,第17卷,第567页。
⑲ 维多利亚女王四十八和四十九年,第69章,第17条,《法律公报》,第21卷,第364页。
⑳ 维多利亚女王五十年和五十一年,第28章,第13条,《法律公报》,第24卷,第77页。

标法》,(b) 1906 年的《防止贿赂法》,①(c) 1908 年的《乱伦处罚法》,②(d) 1908 年的《儿童法》的第二部分。③ 但是,上列案件,具有以下情形之一者,方得提交大陪审团:

(1) 推事、检察长或副检察长指挥的案件,或其它有起诉权的官员所指挥的伪证案件;④

(2) 治安裁判官已以普通方式提审被告;⑤

(3) 起诉人已向治安裁判官具结宣誓即刻起诉者,或治安裁判官侦查后不同意将案件移交审判,起诉人宣誓要求自行起诉的。⑥

第七组是中国制度。虽然它并非来源于本土,但与前述的任何一种制度并无较多的相似之处。一般地说,它可与德国制度相比较。因为它给检察官以起诉所有犯罪的权限,包括起诉被害人或利害关系人告诉乃论的犯罪,起诉轻微或有关个人利益的案件中同时允许被害人或其法定代理人自诉的犯罪。⑦ 但中国制度与德国制度又有下列两方面的重要区别。首先,它没有规定介入起诉。其次,它不允许检察官接管被害人或其法定代理人合法起诉的案件,但撤回自诉或自诉人死亡而又没有继承诉讼之人时除外。⑧

由上面的简单介绍可以看出,各种制度之间的区别主要有以下三点:(1) 允许自诉人参加刑事诉讼的案件,(2) 自诉人参加刑事诉讼的方式,(3) 对自诉人参加刑事诉讼的制约。所以,我们在评价中国的现行制度时,应考虑以下几点:

1. 从允许自诉人参加刑事诉讼案件的角度来看,现行制度存在以下问题:它是否充分地给予了自诉人参加刑事诉讼的机会? 由此又引出以下两个问题:(1) 应否采用不管犯罪之性质如何,均允许自诉人参加所有犯罪起诉的大众起诉制度? (2) 应否允许自诉人参加所有有关个人利益犯罪的起诉? 对于第一个问题,在此仅作简单的讨论。显然,无关个人利益的犯罪即属于有关国家的事项。起诉这类案件,最好由检察官或公诉人来担任,自诉人无须参加起诉。同样明显的是,每个人均为自身利益的公正裁判者。有关个人利益的犯罪的起诉,最好由本人或与本人有利害关系的人来担任。允许任何人自由地参加有关他人利益犯罪的起诉是不够明智的。自 19 世纪中叶以来,英国法通过设置公诉人一职和对自诉进行限制,逐渐放弃大众起诉主义的做法,这正是英国原来的自诉制度不能良好运行的明证。正如索莱特(Thouret)在 1790 年的法国国民会议上所说:"大众起诉的做法非常不利。当人人均可担任监督违法之责时,即已处于无人监督事件本身之日,当人人均可追诉时,偏袒、虚伪、偏见及仇恨常常借保存大众起诉的托词来破坏公共安定。"⑨ 第二个问题历来受到我国学者和法学家的关注。一致的意见是,应允许自诉人参加有关其个人利益犯罪的起诉。理由有二,首先,不让被害人参加刑事犯罪的起诉违背我国人民的传统。数千年来,自诉人均参加提起刑事指控;⑩ 其次,由于自诉人与这类犯罪有直接和密切的关系,为防检察官的失职或懈怠及较好地保护自身利益,他们应有起诉的发言权。⑪ 仔细分析即知,对这种意见不能过于指责。中国的传统制度在多大程度上可以成为自诉人参与侵犯其自身利益起诉的理由,就此固有意见分歧;而允许

---

① 爱德华七世六年,第 34 章,第 2 条(2),《法律公报》,1906 年,第 97 页。
② 爱德华七世八年,第 45 章,第 4 条(1)法律公报,1908 年,第 192 页。
③ 爱德华七世八年,第 67 章,第 35 条,《法律公报》,1908 年,第 471 页。
④ 维多利亚女王二十二和二十三年,第 17 章,第 1 条。
⑤ 同上,第 1 条。
⑥ 同上,第 2 条。
⑦ 被害人有权提出起诉的犯罪有,① 属于初级法院第一审管辖,直接有关个人利益的犯罪;② 被害人告诉乃论之罪(《刑事诉讼法》第 337 条)。
⑧ 同上,第 348—350 条。德国制度中并不存在此处规定的由被害人或其法定代理人提出的要求损害赔偿的附带民事诉讼。
⑨ 曼金(Mangin)同书第 8 页所引用。
⑩ 江一平:《中国司法制度改进之改革》,载《东吴法学季刊》第 1 卷,第 166 页;徐谦:《论中国法院制度》,载《东吴法学季刊》第 1 卷,第 5 页。
⑪ 朱广文:《论国家追诉主义及职权主义》,载《法律评论》第 69 期,1924 年 10 月 19 日,第 3—4 页;《法院组织法立法原则》第 1 条。

被害人参加起诉密切关系他们利益的犯罪，将能更有效地制止犯罪和起诉犯罪，这却是不容否认的。

2. 关于自诉人参加起诉有关其利益的犯罪的方式，就此讨论以下三个问题。

（1）应采用何种方式参加？根据前面的介绍，有三种方式可供选择：① 自诉，② 德国制度中的介入起诉，③ 奥地利制度和法国制度中以民事当事人起诉的方法。奥地利制度中的民事当事人起诉方式只能发生于驳回告诉或检察官撤回起诉的情况下。法国制度中的民事当事人起诉方式则发生于通常情况下。显然，法国制度中的以民事当事人起诉的方法仅用以启动刑事诉讼，并不能保证被害人有充分的机会主动参加以后的诉讼。奥地利制度下的民事当事人的角色非常重要，但由于他只能在检察官驳回告诉或撤回起诉时方可继续诉讼，所以，他控制刑事诉讼的作用相当微弱。如果检察官既未驳回告诉，也未撤回起诉，则即使法院或检察官有错误或过失，他也无法取得有效的救济。因此，法国和奥地利制度中的成为民事当事人的做法并非理想的参加方式。

以下探究自诉人参加起诉有关其利益的犯罪时，应采用自诉还是介入起诉的方式。有人建议，应采取自诉的方式。① 假如我们接受这种意见，将其作为一般的规定，则它是否能适用于严重的犯罪，则很值得怀疑。因为，为了国家和被告的利益，对严重犯罪的处理应采用较周密的方式。在英国，可判死罪者必须由公诉主任起诉。这意味着，这种犯罪无论有关公共或私人利益，或与两者有关，均不属于自诉的范围。这种规定经若干修正可较好地适用于中国。修正可以从以下两方面进行。首先，应允许被害人介入起诉；其次，应允许被害人参加除可处死罪外的其它严重犯罪的案件，如可处无期徒刑的案件。② 唯有如此，才能既适当地保护国家和被告的利益，又未剥夺被害人参加起诉犯罪的权利。所以，第一个问题的结论是，在一般情况下，自诉人参加有关其利益的犯罪的起诉应采用自诉的方式，但对于严重的犯罪，则应采用如德国制度中的介入起诉。

（2）对于有关个人利益的犯罪案件，公诉是否可与自诉并存？回答是肯定的，其理由有二：首先，所有有关个人利益的犯罪均或多或少地与国家利益间接有关。因此，为了保护国家利益，对这些犯罪应允许公诉。但条件是：对于被害人告诉或请求乃论的犯罪，如无此种告诉或请求，便不得起诉。其次，有时被害人或当事人出于种种原因不愿亲自提出起诉，此时，公诉仍为制止和预防犯罪的必要方式。③

（3）对于有关个人利益的案件应由自诉人起诉，但实际上检察官或公诉人已予以起诉，让被害人像德国制度中的介入者一样参加诉讼是否合理？中国现行的有关制度和最新的《刑事诉讼法草案》不允许被害人以介入者参加这类案件的诉讼。④ 该规定显然有简化程序的优点，但仔细分析，也有一个明显的缺陷，即它完全剥夺了被害人参加直接有关其本身利益的诉讼权利。较好的制度是，允许他们介入这类案件的诉讼。

3. 关于自诉人参加刑事诉讼的制约问题。就介入起诉而言，自诉人参加刑事起诉应该不受制约，因为此时起诉人的角色主要是由检察官而不是由被害人来担任的。但就自诉而言，情况则完全不同，僭越身份起诉的现象极为常见。假设给自诉人以完全的自由，将由于案件被公诸于众而使许多无辜者陷入羞愧或窘迫的困境，或被迫屈从于不合法的要求。有鉴于此，现代立法对自诉人提起刑事诉讼设置各种限制，下述两国的制度提供了很好的例子。（1）英国的《滥诉法》和普通法规定，刑事犯罪案件必须移交大陪审团起诉，（2）《奥地利刑事诉讼法》规定，对于驳回告诉或检察官撤回诉讼而由民事当事人起诉的案件，只有经预审法官侦查后，民事当事人才可提出起诉状，这是个很

---

① De la Grasserie 同书，第 537—538 页。最近司法行政部起草的《刑事诉讼法草案》采用以下原则，即：所有犯罪的被害人均有权提起自诉。

② 这类犯罪的范围本身也是一个比较微妙的问题，在此无法充分展开讨论，故仅指出大概范围。

③ De la Grasserie 同书，第 336 页。

④ 现行的《刑事诉讼法》和司法院起草的《刑事诉讼法草案》均无允许被害人参加这种诉讼的规定。

好的例子。① 在德国，由于自诉范围狭窄，自诉的犯罪案件所造成的侵害，相对来说并不严重，所以不存在制约自诉的问题。但是，在法国，被害人可以民事当事人的身份启动刑事诉讼。由于所有违警罪（即危害程度轻于犯罪又重于违法的行为）②在审判前均不要求预审法官进行侦查，这种制度已受到批评。现在大家均承认需要有某些方法来制约自诉人的诬告。

我国的现行《刑事诉讼法》仅规定对自诉人的诬告加以制约，即允许被告以诬告为理由对自诉人提起反诉，从而加入同一诉讼。③ 立法院起草的《刑事诉讼法草案》，对此未加改动。④ 问题是：该制度有多大的可行性？无疑，对诬告提出反诉有部分约束力。但由于反诉只有到加入了反诉的诉讼终结时方有结果，所以，不能有效地防止诬告给被告造成损害。最好的预防性救济是，在审判开始前，由推事指挥侦查。此种侦查旨在保护无辜者免受公开审判的羞愧和窘迫。当然，法院并没有义务进行这项侦查。只有当被告认为这项诉讼可保护他的利益从而提出申请后，法院才进行侦查。由于推事只审查追诉被告的案件中看来似乎已存在的确凿证据，从而决定是否同意交付审判；故对于决定或判决可提出申诉的一般规定不适用于此项。与检察官的起诉决定一样，推事认为应将案件交付审判的决定也是终审的。这是由于通常该决定足以避免滥诉或诬告。另外，推事认为不应将案件交付审判的决定取决于自诉人的申诉；但是，为防止不必要地拖延诉讼，此种申诉仅以一次为限。只有采用这种被告人申请后再侦查的方式，才如大陆法和英美法所规定的那样，使被告人享有申请侦查的利益；也就不会有当侦查的运作对被告无益时仍将其强加于被告的危险。

问题在于，所有自诉案件是否均需要侦查？回答是侦查只能适用于较重要的自诉案件。因为在轻微的案件中，被告可能陷入羞愧或窘迫的程度是非常小的，用不着侦查程序；并且，侦查所造成的后果已是弊大于利。至于不适用侦查的轻微案件有哪些，该问题过于细微，在此不再探究。为说明现在讨论的问题，可以这样说，这类案件的范围多少类似于今日初级法院管辖的案件。⑤

有人或许会问，检察官为何不应指挥侦查？固然，只要检察官的地位与推事相同，无论侦查由检察官来指挥抑或由推事来指挥，并无多大区别。在我国，检察官指挥侦查有两大弊病。首先，一旦被告提出申请侦查，推事只能将案件移交给检察官；其次，为了保证被告享有提出申请侦查的机会，法院在一定期限内，将无法确定审判日期。即使法院试图确定审判日期，也会因被告申请侦查而变为徒劳。所有这些都意味着浪费时间和拖延诉讼。但由推事指挥侦查，这些弊病则容易避免，因为推事一旦收到自诉人的起诉状，即可确定审判日期。假设被告没有申请侦查，审判仍可按原计划进行。另外，如被告申请侦查，原确定之审判日期可作为侦查日期。

除了防止诬告外，另一有关自诉人参加刑事诉讼的制约问题，是如何制约？即检察官是否可出于保护公共利益的需要，参加自诉人起诉的案件。依据德国、奥地利和英国制度，各国公诉人均享有参加自诉人起诉的案件的广泛权限。他们有权以各种方式接管案件，而使自身成为主要的起诉人。德国《刑事诉讼法》明确规定，检察官在判决生效前的任何诉讼阶段均可接管自诉案件。⑥ 奥地利检察官虽然不能参加自诉案件的诉讼，却有权将民事当事人起诉的、认为属于自诉犯罪范围的任何案件撤回。⑦ 依据英国法，检察长或公诉主任有权接管他所认为不应自诉的任何案件。⑧ 中国的检察官则不同，他只能在下列两种情形下，方可参加自诉人提起的刑事诉讼：

---

① 第 49 条(2)。
② De la Grasserie 同书，第 538 页。
③ 第 356 条。
④ 第 330 条。
⑤ 《刑事诉讼法》，第 8 条。在大陆法中，这类案件通常无须预审法官的侦查(《德国刑事诉讼法》，第 178 条；《奥地利刑事诉讼法》第 91 条；《法国刑事诉讼法》第 47 条；《日本刑事诉讼法》第 289 条)。
⑥ 第 377 条。
⑦ 《刑事诉讼法》，第 49 条(1)。
⑧ 《公诉主任条例》，1886 年，第 1 条。

(1) 自诉人于言词辩论终结前死亡,其亲属未能按期继续诉讼者;

(2) 自诉人申请撤回起诉者;但所犯之罪并非被害人告诉乃论之罪。

在第一种情形下,检察官一旦收到法院的通知,则必须继续诉讼;①在第二种情况下,他有权在接受法院移交的案件(这是一项不可缺少的程序)后的三日内决定是否准许撤回起诉,是否应由本人指挥侦查以便弄清事实,或是否对被告提出起诉。②

立法院起草的《刑事诉讼法》草案通过的以下两种规定,使检察官的地位更显重要:(1) 允许检察官在他认为必要时参加辩论,(2) 因自诉人经合法传唤后不到庭,或自诉人虽到庭其陈述不符合法院规定,或未经法院许可自诉人自行退庭,法院得通知检察官继续诉讼。③

但在其他情况下,当检察官出于公共利益得参加诉讼时应如何行动,其方式仍付阙如。例如,在自诉人或被告对不公之判决未能提出上诉时,尽管检察官基于公平和公共利益的需要应该参加,但他爱莫能助。

显然,上述规定不能充分保护公共利益。问题是,允许检察官参加自诉案件的诉讼应到何等程度?对此有两点需要考虑:(1) 是否应该允许检察官接管案件以使自身成为主要的起诉人?由于检察官参加诉讼的目的是自诉的补充而非取代自诉,所以,对这个问题的回答是,不允许检察官接管案件以使其成为主要的起诉人;但应如德国制度中的介入者那样,保持其参加者的地位。(2) 在何种自诉案件中,方可允许有这种参加?由于除直接有关个人利益和被害人告诉乃论的犯罪案件外,所有自诉案件均与公共利益间接有关,所以,检察官有必要参加所有自诉案件。由此可知,为了充分保护公共利益,应允许检察官参加所有自诉案件的诉讼。

综上所述,关于现行制度下的公诉和自诉的范围问题,可提出如下建议:

(1) 应设法允许自诉人参加有关其私人利益的犯罪的起诉;

(2) 这种参加一般应采用自诉形式,但对于严重的犯罪,应采用介入起诉的方式;

(3) 属于自诉的犯罪,应允许公诉与自诉并存;

(4) 有关个人利益得由自诉人起诉之犯罪,实际已由检察官起诉时,应允许被害人参加诉讼;

(5) 为更有效地制止诬告或滥诉,较为重要的犯罪案件,在开始审判前,应被告之申请,得由推事进行侦查;

(6) 除被害人告诉乃论之犯罪案件外,对于自诉人起诉的案件,应允许检察官作为补充自诉的参加者参加诉讼。

---

① 《刑事诉讼法》,第 348 条。
② 同上,第 350 条。
③ 第 322—323 条。

公证制度之探源*

按公证制度最初产生于欧洲，后世各国之制度，莫不渊源于此。故欲研究其沿革，当自探求其在欧洲之变迁入手。本篇所述，即以此为主旨；顾公证制度在英国之发展与在他国不同，其经过情形，别饶兴趣，殊有分述之必要。爰附论之，藉明其梗概。

一、欧洲公证制度之探源

（一）胚胎时期

欧洲之公证制度起源于古罗马。当罗马建国之始，其公务员中有所谓文士者，初仅专司抄录，继乃成为特殊之知识阶级，以具有专门技能，于政治上占重要地位。其职务种类不一，有为议会及法院之常任职员，而以记载会议及诉讼之情形，誊写国家之文书，办理罗马法官之文牍，及登录其裁判命令等为专司者。亦有以处理人民之私事为主要职务，而代订契约、单据及遗嘱等文件者。文士之下每有助手，任此职者，或为自由人民，或为奴隶；其所司者，大都不外抄写记录等事。迨罗马共和末年（约当雪式罗 Cicero 之时代），有速记术之发明。时人每以特定符号，代表普通文字；此类特定符号，谓之 Notae。而其运用之以速记者，即谓之 Notarius。后之公证人一名词，如英文中之 Notary，法文中之 Notaire，皆脱胎于此。故今之所谓公证人者，在昔无非以速记术登载事件于备忘录或簿册者流，其职务相去殆远甚也。①

（二）发展时期

阅若干年后，司速记者，不复以 Notarius 见称于世；而称 Notarius 者，几一变而专为各省省长所管辖法院之典册掌理员，或帝王之大臣，与夫司法部枢密院等官署之最高长官。斯时之 Notarius，大抵除掌理诉讼记录等事宜及襄助裁判外，兼办法院之非诉事件。其职务上与后之公证制度有关系者，莫如为他人作成契据及其它私文书。是类文件，经作成后，即携至法院领袖法官处，盖用法院印记，而取得公文书之性质。惟人民之私文书，多有不经此程序者。凡私文书之作成，大率由人民委托一般文士为之，此辈以代作文书为专业。其职务之执行，虽受法律之监督，而其身份则与公务员不同，时人称之曰 Tabelliones，盖由罗马字 Tabellae 引申而来。Tabellae 者，初为一种薄板，上敷以蜡，可以作书绘图。历时既久，其意略有变更，举凡纸类或兽皮类之文书，皆以此名焉。Tabelliones 执行业务之地点，常为近法院之区域或交易之场所。其业务之范围，为法律所规定。其详虽不复可考，而其大概则不外遗嘱契据等文件之作成及证明。今日欧洲各国之公证职务，盖即渊源于此也。Tabelliones 之业务发达者，每雇用谙习速记术之助手。当委托者有所请求声明或指示时，若辈即速记于簿册而编为记录，然后据以作成正式文件，由当事人签名，证人副署，并由 Tabellio（即 Tabelliones 之单数）证明。凡文件经上述之程序而作成者，对于当事人即发生拘束力。其在书证中之地位，初本与普通私证书不相上下，与一般公文书殆难同日而语。盖遇文件内所载事

---

* 本文始载于1933年1月出版的《中华法学杂志》第4卷第1号期刊。后入选吴经熊、华懋生编辑的《法学文选》。
① 见 Brooke's Notary, Eighth Ed., pp. 1-2。

件发生权益上之纠纷时,关于系争之事实,该文件非当然具有证明力,必经 Tabellio 或副署之证人到场宣誓证明后,其所载事实方得认为真确。① 顾 Tabellio 及证人到场宣誓证明,手续过繁,行之稍久,颇感不便;于是政府乃制定新法,以文件之向官署登记及保管于国家之库藏内代昔之繁重程序。凡 Tabellio 作成之文件,经履行此条件者,即取得公文书之效力。此制施行后,Tabelliones 之地位日见重要,其人数亦日形增加。迨优士丁尼安(Justinian)帝即位,乃联合而为一独立团体,以一人为领袖,称之曰 Prototabellio(即首席公证人之意)。②

西罗马帝国灭亡之时,原有公证制度,虽受政局之影响,但未完全废除。盖战胜者虽挟其原有之风俗制度以俱来,而对古罗马遗留于被征服各省之法律文物,则认为有保存之必要。以故各市省之行政机关及其法院官制公文程序等,虽在鼎革之后,仍与往昔相若,所不同者不过囊日各省司法之由省长掌理者,今则必归条顿族之伯爵及教区之主教管辖而已。尔时被征服之各省,划为若干巡回区域。人民之诉讼案件,于每区域内之主要城市审理之。此类城市为伯爵举行巡回或普通裁判之所,诉讼进行时,常由罗马之法学家襄其事。故裁判方法殆与往昔罗马省长时代无异。伯爵之法庭内有掌理典册之人员,曰伯爵公证人(Notaries of the count)。③ 任斯职者,类皆无一定居所之传道师。其职务有二:一曰诉讼事件,诉讼之记录属之;一曰非讼事件,公证书之作成属之。二者皆属诸伯爵法庭之管辖范围。为公证人者,不过以法庭之名义行其事而已。公证书作成时,先由公证人拟稿,誊清后始携至伯爵处盖用法庭印记。凡文书之作成,经过上述之程序者,有公文书之效力。此外欧洲佛兰克民族统治之区域内,复设有王家法庭(Curi aregis, the King's court)。主其事者,为宫廷伯爵(Count palatine, or count of palace)。此殆为各地伯爵法庭之上诉机关,办理非诉事件,亦其职务之一。重要之买卖及其它有关系事件,每于此法庭履行之,以昭慎重。遇有不动产之单据遗失或毁灭时,如须补发单据,应由所有者向该法庭呈请之。其补发之单据,即由该法庭以国王之名义作成后交付请求者。王家法庭内亦有公证人,时人称之曰宫廷公证人(Palatine Notaries)。其任免之权,操诸宫廷伯爵。凡于王家法庭内成立交易之证书及补发之单据,即由若辈作成之。④

第九世纪之际,伯爵法庭内容腐败,信誉荡然,怨声载道。查理明大帝(Charlemagne the Great)即位以后,励精图治,改革司法,亦不遗余力。于是另派专员,巡行各地,掌理裁判。此辈专员,谓之钦差大臣(Missi Regii),每年出巡四次,其性质与后之巡回法官大致无异。于公历803年,尝奉朝廷之命,任用公证人随行,以襄其事;并督促各主教方丈伯爵一律任用公证人。其随从钦差大臣之公证人,谓之王家公证人(Royal Notaries)。迨第十世纪初叶,王家公证人及宫廷公证人均成为有一定居所之典册掌理员,专司诉讼记录及作成私文书等事宜,降至第十世纪中叶,王家公证人之数额超出于宫廷公证人远甚,渐有淹盖而同化之势。至第十一世纪,则举凡伯爵公证人宫廷公证人及王家公证人名称及性质上种种区别均归消灭,公证人之职务至此乃告统一。同时宫廷伯爵不复为王家法庭之主任,惟任用公证人之权尚为其保留。洎乎第十一世纪末叶有所谓教皇公证人者(Papae Notaries)产生,专承教皇之命于其统治区域外执行职务。其任命之权操诸教皇。自第十二世纪以降,日耳曼族之君主均继屋格斯脱斯(Augustus)帝先后即位,行使帝王之权。于是亦效法古罗马之君主而授其它大臣及地方长官以任用公证人之权。此后之公证人谓帝国公证人与宫廷公证人。⑤

(三) 成熟时期

自十三世纪以降,公证制度几经变迁后,渐臻其于近代欧洲之状况。其重要之发展凡三:

---

① 平时由 Tabellio 宣誓证明。遇 Tabellio 死亡,则由副署之证人宣誓证明。
② 本节见 Brooke's Notary, pp. 2-4。
③ 实则 Notary 一字在当时尚不过典册掌理员之意,不能称为公证人。兹为避免用西文名词起见,姑以公证人一名代之。读者幸勿以辞害意也(以下称公证人者亦同)。
④ 本节见 Brooke's Notary, pp. 4-5。
⑤ 见同上 pp. 5-6。

1. 公证人证书之取得公文书之效力。本节第二项尝言之矣，罗马时代之 Tabelliones 所作之证书，不具备公文书之效力。此非罗马法仅有之原则也，其它法律中亦不乏其例。盖日耳曼（Germanic）、舍利克（Salic）及郎巴德（Lombard）等民族之法律，亦规定公证人以个人之名义所作成之证书，其内容事实非当然可认为真确，必经持有证书者宣誓证明，在法律上方足取信。顾当第十二世纪罗马法学复兴之时，意大利之公证人，以习于罗马法，每以自己之地位与古罗马法院之公证人相比拟。对于以个人名义所作成之证书，辄以公文书（Instrumenta publica）自居，而主张证书经其署名证明后，与罗马法上盖用官印之文书有同等之效力。久之，此种思想渐为世所赞同，而成为法律原则。即向持反对态度之宗教法庭，亦不能不为所动而表示接受焉。①

2. 公证人证书之具有强制执行性，古代意大利朗巴德民族之法律，尝与债权人以特别之保护。凡债务之成立，有书面之证据者，债权人得取债务人之财产以为执行之担保。于债务到期之时，债权人即当然对于债务人之财产取得抵押权。在罗马法复兴之前，凡债务人负责所为之一切书面契约，按诸朗巴德等处之法律均有充分之执行性（Force executoire）。债权人之取得执行权，概不以经过审理裁判之程序为条件。固不仅公证人之证书为然也。② 迨罗马法复兴以后，此项制度，以与罗马法不合，在法理上难以见容于世，顾以相沿已久。而当时意大利之商业发达，复崇尚简捷之诉讼程序。按诸实际，未便尽废。于是当时学者倡折衷罗马法理与现行制度之说，主张以罗马法上"法庭中之自认"（Confessio in juse）③为债权人取得执行权之条件。凡债务经债务人在法庭或公证人之前承认者，均可不经审理及裁判等程序，径行执行。④ 此种主张于十三世纪初叶即见诸实行，后乃流传于德法意奥诸国，至今犹有沿用者⑤。

3. 公证人之渐离法院而独立。上述各情形之发生，复引起二种变迁。一曰：公证书因一经公证人署名即取得公文书之效力，致法院盖印及其它行为等于赘文，无足轻重。二曰：公证书因关系重大而作成之手续日趋严密，不得不由具有专门学识之公证人专任其事，至当时不精斯道之裁判官中无复有过问之者。此二种变迁之结果为公证人之与法院分离，而以自己之名义独立办理其向所代表法官所为之公证事件。惟此在法国初犹未尽然，盖当时法国法律仍规定：公证书非经对于公证人有管辖权之法院盖印，其内容事实不能认为真确；直至路易第十四即位之时，此项仪式始经废除。自是以后，凡公证人均由国家发给印章，其盖有该项印章之公证书与盖有法院之印者具同等之效力。⑥

二、英国公证制度之探源

（一）英格兰公证制度之探源

公证制度之传入英格兰，始于何时，征诸典籍，颇难稽考。惟英王爱德华（Edward the Confessor）御宇之时，尝赐土地与威斯脱闵斯脱（Westminster）之寺院方丈。其所发之土地执照，即

---

① Brooke's Notary, p. 7.
② A History of Continental Civil Procedure, By Arthur Englemann and Others(The Continental Legal History Series, 1927), p. 498.
③ 按罗马法自十二铜牌以后，尝规定当事人之一造于诉讼中在法官前承认对造所主张之权利者，法官毋庸下判。而该当事人之自认（或自白），即等于判决。故罗马法上有"法官前之自认（或自白）以判决论"一成语（见 Solm's The Institutes, Third Ed., Transtated By Ledlie, p. 56）。
④ 按公证制度之臻此程度，尝经过二时期。一曰假设诉讼（Fictitious action）之时期。时人以法庭中之自认有判决之效力。遇成立重要之契约时，为使其取得强制执行性起见，每假向法院起诉。迨传讯时，债务人乃当庭自认。此项自认经记明笔录后，即具有判决之效力，而可强制执行。久之，契约当事人之同赴法院为假诉讼而自认，殆成为订立契约时通行之手续。二曰非讼管辖之时期。假设诉行之既久，渐失其本来面目。法院知当事人用意所在，渐不以诉讼事件目之。为办事简捷起见，乃改作非讼事件处理之，由掌理典册者（即后世所称之公证人）专司其事。顾处理其者之性质虽与前不同，其作成之文书仍具有判决之强制执行性（参看 History of Continental Civil Prccedue, pp. 498–500; Brooke's Notary, p. 7）。又古罗马法亦尝利用假设之诉讼以移转土地确认身份等。其经过与上述者略同（见 sohm's Institutes, pp. 56–58）。
⑤ 法国 1300 年至 1500 年间之法律即已如是规定。德国 1877 年之民事诉讼法典亦采此原则（见 History of Continental Civil Procedure, pp. 613, 699–705）。又法国现行民事诉讼法第 545 条至 507 条、德国现行民事诉讼法第 794 条第 1 项第 5 款、奥国 1896 年 5 月 27 日公布之强制执行法第 1 条第 17 款亦同（见 Dalloz, Code de procedure civile 及日本司法省藏版和译欧洲各国民事诉讼法）。
⑥ Brooke's notary. pp. 7–8.

由一公证人名斯华尔狄司(Swardius)者所作成。又于公历 1199 年英王约翰尝立一契据,允每年赐 30 马克(Marks)之银与一教皇所派遣之公证人费立泼氏(Master Philip)。此类公证人大抵为教皇及外国君主所派遣,在当时殆属寥寥。迨公历 1237 年,教皇之代表屋多总裁(Cordinal Otho)应亨利八世之请赴英格兰,当于伦敦召集会议,谋巩固改良英格兰教会之道。因鉴于当时英格兰无公证人执行职务,尝规定凡属总主教主教寺院方丈等及其属员均须置用一证明文件之印章,于是英格兰之公证人始稍稍增加。① 当英王爱德华第二之世,外国之公证人,无论受命于教皇或外国君主,尝一度被禁,不准于英格兰执行职务,其所作之文书亦认为无效。但该项禁令未几即等于具文。②

当中世纪之际,教会之势力澎湃。凡商人及地主所雇用之掌理文牍者,大都为教会中人;尔时之公证人亦未能例外。凡操此业者,纵非属于僧道之阶级,至少亦必受其指挥监督。其所着之服装、所享之权利,均带有宗教之色彩。当时公证人之职务,可大别为二:一曰根据教皇君主及其代表之授权行为作成应用于外国之公证书;一曰(如近代英国不出庭之律师然)办理移转不动产事宜及订立遗嘱契据与其它文件。久之,教会中之僧道阶级不复过问俗事。于是商业繁盛之区,渐有一般普通人起而代之,以办理僧道阶级所不过问之公证事务为业。若辈所办理者,大都涉及商业,与教会势力范围内之公证人所担任者不同。积时既久,其程序之复杂与夫内容之精微,每有为教会中之公证人所不能了解者。于是二者之性质乃日趋分歧,而形成互相对立之阶级。此盖英王礼查二世时代之事也。后伦敦有司书人公会(Company of Scrivenere)之设立。其会员在伦敦城内及其四周三哩之区域内取得作成各种依法应经盖印证明之文件如契据执照等之专权。自十四世纪以降,凡公证人之欲在伦敦及其四周三哩之区域内执行职务者,必先在该公会取得会员之资格。③

初公证人资格之授予权属诸教皇,而教皇尝以该权转授与康脱勃内之领袖主教(Archbishop of Canterbury)。惟宗教革命以后,教皇之势力渐衰,其权遂移转于英国国王。按英王之行使该权,始自亨利八世,当该王御宇之时,尝于 1533 年创立条例,规定各资格之授予如公证人资格之授与权等嗣后不属于教皇,而属于英王所指定之人。此指定之人即康脱勃内之领袖主教是也。领袖主教之下,设有资格授与署(Court of Faculties),公证人资格之授与权即由该署行使之。总理该署事务为署长,英文谓之 Master of Faculties,对于公证人总揽监督权焉。④

(二)苏格兰与爱尔兰公证制度之探源

苏格兰在宗教革命以前,无专任之公证人,其公证职务概由教会中人兼任之。惟自 1584 年以降,凡在教会中担任职务者,即不准充当公证人;而公证人之任命权遂移转于苏格兰王矣。⑤

公证制度之行于爱尔兰,由来已久;此征诸古代所传于今日之公证书盖可知之。宗教革命以前,公证人资格之授与权亦属诸教皇及其代表。惟当亨利八世改变英格兰之公证制度时,爱尔兰亦蒙其影响。其公证人亦改由康脱勃内之领袖主教任命之。领袖主教之下,另设资格授与署,专理该岛之事。其组织及作用与英格兰所有者同。旋公证人资格之授与权改由爱尔兰阿尔迈格(Armagh)之领袖主教行使之。惟至 1870 年复由领袖主教而移转于爱尔兰之大法官焉。⑥

---

① Brooke's notary. pp. 8-9.
② 同上,p. 11。
③ 同上,pp. 12-14。
④ Halsbury, Laws of England, 1912, Vol. 21, pp. 493-494 及同上,pp. 14、25-26。
⑤ Brooke's p. 15.
⑥ 同上,p. 18。

改革现行诉愿制度之商榷*

绪　论

我国现行诉愿制度，以1930年3月24日施行之诉愿法为根据；采用以还，流弊滋多。本年（1932）11月17日公布之行政诉讼法对于现制虽有改良之处，然其足以助长劣点者，亦在所难免；弁日见诸实施，未必能减少人民之痛苦。值此训政时期，发扬民权，洵属要图。诉愿制度，关系于民权者至巨；其利弊得失，亟应详密研究，慎重体察。凡有害于人民者，均非彻底改革不可。爰就管见所及，略抒梗概如下：

第一节　诉愿与行政诉讼之关系

关于此点之最要问题为行政诉讼是否必于经过诉愿程序后提起之。本年公布之行政诉讼法第1条规定："人民因中央或地方官署之违法处分致损害其权利，依经诉愿法提起再诉愿而不服其决定，或提起再诉愿之10日内不为决定者，得向行政法院提起行政诉讼。"依此规定，凡行政诉讼之提起，须具备下列之条件：

第一，行政诉讼系专因损害权利之中央或地方官署之违法处分而提起。按中央或地方官署之行政处分，有违法者，亦有不当者。此二种处分胥足以损害人民之权利。惟对于前者，人民可提起行政诉讼；而对于后者，则除诉愿外，别无救济之途。

第二，已依诉愿法提起再诉愿而不服其决定，或提起再诉愿30日内未经决定，按人民对于损害权利之违法行政处分虽得提起行政诉讼，但必须于经过诉愿程序后为之。所谓诉愿之程序者有二，即初诉愿（简称诉愿）程序与再诉愿程序是。再诉愿往往有拖延不决定情事。若任其久悬，殊有碍于行政诉讼之提起。故特规定于提起再诉愿30日内未经决定之事件，得不待决定，径向行政院提起行政诉讼。

上述第二条件乃新行政诉讼之特别规定，而与前北京政府时代之行政诉讼法微有不同者。① 此项规定殊欠允当。请述其理由于下：

（1）违法之行政处分与不当之行政处分不同。后者不得提起行政诉讼，故有提起诉愿之必要。若夫前者，既有行政诉讼为之救济，实不必多此一举。

（2）经过诉愿程序，徒使纠纷之时期延长；既费金钱劳力，复使调查证据因日久而感觉困难。

---

* 原载于1933年4月《法学杂志》第6卷第2期。

① 1932年7月20日公布施行之行政诉讼法第1条规定如下："人民对于左列各款之事件，除法令别有规定外，得提起行政诉讼于评政院：一、中央或地方最高行政官署之违法处分，致损害人民权利者。二、中央或地方行政官署之违法处分，致损害人民权利，经人民依诉愿法之规定诉愿至最高级行政官署，不服其决定者。依上述规定，人民对于中央或地方最高行政官署之违法处分，得不经诉愿程序，径行提起行政诉讼。"

(3) 行政官署，或因利害关系，或因感情作用，往往互相包庇。此在法治尚未昌明之中国为尤甚。人民所提起之诉愿，能得公平之决定者，殊不多见。于人民之权利裨益甚鲜。

(4) 人民提起诉愿，每易引起原处分官署之恶感。行政官吏因鉴于诉愿之不易得公平决定，特觉有恃无恐，而对诉愿人加以非法之报复。于是弱者每慑于强权而不敢诉愿。

(5) 行政处分之是否违法乃法律问题，应由通晓法律者解决之。普通行政官署所延揽之法学人才向属甚少，而此类人才亦未必即担任办理诉愿事宜。卒至为诉愿决定者每不知法律为何物，其决定书多不合法。①

(6) 对于中央最高行政官之国民政府之处分，无从诉愿。② 如以经过诉愿程序为提起行政诉讼之条件，则凡属该中央最高行政官署之违法处分，势必至无法救济。

由是以观，对于违法行政处分提起行政诉讼前，殊无经过诉愿程序之必要。新行政诉讼法第1条规定人民于提起行政诉讼前有提起诉愿之义务，实有未合，似应予修正如下：

其一，人民对中央或地方官署之违法及不当处分致损害其权利者，均仍提起诉愿。

其二，但人民对于中央或地方官署之违法处分所为之行政诉讼，得于诉愿或再诉愿后提起之，亦得不经诉愿程序径向行政法院提起之。

第二节　诉愿管辖之划分

诉愿管辖之划分，大都以行政组织之系统为标准。凡对于行政官署之处分或决定提起诉愿或再诉愿者，应向该官署之直接上级官署为之。盖直接上级官署有直接监督下级官署之权，受理诉愿或再诉愿乃直接上级官署监督之一种当然作用，自以由直接上级官署担任为宜也。惟诉愿之目的在于求公平之决定，凡诉愿之程序有碍于此目的之实现者，均宜于可能范围内革除之。行政组织之系统，在普通事件上，虽有遵守之必要，顾就诉愿而言，所关甚微，允宜权衡应变，以符创制之本意，要未可拘泥形式而忽视实际也。尝考现行诉愿制度，其中违背此项原则者颇多。盖依诉愿法第2条之规定，不服省政府各厅之处分或诉愿决定者，向省政府提起诉愿或再诉愿；不服特别市（即现今直隶于中央之市）各局之处分者，向特别市政府提起诉愿；不服中央各部会之处分者，向原部会提起诉愿，如不服其决定，向主管院提起再诉愿。又依同法第3条之规定，不服县政府各局或其他所属直接下级行政机关之处分者，向县政府提起诉愿。夫中央各院之与所属各部会、省政府之与所属各厅、市县政府之所属各局或其他直接下级行政机关，表面上虽属分立，实质上则休戚与共，互相瞻徇；其视彼此间之关系，较诸人民之利害，不啻高出于十百倍；宁有一二人之呼吁，而毅然主持公道，斥其同僚之处分不当或违法哉？至于对于中央各部会处分之须向原部会提起诉愿，按诸法理，尤属不当。诚以顾全体面，人之恒情。以中央部会长官之尊，除少数人外，鲜有甘自认所为之行政处分系不当或违法者。其决定之不能公平，实意中事耳。是以，现行管辖制度应于可能范围内重行规定。兹试拟原则如下：

(1) 不服县政府及隶属于省政府之市政府或其各局之处分者，向省政府主管厅提起诉愿；如不服其决定，向中央主管部会提起再诉愿。按县市政府之与各局、省政府之与各厅，均有利害关系，故提起诉愿或再诉愿时，应越去县市及省政府，以免有不公平之决定。

---

① 按行政法院之裁判事宜，在各国大都由于精通法学者担任。故就原则而言，其所延揽之法学人才，常较多于普通行政官署。惟我1932年11月17日公布之行政法院组织法第6条规定充行政院之评事者，只须具有三种资格：(1) 对于党义有深切之研究；(2) 曾任国民政府统治下简任职公务员2年以上；(3) 年满30岁者。而对于法学之有专门研究，则未经为必要资格之一。如是之规定实不足以保证行政法院内之法学人才必多于普通行政官署。上述理由，似难成立。顾行政法院之缺乏法学专门人才，乃由于行政法院组织不良而发生之一时的变态现象，非可持为定论也。

② 按国民政府为总揽中华民国治权之机关，其所为之行政处分亦难免有违法情事机关，人民对于该项处分自应有提起行政诉讼之权。惟国民政府之上，虽有党部机关，而无较高之纯粹政府；对于所为处分，无从诉愿。

（2）不服省政府及直隶于中央之市政府或其各厅局之处分者，向中央主管部会提起诉愿；如不服其决定，向国民政府提起再诉愿。按不服各厅局之处分而向中央主管部会诉愿，所以防瞻徇之弊；其理由已详见于前。至主管院之与主管部，亦有利害关系；故不服各部会之决定，应越去主管院而向国民政府提起再诉愿。

（3）不服中央各部会之处分者，向主管院提起诉愿；不服主管院之决定者，向国民政府提起再诉愿。按此项规定对于前项各原则略予变通；其目的在多予人民以诉愿之机会，因各不服中央各部会之处分者，须径向国民政府诉愿，则仅有一次之诉愿机会也。

（4）不服中央各院之处分者，向国民政府提起诉愿。按人民对于中央各院之处分，亦应有诉愿之机会；故设此规定。

（5）不服前列各项以外之中央或地方官署之处分而提起诉愿时，应按其管辖等级，比照前项各规定为之。按此为现行诉愿法之规定，所以补前列各项规定之不足；故予以保存。

（6）凡因不当处分而诉愿者，除诉愿人舍弃诉愿权外，以再诉愿之决定为最终决定。但对于中央各院之不当处分提起诉愿者，以国民政府之决定为最终决定。按对于不当处分不得提起行政诉讼；故应规定何者为最终决定，以杜争议。至通常以再诉愿之决定为最终决定，乃现行法之规定，尚无不合，故应保存。

（7）凡对于中央各部会或其他类似官署之诉愿决定提起再诉愿或对于省市县政府或其他类似地方官署之直接下级官署之处分或决定提起诉愿或再诉愿者，诉愿人或再诉愿人应分别提出诉愿书副本于原处分或决定官署之直接上级官署（即中央主管院及省市县政府）。其原处分或决定官署亦应提出答辩书副本，连同案卷及关系文件送于该直接上级官署。该直接上级官署如认诉愿或再诉愿为有理由，得不待受理诉愿官署之决定，径行撤销原处分之决定；否则，应将案卷及关系文件转送于受理诉愿之官署。按中央各院及省市县政府，对于直属各部会厅局，虽不免庇护情事，间亦有主持公道者，应予以过问之机会，以补前项各原则之不足。

第三节　诉愿人之资格

现行解释认官吏因官吏身份所受行政处分属诸行政范围，不得援引诉愿法，提起诉愿。① 此种解释直使官吏之受不当或违法行政处分者，无适当之救济方法，殊有修正之必要。良以人民服务于政府，亦有一定之权利义务，不当或违法行处分之侵害官吏应有之权利，正与侵害普通人民之权利同；殊无重此而轻彼之理。故诉愿人之范围不应限于普通人民，为官吏者亦当包括在内也。②

第四节　诉愿程序进行之期限

诉愿程序进行之滞缓，由于官厅办事之腐败者，固属有之；而其由于诉愿程序进行之期限未经详定者，亦所恒见。故欲改革诉愿制度而防止程序进行之迟延，则对于程序进行之期限，不得不设适当之规定。现行诉愿法关于此点，殊多阙略，至腐败官署每利用积压条件为阻止下情上达之手段，为害社会，殊非浅显。改良之道，当不外采取类似下列之方法：

（1）规定受理诉愿或再诉愿之官署应于特定之期间内送达诉愿书及案卷答辩副本、决定书正本，并终结诉愿案件。按送达迟延及结案无一定限期，为诉愿程序进行滞缓之最大原因，故应特设

---

① 见司法院1920年9月16日咨行政院之文。
② 按近年来政治不入正轨；上级官吏对于所属公务人员，每多不当或违法之行为。如中央及地方官署事务官之被任意纷更、某省县长之受非法监禁等，皆平时所习见而熟闻者。凡斯种种，均有损法治国之精神，非严予防止不可。而防止之道厥惟予公务人员以提起诉愿或行政诉讼之权，故此节所述，颇属重要。

规定以防止之。

（2）规定原处分或决定官署应于特定之期间内提出答辩书及其副本，并将案卷及关系文件送于直接上级机关。该上级机关如非受理诉愿之官署（如第二节所言者）应于极短之特定期间内，转送该项案卷及文件于受理诉愿之机关，或撤销原处分或决定。按提出答辩书、送达案卷及文件等，亦应有一定之期限，故设此规定。

（3）违反前项各规定各官署之负责人员应受法律上之制裁。按仅有限期之规定，而无相当之制裁，尚不足以使法律收效，故设此规定，以防玩忽。

第五节　待遇之平等

现行诉愿法对于诉愿人与原处分或决定官署之待遇未能平等。此虽由于原处分或决定官署，因处于治人者之地位，与诉愿人性质不同，未便严责；然诉愿人之利益亦应于可能范围内顾及之。凡不平等之待遇，在事实上无存在之必要者，要无不可废除之理。尝考现行诉愿法上违背平等待遇之原则者，约有二点：

（1）诉愿书应具一定之程序及内容，而原处分或决定官署之答辩书则不然。① 按中国官厅每好为模棱两可、不着边际之词。此于本身有违法或不当行为而文过饰非时为尤甚。其所提出之答辩书，苟不加以程序及内容上之限制，则难免敷衍草率，无裨实益，况原处分官署之处分常有以一纸公文或批示而为之者，其中往往不叙理由，或叙焉而不详；根据何在，每难揣测。实际上，更非有适当之答辩书以资补充不可。故答辩书之程序及内容应如诉愿书然，符合一定之条件。

（2）诉愿人应缮具诉愿书副本，送于原处分或决定官署；而原处分或决定官署则不必缮具答辩书副本，关于诉愿人。② 按诉愿人诉愿书之内容既须为原处分或决定官署所知，以便攻击防御或自动撤销原处分，③则原处分或决定官署之答辩书亦自应为诉愿人所知，以符相互之原则。况答辩书副本送达于诉愿人，在实际上亦不无利益；举其要者，约有三点：① 原处分或决定官署，因避免诉愿人之攻击，不得不为负责之答辩。② 诉愿人阅答辩书后，如认答辩理由充足，得撤回诉愿；其因不明法律或事实而提起诉愿者，有觉悟之机会。③ 受理诉愿之官署每有因诉愿人不知原处分或决定官署答辩书之内容，而任意偏袒原处分或决定官署者；诉愿人遭受屈抑后，往往不能明其所以。倘诉愿人有阅答辩书副本之机会，则受理诉愿之官署，因鉴于诉愿人之不可欺，或不至毫无顾忌而偏袒一方。

综上以观，送达副本于对造之规定于诉愿书及答辩书均有适用之必要。

第六节　行政处分之执行

现行诉愿法第11条规定："诉愿未决定前，原处分不失其效力；但受理诉愿之官署，得因必要情形停止其执行。"此项规定，流弊甚多，举其要者，约有二端：

（1）原处分官署因对于诉愿人有恶感，虽无正当理由，亦得先执行其处分，以图报复，致诉愿人受不当之巨大损失。此种情形在地方官署最属常见，为害小民，莫此为甚。

（2）受理诉愿之官署，或则疏于审查，或则袒护属下，对于原处分之执行鲜有勒令停止者，致诉愿法第11条但书之规定等于具文。

考上述流弊之发生，胥由于诉愿法对于处分之执行不明定适当之条件。其补救之道，莫如采类

---

① 见诉愿法第6条与第7条。
② 同上。
③ 按诉愿法第7条第2项但书规定原处分官署认诉愿为有理由者，得自行撤销处分，并呈报受理诉愿之官署。

似下列之规定：(1) 原处分，除遇下列情形外，经提起诉愿后，应由原处分官署依职权停止执行。处分不即执行，日后有执行困难之虞者；处分之执行与国家社会有深切重大之关系，因当时之急切需要，不得不立即实施者。(2) 受理诉愿之官署，于开始办理诉愿或再诉愿案件时，应首先审查原处分应否停止执行。如并无前条之情形而应停止执行者，应即通知原处分官署遵办。其遇原处分或决定显然不当或违法而认为无执行之必要或未便执行时，亦同。

按前述第一种规定，在防止原处分官署之跋扈，第二种规定在督促受理诉愿或再诉愿官署之注意。虽其收效与否仍须视乎执法者之为何许人，然对于执行处分之范围略加限制，较诸漫无规定者，究稍胜一筹耳。

结　论

上论各端不过现行诉愿制度应改良各点中之荦荦大者；此外应研究者，尚有多端，以限于篇幅，不遑枚举。详细论列，当俟诸异日。惟著者学识疏浅，非敢侈谈理论。是篇所述，大都根据平日之经验，观察欠周，谬误乃所不免，所望海内贤明，能进而教之。则抛瓦引玉，裨益良多，此文庶不虚作矣。

中国法律教育之弱点及其补救之方略*

一、导言

近年以来，国人对于我国法律教育屡有不满的表示。其中对于我国法律教育之现状能加以详细之分析及正确批评的，固非尽无，但其言论失当或流于空泛的，实也不在少数。这类言论，可略分为二派；现在为便利起见，可以把两种称号加给它们，就是"高调派"与"低调派"。那些高调派的言论，只知从事于现状之批评与攻击；虽口口声声说中国的法律教育亟须改良，而对于改良之具体方法，则毫无主张提出，以供国人之参考。发表此种言论的人，我们实不敢相信他们对于改良中国法律教育这个问题有何切实之研究。至于那些低调派的言论，则简直是没有出息，他们所标榜的，就是那"因噎废食"主义。在发表这种言论的人看来，中国的法律教育已到了不可救药的地步，我们不必苦费心思去改良它，倒不如痛痛快快的将法律学校的门关闭了。所以他们所提倡的，就是"废除或停止法律教育"等口号。这种过于消极的态度，不消说，早为识者所不取。因为谁都承认法律这个东西是现代无论哪个新式国家所不可缺少的；法律既是如此重要，则研究法律的人，当然也不可缺少，法律教育为培养法律人才的工具，其不应废除或停止，自属毫无疑义。所以我们当前的问题，决不是废除或停止法律教育，乃是如何用切实的方法谋其改良。著者才疏学浅，对于这个问题本不敢说有什么心得。不过在已往的几年中，常觉到中国法律教育之不满人意，曾稍微留心过这个问题，观感所及，或者不无一得之愚；兹值母校东吴法学杂志社惠函索稿，敢就平日所见述其一二，以资商榷。

二、中国法律教育之弱点究竟在哪里？

中国法律教育之弱点，在文字上早已有人发表过。但是有些人的观察，往往偏于一点，或者过于粗疏，他们所列举的弱点，不免有不确实或不完全的地方。我们现在既想改良中国的法律教育，对于这个问题就非有彻底的认识不可；所以在未讲补救的方法之前，我们应该对于中国法律教育的毛病重新下一番诊断的工夫，藉以知其弱点之真正所在。据我观察，中国法律教育之弱点可大别为二类：其一，关于学校方面的；其二，关于学生方面的。学校方面的弱点又可分为二大类：一为根本的弱点。这些都可包括在两种情形里面：第一是，学校行政当局办事不认真；第二是，办理学校无适当之宗旨及计划。第一种情形，在中国现在各学校里——尤其是有几个政府设立而卷入政治漩涡的学校和那些私人设立而以营利为目的的学校里，几乎变为一种流行的现象，本不是专发生在法律学校里面；不过我们觉得这种情形在有些法律学校里却是特别的显著。因为在有些政府设立的法律学校里，职员和学生每易为外界的势力所支配；往往由于党派的关系或政治的影响，学校当局不能把他们的全力用于改良学校的行政及课程等事项。至于那些以营利为目的的私立学校呢，又因为办学的宗旨每会带上了不正当的色彩，要想学校当局认真办事，那当然更是不容易了。至于第

---

* 原载于1934年《东吴法学杂志》第7卷第2期。

二种情形,虽为一般人所忽视,却也是一个极大的通病。不错,我们常听见办学的人说或看见学校的章程上写着"我们实施法律教育之宗旨及计划,是在应时代之需要,培养法律人才,促进法治"等等的话。但是我们试问发表这种言论的人,他们知道不知道现在时代的需要是些什么;他们能否向我们说一个实施法律教育的具体计划;他们学校的课程是否合乎现代社会的需要,与十年或二十年前所见的有何不同之点,恐怕其中有许多人要被我们问倒;因为凭良心说,有许多人办学的态度是一味因循保守而没有计划的。由上述二种根本弱点,便产生了许多其它的弱点。这些弱点大概是一般人早已见到的;举其要者,约有四种,现在略述如下:

（一）管理不周

现在中国专门以上的学校最明显的毛病,就是没有纪律,而这种情形,尤以法政学校为甚。这种情形,由于学生的本质不好而发生者,固属有之;但是由于学校当局的管理不力而造成者,亦是常事。在有些学校里,学校当局简直怕学生;所以凡是管理方面应该做的事情,往往因为怕得罪学生而不敢做。结果,学生方面便养成种种不守纪律的习惯。这种情形真是中国目前之大患。

（二）教授不好

中国现在各法律学校的教授,好的固然不少;但是不满人意的,却也很多。据我看,那些不满人意的教授,大概有下面三个毛病:

1. 学识浅薄。在有些学校里,聘请教授,并不十分慎重,往往因于人情的推荐,或震于空虚的头衔,不及仔细考量他的真实学问。这种浅薄无实学的人,最足贻害学生。

2. 态度因循。这可分为对己与对人两方面说。就对己方面说,一个教授往往对于他所教的功课不肯继续做深切的研究。不说别的,就拿有些学校的法律讲义来讲吧,其中有许多是十年二十年前,甚而至于光绪宣统年间所编而未经大改动过的;又有许多是从前几年朝阳大学出版的法科讲义直抄而来的;更有许多是仅将法律条文拆散,编为普通文字,而毫不加以说明评论或比较。甚至有些人连讲义都无从编起,只好跑到他的朋友那里去,把人家的讲义,不问好歹,不问新旧,甚至也不问中外(听说曾有一位教中国民法的教授而用一本中译《日本民法概要》作讲义),借来就用。其敷衍塞责,又何等骇人听闻呢！再就对人方面讲,有些教授,因为态度因循,在功课上不知督促学生,我们常听到教授在考试之前预先把题目给学生,藉以维持面子;其一味因循苟且,也就可想而知了。

3. 任课过多。现在法政学校的教授,专任的少而兼课的多。因为金钱的关系,往往每人每周担任到三十小时以上的功课;结果,弄得非常忙迫,平均每天都有五六小时的课。再加以所兼教的学校很多,路上来往所需的时间当然也颇为可观。除消费在课堂和路途的时间之外,还要饮食、睡眠、应酬、娱乐。试问还有多少时间可以给他们去预备功课！他们的教材又怎能日新月异而合乎时代的需要！他们既忙碌到如此地步,当然没有工夫对学生为课外的指导,更未必愿意在学校里多给学生工作;因为那样是会给他们增加负担的。试想:法律学校应该存留这一类的教授吗？

（三）课程不良

课程的好坏,一大半是与教授的好坏有极大的关系的。教授之弱点,上面已经叙述过;所以那些因教授不好而发生的课程上的弱点,可以毋庸提起;现在专就其它方面——课程的本身——加以考查,简单地讲,现在中国法律学校的课程本身有一个大缺点,那就是:课程的编制过于呆板保守而没有顾到时代的需要,这可分二点来讲。

1. 关于法律本身之课程不完备。这可再分为六点说明如下:

（甲）忽视法律之演进及现代之趋势。要对于法律有深切的了解,非对于它的历史、变迁、因果及以后之方向,加以切实之研究不可。所以像关于本国或主要外国之法律历史及趋势的科目,实为不可少的课程。但是中国法律学校里有这类课程的,虽不能说是绝无,至少可以说是凤毛麟角。有些学校虽设有《中国法制史》及《罗马法》等科目,但其内容完备的,真不可多见。至于现在法制的变迁及趋势等等,那更不容易听到有哪些学校设科研究了。可见得大家对于这一类课程实在是不甚重视。

（乙）缺乏比较法学的课程。这一点的毛病，实与上述者是一而二二而一的；不过为了促使大家注意起见，特地将它提出。我们知道，世界上每一国的制度，总有些地方会对于别国发生一种影响或足以供别国的参考。法律也是如此，所以专就这一点讲，我们已经不能否认比较法律的重要。何况就中国国内的情形而论，现在正当百废待举的时候，新的法律制度正是方兴未艾，常常须借外国法制为参考；就国际的关系而论，中外的贸易是如此之发达，领事裁判权又亟须撤销，适用外国法律的机会，不久就要大大地增加。现在正该准备一班精通比较法学的人才，以应最近的将来之需要。但是说起来真惭愧，现在中国这许多法律学校有几个设有这门功课呢？更有几个能对于它下一番切实的工夫呢？不说别的，恐怕连要找一个这样的教授，就不容易吧！

（丙）有几种必要的法律未经列为科目。现在有好几种法律，在法律学校里简直不教，如《商标法》《特许法》等，即其明例。这些法律在今日的中国当然是非常重要；其内容也大有可研究的地方。若在学校里无机会去研究它们，试问将来适用起来，怎能胜任愉快？或者有人说："《商标法》虽已公布施行，但有些法律如《特许法》等，既未制定，又无草案，那何从研究起呢？"殊不知，研究法学不当专以解释条文为能事，而应就一国所需要的法律制度，不论已否存在，加以探讨。其已有草案的，我们固然应该加以讨论、批评及修正，就是那无草案的，我们也不妨设立专科，就各国之成制及本国之情形，为学理及实际的研究，以为将来立法之准备。不然，则事事都要临时抱佛脚，那是何等的危险啊！

（丁）对于理论法学不甚注意。现在有许多法律学校，对于理论法学不甚重视。这不但在他们所用的讲义上可以看得出来；即在他们所订的课程上也可以见得到。像《法理学》《法律哲学》《法律方法论》《立法原理》等科目，只在少数学校里被列入课程，而与其它法律科学并重。所以无怪现在有许多法律学校的毕业生眼光小而不知应变；对于各种法律制度，只知其然而不知其所以然。我记得有好多次，法官或律师，因为新法与旧法不同，而武断的说新法不好；或因某种事实无现成的判例或解释例可以适用，而茫然不知所措；或因法律点过于深奥，而将大家有争执的重要问题轻轻放过。这种现象，不消说，都是发生于一种错误观念，那就是：视条文判例及解释例为法律学的全体而置法律的理论于不顾。

（戊）对于法律的实际方面没有彻底的训练。我国现在的法律学校，既不注重学理，在一般人推想，或许对于法律的实际方面，必能予以注意了。但是事实并不如此。因为在今日法律学校的课程中，只有"型式法庭"（或称"诉讼实习"或"假法庭"）或其类似科目可算是与法律的实际方面有较深的关系，可是这些功课，虽可给学生们以相当的实习机会，却不能认为关于实际方面惟一满意的科目。其理由有三：第一是假设案件之事实不能予学生以充分之训练。因为案件既是假设的，双方对于事实，在题目之限制范围内，可以任意造出许多物证或人证来；所以在证据方面，往往不会发生像在真正案件中所遇的那样困难；以后遇着真正案件，还是不会应付裕如。第二是假设案件难以引起真正之兴趣。因为案件既是空中楼阁，没有实际上的利害关系，事情决不会像真正案件那样的严重或会感动人；无论做法官、律师、当事人、证人或鉴定人，兴味每不能十分浓厚。第三是假设案件每不能使学生为多方之注意及观察，因为有许多真正案件中的问题——尤其是有些程序上的问题——是无从发生，并且无法使其发生的；即使能够发生，也不是大家容易观察到的，仅凭型式法庭等等，大家还不能有研究或练习解决这些问题的机会。根据上面三种理由，我们可以说：专靠型式法庭等等去给学生以实际训练，是不济事的。但是现在一般法律学校，设有型式法庭这一类课程的，已是寥若晨星；若再要找，设有其它课程的，那真是难得很。可见得大家对于这个问题没有仔细考虑过。或者有人说："实际上的问题，不妨等将来离开了学校，做事的时候再去注意，不必完全在学校里研究；学校里有了'型式法庭'等类的课程，那也尽够了。"殊不知法律学校的使命，应该是：造就一班法学人才，以便离开学校后，立刻可以有充分的能力，应社会之需要而服务。所以法律学校的毕业生，不怕他们的能力充足，但怕他们的能力不够。那些不想有好成绩的学校，终日敷衍塞责，固不足道；但是那些真以法律教育为宗旨的学校，又何必自暴自弃，而不将责任尽到底呢。

（己）没有关于"法律伦理"的课程。法律伦理的重要，大概是人所共知的。因为一个人的人格或道德若是不好，那么他的学问或技术愈高，愈会损害社会。学法律的人若是没有人格或道德，那么他的法学愈精，愈会玩弄法律，作奸犯科。现在中国律师风纪的不好，就是种因于此，所以关于法律伦理的科目，是法律学校课程中所不可缺少的。我们虽不敢说学校里有了这一科，学生的人格或道德就一定会怎样的改善。但是课程结果之好坏，视乎教授的方法适当与否；若是教授得法，那么关于法律伦理的课程，于培养学生的人格，却是大有帮助的；即使不能收完全的效果，至少总比没有这种课程好得多。然而我们环顾中国的法律学校，觉得设有这门功课的，简直很少；恐怕十个里面难得有一个吧！这种现象，若是继续存在，那真是危险万分。因为中国现代教育之通病，就是忽视人格之培养，一般学校，对于学生之德育，可算完全麻木。再加上国民经济的不景气，社会组织的趋于复杂，以及宗教观念的变为薄弱，道德的标准格外容易降低。我们对于学法律的学生，倘再不顾到他们道德的修养，那无异替国家社会造就一班饿虎。所以对于这一点，应该特别注意。

2. 法律之补助课程不完备。法律学的深造，是具有种种条件的；而对于法律之补助科学有相当之研究，实是其中很重要的一个。这一点在从前每为大家所忽视，但是近年来，却已成为法律教育家所公认的原则。在大陆派的学校里，固已不成问题；即在英美派的学校里，大家也已渐渐的觉悟。我国的法律学校，对于这个原则，虽也表示相当的尊重；但其办法往往不很彻底。有许多重要科目未经列入课程；并且办法律学校的人，往往对于法律的补助科学不发生兴趣，不免将它们看为一种点缀品。所以就是那些已列入课程的科目，其设备也非常简陋，甚至担任那些科目的教授也极不高明。结果，所谓法律的补助科目，差不多等于虚设。我们不说别的，就拿文字这门功课来讲吧。不消说，我国的法律学校大概都设有国文、英文、日文或其它外国文的课程。但是毕业出来的学生，有几个是国文通达的呢？有几个是能运用英文、日文或其它外国文看书或作文，而没有错误的呢？固然在中国今日的法律学校里，关于法律本身的课程，还有许多毛病，我们尚谈不到使法律的补助课程臻于完美之域；但是办理此事，并无多大的困难，而这类课程又是不可缺少的，我们实在不懂为什么我们不该从现在起就同时注意到这件事情。

（四）设备不全

现在有一班办法政教育的人，有一个根本错误的观念，那就是以为法政学校的设备可以草率些。所以那班宗旨不纯的人，便以为法政学校可以取巧而专办这一类的学校。结果，所谓野鸡大学者，不知产生了多少。这种学校设备之坏，凡在北平及上海等处的人，大概都可想得到。图书馆啦，校舍啦，操场啦，几乎难得有差强人意的。这样的学校，真无异于说书场；那些学生好像一班听书的，除了随意听讲而外，就没有别的事了；至于学生的自修以及学校的管理等等，都谈不到。往往有些学生，在未进这种大学之先，很是老实刻苦；等到一进了这种学校，倒反而染上了许多恶习惯。我们的政府当局似乎已注意到了这种可耻的现象，所以在已往的三四年中，对于这些学校严格取缔。这是值得我们钦佩的。不过我们觉得虽经过了这一番的整顿，我们的法政学校在设备上还差得太远，第一，学校的基金太不充足或是简直没有，总难免敷衍了事；第二，校址及建筑太狭隘简陋或是简直并非己有，学校生活既感不适，学校管理亦多不便；第三，图书的设备太缺乏，学生和教授知识的来源，工作的资料，以及努力的机会都太少。不错，教育行政当局对于以上三点也曾予以相当的调查及注意，但是他们被人蒙蔽，却是一件极普通的事。他们的调查及注意有时不能发生好效果；而现在有许多挂上"国立"、"省立"或"教育部立案"等招牌的法政学校，在设备上，还是够不上标准。我说这话，并非主张物质的设备是高过其它一切，不过最低限度的必要物质设备，是与学校里其它事情一样重要，甚而至于是其它事情所依为基础的。我国现在有许多法政学校的物质设备却已降到最低的必要限度以下；其为害之深，实不亚于上面所说的其它弱点。

以上所讲的,都是关于学校方面的弱点;现在再就关于学生方面的弱点予以说明。严格讲起来,所谓学生方面的弱点,也可以说就是学校方面的弱点;因为他们多半是由于学校当局的疏忽而养成的;不过现在为促起读者的注意起见,特分别予以说明。法律学校学生方面的弱点大约有下列四种:

1. 基本教育不好。现在专门以上学校的学生,在中学时代,往往没有受过充分的基本教育,这在法政学校里尤为普遍。其原因大概不外三种。第一是现在的中等教育太差,学生的程度都已降低。第二是有些怕学别的学科——如自然科学等——的学生,以为法政学校的功课容易,往往喜欢入法政学校,致投考者程度坏的占多数。第三是有些学校入学不严限资格,致投考者中有许多没有读完中学的学生。近年来因为教育行政当局的努力,这种现象虽渐减少;但是因为学校经济的困难,投考者程度的总降低,办学者之疏忽,以及其它种种事实,还没有得到显著的改进。

2. 对于法律之兴趣不浓厚。有些学生并非因为爱读法律而进法律学校;这在上面已经讲过。所以他们对于法律的兴趣,往往不会浓厚。况且他们的基本教育又没有充实,对于学问根本就没有入门;若要希望他们感觉兴趣,升堂入室,那当然是不可能的。所以现在有些法律学生的不爱拿书本,几乎成为很普通的现象。

3. 智力不尽合标准。法律与个人的生命财产既有极密切之关系,而其内容又非如寻常所推想之简单容易,那么决不是人人所能学的。换句话说,凡是智力太差的人不宜于学它。虽然就个人那方面讲,我们不能反对任何人研究法律;但是就社会这方面讲,法律这件东西是社会上最重要的制度,执行法律职务的人最足影响社会之福利。所以就这一点看来,我们实在顾不到个人的利害;我们只应该问某某人研究法律是否适宜。若是一个人智力不足,那他在法律上的贡献是不会怎样多的;其影响于个人者还小,其影响于社会者则很大。我们时常看见许多法官,连一件极简单的案件都弄不明白;对于当事人证人所说的话,他们就没有理解的能力;一个极明显的道理,往往需要他们许多思索;在别的法官审理一次可以终结的案件,在他审理起来,起码要三次四次,甚而至于十次二十次,更甚而至于案子"开了花"而无从结束。像这样的法官,在他自己那方面看来,也许是很卖力气,一天到晚忙得不亦乐乎;但是在当事人方面看来,则受累万分;时间也费了,金钱也花了,精力也疲了,职业也荒了,弄得哭笑不得。试问人民遇见这种法官,是何等的不幸!我们或许要怪司法行政当局误用这种人为法官;但是我们又何能重责司法行政当局?仅凭他们的整顿,又焉能正本清源?老实说,根本的毛病还在法律学校的招收学生不当心;因为测验学生的智力这回事,在多数办法律教育的人的脑海里,就根本没有想到,学生中聪明的固然不少,愚笨的却也很多,对于那些愚笨者,学校的教育正如撒在瘠土上的种子一般;要想果实硕美,那是不可能的。所以我们要改良法律教育,对于这一点也不可忽略。

4. 纪律不严密。纪律的不好,一半由于学校的管理不周,这在前面已经说过,但是学生的品质不良,也足以破坏纪律,学生之操作不好,本是现在各学校的通病;要想根本改良,颇不容易,有许多教育专家对于这事还没有办法,我们的法律学校又何必好高骛远,不过我们应该认清:法律学生将来与社会的接触是最深的,他们道德的高下,是最会影响社会的,我们对于他们的标准,自然要提高一些。所以在学校里应该充分的维持纪律,使其养成守法的习惯。凡是足以破坏纪律的原因,都值得我们注意。因此我们不仅要关心到学校的管理方面,还应该留意到学生本身不守纪律之品质。

三、怎样才可以补救中国法律教育的弱点?

中国法律教育的种种弱点既已略述如上,第二个应研究的问题就是:怎样去补救这些弱点?解决这个问题的步骤,当然是很多;不过根本的原则,只有两个,其余的各点都是由这两个原则推演出来的。所谓两个根本原则者,就是下面所说的:

第一,纠正办理法律学校的态度。前面已经说过,现在法律学校的当局颇有很多是不认真办事的。这种态度是应该纠正的。换句话说,办理法律学校的人,不应该因循苟且,而应该抱着牺牲服务的精神,去积极的做事。这是很明显的一个原则,可以不必多说。

第二,确立法律教育之宗旨及计划。关于法律教育的宗旨及计划,学者间已有很多的讨论;本文限于篇幅,无暇详细研究。现在只好将大家所公认的原则说出来,这个原则就是:"法律教育之宗旨及计划是:要以严格之方法,培养具有健全人格,富有创造精神,及善于适应时代需要之法律人才。"

我以为上述这个原则正是中国办法律教育的人所应该尊重的;因为其中所包含的几点正切中时弊。试简略说明如下:

其一,注重严格教育。前面已经说过,现在中国的法律教育太不慎重,课程管理等都很不上紧。以后实施法律教育,非严格不可。

其二,注重人格之培养。这一点上面也已说过,实是目前顶要紧的一件事。

其三,养成创造及应变的精神。这是应该特别注意的一点,因为中国人现在创造和应变的精神太属缺乏;什么事情都要盲从人家,不知道自出心裁。今天人家采用道尔顿制了,我们明天不问好坏也就照样学起来;今天人家实行大学院的制度了,我们明天也就照抄一下;今天人家实行五年计划了,明天我们也就照拟了许多类似的计划;今天人家实行统制经济了,我们明天便设立大规模的机关,以经济统制自命。但是在人家没有实行道尔顿制、大学院制、五年计划、统制经济之先,我们中国那些教育家经济家就没有想到这些事情。其实中国那些从外国回来的博士硕士正多着呢,而人家所有的也不过是些博士硕士;何以我们偏不如人家呢?不消说,其原因是:人家具有创造和应变的精神,所以他们的学问是活的;我们中国的学者是惯于保守自足的,所以那学问就变为死的了。现在我国学法律的人也有许多是犯了同样的毛病。最明显的例子就是:我们什么法律制度都要盲从人家;等到采行之后,也难得有人去切实研究其利弊,更难得有人肯用一番苦功,根据中国的需要,提出什么新的方案。有些法律竟拟有好几个草案,但是都是以抄袭一二国法典为能事,几乎全未顾到中国的实际情形。甲草案与乙草案之优点何在,我们真不敢断定。再看那些法官律师呢?拿到几本《大理院的判例》或《司法院的解释》,便以为所有的法学"尽在其中矣"。本是一个很好的男女平等的原则,而一到了我们的法官的手里,就理解为只可授未结婚的女子以继承遗产权。这些毛病的根本原因,当然也在于缺乏创造应变的精神,以至于学问变为一个死东西。所以养成创造及应变的精神,在中国今日的法律教育上,实是非常重要的一件事。

根据上述两个根本原则,我们现在可以参照前面所说的中国法律教育之弱点,拟一个简单的补救方略。这个方略可分为管理、教授、课程、设备及入学五点说明如后。

(一)管理

管理学校,大半是个手段的问题;在学理上几乎没有什么具体的原则可以提出。所以这一点大都要靠办理学校的人自己去体察应变。不过现在中国的法律学校在管理上最应该注意到的,乃是学生的纪律。学校当局应该以最诚挚的态度,不辞劳怨,维持学校的秩序,注意学生的操行,使养成一种守法的习惯。要办到这一步,我觉得须有几个条件:第一是检点自己的言行;因为己不正,便不能正人。第二是多与学生接触;因为多接触,在一方面既可明了学生的情形,在另一方面又可以自己的人格去感化他们,而引起一种友谊。第三是处处顾到学生的困难;因为这样才可以使他们知道:学校当局的确是关心他们的利害,而不是处于对立的地位。第四是赏罚严明;因为这样才不致使学生发生侥幸疏懈的态度。第五是学校行政当局和教员共同合作;因为这样才可使纪律易于普遍的实现,而学校行政当局才不至为众矢之的。

(二)教授

关于教授方面应注意的有二点,就是人选与待遇。就人选这一点讲,我觉得现在法律学校的教授须具备下面的几个条件:

1. 对于法律的理论与实际都有相当的研究。法律与其它的制度一样，应该从各方面去观察。我们要彻底明了法律，不但对于他的理论应有研究，尤其对于他的实际方面应该加以切实的考察。所以一个理想的法学教授，既不是那专长于理论而昧于实际的，也不是那专注重实际而忽于理论的。因为偏于实际者，往往囿于成例，无应变之能力；偏理论者，往往好高骛远，不知事实之困难。他们教出来的学生，都难免不带上一点畸形的发展。那是与我们法律教育的宗旨不合的。

2. 对于教授法学有浓厚之兴趣。一个教授，除掉应该对法学有研究外，还应该对于教授法学这种工作具有浓厚的兴趣。因为有了兴趣，才可以热心而有恒，才不会将教书当为一种过渡的职业而时时想摆脱。如果教授们都能这样，那么他们对于所担任的科目必能继续不断的研究；于是经验学识，日积月累，久而久之，必有伟大的成就。不消说，欧美日本的有名的法学教授，大都是靠这一点而成功的；所以要希望有好教授，不可不对这一点加以注意。

3. 具有健全之人格。教授的人格对于学生的影响是很大的；学生们往往会于受课时不知不觉间接受了教授的感化。所以注意教授的人格，也是培养学生道德之一法。

4. 专任而所任课程不多。教授必专任而后才能将其全副精神集中在一个学校里；而专任教授又必所任的课程不多而后才有时间为充分的预备。所以专任与任课不多，都是理想教授的要件。

关于人选的问题，既已说明如上，其次应该研究的，就是法学教授的待遇问题。现在中国的法律学校，无论是公立或是私立，对于教授的待遇，都不能认为满意。公立的学校里，教授的薪水虽还算适当，但是因为校长时常更换或内部时常发生意见，教授的任期太无保障。至于那些私立学校呢，又因为经费不足，教授的薪水未免太薄。这种情形的结果，就是：有能力的人不愿意当法学教授，而愿意当法学教授的又未必是有能力的人。所以要想得到好法学教授，除限制资格以外，还要提高待遇，其方法有三：(1) 提高薪水；(2) 延长合同之期限；(3) 设养老金。第一点甚为明显，毋庸说明。第二点在中国已有几个学校实行。其办法大概是在聘书内将任职的期限订为若干年，其长短视各个情形而不同；五年十年都可以任意规定。若遇到一个新教授而对于他的能力还没有充分的信任，那么不妨先订一个短期的合同，以便观察他的成绩。如在那个期间以内，发见他的能力的确不坏，就可以订一个长期的合同。这样的办法，当然还不十分满意；最好是由于可能范围内将教授改为一种终身职。不过在中国现在的情形之下，这大概是很难实行的。所以我们只好采上述的折衷办法。至于第三点所说的养老金制，确是教授的一个极好的保障；假使能够实现，那么必定有许多学法律的人以当教授为乐事；法律学校将变为法学人才集中的地方；法律教育的前途是未可限量的。

（三）课程

关于这一点，有下列四件事要做：

1. 扩充范围。

现在法律学校的课程，有许多脱漏的地方，这在前面已经说过。所以关于课程方面第一件要做的事，就是扩充他的范围。换句话说，就是增加科目。这可分为法律本身的科目和补助法律的科目二点言之。前者所应该增加的是：(1) 关于法律演化及其现代趋势的课程；(2) 比较法学；(3) 关于法律理论的课程；(4) 法律伦理；(5) 关于几种必需的特殊法律之课程，如"商标法"、"特许法"、"农业法"、"公用法"等等；(6) 法律临案实习(Legal Clinic)。以上(1)至(4)的重要，在前面已经说过，不必再讲。现在专就(5)和(6)两种课程补充几句话。(5)种的课程可因着中国社会的需要随时加以扩充；不但可以已存的法律为研究的目标，并且也可以拿那些未产生的而确于中国有益的法律为课程之对象。就拿《破产法》来讲吧，中国现在还未制定《破产法》，但是这种法律确是与社会经济极有关系的，应列入法学课程。并且这种课程的目的应该有两种：第一是研究重要各国关于破产及其类似情事的制度——其背景、现状、利弊及共同之原则；既不专研究一国的制度，又不专注意破产一种情事；凡与破产相类似的情事如"司法清理"(Judicial Liquidation)等等，也都顾到。第二是就本国之破产及其类似情事为立法之设计。此外像农业法等等,我们如发现什么问题而中国尚无法律可适用,亦不妨用同样的方法,设科研究。再讲到(6)种课程,我以为这是中国法律学校亟应增设的。其内容与医学生的病院实习相似的。在美国已有法律学校设立这种课程,西北大学的法科即其一例。我所希望我国法律学校设立的就是类似于西北大学法科所见的那样课程,其性质可分三点说明如下:

（甲）目的。这种课程的目的是要给学生一种机会,以便实地观察并练习法律的运用。

（乙）办法。由学校一部分取得律师资格的法学教授独立或与外间之律师联合组织一种贫民法律事务所或法律救助会(Legal Aid Society)或其它类似的机关,以无偿的代办无力贫民之诉讼及非讼案件为主要职务(因为有了这个限制,案件可不至过多,较易应付)。学生等即充任各该教授或律师之助手,在各该教授或律师指挥之下办理各该案之手续。但出庭及其它对外之重要事务,仍依法由各该教授或律师自任之;其经办各该案之学生则前往律所及助理其它必要事务。

（丙）优点。这种课程的优点有三：(1)使学生有办理案件而实地观察并运用法律之机会,可免去离校后之种种困难；(2)所经办的案件以关于贫民者居多,既可使学生知道下层社会的情形,并可引起他们对于贫民的同情而养成牺牲的精神；(3)贫民法律救助事业可因此而发达,贫民受惠不浅。

上述各点不过表明这种课程的大概,当然不免有些不妥之处。不过我的目的是要引起法律教育当局对于这事的深切注意,至于详细具体的方案,还愿与大家在将来作更进一步的讨论。

再讲法律的补助科目方面,也有几种要加入的课程,这可分为二类：一是工具科目。属于这一类的是：(1)中文；(2)外国文；(3)法律拉丁；(4)中国方言。现在中学的国文程度,不消说,已是远不如从前；仅凭中学那一点中文根基,还不够出来应付各种事业——尤其是法律的事业。所以法律学校有增加中文课程之必要,并且对于所设的中文课程还应该用严格切实的方法去教授。现在中国有价值的法律著作真是寥若晨星。不懂外国文的人要想对于法律有深切之研究,实是不可能的事。所以法律学校里应该设立关于主要外国文的课程,如英文、法文、日文等等；至少要将学生训练到能看懂外国法律书的地步。现在中国学校里设有这类课程的当然很多；但是或则每周的钟点太少,或则训练的时间过短,或则教授的方法不严格,结果好的甚属难得。所以将来对于这一点应该特别注意。至于法律拉丁,亦是治法学的一个重要工具；尤其当我们研究西洋的法律时,对于这门功课不能不有相当之认识。中国法律学校中设有这一科的非常少,应即加以注意。再讲到中国方言,或许有人要觉得奇怪,认为不该将它列入课程。但是经过慎重的考虑,我认为这种课目乃是中国目前学法律的人最必需的；因为现在做司法官的人,每到了一个生地方,就感到方言的不通。例如,江苏或北方人到福建去做法官,案审时,必雇用通译；其困难与流弊当然不言可喻。我们敢说一个江苏人或北方人到了福建这些地方去当法官,便失去了他大部分的功用。因为办案之成绩,全靠观察之周密,审断之明确；言语不通,这些事怎能办到？所以我们若希望造就出一班法律人才,使他们能到中国各处去为司法界服务而收人地相宜之效,对于这一点应加深切的注意。或者有人说"你所主张的科目乃中外古今的法律学校里所未见过的,这不是故意立异吗？"殊不知,今日的中国,幅员既广,人文又不一致,自有其特殊的需要；我们现在为适应这种需要而设立特殊科目,正所谓"适合时代之需要",更有何不可？又或者有人说："中国的方言很多,将学不胜学,法律学校里究竟学了那些个方言好呢？"我以为这也不成问题；因为我们学方言之先,可将中国的方言分为几类,如云贵四川两湖等列为一类；河北、山东等又列为一类；然后再从每一类中捡出一种比较大家可以懂得的方言,列为一种科目。这样全中国的方言分类不至过多,学校所设的科目亦不会过于复杂。至于一个法律学校里应该设几类的方言科目,那当然是要以学校所在的地点为标准。譬如江苏的法律学校,就应该就广东福建和他不懂的方言设立科目；而广东福建所应该设立的方言科目便是现在的国语等等。

除了上述的工具科目,法律学校里还应该增设几个关系科目。属于这一类的是:哲学、论理学、心理学、伦理学、社会学、政治学、经济学、中外文化史。前二者是讲究思维术的重要科目。学法律者最必需的就是思想正确,这些科目当然是不可少的。其余都是讲究人类关系及现象的,是法律的根据,亦不可少。现在法律学校里有这些科目的也很多;不过大都不很注重,学生得益很少。所以对于有些学校,我们纵可不必说增加科目,亦须要求对于上述诸科目施以严格的教育。

2. 延长年限。

法律学校的课程既经扩充,那么修业的年限也有延长的必要;否则,将不免华而不实的毛病。不过关于年限的延长,可以有两种不同的制度:第一种可称为直接延长制;依这种制度,凡高中毕业的学生,经入学考试合格后,都可直接入法律学校,不过其修业的年限须加以延长。这个制度又可分为两种:一种是将修业期间分为二段,一段是法律预科,一段是法律本科。另外一种制度是不将修业期间分为预科与本科两个阶段的,与直接延长制相对待者,有间接延长制。依这个制度,凡高中毕业的学生不能直接入法律学校,必定要先在大学里读过别的科目满多少年或先由大学别的科毕业才可入法律学校;而法律学校本身的修业年限还照旧。上述的两种制度,究竟孰优孰劣呢?据我看来,还是直接延长制度好一些,其理由有二:(1)法律学校延长修业期间目的,是要给学生充分的时间,以便学习法律本身的科目及其补助科目。这种目的,在采直接延长制的学校,当然不难实现;因为凡是法律学生应读的法学及其补助科目都可由那个学校一手教授,学生确能实受其益。但是在采行间接延长制的学校则不然,因为那些来进法律学校的学生,虽已经在大学读过若干年或已由大学毕业,然而因以前所进的科系不一,对于法律的补助科目,未必受过训练。在这种情形之下,只有两条路可走:第一是在法律学校里加授法律的补助科目,以补以前之不足;第二是在法律学校里,只授法律本身的课程,至于学生们以前有未学过法律的补助科目,则置之不问。可是第一种办法为年限所不许,当然是不行的。第二种呢,又未免使有些学生失去学法律补助科目的机会,也是不妥的。(2)在采直接延长制的学校,可将法学科目逐渐授诸学生,俾得由浅入深,无食而不化之弊;如先授以法学通论,继授以民法总编及刑法总论,再次及于债权物权等等。而在采间接延长制的学校,则因时间有限,往往来不及如此循序渐进。于是法学通论还未读过,便要读民法刑法;总则还未读完,便要读各论;弄得学生茫无头绪,英美派的法律学校就是犯的这个毛病。直接延长制既比间接延长制好些,那么我们的法律学校当然应该采取前者。不过同一直接延长制,其延长之年限确有长短之不同,我们究竟应该将中国法律课程的年限延长至什么时期为止呢?我的答案是延长至6年,因为6年的时间已够拿来读上面所说的法律本身的及补助的科目。其次应该研究的问题就是:应否将这6年分为预科与本科?我以为这一点没有多大关系。因为只要课程分配得当,无论分不分预科本科,在实际都可得到好的结果的。

3. 改良次序。

课程分配次序,与课程之效力是有很密切的关系的,我们既主张采用直接延长制,使一个法律学生有6年的工夫,继续在一个学校里研究法律本身的及补助的科目,当然不至于像英美派的学校一样,将许多法律的科目同时给一个初学法律的人研究。不过课程分配若是不得其当,其结果也不会十分好的。所以我们在研究改良课程时,也应注意课程的分配次序。课程分配的原则,在学理上是不容易讲的。著者既非教育专家,而对于法律又无研究,本不敢随便发表意见;不过根据平时的观察,觉得有几条常识上的原则或许可供参考,现在姑且提出和大家讨论一下:

(甲)先法律的补助科目而后法律的科目。补助科目是为准备读法律而设的,所以应先研究。

(乙)先普通科目而后特别科目。普通科目之概括性较大,往往为特别科目之基础,故应先研究。

(丙)先实体法而后程序法。程序法为保护实体法所规定之权利而设,故应于研究实体法后研究之。

（丁）先总论而后分论。此为极明显之原则，毋庸细述。

（戊）先公法而后私法。现在有许多法律学校往往先使学生研究私法的科目，而将有几种公法的科目留到最后的一二年去研究；如国际法及宪法等，即其明例。这样的分配次序是不合理的，因为公法上的原则都比较私法上的原则要"荦荦大端"些；其内容比较为初学者所容易领会。所以先研究公法而后再研究私法，可收由易而难，循序渐进之益；若是将次序颠倒，则徒使学生感到困难而无实益。

（己）增加各种科目于特定期间之授课钟点，以缩短其训练期间而减少同时所授科目之种类。这个原则的意思是：将每种科目在每学期的授课钟点增加，使那些在平时需要三学期才可读完的功课能在两学期内可以读完，而需要两学期内可以读完的功课在一学期内即可读完。这样原来一学期所授的入门功课，现在可以改为五门或六门；而原来只有 2 小时的功课，现在可以改为 4 小时或 5 小时。譬如：民法总则本来每星期 3 小时，预定一年读完，现在可改为每星期 6 小时，于半年内读完。同时因为每星期民法的授课钟点增加，时间不够分配，再将原定与民法同时读的其它功课取消几样，移作其它学期的课程。这样的办法有两个优点：（1）使各种功课可以依适当之次序前后衔接，不致有先修科与后修科同时研究之弊；（2）使学生的注意力，在特别时间内，集中于少数之科目，以为深刻之研究，而无精神涣散应接不暇之弊。

4. 革新方法。

关于这一点，有四个问题，就是：教材之选择；讲授之工具；工作之指定；成绩之考核。以上几点，因课程之性质而不同，现在为节省篇幅起见，专就法律的科目略说几句话。

（甲）教材之选择。选择教材时，应注意下列几件事：（1）明了现状；凡实际方面的问题，应于可能范围内予以研究。（2）讨论利弊；凡各种法律制度之得失，应尽量的予以批评，藉以启发学生之心灵而养成批评之态度。（3）注重比较，凡外国可资借鉴的法律制度，应于可能范围内加以研究，藉以扩大学生之眼光。（4）顾及变迁趋势；研究法律制度时，应注意其变迁及趋势，使学生明了法律与时代之因果关系，而知所应变。

（乙）讲授之工具。关于这一点的问题就是：讲授课程时，应该用什么为媒介？是用课本呢？还是用讲义呢？还是一样都不用，仅凭口授呢？我觉得课本与讲义只可适用于几种法律的补助科目，对于大部分法律的本身科目最好不用。换句话说，对于有些法律的科目，教授们最好注重口授，由学生笔记。因为课本和讲义都会使学生觉得有所恃而怠惰；若采用口授笔记制度，则学生耳手并用，非有深切之注意不可；自然不能漫不经心了。

（丙）工作之指定。现在许多法律学校，对于学生课室外的工作不甚注重，结果使他们一出课堂，就可以把书完全丢开。这不但与学问有碍；并且因课余的闲暇过多，使学生们得到过多的逸乐机会，对于品行上也有很大的影响。学生纪律之不好实半由于此。以后教授们对于学生应多指定课室外的工作，以纠正这个弊病。

（丁）成绩之考核。欲使学生们用功不倦，时常考核成绩实在是一个最有效的方法。现在许多法律学校对于这一点都不大注意；教授们难得肯考询学生。所以教授尽管讲，学生尽管不留意。这实是我国法律学校的一个大缺点，以后亟须改良。

（四）设备

一个法律学校，在设备上起码要有三样东西，那就是：充分的基金、适当的校舍及完美的图书馆；这三样东西的重要，谁都知道，可毋庸细说；我们现在所要研究的是：如何使一个法律学校在设备上能达到这个地步。我以为在中国现在的情形之下，要促成这种情形的实现，其最主要的方法还是政府的严厉监督。其法就是由政府主管机关对于基金、校舍及图书馆三者，分别的规定一个最低的标准，责令各学校切实遵行。这个最低的标准：在基金方面，起码要使学校的经费有相当的着落，而不至于以学费为主要的经济来源；在校舍方面，起码要能够使学生的身体精神不受到损害，而学校的管理也不感到什么困难；在图书馆方面，起码要具备：（1）本国的各种法令及关于理论与实际法学的重要著作及刊物；（2）几个主要外国的法典及重要法学著作和刊物；和（3）关于法律补助科学之中外重要著作及刊物。

（五）入学

法律教育之成绩如何，固然取决乎上述各点，但是在上述各点之外，还有一点也是很有关系的，那就是入学时对于学生之甄别。现在许多法律学校在招收学生时所注意的，大概偏重于学历及程度二点；但是我以为仅这两点，还不够做甄别投考法律学校的学生的标准；因为上面已经讲过，法律学生的智力及其本来的操行，关系法律教育的前途也很重大。所以我们在招收法律学生时，除注意其学历及程度外，还应该注意其智力及其平素的操行。关于投考法律学校应具的学历一点，在课程那一节里已经有过讨论，可不必赘言。讲到投考的程度，我以为凡是法律学校，在招收学生时，应该就基本科目施以严格之考试。其考试方法，不妨以笔试为主，而于必要时佐以口试。至于智力的测验，在许多学校里，大概专以笔试行之。我以为在笔试以外，还要施以口试，以便对于学生为多方之观察。学生平素的操行，为三者中最难测验者，我们只好从审查学生平素在中学的操行成绩入手。其法大概不外规定投考者应提出中学校长或其它负责人之操行证明书或分数单等等。

四、结论

中国法律教育之弱点及其补救之方略，已简单的说明如上。现在还有几句补充的话，要和大家讲讲，那就是：我们应该认清上述种种，不过是根据中国的现状所拟的改良法律教育的计划；我们要改良中国法律教育，固然不可不促成这个计划的实现；但是要促成这个计划的实现，还得靠大家的决心与努力。换句话说，什么改良法律教育的方略等等，都是死的。若是大家不肯下决心去努力促其实现，总不免与纸上谈兵无异。所谓大家的决心和努力，可从三方面表现出来，那就是：（1）学校当局的埋头苦干；（2）政府主管机关的监督和奖励；（3）社会一般人的热心赞助。这三方面的决心和努力，是缺一不可的。因为没有学校当局的埋头苦干，法律教育便根本无从改良；没有政府主管机关之监督和奖励，办理法律教育者便易于疏懈；没有社会一般人的热心赞助，办理法律教育者便不免感到力量的单薄。所以本文的主要目的，就是要藉叙述中国法律教育的现状及其改良的大概计划，而促成这三方面的决心与努力。著者虽然深知因为才识和时间的限制，本文有许多疏略错误之处，但是却不敢藏拙，仍愿将它发表；总希望这一点微弱的呼声，能引起强烈的共鸣。倘若从此以后，大家能群策群力，致法律教育于光明之途，则本文虽坏，亦将引为无上的荣幸。

美国最近改革法院组织运动之略述[*]

美国最近关于法院组织之改革运动,内容复杂,方式繁多,一一枚举,势所难能,是篇所述,只限于四点:(1)各州法院系统之划一;(2)治安裁判所之废除;(3)民事小标的案件法院之创设;(4)幼年人法院之推行是。兹分论于后。

一、各州法院系统之划一

按美国各州,因与英国有历史上之关系,其司法制度,颇多模仿英国者。当美国未独立前,英国之司法系统,极为混乱,其名称既欠划一,其权限亦欠分明。英人素性保守,对于各种制度,不喜为整个之革新,凡所设施,皆属局部片断之性质,其一切政制殊难整齐划一也。美国之司法制度,既系由英制脱胎而来,其同罹此病,自属当然之结果。此种情形,在英国虽因1873年之最高法院组织法(Supreme Judicature Act of 1873)之施行而大部归于消灭;而在美国,则自然法学派及历史法学派之思想深入人心,迄今依然如旧。故近日各州中,尚设衡平法院(Court of Chancery)、遗嘱法院(Probate Court)、普通法院(Count of Common Pleas)等,以与其他法院对峙。其概况殆与1873年之英国相似,流弊所及,非惟妨碍诉讼案件之进行及司法行政之统一,抑且虚糜国家之财力。故近三十年来,提倡划一各州法院之系统者,颇不乏人。法界巨子,如哈佛大学法学院教务长庞德氏(Roscoe Pound)等既倡导于先,美国律师公会等有力机关附和于后。一时改革之声,遍于全国,舆论所归,行见改革实现之期,当不远矣。至各方所提出之具体方案,种种不一。其最为一般人所注目者,当推单一法院制(System of unitary court)。考此制为庞德氏及美国律师公会等所主张。依若辈之议论,每州设一总法院,合全州之各级法院而成。其所包括之法院,约分三种:(1)郡法院(County court),分设于各郡,专受理刑事轻微案件及民事小标的案件;(2)高等法院(Superior court),每郡以设立一所,受理郡法院管辖以外之第一审民刑案件;(3)上诉法院(Court of Appeals),每州以设立一所为原则,专受理上诉案件。依此制度,各级法院在司法行政上及诉讼管辖上,不过为该总法院之细胞;其司法行政之最高权,属诸该总法院之院长;惟该院长得斟酌事实上之需要,授一部分之权限与各级法院之主任法官;凡各级法院之法官,皆认为该总法院之法官。故总法院之院长,得视实际之情形(如事务之繁简等)随时调迁各法官;但各法官所主办之案件,须择其性之所近者,借以养成专门审理某种案件之人才。此制之重要特点,可归纳为三点:

(1)不另设司法行政机关,所有关于司法行政之事宜,由法院自行处理,由总法院院长总其成。

(2)各级法院之法官,皆属同一总法院之职员,可随时调迁,以应实际之需要;各级法院间,劳逸不均之现象,可借此避免。

(3)各级法院皆属同一总法院之构成分子,彼此视同一体,与寻常各自独立之法院地位不同;故遇管辖错误之案件发生时,只可将其移送主管法院办理,不得予以驳斥;诉讼当事人可因此避免

---

[*] 原载于1935年《现代司法》第1卷第1期。

无谓之损失。

按此制系以英格兰现行1873年之最高法院组织法所采之法院系统为蓝本，盖该法所规定之最高法院(Supreme Court of Tudicature)，亦系单一制之法院。惟二者间，有下列不同之点：

(1) 英格兰之最高法院，仅包括二级法院，即高等法院(High Court of Justice)和上诉法院(Court of Appeals)。至于郡法院(County courts)则系独立之法院，并非与最高法院同属一体(但依据1873年最高法院组织法原草案之规定，郡法院却为该法院之一部，殆与美制同)。

(2) 英格兰之高等法院设于伦敦，其管辖权及于全英格兰。至于距伦敦较远区域所发生之案件，则由该法院之法官分赴各地巡回审判；美制则不然，其每州所设之高等法院名义上虽仅一所，但可在各处设立分庭，常用审理讼案，较诸英制，实稍胜一筹。

(3) 就英格兰之现行法而言，上诉法院之管辖权，仅及于民事案件。至刑事案件，则另由刑事上诉法院(Court of Criminal appeal)受理(但刑事上诉院之法官，系由高等法院及上诉院调去)；美制不设此区别，较为整齐。

(4) 依英制，伦敦及其附近区域之重要刑事案件(即在外省应归高等法院所派之巡回法官审理者)，不归高等法院受理，而另由特设之伦敦中央刑事法院(Central Criminal Court of London)管辖；美制无此类似之特别规定。

(5) 依英制，上诉法院(刑事上诉院亦然)非最终审之法院；盖案件之具备特定条件者，得再上诉于贵族院(House of Lords)；美制所拟之上诉法院，适与此相反。

二、治安裁判所之废除

治安裁判所(Court of Justice of Peace)系由治安裁判官(Justice Of Peace)主持之初级法院，亦系导源于英国者。就美国之一般情形而言，其权限约分三种：(1) 审判民事小标的案件；(2) 就刑事重大案件实施侦查，决定起诉或移送大陪审团(Grand Jury)办理与否；(3) 审判轻微刑事案件。此项裁判所缺点颇多，举其要者，约有下列二端：

(1) 治安裁判官，系由人民选举，候选者每不必具有特殊之资格；故当选者，非惟不知法律，抑且无甚高深之教育，颇易为政治及社会势力所左右。

(2) 治安裁判官，类无固定之俸给，其收入之来源，无非诉讼当事人所缴之手续费；有时每一郡内，同时设有若干治安裁判所，对于郡内所发生之诉讼案件，有共同之管辖权(Concurrent Jurisdiction)；当事人或律师，得任意选择某治安裁判所为提起诉讼之地点，法官与律师当事人间，往往发生情弊。

因鉴于上述之情形，美国司法及学术界，几一致主张废除此制，而代以正式之法院。质言之，即将所有是项法院管辖之案件，改归正式之郡法院管辖。兹为补充说明起见，节录该国一二学者或团体之意见如下：

(1) 鲍尔温君(Simeon E. Boldwin)于其所著之《美国司法机关》(The American Judiciary)一书内称："现行司法组织上之最大缺点，莫如授治安裁判官以审判小标的民事案件之权。此类裁判官，每郡不止一人，若辈往往分布于郡之各镇。凡属于同郡之治安裁判官，其管辖权皆及于全郡。其中间有律师出身者；但各地法律，并不认此为必需之资格。故具有此项资格者，为数甚少。若辈中不论何人，对于所有某郡内属于治安裁判所管辖之案件，皆得行使裁判权。是以某案究应由何治安裁判官审理，其取决之权操诸律师。治安裁判官于处理轻微刑事案件及举行预审时，较属可靠。其因不谙法律而致当事人蒙无法救济之损害者，固属有之；顾此类诉讼，系由公务员(按即国家律师)提起，若辈无选择法官之必要，故此举不易常见。但遇民事案件发生时，律师既有选择法官之权，而法官复无俸给而专以手续费为收入，则被告较诸原告，实处于不利之地位。良以处此情形，法官如判决原告胜诉，则彼当能博得原告律师之好感，而有审理该律师所承办其他案件之机会。斯言也，观于治安裁判官之常判原告胜诉,殆不为无因。治安裁判官中,往往有惯于为是项判决者,多数律师,每专在某特定治安裁判官处起诉,鲜有失败者……"(见该书第 129—130 页)

（2）赖文君(Manuel Levine)于其所著《克利夫兰调解法院》(The Conciliation Court of Cleveland)一文内,尝附带论及治安裁判所之制度,其言曰:"克利夫兰之法律救助会(Legal aid Society a Cleve of land),尝于 1905 年推定法律家组织委员会,就治安裁判所之流弊为精密之研究与调查。吾人只须对于该委员会之报告略加浏览,便知该项裁判所之职员,上自治安裁判官,下至胥吏,皆无廉耻,而欠诚实。吾人对于治安裁判所之种种流弊毋庸一一细述。盖关于此点,已发表之言论及文字,诚不知凡几,即主张维持此制之自私自利者,亦不敢予以否认也。就克利夫兰及其他大都市而论,吾人敢言各郡之治安裁判官及其同僚,乃公众之障碍,而为人所应毅然决然抵抗者也。"见 1914 年出版之《美国政治评论》(American political science Review)。

（3）美国律师协会之法制改进委员会(Committee To Suggest Remedies and to Form ulate proposed Laws to prevent Delay and Unnecssary Cost in Litigation)于其 1909 年之报告内,对于治安裁判所尝作下列之批评及建议:"轻微案件之由治安裁判官审理者,虽得上诉于直接上级法院,或再上诉于各州最高法院;其较弱之当事人,往往不得其直。良以诉讼费用之巨,与夫对造当事人之顽强健讼,每使理直之当事人,不得不抛弃其正当之请求权。夫轻微案件之需要良善法官,实与重大案件无异;凡审理轻微案件之法官,应具有充分之能力,俾案件之经彼判决者,实际上只须就法律点上诉一次。按治安裁判所最初之所以产生者,原由于当时交通不便,不得不设此制,使人人无跋涉之劳,而有伸张权利之机会。至就今日之交通情形而论,则上述目的,可因其他方法而实现。盖所有归治安裁判所受理之案件,不妨由郡法院分赴各地审判也……"

（4）纽约州刑事调查委员会(Crime Commission)于其 1927 年所发表之报告内尝称:"本州刑事诉讼上最不满人意者,当推不合时宜之治安裁判官,深思明辨之士,于以往数年中,固已深悉此制之不善矣。补救之道,其惟任用有充分训练之法官以代之,余等敢信,现在已届毅然改革此制之时期也……"(见该报告第 44 页)。

三、民事小标的案件法院(Court of Small Claims)之创设

关于民事小标的案件之诉讼,每因诉费之巨、与费时之多,而不值得进行;理直者,往往忍痛而抛弃其权利。良以通常法院之种种设施,大都着眼于关系较大之案件,其程序遂不免繁复,与小标的之案件,殊多捍格。此种情形,在美国各州,尤为显著。盖美国诉讼程序,大都以英国之普通法(Common Law)为蓝本,殊多曲折,非精于此道者,每难明其底蕴,而动辄错误,既费时间,复耗金钱。进行诉讼者,无论标的之巨细,负担均特重。

美国名律师及学者史密斯君(Reginald Heber Smith)尝于其所著之《公理与贫者》(Justice and the poor)一书内,痛论此事如下:对于小标的案件,不能供给伸张权利之机会,乃吾国今日司法制度上常见之最大缺点。夫普通法诉讼程序,适用于小标的案件时之失之笨重迂缓与縻费,由来久矣;征诸史籍,殆自古昔斗讼(Ordeal by battle)之时起,即已然也。古语云,'法律不计琐事',吾国之法制,未免过于拘泥于此原则耳。盖复杂之程序,非由律师进行不可;而律师所需之费用,每非轻微之案件所能负担。关于此事,尝有人于美国律师公会举行会议时提出一问题,即律师因代理一为铁匠之当事人诉追 7 元之工钱时,应否要求等于该数半数即 3.5 元之讼费? 此项问题,殊足表示司法界中常见之矛盾情形。即观于律师对于当事人所尽之义务,其所要求之讼费虽属不多,但自以铁匠为业之当事人视之,则以 3.5 元之代价,诉追 7 元之债务,殊难认为满意……再者法院之费用,足以禁止小标的诉讼之提起。设有人焉约定为他人工作,每周之工资为 7 元,但受雇后未及 1 周即被无故辞退。按诸法律彼固得向雇主要求 30 元之损失。但其夹袋中往往无 1 元之现金,支付律师讼费,固所不能;即缴纳讼费,亦非力之所逮,盖彼尚未取得其工资也。然就他方面观之,惟其未取得

工资,故诉讼非进行不可。此种情形,实有进退维谷之概。彼恃工资度日,而蒙此类似之困难者,盖比比皆是也。至于诉讼之迟延,则其流弊所及,足使无理由之债务者,始则利用"应诉"(File an appearance)、"答辩"(answer)及"中间请求"(Interlocutory motions)等手续,将案件一再展期,终则于开庭之日,避而为不到;原告者,既因是而停顿其诉讼至数月之久,后因屡次出庭,而耗费光阴,迨案经判决,所得亦几希矣……此类小标的之案件,每被轻视为'涉于琐事之诉讼'(Petty litigation)。殊不知法院在政治上之作用,最易由此类案件而宣示于社会。盖在各城市区域中,此足以代表大多数人民所有之案件,人民对于美国司法机关之意见,皆经此类案件之处置当否为断也。此类案件之数额,于吾国法院之案件进行表上,无从推知,诚如威格模教务长(Dean Wingmore)所言,'此类案件,平时实不由普通法院受理,惟观于受理此类案件之英国郡法院,吾国之情形盖可想见。按英格兰之郡法院于1913年所收之案件,总数为122.4万件,其中有120.7万件,即98.5%,系标的在20镑以下者,其中平均标的为3镑……'"(见该书第41—42页)。

上述情形,早为关心司法者所注意,故近二十余年以来,创设小标的法院之运动,日盛一日。其实行此议最早者,当推堪萨斯州(Kansas)。按该州于1913年设立"小债人法院"(Small Debtors Courts)。同年俄亥州(Ohio)之克利夫兰城,亦于其市法院内设立专部,办理是项案件。其后俄勒冈州(Oregon)之黑尔脱瑙玛郡(Mulnomah County)以及芝加哥、费城、麻省、加尼福尼亚、南达科他(South Dahote)、内华达(Nevada)、爱达荷(Idaho)、衣阿华(Iowa)等州,均相继设立类似之法院。此类法院之概况,可分四点言之。

(1) 组织。美国现有之民事小标的法院,可大别为二类。其一为独立者,如堪萨斯之小债务人法院是;其次为附设于普通法院而构成该法院之一部者,如克利夫兰、芝加哥、马萨诸塞、费城及加利福尼亚等州最近设立之小标的法院是。依一般学者之意见,后者较前者为可取,盖无扰乱法院系统之弊也。

(2) 管辖。小标的法院之管辖范围,殊不一致,就标的之价额而言,有以200元为度者,如芝加哥之例是;有以75元为度者,如明尼阿波利斯(Minneapolis)之例是;有以35元为度者,如克利夫兰及马萨诸塞之例是;其限度之最低者为20元,凡超过20元者,皆不受理,如俄勒冈之例是。至就事物之性质而言,有规定小标的之案件,以关于契约关系为限者,如堪萨斯之例是;亦有规定小标的之案件,包括一切关于契约及侵权行为之诉讼者,如克利夫兰及麻省之例是。

(3) 诉讼程序。小标的法院之诉讼程序,具有下列之特点:

① 不采陪审制(Jury System)。陪审团(Jury)参加审判,既耗时间,复费金钱,非惟小标的案件,所不能堪;即于普通案件,亦不适宜,颇遭司法改革家之攻击。故小标的法院,大都以不采陪审制为原则,如马萨诸塞及堪萨斯州,即其明例。

② 扩充法官之权限,使诉讼之进行悉由法官指挥。美国固有之诉讼程序富有告劾制度(Accusatorial system)之色彩,法官之地位,与运动场之公证人(Umpire)相似;程序之进行,由当事人或其律师主持。此种情形,殊足以拖延诉讼,极不宜于小标的之案件。故各州之小标的案件法院,皆不采此制,而授法官以较大之权限,俾诉讼得顺利进行。

③ 使程序简单通俗化,而减少当事人由律师代为诉讼之必要,并使案件速结。关于此点之设施,种种不一。举其要者,约有四端:言词起诉;电话传唤或邮政传唤;随时审理(甚且日夜开庭,如堪萨斯州之小债务人法院是);由法官视各案之情形及实际之需要,而讯问当事人及证人,便宜行事,不受无谓条文之拘束。

④ 由法院指定职员,指示当事人为诉讼行为;当事人每因不谙法律,而不知如何为诉讼行为。小标的法院,为便利诉讼起见,每有指定法官或书记官,从事指导当事人者,如堪萨斯、克利夫兰及俄勒冈之例是。

⑤ 禁止律师出庭。行此制者,有堪萨斯、加利福尼亚等州,其目的在减轻当事人之经济负担,

并缩短诉讼程序。

⑥ 免除或限制讼费。为减轻当事人之经济负担起见，小标的法院，每免除讼费，或限定讼费为极低之数额。前者之例如堪萨斯州之规定是，后者之例如俄勒冈州之规定是(按该州之法律，规定所有讼费，连送达费等在内，以 7 角 5 分为限)。

⑦ 限制上诉。上诉制度，既拖延诉讼，复增加当事人之经济负担，于小标的案件，殊不相宜。故各州法律，大都加以限制。惟其限制方法，有绝对与相对之分。前者绝对禁止上诉，各案经一审而终结，如马萨诸塞之例是；后者仅许于特定条件下，提起上诉。至条件之内容，种种不一。按诸克利夫兰之规定，凡小标的法院判决之案件，仅许对于法律点向第三级法院即该州之上诉院(Court of appeals)提起上诉，并以一次为限。至加利福尼亚、明尼苏达(Minnesota)、俄勒冈等州，则仅许被告上诉。

(4) 办案成绩。法院办案之成绩，半由制度，半由人才。故小标的法院之成效如何，殊难一概而论；惟其办理完善者，则往往有良好之结果，此于克利夫兰城之小标的法院，可以知之。据史密斯君称(见《公理与贫者》一书，第 49—50 页)，该法院于 1913 年至 1916 年间，结案如下：

年　度	结案数额	标的之总额
1913	2 367	10 410.53 元
1914	4 719	20 752.64 元
1915	5 106	32 872.14 元
1916	5 182	未详

上表所列者，仅经判决而终结之案件，至于判决前中途和解，或非正式结束之案件，并未列入，为数当属甚巨。又上表所列之案件，其标的皆在 35 元以下，若将标的提高，其数当不止此。

四、幼年人法院(Juvenile Courts)之推行

美国之幼年人法院，始于 1899 年。是年伊利诺斯州(Illinoils)制定幼年人法院法(Juvenile court act)，于芝加哥设立柯克郡幼年人法院(Juvenile court of cook county)，嗣后其他各州踵而效之。至于今日，全国 48 州中，已有 46 州，设有是项法院。其他两州，虽无是项法院，但关于幼年人之案件，皆制有特别法令，予幼年人以相当之保护。此外美国之特别区(Territories)如夏威夷(Hawaii)、阿拉斯加(Alaska)、波多利各(Porto Rico)、菲律宾(Philippines)等处，亦有是项法院之设立。该国学者，对此问题研究异常努力，其有关系之重要著作，已有千余种出而问世，是其重要，可想而知。兹因限于篇幅，不克做详细之讨论，请专就其要点言其梗概如下：

(一) 幼年人法院之基本观念

幼年人法院之产生，归纳言之，由于三种基本观念：(1) 幼年人之智识程度及身体状态与成年人不同。故幼年人之犯罪，或有其他反社会(Anti-social)之行为或情形者，应受特别之措置。所谓特别之措置者，即以保育之方式，视各幼年人之需要，而施以感化教育及其他必要之措置是也。(2) 幼年人对于社会环境之抵抗力，较诸成年人所有者为弱，社会对于若辈，负有较重之责任；是以对于若辈之幸福，有特别注意之必要。(3) 人之犯罪，往往发动于幼年时期，为防患于未然起见，应对于幼年人之犯罪及其他反社会之情形，予以有效之措置。

(二) 幼年人法院之组织

幼年人法院，可大别为二种，即独立者及附设于它法院者。前者大都见于人口较多、工商业较盛之区域。幼年人法院之职员，约分下列五种：

1. 法官

其产生方法,各州不一,有由人民或议会选举者,亦有由政府任命者,其任期亦因地而异。依一般学者之意见,此类法官,除对于法律有研究外,须于社会学心理学等,具有心得。但各州现行法制,则往往去此远甚。

2. 监训员(Probatron officers)

此为幼年人法院中最重要职员之一。其职务为监训幼年人,并调查其家庭状况、个人历史及其他足供参考之事实。

3. 助理法官(Referees)

其职务为承法官之命,进行调查程序,审理案件、收受诉状、录取证人供词及其他法律所规定之事项。

4. 收留所(Detention Home)之职员

大规模之幼年人法院,每附设收留所,其目的在收留教养并监护幼年人,其设备须科学化与家庭化。凡监狱内之一切气象,须竭力避免之。主其事者为所长(Superintendent),其下有副所长及助理员。幼年人之监护,大都由助理员任之。大规模之收留所,每设有教师、游戏指导员、医生、心理专家等。

5. 书记官及文牍员

此类职员,专以承办法院例行公牍及其他杂务为职司。最近幼年人法院中,颇多任女子为法官监训员、助理员及其他职员者。一般学者,亦甚以女子充任此类职务为宜。盖由于生理及心理之关系,女子于特种幼年人之案件,较男子为宜耳。

(三) 幼年人法院之管辖

幼年人法院管辖之案件,可约分二类:一为专涉于幼年人者;二为涉于与幼年人有关系之成年人者。兹分述如下。

1. 专涉于幼年人之案件

此系幼年人法院所管辖之基本案件,于此应首先研究者。厥惟"幼年人"之定义,按美国各州之幼年人法院组织法,关于幼年人之年龄限制,种种不一,约而言之,大都自16岁至21岁以下,皆认为幼年人;各州立法例,大都对于女子之年龄定较高之限制,以示保护之意。现行法例,类皆只规定最高度之限制;其于最高度之限制外,另设最低度之限制者,仅纽约布法罗(Buffalo)及纽或克(Newark)等处之法律耳。此类法律,大都规定7岁未满之幼年人,不受幼年人法院之管辖。幼年人之定义,既如上述,请进而论专涉于幼年人之案件。按此项案件,约分三种:

(1) 幼年人有过失之案件。幼年人法院之倡议者,不愿以犯罪者与一般幼年犯相提并论,故于幼年人法院之法规内,竭力避用犯罪(Crime)、"犯罪人"(Criminal)及其他含有刑事诉讼意味之名词。是以劝幼年人之犯罪者,在术语上不称犯罪人,而以过失人(Delinquent)名之。按 Delinquent (一字无确切之中文可译,兹为便利计,姑译为过失人,以示与犯罪人有别)其犯罪行为或构成犯罪之情形,谓之过失(Delinquency)。至幼年人法院所管辖之过失案件(Cases of delinquency)范围如何,各州不一。惟归纳言之,不外下列12种:① 触犯各州法令,但重大案件在普通情形之下(即成人犯罪时)得处死刑或无期徒刑者不在此限(按此系 Delaware、the District of Columbra、ldaho、Iowa、Louisiana、Massachusetts、New Jersey、New York、North Dakota、Rhode Island、Utah、Vermont 等处之规定) ② 游荡成性,怙恶不悛或惯于违拗;③ 与贼人、罪犯、娼妓、流氓或恶人交;④ 懒惰成性或习于犯罪;⑤ 故意涉足于酒馆赌场及其他不适宜之场所;⑥ 好嫖;⑦ 黑夜游荡于街上;⑧ 游荡于火车场,跳乘正在开驶之火车或无故乘入他人之车辆等;⑨ 惯用或惯作秽亵之文字;⑩ 无故或不经父母或监护人之许可,擅自离家他往;⑪ 不道德或无礼貌;⑫ 惯于逃学。

(2) 幼年人无所依靠或被遗弃之案件(Cases of dependency and neglect)。此类案件,可归纳为下列 10 种：① 贫苦无依；② 无家可归；③ 被遗弃；④ 无适当之父母或监护人；⑤ 仰给予公家之赡养；⑥ 为乞丐；⑦ 居留于妓院或与恶人及不可靠之人等同居；⑧ 因父母之疏忽、虐待或腐败，而无适宜之家可归；⑨ 于公共场所奏弄音乐或唱歌；⑩ 处于有损道德身体及幸福之环境，而有受国家监护之必要。

（3）幼年人神经失常之案件。美国少数州法律，规定神经不健全之幼年人，得由幼年人法院，收入收留所，施以必要之感化教育或其他必要之措置。

2. 涉于与幼年人有关系之成年人之案件

此类案件之划归幼年人法院管辖，所以使该法院对于上述第一类案件，得为较属彻底而有效之措置。依美国多数州之法例，凡为父母者或其他地位相等之人，因过失或不法行为，消极或积极地致幼年人有过失(Delinqnency)，无所依靠(Dependency)，或被遗弃者；或其行为有使幼年人陷于此项情形之可能者，皆应由幼年人法院予以必要之制裁或措置。

（四）幼年人法院之办案程序

幼年人法院之办案程序，可分三种：审理前之程序、审理时之程序、审理后之程序。兹分述于下：

1. 审理前之程序

凡幼年人法院管辖之案件，因告诉人之告诉、监训员或国家律师(State Attorney)之申请，而系属于法院。法院收到前项告诉或申请后，由法官或其指定之人，如助理法官或监训员等，先后审查案情或调查事实。如所得之结果，足以证明该案无审理之必要，则用非正式之方法，予以处分，借资结束；否则即由法院定期审理。幼年人及其父母或监护人，均须由法院预行传唤；此次传唤之手续，每较诸一般案件为通俗化，所以避免刑事诉讼之意味也。凡幼年过失人，有加以管束或收留之必要者，由法院收入收留所。现行立法例，大都禁止将幼年过失人与成年犯拘留于同一处所。收留所之设备及管理方法，类皆与监狱不同，其内容须学校化及家庭化。所内之幼年人，须男女分居。收留所除收留幼年过失人外，并兼收无依靠或被遗弃之幼年人。后者常与前者(有过失者)分居，以免同化。惟收留所之费用颇巨，每非一般幼年人法院所克举办。故多数幼年人法院，将幼年人收留于私人之家庭(Family Homes)。此制创于波士顿(Boston)，故有波士顿收留制(Boston plan of Detention)之称。现行法例，类皆规定幼年人法院于审理案件前，除审查案情或调查事实，以定夺有无审理之必要外，须就各该案件为社会调查(Social investigation)。此项调查，无异医家之诊断，为法院对于各该案件拟定措置办法之根据。担任此项调查工作者，大都为监训员，惟各地之警察机关，亦往往分任此事。至调查之范围，依伦路德(Katharine F. Lenroot)及路德百尔(Emma O. Lundbery)之意见(*Junenile Courts at work* 一文)须六项内容：(1) 告诉之原因。(2) 幼年人之历史、习惯及行为。(3) 家庭状况包括：① 家庭之组织，家庭中各人之职业、收入及特性，以及各人依赖社会机关赡养之情形；② 居住生活及睡眠之设备；③ 家庭中与幼年人之行为有特别关系之情形；④ 家庭之情形。(4) 幼年人与其学校，包括：① 幼年人现有之学业程度；② 幼年人之求学史。(5) 幼年人之服务史。(6) 幼年人关于娱乐之活动及与教堂俱乐部及其他机关之联络。

幼年人法院除对于幼年人之案件为社会调查外，尚需检验幼年人之体格及神经。是项工作之重要，实不亚于社会调查。盖体格与神经，与幼年人之现在及将来，均有因果关系，欲期其人格之改善，非加以注意不可也。

2. 审理时之程序

幼年人法院之审理程序，具有下列之特点：(1) 幼年人之案件，与成年之案件，各别审理；(2) 幼年人之案件，不准外人旁听，并禁止公布；(3) 审理幼年人案件之程序，力求简单化与通俗化。

以上(1)项所以使法院对于幼年人之案件，悉心研究，无所牵攀；(2)项所以保全幼年人之信誉,以为异日发展之余步;(3)项所以避免刑事诉讼之意味。

3. 审理后之程序

此程序之中心事实,即法院根据社会调查、体格及神经检验之结果及幼年人之需要,决定并实施必要之措置。其性质实与医家之处方及治疗相等,法院对于适当方法之采用,具有极大的裁量权。此殆幼年人案件与普通案件最不同之点。幼年人法院之法官,于案件审理终结后,得为下列任何措置。

(1) 驳斥诉讼。于驳斥诉讼前,法院得视实际之情形下"缓决"(Coutinuance)之裁定。在缓决期间,法院得将幼年人交付指定之机关,加以监训或其他必要之措置;如该幼年人之情形,于该期间内确有进步,则将案注销。

(2) 监训。凡幼年人之受监训者,仍得与其父母同居,其生活与平时无异。惟在受监训之期间内,须受监训员之监督。监训之范围甚广,举凡一切与幼年人之生活幸福有关系者,如求学、职业、娱乐、医药等,均受监训员之监督;监训员为行使职务起见,须常为多方之调查及注意。

(3) 交付指定之家庭收养。凡无适当家庭可归之幼年人,得由法院交付指定之家庭收养。

(4) 判令归还因不当行为所得之物与被害人,或赔偿损失、判处罚金,或责令提供担保。此项措置,间有警戒之效力,故为少数州之法令所许。

(5) 收管。凡幼年人之具有特殊情形,而需要管束或特别感化者,由法院送入感化院或其他类似之机关。

凡不服幼年人法院之措置者,得上诉于普通上级法院,或依其他类似之程序,请求救济。

美国之司法制度[*]

一、司法机关之系统

美国为联邦国,联邦与各州之权限截然划分,故联邦与各州之司法机关各自独立。联邦之司法机关共分二类:一为正式之法院;二为非正式之法院。正式之法院可分普通的与特别的二种。

(一) 普通的正式法院

1. 区法院(District Courts)

美国本部(即48州)共划为48个司法区(Judicial Districts),每区设区法院一所,受理第一审案件。其司法区之大者,每划为若干分区(Divisions),各分区之案件由区法院之法官巡回办理。[①]

2. 巡回上诉法院(Circuit Court of Appeals)

此类法院创设于1891年,所以受理原属于最高法院之案件,而减轻该法院之负担以利诉讼之进行也。美国全国现划为10个司法巡回区(Judicial Circuits),每区设此类法院一所。凡美国本部各区法院及多数非正式法院裁判之案件上诉或抗告时,类由此等法院受理。其特别区域(Territories)各法院裁判之案件,亦大都上诉或抗告于该处。此等法院开庭之地点,不限于一处,其法官往往分期于指定之区域巡回裁判焉。[②]

3. 最高法院(Supreme Court)

最高法院就关于外国使节领事之案件及一造或两造当事人为美国州政府之案件有初审及终审权,就其他下级法院裁判之案件有终审权。该法院所受理之上诉或抗告案件,以下列三种为限:(1) 关于违背联邦宪法条约或法律问题之案件及少数民刑或行政诉讼案件;(2) 下级法院认为有疑问而提请该法院裁判之案件;(3) 因当事人之请求而经该法院认为应重行审究之案件。上述各种案件,不以属于联邦下级法院管辖者为限,其在第一审或第二审属于州法院管辖者,在特种情形下,亦得由联邦最高法院受理。[③]

(二) 特别的正式法院

可分为二类:因特种区域而设立者和因特种事件而设立者。前者乃48州以外之各特别区域之法院,其名称、性质种种不一,兹因限于篇幅,姑从略;后者大都为行政法院,略举如下。

(1) 请求法院(Court of Claims)。此法院创设于1855年,凡人民对于联邦政府主张权利或要求损害赔偿之案件,大都归其管辖。其权利或要求之根据,不以公法关系为限,即关于私法者,亦属之。凡不服此法院之裁判者,得向最高法院请求救济。[④]

(2) 关税及特许专利权上诉法院(Court of Customs and Patent Appeals)。此法院创设于1909

---

[*] 原载于1935年《法学杂志》第8卷第4期。
[①] Hughes, *Federal Practice*, 1931, Vol. I, pp. 104 – 108; Callendar, *American Courts*, 1927, p. 46.
[②] Hughes 同书 pp. 76 – 80 及卷首附图;又 Callendar 同书 pp. 45 – 46。
[③] Callendar 同书 pp. 42 – 45。
[④] Port, *Administrative Law*, pp. 262 – 264;Callendar 同书 p. 48 及 Hugnes 同书 pp. 87 – 88。

年,原名关税上诉法院(Court of Customs Appeals),旋于 1929 年改用今名。其管辖之案件,可略分为二类:关于关税之案件;关于特许专利权之案件。简言之,前者以不服关税法院之裁判而上诉或抗告之案件为主;后者以不服特许专利局(Patent Office)之处分或决定而上诉之案件为主。凡不服上诉此法院之裁判者,得向最高法院请求救济。①

(3) 关税法院(United States Customs Court)。此法院创设于 1926 年,乃处理关税案件之初审法院。②

联邦之正式法院既如上述,次须研究者为非正式之法院。所谓非正式之法院者,系指由行政机关监督或组织之裁判或审查机关而言,其重要者如税务上诉委员会(Board of Tax Appeals)、各州间商务委员会(Interstate Commerce Commission)、联邦商务委员会(Federal Trade Commissin)等是。凡不服此类机关之裁判或决定之者,得向巡回上诉法院及最高法院请求救济。③

各州之司法机关亦可分为正式之法院与非正式之法院二种。正式之法院因各州之情形而不同,惟归纳言之,大都不出下列之范围:④

(1) 最高级上诉法院。此类法院名目不一,惟大都以某某州最高法院或其他类似名号见称于世,对于属于各州管辖之案件有终审权。

(2) 中级上诉法院。此类法院仅见于少数州中,其设立之目的,在减轻各州最高级上诉法院之负担,性质殆与联邦巡回上诉法院相同;其名称种种不一;其管辖范围,亦因州而异。

(3) 第一审法院。此类法院性质不一,有采普通法院之形式而兼理各种诉讼者,亦有采特别法院之形式而专理特种案件(如关于刑法、民法、平衡法、幼年犯罪等案件)者。此类法院中间有采巡回审判制者,此制大都行于地广人稀讼事不发达之区域。

(4) 治安裁判所或警务法庭。治安裁判所为治安裁判官(Justice of the Peace)之法院,大都民刑事兼理。所理之民事以轻微案件为限。关于刑事案件,其职权如下:① 就轻微案件行简易裁判;② 就较重要之案件接受告诉实行预审。繁盛之城市区域,每设有警务庭,置警务裁判官(Police Magistrate)一人或数人;所管辖者,大都限于刑事轻微案件。

美国各州中亦有设立请求法院(Court Of Claims)以办理人民对抗政府之案件者,如伊利诺斯(Illinois)、纽约(New York)及马萨诸塞(Massachusetts)等州是,其性质略与联邦请求法院相似。⑤

各州之非正式法院种类不一,其最普通者,当推劳工抚恤委员会(Workmens Compansation Boards)等机关。⑥

二、司法机关之组织

司法机关之组织可分一般的与裁判的二者论之。前者指每个司法机关之全体而言,后者指裁判时之组织而言。兹分述于下:

(一) 一般的组织

是项组织因联邦与各州而不同。而联邦与各州司法机关之组织,复因正式与非正式法院而别。兹因限于篇幅,请专就正式之法院一言之。

1. 联邦之正式法院⑦

(1) 区法院。每区法院置推事一人(但事务繁者,得置两人以上之推事;事务简者,得合两个以上

---

① Hughes 同书 pp. 91 - 92 及卷首附图。
② Hughes 同书 pp. 94 - 95。
③ Port 同书 pp. 227 - 282 及 Hughes 同书卷首附图。
④ Dodd, *State Government*, 1923, pp. 325 - 328 及 callendar 同书 pp. 22 - 23。
⑤ Port 同书 pp. 265 - 266 及 Dodd 同书 p. 303。
⑥ Port 同书 pp. 282 - 287 及 Dodd 同书 pp. 354 - 355。
⑦ Hughes 同书 pp. 72 - 74、80 - 84、89 - 91、92 - 94、95 - 96。

之区法院置一名推事),区检察官(District Attorney)、书记官(Clerk)、执达吏(Marshal)各一人,承审员(Commissioners)若干人。推事专掌裁判,其置有两个以上之推事者,除法律有特别规定外,各推事独立执行职务,其权限地位均属相等。区检察官专司诉追犯罪及代表联邦政府进行民事诉讼。区检察官之下,得置一员或二员以上之助理区检察官(Assistant District Attorneys),襄办检察官之职务。书记官掌理记录档案文牍会计庶务事宜,其下得置助理书记官若干人。执达吏专司执行法院命令,几兼有吾国执达吏与司法警察之权限。承审员专司刑事预审及其他裁判上之琐碎事务。除上述之职员外,区法院尚置有庭丁(Criers and bailiffs)若干名,其职务限于维持法庭秩序等事。

(2) 巡回上诉法院。每巡回上诉法院置三员以上之推事,但遇必要时,得由区法院或最高法院之推事兼任。巡回上诉法院置书记官一人、助理书记官若干人,其职务与区法院之书记官同;执达吏之职务由区法院之执达吏兼任。

(3) 最高法院。最高法院置推事九人,其中一人为首席推事(Chief Justice),其他为陪席推事(Associate Justices)。另置书记官一人、助理书记官若干人、执达吏一人、助理执达吏若干人、判决报告员(Reportor)一人(专司印行法院之判决裁定等事宜)、推事随身书记官(Law Clerks)九人。

(4) 请求法院。请求法院置推事五人(其中一人为首席推事、四人为陪席推事),书记官、助理书记官各一人,承审员若干人,庭丁若干人。

(5) 关税及特许专利权上诉法院。此法院置推事五人(其中一人为首席推事、四人为陪席推事)、书记官一人、书记官助理员若干人、执达吏一人。

(6) 关税法院。此法院置推事九人(其中一人为首席推事,九人为联席推事)、书记官一人、书记官助理员若干人。

2. 各州之正式法院①

各州之正式法院,组织极不一致,未便一一详述。兹略举其职员如下,以见其内容之一斑。

(1) 推事。各州之最高级及中级上诉法院,大都置推事三至九人,以一人为首席推事。至第一审法院推事之人数,则视事务之繁简而定。

(2) 检察官。每郡大都置检察官一员,其名称种种不一,惟其权限则类属相仿。严格言之,若辈大都为一郡(County)之公务员,并不配置于任何法院,惟因职务关系,实际上与法院接触之机会甚多,而尤以第一审法院为然。

(3) 公设辩护人。各州之实行此制者尚占少数。

(4) 监训员(Probation Officers)。缓刑假释及幼年犯案件之被告,往往由监训员予以监视及照料。

(5) 书记官。每法院大都置书记官一员,掌理法院文牍及寻常行政事宜。

(6) 警务官(Sheriff or Constable)。Sheriff 为一郡之重要公务员,所掌之事,种类繁多,法院之职务不过其中之一部分耳。若辈不但为法院送达命令、执行裁判、召集陪审员,抑且维持地方之治安、管理一郡之监狱。故严格言之,"警务官"一名称实不足以表示其性质。Constable 之性质与 Sheriff 相似,其所司者,大都属于治安裁判所之职务。

(7) 验尸官(Coroner)。此亦往往为一郡之公务员。严格言之,并不配置于任何法院;其主要职务为检验尸体,并于必要时检举致死之人。检验时,由陪审员六人列席,此项陪审员,系由验尸官所召集者。嫌疑犯之被检举者,以业经正式起诉论,由法院径予审判。

(8) 庭丁。各法院大都置庭丁若干名。

(二) 裁判的组织

法院之裁判事务,由法官与陪审员任之。故裁判时之组织,可就法官与陪审员二者分述之如下:

---

① Dodd 同书 pp. 318 – 321、325 – 328 及 Callendar 同书 pp. 33 – 35。

1. 法官

美国之法官,可分联邦法院与各州法院二点言之。联邦各重要法院之组织略如下述:[①](1) 区法院,采独任制;(2) 巡回上诉法院,裁判时例由全体推事参加,其法定人数不得少于二人;(3) 最高法院,裁判时例由全体推事参加,其法定人数不得少于六人;(4) 请求法院,裁判时例由全体推事参加,其法定人数不得少于三人;(5) 关税法院,采三人之合议制;(6) 关税及特许专利权上诉法院,裁判时例由全体推事参加,其法定人数不得少于三人,且任何裁判非经三人同意不生效力。

各州法院法官裁判时之法定人数,规定极不一致。概而言之,凡第一审之法院一律采独任制,其第二审以上之法院,一律采合议制。凡第二审以上之法院,裁判时类由全体推事参加,惟其法定最低人数,则随地而异,因无关宏旨,姑从略。

2. 陪审员

陪审员(Jurors)所组成之团体谓之陪审团(Jury)。陪审团有大小之别。大陪审团(Grand Jury)只适用于刑事,乃决定起诉与否之机关。其构成之人数各不同处,最多者为 24 人,最少者为 7 人。小陪审团(Petty Jury)乃参与民事裁判之机关,以决定事实为专务。其构成人数亦颇不一致,惟最多者不得超过 12 人。依英美之普通法(Common Law),凡较为重要之刑事案件,类须由大陪审团决定起诉与否;案经起诉后,类须由小陪审团参加裁判;其关于民事之重要案件,审判时亦须由小陪审团列席。惟美国现行联邦及各州之法律,已不乏变更此制者,大陪审团与小陪审团之适用范围,均有日趋狭隘之势焉。[②]

三、司法机关之人员

兹因限于篇幅,请专就推事与检察官二者略言之。

(一) 推事

美国选任推事之方法,凡分四种,略述如下:[③]

(1) 由人民选举。此为各州最通行之方法,美国 48 州中,有 38 州采用之。

(2) 由立法机关选举。此为罗得岛(Rhode Island)、弗吉尼亚州(Virginia)、南卡罗来纳州(South Carolina)、佛蒙特州(Vermont)所行之方法,各该州之推事,均由州议会选举。

(3) 由法院院长任命。此法仅行于新泽西(New Jersey)之平衡法院(Court of Chancery),该法院之院长(Chancellor)有任命该法院推事(Vice-chancellors)之权,而其本人则由州长任命。

(4) 由行政首领经立法或其他机关之同意任命之。此制行于美国联邦各正式法院,及缅因州(Maine)、马萨诸塞州(Massachusetts)、新泽西州(衡平法院除外)、新罕布什尔州(New Hampshire)、特拉华州(Delaware)与康涅狄格州(Connecticut)之法院。联邦法院之推事由总统征求联邦参议院(Senate)之意见(advice and consent)任命之;缅因、马萨诸塞、新罕布什尔等州之推事由州长征求州长参事会(Governors Council)同意后任命之;特拉华、新泽西等州之推事则由州长得州参议院之同意后任命之。

联邦正式法院之推事皆为终身职。[④] 至各州法院之推事,则因选举者与任命者而不同。其由立法机关或人民选举者,大都非终身职,其任期自数年至二十余年不等。例如,宾夕法尼亚州(Pennsylvania)则定为 21 年,马里兰州(Maryland)则定为 15 年,纽约(New York)则定为 14 年,加利福尼亚(California)、路易斯安那(Louisiana)、弗吉尼亚及西弗吉尼亚(West Virginia)则定为 12 年,密苏里(Missouri)、威斯康星(Wisconsin)、南卡罗来纳则定为 10 年。其采较短之任期者,则有伊利诺斯(Illinois)等二十余州。其定为终身职者,仅有罗得岛。按该州最高级法院之推事由立法

---

① Hughes 同书 pp. 74 - 75、85、91、94。
② Callendar 同书 pp. 176 - 177 及 Dodd 同书 pp. 311 - 315 又 Hughes, *Federal Practice*, Vol. 2, pp. 49 - 62。
③ Willoughby, *Principles of Judicial Administration*, 1929, pp. 361 - 372 及 Dodd 同书 pp. 330 - 331。
④ Hughes 同书卷一, p. 65。

机关选举，乃终身职。各州中之采任命制者，其推事之任期或为终身，或定为若干年。前者如马萨诸塞及新罕布什尔等州最高法院之推事是，后者如特拉华、康涅狄格、缅因、新泽西等州之推事是。①

美国联邦及各州对于推事之资格规定均欠周密。联邦宪法对于此点并未提及，其普通法律亦无规定。各州宪法或法律对于此点有规定者，亦不多见；且其所规定之资格，甚为广泛，按诸一般通例，凡为律师者，俱有应选之资格。惟就实际言之，联邦法院之推事，大都由经验学识俱富者充任之，非惟联邦最高法院为然，即下级联邦法院亦大抵如是。盖历届总统因顾全舆论，重视司法，任用推事每不敢草率从事；加以联邦议会对于总统所任命之推事有否决权，其资望不足者，往往不获通过；即或见重于总统，亦未必能投身法界也。各州法院之推事，以由选举产生者居多，其质量每较联邦法院之推事为逊，此尤以下级法院之推事为甚。良以一般选民对于此类法院之推事每不知十分重视，易于为奔竞者所迷惑耳。

（二）检察官

美国检察官之选任方法，共有五种。②

（1）由人民选举。此为各州最通行之方法，48州中有43州采用之。良以各州之检察官大都为郡公务员（County officers）之一，普通之重要郡公务员类由人民选举，以贯彻民主之精神；检察官为一郡之重要公务人员，其由人民选举，乃当然之趋势也！

（2）由行政首领任命。此法适用于联邦法院之区检察官，凡联邦法院之区检察官，皆由联邦总统任命之。

（3）由行政首领征求立法机关之同意后任命之。此法行于新泽西及佛罗里达（Florida）等州。新泽西之检察官由州长得州参议院之同意后任命之。佛罗里达之检察官共分三类：① State attorney；② Prosecuting attorney；③ County solicitor。其第一类检察官之任命方法与新泽西之检察官同。

（4）由司法总长或总检察长（Attorney-general）任命。联邦法院之助理区检察官（Assistant district attorney）及特拉华等州之检察官，即由此法院产生者。前者由联邦政府之司法总长或总检察长（按二种名称均可适用）任命，后者由州政府之司法总长或总检察长任命。

（5）由法院任命。此法行于康涅狄格，该州之检察官皆由各关系法院任命之。

检察官执行职务之区域，在联邦制度之下，以司法区（Judicial district）为单位；而在各州制度之下，则大都以郡为单位；其以司法区或司法巡回区（Judicial circuit）为单位者，仅属少数耳。③

美国之检察官一律为非终身职，联邦区检察官之任期为4年；但助理区检察官并无一定之任期，得由司法总长随时任免之；至各州检察官之任期，则自12年至45年不等。④

美国现行法律，对于检察官之资格，规定亦极欠周密。联邦检察官，因由行政机关任命，资格较为提高，凡应选者，大都具有相当之经验与学识；惟此乃政府当局尊重司法办事认真之结果，非现行法律制度所以使然也。至各州之检察官，则因由人民选举者居多，每不能称职；盖按诸一般法律，凡曾为律师者，皆有应选之资格，⑤不学无术而具有政治活动力者，颇有隙可乘也。

四、司法机关之权限

司法机关之权限可分为寻常与特别二种。就寻常之权限而言，美国司法机关具有下列二特点：

---

① Dodd 同书 pp. 332 - 333。
② Long And Baker, *The Prosecuting Attorney*, Journal of Criminal Law and Criminology, Vol. 23, pp. 932 - 937 及 Hughes 同书卷一, pp. 129 - 130。
③ Long And Baker 同文 p. 929 及 Hughes 同书卷一, p. 129。
④ *Instructions of the Department of Justice to United States Attorneys*, Marshals, Clerks, and Commissioners, Oct. 1, 1929, Art. 968 及 Longer and Baker 同文 p. 929。
⑤ Longer and Baker 同文 pp. 936 - 937。

（1）管辖范围甚广。美国法院所受理者，不仅为吾国法院所受理之普通民刑案件，即行政诉讼及违警案件亦属之。下级法院中虽间有对于特种诉讼具有专属管辖者，顾高级法院之管辖，则大都及于一切事件。① （2）处理案件之权限较狭。英美习惯法偏重于当事人进行诉讼主义，所授法院之权限较为狭隘。此种情形，在英国虽已渐见改变，而在美国多数州中则依然如故。②

美国司法机关之特别限权，可述者约有四种：

（1）解释宪法及宣告违宪法令及处分无效之权。此权不仅属诸联邦法院，即各州法院亦大都得行使之。③

（2）创设判例之权。此为英美法院之特权。基此特权，凡各级法院之判决例有拘束本法院与同级及所属下级法院之效力。④

（3）就法律点提出参考意见（Advisory opinions）之权。立法或行政机关对于宪法或法律有疑问时，得请求法院提出参考意见，以资遵循。此制之设，在预先征求法院之意见，以避免违宪法律之制定或违法行为之发生。美国采此制者已有马萨诸塞、缅因等十余州。其提出此类意见之权，大都属诸各州之最高级法院。其性质略似吾国司法院之解释法令权，但具有下列重要不同之点：① 所涉之问题大都涉于公法；其涉于私法者，除特殊重要者外，不得据以请求提出参考意见。② 仅立法机关或行政首领得请求法院提出参考意见。③ 所涉之问题须系关于具体事实者。④ 法院所提出之意见所以供立法或行政机关之参考，无拘束任何机关之效力（但在实际上，法院及请求提出参考意见之机关，均甚重视此类意见）。⑤

（4）诉讼法制定权（Rulemaking Power）。联邦最高法院与关税法院及少数州之最高级法院（如 Alabama、Colorado、Delaware、Michigan、New Jersey、North Dakota、Vermont、Virginia、Washington）有制定诉讼法之权，此项诉讼法不仅适用于本法院，抑且适用于下级法院焉。⑥

五、司法行政

美国无总理司法行政之专属机关。联邦政府虽有司法部（Department of Justice）之设，其权限仅及于检察官、执达吏、书记官及承审员，而与法院推事无涉；凡法院推事皆不受司法部之指挥或监督。全国联邦法院之推事，每年有司法会议（Judicial Conference）之召集，与会者为最高法院之首席推事及各巡回上诉法院之主任推事，由最高法院首席推事主席，最高法院首席推事因事不能出席时，由最高法院其他资深之推事代之。每年8月1日之前，凡联邦各区法院之主任推事应就各该法院上年度之事务（如收案结案之情形等）编制报告，连同对于下年度司法行政上之种种建议，呈送所属巡回上诉法院之主任推事，由该推事附具意见转送会议审核。司法会议之主席得请联邦司法总长就联邦各法院之检察事务（尤以上年度隶属于联邦各法院而一造当事人为联邦政府之各种案件为重要）提出报告（按此事已实行多年，成为惯例）。会议时所讨论之事项如下：

（1）推事之调迁及分配。该会议应就各法院之实际情形，研究调迁及分配推事之方法。该会议之主席得征求各关系巡回上诉法院主任推事之同意，就所属法院之推事，为适当之调迁及分配。

（2）关于统一司法及增进工作效率之计划，如改良诉讼程序及革新法院办理寻常事务之手续等均属之。惟此项会议无惩奖推事之权，故对于不称职之推事，除由国会提出弹劾或通过免职外，

---

① Pound, *Organization of Courts*, Journal of the American Judicature Society, Vol. II, pp. 69–71 及 Hughes 同书卷一卷首附图。
② Willoughby 同书 pp. 455–467。
③ Dodd 同书 pp. 135–137。
④ Gray, *The Nature and Sources of the Law*, 1924, pp. 241–243。
⑤ Clovis and Updegraff, *Advisory Opinions*, Iowa Law Review, February, 1928 及 Willoughby 同书 pp. 85–87。
⑥ Whittier, *Regulating Procedure by Rules of Court*, Journal of American Judicature Society, Vol. II, pp. 15–19。

别无有效之制裁方法。①

推事以外之其他联邦法院之重要服务人员,如检察官、执达吏、书记官、承审员等,均较推事受有严密之指挥及监督,联邦司法部对于此类人员总揽指挥监督之权。② 书记官与承审员乃由联邦各级法院自行委派,故除受联邦司法总长之监督指挥外,并须服从各该法院长官之命令。③ 执达吏执行职务时,于特定范围内,亦须服从法院之命令;惟检察官则仅受司法总长之指挥与监督,若辈与司法总长,允称上下一体,执行职务时,须绝对服从司法总长之命令。④

各州法院司法行政之组织,较联邦法院尤为涣散;推事及检察官,因系选举者居多,大都不受任何司法行政机关之监督。其他司法人员如书记官、警务官等,亦往往如是。且司法人员每各自独立执行职务,彼此不加干涉。故同一法院内,非惟首席或主任推事无权监督其他推事,即书记官、警务官亦可独立行事,不受他人之干涉。上级司法机关对于下级司法机关之行政及管理,概不过问;属于审判之事务,固属如是,其涉于检察方面者亦莫不然。各州中虽有设置总检察长或国家律师长(Attorney-general or solicitor-general)者,顾此类人员大都无权监督一般检察官。⑤ 故综观各州之制度,其所借以制裁司法人员者,大都为非常之手段,如由立法机关提出弹劾、由法院依刑法予以制裁、由人民罢免等是。至较为和平而可常用之监督方法,如警告、训诫等,则仅适用于少数州。此类非常手段,仅适合于重大案件,且运用时颇感困难,对于司法人员之不当或违法行为,鲜能予以有效之制裁。

近年以来,各州鉴于司法行政之无系统,先后设置法官委员会(Board of Judges)及司法委员会(Judicial Council)等机关。前者见于威斯康星(Wisconsin)等州,后者见于 Massachusetts、Ohio、Oregon、North Carolina、Washington、California、North Dakota、Connecticut、Rhode Island、Kansas、Virginia、Texas 等州。此类委员会有专由推事组织而成者,如一般之制度是;有由推事与律师合组而成者,如马萨诸塞之制度是;亦有由推事律师及州议会之代表合组而成者,如华盛顿等州之制度是。顾其职务大都不出联邦司法会议之范围,对于司法人员不能为充分之监督,收效仍甚微耳。⑥

六、最近改革司法之运动

美国最近改革司法之运动,种类不一,因限于篇幅,只举其大纲如下:

(一)统一法院组织

各州之法院系统,极为紊乱,且彼此缺少联络,事权殊为涣散。故法律界倡裁并法院、划一系统、集中事权者,颇不乏人。该国法制改革家哈佛大学法学院长庞德氏(Roscoe Pound)及美国律师公会等,对此鼓吹颇力。若辈所竭力提倡者,为"一由专家组成之单一法院"(A unified court with specialist judges)。其特点可略举如下:

(1)凡各类诉讼事件均由对于各该类事件有专门研究之推事分别办理。如刑事则由刑法专家办理,商事则由商法专家办理,幼年犯罪事件则由幼年犯罪学专家办理。

(2)每州设一整个之法院,内分若干部,如上诉部、初审部等是。每部复依事件之性质分为若干组,如刑事组民事组、商事组、幼年犯组等是。凡在各部各组办事之推事,在法律上,均为该整个法院之职员,故遇必要时可任意由甲部或甲组调至乙部或乙组办事。如是则每部或每组之推事,可按照事务之情形,而为适当之调迁或分配,不至有人少事繁或人多事少之弊。法院各部或各组俱属

---

① Willoughby 同书 pp. 275 – 279。
② 按此观于该部印行之 Marshsls, Clerks, and Commissioners, *Instructions To United States Attorneys*,可以知之。
③ 见同上 Arts. 1245、1492。
④ 见同上 Arts. 150 – 165、1112、1115。
⑤ 各州中仅 Delaware 与 Louisiana 二州之制度不同,前者各郡之检察官由 Attorney-General 任命,故 Attorney-General 对于所属有监督指挥之权,后者之检察官由宪法明文规定受 Attorney-General 之指挥及监督。
⑥ Willoughby 同书 pp. 264 – 275。

一体,故遇管辖错误之案件发生时,法院只可将该案移送主管部或组审判,不得径予驳斥。全院事务由首席推事总理之,但为办事便利起见,每部或每组得由特定人负责监督。①

(二) 改良司法人员之选任方法

美国各州司法人员以由选举而产生者居多,司法官易于为政党所操纵而失其独立之精神。此制实行以来,流弊极多,故学者中不乏主张废除之而代以任命制者。大陆各国关于考试及训练法官之制度(吾国制度亦属之),最近亦颇为一般人之注意。②

(三) 设置司法行政之专属机关

美国在现行制度下无总揽司法行政权之专属机关。联邦司法部虽握有司法行政之权,然对于推事不能过问;至联邦司法会议及各州之法官或司法委员会,虽能办理一部分司法行政事宜,然以职权过狭、贡献甚微,故一般学者主张采较为彻底之办法,于联邦及各州设置一类似于大陆法系国家之司法部或司法行政部,总理司法行政事宜。③

(四) 使诉讼程序简易化经济化

美国之诉讼程序导源英国之习惯法,颇为复杂,既费财力,复耗时间;往往使贫者弱者裹足不前,殊背保障人权之真义。一般学者有鉴于斯,当多方提倡改革。其改革之方略,可略举如下:

(1) 授法院以制定诉讼法之权。此制已行于联邦法院及各州少数法院,颇能使诉讼程序适合各地方与时代之需要。盖法院制定诉讼法,手续既简,而观察亦较为周详,不难因时因地而致宜耳。④

(2) 删除不合现代需要之手续。美国固有之诉讼法,与现代社会大相径庭,陪审团及所谓"普通法诉讼程序"(Common Law Pleading)等,即其明例。学者间颇有主张予以彻底改革者,此项主张虽尚未完全实行,顾已渐为立法或司法机关所采纳。⑤

1935 年 6 月

草于美国哈佛大学法学院图书馆之研究室

---

① Pound, *Organization of Courts*, pp. 78 - 83,按此点详述于拙著"美国最近改革法院组织之运动"一文(见《法治月刊》第 1 期)。

② Willoughby 同书 pp. 361 - 366,379 - 383 及 Dodd 同书 p. 335。

③ Pound, *Juristic Problems of National Progress*, 22 American Journal of Sociology, 721; and *Anachronisms in Law*, 3 Journal of the American Judicature Society, pp. 142 - 146; Cardozo, *A Ministry of Justice*, 35 Harvard Law Review, p. 113; Glueck, *The Ministry of Justice and the Problem of Crime*, 4 American Review, p. 139; *Reports of the Commission to Investigate Defects In the Law and its Administration*, New York Legis-Lative Documents, Nos. 70(1942)、74(1925)。

④ 按最近讨论此问题之著作甚多,不胜枚举,惟下列各文,较有精彩,不妨一读:(1) Pound, *Regulation of Judicial Procedure by Rules of Court*, 10 Illinois Law Review, p. 163 (1915); (2) Morgan, *Judicial Regulation of Court Procedure*, 2 Minnesota Law Review, p. 81 (1918);(3) Paul, *Rule-Making Power of Courts*, 1 Washington Law Review, p. 163 (1926)。

⑤ Willoughby 同书 pp. 174 - 194,440 - 532 对于此点做系统之叙述,颇值一读,如欲对此点为更进之研究,可读下列各书或文:(1) Pound, *Some Principles of Procedural Reform*, Illinois Law Review, Vol. 4, January-February, 1910 又 *The Canons of Procedural Reform*, American Bar Association Journal, Vol. 12, August 1926; (2) Storey, *The Reform of Legal Procedure*, 1911; (3) Smith, *Justice and The Poor* (1919); (4) Taft, *Law Reform* (1926), Chapters I,III,IV,V。Willoughby 氏于其所著之 *Principles of Judicial Administration* 一书(见前)内附载关于本问题之书目甚详(见该书第639—644页),足资参考。

美国司法现状之一瞥[*]

一、法官之任用资格及方法

美国联邦及各州,关于法官之任用资格,规定均甚宽泛。概而言之,除极少数法律有特别规定外,凡曾充律师或对于法学有研究(Learned in Law)者,类能应选为高级法院之法官。至低级法院,如治安裁判所(Court of Justice of Peace)及郡法院(County Court)等,因所辖系轻微事件,其法官并不限于读法律出身者。惟按诸实际,凡充联邦法院之法官者,大都系执行律务多年、成绩卓著或对于法学有特殊研究者。此观于联邦最高法院,盖可知之。该院法官多数系美国第一流学者。他且勿论,如最近逝世之贺尔姆斯(Holmes)及现任院长休斯(Hughes),推事卡多佐(Cardozo)、白兰达斯(Brandeis)等,俱为举国所推崇之学者。此外各州法院中,虽不乏资望浅缺之辈,滥竽其间;然学验俱富者,诚不在少数。于此可见,法律之收效,除条文之精密完美而外,尤有赖于运用之得当也。考美国法官之实际任用标准之所以能差强人意者,其原因凡四:(1) 律师大都系考试出身。凡曾充律师者,对于法学类能有相当之根基,法官候选者,大都须具有律师资格,其程度不至过于简陋。(2) 一般人颇重视法官,资望不足者,易于落选。(3) 任命之机关,对于法官人选,大都尚知慎重。(4) 法官待遇较优,地位隆重,易于罗致人才。

大陆法系之国家,对于高级法院之法官,每以曾任低级法院法官者充任之为原则。英美制度适与此相反,其高级法院之法官,大都由律师或法学家中直接选任,至于曾任法官与否非所注意。其致此之由,约有三端:(1) 英美诉讼制度,向采当事人进行主义,诉讼行为大都由律师为之。律师之经验,未必逊于法官,故律师充任高级法院之法官者,每能胜任愉快。(2) 英格兰版图狭隘,正式之法官为数不多,调任补缺之机会较少,政府方面对于此竟不甚注意。美国幅员虽广,然联邦与各州各自为政,每一系内之法官有限,其升转调补之问题,亦不常发生,实际上无采用大陆法规定之必要。(3) 美国各州法官,由民选者居多,律师与法官同有当选之机会,大陆法关于升转叙补之规定难以适用。英美学者以此制能排除法官迎合长官、希冀升调之观念,尝许为司法独立之有力保障(见 Ensor, *Courts and Judges in France, Germany and England*, pp. 40-43, 74-75, 101-102)。顾持反对论者,亦不乏其人,美国司法学会(American Judicature Society)于其 1927 年所公布之模范法院组织法草案(Draft of Model act Pertaining to Organization and Structure of Courts)内尝建议上诉法院(Court of Appeal)之法官,须由曾任法官者充任。其理由为上诉法院之法官,必具有下级法院法官之经验,方能断案切当,而不致专涉于理想(见该草案第 92 条、93 条及说明)。该国名学者威罗贝氏(W. F. Willoughby),亦有类似之主张。彼认为上级法院之法官由下级法院升调,其利有二:(1) 对于高级法院法官之任用,予以较为可靠之标准;(2) 奖励下级法院之法官,勤于职守(见 *Principles of Judicial Administration*, pp. 381-382)。

美国法官之任用方法,种种不一,归纳言之,约分四类,请分述于下:

---

[*] 原载于 1935 年 12 月《现代司法》第 1 卷第 3 期。

(1) 民选。此为美国各州最通行之任用方法,全国 48 州中,有 36 州之法官系由此法产生(Willoughby, *Principles of Judicial administration*, pp. 367-372)。此制流弊颇多,举其要者,约有四端:① 选举受政党之操纵,第一流之法学人才,每因不善奔走活动,而不克当选;② 人民对于专门人才,无真实之认识,难免选择失当;③ 因欲予人民以考核去留之权,法官之任期类皆甚短;④ 法官因希冀连任,易致迎合他人之心理,裁判难以独立。

(2) 立法机关选举。此制行于佛蒙特(Vermont)、罗得岛(Rhode Island)、南卡罗来纳(South Carolina)、弗吉尼亚(Virginia),其弊与民选相似。

(3) 法院院长任命。此制行于新泽西(New Jersey)该州衡平法院(Court of Chancery)之推事,均由该院院长(Chancellor)任命,至院长本人则由州长征求州议会上议院之同意后任命之。

(4) 行政首领任命。此制行于联邦法院及马萨诸塞(Masschusetts)、特拉华(Delaware)、缅因(Maine)、新泽西、新罕布什尔(New Hanrpshire)等州之法院。依《美国联邦宪法》第 2 条之规定,凡联邦法院之法官,除该宪法有特别规定外,由总统咨询联邦上议院后任命之。此制亦行于新泽西及特拉华,惟在缅因、马萨诸塞及新罕布什尔等州,则法官由州长任命后,须经州长参议会(Governors Council,乃民选之机关,人数极少)之同意,始得生效。

以上后二制较前二制为优。盖征诸一般之经验,由前者所产生之法官,常较由后者之所产生为满意也。①

二、法官成绩考核之制度

美国现行司法制度,对于法官成绩之考核,可谓毫未顾及。联邦政府虽设有司法部(Department of Justice),然其行政长官即国家律师长(Attorney-General)之权限,仅及于国家律师(District attorneys),与推事无涉。至联邦各法院推事成绩之考核,并无专司之机关。各法院每年虽须编制工作报告,提送联邦司法会议(Judicial Conference)讨论研究。惟该会仅系联邦各法院主任推事,讨论改革司法之机关,实权甚狭,对于推事成绩之考核,不能过问。至于各州之情形,则更属不满人意。盖各州之推事及国家律师,大都系民选之官吏,其监督权属于人民而不属于长官。非惟法院推事之成绩无考核之机关,即国家律师之工作情形,亦无人过问。美国学者有鉴于此类情形,尝提倡于联邦及各州,设一类似我国及其他大陆法系国家之司法部或司法行政部。②

三、法官律师服帽制度

美国各法院法官之制服,大都相仿,其形式与学士礼服无异,法官出庭向不戴帽;据称联邦及各州法律,对于此点,并无规定,故法官无帽,殆已成为通例。律师出庭,一律不着制服,国家律师亦然;按诸以前惯例,若辈须着社交所用之礼服(晚礼服或大礼服均可)。但近年以来,此项惯例,已渐打破,遵守之者,仅少数出庭于联邦法院之律师耳。按美国法官与律师,对于服制之所以不注意者,实由民治思想之深入人心。盖一般人以为拘泥服装、注重形式,不脱封建色彩,于新兴之民治国家,不甚相宜也。

四、普通诉讼程序之繁难应如何改革

普通诉讼程序之繁难,乃各国司法制度之通病。英美法制,根据数百年来之习惯,于此点尤为不满人意。吾国诉讼法规,宗采奥德制度,删繁就简,扩充法官之权限;其内容之进步,非惟英美不

---

① Dodd, *Statement Government*, 1923, pp. 330-332; Beard, *American Government and Politics*, 1924, pp. 624-626.

② Pound, *Outlines of Lectures on Jurisprudence*, 1928, pp. 17-18; Cardozo, *A Ministry of Justice*, 35 Harvard Law Review, p. 113; Glueck, *The Ministry of Justice and the Problem of Crime*, 4 American Review, p. 139.

能望其项背,即较诸大陆最新法例,亦无逊色。尝考近来英美二国,对于诉讼程序,虽改革不遗余力,顾因其固有制度之过于复杂,与夫一般人之富于保守思想,其收效仍不甚彻底。故在英美人视之,虽已有长足之进步,而在吾人目光中,犹去大陆制度远甚。现任芝加哥大学比较法教授来因斯坦氏(Max Reinstein)生长于德国,遍游欧陆,于大陆及英美法制,颇有心得。去年于哈佛法学院为研究员时,过从甚密,彼此于英美及大陆法制之利弊,尝为详细之讨论。据称,"美国之诉讼法改革家,每对于英国现行之制度推崇备至。实则依予所见,英制尚不及德制。他且勿论,即就办案之迅速言之,英国法院虽优于美国法院,然较诸德国法院,犹有逊色也"。故就制度之本身而论,吾国诉讼法可加改革之处,实属有限,而英美法之足供参考者,尤不多见。最近尝与美国诉讼法权威哈佛法学院教授摩根氏(Morgan)详论吾国诉讼程序,彼于吾国制度,颇为称许。彼意如得精明强干之法官,其利必大有可观。盖诉讼法最大之目的,在防止法官之滥用职权。吾国及其他大陆法系之诉讼法,授法官以充分之权限,其利可使程序简单化;然执法者倘不得其人,其弊或更甚于英美法也。是以吾国目前改良司法之要图,与其谓为制度之革新,毋宁谓为人才之选择。

五、监狱长官及其他监狱员分别任用之资格如何

美国监狱长官及其他监狱员之任用资格,依照法律之规定,大都极为宽泛。联邦及各州典狱长之任用,多数不限资格,其标准之高下,悉取决于行政长官。惟按诸实际,各负责当局对于此类人才之选择,大都极为慎重,故结果尚佳。至监狱其他职员,有不限资格者,亦有须经普通公务员考试(General civil service examination)及格者。其普通公务员考试之内容,类皆甚为浅近,不涉及专门监狱科目。故就一般之监狱职员而论,其中富于监狱服务经验者,固不乏人;而长于学理者,实居少数(见 Miriam Van Waterr, *Probems Presented to the Federal system of Justice by the Child offender*, *Report to the National Commission on Law Observance and Enforcement*, pp. 79－80; Clarence S. Peterson, *Officers*, Jraining Schools, Vol. 22, p. 895)。惟联邦及各州中较大之监狱,因经费充足,历史悠久,其情形较殊。如费城(Philadelphia)之东监(Eastern Peni=entiary)及其他各州之同等监狱,均颇能延揽专门人才。如东监各部之主任,大都系大学研究院毕业,得有最高学位;而对于监狱学有特殊研究者,最近联邦及各州当局鉴于改良一般监狱职员之必要,已分别创设监狱官训练学校。其规模最大者,当推美国联邦监狱官训练学校。据联邦司法部 1933 年 6 月之报告,该校创设于 1929 年,截至该时止,已毕业 450 余人。入学者以经公务员考试及格者为限。学员待遇颇优,每人每年可得 1 680 元之津贴(见该报告第 116 页)。修业满 4 个月后,得暂充看守员。在最初任职之 8 个月内,由服务机关继续施以训练;凡任职满 1 年而成绩优良者,发给毕业证书。在训练期间,各学员除对于法律、政治、犯罪学、犯罪心理学、心理诊断及监狱实务为充分之研究外,又学习拳术、游泳、自卫、急救生命、救护伤者及运用手枪、兵器等术。据 Stutsman 君于 1931 年调查之结果,该校毕业生之服务成绩,大都甚佳,故此制颇有推行之希望(以上参看 Stutsman, *The Prison Staff*, *The Annals of the American Academy of Political and social science*, September, 1931, pp. 68－71)。

论三审制之存废或改革*

我国近年以还,讼案激增;不特第一审法院工作紧张而难以应付,即第二及第三审法院亦大都如是。国家之负担既因是加增(如增设法院添置员额等),人民之讼累复随之转重(如延长诉讼耗时费财等)。此种情形,自三级三审制实行后(即第一审案件一律由地方法院或分院受理,第二审案件一律由高等法院或分院受理,第三审案件一律由最高法院受理),尤堪注意。良以其第二审案件之向由地方法院或分院等办理者,今尽由高等法院或分院办理;其第三审案件之向由高等法院或分院等办理者,今尽由最高法院办理。今日之最高法院,即为全国惟一之第三审法院,而今日高等法院或分院第二审事务管辖之范围复较昔为大,则今日高等法院或分院及最高法院案件之增加,乃势所必然。重以司法当局严限各法院清理积案,第一二审办结之案件较多于前,上诉案件,亦随之以增;第二及第三审法院更有应接不暇之概。国人之关心司法改革者,遂多所建议,以图补救。其立论之点虽人各不同,顾就一般之趋势以观,其关键之所在,大都为三审制之存废或改革问题。著者不敏,敢就管见所及,述其一二感想于后。倘亦当世君子所乐闻欤!

一、决定三审制存废之标准

我国法学家尝有主张废除三审制者,其所持理由约分三点:(1)三审制足以增加讼累,害多而利少。(2)西洋重要国家如英、法等系采二审制,我国不应立异。(3)三审制乃联邦国家如德、美等所采者;我国系单一政体,宜予以废除。① 窃以为此项理由,按诸法理与事实,均欠充分。请分别说明如下:

(1)三审制虽有增加讼累之危险,顾在某种环境之下,往往为纠正下级法院之错误所必需,未必害多于利,不可遽言废除。按审级之应否多设,须视下级法院之是否完善而定。下级法院完善者,诉讼当事人易得适当之裁判,毋庸多设审级,为之纠正。反之,下级法院不完善者,诉讼当事人往往缺乏保障;审级之多设,正所以济其穷。如第一审及第二审法院办理完善,则废除第三审,并无大害;反之,第一审及第二审法院如办理不善,则当事人为伸张权利、发扬法治之精神起见,往往非出于上诉一途不可。讼累虽重,而上诉之所得或终胜于不上诉。我国自变法以还,对于司法组织,努力改革。法院之情形,较诸往昔固有长足之进步,顾以限于经费人才,第一审及第二审法院尚未臻于完善之域,人民之权利殊难谓为已有充分之保障。设遽将第三审废除,恐无以应社会之需要。

(2)英、法等国实际上未必采二审制。按英国审级制度殊不划一,未可一概而论。诉讼案件经二审而当然终结者,固属颇多。其得经三审、四审而终结者,亦不乏其例。如就刑事而论,凡简易案件,经第一审法院即(治安裁判官)判决后,被告得上诉于季裁判所(Quarter Sessions),遇季裁判所之判决不满人意时,两造均得向高等法院之合议庭(Divional Court)请求就法律点予以裁断。凡普通案件经第一审法院判决后,被告得上诉于刑事上诉法院。此项上诉得就法律及事实点同时为之,

---

* 原载于1936年《现代司法》第1卷第9期。
① 见《东方杂志》第33卷第8号吴绂征君《中国司法制度的改造》一文,第7—15页。

亦得就法律点单独为之。其专就法律点上诉者，事前毋庸经法院之许可。其就法律及事实点同时上诉者，事前须经原审法院或刑事上诉院之许可。普通刑事案件，经刑事上诉院判决后，被告或检察官，得经国家律师长（Attorney-General）许可，就特殊重要之法律点上诉于贵族院。① 至论民事，则凡由郡法院（Courty Court）判决之案件，大都得上诉于高等法院之合议庭。不服该合议庭之判决时，得经法院许可，上诉于上诉法院（但关于遗嘱、离婚及海事之案件上诉时，毋庸经法院许可）。对上诉法院之判决仍不服时，得经法院之许可，上诉于贵族院。凡由高等法院非合议庭第一审判决之案件，得上诉于上诉法院。不服上诉法院之判决时，得再上诉于贵族院。再上诉时，大都毋庸先经法院之许可（例外为婚姻及破产事件）。② 故就英国之实际情形而论，其诉讼程序并不以二审为限。所不同者，不过其第三审及第四审之管辖范围较一般国家为狭而已。至于法国则二审制更属有名无实。良以法国学者所称之上诉（l'appel），乃不服原审法院之判决，而请求上级法院根据事实与法律撤销并变更原判之谓。法院中之对于下级法院之判决兼具此项撤销权及变更权者，厥惟第二审法院。其具有第三审管辖权之最高法院（Cour de cassation）不与焉。是以自理论言之，不服第二审法院之判决而以违法为理由向最高法院请求救济者，不得谓为"上诉"，只可以"请求废弃原判"（Pourvoi en cassation）名之。法国学者，因惯用此项术语，遂谓该国之上诉审只有一级（普通即第二审法院）。然夷考其实，该国之最高法院于办理讼案时所处之地位，与吾国、德、日之最高法院或大审院大体相似，实俨然一第三审法院。所不同者，不过原判变更权之有无耳。③

（3）德、美二国之三审制与联邦政体并无不可分之关系。按德国之最高法院系由法国之最高法院脱胎而来。惟当时该国学者，因鉴于法国最高法院之权限过狭（只能撤销原判、发回更审，而不能径行变更原判），足以迁延时日，增加讼累。尝酌予变通，以利诉讼。察其创设之原意，只在统一一般法令之解释及予诉讼当事人以多一重之保障，与该国联邦政体组织之本身并无不可分之关系。盖德国虽属联邦，其民商、刑事实体及诉讼法规早经联邦立法机关制定通行。全国法律生活，十之八九于数十年前即趋于一致，与美国式之联邦，未可等量齐观。该国最高法院所管辖之案件，大都系涉及一般法律者。其关于联邦宪法问题者（如联邦政府与各邦政府相互间之权限争议及法律抵触等），居极少数。故就其所辖事件之性质而论，其中十之八九即在单一政体之国家亦可发生。矧德国法院采四级三审制，初级法院第一审之案件，以高等法院为第三审即终审。地方法院第一审之案件，以最高法院为第三审即终审。最高法院之于地方案件，直等于高等法院之于初级案件。设受理第三审地方案件之最高法院与联邦政体之组织有必然之因果关系，则于各邦内设立受理第三审初级案件之高等法院将何以自圆其说！夫第三审法院之存在，不仅在德国与联邦政体组织之本身无不可分之关系，即在美国亦未尝不然。良以美国联邦现在管辖第三审之最高法院，当该联邦成立之初，乃第二审之法院。现在管辖第二审之巡回上诉法院，尚未产生。后因有巡回上诉法院之设立，始变为第三审法院。足证政体虽系联邦，其法院不必采三级制。复就该国各邦内部之情形而论，其中虽不乏采一审制者，顾其采三审制者亦不在少数。足证政体虽系单一，三审制未尝无存在之余地。④

夫上述三种理由之欠充分而不足证明三审制之应行废除，固矣。然则，三审制之应否废除，果将何所取决耶？曰：无他，视时代之特殊需要以为转移而已。所谓时代之特殊需要者，大都可于四事见之：下级法院之优劣、诉讼事件之多寡、司法经费之裕绌、国家版图之广狭。第一事与三审制

---

① *Stephen's Commentaries of the Laws of England*, 19 th ed., Vol. IV, pp. 191 - 196, 240 - 241; Jenks, *The Book of English Law*, 3 rd ed., 1932, pp. 69 - 70.

② 见 Stephen 同书第 1 册第 123 页及 Jenks 同书第 74—77 页。

③ Garraud, *Traité théorique et pratique d'instruction criminelle et de procédure pénal*, tome sixiénie, 1929, p. 285、pp. 447 - 449; Cuche, *Précis de procédure civile et commerciale*, Gém ed., 1934, pp. 410 - 411, 471.

④ 按美国法院审级之变迁及现状见 Baldwin, *The American Judiciary*, 1905, pp. 125 - 152; Willoughby, *Principles of Judicial Administration*, pp. 239 - 247.

存废问题之关系已说明如上,姑不赘述。兹请就其余三事与此问题之关系一言之。

第一,诉讼事件之多寡。讼事多者,宜予以限制。其限制之道虽有多端,而减少审级以免诉讼之迁延,实其要者。反之,讼事少者,其限制毋庸过严,多设审级,为害尚小。

第二,司法经费之裕绌。司法经费充裕者,其一切司法之设施,可多就人民及一般社会情形着想。司法经费支绌者,则除注意人民之需要及一般社会情形外,兼须顾及国家之财力,以便于经济困难中,求其出路。譬如:在司法经费充裕之国家,其应付审级之办法,不必限于一端。如改良第一审及第二审法院而取消第三审法院也;增加第三审法院之法官或多设第三审法院之分院,使诉讼得迅速进行也;皆可斟酌为之。其取舍抉择,一以人民及社会一般之需要为断,与国家之财政问题无涉也。在司法经费支绌之国家,则不然。其一切设施,须在财政上不发生困难。故审级问题绝不若司法经费充裕者之易于解决。

第三,国家版图之广狭。一国之内,不可无统一解释法令之机关。不然,条文纵属一致,适用难免分歧。司法生活之统一,必至有其名而无其实。故各国皆设最高法院以任其事。至此项最高法院之审级如何,征诸事实,固有出入,即按诸学理,亦难尽同。其版图狭者,讼事既少,人民复无跋涉之劳,案牍传递,需时亦属有限,即以最高法院为第二审法院而兼掌统一解释法令之职,亦无不合。其版图广者则不然。第二审案件之多既非一法院所能处理(如美国联邦),而人民跋涉,案牍传递,亦不胜其烦,以最高法院为第二审法院,流弊良多。

二、我国对于三审制应持之态度

决定三审制存废之标准,既略述如上,次须研究者为我国对于三审制应持之态度。王部长太藜尝论我国之审级制度,以为补救之道,莫若改革诉讼法使于三级三审制中,贯注三级二审之精神。其法约分二端:限制第三审之上诉、充实第二审法院之组织。窃以为此项主张,于事实理想均能兼顾,实为我国目前应持之态度。请申其义于下:

(1) 限制第三审之上诉。我国下级法院既尚有缺点,而限于经费人才又难期其立臻完善,三审制之不应遽废,已具相当理由。矧我国幅员广大,交通不便,以最高法院为第二审法院而兼掌统一解释法令之职固属绝对难行。而以现在之第二审即高等法院为各案之终审法院,又难免法令解释之分歧。设无第三审法院以济其穷,必无以统一全国之法律生活。① 故就原则而论,三审制实有保存之必要。顾我国人口如是之众,每年经第二审法院判之案件为数极巨,设对于第三审上诉无严格之限制,则第三审法院既不胜其烦,而诉讼当事人有时亦不免因诉讼费用超过系争之标的而有得不偿失之感。故为补救起见,应将第三审上诉之条件提高或用其他方法使第三审上诉人不得施其故意拖延诉讼之伎俩。其致此之道,门类繁多。顾举其要者,则不外二种。一为直接者,其作用在直接限制第三审管辖之范围:① 于可能范围内提高民事案件得上诉第三审之标的额;② 按刑事案件之性质尽量限制其第三审上诉之范围;③ 规定民刑事之第三审上诉须先经法院等之许可(如英国)或审查(如法国之民事案件)等是。二为间接者,其作用在防止上诉人借故拖延诉讼而减少无益之上诉:① 规定第三审上诉无停止执行判决之效力(如法国之民事案件);② 对于无理由之上诉人或其诉讼代理人判处罚锾;③ 对于第二审之判决于可能范围内(如将来可以或易于回复原状者)宣示假执行等是。以上所述,不过揭其大纲。至其详细内容及抉择运用之道,因限于篇幅,请于异日补论之。

(2) 充实第二审法院之组织。夫限制第三审之上诉,虽出于目前事实上之需要,顾下级法院之现状如不改善,则人民所得法律之保障,仍难周密。我国法院组织法本定每县市设地方法院或分院一所,但实际已设是项法院者仅居少数,尚有 1400 余县在县长兼理司法之下。最近虽将兼理司法之制,加以改革,组织县司法处,使审判完全脱离县长而独立,然此仍属过渡办法,他日仍须一律改

---

① 此点当于以下各节详论之。

设地院。而改设地院之计划,以目前之司法经费及法学人才,实不易短期实现。夫整顿司法而不从第一审法院入手,乃吾国司法数十年不进步之最大原因。今虽注意及此,而又非一蹴可及,则权宜之计,惟有切近事实,不涉空想,先从充实第二审法院着手。良以第一审法院为数颇多,欲求其普遍设立,已属困难,遑论改善其内容。第二审法院之数不及第一审法院远甚,加以改善,尚属轻而易举。倘能多设分院,增益法官,抽调训练,严加考核,使第二审法院之内容充实,办案敏捷,足以矫正第一审之违误,则限制第三审之上诉,乃不至发生流弊;于不过增政府财政负担之条件下而使吾人之目的得相当之实现,未尝非计之得者也。

三、由三审制而论及最高法院之存废问题

我国之最高法院,在现行制度下,乃第三审法院。其存废问题与三审制之存废问题有极密切之关系。故吾人讨论后者时,实有附带涉及前者之必要。论者尝谓我国之最高法院应予裁撤。① 窃以为不可。盖最高法院之管辖范围虽有限制之必要,但因是即谓该法院应根本裁撤,则非平情之论。况最高法院办理第三审案件时,兼可借其判决统一法令之解释。其贡献至堪重视。此不独吾国为然,即征诸英、法、德、美、奥、意、比、日及其他文明国家,亦莫不如是。论者尝谓最高法院裁撤后,各省法院之判决可由司法院加以选择,制定统一之判例法。② 此项主张,骤视之,似属可取,顾究其实际,殊难赞同。请举其理由如下:

(1) 依现行制度,统一法令之解释及变更判例,名虽由司法院行之而实则由最高法院主其事。③ 察其原意,盖所以发扬司法独立之真义而维持法令解释机关之威信。设将最高法院裁撤而以统一解释法令及选择判例之权授诸司法院内具有行政官吏性质之其他专家,在今日行政机关威信尚未确立之我国,恐无以博社会之信仰而树法治之精神。

(2) 法院判决之是否合法非可凭空论断,必详参全案事实后方能决定。各省法院判决内所采之法律解释是否正当或是否合乎社会之需要,每须取决乎具体之案情。故司法院选择各省法院之判决时,为慎重起见,应调阅原卷;否则,必不免闭门造车之讥。然全国各省第二审法院(第一审法院姑不具论)为数颇多,其每年判决之民刑案件达 5 万至 6 万左右。④ 即专就审查其判决书而论,工作已甚繁重,其所需之人才与费用,必属可观,遑论调阅原卷,较其短长,评其得失,以制定统一之判例法。其结果所至,恐难免耗费多而收效寡,非智者所宜为也。

论者复引最近宪法草案之规定以为裁撤最高法院之理由,⑤其持论亦欠允当。盖宪法草案只规定:"司法院为中央政府行使司法权之最高机关,掌理民刑事行政诉讼之审判及司法行政。"⑥该项规定之目的,只在明示司法院职权之范围。至此项职权究应由何种机关行使,则因事关纲目,具有伸缩性而须从长讨论,应让诸普通法律之规定。故同草案第 82 条规定:"司法院之组织及各级法院之组织以法律定之。"综观该草案全文,并无裁撤最高法院之表示。犹忆立法院当年开始起草宪法时,对于司法院内部之组织尝有种种争执。主张维持现状者,固属有之;而主张取消行政法院,由普通法院兼理行政诉讼并裁撤司法行政部者亦大有人在。尔时以各方态度坚决,而宪法草案又亟待完成,遂有人提议将各该问题搁置勿论,俟将来制定普通法律时从长计议。惟无论如何,从未有提议将最高法院裁撤者。是以无论按诸理论抑事实,我国之最高法院均有保存之必要。

---

① 见吴绂征君"中国司法制度的改造"一文,第 15—17 页。
② 同上,第 17 页。
③ 见 1929 年 1 月 4 日司法院公布之国民政府司法院统一解释法令及变更判例规则。
④ 见 1931 年度及 1932 年度司法统计。
⑤ 见吴君同文,第 17 页。
⑥ 见最近公布之宪法草案,第 76 条。

由检察制度在各国之发展史论及我国检察制度之存废问题[*]

这次东吴法学杂志社发行《检察制度专号》，向我征稿。我当初本想将以往几年关于检察制度所搜集的材料加以整理，做一篇有系统而带比较性的文章。所以我曾告诉同学孙晓楼兄，我将担任写以下的题目——"中外检察制度之比较及我国今后应取之态度"。谁料刚预备开始动笔，便有了疾病，而痊愈以后不久又发了其他的症候。这样几次的耽搁，便蹉跎了好几个月的光阴。现在《检察制度专号》已届出版之期，而我那预定要写的文章呢，篇幅既长，并且还未开始，实在难以如期缴卷。不得已只好商请老同学原谅，准我换一个小一些的题目，聊以报命。也许这篇文章写成时，他已经对外公布了前一个题目。那么，我不但要请他原谅，并且还要向读者道歉。

近年来国内法学家及司法当局对于检察制度讨论颇多。其中有主张根本废除这个制度的，也有主张保存它的。而主张保存它的人又可分为两派：守旧派和改革派。前者赞成维持现状，后者提倡加以改革。我觉得这些人所提出的问题虽然都有研究的价值，但是其中最值得注意而亟待解决的，莫过于检察制度的存废问题。因为这个问题须先于其他问题而解决；若是这个问题不先解决，那么其它的问题有无讨论之必要便无从决定。不过从来研究这个问题的人，其出发点也各不相同。有些是偏重于事实的，也有些是偏重于理论的。偏重于理论的研究，近来在国内比较常见些；就是在本期专号里面也许占比较重要的位置，毋庸再加以补充。所以就我的立场而论，最好多就事实方面贡献一点意见。检察制度在各国之发展史乃是事实中最不可忽视的，我便拿它做一个主要的出发点。这就是我选择本文题目的用意所在。

本文共分两大部分。第一部分叙述检察制度在各重要国家之发展史；第二部分根据第一部分所叙述的事实，并参照我国的情形，推论我国检察制度的存废问题。

一、检察制度在各重要国家之发展史

检察制度与法院组织法及诉讼法——尤其是刑事诉讼法——有密切的关系。所以要研究检察制度的发展史，至少非同时研究法院组织法及刑事诉讼法的沿革不可。但是本文因限于时间，对于这一层势难办到。现在只好将那些细点一概略去，专就检察制度在重要各国发展的阶段加以简单的叙述。近代谈法学的人，都喜欢将大陆、英美两系对举并列，我们为便利起见，姑且亦照样分别说明如下：

（一）检察制度在大陆法系国家之发展史

有人说：检察制度在从前罗马时代就已经存在。但是据一般法制史学家的考证，这似乎不足置信。因为在罗马时代无论何人都可诉追犯罪的人，国家并未设置专官担任这事。就是到了以后皇权发达的时期，也没有人想到这一点。勉强可以说是与检察制度有些关系的，只有两件事：第一

---

[*] 原载于1936年10月《东吴法学杂志》第9卷第5期。

是在帝制全盛时代有一批"国家或皇帝的代理人"出现，他们的名称种种不一。有叫 Procurator principis 的，有叫 Procurator caesaris 的，也有叫 Procurator rationalis 的。不过他们的职务大都不外替国家或皇帝保障财政上的利益并管理财务。据说以后法国一种类似的制度（这种制度是法国检察制度的滥觞，本段下面当补行说明），便是渊源于此。第二是在当时有一批公务员（叫做 defensores、irenachae、curiosi、stationarii、nuntiatores 等）担任警务及地方治安事宜。他们有时侦查犯罪并将缉获的犯人移送法院，但是他们在法院内的地位并不因他们的公职而与私人有何区别。倘若他们不能就所告的事情举出充分的证据，或不能使法院认为其所告属实，法院得处以诬告罪。①

检察制度在大陆方面的真正发源地，当推法国。在法国古代王政时期有一种人叫做"国王的代理人或律师"(Procureurs on avocats du roi)。据说这一批人是由罗马时代的 Procuratores caesaris 等脱胎而来的。因为罗马的制度曾随着那些占领高尔（Gaul 按此为欧洲古国，其领土包含今之意大利北部、法、比及荷兰、瑞士之一部分）的弗兰克民族（Franks）传到法国去。② 这批"国王的代理人或律师"最初是专管国王或诸侯私人的事情的，所以他们只是国王或诸侯私人的代表。他们所处理的都是关于国王或诸侯本人权利的事件，如财政上的利益及领土的完整等。并且他们不一定专替国王或诸侯服务，有时自己也执行律师职务而兼办私人的法律事件，所以他们的地位初与普通律师一样。③ 迨后王权扩张，国家活动的范围一天大于一天，于是关于国家利益及公共秩序一类的事也归他们过问了。他们所担任的职务一变而包括诉追犯罪、维护失踪人之利益、保障被监护人、贫穷人及弱病者之权利、监察官吏之行为等。到了 14 世纪的初叶，他们便成为正式的公务员。自 15 世纪以后他们的职位更带上了专任的性质，他们便不能再办私人所委托的法理事件。同时因为他们的职务渐趋固定，人数日形增加，在组织方面渐渐地具有系统。不过虽在这个时候，他们对于国王的关系还没有根本改变。他们执行职务时，仍不失为国王的代表，因为在专制政体之下，一切权力都是以国王为泉源的。他们在当时之所以以"国王的人"(gens du roi) 见称于世，就是因为这个缘故。④ 迨 17 世纪的下半叶，法王路易第十四颁布了各种条例，将以前的法律制度及思想加了一番整理及改革。于是检察制度在条文上更有明确的规定。不过到了 18 世纪，因为政治思潮的转变及人权观念的发达，渐有人攻击当时的司法制度——尤其是刑事诉讼制度。其攻击最烈的莫过于那纠问式的、秘密的、用刑讯的、不准用辩护人的刑诉程序。当时的学者和政论家中有一班很推崇英国的制度——尤其是英国的私诉（即私人诉追犯罪）、公开审判、辩护及陪审等制度。这班人中有孟德斯鸠（Montesquieu）、伏尔泰（Voltaire）、德罗姆（De Lome）、贝卡里亚（Becaria）在内；他们都主张采取像英国那样的刑诉制度。这种思想激荡既久，附和者一天多于一天。所以到了法国革命之时，几有一发而不可遏止之势。国民会议（Constituent Assembly）除于 1789 年 10 月 8 日及 9 日通过改革法制的议案外，复于 1791 年 9 月 16 日及 29 日议决了更进一步的改革法案。依后者的规定，检察官的职权，因为大陪审团制（Grand jury）的采用和私诉制的容纳，大被削减。⑤ 同时有人认为检察官关于诉追犯罪的职务与国家主权所属之人民的利益有密切的关系，检察官不应该由行政机关任命，所以该法案（即 1791 年者）复规定检察官改由人民选举。⑥ 到了法国第一共和 4 年有所谓"罪刑法典"的颁行，这部法典一方面将以前的法律加以整理和编制，使成为一个整个的系统而便于引用遵守，一方面又将几点认为不满意的地方加以改革。不过检察官的地位并未受到什么显著的影响。但是此法施行不久，大家便觉得国家关于诉追犯罪的权力太薄弱，不足以应付那革命后社会

---

① 以上见 Otto, *Die Preussische Staatsanwaltschaft* (1899)，第 1—2 页。
② 见同书第 5 页。
③ 见 Esmein, *Histoire de la Procedure criminelle en France* 之英译本 *A History of Continental Criminal Procedure*, Continental Legal History Series, Vol. V, (以下照此) 第 114—121 页。
④ 见 Brissaud, *History of French Public Law* (法文英译本), Continental Legal History Series, Vol. IX, 第 466—468 页。
⑤ 见 Esmein 同书第 211—250、272—275、362—390、418—419 页。
⑥ 见 Mangin, *Traité de l'action Publique* (1876) 第 8—10 页及 Esmein 同书第 418 页。

不安的情形。于是在共和 8 年及 9 年两年将革命前有的检察制度恢复了。检察官民选的办法因此也被取消。拿破仑秉政时代,努力于立法事业,于 1808 年便颁布了现行的《刑事诉讼法典》(Code d'instruction criminelle)。这部法典是折中路易十四时代所订的制度与革命时期所订的制度而成的,所以和两者都有些不同的地方。不过当时因为对外连年作战,国内未能安定,觉得有维护检察制度以保护国家权力之必要。所以对于固有的检察制度,殊少更张之处。[①] 1810 年 4 月 20 日另外颁布了一种关于司法组织的法律(Loisur organisation del'ordre judiciaire et l'administration de la justice),对于检察官的系统结构职权等有更详密的规定。这种法律至今还是有效。

我们对于检察制度在法国发展的情形既已说了一个大概,以下便要略述这种制度传播到别的大陆法系国家的经过。按别的大陆法系国家之采取这种制度,大都是由于法国现行 1808 年《刑事诉讼法典》及其他拿破仑法典的影响。这些法典颁行以后,由于法国政治及其他势力的膨胀,欧洲重要的国家便相继被迫或自动地模仿或采用它们。因此那些法典所规定的检察制度也随着由法国向外流传。不到百年,非但那些和法国在历史或种族上关系密切的国家如比利时、意大利和瑞士之西部各州等采用这种制度,就是那背景相差很远的俄国、德国、奥国及其他许多漠不相关的国家也不能例外。[②] 至于今日,则凡是大陆法势力所及的地方,几乎没有一处不有这个制度。我们没有工夫就各国采取这种制度的经过一一加以说明。现在只好将比较值得注意的一个国家——德国的情形拿来做个例,以补充上面所说的种种。

德国本是一个日耳曼民族的(Germanic)国家。我们研究检察制度在德国发展的经过,最好从日耳曼的法律说起。按照日耳曼古代的法律,诉追犯罪乃是私人的事情,非国家所问。遇着犯罪情事发生时,不但被害者及其家属享有诉追之权,就是他们的朋友或第三者(在他们自己不行使此权时)也享有此权。不过无论如何,国家对于这些事情是向来抱着不干涉主义的。所以在古代日耳曼法制中我们找不出检察制度的痕迹。这种情形一直到 15 世纪才渐渐地改变。自从那时候起,皇帝为保护他的以及国家的财政利益起见,便专任了一位官吏代表他在法庭里进行诉讼。这位官吏后来以皇家法庭财务代理人(Kammer-Prokurator-Fiskal)见称于世。自从弗力特雷大帝三世(Friedrich Ⅲ,1440—1493)时起,这位官吏便以皇帝代表的名义诉追一切违背皇帝命令侵害皇帝权利的人。[③] 同时,在各邦里面还有比这个更值得注意的情形发生。在 1474 年巴恩(Bayern,英文为 Bavaria)的鲁易(Ludwig)公爵曾发布命令,称:如遇犯罪情事发生而无人愿出面诉追,该邦的官吏应依职权办理这事。在 1513 年该邦的威廉(Wilhelm)公爵曾于泼拉黑(Perlach)地方设了一个公务员专办这事,在 1456 年维耳登拜耳格(württemberg)的伯爵派了古滨根(Göppingen)地方的督察员为办理特种案件的公诉人,到了 1566 年在昂斯帕黑(Anspach)及拜陆脱(Bayreuth)等处又设了诉追犯罪的官厅律师。在慕尼黑(München 英文为 Munich)那一邦里面,公诉职务由市长任之,在官禁里面自从 1610 年的犯罪条例(Malefizordnung)颁行以后,这类职务由犯罪代理诉追人(Malefiz-prokurator)担任。[④]

不过以上种种仅足以表示德国渐渐地有与检察制度接近的可能,我们未便因此就说德国现在的制度是发源于此。我们只可说这些事实为现在的制度造成一种相当有利的空气罢了。至于讲到检察制度的真正起源,我们还得回溯到法国法制之流传于德国。在 19 世纪的初叶,因为法国政治及文化势力的膨胀,欧洲有许多地方都采用了法国法典——尤其是 1808 年颁行的《刑事诉讼法典》。德国虽没有采用这些法典,但间接却不免受到影响。所以巴恩邦于 1831 年便略仿法国的制度设了检察官,以后汉诺威邦(Hannover)(1840 年)、维耳登拜耳格邦(1843 年)、巴登邦(Baden)

[①] 以上见 Esmein 同书第 426—441 页、第 428—527 页,及 Howard, *Prosecution*, Encyclopedia of the Social Sciences, edited by Seligman and others, Vol. XII,第 547 页。

[②] 见 Howard 同文第 547 页及 Garraud, *Traité théorique et Pratique d'instruction Criminelle et de Procedure pénale* 第 9 段。

[③] 见 Schröder, *Lehrbuch der deutschen Rechtsgeschichte*(1907)第 564—566 页及第 848—849 页及 Otto 同书第 4 页。

[④] 见 Otto 同书第 3 页。

(1845年)及普鲁士邦(1846年)等也跟着实行这个制度。同时德国黑森(Hessen)及普鲁士两邦沿莱茵河左岸的几省曾一度在法国统治之下而正式奉行1808年的《刑事诉讼法典》等。那些地方所实行的检察制度是和法国一样的。等到这些地方脱离了法国的统治以后,德国为维持固有状态以免紊乱社会起见,仍然听任以前的制度存在。所以德国自从19世纪中叶以后,不但有那略带些法国色彩的检察制度,并且还有那十足法国式的检察制度。① 后者之发现于德国,完全由于一时政治的关系,没有什么可以使我们注意之处。不过前者之发现于德国,却不是一件偶然的事情;其中有一点值得我们相当的重视,那就是:在有些邦里,这种制度经过了长时期的酝酿、讨论和观察才能产生或发展。这一点我们只要看普鲁士便可知道。

在普鲁士古代法中也有一种类似检察官的国家财务代理官。这种国家财务代理官的权限,比其他任何邦同等的公务员都要大。他们的职务包括:(1)监督刑事诉讼程序之进行;(2)诉追各种犯罪者;(3)侦查犯罪。这种公务员简直可以说就是检察官。但是这种制度发达不久,就有人提倡一种于它不利的学说。依照这种学说,国家的司法权应该集中于法院;国家财务代理人的存在,足以使司法权分化,不问其方式如何,都有损法院的地位,所以应该取消。这种学说以后盛行一时,国家财务代理官渐为一般人所不重视,而成为一种骈枝机关;结果在1809年3月10日国王竟下令将这个制度裁撤。② 所以从这一段历史看来,普鲁士本是与检察制度无缘的。不过制度的演变往往非意料所及者,在那时候普鲁士正实行着纠问式的刑事诉讼制度。因为采用秘密、书面及独任推事审理主义——尤其是独任推事审理主义——颇引起一般人的不满。当时有许多人认为办理刑事的推事办事多疏忽,态度偏颇,并且易于自负武断;因此对于他们几发生了一种不可解的怀疑。这种情形同时引起了朝野的注意,到了1843年政府便开始讨论改革的办法。当时一般的意见,以为检察官的制度乃是纠正不好的刑诉制度的最有效方法之一。所以同年7月里,在一次专为讨论改革刑诉制度而召集的国务会议的席上,普王除指定当时两位司法部长于最短期间研究有无方法暂行补充当时的刑事诉讼条例等问题外,另外还叫他们决定关于采行检察制度的原则。那时候的司法部长中,一位是密纳(Von Mühler),还有一位是那大名鼎鼎、后世称为历史学派鼻祖的萨维尼(Von Savigny)。后者同时又是法律修订部长。这两位部长都认为当时刑事诉讼制度有改革之必要,他们也一致表示普鲁士应采行检察制度。他们所不能一致者,无非是检察制度的实行时期及规模而已。谁料他们二人正在讨论这一点时,一般人对于当时刑诉制度不满的论调一天厉害于一天。这种论调居然直接传到普王的耳朵里去了。普王大为所动,于是在同年8月12日又单下了一道命令给萨维尼,说"我在本年7月7日的国务会议席上就已经口头指派你研究如何于不修改现行刑事诉讼条例之条件下适用检察制度于刑事预审了。近来又有几件事情使我感觉到这个制度之应立即实行与不可缺少。因此我着你先办理这件事,于最短期内拟一个关于这个制度的条例,送交国务会议讨论"。不过萨维尼在检察制度实行的时期及规模和检察官与警察机关的关系等问题上,未能与国务会议诸人及共同起草者取一致态度。大家反复讨论,一再起草了将近3年,都没有结果。同时,国内不满现状者比前更多而更坚决。许多法院的院长都纷纷向司法部建议改革,而他们所建议的方案,都证明检察制度之不可不采。有一部分人知道这样迁延下去,卒非善策,便想了一个折中的办法,那就是先在柏林的几个刑事法院里试行这个制度。普王很赞成这个办法,于是在1846年7月25日颁行了一个专适用于柏林法院的预审程序法(Gesetz betreffend das Verfahren in den bei dem Kammergericht und dem Kriminalgericht zu Berlin zu fuehrenden Untersuchûngen)。此法对于检察制度有详密的规定。当时普王本想马上将这个制度推行到全邦。但是萨维尼因新刑事诉讼法典还没有颁行,认为尚非其时。普王亦以为然,便将这事暂行搁下。不过1846年7月25日法

---

① 见Otto同书第7页及Brunner, *Grundzüge der deutschen Rechtsgeschichte* (Zweite Auflage)第277页。
② 见Otto同书第4—5页。

律颁行以后，大家觉得经过还好。同时一般人对于旧制度的恶感比前更深，恨不得立刻将他推翻。所以不到一两年，大家又将旧事重提，而主张全邦立即采行新制度。恰好 1848 年革命运动发生，大家便乘此机会向政府为严重的表示。普王知民意难违，除于 1848 年 12 月 5 日颁布宪法允许改革刑事诉讼制度外，并于 1849 年之初颁行两种重要法律。这两种法律一方面将普鲁士在莱茵河区域以外各地方的诉讼制度加以根本改造，一方面复将检察制度普遍地推行到那些地方。但是这些法律施行不久，大家便觉得检察制度有修正之必要。其修正之方案，在起初种种不一，有的是关于组织的，也有的是关于权限的。不过自 1860 年起，大家所注意的渐渐的集中于检察官"起诉独占权"（Anklagemonopol）一点。这种赋予检察官的特权，不但遭到人民的反对，就是司法行政当局和法院的推事检察官等亦以为不妥。因此司法部长便拟了一个关于刑事起诉权的法律草案（Ein Entwurf eines "Gesetzes betreffend die Ank lagebefugniss des Verletzten im Strafverfahren"）。这个草案于 1862 年 1 月 10 日奉王命送交议会讨论。恰好这时有两种新的运动发生。一种提倡乘此机会制定一个适用于普鲁士全邦的刑事诉讼法典，另一种提倡乘此机会制定一个适用于全德国联邦的刑事诉讼法典。这两种运动居然转移了许多人的视线。一时议论纷纭，莫衷一是。因此那个法律草案始终未成为法律。到了 1866 年普鲁士因战胜之结果合并许多地方，疆土大为扩充。于 1867 年 7 月便颁行了一个刑法与刑事诉讼的合并条例，以便专适用于那些被合并的地方。这个条例对于检察制度也有规定。所以，从此以后检察制度适用的区域比以前大大增加。这种情形一直继续到德国联邦颁行了全国一致适用的《法院组织法》、《刑事诉讼法》及《民事诉讼法》时为止。① 以上关于检察制度在普鲁士发展的一段故事，在有些读者看来，也许是太长了。不过我之所以这样不惜笔墨，却有一种用意。因为普鲁士在从前是德国最大而有势力的邦，他的情形可以代表大部分的情形。我们如能明了检察制度在普鲁士的发展经过，那么对于这个制度在全德国的情形亦可知其十之五六了。我们看了刚才所述的各点，便可以知道检察制度在普鲁士并不容易发展；正如我上面所说的，其间曾经过了长期的酝酿、讨论和观察。可见得检察制度在那里之能够推行到全邦，不是偶然的事了。

　　闲话少说，言归正传，我们还是回到检察制度在全德国发展的情形。检察制度自从 19 世纪初叶由法国正式传到德国后，经过几十年的发展，居然为德国大部分的邦所采行。到了 1870 年左右，全国各邦中只有四个没有实行这个制度。这四邦就是 Mecklenburg-Schwerin、Macklenburg-Strelitz、Schaumburg-Lippe 及 Lippe。② 正在这时，德国因为内部政治团结，格外感到统一司法制度之必要。于是在普鲁士的领导之下从 1869 年起先后起草全国适用的《法院组织法》、《刑事诉讼法》及《民事诉讼法》。这些法律都于 1877 年正式公布，于 1879 年施行全国。从此以后，检察制度便通行于德国全国，而以前那些不同之点也大都归于消灭。最近自从希特勒执政以来，各邦都由那半独立国而降到普通省的地位，立法司法行政都呈统一的现象。从前各邦所保留的司法行政权现在都移归中央（即前联邦政府）。因此那从前受各邦司法部节制监督而资格待遇名称等不甚一致的检察官，现在都一变而受中央司法部的节制监督，并且他们的资格、待遇、名称等也不容再有什么出入。③ 同时因为国社党主张提高国家的权力和促进民族的幸福，他们（检察官）以国家及民族利益代表者之资格在司法上占着很重要的地位。在最近的将来，他们的权限也许有扩张的可能。④

（二）检察制度在英美法系国家之发展史

　　英美法系的国家很多，现在专提出英国和美国来讲一讲。在英国本部（即英格兰、威尔士、苏格兰及爱尔兰）现在大概都有执行检察职务的公务员。兹因限于时间，专就这类公务员在英格兰及威

---

① 见 Otto 同书第 8—132 页。
② 见 Otto 同书第 126 页。
③ 见 *Zweites Gesetz zur Ueberleitung der Rechtspfiege auf das Reich Vom 5. Dezember* (1934) (RG BI. IS. 1214)。
④ 著者将前在德国时曾与联邦司法部参事赖曼（Rudolf Lehmann）君谈及此点。据称正在起草中之新刑事诉讼法拟检察官之权限扩大。

尔士发展的情形略述其梗概。英格兰和威尔士在古时对于刑事向采私人诉追主义。凡遇着犯罪的事情发生，人人都可提起刑事诉讼。虽然在理论上他们之提起刑事诉讼是用国王的名义，但是这种理论完全是一种法律的"拟制"或"假定"（a legal fiction）。在实际上他们都不失为刑事原告。他们的地位和民事原告差不多，所以那时候检察官是认为不必要的。在从前那样组织简单的社会里，这种制度，就一般人民讲，原无什么不便；不过就国王及政府的立场而言，却有补充之必要。因为假使有人犯了一种侵害国王或政府利益的罪，国王因地位关系，未便亲自进行诉讼；政府因无人主管起诉的事，亦无从向法院请求救济（这当然以法治主义已确立为前提）。而一般人民因为这种犯罪行为与他们自己的利益无关，恐未必肯管这一类事情。国家法律因此不免失其作用，犯罪者往往可以漏网。所以自从中世纪起，国王便雇用了许多律师担任这一类事情。到了1530年这类律师都被裁撤，另由国王任命了两位法律大臣代替他们。① 这两位法律大臣（Law officers of the Crown），一位是叫做 Attorney-General（以下为便利起见译为"国家律师长"），另一位是叫做 Solicitor-General（以下为便利起见译为"国家副律师长"）。他们的职务包括：（1）代表国王及其所属行政机关在法院进行诉讼；（2）对国王及其所属行政机关所提出的法律问题贡献意见或予以援助。第一种职务的范围最初本是很狭的——只包含关于国王及其所属机关本身权利的事情。以后因为王权扩张，凡关于公共利益的民刑事案件他们都有权过问。他们办理刑事案件时，享有几种特权：第一，凡由他们检举刑事毋庸经过大陪审团的侦查便可起诉；他们的起诉状（imformation）与大陪审团的起诉状（indictment）有同样的效力。第二，他们随时可以对刑事被告行使答辩权（Right of reply）——普通律师只可在被告提举证据辩护后行使这种权利。第三，国家律师长得将任何刑事诉讼——无论由私人或国家代表官吏起诉者——撤回（enter a nolle prosequi）。不过在其他方面，他们在法庭的地位是和普通律师一样的。关于上述第二种职务——对国王及其所属行政机关所提法律问题贡献意见或予以援助——他们所担任的事情大概不外乎解决国王及各部的法律问题和在国会里替政府所提的法律案等加以辩护等。② 国王法律大臣产生以后一百多年（即1655年），政府又任命了一位财政部律师（Solicitor to the Treasury）。他的职务在最初是专替财政部办理法律上的事情，如贡献法律意见及代表该部进行民刑诉讼等。但自从1842年以后他便兼任了其他许多部及机关的同样职务。因为在1842年那年他便奉命兼任内务部、外交部、殖民地部、枢密院及其附属机关的律师，到了1876年他又奉命兼任建设部的律师，在翌年更兼任了陆军部与海军部的律师。③

有了上面所述的几种公务员，诉讼制度似乎可以不受批评了。但是社会的情形和需要是在不断变迁的；旧的缺点刚弥补好，新的毛病又产生。虽然添了上面几种公务员，诉讼制度还是有不满意之处。因为自从工业革命以后社会组织比前大为复杂，犯罪案件以及其他关于国家或公共利害的事情亦随着激增。以少数之公务员代表国家进行法律上的事务——如提起诉讼贡献意见等——实在应付不了，对于许多刑事案件他们都不大管。如国王的法律大臣等仅对于那些特别重要或社会上特别注意的刑事案件有所举动，结果每年有大部分犯罪事件不得不由警察机关以原告代表的资格依法诉追。这些警察机关所派到法院去办理这类事务的人，有的固然懂得法律或是律师出身，但是这一类的人仅居极少数。其中有十之八九都是不懂法律或对于法律懂得很有限的——他们不过是普通的警官。所以他们对于所办的案件往往措置不当，授被告以可乘之隙。有许多本来应该宣告有罪的被告，结果都被宣告无罪。同时还有一点值得注意的情形，那就是：当时的法律异常艰深而注重形式，非普通人所能懂；一般提起刑事诉讼的私人往往非请律师代表不可；因此所花的诉讼费很多，许多贫穷或怕多事的人便不敢轻于尝试。因为这个缘故，犯罪的人往往可以逍遥法外。当时国会有鉴于此，曾屡次制定

---

① 见 Plucknett, *A Concise History of the Common Law* (1929)，第157—158页。
② 以上见 Howard, *Criminal Justice in England* (1931)第32—37页、53—58页，与 Maitland, *The Constitutional History of England* (1926)第481—482页。
③ 见注〔1〕。

法律授权法院遇私诉人胜诉时酬以讼费,但一般谨慎的人还是不肯冒这个险。①

以上所说诉讼制度之缺点,不过是其中之最重要者,此外还有许多别的缺点,以篇幅关系,容于本文后段附带说明之。因为这些种种缺点,当时便有人提倡遍设公诉人即检察官的制度,由中央集中指挥监督。从19世纪的中叶起国会便开始讨论这个问题,这种讨论足足赓续了25年之久。在此时期之中关于这个问题曾有七次不同的法律案提出于国会。同时,国会曾几度组织委员会审查各法案。这些委员会都曾提出详密的报告,他们在报告里大都主张遍设公诉人的制度,并且他们所主张的公诉人颇有些和大陆法系的检察官相似。可惜国会和政府富于保守性,对于这事不大热心,所以讨论好久,没有成为事实。② 我们对于上述七种法律案的经过和内容无暇一一叙述,暂且不必管它们。不过当时国会里面和社会上关于这些法律案的论调颇有值得注意的地方,现在将他们综合说一下,以供大家参考。当时赞成这些法律案者所提出的理由可归纳为九点:(1) 私诉人因受社会势力之引诱或压迫,往往中止诉讼或与被告私了;(2) 私诉人易因细故或无理之事而提起诉讼;(3) 在当时所行之私诉制度下无人对警察机关拘捕被告或起诉前就法律点为适当之指导;(4) 在被告被押至大陪审团开庭侦查之时期内证人每受人运动,以致许多案子因证据缺乏而不能成立;(5) 那些担任公诉的警察机关,因为觉得自己负有胜诉的责任,往往露出要使被告判罪的过度热忱,以致被告时常受到不当的待遇;(6) 遇着私诉人不愿或不能聘请律师时,案件准备便不充分,在法庭上的陈述,便难适当,结果有许多本来有罪的人都被宣告无罪;(7) 法院有许多案子足以确切证明,在国内有些地方的警察机关,往往因为得着律师的酬劳,而将案件委托那些酬劳他们而本领差的律师办理;(8) 法院所判定的讼费完全不足抵偿私诉人的损失,贫穷或吝啬的私诉人因为怕增加负累,往往不能容许他们的律师充分搜集证据;(9) 刑事诉讼由各地的警察机关或私人进行,并无划一的办事制度,法律失其普遍与固定性,同一内容的诉讼,其结果每各不相同。③

反对这些法案的人也有种种理由提出,其要旨可分四点:(1) 在有些采行公诉制度的国家,公诉人即检察官每受政党之牵制而不能主持公道,因此公诉制度不及私诉制度之足以保障人权。(2) 全国遍设公诉人,则刑诉事件将由少数被派充为公诉人之律师辩理,其他律师——尤其是那些初做律师的——将没有生意。(3) 遍设公诉人,费用浩大;即使公诉制度较胜于私诉制度,就国家之立场言亦属得不偿失。(4) 在当时所行的制度之下财政部律师对于许多事件有公诉之权,实际上英格兰与威尔士已实行局部公诉制度。这种制度施行以来可谓相当满意;有了这种制度尽够了,实在毋庸再多事更张而添出不少麻烦;所以就是要设立公诉人,也只要对于现行的制度略加整理或损益就行了。④

自从最后一次遍设公诉人的法律案(1873年提出于国会)失败后,国会及政府方面对于这个问题便沉寂了五六年。一直到1879年才由政府向国会提出一个《犯罪诉追法》(Prosecution of Offences Act)的草案来。这个草案总算没有经过什么困难而通过于国会,并于1880年1月1日见诸实施。可是他的内容与当时所行的制度相差有限,和以前几个法律案不可同日而语。该法的条文很为广泛,依照它的规定,中央应设立一个公诉主任(Director of Public Prosecutions),由内务大臣任命。他的使命是在国家律师长的监督之下或承他的命令提起、担当及进行刑事诉讼,并对于警察机关之长官、治安裁判官之书记官(Clerks to justices,按此类书记官往往得执行公诉人之职务)或其他提起刑事诉讼之官吏或私人贡献法律意见。该法所规定的不过是些大纲,至于详细的原则,依该法之规定,须由国家律师长征求司法大臣(Lord Chancellor)及内务大臣之同意拟定之。此项原则应编成条例(Regulations)送交国会两院;如国会于40日内不表示异议,该条例即取得法律之效力。依《犯罪诉追法》之规定,该

---

① 见 Maitland, *Justice and Peace*(1885)第144—150页及 Howard 同书第8—11页、46—53页以及 Pound, *The Spirit of the Common Law*(1921)第128页。
② 以上见 Howard 同书第58—59页、63—77页。
③ 见同上第60—62页。
④ 见 Howard 同书第62—63页。

条例须容纳下列之原则："遇有重要或繁难案件或其他因具有特殊情形或关系人拒绝或怠于诉追而需要公诉主任诉追之案件发生时,公诉主任应进行公诉(见该法第 2 条)。"

从该法的广泛条文看来,我们一定以为从前财政部律师所担任关于刑事诉讼的职务此后都要移归公诉主任执行了。谁知道国会或政府的意思并不是这样,他们主张以后财政部律师的职务还是照旧。公诉主任之作用无非代国家律师长行使一部分职权以及代内务部对于财政部律师就刑事方面加以指挥监督,以补其不足。所以这次立法的结果,实际上不过对于当时所行的制度正式予以法律上的承认(legal recognition)而已。

这个法律行了不久,便有人表示不满。在 1883 年政府组织了一个委员会专研究这事。这个委员会经过一番研究之后,觉得在当时的制度之下,大部分关于提起或进行公诉的实际工作,都是由财政部律师担任,公诉主任简直没有多少事可做;所以他们建议将财政部律师与公诉主任两个人的职务改由一个人担任,以一事权而省经费。政府认为这种建议有理,便于 1884 年使国会另外通过一个《犯罪诉追法》。依照该法的规定,凡以前由公诉主任担任的职务,一律改由现任财政部律师兼任;不过公诉主任的名义还是保留。换句话说,以前由两个人担任的职务,此后改由一个人担任;这个人同时戴上财政部律师和公诉主任两个官衔。他的底下共设两部:一是民事部;一是刑事部。民事部所管的事包括财政部律师以前所担任政府方面的民事诉讼及顾问事项;刑事部所管的事包括提起、担当及进行公诉。上述的法律于 1884 年 8 月 14 日施行,一直到 1908 年才被变更。在那一年国会又通过一个《犯罪诉追法》,将公诉主任和财政部律师仍旧改为两个分立的官职,由两个人分别担任。此法至今还是沿用。依照它的规定,财政部律师的职务仅包括以前民事部的事情;所有刑事部的职务都归公诉主任担任。据当时国会会议录记载,政府要求国会通过这个法律的动机是要避免将过多的职务由一个人负担,致妨害办事的效能。因为自从 1884 年以后,民事部的职务即因政府职权及组织的扩大而大非昔比,而刑事部的职务也因社会情形的复杂及刑诉制度的改革而增加不少。以一个人而综理这么许多事,实在干不了。自从 1908 年的犯罪诉追法施行后,公诉主任仍由内务大臣任命而受国家律师长的监督。他的属员也是由内务大臣任命。他的办公处设在伦敦。据 1931 年的调查,他的办公处有 1 个副主任和 13 个副手。这些人大部是有经验的律师,并且都是经文官委员会(Civil Service Commission)考核合格的。在伦敦或附近地方的公诉案件,大都由公诉主任自己或其属员办理;在较远地方的公诉案件有时由公诉主任的属员支办,也有时由公诉主任委任律师代办。①

上面已经说过,1879 年的《犯罪诉追法》曾授权国家律师长以便征求司法大臣与内务大臣的同意制定一个补充该法的条例。这个条例曾于 1880 年颁布施行。到了 1884 年的《犯罪诉追法》颁行以后,大家觉得这个条例不能适用,于是又由国家律师长征得司法大臣及内务大臣的同意,于 1886 年 1 月制定一个新条例。这个条例至今还是沿用。1908 年的《犯罪诉追法》虽将公诉主任仍旧变为独立的官职,但是一切办事程序还是照常。所以我们若要知道公诉主任现在的职权怎样,还得研究这个条例。按照这个条例的规定,公诉主任对于下列案件应提起公诉:(1) 得处死刑之案(此指杀人、内乱、海盗和焚烧军器制造厂、船坞、军舰、军火及海陆军用储藏品等案件);(2) 向由财政部律师提起公诉之案件;(3) 经国家律师或内务大臣特别命令提起公诉之案件;(4) 公诉主任依犯罪之性质及情形所认为在公益上应行诉追而同时因性质困难或其他关系而需要公诉主任参加之案件。

由上面所列举的第三和第四两种案件看来,公诉主任所应该提起公诉的案件,范围非常广泛。因为,第三种包括无论什么经国家律师长或内务大臣认为有关公益或具有其他情形而应提起公诉的案件;第四种包括无论什么经公诉主任自己认为有关公益而应提起公诉的案件。这两种范围的决定标准都是主观的,其伸缩性颇大。所以只要国家律师长、内务大臣或公诉主任肯觉事,公诉主任实际的职权范围便会扩得非常之大。现在公诉主任下的属员不多,在办事上还受着限制。将来

---

① 以上见 Howard 同书第 78—92、101—102、119—122 页。

若是人员够支配,那么他所主管的刑事案件一定会特别增加的。①

美国最初为英国的殖民地,司法制度大都以英国为模范。所以在17世纪的时期差不多各州(当时为各个独立的殖民地)都设有像英国那样的国家律师长或副国家律师长。② 到了1704年,康涅狄格州(Connecticut)又于国家律师长之外,开始设立了郡公诉律师(County prosecuting attorney)。这种郡公诉律师的主要职务,是帮助国家律师长执行职务。③ 这种制度在当时可谓创举,因为在英国方面这种制度是不存在的。不过自从康涅狄格采行这种制度以后,别的州中便有起而模仿者。到了革命以后,美国各州因为痛恨英国,对于英国的司法制度也表示反感。④ 当时便有一班法律及政治家主张采取法国的制度。恰巧法国的检察制度在那时已很发达,就有人提倡在美国也设立类似的制度。⑤ 于是已采郡公诉律师等制度的州便径将原有的制度按照法国的方式加以改造;还没有采这种制度的便径将法国式的检察官在各郡设立起来。到了现在美国所有的州中没有一个不采这种制度。不过大家所用的名称并不一致,有的称这类公务员为"区律师"(District attorneys),也有的称他们为"国家律师"(State attorneys)或采用其他类似名称。⑥ 自从18世纪的末叶以后,"主权在民"的思想风行一时;美国各州的官吏有许多都是民选的,郡公诉律师这一类的官吏与人民的生命财产有极密的关系,其产生亦应取决于民意;所以他们大都不由政府任命而由人民选举。据最近统计,全国48州中有45州是采行选举制度。因此,那原来为帮助国家律师长而设的郡公诉律师或其类似的官吏,到了革命以后便一变而具有两个特征:(1)因为选举的结果他们能够不受行政或司法机关的干涉或牵制。(2)他们和国家律师长的关系很浅;后者的主要作用乃是做政府的法律顾问;他们只可对于前者加以监督,难得参与诉追犯罪的实际工作。⑦

以上所说的乃是美国各州的情形。现在再就美国联邦政府的情形述其梗概。按美国联邦政府成立以后便设立一个司法部(Department of Justice)。综理司法部事务者叫做国家律师长(Attorney General)。在国家律师长之下有副国家律师长(Solicitor — General);他的职务是帮助国家律师长办理司法部所管的一切事情,并于国家律师长去职或不能执行职务时代行其职权。⑧ 此外还有几种重要职员,那就是:(1)国家律师长之助理官(Assistants to the Attorney — General);(2)助理国家律师长(Assistant Attorneys — General);(3)各部之律师(Solicitors for Departments,按此即为各部而设之顾问律师。此类律师隶属于司法部,受国家律师长之监督而为各部解决法律事项);(4)助理副国家律师长(Assistant Solicitor — General);(5)侦查司长(Director of the Division of Investigaion);(6)监狱司长(Director of the Bureau of Prisons)等。以上这些都是属于司法部本身的职员。⑨ 此外在法院方面还有许多职员也在司法部的系统里面。其中最重要的便是与本文有关的"区律师"(District attorneys)及"助理区律师"(Assistant district attorneys)。这些"区律师"及"助理区律师"都是配置在区法院(District Courts)的检察官。他们的职务和各州的郡公诉律师等大同小异。他们在国家律师长的指挥监督之下代表国家进行民刑事及行政诉讼。国家律师长对于他们不仅可就诉讼之进行加以指挥及监督,并且还可于必要时调他们到别处去办案,或派人襄助或代他们进行诉讼,或将他们承办的诉讼移归自己进行。⑩

---

① 见同上第96—101页。
② 见Dodd, *State Government* (1923)第237页及Howard, *Prosecution* 第549页。
③ 见Howard, *Prosecution* 第549页。
④ 见Pound, *The Spirit of the Common Law* 第116页。
⑤ 见 *Report on Prosecution by the National Commission on Law bservance and Enforcement* (1931)第1—19页。
⑥ Dodd同书第312页、316—318页及Howard, *Prosecution* 第549页。
⑦ 见Howard同文第549页及Dodd同书第290页。
⑧ 见 *United States Code Annotated* (1927)第291条及293条。
⑨ 见 *United States Code Annotated* (1927)第294—301条及 *Annual Report of the Attorney — General of The United States* (1934)之目录。
⑩ 见 *United States Code Annotated* 第306—316条。

实在讲起来,美国联邦政府的国家律师长虽然是司法部的首领,但就性质而论,他却是个变相的英国式的国家律师长。这不但从他的名称上可以看出来,就是从他的职务及司法部的组织上也可见得到。因为:(1)他的助手副国家律师长和他的关系有几分像英国两个国王法律大臣彼此间的关系(在英国遇国家律师长不能行使职权时,于某种情形之下得由副国家律师长代行其职权);(2)他是总统及其所属各部长的法律顾问,对于他们有贡献意见及办理法律事件的义务,仍不脱那英国国家律师长和行政元首及其所属机关的关系;(3)他对于关于国家利益的一切诉讼案件,无论属关于民刑或行政诉讼的范围,都有亲自或派其属员替国家辩诉及为其他必要手续的义务,在职务上有几分和英国的国家律师长相似。所以我们若对于美国联邦政府的国家律师长和区律师及助理区律师制度加以综合的观察,我们不能不承认当时立法者确曾用了一番心血,将那英国和法国的制度熔于一炉,使他们不但不起冲突而且互相调剂。

美国各州执行检察职务的官吏——尤其是郡公诉律师等——以及联邦司法部国家律师长和他所统率的那一批部曹重要职员与"区律师"、"助理区律师"等,在诉讼上近来占很重要的地位。各州的国家律师长或副国家律师长和郡公诉律师等,除有时代表国家进行极少数的民事诉讼外,对于大多数的刑事案件都得过问。依照一般的规定,凡是刑事案件以由他们诉追为原则,被害人或其亲属不过立于证人的地位而已。后者(即被害人或其亲属)仅得就少数的轻微案件提起自诉。在联邦的制度之下,我们可以见到一种更值得注意的情形。国家律师长及其部曹属员和"区律师"与"助理区律师"等不但在刑事诉讼上占重要的地位,就是在民事及行政诉讼上也负有重大的任务。据1933年度统计,联邦区法院在该年度内所结的案子共计205 629件。其中有刑事公诉案子84 780件,由联邦政府参加为当事人的民事案子27 744件。在1934的年度内该法院所结的案子共计153 573件。其中有刑事公诉案子45 577件,由联邦政府参加为当事人的民事案子16 479件。1933年度请求法院(Court of Claims)所结的案子有413件,关税法院(United States Customs Court)所结的案子有66 955件,关税及特许专利权上诉法院(United States Court of Customs and Patent Appeals)所结的案子有242件。1934年度请求法院所结的案子有376件,关税法院所结的案子有71 764件,关税及特许专利权上诉法院所结的案子有327件。这些案子都是与国家的利益有关的,国家律师长及其部属有直接或间接参加的义务(尤其请求法院的案件他们非直接参加不可)。此外还有巡回上诉法院(United States Circuit Court of Appeals)及哥伦比亚特区(即美京华盛顿所在之区)上诉法院(Court of Appeals of the District of Columbia)每年所结的案子也不在少数(前者在1933年度结2 824件,1934年度结2 886件;后者在1933年度结353件,1934年度结375件),其中也有许多是由司法部的职员或"区律师"、"助理区律师"等参加诉讼的。① 联邦国家律师长及其僚属在诉讼上所担任的工作当以在最高法院(Supreme Court)方面者最值得注意。他们在这一方面所办理的案件为数很可观,并且还有增加的趋势。兹将1925年至1933年度间这类案件的数额列表如下,以供参考:②

年 度	最高法院结案之总数	国家律师长等办理之案件数	与结案总数之百分比例(%)
1925	844	297	35
1926	885	316	36
1927	857	243	28
1928	822	216	26

---

① 见 Annual Report of the Attorney-General of the United States(1933)第132—133页及(1934)第163—164页。
② 见 Annual Report of the Attorney-General of the United States(1933)第13页及(1934)第12页。

续　表

年　度	最高法院结案之总数	国家律师长等办理之案件数	与结案总数之百分比例(%)
1929	790	254	32
1930	893	376	42
1931	883	332	38
1932	906	356	40
1933	1 025	404	40

上面这些由国家律师长等办理的案件可大别为二类：(1) 政府方面请求撤销原判或声明不服的案件；(2) 政府之对造当事人请求撤销原判或声明不服的案件。兹将1926年至1931年度间这两类案件胜败的结果列表于下：[①]

年　度	类　别	政府胜诉案件之百分比例(%)	政府对造当事人胜诉案件之百分比例(%)
1926	(1)	67	23
	(2)	70	30
1927	(1)	90	10
	(2)	60	40
1928	(1)	65	35
	(2)	83	17
1929	(1)	65	35
	(2)	55	45
1930	(1)	57	43
	(2)	63	37
1931	(1)	63	37
	(2)	77	23
1932	(1)	70	30
	(2)	71	29

由上表看来，凡国家律师长等办理的案件，其结果为政府方面胜诉者常居多数。足见国家律师长等的贡献很值得注意。也许有人说：仅从他们办案的多寡和结果的胜负，我们未必能看出他们的贡献。这句话，就一般的情形而论，当然具有相当的真理；可是用在这里，却未必是对的，因为美国联邦最高法院里用得着国家律师长等参加的案件有许多是牵涉到宪法或行政法问题的。这些案件一经裁判，往往足以影响到国家根本的组织和权限，其关系真是非常深远。国家律师长等因办理这些而能向最高法院充分贡献意见，使那些法官知道如何下适当的裁判，以确立宪法或行政法的原则，其贡献实不小。

---

① 见 *Annural Report of the Attorney-General of the United States* (1933) 第14页。

二、我国检察制度之存废

检察制度在各重要国家的发展史既略述如上,现在便要进一步讨论我国检察制度的存废问题。近十余年来国内学者关于这个问题所发表的意见很多。现在为研究的便利起见,先将那些主张废除检察制度的综合的提出来加以讨论。就我们所常听到或见到的论调而看,一般人主张废除检察制度的理由大概可归纳为十二点:

(1) 检察制度乃大陆法系之产物,为英美法系国家所无。英美法系国家在诉讼上既没有因缺乏这种制度而感到什么不便,我国保留这种制度未免无谓。[①]

(2) 检察制度使刑事案件先由检察官侦查而后移送推事审理,其间程序复杂、曲折繁多,足以拖延诉讼而增加被告及告诉人等之负累;且往往因检察官事务之繁重、工作之不力或处理之欠当,致证据消灭、真相难明。[②]

(3) 在检察制度之下有些证据确凿或被告供认不讳的刑事案件,也须由检察官先行侦查而后移送推事审理,徒费时间而无实益。[③]

(4) 刑事案件,普通因被害人或其家属之告诉,或第三者或公安机关之告发,或侦缉而发动者,常居多数,其由检察官直接发动者殊不易见。检察官实际上不能尽其检举犯罪之责,可谓虚设。[④]

(5) 检察官之侦查程序不公开,告诉人对于不起诉之处分无充分之救济,易使检察官流于专横而减少人民对于法院之信仰。[⑤]

(6) 检察官受司法行政长官及其他上级长官之指挥监督,不若推事之独立,其措施每欠公平。[⑥]

(7) 我国向无检察官制度,犯罪案件由被害人或其家属、亲朋检举。今之检察制度不合我国情形。[⑦]

(8) 检察官决定起诉或不起诉,每凭自己武断之见解,并无严格法定之限制。以此为公益之保障,危险实大。[⑧]

(9) 现在检察与审判对峙,首席检察官往往与院长意见分歧,致司法行政权不能统一。废除检察制度可免此弊。[⑨]

(10) 我国检察官因环境压迫或性情怠惰,对于所任职务一味敷衍,殊失国家设立检察制度之本意。[⑩]

(11) 近来欧美各国刑法学者对于检察制度不如往昔之重视。日本各级裁判所虽设有检察官,然均附设于裁判所内,且该国近日多有主张废除检察制度者。检察制度可谓与世界各国立法之趋势相背。[⑪]

(12) 我国司法经费支绌,与其留此有害无益或害多利少之制度,毋宁将其撤废,以所省之款项

[①] 见朱鸿达:"检察制度论",载《东吴法学》季刊第 2 卷第 3 期,第 145 页。按朱氏所称之检察官似专指常见于大陆法系国家者而言,故有"英美法系无检察之制度"之结论。

[②] 雷彬章:"论检察制度之存废",载《法律评论》第 53 期(1924 年出版),第 45 页;王树荣:"改良司法之意见",载《法律评论》第 90 期(1925 年出版),第 18 页以下;朱鸿达"检察制度论",第 146—147 页。

[③] 见雷彬章同文。

[④] 见雷彬章同文;涂身洁:"对于法院编制法草案之意见",载《法律评论》第 65 期(1924 年出版),第 19 页以下;燕树棠、曹俊、张庆桢及王命新四君在 1935 年全国司法会议关于检察制度之提案,载《全国司法会议汇编》。

[⑤] 见朱鸿达同文第 146—147 页。

[⑥] 见同上。

[⑦] 见燕树棠在全国司法会议所提裁撤检察官改充审判官案,载《全国司法会议汇编》。

[⑧] 见同上。

[⑨] 见王命新在全国司法会议所提请废除法院检察制度以便统一司法行政而资整顿案及张庆桢在该会所提检察制度亟宜裁撤案,载《全国司法会议汇编》。

[⑩] 见王命新及张庆桢同提案。

[⑪] 见王命新同提案。

增添推事,而利诉讼之进行。①

以上所举理由,据我们看来,似乎都不大充分。现在请分别批评如下:

(一) 第一及第十一点理由

第一点理由与英美的事实不符。这在上面叙述检察制度在英美法系国家之发展史时已说得很明白。实际上英国除老早就有国王法律大臣外,以后因为事实上之需要,又添设了一个财政部律师。这个财政部律师经过多少年的变化和发展,乃兼管许多别的行政机关的法律事务。同时,国内又一再有人提倡遍设公诉人。经过几十年的奋斗讨论,终于产生了现在的公诉主任制度。这种情形不但证明英国有检察制度,并且这种制度还不是因为盲从别国而产生的。至于美国之有检察制度,那更不可否认。虽然这种制度之发生于美国,有一部分是由于模仿,但是看到执行检察职务者在美国近来所占的地位以及他们的贡献,我们绝不敢说:假如这种制度被取消,大家会不感到困难。②

第十一点理由也和事实不符。因为英美没有废除检察制度的趋势固不必言,就是欧洲和远东的日本也莫非如此。在法、德等国,虽有学者不满于现行检察制度,但是唱废除的高调者,真是凤毛麟角。至于在苏俄和意大利,检察官的权限近来已实行扩充。③ 我们深信将来国家的权力愈提高,检察官的地位将愈属重要。这种情形,无论在人民阵线的国家或是法西斯帝的国家,都是不能免的。至于日本,虽间有一二学者提倡废除检察制度,然而司法及立法当局未必以此为然。现行刑事诉讼法典连"自诉"都不许。在最近的将来能够打破检察官"独占诉追权"的制度,已经不容易了,怎还谈得到根本废除检察制度呢?

(二) 第二点理由

依照这一点理由,检察制度的缺点有二:(1)足以拖延诉讼,增加负累;(2)足以消灭证据,使真相难明。

第二种缺点之发生完全由于检察官人选或组织之不当。若是人选与组织者得当,证据便不容易消灭;就是有消灭之可能,检察官亦必能为必要之措置——如设法保全或加以详实之调查而记载于笔录或制成图表等,绝不会使推事无所依据而莫明真相。所以这种缺点与检察制度之本身无关,不足以证明检察制度之应废除。

第一种缺点之发生,一部分固然是检察制度本身的当然结果,但是也有一部分是人选之不当及

---

① 见雷彬章同文;张庆桢、曹俊、燕树棠同提案。

② 国内学者对于检察官似不乏因名称关系而误解其性质者。实则我国之"检察官"系从日本之"检事"脱胎而来,在名称上与欧美各国之执行检察事务者微有出入。盖欧美各国之执行检察事务者,其名称大都含有"国家律师"或"国家代理官"之意。法之 procureur de la République、Procureur général de la République、avocat gènèral,德之 Staatsan walt,英之 Attorney-General、Solicitor-General,美之 district Attorney、state attorney 与 county solicitor 等皆其明例。我们绝不能仅因某种官吏的名称与检察官三字不大合,便断定它的性质与检察官有别。一国之有无检察制度,应以它有无办理检察事务的专任官吏为断,至于名称之同异在所不计。有些学者因为不明白这一点,便以为英美无检察制度,未免错误。朱鸿达君当然是其中之一。此外孙忧照君也曾主张英美无检察制度,不过他并没有想废除我国的检察制度(见孙忧照:《比较司法制度》,第 138 页,该书为孙君在中央大学之讲义)。

③ 苏俄于1917年曾将检察制度取消而实行私人诉追主义。但因这种制度不能适应政治及社会的需要,于 1920 年便改采那私人诉追与国家诉追的混合主义,而将检察制度局部的恢复。依照1922年5月28日法律的规定,检察官对于各政府机关、各公共及私人组织和各个人的违法行为负有监察之责(见第78条)。他们俨然成为法律的监护人。他们不但办理刑事案件,并且对于上诉于最高法院的民事案件得参加诉讼,以保社会利益(见 Salaban, *Europabuch der Rechtsanwaelte und Notare*, 10. Tausend,第803页;Freund, *Das Zivilrecht sowjetrusslands* (1924),第13、57—58页)。意大利的检察官,自从墨索里尼秉政后,已取得一种从前所没有的权限。1933年的新刑事诉讼法典规定检察官遇后开三种情形之一时,对于刑事案件应举行"简易预审"(istruzione sommaria):(1) 案件属于陪审法院(corte d'assise)或普通第一审法院(tribunale)管辖,而被告系现行犯或于受保安处分之执行而被逮捕、羁押或监视时期内犯罪,且不能举行"迅速裁判"(giudizio direttissimo);(2) 被告于"正式预审"(istruzione formale)前或"正式预审"中供认犯罪情事而无继续预审之必要;(3) 案件属于陪审法院或普通第一审法院,而最高本刑不超过有期徒刑,且证据确凿(证据之是否确凿由检察官自行决定,故此类案件之范围颇有伸缩性)。检察官举行简易预审时,得行使预审推事所有之权,如拘提讯问等(见 Codice di procedura penale 第389条、391条)。这种权限是采大陆法及英美法的检察官(从前意大利的检察官也不能例外)所没有的。这种情形和中国比较本不足为奇,但在欧美却值得注意。

办事程序之不妥所造成的。我们若是慎重人选,使检察官都由精明强干而负责的人充任,同时再改良办事程序使一切手续都简单而经济化,那么节省的时间一定很多,讼累必可大减。所以我们在这里关于第一种缺点应该研究的,只有那由检察制度本身而当然发生的一部分,要知道这一部分缺点是否足以构成根本废除检察制度的理由,我们须讨论到刑事诉讼的立法政策;换句话说,我们须研究检察制度对于被告及告诉人有什么利益,并且这种利益是否比那缺点的程度大而使检察制度值得采取。我们觉得检察官的侦查程序对于告诉人虽未必有什么好处,但对于被告确是一个保障。刑事诉讼有许多往往是因为告诉或告发人的恶意、误会或气愤而发生的。这一类的诉讼,若不经过检察官的侦查,便许正式向法院提起,那么一般无辜的人便可因为无谓的细故或仅凭"莫须有"三字受到有损名誉地位的公开审判。结果法律将变成一般坏人、愚人敲诈诬陷的工具。其受损者恐怕还不止被告而已。讲得厉害一些,整个社会的秩序也许因此动摇。这种情形,我们只要看司法统计便可推想得到。据1919年、1921年、1923年、1930年至1933年的统计,这几年内检察官侦查过的刑事案件,依其处分之性质,分配如下:①

年　度	检察官受理案件之总数	起诉者	不起诉者	因犯罪嫌疑不足或行为不构成犯罪而不起诉者
1919	68 260	28 955	39 305	29 875
1921	81 080	34 009	47 071	33 219
1923	89 519	36 361	39 668	37 439
1930	136 119	52 989	77 875	47 202
1931	138 593	52 709	81 818	47 228
1932	163 023	65 455	92 182	54 400
1933	202 677	81 749	115 617	64 854

从上表看,检察官受理的(即收到的新旧)案件中,常有一大半是不起诉者;而其不起诉的案件中,常有60%—94%左右是因为犯罪嫌疑不足或行为不构成犯罪而不起诉的。我们虽不敢断定这些不起诉的案件都没有办错的地方,至少我们应该承认其中大部分是处理得当的,由此可见被告之容易被人诬告了。我们如以为上面所说的还不大准确,那么我们可以提出一个统计上的佐证,这就是公诉(即经过检察官侦查而起诉的)案件和自诉(即由被害人或其亲属径行起诉的)案件结果的比较。现在请将1930年至1933年度全国第一审正式法院的情形,列表于下,以资参考:②

年　度	案件类别	案件结数③	科刑者之数	无罪者之数	科刑与无罪者之比例(%)	总结数与科刑者之比例(%)
1930	公诉	50 846	49 162	2 494	约4	约96
	自诉	8 595	2 261	969	约42	约26
1931	公诉	53 254	50 769	2 307	约4	约4
	自诉	10 275	2 690	1 277	约46	约25

---

① 见1919年度、1921年度及1923年度之刑事统计第一表,1930年度司法统计第790—791页,1931年度司法统计第244—245页,1932年度司法统计第258—259页,1933年度司法统计第310—311页。
② 见1930年度司法统计第888—889页,1931年度司法统计第268页,1932年度司法统计第285页,1933年度司法统计第343页。
③ 自诉案的总数不包括撤回者在内。

续表

年　度	案件类别	案件结数①	科刑者之数	无罪者之数	科刑与无罪者之比例(%)	总结数与科刑者之比例(%)
1932	公诉	70 193	65 200	2 918	约 4	约 92
	自诉	10 585	2 327	1 241	约 53	约 22
1933	公诉	80 158	69 600	3 006	约 4	约 86
	自诉	13 578	664	1 822	约 63	约 21

由上表我们可以知道以下两点事实：(1) 公诉案件其被告经宣告有罪者常合 86%—96%，而自诉案件其被告经宣告有罪者只合 21%—26%。换句话说，公诉案件因被告无罪或其他原因而失败者只有 4%—20%，而自诉案件因此而失败者倒有 74%—79%。(2) 根据公诉与自诉结果的比较，我们可以推定：若是自诉的案件都先经过检察官的侦查而后移送审判，至少有 50%以上可以不必到推事那里去多添麻烦；那就是说，至少有 50%以上的被告可因此而免吃许多苦。②

从上面两种统计的证明看来，可见得检察制度确能因着侦查程序而使许多无辜被告的名誉地位不受到无谓的侵害或损失，其贡献实未可忽视；就是足以拖延诉讼，也是很值得的。人们因为这小小的缺点，便主张废除检察制度，未免权衡失当。况且侦查程序并非检察制度之特点，在那还没有检察制度的地方或时代，为适应事实上之需要起见，也曾有人采用过这种程序。足证检察官的侦查，就是足以拖延诉讼，也是个"必需的坏东西"(a necessaryevil)。英格兰在检察制度没有形成之先早就采用好几种保护被告或防止诬告滥诉的程序。一件刑事案子发生以后，照例先由治安裁判官(justice of peace)举行侦查(preliminary examination)。如系属于治安裁判官管辖的轻微案件，他便自行判决。若是其他的案件，他便斟酌情形为下列之处分：(1) 如认为被告没有犯罪嫌疑或不应办罪，则将他开释；(2) 如认为被告有犯罪嫌疑或应该办罪，则将他移送法院办理。被告到了法院以后，法院的推事并不马上就公开审判。他们还得召集大陪审团对于这个案子再加一番侦查。必定要等到大陪审团侦查终结提出起诉书(indictment)以后，推事们方可公开审判。这种制度，在我们今天看来，也许过于复杂。但是其中有一点是值得我们注意的，那就是：那采极端私诉主义(doctrine of popular prosecution)的，社会组织简单的古英格兰也深感到有设侦查程序以保护无辜被告之必要。我们固然不敢说我国的社会组织处处都比当时的英格兰复杂，但是自从欧风东渐，科学的进步和物质的文明已使生活的许多方面挂上西洋的招牌，至少那通都大邑和商埠海口已非当时的英格兰可比。那么侦查的程序岂不更为重要？

(三) 第三点理由

这一点理由所举的事实虽是现行检察制度一种毛病，但是不难想法补救。我们只要在刑事诉讼法里对于证据确凿或被告供认不讳的案子设一种特别的规定，这种毛病便可避免。所以，这一点与检察制度的根本存废问题无涉。

(四) 第四点理由

这一点理由所忽略者乃是检察官之性质。我们该知道检察官在刑事方面的主要职务是以法律家的资格代表国家诉追犯罪，使触犯刑法者都能得到适当的制裁。他虽然负有侦查犯罪的责任，但是他的地位是和那实行侦缉的公安或警察官吏不同的。我们绝不能希望他像警察、侦探、保安队那样去发现或缉获犯罪者。这些事情自有那主管的官厅去管，检察官只可于必要与可能范围内为之而已。这不但我国如此，就是别的国家也不能例外。据我们所知，近代各国的检察官没有一个是完全负得起侦缉的实际工作

---

① 自诉案的总数不包括撤回者在内。
② 这 50%的估计还是从检察官不起诉处分的案件而得来的，因为不起诉处分的案件常在侦查终结案的 50%以上；若专就公诉和私诉的结果而论，其成数还不止此。

的。美国联邦司法部总算设有侦缉犯罪的专属机关（即侦察司，Division of Investigation），那里面侦缉犯罪的一切物和人的设备（如指纹部、犯罪科学研究所、特派侦缉员等）可谓相当完美。可是那些在同一系统下的"区律师"、"助理区律师"或司法部担任检察职务的人并不亲自参与侦缉犯罪的事情，他们不过对于实施侦缉者予以指导而已。至于侦缉的责任还得由侦察司负担。可见得刑事案件难得由检察官直接发动，乃是各国通例，并不足怪。况且检察官须精通法学。能够具备这个条件的，已不可多得，怎能再希望他懂得并且能够担任侦缉的实际工作呢？这样的人恐怕在全世界各国也找不到多少！即或很多，那么他们既一面须在室内工作，一面又须在外面奔走，事务之性质彼此矛盾，也绝不会办得好。

（五）第五点理由

这一点理由关于检察制度指出两个缺点：(1)侦查程序不公开；(2)对于不起诉之处分无充分之救济。关于侦查程序的作用，前面已经说得很详细。我们所以要有侦查程序者，就是因为它能使那些无辜的被告免受那足以损害名誉地位的公开审判。不但如此，有时为防共犯闻风潜逃或有关系者湮灭证据，在侦查期间也有秘密讯问之必要。至于检察官之流于专横与否，那乃是人的问题。只要人选得当，这种情形自不会发生。讲到不起诉处分这一层，那是检察制度运用的问题；如果有什么不妥之处，不妨设法修改诉讼法规以资补救。废除检察制度实在谈不到。

（六）第六点理由

这一点关于检察官之身份及组织系统，对于这个问题，学者的意见颇不一致。因限于时间及篇幅，可不必讨论。不过无论检察官应受司法行政长官及其他上级长官之指挥监督与否，我们觉得这问题都很易解决。因为检察官之存在，与其受司法行政长官等之指挥监督，并无不可分之关系。如果受司法行政长官等之指挥监督是有弊无利，或弊多利少，那么尽管可以将司法行政长官等之指挥监督权取消，根本说不上废除检察制度。

（七）第七点理由

我国向来有无检察制度，乃是很费研究的问题。可惜董绶经先生预备为本专号写的那篇关于我国古代检察制度的文章没有完成。不然我们定可得着一些可靠的消息。不过就检察制度的存废问题而论，我们觉得我国向来有过这个制度与否似乎没有关系。因为从前虽然有过，若是现在的社会情形变迁，也许不复合用；反过来说，假定从前未曾有过，若是近来因为时代的不同，已对于这个制度发生一种需要，那么我们不妨无所顾忌的采用它。换句话说，检察制度之存否应以时代之需要为依归，绝不是专靠历史的背景所可定夺的。不错，立法须顾及民族固有的精神，但是这种态度应该是相对的；不然，法律便变为死的东西。以死的东西来应付那时刻变迁的活的社会，那一定会毛病百出的。我们在上面已经说过检察制度在各重要国家——尤其是英国——发展的历史。那些国家对于检察官的需要有许多也是我们现在所有的。人类是应该与时代并进的。我们现在既需要检察制度（这一点当于本文后面详细说明），那么为使自己不做时代的落伍者起见，①就是这个制度不合我们向来的生活习惯，也只好忍痛地采取它。

（八）第八至第十点理由

这几点理由所提出关于检察制度的几种事实，都是制度运用不当或人选不宜的结果，并不是检察制度本身的缺点。这种情形在推事或其他的公务员方面也未尝没有。若是这个便可构成废除检察制度的理由的话，那么我国恐怕有许多地方的法院（此专指审判部分）以及其他公务机关都应该被裁撤。其在理论上之讲不通，不言可喻。

（九）第十二点理由

这点理由之不当，有两个事实可以证明：(1)检察制度并非如那些批评者所说的有害而无益或害多利少，这一层前面已经讲过。既然如此，我们便不应该因为经费支绌而将它取消。(2)我国自从有

---

① 此处所说的"时代落伍者"乃指那"不知或不以适应时代的实际需要以求发展者"而言。

了检察制度,每年有一大半的刑事案件因不起诉处分而没有去麻烦推事。若是检察制度一旦裁撤,法院推事审理的案件一定要加一倍。以现在推事们工作之忙,他们绝管不了这些案件。那么为适应新的需要起见,恐怕非将推事的员额增加一倍不可。不但如此,那些经检察官侦查终结而提起公诉的案件,在证据方面比较有相当的眉目(这从上面所说的公诉结果可以看出)。就一般情形而论,总要比那些没有经检察官侦查过的案件省事些,所以一旦检察制度取消,即使推事审理的案件数额不增加,其工作恐怕也要比现在紧张得多。就此一点而论,也许推事的员额有增加之必要了。所以综合讲起来,检察制度废除后,法院的推事至少增加一倍以上。我们仔细想想看,以废除检察制度所省下来的经费是否够供这笔开支? 我国现在检察官的数额大概只合到推事(连院长庭长在内)数额的一半,① 所以法院审判部分因检察制度之废除而能增加的经费大概只合到原有经费50%。以 50%的经费而想增加一倍以上的推事,恐怕谁都知道行不通的。那么检察制度不废除则已,万一废除,则政府为顾全事实的需要起见,不得不将司法经费增加。所谓节省经费,结果适得其反。

主张废除检察制度的理由既然都不大充分,我们便要进一步研究主张保存检察制度者有无正当的理由。关于这一点,在上面讨论主张废除的理由时已经好多次附带有所说明,所以有许多话可不必再提。以下仅就以前没有提到的加以讨论,或就已提到而讨论不详细的加以补充。现在为讨论的便利起见,先将一般人常主张的保存理由列举如下: (1) 检察官能防止推事之专横武断;② (2) 社会上每有犯罪事件发生,而私人因怠惰怕事或其他关系,不愿或不敢过问者,犯罪者往往逍遥法外,检察制度可以补救这种情形;③ (3) 检察制度能减少私人诬告滥诉之机会;④ (4) 检察官对于情节轻微或不值得诉讼的案件,得便宜行事,不予起诉,这样可减健讼之风;⑤ (5) 检察制度可使推事与检察官分工;⑥

上述第一点所称"推事之专横武断"在那采纠问制度及推事不好的国家固属不免。但是在那采告劾制度及推事好的国家,这种现象未必常有;就是常有,也有法子救济,用不着检察官来防止。所以检察官在这方面的贡献殊属有限,不能充分证明是检察制度有保存之必要。第三点理由颇为充分,这在上面讨论主张废除检察制度之理由时已经说得很详细,毋庸赘言。第四点理由所说的"健讼之风"不必专靠检察官的不起诉处分去减削;我们如将同样的"便宜行事"之权授诸推事,也不难得着同样的效果,所以这一点理由也不大充分。现在所应该特别提出讨论者仅第二及第五两点理由。

关于第二点,我们知道现在确有许多刑事案件与私人利益无涉,或虽涉及私人利益,而私人因怠惰怕事、知识浅薄、受人恐吓利诱或其他关系,不肯或不敢追究。这一类案件的犯人若没有一个公务员去担任诉追,便可不受制裁;社会的治安将蒙其影响,法律的尊严必因之扫地。检察官之设正所以补救这种现象。检察制度之所以发展到今日这样程度,其主要的原因亦即在此。这种情形我们在上面叙述检察制度的发展史时已经说得很明白。尤其我们看了这个制度在英国和美国的发展经过以后,对于这点更不能否认。近代国家常发生三种现象: (1) 政府所管的事一天多一天。古昔所认为仅干一己或无足重轻的事情现在有许多都被认为关系公益而由政府加以干涉或管理。因此,有许多事情在从前不违法者在今日却构成犯罪行为。这一类事情虽经法律规定处罚,但是一般人因为还保持着向来的观念,仍以为他们不违法;就是知道他们违法,而因为事不关己,依然抱着"各人自扫门前雪"的态度,并不愿出头追究。⑦ (2) 国家的法令一日比一日密,其内容也一日比一日

---

① 全国高等法院以下的院长、庭长、推事及候补推事的总数,于1931年为1581人,于1932年为1472人,于1933年为1189人。全国高等法院以下的首席检察官、检察官及候补检察官的总数于1931年为234人,于1932年为733人,于1933年为532人(见司法统计)。
② 见黄寿:"改良司法之意见",载《法律评论》第 88 期,第 18 页以下(1925 年)。
③ 见朱广:"论国家诉追主义及职权主义",载《法律评论》第 69 期,第 1 页以下(1924 年出版)。
④ 见同上及郭卫:"从理论与实际讨论现行法律",载中华民国法学会主编:《中华法学杂志》第 1 卷第 2 号,第29—30 页。
⑤ 见朱广同文。
⑥ 朱鸿达同文曾附带提及此点,但不以为然。
⑦ 见 Pound, *Criminal Justice in America* (1930),第 15—20 页。

复杂;非专门研究此道者往往不能了解。① 打官司往往非请懂法律者或律师帮忙不可。那些懂法律者或律师既不能白替人家服务,那么打官司的结果往往就是花钱。所以遇到一件刑事案件发生——民事案件更然——若是事不关己,固然没有人肯过问;即使损害到自己的利益,有时亦不免抱宁人息事的主义而不诉诸法院。(3)因为知识的提高、科学的进步、都市生活的发达、团体关系的松懈(如邻里之无联络或不关切)、道德观念之薄弱、舆论制裁之无效,一方面犯罪者组织严密、手段灵活、声势浩大;而他方面则主张正义或遭受屈抑者缺乏能力、一盘散沙、陷于孤立。弄得那些"明哲保身"而"怕吃眼前亏"或贪利者,往往遇到犯罪的事情,只好受犯罪者及其党羽的压迫利诱,而不敢或不肯声张。② 这三种现象,在我国虽然不像在欧美那样厉害,但是也值得相当的注意。现在试举一个司法统计以示其一斑。这个例便是几种不大侵害特定人之私益的案件,因告诉告发司法警察机关(包括警察宪兵等)移送,而由检察官侦查之数的比较。依照民国十九(1930)年度至二十二(1933)年度的统计,鸦片、赌博、私盐、吗啡、赃物、公共危险及伪造货币等案中这一类数的比较如下:③

罪　名	年　度	由于告诉者	由于告发者	由于司法警察机关移送者
鸦　片	1930	645	1 720	14 006
	1931	1955	997	13 180
	1932	4 759	1 367	15 034
	1933	1 232	1 437	23 924
赌　博	1930	248	365	3 338
	1931	174	247	1 676
	1932	218	210	1 994
	1933	142	211	3 395
私　盐	1930	11	7	67
	1931	12	4	48
	1932	31	6	67
	1933	7	28	212
吗　啡	1930	35	29	62
	1931	31	28	39
	1932	无	3	246
	1933	1	无	349
赃　物	1930	297	111	472
	1931	310	94	543
	1932	279	84	291
	1933	281	76	429

① 见 Pound, *Criminal Justice in America* (1930)第 15—20 页及 Fosdick, *American Police Systems* (1921)第 29—32 页。
② 见 Pound 同上之书第 10—15 页及 Fosdick 同上之书第 43—45 页、360—363 页。
③ 见各该年度司法统计之罪名别侦查事件受理件数及已结未结表。

续 表

罪 名	年 度	由于告诉者	由于告发者	由于司法警察机关移送者
公共危险	1930	354	249	535
	1931	421	143	439
	1932	355	164	441
	1933	491	150	597
伪造货币	1930	210	161	369
	1931	145	81	466
	1932	123	66	373
	1933	121	60	653

从上表看来,鸦片、赌博、私盐、吗啡、赃物、公共危险及伪造货币等案,由司法警察机关发动者比由私人发动者多得多。我们固不敢说那些由司法警察机关移送侦查的案子中没有由私人向司法警察机关告诉或告发者在内,但是我们如知道我国有许多公安机关的腐败情形(如办事怠惰、不明法律、缺乏纪律、受贿舞弊等),那么可以断言那实际由司法警察机关直接发觉而不移送法院或可由司法警察机关直接发觉而不予追究的案件一定要比上表所列的数额大上好几倍。若是一旦我国的公安机关都经过相当的改革,这些案件都要由司法警察机关直接发动移送法院办理,那么由私人发动的案件和由司法警察机关发动的案件相差的数额,比上表所说的还要大上好几倍。足见前面所说的近代国家三种现象在我国已相当地或局部地发生。既然如此,那么我们便不能不进一步提出以下两个问题:"那些私人所不肯或不敢诉追的案件,是否应该由国家设法诉追呢? 若是应该由国家设法诉追的话,应该由国家指定哪种人去诉追呢?"对于第一个问题,我们应该毫无疑义地给一个肯定的答复,这一点大概谁都不能否认。对于第二个问题,大概可以有两种答案:(1)由国家指定司法警察官吏兼办这类事情;(2)由国家专设一种公务员(即检察官)办理这类事情。第一种答案不能成立。因为诉追犯罪需要相当的法律知识;以不懂法律的司法警察官吏担任这种情事,那一定干不好。这在英国已经充分地证明。以英国警察制度等那样进步,对于这一点尚且还有困难,我国更可想而知了。所以我们的结论应该不出第二种答案的范围。

由此看来上述关于保存检察制度的第二点理由,确有相当的根据。不过我们对于那一点理由还有一些要补充的地方。那就是说,检察官不但为诉追那私人所不肯或不敢诉追的刑事案件的适当机关,并且对于行政诉讼案件和那些有关公益的或政府为当事人的民事案件也有相当的贡献。这在英、美、法国等——尤其美国——已经见诸事实。我国今后将渐渐地走入法治那条路上去,而同时那社会立法(social legislation)及带有国家统制性的经济立法也有发达之趋势,用得着检察官的地方真是不少。对于刚才所补充的一点也有注意之必要。

第二点理由既说明如上,以下便要讨论第五点理由(即检察制度可使推事与检察官分工)。我们觉得这一点理由有三种事实可以做根据。①

首先,检察官可借侦查程序对于那些无理由、不合法或不值得诉讼的案件予以不起诉处分,一面防止人民的滥诉诬告,一面减轻推事的工作。这正和那大规模的宰牛场先将牛摆到那剥皮的机器里然后再传到割肉去骨的机器里是差不多的,可谓深具分工的作用。

---

① 主张这个理由者,其出发点各有不同,其中有些是不对的(如主张检察制度能使检举与裁判由2人分任以免不公平之结果,见朱鸿达文)。但这并不能证明根据其他出发点的分工理由都不能成立。

其次，检察官在侦查方面的主要职务是搜集证据以决定有无犯罪嫌疑。因为要搜集证据，往往非奔走不可；所以检察官的工作大部分是动的，不是静的。不但如此，搜集证据，以迅速为主。有许多案件往往须随到随办。所以检察官的工作大部分在时间上也是不规律的。这种工作当然和推事在现行制度之下所担任的不同——后者是比较静而时间上有规律的。这种工作若由推事担任，那么推事的工作时间一定很难支配，并且他的工作也一定不容易做好。现在由检察官分工担任，可免此弊。或者有人说：这种工作预审推事也担任得了，何须乎检察官？殊不知预审推事对于侦查犯罪及决定有无嫌疑虽和检察官差不多，可是对于参加言词辩论、提起上诉、声明抗告、请求再审及为其他诉讼上攻击防御之行为则无权过问。若仅有预审推事而不设检察官，这些事将没有人管，还得另外想法解决。若是设立检察官，这些事便可和侦查事务由一种人负责办理，岂不较为彻底痛快？

再次，侦查及追诉犯罪等事若常归一种公务员办理，久而久之，那一种公务员关于这类事情便积有许多经验和心得。并且因为这类工作的范围较狭，研究起来也较为便利，有为之一比较容易成为专家。在这种情形之下工作的效率往往要高些。

以上三种事实，在我国虽因人选及环境的关系还未完全表现出来，但其已有相当的证明实无可否认。这一点我们只要看检察官侦查终结的及不起诉的案件之多便可以知道了。① 所以上述的第五点理由实是检察制度应该保存的一个有力证据。

从上面这一番讨论我们关于我国检察制度的存废问题，可得以下的结论：根据各国历史的考察和与我国情形的比较，我们深信检察制度在我国有保存之必要。我们虽不能否认现行的检察制度有不少缺点，但是这些都是人选配置不宜和制度运用失当所造成的，并非制度本身必然的结果。我们今后所应该努力的，乃是积极地改革这个制度，使臻于完善之域，绝不是消极地采纳"因噎废食"的办法将它根本推翻。凡是留心我国近二三十年来法制典章之变迁的人，大概都不免有一种感想，那就是：我国的各种制度改革得太快，而改革的结果有时未必满意，足证我国对于各种制度在改革之先未必有充分的认识。这种情形实在令人不安。司法界的分子，照一般人的推测，总算比较的稳健虚心；可是从以往改革法制的经过及所发改革法制的议论看来，有时也不免使大家觉得他们的态度不大合理。有些人（我们当然不敢说这种人很多）往往不肯从深处、远处切实研究。他们不是保守自满，便是缺乏耐心。一种很简单的改革，竟可几十年不知实行；而一个极须考虑之计划，倒会贸然提倡采取。最近废除检察制度的口号，不消说，便是第二种态度所促成的。我们很希望大家能觉悟到以往的缺点。别再把这个问题看得太简单容易。本文仓促脱稿，贻误之处在所难免。我们并不妄想得到读者完全的赞同。我们所切盼者只是这篇草率的文字能够引起国内同好者的注意，而使他们对于这个问题为更进一步的研究。倘若因为本文之作而这个问题将来终于得到圆满彻底的解决，那么著者便觉得荣幸万分了。

---

① 全国检察官（连首检在内）只合推事（连院长庭长在内）之半数。但侦查终结案件的总数常较各级法院审判终结案件的总数为多。可见推事结一案，检察官可结二案。检察官结案如是之多，由于环境压迫，办事草率或程序简单者固属有之，但由于分工之得法者实占大部分。

关于疏通监狱之研究*

导言——本文之目的与范围

本文之作意在研究疏通监狱之方法。全篇共分四节：第一节论各重要国家监犯激增之趋势；第二节论监犯激增之原因；第三节论减少监犯之方法；第四节论吾国目前应取之途径。按监狱问题本与刑罚制度互为表里；疏通监狱，每须与改革刑制相辅而行。是以本文间接虽以研究疏通监狱之方法为目的，而直接实以检讨刑制改革之原则为对象。顾刑制改革问题，浩如烟海；专书讨论，犹难尽其底蕴；附带研究，挂漏自所不免。幸明哲有以教之。

第一节 各国监犯激增之趋势

按监犯之激增，几为近代各国之共同现象；东西重要国家或政治区域大都不能例外。兹请举例说明于下，藉示其梗概。

（一）美国

美国联邦司法部监狱司于1934年刊行之报告，尝就1896年至1933年间联邦监狱之人犯（此专指刑期较长之联邦人犯而言。其刑期较短者大都有监禁于各州监狱）。为精确之统计。其所昭示吾人者，为下列之事实。[①]

年　度	每日监狱人犯之平均总数
1896	301
1900	792
1905	1 550
1910	1 884
1915	2 265
1920	3 760
1925	6 464
1930	11 250
1933	12 515

---

*　原载于《现代司法》第1卷第9期、第10期，1936年。
①　Federal Offenders, 1932 – 1933, pp. 98 – 99.

是美国联邦监狱人犯之平均总数于三十八年间竟增至 41 倍以上。即专就最近 14 年（1920 至 1933 年）之情形而论，其增加速度亦达于三倍有奇。

以上为美国联邦监狱人犯激增之情形。至美国各州监狱人犯激增之趋势，虽无精确之统计可资说明，顾观于各监狱当局及学者之报告，亦不难知其梗概。据美国全国法律遵守及执行研究委员会（National Commission on Law Observance and Enforcement）①报告，于 1927 年间美国 48 州中仅 15 州之监犯数额不超过其监所固有之容量，其它各州之监狱均感人满之患，纵赶设新监，亦应付不及。如密西根（Michigan）之监犯于 1927 年竟较该州监所固有容量超过 78.6%（即原可容纳 100 人之监所现须容纳 178 人有奇），同时加利福尼亚（California）之监犯则较固有容量超过 62.2%。俄克拉何马（Oklahoma）之监犯则较固有容量超过 56.7%。俄亥俄（Ohio）之监犯则较固有容量超过 54.1%。迨 1930 年及 1931 年，则各州监狱人犯之充斥更有甚于此者。其人数之激增，往往达于一倍左右。原可容纳 1 000 人之监所，现须收容 2 000 人。监所当局至不得已时，往往须令犯人于监所之走廊或夹弄内度夜。② 上述各点系以监所固有之容量为观察点；若以监所历年之人数为观察点，其结论亦复相似。据美国哥伦比亚大学法学院前任院长葛尔基威氏（Kirchwey）统计，纽约州各州立监狱犯人之总数，于 1923 年仅为 4 598 名，迨 1930 年，遂增到 6 618 名（7 年内增加 44%）。于同一时期内，伊利诺斯州（Illinois）各监犯之增加额竟达于 131%（即原有 100 名者现增至 231 名）。而俄亥俄州（Ohio）之监犯亦由 3 837 名而增至 8 613 名（即 121% 有奇）。③

（二）加拿大

按加拿大正式监狱（Penitentiary）内人犯之总数，于 1925 年为 2 345 名，以后逐年均有增加，于 1932 年遂增至 4 164 名；易言之，其 7 年内所增之人数竟达于 70%。④ 若就全国所有监所及感化院之人数而论，其增加之速度亦颇值注意。兹将 1929 年初至 1931 年终之人数列表于下，以见其一斑。⑤

年　度	年初之人数	年终之人数
1929	8 561	9 478
1930	9 796	11 223
1931	11 223	12 293

是加拿大全国监所及感化院之人犯于三年内增加 3 732 名。若依百分数计算，其增加速度值达 43% 有奇。

（三）瑞士

据 1934 年之《瑞士统计年鉴》（Statisches Jahrbuch der Schweiz 1934）报告，瑞士全国各监所内已决及未决犯之总数自 1890 年以来变迁如下：⑥

年　度	每年终监所内已决犯之数额	每年终监所内未决犯之数额
1890	3 087	824
1900	3 437	859

---

① 此委员会系胡佛总统时代所组织。其委员皆美国之法律专家。所编调查及研究报告，曾由政府印行。内容注重实际情形，颇有价值。
② National Commission on Law Observance and Enforcement—Report on Penal Institutions, Probation and Parole, 1931, pp. 11–13.
③ The Annals of American Aeademy of Political and Social Science, September, 1931, p. 13.
④ The Canada Year Book, 1933, Ottawa (Official Publication), p. 1027.
⑤ 同书，p. 1026。
⑥ 见该书 pp. 424–427、428–429。

续表

年　度	每年终监所内已决犯之数额	每年终监所内未决犯之数额
1910	3 189	1 021
1920	3 349	1 344
1930	3 916	1 402
1934	4 259	2 445

（四）挪威

依挪威1932年统计年鉴（Statistisk Arbok for Kongeriket Norge 51 de Argang，1932）之记载，该国监狱内人犯之总数自1916年以来增加如下：①

年　度	每年监犯在监狱内拘禁日数之平均总额
1916 至 1917	242 632
1925 至 1926	266 820
1930 至 1931	323 084
1931 至 1932	318 080

按上表所记载者，乃每年监犯在监狱内拘禁日数之平均总额。此项日数之增减视监狱人犯之数额为转移。人犯增，则日数亦增；人犯减，则日数亦减。观上表乃知挪威监犯之总数于1916年到1931年之期间内增加33%有奇；1931至1932年度内监犯人数虽较上年度为少，然较诸1916年之人数仍超过31%有奇。

（五）意大利

意大利监狱及感化院之人口，自1907年至欧洲大战期间，每年均见减少。如1907年监犯人数为47 147名，迨1916年遂减至33 625名。其感化院之人数于1906年为5 418名，迨1916年遂减至4 657名。②但欧战告终后感化院之人数虽无甚增减，而监狱人犯则有增加之趋势。此观于1925年至1929年间之统计可以知之。兹列表说明于下：③

年　度	监犯之总数	感化院人口之总数
1925	45 599	3 437
1926	57 514	3 528
1927	64 709	3 536
1928	55 827	3 571
1929	59 356	3 550

依上表记载，该国监犯之总数于1926年至1929年之四年内均较1907年为大；若与1916年之总数相较，则其增加额达于70%以上。

---

① 见该书 pp. 153、159。
② Annuario statistico italiano, anno 1913, p. 126; anno 1917 - 18, pp. 148、156。
③ Annuario statistico italiano, anno 1930, pp. 142、146。

（六）德意志

德意志监狱之犯人，于1882年至1921年之期间内，除欧战时期不计外，大都有增加之趋势；此观于该国联邦处自由刑者之人数可以知之。当1882年之际，全国处自由刑者仅242 589人；（按：此仅指犯重要及普通罪者而言，关于犯轻罪者，无正式之统计可凭，其确数不得而知）。于1890年乃增至248 686人，迨1900年遂达264 166人；1910年之人数较1900年为少，仅259 466名；但当1920及1921年之际，人数顿形增加，计1920年为353 244名，1921年为379 460名。1922年以后，处自由刑者渐见减少，如1922年为243 075名，1925年减至202 320名，1928年复减至175 777名。惟此数年内处罚金者特别加多。如1921年处罚金者仅256 014名，1922年增至378 781名，迨1928年则增至405 642名。司法当局实有扩充罚金适用之范围而从轻处断之意。不然处自由刑者未必如是锐减也。① 以上所述系1928年以前之概况。至论1928年以后之情形，则德国处自由刑者转有增加之趋势。兹列表说明于下：②

年　度	处自由刑者之总数
1928	175 777
1929	183 634
1930	196 906
1931	210 544
1932	243 754

（七）保加利亚

保加利亚之监犯亦有增加之趋势。此观于1924年至1927年关于处自由刑者之统计可以知之，按该国处自由刑者于1924年仅13 765名；迨1927年遂增至15 594名。③

（八）芬兰

芬兰之处自由刑者，于1920年共计6 580名，1930年为7 787名，迨1931年突增至9 134名。观于此，其监犯人数之增加不难推知矣。④

（九）波兰

据1930年《波兰统计年鉴》记载该国监犯人数自1928年以后亦有增加之趋势。盖当1928年之际，全国监犯仅合监狱可容人数（即监狱之容量Capacite）之73％；迨1930年，则增至86％。⑤

（十）印度

印度之监犯亦有增加之趋势。其监犯之总数于1924年为110 399名，迨1928年遂增至118 796名，4年内增加8 397名，合7％有奇。⑥

---

① 以上参看 kriminalstatistik Für das Jahr 1928, S. 69ff. 此处所述之人犯并不包括因触犯欧洲大战后过渡时代之特别刑法而受罚者在内。

② Krimin Istatistik Für das Jahr 1929, S. 8; Für das Jahr 1930, S. 11; Für Das Jahr 1931, S. 27; Für das Jahr1932, S. 23, 按德国联邦政府（现为中央政府）关于监狱人犯之数额迄未公布正式之统计报告。故全国监犯之确数，仅司法行政当局知之。著者尝为此事亲诣该国联邦司法部调查。顾该部以对外体面关系，不肯宣布真相。据该部监狱行政主任称：政府当局恐引起误会，暂不准职员就此点对外发表意见。惟观于德政府此种态度，吾人不难推知该国近年来监犯数确有增加之趋势。盖非然者，其监犯人数断无不可对外宣布之理也。

③ Bell, The Near East Year Book, 1931 – 1932, p. 263.

④ Die Entwicklung der Kriminalitt im In—und Ausland nach dem Kriege, Bearbeitet im Statistischer. Reichsamt, Berlin, 1935, S. 18.

⑤ Annuaire Statistique de La République Polonaise, 1930, p. 497.

⑥ Reed, The Indian Year Book, 1931, p. 504.

（十一）日本

据1934年之英文日本年鉴（The Japan Year Book，该书系由日本 Foreign Affairs Association of Japan 印行）载称，该国1928年至1932年间处自由刑者之数额如下：①

年　度	人　　数
1928	28 878
1929	29 341
1930	33 175
1931	33 919
1932	36 265

是该国监犯之有增加，可由此推知。

（十二）英属澳大利亚

据该殖民地之政府年鉴载称，其监犯之数额于1928年至1932年之期间内，增加至10%以上。如1928年原为3 728名，迨1932年乃增至4 263名。②

（十三）南非洲联邦

该联邦之监所人口自1911年以来增加甚多。兹列表说明于下：③

年　度	每日平均之总数
1911	13 555.1
1917	15 878.9
1922	17 252.1
1928	18 423.1
1932	20 831.1

除上述国家或政治区域外，尚有少数国家可附带论及之。按此类国家监犯之确数，虽因统计材料缺乏而一时无从调查，顾观于其历年犯罪者总额及犯较重罪者（即大都以处自由刑以上之刑为主者）之人数，亦可断其有增加之趋势。兹略举数例列表如下：④

国　别	年　度	犯罪者之总额	犯较重罪者之人数
希　腊	1926	36 508	31 084
	1931	79 397	69 800
西班牙	1920	84 706	70 319
	1932	126 611	101 125

---

① 见该书 p. 763.
② Offcial Year Book of the Commonwealth of Australia, 1934, pp. 304－305.
③ Offcial Year Book of the Union of South Africa, 1932－1933, No. 15, p. 317.（按此处所载之监所人口，包括刑事未决犯及被看管之民事债务人在内）.
④ Die Entwicklung der Kriminalitt im in—und Ausland nach dem Kriege, 1935, S. 21、37、41、54.

续　表

国　别	年　度	犯罪者之总额	犯较重罪者之人数
暹　罗	1920	43 912	22 590
	1931	75 604	28 061
罗马尼亚	1929	360 229	76 814
	1931	417 525	91 375

近世重要国家中，其能避免监犯增加之趋势者，厥惟英国本部、瑞典、比利时、奥地利（Autria）法兰西等少数国家。英国本部（即英格兰、威尔士、爱尔兰及苏格兰）之监狱人犯，据学者统计，于近60年内减少81%。易言之，即原为100名者，现降至19名。① 瑞典之监狱人犯，于近60余年内则减少38%有奇。当1871年之际，其监犯之平均总数为4 929名，迨1932年则降至2 620名；② 比利时由下级法院处自由刑之人犯于1924年为17 193名，至1931年减至15 541名；③ 奥地利经法院判决而送监执行之犯人，于1922年为26 460名，至1926年减为13 716名，迨1932年降至10 764名；④ 法兰西之监犯自1895年以后几减少半数，1895年送监执行之犯人共计523 258名，迨1931年降至272 453名；若就监犯在监狱所度之日数言之，则1895年合计为1 534.6万日；而1931年仅为777.7万日。⑤

第二节　监犯激增之原因

考监犯激增厥因有二：一曰犯罪之增加；一曰自由刑适用范围之扩充。兹分论于下：

（一）犯罪之增加

犯罪之增加，其原因因时因地而不同。惟概括言之，可大别为五类，即经济的；教育的；家庭及社会的；自然的；立法及司法的是。兹分别说明于下：

1. 经济的原因。经济原因最足增加犯罪，此观于欧美各国最近之情形盖可知之。欧战甫终，各重要参战国均感经济困难，其犯罪人数遂因之增加。如德国当1923年之际，经济恐慌达于极点，是年犯罪者之总数特大，合823 902名（此指犯轻罪 bertretungen 以外之罪而依联邦法规处断者而言。）为该国从来未有之现象。而其中犯窃盗罪者竟达367 435名，合44%有奇。在该国亦未之前闻。又妇女犯罪者，在平时每属有限，但在1923年之德国，其数竟达134 943名（其中以犯窃盗者居多数）。亦打破以前之纪录。自1924年以后，德国经济情形渐见改善，上述各数额亦随之减少。如1933年犯罪者之总数仅489 090名，其中犯窃盗罪者仅101 596名，妇女犯罪者仅58 173名。⑥ 此外如英、法、奥等国于欧战甫终之后，经济亦殊窘迫，故当1920年之际犯窃盗罪者特多；嗣后情佳，此项犯罪者亦随之减少。⑦ 又据美国学者统计，当1923年之际，全国监狱及感化院之人犯中平均有3/10本系失业者。若专就女犯而论，则其中失业者占2/5。⑧ 该国学者（Breckenridge 及 Abbott 二氏）尝就1912年以前芝加哥（Chicago）犯罪之幼年人有所统计；据称其中有3/4至9/10之幼年人系

---

① 见美国联邦司法部监狱司长培芝氏（Bates）1934年12月12日之演讲，"Protection as a Penal Policy"第3页。
② Statistisk Arsbok För Sverige, 1934, p. 253.
③ Annuaire Statistique de la Belgique, T. 51, 1935, pp. 119 – 121.
④ Statistsches Handbuch Für den Bundesstaat österreich, Wien, IV. Jahrgang, 1924, S. 118; VIII. Jahrgang, 1927, S. 161; IX. Jahrgang, 1928, S. 166; XX. Jahrgane, 1935, S. 204.
⑤ Statistique générale de la France, 1933, (Imprimerie Nationale, Paris), pp. 55 – 56.
⑥ Die Entwicklung der Kriminalitt im In—und Ausland nach dem Kriege 1935, S. 6 – 7. 按此处所述犯罪者之数额，均不包括因触犯欧洲大战后过渡时代之特别刑法而受罚者在内。
⑦ 同上 S. 14、20、32.
⑧ Best, Crime and the Criminal law, 1930, pp. 248 – 249.

来自经济最窘之家庭者。美国其它各城之情形虽无如此之甚,然据调查之结果,幼年犯之来自贫苦而不能自立之家庭者,有时亦在半数以上。①

2. 教育的原因。人之犯罪,往往由于缺乏应付环境之能力。如谋生技能之不足也,道德观念之薄弱也,理解能力之欠缺也,皆其明例。教育之主要功用,在发展技能、培养道德、启迪理智。故教育之有无及其良否,每与犯罪之发生有因果关系。兹请将美国1923年关于监狱及感化院犯人之统计列表于下以示一斑。②

教育之程度	每100普通人 教育程度之比例	每100监狱及感化院犯人 教育程度之比例
不识字者	7.1	10.7
曾在小学肄业者	61.1	67.5
曾在中学肄业者	25.1	15.4
曾在大学肄业者	6.7	3.4
曾否入校情形不明者	无	3.0

按上表所昭示吾人者,为下列之事实:

(1) 美国之普通人中有7.1%为不识字者,61.1%为曾在小学肄业者,25.1%为曾在中学肄业者,6.7%为曾在大学肄业者。

(2) 监狱及感化院之犯人中有10.7%为不识字者,67.5%为曾在小学肄业者,15.4%为曾在中学肄业者,3.4%为曾在大学肄业者,3%为识字而曾否入校情形不明者。

(3) 教育程度之高低常与监狱及感化院犯人数额之多寡成反比例,即教育程度愈高者,其在监犯人口中所占之比例愈小;反之,教育程度愈低者,其在监犯人口中所占之比例愈大。如不识字者,在普通人中占7.1%,而监犯人口中则占10.7%;后者较前者之比例几多1/3。但曾在小学肄业者在监犯人口中所占之比例只较其在普通人口中所占之比例多1/10。至于曾在中学或大学肄业者,则其在监犯人口中所占之比例,均较其在普通人口中所占者为小。如曾在中学肄业者,在前者所占之比例较在后者几减少2/5。曾在大学肄业者,在前者所占之比例较在后者几减少1/2。若教育之缺乏与犯罪之发生无因果关系,则上述情形必不至发生。

(4) 美国全国监狱及感化院之人犯中不识字者及仅受初等教育者合计共占78.4%(其曾否入校情形不明者尚未计入)。由是以观,教育之缺乏或过低,实为促成或增加犯罪之最有力原因之一。

3. 家庭及社会的原因。按家庭及社会之组织,大都随各时代之经济状况为转移。自广义言之,家庭及社会的原因亦大都可视为经济的原因之一种。讨论家庭及社会之原因时,势难将经济现象与其它关于家庭及社会之现象,截然划分而绝对不提。故本段所述者应与关于经济的原因合并观之。夫家庭及社会环境之不良与犯罪之增加有密切关系,乃近世学者公认之事实。德国刑法权威李滋脱氏(Franz Von Liszt)尝言之矣:"凡犯罪之行为系因犯罪者之个性及其犯罪时四周之团体关系而发生。故可谓一个个人的原因及无量数团体的原因之产物……至论二种原因之意义,则吾人愈研究,则愈觉团体原因意义之重大,远非个人原因所可比拟。此殆极浅显之事实也。"③

李氏所谓团体的原因者,即吾人所谓家庭及社会之环境。玩味李氏之言,则犯罪之增加多数由

---

① Best, Crime and the Criminal law, 1930, pp. 255 – 256.
② 同上,p. 263.
③ 见其所著"犯罪为社会病态现象论"一文(Das Verbrechen als sozial—pathologische Erschei nung. 1898)。可参阅 Liszt, Strafrechtliche Aufsätze und Vorträge, 2 Band, S. 234 – 235.

于家庭及社会环境之不良也明甚。美国法学泰斗庞德氏（Roscoe Pound）尝论美国刑法执行之困难，所举执行困难之原因凡六。而其所认为最重要者，莫如社会制裁背景之变迁（Changes in the background of social control）。其言曰："夫家庭者，当十九世纪之际，乃吾国社会组织最重要之基础也。一家之人，俨然成一社会的经济的及法律的单位；家庭之制裁，为法律所承认而具有实效。一家之人而涉讼于法庭者，乃罕见之事实，为向来之法律政策所不许也。家庭之外，复有邻里（Neighborhood）之舆论，亦有制裁之效力。夫邻里自中世纪以后虽非复法律所承认之组织，顾仍系社会的及经济的单位，对于里中各个人依然具有雄厚之势力焉。抑更有进者，十九世纪之有组织的宗教，尝吸引社会大部分之人士，使成为组织严密之团体。宗教教育几为普遍的。社会人士无不为基督教团体之势力及其舆论所左右。凡此种种社会制裁之势力，在今日之都市及工业社会显已大为削减。良以今日之家庭，非复经济的单位。即在法律上；其各个人相互间之关系亦远不如曩日之密切。今日所存者，无非旧制之一鳞半爪。就子女控诉父母之案件而言，法律之政策已起激烈之变化。家庭之威权削减殆尽。至论邻里，则亦迥异旧观，不复构成如昔日之经济的单位。一日之间，常有多数人往来于工商业之中心区域。若辈所度之经济生活，及其它社会生活，并不限于同一区域。其在经济生活上所接触之人与在他种社会生活上所接触者常不相同。每日与各个人发生关系者，未必为其邻里。此于同住于 apartment house 者（按：apartment house 为供人居住之大厦。内有房间可出租与各个人或家庭以为住宅。此为欧美都市社会之产物，所以济普通住宅不足之穷也）。可以见之。盖若辈往往彼此不相识，与吾国立国之初农村社会之邻里适相反也。是以往昔可由邻里之舆论制裁之许多事件，在今日不得不由法律及警察制裁之。至于有组织之宗教，则其势力之减削乃明显之事实，更毋庸申论矣。上述社会制裁背景之完全改变，固不乏由于刑法效果之缺乏而促成者。顾自他方面观之，此亦足以证明刑法任务之加重。诚以在往昔由刑法与其它社会制度分任及刑法所不常过问之职务，在今日非由刑法单独任之不为功也。"①

细绎庞氏之意，其要旨可归纳为两点：其一，美国当十九世纪之际，家庭、邻里、宗教均有严密之组织足以制裁人之行为，以补刑法之不足。社会上防止犯罪之动力大，故犯罪者少。其二，近年以还，上述各种组织均形崩溃，不复能制裁人之行为。社会上防止犯罪之动力减少。犯罪之机会于以增加。故触犯刑法者日益多而刑法乃不胜其烦。庞氏之言论，虽专对美国而发，然对于近代工商发达都市生活方兴未艾之国家，亦大都可以适用。即就工商业素属落后之我国而论，近数十年来，因受西方物质文明及个人主义之影响，亦渐呈类似庞氏所述之现象。试观今日农村生活之衰落，都市人口之集中，家族思想之淡薄，邻里关系之疏远，与夫宗教及道德观念之缺乏，殆无一非趋向于庞氏所述现象之征兆。

以上所述仅系关于家庭及社会原因之一般的观察。兹更就此项原因对于犯罪之实际影响一言之。按家庭及社会原因对于犯罪之实际影响，可自各方面观察之。因限于篇幅，谨就见于亲属关系及生活区域者述其崖略于下：

1. 见于亲属关系者。依一般学者之意见，凡已结婚而夫妇同居者，大都较诸未结婚或虽结婚而离异者不易犯罪。盖前者之生活较有规则，其责任观念亦较为浓厚，每不敢轻于犯罪。美国学者贝斯脱氏（Best）尝统计该国 1923 年之监犯（15 岁以上者）其所得结果如下：②

身　份	每 100 监狱 15 岁以上普通人中所占之数额	每 100 监狱或感化院犯人中所占之数额
未婚者（男）	35.2	53.9
（女）	27.4	33.5

---

① Pound, Criminal Justice in America, 1930, pp. 12–15.
② Best, Crime and the Criminal law, pp. 227–228.

续 表

身　份	每 100 监狱 15 岁以上 普通人中所占之数额	每 100 监狱或感化院犯人 中所占之数额
已婚者（男）	59.4	39.8
（女）	60.7	52.9
鳏寡者（鳏）	4.8	3.5
（寡）	11.2	7.9
离婚者（男）	0.6	2.7
（女）	0.8	5.9

观上表，可知已婚夫妇同居者，在监犯中所占之比例较诸在普通人口中所占之比例为低（即已婚而鳏寡者亦复如是）。反之，未婚者及已婚而离异者，在监犯中所占之比例则较诸在普通人口中所占之比例为高。故婚姻关系之不协调或发生阻碍，亦为增加犯罪之重要原因。贝斯脱氏就美国 1923 年监犯之其它家庭关系亦有所统计，其结论如下：(1) 每 100 男犯中有 38 人于犯罪时不与任何亲属同居；每 100 女犯中有 42 人于犯罪时不与任何亲属同居。① (2) 每 100 男犯中有 76 人于犯罪时已与父母分居；每 100 女犯中有 84 人于犯罪时已与父母分居。② (3) 羁押于特别监狱（即专为幼年犯而设者）之幼年犯中，仅有 2/5 于犯罪时与本生父母同居；至于羁押于普通监狱之幼年犯，则其中于犯罪时与本生父母同居者仅占 1/3。③

由是以观，家庭生活失常，实为增加犯罪之有力原因。

2. 见于生活区域者。凡都市生活发达人口集中之区域，犯罪者之比例常较其它区域为高。此观于学者之统计盖可知之。如当 1920 年之际，美国全国人口之分配于都市者（即人口在 2.5 万以上者）占 51.4%，其分配于非都市区域者（即人口不满 2.5 万者）占 48.6%，但是年都市之犯罪额占全国犯罪额之 77.8%，而非都市区域之犯罪额仅占全国犯罪额之 22.2%。此系关于男女犯之综合统计。若就女犯分别统计，则都市与非都市区域犯罪额之相差尤堪注意。盖 1920 年分配于都市之妇女占全国妇女之 52.3%，其分配于非都市区域者占 47.7%，但是年在都市犯罪之妇女占全国女犯之 88.7%，而在非都市区域犯罪之妇女仅 11.3%。④ 美国全国法律遵守及执行研究委员会尝就该国 6 大都市（即芝加哥"Chicago"、费城"Philadelphia"、芮基门"Richmond, Virginia"、克利夫兰"Cleveand, Ohio"、伯明翰"Birmingham, Alabama"、旦佛耳"Denver, Colorado"及西雅图"Seattle, Washington"是）犯罪人口之分配为精确之统计。其所得结果均证明，犯罪比例之升降与每区域人口密度之增减互相表里。即人口愈密之区域，其每 100 人中犯罪者之比例愈高。反之，人口愈疏之区域，其每 100 人中犯罪者之比例亦愈低。而人口最高之区域常与工商业中心地点相毗连；每区域之人口密度常与其距离工商业中心地点之程度成反比例。故犯罪比例之升降亦与每区域距离工商业中心地点之短长互为因果。例如芝加哥人口密度最高之区域内，每 100 个十岁至十六岁之儿童中犯罪者占二十余人（此系警察机关之统计）；而人口密度最低之区域内，每 100 个此类儿童中犯罪者不及二人；其人口最密之区域，即距工商业中心地点最近者也。⑤

3. 自然的原因。按所谓自然的原因者，系指吾人身体上或心理上足以促成或增加犯罪之特殊

---

① Best, Crime and the Criminal law, p. 232.
② 见同书 p. 236.
③ 见同书 pp. 239 - 240.
④ 见同书 pp. 216 - 217.
⑤ 见 Report on the Causes of Crime, Vol. 11, 1931, pp. 23 - 33、107、146 - 149、154 - 155、160 - 163、167 - 169、174 - 177、182 - 184、187 - 188.

现象而言。关于此点,学者意见最为分歧。兹为节省篇幅起见,只举其大纲说明如下:

1) 凡身心上有某种缺点者,往往易于犯罪。美国医学心理学家尝就马萨诸塞州立监狱(Massechusette State Prison)、纽约新新监狱(Sing Sing Prison, New York)、纽约州立感化院(New York State Reformatory)及印第安纳州立监狱(Indiana State Prison)之犯人举行医学及心理之检查。其所得结果如下:①

监 狱 名 称	每100人中具有变态心理或神经者
马萨诸塞州立监狱	34
纽约新新监狱	59
纽约州立监狱	58
印第安纳州立监狱	45

当美国密苏里州(Missoouri)组织委员会调查该州犯罪情形之际,汉密顿氏(Dr Hamilton)尝用该州州立监狱中提出230人以供检查,结果发现其中染有显著之神经病者有22名,合9.6%。② 据英人瑙和特氏(Dr. W. Norwood)报告,英格兰及威尔士于1931年因刑事嫌疑被羁押之人共计662 475人,其中有4 146人系神经错错乱者,2 626人系高度神经衰弱者。是年经判决处罚者共计423 502人,其中有1 156人系神经错乱者,686人系高度神经衰弱者。又英国Wormwood Scrubs监狱之幼年犯中,有4.15%系神经错乱或高度神经衰弱者。③

上述情形虽不一致,然其足以证明犯罪之与身心上之缺点于某种情形下不无关系殆甚明显。

2) 某种犯罪往往由于遗传。遗传之能否影响犯罪,学者间聚讼纷纭,莫衷一是。惟就多数意见而论,神经错乱或衰弱等病之足以遗传后人,殆为不可否认之事实。故先人因罹此病而具有犯罪之趋势者,其子孙亦往往易罹此病而流为犯罪者。④

综上以观,人之身心上缺点之足以增加犯罪,可于下列二点见之:其一,因不设法治疗或防范而增加犯罪之可能;其二,因遗传而使具有犯罪趋势者繁殖。

4. 立法及司法的原因。足以增加犯罪之立法及司法的原因,各国不同,难以枚举。兹仅就二点说明之,藉见其一斑。

1) 法律之增加。近代社会,因工商之繁盛,交通之发达,组织日趋复杂,人群相互间利害冲突之机会,与时俱增。国家为调整社会关系起见,往往增加法律以资制裁。刑法为基本法律之一,其内容之扩充,自属当然之结果。此征诸欧美先进国家之情形。殆甚明显。⑤夫刑法内容之扩充所引起之社会现象,其最堪注意者,厥惟犯罪数量之增加。考其所以致此之原因,约有二端:

其一,社会上受刑法制裁之事项日益增加。此点甚为明显,毋庸申论。

其二,社会上对于刑法之观念不能与刑法之内容同时扩大。法律之收效有赖于社会心理之扶助者甚多;而社会心理之造成,非一朝一夕之功,其速度不及法律之制定远甚。近代刑法内容之扩充,往往出于社会之新需要,其基本观念与固有者颇多出入,每为普通人所不能了解;故虽经颁布施行,而仍不能为社会所重视。⑥

---

① 此为 The Missouri Crime Survey,1026,所转载之消息;见该书,p. 412。
② 同上,p. 412。
③ 见该氏同第十一届国际刑法及监狱会议之书面报告,p. 2。
④ 同上,p. 6,又 Paul Popenoe, Rapport Presenté au XI me Congrés Pénal et Pénistentiare international,p. 6。
⑤ Von Liszt,Das Verbrechen als sozial—Pathologische Erscheinung (见注三十一所引之书)S. 242 - 244;Pound, Criminal Justice in America,pp. 15 - 20。
⑥ Pound 同书 pp. 22 - 23。

美国学者尝就因新法而增加之犯罪数量有所统计。据称专就芝加哥一市而论,其于1912年因犯罪被捕之10万人中,有半数以上所犯之法律为25年前所未见者。① 至于美国联邦(此指触犯联邦刑法者而言,触犯各州刑法者不在此限),则其情形更为惊人。盖即就监狱人口一端而论,其中触犯1909年以后之新法者,截至1933年止,已达76%有奇。此类监犯于1909至1913年之时期内,共计仅672名(即此数年内送监执行者之总数)。而于1929年至1933年之时期内,竟增至39 315名。后述时期之总数几较前述时期之总数增加8倍。自1909年以来监犯中触犯旧法(即1909年以前之法律)者,固亦增加,惟其速度不可同日而语。如于1909至1913年之时期内,此类监犯之总数为3 713名;于1929至1933年之时期内,仅增至9 402名。前者与后者相差不过2/3。②

2) 法律防止犯罪之无能。近代刑法,因制度本身之陈旧或适用方法之不当,往往不能收防止犯罪之效。此观于各国累犯之增加盖可知之。如德国联邦犯轻罪(bertretung 即处拘役或罚金者)以外之罪(即重罪 Verbrechen 及普通罪 Vergehen)者中累犯者于1882年占25%强,合82 395人;于1892年增至34%强,合146 697人;于1899年增至44%强,合195 251人;于1908年增至45%强,合245 970人。欧战甫终之际,犯重罪及普通罪之累犯较减。如于1920年其数仅占21%,合125 033人,但于以后数年内其数几常有增加之趋势。迨1933年复达至40%,合213 938人(按此处所述之犯人均不包括因触犯欧战后过渡时期之特别刑法而受罚者在内),较诸1882年之情形诚有过而无不及。③ 保加利亚之累犯(专就犯轻罪以外之罪者而言)于1920年仅占7%,合775人;迨1931年增至10%,合2 213人。④ 奥国之累犯(专就犯重罪"Verbrechen"者而言)于1924年占41%,合8 425人;迨1933年增至57%,合10 806人。⑤ 匈牙利之累犯于1921年仅占犯罪者总数百分之六点九,合2 329人;以后逐年递增,迨1933年达25.6%,合12 125人。⑥ 希腊之累犯于1926年仅占17%强,合6 252人;迨1931年增至26%,合20 615人。⑦ 意大利之累犯(专就犯轻罪以外之罪者而言)自1920年以后百分比例上虽无显著之增加趋势,顾就人数而论几逐年递增。如1920年之人数为35 614名,1927年为50 957名,增加15 343名。⑧ 芬兰之累犯于1923年共计1 801名,1931年增至4 333名。⑨ 法国之累犯(专就犯轻罪以外之罪者而言)于1926年占19.2%,合43 514人;迨1931年增至22.2%,合51 619人。⑩ 立陶宛(Lettonie)之累犯于1927年仅占25.5%,合2 312名。迨1933年增至36.4%,合5 349名。若就人数而论,6年间几增加1倍。⑪ 挪威之累犯(专就犯轻罪以外之罪者而)于1923年为1 201名,迨1932年增至1 696名。⑫ 波兰之累犯(专就犯轻罪以外之罪者而言)于1924年为29 982名,1928年增至18 982名。⑬ 瑞士之累犯(专就犯轻罪以外之罪者而言)于1931年为7 455名,1933年增至8 304名。⑭ 捷克之累犯,专就 Böhmen、Mhren、Schlesien 等区域而论,于1920年为65 810名,1931年增至75 237名。⑮ 比国之累犯于1920年为

---

① Pound 同书 pp. 22 – 23。
② Federal Offenders, 1932 – 1933, p. 105。
③ 见 Liszt 同文(注四十三)p. 239;Die Entwickiung der Kriminatitt im In—und Ausland nach dem Kriege, 1935, S. 6 - 7;Kriminalstatistik Für das Jahr 1899, I. S. 30, Für Das Jahr 1908, I, S. 4。
④ Die Entwicklung der Kriminalitt im In—und Ausland nach dem Kriege, 1935, S. 11 - 12。
⑤ 同上 S. 33。
⑥ 同上 S. 44 – 45。
⑦ 同上 S. 21。
⑧ 同上 S. 23 – 24。
⑨ 同上 S. 18。
⑩ 同上 S. 19。
⑪ 同上 S. 29。
⑫ 同上 S. 34。
⑬ 同上 S. 40
⑭ 同上 S. 42。
⑮ 同上 S. 9。

15 067 名,以后逐年递加,迨 1926 年增至 17 585 名。1928 年至 1930 年间虽逐年递减,顾其最低数(即 1930 年者)仍较 1920 之数多 1 638 名。① 丹麦之累犯(专就犯轻罪以外之罪者而言)于 1910 年为 1 567 名,以后几逐年递加,迨 1928 年增至 1 803 名;1930 年为数较少,仅 1 783 名,但仍较 1920 年为多。② 加拿大之累犯(专就犯较重罪 Indictable offences 者而言)于 1921 年至 1922 年之年度内占 17.1%,合 2 698 名;以后逐年递加,于 1932 年至 1933 之年内增至 22.3%,合 8 366 名。③ 美国关于累犯无十分精确之统计,其增减之趋势,殊难一概而论。惟据学者研究之结果,全国监狱及感化院近 10 余年来每年所收之犯人中平均约有 40%—50% 为累犯(即以前已处自由刑而曾送监狱或感化院执行者)。依美国全国法律遵守及执行研究委员会之意见,其实际之人数尚不止此,虽定为 60%,亦不得谓为过高。盖犯人对于以前犯罪情事每讳莫如深,其确系累犯而无从发觉者不知凡几。④ 夫以美国监狱人口激增如是之速,则上述之百分比例(即 40%—60%)无论为最高额与否(按更高之平均数额于 10 年前尚无所闻),均足以证明该国累犯有增加之趋势。良以该国近 10 年来之监狱人口较诸 10 年或 20 年前增加甚多,纵 10 年或 20 年前累犯之百分比例与近 10 年相等,其实际人数仍不及近 10 年之多。兹请先就联邦监狱(连感化院等在内)人口中之累犯举例说明如下:⑤

年　度	监犯人数	依 40% 计算之累犯人数	依 50% 计算之累犯人数	依 60% 计算之累犯人数
1902	1 019	407.6	509.5	611.4
1912	2 087	834.8	1 043.5	1 252.2
1922	4 785	1 914.0	2 392.5	2 871.0
1932	13 085	5 234.0	6 542.5	7 851.0

上表所昭示吾人者,有下列二点颇值注意:(1) 纵十年以前累犯之百分比例与近 10 年绝对相等(如同为 40% 或 50%)。其实际人数仍不及近 10 年之多。(2) 纵 10 年以前累犯之百分比例较近 10 年为高(如近 10 年为 40%,10 年前为 50% 或 60%。)其实际人数仍不及近 10 年之多。盖 1902 年之累犯纵依 60% 计算(611.4),其数额仍少于 1912 年依 40% 计算所得者(834.8)。1912 年之与 1922 年及 1922 年之与 1933 年亦然。以上为联邦之情形。兹更就各州之情形一言之。综观美国学者之研究报告,各州监狱及感化院人犯近 10 年之平均数额至少较 10 年前增加 50%(见前)。纵近 10 年累犯之百分比例与 10 年前相等,其实际人数至少已较 10 年前增加 50%。良以监狱及感化院人犯之增加既达 50% 以上,则累犯之百分比例如同时无相等之下降趋势(如由 30% 降至 20% 或 60% 降至 40% 等)。其实际人数必较以前为多也。按上述各国累犯增加之情形,固不乏由于社会及其它之原因所造成者。然其因法律本身之不善或适用之不当而产生者,亦不在少数。曩者德儒李滋脱氏论德国刑法制度时,尝曰:"吾国之刑罚,既不足以改善犯人,复不足以予以警戒,殊无防止犯罪之效力。不宁惟是,刑罚之实施,反足以增加受刑者犯罪之趋势,刑罚之结果,无非使以犯罪为职业者之队伍逐年扩大耳。"⑥斯言也,虽专对德国而发,亦可使他国之关心刑事者知所猛省矣。

---

① Die Entwicklung der Kriminalitt im In—und Ausland nach dem Kriege,1935,S. 13.
② 同上 S. 50.
③ Best 同书 p. 279;National Commission on Law Observance and Enforcement—Report on Penal Institutions,Probation and Parol,1931,p. 221.
④ 63 见同上第二书 p. 221. 按累犯之实际数额,非仅在美国较统计数额为高,即在他国亦莫不如是。良以犯人之讳言以前犯罪入狱等情,各国同然。非美国独有之现象也。况美国自联邦司法部综理指纹事宜以来,非惟与国内各地侦查犯罪之机关协力合作。抑且与各重要国家互相扶助。组织既密,累犯乃易于发现,其未经发觉之累犯或许少于他国也。
⑤ Federal Offenders,1932 - 1933.
⑥ p. 241.

（二）自由刑适用范围之扩充

夫犯罪之增加，虽为近代国家监犯充斥之重要原因。然自由刑（此处所谓自由刑指监禁拘役等而言）之适用范围设不若今日之广大，则犯罪者纵属增加，其影响于监狱人口者必不至如是之严重。良以犯罪与监狱本无密切之关系，有之自各国之重视自由刑始耳。考古代所藉以处罚犯罪者，大都为死、流、身体及财产等刑。监狱者在多数国家不过羁押顽强民事债务人宗教犯及未决刑事犯之所，从未如今日之重要也。监狱之成为正式之刑罚机关，殆始于十八世纪之末叶。其初也不过用以代替死刑及残酷之身体刑，意在减少犯人之痛苦。故在此类刑罚不盛行之国家，尚不甚重视。迨后感化主义推行，各国乃渐认监狱为改良犯人及防止犯罪之重要机关。英美等国倡导于先，其它诸邦继行于后。不及百年，而此类思想已弥漫全球。于是乎曩者无足重轻之自由刑一变而为近代刑法之天经地义矣。① 按自由刑在近代刑法上之被重视，常可于下列之事例见之。

1. 法定适用自由刑之案件特别增多。近代刑法对于死刑，身体刑及流刑，或绝不规定，或规定而适用之范围甚狭。其所采为基本刑罚者，乃自由刑，即无期、有期徒刑及拘役等是也。吾国旧时法典规定处死刑者，动辄数百事，其采用笞刑者亦不胜枚举。② 今日之新刑法对于笞刑既完全摒弃，而规定适用死刑者亦不过十余事。其分则部分之条文共计258条（自第100至357条）。而其中规定"专科"罚金者不及十处，得"或科"罚金者不逾百事。其余皆专处徒刑或拘役，而间或并科罚金者，综观该法所规定得处自由刑之事，几达9/10。即专处自由刑之事（连并科罚金者在内），亦合6/10。与清代以前之刑法典何可同日而语。复观欧美各国，其情形亦属相似。如当18世纪之末，英国刑法所规定处死刑之罪，几达300种。其它犯罪行为，或处以身体刑，或科以罚金，自由刑不与焉。美国之情形，虽与英国不尽一致，顾当殖民地时代（Colonial Period）其刑制宗采英国，死刑而外，亦以身体刑与罚金为主。自由刑之适用殊属罕见。然而是二国者，今日对于自由刑之态度，亦大体与吾国相似。回首百余年前，诚有霄壤之别矣。③

2. 自由刑之适用近于呆板。自由刑适用之呆板有由于法律者，亦有由于司法机关者。前者之例如法律对于缓刑假释等之不采用或限制过严是；后者之例如司法机关对于缓刑及假释等制之不切实推行是。斯二种情形发生之方式虽不相同，然其背景则属一致，盖二者皆"自由刑万能"之思想使然也。此点颇有考虑之价值，容于下节申论之。

第三节　减少监犯之方法

夫监犯之激增，既由于犯罪之增加与自由刑适用范围之扩充，则欲谋监犯之减少，其必去除此二种原因也明甚。按犯罪之增加，其背景种种不一，已如前述。就中有直接或间接涉于司法而为司法当局所得防止者，亦有涉于整个之政治或社会问题而非司法当局所能为力者（如一般之经济教育家庭及社会等背景是）。后者系乎一般之政治及社会改革，头绪纷繁不遑枚举，因限于篇幅，姑从略。兹请专就前者择要言之。考司法当局对于防止犯罪之增加所可为力者，以下列数事较为重要。

（一）注意幼年犯

人之犯罪，往往于幼年时已种其因。今日之幼年犯，每易流为他日之成年犯。故为防止再犯起见，应于幼年犯特别注意。近代各国中颇多忽视此点者，其措置幼年犯之方法，往往失之呆板。非惟

---

① Mittelstdt, Gegen die freiheitsstrafen, 1879, S. 3 - 17；V. Liszt, Lehrbuch des Deutschen Strafrechts, 23, Anflage, S. 255 - 259；Pollitz, Strafe und Verbrechen, 1910, S. 4 - 40；Barnes, The Repression of Crime, pp. 156 - 173.

② 关于此点可参阅《唐律疏议》等书及沈寄移《遗书甲编刑制总考》一至四卷,《死罪之数》。按我国古时虽亦有"徒刑"之制，顾其性质与今日之"徒刑及拘役"非可同日而语。盖前者只侧重于"劳役"，未将犯人收监所，对于犯人自由所加之限制不若今日"徒刑及拘役"之甚也。

③ Barnes 同书 pp. 42 - 43, 80 - 90.

不足以收改善之效,抑且足以使偶犯者变为习惯犯。如德国 1906 年联邦犯罪者之总数(此指犯轻罪 bertretung 以外之罪者而言)为 524 113 名,其中幼年犯占 55 277 名;1907 年联邦犯罪者之总数为 520 787 名,其中幼年犯占 54 113 名;1908 年之总额为 540 083 名,其中幼年犯占 54 693 名;是数年内幼年犯中之累犯均在 9 000 人以上。若与累犯之总数(其成年人及幼年人中之累犯总数)相较,其比例如下:①

年 度	累犯之总数	幼年犯中之累犯	幼年累犯与累犯总数之百分比例
1906	234 232	9 097	3.8
1907	235 035	9 571	4.1
1908	245 910	9 280	3.7

若就累犯之次数(即因犯罪而被罚之次数)而论,则是数年内幼年累犯之分配如下:

年 度	已罚 1 次者	已罚 2 次者	已罚 3 至 5 次者	已罚 6 次以上者
1906	5 857	1 841	1 241	156
1907	6 072	2 025	1 312	162
1908	5 969	1 872	1 305	134

幼年犯之措置失当,不仅足以养成幼年之累犯(即于幼年时代内再犯罪者),抑且足以增加成年之累犯(即成年后犹再犯者)。良以幼年犯而不能悛改,则成年后亦必再犯。故今日有一未改善之幼年犯,异日即多一成年之累犯,未经改善幼年犯之来也源源不断,而成年累犯之去也则戛乎其难。于是成年之累犯遂愈积愈多矣。谓余不信,请再引德国之例以说明之。按德国自 1882 年至欧战发生时止之累犯,依照累犯次数(即因犯罪而被罚之次数)分配如下:②

年 度	已罚 1 次者	已罚 2 次者	已罚 3 至 5 次者	已罚 6 次以上者	总 数
1882	36 384	17 910	20 410	7 268	82 395
1887	42 963	21 851	26 824	11 192	102 839
1892	59 528	30 586	37 728	18 846	146 691
1897	69 681	36 872	48 168	29 122	183 843
1906	80 169	44 208	61 807	48 048	234 232
1908	81 836	45 375	65 496	53 203	245 910
1911	80 134	54 377	66 040	57 547	249 098
1913	83 821	47 416	68 682	60 555	252 127

欧战期间举国入于军事戒严状态,犯罪之机会不多,故累犯人数较前减少。其总数于 1914 年为 209 113 名;1916 年降至 105 104 名;1917 年复降至 94 498 名。③ 惟欧战告终以后,社会渐复常态。犯罪机会增多。累犯人数又呈增加之趋势。依照累犯之次数分配如下:④

---

① 自 1906 年至 1908 年之统计见 Kriminalstatistik Für das Jahr 1908,I,S.10. 下表所列者亦同。
② Kriminalstatistik für das Jahr 1899,I,S. 30;Für das Jahr 1908,I,S. 4;Für das Jahr 1912r I,S. 5;Für das Jahr 1913,S. 312 – 313.
③ Kriminalstatistik Für das Jahr 1914,S. 306 – 307;Für das Jahr 1916,S. 20 – 21;Für das Jahr 1917,S. 20 – 21.
④ Kriminalstatistik Für das Jahr 1919,S. 34 – 35;Für das Jahr 1921,S. 28 – 29;Für das Jahr 1923,S. 34 – 35;Für das Jahr 1931,S. 20;Für das Jahr 1932,S. 100 – 101.

年　度	累犯之总数	其中已罚 5 次以上者	其中已罚 4 次以下者
1919	81 939	20 534	61 405
1921	120 832	30 535	90 297
1923	178 544	41 073	137 471
1925	143 892	38 273	105 619
1927	177 522	49 643	127 879
1929	211 755	61 449	150 306
1931	231 953	69 807	163 146
1932	242 396	72 129	170 267

上列二表所昭示之事实,有下列四点深值注意。

1. 于 1882 年至 1932 年之时期内,除欧战期间不计外,累犯之总额有显著一贯之增加趋势。

2. 于 1882 年至 1913 年之期间内,程度深之累犯(即累犯次数多者)较诸程度浅者(即累犯次数少者),其增加速度之比例为高。如已罚 1 次者 1887 年较 1882 年增加不及 1/6,即 1913 年亦只较 1882 年增加 123%;但已罚 2 次者,则 1887 年较 1882 年增加 1/4 有奇。1913 年较 1882 年增加 164%。至已罚 3 次至 5 次者,则 1887 年较 1882 年增加 1/3 有奇;1913 年较 1882 年几增加 236%。而已罚 6 次以上者,则 1887 年较 1882 年增加 1/2 有奇,1913 年较 1882 年增加 244% 有奇。

3. 1919 年至 1932 年间累犯之分配情形,记载虽欠详明,顾即就已罚 5 次以上者与已罚 4 次以下者增加速度之比例而论,其所证明之事实亦与第一表(即关于 1882 年至 1913 年间之累犯者)相同。盖已罚 5 次以上者增加速度之比例,每较已罚 4 次以下者为高(但遇累犯减少时,则前者减少之速度较诸后者为低,1925 年即其明例)。

4. 自犯罪以至被罚而受刑之执行,其间须经过种种程序,需要若干之时间。故自初犯受罚而至 5 次以上累犯,其间所隔时间往往甚久。其非于幼年时即罹法网者,每不克臻此。是项累犯在德国既如是之多,则其中于幼年时期已开始犯罪者为数必大有可观。故即专就成年累犯而论,幼年犯之不可忽视亦彰彰明甚。

上述各点虽系德国之情形,然幼年犯之宜慎重应付于此可以见之。考幼年犯之养成及其变为习惯犯,大都由于三种原因:①其一为生理及心理上之缺点;其二为家庭及社会环境之恶劣;其三为刑法制度之不当。此数类原因之去除或减少,虽非司法机关一方之努力所克济事,顾苟本此以谋刑法制度及司法行政之改善,其裨益当非浅鲜。兹为说明起见,姑举数例于下:

第一,于可能范围内设立专为管理及改善幼年犯之机关。此类机关不应仅具空名,而宜切实行事;其人的及物的设备,应尽量予以改善。就人的设备而言,此类机关应置心理医学及教育之专家;就物的设备而言,此类机关应置有相当完备之医院与图书课室工场及其它为发展幼年人德智体育所必需之物。此类机关应于可能范围内摒除普通监狱之空气,而以治疗幼年犯之医院及学校自居。幼年犯之送入该处者,由各部主管人,就其身体心理之状态及其家庭社会之环境施以检验及调查,藉明其犯罪之原因,而予以适当之措置。

第二,于可能范围内使幼年犯于其身体或知识未相当成熟前,与其促成犯罪之家庭或社会环境隔离,或设法纠正其不良之家庭或社会环境。属于此者,如使幼年犯与其父母或亲族隔离及惩罚或训诫幼年犯之父母或亲族等是。

---

① 以下参看 V. Liszt, Die Kriminalitt Der Jugendlichen, Strafrechtliche Aufstze und Vortrge, 2. Band, S. 340 – 353。

第三，设立独立或附属于普通法院之幼年人法庭，由对于幼年犯案件有兴趣及研究之法官主其事。普通法院之法官，须兼理其它案件，对于幼年犯案件，势难悉心研究。其专设法庭办理此事则责任既专，兴味亦浓，收效必宏。

第四，于可能范围内避免对于幼年犯适用自由刑，并改良自由刑之方式及内容。近代之自由刑，在理论上虽以改善犯人为主旨，而按诸实际，则因适用之过滥或不当，其效果适得其反，此观于累犯之激增盖可知之。幼年犯血气未定，其易于为自由刑所毁坏，较成人为尤甚。故措置幼年犯之上策，莫若避免自由刑之适用。即或不得已而用之，亦应就自由刑之方式及内容，因幼年犯之特别需要而予以改良。此点不仅关系幼年犯，即于成年犯亦不可忽视。容于讨论自由刑问题时申言之。

第五，在案件未终结前，于可能范围内避免羁押幼年犯并改良羁押之方法。看守所之不适于幼年犯，往往更甚于监狱。故羁押之为害，较诸普通之自由刑诚有过而无不及。为使幼年犯不受恶习之传染起见，应竭力避免之。即或不得已而用之，亦应就其方法加以改革。如使幼年犯与成年犯隔离，使幼年犯各自分居，并将累犯与其它犯隔离（按后者当然以推行指纹检查犯罪制度为前提）等是。

（二）改良监狱以防累犯

监狱充斥，累犯之激增实其主因之一。而累犯之激增，由于处刑之失当者固属有之。然由于监狱之不良者，确居多数。盖近代监狱往往短于设备与人才，其能收改善犯人之效者殊难多得。故改良监狱以防累犯，直接固可以减少犯罪，间接亦可以减少监犯。惟于此有不得不注意者，即在司法经费不充裕之国家，监狱之改良应与自由刑适用范围之缩小相辅而行（按关于缩小自由刑适用范围之办法当于本节他处详论之）。良以监狱之改良，恃乎经费充裕。而在司法经费已感困难之国家，其充裕监狱经费之方法，应系消极的而非积极的。所谓消极的充裕监狱经费之方法者，即不增加经费而用节流之道，以使监狱不感经费之困难也。自由刑之适用范围果能缩小，则送监执行之犯人必形减少。其因是而节省之经费可移作他用。监狱之改良自无困难矣。（按：改良监狱之道经纬万端。详加论列，固势所不能，而简单言之，又失之挂漏，只好俟异日补述之。）

（三）保护出狱人

犯人出狱后，因不能适应社会环境而重罹法网者，乃事所恒见。故对于出狱人予以有组织之援助，藉以消灭或减少其再犯之机会，亦为预防犯罪增加之一法。此事我国已开始实行。其原则已为国人所了解，兹不赘述。

（四）其它

对于生理或心理上有犯罪趋向者，施行医学上之手术，以杜再犯或生殖。此种手术之目的，不外三种：(1) 去除本人生理或心理上犯罪之趋向，如对于性欲反常而易犯性交罪者施行手术，藉以减少或去除其性欲是；(2) 使犯罪之趋势不遗传于子孙，如对于某种生理或心理上具有犯罪趋势者施行手术，藉以除其生殖能力是；(3) 使有犯罪趋势而不适于教养子女者不能生殖，如去除无遗传可能之犯罪者（即其犯罪之趋势不能遗传于子孙者）之生殖力，以免生育子女而因受其熏陶流为犯罪者是。近代国家中之实行此法者仅美德二国。[①] 按美国之采此法始于公历1907年。是年印第安纳州（Indiana）制定法律，准许去除神经有缺陷者及顽固之犯罪者之生殖能力（Sterilizaton）。嗣后其它各州踵而效之。至今行此法者约有二十余州，惟此等州之法律多数偏重于优生方面，非专为防止犯罪而设。故其具有强制性者（即准许不经本人或关系人之同意而实施手术者）尚不多觏。至在犯罪上受此类法律拘束之人，大都系具有严重之生理或神经缺陷者、性欲反常者及惯犯等。[②] 德国

[①] 按近代国家因优生及其它目的而准许施行医药上之手术，藉以去除生殖能力或去除或减少性欲者，已不乏其例。如加拿大、墨西哥、丹麦、瑞士等皆是。惟以防止犯罪为目的而准许施行此项手术者，除美德国两国外殊不多觏（见 silvio Longhi, Dans quels cas et suivant quelles régles y a—t—il lieu, dans le systéme pénal Moderne, d'appliquer la stérilisation, scit par castration, soit par vasectomie ou par salpingectomie? —Rapport présenté au XIe Congrés pénal et penitentiaire international. pp. 1-4）。

[②] 见同上 p. 1-4，又 Camporredondo Fernandez 关于同题之报告，pp. 1-4，Barnes 同书 pp. 180-181。

对于此法之采行,讨论已久。惟以学者间意见分歧直至1933年始于刑法中有所规定。现行修正刑法第42条补充条文第10条①规定遇下列情形之一时,如被告系于裁判时已满21岁之男子,法院除宣告应科之刑罚外,并得命令去除被告之势(entmannen)。

第一,被告于犯下列任何罪而依法被处自由刑后,复犯此等罪(即下列任何罪之一,不必与以前所犯者完全相同),经判处六月以上之自由刑,而其犯罪之情形足以证明其为具有危险性之妨害风化道德之犯人者:(1)以强暴胁迫或利用威势等使人为奸淫或猥亵之行为;(2)奸淫或为猥亵之行为;(3)与子女奸淫或为猥亵行之行为;(4)与或使满十四岁之人为猥亵或奸淫之行为,或对妇女以强暴胁迫或其它使其不能抗拒或失去知觉之法而奸淫之或与之为猥亵行为,或因上述行为而致被害人于死;(5)其它因激动或满足性欲所犯之罪;(6)公然为猥亵之行为;(7)因公然为猥亵行为或故意而伤害他人或对于子女,幼年人或受保护扶养或监督而弱病之人,因虐待或玩忽职务而伤其健康。

第二,被告同时或先后犯两个以上之同种罪,经判处一年以上之自由刑,而其犯罪情形足以证明其为具有危险性之妨害风化道德之犯人者,(至其以前有未因犯同样之罪而被宣告有罪则在所不计。)

第三,被告因性欲激动或满足性欲而谋杀或故杀他人,经宣告有罪者。

夫减犯罪之原因,虽为疏通监狱之根本办法。顾以事实上种种困难,每不克如愿以行。既或勉底于成,而费时孔多;恐无以应目前急切之需要。故欲求监犯之减少,不应专以此为急务,而宜于自由刑适用之道,多加注意。按自由刑在近代之所以为各国重视者,实缘于一般人过于迷信其具有防止犯罪之特殊效力。盖自理论言之,自由刑不仅足以消极地使犯罪者及社会上其它人因戒惧而不敢犯罪,或使犯罪者与社会暂时或永久隔离以避免犯罪之机会,抑且足以积极地对于犯罪者之品性予以改善,使不复有犯罪之趋向。顾夷考其实,所谓自由刑之特殊效力者,往往徒具虚名,与理想相去甚远。其结果所至,非惟不能改善犯人或促其觉悟,抑且足以使其变本加厉,由轻犯、偶犯而成为重犯、习惯犯。近代各国累犯如是之多即其明证。是以自十九世纪下半叶以来,各国学者非难自由刑之声不绝于耳。② 考自由刑之所以不满人意者,依一般学者之意见,其原因种种不一。惟其最重要者当推下列三端。

1. 自由刑适用之范围过广。

自由刑适用范围之过广,每足引起下述结果。

甲、监犯人数过多,国家限于财力而不克为适当之设备。监犯过多,则国家因财力有限,非降低其监狱设备之标准无以资应付。于是原可采分房别居制者,势不得不采混合杂居制,一任监犯之互相熏陶。原可以良好之待遇而罗致适当之职员(如典狱长、教诲师、医士等)者,势不得不以劣等之人才充其数。原可多置图书、医药及其它必要之设备者,势不得不因陋就简而敷衍其事。凡此种种,皆目前监狱制度之大缺点。其影响于犯人之品性者至为深远。窃尝思近代刑法学家所提倡最力者,莫如刑罚之个别化(Individualization of punishment)。所谓刑罚之个别化者,固不仅指刑罚之宣告而言。其涉于刑罚之执行者尤不可忽视。盖诚如德国监狱学权威克罗耐氏(Krohne)所言,"徒有至善之法律推事及判决,而无称职之执行刑罚者,则法律尽可掷之纸篓,判决尽可付之一炬"。③ 然而反观近代监狱之设施,其在事实上果能注意及此者,殊不多见。他且勿论,即就监犯与教诲师人数之比例言之,其不

---

① 该补充条文系1933年11月24日颁布,自1934年1月1日起施行。

② 关于此点之著作甚多,惟由下列各书可知其梗概:(1) Mittelstdt, Gegen die Freiheits strafen, 1879(按此书为攻击自由刑之名著,虽持论过激,殊足以促人猛省,颇值一读);(2) Rosenfeld, Welche Strafmittel konnen an die Stelle Der kurzzeitigen Freiheits strafe gesetzt werden? 1890, S. 41-75;(3) National Commission on Law Observance and Enforcement—Report on Penal Institutions, Probation and Parole(美国),1931,p. 170。

③ Mitteilungen der internationalen kriminalistischen Vereiniqung, Bd. Ⅵ, S. 364.

能使刑罚执行个别化已甚明显。良以监狱人犯每较常人难以教诲。其数额动辄达二数百以至数千。而教诲师少则仅有一个，多亦不过数人。以待遇之菲薄，任其事者又未必对于监犯教育有科学的特殊研究而具过人之才，于此而言教诲之个别化，直等于缘木求鱼矣。

乙、多数犯人因刑期过短，根本无从改善。且因监狱环境不良而变本加厉。近代之自由刑不仅适用于较重之罪，抑且适用于较轻者。其刑期之长短与罪之轻重适成正比例。故近代自由刑之适用常足以使监狱内增加多数之短期刑犯。德儒罗森非尔特氏（Rosenfeld）于其讨论短期自由刑之名著①内，尝就此点为精密之研究。其所得结论有极堪注意者。据称德国联邦自1882年至1887年间，其每年处自由刑者平均合全体犯罪者70%。而其中处刑（即自由刑）不满三月者平均占全体犯罪者53%（合全体处自由刑者77%）。法国自1883年至1886年间由重罪法院（Ccurs d'assises）及普通罪法院（tribunaux correctionnels）判决有罪之犯人中处普通监禁（I'emprisonnement）者合61.92%。其处一年以下之普通监禁者合58.13%。若专就处普通监禁者而论，其每百人中处刑不满一年者占93个，合88%。比国自1876年至1880年间处自由刑者（即监禁等类者）共计9万人。其中处六月以上一年以下之普通监禁者仅4 000人。而处六月以下之普通监禁者则达70 210人。其处一月以下之普通监禁者亦有39 694人之多。奥国自1874年至1881年间处不满三月之自由刑（即监禁拘役等）者合全体犯罪者（连违警罪在内）76.59%。其处刑不满一月者合全体犯罪者58.51%。即处八日以下之拘役者亦合全体犯罪者53.34%。②按此等短期刑犯人，因在监狱之时日过少，根本无从改善。且因管理设备不良，彼此杂居，互相熏陶，转足以传染种种恶习，流为习惯犯。德国联邦1884年之累犯中（犯轻罪者尚不包括在内），有68.5%系最近曾处不满3月之自由刑者。③普鲁士1884年至1885年间之累犯中有已犯30次者。曾因窃盗罪被罚11次。其最初7次所处自由刑之期间如下：（1）十四日，（2）四星期，（3）三日，（4）一星期，（5）四月，（6）三月，（7）六月。即其最后四次之刑期亦不过自九月至一年半。（其第11次之窃盗即系其第30次所犯之罪，处刑一年六月。）另有一犯曾犯窃盗罪至十六次之多。其最初三次所处之自由刑为：（1）一星期，（2）六星期，（3）六月。合计16次中处刑不逾六月者共有5次。复有一犯已犯31次，其中9次所犯者系窃盗罪。最初8次之窃盗罪所处自由刑之期间如下：（1）十四日，（2）一月，（3）一星期，（4）三星期，（5）二星期，（6）四星期，（7）六月，（8）四星期。即第9次窃盗罪亦不过处九个月之普通监禁。（按第9次窃盗罪系第31次所犯者。）此外尚有一犯已被罚11次。其所犯之罪及所处之刑罚如下：（1）1873年窃盗罪，训诫（Verweis）；（2）1879年毁损罪，十四日普通监禁；（3）1879年窃盗罪，三日普通监禁；（4）1880年窃盗罪，三月普通监禁；（5）1881年窃盗罪，三月普通监禁；（6）1881年窃盗罪，四月普通监禁；（7）1882年妨害公务罪，十四日普通监禁；（8）1882年居所无定罪，二日拘留；（9）1882年乞丐罪，三日拘留；（10）1883年窃盗罪，六月普通监禁；（11）1883年伤害及诈欺罪，十日普通监禁。④凡此种种情形皆为短期自由刑有害而无益之明证。是无怪近代之反对自由刑者，尤以短期自由刑为集矢之的耳。⑤

丙、自由刑之浪费。人之犯罪，由于本性之不良者固属有之。然由于一时之失检或无知者实居多数。前者或因恶习较深而需要监狱式之感化，或因危险性大而应与社会隔离。处以自由刑，犹无不宜。至后者则大都习染浅而无甚危险，其触犯法律既属偶然，纵不置身囹圄，亦能悛悔而不再犯。实无所用其监狱式之感化与隔离。自由刑之适用实类无的放矢。谓为浪费允无不宜。

---

① 见Rosenfeld同书。
② 同上，S. 6 - 14, 32 - 40。
③ Kriminalstatistik Für das Jahr 1884, S. 41.
④ 见Rosenfeld同书，S. 21 - 22。
⑤ 同上 s. 41 - 75；又 Aschaffenburg, Das Verbrechen und seine Bekmpfung, 1903, S. 223；V. Liszt, Kriminalpolitische Aufgaben（Strafrechtliche Aufstze und Votrge, 1. Band），S. 340 - 359。

2. 自由刑警戒犯人之效力不足。

自理论言之，自由刑对于犯人应具有充分之警戒效力。乃事竟有大谬不然者。盖犯人于未受自由刑之执行前，往往视自由刑为畏途。待自由刑执行完毕后，则反不甚介意。此种情形于处短期自由刑者尤为习见。考此种情形所以发生之原因，约有二端：

首先，犯人因受自由刑之执行而减少或丧失其廉耻及自尊之心。自由刑之执行乃一般人所引以为耻者。故犯人一经执行自由刑，则往往信誉扫地。意志不坚者，因感前途之绝望，每易抱消极之人生观而丧失其廉耻与自尊心。于是作奸犯科，转可放胆为之。

其次，犯人不以监狱生活为苦。犯人于未入监狱前，因未谙其内容，往往异常恐惧。迨既入监狱以后，则或因逐渐习惯其生活或因管理松懈或待遇优良，往往不以为苦。加以其廉耻及自尊之心，因身系囹圄而荡然无余，于社会之毁誉不复有所顾忌。于是自由刑无论于若辈之精神抑身体方面均失其警戒之效力。

3. 自由刑对于犯人之家庭及被害人害多而利少。

犯人身系囹圄，既不克扶养亲族，复足以玷辱门楣。每至家庭分散，骨肉流离。小则家人生活受窘，大则子女走入歧途。犯罪者一人，而被累者甚众。社会因是所遭之损失恐十倍于其因犯罪行为本身所遭者焉。夫犯人中固难免品质过劣而不宜与家庭同居者，处以自由刑而使其子女亲族等不为恶习所传染，原亦保护社会之要道。顾此类犯人究属有限。近代自由刑适用之范围既若是之广，其不具备此种条件而亦处自由刑者，实居极大多数。故犯人之家庭能因自由刑之执行而得益者，仅属极少数。复自被害人方面言之，自由刑之效果，亦大有不满人意者。良以被害人本人及其家属所望于法律者不外二事：一曰惩罚犯人，以泄愤恨；二曰责令犯人交还财物或赔偿损害。法律对于前者虽宜于可能范围内予以注意，以应民众心理上之需要，而维社会信赖法律崇尚公道之观念，顾不必专恃自由刑而达其目的。矧刑法所规定之罪以涉于财产者最为普通。此类犯罪行为之被害人，大都注意于财物之交还或损害之赔偿。倘法律对于此点能予以适当之救济，则若辈对于犯人之恶感不难立即冰释。故即令自由刑为发泄被害人愤恨所必需之手段，其适用范围亦殊属狭隘。专就此点言之，自由刑所贡献于被害人者，实不足道。至论责令犯人交还财物或赔偿损害，则自由刑之适用非惟无益而反足以引起极大之困难。盖犯人一经送入监狱后，非复能担任职业。其处境不裕者，家庭生活犹且无着，遑论交还财物赔偿损害。即令其处境充裕或有交还财物赔偿损害之能力，然彼既身系囹圄，信誉荡然，对于民事之执行更无所畏惧。其故意延宕或藉词而不履行债务者，比比皆是。近代刑法学者，因误解社会利益高于个人利益之说，往往忽视刑事被害人之利益而谓交财物赔偿损害等事在刑事上无足重轻。殊不知社会利益之大部分，系以个人利益为基础。个人利益设无适当之保障，社会利益将何所寄托。法律最重要之效用，在于可能范围内调和个人与社会利益，俾得于彼此不妨害之限度内为充分发展。刑事之与民事划分，原出于研究与应用之便利。若论其最终目的，实殊途而同归。自由刑之适用，既有损被害人之私权而无裨国家社会之公益，殊与法律之目的不符也。

夫自由刑之不满人意及其所以不满人意之原因既如上述，则吾人对于其适用之道可得如下之结论：

第一，自由刑之收效恃乎其适用范围之缩小。

第二，缩小自由刑之适用范围时，应注意下列数事。

1）适用自由刑者应以下述二种犯人为主：（1）因犯罪情形及个人品性而具危险性，应与社会隔离者；（2）因犯罪情形、个人品性，及所处环境，而舍处以自由刑外，无以收感化或警戒之效者。

2）自由刑于下述情形应竭力避免之：（1）犯罪情节轻微而不能处以长期之自由刑者；（2）因一时之失检或无知而犯罪，不待处以自由刑而已有悛悔实据或可望悛悔，不再犯罪者。

第三，自由刑适用范围缩小后，对于自由刑之执行应注意下述数事：（1）以固有之经费，集中力量，谋监狱之改善；（2）以科学之方法，将监犯详细分类（如使危险性犯、习惯犯等与其它犯人分开，即其一例),按其各类之需要,施以适当之措置;(3)于可能范围内使监犯不混合杂居,以免互相熏陶;(4)多用专家担任监狱职务。

  由上以观,自由刑之运用适当,在近代各国现状之下,几完全以其范围之缩小为前提。诚以其适用范围一经缩小,则一般因滥用自由刑而引起之不良结果,如犯罪之增加,监犯之充斥,犯人被害人及家庭社会所蒙之不利等,既能减少或避免,即监狱本身亦可望改善。其成功与否实不仅与疏通监狱有密切之关系,抑且为整个刑事制度能否推行之先决条件。故吾人虽因疏通监狱而讨论此问题,实所以就近代之刑罚制度谋根本之改革。与夫削足适履者,未可同日而语也。按自由刑适用范围缩小之原则,虽已概述如上,而其实施之具体之方法则殊费推敲。兹因限于篇幅,不获详加论列,请就其荦荦大者一言之。窃以为自由刑适用范围之具体方法可大别为二类:其一系以替代自由刑为目的者;其系以变通自由刑之适用方式为目的者。前者采用之结果为自由刑全部或一部之根本废除;后者采用之结果仅为自由刑适用方式之暂时变换。属于前者,种类甚繁,何去何从,学者间之主张殊不一致。兹请举其较为重要者略论其得失于下:

  1. 训诫。训诫之制,在西洋已有悠久之历史。罗马法、寺院法、法兰西及意大利古代之法律均有所规定。近代各国立法例中采此制度者甚多,依意大利学者阿立梅那氏(Alimena)之意见,此类立法可大别为二类:其一规定训诫仅适用于幼年犯;属于此类者,如德国联邦 1870 年刑法及瑞士阿本莱耳州(Appenzell)1878 年之刑法等是。① 其二规定训诫亦可适用于成年犯;属于此类者,如德国阿登布尔克(Oldenburg)1814 年之刑法(第 25 条),勃劳西伐哀克(Braunschweig)1840 年之刑法(第 17 条),汉诺威(Hamnover)1840 年之刑法(第 18 条),黑森(Hessen)1841 年之刑法(第 7 条),巴登(Baden)1845 年之刑法(第 49 条),俄国 1866 年之刑法(第 2 条第 30 条),奥国 1852 年刑法(第 413 至 419 条),西班牙 1822 年刑法(第 28 条)及 1870 年之刑法(第 26 条)及意国 1890 年之刑法(第 26 条)等是。近代学者鉴于短期自由刑及罚金之未必尽适于情节轻微而犯罪动机或态度可原之案件,颇有主张扩充训诫之适用范围,以济其穷者。如法之 Bonneville De Marsangy,德之 V·Holtzendnorff 等皆其著焉者。惟持反对之主张者亦颇不乏人,如 Garofalo、Dreyfus、Foinizki、Jacquin 等皆其明例。主张扩充训诫适用之范围者,大都谓情节轻微而犯罪动机或态度可原之犯人一经训诫即可悔悟,短期自由刑或罚金既非必要,或且有害。其持反对说者,则或谓训诫之效力过于薄弱,易引起轻视法律之心而损及司法之尊严,或谓犯人之体面因训诫而受损害者甚大(如公然受法院之训诫),比之自由刑反有过而无不及。② 窃以为训诫之是否胜于短期自由刑或罚金视其适用之得法与否而定。倘犯罪之情节轻微而犯人之秉性确属善良无处以短期自由刑或罚金之必要,则予以训诫以示薄惩,正所以慎重刑罚而开自新之路。其受惠者必感激之不暇,更何至引起轻视法律之心而损及司法之尊严。至于训诫之足以损害犯人之体面,此固当然之结果。然因是而谓其比之自由刑反有过而无不及,则非平情之论。盖身系囹圄,常人所引以为大耻。其影响于犯人之体面者,实十百倍于训诫也。

  2. 罚金。近代学者颇有主张扩充罚金之适用范围以代短期自由刑者。其所持之重要理由约有三端:(1)罚金可使犯人避免因自由刑之执行所受之恶影响(如习惯品性之变坏,社会地位之降低,家庭之分散等);(2)以罚金替代短期自由刑,可减少监犯,节省国家之经费;(3)犯人之物质利益因罚金而受相当之损失,罚金之适当运用,亦足以警戒犯人,防止再犯。③ 德国于 1924 年修改刑法时,对于此点尝特别注意。其修正刑法第 27 条补充条文第 2 条有如下之规定:"因犯普通罪

---

  ① 参看德国 1870 年刑法典第 57 条及阿本莱耳州 1878 年刑法典第 37 条。按德国 1870 年刑法第 57 条已因 1923 年 2 月 16 日幼年人法院法(Jugendgerichtsgesetz)之施行而作废。惟幼年人法院法第 7 条仍承认训诫为应付幼年犯之一种感化处分(Erziehungsmassregeln)。依该法第 6 条之规定,如法院认为此项感化处分已足以改善或感化幼年犯,则不得再处以刑罚。
  ② 本段参看 Rosenfeld 同书 S. 88 - 104 及 Liszt, Kriminalpolitische Aufgabe, S. 376 - 379。
  ③ Rosenfeld 同书 S. 202 - 203。

(Vergehen)或不得科罚金或仅得于自由刑外并科罚金之轻罪(bertretung)而应处不满三月之自由刑者,如刑罚之目的得因罚金而实现,应以罚金代自由刑。"

自此法实行后,德国联邦每年处不满三月之自由刑者平均几较 1924 年以前减少半数(约十余万人)。此类犯人在监犯中所占之百分比例向属甚高(70% 以上)。故其数额之减少影响于监狱人口者颇大。① 惟罚金刑之能否收效,视其运用之当否而定。罚金刑之制在各国虽属常见,顾因所采标准过于呆板,每足以引起下列二种结果。② 其一,对于富有之犯人,因法定数额过低不足以资警戒;其二,对于贫苦之犯人,因法定数额过高或缴款期间过促,或使其经济上受过大之痛苦,或逼其走入易科监禁一途。

故推行罚金制时,应采较有伸缩之标准,俾法院得量犯人之财力而予以适当之制裁。关于此点德意二国最近之立法有颇值研究者。如德国修正刑法第 28 条第 1 项及第 2 项规定:"遇被告之经济情形困难而不能预期其立即完纳罚金时,法院应准其延长完纳之期间,或许其依一定之数额分期完纳。前项措置于判决后亦得为之。法院就关于此点所为之决定(连与判决同时所为者在内),得于事后变更之。如被告不遵期完纳应分期缴纳之款或其经济情形已有重要之进步,法院得撤销其允许。"③

意国 1930 年新颁之刑法第 24 条第 3 项规定:"如法定之罚金(La multa)纵处至最高额,而因犯罪者之经济地位,仍嫌过低,认为有效力薄弱之虞,则推事得将其增至 3 倍。"同法第 26 条第 2 项关于罚锾(I'mmenda)亦设同样之规定。

以上二种规定,一则可以使罚金不过于加重贫者负累,一则可以增加其对于富者之效力。如能斟酌并用,则法院于量刑时有充分伸缩之余地。裁判苟得其人,处刑呆板之弊自可避免矣。

3. 笞刑。关于笞刑之应否采用,学者之主张不一。惟归纳言之,不外二类,即赞成者与反对者是。采赞成说者所持之重要理由不外后述各端。④

(1) 刑罚之主要作用,在予犯人以痛苦,使其本人及社会一般人有所戒惧。近代之自由刑,因深受人道主义之影响,往往缺乏此项作用。即或不然,其糜费亦过于浩大,徒增国库之负担,实不若笞刑之直捷痛快。(2) 笞刑虽予犯人以身体上之痛苦,其时间性甚短而无其它副作用。(如与其它人同化是)。以之代替时间性较长而含有毒性之监狱生活,亦未尝于犯人无益。(3) 笞刑只影响犯人本人,其家庭及亲族不至陪同受累;就此点而言,笞刑不仅胜于自由刑,抑且优于罚金刑。(4) 笞刑易于因犯人之情形分为种种等级,有个别化之作用。(5) 笞刑与父母对于子女所加之扑责相似,具有教育之作用。

采反对说者所持之重要理由略如下述。⑤

(1) 笞刑足以毁灭犯人爱好名誉重视尊严之心理,非惟不能收改善之效,抑且有使人堕落之危险;(2) 笞刑足以损害犯人之身体,有背人道。(3) 笞刑对于顽强之犯人往往不足以资警戒,而对于其它犯人则每失过重。若不论何人均予适用,则有轻重失匀之弊;若专适用于顽强者,则势必成为一种阶级刑。(4) 笞刑所加之痛苦易于忘却,对于犯人之警戒力颇薄弱。(5) 笞刑易于养成执行刑罚者残忍之心理。

主张采用笞刑者,对于笞刑适用之范围及方式意见亦不一致。就适用范围言之,其中有主张仅适

---

① Kriminalstatistik für das Jahr 1928, S. 69 ff.；Für das Jahr 1929, S. 8；Für das Jahr 1930, S. 134 - 135；für das Jahr 1931, S. 170 - 171；Fr Das Jahr1932, S. 134 - 135. 按此处所述之数,尚不包括犯轻罪(übertretugn)者在内。因德国联邦之刑事统计仅论及重罪(Verbrechen)及普通罪(Vergehen)。若连犯轻罪者计算,则其所减之数必下不止此。

② Rosenfeld 同书 S. 203。

③ 按此种办法早经学者提倡,见同上 S. 204 - 207。

④ Mittelstdt, Gegen die Freiheitsstrafen, S. 81 - 84；Krausse. Die Prügelstrafe, 1899, S. 82 - 87；Feder, Die Prügelstrafe, 1911。

⑤ V. Liszt, Die Kriminalitt der Jugendlichen (Strafrechtliche Aufstze und Vortrge, 2. Band), S. 350 - 351；Krausse 同书 S. 73 - 82。

用于幼年人者,有主张仅适用于幼年人及成年之男子者,亦有主张对于任何人皆适用者。就适用之方式言之,其中有主张用为本刑者;有主张用为从刑者;亦有主张用为维持纪律之刑(Die Disniplinarstrafe)者。① 按笞刑之采用,在理论上虽不无根据。顾夷考实际,其采用后是否利多于弊,殊属疑问。盖犯人中之生性良善者,每因一时之错误而犯罪,其改善固无待乎笞刑。而其生性顽强者,则往往不畏痛苦而缺乏羞耻,虽加以笞刑,亦未必有戒惧之心。矧笞刑之执行,轻重漫无标准,易于发生情弊。此在吾国旧制之下,已数见不鲜。为维持司法之尊严及威信计,实以避免采用为宜。

4. 提供结状。依此制度,于某种条件之下,法院得责令被告提供一种结状以代自由或罚金刑。被告应于此项结状内声明以后不再犯罪,倘有再犯情事当缴付一定数额之金钱。此项结状于法院认为必要时应由法定数额之保证人副署。如被告将来不能缴纳此项金钱,各保证人应代为负责。此制为英国、意国(1890 年之刑法典)及少数英属殖民地所采。惟英国及其殖民地之制与意制稍有不同。盖依英国及其殖民地之制,法院得以提供结状代替或补充自由或罚金刑。被告如再犯罪大都只须缴纳结状内所载之金钱,可免其它制裁。故此种制度可谓一种变相的罚金刑。意国 1890 年之刑法所规定之提供结状系专以补充训诫为目的者。依该法第 26 条之规定,遇法定刑为一月以下之监禁或拘役三月以下之"限定拘留"(Confino)或 300 利耳(意币)以下之罚金或罚锾时,如犯罪情节可原而被告以前尚未因犯重罪(Delitto)而被宣告有罪或因犯轻罪(Contravvenzione)而被处超过一月之拘役,则推事除依法判处所规定之刑外,得宣告以训诫代其所宣告之刑。如被告不遵时赴法院听受训诫或虽遵时赴法院听受训诫而态度不严肃,则判决内所宣告之刑仍照常适用。复依同法第 27 条之规定,凡遇根据第 26 条而以训诫替代其它刑时,被告应单独或经他人担保提出结状,声明如于法定期间内(此项期间对于重罪,不得过二年,对于轻罪,不得过一年。)再犯他罪,当缴纳一定数额之罚金云云。如被告不履行结状内所规定之义务或不提出适当之保证人,则判决内所宣告之刑仍照常适用。故此项制度实可谓一种变相的缓刑。② 意国 1930 年之新刑法关于保证不再犯罪(Cauzione di buona condott)亦有规定。惟其内容与前述者大异。兹举其特点如下:

(1) 不再犯罪之保证,由犯人向法院提供一定数额之金钱或物的或人的担保为之。此项金钱或担保之数额不得少于 1 000 利耳,亦不得多于 2 万利耳(第 237 条第 1 及 2 项)。

(2) 此项保证之有效期间,不得少于一年,亦不得多于五年,自提供金钱及担保之日起算(第 239 条第 3 项)。

(3) 如于保证之期间内被告不再犯重罪或足以处拘役(Arresto)之轻罪,则提供之金钱发还之。其提供之物的或人的担保作废。不然,其提供之金钱或担保之金额由法院没收之(第 239 条)。

(4) 不再犯罪之保证系一种保安处分,非用以直接或间接替代其它刑罚,乃所以补充刑罚之不足。其适用之案件以下述者为限(第 202 条):(甲)被告之行为足以构成犯罪(即经法律明文规定为犯罪者)而其本人具有社会危险性(Socialmente Pericolose)者;(乙)被告之行为虽不足以构成犯罪而其本人具有社会危险性,经法律规定得加以保安处分者。③

据上以观,意国 1930 年新刑法关于再犯罪所采之保证制度完全系一种补充刑罚之措置,与自由刑之替代问题无涉,可毋庸讨论。其足供吾人之参考者,当不外英国及英属殖民地与意国 1890 年刑法所采之制度。按此二种制度各有其优点与缺点,必参酌并用而后始克有利而无弊。英国及其殖民地之制度不将训诫与结状之提供并列,较意制有伸缩之余地,其适用范围较广。此其优点。顾违背结状之效果,祇限于结状内所载金额之缴纳,对于贫苦谨慎者,虽具有充分之警戒力,而对于

---

① Krausse 同书 S. 105 – 136;Rosenfeld 同书 S. 200 – 201。

② 以上参看 Posenfeld 同书 S. 182 – 191,及 Liszt, Kriminalpolitische Aufgaben(Strafrechtliche Aufstze umd Vortrge,1. Band) S. 379 – 382。

③ 按被告之行为不构成犯罪而得加以保安处分之案件为数甚少。其例见于第 49 条,第 115 条。(参看 Saltelli e Romano—Di Falco, Commento teorico—pratico del nuovo Codice penale,Vol. I—Parte Secunda, 1930, p. 841)。

富有放浪者,往往不足以防再犯。为增加其效率起见,似宜略师意制之方法,授权法院,俾得于必要时,除责令被告提供缴纳一定金额之结状外,并宣告如被告于特定期间内有再犯情事,其依法应处之刑罚应照常执行(按意制与英国之缓刑制相似而实不同。见本文关于缓刑之讨论)。

5. 不加拘禁之强制劳役(Zwangsarbeit ohne Einsperrng)。依此制度,犯人得服强制劳役,以代自由刑或罚金刑。其目的在以劳役改善并警戒犯人。犯人之处此刑罚者,毋庸入监狱。如能按时执行特定之劳役,即为已足。此制在吾国古代固属常见,即在西洋各邦亦不乏其例。① 学者间关于此制之意见颇不一致。惟按诸实际,似以反对者之理由较为充分。请述其梗概如下:②

(1) 在现代失业者充斥之社会,犯人颇难得充分而适当之工作。

(2) 管理极感困难。盖使犯人集中于一处,则往往为工作制性质所不许。若听其分散各地,则监督难以周到。

(3) 犯人集合一处工作时,每易彼此同化,仍不脱自由刑之弊。

(4) 劳役所及于犯人之效力,因犯人之职业及地位而不同。其惯于劳力者,固未必因此而感觉痛苦。而在不惯于劳力者视之,则其痛苦或胜于自由刑。此种情形虽可因劳役之适当选择及分配而避免之,然以适宜工作之不易多得(尤以不劳力之工作及较为复杂专门之工作为然),实际上殊难办到。

(5) 服劳役之贫苦犯人往往因此而不克维持其个人及其家庭之生活。

6. 本人住宅或房屋内之拘禁(der Hausarrest)。犯人之受此刑罚者,不准出其住宅或拘留之房屋。此制为昔西莱(Sicily)1819 年之刑法(第 38 条)及奥国 1852 年之刑法(第 246 及 262 条)所采。意在避免监狱式之自由刑。惟以适用时颇有困难,备受学者之反对。综观各方反对此制之理由,不外三点:(1) 其所予犯人之痛苦甚微,不足以替代自由刑。(2) 其及于犯人之效力,因犯人之职业及地位而极不相同。盖此种刑罚在本须常在住宅或营业所工作或生活舒适之富人受之,固无甚不便。而在职务忙碌之商人公务员及雇佣受之,则职业生活均发生问题。(3) 无法监督犯人。③

替代自由刑之方法既略述如上,请进而论变通自由刑之方法。按变通自由刑之方法不可得而言者有缓刑与假释二种。④ 此二种方法近百年来深为学者所重视;不仅对于疏通监狱有特殊之贡献,抑且对于改良刑罚制度示以正当之途径。吾国革新司法以后,采行此制已二十余年。其内容已为国人所熟知,无一一赘述之必要。兹就其与本文有关系者,略论如下:

缓刑

缓刑之制可大别为大陆与英美二种。兹分述于下:

1. 大陆制

就大陆制而言,缓刑者,乃对于某种犯人附条件的停止开始刑之执行之谓。其堪为此制之代表者有比、法、意等国。比国为近代欧洲各国中采行此制最早者。其现行法之规定略如下述:

(1) 被告因受主刑或从刑之宣告而应执行六个月以下之普通监禁(I'emprisonnement)者,如以

---

① 此制早已行于德国、法国、瑞士、俄国、意国(见 Liszt, Kriminalpolitische Aufgaben, S. 369 – 375;Rosenfeld 同书 S. 208 – 242)。

② Liszt 同文 S. 386 – 387;及 Rosenfeld 同书 S. 349 – 354。

③ Rosenfeld 同书 S. 193 – 196。

④ 按流刑及移犯殖边或开拓殖民地等,本亦变通自由刑之方法。顾其推行之结果,未必于疏通监狱有何裨益。盖对于犯人不加以身体上拘束之流刑,事实上殊难推行,颇为识者所不取。而移犯殖边或开拓殖民地等,又不能不藉监狱或其类似之机关以资管束。内地之监狱虽可因此类方法之实施而免拥挤之患,而边省及殖民地等处之监狱或其类似机关,则非大事添设不可。国家之经济负担,决难因之减少。况法国自采行流刑制度后,每年对于受此等刑罚之每个犯人所用之经费,较诸用于受其它自由刑之犯人(非处流刑而处监禁者)者多至 2 倍(即 3 与 1 之比例)。此项增多之费用中有半数以上系犯人之运送费。其余系因特别防范管束犯人所增之费。欧战前之俄国亦尝采用流刑,将犯人移送至西伯利亚等处殖边。顾其每年对于每个受流刑之犯人所用之经费,较诸受其它自由刑者亦多至一倍以上(即 2 与 1 之比例)。法国之情形虽与吾国不同(因处流刑者须送至海外殖民地,路途过远,费用特大)。而俄国之情形足资吾国之借鉴者,则属甚多。故专就疏通监狱言之,流刑及移犯殖边或开拓殖民地等制度,无推行之可能。(参阅 Pollitz, Strafe und Verbrechen, 1910, S. 113,120;Garraud, Traité Théorique et pratique du droit pénal francais T. 2iéme, 3iémi édition, p. 173)。

前未因犯重罪（crime）或普通罪（delit）而受刑之宣告，法院得宣告五年以下之缓刑。其期间自判决之日起算。①

（2）被告如于缓刑期间未因犯重罪或普通罪而受其它刑之宣告，其因缓刑而未执行之刑以未经宣告论（comme nonavenue）。②

（3）被告于缓刑期间因犯重罪或普通罪而另受其它刑之宣告，其因缓刑而未执行之刑与以后宣告之刑合并执行。③

法国之制仿自比国。其内容略如下述：④

（1）被告因犯重罪或普通罪受普通监禁或罚金之宣告，而以前未因犯重罪或普逛罪而受普通监禁以上之宣告者，法院得宣告缓刑。（按比制与法制稍异，依前者缓刑亦得适用于犯轻罪者。）

（2）被告如自判决之日起五年内不因犯重罪或普通罪而另受普通监禁以上刑之宣告，其因缓刑而未执行之刑以未经宣告论。

（3）被告如自判决之日起五年内因犯重罪或普通罪而另受普通监禁以上刑之宣告，其因缓刑而未执行之刑应先执行，不得与以后宣告之刑混合。

意国1930年之新刑法关于缓刑所采之原则与比法两国略有出入，其要点如下：⑤

（1）遇下列情形之一时，法院得对于被告宣告缓刑：子、所处刑为一年以下之普通监禁（reclusione）或拘役（arrest）。丑、所处之刑为专科或与自由刑并科之财产刑（即罚金、罚锾等类）。而此项财产，如依法折合为自由刑，其刑期连并科之自由刑在内，不超过一年。

（2）如被告为不满十八岁之未成年人或已满七十岁之成年人，法院亦得就下列案件宣告以缓刑：① 所处之刑为二年以下自由刑；② 所处之刑为专科或与自由刑并科之财产刑。而此项财产刑，如依法折合为自由刑，其刑期连并科之自由刑在内，不超过二年。

（3）缓刑之期间，因所犯之罪而不同。犯重罪者，其期间为五年。犯轻罪者，其期间为二年。⑥

（4）宣告缓刑前，法院应就犯罪前后之情形及犯人之品性等为综合的观察。必由犯罪之情形及犯人之品性足以推定其不再犯罪，始得为缓刑之宣告。

（5）下列各被告不得宣告缓刑：① 以前已因犯重罪而受刑之宣告者；② 习惯犯或以犯罪为职业者；③ 具有易于犯罪之性格者；④ 因具有社会危险性而除受刑罚之宣告外并应受足以限制人格活动之保安处分（misure di sicurezza persoale）之宣告者。⑦

（6）法院宣告缓刑时，得责令被告归还犯罪所得之物及赔偿因犯罪所引起之损害，或公布判决以填补因犯罪所引起之损害。法院为前项命令时，应于判决内规定被告归还犯罪所得物及赔偿损害之期间。

（7）被告于缓刑期间不犯重罪或再犯同一性质之轻罪。并履行其应履行之义务（如归还所得物及赔偿损害等）者，其犯罪以消灭论。

（8）遇下列情形之一时，缓刑之宣告当然撤销：① 被告于缓刑期间犯重罪或再犯性质相同之

---

① 见 Loi du 31 mai 1886 modifiée établissant la libération conditionnelle et les condamnations conditionnelles dans le systéme pénal 第9条第1项（Servais et al., Les codes et les lois spéciales les plus usuelles En Vigueur en Belgique, 1935, p. 1373 – 1374）。

② 见同上和第9条第2项。

③ 同上第9条第3项。

④ Georges Videl, Cour de droit criminel et science pénitentiare, 8iéme Edition, 1935, pp. 628 – 632.

⑤ 见该法第163条至第168条。

⑥ 法比德等国刑法均将犯罪分为三种：即（1）重罪（Crime, Verbrechen）；（2）普通罪（Délit, Vergehen）；及（3）轻罪（Contravention, bertretung）是。意国刑法（旧刑即已如此）则仅将犯罪分为二种：其第一种包括法比德等国之第一及第二种在内，谓之 delitto。兹为求明了起见，特以重罪名之。其第二种，即法比德等国之第三种罪，兹仍照译为轻罪。

⑦ 意国新刑法所规定之保安处分共分二类：即（1）足以限制人格活动者，如保护管束（Libert Vigilata）等是。（2）含有金钱之性质者，（Misure di sicurezza patrimoniali）如提供不再犯罪之保证（la cauzione di buona codotta 见前）及没收用以犯罪及因犯罪所得之物（la confisca）等是。

轻罪或不履行其应履行之义务；② 被告于缓刑期间因宣告缓刑前所犯之其它重罪而受刑之宣告。

被告于缓刑期间因宣告缓刑前所犯同一性质之轻罪而受刑之宣告者，法院得斟酌犯罪之性质及其轻重之程度，撤销缓刑之宣告。

2. 英美制

英美制为英国美国及一部分之英属殖民地等所采，兹为节省篇幅起见，专就其在英美二国中之情形言之。

甲、英国　英国现行修正1907年8月21日之《犯人保护管束法》(Proation of offeders Act) 第1条规定如下：

(1) 凡因属于简易法院(court of summary jurisdiction)管辖之犯罪行为被控于该法院，经认为所控业经证明属实者，如法院鉴于被告之品性、历史、年龄、体格、智力程度，或所犯事件之轻微，或犯罪时可恕之情形，认为未便处以刑罚，或仅应处以徒有其名之轻刑罚(nominal punishment)或认为应将被告开释而交付保护管束，得不予定罪(without proceeding to conviction)，径行将诉讼注销；或将被告附条件的开释，限令提供单纯或具有保人之结状，声明以后不再有恶劣行为，并于法院所规定不超过三年期间内（即法院所定之期间。此项期间不得超过三年。）经传唤后，随即到案，听候定罪及定刑(conviction and sentence)。

(2) 凡因可处监禁(imprisonment)之罪，经大陪审团检举而定罪者(convicted on indictment of any offence punishable with imprisonment)，如法院鉴于被告之品性、历史、年龄、体格、智力程度，或所犯事件之轻微，或犯罪时可恕之情形，认为未便处以刑罚，或仅应处以徒有其名之轻刑罚，或认为应将被告开释而交付保护管束，得不为监禁刑之宣告(in lieu of imposing a sentence of imprisonment)，而将被告附条件的开释，限令提供单纯或具有保人之结状，声明以后不有恶劣行为；并于法院所规定不超过三年之期间内，经传唤后，随即到案，听候定刑(sentence)。①

(3) 法院依本条之规定为前述之命令时，并得限令被告缴纳讼费或赔偿损害（此项损害赔偿额，于属于简易法院管辖之案件，除法律有特别规定外，以五镑为限。）或同时缴纳讼费及赔偿损害（此项系于1926年修正，见 Criminal Justice Amendment Act）。

(4) 法院依本条之规定所为之命令，对于取回被窃之财物或交还财物与原主或因交还财物而给付金钱等，与定罪之命令有同等之效力。

上述第1项关于注销诉讼之规定，近于吾国免刑之制度，与缓刑制度无涉，姑置不论。兹专就第1项其余之规定及第2至第4项之规定一言之。按照各该规定，英国之缓刑制度，实际上与大陆之缓刑制度最不同者，共有四点：

子、缓刑之效力不仅及于刑之执行，抑且及于刑之宣告。易言之，缓刑者，乃停止刑之宣告之谓。其效力不仅及于刑之执行而已也。

丑、缓刑之范围甚为广泛。凡属于简易法院管辖之案件，不问其法定刑为罚金或自由刑，均得受缓刑之宣告。其不属于简易法院管辖之案件，不问法定自由刑（即监禁）之长短，亦复如是。至于缓刑之宣告与否，视被告以前曾否因犯罪而受刑之宣告而定，法律上亦无明文规定，法院斟酌之权亦殊宽大。

寅、受缓刑之宣告者，得付诸保护管束。担任保护管束者，依同法第2条之规定，由法院指定之。至必要时并得由国家任用之保护管束员(Probation officer)任其事（见 Criminal Justice Act，

---

① 按此条第1项所规定之"附条件的开释"与第2项所规定者名异而实同。盖第2项所规定之案件系由小陪审团与法官审理者。小陪审团专司"定罪"；法官专司"定刑"。故"定罪"与"定刑"可以截然划分。第1项所规定之案件，系专由法官审理者。"定罪"与"定刑"均由同一机关任之，殊无划分之必要。且实际上亦无所谓"定罪"之独立程序。其足以认为"定罪"之表示者，无非法官之"认定所控之罪业经证明属实"而已。此项"认定"既发生于"开释被告"之先，则被告以后之到案，名虽曰以听候"定罪及定刑"为目的，而实则不过以听候"定刑"为主旨。与第2项之"听候定刑"云云，涵义殊无出入。

1925，Part I，S. I.）。

卯、受缓刑之宣告者，须提供结状。此项结状之内容与上述用以替代自由刑、罚金或其它刑罚者相似，惟其效果与后者不同。盖被告如于缓刑期再行犯罪或违背缓刑之条件，应到案听候定罪处刑。非仅缴纳结状内所载之保证金额所可了事也。

乙、美国 美国所采之缓刑制度，因地而异。惟其要点可概述如下：①

（1）缓刑大都与保护管束打成一片。美国联邦及多数州（依 1931 年之统计，已有 38 州）之立法例均采保护管束（Probation）式之缓刑制。② 其未采此制者，均有所谓"停止刑之宣告之法律"（"suspension of sentence" laws）。其性质与上述英国之法律相似。法院于决定停止刑之宣告时，得附以种种条件。于必要时亦得将被告交付保护管束。

（2）缓刑有"停止刑事之宣告"者，亦有"停止刑之执行"者。缓刑之效力，各地不同。在不采保护管束式之缓刑制之区域，缓刑之效力为停止刑之宣告；在采保护管束式之缓刑制之区域，缓刑之效力有及于刑之宣告者，亦有仅及于刑之执行者。

（3）对于得宣告缓刑之犯罪行为，有加以限制者，亦有不加任何限制者。美国多数法律对于宣告缓刑之犯罪行为有所限制。其不加限制者，仅马里兰（Maryland）、马萨诸塞（即麻省 Massachusetts）、新泽西（Nsw Jersey）、犹他（Utah）、佛蒙特（Vermont）、弗吉尼亚（Virginia）等少数州。其加以限制者，规定亦不一致。有规定得处死刑或无期徒刑之罪不得宣告缓刑者。有规定携带凶器所犯之罪不得宣告缓刑者。亦有规定得处多于十年有期徒刑之罪不得宣告缓刑者。复有规定仅轻微罪得宣告缓刑者。

（4）对于得宣告缓刑之人大都有所限制。关于得宣告缓刑之人所加之限制，种种不一。惟概括言之，可大别为二类：

其一，以从前有未犯罪为标准者。属于此类之限制计有三种。子、拒绝对于任何因犯罪而曾受监禁刑之执行者宣告缓刑者。如蒙大拿（Montana）及宾夕法尼亚（Pennsylvania）州之制度是。丑、拒绝对于曾因犯重罪（Felony）被宣告有罪（Convicted）者，宣告缓刑者。如加利福尼亚，爱达荷（Idaho），伊利诺斯（Illinois）等州之制度是。寅、拒绝对于以前曾因犯重罪被宣告有罪而现在复因犯重罪被宣告有罪者宣告缓刑者，如密执安（Michigan），密苏里（Missouri），威斯康辛（Wisconsin），及哥伦比亚特别区（District of Columbia）等之制度是。

其二，以有无某种疾病或是否犯关于性的罪为标准者。属于此类之限制复可分为二种：子、拒绝对于染有某种疾病者宣告缓刑者。如依阿华（Iowa）之制度是，该州法律规定：凡染有性病者不得受缓刑之宣告。丑、只准对于染有某种疾病或犯某种性罪者宣告缓刑者。如北卡罗来纳（North Carolina）之制度是。该州法律规定：得受缓刑之宣告者，为染有性病者及犯某种卖淫罪者。

（5）缓刑之期间有预由法律明文规定者，亦有由法院临时酌定者。其预由法律明文规定者，大都只就期间之最长限度有所规定。至最短限度，则仍由法院临时酌定。

（6）保护管束人大都为：子、义务的或丑、由法院或政府专任的。义务性质之保护管束人，发达最早。盖当保护管束制推行之始，各种设施均因陋就简，保护管束之职大都由愿尽义务者任之。此制虽未尽满意，顾以限于经费，至今尚为若干州所采行。各州中尝有利用警察机关扞任此职者。惟以警察机关不宜于感化及保护犯人，颇遭学者之非议。此制几绝迹于今日。最近为社会所最重视者，厥惟由法院或政府专任之保护管束人。

缓刑制之应否采用，在理论上虽不无争执，顾按诸实际，其有采用之价值，似已无甚疑义。英国

---

① National Commission on Law Observance and Enforcement—Report on Penal Institutions, Probation and Parole, 1931, pp. 157－159，191－193.
② 按 Probation 一字，有译为"监训"者。兹因我国新刑法采用"保护管束"等字样，含义较广，故照改。

近60年来，监狱人口减少80%。而缓刑制之切实推行，实为其重要原因之一。且在此60年内，全国法院刑事案件之总额亦减少41%；其由警察机关发现之案件则减少43%。由是可知缓刑非惟足以疏通监狱，抑且足以减少犯罪。①

缓刑之在美国，亦有显著之效果。该国各州中实行保护管束式之缓刑制早而最有成效者，当推马萨诸塞。该州于1900年宣告缓刑者共计只6 201人。至1929年，其数竟增至32 809人（由1倍增至5倍）。该州监狱之人口于1900年为27 809名，至1929年，乃减至19 650名。其于1900年受缓刑之宣告者，其中于缓刑期间未违犯缓刑规则或再犯罪者合75%。至1931年，其数乃增至80%。易言之，其受缓刑宣告者，每100人中只有20人至25人于缓刑期间违背缓刑规则或再犯罪。当1915年之际，该州法院所受理之重罪案件共计29 280件。至1928年乃减为21 625件。当1904年之际，全国普通人口与监犯之比例为68.5/100 000（即每10万人中监犯占68个半）。至1927年增至79.3/100 000。但在同时期内，马萨诸塞州之普通人口与监犯之比例反由64.5/100 000降至45/100 000。② 学者尝将采行缓刑制之州与不采行或推行不力之州杀人案件之数额互相比较。据称于1934年1月6月之期间内，其比例（依每十万人口计算）如下。③

甲、不采行或推行不力之州：弗吉尼亚（10，即每十万人中有十个之谓），南卡罗来纳 South Carolina（12.9），阿拉巴马 Alabama（17.3），田纳西 Tennessee（15.1），密苏里（6.8）。

乙、采行或推行较力之州：新泽西（2）纽约（1.8）密执安（1.4），马萨诸塞（0.9），威斯康星（0.2）。

复就强盗与窃罪之案件而论，在上述时期内，推行缓刑制较力各州之数额亦较他州为少。如犯强盗罪者，麻色诸色州每十万人中只有17.2个；纽约州每十万人中只有9.2个，而南部沿大西洋及东北近中区各州，则每十万人中有39.5至71.1之多。犯窃盗罪者，依每十万人计算，在马萨诸塞州为257.9，在纽约州为212.6，而在东南部近中区各州及沿太平洋各州，则自377.8至590.7不等。④

美国联邦司法部自1930年以还，推行保护管束式之缓刑制度不遗余力。其受缓刑宣告者年来增加甚速。如1930年7月1日其数（专指在缓刑中者而言）为4 281。翌年7月1日为13 321。于1932年7月1日增至23 200。迨1933年7月1日则增至30 870。其每年因违背缓刑规则而撤销缓刑者之数如下：（1）1930年7月至1931年6月底，444名；（2）1931年7月至1932年6月，728名；（3）1932年7月至1933年6月，1 244名。若与每年在缓刑中者之总数相比，只合3%至4%。缓刑之制裁力，实未可轻视。⑤

缓刑之足以减轻国库负担，乃不言可喻之事实。即就保护管束式之缓刑而论，其费用亦较诸耗于监犯者减少10倍至20余倍。如纽约州于1926年所耗于监犯之费用，平均每人为555元8角（美金）。但其耗于因受缓刑宣告而付诸保护管束者，平均每人只29元。前者几等于后者之19倍。同年俄亥俄（Ohio）州所耗于监犯者，平均每人为826元。而其耗于因受缓刑宣告而付诸保护管束者，平均每人只32元。前者等于后者之26倍。印第安纳（Indiana）州所耗于监犯者，平均每人为300元。而耗于因受缓刑宣告而付诸保护管束者，平均每人只18元。前者几等于后者之17倍。此二种费用在马萨诸塞州相差之数不若上述者之大。但前者亦合350元。而后者只有35元，适等于10与1之比例。以上所述耗于监犯之费用仅指每年用于监犯之经常费而言。其建设监狱之费用尚

---

① Bates, Protection as a Penal Policy, p. 3.
② Report on Penal Institutions, Probation and Parole, 1931, pp. 164 – 165.
③ Bates, Protection as a Penal Policy, pp. 2 – 3.
④ 同上 pp. 2. 按关于美国之假释制度，除本文已注明外，均系根据 Report on Penal Institutions, Probation and Parole, 1931, pp. 172、241 – 242、299 – 316。
⑤ Federal Offenders 1932 – 1933, pp. 100 – 101.

未算入,若将后者一并算入则耗于监犯者与耗于受缓刑宣告而付诸保护管束者,更不可同日而语。①

假释

假释之制,在美国与在其它多数国家不同。美国之假释谓之 parole。其性质不若其它多数国家假释之简单。盖前者大都与保护管束及不定期刑制合并运用。而后者则大都与此种制度不发生关系。② 后者之情形为吾人所习见者,姑不赘述。兹请专就前者一言之。按美国之不定期刑制度,系相对的而非绝对的。依此制度,法院于宣告自由刑时,大都规定其最高限度及最低限度。(例如处犯窃盗罪者以一年以上三年以下之徒刑。一年为最低限度,三年为最高限度。)凡受不定期刑之宣告者,于执行最低限度刑期完毕后,如平时品行良好,足证以后无再犯之趋势,得享受假释之权利。如平时品行不良,则仍继续受刑之执行。但至最高限度刑期完毕后,应即释放。故在不定期刑制度之下,其最低限度刑期之执行大都为假释之必要条件。③ 犯人经假释后,每付诸保护管束或监视。其期间大都至最高限度刑期届满时为止。(按采此规定者,依 1931 年之调查,已有 23 州)。依 1931 年之统计,美国采假释制者已有 46 州。其中采不定期刑制者,据学者报告,④于 1926 已达半数以上。考不定期刑之目的,在避免机械式之刑之宣告,而使执行刑罚之机关有充分之时间以改善犯人。法院于宣告刑罚时,对于被告往往观察不周,贸然确定刑期,未免失之武断。在此种制度之下,执行刑罚之机关,纵欲改善犯人,亦每因限于时间而无能为力。不定期刑之设,实所以纠正此弊。自理论言之,为贯彻目的起见,不定期刑事应系绝对的。即刑期之长短一任执行刑罚之机关于观察及感化受刑人后决定之。法院之职务只限于确定罪之有无。被告一经宣告有罪后,应即交由执行刑罚之机关全权处理。美国学者中如是主张者颇不乏人。如全国法律遵守及执行研究委员会附设之监狱缓刑及假释顾问委员会(Advisory Committee on Penal Institutions, Probation and Parole)即其明例。⑤ 顾按诸实际,绝对不定期刑之能否推行,以执行刑罚机关之是否完全称职为断。在完全称职之执行刑罚机关尚未普遍以前,绝对之不定期刑殊易发生流弊。无论为保障受刑人或社会之利益起见,均不应采取。⑥

假释之制虽已见采于近代多数国家,顾其实际上运用最广者,当推美国。该国 1927 年全国正式监狱及感化院(Prisons and reformatories)之出狱人共计 44 208 人,其中有 49% 系因假释出狱者。若就各州而论,则假释者在出狱人中所占之百分比例更有高于此者。如加利福尼亚及密执安同为 66%,宾西法尼亚为 70%,俄亥俄为 76%,新泽西为 79%,伊利诺斯为 83%,纽约为 86%,马萨诸塞为 87%,印第安纳为 89%,华盛顿(州)为 98%。美国联邦司法部自 1929 年以来,厉行保护管束式之假释制度,其每年所处理之假释犯人增加甚速。如于 1929 年至 1930 年之年度内其人数为 3 637 名,于 1930 年至 1931 年之年度内人为 6 458 名,于 1931 年至 1933 年之年度内为 8 153 名。于 1932 年至 1933 年之年度内复增至 8 370 名。此项数额若与每年监狱所收之人数相较,殆等于 1 与 7 至 1 与 5 之比。⑦ 是以吾人欲知假释制度之价值如何,莫若取美国之经验而研究之。据该国人口统计局报告,1931 年该国十八州(其它州除外)在假释中之人犯共计 35 527 名,其中违背假释条件而经撤销假释者,共计 2 496 名,约合全体 7%。而此 2 496 人中,因再犯而经撤销假释者只有 980 人。其它皆系因违背单纯之假释规则而经撤销假释者。故意就假释中再犯者而论,其数额只

---

① Report on Penal Institutions, Probation and Parole, p. 168.
② 按意国新刑法第 230 条规定,凡假释者应付诸保护管束(Liberta Vigilata)。但不定期刑制为该法所不承认。挪威及澳大利亚(Australia)等亦采不定期刑制。但此制运用时,未必与保护管束及假释有不可分之关系。
③ 但蒙大拿州(Montana)有例外之规定,即:凡执行最低限度刑期已满一半者,得行假释。
④ Barnes, The Repression of Crime, pp. 221 – 222.
⑤ Report on Penal Institutions, Probation and Parole, pp. 241 – 242.
⑥ 按美国全国法律遵守及执行研究委员会即如是主张者(见同上 p. 127)。
⑦ 同上 p. 127 及 Federal Offenders, 1932 – 1933, pp. 97、131。

合全体假释者 2.8%[①]。据该国联邦司法部犯罪侦察组统计,1934 年全国因犯罪嫌疑(此与真犯罪者有别)被捕之人共计 343 582 名。其中在假释中者只有 2 597 名,约合 7‰。[②] 复据该国联邦司法部监狱司报告,于 1929 年 7 月至 1933 年六月之四年内,每年因违背假释条件而经撤销假释者(指属于联邦者而言)仅合联邦司法部每年所处理假释犯人 2.6%至4.2%[③]。由是以观,假释之制可谓利多于弊。际此监狱充斥,自由刑无能之时代,其价值实堪注意。

第四节　吾国目前应取之途径

上述减少监犯之种种方法,系就各国一般之情形立论。其能否适用于吾国,尚不无问题。故此后须研究者,即在吾国现状之下,此类方法于何种限度内有采取之价值。易言之,即观于前节所论各点,吾国目前应取何种途径,以谋监犯之减少。按减少监犯之方法不外防止犯罪之增加及缩小自由刑适用之范围二者。此在上节已分别言之。夫防止犯罪增加之道虽有多端,其较为重要而可由司法当局直接或间接为力者,则不外(1)注意幼年犯;(2)改良监狱;(3)保护出狱人;与(4)对于生理或心理上有犯罪趋向者施行医学手术以杜再犯或生殖。保护出狱人之运动,我国近年来已开始推行。顾事关社会组织,有赖于民众之切实合作。在吾国现状之下,恐难速成。至对于生理或心理上有犯罪趋向者施行医学手术,近代提倡者虽不乏人,顾其实施之方法及范围乃至其基本之原则(如犯罪之能否遗传及医学手术能否除去某种生理或心理上犯罪之趋向等),学者间尚多争议。[④] 在此种科学尚未发达之我国,似无推行之可能。他如注意幼年犯及改良监狱等,虽为切要之图,顾一则收效较迟,无补目前;一则限于经费,难以举办。就疏通监狱而言,均非迅速有效之办法。故自吾国目前之情形观之,欲求监犯之减少,对于防止犯罪之道,固不可忽视,而欲期其收效迅速,则非对于缩小自由刑适用之范围特别努力不为功。夫自由刑在我国刑法典上所处之地位,已于本文第二节言之。其在实际运用上之情形,虽无精确完备之统计可凭,顾就最近全国正式法院及监狱之报告以观,亦不难知其梗概。按诸司法行政部出版之司法统计,吾国正式法院于十九至二十二年四个年度内判处刑罚之被告,分配如下:

年　度	处刑被告之总数	其中处死刑者	其中处罚金者	其中处自由刑者
十　九	75 408	238(.03+%)	15 452(20+%)	59 712(79—%)
二　十	72 171	188(.02+%)	16 106(22+%)	55 877(81+%)
二十一	91 622	135(.01+%)	23 592(25+%)	67 895(74+%)
二十二	109 454	137(.01+%)	46 266(42+%)	60 031(55—%)

是数年间,处自由刑者中处不满一年之自由刑者,分配如下:

一年之自由刑者,合全体处自由刑者 79%至 82%。(参考民国十九年度司法统计下册第 1730 页至 1745 页,廿年度司法统计第 562 页至 575 页,廿一年度司法统计第 628 页至 641 页,廿二年度司法统计第 736 页至 755 页)。复查是数年间新式监狱新收人犯之总数,计十九年度 25 710 名(仅十三省),廿年度 23 011 名。

---

① Report of Census Bureau, 1931, pp. 42 - 43.
② Bates, Protection as a Penal Policy, p. 14.
③ Federal Offenders 1932 - 1933, p. 130.
④ Paul—Boncour, Dans qne's cas et suivant quelles régles y a—t—il lieu, dans le systéme pénal doderne, d'appliquer la sterilisation, soit par castration, soit par vasectomie ou par salpingectomie? —Rapport présente au Xie Congrés pénal et pénitentiaire international, p. 1 - 14; Norwood 问题 p. 6 - 13.

年　度	处自由刑者之总数	其中处拘役者	其中处一月以上不满六月之徒刑者	其中处二月以上不满六月之徒刑者	其中处不满六月自由刑者之总数	其中处六月以上不满一年之自由刑者	其中处不满一年自由刑者之总数
十　九	59 712	9 723	26 518		36 231（60+％）	10 990	47 221（79+％）
二　十	55 877	8 013	26 027		34 040（60+％）	10 421	44 461（79+％）
二十一	67 895	13 032		31 349	44 381（65+％）	11 771	56 152（82+％）
二十二	60 031	13 598		23 652	37 250（62+％）	12 172	49 422（82+％）

上列各表所载之数,并未将全国各省正式法院判处刑罚之被告,尽行包括在内。盖民国十九年所载者仅十五省,民国廿年度所载者仅十四省,廿一年所载者仅十六省,廿二年度所载者仅十八省。其余各省,因统计材料缺乏,未经列入。

观上表,乃知民国十九至廿二四个年度中,经各正式法院处死刑者,只合由该法院等处刑者全体1‰至3‰强。其被处罚金者,合全体20％至42％强。而其被处自由刑者,则合全体55％弱至81％强。其处自由刑者中有60％至65％强,系处不满六月之自由刑者。廿一年度40 525名(仅十四省)廿二年度34 318名(仅十六省)其中处不满一年之自由刑者,分配如下:

年　度	新收人犯之总数	其中处拘役者	其中处不满二月之徒刑者	其中处二月以上不满六月之徒刑者	处不满六月自由刑者之总数	其中处六月以上不满一年之徒刑者	处不满一年自由刑者之总数
十　九	25 710	2 030	2 002	10 193	14 225（55+％）	3 925	18 150（70+％）
二　十	23 011	2 126	2 686	8 074	12 886（56−％）	4 158	17 071（74+％）
二十一	40 525	3 971	6 719	13 142	23 732（58+％）	6 155	30 187（74+％）
二十二	34 318	7 156	784	8 845	23 785（70−％）	6 842	30 627（89+％）

依上表之记载,各新式监狱中处不满六月自由刑之犯人,在每年新收犯人中,约合55％强至70％弱。其处不满一年自由刑之犯人,在每年新收犯人中,约合70—89％强(参考十九年度司法统计下册第1944至1949页,廿年度司法统计第672至677页,廿一年度司法统计第778至785页,廿二年度司法统计第914至923页)。

由是以观,吾国今日之自由刑非仅在法典上占重要之地位,即在实际运用上亦为法院所重视。而其在实际运用上所常见者尤以不满一年或六月者为最。故吾国目前疏通监狱之道,莫若对于自由刑之适用加以限制。而限制自由刑适用之道,更莫若避免一年或六月之短期自由刑。至避免短期自由刑之方法,当不外(1)训诫;(2)罚金;(3)提供结状及;(4)缓刑四者。请分别略论于下:

(一) 训诫

吾国新刑法第43条规定:"受拘役或罚金之宣告而犯罪动机在公益或道义上显可有恕者,得易

以训诫。"依此规定,训诫之适用以下列二条件之存在为前提:

1. 被告受拘役或罚金之宣告。其受有短期有期徒刑之宣告者,不在此限。
2. 犯罪之动机在公益或道义上显可宥恕。其犯罪之动机在公益或道义上非显可宥恕者,纵犯罪之情节轻微而被告之素行尚佳或已有悛悔之实据,无处以拘役或罚金之必要,亦不得易以训诫。

上述第一条件只许以训诫代替拘役及罚金,所以使训诫易于发生效力,尚无可非议。惟第2条件则未免对于训诫之适用范围限制过严,似有修正之必要。意者该条之文字不妨改订如下,使法院处刑时较有伸缩之余地:

"受拘役或罚金之宣告者,如犯罪情节轻微或犯罪动机显可宥恕,而平时操行尚佳或已有悛悔之实据,无再犯之虞,得易科训诫。"

（二）罚金

现行新刑法于分则编虽设有"专科"及"或科"罚金之规定,顾其适用范围尚嫌过狭。为适应事实上之需要起见,似应略师德国修正刑法第37条补充条文第2条之意,规定:凡应处不满六月或三月之自由刑者,如刑罚之目的得因罚金而实现,得以罚金代自由刑（按此项规定与吾国现行之易科罚金制有别,不可相提并论,故有增设条文之必要）。更有进者,刑法总则编所定罚金之标准及执行罚金之期间与方法,均失之呆板,恐有碍罚金制之推行。关于此点,德意两国之法制（德修正刑法第38条第1及第2项,意新刑法第24条第3项。见前二节）,殊或供吾人之参考。

（三）提供结状

提供结状之制共分二种：一为有保证人者；一为无保证人者。无保证人者效力薄弱,无足取法。故今后所宜采行者,当以有保证人者为限。按有保证人之提供结状制可使犯罪者因保证关系而受保证人之监督及劝告,实为防止再犯之良法。于吾国之农村社会尤属相宜。此制之适用方式可分两种,即：(1) 替代自由刑或其它刑罚；(2) 补助缓刑及假释制度。前者系一种变相的罚金缓刑制。在承认罚金缓刑制之国家,无采取之必要。故吾国所宜采取者乃第二种方式（见后缓刑）。

（四）缓刑

现行缓刑制度得与保护管束制度相辅而行（新刑法第93条第1项）,实为新刑法一大改革。惟依新刑法之规定,保护管束仅交由警察官署、自治团体、慈善团体,本人之最近亲属,或其它适当之人行之（第94条）。所谓其它适当之人者,是否包括美国及英国式之非义务性质（即有俸给）之专任保护管束员（Probation officer）在内,似不无疑问。窃以为非义务性质之专任保护管束员,往往为某种犯人（如都市中之犯人或无适当官署私人或团体保护管束之犯人是。）所不可缺乏者。美国缓刑制度之所以有如是之成绩者,实由于此项机关之存在。吾国纵因经费关系,一时不克多设此项机关,亦应在法律上予以规定,以便逐渐推行,而应事实上之需要。故此项机关倘为新刑法所不承认,应即设法修正。复按提供结状之制（有保证人者）为防止再犯之良法,用以辅佐缓刑制度,允称相得益彰。此观于英国之情形盖可知之。新刑法未予规定,殊属美中不足。将来切实推行缓刑制度时,实有补充规定之必要。更有进者,按照英国及意国之制度,缓刑之实施,遇法院认为必要时,得以被告之履行因犯罪所发生之民事义务（如归还因犯罪所得之物、赔偿损害等）为前提。此项制度,不仅足以保护被害者之利益,抑且足以消弥其对于被告之恶感,而维持其对于法律之信仰（此于侵害财产权之犯罪最易见之）。在一般人民法律常识不充足之我国,殊有采行之必要。异日推行缓刑制度时,尤属不可忽视。

夫避免短期自由刑虽为限制自由刑适用范围之要道,顾吾人于避免长期自由刑之方法亦应为相当之注意。按避免长期自由刑之方法不外两种：一为前述之缓刑制度；一为假释制度。关于缓刑制度应注意各点,已略述于前,毋庸复论。兹所须研究者,仅为受缓刑宣告之自由刑之刑期问题。依新刑法第74条之规定,得宣告缓刑之自由刑,以二年以下之有期徒刑或拘役为限。关于此项规定有两点可得而论之。(1) 二年之刑期是否嫌长？即受二年以下一年以上有期徒刑之宣告者,是否宜于缓刑。(2) 二年之刑期是否嫌短？易言之，即受超过二年自由刑之宣告者，是否宜于缓刑。关于第(1)点，窃以为二年之刑期并不嫌长。其理由有二：1. 一年以上二年以下之有期徒刑，就时间性而论，对于一般犯人未必尽能收改善感化之效，其执行之结果未必胜于缓刑。2. 受一年以上二年以下有期徒刑宣告之犯人中，不乏秉性良善，无须执行自由刑而能改过自新者。宣告缓刑，正所以慎重刑罚，于社会私人均属有益。至于第二点，各国立法例及学者之意见种种不一。有认为二年之刑期已足者，亦有认为二年之刑期失之过短者。其认为二年之刑期已足者，关于刑期延长之限度，主张亦不一致。有认为凡死刑或无期徒刑以外之刑均可宣告缓刑者（美国多数州制度）。亦有认为一定年限以下之有期自由刑（如十年以下之有期徒刑是）均可宣告缓刑者。窃以为就吾国目前之情形而论，缓刑之宣告不妨暂以二年以下之自由刑为限。其理由如下：

1. 现行刑法所规定之自由刑，大都具有伸缩性。法院对于情节可恕之案件，得处以最低刑或将法定刑减轻。按诸实际，其最低之刑或减轻后之刑仍超过二年之有期徒刑者，殊不多见。故在现行制度之下，其有受缓刑宣告之必要而因限于法律之规定不能宣告缓刑之案件，殊属寥寥。

2. 缓刑制之见诸法典，虽已二十余年，而迄未切实推行。为慎重起见，不宜骤将其适用范围特别扩大。目前不妨暂就处二年以下自由刑之案件切实推行。俟将来确有成效后，再议扩充其适用之范围。

关于假释制度应注意者计有四点，即：(1) 保护管束；(2) 结状之提供；(3) 因犯罪所发生民事义务之履行；(4) 假释前必须执行之刑期。就前三点而言，现行制度所应改革者与缓刑相同，姑置不论。兹专就第四点一言之。按假释前必须执行之刑期，有由法律预先予以概括的规定者，如法、比、德、意及其它大陆法系之制度是；有由法院于判决时斟酌案情临时决定者，如美国之不定期刑制度是；亦有由执行刑罚或办理假释之机关自由决定者，如美国少数州之制度是。吾国新刑法第77条关于假释前必须执行刑期之规定，导源于第一种制度。故法院及执行刑罚或办理假释之机关，对于假释前必须执行之刑期均无自由决定之权。此项制度是否有维持之必要，似不无疑问。良以假释前必须执行刑期之长短，因各犯人之情形与需要而不同。倘于事前予以概括的规定，必近于武断，难免有闭门造车之弊，其效力实不及第二种与第三种制度也。惟恐于此不得不研究者，即我国如放弃第一种制度，将如何抉择于其它二种制度之间。自理论言之，决定假释前，必须执行刑期之机关，应对于受刑人有充分之观察机会。其能当此无愧者，莫若执行刑罚之机关。故第三种制度似较第二种为可取。顾在吾国现状之下，新监未经遍设。关于人才与管理方面，有待改革者尚多。倘采行第三种制度，则执行刑罚之机关职责过重，恐不克胜任，转易发生情弊。其折衷之道，当莫善于采第二种制度。

欧美司法制度的新趋势及我国今后应有的觉悟[*]

一、欧美最近政治思潮的一般趋势

凡留心欧美政治思潮的人大概都承认它最近有一种显著的趋势，那就是：一般研究或运用政制的人，都渐渐地离开理想主义而走上唯实主义(Realism)的道路。[①] 这种情形自从1914年至1918年的欧战以后格外值得注意。我们不说别的，只要举两个最普通的例便可见其一斑了。第一个例子是"德谟克拉西"(Democracy)（这里所说的"德谟克拉西"是广义的，即民主政治的别名）的崩溃。大家都知道"德谟克拉西"的制度自从18世纪以后几乎成为政治的典型，对它歌颂的人不知有多少，可是到了现在却被许多人看穿。苏俄、意大利、德意志等国固不必说，就是那向来崇拜自由主义(Liberalism)的英、美、法等国也不免有许多人对它发生怀疑。第二个例子是三权分立说的动摇，这和第一个例子有极密切的关系——简直可以说是和它互为因果。三权分立的学说，自经法儒孟德斯鸠的提倡后，在许多人看来，真可谓政治上的"天经地义"。举世的文明国家，无论是君主或是共和，差不多没有一个不遵从这个原则。可是现在又怎样呢？苏俄、意大利、德意志等国固然已经彰明较著地将它宣告死刑，就是英、美、法等国也暗中对它反叛（这三国国会之授行政机关以立法权便是一个明证）。[②] 这些事实都足以证明，从前那些理想现在都被事实的需要推翻；大家所注重的是现实的需要及其应付的方法；那些十八九世纪传下来的"天经地义"渐渐地被打倒或动摇了。

二、欧美最近政治思潮的一般趋势在司法制度上的表现

上面所说的唯实主义的趋势，不仅在一般政治思潮上可以看出，就是在司法制度及关于司法制度的思潮上也有所表现。我们简直可以说：唯实主义之表现于司法制度者，乃是那表现于一般政治制度者的一个支流。唯实主义在司法制度方面的表现，有许多事实可以证明。不过因为限于篇幅，只好将几个比较普通的提出来讲一讲。

（一）陪审制度的失败

陪审制度[③]原来在英美法上占很重要的地位，大家都把它当作保障人权的惟一利器。当十七八世纪之际，欧洲大陆各国大都采行纠问式的刑事诉讼制度，法官（就是今日的推事）的权限非常之

---

[*] 原载于1937年1月《经世》杂志第1卷第1期。

[①] 唯实主义的定义种种不一。不但哲学上的唯实主义和其他科学如政治、法律、教育、美术学等所说的唯实主义不同，就是同一科学上的唯实主义也因派别分歧而解释不一。本文所说的唯实主义专指那法学上、政治学上或其他纯粹的社会科学上一种注重事实而不尚理想的主义。本文所说的理想主义也和哲学上所说的不同，它只含有重理想而不重事实的意思。

[②] 英国向来有由国会授权政府行政机关或司法机关就主管事项制定条例(Statutory Orders or Regulations)的惯例。这些条例于制定以后往往须送到国会去，如国会在一定期间之内没有表示，它们便取得法律的效力。美国国会于现任总统罗斯福就任以后，曾授他以广泛的立法权，以便应付经济复兴的事业。法国国会于1935年也曾授权政府颁布许多不经国会通过的法律(Decrets-lois)上述这些情形在欧战期间还要常见。因限于篇幅，恕不赘述。

[③] 所谓陪审制度乃指用陪审团(Jury)参加审判或其他司法事务之制度而言。陪审团之常见者有三种：(1) 大陪审团(Grand Jury)，为决定起诉与否之机关；(2) 小陪审团(Petty Jury)，为执行审判职务之机关；(3) 验尸官之陪审团(Coroner's Jury)，为验尸时列席观察并于发现犯罪者为何人时决定起诉之机关。

大。法院断案往往失之专横,人民的权利毫无保障。加以在专制政体之下,国王大权独揽而耳目不周或所用非人,政治司法每多黑暗,人民的痛苦格外又深了一层。这时候有许多政论家目击此情,深为感动,于是纷纷鼓吹人权学说,主张自由平等,把当时的制度攻击得体无完肤。大家觉得当时欧洲人民权利保障最充分的地方要算英国,所以都提倡采取英国的政治和司法制度。于是"三权分立制"、"陪审制"和"告劾制"(Accusatory System)①等都受到一般学者热烈的欢迎。这种运动最初酝酿于法国,到了法国革命之时便有一发而不可遏止之势。在 1791 年国民会议(Assembl'éeconstituante)便决议采用英国的大陪审和小陪审制。经过十余年的讨论和试验以后,大家觉得大陪审制虽非必要,而小陪审制却是绝对应该采取。所以等到拿破仑制定法典时,这个制度便被容纳在《刑事诉讼法典》(Code d'instruction criininelle,此系 1808 年颁行)里面。以后法国的政治和文化势力扩充到欧洲大多数的国家,这种小陪审的制度也随着流传到那些地方去。② 这是陪审制在欧洲发展的经过。至于在美洲,则更值得注意,美国最初为英国的殖民地,文物制度取法于英国者颇多。陪审制度之流行于该国,自系当然的结果。在那里不但大小两种陪审制度(各州中也有采验尸官之陪审团制的)都被采取,并且在宪法上还享受着特别保障。换句话说,对于某种民刑案件如立法机关取消陪审制或法院不适用陪审制(民事案件毋庸适用大陪审制),那便是违背宪法。③ 由此看来,陪审制度——至少小陪审制度——在以往的几百年中确曾受到欧美一般人的热烈欢迎,其理想的价值可想而知了。可是到了现在它的地位怎样呢?经过长期的试验以后,大家都感觉它的实际效用和以前一般人所推想的不同。因为,陪审员的不懂法律、知识浅薄和偏重感情,使裁判往往不能公平。因为陪审程序的复杂迂缓,时间、精神和金钱的损失往往很大,因此从前那受人歌颂的制度今日几乎到处被人反对。在英国大陪审制的适用范围比从前已小了好几倍,就是小陪审制的活动机会也一天少一天。美国反对陪审制的声浪也一天高于一天,从前许多须经大陪审团侦查起诉的刑事案件现在可由国家律师直接起诉。大陪审制的地位已经不如往昔重要;小陪审制的适用范围,因为近来诉讼法的改革,也渐渐地缩小。④ 照该国重要学者的态度看来,若不是因为宪法的限制和宪法修改的困难,恐怕这些制度早就要被取消或成为一个无足轻重的东西了。⑤ 在法国刑事陪审的案件原由陪审法院(Cour d'assise)审理。但是因为该法院裁判之不当和程序之迂缓,实际上有许多陪审法院管辖的案子都由检察官送给普通罪法院(Tribunal de police correctionelle)审理,以避免陪审法院的裁判。这种办法在法国称为 Correctionalisation(即由陪审法院改归普通法院审理之意)。⑥ 英国法学权威戴雪(Dicey)氏于其名著《宪法学导言》一书内尝因此而批评法国的司法制度不好。⑦ 他的批评对与不对,我们现在可以不必深究。不过有一点是不容否认的,那就是:这种现象即 Correctionnalisation 之发生,实足以证明陪审制度之不合宜。德国自从采行陪审制以后也感觉到这种制度的实际效果远不如理想上那么好,早就有人主张将它废除。⑧ 到了 1924 年终于由联

---

① 告劾制的特点很多。其最要而常见者有三:(1) 无论什么案件不告不理。换句话说,没有人起诉,推事无从受理。(2) 推事的性质和那决斗和运动的公证人(Umpire)差不多,他的权限很狭,诉讼程序大都发动于当事人。(3) 审判程序大都是公开的(见 Garraud, *Traité théorique et Pratique d'instruction criminelle et de precédure pénale*,共计 6 册,1907 至 1929 年出全,第 2 段(ll)第 2 节)。

② 见 Esmein, *Histoire de la procedure criminelle en France*(1882 年出版)之英译本(*A History of Continental Criminal Procedure with Special Reference to France*, Translated by John Simpson),第 272—415、528 页及 Garraud 同书第 9 段第 1 节。

③ 见美国联邦宪法第 3 条第 2 节第 3 项及补充条文第 5 条、6 条与 14 条第 1 项。关于各州宪法的规定可阅 Dodd, *State Government* (1923),第 307—315 页。

④ 关于英美二国陪审制的变迁或失败的情形可参看 Pound, *The Jury* 一文〔见 *Encyclopedia of Social Sciences* (1932)第 8 册,第 492—498 页〕及 Howard, *Criminal Justice in England* (1931),第 14、307—309、406—409 页。

⑤ 美国学者攻击这个制度的文章很多。除上注 Pound 所著之文外,还可参看 Moley, *Politics and Criminal Prosecution* (1920)第 7 章及 *Our Criminal Courts* (1920)第 7 章和 Green *Judege and Jury* (1930)第 15 章(Why Trial by Jury?)。

⑥ 见 Gavraud, *Traité d'intruction Criminclle et de procédure pénale* 第 4 册,第 461—463 页。

⑦ 见 Dicey, *Introduction to the Study of the Law of the Constitution* (1920),第 397—398 页。

⑧ 见 Kisch, *Unsere Cerichte und ihre Reform* (1908),第 150—156 页。

邦政府根据授权立法的法律(Ermächtigungsgesetz)颁布一个条例,将它根本地修改。这样一来陪审法院(Schwurgericht)之名虽然照旧保留,但其内容却和那参审法院(Schöffengericht)差不多。因为原来的陪审法院内有12名陪审员,他们的职务以决定事实(即有未犯罪的问题)为限;至于法律适用问题(即处刑问题)则由推事解决。① 参审法院则不然。其组织分子只有一名推事和两名参审员。审理和裁判时,所有的事实和法律问题都由一个推事和两个参审员共同决定。参审员的地位作用和推事一样。② 但是自从1924年以后陪审法院便变成一个由3位推事和6位陪审员共同审理事实和法律问题的机关。③ 意大利原来也有和法国相似的陪审制度,但是因为效果不大满意,最近已将它根本改造。陪审员已变为参审员(Assessori),和德国现在的"陪审员"性质很近。并且他们的资格已提得特别高。④ 这种资格都是为保证陪审员的知识和道德而设的。其实社会上能够合得上这些资格的人仅居极少数,这种办法是否可以行得通,⑤我们姑且不必去管它。不过有一点至少是值得注意的,那就是陪审制度绝不是像理想上那样的优美,适用时非十分小心不可。以上所举各点不过欧美重要国家的司法家和学者对于陪审制度心理的一般变迁。至于这种心理变迁的详细理由何在,因受题目的限制,不便申说,只好等将来另外为文讨论。不过由这简单的叙述,我们不难得到以下的结论:那从前被认为保障人权所必需、完美无缺而风行一时的陪审制度,现在已暴露出它的弱点,使许多理想家失望。

(二) 法院权限的变更

法院权限的变更可以在许多地方表现出来,现在只提出两点来加以说明:第一点就是推事和检察官权限的划分。检察官在欧美各国大都被认为一种行政官。在英美两国固不必说,就是在大陆法系的国家也大都如此(这一点因限于篇幅不能细说,以后如有机会当另做文章讨论)。因为这个缘故,他们的地位没有推事那么独立。所以为贯彻三权分立主义并避免诉讼上发生流弊起见,欧美各国大都对于检察官的传讯、拘捕、羁押等权有严格的限制(这和我国的制度不同)。这些权限在英美两国差不多等于零,就是在大陆法系的国家也只可于几种例外的情形之下(如现行犯等)行使之。这种制度可谓欧美近几百年来理想的典型。⑥ 从前大家对它几乎毫无怀疑。可是近来有许多人觉得这种制度在事实上行不通。因为检察官若缺乏讯问、拘捕、羁押等权,实际上很难行使侦查的职务。意大利有鉴于此,曾于编订1930年的刑事诉讼法典时将检察官的权限扩充。照那个法典的规定,对于某几种刑事案件检察官应举行"简易预审"(Istruzione sommaria)。在举行"简易预审"时,他的权限和预审推事相仿(见该法典第391条)。这些应举行简易预审的案件中,有一种是很有伸缩性的,那就是属于陪审法院或普通罪法院管辖、最高本刑为有期徒刑且证据确凿的案件(见该法典第389条)。所谓"证据确凿"须依检察官主观的标准决定。所以,检察官很可利用这一点以扩充他的职权。在欧美其他国家不久也有发生同样情形之可能。著者最近赴欧美调查司法,在美国及德国和许多学者谈到这个问题,他们大多数主张扩充检察官的权限。据闻德国正在编订中的新刑事诉讼法典已决定这样办。⑦

关于法院权限变更的第二点事实便是法院诉讼指挥权及裁判权的扩充。现在先讲诉讼指挥权。我们在说明陪审制的失败时已附带提及诉讼上两种主义,即纠问主义和告劾主义。前者的结

---

① 见1877年之Gerichtsverfassungsgestz原第81条。
② 见同上原第27条(现行修正第29条)及第30条(现行条文同)。
③ 见同上1924年修正第81—82条。
④ 见1931年颁布的《陪审法审院条例》(Ordinamento delle Corti d'assise),第2、4—5条。
⑤ 实际上恐怕难行得通。因为那具有高尚资格的人既然不多,而他们又往往有职务在身,要找到适当热心的陪审员,很不容易。
⑥ 关于这一点的参考书太多,暂不列举。关于检察官的权限,读者只要看欧洲重要国家(如法、德、奥、比等)和英美两国的刑事诉讼法规或法院组织法规或关于这种法规的著作,便可知其大概。
⑦ 这是德国联邦司法部的参事赖曼博士(Dr. Rudolf Lehmann)告诉我的。

果往往是诉讼程序由法院依职权进行；后者的结果往往是诉讼程序由当事人自动地进行。① 后者一向为英美所采（这当然有例外，如英国从前的 Star chamber 便采纠问主义，但此制存在不久）。前者自 20 世纪以后盛行于欧洲，但到法国革命时便大为失势。从那时候起大家也差不多把告劾主义及其所包含的当事人进行诉讼主义，当作一种维持推事超然地位及保证裁判公平的理想的良药。所以，自 18 世纪的末叶以后告劾主义及其所包含的当事人进行诉讼主义，在欧美可谓风行一时（这当然不是绝对的，不过说这种色彩比较浓厚而已）。可是近几十年来大家的态度忽然起了变化，无论在民事或刑事诉讼方面，法院指挥诉讼的权都一天大于一天。从前由当事人主动的事情，现在有许多可由法院依职权办理。所以告劾主义的轮廓虽然还存在，其内容却大非昔比。这不但在大陆法的国家是如此，就是英美等国也不能例外。讲到法院的裁判权，我们只要提出一个例来以资说明，那就是刑事上处罚权的扩大。18 世纪末叶以后罪刑法定主义〔即法律无明文者不为罪，法律无明文者不罚（Nullum crimen sine lege, nulla poena sine lege）〕一变而为欧美各国刑法的极则。那比附援引或类推解释的办法为大家所摒弃。② 可是欧战以后，立法的趋势居然渐渐地与此反背。1922 年的苏俄刑法典便首先打倒罪刑法定主义，而规定法律无明文者亦可依比附援引或类推解释的办法处罚；③德意志 1935 年修正刑法第 2 条亦采类似的规定；④意大利 1930 年的刑法典虽没有采上述的规定，可是对于那具有社会危险性的（Socialmente pericolose）人，纵然其行为依法律明文不构成犯罪，仍准施以保安处分。⑤ 这些实际上已和罪刑法定主义不能一贯（这可谓一种变相的比附援引主义）。

由上面几点事实看来，可知从前那些关于法院权限的天经地义的原则，经过长期的试验，也不免使人们渐渐地觉得它们不合实际的需要。

（三）刑事及监狱政策的转移

关于这一层可讨论之点很多，兹就其最重要者——关于自由刑的政策———言之。在 18 世纪末叶之前，欧美常用的刑罚大都为死、流、身体及财产等刑；监狱不过是一种羁押顽强民事债务人、宗教犯及未决刑事犯的地方，并非用作执行刑罚的正式机关。到了 18 世纪的末叶，有人觉得当时的死刑、流刑、身体刑等太不合人道，便主张以自由刑（即监禁拘役等）代替这些刑罚。同时，又有一批人提倡刑罚重感化改良而不重报复恐吓的学说，并且认为监狱为实施感化改良最有效的工具。这样一来自由刑便渐为各国所采，不到百年居然成为顶普遍重要的刑罚制度。近代刑法典所规定的犯罪案件，得处及专处自由刑者常占十分之八九。法院所判罪的人当中，处自由刑者常在十分之六七以上。⑥ 社会上一般人谈及犯罪的事情，往往很容易联想到"坐监牢"上面去。他们差不多以为"坐监牢"便是犯罪的当然处罚；犯罪而不"坐监牢"，那简直是没有国法。由此可见，近代崇拜自由刑的心理的坚固与普遍了。可是实际上自由刑是否像理想上那么有用呢？许多学者研究的结果都证明它非但无甚效用，并且还有大害。因为自由刑之发生感化改良的效力，一定要具备几个条件，这几个条件是：（1）监狱内人及物的设备都适当；（2）犯人在监狱内的期间相当地长；（3）犯人在事实上有入监狱之必要。近代各国所采的自由刑制度至少有三个毛病：（1）适用范围过广。有许多不必入监狱便可改善的人反因此弄到身败名裂、丧尽廉耻。（2）好用短期刑，致多数犯人无充分

---

① 这当然指较为常见的情形而言，并不是没有例外。
② 见 V. Liszt, *Lehrbuch des Deutschen Strafrechte*（第 23 版），第 88—90 页。
③ 见该法典第 10 条。现行 1926 年颁布之刑法典第 16 条亦有类似之规定。见 Code Penal de la R. S. F. S. R., traduit par Jules Patouillet. 该书所载法国里昂大学教授卡禾（Pierre Garraud）氏之序文关于法定罪刑主义在近代之变迁亦略有讨论。见该文，第 43—44 页。
④ 这条是经 1935 年 6 月 28 日的刑法典修正法（Gesetz zur Aenderung des Strafgesetzbuches）改订的。
⑤ 见该法典第 202 条。
⑥ 关于这一点可参看拙著"关于疏通监狱之研究"一文（载《现代司法》第 9 期，第 67—102 页，及第 10 期，第 75—132 页）。该文关于各国之情形已有详细之统计及说明，因限于篇幅，恕不赘述。

改善的时间。据各国统计,处3月或6月之短期自由刑者常合全体处自由刑者50%以上,其处1年以下之短期自由刑者总计合全体处自由刑者80%以上。①(3)因犯人过多及经费不足而监狱内人及物的不适当。这些毛病的结果,便是使监狱变成犯人的养成所;凡进过监狱的人多数是变得更坏而不会变好。所以自由刑愈发达,社会上的累犯愈增加。现在欧美累犯的人数常合犯人总数40%左右。据德国联邦1884年的统计,轻罪以外之累犯中有68.5%系最近曾处不满3月之自由刑者。②若连其他处自由刑者计算,其累犯人数之多更可想而知了。因为上述的缘故,自从19世纪末叶以来,各国的学者及司法当局中有许多觉悟到从前迷信自由刑的不对,纷纷研究缩小自由刑适用范围的方法。这些缩小自由刑适用范围的方法种类很多,可不必叙述。③此处应该提出的只有一点事实,那就是:有许多国家如英国、美国等,因合理地采用替代自由刑之方法或改变自由刑之方式所减少的犯罪数额,颇值得注意。④这实在足以证明自由刑之害多利少而和从前一般人所理想者大相反背。

三、我国今后应有的觉悟

前面一段所举的虽不过几个普通的例,可是我们由此便可知道欧美的司法制度确是渐渐地脱离那18世纪末叶及19世纪初叶理想主义的范畴,而受唯实主义的支配。我们虽不敢说这种趋势完全能切合事实而适应需要,但是对于这种趋势所表现的态度——不随波逐流或保守自满而根据事实研究司法制度之得失利弊的态度——却不能不赞同,因为我们觉得我国以往所欠缺者就是这一种态度。我们自清末变法以来,司法制度已经有了好几次的变更,改革司法的意见不知已经发表了多少。这些制度的变更和改良的意见,虽然不是全无理由,可是有时却似乎来得过于操切。最明显的便是关于自由刑的政策。刑法虽已修订过好几次,而对这个问题还没有适当地解决。至今刑法上所规定的犯罪事件有十分之八九是得处或专处自由刑的。值此监所人满、经费支绌的时候,似乎不应该将这个问题轻轻地放过。⑤其次便是关于陪审制的讨论,这样一个在欧美遭人反对的制度,在我国居然还有许多人竭力提倡。并且这些提倡的人有时竟专说它那似是而非的好处,而把它在欧美由实验而得知的短处完全不提。再其次是检察制度的讨论,照我们详细研究调查的结果,检察制度不但在大陆法系的国家颇为发达而有显著的效用,就是在英美等国也占很重要的地位;并且它在美国联邦的贡献比在任何国家还要大些。可是国内有许多学者竟会提倡将它根本废除。⑥此外可举的例还很多,不过从上面所提出的几点事实已足以见其一斑。这些事实所告诉我们的便是:我国研究司法制度的学者,以后须多多地根据事实及需要,以批评的态度及科学的方法来解决司法问题。讲到这里,我们便不能不注意到一个附带的问题,那就是:如何准备向这条路上走。我们觉得,若要向这条路上走,其最重要的准备工作,便是想法子充分认识中外司法的情形及其他有关系的事实。因为各种制度在一国有一国的特殊背景和作用,倘若不用比较的方法来探求它在中国和外国的真相,则无从知其价值之所在。我们必定要做到这一步工作,方才谈得上真正解决司法问题。这种工作当然是很困难,并且也绝非一二人之力所能胜任。所希望者,国内有志司法改革之士能从今天起奋发起来,戮力同心地向这个目标前进。那么不但对于本国的司法裨益良多,就是对于世界的文化也不无贡献。

---

① 关于这一点可参看拙著"关于疏通监狱之研究"一文(载《现代司法》第9期,第67—102页,及第10期,第75—132页)。该文关于各国之情形已有详细之统计及说明,限于篇幅,恕不赘述。
② 见同上之文。
③ 欲知其详,可参阅同上之文。
④ 见同上之文。
⑤ 见同上之文。
⑥ 关于检察制度在各国发展的情形及其存废问题可参看拙著"由检察制度在各国之发展史论及我国检察制度之存废问题"一文,(载《东吴法学杂志》第9卷第5期《检察制度专号》)。

法治的评价*

"法治"与"人治"之争在中国已有几千年的历史,"法家"与"儒家"意见最相左的地方便是在此。自从汉朝以降,儒家取得独尊地位,大家便少谈"法治"。儒家"人治"的标准是"德"和"礼",所谓人治者,实在是"德治"和"礼治"的总称,所以从前一般读书人往往重"德"和"礼"而轻"法"。到了清朝末年,因与西洋各国发生外交上的纠纷,打了好多败仗,大家方觉得有提倡"法治"之必要。可是欧战之后,西洋发生了俄、意、德、土等国的特殊现象,这几个国家在政治上都由一人或一党独裁,而都能转弱为强。就是那向来讲自由主义的美国,据有些人看来,最近也有归向独裁的趋势(因为总统之权扩大)。美国人对于罗斯福总统的批评虽种种不一,然而这次改选罗氏之能连任,确能够证明他以往这几年的政绩为美国多数人民所认为满意;因此关心中国前途者不免又对于法治起了怀疑。

其实"法治"与"人治"是相辅而行的,缺其一,则国家不能治。"法"虽是国家所必需的,可是若没有适当的"人"去运用它,便变成了一个死的,甚而至于坏的东西。"人"虽是国家所必需的,可是若没有一定的规律即"法"做他行为的标准,便难免步伐紊乱而举措失当。我们固然不可以相信"徒法能以自行",可是也不应该以为"凡是人的行为都能有一定的规律而无需乎法去规范它们"。

本来中国古人所说的"法治"与"人治"具有特殊的定义,与西洋或现代所说的"法治"与"人治"异其性质。所谓"法治"与"人治"之争,在当时虽很有意义,可是用现代法学的眼光看来,那种争执一大半是"观念之争"。因为照现代的眼光看来,古人所说的"法"实在只合法的一部分,即刑法。古人所说的"礼"实在含有宪法、行政法及私法的意味。换句话说,"法治派"之"法"固然是道地的"法",就是"人治派"的"礼"也具有"法"的性质。这只要看古人之"引经断狱"和依据"礼"以规谏帝王等例便可知道。所以从前"人治派"所提倡的人治中也有现代法治的元素在内。可见得他们所反对的"法"乃是现代的刑法;他们所认为不妥的是专以刑法治国;他们觉得单有刑法治国还不够,必得另外有广义的法(即"礼")和"道德"以范围或感化人群才行。况且儒家所提倡的人治标准"德"与"礼",乃是为纠正补充古时"刑法等观"的狭隘见解而设的。因为时人深中这种狭隘见解的毒,所以将"德"与"礼"的地位提得特别高,以促大家的注意。这并不是说:"法治"根本没有价值。在他们看来,为政者不该专以霸道的"刑法"为致治之具,而应该于可能范围内以"德"和那包含刑法以外的法律"礼"为出发点。这不过是说:为政者应以"德治",即靠人格的优点及其感化力而治,为最高理想;其次便要以"礼治",即靠刑法以外的法律而治,为理想。若是这两种理想都行不通的话,那么还得以法治,即靠刑法而治,为致治之道。我们若用现代法学的眼光去解释他们的态度,我们可以说:儒家致治的工具包括两个东西:(1)为政者人格之优点及其感化力;和(2)法(包括刑法与刑法以外之法)。靠前者而治(即人治)乃是最高的理想。这个理想如行不通,那么便要靠后者而治(即实行"法治")。换句话说,儒家虽以"人治"为最高的理想,并没有忽视现代式的"法治"在实际上之功

---

* 原载于1937年2月15日《经世》月刊。

用。这一点我们只要看孔子为鲁司寇的情形便可明了,孔子是儒家的正宗,是儒家所认为提倡"人治"最力者,可是他做了鲁司寇七天,便将鲁大夫少正卯杀了。他所据以杀少正卯的究竟是什么法律,我们虽然不大明了,可是在他实际上之重视"法治"乃是不可否认的事实。孔子这种态度,仔细地分析起来,和现代一般提倡法治者的态度实在没有什么冲突。因为现代提倡法治者实际上也并没有忘记德化的重要。西洋那些先进国家的为政者,除了尊重法律之外,也有不少是以"德治"为最高理想的。倘若在事实上没有困难的话,他们也一定会向这方面努力的。

再就西洋最近的情形而讲,俄、意、德、土等国虽在实行独裁政治,可是他们当中没有一个是反对法治的。因为法律最重要的目的是维持秩序(法律当然还有别种目的,不过这些目的大都以秩序之存在为先决条件的)。法治最基本的作用就是靠大家尊重法律的精神以维持秩序。世界上无论什么国家都不可没有秩序,若没有秩序,便不能有何政治经济或其它的社会组织;因为组织之和秩序,是如形影之不可须臾相离的。人群所赖以维持秩序者本不止法律一种;如道德宗教等也都有维持秩序的作用。可是单有道德宗教往往不够维持秩序,必得有具有强制力的法律来补充它们才行。尤其是一个需要改良或经过革命的国家,人民往往习于旧制度。若专靠道德宗教等去感化他们,收效一定很慢——也许绝对不可能。这时候若要使新的制度——新的秩序——站得住,便不能不有法律。所以世界上除掉那真正实行无政府主义的社会外,没有一个健全的国家不具有相当的法治(事实上无政府主义的社会要有秩序,恐怕也不能没有法律)。现在的俄、意、德、土等国所推翻的乃是那从前的,他们认为不合宜的旧制度;他们所反对的乃是维持旧制度的法律。他们推翻了旧的制度后,必定要建立一种新的制度以便创造一种新的社会秩序(A new social order);这一种新的制度或新的社会秩序仍非有法律来维持它不可。所以俄国所努力者,不过是以苏维埃共产主义的制度或社会秩序及维持这种制度或秩序的法律,来替代从前那专制式的制度或社会秩序及维持这种制度或秩序的法律;意国所努力者不过是以法西斯蒂的制度或社会秩序及维持这种制度或社会秩序的法律,来替代那从前的旧制度或社会秩序及维持这种制度或秩序的法律;德国所努力者不过是以国家社会主义的制度或社会秩序及维持这种制度或秩序的法律,来替代从前那自由主义的制度或社会秩序及维持这种制度的法律;土耳其所努力者不过是以一种带有独裁色彩的、新的制度或社会秩序及维持这种制度或秩序的法律,来替代从前那一盘散沙、腐败不堪的制度或社会秩序,及维持这种制度或秩序的法律;或者说根本地消灭从前那紊乱的情形。换句话说,他们所努力者无非是以一种新的、合乎他们的主义的法治来替代那旧的,不合乎他们的主义的法治。像土耳其那样的国家,我们也不妨说:新的政府所努力者,无非是以一种具有法治精神的社会秩序来替代那原来缺乏法治精神的社会秩序。这几个国家的法治的内容虽然和西洋的其它的先进国家不同,可是他们尊重法治的精神却与后者大同小异。德国国家社会党的公法学权威寇尔罗脱氏(Otto Koellreutter)曾经这样说过:

"国家和法律是民族生活的力量(Volkische Lebensmachte),它们的价值和意义是从它们对于民族生活的功用中得来的,所以国家是一个民族政治生活的形式(Die politische Lebensform)。这种政治生活的形式是靠法律程序(Die Rechtsordnung)的力量而取得的。一个共同管理的政治世界需要一种有组织的生活形式,这种组织最初是被国家及其权力所促成的。可是有了国家的权力,还得有法律的秩序和它联合起来才可以形成民族的生活,因为仅有权力而无法律,便变成武断。所谓'民族观'(Die völkische Auffassung)者,只承认一种忠于民族的领导(Führung);至于一个专靠枪杆的独裁者的强权,那是和'民族观'不合的。因此在任何文明国家里——尤其在那以民族为本位的国家里——法律乃是一个必需的标准,没有这种标准便不能产生健全的政治组织。国家和法律这种必要的密切关系便由我们所称的'法治国家'(Rechtsstaat)表现出来。……所以在一个法治观念(Rechtsgefühl)发达得像德国那样细密敏锐的民族里面'法治国家'具有永久的价值。"(见氏著 Deutsches Verfassungsrecht 一书第11、12页。该书系于1935年出版)

寇氏关于法治的必要说得真是透彻！他这一段话虽以德国为主眼，对于俄、意、土等国也未尝不适用。因为无论什么健全的"政治世界"（Politische Welt），都非有一种有组织的生活形式不可。这种有组织的生活形式，只有法律才可以促成。"法治国家"实在不仅在德国民族里面具有永久的价值，就是在别的文明民族里面也未尝不然。

　　至于美国，总统的权限虽然比前扩大，但是这种情形（至少在形式上），乃是根据法定的手续而发生的，并无违法之处。况且人民原来在法律上所享有的救济权（即对于政府的不当或不法行为向法院请求救济的权）并没有受什么限制。政府对于法院的裁判仍是绝对服从。记得以往的三四年中美国联邦最高法院有几次受理到牵涉罗斯福总统的复兴计划的案件。当法院审理这些案件时，政府便和普通的当事人一样提出辩诉状，并派代表出庭辩论。若法院判政府败诉，政府也和普通当事人一样服服帖帖地受法院的执行。在1935年的5月27日最高法院判了一桩置复兴计划于死地的案件（即 *A. L. A. Schechter Poultry Corporation et al*. vs. *The United States of America*），该法院判政府败诉。它的裁判理由中有一点认为：国会广泛地授权总统和工商业团体制定同业"正当竞争的业规"（Codes of Fair Competition）是违背宪法的。因此行政机关根据该项业规以管理工商业亦非宪法所许。我们知道"利用同业正当竞争的业规管理工商业"乃是复兴计划的核心。现在法律既宣告这个办法违宪，那么全国许多因执行这些业规而设的机关既须取消，而复兴事业亦将无法推动。我们想想看，凡是处于罗斯福总统地位的人，一听见这个判决的消息，该是多么气愤！可是这位罗斯福总统却不是这样。他很遵从法院的裁判，他只平和地说，最高法院既认国会广泛地授权为不当，那么我们当另外要求国会补正这种手续云云。这种情形恐怕都不能说不是法治精神的表现。

　　所以现代式的"法治"，不但不是如有些人所想象的，和中国古代传统的思想不合，就是在西洋所谓"具有特殊现象的"国家，如俄、意、德、土等国和那"带有嫌疑"的美国也还保持其价值。今日中国正在内忧外患之中，需要组织和秩序的程度，恐怕比世界任何国家都厉害些。别的国家既然还要靠"法治"以促成组织和秩序，那么中国更少不了它。也许中国所需要的"法治"在内容上和西洋那些典型式的"法治"不同，可是这并不足以为反对法治的理由："法治"本身的价值并不因此而减损。

领事裁判权之撤废与国人应有之觉悟[*]

在最近这几个月里,消沉了许久的撤废领事裁判权运动又呈着复活的现象,党政机关、社会法团以及关心国是的个人,似乎都有参加或赞助这种运动的可能。这只要看报章上的文电、杂志上的著作和最近第五届三中全会的议决案便可知道。当此国难严重,举国上下正在忙着解决生死存亡问题而不得其道的时候,一般人居然有兴致来从事这种运动,似乎有些"不知缓急轻重"。可是仔细地想一想,这种运动的意义并非如有些人所想象的那样简单;它的影响所及,不仅是那些唯实或实利主义者所轻视的"国家体面"等等,而实在关系中华民族的幸福及国家的安全。因为领事裁判权往往会发生三个最大的弊害,那就是:(1)权利国之人民实际上几可不受中国政府机关之管辖及一切法律之制裁;(2)权利国滥用领事裁判权,使其它外国人或某种中国人不受中国法院及其它政府机关之管辖与中国法律之制裁;(3)中国国家或人民之利益为权利国人民或其它外国人或某种中国人所侵害时,无适当有效之救济办法。[①] 兹分别举例说明于下:

1. 权利国之人民实际上几可不受中国政府机关之管辖及一切法律之制裁。领事裁判权是对于一国固有主权的一种限制。它是根据条约而取得的。它的范围应该以条约规定为标准。凡依照条约的明白规定并没有赋予外人的特权,仍应由主权国(即义务国)保留。[②] 就中国与外国历次所订的条约看来,权利国人民在中国所享受的领事裁判权,依严格解释,只应包括下列几种权利:[③](1)权利国人民为刑事被告时,不受中国法院管辖并不受中国刑事实体与程序法规制裁之权利。[④](2)权利国人民为华洋民事诉讼案件(即华人与权利国人民间民事诉讼案件)之被告时,不受或不完全受中国法院管辖;[⑤]并于某种情形,

---

[*] 原载于1937年6月《经世》杂志第1卷第12期。
[①] 领事裁判权的弊害实在不止这三种。本文并不以讨论这个问题为主旨,故从略。
[②] 参看 Piggott, Etraterriteriality(1909)第8页及 Willoughby, Foreign Rights and Intrests in China(1927)第2册第596页。
[③] 学者关于领事裁判权的范围意见极不一致。这大概是因为:(1)各人的立场不同;(2)条约等文件的解释不大容易。本文以限于篇幅未便对于这个问题作详细的研究。以下所说的不过其荦荦大端而已。
[④] 这一点在一般条约上大都规定得相当清楚。不过有一个问题很值得研究,那就是:有些条约仅规定权利国人民对于中国人民犯罪时则不受中国法院管辖并不依中国法律受罚云云,而对于权利国人民对中国政府犯罪(如颠覆政府、走私、贩卖毒品、妨害公共卫生等)则未提及(如中英1858年(英文)条约第16条,中美1858年条约第11条,中葡1887年条约第48条,中丹1863条约第16条,中荷1863年条约第6条,中西1864年条约第13条,中巴1881年条约第10条,中秘1874年条约第13条,中意1866年约第16条是)。依严格的解释,中国对于这类犯罪案件似乎仍保留着整个的司法权。
[⑤] 权利国人民与华人间的民事案件,不论何方为原告被告,有一大部分依条约的规定是应该由中国官厅与权利国的驻华官厅会同审理的。如中英1858年条约第17条,中丹1863年条约第17条,中荷1863年条约第6条,中西1864年条约14条,中秘1874年条约第12条,中意1866年条约第17条,中法1858年条约第35条,中比1865年条约第16条等是。所以权利国人民为被告之华洋案件,可谓不完全受中国法院的管辖。此外还有少数条约规定:华人与权利国人民间的民事诉讼案件归被告所属国的官厅审理,如中美1880年天津补充条约第9条,中巴1881年条约第9条,中墨1899年条约第13及14条,中日1896年条约第21条等是。照这样规定,权利国人民为被告之华洋民事诉讼案件完全不受中国法院管辖。

不受中国民事程序法规或实体法规制裁之权利。① （3）权利国人民相互间因民事或刑事涉讼时，不受中国法院管辖，并于某种情形，不受中国民刑事程序及实体法规制裁之权利。② （4）权利国人民与其它外国人民涉讼而为被告时，不受中国法院管辖之权利。③

从上面看来，领事裁判权不过是一种使权利国人民在司法方面于某种情形之下不受或不完全受中国法院管辖，或不受中国民事或刑事程序或实体法规制裁的权利。它的范围是有限制的；享受这种权利者并不应该主张完全不受中国政府机关及法律的统治或制裁。可是有些外国人，因为别有目的，竟借口领事裁判权而作种种非分的主张；在司法方面他们固然超越条约的范围而不受中国司法机关的管辖与中国法律的制裁；④而在行政方面更蔑视一切而阻碍中国政府机关职权的行使和法律的推行。⑤

2. 权利国滥用领事裁判权使其它外国人及某种中国人民不受中国法院及其它政府机关之管辖与中国法律之制裁。享受领事裁判权的主体本以依条约应享受这种权利的外国人为限。在中国的中国人民，应完全受中国的统治，当然与领事裁判权风马牛不相及。虽然条约上有时规定权利国人民雇中国人作正当执役，中国官厅不得干涉阻止云云，⑥但这并不是说外国领事得参与或干涉那些中国人的裁判事项。至于那些依条约不应该享受领事裁判权的外国人或和中国无条约关系的外国人，在中国领土内应受中国（即领土主权国）的统治，当然也不能引领事裁判权为护符。然而事实并非如此。权利国人民雇用的中国人被人控诉时，权利国领事往往串同权利国人民，多方阻止中国官厅行使职权。甚而至于有些中国人在中国设立公司，不依法向中国官厅注册而向外国领事或政府机关注册，以便取得外国公司的头衔。这些公司无论在国际法、国内法或条约上当然都没有根据。可是一有事情发生，它们竟也以享有领事裁判权者自居，而外国领事们竟帮助它们反抗中国官厅与法律。最可笑而可气的是：有些中国人犯罪作恶以后，因为要避免合法的制裁，居然改入有领事裁判权国之国籍以取得领事裁判权之保障，而有些权利国的领事等等竟和他们狼狈为奸与中国司法机关为难。⑦ 至于那些依条约不应该享受领事裁判权的外国人或和中国无条约关系的外国人，居然也有些

---

① 中外条约对于华洋民事诉讼虽有规定采用中外官厅会审制者，但关于会审时适用何种程序法或实体法大都没有明确的规定。这从条约上常用"公平讯断"（Lecide equitably）等语可以看出。依严格解释，这种不明确的规定，并没有排除中国程序及实体法之效力；故会审时仍应照中国程序及实体法办理。其采用会审制而规定权利国人民为被告时应适用权利国之法规者，只有中葡 1887 年条约第 51 条等少数例子。其不采用会审制的条约，关于法规的适用，大概采用两种办法：（1）无明文规定，如中日 1896 年之条约是。（2）规定对于权利国人民为被告之民事案件适用权利国之程序及实体法规，如中美、中巴、中墨等条约是。

② 权利国人民相互间因民事或刑事涉讼时，依条约上西文之规定，应由权利国之官厅"管辖"。惟"管辖"（Jurisdcion）一名词在司法术语上仅含有"审判权"之意（见 Bouvier's Law Dictionary, 3 Rd Revision, 第 1 册，第 1760 页）。至于行使"审判权"时依照什么法律办理，那并没有确定。依严格的解释，中国法律似乎还应该适用。关于法规的适用有明白规定者，中外条约中只有 1844 年及 1880 年之中美条约，1847 年之中瑞（典）挪（威）条约与 1908 年之中瑞（典）条约等少数例子。这些条约似乎承认权利国官厅对于这类案件有适用本国法之权。

③ 非权利国的外国人与权利国人民涉讼而为被告时，依照历来的惯例（至少最近已成立的惯例），仍由中国法院审理。关于那些权利国人民与其它外国人民涉讼而为被告的案件，条约的文字种种不一：有不设规定者，如中英 1858 年条约，中葡 1862 年条约，中荷 1863 年条约等是；有仅规定中国官厅不得干预者，如中法 1858 年条约第 28 条，中比 1865 年条约第 20 条，中德 1861 年条约第 39 条等是；有规定归各国政府之官厅审理者，如中墨 1899 年条约第 15 条第 1 项者；有规定依当事人所属国间条约之规定而中国政府不得干预者，如中美 1858 年条约第 27 条，中瑞（典）1908 年条约第 10 条等是；有规定归权利国所属官厅审理而中国官厅不得干预者，如中日 1896 年条约第 20 条等是；有一面规定依当事人所属国间条约之规定，中国官厅不得干预等等，一面声明如有中国人参加该项诉讼应由中外官厅会审者，如中丹 1863 年条约第 15 条，中西 1864 年条约第 12 条，中巴 1881 年条约第 11 条，中秘 1874 年条约第 14 条，中意 1866 年条约第 15 条，中奥匈 1896 年条约第 40 条等是。惟无论如何，条约所赋予权利国人民的特权，依严格解释，至多不过不受中国法院的管辖，他们似乎还应该受中国法规的制裁。

④ 如外国驻华法庭及领事裁判机关，大都不遵照条约适用中国之实体或程序法规，权利国人民为被告之华洋民事案件并未依照条约中外官厅会审等皆其明例。

⑤ 如外国人之拒绝纳税等是。

⑥ 如中英 1858 年条约第 13 条，中美 1858 年条约第 17 条。

⑦ 如葡萄牙等国的入籍手续往往很简单，他们的领事常会干这一类的事情。

享受领事裁判权的国家想见好于他们,而阻止中国官厅依中国法律对于他们行使统治权。①

3. 中国国家或人民之利益为权利国人民或其它外国人或某种中国人所侵害时,无适当有效之救济办法。外国人不但曲解领事裁判权或滥用领事裁判权,并且当中国国家或人民的利益被侵害时,他们的领事或审判机关有时还不能以公平合理的态度和简捷便利的手续对于作恶犯罪者予以有效的制裁。其所以致此之原因,大概不外四种:(1)领事审判机关态度偏颇,只知袒护享受领事裁判权者而忽视中国国家与人民之利益;(2)领事或审判机关里面的法官缺乏法律的学识和经验,裁判难免错误;(3)享有领事裁判权的国家在中国所设的裁判机关,组织和系统都不完备;管辖区域既太大,而使诉讼者有奔走之劳,②而受理上诉的机关远在中国国外或组织极不健全,使利益被侵害者含冤难诉;③(4)中国方面的诉讼当事者,因为不熟悉领事裁判权国的法律,往往非请外国律师不可;他们因讼累过重有时不得不放弃诉讼。

因为上述的几种弊害,有许多外国人及少数洋奴性的中国人便渐渐地怀有一种不正当的心理,那就是:他们欺凌中国人、侵害中国政府和触犯中国法规,可以不受制裁或不受有效的制裁。在他们看来,领事裁判权乃是他们的护身符。有了领事裁判权,他们便可以变成一种有权利无义务的优越阶级。凡是别的人所不能为或不敢为者,他们可以大胆为之。著者还记得从前在司法行政部服务时,有一次曾陪一个自命为牛兰朋友的美国人(共产党人)到监狱去探视牛兰夫妇。那时候牛兰因为要求特赦不遂,正在绝食以要挟中国政府。不料这位美国人和牛兰夫妇见面以后,竟暗示牛兰写遗嘱。等牛兰写好以后,他便赶快接过来,放在袋里。依照中国监狱的规矩(外国也大都如此),这一类文件,因为关系重大,非经监狱当局审查或登记不能带出监狱。我当时便要求那个美国人将遗嘱提示于监狱当局审查并登记。但是他竟坚决地拒绝。虽经大家再三劝解,他也不理。以后他竟起身向外面跑。我当时对他说:"你一定要遵章将遗嘱交给监狱当局审查登记,才能出去。"他回答道:"我是美国人,谁敢阻止我出去?"我说:"你虽是美国人,并不能禁止我们维持监狱的法令和秩序。"谁知他还是置之不理而向外面跑。当门岗不准他出去时,他竟动手打他们;后来经大家将他围住,他才停止。这件事情,不消说,便是领事裁判权足以使有些不肖分子作恶犯罪的一个明证。这个美国人的举动言论,实是因领事裁判权而发生的一种有恃无恐的心理表现。我们很可以相信:在中国类似或甚于此的事情一定不在少数。我们当然不敢说这些事情都是领事裁判权必然的结果。因为依条约的解释,领事裁判权的范围本没有像外人心目中那样地广泛。上面所说的事情,有一部分实是曲解滥用领事裁判权的流毒。可是外人的曲解滥用领事裁判权,已经有八九十年之久。而中国方面,因处于弱者的地位,又难得有何有效的表示,一切都已成为先例(至少外国人是这样想)。外国人那种错误的心理真可谓根深蒂固;除非中国由弱转强外,要使他们改正已往的态度,那真是"戛乎其难"!所以领事裁判权一日不撤废,外国人那种错误的心理便一日不能去除,换句话说,上述的那些事情便一日不能避免。就已往的经验看来,那些享受领事裁判权的外国人的错误心理所引起的种种事情,其性质有时非常严重。举其大者,如走私、贩卖偷运违禁品,以及那些扰乱秩序颠覆政府的行为等,动辄关系整个民族和国家的安全。尤其当此非常时期,其为害之大,益不堪设想。这类事情之时常发生,实在足以使我们失去自卫的能力。我们巩固国防复兴民族的计划,有时不免受其打击。所以仔细分析起来,撤废领事裁判权,实在是解放中国民族、充实中国国力的必要条件之一。

撤废领事裁判权的关系既然是如此重大,那末我们便要进一步研究怎样可以达到废除领事裁判权的目的。关于这一点,中外学者的议论已经发表了很多,但是归纳起来,不外两种:(1)由中国

---

① 参阅 Fauchille,Traite de droit inernational Public:(1926)第一卷第三编第 211 页及第 212 页,Willoughby 同书第 571 页至 574 页;我国顾维钧氏所著 The Status of Aliens in China(1912)一书第 205 页。
② 如英美等比较好的国家,它们驻华的正式裁判机关亦为数很少。其它更不足道。
③ 大部分的国家在中国没有受理上诉的正式机关,就是有,亦为数很少;像英美等国,其最高上诉机关都在本国。

片面地宣告撤废领事裁判权；（2）由中国以外交的方式与外国协议撤废领事裁判权。这两种议论，都可再分为急进的与渐进的两种。急进的议论主张一举而将领事裁判权完全撤废——那就是，使外国人无条件地马上完全和中国人一样，受中国法令的制裁与中国法院的管辖。渐进的议论主张依一定的条件或步骤而逐渐将领事裁判权撤废。其详细办法种种不一。就区域而讲，有主张先内地而后通商口岸或先通商口岸而后内地者。就案件之性质而讲，有主张先民事而后刑事或先轻微案件而后重大案件者。就行使司法权的人员而讲，有主张先采中外混合裁判制（即由中国及外国法官组织混合法庭以实行裁判的制度）或外国顾问制（即中国法院设外国顾问以便随时对于裁判等事提出意见的制度）而后采一般的中国法院裁判制者。就司法制度而讲，有主张领事裁判权之撤废应依法院监所改良之程度逐渐实现者。就法令的内容与形式而讲，有主张领事裁判权之撤废应依某种法令制定或改良之程度逐渐实现者。

照理想讲起来，以上各种议论中当然要算那主张片面地、急进的撤废领事裁判权的最为干脆。可是这种议论之见诸事实，必须具备一个先决条件，那就是：本国（即义务国）的实力足以使外国人俯首就范；或国际的形势足以使外国人失去反抗的能力或勇气；或外国人不重视领事裁判权而认为不值得为此事与中国为难。这些条件，就今日的中国而论，似乎还不具备。因为就实力讲，中国还没有能使外国人俯首就范——即屈服——的地方。这是凡有自觉的中国人所公认的事实。就国际形势讲，目下虽是多事之秋，可是我们中国还未必有隙可乘。一旦片面地、无条件地撤废领事裁判权，恐怕外国人不免群起反抗。就外国人对于领事裁判权的态度讲，他们认为这种特殊权利是侵略中国或使他们在中国成为优越阶级的一种很有用的利器；他们在中国的事业和利益大都与这种特权有不可分离的关系；他们决不会轻易放弃这种特权。

关于这一点，土耳其撤废领事裁判权的经过很可供我们参考。土耳其可算以片面方法撤废领事裁判权的先驱者。它利用欧战所给它的机会，一面改革政治，充实国力；一面向那些差不多筋疲力尽、百孔千疮的欧洲其它国家宣告撤废领事裁判权，可谓深得其时。可是它这种措置仍免不了引起其它国家的严重抗议。它们对于它这种片面的行为坚决的表示反对。结果，只好于1922年由双方在洛桑（Lausanne）以会议的方式讨论撤废领事裁判权的问题。这个会议举行了两次才结束。当会议进行之时，双方争执得非常厉害：一直到1923年（二次会议）才由双方同意将领事裁判权撤废。但自订约日起之五年内，土耳其允许任用外籍法律顾问，以便参加立法改革之工作，监督（但不得干涉）君士但丁及士米那（Smyrne）之民事、商事及刑事裁判，并接受不满该项裁判及其执行等之陈诉，以便转达于司法部长。此项法律顾问由海牙国际法庭推选，受土耳其司法部之监督。此外关于非回教外侨在土耳其的身份事件（即关于婚姻、婚姻财产、亲子及亲属关系、养子关系、能力、成年、监护、禁治产等事件），双方还有一个特别的协议，那就是：凡因这类事件而发生的纠纷，仍由各国驻土耳其的裁判机关或其它官署处理。① 由上面这段故事看来，可见得土耳其虽以片面方式而开始实行其撤废领裁判权之主张，结果仍不免以外交方式取得各国之承认；并且它以后所采的步骤是渐进的、附条件的而不是急进的、无条件的。它所以能达到这个目的，有两个最重要的原因：（1）在欧战期间，它已经乘列强无暇他顾之时，实施撤废领事裁判权；等到欧战告终，列强稍有余暇注意到这个问题时，土耳其司法机关对于外侨行使司法权已有好几年。领事裁判权的撤废已变为一种既成的事实（Fait accomplis）。列强若要恢复原有的特权，非取攻势不可，未免太费事。在欧战余痛正厉害的当儿，大家都不愿出此。（2）土耳其在那时候经过一番革新以后，政治已见改过，国力渐臻充实，列强对它未敢轻视。中国今日所处的环境实不及1914年至1923年的土耳其所处的那样优越。以当日的土耳其还不能片面地、无条件地将领事裁判撤废，那末我们若要做到这一步，恐怕很不容易。

---

① 见前引 Fauchille 同书第一卷第三编第161至168页。

片面地无条件地撤废领事裁判权,既然行不通,那末有人不免要问:"我们能否以外交的方式使领事裁判权无条件地撤废?"著者的答复是:"此路也是不通。"因为外国人对于这样与他们有深切关系的特权,决不会痛痛快快地放弃。外国与中国订立条约,虽屡有"中国司法和法律改良至某种程度时,即愿放弃领事裁判权"等表示,可是大家对于"中国司法和法律是否改良至某种程度"一点,意见颇为分歧,很难有客观的标准。外国人因为利害关系太深,往往会过于挑剔。我们会讨价,他们便会还价。就是他们真认为我们的司法和法律已臻完善,也未必肯说良心话;除非我们有实力做后盾,恐怕很难使他们就范。

所以就目前的情形而论,比较可行得通的办法,只有依渐进的方式将领事裁判权撤废。至于这个办法应该由中国片面地实行,还是应该由中国与权利国协议后实行,那是对外的手段及策略问题;须视实际情形而随时应变,未可一概而论。现在所值得研究者,乃是以下的问题:

第一,若依片面的渐进的方式撤废领事裁判权,我们应该提出什么条件来,方可使这事不陷于僵局?

第二,若依双方协议的方式撤废领事裁判权,我们预料对方所提最低限度的条件是些什么?

第三,我们为使对方无所借口而易于就范起见,应该有些什么准备?

第四,我们开始依渐进的方式撤废领事裁判权时,应该作些什么工夫,使领事裁判权终究能完全无条件地撤废?

要充分地回答这些问题,我们必须对于外国人历来的批评和主张有一番详细的研究。可是因为限于篇幅和时间,现在只好就其大纲作一个综合的说明。据外国人历来的批评,中国的司法和法律大概有下列几点不能使他们满意:[1]

第一,司法不能独立;(如司法机关受军事及行政机关之干涉,军事裁判权侵犯普通司法裁判权等。)

第二,裁判、警察及监所之组织及运用未尽妥善;(如设备之简陋,人选之不当,风气之腐败等。)

第三,法律不完备;

第四,法律之制定与废止无一贯之标准,致法律之状态不确定;

第五,司法经费不充足;

第六,在华外侨之生命、自由、财产缺乏保障。

以上第三、四两点在从前北京政府时代,虽是相当严重的问题,在现在却没有多大关系。因为重要的法律大都已次第颁布,所没有制定者,不过少数而已(如《特许专利法》等)。至于内容方面,虽有不能博得外国人同情的地方,可是那都是立法政策的问题,应该以中国国情为标准;外国人如有批评,我们很有理由可以反驳他们。讲到法律制定及废止的标准,现在已经渐趋一致,外国人或者不至保持已往的态度。所值得注意者,是其余四点。这四点,不消说是彼此有连带关系的,如司法之不能独立,与裁判、警察、监所之组织运用不良,有一部分是经费缺乏的结果;而这些现象同时又是在华外侨生命、自由、财产缺乏保障的原因。因此我们进行撤废领事裁判权之成功程度,大概要以我们能否对于这四点直接或间接提出事实的反证,或能否使外国人相信这些情形以后不致发生为断。这只要看1929年以来我国交涉撤废领事裁判权的经过便可知道。如外交部于同年4月27日,向英、美、法、荷、挪、巴等国驻华公使发出要求撤废领事裁判权之照会后,各国复牒大都以我国无独立有效之司法制度及在华外侨缺乏保障为辞而表示迟疑。[2] 同年12月28日国民政府公布"享有领事裁判权之外侨自1930年1月起应一律遵守中国法令"(即撤废领事裁判权)之命令后,有

---

[1] 见1926年法权调查委员会(Extraterritoriality Commission)之英文报告第94至96页又(Keeton, The Development of Extraterritoriality in China(1928)第2册第32至75页(按此书就法权调查委员会之报告加以发挥及补充)。

[2] 见Woodhead, The Chinese Year Book (1926-30)第904至915页。

几个国家所提出的交涉对策也可以直接或间接证明它们对于上述四点不大放心。如英美于1930年上半年提出的最初对策中有下列几点：(1)民事诉讼由中国法院受理，但关系国之法院保留其上诉审理权；(2)刑事诉讼之领事裁判权暂行保留若干年；(3)任用外国法官与中国法官会审；(4)上海、天津、广州、汉口四处之领事裁判权暂行保留若干年。嗣经交涉，将四点改为一点，即上海、天津二处之领事裁判权暂行保留若干年。① 不过上海、天津为外国人最多之处。这两处的领事裁判权既不废除，则领事裁判权的大本营还是不动。可见英、美等国对于这事还是颇为迟疑。日本于1931年提出的对策中有下列二点特别重要：(1)日本愿对于上海、天津、北京、汉口、广州五处之民事诉讼及轻微刑事诉讼放弃领事裁判权，但中日人民间之混合诉讼由中国于各该埠设立特别法院审理之。法院中设置日本籍法官数人，与中国籍法官会审。(2)日本人在中国内地为民事被告之案件，须移送特别法院审讯。② 这个办法一方面固足以证明日本对于我们无诚意，另一方面也足以证明它对于中国的司法无信任心。

此外可供我们参考的是外国私人对于这个问题的主张。这些人的主张也大都足以证明上述四点与领事裁判权的存废有密切关系。如前美国驻华公使舒尔曼(Jacob G. Schurman)曾于1925年主张依渐进之方式撤废领事裁判权。其所提出之方案中有一点便是：设置外国籍法官。此项外国籍法官之人数，待中国司法完全入正轨而有成效时，逐渐裁减至于完全取消为止。③ 美国萧德威教授(James T. Shotwell)于1929年举行之第三次泛太平洋会议席上所主张者也大同小异。他认为在完全撤废领事裁判权以前，应该有一个临时过渡的办法。这个办法，便是在上海、天津、广州、汉口、沈阳及其它重要之城市暂设特别法院，并至少设上诉法院一所，受理华洋案件。法院内附设警政机关，不受政治影响。并为博得列强之信任起见，应设外籍法官。俟此项办法实行五年至十年后，再完全撤废领事裁判权。④ 又已故英国驻华最高法院推事脱纳尔(Sir Skinner Turner)关于这个问题也曾有文章发表。他所主张撤废领事裁判权的条件中有一项是：培养有训练而真能运用法律之人才，并保证司法独立。⑤

我们进行撤废领事裁判权之成功程度，既如刚才所说，以我们能否对于外国人怀疑的那四点直接或间接提出反证或能否使他们相信那些情形以后不致发生为断，那末我们对于上面提出来的四个问题可以得到如下的答案：

"若依渐进的方式撤废领事裁判权，权利国方面所能够接受的条件或预备提出的最低限度的条件，大概要以我们在司法的独立、裁判、警察及监所的组织与运用、司法经费的充实和我们本国人民及其它不享受领事裁判权外国人生命、自由、财产的保障上所表现出来的成绩为标准。这就是说：我们如关于这几点或其中的某一点已表现着好的成绩，权利国方面便不会关于这几点或其中的某点提出任何条件；即使他们会提出条件，他们也决不至于坚持到底；我们不妨大胆地表示拒绝(第一及第二问题的答案)。所以若要使对方无所借口而易于就范，我们应该在这几点上多做一种准备工作。我们如能准备到50分，对方便少50分的刁难的机会；我们如能准备到80分，对主便可失掉80分的刁难机会(第三问题的答案)。我们纵然一时不能达到完全撤废领事裁判权的目的，可是如本此精神以循序前进，终有使领事裁判权完全无条件地撤废之一日(第四问题的答案)。"

换句话说，以我们今日所处的环境，若要撤废领事裁判权，专靠外交手腕是不够的；我们最须努力者，仍是下列三件事情：

---

① 见 Woodhead, The Chinese Year Book (1931-32)第262页。
② 见孙晓楼、赵颐年二君著《领事裁判权问题》(1937年的商务印书馆出版)第270页。
③ 见氏著 Extraterritoriality and Its Gradual Relinquishments(1925)第11页。
④ 见氏著 Extraterritoriality In China (载 Problems of Pacific, 1920, edited by John Bell Conlliffe, Chicago University Press, 1930)第345至355页。
⑤ 见氏著 Extraterritoriality in China 一文第61至63页(载1929年之 British Year Book of International Law 第56至64页)。

1. 明了享受领事裁判权国政府及侨民的心理，即替他们设身处地想想看：他们所顾虑的是些什么？

2. 对于自己国内已往及现在的司法以及其它有关系的事项下一番反省的工夫，想想看：享受领事裁判权国政府及侨民所顾虑的是否我们的缺点之所在？

3. 力求改革以补救我们的弱点而免除他人的顾虑。

再换句话说，我们不应该"蛮干"，我们应该"觉悟"；我们应该以沉着的态度，合理的方法，逐步地向我们的目标跑。例如：人家若说我们的司法不独立，裁判、警察及监所组织与运用不好，司法经费不充足，在华外侨的生命、自由、财产缺乏保障等等，我们决不可专靠强辩以求人悦服，我们应该自问：我们的司法机关是否有时为恶势力所左右？我们的人民是否有时受到非法的裁判或蹂躏？有些人作奸犯科之后，司法机关能否执法不阿？我们法院的组织是否健全？我们的新式法院已否遍设？万一外国人都愿意立刻完全放弃领事裁判权，我们那些县司法处或兼理司法的县政府等能否不出毛病？我们法院的法官有多少是经验学识俱富的？有多少懂得外国法律？这些法官是否够分配？政府有未训练过这种法官？万一有外国人因婚姻、继承、亲子关系而向我们法院提起诉讼，我们有没有适当的法官审理这种案子？① 假如应当适用某一国的法律而法官不通那一国的法律，有没有什么机关可供咨询？若没有这种机关可供咨询，将何以了局？我们司法警察以及普通警察的组织，人选是否健全而适当？我们的监狱与看守所的设备和管理怎样？一般办事的人能够弊绝风清吗？我们的司法经费充足吗？我们每年的司法预算有多少？占总预算的百分之几？这种预算上的款项由财政机关实发者有几成？司法机关向来靠什么收入以维持？司法官吏的待遇怎样？他们的俸给是否要打折扣？以这样的待遇能否罗致好的司法人才？能否使司法官吏不作弊？甲地的司法经费在比例上是否与乙地相同？甲地司法官的待遇是否优于乙地？省政府当局能否操纵司法经费而左右司法？我们一般人民的生命、自由、财产在现状之下有保障吗？外国人若无领事裁判权为护符，其生命、自由、财产能够安全吗？这种自问，便是反省。如因这样的反省而发见人家所批评的是对的，那么我们应该赶快设法纠正自己的错误，以免人家再有所借口。这样脚踏实地地做去，我们便可以拿事实来作要求撤废领事裁判权的根据，我们终有一天可以达到目的。兵法云："知己知彼，百战百胜"，我们的这种撤废领事裁判权的办法，便是"知己知彼"的办法。

或者有人以为：我太乐观，太相信外国人是有良心的。这句话，我却不敢承认；我的意思并非这样，我很知道外国人常会——尤其在办外交时——背着良心说话。他们既然很重视领事裁判权，当然不惜强词夺理地拒绝我们的要求；不过我们如果能加以反省而纠正自己的弱点，他们至少要失掉一些刁难的机会；那末，我们进行交涉，一定要容易些。况且我们如果将自己的弱点加以纠正，在华外侨的生命、自由、财产便有了保障。领事裁判权之撤废，于他们正当的利益并无所损。必不值得他们的坚决反对。这时候我们如带一些强硬的态度或使一点外交手腕，他们当能让步。

国内近来关于领事裁判权的文字虽多，而大都偏重于领事裁判权沿革、弊害及撤废运动之研究，对于我国应有之觉悟不大谈到。所以著者除说明领事裁判权的严重性外，特地提出这一点来加以讨论，以备同好者之参考。

---

① 按照国际私法的一般原则，这类案件大都须依外国人本国的法律判决。我国1928年颁布之《法律适用条例》（现尚有效）规定亦大体相同（参阅该条例第9至21条）。

司法与监狱之改良及管理[*]

绪 论

盖闻司法之与监狱,自广义言之,犹全体之与局部。故司法与监狱之改良及管理问题,可统称为广义司法之改良及运用问题。晚近以来,国家多故,朝野上下,亟亟于非常事变之应付,每有视司法为无足重轻者。是以吾人于讨论本题之前,应先就广义司法(即狭义司法与监狱之综合)之价值及其改良或运用之影响一言之。

公法学权威寇尔罗脱氏(Otto Koellreutter)曰:"国家与法律乃民族生活之力量。其价值与意义可于其对于民族生活之功用觇之。国家者,恃法律秩序而实现之民族政治生活之形式也。……是以凡属文明国家,皆须以法律为必要之准绳;失此准绳,则健全之政治组织不存。比征于一般国家固属可信,而在以民族为本位之国家尤不容否认。"①总理在日,亦尝有类似之表示。其言曰:"人事亦有机器,法律是一种人事的机器。……宪法就是一个大机器,就是调和自由与统治的机器。……我们现在要讲民治,就是要将人民置于机器之上。"(见五权宪法)夫司法者,伸张法律,运用法律之工具也。法律既为专制政体之堤防、民族组织之基础、文明国家之准绳或机器,则司法之重要更可想而见矣。旷观中外史乘,其政治之修明、国家之富强,每与司法之进步互为表里。吾国历代决定治乱之最要标准,祇有二事:其一为课赋,其二为诉讼。必此二者办理得当,国家方得谓治。自来圣君贤相莫不以此为政治之出发点。故司法实为吾国历朝治国二大要政之一。英国于中世纪之际,诸侯地主各据一方,王权薄弱,组织涣散。后卒因国王派法官赴各地巡回审判而提高人民之信仰,造成统一之局势。法国当中世纪末叶,封建盛行,王权凌替。好胜图强之君,如路易第十一及第十四等,莫不努力于法权之统一。路易第十四氏好大喜功,为世诟病。顾其所颁行之法典,使法国法律生活趋于一致,实为扫除封建势力之先声。不特法国获益匪浅,即欧陆其它各邦因摹仿而蒙其利。其贡献可垂不朽。学者对此,类有好评。革命以后,拿翁秉政,因鉴夫法律生活之重要,对于编订法典,异常努力,当编订工作进行之际,尝一再参加讨论,贡献意见。法国以前历朝君王所不能为或虽为而不能完成者,彼以一人之力为之而完成之。封建势力于以铲除净尽。论者每谓拿氏之战功虽成过去,而其因编订法典对于当时及后世之贡献则永不可泯。德国于普法战争以后,赖俾斯麦之惨淡经营而成立联邦。当时各邦,以历史关系,均呈半独立状态。俾氏目击此情,觉非扩张中央权力以统一国民生活不可。其致此之道,虽有多端,而统一司法,实为首要。故联邦成立之初,政府当局即在俾氏领导之下努力于所谓"司法法律"(Die Justzgesetze)之编订。"司法法律"者,即法院组织法、民事诉讼法及刑事诉讼法是也。该三者均于一八七七年公布,三年后遂通行全国。最近国社党领袖希脱勒氏取得政权后,更进而将各邦

---

* 本文为1937年杨兆龙先生于庐山暑期训练班警政组的讲稿,其前半部分内容以《司法改革声中应注意之基本问题》为题发表于1938年1月《经世》第1卷第2期。

① 见氏著《德国宪法学》(Deutsches Verfassungsrecht)一书(1935年出版)第11、12页。

所保留之司法行政权完全移归中央,同时并慎选专家,组织委员会,讨论改善司法之方案。盖欲巩固国家之基础,非改善统一司法不为功也。意国自墨索里尼秉政后,对于司法事业,亦颇努力。分设全国而彼此对峙之最高法院五所,于一九二三年归并为一所(现设于罗马),以收司法统一之效。墨氏所起用之司法部长为意国第一流法学权威罗哥氏(Rocco)。一九三〇年公布之刑法典及刑事诉讼法典,内容新颖,编制适宜,取学说之精粹,集经验之大成,足为近代刑事法学辟一新记元。此二法者,乃罗氏与国内学者起草五年之结晶。当局之重视司法与司法之得人,于此可见一斑。美国当联邦成立之初,中央权限异常狭隘,殊不足以应国家之需要。然卒因对于宪法有最终解释权之最高法院,人选适宜,见解卓越,联邦政府之执掌得随时代之需要而扩充。不宁惟是,该法院裁断诉讼,均能一秉至公;利诱不能动,威武不能屈。举国老幼,鲜有不爱戴者。论其法官,不过九人。而全国之政纲国策,凡与宪法有关者,几莫不直接间接取决于彼。法治之基础予以确立,人民对于政府之信仰亦随之增高。苟有不满,不诉之于非常之手段,而诉之于庄严之法院。故能上下团结,置国家于富强之域。论者谓该法院为近世文明国家司法机关之最有价值者,洵非过言。足见司法能办理完善,其影响所及,直未可限量。吾国今日,内忧外患,交相煎迫,考厥原因,种种不一。惟其最要者,莫若一般人对于政府信仰之薄弱。故当今急务,莫过于唤醒民众,使信仰政府。司法为亲民之政,乃国人生命财产之所系,颇受社会之重视。政治之良窳,每于此觇之。其与一般政治之关系,无异演剧之主角之于剧团耳。主角不善,则整个剧团为之减色。司法不善,则整个政治失其精彩。人民必难发生信仰也。是以欲博得人民之信仰而使整个民族精诚团结,整饬司法,实为要着。矧列强在吾国之领事裁判权迄未废除,他国所不能忍者,吾国仍能忍。相形之下,已觉见绌。至其流弊所及,不仅破坏吾国裁判之完整,抑且使吾国法律不能拘束外国人。吾国人所不能享受者,彼可享受之。吾国法律所禁止者,彼可自由为之。吾国政府所提倡者,彼可破坏之。其影响于吾国之政治经济及国防者,至深且钜。此制一日不废除,则吾国之安全一日不能确保。昔年各关系国派遣代表来华调查司法,以为决定废除领事裁判权之张本,卒以对于当时司法未尽满意,拒绝吾国之要求。其所指摘者,虽不免牵强附会之处;顾其批评正当者,亦非尽无。是吾国处今日而欲废除领事裁判权,除在外交等方面努力外,仍不能不注意司法之改善。

惟是广义司法之改良或运用问题,头绪纷繁,详加论列,时不我许。兹所述者,仅其荦荦大端而已。全篇共分二章。第一章为狭义之司法,就监狱及看守所以外之司法制度,论其弊窦与改革方案。第二章为监狱,除论监狱之缺点与补救之计划外,并旁及整顿看守所及拘留所之道。

第一章 狭义之司法

狭义司法上之重要问题,多不胜举。兹请就(一)司法机关之组织及分配,(二)司法机关之事物管辖,(三)司法人才,(四)司法经费四者分论如次。

一、司法机关之组织及分配

就此点言之,现行制度有左列[①]三大缺点:

(一)县或同等区域之司法裁判机关组织不健全。

吾国目前设有正式法院之县或同等区域,仅合十分之一有奇。其无正式法院者,尚达一千四百左右。此类县或区域内之司法事务,大都由县政府或其它同等地方行政官署兼理。其流弊不一而足;举其要者,约有四端。

甲、担任裁判事务者不精通或根本不谙法律。兼理司法之县政府或同等地方行政官署,大都由承审员等主持裁判事务。此类承审员等,因地位不隆,俸级过低,保障薄弱,往往不能由精通法学

---

① 本书中"左列"指"下列",因原文竖排,故保留原样。——编者注

者充任。其不设承审员等之县政府或同等地方行政官署，则裁判事务类由县长或同等地方行政长官担任。其对于法律之隔膜，较诸承审员更有过而无不及。

乙、司法与行政界限不明，行使裁判权者易失去独立公平之精神。承审员等受县长等地方行政长官之监督指挥，往往以县长等之意志为意志。而县长等因与人民过于接近，每易为地方之土豪劣绅或包揽词讼者所蒙蔽或诱惑。以故承审员之裁判不易得其平。若夫不设承审员等之兼理司法机关，则行政长官对于裁判事项有直接处理之机会，其弊更有甚于此者。

丙、兼理司法之行政机关，因本身之职务关系，易于感情用事。县长等对于地方之治安负重大责任，对于妨害治安之刑事被告，易存成见，每不能以客观之态度予以裁判。

丁、司法辅佐人才特别腐败。兼理司法机关之书记官、执达员、司法警察、检验员等，大都由旧时之司书、差役、仵作等充任，程度既低，风气尤坏。

最近司法行政部虽创现司法处之制以代现政府兼理司法之制，顾究其实际，仍不过采用变相之承审员制。盖县司法处之司法辅佐人员与往日相差有限，固不足道。即就县审判官而论，其学识、经验、地位、与俸级，亦较承审员所胜无几。以此种人而主持一县之裁判事务，其弊有二：

甲、威望不足。审判官与承审员在名称上颇属相似，在一般人民视之，直无区别。社会每以视承审员之眼光视之。以地位如是之人而与县行政长官对峙，殊难维持平衡。

乙、能力不足。县司法处之审判官，通常只有一人。故审判官往往须兼办民刑裁判及民事执行等事项。其职务较诸一般法院之推事为繁重，必有过于一般法院推事之能力，方可胜任愉快。然其经验学识常较一般法院之推事为逊，其不能称职也明甚。

（二）各省高等法院或分院不敷分配

吾国幅员广大，而交通不便。各省之高等法院与分院为数颇少。凡向该项法院进行诉讼之当事人，往往须跋涉数百里而对簿公庭。讼累之重，莫此为甚。近自实行三级三审制后，此种情形，尤为严重。盖依现行制度，凡第二审之案件，无论钜细，均须由高等法院或分院受理。以前由地方法院或分院管辖之第二审案件，现皆划归高等法院或分院办理。各省之高等法院或分院既少于原有之地方法院或分院，则三级三审制实行后，第二审当事人中必有一部分较前更感跋涉之劳与讼累之重。

（三）公安机关组织不完备，并与司法机关缺乏联络

公安机关，依刑事诉讼法之规定，负有司法警察之职务，自广义言之，乃一种司法辅佐机关。故讨论司法机关时，应一并予以研究。查吾国公安机关近年来虽有相当之进步，然就一般之情形而论，其组织仍不免失之简陋。自司法之立场言之，其缺点之最著者约有三端：甲、公安人员缺乏法律知识；乙、对于犯罪之侦察及预防无完善之设备；丙、缺乏纪律与守法之精神。

吾国之公安机关，不仅组织不完备，抑且与司法机关无充分之联络。如关于犯罪之侦察预防、证据之搜集保全、犯人情形之调查、刑罚之执行及出狱人之监督保护等事项，未能与司法行政及裁判机关统筹计划以资共同实行，即其一例。

欲补救上述三种缺点，其法不外举办下列三事：

（一）取消县政府或其它同等地方行政机关兼理司法及县司法处之制度

于无正式法院之各县或同等区域，改设地方分院。其法可略述如下：

甲、以推事代替现在之县审判官及承审员等。其机关对外改用地方分院之名义，即由推事兼任院长，以提高威望。

乙、前项推事由富有经验学识兼通民刑法律者充任。其待遇可依普通正缺推事之规定。在经费较裕之县或同等区域，得酌加一级或二级。

丙、如因限于经费而不能设置检察官，得仍由县长等兼办检察事务，但须设左列之限制，以缩小其权限：

（甲）凡得自诉之刑事案件，概依自诉程序，由推事直接受理，县长不得行使侦查权。

（乙）凡必须检察官提起公诉之案件由县长等侦查时，如须羁押或拘捕人犯，概由县长等咨请推事签发押票或拘票行之。但遇有现行犯或紧急事变时，县长等先行羁押或拘捕犯人，于事后征求推事之同意。（按吾国检察官关于此点之权限，本较欧美及日本之检察官为大。欧美日本之检察官侦查犯罪时，除遇有现行犯或紧急情形外，大都无自由羁押或拘捕犯人之权。即遇有现行犯或紧急情形，亦必于羁押或拘捕后，征求推事之同意。故吾国如对兼办检察事务之县长等加以类似之限制，于潮流既无抵触，于事实亦能兼顾。）

如依右述各点办理，县司法经费每月不过较县政府兼理司法或县司法处时代增加百圆至二百圆。（即裁判人员等提高之俸给等。）而司法之效率，则将大有进步，似属利多于弊也。

（二）增设高等法院或分院，并于必要时酌行巡回裁判制，以济其穷

其要旨可分三点言之：

甲、将每省划为若干区。每区之大小，视交通之情形定之。交通便利者，其区域不妨稍大；交通困难者，其区域以小为尚。每区内设高等法院或分院一所。此项高等法院或分院须设于每区内之交通中心，俾各县诉讼当事人跋涉之劳相等。

乙、如因限于经费而不能设置如许之推事或检察官，则不妨将此项法院与所在地之地方法院合设于一处，随时调用该地方法院之推事或检察官兼办高等法院或分院之事务。如是，则地方法院与高等法院或分院之关系可随时因事务之繁简而加以调整。英国之高等法院与上诉法院亦采此制。施行以来，未尝发生困难。吾国取为过渡办法，当不至于有何流弊也。

丙、如乙种办法之推行尚有困难，则不妨于地域辽阔及诉讼不多之区酌行巡回审判之制，由高等法院或分院之推事按期赴各县或中心地点审理第二审案件。其法庭组织分子，或全为高等法院或分院之推事，或一部为高等法院或分院之推事，一部为地方法院或分院之推事。其检查职务，则不妨视实际之便利，由高等法院或分院或地方法院或分院之检察官执行之。（此点如能实行，则高等法院或分院之推事或检察官不妨乘巡回裁判之机会按期视察监督各县之地方分院）。

（三）充实改良公安机关，并调整其与司法机关之关系

其进行步骤凡四：

甲、训练公安人员，于可能范围内灌输法律之知识。

乙、充实并改善关于侦察预防犯罪之种种设备，如：以科学之方法切实推行并研究指纹学；于重要公安机关设立专部，研究关于侦察犯罪之应用化学与物理等学科；布置各种犯罪之警报设备；推行警犬制度等是。

丙、对于公安人员严加考核、甄别、训练，并优其待遇，使养成遵守纪律，服从法律之精神。

丁、由司法与公安机关双方切实分工合作，俾公安人员得对于侦缉犯罪事件充分发挥其能力，以供给参考资料，并襄助执行判决与监督及保护受刑完毕者等事宜。

二、司法机关之事物管辖

此可分（一）民事小标的诉讼与（二）违警案件二点论之。

（一）民事小标的诉讼

小标的之民事诉讼由普通法院解决，手续繁而耗费多，往往得不偿失。故西洋先进国家，大都特设法院以处理之。一邑之中，此类法院每在数所以上。其管辖区域小而诉讼程序简；裁判既速，结案斯易，省费节时，利民实多。吾国前清制定法院编制法时，仿照德日之例，分法院为四级。而以初级审判厅与检察厅办理轻微民刑案件，用意原非不善。无如施行以后，初级审判厅与检察厅之管辖区域，以县为范围，较诸德国及西洋其它国家之初级法院或小标的法院扩大数倍至数十倍。盖德国之总面积不过四十六万八千余平方公里，而其初级法院（Amtsgericht）有一千七百余所之多。每

初级法院之管辖区域平均合二百六十平方公里左右。① 法国之总面积不过五十五万余平方公里,而其初级法院(即治安裁判所)有二千八百余所之多。每初级法院之管辖区域平均合一百九十平方公里左右。② 吾国之总面积计一千一百余万平方公里。如依每县一所初级法院之比例而论,则每初级法院之管辖区域平均当在五千或六千平方公里以上。以吾国交通之困难,其不便于民也明甚。况此制行之未久,即告废除。所有初级审判厅及检察厅管辖之案件,概移归地方审判厅及检察厅兼办。其中一部分则依简易程序处理之。夫所谓简易程序者,徒具虚名。实则其内容仍甚复杂。非惟普通人民不能得其要领,即法院之推事有时亦不免觉其烦琐。此在教育普遍之西洋已为世诟病,今移诸吾土,其弊更可想见矣。国府奠都南京,从事修订法制。法院编制法既代以法院组织法,而民事诉讼法与刑事诉讼法亦经两度改订。革新之点虽多,独于久悬待决之民事小标的诉讼问题未能有何贡献。美国名学者史密斯氏(Smith)尝着《正义与贫者》(Justice and the Poor)一书,痛论现代司法制度之于贫者之不利。彼认为:现代司法制度之所以不能伸张正义者,其主因为诉讼代价之昂贵;而促成诉讼代价之昂贵者,实为诉讼之迂缓与法律之艰深。盖诉讼迂缓,则当事人疲于奔走,费时失业而丧财。法律艰深,则不得不乞援于律师;公费所耗,动辄百金千金。凡此二者,皆贫者所不能堪也。不能堪,则虽遭人侵害,亦不敢诉诸法院矣。正义何由伸张?此种情形,在吾国尤为严重。诚以吾国诉讼当事人跋涉之劳既过于人,而其教育程度又瞠乎人后,诉讼之迂缓与法律之艰深更足以加重金钱之损失。今欲纠正此弊,方策虽多,而首要之图,当推广设民事小标的法院。其法为:在县或同等地域之各区或乡镇,斟酌地方之大小,人口之多寡,设立公断所或其它类似之机关,由地方公正士绅等担任公断。(其详细组织及办法,因限于篇幅,姑从略。)凡民事,金钱,或财产争讼,其标的在某种限度以下者(如五十元或百元以下等,)应先由所在地之此种机关公断。必经公断后而不服者,始得诉诸普通第一审法院。普通第一审法院关于此类案件所为之判决不准上诉。此制早为德国维尔登勃格(Württem berg)及巴登(Baden)等邦(现改为省)所采。该二邦之区法院(Gemeindegericht)即其明例。按德国之区(Gemeinde)平均约有三十平方公里之面积,与吾国各县之区域或乡镇相等。区法院即以此为管辖区域者。据该国学者考察,此类法院,自成立以来,颇着功效。③ 吾国本系农村社会,士绅公断,素所习见,揆诸国情,并无不合。如能略师德制而于县之区域或乡镇酌设公断所或其它类似机关,并于人选组织及办事程序等妥为计划以防流弊,其贡献当亦未可限量。尝考吾国第一审法院所受理之民事案件中,有半数之标的系不满二百元者,其中标的在百元以下者当不在少数。上述之公断所或其它类似机关如能成立,则此类百元以下之小标的案件可移归该项机关办理,当事人因是而避免讼累者为数必属可观,而普通法院之案件亦将减少。凡诉案过多所引起之流弊,可免发生。即发生,亦不致如以前之严重。况向之贫民因普通法院讼累过重而裹足不前者,今皆有伸张正义之机会,不致如往者之郁郁,诚一举而数得也。

(二) 违警案件

关于违警案件之审理与处罚,各国法例种种不一。举其要者,约有四类。其一为采普通法院裁判制者,如英美等国之规定是。此类法例视违警案件为轻微犯罪案件。依三权分立之学说担任行政职务之警察机关无审理之权。故此类案件应由最低级之普通法院审理。其二为采警察机关处分制者,如吾国之规定是。此类法例视违警案件之处罚为警察机关之行政处分。受罚者如表示不服,应依诉愿及行政诉讼之程序请求救济。普通法院无权过问。其三为采普通法院监督制者,如德国普鲁士等邦之规定是。此类法例,注重事实,不尚理论,一面许警察机关对于违警行为自行处罚,一面准被罚者向普通最低级法院(即初级审判厅)请求正式裁判。其四为采警察机关处分制与普通法

---

① 见 Statistisches Jahrbuch für das Deutsche Reich 1930(Heraugegeben von Statistischen Reichsamt),第 551 页。
② 见 Woytinsky, Die welt an zalhen 第七册(1928 年出版),第 325 页。
③ 参阅 Rosenberg, Lehrbuch des Deutschen Zivilprozessrechts(1927 年之版本)第 38 页及 A. Hegle, Das Gemeindegerichts verfassung an Baden und Würtemberg 一文,载 Archiv für die zivilistische Praxis 第 106 期第 32 页以下(1910 年刊行)。

院监督制之选择制者,如德国联邦现行刑事诉讼法之规定是。此类法例,授警察机关以处罚违警行为之权,并准受罚者斟酌情形向上级警察机关诉愿或向初级审判厅请求正式判决。以上第一种制度,虽足以使人民不受警察机关之压迫,但究其实际,恐不免发生三种流弊:即(甲)对于警察机关之职权限制过严,足以减少其制止违警行为之能力;(乙)违警案件由普通法院审理,则普通法院之工作势必增加,难免影响其它更重要之案件;(丙)违警案件移送普通法院,辗转需时,足以增加人民之讼累。第二种制度,虽足以增加警察机关制止违警行为之能力并减轻普通法院之工作,但在警察机关未臻完善与行政制度未尽改良之国家,于人民之利益无充分之保障。重以进行诉愿与行政诉讼,需时过多,讼累亦属堪虞。第三种制度,对于警察机关之需要与人民应有之保障均能兼顾,实较第一二两种制度为可取。惟对于不服警察机关之处分者,仅准向普通法院请求救济,既足以增加普通法院之工作,复有时违背人民之心理,(人民中不免有愿向警察机关之上级官署请求救济者。)似不如第四种制度之有伸缩性。吾国今日之警察机关与行政制度尚在改革时期,采行第二种制度,对于人民之利益未免缺乏保障,似宜代以第四种制度。

三、司法人才

凡百事业,非有适当之人才不克举办。司法为专门而责任重大之事业,非尽人所能胜任,其有赖于适当之人才也明甚。吾国于此新旧交替之时代,百废待兴,需才孔急,凡从事实际工作者,莫不有才难之叹。主持司法者,亦有同感焉。考吾国司法人才不适当之原因,实不外培养、甄用、考核及待遇之不得其道。请分析言之如左:

(一)培养

培养可分学校与政府的两种。就前者言,吾国教育界真能关心司法人才者,似不可多得。司法辅佐人才,如书记官、执达员、司法警察、法医或检察员等之培养,固根本不足道;即法官、司法行政官及其它法学人才之培养,亦欠彻底。国内习法之人才,虽较习其它学科者为多,顾其学有根基者,殊不多觏。考厥原因,实法律学校之办理不善有以使然。盖国内之法律学校,大都无深远之计划与高尚之理想。法律乃时代与地方之产物,贵能变迁以适应时代与地方之需要。法律学校之课程与教授方法,非因时因地而改革不为功。旷观吾国今日之法律学校,其课程与教授方法与二十年前不同者,几如凤毛麟角。办学者既鲜知吾国需要之所在,复不明世界潮流之动向。纵言改革,亦不过粉饰表面,以博一时之虚声。至十年二十年后之结果如何,则未计及。语云:"取法乎上,仅得乎中;取法乎中,仅得乎下。"吾国已往之法律学校,不取法乎上而从大处远处着眼,此今日法学人才之所以零落也。故今后要图,当不外二端,即:(1)多设培养司法辅佐人才之学校,(2)改革法律学校,以充实法官、司法行政官及其它法学人才。后者当以扩大办学之计划与提高办学之理想为出发点。其要旨可略述如次:

甲、以培养创造与应变之精神为宗旨。其致此之道为:(甲)注重法律方法及法律哲学之研究,使学者知如何制定解释法律,以应时代地方之需要而不为条文之奴隶。(乙)提高入学资格,并注重智力测验,使学法者俱为优秀之士而易收培养之效。

乙、充实课程,使学者对于中外法律过去、现在之发展趋势及实际利弊及与法学相关科学均有深切之研究。其致此之道为:(甲)设中外法制史之科目,(乙)设各门法律之比较科目,(丙)设关于司法统计及调查之实际科目,(丁)设主要法学相关科学之科目。

丙、充实图书及法学实验设备,使教学者有研究之必要工具。

丁、提高教授之待遇,使硕学之士能专心于所任之工作。

戊、添设并扩充法律研究院或研究部,使毕业于法律学校而有志深造者在学术上有充分发展之机会。

以上各点,虽为教育当局所主管之事,然司法当局亦有监督之权。允宜由后者会同前者通筹而实施之。例如，法律学校之办理不善者，应限令改善；其不能改善者，应限令停闭。其办理完善者，应扶掖之；或补助经费，或予以课程上之合作。如某校对于比较法学有研究也，则由政府补助经费，以便增设讲座，添置图书，设立奖学金等，而使其益臻完善。某校对于农村法律有所长也，则由政府予以财力上之援助，俾学校与学生均得为充分之发展，而收美满之效果。某校办理完善而需用政府所保有之某种材料也，则由政府于可能范围内予以便利。某种人才为政府所需要而为某校所能造就也，则由政府斟酌需要之程度予以经济及人力之辅助，俾得充分培养此类人才，以供国家之用。

就政府之培养人才言之，其弊亦与学校之培养人才相同。此观于法官之训练，盖可知之。尝考吾国自民国初年训练法官以迄现在，对于课程设备及待遇等事，殊少深远之计划。其训练之目的，至今仍未确定。盖若谓训练之目的为补充一般法律学校教育之不足也，则除注重司法实务之训练外，应多设一般学校所无之课程或深于一般学校课程之课程，并充实训练机关之图书等设备。若谓训练之目的仅在司法实务之了解与习惯也，则应径将受训者派赴各法院实习。即或不然，其在法官训练所或讲习所学习之期间，亦不必过长。若谓训练之目的在为将来培养能适应需要之司法官也，则对于领事裁判权撤废后吾国法官所必具之法律知识（即关于各国法律之知识）及工具学问（即外国文字）应特别注意。若谓训练之目的只在研究本国法律也，则政府对于研究外国法律之法官应另有设施，以应将来之需要。若谓训练目的在罗织优秀之人才而培养之也，则除慎选受训者外，并须提高训练期间之待遇。乃综观历次所办理之法官训练所讲习所等，其课程既与一般法律学校重复而未见较为高深（较诸国内良好之法律学校或且不如），而其负责人员及教授对于法学或所任之科目亦不尽有深切之研究。外国法律与外国文字几全未顾及。即或注意及之，亦不过添设一二课程以壮观瞻，从未切实教授。训练期毕，其能于此道有心得者几希。至于图书等设备，则大都因陋就简，比之国内较佳之法律学校，诚有愧色。其训练期间，不失之过短，即失之过长。就司法实务言之，受训者在法官训练所等学习之期间竟延至一年至二年之久，此过长也。就补充一般法律学校教育之不足言之，其训练期间有以一月为度者，此过短也。（如最近调京训练之法官，大都系因程度差而调训者。必加以长期充实之训练，方能改善。）方其选择受训人也，不论受训后所任事务之性质如何，概加以同等之考试，强求一律，未免机械。迨训练开始也，或不发任何费用，或仅给以些微之津贴，致有为而处境困难之士皆弃此道而另图发展。其收效甚微，实意中事。

以上所述，虽仅政府培养司法人才之一端，顾执此以例其余，政府培养司法人才之无深远计划与高尚理想，概可想见。故今后所宜努力者，当不外左列五端：

甲、确定培养之宗旨与计划。此项宗旨与计划，须兼顾目前与将来之需要。

乙、视受训后所任事务之性质，用合理之方法，慎选受训者，以便尽量罗致优秀或可造之人才。

丙、充实训练机关之课程及设备，并慎选其负责之人。

丁、提高训练期间之待遇。

戊、依受训者之实际需要，决定训练期间之长短。

（二）甄用

此可分司法事务与政务人才言之。吾国今日关于甄用司法事务人才之最大缺点为：重形式而不尚实质，注意抽象之资历而忽视专门之学识。夫形式与资历固非绝无价值，顾其效用全在保证具备此项条件者有适当之能力；其本身仅为达到某种目的之手段，非即目的也。乃今之人每有视之为目的者。于是凡具备此形式条件者或以此形式条件见长者，不问其实质如何，概予录用。反之，其不具备此形式条件或其形式条件不如人者，纵有过人之能力，亦往往在摒弃之列。遂至设官虽多，而办事无人。重以吾国官厅向尚例行公牍而忽视专门学识，服官愈久，专门学识愈见退步。纵学有专长，而为风气所移，已难与时并进，何况专门学识根本缺乏乎？故今后甄用司法事务之人才，应特别注意及此。

至于政务司法人才，虽不必拘泥于形式之资格，顾其具备实质之条件即司法之专门学识者，殊不多见。故设施虽多,每难中肯。良以政务司法人才在职务上虽与事务司法人才有别,而于司法之根本问题,如用人决策等,究非有相当之研究不为功。此类问题之圆满解决,以了解司法为前提,以非司法专才而解决此类问题,不免隔膜。故今后甄用司法政务人才,于实质条件亦不可忽视。

（三）考核

现行考核司法人才之制共有四大缺点。兹分述如次：

甲、办理考核事务未必为专家。高等以下各级法院及全国监所人员之考核,均由司法行政部总其成。惟其中大部分系由各处、司、科之低级职员办理者。此类职员,对于所司各事,未必有精深之研究。故其所重视者,无非一般之例行公事,对于学术,殊少心得。以此种人办理考核事务,颇难胜任愉快；

乙、办理考核事务者每不热心。一般办理考核事务者,往往以寻常例行公事目之。故办事每易懈怠。

丙、办理考核事务者行止每不严密。如司法行政最高长官或中央所派之视察员于出发视察前,行止每不严密,致所属机关闻风而准备掩饰,真相遂无从查究。

丁、考核之程序每失之迂缓。如司法官成绩之总考核,在司法行政部往往由特设之委员会办理之。此项委员会之组织分子每非司法行政部之职员。（如最高法院之推事,庭长,或中央部会之要人。）此类人员,因牵于固有之职务,对于考核工作,常多疏忽。故考核之结束,动辄经年累月。往往人已更调而考核尚无结果,考核之效用,丧失殆尽。

故今后改善考核之道,当不外改用专家,以严密迅速之方法处理其事。

（四）待遇

吾国目前司法人才难以罗致之原因,当以待遇之菲薄为最重要。盖司法机关对于资格之限制,较诸一般政府机关为严,而司法人员之待遇,独较其它公务员为低。有为之士,每难久安于位。故欲求完美之司法人才,于培养期间固应优其待遇,而于正式任用以后,尤应提高其俸给,并予以其它便利（如家庭补助金养老金等）。

四、司法经费

吾国今日之司法经费有三大缺点,即：（一）预算数额过少,（二）预算数额无保障,与（三）支付保管机关不集中是也。兹分述如次：

（一）预算数额过少

依照吾国预算,中央每年之司法岁出（连上海租界法院看守所等在内）经常与临时二项合计不过三百余万元,（依最近三年之预算）仅合中央总岁出之百分之三。若除去上海租界法院看守所之支出约一百万元计算,仅合中央总岁出之百分之一。各省每年之司法总岁出（连取自司法收入之中央补助费约三百万元左右在内）不过二千万元左右。（依二十年之预算）。若就各省分别而论,则其司法岁出最多者约在二百万元左右,其最少者仅四万余元。若按百分比例言之,司法岁出仅合总岁出之百分之一至百分之十一。此项司法经费中,用于狭义之司法即监狱看守所以外之司法机关者,平均约合三分之一。若将中央与各省之司法支出合并计算,则其数当在二千三百万元左右。较诸其它国家,实相悬绝。如德国普鲁士邦,其面积仅二十九万余方公里,而其每年之司法支出约在二万万（一九一三年）至三万万马克左右（一九二七年）。（每马克约值华币八角,现约值华币一元三角）。① 巴耶邦（Bayerv）之面积仅七万五千余方公里,而其每年之司法支出约在四千八百万马克左右（一九二九至一九三〇年）。② 法国之面积仅五十六万余方公里,而其每年之司法支出约在二万万

---

① Woytinshy 同书第 6 册（1927 年出版）,第 30—32 页。
② Statistisches Jahrbuch für das Deutsche Reich 1932,第 458 页。

法郎左右。(若以每华元六法郎计算,其数当在三千三百万元左右。)(一九二七年)英国本部之面积仅为二十五万余方公里,而其每年之司法支出约在一千万镑以上(合华币一万数千万元)(一九二五至一九二六年)。波兰之面积仅三十八万余方公里,而其每年之司法支出约在六千至九千万波圆(Zloty)左右(约合华币同数)(一九二七年)。西班牙之面积仅五十余万方公里,而其每年之司法支出约在三千六百至四千万公元(Pestas)左右(约合华币同数)(一九二五至一九二七年)。比国之面积仅三万余方公里,而其每年之司法支出常在一万六千万法郎左右(约合华币二千七百万元至四千万元)(一九二五至一九二六年)。① 吾国之面积约合一千一百万方公里,较上述各国大至数十或数百倍,而其司法支出之总数反见减低,其预算额之少也,不言可喻。

(二) 预算数额无保障

夫司法支出之数额虽低,然若能有充分之保障,俾预算所定之款均得具领,司法事业犹不难逐渐改善。乃事竟有大谬不然者。中央司法经费虽经列入预算,而自国府成立以来,中央财政机关向以不实发款项为原则。预算所列之数额类由司法行政部以所得之法收如讼费、状纸费、律师登记费等开支。不仅司法行政部及其所属各机关之支出仰给于是;即司法院,最高法院,及行政法院等亦赖以维持。至地方须算所列之司法经费,亦大都名不符实。各省当局,以经费困难且不重视司法,往往不遵预算发款。司法机关不得已,乃将应解中央之法收截留以抵充经费。其无法收可截留或虽可截留而不敷挹注者,则折扣俸薪或枵腹从公。如向省方催逼过紧,则不肖分子往往乘机向司法机关提出不正当之要求以为交换条件。即在司法经费能如期拨发之省区,司法机关为修睦感情起见,亦不得不与行政当局善为联络。苟有请托,鲜敢拒绝。今日各省司法机关之长官罕有不迁就省政府之财政等机关者。盖非如是,则司法机关无以维持也。各省高等法院院长之去留,不以有无学识经验为标准,而以与省政府当局之有无渊源为断。其与省政府当局有渊源者,纵无学识经验或完善人格,司法行政当局不敢轻予更调也。

(三) 支付保管机关不集中

司法预算数额之所以无保障者,财政之困难与一般人之轻视司法,固不能辞其咎;然支付保管机关之不集中,亦其造因之一。诚以司法经费由中央与各省机关分别支付保管,则经费之支配漫无监督,而司法机关遂不免有向隅之苦。即有所得,其数额之多寡亦无一定标准。故省与省之待遇既属不同,而县与县之待遇亦难免出入。

司法经费之缺点既明,次须研究解决司法经费困难之道。撮要言之,其主旨不外左列各点:

甲、酌增司法经费之预算数额。就近代各国司法经费之比例以观,吾国之司法经费纵增加一倍,亦不为多。故以后应在该限度内尽量增加其预算数额。

乙、如前述之点不克实现,至少应由国库遵照中央及地方预算按实发给司法经常费。所有司法行政机关及法院之法收不得抵充经费,而应专备司法建设之用。此点如能实行,则每年有七百余万元之司法收入(见廿三年预算)可供司法建设之用。以此逐渐改良法院与监所并培养人才,当属可行。

丙、指定中央或地方可靠之收入,以为司法经费。如有不足由国库尽先以临时经费补充。以前中央本有以所得税充司法经费之说。现似可根据此意以该税之一部或其它可靠收入为司法经费之基础。不敷之处,则另行补充。如是,则司法经费有固定性,不至如以前之无把握。而司法之独立,亦可确保矣。

丁、指定集中保管及支付司法经费之机关,使司法经费得适宜之分配。司法经费若由特定机关集中保管与支付,则对于经费之分配可有通盘之计划与监督。各司法机关既不至如往者之乞怜于财政机关,复可享受均等之待遇。倘经费充足,则全国司法机关应领之款项均可免于折减;倘有

---

① 以上各国之司法经费数额均见 Woytinshy 同书第 6 册第 33 页以下。

不敷而无法补充,则各司法机关经费折减之比例亦必相等。

第二章 监狱(附看守所、拘留所)

现代监狱问题,可归纳为两类,即:(一)关于监狱之疏通者与(二)关于监狱之改良者是。此二类问题,互有牵连关系。盖自一方面言之,监狱之疏通问题,乃因监犯充斥而发生、而监犯之充斥,每由于监狱组织或管理不善。自他方面言之,监狱之改良问题,乃因监狱组织或管理之不善而发生、而监狱组织或管理之不善,每由于监犯之充斥。故吾人讨论此二类问题时,应注意其循环性。

兹先论监狱之疏通问题。考监犯之激增与监狱之充斥,几为近世文明各国共同之现象。[①] 究其原因,种种不一。惟概而言之,不外二端,即:(一)犯罪之增加,(二)自由刑(即徒刑拘役等)之盛行。前者之足以增加监犯,乃一般人意料中事,毋庸申论。兹所须说明者,乃后者与监犯激增之关系。按自由刑乃近世之产物,为古代所不重视。古代所藉以处罚犯罪者,大都为死、流、身体及财产等刑。监狱者,在多数国家,不过羁押顽强民事债务人、宗教犯及未决刑事犯之所,从未如今日之重要也。监狱之成为正式刑罚机关,殆始于十八世纪之末叶。其初也不过用以代替死刑及残酷之身体刑,意在减少犯人之痛苦。故在此类刑罚不盛行之国家,尚不重视。迨后感化主义推行,各国渐视监狱为改良犯人及防止犯罪之重要机关。英美等国倡导于先,其它诸邦继行于后,不及百年,而此类思想已弥漫全球。于是乎昔者无足重轻之自由刑,一变而为近代刑罚之天经地义矣。[②] 尝考近代各国之刑法典,其条文中规定处自由刑者,常合十之八九。即就其法院实际办案之情形而论,受自由刑之宣告者,亦常合全体受刑人之十分之七以上。其对于监犯人口影响之大,概可想见。

自由刑虽为近代各国所重视,顾因适用范围过广,其实际结果,适与一般人所期望者相反。盖自由刑之适用范围过广,每易引起下列之流弊:

一、监犯人数过多,国家限于财力而不克为适当之设备

监犯过多,则国家因财力有限,非降低其监狱设备之标准无以资应付。于是原可采分房别居制者,势不得不采混合杂居制,一任监犯之互相熏陶。原可以良好之待遇而罗致适当之职员(如典狱长、教诲师、医士等)者,势不得不以劣等之人才充其数。原可多置图书、医药及其它必要之设备者,势不得不因陋就简而敷衍其事。凡此种种,皆目前监狱制度之大缺点。其影响于犯人之品性至为深远。窃尝思近代刑法学家所提倡最力者,莫如刑罚之个别化(individualization of punishment)。所谓刑罚之个别化者,固不仅指刑罚之宣告而言。其涉于刑罚之执行者尤不可忽视。盖诚如德国监狱学权威克罗耐氏(Krohne)所言,"徒有至善之法律、推事及判决,而无称职之执行刑罚者,则法律尽可掷之纸篓,判决尽可付之一炬"。[③] 然而反观近代监狱之设施,其在事实上果能注意及此者,殊不多觏。他且勿论,即就监犯与教诲师人数之比例言之,其不能使刑罚执行个别化已甚明显。良以监狱人犯每较常人难以教诲。其数额动辄达于数百以至数千。而教诲师少则仅有一人,多亦不过数人。以待遇之菲薄,任其事者又未必对于监犯教育有科学之特殊研究而具过人之才,于此而言教诲之个别化,直等于缘木求鱼矣。

---

① 如美国,加拿大,瑞士,挪威,意大利,德意志。保加利亚,芬兰,波兰,印度,日本,英属澳大利亚,南非共和国,希腊,西班牙,暹罗,罗马尼亚等之监狱人犯均有激增之趋势。见拙著"关于疏通监狱之研究"一文第一节(载司法行政部出版之现代司法第一卷第九期及第十期)。

② 参阅 Mittelstädt, Gegen die Freiheitsstrafen, 1879, SS. 3 – 17; v. Liszt, Lehrbuch Des deutschon Strafrecht, 23. Auflage, SS. 255 – 259; Pollitz, Strafe vnd Verbrechen, 1910, SS. 4 – 40; Barnes, The Repression of Crime, pp. 156 – 173.

③ Mitteilungen der internationalen kriminalistischen Vereinigung, Bd. VI. S 364.

二、多数犯人因刑期过短，根本无从改善，且因监狱环境不良而变本加厉

近代之自由刑不仅适用于较重之罪，抑且适用于较轻者。其刑期之长短与罪之重轻适成正比例。故近代自由刑之适用常足以使监狱内增加多数之短期刑犯。德儒罗森非尔特氏（Rosenfeld）于其讨论短期自由刑之名著①内，尝就此点为精密之研究。其所得结论有极堪注意者。据称德国联邦自一八八二年至一八八七年间，其每年处自由刑者平均合全体犯罪者百分之七十。而其中处刑（即自由刑）不满三月者平均占全体犯罪者百分之五十三（合全体处自由刑者百分之七十七。）法国自一八八三年至一八八六年间由重罪法院（Cours d'assises）及普通罪法院（tribunaux correctionnels）判决有罪之犯人中处普通监禁（Pemprisonnement）者合百分六十一零九十二，其处一年以下之普通监禁者合百分之五十八零十三。若专就处普通监禁者而论，其每百人中处刑不满一年者占九十三个零百分之八十八。比国自一八七六年至一八八零年间处自由刑者（即监禁等类者）共计九万人。其中处超过六月而不过一年之普通监禁者仅四千人。而处六月以下之普通监禁者则达七万零二百十人。其处一月以下之普通监禁者亦有三万九千六百九十四人之多。奥国自一八七四年至一八八一年间处不满三月之自由刑（即监禁拘役等）者合全体犯罪者（连违警罪在内）百分之七十六零五十九。其处刑不满一月者合全体犯罪者百分之五十八零五十一。即处八日以下之拘役者亦合全体犯罪者百分之五十三零三十四。② 按此等短期刑之犯人，因在监狱之时日过少，根本无从改善。且因管理设备不良，彼此杂居，互相熏陶，转足以传染种种恶习，流为习惯犯。德国联邦一八八四年之累犯中（犯轻罪者尚不包括在内）有百分之六十八零五系最近曾处不满三月之自由刑者，③普鲁士一八八四年至一八八五年间之累犯中有已犯至三十次者，曾因窃盗罪被罚十一次。其最初七次所处自由刑之期间如下：（一）十四日，（二）四星期，（三）三日，（四）一星期，（五）四月，（六）三月，（七）六月。即其最后四次之刑期亦不过自九月至一年半。（其第十一次之窃盗即系其第三十次所犯之罪，处刑一年六月。）另有一犯曾犯窃盗罪至十六次之多。其最初三次所处之自由刑为（一）一星期（二）六星期，（三）六月。合计十六次中处刑不逾六月者共有五次。复有一犯已犯三十一次，其中九次所犯者系窃盗罪。最初八次之窃盗罪所处自由刑之期间如下：（一）十四日，（二）一月，（三）一星期，（四）三星期，（五）二星期，（六）四星期，（七）六月，（八）四星期。即第九次之窃盗罪亦不过处九个月之普通监禁。（按第九次窃盗罪系第三十一次所犯者。）此外尚有一犯已被罚十一次。其所犯之罪及所处之刑罚如下：（一）一八七三年窃盗罪，训诫（Verweis），（二）一八七九年毁损罪，十四日普通监禁；（三）一八七九年窃盗罪，三日普通监禁；（四）一八八〇年窃盗罪，三月普通监禁；（五）一八八一年窃盗罪，三月普通监禁；（六）一八八一年窃盗罪，四月普通监禁；（七）一八八二年妨害公务罪，十四日普通监禁；（八）一八八二年居无定所罪，二日拘留（九）一八八二年乞丐罪，三日拘留；（十）一八八三年窃盗罪，六月普通监禁；（十一）一八八三年伤害及欺诈罪，十日普通监禁。④ 凡此种种情形皆为短期自由刑有妨害而无益之明证。是无怪近代之反对自由刑者，尤以短期自由刑为集矢之的耳。⑤

三、刑之浪费

人之犯罪，由于本性之不良者固属有之。然由于一时之失检或无知者实居多数。前者或因恶

---

① Rosenfeld, Weiche straffmittel konnen an die Stelle der kurzzeitigen Freiheitsstrafe gesetzt werden?, 1890.
② 同上 SS. 6-14, 32-40。
③ Kriminalstatistik für das Jahr 1884, S. 41.
④ 见 Rosenfeld 同书 SS. 21-22。
⑤ 同上 SS. 41-75；有 Aschaffenburg, Das Verbrechen und seine Bekämpfung, 1903 S. 223; v. Lists, Kriminalpolitische Aufgaben (Strafrechtliche Aufsätze und vorträge, 1. Band), SS. 340-359。

习较深而需要监狱式之感化,或因危险性大而应与社会隔离。处以自用刑,犹无不宜。至后者则大都习染浅而无甚危险,其触犯法律既属偶然,纵不置身囹圄,亦能悛悔而不再犯罪,实无所用其监狱之感化与隔离。自由刑之适用实类无的放矢,谓为浪费允无不宜。

四、警戒犯人之效力不足

自理论言之,自由刑对于犯人应具有充分之警戒效力。乃事竟有大谬不然者。盖犯人于未受自由刑之执行前,往往视自由刑为畏途。待自由刑执行完毕后,则反不甚介意。此种情形于处短期自由刑者尤为习见。考此种情形所以发生之原因,约有二端。

(1)犯人因受自由刑之执行而减少或丧失其廉耻及自尊之心。自由刑之执行乃一般人所引以为耻者。故犯人一经执行自由刑,则往往信誉扫地。意志不坚者,因感前途之绝望,每易抱消极之人生观而丧失其廉耻与自尊心。于是作奸犯科,转可放胆为之。

(2)犯人不以监狱生活为苦。犯人于未入监狱前,因未谙其内容,往往异常恐惧。迨既入监狱以后,则或因逐渐习惯其生活或因管理松懈或待遇优良,往往不以为苦。加以其廉耻及自尊之心,因身系囹圄而荡然无余,于社会之毁誉不复有所顾忌。于是自由刑无论于若辈之精神抑身体方面均失其警戒之效力。

五、对于犯人之家庭及被害人,害多而利少

犯人身系囹圄,既不克抚养亲族,复足以玷辱门楣。每至家庭分散,骨肉流离。小则家人生活受窘,大则子女走入歧途。犯罪者一人,而被累者甚众。社会因是所遭之损失恐什倍于其因犯罪行为本身所遭者焉。夫犯人中固难免品质过劣而不宜与家庭同居者,处以自由刑而使子女亲族等不为恶习所传染,原亦有保护社会之要道;顾此类犯人究属有限。近代自由刑适用之范围既若是之广,其不具备此种条件而亦处自由刑者,实居极大多数。故犯人之家庭能因自由刑之执行而得益者,仅属极少数。复自被害人方面言之,自由刑之效果,亦大有不满人意者。良以被害人本人及其家属所望于法律者不外二事。一曰惩罚犯人,以泄愤恨。二曰责令犯人交还财产或赔偿损害。法律对于前者虽宜于可能范围内予以注意以应民众心理上之需要,而维护社会信赖法律崇尚公道之观念,顾不必专恃自由刑而达其目的。刑法所规定之罪以涉于财产者为最普通。此类犯罪行为之被害人,大都注意于财物之交还或损害之赔偿。倘法律对于此点能予以适当之救济,则若辈对于犯人之恶感不难立即冰释。故即令自由刑为发泄被害人愤恨所必须之手段,其适用范围亦殊属狭隘。专就此点言之,自由刑所贡献于被害人者,实不足道。至论责令犯人交还财物或赔偿损害,则自由刑之适用非惟无益而反足以引起极大之困难。盖犯人一经送入监狱,不复能担任职业。其处境不裕者,家庭生活犹且无着,遑论交还财物赔偿损害。即令其处境充裕或有交还财物赔偿损害之能力,然彼既身系囹圄,信誉荡然,对于民事之执行更无所畏惧。其故意延宕或藉词而不履行债务者,比比皆是。近代刑法学者,因误解社会利益高于个人利益之说,往往忽视被害人之利益而谓交还财物赔偿损害等事在刑事上无足轻重。殊不知社会利益之大部,系以个人利益为基础。个人利益设无适当之保障,社会利益将何所寄托。法律最重要之效用,在于可能范围内调和个人与社会之利益,俾得于彼此不妨害之限度内为充分之发展。刑事之与民事划分,原出于研究与应用之便利。若论其最终目的,实殊途而同归。自由刑之适用,既有损被害人之私权而无裨国家社会之公益,殊与法律之目的不符也。

上述流弊之发生,足证自由刑适用范围之扩充,徒足以增加监犯,而无防止犯罪、改良犯人及保护社会之效力。是以吾人处今日而言疏通监狱,于犯罪原因之减少或去除,固不可不有所努力;而于自由刑适用范围之缩小,尤应特别注意。尝考犯罪之原因,不一其端,如(一)经济之困难,(二)教育之缺乏,(三)家庭之恶劣,(四)生活地点之不良,(五)都市生活之发达,(六)身体及心理上之缺点，(七)法律之增加，(八)一般道德之降低，(九)宗教势力之衰弱均属其范围。此类原因之减少或去除，有赖于政府与社会多方之努力，往往不易收速效，在监狱亟待疏通之国家，每失之迂缓。故今之关心疏通监狱者，大都致其主力于自由刑适用范围之缩小。按自由刑适用范围之缩小，可分(一)基本原则与(二)实施方法二点言之。其基本原则，甚为简单，可略述如左：

1. 适用自由刑者，以后述二种犯人为主：
(1)因犯罪情形及个人品性而具危险性，应与社会隔离者。
(2)因犯罪情形，个人品性，及所处环境，而舍处以自由刑无以收感化或警戒之效者。
2. 自由刑于后述情形应竭力避免之：
(1)犯罪情节轻微而不能处以长期之自由刑者。
(2)因一时之失检或无知而犯罪，不待处以自由刑而已有悛悔实据，或可望悛悔而不再犯罪者。

至论实施方法，归纳言之，约分二类，即：(一)以替代自由刑为目的者，(二)以变通自由刑之适用方式为目的者。前者采用之结果，为自由刑全部或一部之根本废除。后者采用之结果，仅为自由刑之适用方式之暂时变换。兹请就二者于各国实施之情形及学者之意见分述于后，以为吾国疏通监狱之参考：

一、替代自由刑之方法

属于此类者，名目繁多，举其要者，约有左列数种：
(一)训诫

训诫之制，在西洋已有悠久之历史。罗马法，寺院法，法兰西及意大利古代之法律均有所规定。近代各国立法例中采此制度者甚多。依意大利学者阿立梅那氏(Alimena)之意见，此种立法可大别为二类。其一规定训诫仅适用于幼年犯。属于此类者，如德国联邦一八七〇年之刑法及瑞士阿本莱耳州(Appenzell)一八七八年之刑法等是。① 其二规定训诫亦可适用于成年犯。属于此类者，如德国阿登布尔克(Oldenburg)一八一四年之刑法(第二十五条)，勃劳西伐哀克(Braunschweig)一八四〇年之刑法(第十七条)，汉瑙佛尔(Hannover)一八四〇年之刑法(第十八条)，海森(Hesen)一八四一年之刑法第七条，巴登(Baden)一八四五年之刑法(第四十九条)俄国一八六六年之刑法(第二条第三十条)，奥国一八五二年之刑法(第四一三至四一九条)，西班牙一八二二年之刑法(第二十八条)及一八七〇年之刑法(第二十六条)，及意国一八九〇年之刑法(第二十六条)等是。近代学者鉴于短期自由刑及罚金未必尽适于情节轻微而犯罪动机或态度可原之案件，颇有主张扩充训诫之适用范围，以济其穷者。如法之 Bonneville de Marsangy 德之 V. Holtzendorff 等皆其著焉者。惟持反对之主张者亦颇不乏人。如 Garofalo, Dreyfus, Foinizki, Jacquin 等皆其明例。主张扩充训诫适用之范围者，大都谓情节轻微而犯罪动机或态度可原之犯人，一经训诫即可悔悟，短期自由刑或罚金既非必要，或且有害。其持反对说者，则或谓训诫之效力过于薄弱，易引起轻视法律之心理而损及司法之尊严。或谓犯人之体面因训诫而受损害者甚大(如公然受法院之训诫是)，比之自由刑反有过而无不及。② 窃以为训诫之是否胜于短期自由刑或罚金视其适用之得法与否而定。倘犯罪之情节轻微而犯人之秉性确属善良无处以短期自由刑或罚金之必要，则予以训诫以示薄惩，正所以慎重刑罚而开自新之路。其受惠者必感激之不暇，更何至引起轻视法律之心而损及司法之尊严。至

---

① 参看德国一八七〇年刑罚第五十七条及阿本莱耳州第一八七八年刑法典第三十七条。按德国一八七零年刑法第五十七条已因一九二三年二月十六日幼年人法院法(Jugendgerichtsgesetz)之施行而作废。惟幼年人法院法第七条仍承认训诫为应付幼年犯之一种感化处分(Erziehungsmassregeln)。依该法第六条之规定，如法院认为此项感化处分已足以改善或感化幼年犯，则不得再处以刑罚。

② 本段参看 Rosenfeld 同书 SS. 88 – 104 及 Liszt, Kriminalpolitische Aufgabe, SS. 376 – 379。

于训诫之足以损害犯人之体面,此固当然之结果。然因是而谓其比之自由刑反有过而无不及,则非平情之论。盖身系囹圄,常人所引以为大耻。其影响于犯人之体面者,实什百倍于训诫也。

(二) 罚金

近代学者颇有主张扩充罚金之适用范围以代短期自由刑者。其所持之重要理由约有三端。(甲) 罚金可使犯人避免因自由刑之执行所受之恶影响(如习惯品性之变坏,社会地位之降低,家庭之分散等)。(乙) 以罚金替代自由刑,可减少监犯,节省国家之经费。(丙) 犯人之物质利益因罚金而受相当之损失。罚金之适当运用,亦足以警戒犯人,防止再犯。[①] 德国于一九二四年修改刑法时,对于此点尝特别注意。其修正刑法第二十七条补充条文第二条有如下之规定:

"因犯普通罪(Vergehen)或不得科罚金或仅得于自由刑外并科罚金之轻罪(Uebertretueng)而应处不满三月之自由刑者,如刑罚之目的得因罚金而实现,应以罚金代自由刑。"

自此法实行后,德国联邦每年处不满三月之自由刑者平均几较一九二四年以前减少半数(约十余万人。)此类犯人在监犯中所占之百分比例向属甚高(约百分之七十以上)。故其数额之减少影响于监狱人口颇大。[②] 惟罚金刑之能否收效,视其运用之当否而定。罚金刑之制在各国虽属常见,顾因所采标准过于呆板,每足以引起左列二种结果。[③]

甲、对于富有之犯人,因法定数额过低不足以资警戒。

乙、对于贫苦之犯人,因法定数额过高或缴款期间过促,或使其经济上受过大之痛苦,或逼其走入易科监禁一途。

故推行罚金制时,应采较有伸缩之标准,俾法院得量犯人之财力而予以适当之制裁。关予此点德意二国最近之立法有颇值研究者。如德国修正刑法第二十八条第一及第二项规定:

"遇被告之经济情形困难而不能预期其立即完纳罚金时,法院应准其延长完纳之期间,或许其依一定之数额分期完纳。

前项措置于判决后亦得为之。法院就关于此点所为之决定(连与判决同时所为者在内),得于事后变更之,如被告不遵期完纳应分期缴纳之款或其经济情形已有重要之进步,法院得撤销其允许。"[④]

意国一九三〇年新颁之刑法第二十四条第三项规定:"如法定之罚金(la multa)纵处至最高额,而就犯罪者之经济地位言之,仍嫌过低,认为有效力薄弱之虞,则推事得将其增加至三倍。"同法第二十六条第二项关于罚锾(l'ammenda)亦设同样之规定。

以上二种规定,一则可以使罚金不过于加重贫者之负累,一则可以增加其对于富者之效力。如能斟酌并用,则法院于量刑时有充分伸缩之余地。裁判苟得其人,处刑呆板之弊自可避免矣。

(三) 笞刑

关于笞刑之应否采用,学者之主张不一。惟归纳言之,不外二类,即(一) 赞成者与(二) 反对者是。采赞成说者所持之重要理由不外后述各端:[⑤]

甲、刑罚之主要作用,在予犯人以痛苦,使其本人及社会一般人有所戒惧。近代之自由刑,因深受人道主义之影响,往往缺乏此种作用。即或不然,其糜费亦过于浩大,徒增国库之负担,实不若

---

① Rosenfeld 同书 SS. 202 - 203.

② Kriminalstatistik für das Jahr 1928, S. 69 ff.; für das Jahr 1929, S. 8; für das Jahr 1930, SS. 134 - 135; für das Jahr 1931, SS. 170 - 171; für das Jahr 1930, SS. 134 - 135 für das Jahr1931, SS. 170 - 171; für das Jahr 1932, SS. 134 - 135. 按此处所述之数,尚不包括犯轻罪(Ubertretung)者在内。因德国联邦之刑事统计仅论及重罪(Verbrechen)及普通罪(Vergenhen)。若连犯轻罪者计算,则其所减之数必不止此。

③ Rosenfeld 同书 S. 203.

④ 按此种办法早经学者提倡(见同上 SS. 204 - 207)。

⑤ Mittelstädt, Gegen die Freiheitsstrafen, SS. 81 - 84; Krausse. Die Prügelstrafe, 1889, SS. 82 - 87; Feder, Die Prügelstrafe, 1911.

笞刑之直捷痛快。

乙、笞刑虽予犯人以身体上之痛苦，其时间性甚短而无其它副作用。（如与其它人同化是）以之代替时间性较长而含有毒性之监狱生活，亦未尝于犯人无益。

丙、笞刑只影响犯人本身。其家庭及亲族不至陪同受累。就此点而言，笞刑不仅胜于自由刑，抑且优于罚金刑。

丁、笞刑易于因犯人之情形分为种种等级，有个别化之作用。

戊、笞刑与父母对于子女加之扑责相似，具教育之作用。

采反对说者所持之重要理由略如左述：①

甲、笞刑足以毁灭犯人爱好名誉重视尊严之心理，非惟不能收改善之效，抑且有使人堕落之危险。

乙、笞刑足以损害犯人之身体，有背人道。

丙、笞刑对于顽强之犯人往往不足以资警戒，而对于其它犯人则每失之过重。若不论何人均予适用，则有轻重失匀之弊。若专适用于顽强者，则势必成为一种阶级刑。

丁、笞刑所加之痛苦易于忘却，对于犯人之警戒力颇薄弱。

戊、笞刑易于养成执行刑罚者残忍之心理。

主张采用笞刑者，对于笞刑适用之范围及方式意见亦不一致。就适用范围言之，其中有主张仅适用于幼年人者；有主张仅适用于幼年人及成年之男子者；亦有主张对于任何人皆适用者。就适用之方式言之，其中有主张用为本刑者，有主张用为从刑者，亦有主张用为维持纪律之刑（die Disziplinarstrafe）者。② 按笞刑之采用，在理论上虽不无根据，顾夷考其实，其采用后是否利多于弊，殊属疑问。盖犯人中之生性良善者，每因一时之错误而犯罪，其改善固无待乎笞刑。而其生性顽强者，则往往不畏痛苦而缺乏羞耻；虽加以笞刑，亦未必有戒惧之心。矧笞刑之执行，轻重漫无标准，易于发生流弊。此在吾国旧制之下，已数见不鲜。为维持司法之尊严及威信计，实以避免采用为宜。

（四）提供结状

依此制度，于某种条件之下，法院得责令被告提供一种结状以代自由刑或罚金刑。被告应于此项结状内声明以后不再犯罪；倘有再犯情事，当缴付一定数额之金钱。此项结状于法院认为必要时应由法定数额之保证人副署。如被告将来不能缴纳此项金钱，各保证人应代为负责。此制为英国意国（一八九〇年之刑法典）及少数英属殖民地所采。惟英国及其殖民地之制与意制稍有不同。盖依英国及其殖民地之制，法院得以提供结状代替或补充自由或罚金刑。被告如再犯罪，大都只须缴纳结状内所载之金钱，可免其它制裁。故此种制度可谓一种变相的罚金刑。意国一八九〇年之刑法所规定之提供结状系专以补充训诫为目的者。依该法第二十六条之规定，遇法定刑为一月以下之监禁或拘役，三月以下之"限定拘留"（confino）或三百利耳（意币）以下之罚金或罚锾时，如犯罪情节可原而被告以前尚未因犯重罪（delitto）而被宣告有罪或因犯轻罪（contravvenzione）而被处超过一月之拘役，则推事除依法判处所规定之刑外，得宣告以训诫代替所宣告之刑。如被告不遵时赴法院听受训诫，或虽遵时赴法院听受训诫而态度不严肃，则判决内所宣告之刑仍照常适用。复依同法第二十七条之规定，凡遇根据第二十六条而以训诫替代其它刑时，被告应单独或经他人担保提出结状，声明如于法定期间内（此项期间对于重罪，不得过二年，对于轻罪，不得过一年。）再犯他罪，当缴纳一定数额之罚金云云。如被告不履行结状内所规定之义务或不提出适当之保证人，则判决内所

---

① v. Liszt, Die Kriminalität der Jugendlichen (Strafrechtliche Aufäatze und Vorträge), 2. bBand, SS. 350－351；Krausse 同书 SS. 73－82。

② Krausse 同书 SS. 105－136；Rosenfeld 同书 SS. 200－201.

宣告之刑仍照常适用。故此项制度实可谓一种变相的缓刑。① 意国一九三〇年之新刑法关于保证不再犯罪(cauzione dibuona condott)亦有所规定。惟其内容与前述者大异。兹举其特点如左：

甲、不再犯罪之保证，由犯人向法院提供一定数额之金钱或物的或人的担保为之。此项金钱或担保之数额不得少于一千利耳，亦不得多于二万利耳(第二三七条第一及第二项)。

乙、此项保证之有效期间，不得少于一年，亦不得多于五年，自提供金钱及担保之日起算(第二三七条第三项)。

丙、如于保证之期间被告不再犯重罪或足以处拘役(arresto)之轻罪，则提供之金钱发还之，其提供之物的或人的担保作废。不然，其提供之金钱或担保之金额由法院没收之(第二三九条)。

丁、不再犯罪之保证系一种保安处分，非用以直接或间接替代其它刑罚，乃所以补充刑罚之不足。其适用之案件以左述者为限(第二〇二条)。

(甲) 被告之行为足以构成犯罪(即经法律明文规定为犯罪者)而其本人具有社会危险性质(socialmente pericolose)者。

(乙) 被告之行为虽不足以构成犯罪而其本人具有社会危险性，经法律规定得加以保安处分者。②

据上以观，意国一九三〇年新刑法于不再犯罪所采之保证制度完全系一种补充刑罚之措置，与自由刑之替代问题无涉，可毋庸讨论。其足供吾人之参考者，当不外英国及英属殖民地与意国一八九〇年刑法所采之制度。按此二种制度各有其优点与缺点，必参酌并用而后始克有利而无弊。英国及其殖民地之制度不将训诫与结状之提供并列，较意制有伸缩之余地，其适用范围较广。此其优点。顾违背结状之效果，只限于结状内所载金额之缴纳，对于贫苦谨慎者，虽具有充分之警戒力，而对于富有放浪者，往往不足以防再犯。为增加其效率起见，似宜略师意制之方法，授权法院，俾得于必要时，除责令被告提供缴纳一定金额之结状外，并宣告如被告于特定期间内有再犯情事，其依法应处之刑罚应照常执行。(按意制与英国之缓刑制相似而实不同。见本文关于缓刑之讨论。)

(五) 不加拘禁之强制劳役(Zwangsurbeit onnc Einsperrung)

依此制度，犯人得服强制劳役，以代自由刑或罚金刑。其目的在以劳役改善并警戒犯人。犯人之处此刑罚者，毋庸入监狱。如能按时执行特定之劳役，即为已足。此制在吾国古代固属常见，即在西洋各邦亦不乏其例。③ 学者间关于此制之意见颇不一致。惟按诸实际，似以反对者之理由较为充分。请述其梗概如左：④

甲、在现代失业者充斥之社会，犯人颇难得充分而适当之工作。

乙、管理极感困难。盖使犯人集中于一处，则往往为工作之性质所不许。若听其分散各地，则监督难以周到。

丙、犯人集合一处工作时，每易彼此同化，仍不脱自由刑之弊。

丁、劳役所及于犯人之效力，因犯人之职业及地位而不同。其惯于劳力者，固未必因此而感觉痛苦。而在不惯于劳力者视之，则其痛苦或胜于自由刑。此种情形虽可因劳役之适当选择及分配而避免之，然以适宜工作之不易多得(尤以不劳力工作及较为复杂专门之工作为然)，实际上殊难办到。

戊、服劳役之贫苦犯人往往因此而不克维持其个人及其家庭之生活。

---

① 以上参看 Rosenfeld 同书 SS. 182-191 及 Lisnt, Krimmalpolitische Aufgaben (Strafrechtliche Aufsätze und Vorträge, 1. Band) SS. 379-382。

② 按被告之行为不构成犯罪而得加以报案处分之案件为数甚少。其例见于第四十九条及第一百十五条。(参看 Saltellite Ramano_Di Falco, Commento teorico-pratico del nuovo codice penale. Vol. 1-parte secunda, 1930, page. 841.)

③ 按此制早已行于德国、法国、瑞士、俄国、意国。(见 Liszt, Kriminalpolitische Aufgaben, SS. 369-375; Rosenfeld 同书 SS. 208-242)

④ Liszt 同文 SS. 386-387, 及 Rosenfeld 同书 SS. 340-354。

（六）本人住宅或房屋之拘禁（der Hausarrest）

犯人之受此刑罚者，不准出其住宅或拘留之房屋。此制为昔西莱（Sicily）一八一九年之刑法（第三十八）及奥国一八五二年之刑法（第二四六及二六二条）所采，意在避免监狱式之自由刑。惟以适用时颇有困难，备受学者之反对。综观各方反对此制之理由，不外三点，（一）其所予犯人之痛苦甚微，不足以替代自由刑。（二）其及于犯人之效力，因犯人之职业及地位而极不相同。盖此种刑罚在本须常在住宅或营业所工作或生活舒适之富人受之，固无甚不便。而在职务忙碌之商人，公务员，及雇佣受之，则职业生活均发生问题。（三）无法监督犯人。①

二、变通自由刑适用方式之方法

按变通自由刑适用方式之方法可得而言者有缓刑与假释二种。② 此二种方法近百年来深为学者所重视。不仅对于疏通监狱有特殊之贡献，抑且对于改良刑罚制度示以正当之途径。吾国革新司法以后，采行此制已二十余年。其内容已为国人所熟知，无一一赘述之必要。兹就其与本文有关系者，略论如次：

（一）缓刑

缓刑之制可大别为大陆与英美二种。兹分述于后。

甲、大陆制。就大陆制而言缓刑者，乃对于某种犯人附条件的停止开始刑之执行之谓。其堪为此制之代表者有比法意等国。

比国为近代欧洲各国中采此制最早者。其现行法之规定略如左述：

（甲）被告因受主刑或从刑之宣告而应执行六月以下之普通监禁（l'emprisonnement）者，如以前未因犯重罪（crime）或普通罪（delit）而受刑之宣告，法院得宣告五年以下之缓刑。其期间自判决之日起算。③

（乙）被告如于缓刑期间未因犯重罪或普通罪而受其它刑之宣告，其因缓刑而未执行之刑以未经宣告论（comme non avenue）。④

（丙）被告如于缓刑期间因犯重罪或普通罪而另受其它刑之宣告，其因缓刑而未执行之刑与以后宣告之刑合并执行。⑤

法国之制仿自比国。其内容略如左述：⑥

（甲）被告因犯重罪或普通罪受普通监禁或罚金之宣告而以前未因犯重罪或普通罪而受普通监禁以上之宣告者，法院得宣告缓刑（按比制与法制稍异。依前者缓刑亦得适用于犯轻罪者）。

（乙）被告如自判决之日起五年内不因犯重罪或普通罪而另受普通监禁以上刑之宣告，其因缓

---

① Rosenfeld 同书 S. 193－196。
② 按流刑及移犯殖边或开拓殖民地等，本亦变通自由刑之方法。顾其推行之结果，未必于疏通监狱有何裨益。盖对于犯人不加以身体上拘束之流刑，事实上殊难推行，颇为识者所不取。而移犯殖边或开拓殖民地等，又不能不藉监狱或其类似之机关以资管束。内地之监狱虽可因此类方法之实施而免拥挤之患，而边省及殖民地等处之监狱或其它类似机关，则非大事添设不可。国家之经济负担，决难因之减少。况法国自采行流刑制度后，每年对于受此等刑罚之每个犯人所用之经费，较诸用于其它自由刑之犯人（非处流刑而处监禁者）者多至二倍。（即三与一之比例）。此项增多之费用中有半数以上系犯人之运送费。其余系因特别防范管束犯人所增之费。欧战前之俄国亦尝采用流刑，将犯人移送西伯利亚等处殖边。顾其每年对于每个受流刑犯人所用之经费，较诸受其它自由刑者亦多至一倍以上（即二与一之比）。法国之情形虽与吾国不同（因处流刑者须送至海外殖民地，路途辽远，费用特大。）而俄国之情形足资吾国之借镜者，则属甚多。故专就疏通监狱言之，流刑及移犯殖边或开拓殖民地等制度，无推行之可能。（参阅 Pollitz, Strafe und Verbrechen, 1910, SS. 113, 120; Garraud, Traite theorique et Pratique du droit penal francais T. 2ieme, 3ieme edition, p. 173.）。
③ 见 Loi du 31 mai 1886 modifiée établissant la libération conditionnelle et les condamnations conditionnelles dans le systéme pénal 第九条第一项（Servals et al, Les codes et les lois spéciales les plus usuelles en vigueur en Belgique, 195, pp. 1373－1374）。
④ 见同上第九条第二项。
⑤ 见同上第九条第三项。
⑥ Georges Videl, cour de droit criminel et science pénitentiare, siéme edition, 1935, pp. 628－632.

刑而未执行之刑以未经宣告论。

（丙）被告如自判决之日起五年内因犯重罪或普通罪而另受普通监禁以上刑之宣告,其因缓刑而未执行之刑应先执行,不得与以后宣告之刑混合。

意国一九三〇年之新刑法关于缓刑所采之原则与比法二国略有出入。其要点如左：①

（甲）遇左列情形之一时,法院得对于被告宣告缓刑：

子、所处之刑为一年以下之普通监禁(reclusione)或拘役(arrest)。

丑、所处之刑为专科或与自由刑并科之财产刑（即罚金罚锾等类）,而此项财产刑,如依法折合为自由刑,其刑期连并科之自由刑在内,不超过一年。

（乙）如被告为不满十八岁之未成年人或已满七十岁之成年人,法院亦得就左列案件宣告缓刑：

子、所处之刑为二年以下之自由刑。

丑、所处之刑为专科或与自由刑并科之财产刑,而此项财产刑,如依法折合为自由刑,其刑期连并科之自由刑之内,不超过二年。

（丙）缓刑之期间,因所犯之罪而不同。犯重罪者,其期间为五年。犯轻罪者,其期间为二年。②

（丁）宣告缓刑前,法院应就犯罪前后之情形及犯人之品性等为综合的观察。必由犯罪之情形及犯人之品性足以推定其不再犯罪,始得为缓刑之宣告。

（戊）左列各被告不得宣告缓刑：

子、以前已因犯重罪而受刑之宣告者。

丑、习惯犯或以犯罪为职业者。

寅、具有易于犯罪之性格者。

卯、因具有社会危险性而除受刑罚之宣告外并应受足以限制人格活动之保安处分(misure di sicurezza personale)之宣告者。③

（己）法院宣告缓刑时,得责令被告归还犯罪所得之物及赔偿因犯罪所引起之损害,或公布判决以填补因犯罪所引起之损害。法院为前项命令时,应于判决内规定被告归还犯罪所得物及赔偿损害之期间。

（庚）被告于缓刑期间不犯重罪或再犯同一性质之轻罪并履行其应履行之义务（如归还所得物及赔偿损害等）者,其犯罪以消灭论。

（辛）遇左列情形之一时,缓刑之宣告当然撤销。

子、被告于缓刑期间犯重罪或再犯性质相同之轻罪或不履行其应履行之义务。

丑、被告于缓刑期间因宣告缓刑前所犯之其它重罪而受刑之宣告者、被告于缓刑期间因宣告缓刑前所犯同一性质之轻罪而受刑之宣告者,法院得斟酌犯罪之性质及其轻重之程度,撤销缓刑之宣告。

乙、英美制。英美制为英国美国及一部分之英属殖民地等所采,兹为节省篇幅起见,专就其在英美二国之情形言之。

（甲）英国。英国现行修正一九零七年八月二十一日之犯人保护管束法(Probation Offenders Act)第一条规定如左：(1)凡因属于简易法院(court of summary jurisdiction)管辖之犯罪行为被

---

① 见该法第一六三条至一六八条。
② 按法比德等国刑法均将犯罪分为三种：即（一）重罪(Crime, Verbrechen),（二）普通罪(Delit, Vergehen),及（三）轻罪(Contravention, Ubertretung)是。意国刑法（旧刑法已如此）则仅将犯罪分为二种。其第一种包括法比德等国之第一及第二种在内,谓之 delitto。兹为求明瞭起见,特以重罪名之。其第二种,即法比德等国之第三种罪。兹仍照译为轻罪。
③ 按意国新刑法所规定之保安处分共分二类。即（一）足以限制人格活动者；如保护管束(libertá vigilata)等是。（二）含有金钱之性质者(misure di sicurezza patrimoniali)；如提供不再犯罪之保证(la cauzione di buona codotta 见前)及没收用以犯罪及因犯罪所得之物(la confisca)等是。

控于该法院,经认为所控业经证明属实者,如法院鉴于被告之品性、历史、年龄、体格、智力程度、或所犯事件之轻微或犯罪时可恕之情形,认为未便处以刑罚,或仅应处以徒有其名之轻刑罚(nominal punishment)、或认为应将被告开释而交付保护管束,得不予定罪(without proceeding to conviction),径行① 将诉讼注销或② 将被告附条件的开释,限令提供单纯或具有保人之结状,声明以后不有恶劣行为,并于法院所规定不超过三年之期间内,(即法院所定之期间。此项期间不得超过三年。)经传唤后随即到案,听候定罪及定刑。(conviction and sentence)。(2)凡因可处监禁(imprisonment)之罪,经大陪审团检举而定罪者。(convicted on indictment of any offence punishable with imprisonment)如法院鉴于被告之品性、历史、年龄、体格、智力程度、所犯事件之轻微或犯罪时可恕之情形,认为未便处以刑罚,或仅处以徒有其名之轻刑罚,或认为应将被告开释而交付保护管束,得不为监禁刑之宣告(in lieu of imposing a sentence of imprisonment),而将被告附条件的开释,限令提供单纯或具有保人之结状,声明以后不有恶劣行为,并于法院所规定不超过三年之期间内,经传唤后,随即到案,听候定刑(sentence)。①(3)法院依本条之规定为前述之命令时,并得限令被告缴纳讼费或赔偿损害(此项损害赔偿额,于属于简易法院管辖之案件,除法律有特别规定外,以五镑为限。)或同时缴纳讼费及赔偿损害。(此项系于一九二六年修正)。(4)法院依本条之规定所为之命令,对于取回被窃之财物或交还财物与原主或因交还财物而给付金钱等,与定罪之命令有同等之效力。

上述第一项关于注销诉讼之规定,近于吾国免刑之制度,与缓刑制度无涉。姑置不论。兹专就第一项其余之规定及第二至第四项之规定一言之。按照各该规定,英国之缓刑制度,实际上与大陆之缓刑制度最不同者,共有四点。

子、缓刑之效力不仅及于刑之执行,抑且及于刑之宣告。易言之,缓刑者,乃停止刑之宣告之谓,其效力不仅及于刑之执行而已也。

丑、缓刑之范围为广泛。凡属于简易法院管辖之案件,不问其法定刑为罚金或自由刑,均得受缓刑之宣告。其不属于简易法院管辖之案件,不问法定自由刑(即监禁)之长短,亦复如是。至于缓刑之宣告与否,是否视被告以前曾否因犯罪而受刑之宣告而定,法律上亦无明文规定,法院斟酌之权亦殊宽大。

寅、受缓刑之宣告者,得付诸保护管束。担任保护管束者,依同法第二条之规定,由法院指定之。至必要时并得由国家任用之保护管束员(Probation Officer)任其事。

卯、受缓刑之宣告者,须提供结状。此项结状之内容与上述用以代替自由刑罚金或其它刑罚者相似。惟其效果与后者不同。盖被告如于缓刑期再行犯罪或违背缓刑之条件,应到案听候定罪处刑,非仅缴纳结状内所载之保证金额所可了事也。

(乙)美国。美国所采之缓刑制度,因地而异。惟其要点可概述如下:②

子、缓刑大都与保护管束打成一片。美国联邦及多数州(依一九三一年之统计,已有三十八州)之立法例均采保护管束(probation)式之缓刑制。其未采此制者,均有所谓"停止刑之宣告之法律"("suspension of sentence" laws)。其性质与上述英国之法律相似。法院于决定停止刑之宣告时,得附以种种条件。于必要时亦得将被告交付保护管束。

丑、缓刑有"停止刑之宣告"者,"亦有停止刑之执行"者。缓刑之效力,各地不同。在不采保护

---

① 按此条第一项所规定之"附条件的开释"与第二项所规定者名异而实同。盖第二项所规定之案件系由小陪审团与法官审理者。小陪审团专司"定罪";法官专司定刑。故"定罪"与"定刑"可以截然划分。第一项所规定之案件,系专由法官审理者。"定罪"与"定刑"均由同一机关让之,殊无划分之必要。且实际上亦无所谓"定罪"之独立程序。其足以认为"定罪"之表示者,无非法官之"认定所控之罪业经证明属实"而已。此项"认定"既发生于"开释被告"之先,则被告以后之到案,名虽曰以"听候定罪及定刑"为目的,而实则不过以听候"定刑"为主旨。与第二项之"听候定刑"云云,含义殊无出入。

② National Commisvion on Law Observance and Enforcement-Report on Penal Institutions, Probation and Parole, 1931, pp. 157-159、191-193.

管束式之缓刑制之区域,缓刑之效力为停止刑之宣告。在采保护管束式之缓刑制之区域,缓刑之效力有及于刑之宣告者,亦有仅及于刑之执行者。

寅、对于得宣告缓刑之犯罪行为,有加以限制者,亦有不加任何限制者。美国多数法律对于得宣告缓刑之犯罪行为有所限制。其不加限制者,仅梅内兰(Maryland),麻色诸色(即麻省Massachusetts),纽杰赛(New Jersey),右塔(Utah),佛尔茫(Vermont),佛琴尼亚(Virginia)等少数州。其加以限制者,规定亦不一致。有规定得处死刑或无期徒刑之罪不得宣告缓刑者。有规定携带凶器所犯之罪不得宣告缓刑者。亦有规定得处于多于十年有期徒刑之罪不得宣告缓刑者。复有规定仅轻微罪得宣告缓刑者。

卯、对于得宣告缓刑之人大都有所限制。关于得宣告缓刑之人所加之限制,种种不一。惟概括言之,可大别为二类。(子)以从前有未犯罪为标准者。属于此类之限制计有三种。(1)拒绝对于任何因犯罪而曾受监禁刑之执行者,宣告缓刑者。如孟他那(Montana)及朋雪佛尼亚(pennsylvania)州之制度是。(2)拒绝对于曾因犯重罪(felony)被宣告有罪(convicted)者,宣告缓刑者。如加尼佛尼亚,阿达火(Idaho),伊利诺(Illinois)等州之制度是。(3)拒绝对于以前曾犯重罪被宣告有罪而现在复因犯重罪被宣告有罪者宣告缓刑者,如密西根(Michigan),密舒里(Missouri),威斯康辛(Wisconsin),及哥伦比亚特别区(District of Columbia)等之制度是。(丑)以有无某种疾病或是否犯关于性的罪为标准者。属于此类之限制复可分为二种。(1)拒绝对于染有某种疾病者宣告缓刑者。如阿屋华(Iowa)之制度是。该州法律规定:凡染有性病者不得受缓刑之宣告。(2)只准对于染有某种疾病或犯某种性罪者宣告缓刑者。如北加罗拉那(North Carolina)之制度是。该州法律规定:得受缓刑之宣告者,为染有性病者及犯某种卖淫罪者。

辰、缓刑之期间有预由法律明文规定者,亦有由法院临时酌定者。其预由法律明文规定者,大都只就期间之最长限度有所规定。至最短限度,则仍由法院临时酌定。

巳、保护管束人大都为(一)义务的或(二)由法院或政府专任的。义务性质之保护管束人,发达最早。盖当保护管束制推行之始,各种设施均因陋就简。保护管束之职大都由愿尽义务者任之。此制虽未尽满意,顾以限于经费,至今尚为若干州所采行。各州中尝有利用警察机关担任此职者。惟以警察机关不宜于感化及保护犯人,颇遭学者之非议。此制几绝迹于今日。最近为社会所最重视者,厥惟由法院或政府专任保护管束人。

缓刑制之应否采用,在理论上虽然不无争执;顾按诸实际,其有采用之价值,似已无甚疑义。英国近六十年来,监狱人口减少百分之八十。而缓刑制之切实推行,实为其重要原因之一。且在此六十年内,全国法院刑事案件之总额亦减少百分之四十一;其由警察机关发现之案件则减少百分之四十三。由是可知缓刑非惟足以疏通监狱,抑且足以减少犯罪。[①]

缓刑之在美国,亦有显著之效果。该国各州中实行保护管束式之缓刑制最早而最有成效者,当推麻色诸色。该州于一千九百年宣告缓刑者共计祇六千二百零一人。至一千九百二十九年,其数竟增至三万二千八百零九人(由一倍增至五倍)。该州监狱之人口于一千九百年为二七八○九名。至一千九百二十九年,乃减至一九六五○名。其于一千九百年受缓刑之宣告者中有百分之七十五于缓刑期间未违犯缓刑规则或再犯罪。至一千九百三十一年,其数乃增至百分之八十。易言之,其受缓刑宣告者,每百人中祇有二十人至二十五人于缓刑期间违背缓刑规则或再犯罪。当一九一五年之际,该州法院所受理之重罪案件共计二九二八○件。至一九二八年乃减为二一六二五件。当一九○四年之际,全国普通人口与监犯之比例为十万分之六十八零五(即每十万人中监犯占六十八个半)。至一九二七年增至十万分之七十九零三。但在同时期内,麻色诸色之普通人口与监犯之比

---

① Bates, Protection as a Penal Policy, p. 3.

例反由十万分之六十四零五降至十万分之四十五。① 学者尝将采行缓刑制之州与不采行或推行不力之州杀人案件之数额互相比较。据称于一九三四年一月至六月之期间，其比例（依每十万人口计算）如下：②

甲、不采行或推行不力之州：佛琴尼亚（一〇。即每十万人中有十个之谓），南加罗拉那（South Carolina）（一二·九），阿拉巴马 Alabama（一七·三），但乃西 Tennessee（一五·一），密苏里（六·八）。

乙、采行或推行较力之州：纽杰赛（二），纽约（一·八），密西根（一·四），麻色诸色（〇·九），威斯康辛（〇·二）。

复就强盗与窃盗罪之案件而论，在上述时期内，推行缓刑制较力各州之数额亦较他州为少。如犯强盗罪者，麻色诸色州每十万人中祇有十七个零二；纽约州每十万人中祇有九个零二。而南部沿大西洋及东北近中区各州，则每十万人中有三十九个半至七十一个零一之多。犯窃盗罪者，依每十万人计算，在麻色诸色州为二五七个零九，在纽约州为二一二个零六，而在东南部近中区各州及沿太平洋各州，则自三百七十七个零八至五百九十个零七不等。③

美国联邦司法部自一九三〇年以还，推行保护管束式之缓刑制度不遗余力。其受缓刑宣告者年来增加甚速。如一九三〇年七月一日其数（专指在缓刑中者而言）为四二八一。翌年七月一日为一三三二一。于一九三二年七月一日增至二三二〇〇。迨一九三三年七月一日则增至三〇八七〇。其每年因违背缓刑规则而撤销缓刑者之数如下：（一）一九三〇年七月至一九三一年六月底，四四四名。（二）一九三一年七月至一九三二年六月，七二八名。（三）一九三二年七月至一九三三年六月，一二四四名。若与每年在缓刑中者之总数相比。祇合百分之三至百分之四。缓刑之制裁力，实未可轻视。④

缓刑之足以减轻国库负担，乃不言可喻之事实。即就保护管束之缓刑而论，其费用亦较诸耗于监犯者减少十倍至二十余倍。如纽约州于一九二六年所耗于监犯之费用，平均每人为五百五十五元八角（美金）。但其耗于因受缓刑宣告而付诸保护管束者，平均每人祇有二十九元。前者几等于后者之十九倍。同年阿海阿（Ohio）州所耗于监犯者，平均每人为八百二十六元。而其耗于因受缓刑宣告而付诸保护管束者，平均每人只三十二元。前者等于后者之二十六倍。印地安那（Indiana）州所耗于监犯者，平均每人为三百元。而其耗于因受缓刑宣告而付诸保护管束者，平均每人祇十八元。前者几等于后者之十七倍。此二种费用在麻色诸色州相差之数不若上述者之大。但前者亦合三百五十元，而后者只有三十五元，适等于十与一之比例。以上所述耗于监犯之费用仅指每年用于监犯之经常费而言。其建设监狱之费用尚未算入。若将后者一并算入，则耗于监犯者与耗于缓刑宣告而付诸保护管束者，更不可同日而语。⑤

（二）假释

假释之制，在美国与在其它多数国家不同。美国之假释谓之 Parole。其性质不若其它多数国家假释之简单。盖前者大都与（一）保护管束及（二）不定期刑制合并运用，而后者则大都与此种制度不发生关系。⑥ 后者之情形为吾人所习见者，姑不赘述。兹请专就前者一言之。按美国之不定期刑制度，系相对的而非绝对的。依此制度，法院于宣告自由刑时，大都规定其最高限度及最低限度。

---

① Report on Penal Institutions, Probation and Parole, 1931, pp. 164-165.
② Bates, Protection as a Penal Policy pp. 2-3.
③ 同上 p. 2. 按关于美国之假释制度，除本文已注明外，均系根据 Report on Penal Institutions, Probation and Parole, 1931 pp. 172, 241-242, 299-316。
④ Federal Offenders 1932-1933, pp. 100-101.
⑤ Report on Penal Institutions, Probation and Parole, p. 168.
⑥ 按意国新刑法第二百三十条规定凡假释者应付诸保护管束（liberta vigilata）。但不定期刑制为该法所不承认。瑙威及奥斯大利亚（Australia）等亦采不定期刑制。但此制运用时，未必与保护管束及假释有不可分之关系。

（例如处犯窃盗罪者以一年以上三年以下之徒刑。一年为最低限度，三年为最高限度。）凡受不定期刑之宣告，于执行最低限度刑期完毕后，如平时品性良好，足证后无再犯之趋势，得享受假释之权利。如平时品性不良，则仍继续受刑罚之执行；但至最高限度刑期完毕后，应即释放。故在不定期刑制度之下，其最低限度刑期之执行大都为假释之必要条件。[1] 犯人经假释后每付诸保护管束或监视。其期间大都至最高限度刑期届满时为止。（按采此规定者，依一九三一年之调查，已有二十三州。）依一九三一年之统计，美国采假释制者已有四十六州。其中采不定期刑制者，据学者报告，[2]于一九二六年已达半数以上。考不定期刑之目的，在避免机械式之刑之宣告，而使执行刑罚之机关有充分之时间以改善犯人。法院于宣告刑罚时，对于被告往往观察不周，贸然确定刑期，未免失之武断。在此种制度之下，执行刑罚之机关，纵欲改善犯人，亦每因限于时间而无能为力。不定期刑之设，实所以纠正此弊。自理论言之，为贯彻目的起见，不定期刑应系绝对的。即刑期之长短一任执行刑罚之机关于观察及感化受刑人后决定之。法院之职务祇限于确定罪之有无。被告一经宣告有罪后，应即交由执行刑罚之机关全权处理。美国学者中如是主张者颇不乏人。如全国法律遵守及执行研究委员会附设之监狱缓刑及假释顾问委员会（Advisory Committee on Penal Institutions, Probation and Parole）即其明例。[3] 顾按诸实际，绝对不定期刑之能否推行。以执行刑罚机关之是否完全称职为断。在完全称职之执行刑罚机关尚未普遍以前，绝对之不定期刑殊易发生流弊。无论为保障受刑人或社会之利益起见，均不应采取[4]。

假释之制虽已见采于近代多数国家，顾其实际上运用最广者，当推美国。该国一九二七年全国正式监狱及感化院（Prisons and reformatories）之出狱人共计四万四千二百零八人。其中有百分之四十九系因假释出狱者。若就各州而论，则假释者在出狱人中所占之百分比例更有高于此者。如加尼福尼亚及密西根同为百分之六十六，朋雪佛尼亚为百分之七十，阿海阿为百分之七十六，纽杰赛为百分之七十九，伊利诺为百分之八十三，纽约为百分之八十六，麻色诸色为百分之八十七，印地安那为百分之八十九，华盛顿（州）为百分之九十八。美国联邦司法部自一九二九年以来，厉行保护管束之假释制度。其每年所处理之假释人增加甚速。如于一九二九年至一九三〇年之年度内其人数为三六三七名，于一九三〇年至一九三一年之年度内为六四五八名。于一九三一年至一九三二年之年度内乃增至八一五三名。于一九三二年至一九三三年之年度内复增至八三七〇名。此项数额若与每年监狱所收之人数相较，殆等于一与七至一与五之比。[5] 是以吾人欲知假释之价值如何，莫若取美国之经验而研究之。据该国人口统计局报告，一九三一年该国十八州（其它州除外）在假释中之人犯共计三五五二七名。其中违背假释条件而经撤销假释者，共计二四九六名，约合全体百分之七。而此二四九六人中，因再犯而经撤销假释者祇有九百八十人。其它皆系因违背单纯之假释规则而经撤销假释者。故专就假释中再犯者而论，其数额祇合全体假释者百分之二·八（即2.8％）。[6]据该国联邦司法部犯罪侦察组统计，一九二四年全国因犯罪嫌疑（此与真犯罪者有别）被捕之人共计三四三五八二名。其中在假释中者祇有二五九七名约合千分之七。[7] 复据该国联邦司法部监狱司报告，于一九二九年七月至一九三三年六月之四年内，每年因违背假释条件而经撤销假释者（指属于联邦者而言）仅合联邦司法部每年所处理假释犯人百分之二·六至百分之四·二。[8] 由是以观，假释之制可谓利多于弊，际此监狱充斥、自由刑无能之时代，其价值实堪注意。

---

[1] 但蒙他那州（Montana）有一例外之规定，即：凡执行最低限度刑期已满一半者，得行假释。
[2] Barnes, The Repression of Crime, pp. 221 - 222.
[3] Report on Penal institutions, Probation and Parole, pp. 241 - 242.
[4] 按美国全国法律遵守及执行研究委员会即如是主张者（见同上 p. 172）。
[5] 同上 p. 127 及 Federal Offenders, 1932 - 1933, pp. 97,131。
[6] Report of Census Bureau, 1931 p. 130.
[7] Bates, Protection as a Penal Policy, p. 14.
[8] Federal Offenders 1932 - 1933, p. 130.

上述减少监犯之种种方法，系就各国一般之情形立论。其能否适用于吾国，尚不无问题。故此后须研究者，即在吾国现状之下此类方法于何种限度内有采取之价值。易言之，即观于前节所论各点，吾国目前应取何种途径，以谋监犯之减少。按减少监犯之方法，不外防止犯罪之增加及缩小自由刑适用之范围二者。此在上节已分别言之。夫防止犯罪增加之道虽有多端，其较为重要而可由法院当局直接或间接为力者，则不外（一）注意幼年犯，（二）改良监狱，（三）保护出狱人，与（四）对于生理或心理上有犯罪趋向者施行医学手术以杜再犯或生殖等项。保护出狱人之运动，我国近年来已开始推行。顾事关社会组织，有赖于民众之切实合作。在吾国现状之下，恐难速成。至对于生理或心理上有犯罪趋向者施行医学手术，近代提倡者虽不乏人，顾于其实施之方法乃至其基本之原则（如犯罪之能否遗传及医学手术之能否除去某种生理或心理上犯罪之趋向等），学者间尚多争议。① 在此种科学尚未发达之我国，似无推行之可能。他如注意幼年犯及改良监狱等，虽为切要之图，顾一则收效较迟，无补目前；一则限于经费，难以举办。就疏通监狱而言，均非迅速有效之办法。故自吾国目前之情形观之，欲求监犯之减少，对于防止犯罪之道，固不可忽视，而欲期其收效迅速，则非对于缩小自由刑适用之范围特别努力不为功。夫自由刑在我国刑法典上所处之地位，已于本文第二节言之。其实际运用上之情形，虽无精确完备之统计可凭，顾就最近全国正式法院及监狱之报告以观，亦不难知其梗概。按诸司法行政部出版之司法统计，吾国正式法院于十九至二十二年四个年度内判处刑罚之被告，分配如下：

年　　度	十九	二十	二十一	二十二
处刑被告之总数	75 408	72 171	91 622	109 454
其中处死刑者	238(.03+%)	188(.02+%)	135.(.01+%)	137(.01+%)
其中处罚金者	15 452(20+%)	16 106(22+%)	23 592(25+%)	46 266(42+%)
其中处自由刑者	59 712(79−%)	55 877(81+%)	67 895(74+%)	60 031(55−%)

是数年间，处自由刑者中处不满一年之自由刑者，分配如下：

年　　度	十九	二十	二十一	二十二
处自由刑者之总数	59 712	55 877	67 895	60 031
其中处拘役者	9 723	8 013	13 032	13 598
其中处一月以上不满六月之自由刑者	26 518	26 027		
其中处二月以上不满六月之自由刑者			31 349	23 652
其中处不满六月之自由刑者之总数	26 231 (60+%)	34 040 (60+%)	44 381 (65+%)	37 250 (62+%)
其中处六月以上不满一年之自由刑者	10 990	10 421	11 771	12 172
其中处六月以上不满一年之自由刑者之总数	47 221 (79+%)	44 461 (79+%)	56 152 (82+%)	49 422 (82+%)

上列各表所载之数字，并未将全国各省正式法院判处犯罪之被告，尽行包括在内。盖十九年度

---

① Paul Boncour, Dans quells cas et suivant quelles régles y-a-t il lieu, dans le systeme penal moderne, d'appliquer la sterilisation, soit par castration, soit par vasectomie ou par salpingectomie? _Rapport présente au XIe Congres penal et penitentiaire international, pp. 1−14；Norwood 问题 pp. 6−13。

所载者仅十五省,二十年度所载者仅十四省,二十一年度所载者仅十六省,二十二年度所载者仅十八省。其余各省,因统计材料缺乏,未经列入。

观上表,乃知十九至二十二四个年度中,经各正式法院处死刑者,祇合由该法院等处刑者全体千分之一至千分之三强。其被处罚金者,合全体百分之二十至百分之四十二强。而其被处自由刑者,则合全体百分之五十五弱至百分之八十一强。其处自由刑者中有百分之六十至六十五强系处不满六月之自由刑者。其处不满一年之自由刑者,合全体处自由刑者百分之七十九至八十二强。(参考民国十九年度司法统计下册第一七三○页至一七四五页。二十年度司法统计第五六二页第五七五页,二十一年度司法统计第六二八页至六四一页,二十二年度司法统计第七三六页至七五五页。)复查是数年间新式监狱新收入人犯之总数,计十九年度二五七一○名(仅十三省),二十年度二三○一一名(仅十四省),二十一年度四○五二五名(仅十四省),二十二年度三四三一八名(仅十六省)。其中处不满一年之自由刑者,分配如下:

年　　度	十九	二十	二十一	二十二
新收人犯之总数	25 710	23 011	40 525	34 318
其中处拘役者	2 030	2 126	3 971	7 156
其中处不满二月之徒刑者	2 002	2 686	6 719	784
其中处二月以上不满六月之徒刑者	10 193	8 074	13 142	8 845
处不满六月之自由刑者之总数	14 225 (55+%)	12 886 (56−%)	23 732 (58+%)	23 785 (70−%)
其中处六月以上不满一年之自由刑满一年之徒刑者	3 925	4 185	6 455	6 842
处不满一年自由刑者之总数	18 150 (70+%)	17 071 (74+%)	30 187 (74+%)	30 627 (89+%)

依上表之记载,各新式监狱中不满六月自由刑之犯人,在每年新收犯人中,约合百分之五十五强至百分之七十弱。其处不满一年自由刑之犯人,在每年新收犯人中,约合百分之七十至八十九强(参考十九年度司法统计下册第一九四四至一九四九页,二十年度司法统计第六七二至六七七页,二十一年度司法统计第七七八至七八五页,二十二年度司法统计第九一四至九二三页)。

由是以观,吾国今日之自由刑非仅在法典上占重要之地位,即在实际运用上亦为法院所重视。而其在实际运用上所常见者尤以不满一年或六月者为最。故吾国目前疏通监狱之道,莫若避免自由刑之适用,加以限制。而限制自由刑适用之道,更莫若避免不满一年或六月之短期自由刑。至避免短期自由刑之方法,当不外(一)训诫,(二)罚金,(三)提供结状及(四)缓刑四者。请分别略论于后:

(一)训诫

吾中国新刑法第四十三条规定:"受拘役或罚金之宣告而犯罪动机在公益或道义上显可宥恕者,得易以训诫。"依此规定,训诫之适用以左列二条件之存在为前提:

甲、被告受拘役或罚金之宣告。其受有短期有期徒刑之宣告者,不在此限。

乙、犯罪之动机在公益或道义上显可宥恕。其犯罪之动机在公益或道义上非显可宥恕者,纵犯罪之情节轻微而被告之素行尚佳或已有悛悔之实据无处以拘役或罚金之必要,亦不得易以训诫。

上述第一条件祇许以训诫代替拘役及罚金,所以使训诫易于发生效力,尚无可非议。惟第二条件则未免对于训诫之适用范围限制过严,似有修正之必要。意者该条之文字不妨改订如下,使法院处刑时较有伸缩之余地：

"受拘役或罚金之宣告者，如犯罪情节轻微或犯罪动机显可宥恕，而平时操行尚佳或已有悛悔之实际，无再犯之虞，得易科训诫。"

（二）罚金

现行新刑法于分则编虽设有"专科"及"或科"罚金之规定，顾其适用范围尚嫌过狭。为适应事实上之需要起见，似应略师德国修正刑法第三十七条补充条文第二条之意规定："凡应处不满六月或三月之自由刑者，如刑罚之目的得因罚金而实现，得以罚金代自由刑。"（按此项规定与吾国现行之易科罚金制有别，不可相提并论，故有增设条文之必要。）更有进者，刑法总则编所定罚金之标准及执行罚金之期间与方法，均失之呆板，恐有碍罚金之推行。关于此点，德意二国之法制（德修正刑法第三十八条第一及第二项，意新刑法第二十四条第三项。见前。）殊可供吾人之参考。

（三）提供结状

提供结状之制共分二种。一为有保证人者，一为无保证人者。无保证人者效力薄弱，无足取法。故今后所宜采行者，当以有保证人者为限。按有保证人之提供结状制可使犯罪者因保证关系而受保证人之监督及劝告，实为防止再犯之良法。于吾国之农村社会尤属相宜。此制之适用方法可分二种，即：(1) 替代自由刑或其它刑罚，(2) 补助缓刑及假释制度。前者系一种变相的罚金缓刑制。在承认罚金缓刑制之国家，无采取之必要。故吾国所宜采取者乃第二种方式。

（四）缓刑

现行缓刑制度得与保护管束制相辅而行，（新刑法第九十三条第一项）实为新刑法一大改革。惟依新刑法之规定，保护管束仅交由警察官署、自治团体、慈善团体、本人之最近亲属或其它适当之人行之。（第九十四条）所谓其它适当之人者，是否包括美国及英国式之非义务性质（即有俸给）之专任保护管束员（Probation officer）在内，似不无疑问。窃以为非义务性质之专任保护管束员，往往为某种犯人（如都市中之犯人或无适当官署私人或团体保护管束之犯人是。）所不可缺少者。美国缓刑制度之所以有如是之成绩者，实由于此项机关之存在。吾国纵因经费关系，一时不克多设此项机关，亦应在法律上予以规定，以便逐渐推行，而应事实上之需要。故此项机关倘为新刑法所不承认，应即设法修正。复按提供结状之制（有保证人者）为防止再犯之良法；用以辅佐缓刑制度，允称相得益彰。此观于英国之情形盖可知之。新刑法未予规定殊属美中不足。将来切实推行缓刑制度时，实有补充规定之必要。更有进者，按照英国及意国之制度，缓刑之实施，遇法院认为必要时，得以被告之履行因犯罪所发生之民事义务（如归还因犯罪所得之物赔偿损害等）为前提。此项制度，不仅足以保护被害者之利益，抑且足以消弭其对于被告之恶感，而维持其对于法律之信仰。（此于侵害财产权之犯罪最易见之。）在一般人民法律常识不充足之我国，殊有采行之必要。异日推行缓刑制度时，尤属不可忽视。

夫避免短期自由刑虽为限制自由刑适用范围之要道，顾吾人于避免长期自由刑之方法亦应为相当之注意。按避免长期自由刑之方法不外二种。一为前述之缓刑制度。一为假释制度。关于缓刑制度应注意各点，已略述于前，毋庸复论。兹所须研究者，仅为受缓刑宣告之自由刑之刑期问题。依新刑法第七十四条之规定，得宣告缓刑之自由刑，以二年以下之有期徒刑或拘役为限。关于此项规定有二点可得而论之。(1) 二年之刑期是否嫌长。易言之：即受二年以下一年以上有期徒刑之宣告者，是否宜于缓刑；(2) 二年之刑期是否嫌短，易言之：即受超过二年之自由刑之宣告者，是否宜于缓刑。关于第一点，窃以为二年之刑期并不嫌长。其理由有二：(1) 一年以上二年以下之有期徒刑。就时间性而论，对于一般犯人未必尽能收改善感化之效。其执行之结果未必胜于缓刑。(2) 受一年以上二年以下有期徒刑宣告之犯人中，不乏秉性良善，无须执行自由刑而能改过自新者。宣告缓刑，正所以慎重刑罚，于社会及私人均属有益。至于第二点，各国立法例及学者之意见种种不一。有认为二年之刑期已足者，亦有认为二年之刑期失之过短者。其认为二年之刑期失之过短者,关于刑期延长之限度,主张亦不一致。有认为凡死刑或无期徒刑以外之刑均可宣告缓刑者。(美国多数州之制度)亦有认为一定年限以下之有期自由刑(如十年以下之有期徒刑是)均可宣告缓刑者。窃以为就吾国目前之情形而论,缓刑之宣告不妨暂以二年以下之自由刑为限。其理由如左:

(1) 现行缓刑所规定之自由刑,大都具有伸缩性。法院对于情节可恕之案件,得处以最低刑或将法定刑减轻。按诸实际,其最低之刑或减轻后之刑仍超过二年之有期徒刑者,殊不多觏。故在现行制度之下,其有受缓刑宣告之必要而因限于法律之规定不能宣告缓刑之案件,殊属寥寥。

(2) 缓刑制之见诸法典,虽已有二十余年,而迄未切实推行。为慎重起见,不宜将其适用范围特别扩大。目前不妨暂就处二年以下自由刑之案件切实推行。俟将来确有成效后,再议扩充其适用之范围。

关于假释制度应注意者计有四点:即:(1) 保护管束,(2) 结状之提供,(3) 因犯罪所发生民事义务之履行,(4) 假释前必须执行之刑期。就前三点而言,现行制度所应改革者与缓刑相同,姑置不论。兹专就第四点而言之。按假释前必须执行之刑期,有由法律预先予以概括的规定者,如法比德意及其它大陆法系之制度是;有由法院于判决时斟酌案情临时决定者,如美国之不定期刑制度是;亦有由执行刑罚或办理假释之机关自由决定者,如美国少数州之制度是;吾国新刑法第七十七条关于假释前必须执行刑期之规定,导源于第一种制度。故法院及执行刑罚或办理假释之机关,对于假释前必须执行之刑期均无自由决定之权。此项制度是否有维持之必要,似不无疑问。良以假释前必须执行刑期之长短,因各犯人之情形与需要而不同。倘于事前予以概括的规定,必近于武断,难免有闭门造车之弊,其效力实不及第二与三种制度也。惟于此有不得不研究者,即吾国如放弃第一种制度,将如何抉择于其它三种制度之间。自理论言之,决定假释前必须执行刑期之机关,应对于受刑人有充分之观察机会。其能当此无愧者,莫若执行刑罚之机关。故第三种制度似较第二种为可取。顾在吾国现状之下,新监已经遍设。关于人才与管理方面,有待改革者尚多。倘采行第三种制度,则执行刑罚之机关职责过重,恐不克胜任,转易发生流弊。其折衷之道,当莫善于采第二种制度。

监狱之疏通问题既略论如上,次须研究监狱之改良问题。此可分四点言之如左:

一、经费

论者每谓:吾国监狱之最大缺点为经费之支绌;经费问题不解决,则监狱之改良必难以实现。故吾人讨论监狱之改良问题时,首须注意如何充实监狱之经费。按监狱经费之充实方法,可分积极的与消极的二种。积极的方法,即开源是也。消极的方法,即节流是也。国内之研究监狱经费问题者,大都着眼于积极的方法;于消极的方法,鲜予以考虑者。且其所重视之积极方法,每以增加预算为限,于其它开源之道,漫不注意。夫吾国监狱经费之预算虽嫌过低,然以目前之财政状况与政府一般人对于监狱之冷淡情形而论,若欲将其数额提高至一倍或二倍以上(此乃在现状下改良监狱必需之数额),未免与事实相去过远,其难直无异登天。此吾国今日之所以有改良监狱之议论,而不易实行也。是以吾人处今日而欲解决监狱之经费问题,决不可蹈循故辙而株守一隅。预算之增加,虽可酌量为之,然杯水车薪,仅属小补。根本之图,实不外另觅开源节流之新途径。所谓开源节流之新途径者,约有二端:一曰疏通监狱,以多数人之经费备少数人之用;二曰改良及发展监狱之作业,以出品之收入拨充经费。前者于本章前段业已论及,毋容赘述。兹所须补充者,祇有一点,即:吾国如缩小自由刑适用之范围而避免不满一年或六月之短期刑,则监狱中之犯人可减少半数以上;若更对于一年以上长期刑之适用加以注意,其所减之数必益有可观。故上述疏通监狱之方法,倘能切实推行,其结果无异使监狱经费增加一倍以上,裨益不为不大也。至监狱作业,在他国往往为开源之重要工具;吾国往日,过于忽视;故结果殊不足道。惟此后如能改良而发展之,俾监犯得自作自给,则于监狱经费必有大补。其实施方法,当于讨论监狱之管理时述之,姑从略。

二、设备及待遇

吾国今日之监狱,设备及待遇已有进步者,虽非尽无,然可批评者实居多数。房屋之简陋,地位之拥挤,饮食之恶劣,床铺之污秽,蚊虫跳蚤之侵扰,医具药品之不齐,狱卒桎头之压迫,主持长官之贪婪——凡此种种,几为习见习闻之事。人间地狱,即在斯也。故不改良监狱则已,既改良监狱,则于设备及待遇之改良,非三致意不可。惟改良监狱之设备及待遇,不可漫无标准。兹请揭其基本原则如左:

1. 设备及待遇应顾及监犯身体上之基本需要。监犯之生活虽不可过于舒适奢侈,然饮食起居之基本需要应使其满足。凡不合卫生之设备及待遇,均有改革之必要。

2. 设备及待遇不得超过监狱外一般生活之标准。西洋监狱之设备及待遇,因受极端人道主义之影响,往往超过监狱外一般生活之标准,识者非之。吾国法制宗采欧美,言改革者,崇尚模仿,本邦情形,每遭忽视。对于监狱设备及待遇之改良,不免趋于极端。殊不知监狱所以藉惩罚而感化犯人,倘其设备及待遇超过监狱外一般之生活标准,则转失其警戒犯人之效力。且犯人因习于舒适,一旦出狱,在处境贫苦及知识浅薄者,必不能惯。欲望其不再蹈覆辙,难矣。故今后监狱之设备及待遇,应以不超过一般社会之生活标准为原则。

3. 设备及待遇,需足以维持监狱之安全及秩序。监狱为犯人聚集之地,最尚安全与秩序。故一切设备,均应注意及此。如监狱之房屋,虽不必求其精美,但应使其坚固;监狱之当局,虽不可虐待犯人,但应使遵守纪律。至房屋应坚固至如何程度与犯人所应遵守者为何种纪律,须以犯人之情形为断,不可一概而论。如轻罪犯、女犯、幼年犯及普通犯所居之房屋,不必如重罪犯、男犯、成年犯、凶恶犯所居者之坚固;轻罪犯、幼年犯、普通犯所遵守之纪律,不必如重罪犯、成年犯、凶恶犯所遵守者之严厉。

4. 设备须使监狱之管理便利而经济化。此理甚显,毋庸申论。兹请试举数例,以资说明。如:(甲)监狱之房屋须有联络,使易看守;(乙)监狱门户不可过多,以免增加看守或岗警之员额;(丙)监狱房屋曲折宜少,俾易于观察;(丁)监狱房屋之式样,应于可能范围内使极少数之人员管理狱务而不生流弊。

5. 设备及待遇应足以养成犯人勤苦耐劳整齐清洁之习惯。监狱之设备及待遇,应于可能范围内顾及犯人之感化及改良。勤苦、耐劳、整齐、清洁为人生不可缺少之美德,宜设法养成之。

6. 监狱内应有适当之作业及教诲设备。作业与教诲乃改良感化犯人之基本方法。故监狱内非有关于作业教诲之适当设备不可。

7. 监狱内应有足敷分配之别居设备,使应行隔离之犯人不互相混杂。监犯混杂,流弊至多。近代监狱,制尚别居。吾国监狱能注意及此者,寥若晨星。良莠合污,互相熏染,诚一犯罪之训练所也。故今后非力矫此弊不可。

三、管理

监狱管理,头绪纷繁;详细论列,有待专书。兹仅就其最重要者七点,即:(一)调查分类,(二)教诲,(三)作业,(四)营卫,(五)防守,(六)态度,七,保护,略论如次:

(一)调查分类

刑罚之执行,贵能个别化。易言之,即贵能视犯人之情形与需要而变通其方式,藉收改良感化之效。惟刑罚执行之个别化,以明瞭犯人个人之情形及其环境为前提。故实施以前,应先进行调查与分类之工作。盖监狱之与犯人,犹医院之与病者。病者入医院时,必先经过诊断之程序,以便知其疾病之性质而对症下药。如:患传染病者,必须送隔离病房;患急性盲肠炎者,必须施以手术。

犯人入监狱时亦然。其调查与分类之工作与医院之诊断同其性质,乃对于犯人对症下药之标准程序也。吾国监狱,设备既陋,而管理亦往往不得其人;对于调查与分类工作,漫不注意;即或注意及之,亦多敷衍塞责。凡所设施,鲜能中肯。是直无异医院对于病者不先行诊断而乱投药石,其能不摧残犯人者几希。故今后改良监狱管理之首要,莫若切实推行调查与分类工作。按犯人之调查可分(1)身体的,(2)心理的,(3)环境的三种。身体的调查,为研究犯人身体上有无缺陷及其缺陷之性质或程度为主旨。心理的调查,以研究犯人之知识程度及其心理是否正常或有无特点为主旨。环境的调查,以研究犯人以往之历史及其家庭情形等为主旨。凡犯人入监时,应先令其别居一月或二月。于此一月或二月内,监狱当局即从事调查其身体,心理,及环境各方面之种种情形。迨调查完毕,然后按犯人之性质实行分类。其分类之标准,种种不一。各国办法,极为分歧。惟概而言之,不外下列各种:

甲、性别。如:男与女各归为类。

乙、身体之有无疾病及疾病之性质。如:健全者与有病者各归为类;患传染病者与患非传染病者各归为类。

丙、年龄。如:成年者与未成年者各归为类。十六岁以上者(此项年龄标准,可视实际情形定之,兹不过举其例而已。)未成年者与不满十六岁之为未成年者各归为类。

丁、教育。如:教育程度或门类相同或相近者各归为类。

戊、婚姻。如:已婚之妇女与未婚之妇女各归为类。

己、职业。如:职业性质相同或相近者各归为类。

庚、犯罪之性质。如:重罪犯与轻罪犯各归为类;性的犯与非性的犯各归为类;金钱犯与非金钱犯各归为类。

辛、刑期之长短。如:处二月以下,六月以下,一年以下,二年以下,超过二年及超过五年有期徒刑与无期徒刑之犯各归为类。

壬、犯罪之次数。如:初犯与累犯各归为类;累犯二次之犯与累犯多于二次之犯各归为类。

癸、入监之是否由于易科。如:自始即处自由刑之犯与易科监禁之犯各归为类。

以上各种分类标准,不必尽适用于犯人之拘禁。其适用于教诲、作业等事项者,亦属有之。故须视各种管理事项之性质酌为运用。

(二) 教诲

教诲之宗旨,在改善犯人之品性与增长犯人之知识,在监狱实务上颇占重要之地位。吾国现行法令,对于犯人之教诲,虽有所规定,顾夷考其实,殊不足道。其缺点之最著者,约有四端:

甲、教诲之人才的设备过劣。监狱内之教诲师,因待遇菲薄,(普通仅四十至六十元)每不能由学识高尚而对于教诲事业有兴味及研究者充任。且其人数颇少(通常每监祇有一人),不敷支配。以极少数之教诲师而训导多数难受感化之犯人,事实上殆属绝对不可能。

乙、教诲之物的设备过劣。如:课室图书等异常简陋缺乏。

丙、教诲之方法过于机械。教诲师往往不视犯人之情形与需要而变通其教诲之方法,强求一律,未免呆板。犯人每缺乏兴趣,或竟发生反感而嫌恶或轻视教诲师。

丁、教诲之材料目的等未经司法行政机关于事前详为规定,漫无标准。吾国法令,关于教诲之材料目的等尚无详密之具体规定。教诲事项,一任教诲师自由主持。于此教诲人才未经改良之时,流弊极大。

以后改良监狱,对于上述缺点应设法补救。

(三) 作业

作业之宗旨,在(1)培养发展犯人之谋生技术或能力,俾出狱后得独立谋生而不再犯罪,(2)移转犯人之注意于工作,以减少其在监之痛苦,(3)养成犯人勤劳之习惯,(4)增加监狱之收入和减轻一般纳税者之负担,与(5)使犯人在执行自由刑之期间有相当收入,以赡养家庭或供储蓄而维持出狱后之生活。吾国监狱作业,殊形落后,对于上述之宗旨,鲜有能顾及者。考厥原因,约有左列三端：

甲、自由刑之滥用。此足以引起二种结果,即：(甲)工场之缩小或取消,(乙)刑期过短,无法施以训练。

乙、监狱内根本无作业之工场。此在各县监狱颇为习见。

丙、管理不得其法。此可分五点言之如左：(甲)监狱当局不分配工作与犯人或不为犯人寻求工作。(乙)作业教师不得其人。(丙)监狱当局不设法奖励犯人工作。如：不将作业出品所得之价归公而完全移入私囊；或虽将其归公而侵吞或虚报监犯应得之提成；或不因监犯作业成绩优良而改善其待遇等是。(丁)作业之性质不适宜。此可复分为二点言之：子、作业之性质不适于犯人。如所分配之工作与犯人之教育、职业、体质不合是。丑、作业之性质不适于社会。如作业之出品非社会所需要,或不足以与社会已畅销之工业出品抗衡是。(戊)作业出品之推销不得其道。如不与可购监狱出品之政府及私人机关多事联络,及不努力宣传等是。

观于上述各端,乃知今后改良监狱作业之具体方法当不外：

甲、缩小自由刑适用之范围,以恢复改良固有之工场；

乙、增设作业工场及设备；

丙、改良作业管理方法,如：(甲)由监狱当局设法予犯人以相当工作,并在外多承揽工作以便分配于犯人；(乙)慎选作业教师,并提高其待遇；(丙)奖励犯人工作,如：采用提成制度,按作业之成绩改良犯人之待遇,及防监狱当局中饱等是；(丁)视犯人之性质分配适当之工作,并使作业出品能合乎社会之需要。最低限度,应使作业之出品能适应监狱本身、司法机关或其它政府机关之需要；(戊)由监狱当局与各司法机关或其它政府机关多事联络,请购买监狱之作业出品；或由最高司法行政机关限令所属机关购买此类出品；或由国民政府限令各政府机关购买此类出品；如行有余力,并多向私人宣传使购买此类出品。

(四)营卫

吾国监狱关于犯人之营养卫生,缺点颇多。如平时饮食之不良,起居处所之污秽,医药设备之简陋,所用医师之非人,传染病人之杂居等,几为今日之共同现象。各县之旧式监狱,固不足论。即所谓新式监狱,亦难使人满意。此观于新式监狱犯人之疾病及死亡统计盖可知之。如：民国十九年度初至二十二年度终,新式监狱之患病及死亡者,如左表之记载：

年　　度	十九	二十	二一	二二	备　考
监犯总数	二五〇一一	二四〇一一	四〇五二五	五一一四三	此表所称之疾病指患病未死者而言
疾病人数	一〇〇二六	一〇三七六	一〇五二一	一一二六二	
病死人数	一五八七	一三一四	一二〇一	九八六	
因他故死亡人数	五	四	三	五	
疾病与死亡者总数	一一六一八	一一六九四	一一七二五	一二二五三	
疾病者与总数之总比例	40—%	43+%	26—%	22+%	
病死者与总数之比例	6+%	5+%	3—%	1.8—%	

观右表,乃知吾国新式监狱犯人之疾病率,最低者为百分之二十二强,最高者为百分之四十三强。其病死率最低者为百分之一点八弱(即千分之十八弱),最高者为百分之六强。若将疾病率与病死率相加,其总数之最低者为百分之二十四(二十二年),其最高者为百分之四十八强(二十年)。

若将病死率与此总数相比,则知凡患病而死亡者,至少合全体患病者之百分之八弱(二十二年),至多合全体患病者之百分之十三强(十九年)。即每一百个患病之监犯中,至少有八个至多有十三个死亡。其疾病率与死亡率不为不高。复查监犯中以患肺痨病,痢疾,肠炎,伤寒,霍乱,及其它肠胃疾病者居多。请列表说明于下:

年 度	肺 痨 病		痢疾肠炎伤寒霍乱其它肠胃病	
	患 者	死 者	患 者	死 者
十 九	三九四六	七三七	七一三六	六〇八
二 十	三三〇三	四六四	六七二一	五六九
二十一	二一五一	四二七	四二六六	五二九
二十二	二五〇九	三七〇	四九六〇	三一六
备 考	此表所称之患者连死者在内			

上表之患肺痨病者,约合监犯总数百分之五(二十二年)至百分之十五(十九年)。易言之,即每十个犯人中有半个至一个半患肺病者。若将其与疾病及病死者之总数相比,其数约合十分之二至三左右。即每十个疾病或死亡之监犯中,有二个至三个患肺病者在内。肺病之死亡率甚高,约合患此病者之百分之十三(二十年)至百分之二十(二十一年)。至于患痢疾、肠炎、伤寒、霍乱及其它肠胃病者,约合监犯总数之十分之一(二十二年)至十分之三(十九年)。易言之,即每十个监犯中,有一个至三个患肠胃病者。若将其与疾病及病死者之总数相比,其数约合十分之四(二十一年及二十二年)至十分之六左右。即每十个疾病及死者中,有四个至六个患肠胃病者在内。肠胃病之死亡率亦甚高,约合患此病者之百分之七(二十二年)至百分之十二(二十一年)。凡此种种,足证:

甲、监狱内之饮食、起居、作息不适于犯人之需要;

乙、监狱内之医药人员及设备殊不足恃。

故今后对于监狱之营养卫生,非痛下决心加以改革不可。其改革之道,不外后述五端:

甲、依据上述分类之标准,视各监犯身体上之需要,供给适当之饮食及起居设备;

乙、使监犯有适度之劳动与休息;

丙、隔离有传染者,严防疾病之蔓延;

丁、慎选医疗人员,提高其待遇,并充实医药之组织及设备;

戊、常检查监犯之体格,多从事疾病之预防工作。

(五)防守

监犯之防守,可自监犯之利益与监房之建筑二方面观察之。就监犯之利益言,监狱当局应设法使犯人无互相熏陶之机会。不惟应注意监督各犯人之行动,抑且应于可能范围内使各犯人隔离。如幼年犯之与成年犯分房,初犯者之与累犯分房,凶恶犯之与善良犯分房,短期刑犯之个别分房等,皆其明例。就监房之建筑言,监狱房屋虽尚坚固,要不可不兼顾经济。吾国监狱,因不推行调查与分类之办法,对于房屋设计,未能视犯人之性质而异其标准。不问犯人之凶恶与否、成年与否、或为男为女,其所设计之监房等之坚固程度,往往无甚区别。其建筑不失之不经济,即失之不坚实。重经济者,则因房屋不能合用而蒙损失;重坚实者,则因预算数额过高而裹足不前。故今后设计监狱之建筑,允宜按监犯之性质而变通其标准。如收禁凶恶犯之房屋,其坚实之程度宜列为第一等;收禁普通成年犯之房屋次之;收禁女犯及幼年犯之房屋又次之。此法倘能实行,则经济与坚实二条件均可兼顾。

（六）态度

改善监犯，首应使其感觉前途之有希望。否则，其意兴必致消沉，虽有良师，亦难使其自新。惟监犯之感觉前途有望，有赖于教诲者固多，而得力于监狱当局平时态度之和蔼诚挚者，尤不可忽视。曩尝考察欧美先进国家之模范监狱，觉其为吾国监狱所最不可及者，乃主管人员对于监犯之态度之诚恳与夫监犯意态之活泼。惟其能如是，故监犯之受感化成绩斐然可观。此实大可供吾国监狱之取法。

（七）保护

监犯保护事项，种类不一。兹所须讨论者，乃"出狱人之保护"，即对于刑期届满而出狱者之保护是也。按监犯出狱后，每因经济之压迫，名誉之失丧，能力之薄弱，家庭之变迁，社会之轻视，而不克得适当之职业或觅合宜之环境，以度正当之生活。即有自新之决心，亦难如愿以实行。其意志薄弱者，遂不免重蹈覆辙而以犯罪为生涯。近代累犯之所以增加，此实其原因之一。故出狱人之保护，所关甚大。吾国提倡此事，由来虽久，惟迄未切实推行。考厥原因，约有三端：

甲、出狱人保护之组织不完备。近数年来，虽在各县有出狱人保护会之设，然主其事者，每非地方之公正士绅，易遭人轻视；即系地方之公正士绅，而因利害关系不深，办事类多懈怠；即或办事热心，而因缺乏研究，亦不知何从入手。

乙、监犯于未出狱前未受适当之训练，出狱后无合宜之职业可介绍。吾国监狱，或根本无作业，或虽有而不足以养成人犯独立谋生之能力。故犯人出狱后常无事可为。主持出狱人保护事业者，每苦爱莫能助。

丙、监犯出狱后仍走入其固有之环境，致保护事业不易推行。犯人固有环境内之社会，对于犯人之成见已深，不易表示同情。故推行保护事业，窒碍良多。

欲补救上述各点，当实施下列办法：

甲、改善监狱之作业，养成犯人出狱后独立谋生之能力，以减少寻求职业之困难。此本为监犯平时之管理问题。惟因与出狱人保护事业有关，特再提及。

乙、犯人出狱后，应于可能范围内设法使其不走入固有之环境。此有赖于监狱当局之努力。监狱当局应于犯人未出狱前间接或直接为犯人觅得相当职业，使无重回固有环境之必要。

丙、充实并改良各地保护出狱人之组织。各地之出狱人保护事业，应由对于此项事业有兴趣之地方公正绅士主持。监狱当局应多与彼等联络，并指示其推行此项事业之方法。全国各地之出狱人保护团体，应互通声气；政府应补助必要之经费。全国监狱应于犯人出狱前相当时期内将其姓名、履历及入监后改良之程度，直接或间接通告各地之出狱人保护团体，托为介绍职业。庶犯人之职业问题可于出狱前得相当之解决。各地之出狱人保护团体，应与出狱人多事联络，除代觅职业外，并随时观察其行动，予以必要之指导及协助。

四、人才

吾国监狱人才之缺乏，较诸狭义司法人才更有过而无不及。其原因亦为培养、甄用、待遇、考核之不得其道。盖吾国一般专门以上之学校，对于监狱学科向不注意；监狱之专门人才，全仗政府设立训练所等以培养之。惟政府所设立之训练所等历史未久，且修业年限过短（如司法行政部前数年训练之监狱官修业期限仅有半年），课程设备过简，其造就之人才距吾人之理想尚远。至甄用之重形式条件而忽视专门学识，待遇之菲薄，考核之不严密迅速，乃今日狱政所已证明之事实。更不言而可喻。故今后亦宜仿照改良狭义司法人才之方法改良监狱人才。

以上所述，不过监狱疏通及改良问题之梗概。此外应研究者尚有与监狱有关系之看守所与拘留所，请附论于后：

一、看守所

看守所乃附设于法院而羁押未决刑事犯之所。吾国今日看守所之问题亦可分为（一）关于疏通者与（二）关于改良者二类。兹略论如次：

（一）疏通问题

吾国之看守所，较诸监狱更感人满为患。考厥原因，约有四端：

甲、犯罪增加。犯罪增加，则因刑事案件被羁押之嫌疑犯及被告亦随之增加。

乙、滥行羁押。法院往往将情节轻微无逃亡可能之嫌疑犯及被告羁押，而不准交保。

丙、诉讼迂缓。刑事诉讼之迂缓，足以使案件久悬不结。遂至看守所之嫌疑犯及被告入多而出少。

丁、都市繁盛。工商业发达以后，人口集中于都市；都市因以繁盛。惟集中于都市之人，以游移不定者居多。彼此间之关系，不若农村区域居民之密切。故刑事被告之寻觅保人，较在农村区域为难。遂至本可交保之嫌疑犯及被告不得不羁押于看守所。

以上第一与第四种原因，不易去除或减少。故看守所之疏通，当自去除或减少第二及第三种原因入手。其法如左：

甲、凡非情节重大而有逃亡或湮灭凭据可能之刑事嫌疑犯及被告，不轻予羁押。

乙、情节较重或有逃亡或湮灭证据可能之嫌疑犯及被告，应于可能范围内准予交保。

丙、督促法官迅速结案。

丁、使诉讼程序简易化。

（二）改良问题

看守所之改良问题，大都与监狱相同。如经费（但看守所无作业可言，除疏通与增加预算外，别无增加经费之法）、设备、待遇、防守、态度等，均可参照关于监狱所述各点加以改良，毋庸赘论。兹所须补充者，衹有一点，即：看守所之羁押者，应格外于可能范围内分房别居是也。盖分房别居，不仅为预防羁押者彼此熏陶与传染疾病所必要，抑且为阻止若辈反供、勾串、与湮灭证据之利器也。

二、拘留所

此处所称之拘留所，指警察机关羁押刑事嫌疑犯与违警犯之所而言。关于此项拘留所，有左列六点应特别注意：

（一）刑事嫌疑犯与违警犯之分别羁押。违警犯乃情节极轻微之犯罪者，与普通刑事嫌疑犯不同，应分别羁押，以免受其熏陶。

（二）刑事嫌疑犯之分别羁押。就普通刑事嫌疑犯而言，凡在看守所内所可发生之流弊，在拘留所内均有发生之可能。故拘留所之刑事嫌疑犯，亦宜仿照看守所之原则实行分房别居。

（三）违警犯以不羁押不处拘留为原则。羁押与拘留之流毒极大。此观于本章前段所述短期刑之弊害盖可知之。犯违警罪者，情节既属轻微，非至不得已，自不应羁押处或以拘留。

（四）违警犯如有羁押或拘留之必要，应严行分房别居。此与监狱犯人之分房别居同其理由。

（五）对于拘留所之释放者，应加以监督及保护，使不再犯或流为普通刑事犯。违警犯之情节虽属轻微，但如措置不当，往往足以引起严重之犯罪行为。故对于此类犯罪者释放后之行动，非加以特别注意不可。

（六）改良羁押者之待遇。吾国拘留所对于羁押者之待遇，颇有可非议者，待亟应加以改良。

领事裁判权与危害民国的外籍人民[①]

据本月(即 12 月)13 日重庆各报载称,老河口曾于 11 月 28 日破获一惊人的国际间谍案。充间谍者是该地天主教堂的意籍主教费乐理及神父黎均。他们都直认为日本作间谍不讳,当时曾由警察局在教堂内搜出手枪一支,子弹五粒,无线电收音机及无线电收发报机各一架并其它无线电各种重要零件。该地民众对此深为愤恨,曾一面举行反间谍汉奸大示威运动,一面呈请当局从速严加惩处。该主教与神父知事已不可挽回,于本月 10 日至函老河口民众代表团,愿于一星期内离开中国。老河口警察局业将办理该案经过情形呈报第×战区司令长官部,闻该部除派员妥为办理,结束该案外,并着警察局对该主教与神父等暂予保护,免生意外。

我们看了上述消息,当然联想到许多事情;不过其中最值得注意者,乃我国军事当局对本案所持之态度。我们知道:本案意主教与神父等之行为实构成《修正危害民国紧急治罪法》第 1 条第 1 项第 4 款之罪名;如报纸的消息果系确实,他们便应依照该法送由所在区域之最高军事机关处罚。但是,如上述消息所称,第×战区司令长官部却并未依照该法加以处罚,这是什么缘故呢?简括言之,大概有两个可能的答案,一个是:该司令长官部,因为对外政策的关系,对于本案有所顾忌;另一个是:该司令长官部,因为意主教与神父享有领事裁判权,认为他们不受我国法律的制裁。如果第一个答案是对的话,那我们暂时不愿意表示什么意见;因为对政策是很难有客观标准的。不过,如果第二个答案是对的话,那我们觉得国人对于领事裁判权与危害民国罪的法律关系或不免有误解的地方,我们愿乘此机会,就这一点加以讨论,使我们对它能有正确的了解,这便是作者写本文的动机。

在讨论本题以前,我们可以对于解释领事裁判权的几个基本原则加以简单的说明。严格言之,领事裁判权之在中国,是根据条约或其类似文件而产生演变的;其性质及范围应该取决于条约或其类似文件。有些外国学者认为:领事裁判权产生演变的根据,除条约或其类似文件外,还有中国政府片面的表示及各地的惯例。他们把后二者的效力看作和条约或其类似文件一样;因此他们主张:凡外国人因后二者所享受的利益,应该和根据条约或其类似文件而取得的利益受同等的保障。这种看法是不对的。其理由有二:(1)中国政府片面的表示仅能代表中国单方的美意,其性质和条约或其类似文件的规定不同;外国人不应该将中国单方的美意当作既得的权利看待;因为中国既根本没有对于外国人单方地表示美意的义务,也随时可以停止对他们这样地表示美意。(2)所谓"各地的惯例",实不过外国人片面的背约越权事实或中国政府对于外国人背约越权种种事实的"容忍"(Tolerance)或失察(Omission);这与条约或其类似文件上所有之积极规定截然不同,并不能赋予外国人以任何合法的权利。根据上述两种理由,我们可以说:领事裁判权并不包括外国人因"中国政府片面的表示"及"各地的惯例"而享受的利益在内。因此我们解释领事裁判权时,可将这一方面撇开,而专就条约或其类似文件加以检讨。不过条约或其类似文件的解释,除依当事国当时的意思为

[①] 原载于 1939 年 1 月《中华法学杂志》战时特刊第 2 卷第 1 期。

转移外并应受国际法原则的拘束。我们解释领事裁判权时,对于条约,或其类似文件及当事国的意思固应加以检讨,而对于国际法的原则尤当特别注意。

中国与外国所订的条约或其类似文件中,对于领事裁判权的规定往往有不清楚或费解的地方,同一规定每会有几种可能的解释。因为利害的关系,义务国与权利国当然都愿意采取那于自己最有利的解释,于是彼此常发生争执。我们解释领事裁判权时,应该首先将解决这一类争执的原则弄明白;这种原则在国际法上已经相当确定。依照国际法的原则遇条约或其类似文件之规定意义暧昧或可作数种解释时,应采取于义务国(即因该项规定而负义务或受限制之国)最有利——即于权利国(即因该项规定而享受利益之国)最不利——或于订约国对于人及领土固有之统治权或主权限制最少,或所加于订约国的广泛限制(general restrictions)最少的解释。这个原则早就有人主张,最近屡经海牙国际法庭援引,已成为公认的定例[参阅 Oppenheim, International Law, 5th ed., by H. Lauterpacht, Vol.1 (1937), pp. 753-754]。我们解释关于领事裁判权的条约或其类似文件时,当然也应受其拘束。

解释领事裁判权的基本原则既说明如上,现在便要讨论本题。综观中国与外国历次所订之条约,其对于有领事裁判权国人民在中国之犯罪行为大概有两种不同的规定:(1)凡权利国(即有领事裁判权国)人民因侵害中国人民之私益而为刑事被告时,不受中国法院管辖及中国法律之制裁。(2)凡权利国人民在中国犯罪时,不受中国法院之管辖及中国法律之制裁。这两种规定的文字虽有出入,但其效力则属相同。它们不足以影响中国对于危害民国罪的管辖权。兹分论于下:

第一种规定见于中英 1858 年条约(英文)第 16 条,中美 1858 年条约第 11 条,中丹 1863 年条约第 16 条,中荷 1863 年条约第 6 条,中西 1863 年条约第 13 条,中意 1866 年条约第 16 条,中巴 1881 年条约第 10 条,中秘 1874 年条约第 13 条,中葡 1887 年条约第 48 条等等。这些条文都仅规定权利国人民对于中国人民(Chinese subjects or citizens)犯罪时不受中国法院之管辖及中国法律之制裁云云,而对于权利国人民侵害中国政府或公共或一般社会利益之犯罪案件,如颠覆政府、充当间谍、暴动、走私、贩卖毒品,妨害公共秩序及其它许多类似案件,并未提及。这样的规定决非偶然,一定是充分考虑的结果。因为依照上述这些权利国本国的法律,侵害私人利益的犯罪案件和侵害政府或公共或一般社会利益的犯罪案件,有许多区别,不能相提并论。他们订条约时,对于此点一定看得很清楚。所以外国人方面决不能说,上述那些条文的文字和订约国当时之真正意思不一致。领事裁判权本是对于一个国家固有主权的一种限制,外国人因领事裁判权所得享受的权利,以条约或其类似文件有明白规定者为限。凡依照条约或其类似文件的明白规定并没有赋予外国人的权利,仍应由主权国(即义务国)保留[参阅 Pissott, Extraterriotriality(1908), P. 8 及 Willoughby, Foreign Rights and Interests in China (1927), Vol. ll, P. 596.]。上述那些和订约国当时之真正意思一致的条文所明白规定者,既以权利国人侵害中国人民私益之刑事案件为限,其余刑事案件自应仍由中国裁判机关管辖,并依中国法律处断。我们知道:危害民国的犯罪行为,都与侵害中国私人利益的犯罪行为不同(参阅修正危害民国紧急治罪法第 1 条至第 6 条),根据上述条约的规定,不受领事裁判权的保护。所以凡是权利国的人民有此类似犯罪行为者,皆应依中国法律受中国裁判机关的审判。

或者有人说:"上述这一类条约关于领事裁判权的规定已因中国政府与外国人方面所订类似条约的文件,如'上海公共租界内中国法院之协议'及附件与'上海法租界内设置中国法院之协议'及附件等而变更。这些文件并未规定,外国人在租界内有侵害私人以外之利益的犯罪行为时,一律须依中国法律受中国法院的审判。而按之实际,中国法院对于有领事裁判权国人民所犯侵害中国私人以外利益的罪,不论犯罪者是否上述英、美、葡、丹、荷、西、巴、秘等国的人民,概不过问。足证中国政府已因各该文件而同意将英、美、葡、丹、荷、西、意、巴、秘等国侨民在刑事方面所享受领事裁判权的范围扩大,与其它享受此权的外国侨民相等。"关于这一点我们可以答复如下:

1. 上海两租界中国法院的协议及附件，虽未特别规定外国人在租界内有侵害私人以外之利益的犯罪行为时一律须依中国法律受中国法院之审判，但也并无明文承认有这种犯罪行为的外国人可以不受中国法律的制裁及中国法院的审判。中国法院对于他们仍保留依法裁制之权。况且该协议内部规定：自协议发生效力之日起，所有以前关于租界内中国法院或会审公廨之一切章程协议换文及惯例概行废止，中国政府现行及将来依法制定公布之法律等程序应一律适用于新成立之中国法院云云（见上海公共租界内中国法院之协议第3条）。外国人所主张的一些足以扩张领事裁判权范围的种种"惯例"或文件，均被大家正式宣告无效。足见协议双方对于领事裁判权范围之扩张有明白之反对表示。

2. 至于中国法院在实际上之所以对于有领事裁判权国人民所侵害中国私人以外利益的罪不予过问，其原因有三：（1）这类案件发生的地点以在租界内者居多；租界的警权操诸外国人，警察机关对于这类案件，每不愿追究；即或追究，亦不依法移送中国法院，致中国法院对于这类案件无法察觉。（2）中国法院有时对于这类案件虽略有所知，但以无直接警察权，难得充分证据；若责令租界警察机关传唤拘捕人犯或搜集证据，则他们不愿照办；因此检察官无法行使职权。（3）这类案件，发生于租界以外者比较少，而中国公安机关发见这类案件时，为宁人息事起见，照例免予追究或呈报上级机关依外交程序办理，中国法院也无过问的机会。由这三种原因，我们知道：中国法院之所以不过问这类案件，乃是由于租界警察局之违约抗命以及我国官厅对于外国人之宽大（也许是失职），并不足以证明我国在签订协议时曾同意领事裁判权范围之扩张。

或者又有人说："依照条约中最惠国条款之规定，那些条约中仅有第一种规定的外国，可以援例享受那些条约中有第二种规定的外国在中国所享受的权利；因此前者领事裁判权之范围与后者领事裁判权之范围相等。"这是一个很复杂的问题，因限于篇幅，无暇详论，现在只好作一简单的讨论。

中国与外国所订条约上之最惠国条款，约可分为三种：第一种：特别提及领事裁判权者；第二种：特别提及领事裁判权以外之事项（如商业税则等）者；第三种：并未提及特定事项而为广泛之规定者。第三种又可分为三种：其一，见于商事或其它非政治条约者；其二，见于政治条约者；其三，见于政治兼商事或其它非政治事项之条约者。第一种最惠国条款仅见于极少数之条约，如中美1903年10月8日条约第2条，中日1896年7月21日条约第3条，中瑞（典）1908年7月10日条约第10条是。凡采此种条款者，关于领事裁判权，当然可以享受最惠国之待遇。但因国际法的限制，这种条款于外国人并无实益（见下文关于第二种规定的讨论）。第二种最惠国条款见于中秘1874年条约等。（按中秘1874年条约第16条规定："今后中国如有恩施利益之处，举凡通商事务，别国一经获其美善，秘国官民亦无不一体均沾实惠，中国官民在秘国，亦应与秘国最为优待之国民一律。"）这种条款既专指领事裁判权以外之特定事项，即所以将领事裁判权除外，对于领事裁判权当然毫无关系。现在所值得特别研究者，乃第三种最惠国条款。这种条款中的三种条款，效力并不一致。其一种条款，因见于商事或其它非政治条约，依照订约国之意思，其范围当然不应超出商事或其它非政治以外。此正与纯粹人寿保险契约之不能适用于财产保险事项相同，故此种条款亦与领事裁判权无涉。所发生问题者，乃其二、其三两种条款。它们的效力如何呢？我们的答复是：它们的效力不及于领事裁判权。其理由有三：

1. 最惠国条款自17世纪才常被采用，这种条款的条约大都是商事条约（参阅 Suzanne Basdevant, Clause de la nation la plus favosisee, S. I, Nos. 8-9, 见 Lapradelle etiniboyet, Repertoire de droit International, T. Iii, Pp. 468-469），所以照一般人的了解，这种条款是一种关于商事的规定。这种了解，积时渐久，便造成一种惯例。这种惯例虽无变更条约的效力，但当条约的规定含混概括而有疑义时，可作为解释的根据，以补订约国意思表示之不足。因此除条约有明白的反对规定外，我们可以推定订约国无将最惠国条款适用于政治事项之意思。中国与外国所订含有最惠国条款之条约大都是十九世纪的产物。订约国的思想当然不免受上述惯例的影响，所以解释那些见于政治条约及政治兼商事或其它非政治事项之条约中的广泛的最惠国条款时,也应该照上述原则办理。

2. 如果那些政治条约及政治兼商事或其它非政治事项之条约中广泛的最惠国条款应该适用于领事裁判权的话,那末中国与外国所订的条约只要有这种条款就行,不必另外再设专门关于领事裁判权的最惠国条款。然而中美1903年条约,中日1896年条约,中瑞(典)1908年条约,都曾另设专门关于领事裁判权的最惠国条款。这便是外国人承认那些广泛的最惠国条款不能适用于领事裁判权的一个有力证据。

3. 中国曾以条约将特定土地租借或割让与特定外国。然中国并未因广泛的最惠国条款而对其它外国负租借或割让土地之义务,而其它外国亦从未如此主张。足证政治事项,除条约有明文规定外,不适用最惠国条款;领事裁判权所加于一国主权之限制,较诸土地之租借或割让,诚有过而无不及,乃最要政治事项之一,当然更不受广泛的最惠国条款的影响。

次论第二种规定。这规定只广泛地提及权利国人民的"犯罪"。这种"犯罪",从表面看来,似乎包括危害民国之犯罪行为在内。因此有人以为有这种犯罪行为的权利国人民应受领事裁判权的保护。这种看法是不对的。其理由有二:

1. 与国际法的基本原则抵触　凡属国家,都享有生存权。这种生存权,除条约有明白的反对规定外,是永远保留着的;所以条约上如对于某种事项仅设有概括的规定而没有确切地表明这种规定具有绝对的效力,义务国的生存权并不因此而受限制。这是国际法的基本原则。第二种规定所称权利国人民的"犯罪",并不当然包括侵害中国生存权的犯罪案件在内。危害民国的犯罪行为,都是侵害中国基本生存权的犯罪行为。中国对于有这种行为的外国人当然还保留着独立依法处罚之权。

2. 与条约的正当目的不符　条约的正当目的,无非在维持立约国间和平或正常关系。中国与外国所订的条约当然也不能例外。虽然就中国方面讲,其中有许多限制主权之处,但从国际法的立场看来,总不能说其正当目的会超出这个范围之外,因此订约国双方根据条约所得的权利,当以达到这种目的所必要者为限。这些权利的作用,在保护彼此的利益,而不在危害彼此的生存。领事裁判权只可作外国人的正当防卫器,决不应该视为他们危害中国生存的工具。危害民国犯罪行为是危害中国的生存的,不适用关于领事裁判权的规定。

或者有人说:"危害民国的外国犯罪者,其行为虽足以危害中国的生存,但若依其本国法律由其本国裁判机关予以处罚,亦未尝不足以收制裁之效。足证领事裁判权如适用于危害民国之刑事案件,并不危害中国之生存,与国际法之基本原则及条约正当目的实无抵触。"这话是否合理,须视我们对于以下几点如何解答而定:(1)犯罪者本国的法律对于他们在中国之危害民国的行为有无适当有效的制裁;(2)犯罪者本国在中国所设立的裁判机关以及所适用的裁判程序是否健全完美而能充分地顾及中国的利益;(3)国际环境能否使犯罪者受适当有效的制裁。我们知道,世界各国的法律对于本国人民危害外国的行为予以适当有效之制裁者,简直没有。一般刑法所处罚者不过三四种"妨害国交罪",且其处罚都比较轻。这与各国关于内乱外患等罪的规定及我国关于危害民国罪的规定迥不相同。我们要希望犯罪者本国的法律对于他们在中国之危害民国行为予以适当有效的制裁,那是不可能的。其次,各领事裁判权国在中国所设立的裁判机关,人选组织既不健全,诉讼程序亦欠适当,对于中国的利益殊无保障。至于国际环境,那更使我们觉得无把握。在这种情况之下,危害民国的外国犯罪者,除由中国直接措置外,是永不会受到适当有效的制裁的,我们若听凭领事裁判权国去处理这种犯罪者,其结果必不堪设想。

以上乃对于本题的一个简单的检讨,作者的意思当然有未尽之处,不过从这个简单的检讨,我们很可以知道:领事裁判权的效力是及不到危害民国的外国人的;这类外国人仍应由中国裁判机关审判并受中国法律制裁。

这次意主教及神父的事件,已经明白地告诉我们:敌人的秘密政治工作是未可轻视的。在目前这样的国际环境之下，恐怕类于意主教及神父的外侨，不见得已经绝迹于我们的领土。我们平日似乎只注意"汉奸"，殊不知"外奸"有时比"汉奸"还要可怕。"汉奸"之应惩罚固已为世人所公认，然而"外奸"究将如何应付呢？如果我们认为必须惩罚他们的话，那尽可不必因他们享有领事裁判权而有所顾虑，以免再增长他们那种有恃无恐的错误心理，愿国人对于这一点予以特别注意。

最近德国宪法上分权制度之变迁[*]

一、导言

1914年至1918年的欧战结束以后,世界上产生了许多新宪法,而这些新宪法中有一大部分是带着"民主主义"的色彩的。这些"民主宪法"虽如英国学者海特兰莫来氏(Agnes Headlam Morley)所云,缺少创造性与发明性,[①]可是对于民主主义却已给予一个最完备与最逻辑的表现。[②] 所以民主主义宪法思潮的发展,在这些民主宪法公布的时候,可谓已达到登峰造极的地步。德国1919年8月11日公布的"魏玛宪法"(Weimarer Verfassung),乃是这些民主宪法的领导者与代表者,[③]因此凡是关心民主宪法——尤其是前次欧战以后的民主宪法——者,都应该加以研究。同时反民主主义的宪法思潮,于前次欧战以后,在有些国家亦已由纯粹的理论一变而为实际政治的基础。苏联、意大利和1933年以后的德国,便是很好的例子。在这一方面,德国虽是其他两国的小弟弟,可是这种思潮,经过该国政法论者几年的发挥与改进,却已在理论上成为一个独立的体系而很迅速有效地在该国实际政治上反映着。就这一点而论,该国1933年以后宪法的情形也很值得大家的注意。所以如果能将1933年以后的新宪法和魏玛宪法比较一下,借以知道该国近年来宪法变迁之大概,并研究其可供吾人参考之原则,那是很有意义的事。

不过德国近年来宪法变迁的范围是很广的,若要从各方面一一加以研究,必为时间与篇幅所不许;现在只要提出最重要的一点——分权制度之变迁——作为本文讨论的对象。[④]

二、几个先决问题

凡讨论德国最近宪法问题者,大概对于几个先决问题不能不加以注意。本文虽以研究分权制度之变迁为主旨,对于这几个问题当然也不免有一种牵连的关系,所以在未入本题之前应该先就它们有所说明。

第一个先决问题是"何谓宪法"。就其产生及修正的方法与其本身所具有的形式而论,宪法之为何物,在各国殊不一致,要找它们的共通之点,乃是一件困难的事。因此要想从这一方面对宪法下一个适当的定义,事实上是不可能的;并且产生及修正的方法与本身所具有的形式都不过是宪法的偶然因素,在下定义时尽可将它们略而不提;所以我们这个问题的答案只好向宪法的对象里面去寻找。就宪法的对象而论,我们可以说:"宪法乃是规定国家广义的[⑤]组织方面基本事项的基本规范

---

[*] 原载于东吴大学《法学杂志》1940年第11卷第2期。
[①] [英]海特兰·莫来:《欧洲新民主宪法之比较研究》,哈佛大学出版社1928年版,第1篇第2章。
[②] 同书"绪论"。
[③] 魏玛宪法乃战后规定完密的新民主宪法中最早的一个。其他新民主宪法大都受其影响。
[④] 作者本拟写一篇比较有系统而涉及德国宪法各方面的文章,命题为"二十年来德国宪法之变迁及其教训"。嗣因时间仓促,不及完成,遂改变计划,暂就分权制度的变迁作一个简单的检讨。将来有暇当作范围较广之研究。
[⑤] 依狭义解释,我们固可说宪法所规定者未必尽是组织方面的事项。不过依广义解释,宪法所规定者不外乎如何将国家的各个构成分子组织起来,使国家可以存在而发挥作用,至少是间接与组织有关的。所以英文的 Consitution 和德文的 Verfassung 都含有组织的意思。

(fundamental norms)。"这些基本事项的范围在各国虽不一致,①可是大体说来,是没有多大的出入的。② 至于这些基本事项的基本规范并不以制定的法(enactied law, gesetztes Recht)——尤其不以我们所看惯的制宪会议等机关所制定的法——为限。换句话说,这种规范乃是制定法与非制定法③的综合,即德文的 Verfassungsrecht 和法文的 droit constitutionnel,而不是那范围狭窄的 Verfassungsesetz 或 loi constitutionnelle。本文所讨论的"宪法"便作如是解释。

第二个先决问题是:"德国在1933年以后有无宪法?"我们既然预备拿1933年以后的宪法和魏玛宪法对照,那么对于这个问题当然不能不先加以研究。有些人因为国社党秉政以后将"魏玛宪法"置之脑后,往往觉得德国在1933年以后无宪法之可言。这种见解对与不对,完全要看我们对于"宪法"二字作何解释而定。如果我们认为只有由制宪会议等机关制定的"成文宪法"才是宪法的话,这种见解当然是对的。不过事实与法理都不许我们作如是看法,最明显的例子是英国的宪法。英国的宪法成文者仅占一小部分,并且并非特设的机关如制宪会议等所制定,然而英国的宪法无论在专家或非专家看来,都不失为良好的宪法之一。我们如果不忽视这一点,当承认我们上面对于宪法所采取的广义解释是对的,那么我们绝不能因魏玛宪法被国社党置之脑后而断定德国在1933年以后无宪法之可言。因为国社党秉政以后曾陆续颁布多种关于国家组织基本事项的基本法律(其内容当于下文说明),这些法律的制定程序虽与现代民主国家的宪法不同,但它们却具有宪法的作用;此外国社党的党纲第25条中也含有许多宪法的原则,这些原则在国社党的党员及执政者看来,是和该党纲内其余的原则一样"不得变更的"(Unabanderlich),④至少在现在的德国,没有再比它们权威高的规范。所以说德国在1933年以后的宪法与一般的宪法不同则可,而说它在1933年以后无宪法则不可。

第三个先决问题是:"魏玛宪法在1933年以后是否还有效?"这个问题是与第二个问题有连带关系的。国社党在1933年之取得政权,表面上是根据魏玛宪法而来的;希特勒之被任为总理固不必说,就是国社党所特为利器的1933年3月24日公布施行的《民族国家危难排除法》⑤及1934年1月30日公布施行的《国家新组织法》⑥,至少在表面上也是依照该宪法所定程序而制定的一种"变更宪法的立法"(die Gesetzgebung der Versfassungsaen derung)。其他的法律间接或直接提及该宪法者,亦不一而足;⑦即以希特勒本人而论,当其就任总理之初,亦曾宣言拥护该宪法,⑧可见就国社党在最初登台的那个时期的态度而论,魏玛宪法的确是被人们认为继续有效的。不过国社党在这一方面的态度并不是一贯的,他们一方面虽然表示遵守魏玛宪法,一方面却做出许多违反该宪法的行为来。例如:国社党曾一再宣言他们在1933年之取得政权乃是他们革命的胜利;⑨国社党政府根据上述的《民族国家危难排除法》及《国家新组织法》等曾制定许多和魏玛宪法的原则抵触的法律。他们的理由是:魏玛宪法是自由民主主义的、注重形式的宪法,不适合德国国情,应该推翻。照这些情形看来,魏玛宪法在1933年以后的地位如何,实是理论上颇有争执的一个问题。本文因

---

① Herman Finer:《现代政府之理论与实施》(*The Theory and Practice of Modern Government*),1932年版,第1册,第182页以下。
② 大概说来,国家政治的机构,权力的归属,人民的地位等都属于这些基本事项的范围。其规定之详略在各国虽属不同,但并未完全摈弃诸宪法范围之外。
③ 此处所称之非制定法不以习惯法(Gewohnheitsrecht)为限。他如裁判机关的先例(Gerichtsgebrauch 或 Richterrecht),法学权威的意见(Wissenschaftsrecht),及其他一般流行的"法之意识"(Rechtsidee)亦包括在内。
④ 这个党纲是1920年2月24日成立的。1926年5月22日的党员大会曾议决:"本党纲不得变更。"现在德国所出版的法规汇编大都将它排在"宪法"这一栏内,一般宪法的著作亦将它列为讨论对象之一。
⑤ 原文名 Gesetz zur Behebung der Not von Volk und Reich,一般人简称之为"授权法"(Ermächtigungagesetz)。
⑥ 原文名 Gesetz über den Neuaufbau des Reichs.
⑦ Prundner:"现行宪法之法源"(*Die Quellen der geltenden Verfassung*),p. 309,载 Hans Frank, *Nationalsozialistisches Handbuch fur Recht und Gesetzgebung*, pp. 307–319。
⑧ Buell 主编:《欧洲新政府》(*New Government in Europe*),王宗武译,商务印书馆出版,第139页。
⑨ 1933年12月1日由内阁公布的《党国合一保障法》(*Gesetz zur Sicherung der Einheit von Partoi und Staat*)第1条即其一例。

限于篇幅,不能对于这个问题作详密的讨论。现在姑就管见所及,略述于后。

据著者看来,这个问题可从两方面讨论,可是所得的结论都是大同小异的,那就是魏玛宪法的大部分或全部已于1933年以后渐渐失效。第一,我们可根据纯粹的"法统观"来讨论这个问题。1933年3月24日公布施行的《民族国家危难排除法》及1934年1月30日公布施行的《国家新组织法》,形式上都是魏玛宪法第76条所称变更宪法的法律。它们判定时,都曾依该条的规定先经众议院2/3议员之出席及出席议员2/3以上之决议,然后再经参议院出席议员2/3之复决。照《民族国家危难排除法》第1条及第2条的规定,中央法律①除依宪法所规定之程序制定外,并得由中央政府内阁②议定之。中央政府内阁议定之法律得不受宪法之拘束,但不得以众议院及参议院之本身为其对象,并不得影响总统之权力。换句话说,联邦内阁不但可以制定"法律",而且这种法律只要不影响到众议院、参议院及总统在宪法上原来享受的地位与职权,不妨与宪法抵触。这种法律实是一种变相的"修正宪法"。至于《国家新组织法》的规定,那更直接痛快了。该法除于第1条至第3条取消各邦③之人民代表制及主权(Hocheitsrecht),并使其政府受中央政府内阁之节制外,且于第4条规定:"中央政府内阁得制定新宪法(Neues Vorfassungsrecht)。根据这一条的规定,中央政府内阁可以彰明较著地变更宪法的任何一部分,并且这种变更宪法权是无限期的,④中央政府内阁可永远不断地制定所谓"新宪法"。因为有了上述两种法律的授权规定,中央政府内阁所制定的种种与魏玛宪法抵触的法律,在形式上都是合乎宪法的,这些法律可以构成一种新宪法,足以取魏玛宪法而代之。换句话说,魏玛宪法所规定的修改宪法的机关——众议院及参议院——实际上已将一种消灭魏玛宪法的全权赋诸中央政府内阁,现在中央政府内阁已充分地利用这种权限制定新原则,以一一替代魏玛宪法的规定。因此魏玛宪法已大部分,或者说得厉害些,已全部失效。

宪法由内阁修正或制定,在近代看惯民主国家宪法的人们看来,当然是一件奇特的事。魏玛宪法第76条会变成国社党推翻该宪法的利器,真非当年起草及通过该宪法者之始料所及,因此不免有许多人对于这种办法的真正合法性发生疑问。诚然,这种办法——尤其国社党所采用的办法——是否合法,在理论上颇有研究的余地。因为魏玛宪法第76条虽然规定众议院及参议院有修正宪法之权,可是并没有承认这种修正宪法之权可以由众议院及参议院委托其他机关——尤其内阁——行使之。照制宪机关的原意看来,上述的民族国家危难排除法及国家新组织法,似乎是违背魏玛宪法的精神的。凡是内阁根据这些法所制定的法律与该宪法抵触者,似应认为无效。此其一。复次,修正宪法之权似应有一定的限度。例如,魏玛宪法规定德国为共和国(见第1条第1项)。这种规定是否可以修正,似不无问题。因为照当年国民会议的意思看来,大家决不会同意共和政体可任意变为其他政体。宪法上所规定的修正权仅可影响到其他次重要的事项,对于共和政体是没有影响的。所以有修正宪法之权的机关对于有关共和政体基本条件的事项,如代议机关之设立,立法与行政司法之划分,人民某几种基本权利——尤其政权——之保障等,仅可运用修正权以改良固有的制度,但绝不能将这些制度根本推翻。这种类似的解释在美国便曾有人主张过,⑤在德国似乎也可适用。就这一点看来,上述的民族国家危难排除法及国家新组织法,以及内阁根据这些法所制定

---

① "中央法律"之原文为Reichsgesetze,在从前联邦时代(按希特勒登台后,德国已失去联邦之性质,此点当于下文详述之),可译为"联邦法律"(Federal Laws),而在现行政制之下,则应译为"全国性之法律"(National Laws)。兹以"全国性之法律"一语失之冗长,在吾国不甚习用,姑以"中央法律"一语代之。读者幸勿忘其为全国性之法律。

② "中央政府内阁"原文为Reichsregierung,在从前联邦时代可译为"联邦内阁",而在现行政制之下则应译为"全国性政府之内阁"(National Cabinet)。兹以"全国性"等字样太冗长,姑以"中央"二字代之。其含义与前注所述者同。

③ "各邦"原文为länder,在现制之下已失去独立自主权,本可改译为"省";兹为措辞之便利起见,姑仍其旧。读者应知其性质已与前不同,幸勿以辞害意。

④ "民族国家危难排除法"所规定之变更宪法权是有限期的。该法第5条曾规定"本法自公布之日施行,于1937年4月1日或现任内阁因其他内阁产生而解散时失效"。"国家新组织法"并无类似规定。

⑤ Herman Finer 同书第1册第241及242页。

与共和政体抵触的法律或新宪法（详见后），似乎都缺乏根据。此其二。再查授权立法的范围，照一般宪法的理论，不应过于广泛，这在普通立法事项上已成为多数学者公认的原则。在三权分立思想特别发达的国家如美国等，固不必说，[1]就是在德国本身也是一种不可忽视的事实。[2] 这一个原则是否可以适用于宪法的修正事项，因为以往难得发生这种问题，当然尚无定论。不过人们对于普通立法事项既然如此慎重，则对于比普通立法事项重要十倍百倍的宪法修正事项，似乎更应慎重。根据合理类推的解释，宪法的修正似乎也应该受这个原则的拘束。上述的民族国家危难排除法及国家新组织法关于授权的范围都失之广泛，依照这个原则似乎都不合法。此其三。此外还有一点值得注意：当国会于1933年开会通过民族国家危难排除法时，有81个共产党议员及16个社会民主党议员被政府拒绝参加会议，[3]这是违背宪法的。这种违宪的事实，能否影响那次国会会议及其所通过法律的合法性，似也颇有问题，因此民族国家危难排除法的制定程序似有瑕疵。凡内阁根据该法制定的法令，如关于确立一党制度，肃清异党等法令，似难生效。其由这些法令所改造过的，即以后于1934年通过国家新组织法的众议院及参议院及其所制定的法律（包括国家新组织法）是否具有充分的合法性，似也不无问题。此其四。

不过上述四点在理论上虽有考虑之必要，可是实际上在德国并没有一致公认的或法律上具有权威的解释足资依据。因为这四点所牵涉的问题，以前在德国实际上可以说并未发生过，无先例可援；并且魏玛宪法也并没有规定一种适当的权威机关及有效的法律程序来解决这些问题。在理论上尽管议论纷纭，而在实际上国会的宪法修正案，及根据这些修正案而产生的法令，并没有被任何权威机关依法定程序宣告"违宪"。所以就现实法（Positive Law）而论，这些修正案及根据它们而产生的法令，不能说没有变更魏玛宪法的效力。

现在我们可根据实际的"政治观"来讨论这个问题。国社党的人们以及德国现在的许多学者，都认为希特勒之于1933年取得政权乃是一种革命，可是有些人却认为这是一种政变（Staatsstreich, coup d'ètat）。[4] 这个问题在理论上当然不无争执，不过从实际政治的观点看来，所谓"革命"与"政变"在一般人的主观上纵有区别，[5]但在实质上是没有什么出入的。因为"革命"与"政变"都是以推翻旧政权及与其有连带关系之旧政治秩序，而代以新政权及与其有连带关系之新政治秩序为目的。它们如果成功，其本身都是新法统的起源，都具有创设新法制的效力，都是不必受旧法制的拘束的。它们所不同者，只不过手段上稍有出入而已，这种不同之点仅有主观的价值，在实际上是无足重轻的。并且就手段而论，"革命"与"政变"至多也不过有程度上之差别，严格讲起来，其界限是很难分的，拿手段来做区别的标准并不准确可靠。所以在实质上成功的政变和成功的革命是一样的。假如这种见解是对的话，那么我们可以不必问希特勒之取得政权究竟是"革命"还是"政变"，我们只要研究希特勒有未将旧政权及旧政治秩序推翻而代以新政权及新政治秩序。对于后一问题，我们的答复无疑的是肯定的，这一点至少在目前是一种不可否认的事实。因此无论我们称它为"革命"或是"政变"，它是具有创设性而不必受旧宪法——魏玛宪法——的拘束的，它可以创制一种新宪法，这种新宪法有决定旧宪法命运的效力。易言之，旧宪法仅能在新宪法承认之范围内发生效力。照德国现在通行的解释，魏玛宪法已不复为有效的宪法，它所含的法律条文（Rechtssätze）虽曾于国社党登台之初被政府当局引用过，可是现在大都因新宪法之产生渐次失去效用。[6]

---

[1] James Hart, *The Ordinance Making Power of the President of The United States*, 1925, pp. 44 – 45, pp. 57 – 58.
[2] Carl Bilfinger, *Verfassungsumgehung*, pp. 163 – 191.
[3] 见前引 Buell 同书第140页。
[4] 见同上第139页。
[5] 这种主观往往取决于各人对于"法统"或"是非"的观念。
[6] 前引 Prundner 同文第308至311页。

三、新旧宪法的对照

在开始比较新旧宪法关于分权制度的原则以前,应该先说明两种宪法的思想背景是怎样,这可以从相同点与相异点两方面研究。先论相同点。我们该知道自从 19 世纪上半叶以来,统一运动和大德国(Gross-Deutschland)主义是不断地在德国酝酿进展着。魏玛宪法的创造者当然也不能不受这种潮流的影响,这可以从下列情形看出来:

(1) 该宪法曾将各邦的独立性及权力削减了不少,中央政府的权力比在以前 1871 年的帝国宪法下要扩大得多。

(2) 该宪法第 61 条第 2 项曾规定:"德族奥斯大利亚(Deutschoesterreich)合并于德国后,按照其人口之比例参加参议院(Reichsrat)行使表决权;在未合并于德国以前,德族奥斯大利亚之代表于参议院内享有顾问式的表决权(Beratende Stimme)。"①

(3) 该宪法称德国为 deutsches Reich,当讨论宪法时,曾有人主张不用 Reich 这个字而改以"合众国"、"共和国"等代之,但是起草人泼乐埃斯(Preuss)因为 Reich 一字具有一百多年统一运动之历史的意义,却以为不可。其言曰:"Reich 一字,在字面上、思想上、原则上,对于我们德国人有一种极为根深的感情上的价值,我认为我们没有理由不用这个名字。与 reich 这个名字相连着的,有百年的遗训,有一个分散的民族为国家统一而发出的全体的呼吁。如果我们不用这样一个代表经过长期失望而从艰难中得来的统一的字,那我们不免要无根据地与无理由地对于这种根深的感情加以最重大的摧残。"②结果,大家便从泼乐埃斯之议采用这个字。

以上第一点与第三点很可以代表统一运动的思想,第二点很可以代表大德国主义的思想。

至于新宪法之脱不了统一运动和大德国主义两种思想的影响,那是明显的事实。国社党早就感觉到德国需要统一之急切,所以党纲第 25 条曾明白规定要在德国建立一个强固的中央权力,并且要使政治性的中央议会对于全德国及其各种组织具有绝对的权威。他们对于大德国主义尤有露骨的表示。党纲第 1 条固曾开宗明义地规定:"我们要求根据民族自决权联合所有的德国人组成一个大德国。"而他们称现在的政府为 Drittes Reich(即第三次的德意志国家),以与第一次的神圣罗马帝国(德国人称它为第一次的德意志帝国),及俾斯麦于 1871 年所造成的德意志帝国(德国人称它为第二次德意志国家)媲美也,多少含有一些大德国主义的意味。③

这是两种宪法思想背景的相同点。次论其相异点。我们该知道:魏玛宪法和新宪法的创造者虽然都受着统一运动及大德国主义思想的影响,他们的作风却不相同。魏玛宪法的创造者认为促成统一,建立大德国的主要方法,不外乎循民主主义的途径建立一个政党议会政府。新宪法的创造者则认为这个方法不合德国的国情,一定行不通,因此主张建立一个极度集权的"领袖制的国家"(Fuehrerstaat)。这个领袖制的国家,据他们说,是和君主或一般的独裁国家不同的,它是以民族为基础的,所以又可称为"民族的国家"(Volksstaat)。同时因为魏玛宪法的创造者所处的时代对于他们的思想予以种种阻力(如内部的混乱、国际的压迫等),他们对于统一运动及大德国主义的努力不能不有所顾忌,并且也不能完全发生效力。④ 他们的环境不容许他们的思想十分激进。新宪法的创造者所

---

① 该项规定因协约国之反对(其理由为与凡尔赛条约冲突),由德国于 1919 年 9 月 22 日在巴黎签订条约,宣告无效。但德国学者中间有以该项规定未依宪法所规定之修正程序予以删除,而主张其仍为魏玛宪法之一部者。参阅 Sartorius, Sammlung von Reichsgesetzen Staats-und verwaltungstrechtlichen Inhalts (12, Aufl), p. 278; Anschütz, *Reichsverfassung*, 1926, p. 201 以下; Giese, *Reichsverfassung* (6, Aufl.), p. 192。

② "德国制宪国民会议录"(*Verhandlungen der Verfassunggebenden Deutschen Nationalversammlung*),第 334 册,第 285 页。

③ 当然同时也含有一些统一运动的意义。

④ 国际的压迫已见本文第 1 个注释。至于国内的阻力,可以制宪时普鲁士及南部诸邦之反对加强中央权力为例……(参见 Koellreutter, *Deutsches Verfassungsrecht*, 1935, p. 45)。

处的时代比较顺利些。这时国内的秩序渐次恢复,社会经济已有相当的转机,人们感觉比较满意;并且经过十余年的比较中央集权的政治生活的训练,各邦的独立思想已不及以往那样浓厚;而国际的压迫也没有从前那样厉害,甚至有许多顾忌德国的国家已变成她的同情者。他们的顾虑没有魏玛宪法的创造者那么多,他们对于统一的运动及大德国主义的努力比较容易奏效,所以他们在思想方面敢于十分激进。

我们既明白了新旧宪法的思想背景,现在便要比较它们关于分权制度所采的原则。一个国家权力的划分有横的与纵的两种。在横的方面,政府的权力,照一般的理论,可分为立法、司法、行政三种;照五权宪法的原则,可分为立法、司法、行政、考试、监察五种。在纵的方面,政府的权力可分为中央与地方二种。现在便要研究这各种权力在魏玛宪法与新宪法下如何划分以及其相互间的关系怎样。先从横的方面说起。魏玛宪法,依照西洋一般民主主义宪法的先例,将政府的权力划分为立法、司法、行政三种,认为这三种权力多少是互相对立的,因此有一种互相制衡的作月。就立法与行政二部门的关系而论,它曾规定:在中央设立一个两院制的议会,由人民代表组成的众议院(Reichstag)及各邦代表组成的参议院组织之,并规定中央内阁须向众议院负责并须得其信任。① 关于各邦,它曾于第17条第1项规定:"各邦应有一共和宪法(Freistaatliche Verfassung)。其人民代表应依普遍、平等、直接、秘密选举之方式由本国籍之男女照比例代表之原则选举之。各邦内阁应得人民代表之信任。"此项人民代表之机关,照该宪法的原意,应称为"邦议会"(Landtag)。② 上述的众议院及邦议会一面行使立法的职权,一面还间接管理行政并行使我们五权宪法中的监察权,③ 因此中央与地方的内阁都是以人民代表机关内政党的势力为转移的。在中央方面看上去似乎要算总统有独立性些。他有权解散众议院(见宪法第25条),对于军队有最高统帅权(见宪法第47条),遇国家之安全与秩序遭受严重变化或侵害时得为必要之紧急措施(见第48条第2项),遇各邦不履行宪法或中央法律上之义务时,得以武力强制其履行(见第48条第1项)。可是依照宪法第50条的规定,凡是总统颁布的条例及命令,不论与军队有关与否,非经内阁总理或主管部长副署不生效力,内阁总理或主管部长经副署后应负责任。实际上关于一切事项总统非尊重内阁的意志不可,因此他也免不了间接受众议院的影响;并且众议员有权提请公民表决将总统免职,并得对其弹劾或同意将其移付刑事裁判(见第43条及第59条),总统对于众议院尤不能无所顾忌。

以上的说明侧重于立法机关——尤其由人民代表所组成的部分——与行政机关地位的主从关系,兹更就二者职权的界限一言之。依照大陆各国——尤其法、德——向来的惯例,行政机关与立法机关职权的划分,在实质方面主要的是以下列原则为根据的:凡足以影响人民权利义务的事项,应先由立法机关以制定法律规定之。关于这类事项,行政机关只有执行立法机关所制定法律之权。除宪法或立法机关制定的法律有授权的规定外,行政机关无权对于这类事项制定什么规范。至于在形式方面,立法机关与行政机关的职权,照一般民主主义国家的惯例,在运用的结果上有如下的区别:除在革命或政变时期外,只有立法机关制定的规范才可以称"法律"。所以虽然由立法机关所制定的规范未必都称为"法律",可是凡称为"法律"者,无论内容如何,都须由立法机关制定。行政机关无制定"法律"之权,所以它所制定的规范,无论内容如何,都不能称为法律。④ 由于上述的界限和区别,一般民主的国家大概将她们所制定的宪法以外的规范分为下列几种:

(1) 法律(即普通法律)。此事由近代议会式的立法机关制定,其内容大都涉及人民之权利义

---

① 第54条及56条。
② 第36—39条。只有Hamburg、Lübeck、Bremen等宪法规定不同。前二者之宪法称该项议会为Buergerscaft,后者之宪法称之为Landtag或Buergerschaft(见Blachly and Oatmam, *Government and Administration of Germany*, 1928, p. 265)。
③ 第59条。
④ Laband:《德国国法学》(*Deutsches Reichsstaatsrecht*, 1907),第16节;Hauriou:《行政法与公法之精义》(*Précis do droit administratif et droit Public*, 1933),第563—566页。吾国1929年5月14日公布之《法规制定标准法》即根据上述原则制定者。

务,其与人民之权利义务无涉者亦有之。

(2) 条例章则。此在西洋可统称为 ordinances règlements, Verordnungen, 专由行政机关制定,因内容之不同,复可分为二类:

① 普通或行政条例章则(Ordinary or administrative ordinances, règlements ordinaires, Verwaltungsordnungen),凡不足以变更人民权利义务之条例章则都属之。依照多数国家的惯例,行政机关当然有制定此项条例章则之权。①

② 法律性的条例章则(Legal ordinances, Rechtsverordnungen),凡足以变更人民权利义务之条例章则都属之。此项条例章则必经宪法或普通法律之授权,方得由行政机关制定之。②

上述各种规范的效力,大概地讲起来,以法律为最强;其次当推法律性的条例章则;最后才轮到普通或行政条例章则。所以法律性的条例章则不得与其所根据的法律如授权法等抵触(其根据宪法之授权规定制定者当然不一定要受普通法律的限制),普通或行政条例章则不得与法律及法律性的条例章则抵触。

前面所说的几个原则曾为魏玛宪法的创造者所重视。所以该宪法除于第一编第 5 章规定法律制定的程序外,一面于第 48 条授总统以发布或制定紧急命令或条例章则之权(Notverordnungsrecht),并于其他条文(如第 91 条、第 93 条、第 98 条等)中授内阁以制定条例章则之权,以树立法律性的条例章则之制度;③一面复于第 77 条承认除法律另有规定外,内阁有制定执行法律时所必需的一般行政条例章则(die zur Ausfuehrung der Reichsgesetze erforderlichen allgemeinen Verwaltungsvorschriften),即普通或行政条例章则之权。④ 于是一般的法学家便根据上述的原则来解释立法与行政机关职权之界限和法律与条例章则之效力及相互之关系。

其次讲到司法权与立法权行政权的关系。魏玛宪法曾于第 108 条规定设一个国事法院(Staatsgerichtshof),并于第 19 条第 1 项规定:"凡各邦所发生而在各该邦内无法院可解决之宪法争议(Verfassungsstreitigkeiten)及各邦间或中央与各邦间所发生非私法性质之争议(Streitigkeiten nicht privatrechtlicher Art),在中央无其他法院可管辖者,因系争者一造之申请,由国事法院以德国整个国家之名义裁判之。"这是以司法裁判的方式解决宪法争议的一种新尝试,其目的在使宪法争议经过一个超然崇高的机关裁判后,能得到公平适当的解决。这种裁判,不消说,对于立法机关和行政机关都有拘束力。其他法院有无解决宪法争议之权,在魏玛宪法上无明文规定。不过依照该宪法实施以后的权威解释,其他法院不但对于行政机关所订条例章则之违宪与否有审查之权,就是对于普通法律之违宪与否也同样地有审查之权,凡是违宪的法律及条例章则,其他法院都可以不承认其效力。⑤ 这都是

---

① 西洋重要民主主义国家,除美国外,大都采这个原则。参见 Anschuetz:《德国国法学》(Deutsches staatsrecht),第 162 页(见 Holtzendorff — Kohler, *Enzyklopadie der Rechtswissenschaft in systematischer Bearbeitung*, 1914 年版第 4 册第 1—192 页);Goodnow 著:《比较行政法》(*Comparative Administrative Law*),1893,第 72—85 页;前引 Hauriou 同书第 556 页、571—577 页。

② Anschuetz:《德国国法学》,第 162 页;前引 Hauriou 同书第 575—576 页。

③ 此处之法律性的条例章则,乃根据宪法之授权而制定者,至于根据普通法律之授权而制定的法律性的条例章则,在宪法上无规定之必要,故未提及。

④ 第 77 条所称之"一般行政条例章则",是否亦包括法律性的条例章则在内? 在德国颇有争议。不过照当时制宪者的原意看来,法律性的条例章则并不包括在内。参阅 Anschütz 所著"德国 1919 年 8 月 11 日之宪法"(Die Verfassung des Deutschen Reichs vom 11, August 1919)一书第 2 版第 139 及 140 页。学者中主张法律性的条列章则不包括在内者,也似乎居多数。参阅 Anschutz 同书第 140 页;Giese, *Verfassung des Deutschen Reichs vom*, 11, Aug. 1919; 2, Aufl. Taschenausgabe 第 237 页;Poetzsch, *Handausgabe der Reichsverfassung vom*, 11, August 1919; 2, Aufl. 第 139 页;Jacobi, *Das Verfassungsrecht im Reiche seit dem*, November 1918; (见 Archiv des oeffentlichen Rechts 第 39 册第 273 至 361 页)第 332 页;Hatschek, *Deutsches und Preussisches Staatsrecht*(1922 至 1923 年出版)第 2 册第 113 页以下。

⑤ Schack, *Die Frage der richterlichen Prüfung von Gesetz und Verordnung während der Umwälzung im Reich bis zur Nationalversammlung und in zukünftigen Verfassungsrocht* 一文(载 *Annalen Des Deutschen Reichs*, Jahrg. 1919 und 1920 第 285 至 296 页);及 *Zur richterlichen Prüfung der Rechtsmässigkeit der Gesetze und Verordnungen im neuen Reichs — und Preussischen Recht* 一文(载 *Archiv des öffentlichen Rechts* 第 41 册第 163 至 170 页);Poetzsch 编 *Handausgabe der Reichsverfassung vom*, 11, August 1919(1921 年第 2 版)第 133 页;前引 Hatschek 同书第 1 册第 30 页;及德国最高法院 1923 年 12 月 8 日之民事判例(见该院"民事判例汇编"第 107 册第 379 页);国事法院 1923 年 6 月 30 日判例(见该院"1924 年判例汇编"第 1 至 16 页)。

专就宪法争议而言。此外魏玛宪法第102条曾规定"裁判官(Richter)独立,仅受法律之拘束。"①这条的规定固然以维持裁判官地位之独立为主要目的,但同时具有一种副作用,即承认所有法院(连特别法院在内)对于其他政府机关所制定的条例章则或发布的命令,无宪法上之根据而与普通法律抵触者,得不承认其效力而拒绝受其拘束。因此他们对于其他政府机关所制定的条例章则或发布的命令于审判有关案件时,除研究其是否在宪法上有根据外,并得审查其是否与普通法律抵触。

以上是魏玛宪法的原则,现在且看新宪法是怎样。新宪法的创造者认为三权分立说乃是对于专制政体思想的一种反响,其目的首在保障各个人之自由。所以创此说者一方面主张设立一个与行使行政权的君主分离的立法机关,一方面主张裁判官独立。在他们看来,这样可以维持各种权力的均衡(Das Gleichgewicht der Gewalten)。这种学说,照新宪法创造者的意见,在理论与事实上都有毛病。兹举其理由于后。②

(1) 三权分立说以个人之自由平等为出发点,这种学说在现在已站不住。据新宪法创造者看来,一切政治应该以民族(Volk)为出发点,民族的结合发育是以各分子利害之共同融合(Gemeinschaft)为基础的;国家是一个民族的政治生活形态(Die politische Lebensform eines Volkes),这种政治生活形态是由法律秩序(Rechtsordnung)形成的。所以国家与法律都是民族生活的力量,它们的价值与意义全在能发挥民族生活的作用。民族的生活是整个的、利害共同融合的、不容割裂对峙的,因此国家与法律秩序如果要发挥民族生活的作用,必不能以个人的自由平等为出发点而采取足以使权力割裂对峙的三权分立制度。

(2) 三权分立说,因为要想维持权力的均衡,在理论上忽视了一个国家里面应该有一个中心的、高于其他的领导的力量存在,所以它的理想的结果乃是要造成一个没有领袖而能够生存的国家。可是事实并非如此。在一个比较强盛的国家里面总得有一个领导的力量,这个领导的力量便是政治上的中心决定权力。例如:在英国与第二次欧战前的法国,这种中心决定权力是在内阁——尤其就英国而论,是在首相;在美国这种中心决定权力大部分在总统。这可以正明三权分立说之不切合事实。

(3) 民族的生活既是整个的、利害共同融合的、不容割裂对峙的,那么一个国家如果要发挥民族生活的作用,就只好服从一个领导权力,服从一个领袖。至于立法行政司法,不过是这个领导权运用的方式,它们仅能代表同一领导权下所分的三种工作,它们并非至高无上彼此对峙的权力。因此以往民主主义国家所采行的那一套关于分权的理论和制度,现在都不足取。

由于上述的理由,新宪法的创造者将立法行政司法三种机关的关系规定了一套新的原则。这些原则可简述如下:

(1) 议会制度的废除。新宪法的创造者认为真能代表民族的机关并不是代议制的议会而是领袖,所以像以往那样提高议会的权力固属不必,就是将议会取消也未尝不可。因为这个缘故,国社党秉政以后,除先将众议院及参议院的立法权用一种巧妙的方法剥夺外,并于短时期内将参议院及各邦的议会废除,③确立不向众议院负责之原则,现在所余存者,仅有一个众议院。这个众议院事实上已完全没有立法权,至于监督政府之权,那更谈不到。这个机关本来可以根本取消,不过国社党的要人觉得它还有可用之处,还不忍将它立刻废除。据弗力克氏(Dr. Frick)表示:"众议院乃是领袖与总理(即希特勒)将那些他所不直接提交德国民族决定的、有关国家命运的重要外交内政问题

---

① 按 Richter 一字不仅指司法官中之推事,即其他裁判官亦包括在内,故译为裁判官。
② 前引 Koellreutter 同书第 11—14、65、167—169 页。
③ 1934 年 2 月 14 日由中央政府内阁制定公布之"参议院废除法"(*Gesetz über die Aufhebung des Reichsrats*)及"国家新组织法"第 1 条。"参议院废除法"显系根据"国家新组织法"第 4 条而制定的。该条规定之"中央政府内阁得制定新宪法"(*Neues Verfassungsrecht*)。各邦议会的废除见"国家新组织法"第 1 条。参议院及各邦议会的废除当然还具有"中央集权"即统一权力的作用。

提出来讨论决定的机关。"① 实际上众议院不过是一个听听政府要员的报告或演说，投投赞成票的机关。它是由那些政治上可以被政府或国社党相信得过的人物组织成的。它的作用不外乎"因它的议员投赞成票而对于负领袖责任者之决定对内对外赋予一种特别的号召力。"②

（2）立法行政的兼并。立法权自从 1933 年 3 月 24 日以后，实际上几乎专由行政机关行使，在中央由内阁行使，在各邦由邦最高行政当局行使。③ 行政机关因行使这种立法权所制定的规范也叫做"法律"。有时中央的内阁为加重它们所要制定的规范的力量起见，得将已制定的"法律"或拟就的方案或法律草案提付公民表决，即问大家赞成与否，如果多数赞成的话，即作为通过，由政府公布之。④ 这样通过的规范，学者们称为"民族法律"（Volksgesetze）。实际上这种法律的制定权还是操在内阁手上，在没有提付公民表决之先，各种步骤早已由内阁布置好，事实上一定通过无疑的。这种制度的作用，不外乎使一般人在有些重要事件上感觉到德国民族是信任服从他们的领袖的。⑤ 因为行政机关取得了法律的制定权，上述魏玛宪法关于法律条例章则的原则，现在已不能完全适用。其大概情形可说明如下：

① 在新宪法之下，法律与条例章则的制定权，都集中于行政机关，以往那种依制定机关之是否为代议制的立法机关，而区别法律与非法律的办法，已不适用。所以法律与条例章则的区别，只能以内容及制定机关在行政系统内之地位为标准。

② 就内容而论，法律仅与普通或行政的条例章则不同，而与法律性的条例章则并无区别。

③ 就制定机关在行政系统内之地位而论，中央的内阁在新宪法之下已取得无限度的法律制定权，一切的规范都可以"法律"的形式制定之，不必再依从前那种法律授权的方法制定法律性的条例章则。所以除非内阁自动放弃独立制定法律之权，而愿意依法律授权的方式制定法律的条例章则外，事实上在新宪法之下已不能再产生由中央内阁制定的法律性的条例章则。一般地讲来，法律性的条例章则只由中央内阁的所属行政机关及各邦的行政机关依法律授权的方式制定之，至于普通或行政的条例章则，在新宪法之下一切还是照旧，兹不赘论。

④ 在新宪法之下，普通法律与宪法在形式方面没有区别，因为它们制定的程序都是一样的，宪法与普通法律可归为一类，统称为"法律"。它们的区别仅在内容方面。就法律与条例章则的效力讲起来，上述关于魏玛宪法的原则当然还是适用的，所发生问题者仅有一点，即中央内阁与邦最高行政机关不依法定原因或程序所制定的法律性的条例章则是否有效？换句话说，如果中央内阁或邦最高行政机关所制定者在内容上是一种法律性的条例章则，但是在现行法律上并无授权的规定为根据，或虽有根据而未照法定程序公布，⑥ 试问这种条例章则应否有效？实际上中央内阁与邦最高行政机关都有制定法律之权，它们如果将这种条例章则改以法律之形式制定公布，那是一定有效的，现在它们因为自动放弃制定法律之权而发生了这种错误，是不是还应该照普通的原则来决定其效果呢？关于这一点，在德国似乎尚无定论，究应如何解答，且待将来的事实告诉我们。⑦

---

① 前引 koellreutter 同书第 145 页。
② 同上。
③ 关于中央者，见"民族国家危难排除法"第 1 条；关于各邦者，见 1933 年 3 月 31 日由中央政府内阁制定公布之"各邦与中央关系调整暂行法"（Vorläufiges Gesetz zur Gleichschaltung der Länder mit dem Reich）。
④ 1933 年 7 月 14 日由中央政府内阁制定公布之"民族公决法"（Gesetz über Volksabstimmung）第 1 至 3 条。
⑤ 前引 Koellreutter 同书第 146 页。
⑥ 依照 1923 年 10 月 13 日公布之"法律性条例章则公布法"（Gesetz über die Verkündung von Rechtsverordnungen）的规定，法律性的律例章则，必须经过该法或其他法律所规定的公布程序方能生效。据一般学者的意见，该法为保障权利所必需，在新宪法之下仍应继续有效。参阅 Koellreutter 同书第 171 页，Sartorius 同书第 384 页以下。
⑦ 照有些学者的解释，领袖应有一种独立制定条例章则的权（Selbstandiges oder unabhängiges Verordnungsrecht）。这种独立权是实施领导时当然应有的，不必以法律的授权为根据（参阅 Koellreutter 同书第 57—58、170 页），所以领袖所制定的法律性的条例章则，虽无法律的授权规定，亦应有效。惟这种法律性的条例如未依规定程序公布，似乎不应有效，因公布程序是保障一般人的权利所必需的，如不遵守，不免发生流弊。参阅以上同书第 56、170—171 页。

（3）司法权力的削减。在新宪法的创造者看来，裁判是一种正义的工作，其主旨在就各个具体案件予以判断，它的性质和那些直接的集团管理行为（Gemeinschaftsregelung）——如政治性的行为——不同。所以裁判官的地位应该独立而有保障，俾得公平执法。关于这一点，新宪法的原则是和魏玛宪法第102条的规定相同的。不过在新宪法之下，裁判官不应干涉政治性的事件，这一类事件是属于政治的领导工作（Die politische führung）的范围的，而政治的领导是领袖职权内的事。裁判官如果干涉政治性的事，实无异干涉领袖分内的事，那是不合理的。因为领袖的政治领导权应该是至高且合一而普遍的，在同一范畴里面不应该再有和它对立的力量。魏玛宪法第19条的宪法争议，以及一般法律之违宪与否的问题，都属于政治性事件的范围，因此裁判官不应该过问它。在新宪法之下，裁判官对于立法事项只保留着两种权限：① 审查法律曾否依规定之程序公布；② 审查条例章则是否根据法律之授权规定及其内容是否与授权规定相符。但第二种权限仅及于一般行政机关的条例章则，对于领袖所制定的条例章则似不适用，因为照有些人的意见，领袖具有独立的条例章则制定权，不必以法律的授权为根据。①

现在再讲到纵的方面权力的划分。魏玛宪法虽然将各邦的独立性及权力削减了不少，并将中央政府的权力扩大了很多，可是终究未能放弃联邦制度而采行单一政体。因此中央与各邦的权限分得相当清楚，并且有几种在理想上应该划归中央的重要权限并没有这样地划归中央，这可从该宪法关于立法行政司法三方面的规定看出来。兹简单举例说明如下：

（1）立法。中央的立法权都是以明文列举的，凡未经明文列举的立法权都由各邦保留。中央的立法权共分四种：① 专属立法权；② 优先立法权；③ 必要立法权（Bedarfsgesetzgebungsrecht）；④ 立法原则制定权。② 关于民法刑法程序法（包括刑罚的执行及官厅之协助）之制定，中央政府仅享有优先立法权（第7条）。这就是说，中央政府对于这类事项不行使立法权，或中央的法律对于这类事项无规定时，各邦得对于它们行使立法权。事实上中央关于这类事项的立法不一定面面都顾到，总不免有疏漏的地方，如果各邦对于那些疏漏的地方都行使立法权，司法制度便难免有不一致的地方。关于警察事项，中央仅于有一致规定之必要时行使立法权（第9条）。所谓一致规定之必要，究竟在什么时候存在，当然不无争执，因为各邦的传统观念不容许大家对于这一点采宽大的解释。事实上中央能够行使立法权的机会很少，因此各邦的警察制度不容易有一致的可能。关于教育制度，中央仅有以法律确定基本原则之权，其详细的立法权则属于各邦（第10条），因此各邦的教育制度颇不一致。

（2）行政。因为立法权受有限制，中央的行政权也随之受有限制。凡是中央立法权所不及之处，中央行政权当然也达不到。另以宪法第14条规定："除中央之法律别有规定外，中央之法律由各邦之机关执行之。"事实上中央行政权的范围要比立法权的范围小得多，所以不但对于全国的教育警察等项中央没有取得必要限度的行政权，③就是对于司法行政，中央的权力也仅及于极少数中央的司法机关。④

（3）司法。因为立法权及行政权限之分散，裁判机关的系统也不是一贯的。就民刑商事的诉讼及非讼等事件而言，最高法院是属于中央的，高等以下法院是属于各邦的，后者由各邦设立并直接监督，其人员也由各邦的司法部任用。就行政诉讼事件而言，中央与各邦的裁判机关更是属于两个不同系统，并且各邦的行政诉讼裁判机关，在组织的人选及程序上亦极不一致。⑤

---

① 前注所引之书第170—171、173—174页。
② 甲种立法权见该宪法第6条，乙种见第7条及第8条，丙种见第9条，丁种见第10、11条。
③ 教育与警察行政照例由各邦主持，各邦对警察行政尤其把持得厉害。参阅Koell-Reutter同书第118页及前引Blachy and Oatman同书第412—413、531页。
④ 中央司法行政权实际上仅及于最高法院。
⑤ Koell-Reutter同书第98至100页，Blachly and Oatman同书第13章及第14章。

在新宪法之下，那就大不相同了。新宪法的创造者和魏玛宪法的创造者不同，他们没有什么顾虑，可以很自由地制定一种单一政体国家(Einheitsstaat)的宪法。他们认为全国上下都应该服从一个领导权力，即希特勒以全民族领袖的资格所具有的领导权力；凡是中央及地方的权力都是这种领导权的支流，并非独立的权力；所以中央与地方权限之划分不复如从前那样有多么大的意义。地方的权力，乃是最高领导者为便于处理地方政治起见所授予地方的一种权力；它和中央各机关的权力同属于一个系统，一个来源，并不是和中央的权力对立的；它的范围的广狭，可随时由最高领导者按照事实的需要决定之，不像魏玛宪法那样规定得呆板。所以依照新宪法的规定，立法行政司法三权在各邦的地位及范围，与以前魏玛宪法时代大有出入。兹举其要点如下：

（1）立法。在魏玛宪法的制度之下，中央与各邦的立法权是彼此分立对峙的，所以法律有"中央法律"(Reichsgesetze)与"邦法律"(Landesgesetze)之别，后者是根据各邦的独立立法权而产生的。在新宪法之下，各邦的独立立法权不复存在。目下在各邦行使立法权者，照理论讲起来，都不过在那里替中央行使立法权，所以"邦宪法"这个东西，实质上已不存在。这些在各邦行使立法权者，只能就中央未行使立法权的事项或由中央授权的事项行使立法权。①

（2）行政。在新宪法之下，各邦不复享有独立的行政权，所有的行政权都是由中央授予的。在魏玛宪法时代，德国的公务员有"中央公务员"(Reichsbeamte)与"邦公务员"(Landesbeamte)之别，后者在原则上是不受中央的指挥监督的。但在现在的制度之下，所有各邦的公务员都应视为"中央的公务员"，直接或间接受中央的指挥监督，其最高级人员并且是中央直接任用的。同时中央方面对于重要行政部门，如警察行政等，也渐渐地实施集中统筹的政策。②

（3）司法。在新宪法之下，各邦的司法独立权已归并中央，所有各级法院均以全德国民族之名义执行裁判职务。③ 其中的公务人员都是"中央的公务员"，直接或间接受中央的指挥监督。中央对于司法行政也开始统筹管理。各邦的司法行政机关虽还存在，但不过是中央机关的一部分，其性质与从前不同。④

四、几点感想

我们既已就德国魏玛宪法及新宪法关于分权制度的原则在前面做了一个简单的说明和比较，现在便要谈谈我们的感想。我们知道：德国新宪法所提倡的制度，如立法行政的兼并、司法权的削减等等，在理论上固然不一定能站得住，在事实上恐怕也未必没有流弊，缺点当然是不能免的。不过虽然如是，新宪法也未尝没有可以给我们做教训的地方。

第一，新宪法以一种较魏玛宪法更激进的精神发挥统一思想，促进统一事业，可谓切中时弊，对德国做了一种对症下药的工夫。世界上任何国家所不可缺少者，是统一团结，凡是内部分裂权力涣散的国家，虽不亡亦必衰弱。一百多年以前的德国，曾经深感到国家不统一的痛苦，所以高瞻远瞩的政治家如俾斯麦等，尝毕生尽瘁于国家的统一事业。魏玛宪法的创造者也很重视这一点。新宪法对于魏玛宪法的制度虽不屑采取，可是它所努力的一个方向——统一之促进——是和魏玛宪法一致的，所不同者，不过程度之大小而已。这在德国固可以证明一般人所见之略同，而对于我们尤足以给予一个有价值的教训，即统一团结是立国的基本条件，制宪的人应该用他们的宪法来促成这个基本条件的实现。

---

① Koell-Reutter 同书第 113—114 页。
② 同上书，第 116—119 页。
③ 1934 年 2 月 18 日由中央内阁制定公布之"司法移归中央管理法一"(*Erstes Gesetz zur Ueberleitung der Rechtspflege auf das Reich*) 第 1 条。
④ 1934 年 12 月 5 日由中央内阁制定公布之"司法移归中央管理法二"第 1 条，1935 年 1 月 24 日由中央内阁制定公布之"司法移归中央管理法三"第 1 条。

第二，新宪法的创造者及赞助者都在继续不断的做一种心理建设的工作，借以培养一般民众对于新制度的信仰。新宪法关于分权制度的原理虽不无可批评之处，可是它的理论却很足以吸引一般的民众。它拿"民族"为出发点，将它看得十分重要。一般鼓吹新宪的人对于德国民族之优异性特别加以说明，以便使一般德国人发生一种民族意识；[①]然后他们再将希特勒抬出来，尊他为民族的领袖，将他说得怎样的神圣，怎样的值得大家拥护。[②]一般民众听了这一套理论和宣传以后，往往会对于新制度发生一种信仰，由这种信仰他们便可变成拥护新制度的力量，这样新制度便可顺利推行，长久存在。同时在政治上负领导责任的人以往屡次在国际政治上取得胜利，足以证明以往所宣传的是对的。由于这种事实与理论的配合，新制度的效用更为一般人所了解，因此大家对于他的信仰更强。从这些情形看来，新宪法的创造者赞助者及执行者，似乎很知道心理建设的重要和方法。我们该知道，一个制度的确立与发生效用，绝不能专靠几条条文，因为条文是死的空的东西，仅能做到一些表面工作，绝难单独促成真正的制度。要使一个制度确立而发生效用，必定要先培养一种拥护这种制度的力量，行政制度的确立与发生效用也同此理。心理建设便是产生拥护宪政制度的一种力量。要培养这种力量，固然应该使一般民众对于宪政制度的理论有相当的认识与好感，而尤须注意的是政治上负责的人应该以身示范，使一般民众不因"人"的毛病而灭却对于制度的信仰。这两点在现在的德国似乎已经相当地做到了，我们应该引以为法。

[①] 这些说明德国民族优越性的人，大概可分为二派：一派侧重于鼓吹德国民族胜于别的民族，一派侧重于说明德国民族的特点。希特勒本人便是第一派人物的领袖〔参阅他所著的"我的奋斗"(*Mein Kampf*)一书第 1 册第 9 章及第 2 册第 2 章〕。第二派人物大都是些学者（参阅 Sauer 著 *Rechts — und Staatsphilosophie* 一书 1936 年版第 226—236 页）。

[②] Koellreutter 同书第 128—133 页。Koellreutter 站在学者的立场，说话比较慎重，还不像其他学者那样一味地尊重希特勒，故意附会其辞。

宪政之道[*]

一、宪政问题的几个注意点

近年来报章杂志,关于宪政问题的鸿文巨著,数见不鲜,但其内容大都以宪法本身的问题为主,而对于宪政实施的基本条件或方法问题,并未详加论究。此次本志刊行"宪政问题专号",决定写一篇讨论"宪政实施问题"的文字,先就宪政的意义、重心、价值等做一个广泛的检讨,进而研究宪政实施的基本条件。

最近关心宪政的人虽然不少,可是对于宪政的意义、重心、价值等似乎还不免有误解之处;因此对于宪政实施的基本条件,也难以有正确的认识。就宪政的意义与重心而论,一般常犯的毛病是太重视宪法的条文或原则,而将宪法的制定当作实施宪政的中心工作。须知道:所谓"宪政"(Constitutional Government)是与"纸面上的宪法"(Constitutional Law)有区别的。前者是实际政治受宪法的抽象原则支配的结果,或宪法的抽象原则在实际政治上的具体化,可谓"在实际政治上已发生作用的宪法"(Constitutional Law in Action);后者只是一些与实际政治尚未发生关系的抽象原则的总称,可谓"书本上的宪法"(Constitutional Law in Books)。前者是"活宪法"(Living Constitutional Law);后者是"死宪法"(Dead Constitutional Law)。我们实施宪政,不仅要确立一套抽象的宪法原则,并且还要设法使这一套抽象的宪法原则由死的东西变成活的东西,由书本上的东西变成在实际政治上发生作用的东西。所以宪政的重心,不在宪法的本身,而在使宪法原则发生实际作用的方法。这种方法往往"视之未必能见,听之未必能闻",而很容易为一般人所忽略;并且这种方法的取得,亦非一朝一夕之功,颇有赖于多数人的长期努力。

世界上有完美明确宪法的国家很不少,尤其在第一次世界大战以后,这类国家特别增多。但是一直到现在为止,真正当得起"宪政"两个字的国家,只有很少的几个,而这几个国家的宪法并不怎样高明。例如英国,它可谓西洋近代宪政运动的策源地,其宪政的发达至今无出其右者。可是它的宪法原则的大部分直至现在仍未脱离不成文法的范畴,其内容及范围极不确定,其效力并无特别保障(因宪法的效力并不优于其他法律)。该国法学权威戴雪氏(A. V. Dicey)于其名著《宪法学导言》(Introduction to the Study of the Law on the Constitution)中尝谓,研究英国宪法的人,如果所用的方法不当,每会觉得英国宪法是一种迷茫的东西(a sort of maze)。因为有许多关于宪法的权威著作或未深究事实,或失之泥古,或将无法律效力的惯例误为宪法,所见各殊,莫衷一是。法儒托克维尔(Tocqueville)有见及此,甚至说:"英国的宪法实际上并不存在。"美国的宪法虽是成文的,但是就内容及立法技术而论,远不及有些在第一次世界大战后产生的新宪法。可是在欧洲采取这些新宪法的国家有几个能比得上美国那样强盛、有组织秩序、而富于民主精神呢?上述情形之所以发生的主要原因,实不外一点:在英美等国,大家并没有把宪法形式的好坏与内容的繁简看得太重,而能够将大部分的精力用到如何使宪法的抽象原则在实际政治上发生作用,即如何使"死宪法"变

---

[*] 原载于1944年5月出版的《中华法学杂志》第3卷第5期。

成"活宪法"的问题上面去。

我国自民国以来,就有相当完密的成文宪法。民国元年的临时约法虽仓促制成,失之简略;但是就内容与立法技术而论,比之于英国的宪法,可谓有过之而无不及,比之于法、比、美等国的宪法,也未遑多让。以后几次的根本法,在内容及立法技术上,文体都比临时约法更进步。然而三十余年来宪政实际发展的进度何以如此慢呢?其主要原因也就是:我们一向太偏重抽象的宪法原则,即"死宪法",而没有把精力集中到"活宪法"的培养工作方面去。所以目前的"宪政运动"绝不是以往那些狭义"制宪运动"可比,它是近代各国学者所提倡的"活法运动"之一种,是一种"活宪法的培养运动"。实施宪政的中心工作不是"制宪",而是"宪法生命素"的培养。这种培养工作内容如何,乃是很值得研究的一个问题。

其次讲到宪政价值。国内或许有很多人要问:"宪政的实施,在目前的我国是否必要?"宪政的实施原是三民主义的政治哲学所希望达到的一个阶段。三民主义的政治理想,一定要到了宪政时期,才可以完全实现。所以要完成三民主义的革命工作,一定要实施宪政。不过最近有一批谈建设的人,往往偏重于物质建设,以为秩序的建设乃不急之务;宪政的实施乃秩序建设的一种,所以也是不急之务。还有一批人以为:在非常时期,一个国家只需要"便宜行事",而不需要"服从法律";宪政是减少"便宜行事"的机会,不宜于非常时期;抗战与战后复兴建设的时期,可谓非常时期,并不需要宪政。如果这些见解是对的话,那么现在谈论宪政,似乎还嫌太早。所以宪政的价值究竟如何,它对于今后的我国有何裨益,在目前有无推行的必要,可谓当前宪政运动的一个先决问题。

上述两个问题当然可以有种种不同的解答,而其得到解答的方法或途径也未必一致。本文的主旨乃是要从"法治"说起而推论到这两个问题,然后再进一步归结到宪政实施的基本条件问题。这种立论方法的理由有四:(1)法治与宪政有许多共同之点,法治的价值足以证明宪政的价值;(2)法治是宪政的基础,如能做到法治,则推行宪政不难事半功倍;(3)法治的推行方法可运用于宪政的推行;(4)一般人之轻视宪政,往往自轻视法治始,了解法治,即所以了解宪政。

二、法治与宪政的关系

法治与宪政的目的都是为国家或社会建立秩序,而其所赖以建立秩序的方法都是法律,所以就形式——与法律的关系——而论,法治国家与宪政国家是一样的。至于就实质——法律的内容或精神——而论,二者是否相同,学者的见解不一,而其所以不一致的原因是大家对于宪政国家及法治国家的看法互有出入。如果将各种不同的意见综合起来,大概可以得到三种结论。第一种结论是:宪政国家是一个具有民主精神的法治国家,而法治国家则不过是一个遵从法律而未必具有民主精神的国家;前者重法而同时又使它的法合乎某种标准,后者重法而未必使它的法合乎某种标准;所以宪政国家是比法治国家更进一步的东西。第二种结论是:宪政国家与法治国家都是重法而又具有民主精神的国家;法治国家也要有民主精神,并且它的民主精神未必逊于宪政国家;所以宪政国家与法治国家是名异而实同的东西。第三种结论是:宪政国家与法治国家不同之点,不在民主精神之有无,而在民主精神之多寡;宪政国家的民主精神较富于法治国家;所以宪政国家是民主国家中较进步的国家,而法治国家是民主国家中较保守的国家。以上三种结论究以何者为对,暂且不去研究。现在为讨论的便利起见,假定第一种与第三种结论都是对的,那么宪政国家与法治国家所异者只有一点,即二者所重的法的内容或精神在性质上或程度上未必相同,换句话说,二者除法的内容或精神偶有区别外,在其他方面可谓一致。宪政国家不过是一种改良的法治国家,所以要造成一个宪政国家,只要将一个法治国家加以改良就行。如果用数学的公式表达出来,宪政国家便等于"法治国加上法律的民主化"或"法律的民主化的加强"。这就是说宪政实现的条件不外两种:(1)实行法治;(2)使法律的内容或精神民主化或加强其民主化的程度。在现代的民主国家,第二种条件是比较容易做到的,所困难者,乃是第一种条件。所以我国今后如果要实行宪政,首先应该实行法治。

三、法治的性质与基础

法治的重要,论者已多,国家与法律本是不可分离的。德儒康德(Kant)早就说过:"一个国家是依据法律组织成功的多数人的团体。"以后各国的法学家有不少是主张"国家与法律的合一论"的。德国的斯达尔(Stahl)与拉松(Lasson)则认为国家是具体的法律制度;荷兰的克拉勃(H. Krabbe)则声言"国家是一个法律团体";奥国的凯尔生(H. Kelsen)则高唱"国家是法律秩序(Reehtsordnung)"。他们的立论根据纵尚有讨论的余地,但是国家之不能没有法律,乃是不可否认的事实。国家与法律的关系既如是密切,则国家之存在与发生作用,必有赖于法律之维持威信与发生作用无疑。所以法律的地位愈高,则国家的组织愈严密,而它的作用也愈能发挥。这就是说,法治的推行是一个国家存在与发达的基本条件。法治主义是民主的骨干,不讲法治,便谈不上民主政治。诚如国父所昭示大家:"……物质有机器,人事亦有机器,法律是一种人事的机器。……我们现在要讲民治,就是要将人民置于机器之上。"(见五权宪法)我国实行共和已三十余年,法治主义论理早应见诸实施。时至今日,其所以仍须大力提倡者,实缘国人对于法治的意义与价值大都没有正确的认识,致大家缺乏遵守秩序、服从纪律的决心,而不能发挥民主政治的作用。所以法治的口号在国内虽已成为老生常谈,为使国人了解其真谛而走上富强康乐之途起见,实有重新检讨其意义与价值的必要。

间尝思国内许多人不能了解"法治"真谛的缘故,大概不外乎轻视或鄙视法治而不屑去实行。而这种轻视或鄙视心理养成的原因,归纳起来,约有二种:(1)一般人忽视法治主义在我国历史上对实际政治的作用;(2)一般人误解法治主义在现代国家的实际地位。

我们常听见人说:中国是重礼治而不重法治的国家,因为中国一向重礼而不重法。这种见解,我相信在国内颇为流行,并且历史悠久,入人甚深,恐怕大多数的人都认为很对。我记得国外的学者中也有不少这样想的。因为这种见解的流行,有些讲"本位文化"的人便以为"法"与"法治主义"是西洋式国家的产物,不宜于"中国的园地",毋庸提倡,并且提倡以后,反而得不偿失。

不过以现代科学的眼光看来,这种见解实在是不对的。我们可以说,它是完全建筑在对于法的一种错误观念上的。我国古代所讲的法,依照法家及儒家的解释,是论罪定刑的"刑法",不过是现代法的极小部分。现代的"法",除刑法外,还包括民商法、宪法、行政法及许多其他部门的法。这些部门的法,在我国古代虽不及刑法那样发达,但不能说完全没有,并且到了后世,其内容也相当丰富,因为最初所流传下来的习惯、成训及以后儒家所提倡的"礼",都包含许多关于这些部门法的原则。这种原则,有的经一般人长期的遵守已取得习惯法的效力,有的经官府多年的引用(如引经断狱之例)而成为裁判的先例或法理的一部分,又有的经法典规章的采取(如历代刑律及会典等类)而具备成文法的形式,倘若加以整理而分类编列起来,一定可以构成一个相当完备的体系。由此可知,现代西洋一般文明国家所实行的"法",实际上在我国也早就实行,不过一般人专在名称上做工夫,未能注意及此,致误解我国一向只有"刑法"之"法"而无其他部门之"法"。换句话说,我国一向所讲的"礼"以及古圣贤的遗教(尤其经儒家阐扬过的遗教),在古代虽不叫作"法",而实具有现代"法"的性质。现代的法实包括古代的"法"与"礼"及圣贤的遗教。我国一向所称的"法"与"礼"等等是现代"法"的体系中几个不同的部门,并非对立的东西。从前所说的"法治"是"刑法之治",当然是失之偏激而行不通的。所谓"法治"与"礼治"的争论,以现代的眼光看来,实不过"刑法之治"与"非刑法之治"的争论。无怪乎古代的"法治主义"者遭"刻薄寡恩"之讥,为世人所摒弃而归于失败。现代一般文明国家所提倡的"法治"实包括我国从前的"法治"与"礼治",与法家所讲的法治大不相同。我们提倡这种"法治",非但不违背传统的精神,并且足以发扬本位的文化。

以上专就"法"的观念的演变而说明法治主义在我国历史上的重要,现在再就法治精神的表现补充几句话。我们知道：我国古代的刑法虽为刑名家或律学家或少数文人（大都是官吏）所研究的对象，未必为一般人所知道；但"礼"及圣贤的遗教却因儒家及朝廷的提倡流行甚广，深入人心，上自君王卿相，下至群僚庶民，莫不有相当的认识，有些人并且能对它们发生宗教式的信仰，而不惜任何牺牲以奉行之，有些人虽没有这种坚强的信仰，但因为顾忌舆论的制裁，也不敢轻易违背，毁损名节。所以历代对于"刑法"的运用及执行固然极慎重之能事而足以充分表现重法守法的精神，而关于"礼"及圣贤遗教的推行与维护尤多可歌可泣的事例。远者且不提，近者如明朝的方孝孺，因燕王称帝，紊乱皇统，不肯草即位诏，身受极刑，祸及十族，至死不屈。清朝的吴可让因光绪即位，请为穆宗立后不遂，而自杀尸谏。他们所争的以从前的眼光看来，虽不过"礼"或圣贤遗教的推行或维护问题，可是在现代法学家视之，却是宪法的威信问题。他们的牺牲可谓为拥护宪法而遭受的，是一种守法精神的表现。这种守法的精神，就是在西洋号称法治的先进国家，也不可多得，而在我国史册却数见不鲜。这可以证明我国历代不但受着现代"法"的意识的强烈支配，并且充满了现代文明国家所重视而罕有的"法律至上"的法治精神；在现代有些国家，"法治"往往只是一种口号，而在我国古代有时却为一般人实际思想行动的一部分。

我们又常听见人说：法治主义是一种陈腐的主义，已为现代的前进国家所不取，如法西斯主义的国家，即其明例。这种见解，于抗战以前及抗战的初年，在国内相当博得同情，现在也许已为人鄙弃，不过一定还有一部分人不能忘怀，所以有略加批判的必要。我们觉得一个国家无论采何种主义，必不能没有组织与秩序；要有组织与秩序，便不能没有几种规范以为大家行为的准绳。这几种规范中有一种便是法律。一个国家的主义尽管变更，但是要使新的主义所产生的新制度，即新组织或秩序继续存在，就不能不有一种规范来约束或领导大家的生活行动，以维持或促进这种制度；而这种规范往往是带有革命的色彩的，在固有的习惯宗教道德中不容易找到，所以大部分是国家新制定的法律。换句话说，一个国家不问所采的主义如何，绝不能没有法律；要使法律发生效用，也绝不能不讲求法治；法律的内容与精神尽管有出入，而其应具的重法守法观念则不妨相同。德国公法学者寇尔罗脱氏(Otto Koelltrutter)讨论国社党政体下的宪法原理时，曾说过下面一段话："国家和法律是民族生活的力量，它们的价值和意义是从它们对民族生活的功用中得来的。国家是一个民族政治生活的方式，这种政治生活的方式是靠法律秩序的力量而取得的。一个共同管理的政治世界需要一种有组织的生活方式，这种组织最初是被国家及其权力所促成的。可是有了国家的权力，还得有法律的秩序和它联合起来，才可以形成民族生活，因为仅有权力而无法律，便成武断。所谓'民族观'者，只承认一种忠于民族的领导，至于一个专靠枪杆的独裁者的强权，那是和'民族观'不合的。因此在任何文明国家里——尤其在那些以民族为本位的国家里——法律乃是一种必需的标准，没有这个标准，便不能产生健全的政治组织。国家和法律这种必要的密切关系便由我们所称的'法治国家'表现出来。所以在一个法治观念发达得像德国那样细密敏锐的民族里面，'法治国家'具有永久的价值。"（见寇氏著《德国宪法学》，1935年出版）。寇氏的主张现在是否为穷兵黩武的希特勒及其党羽所遵行以及他们遵行到什么程度，我们当然可以想象得到。不过这种主张在希特勒等脑子尚清醒（即1935年）的时候为国社党所同意当无疑义。这可以证明：一个国家，无论以何种主义立国，除非它的执政者已到了疯狂的程度，对国内是不得不讲法治的。

也许有人要说现在西洋已有许多学者主张以所谓"文化国家"（kulturstaat）来代替"法治国家"，可见法治主义已不合现代的潮流。诚然，这种主张在德国相当流行，费希特(Fichte)、黑格尔(Hegel)及已故的新黑格尔派法学权威柯勒(Kohler)便是这种主张的提倡者。不过那些提倡文化国家的学者所反对者，不是法治国家的"法治"，而是从前一般人如康德等所讲的法治国家内法律之不合理，即不能适应时代的需要。大概言之，康德等所提倡的"法治国家"的法律是偏向于个人主义的，是一成不变而不能随时间空间进化的，是缺乏积极作用的；"文化国家"的法律是顾全社会利益的，是因时间及空间的需要不断进化的，是富于积极作用的。换句话说，"文化国家"不过是一种法律性质较为改良的法治国家,仍旧少不了法治。一般提倡文化国家者之所以避用"法治国家"的名词,其目的无非在使大家不受康德所提倡的旧法治国家观念的影响,这并不足以证明他们轻视法治。

由前所述,我们可以知道:国内许多人轻视或鄙视法治的心理是没有正当根据的;法治主义不仅是我国民族固有的精神,并且是现代一般文明国家政治的理想。

法国一位公法学的权威阿内吾(Maurice Hauriou)认为:国家是"一个伟大的制度"(Une vaste institution);从它的主要作用,如行政、司法等看来,它可谓"一个伟大的维持纪律的制度"(Une vaste institution discipinaire)。这一个伟大的制度包括许多小的制度,这些小的制度是大制度的各方面,也就代表国家在各方面的作用。所谓"制度",从某方面来看,乃一种权力的组织,这种组织是根据一种公共服务的意念(Lidée de Service Public)而逐渐形成并继续存在的。依据这种说法,国家乃是一种根据公共服务的理想而逐渐形成,有继续性的权力的组织。这种公共服务的理想之所以能支配权力而使其成为合理的组织,全靠大家拥护这种理想及根据这种理想而产生的规范,即法律政策及法律原则。如果大家能拥护这种法律政策及法律原则,则上述理想可因大家的重视或信仰而发生力量,于是进而变为客观的现实制度。所以政府的主要作用就是要领导大家遵守这种法律政策及法律原则,使由抽象的东西变为具体的制度,对于违反这种法律政策及法律原则者,它有予以制裁、维持纪律的责任。国家之所以被称为"维护纪律的制度",就是因为这种缘故。换句话说,国家之所以能成为国家而实现其使命,全靠大家能守纪律、能讲法治,因为守纪律、讲法治,是使政治理想变为客观的现实制度的惟一方法。

我们对于制度学派的法学家如阿内吾等的学说在有些地方或许未便完全赞同,但大体说来,他们关于法治与国家的关系所持的见解实颇值得我们重视。

其次要研究的是法治的基础。法治的基础是建筑在两种精神的或心理的条件上面的,这两种条件就是:知法与重法。

所谓"知法"是广义的,不但指"对于法律的认识"而言,并且还包括一切为使抽象的法律原则在实际政治上及生活上具体化所必要的法学修养在内。后者的范围很广,除包括既存法律规范之机械式的运用外,还兼及法律规范的补充调整、改革及其他创造工作。德奥等国"规范学派"(Normativist school)的学者如麦克尔(Merkl)及凯尔生(Kelsen)等尝提倡所谓"法的位阶建构说"(Theorie des rechtlichen stufenbaus)或"法律逐步具体化说"(Doctrine of the gradual concretization of the law)。照他们的说法,一个国家的法律体系必溯源于一种最高的规范,即所谓"基本规范"(Grundnorm),这种"基本规范"是距离现实生活最远的,因此最富于抽象性。我们如果要使这种基本规范与现实政治或生活发生关系,即在实际政治或生活上具体表现出来,必定要经过一种过程,将它的抽象性一层一层地减少,一直等到它与构成实际政治或生活的各个具体事件打成一片为止。这种过程是相当长而复杂的,它不但包括基本规范本身的逐步具体化,同时也包括下层规范的逐步具体化。所以无论是根本法、普通法、规章、办法或抽象的命令,都须经过这种过程,才可以在实际政治或生活上表现出来。总括地讲起来,这种过程大概可以包括下列几个阶段:(1)由基本规范达到次基本规范,即立法机关制定的普通法律或与其效力相等的法律规范;(2)由普通法律(甲)直接达到具体事件的处理,即将该项规范适用于具体事件;或(乙)先达到规章、办法或政府机关的其他抽象命令,然后由这些规章、办法、命令达到具体事件的处理,即将这些规章、办法、命令适用于具体事件。所谓具体事件的处理或各种规范之适用于具体事件,有时仅限于各利害关系者对于特定事件依据普通法律或规章办法命令之自动的行为或不行为,如买卖之实行、公司之组织、债务之清偿等是;有时却又包括国家主管代表机关的干涉、争讼的解决、裁判或处分之强制执行等是。以上这几个阶段都含有一些法的规范的创造工作。普通法律的制定或成立固不必说,就是争讼的解决、法的解释以及裁判或处分的强制执行亦具有一种造法的作用。至于契约的订立、公司章程的通过等等，表面看来，虽与法的创造无关，但究其实际，也具有一种造法的作用，因为契约及公司章程里面的规定也是规范的一种，其与普通法律或规章、办法、命令的关系，实在和普通法律与基本规范的关系相似。它们都是走向一个目标的，即由抽象性较大或适用范围较广的规范产生抽象性较小或适用范围较狭的范围。换句话说，造法的工作并不限于一般人所说的形式立法的范围，这种工作在立法程序完成以后，尚需在行政上、司法裁判上及私人法律行为上继续进行。

上述学说，无论批评者对它的观感如何，大概有一点是颠扑不破的，就是：在各种法律的抽象原则逐步具体化的过程中，我们要做许多造法的工作；我们不但站在立法机关及制定规章、办法、命令的机关的立场要造法，就是站在解释或运用法令者的立场，也要造法。因为法令是常会犯疏漏、矛盾、含混、不合时宜等毛病的，解释或运用法令者的第一责任就是要补救这些毛病，这种补救法令毛病的工作实质上就是造法的工作。

造法的工作是有种种限制的，它一方面须受已有的上层法的规范的限制，另一方面须受环境需要的限制。所以它的目标是双重的：第一要使所造的法与其所根据的上层法精神符合，第二要使所造的法合乎某一个时代或地域的需要。从事这种工作的人，不但要对于既存的法律制度有系统的深刻研究，并且还要对于立法政策及立法技术有相当心得。如果他们不具备这些条件，他们便会盲目地造法，既不能贯彻上层法的精神，复难免忽视环境的需要，因此各种法律原则在逐步具体化的过程中便会变质或与现实的社会生活抵触。在这种情形之下，无论法律的原则是怎样美备，都是无补于实际的。因为法律原则的本身虽然很好，但在实际政治或生活上未必能发生预期的好作用，反而容易使一般人对于它们怀一种厌恶轻视的心理而以守法为一种苦事。世界上有完美的法典或新颖的法律而法律威信仍不能树立的国家，犯这种毛病者，可谓数见不鲜；反之，其法典不完美或法律不新颖而法律威信仍旧很高的国家，大都能避免这种毛病。

研究西洋法制史的人都知道罗马法与英美法在某一个时期都曾有过一种陈旧落伍不合时代新需要的现象。前者的"市民法"（jus civile）与后者的"普通法"（common law）本来都是闭关与保守时代的产物，都是重形式的、范围狭窄的、不能适合大时代需要的法律制度，等到国家的版图扩大、社会与政治关系趋于复杂的时候，都不能适合新环境的需要。可是因为在罗马有了一批大法官（Praetors），在英国有了衡平裁判机关（equity court）的出现，这两种陈旧落伍的法律制度能够因合理的解释与运用而得到一种新生命，发生一种新的力量，以适应新的需要，由老朽枯槁而遭人厌恶的东西变成生气勃勃而备受尊敬的东西。

所以要使抽象的法律原则在实际政治或生活上具体化而成为民族生活的一种活制度，一定要有一批对于法学有研究并且认识时代需要的、富于创造能力的人分布于立法机关、裁判机关、行政机关以及其他政府机关，作为贯通各层法律规范的血管，使彼此间发生联系，并且时常将新的营养成分输送到各方面去，使整个的法律体系变成一个活的一贯的东西。

其次讲到"重法"。抽象的法律原则在实际政治或生活上的具体化，固然有赖于各方面的"知法"而尤其有赖于朝野上下的"重法"。所谓"重法"就是"真心诚意"地奉行法律，也就是信仰法律而见之于实际行动的一种风气，这种风气就是现在一般人所讲的"力行哲学"在法律生活上的表现。它在原始社会或道德与法律混合的社会，本是"力行哲学"在一般社会生活上的表现，所以它的本质是与尊重道德或习尚的风气相同的。它无论表现于一般的社会生活或法律生活，都是以遵守纪律、建立秩序为目标的。我们在上文已经证明：法律虽不完美，只要有适当的知法的人去解释运用它，使它合理化，仍旧可以在实际政治或生活上发生良好的作用；反之，如果解释运用法的人不知法，则虽有完美的法律，亦必变质而不能树立威信。现在我们也可以说：法律虽不完美，只要有人遵守它，养成一种重法的风气，它仍旧可以发生作用；反之，如果不能养成一种重法的风气，则虽有完美的法律，亦等于零。我们无论研究哪一国的法制史，都可以发现一点不可磨灭的事实，就是：重法的风气乃是法律的"生命素"，它不但使法律发生预期的作用，并且还可以使法律生长。

远古时代，法律与道德不分，一般社会的生活规范全靠这种风气——在当时仅为尊重一般社会生活规范的风气——而深入人心成为一种有拘束力的东西。迨国家成立，法律与道德逐渐分离，这种风气便使一部分的社会生活规范变成习惯法。以后有些国家虽将习惯法变为成文法，但是内容并无出入，其在实际政治或生活上之发生作用，仍不能不归功于这种风气。等到创造性的成文法出现，则新的法律原则在发生实际作用之前更不能不有重法的风气为之提倡而加强其在心理上的拘束力。诚如历史法学派领袖萨维尼（von Savigny）所云，法律是从一般人通常误称为"习惯法"（Gewohnheitsrecht）的东西演变出来的。易言之，即先溯源于习惯与流行的信仰而后因法理而取得较强的力量，现实法也可以称为一般人所欢迎的法，因为它是生存于一般人的公共意识里面的；但是当它把握住一般人的共同意识的时候，它不复是一种抽象的规范而是一种可以当作有机体看待的法律制度的活观念。上述重法风气的树立，乃是法律已经成为一般人共同意识之一部的证明。必定要这样，它才可以由死的、抽象的原则，而变为支配一般人生活行动的活的具体制度。我们虽然未便同意历史法学派"法律只能生长而不能创造"的保守主张，却不能否认上述的见解具有相当的真理。法律虽然有时可以创造，而且应该创造，但是要使新创造的法律为一般对它未曾习惯的人奉行不渝，必定要先使它成为一般人共同意识之一部；而达到这个目的的方法，只有树立重法的风气。至于重法风气的树立，则有赖于政府及社会上的领导分子以身作则，使一般人由模仿而信仰，由信仰而习惯，由习惯而自然的见之于生活行动。

四、宪政的重要与推行条件

法治性质与基础既说明如上，现在要进一步研究宪政的重要与推行条件。我们从上文可以知道：法治是立国之本，它不但合乎现代政治的需要，并且足以发挥我国固有的民族精神，它的内容纵因法律制度的内容不同而有民主与非民主或维新与守旧之分；它的主要作用却都不外乎维持纪律，建立秩序，使国家的政治理想经过逐步具体化的过程而成为一种客观的现实制度。我们从上又可以知道：宪政与法治在法律的内容或精神方面，虽然照有些学者的看法，略有出入，但是二者之目的都是要以尊重法律的方法来为国家维持纪律，建立秩序。法治既然重要，宪政当然也重要；况且根据国父的遗教，宪法是一个人事的大机器（见五权宪法），是调和自由与统治的机器，是领导其他机器的机器。宪政的作用就是要将一般人置于这个大机器之上，使大家能够凭借这个机器所发出的动力，循着一定的方向，以达到民治的目的。依照国外有些学者的说法，宪政是一种改良，即具有民主精神或较富于民主精神的法治。这都可以证明宪政比法治还重要。

法治在平时固重要，而在非常时期更重要，宪政亦然。因为一个国家在平时固需要纪律与秩序，以加强其组织与团结，而在非常时期更需要纪律与秩序，以加强其组织与团结。法治与宪政的作用既然都在为国家维持纪律，建立秩序，当然在非常时期更为重要。有人以为在非常时期国家只要"便宜行事"而不宜于实行宪政，这实在是一种错误见解。因为在非常时期政府机关的某部分虽有较大的自由裁量权，但是一般地讲起来，法律比平时更严密，其强制力也更强，一般人的自由更受限制，义务也加重。平时不适用的法律到这时也适用了，平时没有的法律到这时也有了，平时行得通的法律到这时也行不通了，平时可以做的事情到这时也因法律的禁止而不许做了，平时不必做的事情到这时也因法律的强制而非做不可了，平时可用普通方法制裁的事情到这时也因环境的需要而须改用特别方法制裁了。凡此种种都是今日所共见共闻的事实，都足以证明：在非常时期法律的需要更大，法律的权威更高，因此宪政的效用更为显著。且即就政府机关的某部分在非常时期之自由裁量权而论，它的范围之扩充，一部分是根据宪法的规定或原则，如紧急命令权之行使等是；一部分是根据普通法律规定或原则，如授权立法制之运用等是。这并非不讲法，而是依照法律的特殊规定或原则以应付特殊的事情，其中仍有一定的法度与标准，是未便与那专制时代的超法律的武断主义相提并论的。

至于有些人"重物质建设而轻秩序建设"的主张，那更不足取。无论在承平时期或非常时期——尤其非常时期——秩序建设是一切建设的基础。诚如我国先贤所云，"守国之度，在饰四维……四维不张，国乃灭亡"（管子语）；"有国有家者，不患寡而患不均，不患贫而患不安"（孔子语）。所谓"四维"，所谓"均"与"安"都是秩序问题。国父所提倡的"节制资本"与"平均地权"，也是一种秩序的建设。由此可以知道：秩序建设之应先于其他建设，乃是我国古今的先知先觉所一致主张的原则。宪政的建设乃是根据国家大法的秩序建设，是最切实而最广泛的秩序建设，其推行之不容或缓，自无疑义。

次论宪政的推行条件。大体讲来，宪政的推行条件与法治的推行条件是一样的，所以宪政之能否实现，也系乎大家之能否"知法"与"重法"。宪政之所以能见诸英美两国而不能见诸许多有完美宪法的国家，其原因就在此。不过宪政是以宪法为出发点的，而宪法是一种最抽象、距离现实生活最远的法，表面看来，与人生的关系，似乎不及民刑事法那样密切，每易为一般人所忽视。其次，宪法所涉及的事项大都有关国家的基本政策或基本组织与作用，未必是一般人所容易了解的。再其次，宪政既是——如有些学者所主张一种具有民主精神或较富于民主精神的法治；则如何使其他法律规范的内容、形式及其解释、运用合乎宪法的基本精神，而于不违反实际需要的范围内促成民主政治，乃是非常重要的问题，这个问题是不像一般的法律问题那样简单的。因为这三种特殊的情形的存在，我们在推行宪政时所要具备的两个条件，与法治推行的条件比较起来，名虽相同而内容性质不免稍有出入。

就"知法"方面讲起来，在宪政制度下解释、运用及创造法的人，必定要有一种远大的眼光与高深广博的法律知识，才可以使整个法律制度得着合理的调整与必要的联系，适应环境的需要，并发挥民主政治的精神。担任这种工作的人，仅知道一点民刑法或仅知道各部门法学的皮毛，固然不能胜任，就是对于各部门法学有相当心得而对于政治经济社会等学科没有研究，也未必称职。因为就法学方面讲，凡是牵涉到宪法的问题，多半是法学上基本而高深的问题，我们研究到法学的深刻处，绝不能忽视这类问题。近代各国法学家之所以于宪法或一般公法的著作里面精究法律哲学上之重要问题者，其原因就在此；而著名法律哲学家中之所以有许多是研究宪法或一般公法出身者，其原因也在此。就其他方面讲，凡是牵涉到宪法的问题，因有关国家的基本政策、组织或作用，多半是政治经济社会等学科上重要而复杂的问题；苟非对于这类学科的理论与实际有深刻研究而能认识时代的精神及社会的动向者，往往不免判断错误。近代宪法学界中研究政治、经济、社会等背景的风气之所以日渐流行者，其原因就在此。

就"重法"方面讲起来，宪法既容易为一般人所忽视，尊重宪法的风气便比较难以树立，而宪法的原则便常会失效或变质。所以要推行宪政，在政府及社会方面特别要有一批领导分子以身作则，引起一般人的重视与信仰，而在生活行动上造成一种合乎宪法精神的习惯。关于这一点英美两国的成就很值得重视。在这两个国家，大家不但有笃信力行宪法本身的规定或原则的风气，并且还很能尊重那些无宪法或普通法律的效力而可以防止流弊或发生宪法精神的种种原则。戴内雪氏尝于其所著《宪法导言》内举了许多例子，如"英王不得对于国会两院所通过之议案表示异议即要求复议（Veto）"、"英国贵族院执行上诉法院之职务时，凡非法律议员（Law Lord）皆不得参与裁判"、"英国阁员遭平民院之不信任时，即行辞职"、"美国大总统不得连任至三次以上"等，都不是道地的宪法原则，而不过是宪法以外的一种政治风尚或道德。这种风尚或道德，非至万不得已，绝不轻易变更。考其所以至此之原因，实不外这两国政府及社会的领导人物颇能以身作则，为大家的表率。

以上第一点，一方面涉及法学的修养问题，另一方面涉及法学人才的选用及分配问题，一定要在教育及行政上有长期的准备及多方的改革，才可以见诸事实。至于第二点，则非恢复实践我国以前历代民族的固有重法风气，不能达到目的。这几件事情，虽非一朝一夕可以做到，然而绝非不能成为事实。只要大家看清楚宪政的实际性质而真心诚意以赴之，避免空言，崇尚实践，不取巧，不畏难,在上者以身作则,在下者因化成俗,则宪政的实现,是中华民族很有把握的事情。秩序的建设是今后一切建设的基础,宪政是根据国家大法而实现三民主义政治理想的秩序建设,是一切政治建设的基础。我们很希望拥护宪政运动的人今后能从根本处着眼,照上面提供的几点意见,多做一点准备工作,先奠定宪政精神基础!

中国法院的权限[*]

近来,中国法律体系引起了不少西方学者的关注。但关于中国法院权限的论著为数甚少。有人说中国法律体系属于大陆法系,这确系事实。所以,考察中国法律体系在哪些方面有别于英美法系将是一件非常有意义的事情。一般而言,关于大陆法系有别于英美法系的基本特征,学者可能存有歧见。但或许可以说,较之纯实体法领域而言,这些特征的差异更多地存在于程序法和法律方法领域。的确,在实体法领域,我们可以发现无数所谓的英美利法和所谓的大陆法的区别。但它们中的大多数并不是基本的。程序法和法律方法领域的情形则大不相同。在该领域,一个法系的基本特征可以更容易地与另一个法系形成对比。因此,对中国法院权限的研究,将便于英美法学家考察他们的法律体系与中国法律体系的大多数区别之所在,因为这一研究和程序法有很大关系,且涉及法律方法。

中国法律体系属于大陆法系,这一事实易使人们认为中国法院的权限只是法国、德国或者奥地利法院权限的再现。这却是不正确的。中国关于司法组织和程序的法律虽然是模仿欧洲法律而立,但却经历了变迁和改革。我们可以发现,在很多方面,它都不同于任何欧洲体系。故而,本文的研究也将使大陆司法体系的学生了解中国的体系是如何异化于大陆法模式的。

对法院权限的理解需要一些司法体制方面的知识。故为便于对中国法院权限的研究,本文将简单介绍一下法院体系及其组织机构。本文研究需涵盖司法程序问题和司法组织问题。

在过去四十年中,中国关于司法程序和司法组织的立法经历了很大的变化。就司法组织而言,1907年,中国颁布了《大理院审判编制法》。这部法律的内容远不止于其名称所指,它除规定最高法院的组织外,还规定了高级法院、地区法院和北京(当时的帝国首都)地方法院的组织。1908年,颁布了《各级审判厅试办章程》,总体上规定了法院的组织和程序。这两部法律为一部更为完备的法律部分取代,即1910年颁布并生效的《法院编制法》。同年颁布的三个重要法规对这部法律作了进一步补充,第一个法规是关于司法官员(法官、检察官或公诉人)的考试和任命;第二个法规规定了司法区域(法院的地域管辖);第三个法规大体上规定了初级暨地方审判厅各自的管辖权。

1911年中华民国的成立,带来了司法组织立法方面的很多细微变化。但1910年颁布的《法院编制法》,在辅助立法与法规的补充下继续适用,直至新的《法院组织法》于1932年颁布,并于1935年7月1日生效后方将其完全取代。这部新的法律自生效之日起进行了几次修改,并由几部其它法律加以补充。

就司法程序而言,1911年辛亥革命后,随着民国初期的几次修改和其他法律的补充,1908年

---

[*] 此文为杨兆龙先生于1947年以英文所著的论文(Powers of Chinese Courts,原载于《范德比法律评论》),由沈颖迪译,施觉怀教授审校。1947年9月,杨法官与庞德一起从美国启程赴华,以帮助中国政府重建中国法律体系。作为中国法律界最卓越的成员之一,杨法官曾担任了下列职务:中华民国司法行政部刑事司司长,中华民国教育部法律教育委员会委员,中国比较法协会秘书长、会长,中国比较法学院法学教授,国际刑法学会副会长、理事,国际统一刑法学会副会长,上海租界临时法院和上诉法院前任法官,教育部法律顾问,国立西北大学法商学院法学教授、院长,中国比较法学院研究生院及朝阳法学院法科主任。

《各级审判厅试办章程》仍继续适用,直至最终为《民事诉讼条例》和《刑事诉讼条例》所取代。这两个规则早在 1922 年就适用于满洲各省,后适用于全国。1927 年南京政府成立后,这些程序规则又继续适用了几年。《民事诉讼条例》后为 1930 年颁布并于 1932 年生效的《民事诉讼法》取代,而这部《民事诉讼法》又在 1935 年为另一部名称相同的法律取代。《刑事诉讼条例》为 1928 年《刑事诉讼法》取代,后者适用至 1935 年,为另一部相同性质的法律取代。1935 年的程序法同样也经历了很多变化,而主要的变化因世界大战而起。

参照过去四十年的立法变迁来研究司法体制和法院的权限是很有趣的。但这样的研究需要好几百页的篇幅,故本文将尽力限于讨论现行法律,仅在为更好地理解现存体系之必须时提及先前立法。

司法体制

中国采行单一政府体制。故与联邦国家不同,中国没有基于省或州法而建制的省或州法院。法院体系在全国是统一的,甚少例外。它基于中央政府采用的法律而建立,是中国政体五大分支之一——司法院的组成部分。中国政体的其他四个分支为:立法院、行政院、考试院和监察院。这一五院体制来源于已故革命领袖孙逸仙博士(1911 年辛亥革命后中华民国首任总统)的五权原则。这是一个建立在中国传统政治机构基础之上的体系,但为适应当代形势而作了变革,意图避免所谓的三权体系或两权体系的缺陷。哈佛大学的庞德教授最近写了一篇非常精彩的关于中国宪法的论文,在这篇文章中,读者可以找到关于中国五权体制清晰、透彻的阐述和讨论。[①]

司法院和其它四院同于 1928 年末成立。起初,它由四个机构或者说机构体系组成,即:(1)最高法院[②],及其下级的省或大直辖市高级法院和区或同等行政区域的地区法院或同等级法院[③],(2) 行政法院,(3) 政府官员纪律惩戒委员会,和(4) 司法部(中文名为司法行政部)。1932 年,司法部从司法院转入行政院,但 1935 年又从行政院转回司法院。最后,依照 1942 年下半年的《国民政府组织法》修正案,司法部归属于行政院,这一做法延续至今。

司法部在司法院和行政院之间的来回变动,源于司法权和行政权分立这一未决争议。中国的法学家认为,司法部归于司法院还是行政院这一问题,应由司法部可行使的权限的性质来决定。一些人认为,司法部可行使的权限是所谓的司法权的一部分;而另一些人构成了一种特殊的行政权,这种权限尽管与司法组织有关,但却不同于司法权。根据前者的理论,司法部应是司法院的一部分。根据后者的理论,司法部应属于行政院。关于这一问题,政府五权理论的创立者、已故的孙逸仙博士在他的论著及讲演中,观点均不甚明确,这使得争论的问题更加复杂。孙逸仙博士似乎从未清楚、明确地论及司法部应成为司法院或行政院的一部分。

1931 年国民会议[④]通过、同年 6 月 1 日生效的《训政时期约法》没有规定五院的组成。相反,约法第 77 条明确规定,政府不同部门的组织,包括司法部,由普通立法加以规定。于是,《国民政府组织法》可以随时进行修正,从而避免了刚性宪法修正的难度。这部法律是依照约法第 77 条制定的若干基本法律之一,除其它事项外,还规定了司法部的归属。

1946 年国民大会通过、将于 1947 年 12 月 25 日生效的新宪法指出,司法院是"最高司法机构,对民事、刑事和行政审判事务及政府官员纪律惩戒事务享有管辖权",但未提及司法部可行使的功

---

① 庞德,《中国宪法》,22 N. Y. U. L. Q. Rev. 194(1947)。
② 最高法院和下级法院仅具有司法上的关系,即,在通过上诉或复审进行的审判事务上有关系。下级法院在行政事务方面,如人事、财政等不受最高法院监管。但需注意,最高法院的总检察长作为全国检察官的领导,对隶属于下级法院的所有检察官行使一定的行政监管权。
③ 中国的省政治性地划分成区或同等行政区域。一个区一般占地九百平方英里。对人口较多、具有重要政治或经济意义的区,政府可以根据相关法律,颁发特别政令,建制为直辖市。
④ 这次国民会议由全国各地、各行业和其它组织选举的代表组成。

能（第 77 条）。这意味着司法部将像目前一样，归属于行政院。因此，1947 年立法院颁布了新的《行政院组织法》，作为新宪法的辅助立法，和新宪法在 1947 年同时生效。该法第 3 条规定司法部是行政院下属机构之一。

司法部与行政法院和政府官员纪律惩戒委员会无关。后二者和司法部处于同一级别，直接受司法院首长监督。但与普通管辖权之下的普通法庭或法院，即最高法院，高等法院和地区法院比较，司法部的地位有所不同。

和欧洲国家的大多数法院一样，普通法庭一般由两部分组成，(1) 法庭本身，即由法官和属下组成的部分，其功能主要是审判，和 (2) 检察机关，即由公诉人组成的部分，在大陆法系国家称之为检察官 "*procureurs*" 或者 *Staatsauwälte*，其功能主要是参与刑事诉讼和在其它案件中代表公共利益。法庭本身的领导称之为审判长，而最高法院审理的案件中检察机关的领导称为总检察长，其它法庭审理的案件中诉讼代理人的领导称为首席检察官。

最高法院本身完全独立于司法部。它直接受司法院首脑的监管，如果存在有这样的监管的话。但所有的检察官，包括总检察长，和高级法院，地区法院都要受司法部的监管。可见，从司法角度看，法院包括诉讼代理人在行使司法职责时，处于同一级别，而从行政角度看，在人事、财政、协调和监管等行政事务方面，它们由不同机构管辖。

是否必需设立司法部？由司法院或法院本身来掌管法院的行政事务以增加审判庭的独立性是否更为合适？人们不止一次提出这一问题。中国很多资深法学家的详细研究似乎表明，尽管最高法庭，如最高法院本身，行政法院和政府官员纪律惩戒委员会可以自行掌管行政事务，但仍需设立某一机构或部门，来对为数甚多且分布于全国各地的高级法院、地区法院及检察官进行行政管理，以确保不同法院的协调一致、人事的统一管理和工作效率；无论这一机构或部门的名称是什么，其本质与司法部相差无几。

在此，尚需对普通法院的体系和组织稍加补充。如上所述，普通法院包括三个级别：（1）最高法院，（2）高级法院，和（3）地区法院。高级法院和地区法院可以设立分院。1932 年《法院组织法》第 21 条规定最高法院应设在国家首都。因而最高法院是不能设立分院的。但在最近的世界大战中，人们发现必须摒弃这一规定。通过特殊立法，最高法院分院在全国部分地区建立。

每一法院或分院配备有一个检察机关。每一地区法院或地区分院配备有一名或数名公证人，公证人一般从有法官或检察官资格的人或从事司法服务一定时间的人中招聘。每一地区法院或高级法院及其分院配备有一名公设辩护人。公设辩护人从业绩卓著的现任或离任法官和诉讼代理人中招聘。公证人和公设辩护人由各法院院长监督。每个法院都配备有多名下列人员：书记员，负责审理记录和文档、统计、会计、公文工作及其它许多行政事务；抄写员，负责文件抄写和其他相关事务；法律文书送达员，负责送达民事案件中的传票、判决和其它法院文件及其他相关事务；司法警察，负责执行逮捕令和刑事案件中的送达工作（与民事案件中法律文书送达员的工作相同）；法庭服务员，负责为法官、诉讼代理人、书记员提供服务和维持庭审秩序。这些人员如隶属于法院本身，则受法院院长监管；如隶属于检察机关，则受首席检察官监督。

必须注意的是，并非所有的地区都设有地区法院或地区分院。中国地区的总数大约为 2 000 个。如果每一个地区都设有地区法院或地区分院，每一个法院或分院都配备有二至三名法官和一至二名检察官，则这些法官和检察官的总数将达到六千至一万。这一数目，即使在和平年代也需要用很多年的时间来培养。现政府于 1927 年在南京成立，此后不久，司法部即制定了在全国逐步建立常设法院的计划。但整个计划被 1931 年日本入侵打断。日本的入侵使得中国处于紧急状态，随之而来的则是 1937 年侵华战争的全面爆发和历时八年之久的抗战。为摆脱这一困境，前几年通过了一个更为适当的方案。据此在没有条件建立地区法院和地区分院的地区逐一建立了地区司法办事处。地区司法办事处仅在以下两方面与地区法院和地区分院不同：（1）检察官的职责由区长，即该区首席行政长官担任,(2)地区司法办事处法官的任职条件较低于地区法院和地区分院法官的任职条件。

民事诉讼始于地区法院、地区分院或地区司法办事处。通常允许有两次上诉,第一次上诉于高级法院,第二次上诉于最高法院。但简单案件仅允许有一次上诉。(《民事诉讼法》第463条)大多数刑事案件始于地区法院、地区分院或地区司法办事处。一小部分刑事案件始于高级法院或高级法院分院,这类案件包括涉及叛国罪、危害国家安全罪、危害外交关系罪及其他类似罪行的案件(《刑事诉讼法》第4条;《特种刑事案件诉讼条例》第1条第2款)。除解释或适用法律错误外,高级法院或高级法院分院的民事、刑事判决均不得上诉。

法院的权限

法院的权限可以分为两类:(1)普通权限,包括属于法庭的一般权力,即审判权,判决、命令执行权,无异议事项处理权,如不动产登记、遗嘱鉴定、破产程序;(2)特别权限,包括法律特别条款授予法院之权。关于前者,仅有四点值得特别注意,即(1)与起诉有关之权,(2)与审判有关之权,(3)与判决有关之权,(4)对上诉案件之权。[①]

民事诉讼中的起诉权是私人当事方的专有权利,故此处勿需论及。值得一提的是刑事诉讼中与起诉有关的权限。在没有个人受害者或私人权利没有直接受影响的案件中,刑事诉讼的起诉权由诉讼代理人排他行使。对此,中国体系下的检察官不同于英美体系的国家律师或公诉人,也不同于大陆体系中检察机关(*ministere public*)的官员。他们不仅有权提起刑事诉讼,另外还有一项重要的附带职权,即有权对被告和证人进行预审,以确定该案是否需要起诉。这一权力,在大陆体系通常由法官(*judge d'instruction*)行使,在英美体系通常由主审法官、验尸官及其陪审团、或大陪审团行使。在行使这一职权过程中,他们可以对被告进行传唤、逮捕、羁押,可以强制证人出席,可以进行查明案情所需的调查和研究。简而言之,他们拥有法国法官(*judge d'instruction*)享有的全部权力。根据预审结果,检察官可以决定起诉或不起诉。[②] 如决定不起诉,控告人通常可以在收到决定不起诉的官方文件后,对不起诉决定申请复议[③]。复议申请首先提交给作出不起诉决定的检察官。如果检察官认为申请有理,则必须撤销不起诉决定,根据案件情形继续进行预审或提起诉讼。如果检察官认为申请没有理由,则应把该案的档案、文件和证据呈送上一级法院的首席检察官进行复议。复议申请提出后[④],在呈送上一级法院首席检察官复议之前,原负责该案的检察官所在法院的首席检察官,须重新审理该案或指定其他检察官审理。如果重新审理维持不起诉决定,则该案须尽速呈送上一级法院的首席检察官进行复议。[⑤] 上一级法院的首席检察官复议后,如认为申请没有理由,可以驳回控告人的复议申请;如认为申请有理,可以命令下级法院的检察官继续进行预审,以作出更为适当的决定,或提起该案诉讼。[⑥] 如果下级法院的检察官继续进行预审后仍决定不起诉,控告人可以再次提出复议申请。[⑦]

与法国的检察官不同,中国体系下的检察官可以撤回起诉。但撤诉须在一审法庭辩论结束前提出。[⑧] 刑事诉讼中,检察官撤诉和其在预审结束后作出不起诉决定,具有相同的法律效力。故控告人在不起诉决定做出后,所能采取的救济措施在撤诉时同样适用。[⑨]

---

① 下文仅论述中国法院体系若干部分的总体框架,不涉及细节问题,后者应由就这一问题的系统论文来论述。
② 《刑事诉讼法》第230—233条。
③ 同上,第235条。
④ 同上,第236条第1—2款。
⑤ 同上,第236条第3款。
⑥ 同上,第237条。
⑦ 《司法院解释》,第82号,1929年5月6日。
⑧ 《刑事诉讼法》248条。
⑨ 同上,第249条。

检察官也有权对法院判决或命令提起上诉。上诉既可有利于也可不利于被告。① 当判决已经生效从而不能上诉时,检察官可以基于被告利益或法律的原因提起特别上诉,或再行起诉。特别上诉的性质和法国体系中的基于法律原因的上诉相似(pourvoi dans Vinteret de loi)。和法国体系中基于法律原因的上诉一样,特别上诉只能由最高法院总检察长提起。② 特别上诉应向最高法院提起。特别上诉的理由须为判决或诉讼程序违法。③ 如果最高法院认为上诉没有理由,立驳回上诉。否则,最高法院须作出下列判决之一:④

1. 如原判决的违法性存在于判决本身,且不损及被告利益,则撤销原判决违法部分;
2. 如原判决违法且同时损及被告利益,则撤销原判决,作出新判决;
3. 如原审程序违法,则裁定原审程序无效。

可以说,这一上诉程序主要为法律原因而设立。因为,除原判决违法且同时损及被告利益外,特别上诉判决并不对被告发生影响。⑤ 需要注意的是,在这一方面,就被告而言,特别二诉与其说像法国体系中的基于法律原因的上诉,不如说更像法国体系中的越权上诉(pourvoi pour exces de powoir)。因为根据法国的法学理论,如果基于法律原因的上诉不影响案件当事方的权利,而越权上诉判决有利于被告地位的改善,则被告有权获得这种利益。⑥

判决生效后,如果发现或查实了可以使原诉讼程序无效,或如在判决前提出则将改变判决的新事实,检察官有权再行起诉。再行起诉既可有利于也可不利于被告。⑦

除检察官享有排他起诉权的案件外,其他案件可以由受害人起诉,但针对直系亲属或配偶的起诉除外。⑧ 自诉案件判决作出前,受害人或其代理人不得就同一事实,直接或通过某一其他机构向检察官提出控诉,以启动公诉程序。⑨ 另一方面,如案件已交由检察官预审,且审查已经完成,则不得就同一事实提起自诉。但如自诉在预审完成前提出,则自诉具有中止预审的效力,诉讼代理人必须在相关诉讼程序进行前停止审查。⑩

下一个要考虑的问题是与审判有关的权限。深入这一问题的细节是不可能的,因为这需要论述大量的民事、刑事诉讼规则,从而将远远超出本文的讨论范围。因此,本文仅提及少数基本特征。这些特征分为两类,即(1)民事、刑事案件共有的特征,(2)民事、刑事案件各具的特征。关于前者,有四点需要论及。第一,无论是民事还是刑事案件,仅在原告或诉讼代理人以适当方式启动诉讼程序后,审理始得进行。这一点在民事诉讼中非常明了,故毋需解释。因为民事诉讼仅涉及私人利益,只有在当事方启动司法程序后,法院才有必要介入。刑事诉讼适用同样的原则,防止因法律授予同一人以起诉权和惩罚权可能导致的权力滥用。一般而言,这意味着,任何犯罪,不管始于何时、何地、针对何人所为,在成为审判对象之前,都必须由享有起诉权的检察官或受害人以适当方式起诉。因此,如某犯罪案发时法官在场,或该犯罪系针对法官所为,或法官在履行职责过程中发现犯罪行为,如犯罪行为阻碍了法官履行职责、作伪证,或遇原告恶意告发时,法官仅能将该犯罪行为通知检察官。随后,检察官将进行预审以判定是否存在起诉的理由,如该案属于自诉案件范围,则检察官可以作为私人代理人起诉。该项一般规则有一个例外,即如果任何人妨碍法庭行使职权,或

---

① 《刑事诉讼法》第 336 条,412 条。
② 但在法国有一个例外,即 coursd'appel de la Martinique et de la Guadeloupe 的总代理人(procureurs generaux)也可以行使这一权力。Goyet, G, Le Minisyere Public, 389
③ 《刑事诉讼法》第 434 条。
④ 同上,第 440 条第 2 款第 1 项。
⑤ 《刑事诉讼法》第 441 条。
⑥ Goyet,同前注,第 390 页。
⑦ 《刑事诉讼法》第 443—445 条。
⑧ 同上,第 311 条第 2 款第 1 项,第 313 条。
⑨ 同上,第 316 条。
⑩ 同上,第 315 条。

实施犯罪时法庭人员在场,如开庭时,或在审判过程中有其它不当行为,则庭长或主审法官在必要时,除命令此人退出法庭或将其监禁至休庭,此外,还可以立刻对此人处以不超过三天的羁押或不超过十元的罚款,这一处罚决定不得上诉。①

第二,民事、刑事诉讼中,法庭在审理案件过程中,有权力也有义务主动调查其是否对本案享有管辖权。② 如该法庭不享有管辖权,则须立即裁定将案件移送有管辖权的法院。③

第三,审判程序由"职权主义"(*Offizialbetrib*),而非"当事人主义"(*Parteibetrieb*)支配。在民事诉讼中可以引用下列事例来说明:④

1. 如果当事方提交的诉状在形式或其它方面不符合要求,庭长或主审法官可以裁定要求必要的补正。⑤

2. 诉讼程序由于某些法定原因中止后,如果应继续参加诉讼的人迟延参加,则法庭可依诉讼程序(*mutu proprio*)命令他继续参加诉讼。⑥

3. 如果一方当事人在法庭辩论结束前提出意在拖延诉讼程序的反驳或抗辩,法庭可以驳回其反驳和抗辩。⑦

4. 法庭辩论程序,包括询问证人、专家,讯问当事方等,由法官引导和控制。一方当事人或其代理人仅在征得法官同意后,方可询问对方当事人、证人或专家。⑧

5. 为更好地确定案件当事方之间的关系,法庭可以在任何时候采取任何下列措施:

(1) 要求当事方或其法定代表人亲自到庭,

(2) 命令当事方提交特定书卷、图案、文件或其它物品,

(3) 命令当事方或第三方向法庭交存文件或其它物品,或

(4) 调查、收集证据,命令有关人员调查、收集证据,要求专家作证,⑨进行检查。

6. 如果法庭认为在当事人在场的情况下,证人不能充分发表证言,则法庭可以命令该当事方退出法庭;但在证人作证完毕后,庭长应告知该当事方证言内容。⑩

在刑事诉讼中,这一原则可由下列规定说明:

1. 审讯被告时,法庭应给予被告陈述权,使其得以反驳被指控的犯罪、陈述对其有利的事实,同时应告知被告需连续陈述此类事实且需提出证据加以证明。⑪

2. 如果被告承认犯罪事实,法官仍需进行必要的调查,以确定被告的供认是否与事实一致。⑫

3. 审讯被告后,庭长或主审法官应调查证据。⑬

4. 法庭应向被告出示证物,如果证物是被告不能理解的文件或其它书证,则法庭应使其明白

---

① 《法院组织法》第 69,70 条。
② 参见《民事诉讼法》第 28 条第 2 款第 1 项。1928 年《刑事诉讼法》第 5 条规定法庭应主动查实是否对某一刑事案件享有管辖权。1935 年《刑事诉讼法》没有相关规定。但刑事诉讼没有类似于民事诉讼中的"当事方合意管辖",任何管辖权错误将构成对法律的违反,从而构成向最高法院上诉的理由(参见第 371 条)。对法律的遵守要求法庭主动调查其管辖权问题。
③ 《民事诉讼法》第 28 条第 2 款第 1 项;《刑事诉讼法》第 226 条。
④ 需要指出的是,在这方面,中国民事诉讼程序以 1895 年《奥地利民事诉讼法》为蓝本建立,不同于法国法和英美普通法所采用的体系。参见《大陆民事诉讼历史》,大陆法历史丛书,卷 7,第 24—26 页,第 635—636 页;Morel, *Traite Elementaire De Procedure Civile*,1932 年版,第 462—464 页。
⑤ 《民事诉讼法》第 121 条。
⑥ 《民事诉讼法》第 178 条。
⑦ 同上,第 196 条。
⑧ 同上,第 198—200 条。
⑨ 同上,第 203 条。
⑩ 同上,第 321 条。
⑪ 《刑事诉讼法》第 96 条。
⑫ 同上,第 270 条第 2 款第 2 项。
⑬ 同上,第 267 条。

该证物的要点。①

5. 询问证人和专家应遵循下列顺序：②

（1）由庭长或主审法官询问，

（2）由传唤该证人或专家一方当事人或其代理人直接询问，

（3）由对方当事人交叉询问，

（4）由传唤该证人或专家一方当事人或其代理人再次直接询问。

6. 庭长或主审法官如认为向证人或专家提出的问题不当或与本案无关，可以要求停止这一询问。双方当事人询问完毕后，法官也可以继续询问证人或专家。③

7. 如果庭长或主审法官认为在被告在场的情况下，证人、专家或共同被告不能自由陈述，则可以命令该被告退出法庭，直至询问结束；询问结束后，应将被告带回法庭，并告知证人、专家或共同被告陈述的要点。④

8. 法庭辩论结束后，如有必要，法庭可以决定重新进行法庭辩论。⑤

第四，也是最后一项特征，即公开审判。1910年《法院编制法》第55条对此作出了规定，即法庭辩论和宣告判决应通过公开程序进行。该原则仅有一项例外，即不适用于公开审判会损及公共秩序或善良风俗的案件。某一案件是否属于这种情况由法庭决定。如法庭认为该案属于这种情况并决定不公开审理，则应将其决定及理由向公众宣告。在禁止公众听审的同时，庭长或主审法官可以允许其认为适当的人听审。⑥

违反法定的公开审判原则将导致审判程序无效，当事人可以对此提出异议，并作为上诉理由。⑦

关于民事诉讼中法庭与审判有关的权限之个别特征，有两点需要提及。第一，被告或其代表经合法传唤，在法庭辩论之日无正当理由未到庭或为诉讼目的而指定代理人未到庭，则法庭可以继续诉讼程序。如一方当事人经两次合法传唤仍未到庭，则无需到庭方当事人申请，法庭即可继续诉讼程序（mutu proprio）。但在这种情形下作出的判决，必须以现有的起诉状、答辩状或当事方已提交的其它文件为依据；判决并不一定不利于缺席方当事人。⑧ 第二，法庭可以在任何时候尝试调解，以使当事方友好解决争议。通过此种方式达成的调解协议与终局判决具有同等效力。⑨

关于刑事诉讼中法庭与审判有关的权限之个别特征，有三点需要提及。这与民事诉讼中的相关特征形成对立，或二者并无相似之处。首先需要提及的原则是，如被告缺席，则不得进行任何审判，在被告缺席情况下作出的判决无效⑩。该原则有两项重要例外。第一，对犯罪行为可能判处的最高刑罚不超过羁押或罚款。在这类案件中，被告可以由指定代理人代替出庭，这不影响程序的效力⑪。第二，根据简易程序在非公开审判庭上作出的刑事命令，某犯罪行为应受处罚。在这类案件中，被告如对

---

① 《刑事诉讼法》第271条。
② 同上，第273条。
③ 同上，第274条。
④ 同上，第276条。
⑤ 同上，第284条。
⑥ 《法院编制法》第65、68条。
⑦ 《民事诉讼法》第466条；《刑事诉讼法》第371条。
⑧ 《民事诉讼法》第385条。
⑨ 同上，第377、380条。
⑩ 《刑事诉讼法》第261、371条。
⑪ 同上，第36、260条。关于这点，中国的体系以1877年《德国刑事诉讼法》为蓝本建立。参见第229、318、319、322、324条。需要注意，它在两个重要方面与法国、奥地利的体系不同。第一，不同于法国和奥地利体系，它没有所谓的"藐视法庭"程序，据此，严重的犯法行为，即"犯罪"，在满足法律规定的特定条件后，如公开传唤等，可以在被告缺席的情况下审判。《法国刑事诉讼法》第465—470条；《奥地利刑事诉讼法》第422—427条）第二，与法国和奥地利体系，尤其是前者相反，它仅在涉及拘留或罚款处罚的案件和第一次上诉案件中允许所谓的缺席判决，而不是像法国体系那样，在所有涉及违法或犯罪的案件中允许缺席判决，或像奥地利体系那样在所有一般涉及违法的案件中允许缺席判决。Roux, Precis Elementaire De Droit Penal Et Procedure Penal, 314; Garrand Traite theorique et pratique d'instruction criminelle et de procedure penal, vol. 4, 496；《奥地利刑事诉讼法》第459条。

刑事命令不满,可以在收到命令后五天内申请依普通程序审判。如果在普通审判日,经合法传唤,被告无正当理由未到庭,则法庭可以立即作出判决驳回申请,这一判决与被告到庭的普通程序判决具有相同效力。这类案件中可以判处的刑罚不得超过六个月监禁。①

其次,值得注意的是,刑事审判中,法律没有规定调解。与德国体系不同②,《中国刑事诉讼法》没有明文规定由法庭或其它公共机构在刑事诉讼当事方之间进行调解。但法律没有该项规定并不总是意味着法院尝试调解是非法的,当某一案件的诉讼程序是否启动完全取决于受害人或其它有权起诉的人时,调解的例子并不鲜见。

最后,法庭在审判刑事案件时,可以同时审判由受害人或其代理人因要求损害赔偿而提起的附带民事诉讼。这样的民事诉讼不仅可以针对被告,也可以针对可能需对被告行为承担民事责任的人③。例如,某司机因驾车疏忽造成他人死亡而被提起刑事诉讼,则附带民事诉讼既可以针对被告也可以针对被告的雇主提起,因为根据《民法》第 188 条,雇主可能要对由此而造成的损害承担连带赔偿责任。就民事请求而言,该诉讼类似于法国法和奥地利法中由民事当事人(*partie civile*)(*Privatbetheiligter*)提起的诉讼。但其与所附属的刑事诉讼的关系在某些重要方面与后者不同。第一,与法国法中由民事当事人提起的诉讼不同,它不具有由此提起公诉的效力④。事实上,这在中国法中是完全不可想象的,因为附带民事诉讼假设了刑事诉讼已经提起。第二,与奥地利法中的民事当事人不同,附带民事诉讼原告不能取代检察官,当检察官在诉讼程序开始之前或之后放弃起诉时,该原告不得提起刑事诉讼。⑤

第三个需要考虑的问题是法庭与判决有关的权限。关于这方面,有三项特征需要提及。第一,法庭仅能就诉讼请求做出判决。这意味着,在民事诉讼中,法庭不得就原告或被告没有主张的问题做出判决⑥。但法律授权法庭就当事方未主张的问题做出判决时例外。这在某些情况下是正确的,例如诉讼费用分摊⑦,某些种类判决的临时执行,如要求被告对他人履行扶养义务的判决,依简易程序对原告与被告之间法律关系做出不利于被告的确认判决、而非对诉讼标的的金钱判决⑧。法庭对这些问题可以在判决中作出处理。这一原则适用于刑事诉讼则意味着法庭不得就未指控事项作出判决⑨。但法官适用于指控事项的法律条款可不同于检察官引用的条款。因此,如指控事项根据检察官引用条款以外的其它法律条款构成犯罪,则法庭可根据该法律条款对被告作出有罪判决⑩。

第二项与判决有关的特征是,法庭可不受证据效力的严格限制,而依据自己的判断作出判决。该原则起源于大多数大陆法系的诉讼法都奉行的"自由心证"原则,《民事诉讼法》和《刑事诉讼法》都对之作了规定⑪。《民事诉讼法》第 222 条规定:除法律另有规定,法庭应根据自由心证,考虑法庭辩论过程中的陈述和质证结果确定案件事实。判决应陈述自由心证的理由。"⑫《刑事诉讼法》在下列条款中含有类似规定:

---

① 《刑事诉讼法》第 442 条。
② 1877 年《德国刑事诉讼法》要求大多数自诉案件在起诉前,要先在有主持和解职能的公共机构中自行和解(第420 条)。
③ 《刑事诉讼法》第 491 条。
④ Roux,同前注,第 267—268 页。
⑤ 《奥地利民事诉讼法》第 48—49 条。
⑥ 《民事诉讼法》第 388 条。
⑦ 同上,第 87 条。
⑧ 同上,第 389 条。在要求被告履行扶养义务的判决中,只有当这一义务在诉讼前六个月或诉讼过程中已经成立时,方能采取临时执行。
⑨ 《刑事诉讼法》第 247 条。
⑩ 同上,第 292 条。
⑪ 《大陆民事诉讼历史》,大陆法历史丛书,卷 7,第 45—46、609、633 页;《大陆刑事诉讼历史》,大陆法历史丛书,卷 5,第 627—630 页。
⑫ 这一规则有几项与公文认证、特定事实假设有关的例外。

第 268 条：犯罪事实应根据证据确定。

第 269 条：证据应由法庭根据自由心证评定。

第三项需要提及的特征是法庭需在判决中阐明判决的理由①。该规则必须严格遵守。违反这一规则将导致判决无效并构成上诉理由。②

第四也即最后一项需要考虑的法庭权限是对上诉案件的权限。上诉案件有两种类型：（1）对判决上诉的案件，和（2）对判决以外裁决、命令的上诉。本文仅讨论第一类案件中法庭的权限。这一权限可从三方面来看，即（1）上诉审理事项，（2）审判，（3）判决。

关于上诉审理事项，法庭的权限由两项原则支配。第一，作为第二审即第一次上诉法庭，法庭既有权审理事实问题、也有权审理法律问题，但作为第三审即第二次上诉法庭，法庭仅有权审理法律问题③。所以，对第一审法庭判决上诉可以以该法庭认定事实有误，解释、适用法律不当，或其中之一为理由，但对第二审法庭判决上诉只能以该法庭诉讼程序违法或判决违法为理由。违法通常意味着没有适用某一法律或适用法律错误④。某一特定情形下该法庭没有适用某一法律或适用法律错误的行为是否构成违法，应在上诉开始前由适格法院自主决定。但为了防止意见不同导致错误结果，《民事诉讼法》和《刑事诉讼法》将一些情形明确规定为违法行为，这些情形在所有案件中都可以作为上诉理由⑤。尽管第二次上诉案件通常限于有违法情形者，但并非所有有违法情形的案件都可诉诸第二次上诉。根据《刑事诉讼法》，如果程序不当显然不影响判决结果时，除非这一不当系法律明确规定的违法情形，否则不得作为第二次上诉的理由。⑥ 在民事诉讼中，该原则似乎也很明确，与判决结果无因果关系的违法情形不得作为第二次上诉的理由。⑦

第二项支配法庭关于审理事项权限的原则是，法庭的审理、判决应仅限于上诉请求或上诉过程中涉及的争议。⑧ 刑事诉讼中，上诉人无需在上诉状中陈述上诉理由，所以，有时难以判断上诉是针对下级法院判决的部分还是整体提起。为避免争议，《刑事诉讼法》中加入了下列条款：⑨

"上诉可以针对判决的一部分提起，但如没有任何情形表明上诉仅针对判决之任何部分提起，则上诉将被视为针对判决之全部提起。"

"如上诉针对判决之一部分提起，但该部分与判决之其余部分有联系，则上诉将被视为同时针对其余部分提起。"

我们可以提出这样的问题，关于"上诉请求或上诉过程中涉及的争议"，上诉法庭的审理范围究竟有多大？这一问题又引出了另外两个问题：（1）法庭在查清事实、适用法律上享有多大的自由与权限，（2）法庭在作出判决时享有多大的自由与权限。关于第一个问题，可以说，第一次上诉法庭享有一审法庭的全部职权，包括不受当事方意见约束自主查清事实、适用法律之权。在第二次上诉中，因仅涉及法律问题，法庭享有为查明下级法院是否有违法行为所必须及附带的全部职权，包括不受当事方意见约束自主审查下级法院确认的事实（不采用新证据）、审查下级法院诉讼程序，以确认是否存在没有适用某一法律或错误适用法律之权。⑩ 关于第二个问题，则有很多需要考虑的方面。但此处仅需讨论一点，即在何种情形下，上诉法庭可对原判决作出不利于上诉人的变更。对此，民事

---

① 《民事诉讼法》第 266 条；《刑事诉讼法》第 202 条。
② 《民事诉讼法》第 466 条；《刑事诉讼法》第 371 条。
③ 《民事诉讼法》第 44、64、73 条；《刑事诉讼法》第 369 条。
④ 《民事诉讼法》第 465 条；《刑事诉讼法》第 370 条。
⑤ 《民事诉讼法》第 466 条；《刑事诉讼法》第 371,373 条。
⑥ 《刑事诉讼法》第 372 条。
⑦ 《最高法院判决》1914 年第 33 号,1915 年第 1521 号。
⑧ 《民事诉讼法》第 442,472 条；《刑事诉讼法》第 358,385 条。
⑨ 第 340 条。
⑩ 《民事诉讼法》第 442,460,473,478 条；《刑事诉讼法》第 356,358,379,385,386 条。

诉讼与刑事诉讼的原则是不同的。在民事诉讼中,法庭不得对原判决作出不利于上诉人的变更,除非被上诉人也提起了上诉。如果没有被上诉人同时提起的上诉,法庭只有两种选择:它只能驳回上诉、维持原判,或作出有利于上诉人的变更判决或撤销判决。所以,尽管根据法律原判决本应更不利于上诉人,但除非上诉人及时获得这一机会,上诉法庭不得作出不利于上诉人的变更判决。① 这一规则所依据的原则是,在民事诉讼中应有当事方自主决定是否采取对己有利的特定步骤。②

但刑事诉讼的规则不同。由于涉及公共利益,刑事诉讼程序通常由司法干预原则支配。第一次上诉法庭通常有权作出利于或不利于被告的变更或撤销判决。这一职权的行使仅有一项限制,即如果上诉由被告或代表其利益的人提起,除非下级法院适用法律不当或不当处以轻刑,第一次上诉法庭不得加重原判刑罚。③ 第二次上诉法庭(即第三审法庭)仅在有限的案件中,可以撤销下级法院判决,根据案件事实重新判决,对此,第二次上诉法庭的权限窄于第一次上诉法庭的权限。④

下一个要考虑的问题是法庭关于审理上诉案件的权限。一般来说,第一审法庭审理案件的规则也适用于上诉案件的审理。但上诉案件审理在很多方面不同于一审。本文仅提及两点。第一,作为惯例,第二次上诉案件只进行书面审理。换句话说,法庭不经法庭辩论阶段而直接作出判决。所以,此处第一审的规则即不适用。但这并不意味着第三审程序禁止法庭辩论。相反,法庭在认为需要时即可开始法庭辩论程序。这类案件的程序和第一审程序相同,但有下列重要例外:⑤

1. 法庭只能就法律问题进行法庭辩论程序;和
2. 刑事诉讼中法庭辩论阶段被告的辩护人或诉讼期间的代表人必须由律师担任。

上诉案件审理不同于一审的第二个方面是,在任何刑事上诉案件中,如果被告经合法传唤未到庭,法庭可缺席审理。⑥ 这一做法的理由是,在上诉案件审理中,有时被告到庭并非绝对必须,所以无需严格遵守被告未到庭即不得进行审理的规则。

最后需要考虑的问题是,上诉案件中法庭与判决有关的权限。关于法庭审理范围的很多论述也适用于这一问题,所以还需要讨论的问题,一般来说只有一个,即法庭认为原判决(1)正当或(2)不正当时应如何处理。第一种情况下需采取的措施很简单,即只能是驳回上诉,维持原判。第二种情况则需采取不同措施。概言之,这些措施可分为两类:(1)根据案件事实,作出新判决部分或全部取代原判决,(2)部分或全部撤销原判,发回原审法庭或其它同级法庭重审。这些措施的具体内容因民事、刑事诉讼而异。为避免混淆,本文将分别论述。

民事案件中,第一次上诉法院作出新判决部分或全部替代原判决是一般规则。⑦ 部分或全部撤销原判,发回原审法院或其它同等级法院重审仅作为例外,在具有下列情形之一时适用:

1. 上诉针对下级法院违反专有管辖权规则而作出的判决提起,且理由充分;
2. 第一审程序有实质性错误,需要将案件发回重审,且应遵守案件从某一等级法院发往另一级法院的既有规则。

将案件发回第一审法庭重审在第一种情形下是强制性的,但在第二种情形下则是选择性的,当事方可达成合意,将案件交由第一次上诉法庭根据案件事实审判。⑧ 通常,发回的案件由原一审法庭再次审理;但如原判决因缺乏管辖权而被撤销,则案件需由有管辖权的同等级其它法院再次

---

① 《最高法院判决》1915年,第591号;1917年,第603号。
② 《最高法院判决》1914年,第574号;1919年,第1420号。
③ 《刑事诉讼法》第362条。
④ 《刑事诉讼法》第390,393条。
⑤ 《刑事诉讼法》第381条;《民事诉讼法》第471条。
⑥ 《刑事诉讼法》第363条。
⑦ 《民事诉讼法》第447条。
⑧ 同上,第448,449条。

审理。①

第二次上诉的民事案件有下列情形之一时,必须作出新判决以取代原判决:②

1. 原判决因对已确定的事实没有适用某一法律或适用法律错误而被撤销,且已确定的案件事实足以作出判决;
2. 原判决因案件不属普通法院管辖而被撤销。③

在其它所有情形下,则应酌情作出判决,将案件发回第二审法院或同级其它法院宣审。

刑事案件中的一般规则是,如果第一次上诉法庭认为第一审法庭的判决部分或全部不当,则应根据案件事实作出新判决,部分或全部取代原判决。仅在有下列情形之一时,第一次上诉法庭应作出发回原法院或适格的其它法院重审的判决:

1. 第一审法院作出的因没有管辖权而不予立案或驳回起诉的判决错误;
2. 第一审法院没有管辖权理应不予立案却错误立案。

第一种情况下,将案件发回下级法院重审是选择性的。换句话说,如果第一次上诉法院认为没有实际需要将案件发回下级法院重审,它可根据案件事实作出新判决以取代原判决。第二种情况下的做法则刚好相反。但如果根据法律,第一次上诉法院本应是该案的第一审法院,则它应对该案行使管辖权,根据案件事实作出新判决以取代原判决。④

第二次上诉的刑事案件有下列情形之一时,法庭应根据案件事实作出新判决以部分或全部取代原判决:

1. 原判决与法律背道而驰,且案件事实可从原判决中查实;
2. 基于管辖权以外的原因,案件本应不予受理或驳回起诉;
3. 本应判处的刑罚同时被废除、变更或处以缓刑;
4. 原判决被上诉后,案件受政府特赦影响或被告已死亡。⑤

在其它所有情形下,则应酌情作出判决,将案件发回原第二审或第一审法院或同等级其它适格法院重审。⑥

第三审法院作出的,和第二审法院在上诉程序结束后作出的将案件发回下级法院重审的判决,对直接或上诉程序结束后被发回的下级法院具有直接的拘束力。⑦

上文论述了法院的普通权限,下文将讨论法院的特殊权限。这一讨论将从三方面进行:(1) 统一对法律、条例解释权,(2) 建立司法判例权,和(3) 对法律、条例等的合宪性审查权。

(1) 统一对法律、条例解释权

1910 年《法院编制法》第 35 条规定,大理院卿有统一解释法令必应处置之权。由于这一条款,最高法院自成立时起即被授予了一项重要权力。1919 年 5 月 29 日通过并由院长令公布的《大理院规则》规定了下述权限,(1) 解释、回答有异议的法律问题之权,和 (2) 为了国家利益,纠正由公共机构、法律认可的公共法学家或国家官员作出的对法律、条例的错误解释之权。⑧ 该《规则》强化了最高法院截至通过时几乎全部的业务规则。行使该职权的通常程序是先由公共机构、法律认可的公

---

① 《民事诉讼法》第 449 条第 2 款。
② 同上,第 476 条。
③ 在这类案件中,唯一要做的是作出驳回本案的判决,因为第二次上诉法庭作为普通法庭无权作出拘束特别法院的判决。
④ 《刑事诉讼法》第 361 条。例如,在涉及危害国家内部或外部安全的案件中,高等法院或其分院是第一审法院。如果地区法院错误地受理了此案,则高级法院或其分院可以在上诉程序中根据案件事实作出新判决以取代地区法院的判决。
⑤ 《刑事诉讼法》第 390,392 条等。
⑥ 同上,第 391—393 条。
⑦ 但在只能进行一次审判和一次上诉的案件中,这样的判决在第二审法院作出后即直接具有拘束力。
⑧ 第 202 条。

共法学家或国家官员向法院提出申请,要求解释在履行公务时遇到的关于法律、条例的疑问。① 如果申请适当,符合所有要求,则最高法院不得拒绝作出解释。该《规则》明确规定,最高法院不得以法律、条例未对要求解释事项作出规定为由,拒绝作出解释。② 解释案件由最高法院院长根据该案涉及民事问题还是刑事问题,指派民事或刑事审判庭庭长审查和解释。如果具体情形需要,这些案件及由民事或刑事审判庭庭长作出的解释,将交付所有民事或刑事审判庭庭长和法官讨论。如果这样作出的解释与任何审判庭庭长或法官作出的判决、法院以前作出的解释不一,或将会产生新的原则,则该庭长或法官需对此表明意见。如果有两种或更多的意见,则民事或刑事审判庭的法官需立即举行会议。如果要求解释的民事事项与刑法有联系,或相反,要求解释的刑事事项与民法有联系,则该案及由庭长作出的解释需交付法院所有民事和刑事审判庭庭长和法官讨论,上诉意见表达和会议举行规则同样适用。③ 解释事项限于抽象法律问题。所以,最高法院将拒绝要求解释某一具体案件的申请。④ 因为在这些情况下,对具体问题的解释,意味着对下级法院审判的指导或干预,这是 1910 年《法院编制法》所禁止的。⑤ 申请解释案件及解释由《中央政府公报》公布。⑥ 依上述方式作出并公布的解释对全国所有法院,包括最高法院本身都具有约束力,以作为在涉及相关问题案件审判中需遵循的法律规则。⑦ 如果关于同一问题有不同解释,则最近日期作出的解释将取代先前所有解释。⑧

1928 年司法院成立,最高法院随之成为司法院的一个组成部分,但最高法院统一对法律、条例的解释权,实质上并未改变。1928 年 10 月 20 日颁布、后经修改于同年 11 月 17 日生效的《司法院组织法》,将统一对法律、条例解释权授予司法院院长。但司法院院长须根据最高法院院长和庭长会议作出的决议行使该项权力。⑨ 因此,尽管名义上该项权力转移至司法院院长手中,但解释仍由最高法院作出。现行体制带来了一些重要变化,这些变化可陈述如下:

1. 解释任务由统一解释法律和条例会议承担。这一会议是司法院组织的一个部分,由司法院长和最高法院院长及各庭庭长参加。司法院院长担任会议主席,院长缺席时,由副院长代行其职,副院长亦缺席时,由最高法院院长担任会议主席。会议得以举行的法定人数为有参加权人员的三分之二。通过决议采用多数表决制。如果持不同意见的各方人数相等,则由会议主席决定。⑩

如果司法院院长质疑依上述方式作出的决议的正当性,则他可召集全体会议再次考虑决议事项。司法院院长、最高法院院长、各庭庭长、各庭所有法官将参加这一全体会议。会议得以举行的法定人数为有参加权人员的三分之二。决议须由参加会议人数的绝对多数——三分之二通过。如果持不同意见的各方人数相等,则会议主席,即有资格主持平常会议的同一人,有决定性投票权。⑪

2. 解释申请既可向司法院也可向最高法院提出。如果申请向司法院提出,则司法院院长需将其转送最高法院院长。最高法院院长将根据案件情况,遵照案件指派规则,指派一名民事或刑事审判庭庭长负责此案。如果申请向最高法院提出,案件将不经司法院院长而直接依上述程序交由一名庭长。被指派的庭长作出的解释将交由最高法院所有其它庭长讨论。如果大多数庭长及最高法院院长赞同该项解释,则该项解释将被视为由统一解释法律和条例会议表决通过。因此,会议并不

---

① 第 204 条。
② 第 205 条。
③ 第 206 条。
④ 《最高法院解释》第 98 号,1914 年 2 月 7 日。
⑤ 第 35 条。
⑥ 《最高法院规则》,第 210 条。
⑦ 同上,第 203 条。
⑧ 《最高法院解释》第 460 号,1916 年 6 月 22 日。
⑨ 第 4 条(原第 3 条)。
⑩ 1929 年 2 月 4 日《中华民国司法院统一解释法律和条例及修改司法先例规则》,第 3,8 条。
⑪ 同上,第 9 条。

必然真正举行,而只是在例外情况下举行。①

如果大多数庭长及最高法院院长不同意该项解释或质疑其正当性,则最高法院院长将请求司法院院长召集统一解释法律和条例会议。如果司法院院长不同意该项解释,则可自行召集统一解释法律和条例会议。② 会议首先采取普通会议形式,这一阶段最高法院的普通法官不参加。如果司法院院长不同意这一普通会议作出的解释,始得召开最高法院普通法官参加的全体会议。

有趣的是,中国司法院通过最高法院作出解释的做法,在除俄罗斯外的其它法律体系中没有相类似者。根据 Judanh Zelitch 的论著,俄罗斯社会主义联邦苏维埃共和国(R. S. F. S. R.)的最高法院也有法律解释权。该项职权涉及所有实体法、程序法问题,而不论是否与具体案件有关。解释事项可由诉讼人、最高法院各部门或主席团、共和国检察官或其助手、下级法院提起。解释由全体法官组成的法院全体会议作出。会议通过决议的法定人数为全体成员的半数。共和国检察官或其首席助理必须参加会议。最高法院全体会议作出的解释对俄罗斯社会主义联邦苏维埃共和国(R. S. F. S. R.)境内所有司法机构具有约束力。③ 因此,可以说尽管在细节问题上有较大差异,中国体系与俄罗斯体系在总体精神上有很多共同之处。

(2) 建立司法判例权

中国现行体制下,除最高法院以外的其它法院的判决没有建立司法判例的效力,这一点似乎是毫无疑问的。但关于最高法院判决是否具有建立司法判例的效力,则在理论上争论颇多。主张最高法院判决不具有建立司法判例效力者认为,最高法院判决只具有三类事物属性之一。第一,该种判决只是专家或法学家的法律意见,可以在法官审理案件过程中起指导作用,但完全不具有约束力。④ 从这一角度看,该项判决只对法院审理案件具有精神影响。其次,该项判决仅是法院可以援引为法律渊源的司法习俗(Gerichtsgebranch)、惯例。⑤ 根据这种观点,该项判决仅在没有明确的法律条款可以适用的民事案件中,作为法律渊源之一对法院具有约束力。而在刑事案件和法律或条例有明确规定的民事案件中则不得适用。因为在刑事案件中,法无明文规定不受罚,且法律渊源仅限于法律或条例。⑥ 而在法律或条例有明确规定的民事案件中,惯例或习俗不得适用。⑦ 最后,最高法院判决归入法律一般原则一类。⑧ 这也意味着它们只能在民事案件中作为法律渊源之一,对法院具有约束力。但较诸司法习俗理论中最高法院判决的作用而言,它们的地位要差很多。因为,作为一般法律原则,它们仅在法律没有明文规定且没有惯例时适用于民事案件,而且,由于不同人对何为一般法律原则有不同观点,所以法官自由选择的结果,可能使法院在审理案件中并没有适用该项判决。

但以上观点是站不住脚的。理由有三点:第一,法律中的某些条款明确规定最高法院判决具有司法判例属性,至少对最高法院自身具有约束力。1910 年《法院组织法》沿袭德国和日本体系⑨,规定"如果在最高法院任一审判庭作为终审法庭审理案件过程中,该审判庭或其它审判庭就同一问题作出的法律解释发生冲突,则法院院长应根据该法律性质,召集民事或刑事审判庭或民事和刑事审判庭全体会议以决定这一问题。"⑩ 现行《法院组织法》第 25 条规定,在这类案件中,最高法院院长可要求司法院院长提请司法先例修改会议讨论决定。其次,《统一解释法律和条例及修改司法先例

---

① 同上,第 4—6 条。
② 1929 年 2 月 4 日《中华民国司法院统一解释法律和条例及修改司法先例规则》,第 7 条。
③ 《苏维埃刑法管理》第 65,75,85,88 页(宾夕法尼亚大学出版社 1931 年版)。
④ 陈瑾昆:《民法原理》,第 17—18 页。
⑤ 余启昌:《民法分论》,第 28 页。
⑥ 《刑法》第 1 条规定:"某一行为仅当其实施时法律有明确规定时,方得作为犯罪处罚"。
⑦ 《民法》第 1 条规定:"法律无明文规定时,民事问题适用惯例,如无惯例,则适用法律一般原则。"
⑧ 胡长清:《中国民法概论》,第 36—37 页。
⑨ 德国 Gerichtsverfassungsgesetz(第二次世界大战前)第 136 节,《日本法院组织法》第 49 条。
⑩ 第 37 条。这一条款后为《统一解释法律和条例及修改司法先例规则》取代。

规则》在规定其它事项的同时,规定如果司法院院长认为需要修改某一法律解释或司法先例,他可将该事项交由最高法院讨论、研究。① 这也就是说,最高法院的判决构成司法先例。所有这些规定明白地指出,最高法院的判决在特别组成的会议(与会法官人数远远超过作出判决的法官人数)通过对其的修改后,自然地,至少对其自身具有拘束力,其自身需遵循。

第二,我国的司法实践表明,除最高法院以外的其它审判庭,在审理案件过程中适用法律的方式,必须与最高法院的判决一致。任何背离最高法院判决的适用法律方式将构成违法,从而成为判决被撤销或变更的理由。这在其它法院背离了最高法院造法性判决时,尤为重要。即并非仅仅解释法律条款,而是创造了弥补法律或条例漏洞、修改法律或条例内容、或规定法律、条例完全没有涉及的事项的新规则的判决。这至少在现行1929年《民法》颁布之前非常普遍。从这一点可以推断,最高法院判决构成司法判例,对其自身及所有下级法院具有约束力。

最后,可以说在法官和律师中都有一种趋向于认为最高法院判决构成司法判例,对全国所有法院具有约束力的心里倾向。下述事实可以证明这一点。律师经常引用最高法院判决来论证自己的主张;法官也自然地使自己的判决与最高法院判决一致,鲜有例外,仿佛最高法院判决的约束力早已勿庸置疑。这种事实状况可以证明,认为最高法院判决构成司法判例,对所有法院具有约束力,是中国法律界的多数意见。而这对最高法院判决的性质和地位,至少在实际适用领域,具有决定作用,尽管可能不甚合理。

从上文分析可见,在修改最高法院所建立的司法判例的特殊机构,即统一解释法律和条例会议修改之前,最高法院可以被认为具有司法判例建立权,该司法判例对其自身及所有下级法院具有约束力。

(3) 对法律、条例合宪性的审查权

由于其统一法律、条例的解释权,最高法院在民国早期的一些案件中以违宪为由宣布政府的某些命令无效。例如,1913年5月28日的一项解释,认为司法部一项指示法院在此后绑架案中适用适当法律的命令,违反宪法规定的司法独立原则,所以对法院不具有约束力。但没有最高法院拒绝适用某一法律或以违宪为由宣布其无效的案例。因为尽管最高法院被授予统一解释法律、条例,包括基本法律和一般政府命令的权限,1912年《临时约法》没有规定与之不符的法律是否无效、最高法院是否有权宣布此种法律无效。事实上,直到1923年最高法院才被正式授予在有限的案件中,审查法律合宪性的权限。当年,北京政府颁布了正式宪法。在规定其它事项的同时,作了如下规定:

1. 与宪法不符的法律无效;②
2. 宪法没有明确规定的事项,如根据该事项涉及中央或地方而应由中央政府或地方政府管辖,则该管辖权应属于中央政府或地方政府。如有争议,则由最高法院决定;③
3. 与中央政府法规冲突的省级法规无效,如有争议,则依据最高法院解释决定。④

综观这些条款,似乎表明,中央政府或省级政府就宪法未明确规定属于中央政府还是省级政府管辖事项的立法,是否超越了宪法界限,或省级政府颁布的法令是否与中央政府法令冲突,从而构成超越宪法授权,对这些情况,最高法院有权审查这些有问题的法律的合宪性。⑤

1926—1927年革命建立现政府后,最高法院被剥夺了对法律的合宪性审查权。首先,1923年宪法被作为旧政府的工具而废除,临时重新启用1912年《临时约法》。因此在宪法问题上,最高法

---

① 第10条。
② 第108条。
③ 第26条。
④ 第28条。
⑤ 王世杰:《比较宪法》,第591—592页。

院又回复到以前的地位。1931年,《训政时期临时约法》①颁布并生效。这部宪法将解释、审查法律合宪性的权力授予国民党中央执行委员会,该委员会依照宪法第30条担任立宪机构——国民大会的代表。②

在此期间,有很多关于法律合宪性审查权归属的讨论。很多人认为该权力应归于最高法院。③但立法院的宪法最后草案规定该权力由司法院行使。④很多人期望这一规定成为法律后,最高法院作为司法院的组成部分,在解决宪法性问题时得分享一部分权力。但去年通过的新宪法在对此并未遵循宪法草案的规定。尽管其第78条和173条规定由司法院负责宪法的解释,其它条款(第79条第2款)规定司法院设"大法官",参加宪法解释和统一法律、条例的解释。1947年3月立法院通过,与新宪法同时生效的《司法院组织法》第3条进一步规定,司法院设由9名法官组成的大法官会议,会议由司法院院长担任主席。但该法将大法官的资格留待立法进一步规定。关于大法官的任职资格讨论颇多。最高法院法官如果有权参与解释新宪法,对该权力份额的范围如何划分?尚无定论。⑤

---

① 根据国民党创立者,已故孙逸仙博士制定的计划,中国的政治发展应分为三个阶段,即(1)军政时期,(2)国民党训政时期,和(3)宪政时期。

② 第84—85条。

③ 1925年,一群学者向北京政府的宪法起草委员会提交了一项"统一司法权"的议案,建议授予最高法院解释宪法权。《法律评论》第116期,第20页)。其他人也提出了相同的建议。参见,如董康《民国十三年司法之回顾》,《东吴法学季刊》第2卷第3期,第113页。

④ 1936年5月5日草案第142条。

⑤ 本文不讨论中国宪法理论和体系的具体问题,这需要由另一篇独立的文章加以论述。但此处需指出新宪法在近期生效后可能产生的一些问题。问题之一是大法官将以何种方式审查宪法性问题。他们是否会处理涉及这类问题的诉讼案件,还是仅对关于宪法抽象问题的解释申请作出答复,如同以往司法院对现行体系中法律和条例的解释申请作出答复一样,还是一方面作为宪法法院受理宪法性诉讼,另一方面对宪法抽象性问题作出解释?将与新宪法同时生效的《新司法院组织法》似乎表明,作为通过"会议"行使职责和根据新宪法第78、79条规定负责统一对宪法以及普通法律、条例解释的机构,大法官极可能作为一个机构就宪法抽象性问题作出解释。如果事实果然如此,那么谁来负责涉及宪法性问题的诉讼案件?普通法院、诸如行政法院的特别法院、政府官员纪律惩戒委员会是否会对这类案件享有管辖权?他们应根据自己的判断还是判例来处理这类案件,还是应等待大法官就此问题作出解释后再处理案件?如果应采取前一程序,则当普通法院、特别法院和大法官采用的解释不同是,应如何处理?

大陆法与英美法的区别究竟在哪里*

一、本文的目的与范围

在本杂志的创刊号我曾发表"新法学诞生的前夕——法学界的贫乏"一文。在那篇文字中,我曾谈到国内一部分学法之士对于大陆法与英美法之区别所发生的误解。当时因为限于篇幅,对于二者之区别究竟在哪里,未能作详尽的说明。本文的目的就是要对于这个问题作一个比较详细的研究,使读者们放弃几种错误的概括、肤浅的观念。

这个问题初看似甚简单,可是仔细研究起来,却相当复杂。我们要对于它有正确的了解,必先对于大陆法与英美法二者的历史背景及所包含的成分作一番检讨。所以本文可分为两大部分:第一部分研究大陆法与英美法之意义及其形成的过程与包含的成分;第二部分研究大陆法与英美法的不同之点。兹为研讨的便利起见,将其所包含各点分别论列于后。

二、何谓大陆法与英美法

大陆法(Continental Law)之"大陆"(Continental)本含有欧洲大陆本土之意,所以别于欧洲另一部分的英伦三岛或英格兰等处。但是大陆法既不能包括广义的欧洲法(即所有欧洲本土及海岛各国的法),又不能包括欧洲大陆本土的法(即所有欧洲本土各国的法)。照几位学者的看法,它不过是以欧洲古代罗马法为主要根据而演变成功的一种近代法,即近代罗马法(Modern Roman Law)。[①] 罗马法在欧洲的各国法制的演变过程中曾与寺院法或教会法(Canon Law or Church Law)对立过,学者们因此又称之为非教会法(Civil Law),所以近代罗马法又称为近代非教会法(Modern Civil Law)。

英美法(Anglo-American Law)是以发源于英格兰的法制为主要根据而演变成功的一种近代法。这种法一方面由英格兰流传到英国的其他版图或殖民地去,另一方面由英格兰流传到美国若干区域,然后再流传到别的地方去。美国虽是一个后起之国,但是国际地位颇为重要,法律发达的程度相当高,所以大家谈到这一种近代法,常将英美并举而称之为英美法。英美法又称普通法(Common Law),这个名称是 11 世纪以后才流行的。在 11 世纪以前即盎格鲁撒克逊时期(The Anglo-Saxon Period)英格兰只有各地不同的习惯,没有统一的习惯或法律;并且裁判之事也完全操之于各地的法院或类似机构,并无统一的办法,所以当时的法制是分歧的,富于地域性的。迨欧洲北部诺曼民族(Normans)于 11 世纪中叶征服英格兰以后(此期间称为诺曼期间 the Norman Period)国王开始派遣中央法官赴各地审理讼案,于是因着这些法官们合理及统一的解释便产生了一套法官形成的判例法(Judge-Made Law)。这种判例法是根据当时各地的习惯而来的,但是由于法官们的合理及统一解释,它是具有统一性的一般适用的法,所以称之为普通法,以别于各地之特

---

* 连载于 1948 年《新法学》第一卷第二、三、四期。
① 法儒 Henry Lévy-Ullman 即如是主张,见其所著 Le systeme juridique de l'Angleterre, 1928, t. I, p. 41;美儒 Roscoe Pound 亦同,见其在国立政治大学讲演录 Some Problems of the Administration of Justice In China, 1948, pp. 24–29。

别法（Particular Law）。① 英美法又称海洋法，所以表示与大陆对待之意。这种名称在日本相当流行，所以日本学者常将大陆法系与海洋法系对举。我国学者亦有仿效之者。

普通研究罗马法的人大都偏重于罗马的民事法，尤其民事实体法，很少人对于罗马刑事法或其他公法如宪法行政法等有深刻的研究。其主要原因是罗马法在民事法范围以外未能有多大发展，其刑事法及宪法行政法等远不及民事法之进步（这一点当于下文详述）。所以人们常喜欢拿罗马的民事法来与英美的民事法对照，并且将以古代罗马法为重要根据而演变成功的近代民事法概称为大陆法，以别于英美法。实则如果我们将大陆法当作近代罗马法看，则刑事法、宪法行政法等不能包括在内；如果我们将刑事法、宪法行政法等包括在大陆法之内，则近代罗马法仅及于大陆法之一部分。所以与其说大陆法是以古代罗马法为主要根据而演变成功的一种近代法，毋宁说大陆法是在民事法及其有关法方面以古代罗马法为主要根据而演变成功的一种近代法。

近代各国法制受罗马法影响的程度各有不同，其所受罗马法的影响究竟应该大到什么程度才够得上列入大陆法系，乃是一个值得研究的问题。例如丹麦、瑞典、挪威等国虽有一套日耳曼色彩的成文法，但实际上它们都免不了受罗马法的传统观念及技术的支配。它们究竟属于哪种法系，似非一目了然，毫无疑义。甚至以大陆法正宗著称的法国，居然也有人认为它的民法典所含的日耳曼法成分多于罗马法成分。② 大概一般学者所采为决定标准者，不外乎一种法制在内容及技术两方面所受罗马法的影响，综合观察起来，是否多于其他法系之影响。如果前者多于后者，则纵然内容方面所含的罗马法成分较其他成分略少，仍应列入大陆法系。这种决定标准当然也不一定可靠而合理，不过一般人喜欢用"大陆法"这个名称以表示世界上有一个国家或民族的集团属于这个法系，有时不能不于无法区别中勉强找出一个区别的方法来。

我们都知道大陆法与英美法并不以欧洲本土或英美两国本土为限，为求得比较明确的观念起见，我们不妨就这两种法系分布的地点作一简单的说明。

照一般人的看法，属于大陆法系的国家或民族，在欧洲，较著者有法兰西、比利时、意大利、西班牙、葡萄牙、德意志、瑞士、奥地利、荷兰、匈牙利等国，其次有东欧及巴尔干等国及苏格兰、苏俄。在亚洲，较著者有中国、日本、暹罗、菲律宾，其次有越南、朝鲜、荷属东印度等。在非洲，较著者有埃及、刚果（Congo）、阿尔及利亚（Algeria）等，其次有利比亚（Libia）、摩洛哥（Morocco）及若干欧洲本土国家之其他殖民地。在美洲之加拿大有魁北克省（Quebec），在美利坚有路易斯安那州（Louisiana）。此外南美、中美，除若干英属殖民地外，俱属之。③

至于英美法的流行区域，主要者有英格兰、威尔士及爱尔兰，美国除路易斯安那州以外各处，加拿大除魁北克以外各处，澳洲、新西兰、印度，其次有亚、美、非等洲英属殖民地及若干小区域。④

三、大陆法是如何形成的

大陆法的形成可分为四个时期，即古代罗马法时期；罗马法衰落及欧洲黑暗时期；罗马法复兴、适应及与其他法系混合时期；各国法制统一化、系统化、法典化及现代化时期。⑤

（一）第一时期（约自耶稣纪元前4世纪起至纪元后6世纪止）

在此时期罗马法自一种注重形式的幼稚的城市法，因着罗马帝国的形成，而逐渐发展为进步的、在欧洲几乎完全普遍适用的法。在纪元529年罗马皇帝优士梯尼安（Justinian）第一次公布了那部罗

---

① Radcliffe and Cross, *The English Legal System*, 1937, p. 15; Goldschmidt, English Law from the Foreign Standpoint, 1937, pp. 6 - 7.
② Wigmore, *Panorama of the World's Legal Systems*, 1936, p. 1041.
③ Wigmore 同书 pp. 1141 - 1143。
④ 同前。
⑤ 一般学者所分期较细，且标准亦颇不一致，惟其分期方法大都于本文目的无甚补益，故不予采取。

马法典大全(Corpus Juris Civilis);在534年又加以修正,在形式上可以说完成了古代罗马法最高峰的发展。后代研究罗马法的人大都以这部法典为根据,这是大陆法最早的一个伟大基础。①

(二) 第二时期(自6世纪起至11世纪止)

这个时期虽正式起于6世纪,即优士梯尼安皇帝的法典大全公布施行以后,但是其隐伏期在第4世纪即已开始。从那时起日耳曼民族便大量的侵犯罗马帝国的西部,到第5世纪末叶西罗马便整个为日耳曼民族占领,剩下来的只有以君士但丁为中心的东罗马帝国。优士梯尼安虽是一位有为的皇帝,并没有能收复失地,复兴罗马,并且从此以后外患频仍,国势日蹙,连东罗马帝国都几乎有马上灭亡之危险。在这个时期有两件事情是与当时的法制有重大关系的,第一是罗马法学研究工作之退步。西罗马之灭亡,在优士梯尼安之法典大全颁行以前,所以原来西罗马版图内所保持的罗马法大都是陈旧简略而缺乏系统的,当然谈不上高深的研究和合理的运用。至于东罗马,也有两个现象使法学的研究退步。其一是法典大全颁行以后大家都集中视线于法典,反而为它束缚住,不能如以往那样发挥创造的能力。其二是因为当时东罗马通用希腊文,特将法典大全择要译成希腊文字以为适用及研究的对象,致法典大全失去其本来面目及应有的作用。第二件与当时法制有重大关系的事情是日耳曼法之流传于欧洲。因日耳曼民族之侵入欧洲以及西欧日耳曼国家与以后神圣罗马帝国的建立,日耳曼民族的粗野习惯便流传到西欧各处去,取一部分罗马法而代之,于是形成一种罗马法与日耳曼习惯混合的法制。诚如一位德国学者所说,一种变野蛮的罗马法(Ein Barbarisiertes Romanisches Recht)。②

(三) 第三时期(约自12世纪起至16世纪止)

在这个时期有五件事情是特别值得注意的:

1. 罗马法之复兴

所谓罗马法之复兴实际指罗马法学之复兴而言。我们知道:西欧虽然从第5世纪起被蛮族侵扰占领,罗马法并未完全失去效用,不过这时候的罗马法已不复是一种统一的、纯粹的、进步的、可以与以前全盛时代的罗马法媲美的法制。在这时候最缺乏的乃是一种健全的法学,这种法学便是使以前罗马法进步的原动力。在欧洲黑暗时期虽然不能说没有一部分人在那里从事罗马法学的研究(如自第6至第10世纪意大利的法学教员等),但是他们研究的范围比较狭窄,研究的方法比较落伍。一直到12世纪才有显著的进步,从这时起便开始了罗马法学的复兴运动,其发源地是意大利的波罗聂亚(Bologna),最早的领导人物是在波罗聂亚讲授罗马法的一位学者伊乃内乌斯(Irnerius)。参加这种运动的学者之研究对象为优士梯尼安的法典大全,范围较以前的学者为广,他们的研究方法也较以前进步。经过二三百年的努力,罗马法学便成为一个内容优美、原则统一、体系完整的东西。③

2. 罗马法之被接受

罗马法自第12世纪起虽被许多人热烈研究,只促成了罗马法学的复活,而没有使罗马法——以优士梯尼安法典大全为根据的罗马法——成为现行的法制。可是因为罗马法经过学者的研究已成为一部完备的有系统的法例,大家都明了其优点之所在而开始普遍地适用它,在二三百年之间(第14世纪至第16世纪)它已成为欧洲本土的普通法(Gemeines Recht)。其促成这种情形的主要原因,除罗马法本身之优点外,为(甲)当时法院或裁判机关的法官不懂法律;(乙)法院或裁判机关常请罗马法学专家为顾问或为参审员;(丙)有若干区域之高级或中央法院由罗马法学专家充任法官。不过这时期欧洲各地所接受的罗马法虽以优士梯尼安的法典大全为根据,它实际上是在12

---

① Sohm, Institutionen, 16, Auflage, 1919, S. 57ff.

② 前书 S. 158ff 又 *A General Survey of Events, sources, Persons, and Movements in Continental Legal History* (Vol. I of the Continental Legal History Series,以下简称 A General Survey), 1912, pp. 21-22。

③ Sohm 同书 S. 153ff;又 A General Survey, pp. 124-159。

世纪以后罗马法学家的学理及解释里面受过洗礼的一种法例。①

3. 罗马法与地域法之调和

罗马法被接受后虽在大陆上成为欧洲本土的普通法,可是在罗马法被接受前欧洲各地已因封建制度的流行产生了许多分歧的富于地域性的封建法(Feudal Law)。这种封建法一部分固然以日耳曼法为根据,一部分却系为适应日耳曼民族占领欧洲后的新环境所创造的制度或惯例。罗马法的特点是普遍性,而这些封建法的特点是地域的特殊性。这两种特点过分发展都有流弊,同时罗马法产生的时期较早,对于若干新的重要问题没有规定或规定得不周详,也有补充之必要。封建法与罗马法的接触,不但可以减少封建法的特殊性而加速法律生活的统一,并且还可以避免罗马法的普遍原则与现实需要之冲突及弥补罗马法的漏洞。②

4. 罗马法与教会法之沟通

教会法起源甚早,在纪元后第1世纪末叶及第2世纪初叶即已相当可观,以后曾继续发展,至中世纪更有长足之进步。惟中世纪以后的教会法在方法体例及内容方面常有参照罗马法之处,其所涉事项并不限于教会方面,其中关于私法、刑法及程序者亦颇不少,并且在刑法及程序法方面变更罗马法之处者也很多。教会法自第5世纪起即开始流行于欧洲,自9世纪至中世纪末其权威即已普遍地确立,它在许多方面曾创立新制以补罗马法、日耳曼法及封建法之不足。我们可以专就刑事与民事两方面略加说明如下:③

(1)刑事。罗马法在民事方面虽甚发达,但在刑事方面颇为落伍。其刑事法例不足以适应后世复杂社会的需要,非加补充改革不可,所以流传部分很少,对于后世的刑事法贡献极微。自西罗马灭亡后欧洲的刑事法除以日耳曼法、封建法或新创的法律为根据外往往以教会法为借鉴。教会法关于刑事部分当然有许多不合理的地方。在实体法方面普通刑法采取其原则者固然不少,但是因为宗教的意味太浓,现代立法中尚保留者已不多见。不过在程序方面其影响却甚深远,罗马法及日耳曼法都采弹劾主义,教会法则独采纠问主义,后者为普通刑事程序法所采用,在欧洲曾盛行过一个时期,在现代已成为刑事诉讼法的两大柱石之一。

(2)民事。在民事方面教会法对于若干事项也有相当大的影响。法国在大革命以前,德国在1876年以前其婚姻事件一向受教会法的支配。欧洲至今还有若干国家如奥国等采取教会法关于限制离婚等原则。④ 遗嘱事件在多数国家也受教会法的影响,如重利之禁止、善意之重视、代理制度之承认等最初是教会法所提倡的。在民事诉讼方面,教会法打破了罗马法日耳曼法的形式主义,简化了诉讼程序,介绍了书面审理制度并提高了书面证据及人证之价值。

5. 罗马法与商人法之配合

所谓"商人法",英美学者称(Law Merchant)者,乃由商人间的惯例形成的一种法,其目的在解决现代海商法及若干商业活动上的问题。这种法起源颇早,据说在纪元前3000多年即于当时在地中海一带活动的商人间开始形成,但无论如何这种法在纪元前500年的时代似乎已相当发达。其中有一部分原则早为罗马法所采取或承认,但大部分为罗马法所未涉及者,所以有许多罗马法所不能应付的商事问题,非靠这种法解决不可。这种法在中世纪时代发展得更完美,流传的范围也更广,所以在这个时期它正好和罗马法配合起来给欧洲大陆一套比较完美的法律制度。⑤

---

① Sohm 同书 S. 174ff;Dernburg, Pandekten, 6 Auflage, 1900, 1. Bd., 1. Abtheilung, S. 4ff;又 A General Survey, pp. 334 – 406。

② A General Survey, pp. 23 – 83、109 – 175、203 – 250。

③ Sohm 同书 S 161ff. 及 A General Survey, pp. 705 – 724。

④ 奥国等即其著例。

⑤ Lyon-Caen & Renault, Manual de droit commercial,15ieme ed. 1928, pp. 6 – 8、843 – 844;Ripert, Droit maritime, 3eièrne èd., t. 1. pp. 107 – 116; Lescot, Des effects de commerce, 1935, t. 1, pp. 65 – 90; Wigmore 同书 pp. 875 – 914。

（四）第四时期（约自17世纪起至20世纪止）

在这个时期大陆法方面有下列几种趋势值得特别注意：①

1. 系统化

在上述二三两个时期，欧洲本土的各种不同系统的法律往往在一个区域内同时并存而分别发展，教会法及商人法之与罗马法或日耳曼法便是最明显的例子。现在欧洲各国所在的区域在当时大多数缺乏一套属于一个系统而集合融会各种法系原则的法律，其主要原因为：(1) 当时欧洲政局混乱，缺乏一种强大的力量以控制全局而将各种法系的原则纳入一个系统；(2) 研究法学者难得对于各种法系有全盘的研究或认识。在17世纪至20世纪这个期间则不然。欧洲在这期间产生了许多独立的国家，可是每个国家里面都还可以找得出一种力量将各种法系的原则一部或全部纳入一个系统；同时法学者研究的范围也逐渐地扩大，对各种法系有较全面的研究者也比从前增多；其对于某法系有特别研究者与专门研究其他法系者也往往能取得密切的联系。在这种情形之下法律当然容易系统化。

2. 统一化

西罗马灭亡以后封建制度盛行，每个小区域都有它的特别法。罗马法被接受后，虽然将这个特别法消灭一部分，但是因为它的权力未能普遍地确立，在有些区域反居于补充法的地位。这种情形也是政局的混乱所促成的。在现在所讲的时期中封建制度既废，强有力的独立国家应运而起。大家都深知法律生活有统一之必要，而且多数国家的力量也足以达到这个目的，所以一般的趋势是由局部的法律统一化而达到全国性的法律统一化。

3. 法典化

法典的作用颇多，除掉除旧布新外，还有助于法律之系统化、统一化及明确化。自17世纪起欧洲各区域之执政者及法学家重视修订法典工作者颇不乏人，最初的法典修订工作是限于局部法律或非全国性的；17世纪及18两世纪的法典大都属于这一类。惟自19世纪起全国性的全面的法律修订工作便普遍地展开。

4. 现代化

所谓"现代化"乃指适合当时的需要而言。我们都知道欧洲的世界自十七八世纪起发生了许多激烈的变化。在政治方面，自由博爱平等的民主及人权思潮弥漫各处；在自然科学方面，机器的发明、电力的运用等，使得生活的物质标准一天高一天，人与人的关系一天密切一天；在经济方面，产业革命引起了许多从前闻所未闻的复杂严重问题。这种种变化都是从前一般人所想象不到的。法律是社会的反映，同时也是一种适应社会需要的工具。从前的那一套法律应付从前的社会则可，应付十七八世纪以后的社会当然不能胜任，所以在十七八世纪以后各国最应该努力的一件事情便是使法律现代化。使法律现代化的方法当然种种不一，现行法在技术上的改变（包括法律的系统化、统一化、法典化，法律解释方法的变更及其他类似事项）及法律科学之改造等都是使法律现代化的有效方法。兹为节省篇幅起见，拟专就现行法内容的改变加以说明。就现行法内容的改变立论，我们可以发现下列几种主要现象：

(1) 英美宪法制度之传入。上文已经说过，古代罗马虽长于民事法，在宪法等方面却无大成就。近代的宪政制度实导源于英国，在法国大革命前，英国的制度在欧洲，尤其法国，受到许多政论家革命家的崇拜；同时美国的独立又确立了十七八世纪政论家、哲学家鼓吹很久的几个民主原则，并产生了当时第一部比较完备的成文宪法。因为美国的宪政制度也受到欧洲人士的欢迎，所以法国大革命后，英、美二国的宪法制度便很自然而迅速地流传到大陆法系国家去。②

---

① 关于以下1、2、3参阅 Wigmore 同书 pp. 1021 – 1033；A General Survey, pp. 187 – 195、251 – 305、439 – 451、467、479、520 – 530、684 – 702。

② Strong, *Modern Political Constitutions*, 1930, pp. 14 – 45。

(2) 英美刑事诉讼法基本原则之被采纳。英美的刑事陪审制度及弹劾主义于法国大革命后，为法国刑事诉讼法所吸收，以后复由法国而流传到欧陆其他国家。现在大陆法系所采的混合制度（Mixed System）即教会法的纠问主义与英美法的弹劾主义调和配合之结果。现在欧洲大陆所流行的陪审制度虽与英美未尽相同，且渐有被放弃之势，但其主要精神则与英美相仿。①

(3) 刑事实体法之人道化及合理化。上文已经说过，欧陆各处刑事实体法在 17 世纪之前，继受罗马法的部分很少，并且罗马法在这一方面也不能有多大的贡献，所以在 17 世纪以前的刑事实体法，大都是日耳曼法、封建法、教会法的共同产物，其中纵有罗马法的成分，也颇属有限。但是日耳曼法、封建法、教会法、罗马法的刑事实体法都很简单粗野，犯罪的要素、定义、分类既不明确完备，刑罚的制度也残酷而不合理。其根据这类法系所演成的制度之不足取，不言可喻。所以十七八世纪时便有许多自由主义者、人道主义者以及意大利等国的刑法及犯罪学家（如 Beccaria）等对于这种制度予以攻击。以后到了法国大革命时大家更觉得在这一方面非有一番根本改造不可，因此拿破仑时代制定的刑法典，较诸以前欧洲各国所采的刑事实体法有很多革新之点。以后别的国家又制定新的刑法，对于法国刑法典所代表的制度又加以改良。我们如果拿最近的立法与以往的比较，不但觉得十七八世纪之前一般刑事制度非常粗野幼稚，就是拿破仑时代的刑法典也显得不合时宜。② 还有一点值得注意者，就是欧洲大陆各国自由刑执行制度——主要的即监狱制度的改良，实际受英美影响的地方很多。以监狱为感化改善犯人的工具，始于英国，而倡导之者为英人约翰霍华特（John Howard）。至于监狱设备及管理的改良，则美国费城（Philadephia）实为此项运动的中心。③

(4) 民事法基本精神之改变。在这一方面变革最多而最大的当推民事实体法。这类的变革可分两个时期来讲，在第一个时期中各国的民事实体法大都特别着重一点，即发挥十七八世纪所流行的平等自由等思想。这种思想实际上是自然法学派及一部分玄学派学者如康德等的思想，乃是对于以前宗教、政治、封建制度所加于一般人的束缚的一种反响。法国拿破仑时代所制定的民法典便是这种思想的结晶。19 世纪上半叶继法国民法典所产生的民法典也有同样的精神，同时法学界的一般思潮也倾向于此。当时大家所重视的乃是个人意志之自由、契约之神圣、财产权之不可侵犯、无过失者之不负责任、法律之抽象的平等原则，结果造成一套偏向于个人主义的法律制度及理论。第二个时期大概自 19 世纪下半叶起，所代表的趋势是民事实体法之社会化。在这个时期立法者、法官们、法学教授们联合起来打破或改变上述的原则，使民事实体法能顾到社会的利益，因为要达到这个目的，他们就创出许多新的原则来。因此现在的大陆民法不但与法国大革命前相差很多，就是与拿破仑时代的民法典相比也大大地改观。④

(5) 行政法之勃兴。行政法是反映政府组织、行政制度及活动的法，其内容因时代地域而不同；同时它也是法治国家的一种特产。如果一个国家的政府只命令老百姓守法而自己不守法的话，那就根本谈不到行政法。罗马时代虽也有类似宪法行政法的法律制度，但是因为当时政府的组织及行政的制度与活动和现在不同，其内容不能配合现代的国家。罗马衰落或灭亡以后，欧洲混乱了很长的时期，谈不到行政法。中世纪以后的法国及德国若干邦如普鲁士等虽实行所谓开明专制的政制，政府服从法律的观念究未发达，行政法也无发展的机会，所以近代的行政法实是法国大革命后另起炉灶的一种东西。它先成长于法国，然后流传到其他国家。近代的国家已由权力的国家而变为服务的国家。国家管的事一天多一天，因而政府与人民接触的范围也一天大一天，行政法上

---

① Garraud, *traité théoique et pratique d'instruction criiminelle et procédure pénale*, 1907, t. 1 § Ⅱ- Ⅸ.
② Garraud, *Traité théorique et pratique du droit Penal Francais*, 1913, t. 1. § Ⅸ- ⅩⅣ.
③ Allfeld, *Lehrbuch des Deutschen Strafrechts*, 8. Aufl., S. 248; von Liszt, *Lehrbuch des Deutschen Strafrechts*, 23. Aufl., S. 255ff.; Finger, *Das Strafrecht*, 3. Aufl., 1. Bd., S. 705ff.; Barnes, *The Repression of Crime*, 1926, pp. 159 - 184.
④ 此问题范围甚广，下列各书讨论甚详，可参阅 Duquit, *Les Transformations du Droit privé depuis Le code Napoléon*, 1912; Savatier, *Du droit civil au droit public*, 1945; Demoque, *Les Notions Fondamentales du droit Privé*, 1911.

的纠纷十倍于往昔。所以行政法在大陆法系的地位提高得很快,而其内容在近百年中也有特别显著的进步。

(6) 社会及经济法制之发达。近代国家的社会及经济制度,大都因时势的转移而发生了许多新的问题,这在欧洲大陆各国尤其可以看出。这些新的问题,大都是一般的民法典、商法典所不能包括的。例如劳资关系、公用事业、社会保险、社会救济、经济管制、财政管理等所引起的问题,往往非以往传统的法律所能应付,必定要另创一套法律理论及成文的或不成文的法律,才能得到合理的解决。因此在以往百余年中欧洲各国产生了许多社会立法及经济立法,而研究这类立法的学者也一天一天多起来。

以上是大陆法形成的四个过程的大概情形。时期的划分原为研究的便利,多少有点武断。因为一种制度之形成不一定专靠一个或两个因素,而这许多因素,有近的,也有远的,有直接的,也有间接的。写历史的人——一般社会上的人尤其如此——往往在那个制度引起大家的注意时才知道它的存在,我们叙述法律制度的演变时也容易犯这个毛病。所以当读者们读完上面一段时,我希望他们能记住一点,即每一时期开始前,在前一期或许已有其序幕;当其结束后,在后一期或许还留下一些尾声。

从上面所述四个时期的大概情形看起来,我们关于大陆法形成的过程可以得到以下几个结论:

第一,在罗马全盛时代,因为罗马帝国版图之大,罗马法流行之广,大陆法实际上可以罗马法为主体。

第二,迨日耳曼民族侵犯而占领西罗马后,日耳曼法侵入,各处具有地域性的封建法逐渐形成,而教会法、商人法在这时也日渐发达,大陆法的成分便复杂起来。不过成分虽然复杂,在今日看来,都还不失为传统的成分(Traditional Elements)。

第三,约自17世纪起欧洲的局势转变,发生许多政治、经济及社会的新问题,于是大家开始将法律加以改造,以适应环境的需要。除使系统化、统一化、法典化外,并使其内容现代化。使内容现代化的主要方法为:① 使传统的成分,如民事实体法等先适合十七八世纪的个人主义的理想,然后再转向社会化的途径;② 根据新的思潮需要编订新的法典或完全创建新的部门的法律,并于若干部门如宪法、刑法、刑事诉讼法等采取或参照英美的法例。

第四,因为若干部门的法律是新兴的或曾经根据新的需要改造过的,近代的大陆法里已添了许多新创的成分,而传统的成分已减少了许多,并且还有继续减少之势。

四、英美法是如何形成的

英美法形成的时期,有种种划分的方法。不过就本文的目的讲起来,其所采方法未必都合用。现在且采下列的划分方法:(1) 英美普通法之雏形时期;(2) 英国普通法之发展及固定时期;(3) 英国衡平法之勃兴及普通法与其他法系之调和时期;(4) 美国法之发达及英美法之系统化现代化时期。以上四个时期彼此重复的程度远超过前节所述大陆法的时期,第三与第四两时期固不必说,就是第二与第三时期,其界限也颇不准确。我们如此划分,不过表示其重心之所在而已。

(一) 第一时期(约自纪元后第5世纪初叶起至第13世纪初叶止)

这一时期又包括三个时期,即盎格鲁撒克逊时期(Anglo-Saxon Period)、诺曼时期(Norman Period)、早期安其文王室时期(Period of Earl Angevins)。在5世纪以前,英格兰曾受罗马帝国的统治达300年之久,在此时期罗马法曾流行于该岛。不过到了第5世纪,该岛为盎格鲁撒克逊侵略者所盘踞,罗马帝国所遗留下来的法制为之破坏无遗,起而代之者乃侵略者所带来的日耳曼法制。[①]所以我们研究英国法制史时,不从罗马统治时期起而从盎格鲁撒克逊民族之占领英格兰开始。

---

① Plucknett, *A Concise History of the Common Law*, 1929, pp. 4-5.

1. 盎格鲁撒克逊民族是欧洲北部日耳曼民族的支系，最初相当野蛮

他们占领英格兰后，成立了许多小的国家，分别发展了不同的风俗习惯。以后这些小国虽然为其中强有力者吞并而逐渐减少，但是因为当时没有统一的裁判机构及专业的法官，法律制度——习惯法——是分歧而富于地域性的，其内容当然相当粗野。① 不过据一部分学者的考证，在第 6 世纪的末叶（即 597 年），欧洲大陆的天主教曾派遣教士圣奥古斯丁（St. Augustine）至英格兰传教，英格兰从此在罗马天主教的势力之下吸收了一部分罗马法制，而天主教的道德思想也使固有的法律大大地改观。②

2. 自 1066 年至 1154 年为诺曼时期

在这个时期有两件事是特别值得注意的：第一件事是英格兰法制之开始统一。从这个时期起英格兰始有中央法院，中央的法官常派赴各地审理讼案，经过这些法官的统一解释及运用，以前所流行的分歧的习惯法便变成一套统一的判例法，即以后所称的普通法。这种判例法参照各地固有习惯之处固属不少，但其中所含的新成分也很多。当时征服英格兰的诺曼民族系诺曼底（Normandy）民族，与法国民族可谓系出同源，所以当时所形成的普通法有两个特点：(1) 在形式上它是一种变相的法兰西法（French Law），因为自诺曼民族征服英格兰以后法文成为通行的文字，英格兰的普通法院（Common Law Courts）也适用法文，据有些学者考证，当时普通法院的卷宗纪录所用者系拉丁文，而言辞辩论的用语则系法文。③ 因此当时法国法的用语一部分变成普通法的用语。(2) 在内容方面，除保留一部分固有的盎格鲁撒克逊时代的习惯法外，还含有四种成分：① 从诺曼底带去的具有地域性的法兰西法；② 罗马法；③ 初期的教会法；④ 因适应当时英格兰的需要而新创的法律原则。④ 第二件事是罗马法学及教会法学之开始为法学家及实务家所研究。征服英国的诺曼民族领袖威廉王（William the Conqueror）当时带往英国的一位极得意的人物是法学家兰弗朗克（Lanfranc），他原是意大利的一个法学权威，以赴诺曼底成立教堂从事教会工作，因而结识威廉王，成为其最亲信的一个幕僚。据有些学者考证，威廉王到英国所编之著名的地权调查登记册（Domesday Book），其字迹似出诸意大利人的手笔，⑤ 由此可以想见当时兰弗朗克所领导的一班意大利人在英国是如何的得势。在这种情形之下，兰弗朗克所重视的罗马法学当然极容易为人重视。以后在斯蒂芬（Stephen）国王时代复有伐卡列斯（Vacarius）者，在英格兰讲授罗马法及教会法。伐氏对于罗马法及教会法极有研究，依据英国法制史学家贺资划斯（Holdsworth）的考证乃英国罗马法学及教会法学最早的教授及真正建立者，⑥其门徒甚众，法官及法学著作家出其门下者不少。有些考证家认为以后即位的英王亨利二世亦尝就教于彼。⑦

3. 自 1054 年至 1272 年是早期安其文王室时期

安其文王室是古代法兰西昂汝（Anjou）伯爵琪阿弗雷（Geoffrey）之后裔，其最早取得英国王位者为亨利二世。亨利二世之即位系婚姻式继承之结果，所以王室虽更，法制的发展大都循着以前的轨道，其所不同者主要的不过程度之深浅而已。在此时期中央法院的管辖权比前更扩大，普通法的内容比前更细密统一。关于刑事诉讼法、民事诉讼法、陪审制度、宪法、⑧法官资格⑨等并

---

① 前引 Radcliffe and Cross 同书 pp. 1 – 12。
② Plucknett 同书 pp. 6 – 7。
③ Radcliffe and Cross 同书 p. 15。
④ 同上 pp. 15 – 16。
⑤ Plucknett 同书 p. 212。
⑥ Holdsworth, *A History of English Law*, Vol. 11, 2nd edition, p. 114。
⑦ Stubbs, *Lectures on Medieval and Modern History*, p. 303; Maitland, *Materials for the History of English Law*, p. 75, Selected Essays in Anglo-American Legal History, Compiled by Association of American Law Schools, Vol. 11, 1908。
⑧ 如大宪章之签订，议会制度之开始形成等皆属之。
⑨ 在亨利二世时代英国已开始重视学法出身之专业的法官。

且还有不少新的发展。① 这时期英国法制受其他法系影响之处更多,而法学本身也开始系统化。在此以前英国并无关于英国法之系统著作,可是在我们所讲的这个时期却产生了两部有系统的法学著作。第一部是《英格兰之法律与习惯》,②一说认为是亨利二世时一位名叫葛兰维尔(Glanvil)者所著,另一说认为是葛氏的秘书瓦脱(Hubert Walter)所著,③大概是 1187 年至 1189 年间写成的。全书分 14 卷,以叙述当时中央法院的诉讼程序法为主旨。此不但是英国第一部有系统的本国法的教科书,④并且是近代欧洲各国关于本国法的第一部科学著作,⑤不过这部著作虽以当时英国的现行法为对象,其编制体裁及内容有很多地方是与罗马法相同的。⑥ 这可证明(1)当时英国的现行法受罗马法影响之处很多;(2)本书的作者是一位崇拜罗马法学者。第二部是白兰克顿(Bracton)所著的《英格兰之法律与习惯》。此书约成于 1256 年左右,⑦以叙述亨利三世时期中央关于刑事及民事之法例为主旨。其内容较葛兰维尔之书为详,惜未完成。这虽是一部关于当时英国的现行法的著作,但是其中与罗马法及教会法相同之处颇多,诚如一般法制史家所云,其目的在以当时现行法为资料而以罗马法及教会法的格言学理及罗马法学及教会法学的术语方法将其补充发挥成为一套有系统而合理的法律原则。⑧ 以上两部法学著作纵然与当时的现行法有不符之处,可是因为它们是最早的两部有系统的著作,后世的法官、律师及学法律的人不免以它们为根据或参考,本来不属于现行法的东西经过相当时期也被认为现行法的一部分而成为以后法制发展基础了。

以上所述是第一时期的三个阶段,现在要讲第二时期。

(二)第二时期(约自 1272 年起至 1616 年止)

在这个时期内英国普通法的内容比前更细密,更系统化。其基本原则及精神在这个时期结束时可谓大体确立,如法律至上(Supremacy of Law)的原则、判例法的权威等,在这个时期已为多数人所接受。法律的形式也发生重要变化,英王爱德华一世(1271 年即位)时立法工作相当发达,对于固有法制颇多改革,成文法从此在英国取得它的地位。⑨ 律师制度也在这个时期产生。从前的法官大都以研究法律的教士充任,自现在起法官便由律师中选拔;从前的法学人才大都是在大学里培养的,自现在起律师的同业组织便开始包办律师的训练。⑩ 这两件事情对于以后英美法制的发展有极大影响,当于下文讨论大陆法与英美法之区别时详论之。

不过英国普通法在这个时期虽有长足的进步,但是因为一般运用普通法的人,尤其普通法院的法官们,过分尊重普通法,当时的法制变成一种停滞的东西,与社会政治的需要往往不能配合。人类生活本是不断地在那里变化的,法律如果要配合生活,更不能不随时代而变化。可是当时许多法学家却把普通法看作一种十分成熟、不容增减、无往而行不通的制度,于是他们解释法律时只晓得咬文嚼字,一味受逻辑的支配,对于法律的目的及实际作用毫不注意。

至于这个时期普通法的成分如何,一般考证家的结论是:罗马法与教会法的原则直接或间接为其吸收或保留者仍属不少。这可以由下列两点事实看出:

(1)白兰克顿的法学著作是富于罗马法与教会法的色彩的,但是在这个时期却成为大家所援

---

① Radcliffe and Cross 同书 pp. 29 - 47。
② 原名 Tractatus de Legibus et Consuetudinibus Angliae。
③ 前引 lévy-Ullman 之书 pp. 232 - 233。
④ 同上 p. 234。
⑤ Grundmann, *Englisches Privatrecht*, 1864, p. 61。
⑥ Brunner, *The Sources of English Law*, p. 31, Selected Essays in Anglo-American Legal History, Vol. 11, 及前引 maitland 同文 pp. 74 - 75。
⑦ Lévy-Ullman 同书 p. 239, 及 Brunner 同文 p. 35。
⑧ Lévy-Ullman 同书 p. 244; Maitland 同文 p. 83; Brunner 同文 p. 35。
⑨ Plucknett 同书 pp. 287 - 289。
⑩ Willis, *Introduction to Anglo-American Law*, pp. 98 - 100。

引参考的权威著作。如 1290 年左右完成的法学著作 fleta① 所包括者大部分为白氏著作的节略及爱德华一世早期的立法。白利顿(Britton)于 1290 年左右完成的法学著作不过将白兰克顿原书的材料用一种新方法重新编制一番。② 蜀尔顿(Gilbert of Thornton)于 1292 年左右完成的法学著作,及恒干(Ralph of Hengham)的法学著作皆为补充白兰克顿之书而写,③都脱不了白兰克顿所介绍罗马法及教会法原则的范围。

(2) 爱德华一世即位后尝沿用阿古西·佛朗西斯科(Francesco Accursi)为幕僚。阿氏追随爱德华一世多年,深得信任,对于法制之改革,不无影响。阿氏之父系罗马法权威,其本人亦为罗马法教授。④

不过罗马法与教会法的原则虽为普通法所吸收保留,自 14 世纪的下半叶起英国的普通法渐有与罗马法教会法对立的趋势。在此以前大体讲起来,罗马法、教会法与英格兰的习惯法一向是打成一片的,到了 14 世纪下半叶普通法便有脱离罗马法与教会法而独自成一系统的倾向。其发动这种趋势最早的一个人物便是约翰·威克力夫(John Wyclif),他竭力鼓吹英国普通法之优点,认为普通法可与罗马法媲美。⑤ 继其后者有约翰·福丹斯克(John Fortescue),他在 15 世纪下半叶完成的名著《颂英格兰法》(De Laudibus Legis Angliae)一书是鼓吹英格兰"本土法"(National Law)最有力的一部著作。此书系对话体裁,叙述当时的英格兰法,并将其与罗马法比较,以示前者之优于后者。⑥ 此外如汤姆斯·史密斯(Sir Thomas Smith)所著的 De Republica Aanglorum 一类的书也多少具有类似的作用。⑦ 不过这些著作对于英国"本土法"之自成一个体系虽然鼓吹有功,对于其内容之充实发扬贡献并不算大。真正在这一方面有伟大成就者当推列特尔登(Thomas Littleton)于 15 世纪下半叶所著的《不动产法》(Tenures)及柯克(Sir Edward Coke)于 17 世纪初叶所著的《普通法原理》(Institutes)二书。列脱尔登之书对于当时疑问多端而为一般法学家所缺乏研究的现行不动产制度作系统的分析和研究,使法律臻于明确而合理化,乃是一部十足英格兰本土化的权威法学著作。该书的问世足以证明英国的普通法经适当的整理与运用后确能自成一个体系。⑧ 柯克之书,照年代讲起来,不属于本时期,不过它是本时期法学思潮及法律制度长期发展的结果,应该列入本时期。该书对于普通法作全面的有系统的研究,普通法到了该书出现时,不但自成一个相当严密的独立体系,并且已达到保守呆板的最高峰。该书共分四卷,第一卷系对于列特尔登不动产法的解释,益以关于债务及诉讼程序之研究;第二卷系对于大宪章及其他成文法之详细评释;第三卷论刑法;第四卷论法院及其管辖。照柯克的看法,英格兰的普通法是完全不依赖罗马法、教会法或其法系而形成的一种制度,罗马法及教会法除经英格兰的法律许可外无适用的余地。⑨ 他认为罗马法的条文经法学家评注后,解释分歧,莫衷一是,反而不及英格兰普通法之明确稳定。⑩

提倡英格兰普通法的运动之所以有如此之进展,其主要原因并非罗马法及教会法之不能配合

---

① 此书之著者难以考证,惟知系一法学家于 Fleta 地方之监狱中所著,故名(见 Brunner 同文 p. 370.)。
② Maitland 同文 p. 84。
③ Brunner 同文 pp. 37 - 38。
④ Plucknett 同书 p. 211 Genks, Edward I, *the English Justinian*, p. 163, Selected Essays in Anglo-American Legal History, Vol. I, 1907。
⑤ Radin, *Handbook of Anglo-American Legal History*, 1936, p. 116。
⑥ 同上 pp. 291 - 292。
⑦ 同上 pp. 293 - 294。
⑧ Lévy-Ullman 同书 pp. 248 - 250。
⑨ Scrutton, *Roman Law Influence in Chancery*, *Church Courts*, *Admiralty*, *and Law Merchant*, p. 208, Selected Essays in Anglo-American Legal History, Vol. 1, 1907.
⑩ Scrutton, *Roman Law Influence in Chancery*, *Church Courts*, *Admiralty*, *and Law Merchant*, p. 208, Selected Essays in Anglo-American Legal History, Vol. 1, 1907. p. 209.

英格兰人民一般生活的需要，而是它们在一部分人——也许一大部分人——看来不宜于这个时期的英格兰的政治环境。因为罗马法及教会法在公法方面的理论是崇拜权力而足以促成君主之专制的，英格兰普通法的理论是限制君权而保障民权的。在 15 世纪至 17 世纪的期间英国的王室屡有趋向专制的可能，提倡或尊重英国的普通法实是防止专制的一个妙法。①

现在所值得研究的一个问题是：自 14 世纪下半叶英国一部分学者鼓吹本土化的普通法之时起一直到 17 世纪初叶止，英国的普通法是否如柯克等所想象，真能脱离罗马法教会法而自成一完全独立的体系？关于这一点只要看柯克的《普通法原理》便可得到一个结论。柯克的书可谓柯克等一派学者所认为发展到最高度的"纯普通法"的代表作。据法制史家的考证，该书内因袭白兰克顿法学著作之处颇多。白兰克顿的著作中所吸收的罗马法原则也不少，这些原则有大部分是从罗马法直接得来的，另有一小部分是经由教会法而得来的（后来亦称为教会法的原则），他们以后都成为普通法之一部分。柯克本人于其著作中常征引该项原则而不指明它们是罗马法的原则。柯克本人对于罗马法缺乏研究，其著作中有不少误解罗马法之处，②所以英国普通法到了 16 世纪的末叶及 17 世纪的初叶并不如柯克等所想象的那样"纯粹"，其中有很多原则是由罗马法直接传来发源于罗马法而以教会法的形式传来的。当时一般鼓吹"纯普通法"的学者对于普通法的认识只可以代表一种错误的信念——也许一种虚伪的宣传——而不能代表普通法的实况。

(三) 第三时期(约自 1616 年起至 1769 年止)

1616 年是英国衡平法(Equity)的权威确立的一年，1769 年是英国法学家勃兰克斯东(William Blackstone)关于英格兰法的名著完全出版的一年。在这个时期有以下三件事情值得特别注意：(1) 衡平法之勃兴；(2) 普通法与其他法系之调和；(3) 英国法之开始向外流传。兹分述于下：

1. 衡平法之勃兴

衡平法在英国之开始形成远在 1616 年以前。自从 14 世纪普通法院(Common Law Courts)逐渐独立，普通法逐渐固定而缺乏适应性后，人民感到普通法的呆板及普通法院程序的复杂专门，于是遇有纠纷常喜欢向国王陈诉，以期得迅速公平的解决。国王下面有一位文书大臣（即 Chancellor，又称掌玺大臣），人民的陈诉，有的由国王自行处理，有的由国王交由文书大臣代为处理。而老百姓们因为文书大臣代国王处理这类事件，以为他本来有权受理人民的陈诉，历时既久大家便养成一种直接向文书大臣陈诉的习惯，而文书大臣之受理这种陈诉也逐渐成为一种惯例。到了 15 世纪末叶文书大臣便以自己的名义受理裁断这类事件。从此以后文书大臣所管的那一部门的文书部(Chancery)，便取得法院的地位而对于普通法所无法解决或不能公平解决或普通法院所拒绝受理的事件有管辖权。文书大臣处理这类事件系以"良知"(Conscience)，即衡平观念(Equity)为根据，所以大家称他的法院为衡平法院，而衡平法院所创造及以后继续适用的那一套原则便称为衡平法。③

文书大臣的法院(Court of Chancery)，即衡平法院，最初处理案件时，与普通法院取得相当密切的联系。当时文书大臣不但关于牵涉到普通法的问题常征询普通法院法官的意见，就是关于他所受理的案件应如何裁判亦常就教于他们，所以衡平法等与普通法最初原是相辅而行的两套原则，并非彼此对立的东西。不过自 16 世纪起二者之间的摩擦便一天多一天，忽而衡平法院侵越或过分干涉普通法院的职权，忽而普通法院利用国王予以报复或凭借其本身的职权宣告衡平法院的命令或裁判无效，于是衡平法与普通法变成两种对立的东西。到了 17 世纪的初叶二者间摩擦更甚。当时柯克为平民诉讼法院(The Common Pleas)的院长，爱尔斯米尔(Lord Ellesmere)为文书大臣。前者反对国王的特权，

---

① Radin 同书 pp. 291-293。
② Scrutton 同文 pp. 209-210。
③ Radcliffe and Cross 同书 pp. 108-113。

主张缩小衡平法院的职权；后者鼓吹国王的特权，主张扩充衡平法院的职权。衡平法院的裁判或诉讼行为常为平民法院所禁止，而平民法院的裁判或诉讼行为也常为衡平法院所不承认。以后双方相持不下，闹到国王詹姆斯一世(James I)那里去，国王支持文书大臣，于1613年将柯克调任名位较隆而职权稍逊的王座法院(King's Bench)的院长。① 可是柯克调职以后，仍旧不时以王座法院的名义对衡平法院颁发禁止命令，以限制其职权。于1616年有一被告因对方使用诈欺舞弊的手段而被普通法院判决败诉，在当时普通法之下无法救济，于是向衡平法院请求撤销该项判决，柯克竟将该被告移送刑事法院起诉。这事也闹到国王那里去，国王认为柯克不对，不久便将他免职，从此以后衡平法院便确立其权威而能比较顺利地执行其职务。② 在1660年至18世纪初叶这一时期中衡平法便由缺乏标准及系统的散漫原则而演变为一套系统而稳定的原则。尊重判例的原则最初为衡平法院所不承认，可是在1660年以后这个原则便开始发展，到了18世纪便完全确立。③

关于衡平法院的管辖范围及衡平法的内容，此处无暇详细研究。不过我们对于衡平法的成分不妨略加说明。据学者的考证，衡平法在形成的过程中受罗马法或教会法影响之处顾多，④其原因有三：(1) 早期之文书大臣中颇多系教士出身者。据估计，至1530年止，教士出身的文书大臣不下160人。此类人员对于罗马法或教会法大都有相当研究，至少对于罗马法或教会法相当重视，因此他们裁判时很容易以罗马法或教会法为根据。(2) 文书大臣下每置若干助理员为文书大臣的顾问以便于裁判，此类助理人员系研究罗马法或教会法者，其所贡献的意见当然也难免以罗马法或教会法为根据。(3) 罗马法或教会法于若干方面为当时的普通法所不及，而当时除罗马法或教会法外无更完备之其他法系，从罗马法或教会法中寻求补充纠正当时普通法的原则是很自然的事。⑤

2. 普通法与其他法系之调和

此可分二点说明之。

(1) 与教会法之调和。教会法最初是随着罗马的天主教流传到英国的。在中世纪时期，英国的教会是西欧教会的一部分，当时西欧全部的教会都采取同一的法院制度，适用同一的法律，即所谓"教会法"(Canon Law)。⑥ 不过英国在诺曼时期以前无所谓教会法院(Ecclesiastical Courts)与普通法院，直到诺曼时期教会才有它自己的法院，这原来是当时国王威廉对教皇表示好感的一种措施，⑦可是从此以后教会法院便逐渐与普通法院形成对立的局势。前者所适用的法律在大体上是西欧各地教会法院所惯用的教会法，它们的法官也是受过特别训练的，对其教会法及罗马法有相当研究。不过宗教改革(Reformation)以后教皇在英国的势力衰落，原有的教会法院逐渐为国王所设立的法院取而代之。自1857年起，⑧教会方面除保留维持教士间纪律之权力外，不复有受理诉讼之权。从前教会法院所管辖的事件，关于刑事者早已划归普通法院管理，关于婚姻遗嘱等事件者，改由另设立之非教会的特别法院受理。⑨ 但是法院虽已改变，从前所适用的那一套法律并未全部推翻，以前的先例为以后的法院所引用者颇多，因此教会法便由与普通法对立的局面一变而与普通法混合调和。⑩

(2) 与商人法之调和。商人法是具有国际性的一套法律原则，它的历史已于上节讨论大陆法

---

① Plucknett 同书 pp. 163 – 165、248。
② Radcliffe and Cross 同书 pp. 118 – 119。
③ Plucknett 同书 pp. 241 – 246, Radcliffe and Cross 同书 p. 121。
④ Maine, *Ancient Law* (Everyman's Library, Edition), p. 26.
⑤ Scrutton 同文 pp. 214 – 217 及 Spence, *The History of the Court of Chancery*, pp. 223 – 224, Selected Essays in Anglo-American Legal History, Vol. II。
⑥ Radcliffe and Cross 同书 p. 217。
⑦ 同上 p. 17。
⑧ 1857年本不属于第三时期。兹为说明的便利起见，姑且提前叙述。
⑨ Radcliffe and Cross 同书 pp. 221 – 231。
⑩ Scrutton 同文 pp. 226 – 227。

时简单说明。英国的商人法是与欧洲大陆的商人法沟通的,其历史也相当早。① 最初关于商人法的案件是由若干地方性的法院受理的,以后普通法院及海事法院(Court of Admiralty)相继兴起。关于普通商事法的(即海商法以外的)案件便改由普通法院受理,于是这一部分的商人法便为普通法所吸收;关于海商法的案件则归海事法院受理。② 海事法院所适用的实体法虽以商人法为主,但其所采的程序却很受罗马法的影响。③ 16 世纪以后海事法院的事务管辖逐渐缩小,于是许多海商法的案件改由普通法院受理,而海商法的许多原则也逐渐与普通法混合调和。④ 商事特别法院取消及缩小事务管辖范围后,最初大家很感到普通法院对于审判商事案件不能胜任愉快,因为普通法院的法官对于商人法大都缺乏研究。但是从 18 世纪起普通法院的法官对于商人法有研究者日渐增加,其中最著名的一位便是孟士非尔特(Lord Mansfield)。他对于外国法制及法学著作颇有研究,常引用外国法的学理原则以裁判案件,实是奠定英国商事法基础的大功臣。⑤

3. 英国法之开始向外流传

自 17 世纪起英国法随英国殖民地的开拓而开始向外流传,其最初流传之区域为英国在美洲比较早的几个殖民地,即美国最初的 13 州,以后殖民地范围扩大,便流传到其他区域。大概在殖民地的初期大家所采用者乃是一种简化的变质的英国法,即内容比当时英国本国法简单粗率而有时与之抵触的法。其所以致此之原因有三:(1) 当时英国本国法颇为专门复杂,非训练有素之法学专家不能完全了解。这种人才在殖民地不易多得,因此大家只好吸收那些比较容易懂得的原则,其他较复杂专门的原则不受欢迎。(2) 当时殖民地的社会简单,不需要复杂专门的法律。(3) 当时的英国法不免有不合理的地方,为殖民地人所不取。这种情形在美国的最初的 13 州最为显著。⑥ 美国最初的 13 州虽为英国的殖民地,可是由于上述的原因,英国的普通法于 17 世纪,甚至于 18 世纪的上半叶,在这些地方并未取得重要地位。一般地讲起来,英国的普通法仅取得补充法(Subsidiary Law)的地位,即仅在殖民地法无特别规定时或与殖民地的情形适合之限度内有适用之余地。⑦ 不但英国的普通法是如此,就是衡平法也未能完全被接受。因为当时美洲殖民地的人民清教徒(Puritans)居多数,他们爱好自由及个人意志的发挥,他们认为衡平法是富于干涉性而赋予法官以庞大职权的一种制度,与他们的理想不合。⑧ 美国 13 州在英国殖民地时代的法官及立法者大都由非法律专家充任,各人往往凭其自己的常识或是非观念裁判案件或制定法律,见解颇为分歧,因此各地的法制极不一致,法院办案并无判例可资援引,一般人对于现行法的内容无法捉摸。⑨

(四) 第四时期(约自 1769 年起至现在止)

在这个时期有三种趋势是特别值得注意的,这便是:美国法之发达及与英国法之沟通;英美法之系统化;英美法之现代化。兹一一说明于下:

1. 美国法之发达及其与英国法之沟通

美国法之发达有两个主要原因:第一是美国自 18 世纪下半叶起,尤其 1783 年脱离英国而完全独立之后,渐由农业的乡村社会而变为工商业的都市社会,法律制度不能再像以前那样简单粗率。⑩ 第二是自 1782 年或 1784 年(即 judge Reeves 在 Litchfield, Conneticut 创办法律学校之年,究为何

---

① Holdsworth, *A History of English Law*, Vol. 1, 1903, pp. 300 – 304.
② Radcliffe and Cross 同书 pp. 235 – 236。
③ Scrutton 同文 pp. 233 – 236。
④ Radcliffe and Cross 同书 pp. 240 – 244。
⑤ Scrutton 同文 pp. 240 – 241 及 Radcliffe and Cross 同书 pp. 242 – 243。
⑥ Reinsch, *English Common Law in The Early American Colonies*, p. 369, Selected Essays in Anglo-American Legal History, Vol. I.
⑦ 同上 p. 370。
⑧ Pound, *The Spirit of the Common Law*, 1921, pp. 53 – 54.
⑨ 同上 p. 113 及 Reinsch 同文 p. 371。
⑩ Reinsch 同文 p. 369 及 Pound 同书 p. 114。

年，考证家意见不一）起，美国的法律教育日渐发达，法学专家辈出。① 立法者、法官、律师渐由学法者充任，复杂专门的法律在他们看来，不复如以往那样艰深，因此英国及其他国家——尤其英国——法制被吸收的部分比以前增加不少。② 由于上述原因美国法自18世纪下半叶以后，尤其在19世纪中，发展得很快。不但内容充实，而且相当有系统（此点当于下文详述），可与英国法并驾齐驱，在有些方面也许还凌驾而之上。

美国在1783年完全独立以后的短时期内反英空气颇浓，英国法颇遭反对，有许多立法者、法官及律师拒绝援引参考英国的判例或法律。当时因为法国曾对于美国的独立有种种援助，美国人对于法国的制度，都发生好感，因此颇有一部分人主张采取法国的法制。③ 不过这种情形只持续了一个很短的时期，未能发生多大的实效，所以美国法的大部分还是与英国法相同的。近100多年来英美两国的法院常援引彼此的判例，两国法学家的著作互相发明之处也不少，这更加强了两国法制沟通的程度。

2. 英美法之系统化

英国普通法到了柯克著作《普通法原理》的时代已相当系统化。不过当时衡平法、教会法、商人法等正在分别发展，它们虽有与普通法调和混合的趋势，但是英国的法律只达到局部系统化的程度，至于全部系统化乃是以后的事情。美国在殖民地时代，制度分歧，法律科学不发达，其法律当然很缺乏系统，所以在18世纪的下半叶英美两国的法律都需要系统化。所不同者，美国法需要系统化的程度比英国法更深而已。英美两国法律在18世纪下半叶以后的系统化有以下四个主要原因：

（1）系统的法学著作之发达。在1765年英国的勃兰克斯东（Blackstone）将其名著《英格兰法之诠释》（Commentaries on the Laws of England）④的第一册问世，1769年将全书出齐。此书对于英国各部门的法制作系统的全面研究，为英国法的第一部最完整而有系统的著作。出版以后，风行一时，于是英美两地的法官、律师、立法者及研究法学者都拿它作根据。以后美国法学家肯特（James Kent）在1826年至1830年之间，也步勃氏的后尘，将其教授法学的结晶著成《美国法之诠释》（Commentaries on American Law）一书问世，也风行一时。从此以后英、美二国法学的全局及局部的系统著作不断产生，不到一百年，英美法的内容便很充实而有系统。

（2）法律教育之进步。英国在勃兰克斯东于牛津大学教授英国法以前，对于罗马法及教会法虽在大学里早有过系统的研究，可是对于英国法一直到勃氏执教时代才于大学内设置讲座（勃氏即为英国法之第一位正式教授），以前要学英国法必须至律师公会的组织里去学习，所以英国法没有成为有系统的学科，当时英国法的教育颇为落后。自勃氏之大著出世后，大家渐承认大学讲座对于法学贡献之伟大，于是英美两地的大学相继仿效牛津大学设置法学讲座。⑤ 法律教育在英国便形成大学训练与律师同业训练的双轨制；在美国，其中心便由律师事务所而移至大学内的法律学院，与大陆的制度相当接近。大学的法律教育不但造就了不少优秀的法律学生，而且还培养了许多法学大师，这些人的贡献实在不止使法律系统化。

（3）司法组织及程序之统一及简化。英国专设特别法院之制向称发达，而各种法院之诉讼程序亦有出入；美国因袭英制，自不免受其影响，法院系统及诉讼程序的复杂分歧颇足以阻碍法律的系统发展。鉴于上述情形，美国纽约州于1848年采行菲尔特（David Dudley Field）所起草的民事诉讼法典（Code of Civil Procedure）。该法典将普通法及衡平法的案件改由一种法院受理，并简化其

---

① Pound, *The School of Law*, p. 268, in Higher Education edited by R. A. Kent, 1930.
② Radin 同书 p. 117 及 Reinsch 同文 p. 370。
③ Pound, *The Spirit of the Common Law*, pp. 116–117.
④ 此处所称的 commentaries 并非如我国坊间所流行的"法律释义"，而是说明叙述法律体系及原理的著作。
⑤ Pound, *The School of Law*, pp. 268–269.

程序,施行以后颇称便利,联邦法院及 3/5 以上的州已改采其制。① 英国于 1873 年颁行了《司法法》(Judicature Act)以后,将以前分立的民商事法院一律合并,并简化其程序。② 经这一番改革后,英美法在民商事方面的解释更比较容易融会贯通而成为一个体系。

（4）统一立法运动之进展及成文法之增加。英国法虽以普通法为主要基础,近百年来制定的成文法却相当多,这类成文法也有使法律系统化的效力。美国的成文法不但较英国发达,并且各州的立法有统一的趋势,这从各州关于商事等所采行的统一法案便可知道。此外美国律师及法学教授们共同努力所编著的各种法律整理案(Restatement)也是使法律系统化的一个有利因素。

3. 英美法之现代化

英美法现代化的过程中所发生的问题,大部分与大陆法相同。在宪法方面,英美都有特殊的成就,为大陆国家的模范,固不必申论。就是在行政法方面,这两国也有很多新的发展,渐有与大陆法接近的可能。英美的刑事诉讼法虽较为保守,然改革之处亦不在少数,如公诉制度之兴起、陪审制度运用方法之改变及运用范围之缩小、上诉之认许等,其倾向与大陆法大同小异。至于社会及经济法制之发达、刑事实体法之人道化及合理化、民事法基本精神之改变等,也与大陆法有相同的趋势。现在为避免重复起见,不再一一说明,拟专就上述各种趋势的背景作一个综合的观察。大概英美法的现代化可分两个阶段:第一个阶段侧重于个人权利自由的保障及发挥,以两种思潮为背景,一为 17 世纪至 19 世纪上半叶在欧美普遍流传的自然法的人权的观念;一为 18 世纪及 19 世纪上半叶在英美盛行的偏向于个人利益的功利主义(Utilitarianism)。③ 第二个阶段侧重于个人权利自由的合理限制,以 19 世纪下半叶以后所流行的法律社会化的思潮为背景,这种法律社会化的思潮主要地代表一种个人利益与社会利益协调的主义。④

以上是第四时期的三种特别值得注意的趋势,在这三种趋势中英美法有时不免受到外国法制或法律思想的影响。勃兰克斯东与肯特等虽是提倡英美法,使英美法系统化的重要人物,可是他们本人及继起者的著作取材于罗马或近代欧洲法制的地方并不少。⑤ 再就法律教育而言,罗马法几乎是许多英美法律学校常设的课程;近代大陆法或比较法的课程最近几十年来,在英美法律学校中亦渐被重视。至论实际制度,则英美的法院遇有英美法无规定或无例可援之案件时往往参照罗马法的原则以为裁判。罗马法实具有我国民法上法理之效力,⑥足见在第四时期英美法与大陆法的接触点仍相当多。

综观上述四个时期的情形,我们关于英美法形成的过程可以得到下列的结论:

第一,英国普通法的形成始于诺曼时期。这时期的普通法吸收了不少罗马法及教会法的成分,而罗马法学及当时未成熟的教会法学亦于此时开始流传到英国。以后到了安其文王室时期,则普通法所受罗马法及教会法的影响更大,在内容方面有赖于罗马法教会法补充的地方固然很多,而在方法方面尤其得到罗马法学的帮助。

第二,在 1272 年至 1616 年这个时期,普通法虽渐成固定的体系,而有些人将它看作一种未受外国法制或法学影响的东西;可是实际上普通法的基础中早已含有罗马法及教会法的成分,而阐扬普通法的学者也多少受到罗马法或教会法的影响,当时的普通法并非如一般人所想象的那么单纯。

第三,自 17 世纪起衡平法在英国有迅速的发展,在内容方面吸收了很多罗马法及教会法的原则;同时教会法院所形成的一套教会法及一向单独发展的商人法也逐渐与普通法混合调和,英国法

---

① Radin 同书 p. 202。
② Radin 同书 p. 203。
③ Pound, *The Spirit of the Common Law*, pp. 150–152、158–160 及 Dicey, *Law and Public Opinion in England*, 1905, pp. 125–209。
④ Pound, *The Spirit of the Common Law*, pp. 185–192 及 Dicey 同书 pp. 210–301。
⑤ The Life of Blackstone,见 Gavit's Edition of Blackstone's Commentaries on the Law(1941)及 Radin 同书 p. 117。
⑥ Scrutton 同文 p. 213。

的成分便更复杂。

第四,1769 年以后美国法迅速发展而与英国法沟通,从此形成了所谓英美法的系统。英美法从那时到现在,一面受到 17 世纪以后弥漫欧美的几种思潮的影响,一面又与罗马法及近代大陆法时常接触,吸收了许多新的成分,放弃了不少英国本土的传统成分。

五、大陆法与英美法是否各成一个独立的体系

一般人往往将大陆法与英美法的国家看作两个集团,以为在每个集团里面法律制度是一样的。这种见解大概由于以下两种观念而产生:首先,近代大陆法的主要成分是 6 世纪以前的罗马法,其内容与技术和那时的罗马法大同小异;其次,近代英美法的主要成分是英国固有的普通法,其内容与技术是一贯的。这两种观念,严格讲起来都欠准确,其根据这种观念所得的结论是否可靠也很值得研究。

就大陆法而言,欧洲大陆的许多国家自 12 世纪起虽然因着罗马法学的复兴而深受罗马法及罗马法学的影响,可是它们所吸收的罗马法及罗马法学,与优士梯尼安皇帝所颁行的罗马法典大全所代表者究属不同。因为 12 世纪以后罗马法及罗马法学是经过许多注释家(Glossators)、评释家(Commentators)及以后的大学法学教授阐扬改造的东西,与优士梯尼安时代或以前的罗马法及罗马法学实际上颇多出入;加以各国吸收罗马法及罗马法学的程度深浅不同,而它们法制中,除保留着许多教会法、商人法、日耳曼法及封建法所特有的原则外,还增添了不少因适应环境的新需要而产生的原则,所以近代大陆法的主要成分未必是优士梯尼安时代或以前的罗马法。民法以外的部门固不必说,就是在民法这个部门里面现在各国所保留的罗马法也没有一般人所想象的那么多。照法国一位民法学的权威柏拉尼屋(Planiol)的看法,法国民法典中只有关于妆奁制度的规定是完全受 6 世纪以前罗马法的影响的。① 法国的民法典是大陆法系许多国家的蓝本,它的内容既是如此,其他可想而知。欧洲大陆各国所保留的罗马法原则既属不多,而其中又有不少地域性的或适应环境的新需要而产生的原则,其法律制度的内容当然相当分歧。德国一位比较法学的权威拉勃尔教授(Ernst Rabel)曾经告诉我们,欧洲大陆各国法制彼此间不同之程度,并不亚于其中任何一国法制与英国或美国法制不同之程度;因此一个大陆国家的法学家之了解另一个大陆国家的法学家所研究运用的那一套法律,未必比他们了解英国或美国法学家所研究运用的那一套法律会容易些。②美国哥伦比亚大学的法学教授戴阿克(Francis Deak)也这样主张。③ 所以英国一位法学家葛脱内纪教授(H. C. Gutteridge)认为近代大陆各国的法律,由于内容的分歧,不能构成一个独立的体系。一般人将大陆各国的法律视为一个单位(Unit)而与英美法比较,未免错误。④

次就英美法而言,英国本土在苏格兰范围以外的法律虽相当统一,可是从英国流传到美国及英国殖民地等处的法律,已因吸收其他法系的成分及适应时代或地域的需要而变质。固有的普通法成分,不但在英国以外保留得不多,就是在英国本国也并不如一般人所想象的那么多。美国法虽不乏与英国法沟通之处,可是联邦与 48 个州的法律各不相同,采法国法的路易斯安那州固不必说,就是其余各地彼此间也颇有出入;加以近百年来英美法所流行的地带成文法大量增加,各处都产生一些创造性或适应性的法律,这更加强各处法律的分歧性。最近几十年间统一立法运动虽已使一部分的法律大体趋于一致,但是分歧的部分还是很多。在这种情形之下,英美法是否能够代表一个独立的体系,也不无问题。一般人将它视为一个与大陆法对立的单位,其错误正与大家对于大陆法的看法相同。

由此看来,所谓"大陆法"或"英美法"只可为研究或叙述的便利而用来形容某几个地方的法律,

---

① Planiol, *Traité Elementaire de Droit Civil*, §89.
② *Zeitschrift für Ausländisches und Internationales Privatrecht*, 1. Bd., S. 21.
③ Deak, *The Place of the "Case" in the Common and the Civil Law*, Tulane Law Review, Vol. VIII, p. 342.
④ Gutteridge, *Comparative Law*, 1946, p. 76.

并不足以代表一种统一性的体系。我们就二者作比较的研究时,究竟应该以哪一个地方、哪一个时代的法律为标准,以及应该从法律的哪一个部分、哪一个角度来看,都是不容易解决的问题。

一般研究大陆法或英美法的人往往只懂得一二个或二三个地方的法律,或专门对于某一个时代的法律——如大陆的罗马法或英美的普通法——有深刻的认识,于是根据一部分的制度作概括的论断,这是非常不科学的。英美有些学者研究罗马法而对于近代大陆法无深刻的认识,以为罗马法便是近代大陆法;罗马法与英美法不同之点,便是近代大陆法与英美法区别之所在。同时大陆方面也有一部分学者懂得英美的普通法,而对于以后新产生的非普通法的成分无充分研究,以为近代的英美法便是传统的普通法;普通法与近代大陆法的区别足以概括英美与大陆二种法制的不同之点。这两种人都没有将时代划分清楚,所以他们的结论都欠准确。

我国一般人谈到大陆法,最容易联想及法、德、日本,可是这些国家的法律并不足以完全代表近代大陆法,因为近代大陆法未必与这三国的制度完全相同。其另订法典者,纵然于新定法典时模仿别国的法典,条文究不免增减,内容也难以尽同;就是自己沿用别国法典的国家,因为解释运用的方法不同,其实际上所形成的制度也不无出入。例如比国的民法典等都是沿用法国的,可是因为比国最高法院与法国最高法院的解释未尽相同,其实际制度与法国有相当出入。① 英美法的主要国家虽不及大陆法之多,但是究竟哪个国家或地方的法制可以作为英美法的代表,也很难决定,因为使近代大陆法分歧的因素在英美法里也可以时常遭遇到。所以就地域的分布而言,无论在大陆法或英美法所流行的国家或地域中,都不易找到一个或两个可以将大陆法或英美法的特点全部表现出来之处。要将大陆法与英美法的特点归纳而比较之,每有无从下手之概,其困难有非一般人所能想象者。

大陆法与英美法含有很多共同的成分,这在上文已一再说明。因此大陆法与英美法之间如果有什么值得注意的区别的话,这种区别一定仅限于法律的某部门或某方面。有些人以为这种区别在大陆法与英美法的任何部门或方面都能找到,未免错误。至于这种区别究竟能不能找到,以及在大陆法与英美法的哪一部门或方面可以找到,乃是一个很复杂的问题,当留待下文讨论。

根据上述三点我们可以知道大家不应该把如何发现大陆法与英美法的区别这个问题看得太简单容易,或对于二者间的实际区别作过高的估计。

六、大陆法与英美法究竟有何区别

我们要研究大陆法与英美法究竟有无区别,必先明了"区别"二字的涵义如何。世界上任何两个国家的法律多少总有些不同之处,这种不同之处便是"区别",因此大陆法与英美法所流传的地方,其法律纵然属于一个系统,也不能说没有区别。不过这种说法是对于"区别"二字的一种广义解释,本文所讲的"区别"决不能如此广泛,我们必须加以限制。所谓大陆法与英美法的区别应该附有以下三个条件:

(1) 这种区别足以表示一般或多数大陆法或英美法国家或区域的法律具有某种共同的特点,而这种特点为另一法系所流行的国家或区域所无或所罕见者。少数大陆法或英美法的国家或区域的法律所具备的特点,不能代表整个大陆法或英美法的特点;同时如果这种特点在另一法系里也相当习见,则其代表者乃是大陆与英美法系的普遍现象,不足以显示二者之区别。所以我们所应该考虑者,以大陆或英美一般或多数法例所有,而为另一法系所无或罕见的特点为限。

(2) 这种区别关系重要而值得注意。有些区别虽然足以表示大陆法或英美法一般或多数法例所有,而为另一法系所无或罕有的特点,如果其所牵涉的制度或问题对于一般人的法律生活影响不大,或与整个法系的精神没有关系,我们也毋庸加以考虑。因为这种区别所显示的不同之点实际上不能发生什么重要作用,有与没有,所关甚微。

---

① 关于法、比二国解释之不同,可参阅 Servais et Mechelynck, Codes Belges, 27 édition.

（3）这种区别是在现代的大陆法与英美法中所常见得到的。有许多区别见之于从前的大陆法与英美法，而在现代的大陆法与英美法中已不复存在，殊不足以代表大陆法与英美法的现状，所以无研究之必要。

其次我们要研究的是：根据上述三种条件，我们能不能在大陆法与英美法中发现什么区别？这个问题可以从两方面来解答：第一是法律的内容，第二是法律的技术。兹分论于下：

（一）自法律的内容立论

从法律的内容讲，现在我们在大陆法与英美法中所发现的区别比从前少得多，实际上这种区别在最近百余年来是在不断地减少。其原因约有五种：

（1）大陆法与英美法所包含的传统的成分大体相同。罗马法、日耳曼法、教会法、封建法、商人法的原则是大陆法的基础，也是英美法的柱石。它们在大陆与英美被吸收的时期虽有先后，被吸收的方式及程度或不同，可是大体上讲起来它们所形成的制度是大同小异的。①

（2）大陆法与英美法所包含的新的成分大部分具有相同的思想及社会政治背景。大陆法与英美法在近三四百年中如何因科学的进步、社会政治环境的变迁、思想的转移而有新的发展，上文已详细说明。促成这种新发展的因素在大陆与英美大体都是相同的，所以其结果也无大出入。②

（3）大陆法与英美法不乏互为借鉴之处。英美法受大陆法影响之处固属很多，大陆法模仿英美法之点也不乏其例。这在上文已提及，加以国际关系日趋密切，大家所遭遇的问题都有共同的性质，更有互相沟通的必要。

（4）大陆国家与英美国家的文化是同一来源。大陆国家与英美国家民族的来源虽未必一致，其文化却受着同样思想的支派。欧美一般民族的思想都可以溯源于希腊、罗马及基督教，自从17世纪以来大家也都先后在自然法的思潮及反自然法的思潮中受过洗礼，所以大家的是非观念或善恶标准是相当统一的。大陆国家民族所认为对的事情很少是英美国家的民族所认为不对的，这种是非观念或善恶标准的统一，当然会反映在法律里面。③

（5）比较法学在近百年来在大陆及英美国家已相当发达。大陆及英美近百年来提倡比较法学的学者不一而足，④他们研究对象逐渐由其他方面转移到大陆法各国与英美法各国法律的比较。⑤就最近的情形而论，大陆各国大学里的比较法学课程很多是侧重于英美法的，而英美大学里的比较法学课程则几乎为大陆法所独占。⑥这都可以加强大陆与英美法律学家的相互了解而使大陆法与英美法更容易沟通。

所以从内容方面讲起来，大陆法与英美法相同的部分远超过其不同的部分，而这种不同的部分所占的比例未必比大陆各国法律彼此间不同的部分大。（见前引 Rabel 及 Deak 之文）换句话说，从其不同部分之量的方面观察，大陆法与英美法内容之不同是一件极普通的事，不足以证明大陆法与英美法有何显著的区别。因此大陆法与英美法在内容上究竟有无区别当从质的方面去探讨。大概从质的方面讲起来，其较重要的区别大都属于司法组织及司法程序的范围。

大陆与英美的司法组织及司法程序本来有很多不同之点，不过近百余年来英美的司法组织及程序有一部分已为大陆法所吸收；而其本身经改革之处尤属可观，与大陆的制度相当接近，所余的

---

① 前引 Rabin 之书 pp. 528－530。
② 英国法学泰斗 Pollock 关于几种在西方具有普遍性的思想，如自然法及正义公平等，对于英美法之影响论述甚详。见氏所著 The Expansion of the Common Law, 1904, pp. 107－138, 又 Radin 同书 pp. 530－533。对于英美与大陆法的思想及社会政治背景有综合的说明。
③ Radin 同书 pp. 529－530、534。
④ Gutteridge 同书第二章对于一般情形有所叙述。
⑤ 大陆方面致力于英美法之研究者有德之 Heinrich Brunner, Rudolf Gneist, Ernst Heymann, Ernst Rabel, 法之 lévy-Ullman, Eduard Lambert, Robert Valeur, Marc Ancel 等知名学者。
⑥ 可参阅 Harvard、Yale、Columbia、Chicago、Michigan、Northwestern 等大学法律学院之章程。

不同点并不太多。现在就其比较重要者略举数例如下以示其梗概：

（1）法院之系统。大陆法各国法院的系统大都直接间接以法国拿破仑时代的制度为根据，与法国的制度出入有限，所以相当整齐划一。英美法各国的法院种类复杂，系统相当紊乱。大陆法各国大都另设行政诉讼的裁判机关，此制导源于法，以后流传欧洲其他国家，在大陆法的国家相当发达。英美普通法的传统思想一向主张所有诉讼皆归普通司法机关受理，司法与行政独立的观念也比较发达。行政诉讼与普通诉讼分立的观念为一般人所缺乏，也为大家所反对，所以行政诉讼也属于普通司法机关的管辖。最近几十年来英美等国虽产生了许多变相的行政诉讼裁判机关，但是还没有系统化、普遍化。大陆法的国家往往以同一系统的普通法院而受理各种不同的民商事及刑事诉讼。英美法的国家在从前往往设立许多种类的法院，分掌民商事及刑事诉讼，近几十年来虽已做了不少化零为整的工作，可是传统的制度还没有完全打破。

（2）法院之组织。大陆法各国法院的制度导源既属相同，其内部组织都大同小异，所以也颇为整齐划一。英美法国家的法院，并非根据同一计划而设立，其内容组织相当分歧。不过大陆法院的内部组织虽然较英美为整齐划一，其法官人数往往比英美多，不但总数是如此，就是每个法院的人数也往往如此。德法等国的最高法院其法官常在60人至100人左右，[①]这种情形是英美法的任何国家所找不到的。大陆的检察官不但编制整齐，并且为法院的一部分，与法院的关系颇密切；他们的地位，在一般人看来，与推事相等；他们是司法官之一种。英美执行检察官职务的公诉人（名称不一）相当散漫，与法院的关系便不及大陆检察官那样密切；他们的地位与推事相差颇远；在一般人的眼光中他们的作用与律师差不多。

（3）法官之任用升迁。大陆法官以考试出身者为主，他们是十足的职业司法官，换句话说，他们大部分是从年轻时便立志以司法官为终身职业的。英美的推事及公诉人以律师出身者为主，他们当法官，略有半路出家或中途改业的意味，其职业的观念不及大陆法官之强。大陆的法官大都由政府任命。英美的推事及公诉人——或者说得准确一点，美国各州的推事及公诉人——有不少是人民选举的。大陆的法官，因系科班出身，其升迁的先后高低依照年资决定之。高级法院的法官大都以下级法院的法官提升，并且在调动人员时不一定以推事调推事，检察官调检察官，推事可调检察官，检察官可调推事。英美高级法院的推事大都是直接由律师或教授中选拔的，大家对于调升的观念非常薄弱。至于公诉人调充推事或推事调充公诉人，则更属罕见。这种情形在采行推事及公诉人选举制的美国若干州固无法避免，就是在采任用制的英国及英属殖民地也极为普通。

（4）法官之训练准备。大陆的法官，因为大部分考试出身，在充任法官前多数缺乏法律实务的经验，所以他们在考试及格后例须在法院或律师事务所学习。有些国家并规定须在行政机关学习一个相当时期，必须至学习期满，才可派充低级法院的法官，并且还须经过一个候补或试用的时期，从此以后便可按部就班的升调高级法院的法官。所以低级法院的法官与高级法院的法官，一般地讲起来，在学识经验上有显著的差别。英美的法官，因为大部分是律师出身，在充任法官前已有充分或相当的实务经验，并且年龄较长，学识也较为充实，思想也较为成熟，所以不必学习而能胜任法官的职务。一般地讲起来，低级法院与高级法院的法官在学识经验上无显著的区别。还有一点值得注意的是：由于出身的不同，大陆的法官在初任职时学理的修养多于实务的经验，甚至其中有许多人一生都保持着侧重学理的态度；英美的推事多数是自始至终侧重实务经验的。

（5）法官之地位待遇。大陆的推事地位在一般人的眼光中没有英美的推事那么高；大陆的检察官虽与推事不相上下，可是其社会地位还不及英美的公诉人。其主要原因有四：① 大陆各国法学的权威大部操于大学法学教授之手，法官在法学上的权威不及法学教授；英美的传统思想重视法院的推事甚于法学教授。② 大陆法官的名额多，显得不名贵；英美法官的名额少，显得名贵。③ 大

---

① Ensor, Courts & Judges in France、Germany and England, 1933，第1、第2、第3章及附录6、9。

陆推事的裁判例对于以后类似的案件，依照传统的说法，缺乏拘束力；英美推事的裁判例是英美法的主要法源，其工作的意义不同。④ 英美法的程序使推事的活动较大陆的推事易于为社会所注意（详情见以下关于程序法之讨论），英美的公诉人也较大陆的检察官活跃而有所表现。至于法官的待遇大陆一般的标准比英美低，这与法官人数的多寡固不无关系，而财力之不同，亦为原因之一。

（6）司法行政之组织。大陆法的国家大都有司法行政部或司法部之设，其司法行政颇有组织与系统；英美法的国家还没有这样完整集中的机构，因此司法行政相当散漫而效能不高。

（7）程序法之制定。大陆的程序法以由立法机关制定为原则；英美的程序法大都由立法机关授权法院单独或会同其他机关或人员制定之。

（8）程序法之内容。大陆的程序法导源相同，早经整理过一番，内容较为简明而有系统；英美的程序法近年来虽多方改革，还保留着一部分迂缓繁复的传统制度。大陆的法院在诉讼程序上主动的地方比英美的法院多；英美的律师在诉讼程序上之活动比大陆的律师多而显得重要，英美的诉讼程序，因为各造律师颇为活跃，显得比大陆的诉讼程序有声有色，比较引人注意。大陆虽然在刑事方面采陪审制度，其一般的证据原则仍以自由心证主义为出发点；英美的证据法则含有不少法定主义的成分。大陆国家仅于刑事方面采用陪审制度，而英美国家在民刑事两方都没有完全放弃陪审制度。大陆最近有放弃刑事陪审制度而改采参审制的趋势，英美并无此趋势。在大陆各国经合议庭裁判的案件，其各个推事的意见如何，对外不发表，其裁判书为各推事的集体作；英美推事的意见在这种情形之下可记载于裁判报告，可对外公开，故何人持反对意见，何人持赞成意见，外人都能知道。

（二）自法律的技术立论

所谓法律的技术有广狭二义。狭义的技术不包括法律的形式在内。① 这里所讲的是广义的法律技术，它包括法律的形式、法律的分类或体系、法律观念的运用、法律解释的程序等。② 法律技术的不同是大陆法与英美法的主要区别。庞德教授曾经说过："大陆法或近代罗马法与普通法或英美法的区别属于形式及技术者多，属于内容者少。"③他所说的"形式"可以包括在广义的技术里面。他认为"技术是构成一种法律制度的极大成分，是一种必须借着法学的著作及法律的教育而流传发展的东西。"换句话说，它是一种法律制度中由法律科学所培养成的一个极大成分。如果我们对于大陆法与英美法技术上的区别有相当的了解，则对于大陆法与英美法的区别可谓"思过半矣"。不过法律技术的问题相当复杂微妙，大部分属于法律哲学及比较法制史的领域，我们如果从这一方面去详细研究大陆法与英美法的区别，可以写一本专书或者至少写一篇很长的文章。④ 本文的目的既在指出大陆法与英美法区别之大概，只能对于这一点作一简单的说明。

法律技术的问题，在已成熟的法律制度，不但不能避免，并且其性质及牵涉的方面往往大体相同，所以大陆法所发生的技术问题在英美法中也会发生，其不同之点大部在程度的深浅。大陆法与英美法技术上不同的程度在从前确属颇大，不过到了目前却已减少很多。现在试就下列三点分别说明之。⑤

（1）法律的形式。19世纪上半叶的大陆法与英美法在形式上有三种显著不同之点：① 大陆法

---

① 前引氏在国立政治大学的演讲录第64页。
② Claude Du Pasquier, *Introduction á la théorie générale et á la philosophhie du droit*, 2e éd, pp. 172－236；René Demogue, Les notions fondamentales du droit Privé, 1911, pp. 201－565.
③ 同上。
④ 法律技术问题之精深复杂可从下列著作知其大概：(1) Gény, Science et technique en droit Privé positif, 1914、1924 计四大册；(2) 同一著者所著 Méthode d'interpretation et sources en droit Privé positif, 1932, 计二大册；(3) Fabreguettes, *La Logeque Judiciare et l'art de juger*, 1926 计一厚册；(4) Cardozy... Nature of Judicial Process, 1928；(5) 前引 Demogue 之书。此类著作并未就大陆英美的法律技术作通盘比较的研究，而卷帙已如此浩繁。如就大陆英美作通盘比较的研究，范围之广，内容之繁，可以想见。
⑤ 法律解释的程序太复杂，兹从略。以下所举三点系例示性质。

以法典式的成文法为主,不承认判例有拘束力;英美法以判例法为主,承认判例有极大的拘束力。① ② 大陆法有系统,英美法缺乏系统。③ 大陆法富于一般性或综合性的规定及原则;此在英美法颇为缺乏,或几乎等于没有。② 但是到了现在有一部分不同之点在程度上已差得多。在大陆方面判例的效力实际上已提得很高,成文法的意义要靠判例来确定。在英美方面小规模的,即限于一部门(如买卖、保险、合伙、公司、票据等)的法典相当流行,其比较综合性的法典如民法、刑法、民事诉讼法、刑事诉讼法等也已产生了不少。英美的大学法律教育近百年来大有进步,经法学教授等之研究整理,英美法已比较前有系统。其一般性或综合性的规定及原则也增加了不少。

(2) 法律的分类或体系。大陆法的分类与英美法有很多不同之点,其最重要者为后者比前者琐碎以及二者所有的名称颇有出入。例如大陆法的债务法通常是一个部门,英美法并无这种综合的观念,所以只有契约法、侵权行为法、保证法、买卖法……而无所谓"债务法"。英美衡平法的 trust 可包括大陆法上属于好几个部门的东西,它也已自成一个部门,这是大陆法的学者所不易了解的。③

(3) 法律观念的运用。法律观念的范围最广,其中有一部分是某种法系所特有的,另一部分是各种法系所共有的。前者之例为大陆法之"法律行为"及"意思表示"的观念,英美法之"关系"(Relation)的观念。④ 后者之例为"推定"(Presumption)及"拟制"(Fiction)等。⑤ 第一类观念近年来在大陆法与英美法中渐有沟通之趋势,其数量已逐渐减少。第二类观念既为各种法系所共有,则其相异之点在其运用程度或方法之不同。惟专就"推定"与"拟制"而言,其在英美法的运用范围往往较在大陆法为广。因英美法所保留的历史色彩比较浓厚,遇有新问题发生而传统的法律不能解决时,往往要利用"推定"或"拟制"以扩张解释而济其穷。大陆法所保留的历史成分不多,运用"推定"及"拟制"的机会也比较少。"推定"或"拟制"之运用在大陆法里面通常代表一种立法的政策,并不是一种解释法律的方法。不过大陆英美在这一方面的区别最近已因英美法之成文化而减少其重要性。

七、大陆法与英美法之将来

以上所举各点,已证明大陆法与英美法之间,并非如一般人所想象划了一条鸿沟;实际上二者之区别,在现在欧美交往如此频繁、关系如此密切、文化如此接近的情况下,一定会在短期间减少到无足重轻的程度。试想:在百余年前大陆法与英美法不同之程度何其大!然而到了现在二者已如此接近。以今后世界各部分彼此感应之快,焉知在未来的五十年间二者无完全沟通的可能?美国一位比较法制史家雷亭教授(Max Radin)关于这一点说得相当明白,现在把他的话节译如下作为本文的结论:

"英美普通法的发展变迁中难得有一个不是延伸入欧洲大陆的大潮流的一环。……(以下列举各种实例)……今后英美两国的普通法似有与大陆法融合的倾向,这种融合当然有赖于大陆与英美双方的行动。……近来的变迁中最重要的一点大概是国际私法之变为第一流的重要学科,以及比较法学之已由考古性的消遣学科而变为实用的法律学科。由此看来英美普通法的未来发展不是它所控制的地域的扩充,而是它将成为那些继承欧洲文化及欧洲经济组织的国家所共同适用的新法(A New General Law)之一分子。"⑥

---

① 关于裁判例以往及现在在大陆及英美的情形可参阅 Gray, Nature and Sources of Law, 2nd, ed., 1924, pp. 205–211 及 Allen, *Law in the Making*, 3rd ed., 1939, pp. 166–175,223–224。
② 侵权行为法等即其明例,大陆法对于侵权行为之责任有概括的原则,而英美以前关于"torts"只有列举的原则,甚至到现在英美法于"tort"部分是否已进入概括原则的阶段,学者的意见还未一致。参阅 Walton, *Delictual Responsibility in the Modern Civil Law*, of Law Quarterly Review, Vol. XIIX, No. 193, pp. 70–93 及 Buckland and Mcnair, *Roman Law and Common Law*, 1936, pp. XIV–XV。
③ 英译参阅 Pound, *Outlines of Lectures on Jurisprudence*, 5 th ed. 第 28 章;前引 Goldschmidt. 同书第 5 章。
④ Pound, *The Spirit of the Common Law*, pp. 20–31.
⑤ 二者运用的情形见同文所引各书。
⑥ Rabin 同书 pp. 529、534。

·讲义·

商法概论[*]

绪　　论

第一章　商业

第一节　商业之概念

　　凡研究一种科学必先明其物对象。对象不明，则其性质难悉。商法者，以商业为对象之法律也。故学者须知商法之意义，当先明商业之观念。自来关于商业之定义、学说纷纭。举其要者约有左之六种：

　　（一）商者，以媒介货物之转换为目的之行为也。此学说在昔商业幼稚时代，容或可取。然在今日商业发达时代，此种定义殊不足以包括一切之商业。如出版业、印刷业、设场屋以集客之业、制造或加工业、保险业、运输业等，固今日商业中之重要者也。然即能视为以媒介货物之移转为目的之行为，若一律以此定义绳之，势非将此种种行为划出商法之范围不可。阻碍商业之发达，孰有甚于此者乎？

　　（二）商者，以营利为目的之行为也。此说在昔个人主义（Individualism）与放任政策（Laisser-Faire policy）盛行之时固可适用，然在今日社会主义与干涉政策得势之秋，殊难成立。例如今之铁路电气自来水等专业，文明各国之收归国办者在在皆是。然观其所采之宗旨，未必尽出于营利，则此说之不当不言可喻。

　　（三）商者，营业也。此说根据中世商人团体之制度。盖在中世商人团体时代，非商人团体之团员不得为商。故可谓商为营业。然今日有许多立法例规定，特定之行为，虽不属于营业，仍视为商行为。如日本商法第二六三条所述之绝对的商行为是。故此说不甚切合。

　　（四）商者，不变货物之实质，而只转换其场所之行为也。此说之缺点在不认加工与制造行为为商行为。依普通眼光固应作如是观，然在法律之论点上着想，此种区别非属必要。若将吾人平日所视为工业者，划出法律上商之范围，则关于加工与制造业势非另创工法不可。且观今之开场屋以集客之业、生命保险业等，竟无货物之可云，遑论乎转换哉。

　　（五）商者，以货物之移转为必要之行为也。在昔法律思想幼稚、形式主义盛行之时代，此说虽曾通行，然以之对照今日之法律制度，则不符于事实不言可喻。盖现今之商业不尽以货物所有权之移转为目

---

[*] 此为杨兆龙先生在上海法政大学任教时编写的讲义。

的;即以货物所有权之移转为目的矣,亦不过以支配权之移转为必要,其货物之移转与否非所问也。

(六)商者,商人之行为也。此说之不能成立毋庸深论。盖吾人之所以求商之定义者,乃欲藉以明商之为何也。若以商人之行为为商之定义,是直以不知者来解释不知,仍不知也,何贵乎有此定义哉。

以上各说无一足取。盖处此商业发达、分业制度进步之时代,事业日专,门类日繁,欲以区区数字抽象的概括一切,殆非易易。是故今之立法家为避免困难计,常采列举之法,以定商业之范围。

第二节　商之种类

因观察标准之异,商之种类不一。今试分述于后:

(一)自沿革上言之,商可分为固有商与补助商。经济幼稚时代,商人悉以直接媒介货物之转换为事。迨后经济发达,他种商业始随之发生。学者以前之商业最先发生,遂名之为固有商,其余为补助商。买卖衣服等之商,固有商也,银行业,补助商也。

(二)自商之结果之归属何人而言之,商可分为自商与他商。为自计算之商为自商,如自营商业是。为他人计算之商为他商,如代客买卖是。

(三)自营业规模之大小而言之,商可分为大商与小商。吾国商人通例,规定之小商有四:(1)沿门买卖物品。即无确定店铺而沿门买卖物品者,如收买废物、背篮头等是。(2)在道路买卖物品,即无确定之店铺,在道路一定之处所不时移动其处所而为商。如摆小摊是。(3)手工范围内之加工或制造。即有确定之店铺,而全赖手工以制造或加工之行为,如藤工、竹工等是。(4)以不满五百元之资本而为商,小商以外之商为大商。

(四)自商行为之地点言之,商可分为陆商与海商、国内商与国外商、输入商与输出商、异地商与同地商。在陆上或湖川港湾为之者为陆商,在海上为之者为海商。商行为在国内完成者为国内商,在外国完成者为国外商。以由外国输入货物为主者为输入商,以由本国输出货物为主者为输出商。在同区域内为之者为同地商,在异地为之者为异地商。

(五)自商行为之动机言之,可分为营业商与非营业商。以营业为动机而为之商行为为营业商,否则为非营业商。

第二章　商法之观念及性质

第一节　商法之观念

商法之内容因广义狭义而不同。广义之商法指商所固有法规之全体而言。可分为商私法、商公法、商国际法之三种。商私法者,关于商之私法的规定也。商公法者,关于商之公法的规定也。商公法复可分为三种,即商国法、商刑法、商诉讼法是。商国法为宪法、或国家组织大纲上关于商之规定;商刑法为规定商人之犯罪及应科之刑罚之法则;商诉讼法为诉讼法中关于商之特别规定。商国际法者,国际法中关于商之规定也。复可分为商国际公法与商国际私法二种。商国际公法为国际公法中关于商之特别规定,商国际私法为国际私法中关于商事部分之规定。商私法可分为形式与实质的二种;形式的商私法,指国家制定之法典而言;实质的商私法,指关于商之一切私法规及习惯法而言。商法中之商公法迄未成独立之科学,吾人所常见者均散载于各公法中。商国际私法虽已成一独立之科学,然只有大陆法系各国有特别之规定,且较之国际私法中之民法部分相差尚远。故此三种法中,以商私法最为发达,且最属重要。本讲义所述者,即商私法之部分也。狭义之商法,即指广义商法中之商私法而言。其内容已详于前,故不赘述。

第二节　商法之性质

吾人所言之商法，普通专指商私法而言。故论商法之性质，亦以商私法为观点。普通关于私权之得丧变更，悉由民法规定之。然对于商事，民法上之规定不尽适用，故特设商法以补充之。易言之，民法规定关于私权得丧变更之一般原则，商法规定关于商之特别原则是。商法对于民法处于特别法之地位；反之民法对于商法处于普通法之地位。现今立法例均承认特别法优于普通法之原则，故在商事上，商法常优于民法。商法中无规定或特别规定适用民法之部分者，方能适用民法。

第三章　商法之沿革

法律为文化之产物。法律之演进，莫不以人类社会之情形为移转。草昧之世，人之欲望有限，关系简单，故所有之法律极为幼稚，无从分其门类。迨后人事日繁，关系日密，分业制度盛而利害性质异，于是法律由一般的而变为门类。观乎商法之沿革，此理益觉明显。今试一言其梗概于左：

第一节　欧洲商法之沿革

现行商法中其历史最古而其流传最广者，莫欧西诸国之商法若。故研究欧洲商法之沿革，能与吾人以对于商法沿革最完备之见解。考欧洲商法之沿革可分为三大期，兹分述于后：

第一项　民商法混同之时期

论欧洲私法之沿革，辄以罗马法为源泉。罗马法关于私法，仅有一般的规定，无商法之特别法。考厥原因，约有四种。罗马人尚武气盛，贱视商业，以为商业者战败国民及其它奴隶所为之事业，对于商人无特别保护或谋划之必要。因而商法无发达之机会。此其一也。罗马一般私法之规定，态度公平，重当事者之意思，无形式上之拘束，商人不觉其不便，此其二也。罗马之裁判官泼来多而（praetor）当解释法律时，每能多所改变，以应时代之需要。俾陈旧之死法与演变之人类社会相符合，为商业者可以行动自如，毫无牵制，特别之法令非属必要。此其三也。罗马商人不须具特别之资格，人人皆得而为之，故商人之特殊阶级，不得发生相互间之关系，无须设特别之规定，此其四也。

第二项　商人法时期

西罗马帝国灭亡后，至纪元十二三世纪之际，有十字军之远征欧洲，国民遂乘机向东洋发展，而从事通商。降及十五世纪，经好望角印度之航路，与亚美利加洲先后发现，商业顿形膨胀，为长足之进步。因之商事会社（公司）、保险商号、票据等制度接踵而新。然此时之商业，虽如是之发达，罗马法之性质与商人之利益，却日益背驰。盖自十字军远征以后，欧洲之文化破产，而耶教之势力大盛。形式之观念，与宗教之思想，将固有之法律大行改变，为商人者在在受其牵制。适是时商人团体发达，与他种团体不相联络，于是遂创设特别裁判所，自行立法自为裁判，以脱一般私法之羁绊。各种判例及条例，日积月累，经久遂成所谓商人法焉。

第三项　商事法时期

中世以降，封建制度颓废，教会势力衰弱，中央集权之国家勃兴，寺院所定之法视失效，商人团体无存在之余地，而商业遂不复限于商人团体内之团员方可经营。因之商法之对象不以商人为根据，而以商事为依归，遂由商人法一变而为商事法焉。

第二节　中国商法之沿革

吾国古代法制简单，民刑混同，遑论商法。法典之中，关于商事虽不无规定，然东鳞西爪，殊少可观。吾国商法之稍具规模，实近三十年事。盖吾国之商法，以光绪二十九年十二月三日钦定之大清商律始。大清商律以前无足道者也。大清商律，系载振、伍延芳二人起草，仅成商人通例与公司律二编。此外各编，本定逐次起草，奏请径行。然其后方针改变，设修订法律馆任沈家本俞廉三为修律大臣，专司民刑商法民刑诉讼法诸法典之编纂。于是将钦定大清商律根本修改，预定光绪三十九年颁布，光绪四十一年施行。然至宣统二年农工商部又提出大清商律草案于资政院，本案系全国各地商务总会所起草，上之政府，内容仅有总则及公司两编。因现行商律简略不备，特请将是编暂行援用。然资政院未及议决，遂归废弃。民国成立，凡前清法律不与国体抵触者，仍属有效。故光绪二十九年之商律，仍资援用。惟该律缺点甚多，颇不适合国情。农商部有鉴于斯，乃于民国三年前，将清资政院未及议决之商律草案，略加修改，呈请总统公布施行。遂于同年一月十三日以教令第五十一号公布公司条例。三月二日以教令第二十七号公布商人通例，其余法典草案均经起就，本拟稍事修改，即付议会议决颁布施行。惟民国以来，战乱频仍，政局混沌，立法无人。各种草案迄未实施。一般关心司法者，不能无感于中焉。

第四章　商法之法系

世界之法系可略分为印度法系、回教法系、大陆法系、英美法系及中国法系之五种。之五者中以大陆与英美二法系最为发达。其它法系虽各有特点，然不失之简略混杂，即失之拘泥迷信，故研究商法之法系应以大陆与英美二法系为主。大陆法系自罗马法系产生。因吸收罗马法程度之不同，及原有历史背景之互异，大陆法系各国分为三派，而形成法国法系、德国法系、法德折衷法系三种法系。此三种法系与英美法系相合而为四大法系。今就商法上一一分述于后。

第一节　法国法系商法

大陆法系国中最先制定商法者厥惟法国。法国当路易第十四世时有一六七三年商业条例与一六八一年海商条例之颁布。迨一八〇七年现行法典颁布而商法乃随之实行。法国现行商法典，以商事条例与海商条例为根据，全部由四编六百四十八条而成。第一编为商业上一般的规定。第二编为海商。第三编为破产及有罪破产。第四编为商事裁判。此法施行以后，各国望风效之，而成所谓法国商法系之国，荷兰、希腊、土耳其、埃及、智利等国，即其例也。

第二节　德国法系商法

德国商法之具雏形，自一七九四年普国国法之公布始。盖该法中之第四百九十四条至千四百七十五条，即关于商事之规定也。惟该法仅适用于普鲁士邦。是时全国共通之商法尚未成之。各邦现行法之不同，每引起商业上重大之困难。迨至一八四八年，有普通票据法规之颁布。至一八六一年，又有旧商法之施行。于是统一商法之基础乃备。票据条例经几度之修正后，至今继续为有效之单行法。惟一八六一年之旧商法，则因一八九七年编纂民法，曾经全部修正，而于一九〇〇年与民法同时实施，而以新商法闻于世焉。此商法共分四编。第一编商人，第二编公司及隐名合伙，第三编商行为，第四编海商。属于德国法系之商法为奥、匈、日、瑞士等国商法是。

第三节　法德折衷法系商法

属于法德折衷法系商法者，为西班牙、葡萄牙、意大利、比利时、罗马尼亚等国商法。西、葡、意、比初从法国法系，后以德国商法问世，遂采其所长以补法商法之不足，而形成混合之商法，至于罗马尼亚，自始即采法德两法系之折衷制而集其大成。

第四节　英美法系之商法

英美二国素以不成文法闻于世。故无所谓商法法典。当中世时，英国之商法(Law Merchant)与普通法(Common Law)异。全以商人之习惯为基础。衡平法(Equity)盛行之时，此种商法常归特别裁判所使行。迨后衡平法失势，衡平法之裁判所(Court of Equity)废除，商事案件改由普通裁判所审理之。而商事之判例乃与民事判例同视为普通法之一部分。惟经时既久，判例浩繁，其中有前后抵触者，有意义模棱者，引用之时当事者每不胜其烦。立法者有鉴于斯，乃自十九世纪之初年，始陆续颁布关于商事之条例。美国本为英之殖民地，故其法制以英国所固有者为模范。除原属于法国及西班牙之各州因袭大陆法外，其余悉以英国之普通法为根据。惟美国系联邦制之国家，各州保有立法权。州裁判所与联邦裁判所分行职务。关于商事之判例及条例，除出于联邦立法部或裁判所者外，不无抵触之处。故近日倡议采统一之法制者颇不乏人。吾人一考英美各国关于商事之法规及判例，觉其内容之完密远胜于大陆法之商法典。推其原因约有三端：（一）英美之司立法及裁判之事者，喜具体的规定，不若大陆各国立法者及裁判官之专好为抽象的思想；（二）英美之现行法以判例居其大部分，即所颁之条例，亦莫不以原有之判例为基础。故法律之内容，一以具体的事实为根据。同一原则，在他国法典中设概括的规定为已足，而在英美法中非基于各方面之应用而规定之不可；（三）英美之法律既大部分在判例中求之，则研究法律者，不能以评论判例为主要之职务。于是每一新判例出，诘辩讨论之声不绝于耳，不转瞬间而该判例之利害得失已发挥无遗。是时立法及裁判者，如能于各种意见细加推敲，慎予取舍，自不难臻完善之域。

第五章　商法之法源

商法之法源者，关于商事上之规则所由根据之源泉也。可分为形式的与实质的二种。形式的商法法源者，使商法之所以为商法之势力也；实质的商法法源者，组成商法全体之材料也。形式的商法法源乃法律哲学上之问题，其真相之如何，学说纷纭，莫衷一是。谓其为国家之权力者有之，谓其为人民之众意者亦有之。惟无论其为国家之权力抑为人民之众意，关于一点可无问题，即商法之形式的法源乃一种势力是也。今之论商法之法源者，常以实质的法源为主。考商法之实质的法源，约有五种，请一一分述于后。

第一节　商法法典

商法法典只采成文法之国家有之。而采成文法之国家，以其为商法之最主要法源，其它法源皆不过处于从属的地位。商法法典之意义，每有解释之必要，而解释之得力者，常有变更条文内容之势力。故吾人论商法典时亦包括其解释之结果在内。

第二节　商事特别法令

商事之特别法令在不成文法或无商法法典之国家，为仅有之单行的商事之成文法。在有商法法典之国家,为商法中之特别法。惟无论如何,其适用之效力非他法所能及。

第三节　商习惯法

商习惯法者关于商事之习惯而有法律之效力者也。商习惯法于商法法典及商事特别法令所未规定之事项适用之。凡习惯法不可与单纯之习惯相混。商习惯法亦系法律之一种。不过非成文者耳。商习惯法之成立与普通习惯法之成立同。其成立之要件约有四端:(一)人人有确信其为法之心;(二)于一定期间内就同一事项反复为同一之行为;(三)系法令所未规定之事项;(四)无背于公共之秩序及利益。

第四节　民事成文法

民法与商法同为关于私权之法律。商法之所以有时与民法异其规定者,乃以商事上之法律行为与普通之法律行为性质相异故。商法之重要任务在将商事应有之特别规定尽行搜罗。至于商事上与民事上共通之点,可一任民法规定之,以免重复。此商法之所以常认民事成文法为商法法源之一也。

第五节　民事习惯法

民事成文法之为商法法源固如上述。然民事成文法不能包罗万象。若徒以民事成文法为补充他法源之不足,则于商法与民事成文法无规定时,势将束手无策,故为避免此困难计,不得不认民事习惯法为商法法源之一。民事习惯法之成立要件,与商事习惯法之成立要件同,故不赘述。

商法之法源既如上述,请就其适用之顺序一言之。吾人论法源适用之顺序,有不可或忘之原则二:(一)特别法优于普通法;(二)成文法优于不成文法。商法之法源中,商法典、商事特别法令与商习惯法特别法也。民事成文法与民事习惯法,普通法也。又商事特别法令对于商法典与商习惯法,为特别法中之特别法也。故依特别法优于普通法之原则,商法典、商事特别法令、商习惯法应先于民事成文法与民事习惯法适用。前三者无规定时,方得适用。后二者,商事特别法令应先于商法典与商习惯法适用。后二者之适用,以前者无规定时为限。又商法典与商事特别法令,特别法中之成文法也。商习惯法,特别法中之不成文法也。民事成文法,普通法中之成文法也。民事习惯法,普通法中之不成文法也。故依成文法优于不成文法之原则,商法典、商事特别法应先于商习惯法适用。前者无规定时,方得适用后者。民事成文法应先于民事习惯法适用。后者之适用,以前者无规定时为限。是以概括言之,商法法源中占第一位者,为商事特别法令,占第二位者为商法典,占第三位者为商习惯法,占第四位者为民事成文法,占第五位者为民事习惯法。

第六章　商法之效力

商法之效力可分四点言之。即(一)关于事之效力,(二)关于时之效力,(三)关于地之效力,(四)关于人之效力。是兹分论于后。

第一节　关于事之效力

商法为关于商事之私法的法规。故其所适用之事,自以商事为限。然此不过为一般之原则。

此原则之例外不可不注意之：（一）商事而不适用商法者，（二）非商事而适用商法者。前者之例为小商人，后者之例为单方的商行为。

第二节　关于时之效力

商法上关于时之效力有二大原则。即（一）不溯既往与（二）于存续之期间内发生效力是。所谓不溯既往者，法律于其施行之前之事项无拘束力之谓也。所谓于存续期间内发生效力者，法律仅自施行之日起至其取消之日止，对于某事项有拘束力之谓也。惟此二原则之应用，以施行法中无特别之规定者为限。如施行法中有特别之规定，则商法之效力不能不有所变更焉。

第三节　关于地之效力

商法之施行地域，以本国之版图为限。国际私法上与国际公法上虽有特别之规定，然以其不属于商法之范围，可置勿论。于商法上关于地之效力之普通原则固无损也。

第四节　关于人之效力

凡在一国版图内为商事者不问其为自然人与法人、商人与非商人，皆应受商法之拘束。此原则也，惟其它法令中关于公法人之规定每有成此原则之例外者，此时因公共政策之关系，商法之效力不得不缩小其范围焉。

第一编　总　　则

第一章　商人之意义

自来定商人之意义者，或以商业为本位，或以商行为为本位。以商业为本位者，以为商人之所以为商人者，以其为商业之主体。以商行为为本位者，则以为商人之所以为商人者，以其以商行为为营业。我国商人通例，即以商业为本位者也。日本与德国商法即以商行为为本位者也。然商业之所以为商业，商行为之所以为商行为，亦不可无一定之标准。各国规定商业或行为之方法约有三种。此三种方法应用于法典中，即形成关于商人定义之三种主义。兹分述于左：

（一）实质主义。依此主义，凡以特定之商行为为业者，或为特定营业之主体者，皆为商人。法国商法、德国旧商法、日本商法，即采此主义者也。

（二）形式主义。采此主义者为瑞士债务法。依瑞士债务法之规定，凡依商业制造业及其它商人之方法为营业，而曾为商业之登记者，皆为商人。其营业实质之如何固非所问也。

（三）折衷主义。采此主义者为德国新商法。德国新商法所规定之商人分为四种：（甲）法律上当然为商人者。此种商人乃法律所列举之商人。（乙）因强制注册而为商人者。即营业者执行事业之方法及范围，有商人之营业设备，虽非营业商，而法律上强制将其商号注册，注册之后方为商人。例如矿业是。（丙）因任意注册而为商人者，即农业、林业之副业。执行事业之方法及范围须有商人的设备时，得收其商号注册。注册之后即为商人。（丁）股份有限公司、股份两合公司、有限责任公司及产业合伙，不问其所营事业之目的如何，皆视为商人。

以上三主义中，实质主义失之过狭，形式主义失之过泛，惟折衷主义为最可取。盖其能采实质与形式二主义之长而无其弊也。我国商人通例即从德国新商法之例而采折衷主义者。惟该通例所规定之商人，仅有二种：即当然的商人（即法律上所列举者）与任意的商人（即因任意注册而为商人者）是。至于必然的商人（即因强制注册而为商人者）则由特别法令规定之形式的商人（即股份有限公司股份两合公司等），则由公司条例规定之。但商人通例中之任意的商人，实兼有德国商法中之必然的商人与任意的商人二种之意。该通例第二条之规定曰，除前条第二项所列各种外（即所列举之当然的商人外），凡有商业之规模布置者，自经呈报该管官厅注册后，一律作为商人。考其意义，凡从事于非商法上所列举之营业者，以其营业有商业之规模布置，而经呈报该管官厅注册为条件谓之商人，至于其营业之限于农林之副业与否，或本质上必具商业之规模布置与否，非所问也。

我国商人通例所定之当然的商人，以营列举之十七种营业者为限。兹将此十七种营业之性质一一分述于后。

（一）买卖业。以得利之目的有偿取得动产、不动产或有价证券，复本此目的将取得之物让渡与他人，以此为业者为买卖业。

（二）赁贷业。以赁贷之意思取得或赁借动产、不动产，复本此意思，将取得赁借之物转贷与他人，以此为业为赁贷业。

（三）制造业或加工业。为他人将材料之形状全行变更，或将材料加工，以此为业者为造制业或加工业。

（四）供给电气煤气或自来水业。以电气煤气或自来水为目的而供给于他人，以此为业者为供给电气煤气或自来水业。

（五）出版业。印刷文书图画而发行之，以此为业者为出版业。

（六）印刷业。以机械或化学之方法复制文书图画之，以此为业者为印刷业。

（七）银行业兑换金钱业或贷金业。媒介金钱或有价证券之转换而筹划金融之流通以为业者，为银行业。其仅以媒介金钱之转换为业者，为兑换；以自己之金钱或他人之存款或本诸信用或附以担保而贷于他人以为业者，为贷金业。

（八）担承信托业。受他人之委托以自己名义管理其财产以为业者，为承揽信托业。

（九）作业或劳务之承揽业。关于不动产之工程建筑约定完成其工作，以此为业者为作业承揽业，关于不动产之工程建筑约定供给劳役，以此为业者为劳务承揽业。

（十）设场屋以集客之业。备相当之场屋为相当之设备，以客之来集为目的，以此为业者为设场屋以集客之业。

（十一）堆栈业。承任寄托，为相当之设备以保管他人之货物，以此为业者为堆栈业。

（十二）保险业。以损害保险、生命保险为业者为保险业。

（十三）运送业。将物品或旅客为地理的移转，以此为业者为运送业。

（十四）承揽运送业。为他人选任运送人使运送货物或旅客，以此为业者为承揽运送业。

（十五）牙行业。以自己之名义为他人计算而贩卖或购买动产或有价证券，以此为业者为牙行业。

（十六）居间业。以媒介他人间商行为为业者为居间业。

（十七）代理业。以承任商行为之代理或介绍为业者为代理业。

商人通例第一条第二项所列举营业之性质，既略述于右，兹就营业之意义一言之。考商法上营业之意义，有主观的与客观的二种。此处所言者，专以主观的为限。主观之营业必具二条件（一）以有偿为目的。所谓有偿者即有报酬之意也。有偿与营利有别。营利之行为虽为有偿之行为，然有偿之行为不必尽为营利之行为。学者常谓营业以营利为目的实误耳。（二）以连续为之为宗旨。此处连续二字，不可从严格解释。只须为营业者对于营业上之主要行为有重复为之之意可矣。基于以上解释，吾人可知商人通例中所言之营业，实有特殊之意义。学者如忽视上述二点，则不能明普通营业与商业之区别。故条文上虽无明文规定，解释上不可不举出其特点。

营业之意义既明，今更就商人之定义所未尽者一言之。吾国商人通例第一条曰，本条例所称商人谓为商业主体之人，凡左列各种营业谓之商业。所谓为商业之主体之人应如何解释，乃不可不研究之问题。按为商业主体之人，即以自己之名为商业之意。所谓以自己名谓商业者，即以自己享受或负担由商业所生之权利义务之意思而为商业之谓也。例如法定代理人之为无能力者营商业，经理人之为其主人办理一切事务，以其为他人而为之，并非为商业主体之人，故非商人。而无能力人及主人则商人也。

第二章　商人之行为能力

行为能力者，法律上可使行为发生效果之力也。商人之行为能力者，商人在法律上可使行为发生效果之力也。普通法律行为之发生效果，每以行为者之有意思能力与责任能力为要件。商行为亦然。故我国商人通例第四条规定，凡有独立订结契约负担义务之能力者，均得商人。所谓独立订结契约者，即自由表示意思之谓也。所谓负担义务者即赔偿损失及履行债务之谓也。民法上分自然人为有完全行为能力者、制限行为能力者与无行为能力者三种。商法上亦有同样之规定。我国商人通例所认为有完全行为能力，为二十岁以上而其行为能力不受法律上何种制限者；其所认为制限行为能力者，为未满二十岁者与有夫之妇。其所认为无行为能力者为心神丧失或耗弱者、聋者、哑者、盲者与浪费者。兹将后二者一一分述于左。

一、年龄未满二十岁者

年龄未满二十岁者即所谓未成年者也。民法上关于未成年者以不能完全为法律行为为原则。商法上亦然。兹将年龄未满二十岁者之商行为能力分三点言之。

（一）自营商业。年龄未满二十岁者须经法定代理人之允许，方得为商业及担任公司无限责任。商人通例第六条，如有不胜任之事迹时，法定代理人得撤消允许，或限制其行为能力。但此种撤销及限制行为不得对抗不知情之第三者（商人通例第七例）。

（二）法定代理人代营商业。年龄未满二十岁者除得法定代理人之允许自营商业外，得由父母、祖父母及父母遗嘱所指定或亲族会议所选定之法定代理人代营商业。法定代理人之代理权，得由年龄未满二十岁者之亲族会议加以制限，惟此种制限不得对抗不知情之第三者（商人通例第五条）。

（三）商业注册。年龄未满二十岁者，无论自营商业或由其法定代理人代营商业，皆有使第三者知其本人之行为能力及其代理人之权限之必要。故商人通例规定，遇此情形须呈报管辖营业所在地之官厅注册，以期交易之安全。（商人通例第五条第二项第六条第七条第二项）。

二、有夫之妇

有夫之妇行为能力之受制限，非由于意思能力之欠缺、责任能力之薄弱，实由于夫权之膨胀、婚姻关系之密切与妇人经济之不独立。现今思潮颇不以此种制度为然。惟实际上认有夫之妇有完全行为能力之法制仍不多觏。我国商人通例草于晚清，未能脱旧思想之窠臼，不认有夫之妇在商业上完全独立。其规定可分二点言之。

（一）自营商业。有夫之妇之自营商业或负担公司无限责任，以其夫之允许为必要（商人通例第六条），如有不胜任之事迹时，其夫得撤销允许或制限其行为能力，惟此种撤销及制限行为，以不违反不知情之第三者之利益为限，若与不知情之第三者之利益冲突，则不能发生效力也（商人通例第七条）。

（二）商业注册。有夫之妇经营商业时，应取具允许凭证，由本人及其夫署名签押，报该管官厅注册（商人通例第六条）。于其夫撤销允许或限制其行为能力时亦同（商人通例第七条第二项）。

三、心神丧失人

心神丧失人民法上之禁治产人。凡禁治产人不得为法律行为,且不能如未成年者之得有法定代理人之允许而为有效之法律行为。商法上之心神丧失人亦然。凡心神丧失人,无论如何不能自营商业。其为商业之惟一方法,乃由其父母、祖父母及父母遗嘱所指定或亲属会议所选之法定代理人代为之。法定代理人为心神丧失人营商业时应呈报注册。其代理权得由亲族会议加以限制。但不得对抗不知情之第三者(商人通例第五条)。

四、心神耗弱人、聋人、哑人、盲人、浪费者

此等人即民法上之准禁治产人,为制限的无能力者之一,与未成年人及禁治产人异。仅不能为法律所定之数种行为,而一般之法律行为仍以得为为原则。故理论上,此等人得自营商业,而不完全以他人之允许为必要。然商人通例第五条,则以此等人与心神丧失人并举,不许其自营商业,而仅许其由法定代理人代营商业。盖商业以迅速为主。若认此等人为制限的无能力者,而对于其所为之行为附以种种条件,殊有碍于商行为之迅速成立也。

第三章 营业

第一节 营业之性质

营业有主观客观二义。依主观的意义而言,营业乃商人在商业上一切活动之总称。依客观的意义而言,营业乃关于商业交易事实上及法律上财产的价值之总称。所谓总称者,即全体之谓。盖营业为不可分之物。无论其为主观的抑客观的,一经分开则无所谓营业也。主观的营业完全以商业上之种种行为为根据。此处无详论之可能。至于客观的营业既指商人商业上财产之全体而言,其内容之如何,不妨一述之。客观的营业可分为积极部分与消极部分。积极部分所包含者为店铺、商品、什物及其它动产、不动产、有价证券、关于营业上各种债权、特许商号意匠商标等之无形财产权、营业上所生利益之事实关系及营业上之秘诀等。消极部分所包含者,为关于营业所生之一切债务。客观的营业,既为财产及财产权之全体,则其具普通财产之性质可知。普通财产可以转让,故客观的营业亦可转让。次节即专论营业之转让者。

第二节 营业之转让

营业之转让者,谓统括商业上之财产而让渡之也。故让渡各个之财产,非营业之转让。然营业之转让,非必让渡商业上全部之财产。有时让渡财产之一部分者,亦得谓为营业之转让。是以于如何之程度商业上财产之让渡方为营业之转让,乃事实之问题,不得不以特定之情形为断。

营业转让之性质既如上述,请就其效力一言之。营业转让之效力,可分二点论述如左:

(一)当事者间之效力

当事者间之效力可分一般的与特殊的二种:一般的效力即商业上一切财产之所有权,因当事者间之转让契约,由让渡人而移转于让受人是。特殊的效力即同业竞争之禁止是。关于同业竞争之禁止无特约者,则让渡人在十年之内不得在同一城镇乡内为同一之营业。有特约者,则其所定之区域,不得过本县。所定之期限,不得过二十年(商人通例第二十二条、第二十三条)。

(二)对于第三者之效力

关于营业转让对于第三者之效力。商人通例无明文规定。故应以民法及特别法之规定为依

归。兹举其要于左以资参考：

（1）动产之移转须行交付，不动产之移转应行注册。否则不能对抗不知情之第三者。
（2）债权之移转须将让渡之旨通知债务人。
（3）债务之移转应得债权人之同意。
（4）商标权著作权等无形财产权之移转须注册者应行注册。
（5）股票等之移转，须向公司请求变更股票及股东名簿上之姓名。

第三节 营业所

营业所者商人营业上之本据也。商人于营业所外有所谓住所者，此住所即民法上生活之本据。商人之营业所，有与其住所同者，有不与其住所同者；惟公司则专为营业而设立，除营业所外别无住所可言。

营业所既为商人营业之本据，则其在法律上之效力，不得不加以研究。营业所在法律上有左列各种效力。

（一）商业注册以营业所所在地之该管官厅为办理之机关。
（二）于无特约时为商法上债务履行之场所。
（三）为行使商标法上之权利及关于保全行为之场所。
（四）为诉讼管辖之标准。
（五）为运送之普通场所。

商人对于同一营业有数个营业所时，该营业所遂生主从之关系。其主营业所谓之本店，从营业所谓之支店。凡数个营业所得称为本店与支店者必具左之二条件：

（一）各营业所营者必为同一营业。营业不同则本店与支店之关系不能成立。
（二）所营之营业必属于同一主人者，其主人为自然人或为法人可以不问。又其营业所之在同地抑在异地亦在所不计。

本店与支店既有主从之关系，则本店消灭，支店即当然随之而消灭。而支店消灭，则本店之存在可不受直接之影响。此盖主从关系当然之结果也。自来学者关于区别本店与支店之标准，学说纷纭，举其要者约有左之三种：

（一）形式说。依此说凡本店与支店之区别一以对外之名称定之。如本店之营业所而有支店之名称者，则该本店应视为支店。
（二）实质说。此说以营业之实质为本店支店之标准。凡主要部分营业之营业所谓之本店，从属部分营业之营业所谓之支店。
（三）折衷说。此说以为本店支店之区别不能单由形式定之，亦不能单由实质定之，必以实质与形式二者为标准。

以上之说中以折衷说为通说。盖形式说偏于对外，实质说偏于对内，皆非两全之道。惟折衷说能内外兼顾，故较为完备也。

第四章 商业注册

商业之发达以信用为基础。而信用之稳固，以交易之安全为本。求交易安全之道，厥维使商业之状态为社会所周知。科学进步以来，商人使其商业状态为社会所周知之方法日多。惟此等方法，其目的在推广贸易。商人为自己之利益计，常为不诚实之宣传。其结果所至不特不能维持商业之安全，且足以损害大多数人之利益。故现今各国均采用商业注册之制度。将商业状态之与社会有关系者，用公正可靠之方法登记而公示之，藉收信用稳固交易安全之效。

第一节　商业注册之内容

商业注册者依商法之规定,从法定之程序而将应行注册之事项注册之谓也。兹分述于左:

(一)商业注册者依商法规定之注册也。凡应行注册之事项,商法上皆有明文规定之故。商业注册为依商法规定之注册。其依民法注册者如不动产注册等,不得谓为商业注册也。

(二)商业注册者,从法定之程序之注册也。商业注册必经一定之程序,此一定之程序除商法总则(在我国则称商人通例)有特别之规定外,由各种商业上之注册规则(如商业注册规则公司注册规则是)规定之。

(三)商业注册者,将应行注册之事项注册之谓也。商业上之事项虽种类不一,然注册之事项则有限制。盖商业上之事项仅与社会之利害有关系者,有注册之必要也。商法上应行注册之事项,有义务的与任意的二种。

义务注册事项,为商法上必须注册之事项。此类事项之注册有左之八种:

(一)年龄未满二十岁者为商业注册(商人通例第六条)。
(二)有夫之妇为商业之注册(商人通例第六条)。
(三)法定代理人代营商业之注册(商人通例第五条)。
(四)经理人之注册(商人通例第三七条)。
(五)无限公司之注册(公司条例第一一条至一四条及第五六条)。
(六)两合公司之注册(公司条例第八三条第九六条)。
(七)股份有限公司之注册(公司条例第一二一条一九五条二〇八条二一五条)。
(八)股份两合公司之注册(公司条例第二三八条二四七条)。

任意注册之事项为商法上得以注册之事项。此类事项为:

(一)商号注册(商人通例第一九条至第二一条第二四条第二五条)。
(二)商标注册(参看商标法)。

商法上关于注册之事项有左列二大原则:

(一)凡本店所在地所应注册之事项,在支店所在地亦应注册。但法律有特别规定者不在此限(商人通例第九条)。

(二)注册事项变更或消灭时,应即为变更或消灭之注册(商人通例第十三条)。

第二节　商业注册之程序

一、注册之管辖

商业注册在特设商事审判衙门之国,由商事审判衙门办理之;于不特设商事审判衙门者,则多归普通审判衙门管辖之。我国商人通例第八条规定应注册之事项,由商人各就其营业所所在地该管官厅呈报注册。所谓营业所所在地该管官厅者乃指县知事衙门而言(商人通例施行细则第四条,民国三年七月十九日颁布之商业注册规则第一条),但国民政府肇建以来有注册局之设立,注册一事遂归专属机关办理。

二、注册之呈报

注册由当事人之呈报为之;关于自然人之事项则由商人或其法定代理人呈报之;关于公司之事项则由全体股东或董事呈报之;关于清算人之事项则由清算人呈报之。然此不过一般之原则。此外有一特别规定,即商人受破产之宣告时,其破产之注册由官厅以职权为之是也。呈报注册须用书面,其详细办法,另以商业注册规则及施行细则规定之,兹不赘述。

三、注册之审查

注册官吏受理注册之呈报时,须审查所呈报之事项是否合于法定之条件审查之,方法究应如何,学者间各有主张。约而言之,可分为形式说、实质说与折衷说三种而论之。

（一）形式说。主张此说者谓注册官吏只须审查其申请书内之事项合法与否,其实质如何可不问也。

（二）实质说。主张此说者谓注册官吏须审查申请书内事项之真伪,仅形式上之合法与否不足凭也。

（三）折衷说。主张此说者谓注册官吏因有审查申请书内事项之是否合法之义务,然同时并有审查其事项之真伪之权利。易言之,关于注册事项之是否合法,注册官吏必须审查。关于注册事项之真伪,注册管理审查与否可一任其便也。

以上三种学说以折衷说为最妥。盖形式之弊在专重申请注册事项之合法与否,而置事实之真伪于不顾。于注册之手续虽称便利,于商业之利益上不免危险。实质说之弊在偏于理论,忽诸事实,势必至妨碍注册之进行,阻止商业之发展。折衷说则一方面加注册官吏以审查形式之义务,使注册申请之准否有确实之标准;一方面与注册官吏以审查实质之权利,使于可能与必要之范围内尽撮求真伪之责任。有顾及法律上需要之长,而无忽诸事实上困难之弊。故三说中以是说最为通行。

第三节　商业注册之公告

夫注册之目的在对于第三者公示商业之状态,固尽人而知之。然仅将应行注册之事项实行注册,犹未易使世人周知其内容。盖商业社会事务复杂,须专藉阅览注册簿或抄写誊本以知其情形,实际上甚为麻烦,殊非保护商业之道。故商法上特规定凡应注册之事项,除注册外,非公告后不得对抗第三者(商人通例第十条、第十一条)。注册公告之方法,大抵为官报及指定之新闻报纸。若注册之区域内无官报或适当之报纸,则可将注册事项于其管辖内之城镇乡揭示场公告之。

第四节　商业注册之效力

一、一般的效力

商业注册之一般效力为对抗第三者。所谓对抗第三者,即注册之事项对于第三者有拘束力之谓也。商业注册效力之发生,以具左之二条件为必要。

（一）注册之手续业经完备,即应行注册之事项,业经注册及公告。盖注册所以使世人周知商业之状态;苟手续不完备,则此目的未由达到,自无对抗第三者之理。

（二）业经注册及公告之事项,非第三者应正当事由而不知者。盖应行注册之事项,经注册公告后,实际上不必尽人知之。第三者之因正当事由而不知者亦在所不免。若使一律受注册之拘束,未免强人所难,殊有违反事实之弊。惟事由之正当与否,须以特定之情形为断。其举证之责任,应由主张事由正当之第三者负之(以上二点参看商人通例第十一条)。

二、特别的效力

（一）设定的效力。设定的效力者即设立权利之效力也。此种权利经设定后,有禁止他人利用之效。故设定的效力,又称为排他的效力。譬如商号与商标一经注册,则商号与商标之财产的专用权得以成立。以后他人于一定之范围内不得采用同样之商号与商标。故注册之对于商号与商标可谓为有设定的或排他的效力。

（二）确定的效力。确定的效力者,即确定权利义务之效力也。注册之有此效力者,为未成年者、有夫之妇等。自营商业或由法定代理人代营商业及经理人之选任等之注册。盖商行为者所处之地位,每难确定,则其责任能力之如何颇多疑义。未成年者等之注册可证明商行为之负责者为何人,及其负责程度之大小,以保商业之安全。

（三）免责的效力。免责的效力者即解除责任之效力也。注册之有此效力者,为经理解任、未成年者及有夫之妇营业权撤消或限制,及其它注册事项变更或消灭之注册。

（四）创始的效力。创始的效力者即使某种情形或资格开始效力也。注册之有此效力者为公司注册。譬如公司之开业以注册为条件。于注册前开业所为之商行为,法律不认为法人（公司）之商行为,而视为各股东之合伙行为。不经注册之手续,不能取得公司之资格也（公司条例第五条前大理院判例五年上字二九五号释例七年统字八一三号）。又如公司之发行股票亦以注册为条件,若未经注册而发行股票,其股票为无效,其持有者对于公司即不得主张股票上之权利。盖股票之发行以发行主体之存在为前提。公司于未注册前,既无公司之资格,自无发行股票之可能也（公司条例第一百二十八条）。

三、注册与公告之抵触

注册事项与公告事项难免有不符之处。立法者不可不有所规定,以杜争执。我国商人通例规定遇此情形时,以注册簿所载为准。考其理由约有三端,兹略述于后。

（一）公告所以补充注册之公示效力,其内容以注册之内容为根据。故公告与注册不符时,其错误在公告而不在注册,自应以注册簿所载为准。

（二）商业注册应以事实为根据。注册簿之所载,为当事者呈报与注册官吏审查之结果。对于当事者与注册官吏均有约束之效力。自未便因公告与注册之参差,将当事者与注册官吏所公认之事实淹没,而加履行注册者以不应负之义务或不当受之权利。

以上所言,为一般的原则。此外尚有一特别规定,不可不注意之。即公告与注册不符时,应以注册簿所载为准。然注册事项非经更正公告后,不得对抗不知情之第三者。盖公告因错误而无效,与不公告等注册事项之不经公告者,既不得对抗不知情之第三者,则注册事项之经无效之公告者,亦应同其效果也（商人通例第十二条）。

第五章　商号及商标

第一节　商号

一、商号之意义

商号者,商人于其营业上为表示自己所用之名称也。兹分析言之如左：

（一）商号者,商人表示自己所用之名称也。故为表示他人所用之名称,或非商人用以表示自己之名称,不在此限。易言之,商号以表示商业主体之名称者为限。其不表示商业主体之名称者法律上不能予以承认也。

（二）商号者,商人于其营业上所用之名称也。故商人于其营业外所用之名称不在此限。

二、商号之选定

商号之选定以自由为原则。故商人通例规定,商人得以其姓名或其它字样为商号（商人通例第十六条）,惟商号同时又以真实与单一为原则。法律上为维持后之原则计,对于前之原则（即自由之原则）不得不加以限制,兹将各种限制略述于后。

（一）关于真实原则之限制。此种限制分为关于自然人者与关于公司者二种。

（甲）关于公司者。公司之商号应各视其种类分别标明无限公司、两合公司、股份有限公司、股份两合公司字样(商人通例第十七条)。

(乙)关于自然人者。凡非照公司办法不得于商号中用公司或类似公司之字样。虽承受公司之营业,而并不照公司方法续办者亦同(商人通例第十八条)。

(二)关于单一原则之限制。依此种限制,凡商人于一种营业,只得用单一之商号。惟一人营一种商业,得用数个商号与否,学者间未尝无争执。兹特将关于此点之学说略述之。

(甲)单一说。此说谓同一商人,对于同一营业不得有数个商号。盖因一种营业而有数个商号,非特商人无此必要,且反与公众不便也。

(乙)营业所说。此说谓商号之数,当以营业所之数决之。即有一营业所只能有一商号,若一营业所而有二个以上之商号,则社会为其所惑,交易不能安全也。

(丙)行政区域说。此说谓在同一城镇乡内,对于同一营业不得有数个商号。惟在异城镇乡内则不然,盖商号之须单一,所以保护营业地交易之对手人。在异乡城镇乡内,不同之商号于其所属之行政区范围外,对于相对人无何影响也。

三、商号注册

(一)商号注册之性质

商业注册分任意的与强制的二种。商号注册,即任意的注册之一种。故商号之注册与否,一任商人之意思。惟商人为保护信用计,有时不得不将自己之商号注册,故商法特设种种规定,以明示注册之效力。

(二)商号注册之效力

商号注册有左之效力:

1. 创设的效力。即商号注册后,设定一种关于商号之财产权。盖商号于未注册时,不能视为财产,既注册后。则成为无形财产之一种。因之可随当事者之意思转让于人。

2. 排他的效力。关于此点之规定有左之二种:

(甲)同一城镇乡内他人既注册之商号,不得仿用以营同一之商业。添设支店时,若支点之城镇乡内现有他人已经注册之商号,其营业及商号均与自己本店相同者,该支店之商号,须照本店之商号附添字样,以示区别(商人通例第十九条)。

(乙)业经注册之商号,如有他人冒用或以类似之商号为不正之竞争者,该商号人得呈请禁止其使用。凡在同一城镇乡内以同一营业而用他人已注册之商号者,亦推定为不正之竞争(商人通例第二十条)。

3. 救济的效力。凡以不正之目的使用与他人已注册之同一或类似之商号者,得对之请求赔偿因此所生之损害。

四、商号转让

商号既因注册而取得财产性,则其可转让也甚明。商号转让在当事者间不以注册为必要。仅有意思表示即得移转。然以转让之事实,对抗第三者,则非注册不为功(商人通例第二十一条)。商号之转让,得与营业之转让合并行之。关于营业转让之规,前已言之,兹不赘述。

第二节 商标

一、商标之意义

商标与商号同为无形之财产,其专用权取得之手续亦大略相同。惟商标之内容与商号之内容有三点相异,兹分述于后。

（一）商号所以表示商人自己，商标所以表示商品。
（二）商号限于商人得用之，而商标则商人以外之制造及贩卖业者亦得用之。
（三）商号系名称，而商标则为文字图形或记号。

二、商标之选定

商标之选定亦以自由为原则。惟以公共政策之关系，法律上特规定左列各款不得为商标。
（一）相同或近似于中华民国国旗国徽国玺军旗官印及勋章者。
（二）相同或近似于红十字会章或外国之国旗军旗者。
（三）有妨害风俗秩序或可欺罔公众之虞者。
（四）相同或近似于同一商品习惯上所通用之标章者。
（五）相同或近似于世所共知他人标章使用于同一商品者。
（六）相同或近似于政府所给奖章及博览劝业会等所给奖牌褒状者。但以自己所受奖者作为商标之部分时不在此限。
（七）有他人之肖像姓名商号或法人及其它团体之名称者，但已得其承诺时，不在此限。
（八）相同或近似于他人注册商标失效后未满一年者，但其注册失效前已有一年以上不使用时，不在此限（以上商标法第二条）。

三、商标注册

商标注册与商号注册有同一之效力。商号注册取得商号专用权。商标注册取得商标专用权。惟商号专用权与商标专用权，性质上稍有差异，兹揭之于左。
（一）商号专用权于一定地域而商标专用权则及于全国。
（二）商号专用权不定年限，而商标专用权则以一定之年限（商标法定为二十年）为存续之期间（商标法第十六条）。

四、商标转让

商标专用权商号专用权，同得以转让。其转让时，亦以注册为必要。否则其效力不得对抗第三者（商标第七条）。

第六章 商业账簿

第一节 商业账簿之意义

商业账簿有实质与形式二义。依实质之义而言，商业账簿乃商人关于营业之账簿。此种账簿是否依商法之规定而作成，可以不问。依形式之义而言，商业账簿乃商人依商法之规定而作成之账簿，兹所论者即为形式上之商业账簿，请分析言之如左。
（一）商业账簿者，商人所作成者也。故非商人所作成者，不得谓之商业账簿。
（二）商业账簿者，依商法之规定而作成者也。故商法规定不适用商业账簿者，或不必记载于商业账簿者，无商业账簿之可言。

第二节 关于商业账簿之主义

各国关于商业账簿之立法主义约分三种，兹分析于后。

（一）放任主义。依此主义账簿之编造一任商人之自由，法律毫不加以干涉。采此主义者为英美二国之商法。

（二）干涉主义。依此主义账簿之编造，必依一定之方式及手续。采此主义者，为法国法系之商法，而以法国商法为尤然。

（三）折衷主义。依此主义商人有造具账簿之义务，但其账簿惟以足明营业及财产之状况为已足，官厅之监督非属必要。采此主义者为德商法。

我国商人通例，只规定商人有备置账簿之义务，至于账簿之形式及记载之手续宜如何，则规定其性质与德制相似。故可谓为采折衷主义者。

第三节　商业账簿之种类

我国商人通例仿德日立法例，定商业账簿为三种即：

（一）日记账簿（二）财产目录（三）贷借对照表是。试分析如左：

（一）日记账。日记账者记载日常交易及关于财产出入一切事项之账簿也（通例第二六条）。法律上有定其名称者（即谓之日记账）如法意商法是。我商人通例仿德日制，不定专名。故兹所谓日记账者，不过一便宜之名称而已。日记账中所应记载之事项，不必限于日常交易；即与商无关而于财产上有影响之一切事项，皆须记载之。例如盗难火灾皆须记载是也。但日用款项仅记其每日之总数即足。不必逐件记载。惟赊欠与现金须别之耳（通例第二六条二项）。

（二）财产目录。财产目录者，商人所有财产之总记载，以明示其财产之状况为目的者也。财产目录中应记载之事项有二。一为其中应记载之财产，二为财产应附记之价格。试分论于下：

（甲）应记载之财产。财产目录既明示商人财产之状况，则其应记载之财产必为商人财产之全体。详言之，不仅积极之财产，即消极之财产亦须记载之。积极之财产即动产、不动产、债权及无形之财产权等是。消极之财产即债务是。

（乙）财产应记之价格。关于财产应记之价格，原则上以造具财产目录时之时价为标准（通例二七条二项）。

其所以如此者，以财产目录之目的在明示特定时期财产之现额故耳。但兹尚有一例外，实时价高于原价时，须记其原价，若价格不明者，则记其估计之价，至于债权之记载，则以能索取者为限。其不能索取者则削除之（通例二七条三项）。

（丙）贷借对照表。贷借对照表者，分为贷方借方两栏。记载商人现在之积极财产与消极财产两相对照之表也。此所谓贷方借方，乃簿记学上之用语。非指法律上之贷借关系而言。贷借对照表系分财产目录同时制成。故其各项所附记之价格，不可不与贷借对照表中所附记者相符合。

第四节　商业账簿之保存

商业账簿有明示商人营业上财产状态之功用。商人之财产既分积极与消极二种。而此积极与消极之财产，既不能立时固定，则账簿更换后，商人在营业上与他人之债权债务关系，必不能即告终结。若账簿用后即行抛弃，则日后行使权利义务时稽核无从，势必至商业之关系无美满之结果。故法律为维持商业之安全计，特设商人对于已用之账，应负保存之责。然仅保存商业账簿，尤未足供日后之稽核。商人间往返之书信，与营业有关系者十有八九；若能妥为保存，于纠纷之避免，必有极大之裨益。故商人通例，除规定商业账簿应保存外，复认与营业有关系之书信亦应保存。商业账簿及与营业有关系之书信保存之期间，商人通例定为十年。其起算之点，在商业账簿则为其终结之日；在书信则为其收到之日。商人保存账簿及书信之义务，不因营业之废止而消灭；盖营业虽废止，其以前之行为，难免不发生问题于将来也（通例第二八条）。

第七章　商业使用人及商业学徒

第一节　商业使用人之意义

商业使用人者，因雇佣关系而从属于商业主人，以助其营业者也。兹分析言之如左：

（一）商业使用人者，与商业主人有雇佣之关系者也。故代理人、监护人、及为国家为商行为之官吏，不得谓为商业使用人。

（二）商业使用人者，从属于主人者也。故商业使用人非商业上权利义务之主体。

（三）商业使用人者，助商业主人营业者也，故服役于家庭之婢仆，与营业无直接之关系者，不得谓为使用人。

商业使用人之范围因广义狭义而不同。依广义言之，商业使用人包含一切从属于商业主人而助其营业之人在内。故商业学徒亦商业使用人之一。依狭义言之，商业使用人专以因雇佣关系而从属于商业主人以助其营业者而言。我国商人通例，将商业使用人与商业学徒划开。故其所规定之商业使用人，仅指狭义而言。商人通例第三十条分商业使用人为三种：即经理人、伙友及劳务者是。此等人之区别，在其代理权之大小与有无。经理人与伙友为有代理权者，劳务者为无代理权者。经理人与伙友相较，则经理人之代理权大，而伙友之代理权小。

第二节　经理人

一、经理人之选任

经理人由商业主人选任之（商人通例三十一条），若商业主人为公司则经理人依左之手续选任之。

（一）如为无限公司，由股东之过半数决之（公司条例第二十条）。

（二）如为两合公司，由无限责任股东之过半数决之（公司条例等八十七条）。

（三）如为股份有限公司，由董事之过半数决之（公司条例第一五七条）。

（四）如为股份两合公司，由无限责任股东之过半数决之（公司条例第二三一条第一项第一款）。

凡经理人于选任后，应由商业主人于十五日内，向其营业所该管官厅呈报注册，俾其权力之范围公示于社会（商人通例第三十七条）。

二、经理人之解任

经理人之解任以当事者之自由意思决之。其手续与选任同。经理人之解任，有由于商业主人者，有由于经理人者，兹分述于左：

（一）由于商业主人者以左列情形之一为条件：

(1) 经理人违背自己所受之委任时；

(2) 经理人为不正之行为时；

(3) 商业主人有不得已之事，故不得不解经理人之任时（以上商人通例第五十条）。

（二）由于经理人者以左列情形之一为条件：

(1) 商业主人不给相当之报酬时；

(2) 商业主人为不正之行为时；

(3) 经理人有不得已之事，故不得不解约时（以上商人通例第五十一条）。

三、经理人之权限

经理人有代商业主人关于商业全体办理事务之权,故凡关于营业上之事务,无论涉讼与否,经理人有代表商业主人之权(商人通例第三十一条第三十二条)。

经理人对于第三者应明示自己之身份,故署名时应于自己姓名上标明某号经理字样(商人通例第三十四条)。商业主人对于经理人之选任及解任,既有决定之权,则对于其代理权之范围自得加以限制。惟此种限制,往往不能为第三者所周知。苟贸然用为对抗之具,殊非公平之道。故商法特规定此种限制不得对抗不知情之第三者(第三十三条)。经理人之代理权,不因商业主人之死亡而消灭。盖商业具有社会性,且极为复杂。设以不可逆料之死亡而致经理人之代理权消灭,不特营业上未了手续无人结束,即社会方面亦将蒙不测之损失。惟代理权之存续,以不违当事人之本意为必要。苟于商业主人死亡之时委任契约业经终结,则当事人最初订结契约之宗旨已止于此。上述之原则自不能使用(第三十五条)。

四、经理人之义务

经理人之义务有二,即:

(一) 非得商业主人之允许,不得为自己或他人经营商业,并不得为公司之无限责任股东(第三八条)。

(二) 不得私自使用他人代自己执行职务(第三六条)。

其所以如是规定者,一以防经理人之与主人竞业;一以符主人选任经理人之本旨。此二者尤以前者为重要。故经理人若违背第一款之义务(即(一)内所述者),商业主人可随时解约,解约之后可请求损害赔偿(第五十条五二条)。此外更与商业主人一以特别救济之方法,即对于经理人为自己所为之营业,商业主人得视为为自己而为者。惟此种权利,应自察觉之日一月以内或自事成之日一年以内行使之。若于此期间内不行使之,是商业主人甘于舍弃其权利无受法律保护之必要(第三八条)。

第三节 伙友

一、伙友之选任及解任

伙友之选任,或由商业主人决之,或由经理人决之(第四十条)。其解任亦同。伙友解任之条件与经理人解任之条件无异(第五十条五十一条)。

二、伙友之权利与义务

伙友于其所受委任之事项有办理之权。故其代理权为局部的(第四十一条)。伙友与经理同为商业使用人。若无以区别,社会上难免蒙不测之损害。故为保护公众计,特规定伙友于所受委任行为而署名时,应加以某商号伙友字样,以免与经理人混同(第四十二条)。伙友对于所受委任之行为,应尽力办理,以保护商业主人之利益。故未得商业主人或经理人之允许,而为自己或他人经营商业,或为公司之无限责任股东,或私自使用他人代自己执行职务,皆非法之所许(第四十三条)。

第四节 劳务人

一、劳务人之选任与解任

劳务者,乃依商业主人或经理人所与订之雇佣契约而服商业上之劳务者也(第四十四条)。其解任之条件与伙友解任之条件同(第五十条五十一条)。

二、劳务人之权利与义务

劳务者无代理为商业之行为之权,但以特定行为委任时,得由商业主人或经理人表示之(第四十五条)。受委任行为而署名时,亦应加以某商号某人字样,以便与经理人及伙友有别(第四十六条)。至其应服劳务之范围,未约定时,应从其地方之习惯(第四十七条)。其雇佣期间如为不确定者,彼此各得至年终解约。惟须预先声明,俾有所准备,而免意外之损失(第四十九条)。

第五节　商业主人与商业使用人解约之效力

普通契约之解除,有溯及既往而使当事人回复原状之效力。故契约一经解除,当事人之地位与未订契约前无异。商业主人与商业使用人间契约之解除则不然。其效力仅及于将来,而不溯及既往。盖商业主人与商业使用人间之关系为继续的债权关系,非若普通契约之可因一次履行而即行消灭。故于解除契约时,当事人关于契约之规定,必已有所履行,回复原状势所不能。惟此种原则有一例外,即解约之原因如出于当事人者一面之过失时,其对等人得请求损害赔偿是。所谓当事者一面之过失者,即指不得已之事故以外之原因而言(第五二条)。

第六节　商业主人与商业使用人契约之终了

商业主人与商业使用人间之契约因期满而终了固甚明显。兹所须说明者,即此种契约终了之效力。商业主人与商业使用人间有预以契约定明,至委任或雇佣关系终了后,仍于营业上行为受限制者。此种限制每足以阻碍商业使用人事业之发达。故商业主人与商业使用人间定有此等契约者,其限制只得及于其营业之种类、处所或时期,且不得阻碍商业使用人事业之发达。此即商人通例第五十三条之规定也。

第七节　商业学徒

商业学徒者,以学习商业为目的订立契约,而为商人服商业上劳务之人也。商业学徒之对于商业主人有师徒之关系,而与专服劳务者不同。故商业师应注意于学徒本业之修习,使服其业务,并应与以通学之时间(第五十六条)。

商业学徒之契约有定修业期间者,有不定者。若契约未经明定,则应依其本业之规约或该地方之习惯行之(第五一条)。在我国之习惯,商业学徒之修业期间恒以六年为率,即俗所谓帮三年学三年是也。

第八章　代理商

第一节　代理商之意义

代理商者,非商业使用人,而常时为一定之商人代理或介绍其营业范围内之商行为者也(商人通例六十条)。兹将代理商之要件分述于左:

(一)代理商之业务须为商人代理或介绍。故代理或介绍非商人之行为则不得谓为代理商。但其所代理或介绍者只系商行为即可。无论专为代理抑仅为介绍,或兼为代理与介绍均无不可。第一种谓之代理商,第二种谓之介绍代理商。

（二）代理商须为一定之商人代理或介绍。兹所谓一定者，非仅指一商人而言。即同时为数商人代理或介绍者，亦不失为代理商。唯代理商之代理或介绍须为特定之商人。故如牙行居间为一般商人之代理或介绍者，非所谓代理商也。

（三）代理商须常时为一定之商人代理或介绍。兹所谓常时，即对于一定之商人须有继续的关系之谓。若系临时受任代理或介绍者，乃偶然之行为，不得谓为代理商。

（四）代理商须为一定之商人代理或介绍其营业范围内之商行为。故其代理或介绍之行为不属于本商人营业范围内者，非代理商也。

代理商之意义既如上述，兹将其与相类似之商业使用人比较之，以见其特质：

（一）商业使用人非商人，而代理商则为商人。

（二）商业使用人与主人定于雇佣关系，而为其从属机关；代理商与本商人则为委托与委任之关系，而为独立之补助机关。故商人对于商业使用人称主人（商人通例第二十九条），而对于代理商则称本商人。

（三）商业使用人服务于主人之营业所，而代理商则自有独立之营业所。

（四）商业使用人为主人所使用，应服从主人之命令。而代理商则为代理或介绍其商行为，故有自由裁量之余地。

（五）商业使用人恒受一定工资，而代理商则就每一行为而受报酬。

（六）商业使用人执行职务之费用归主人负担，而代理商应营业而生之费用，则归自己负担（商人通例第七十条）。

（七）商业使用人于契约终了之后，即全然失其为营业机关之资格；而代理商则与本商人之关系虽已消灭，而其商人之身份并不因之有所变更。

第二节　代理商之权利与义务

代理商与本商人之权利义务关系依于契约而定。若契约未经定明，则应从商法及一般民法之规定以判断之。兹单就商法上之特别规定，约略说明如左。

一、代理商之权利

（一）报酬请求权。代理商之与本商人为委任之关系。按民法上之委任本以无报酬为原则，然代理商为独立之商人而以此为营业。其因营业所生之费均由自己负担。若其代他人所为之行为无相当之报酬，势必至不克维持。故代理商所为之行为，不问其为代理或介绍，皆以有偿为原则（商人通例第六八条至七一条）。

（二）留置权。因债务者之负欠不还而扣存其对象，是为留置权。民法上留置权之发生，以债权因留置之对象而发生为必要。如代为修理钟表而到期不偿还修理费，可将其钟表暂时扣存。此种扣存钟表之权，谓之留置权。修理钟表者于钟表上所以取得留置者，以其对于钟表所有者所有之债权，因钟表而发生。如其对于钟表所有者之债权，因贷款而生，则依民法之规定，不得于钟表上取得留置权。商法上之规定则不然，不必问其对象与债权之发生有无直接之关系。凡因行使商事所发生之债权，均得留置代债务者执管之对象，以免债权者受意外之损失。故商人通例第七三条特规定，代理商于其专为代理或介绍事件所生之债权，得扣留代本商人执管之对象。但此种规定以当事人间无特约为限。如当事人间有特约，则应以特约为断。

（三）受通知之权。代为贩卖物品之代理商，遇有关于物品之瑕疵或缺点及到期交付等事，有受对手人通知之权。盖买卖契约成立后，卖主交付货物时，有瑕疵担保之义务，买主于受领货物时，应检查之。如发见瑕疵或缺点，应即通知卖主，或请求减价，或解除买卖契约。又买卖契约成立后，卖主负交付货物之义务。关于此项交付,买时有时须为催告或其它通知。代理商既有代理本商人之权利,此等通知自应向代理商为之,以专责任,而符本商人委任代理商之本意(商人通例第六五条)。

二、代理商之义务

(一)注意之义务。代理商于其所代理或介绍之事物应妥慎保护本商人之利益(商人通例第六一条)。盖凡有委任关系者,其受任者于所受任之事项,有注意管理之义务,其注意之程度,则以善良管理人之注意为准。

(二)通知之义务。代理商于所代理或介绍之事项,经议订后,应即通知本商人(通例六二条)。盖代理商既受本商人之委托,自应于本商人尽报告之义务,使对于所委任之事项了然于心,而不至蒙不测之损害。

(三)竞业禁止之义务。代理商非有本商人之允许,不得为自己或他人为与本商人营业相同之行为,并不得为同业公司无限责任之股东(通例第六六条)。是种规定谓之竞业之禁止。盖代理商以为本商人代理或介绍各种营业事务为其营业,故与之相冲突之行为如同业之竞争者不得为之,以保护本商人之利益。

(四)负担费用之义务。代理商于通常之营业上一切杂费,非别有契约,或该地方习惯别有规定,不得向本商人请求(通例第七十条第二项)。良以代理商为独立之商人,为他人代理或介绍而自得报酬,其营业上所生之普通费用应由自己负担也。

第三节　代理商之解任

代理商与本商人间之关系,以契约满期而消灭。若契约未经明定期限,则彼此各得于两月前预先声明届时废约(通例第七二条第一项)。盖代理商专为商人介绍或代理为商业于其营业,必有相当之布置。且另觅主顾尤需时日与费用,忽尔解约,必多损害,即为本商人计亦属不利。有此先期声明之规定,则当事人双方对于解约均有所准备,损害必可免除。然此种规定并非随时随地皆可适用。苟遇有不得已之事故,如代理商与本商人彼此意见冲突或发现情弊等,则代理关系之存续既无实际之可能,反不若实时解约之为宜。故遇此情形,法律上特许当事者随时解约(通例第七二条第二项)。

第二编　公　　司

第一章　公司之意义

自来关于公司之定义、学说甚为分歧。惟依我国公司条例第一及第三条之规定,则所谓公司者,乃以商行为为业之社团法人也。兹分析言之如左:

(一)公司者,以商行为为业者也。公司为非自然人之商人,亦商人之一种。依商人通例第一条之规定,商人为商业之主体。则公司之为商业之主体可知。商业主体者何,即以商行为为业者是也。故公司非以商行为为业不可。不然则无所谓公司矣。至于商行为之为何物,则商人通例第一条列举甚明,兹不赘述。

(二)公司者,社团也。社团对于财团而言。社团云者,二人以上为共同目的而集合之团体也。此共同者名之曰股东。各种社团所必需之股东人数,其最多数虽无定限,其最少数则有一定之制限。故公司成立后，其股东人数少于此最少限度时，公司即应解散（公司条例第四九条第四款第二一三条第四款）。

（三）公司者，法人也。公司之为法人有经明文规定者，有无明文规定者。我国公司条例则明定公司为法人。公司既为法人，自当有离其组成分子而独立之人格。故公司与民法上之合伙契约绝然不同。兹揭其要点于左，以资区别。

1. 公司经营之事业为公司固有之事业，非股东之事业。故公司营业上之权利义务皆直接归属于公司。此为公司与合伙差异之要点，亦即法人商人与自然商人差异之要点。

2. 公司之财产离股东之财产而特别存在。故不得认为股东之私产。亦不得以股东之私产认为公司之财产。

3. 对于公司之权利义务不得误认为对于股东之权利义务。故对于公司之债权，不得与对于股东之债务相抵。对于股东之债权，亦不得与对于公司之债务相抵。例如甲公司欠乙百元，乙又欠丙股东百元。丙不得以对甲之债权以对于乙抵充自己之债务。又如甲银行由乙股东等构成而欠乙债，甲银行又欠丙债，但丙只可收回银行欠款以还乙，断不能以对甲银行之债权与对乙股东之债务相抵（公司条例第四十条）。

4. 公司财产为公司债权者之共同担保，而非股东债权者之担保，反之股东之财产仅为本人债权者之担保，而非公司债权者之担保。故股东之债权不得直接对于公司财产为强制执行。公司之债权者对于股东之财产亦然。

5. 公司破产与股东无涉。惟在无限公司，则不免同时破产。是乃无限责任之结果有以致之。若单以独立人格而论，破产与否，公司与组织公司之分子则毫无关系也。

6. 公司之住所不必与股东之住所同。盖股东之住所不拘一定，且不皆注册；公司则否。

7. 公司有一定之商号以表示其存在，与股东之存殁无涉。因此公司之商号，用股东之姓名固可，即不用股东之姓名亦无不可。

第二章　公司之种类

公司种类各国不同。惟其区别之标准，要以股东责任之轻重为断。换言之，即一为有限责任股东，一为无限责任股东是也。何谓有限无限，即有限制与无限制之略语。无限制云者，不问债务之种类如何，额数如何，苟为对于第三者所负之债务，则组成公司之股东当然不能辞其责。有限制者则反是。我国公司条例区别公司为四种。兹分述于后。

（一）无限公司。其股东之全员，对于公司债权者，皆连带无限制负偿还债务之责任。其责任既重，其持股份自不许轻易让于他人（公司条例第二九条）。

（二）两合公司。以有限责任股东与无限责任股东混合组织而成。其无限者责任较重（公司条例第八一条），权利亦较优；条款无特别规定时，有执行业务代表公司之权利，且其所生之资本不限于种类，亦并不限于多寡。有限者虽亦不限于种类，然只得以金钱及其它财产为出资之目的（公司条例第八五条）。

（三）股份有限公司。仅以有限责任之股东组织而成。惟此种公司之资本必须预定平分。其总资本为若干分，名曰股份（公司条例第一二四条。）承买此股份者名曰股东。股东对于公司，除缴足股本外别无义务（公司条例第一二六条）。且其股份以不违反公司章程为限。得任意买卖转贷（公司条例第一三〇条）。故在商业上最活动亦最便利。但认股者能否以公司所欠之款项抵股本否乎？曰不可。盖此种办法足以使公司之基础不确实，殊非保护公司之道也。

（四）股份两合公司。以无限责任股东与有限责任股东组织而成。其无限责任股东与两合公司无限责任之股东同。其它股东责任有限恰与两合公司之有限责任股东无异。所不同者两合公司之有限责任股东,以金钱及其它财产为资本。此则以股本为资本。故学者间有谓是为股份有限公司之变体者;有谓是为两合公司之变体者;亦有谓是为股份有限公司之变体者;有谓是为两合公司之变体者,亦有谓是为无限公司与股份有限公司之混合体者。之数说中,以后说为正。

无限公司、两合公司,其股东与公司之关系较深,其责任亦较重。故学者称之曰人的团体(personal association)。股份有限公司与股份两合公司,其股东与公司之关系较浅,其责任亦较轻。故学者称之曰物的团体(real association)。

此外尚有内国公司、外国公司。然此区别非根据于组织,乃视其设立时依据何国法,则认为何国公司。质言之,在本国依据本国法设立之公司是为内国公司;此外则否。我旧商律及公司条例均无外国公司之名,在旧商律三五条五七条仅有外国人附股之规定而已。

内国公司适用本国法,自不待言;外国公司如设支店于本国,即难免于其支店所在地发行股票或发行公司债票以及有关公益之行为。故对于外国公司不可不有相当之处置。我国公司条例,关于外国公司之无规定实一缺点也。

第三章　公司之通则

第一节　公司设立

公司设立之手续各有不同,无限公司及两合公司以人为重。故订立章程,公司即由此成立。股份有限公司及股份两合公司,以确定资本为要件。故于订立章程外,又以认缴股银而确定出资之责任为必要。公司设立之详细手续,此处无论述之必要。兹单就设立行为在法律上之性质及公司设立注册两项说明之。

一、设立行为之性质

有以公司设立行为认为合伙契约之一,而章程为其契约书者,此说忽视合伙与公司之区别,法理上不可谓正当。盖公司为法人设立,法人之行为,即创设新人格之行为。此与合伙员间以得权利负义务为目的之契约异。最初设立公司时,发起人相互间虽给以设立公司为目的之契约,然此契约与公司设立之行为截然为二,恰如数人共同设立财团。法人之契约与直接设立财团之法人所为之行为各不相同。直接设立财团法人之行为为单独行为,公司之设立行为亦然。

二、设立注册

公司条例关于公司设立采准则主义。故公司依法定要件设立者,即由此成立。然欲以其成立对抗第三者,则以注册为必要。

商业上之注册有任意的与强制的二种。公司注册为强制的注册。故公司之设立非经注册不可。公司设立注册有左之效力。

(一)对抗第三者。公司设立时在其本店该管官厅注册者,得以注册事项对抗第三者(公司条例第六条)。兹所谓第三者指脱离股东相互间及公司与股东间之关系者而言。

(二)着手开业之准备。公司于本店该管官厅注册后,得着手于开业之准备(公司条例第五条)。若未经注册则不得有此权利。

公司既注册后,应速着手于开业之准备。倘注册后满六个月而仍不开业,则该管官厅得以职权或因检察官之请求而命令解散(公司条例第七条第一项)。惟公司注册后虽满六个月而不开业,该管官厅非必下解散之命令。故该管官厅若认不开业有正当理由者,仍得延长其开业期间(公司条例第七条第二项)。

第二节　公司之住所

　　自然人在法律上必有一定之住所。公司既有人格,当然与自然人同。特自然人以生活本据为住所,公司则以营业处所为住所。自然人之生活本据地唯一而无二,公司之营业所则不限于处数。设一公司而有数个营业所,将以何者为住所,此当以其本店所在地为准,余均不得目为住所(公司条例第四条)。换言之,一公司必须有独立之营业所。若仅有牌号而附属于他商店者是,为浮浪无根之公司,法律断不认其有人格。

第三节　公司之合并

　　公司之合并者,有一公司举其权利义务移转于他公司,而使既存之一公司或数公司消灭之谓也。合并可分二种:一曰吸收合并,一曰新设合并。吸收合并者,一个以上之公司举其义务权利移转于他公司之谓也;新设合并者,二个以上之公司全行消灭,权利义务悉行移转而建设一新公司之谓也。吸收合并含有并吞之性质。故学者谓此为并吞。合并公司、新设合并公司,不外并合之性质,故学者常谓并合合并公司。

　　吸收合并公司中,其被吸收之公司必须消灭;而吸收之公司不必消灭。不过合并后须变更其章程而已。在新设合并公司则不然。二个以上之公司须共行消灭。自其消灭之点观之,合并行为为公司解散之原因;自其创设之点观之,合并行为为公司设立之原因。

　　公司条例总则章内,关于公司合并无所规定。而各章内所规定者,并不禁止异类公司之合并。可知公司之合并,不以同类公司为必要。但股份有限公司之设立须有七人以上之股东。若二个两合公司合并而设立股份有限公司,其人数不满七人时,则合并非法之许。

　　公司与他公司合并时,其必要条件与手续,因公司之种类而不同。在无限公司及两合公司,以总股东之同意为必要。在股份有限公司,以股东会之特别议决为必要。在股份两合公司,则以股东会之特别议决为必要。在股份两合公司,则以股东会之特别议决及无限责任股东之一致为必要。

　　公司由决议合并时起,十五日内须作财产目录及贷借对照表(公司条例第五三条)。此所以明收入支出之损益,以确定合并前之财产状况,俾便于各债权者查阅,而使其决定有无异议也。

　　公司合并之可以对抗一般第三者,以注册为必要。故合并后存续之公司,当为变更注册;消灭之公司当为解散;注册因合并而设立之公司,当为设立注册;皆须于实行合并后十五日内在本店及支店该管官厅为之(公司条例第五六条)。合并之效果,不外使解散公司之权利义务,为存续公司或新设公司所继承。此继承之效力经注册后即得对抗第三者。

第四节　公司之变更

一、组织变更

　　组织变更者,即变更公司之本质而组织他种公司之谓。如变更两合公司为无限公司之类是也。法律关于公司组织变更之规定,约言之有三:(一)限于何种公司得为变更,(二)变更复属于何种公司,(三)得为变更之时机。

　　关于何种公司得为变更,各国公司法之规定不同。而我公司条例之规定,仅限于两合公司及股份两合公司。即仅有由两合公司变更为无限公司,及股份两合公司变为股份有限公司之规定;而未有由无限公司变为两合公司,由股份有限公司变为股份两合公司之规定。故解释上范围极狭。

　　变更之时机,两合公司在于:有限责任股东全行退股,而无限责任股东全行退股而所遗之有限责任在股东不欲解散公司之时。

组织变更之手续亦因公司之种类有所不同。由两合公司变为无限公司时,须无限责任股东同意。由股份两合公司变为股份有限公司时,须由股东会议特别议决,此外尚有注册之手续,均须于十五日内,在本店及支店该管官厅为之。惟由股份两合公司变为股份有限公司之注册,应于向债权者为适当之公告及通知后为之(公司条例第二四七条)。

公司虽由两合公司变为无限公司或由股份两合公司变为股份有限公司,然仍为同一之事业、同一之财产,并不因组织变更而易其公司之人格,不过形式上旧公司消灭而新公司成立,不得不为解散及设立之注册耳。

二、股东变更

公司为有人格之独立组织体,离组织之股东而独立。故股东变更在法律上不能影响公司。惟因股东变更而缺公司在法律上组织要件时,则生解散之事由。如无限责任股东或有限责任股东全体退股时,则两合公司因之解散;股东减至七人以下时,则股份有限公司因之解散。

三、章程变更

章程定公司行动之范围。其变更也非执行通常业务之机关所得为,必由股东全体同意为之。由股东方面而论之,股东加入公司也,必就章程规定考虑公司事业之范围及资本之大小而后为之。变更章程若反乎股东之意思,致其不能达加入当时预期之希望,则股东每因之而受损害。故各国法例于章程变更特设规定有关于特定重要事项全然不许变更者,英公司法是也。有对于重要事项之变更不服之股东得以退股者,意大利商法是也。有变更重要事项必经股东全体同意者,法商法是也。我公司条例仿日公司法,仅云变更章程须得股东总会之议决(公司条例第一九九条)而并不限于重要事项焉。

第五节　公司之解散

一、公司解散之性质

公司解散为消灭公司人格之原因,非即消灭其人格。故于解散后法人仍得存续,如在清算中之公司是。清算中之公司仅存续于清算目的范围内,其营业能力已归消灭。故解散后公司之代表股东及董事于公司之外部失其代表权,公司之业务执行股东及董事于公司之内部失其执行业务权。公司有经理人者亦失其代理权,概以清算人代之。

二、解散命令

官厅对于公司得发解散命令之情形有二:(一)公司注册后满六个月无正当事由而尚未开业者,该管官厅得以职权或因检察官之请求将该公司解散;(二)公司之行为如有违背法令妨害治安及紊乱风俗情事,该管官厅得以职权或因检察官之请求将该公司解散。

第三编　商　行　为

第一章　商行为概念

商行为者,关于商事之法律行为也。法律行为者,乃私法的意思表示,以发生法律上一定之效果为目的者也。故商行为者,深言之,乃私法上关于商事之意思表示,以发生法律上一定之效果为目的者也。今分述于左：

（一）商行为者，意思表示也，凡行为皆由意思发动而生。故商行为亦为意思表示之一种意思，表示之方法不一。约言之，可分积极与消极之二种。积极之意思表示，即以文字言语或动作而表示意思者是也；消极之意思表示即以静默容忍等而表示意思者是也。

（二）商行为者，关于商事之意思表示也。商行为为意思表示固矣。然因此即谓凡意思表示皆为商行为则不可也。盖意思表示有关于商事者，有不关于商事者。商行为之意思表示以关于商事为必要，此其特点耳。

（三）商行为者，以发生法律上一定之效果为目的者也。意思之表示多矣。然不尽能发生法律上一定之效果也。商行为之发生，必有一定之目的。则组成此行为之意思表示，不得不发生法律上一定之效果，以完成此目的，此商行为之所以发生法律上一定之效果为目的也。至于何为法律上一定之效果，则不外权利之得丧变更，民法上论之甚详，兹姑从略。

（四）商行为者，私法之意思表示也，商行为以私权之得丧变更为目的。故其意思表示应以私法范围内者为限。

（五）商行为者，法律事实之一也。法律事实为权利得丧变更原因之事实。分为人为的与自然的二种。而人为的法律事实，又分为适法行为与其它之行为。商行为系适法行为之一种，故谓为法律事实之一也。

以上所述商行为之定义，于理论上似甚适合，然于实际上殊难应用。盖商行为之为私法上关于商事之意思表示、而以发生法律上一定之效果为目的者，固尽人而知之矣。然私法上以发生法律上一定之效果为目的之意思表示，何者为关于商事者乎？易言之，商行为定义中所论之商事果为何物乎？此问题若不解决，则上述之定义不可谓为明了。考商之意义自来学说不一。然类皆不足采取。盖处今日商业种类极繁之时代，欲求一完备之包括的定义殆非易易。日本旧商法与西班牙之商法，虽采包括的主义，抽象地规定商行为之定义，然引用时观念颇不明了，疑义难免丛生。故现今各国立法例采此主义者甚少。现今所通行之主义厥维列举主义。此主义将商行为一一列举之。至于其列举之方式，因主观主义客观主义折衷主义而不同，今分述于左：

（一）主观主义。此主义定商行为观念之标准。以商业主体为基础。德国新商法商行为编第三百四十三条即采此主义。其规定曰，凡属于商人营业一切之行为谓之商行为。骤视之，此种主义似与包括主义无异。殊不知此种主义与包括主义不同之点，在其已将各种商行为在商人之定义中一一举出，不若包括主义之一以抽象之定义出之。

（二）客观主义。此主义定商行为观念，以其行为之本质为基础。其得为此行为者，不问商人与非商人，又不问其营业与非营业，专以行为之本质以定商行为。

（三）折衷主义。此主义折中以上两主义以定商行为之观念，认有二种商行为。其一为之者不问为商人与否，又不问为营业与否，悉视为商行为；其又一则以营业为限，谓之商行为。德国新商法第一条第二项及第二条与日本新商法第二百六十三条及二百六十四条，即采此主义。此主义与主观主义不同之点，在所包括行为范围之广狭。盖主观主义先列举各种商行为，以定商人之概念。复于商行为编中，规定凡商人为其营业所为一切之行为为商行为，其所包含之行为除主要的商行为（即法律上有明文规定者）外，尚有从属的商行为（即本非商行为，第以在商人营业上为之而视为商行为者），至于折衷主义只以所列举之行为为商行为。关于从属的商行为并无规定。故其范围较主观主义为狭。

以上三主义中，客观主义范围过狭，于现今之潮流绝不相合，固无论矣。即折衷主义亦未免于不完备。盖商人所为之商行为，不仅主要的商行为应受特别保护，即从属的商行为，既与商业有密切之关系，亦不应与普通法律行为同视。日本新商法商行为编第二百六十五条第一项，虽规定商人为其营业所为之行为为商行为，以资补充，然此种编制于实质及形式上均欠妥。当按日本商法总则第四条规定，日本法所谓商人者，指依自己之名，以商行为为业者。至何者为商行为，则于商行为编中规定之条文相去二百数十条，颇难一目了然。此实质上所以欠当也。日商法既于第二百六十三与第二百六十四条列举各种商行为，而又于第二百六十五条概括的规定，凡商人为其营业所为之行为谓之商行为，殊有重复之嫌。此形式上所以欠当也。故比较三种主义，不得不认主观主义为最合理。昔日本志田钾太郎为我国所起草之商行为草案即采此主义（参看草案商行为第一条）。不可谓非计之得者也。

第二章　商行为之种类

各国法典分商行为之种类者甚少。吾人之所以论商行为之种类者，非以实际上有如何之关系，实以将商行为分类研究，学理上较为明了耳。日本商法根据商行为性质之不同，分之为三大类。即绝对的商行为，相对的商行为，辅助的商行为是。今为研究上便利起见，特分述于后。

第一节　绝对的商行为

绝对的商行为者，即不问行为者为商人与否，又不问其以之为营业与否，皆认为商行为之法律行为也。此种商行为，据吾人所知约有六种。即（一）营利买入（二）转卖实行（三）营利贩卖（四）营利贩卖之履行（五）交易所之交易（六）关于票据及其它商业证券之行为。请一一论述于左。

一、营利买入

营利买入者，即以得利转让之意思，有偿取得动产不动产或有价证券之行为也。今将此种商行为之要件分述于后：

（甲）行为上之要件。此种行为以物之有偿取得为目的之私法上之行为。故无偿取得如受赠等之行为不在此限。公法上之行为亦不在此限。

（乙）目的上之要件。此种行为之目的物限于动产不动产及有价证券三种。

（丙）经由上之要件。此种行为之经由，必须出于以其目的物转让于他人之意思；而此转让之意思须于取得目的物之当时即存在。故先买书以供自己之用或转送于亲友，迨后因觉此书无用或亲友不爱读之，忽萌转卖之念，则最初购书之行为不得谓为绝对的商行为。盖于购书之当时转让之意思不存在，以后所发生之意思与最初之行为无联络之关系也。但购书之当时存有转卖之意思，而至日后因他种关系将此书留归自用或转赠于人，则最初购之之行为，仍不失为商行为。盖吾人所注重者在购书当时之意思不在其意思日后之实现也。

（丁）希望上之要素。此种行为须有他日转让时可以得利之希望。惟此种希望将来能否实现在所不问。

二、转卖实行

转卖实行者，即欲达营利买入之希望，将其取得之物转让之行为也。故以营利买入之行为为前提。惟此种转卖行为之果如当初买入时所希望得利与否，在所不计。其所认为必要者，第有偿转让而已。

三、营利贩卖

营利贩卖者，即由他人取得动产或有价证券之供给契约行为也。此与第一项之营利买入适相反对。兹揭其要件于左：

（甲）行为上之要件。此种行为乃供给契约也。故此契约之履行在于将来，而其立约之当时支付对价与否可以不问。

（乙）目的上之要件。此种行为之目的物限于动产与有价证券。故不动产不得为供给契约之目的物。此因动产与有价证券之数量无限。现在虽不在自己之手中,亦得为卖却之预约后再行买入,以资履行。若不动产则不然。(一)不动产之供给有限,有时竟无供履行之可能。(二)不动产之标准无定,若毫无限制,则因地点性质及形式上之原因或不适用。若于地点性质及形式上一一加以限制,则以供不应求之故,有不能履行之困难。势必至徒托空言,流为投机行为。故立法家不认其为此种商行为之目的物所以免困难而避危险也。

(丙)经由上之要件,为供给目的之动产及有价证券。将来由他人取得,先占及原始取得不在此内。

四、营利贩卖之履行行为

营利贩卖之履行行为,乃第三项所述营利贩卖之供给契约履行之行为。其履行之要件为有偿取得动产或有价证券。

五、交易所之交易

交易所者依法律之规定,于一定之地域、一定之场所、一定之时刻会一定之人,以一定之方式买卖商品及有价证券之所也。交易所之交易大抵皆由商业上之特别法令规定之。故当然认为商行为。至于其内容之如何,因有特别法之规定,普通商法中类皆不论焉。

六、关于票据及其它商业证券之行为

票据中有支票、期票、汇票三种,商业证券为栈单、提单等类。凡发行、或背书、或支付此等商业上用之证券之行为,在法律上当然认为商行为。

第二节　相对的商行为

相对的商行为者,本非商行为之法律行为。因以之为营业而为之,始认为商行为者也。此种商行为约有左之数种。

一、关于动产不动产之赁贷行为

关于动产不动产之赁贷行为者,即先以赁贷之意思有偿取得,或赁借动产不动产,而后本此意思转贷之行为也。此行为从两方面观之,可分为二部分:(一)即本于赁贷之意思关于动产不动产之有偿取得或赁借行为;(二)即本于有偿取得或赁借之行为实行转贷之意思之行为。

二、为他人制造或加工之行为

制造云者,将材料本来之形状及地位全行变更之谓也。加工云者,惟将原有材料加以工作之谓也。所谓为他人云者,为他人计算也。此处所言之制造或加工专以动产为限。至于不动产之制造或加工,则俟于作业之承揽之标题下论之。

三、供给电气或煤气之行为

供给电气或煤气之行为者,以供此等需要者之使用为目的,依特定之方法委之需要者处分之行为也。

四、关于运送之行为

运送者以旅客或物品为地理的移转也。运送之商行为,不论其所用动力之为人力抑为电气蒸气等动力,又其地理的场所之为陆上、海上抑为湖川亦非所问。

五、作业或劳务之承揽

作业承揽者约定为他人完成关于不动产之工作或建筑之行为也。劳务承揽者约定为他人供给劳役之行为也。

六、出版引刷或摄影之行为

出版者印刷文书图画而颁布及发卖之行为也。印刷者用机器及他种方法复制文书图画之行为也。摄影者依于光线与药品之作用而描写人物之形状之行为也。

七、设场屋以集客之行为

设场屋以集客之行为者，为相当之设备而以客之来集为目的之行为也。其集客之场所屋内固可，即屋外亦无不可。且此种行为由本人自为之固可，即由他人代为之亦无不可。

八、兑换及银行之交易

兑换者交换本国之货币纸币及其它通货之行为也。银行交易者流通金钱及媒介信用之行为也。

九、保险行为

保险分为损害保险与生命保险二种。损害保险者，当事者之一方，约于一定之期间内，因受他方一定之报酬（即保险费），填补由一定之事故发生之损害之行为也。生命保险者，当事者之一方因受一定之报酬约对于他方或第三者之生死支付一定金额之行为也。保险行为常分为营利的与互相的二种。营利的保险行为，不限定对方人之性质；相互的保险行为，则以对方为社员为必要。故相互的保险行为不属于本题之范围。

十、寄托之承受

寄托之承受者为他人保管对象而受取其物之行为也。寄托承受之目的物，有可以消费者，有不得消费者。惟无论如何皆不失为相对的商行为。

十一、居间或牙行之行为

居间者，媒介他人间商行为之行为也。牙行者，以自己之名义为他人计算而贩卖或购买物品之行为也。

十二、商行为代理之承受

商行为代理之承受者，以他人之名义而出劳役之结果直接归于被代理者之行为也。此行为与牙行之行为不同之点，在以他人之名义而使被代理人（即他人）对于自己所为之行为直接负责。

第三节　附属的商行为

一、附属的商行为之性质

附属的商行为者，商人为其营业所为之法律行为也。其行为之本质，初无商行为之成分，其所以视为商行为者有二原因：（一）为之者为商人。盖此行为在普通人为之不得谓为商行为也。（二）商人之为此行为，以在营业上为限。盖商人所为之行为多矣，若一一认为商行为，岂不有广泛之嫌。故法律特规定以在营业上为之者为限，所以商人不在营业上所为之行为区别也。夫附属的商行为,既以商人在营业上为之为必要之条件,则法律行为之可视为附属的商行为者,必以与商人之营业上有联络之关系为要素。然何者与商人之营业上有联络之关系,何者则否,乃事实上之问题,非有一定不移之标准可缘。故研究此点不得不以特定之情形为依归,或者曰附属的商行为与相对的商行为如何区别乎?欲解决此问题,须知二种行为目的之互异。相对的商行为者,以完成以之为营业之宗旨为目的者也;附属的商行为者,以便利绝对的商行为或相对的商行为目的者也。易言之,相对的商行为者,主要商行为之一种也;附属的商行为者,从事于主要商行为所用之方法也。譬如保险公司所为之保险行为,相对的商行为也。因保险行为(如生命保险)而为之聘定医生以供检验被保险者之体格之行为,本非商行为,惟以其为实行保险行为方法之一,亦视为商行为。此种商行为即附属的商行为是也。现代法典关于附属的商行为殊少单独之规定。此种商行为之存在,大都自条文上推知。如德国现行商法第三四三条规定,凡属于商人营业一切之行为,谓之商行为。日本新商法第二百六十五条亦有同样之规定。细释其意,则知其所谓商行为者,除包括绝对与相对之商行为外,尚包括第三种之行为。盖凡为某种行为者,虽为商人,然由此即谓商人于其营业上所为之行为,仅为某种行为,则不通之论也。故吾辈负解释法律之责者,不得不认附属的商行为之存在,或者曰现今立法例何以视附属的商行为为商行为乎。考其原因不外乎商业上之必要,盖一种绝对或相对的商行为,必恃无数之他种行为而成立。此时若将此种行为视为普通法律行为,一任民法之拘束,则同为与某种营业有密切关系之行为,在法律上异其规定,势必妨害商业本身之顺利进行。殊非保护商业之道。现今立法家有鉴于此,故特设关于附属的商行为之规定。

二、附属的商行为之推定

何为附属的商行为之为事实问题,固如前述。然法律于此不能不稍有规定,以保护商业之安全。盖商业以迅速与确定为要件。法律上既认附属的商行为为商行为之一种。则不能不设法免除一般人关于附属的商行为是否之问题所有之疑虑。现今立法例为欲达此目的,恃推定凡商人所为之行为,皆视属于营业范围内者。今之德、奥、匈、伊各国商法,即采此规定者也。惟此种推定可以反证,故如有相当证据足以证明某种行为非属营业范围内者,则此种推定实归消灭。此种反证之责任,常属于不认商人所为之某种行为为属于营业范围内者之人。此盖证据法上必然之规定也。

第三章　商行为之当事者

商行为有单方的商行为(Unilateral mercantile transaction)与双方的商行为(Bilateral mercantile transaction)之别。单方的商行为者,仅于行为当事者之一方可认为商行为之法律行为也。如书肆与读者之间之买卖行为是。双方的商行为者,于行为当事者之双方可认为商行为之法律行为也。如大书肆与小书肆间之批买行为是。在民商法混同之国家,一切法律行为均受制于一种法律。故商行为之为单方的抑为双方的可以不问。然在民商法分立之国家,此种问题与法律之适用,有重大之关系。盖商行为之属于双方者,其应受商法之拘束,固无疑义。商行为之属于单方者,于一方虽为商行为,于他方则为普通法律行为。此时管辖此行为之法律,应为民法抑应为商法,实为一重要而困难之问题。依理论而言,此种行为应因当事者之不同,分别适用民商法。即于认为商行为之当事者适用商法,于不认为商行为之当事者适用民法。然行为非可任意分割者。行为当事者之双方,处于相互之地位不可须臾或离。当事者双方之行为不过同一行为之二种现象。甲让书于乙,而乙取之,一种行为也。甲不让则乙无所取,乙不取则甲莫由让。然以甲乙所处地位之不同。一则名之曰让,一则名之曰取;一则名之曰卖,一则名之曰买;一则名之曰赠,一则名之曰受。非行为之有二,实观点之不一,今若分别视之,使受二种法律之管辖,则当事者双方之联络关系全归乌有,行为之能否成立将漫无标准。故因当事者之不同分别适用民商法之说,实际上绝难施行。然则单方的商行为果应如何规定乎,或者曰应一律受民法之制裁,其理由约有二端:(一)商行为中以单方的商行为居多。盖普通人无日不须与商人为交易。设规定单方的商行为受商法之拘束,则普通人无日不须为少数商人之利益而牺牲其在民法上一般的地位及保护,于理实属不平。(二)商事以迅速与便利为要件,而其所以以此为要件者,实为保护商人之利益。今商行为之一方既非商人,则无特别保护之必要,商法之引用正可免除。以上各端无一足取,请述理由于左:

(一)商法之规定非以保护商人,乃以促进商事。商法之适用,商人不必尽得其益。故利商人而损普通人之说不能成立。

(二)法律为无知之物,可因时代之需要,随时随地适用之。普通人所为之私法上之行为不必尽受民法之拘束;而商法之适用,未必即与普通人有何损害。

(三)单方的商行为为商行为中之最普通而最重要者。盖商业之目的,大都在供给普通人之需要。设单方的商行为悉受民法的拘束,则商法无存在之必要,而商业将永无发达之希望。

基上理由,可知以民法管辖单方的商行为,实属欠当。故现今立法例多规定,遇单方的商行为时,仍适用双方的商行为之规定。德奥法等商法即采此规定。我国商行为草案亦仿之焉(商行为草案第三条)。

单方的商行为之应适用关于双方的商行为之规定,既如上述,请进而论此原则适用之程度。吾人言单方的商行为时,常以为行为当事者之双方均系一人,遂忽视适用上述原则之困难。殊不知单方的商行为之当事者,有一方之数人与他方之数人者;有一方之数人与他方之全体者;有一方之一人与他方之全体者;有一方之一人与他方之一人者;有一方之一人与他方之数人者。若单方的商行为,于当事者一方全员中之一人或数人为商行为,而于他方全员为普通法律行为,双方的商行为之规定仍适用乎? 不佞以为遇此情形,双方的商行为之规定,仍应援用。盖商法之存在,全以商事为前提。商行为当事者之多寡说,不足左右商行为之性质,自未便妄行区别。且当事者双方人数之比例,毫无标准,一与十比相差虽远,然十与百比未尝稍胜。苟惟行为当事者人数是决,势不至陷商业于不确定之状态不止,岂立法之本旨哉。故吾人应不问单方的商行为当事者双方人数比例之如何,绝对的适用双方的商行为之规定。

第四章　商行为之通则

第一节　商行为之代理

一、代理之效力

民法上代理人所为行为之对于本人发生效力,每以于行为之当时,表示其为代理行为为要件。考其用意,无非欲保护本人之利益。然此种规定在以敏捷便利为前提之商业上不能适用。故现今商法设特殊之原则,不以代理人之表示为本人行为为必要。易言之,商行为之代理人,虽不表示为本人代理其行为,亦对于本人生效力。惟于此有不得不声明者,即商行为代理之对本人发生效力,以相对人知之为要件。若相对人为不知情者而强使之向本人请求债务之履行,有时未免反其本意。故法律于此与相对人以选择之利益,规定商行为之代理人,如不表示为本人代理而对手人不知其为代理时,对于代理人不妨请求履行。我国民律草案第二百十三条第二款后段,日本商法第二百六十六条后段,即采此规定者也。我国商行为草案第五条,认代理人不明示其行为系代理本人时,相对人之对于代理人请求履行权为无条件的。其条文曰商行为之代理,代理人虽不明示其行为系代理本人,对于本人亦生效力,但相对人无妨对于代理人请求履行。此种规定未免使相对人过于自由，而代理人过于为难，殊非维持商业上安全之道，较之民律草案与日商法之规定不能无愧色也。

二、代理权之范围

民法上代理者从委任之本旨，负有善良管理人之注意处理委任事务之义务。此种规定于变化无常之商事，每有使代理者不能顺应时机便宜措置之虞。故最新立法例有采消极之规定，而以代理行为于不反委任本旨之范围内为有效者。日本商法第二百六十七条即其例也。我国商行为草案关于此点付之缺如。而民律草案亦未有特殊之规定。应用时难免有碍于商行为之迅速成立。关心立法者实不能不留意及之也。

三、代理权之消灭

据民法之规定代理权，因本人之死亡而消灭。然商行为之代理权，则有不依此规定者。盖商行为以迅速为贵。若以本人之死亡而遽行中止，殊非计之得者。且商行为之内容，较普通之法律行为为复杂，则相对人之多当远非普通法律行为所有者可及。代理者一旦失其代理权，不笃营业之程序有紊乱之患，即无辜之商行为相对人亦将蒙不测之损害。故商行为代理权不因本人之死亡而消灭之规定，实为商业发达上与社会政策上所亟需者。

第二节 契约之成立

契约之成立以当事者意思表示之一致为要件。民法上认意思表示之一致，为承诺与要约之符合商法上之原则，亦不外是。惟商法上关于要约与承诺之规定与民法上不同者甚多，兹分述于左：

一、契约之要约

（一）要约之效力

商行为契约要约之效力，因对话者间要约与隔地者间要约而不同。于对话者间要约之场合，被要约者若不实时承诺则其要约失效。于隔地者间要约之场合，被约要者若不于相当之期间内发承诺之通知，则其要约失效。

（二）与要约同时受取之物品之保管

商人受有属于其营业范围内之要约，并同时受有物品时难拒绝，要约亦当以要约者之费用保管其物品。但其物品之价不足以偿其费用，或商人因此保管而蒙损失时不在此限。民法上普通无此规定。商法上所以采此制度者，乃欲维持商业上之安全也。

二、契约之承诺

（一）承诺之效力

对话者间之要约如未定承诺之期间，须实时承诺。否则其承诺为无效。隔地者间之要约如未定承诺之期间，必须于相当之期间内发承诺之通知，否则其承诺亦为无效。此二种原则与要约之效力中所述者有连带之关系，故不详言。

（二）诺否通知之义务

民法上对于要约者之意思表示无诺否通知之义务。然商法上因交易密切之关系，有不能不设别段之规定者。即商人受有平常与之交易者所发属于其营业范围内之要约时，应即连发诺否之通知。若怠于通知其要约，即视为已受承诺。

第三节 连带债务

据民法之原则，债务者有数人时，如无特别意思表示，则各债务者以平等之比例负担债务。故如债权者欲使债务者连带负责，以图自己债权之安全，则非特别加以约定不可。但商法则正相反。数人因其一人或数人为商行为之行为而负担债务时，则各自连带负其债务。此盖因民法采分担主义而商法采连带主义也。

第四节 保证债务

保证为从债务。苟无特约，则主债务者不能履行时，始由保证人履行其债务。故民法上规定保证人有催告之利益、检索之利益与分别之利益。然商法上则异其规定。其债务若因主债务人之商行为而生，而其保证亦为商行为时，则其债务为连带的。

第五节 报酬之请求

观民法之规定，无论雇佣或承揽，凡为他人为某行为，如无特约，则以不得请求报酬为原则。但商人大都以赢利为目的，无荒时费力而无报酬之理。故商法恒规定商人于其营业范围内为他人为某行为，有请求相当报酬之权利。易言之，民法上之法律行为，以无偿为原则，有偿为例外；商法上之商行为，以有偿为原则，无偿为例外。

第六节 利息

民法上金钱垫付或消费贷借，以无利息为原则。商法上则不然，商人于其商业上为金钱之垫付或消费贷借时，如无特约，应支付法定之利息。盖商行为乃经济的行为之一种，决不宜以友谊的眼光目之也。商法上规定之法定利息，常较民法上所规定者为高。盖商业上经济之需要，每大于普通生活上者，自不得不有特别之规定也。

第七节 赔偿额之预定

赔偿额之多寡，有可确定者，有不可确定者，可确定者预定之，固无不可，若不可确定者而预定之，则不失之不平，即失之投机，殊非计之得者。故规定一般的私权利与义务，实体之民法关于不可确定之损害赔偿额之预定，恒予以制限。惟商业以迅速为要件，若必待损害发生后始定赔偿额之多寡，则费时过多，殊不经济。故商法规定关于损害赔偿额之预定，一任当事者之自由意思。

第八节 债务之履行

一、履行之地点

商行为给付（即商法上债务之履行）之地点或因当事者之意思而定，或因发生其债务之法律行为之性质而定。兹就因发生债务之法律行为之性质论履行之地点于左：

（一）如为交付特定物之债务于无特约时，则以行为之当时其物存在之地点为履行之地点。

（二）给付特定物以外，债务之履行于无特约时，则以债权者现时之营业所为履行之地点，无营业所者以其住所为履行之地点。

二、履行之时间

商业大抵有一定之交易时间。此交易时间,或为法令所命,或为习惯使然。故如无特约规定,应以法令或习惯所定交易之时间为履行之时间。

第九节　留置权

各国商法典中大都规定商人间因双方商行为所生之债权如达于清偿期限,则债权者于受清偿以前,对于因商行为而归于自己占有之债务之动产及有价证券,于无反对之规定时,有留置权。考其要件约有左之数种:

（一）债权者与债务者须皆为商人。
（二）其债权须因双方之商行为而生。
（三）其债券须已到清偿之期限而未清偿者。
（四）债权者须现在占有债务者之动产或有价证券。
（五）其占有物须因当事者之商行为而归于债权者。
（六）当事者间别无意思表示者。

商法上之留置权与民法上之留置权有左列之区别:

（一）关于债权者与物之关系。商法上留置权之成立,不以债权者之债权与占有物之间有何等直接关系为必要;而民法上留置权之成立则不然。

（二）关于发生之原因。商法上之留置权须由营业的商行为之债权而发生;而民法上之留置权则无何种限制。

（三）关于发生之时期。民法上之留置权以债权清偿期之到来为发生之时期,而商法则除以债权清偿期之到来为发生之时期外,尚有左之例外:（甲）债务者停止支付时。（乙）对于债务者之财产开始破产程序时。（丙）对于债务者财产之强制执行不得其结果时。

（四）关于占有物与债务者之关系。商法上之留置物,须为债务者所有之动产或有价证券。民法上之留置权,亦可发生于他人所有之动产或有价证券上。

（五）关于效力之范围。商法上之留置权关于债权之清偿,适用民法上关于质权之规定。民法上之留置权则不然。商行为之债权者对于留置物有受清偿之优先权,民法上之债权者则否。

第十节　时效

因商行为而发生之债权,其行使之时效,常较由普通法律行为所发生债权之行使时效为短。考其原因,不外商业之尚迅速敏捷,与普通法律行为异其性质。

证据法概论[*]

绪　论

第一章　证据法之观念及性质

　　欲明证据法之观念，必先知证据之为何物。自来证据之定义分法律的与论理的二种。依法律的定义而言，证据者乃法律上用以证明事实之方法也；依论理的定义而言，证据者乃依因果律可用以证明事实之方法也。证据法上所言之证据专指法律的证据而言，故证据法之观念应以法律的证据为基础。夫如是，则吾人可定证据法之意义曰：证据法者，规定法律上证明事实之方法之法律也。兹更揭其要素于左而分述之：

　　（一）证据法者，规定证据之方法之法律也，故与规定权利义务之实体之法律异。

　　（二）证据法者，其规定证明之方法，以属于法律为限者也。故不属于法律上者，如论理学与心理学中之方法不在此限。

　　（三）证据法者，其所规定之证据方法以关于事实为限者也，故法律之解释及引用不属于证据法之范围。然法律与事实之区别甚不明了，学者于此每多疑义，今特就证据法上法律与事实之定义略说明之。法律者，简言之，裁判上遵守及引用之规则也。事实者，某种动作事件或情形之存在或真实也。凡法律上之问题，常为关于某事规定权利义务之规则之解释或适用问题。事实上之问题，常为某动作事件或情形存在或真实与否之问题等。譬如审理强盗案时，甲曾否为某某行为，乃事实上之问题也，故应归于证据法之范围。甲之行为是否为强盗行为，或是否应受强盗行为所当受之制裁，乃法律上之问题也。故应归于刑法之范围。惟于此有不得不声明者，即现今多数之立法例规定，外国法律应与事实同视其内容之如何，非经主张之者证明不可。此盖以外国之法律以其本国为适用之范围，他国法院无必知之义务也。

　　证据法之观念既明，请进而言其性质。今之谈法学者常分法律为实体的与手续（编者注：即程序）的二种。实体法者，乃规定权利义务存在之范围及效力者也。手续法者，就实体法所规定之权利义务而定其实行及保护之手续者也。吾人所论之证据法，实体法欤抑手续法欤？欲解决此问题，当先研究证据法之目的。易言之，规定法律上证明事实之方法之宗旨果安在？考证据法之内容，其目的全在确定某事实之存在或真实与否，权利义务存在之范围及效力毫无直接之关系，而只对于其实行与保护之手续上贡献一推断之根据。故今之学者多视其为手续法之一部分，而于各诉讼法中予以规定。惟于此有不得不一言及之者，即证据法在手续法中所处之地位是也。当一方与他方发生权利义务上之争执时，双方所主张之事实不能相符，因而争执之焦点发见。此时欲断定某方之主张是否正当，则不得不

---

[*] 此为杨兆龙先生在上海法政大学任教时所编讲义。

探求事实之真相以为保护此方或彼方之根据,于是证据法尚矣。若证据法之规定偶一不当,则系争之事实永无明了之希望,而一切手续法中所恃以保护权利执行义务者,将皆失其效用。故证据法者,实为手续法中之关键也。今试举一极浅显之例以说明之。古时法律思想幼稚时代,对于刑事上之被告常采仇视主义,关于其犯罪之事实预存成见,法律上不以犯罪事实之举证责任加于告诉人被害人等,而反以未犯罪之举证责任加以被告,故被告之因无自白之方便而处于不利之地位在在皆是。今也立法主义变更,对于被告采保护政策。法律推定被告为无罪之人,将举证之责任置于诉被告之国家代表或私诉人,非有充分之证据足证其有犯罪之事实,则不得将此法律上无罪之推定取消。以故在昔易遭不白之冤者,今皆得以昭雪。考厥原因,胥证据法之改革有以致之耳。

第二章　证据法之背景及问题

大陆法系之法律关于证据法虽大都有所规定,然皆述焉不详,与英美法系中之证据法相较,不啻瞠乎其后。推其原因不外二法系中裁判制度之互异。盖英美法中设所谓陪审制度(Jury System)者,大陆法中除法德二国法律外,皆付阙如。陪审员之职务与裁判官异。概而言之,裁判官之职务专以解决法律问题为主;陪审员之职务专以寻求事实为主。譬如某甲诉为犯侵占罪。甲曾否为某种行为乃事实之问题,应归陪审员解决之;甲之行为是否成立侵占罪,或应否依侵占罪处断,乃法律之问题,应归裁判官解决之。惟寻求事实良非易易。在不采陪审制之国家,由裁判官兼任斯事,以审慎绵密之精神尽推论采择之能事,容可发现真相,伸张公理。然在采陪审制之国家由陪审员分担其事,以训练缺乏之头脑遇端绪纷繁之问题,难免应付无从,贻害非浅。于是规定证明事实方法之规则当焉。此规则惟何？证据法是也。依英美法之制度,除当事人自愿舍弃权利外,陪审员为审理上不可或少之人物。故证据法虽在大陆法系中远不及他种法律之发达,而在英美法中与他种法律为等量之进步,是以今之研究证据法者舍英美法莫属,大陆法不过聊资参考而已。

证据法之背景既如上述,请一论证据法上之问题。证据法上之问题虽甚琐碎,然荦其著者可分为三类,兹略述于左：

（一）事实应否证明之问题,即何种事实得证明,何种事实不得证明之问题。得证明之事实称为的当之事实(Facts relevant to the issue)或争执之事实(Facts in issue)；不得证明之事实称为不的当之事实(Facts irrelevant to the issue)或非争执之事实(Facts not in issue)。

（二）证据应有之问题,即证明某种事实应有何种证据方克济事之问题。凡所应有之证据具备者谓之证据充分；否则谓之证据不足。

（三）如何证明之问题,即某种事实应经何人并用何种方式证明之问题。法律上非人人皆有证明之能力,亦非用各种方法所发见之事实皆足征信,故应分别规定之。

以上第一问题简称为证据之的当问题；第二问题为证据之分量问题；第三问题为证据之提举问题。本讲义即以此三问题为研究之中心焉。

第一编　证据之提举

第一章　举证之责任

设有甲焉欠乙款而不偿还,乙乃诉甲。二人对簿公庭,乙则曰甲欠其款,甲则否认之。争执之点即甲是否欠乙款。欲解决此点有一先决之问题,即甲之欠乙款与否,其举证之责任应谁属是也。若法律加此责任于乙,则乙需证明甲实有欠款之情事；乙如不能提出有力之证据,甲可不负责任。若法律异其规定，加举证之责任于甲，则甲非证明其实无欠乙款之情事，不得卸责。然证明事实殊多困难，负举证之责任者与不负举证之责任者，其所处之地位相差悬绝。案件之于不负举证责任时，可操胜算；而至负举证责任时，失败者比比皆是。盖当事者之相见于法庭与敌人之对垒于战场无异。战场之上取守势为易，取攻势难，法庭之中亦何独不然。负举证之责任者，法庭中之取攻势者也；不负举证之责任者，法庭中之取守势者也。法律之规定无时不宜以维持正义为前提，举证之责任既如是之重要，则其归属之如何，关于当事人之利害者诚非浅鲜。故立法者关于此点应予以深切之考虑。此言果确，则吾人对于以上所论甲乙二人间之举证责任，不可不思一适当之规定。然则吾人所论欠款案中举证之责任果应谁属乎？欲解决此问题，请先述证据法上关于举证责任之极大原则。考现代立法例大都规定，凡某种事实之存在或真实与否，与某种权利义务之存在与否有联络之关系。主张该权利之存在与否之当事者对于该事实之存在或真实与否应负举证之责任，英美法即采此规定者也。我国民事诉讼条例第三百二十八条规定曰：当事人主张有利于己之事实者，就其事实有举证之责任。释其意义与英美法之规定实出一辙。盖当事人之相见于法庭，无非为保障个人之权利，故其主张某事之存在与否一经证明，即成为有利于己之事实。现今立法例关于举证责任之归属既如上述，请更就其学理上之根据一说明之。夫法律上何以采积极之规定，主张当事人对于己所主张有利于己之事实负举证之责任；而不采消极之规定，主张当事人对于他人所主张不利于己之事实反证之责任乎？其理由盖有二端：（一）当事人之一方所主张有利于己之事实对于他方即为有害之事实，若其所主张者果属确实，则他方之被牵入法庭固为允当。然其所主张之事实每有虚伪之虑，则他方之无故被累费时失事已属不平，若更令其负反证之责任，宁有斯理！譬如乙为甲不还款诉之于法庭，则甲之被牵入法庭，乙实为属之阶。甲果欠乙款，则乙以债权人之资格诉之固属理之当者；然乙容有诬诉之情事，此时乙纵败诉，亦不过负担区区之诉讼费，而甲则为证明己之不欠乙款，受无谓之烦恼与不当之损失，若更令其负反证之责任，则困难益甚，势非至受无故之大损失不止。故法律为受不利之当事者计，设保护之规定，置举证之责任于主张事实之当事人。（二）反证责任之存在，以当事人一方所主张有利于己之事实之成立为前提，主张之者如不能证明之，则该种事实无成立之可言。事实不成立则反证之目的不在，虽欲证明，亦不知何从说起。且一方所主张有利于己之事实未必皆属可靠，苟不经主张之者先行证明，则不实之事实而视为事实，处于不利地位之当事者即使能予以反证，而有用之精力完全虚掷。曷若先令主张事实之当事人证明之，藉免无谓之辩白之为得乎？今试引前例以说明之：譬如前所论之乙谓甲曾于某年某月某日向彼借大洋一百元，此时乙若不负举证之责任，则甲虽欲反证乙之主张，除单纯的否认外，别无他术，殊难得裁判者之同情，其能不败诉者，盖亦鲜矣。又如乙虚构事实，谓甲借彼百元，立有借据为凭。然乙并不负提出借据以供证明之责，一任其信口鼓簧，此时甲即使能尽反证之能事，而为此本不成立之事实空费精力，岂非徒劳。故为免当事人一造之虚构事实，而节他造之精力计，亦应使主张有利于己之事实之当事人负举证之责任也。

举证责任归属之学理既明，请进而言其活动之范围。吾人言举证之责任时，每以为此种责任常归属于原告。然一考立法之本旨及法院之解释，觉此说实属不通。盖当事人中原被告皆能主张有利于己之事实，当事人之一方如已有适当之证明，则他造当事人为反证起见，不得不提出有利于己之反对事实，而对此反对事实即负举证之责任。惟反证之责任以一方所主张有利于己之事实成立为要件。如一方所主张有利于己之事实不能证明，则他方无反证之必要。我国北京大理院即采此解释。如三年上字三四三号判例曰，各当事人就其所主张有利于己之事实，均应负举证之责任。故一方已有适当之证明者，相对人欲否认其主张，即不得不更举反证。又四年上字九四号判例曰，当事人应各就其有利于己之事实负举证之责，故在原告于起诉原因，在被告则就其抗辩事实应为证明，所谓举证责任之分担是也。若举证人不能提出合法之凭证，使审判衙门因而得推断其主张为真实，相对人更无自白时，其担负责任既有未尽，则相对人提出反证之义务即不发生。假令（即即令之意）相对人不能提出反证，或其提出反证不能证明抗辩事实，亦不能因此推定主证人之主张为真实。今试举例以明之：如甲被诉犯重婚罪,经检察官证明其重婚之事实后,甲乃负反证之责任。此时甲如证明其第一次之婚姻系出于威吓胁迫,故无效,则其反证之责任已尽,反对之事实成立,于是举证之责任复移至检察方面。此时检察官如证明威吓胁迫排除后,甲曾与其前妻乙同居若干时,以示其容忍此等婚姻,则反证之责任依然归属于甲。此种情形在证据法上谓之举证责任之移转(Shifting of the burden of proof)。如最后之一造不能尽举证之责任,则于该造不利之事实于是成立,而他造即为胜诉。惟于此有不得不知者,当事人所主张有利于己之事实,有毋庸举证者焉,此种事实分为四类:即(一)法庭认知之事实,(二)法律上推定之事实,(三)不能否认之事实,(四)自认之事实。但此等事实之本身,虽毋庸举证,其足以为此等事实之根据之事实,则必经证明之手续,是又不得不留意者也。

第二章 法庭认知之事实

　　证据提举之唯一目的,在使裁判者知当事者所主张之事实是否存在或真实。而当事者之所以对于某种事实须负举证之责任者,实以裁判者不能预知该事实之是否存在或真实。若裁判者对于该事实之存在或真实与否已能知悉,则当事者对于该事实之举证自非必要。故现今立法例大都规定法庭所认知之事实毋庸举证。我国民事诉讼条例第三百二十九条第一项即其例也。其规定曰:事实于法院显著或为其职务上所已知者,毋庸举证。若将此规定分析之,则法院所认知之事实约有二种:一为性质显著者,二为在职务上所已知者。所谓性质显著者乃其内容已被了解而无推究之必要之谓也;所谓之职务上所已知者乃因与职务上有关而已知之谓也。惟于此有二问题,即所谓性质显著为主观的欤抑客观的欤?所谓在职务上已知之者为必然的抑或然的?请先论第一问题。按第三百二十九条所云之显著以对于法院为限,并非对于法院以外之人而言。故事实之显著与否,完全以法院之主观观察为标准。事实于一般人虽甚明了,而于法院不显著者,则仍须经举证之手续。至于事实在职务上所已知之问题,条文上既称已知,自以或然的为限。与职务上有关之事实若未经法院知悉,仍非证明不可,非谓与职务上有关之事实皆认为已知也。英美法中关于法庭认知之事实绝少一般的原则,然其判例中所举具体之例则颇有可观。约而言之可分左之六类:

　　(一)常识上所应知之事实。属于此类者为科学上历史上地理上之事实、日常生活上所应知之事实及普通人所能知之事实等;

　　(二)外交上之变迁。属于此类者为本国对于外国之承认(Recognition)、国际法、本国与外国所订之条约、本国与外国之战争等;

　　(三)内政上之情形。属于此类者为国会之议案、政治首领内阁阁员、国会会员之委任选举或辞职、元首国会及各种官长之押章命令证书与职权等;

　　(四)普通习惯。此种习惯以有法律之效力而经法院承认者为限;

　　(五)法院所在地之方言及本国之国语,此种事实毋庸解释。

　　(六)法院职务上之事实。属于此类者为最高法院之诉讼程序及其裁判官所发之命令证书,与所用之押章;国会内关于法律议案之通过、法令之颁布等。

　　惟英美法中法庭所认知之事实与我国民事诉讼条例中所述者不同。我国民事诉讼条例中所述者,以法院在实际上了解之事实为限;而英美法中所论者,以法院在法律上应知之事实为限。故在英美法中法院所认知之事实有一定之范围,属于其范围内者,虽法院实际上不知之,亦任知之义务,当事人对于此种事实可免举证之责任。而依我国民事诉讼条例,法院所认知之事实,一以法院实际上所已知者为限,其范围之如何全以司裁判之事者之见闻学识为断。顾英美关于裁判官对实际上不知之法庭所认知之事实,设一补充之规定,即对于所认知之事实不了解时,裁判者可命主张该事实之当事者提出可供参考之书籍或文书以为根据是也。

　　英美法与我国民事诉讼条例关于法庭所认知事实之规定既如上述,请一比较其长短。英美法之长，在其认知事实范围之广大；而其短，则在认实际未知之事实为已知之事实。我国民事诉讼条例则适相反。然则吾人权衡得失，应如何取舍乎？不佞以为二种制度名虽异而实则同。其适用之如何，一以裁判者之学识经验为断。如裁判者之学识经验充足也，则虽以法院所已知之事实为认知之事实，当事者仍可免举证之烦；如裁判者之学识经验缺乏也，则虽以法院应知之事实为认知之事实，主张事实之当事者仍不能辞提出参考之责。故吾人对于此二制度之取舍应以特殊之情形为标准。

第三章　法律上推定之事实

　　法律上推定之事实者，法律关于某事实所有利于或不利于当事者之推想（inference）也。法律上推定之事实，本大部分属于实体法之范围。惟以其与举证责任之问题有密切之关系，且实体法中所论者皆东鳞西爪漫无组织，不得不于证据法中加以系统的研究。我国民事诉讼案例第三百三十二条承认法律上推定之事实毋庸举证，惟该条例关于何种事实为法律上推定之事实一点，毫不提及，不若英美证据法之有详细规定。考其原因，不外我国法制与英美法制之不同。盖我国为成文法国，法律上推定之事实多于实体法之法典中规定之事实，手续法中无赘述之必要。英美二国为不成文法国，一切原则均于判例（Precedents）中求之，研究法学者可将有联络关系之各种判例任意汇集以资探讨，形式上不受何种拘束。我国民事诉讼条例中关于法律上推定事实之规定，之所以不若英美法之详密者，除因制度之不同外，实有他故焉。即我国民事诉讼条例证据部分之规定，不如英美法之完备是也。夫法律上推定之事实，虽大部分属于实体法之范围；然谓其本身于手续法中无地位则不可。盖法律上推定之事实，不仅尽为权利义务之实体而存在，其为保护权利执行义务之方法而存者，亦数见不鲜。若证据法上只以实体法中所规定者为研究之目的，而将手续法中所固有者付之阙如，则其内容之不完备不言可喻。我国民事诉讼条例忽视手续法中应有之法律上推定之事实，而一以实体法中所规定者为根据，较之英美法之兼顾二种法律上推定之事实而合并研究之，实不能不相形见绌。故余以为在采成文法之吾国，若英美二国之完全将实体法上所推定之事实划入证据法之范围，应属失当。然关于手续法上推定之事实，则不可不予以积极之规定。

　　英美法上推定之事实分为二种。一为不可反证之推定的事实（Irrebuttable presumation, presumption juris or de jure），一为可反证之推定的事实（Rebuttable presumption, presumption juris）。我国民事诉讼条例似只认可反证之推定的事实。盖第三百三十二条曰：法律上推定之事实在有反证前毋庸举证。既曰在有反证前，其容许反证则可知；且自不能视为包含不可反证之推定的事实在内也。兹依英美法之方法，将法律上推定之事实分不可反证者与可反证者略述于后。

　　（一）不可反证者。属于此类之重要者为左列各种推定：

　　（甲）凡行为者对于其行为之自然结果（natural consequences）人认为有意的。例如着作品损害人之名誉，而致其蒙损失时，虽著作者出于无意，亦不能不负损害赔偿之责。又如以燃烧之香烟头投入草堆内，纵其行为出于无意，以后如草堆被焚，亦不能不认其为有意，而使之负填补损失之责。

　　（乙）七岁以下之幼孩不能有犯罪之意思，故不能犯罪。此为英美法中关于犯罪能力之规定。我国新刑律则规定十二岁未满之人之行为不为罪（新刑律第十一条，国民政府新颁之刑法则规定未满十四岁之人之行为不为罪，新颁刑法第三十条）。

　　（丙）奸未满十二岁幼女者，不论幼女同意与否，因其无意思能力，盖视为强奸（新刑律第二百八十五条第二款新颁刑法第二百四十条第二款）。

　　（丁）未满十四岁之人不能犯强奸罪，此系英美法之规定。

　　（戊）人人皆知法律，故法律上之错误不可原宥。

（己）以所有之意思于三十年间和平并公然占有他人未登记之不动产或动产者，视为该不动产或动产之所有者（民律草案第三百条）。

（庚）债权之请求权因三十年不行使即认为消灭（民律草案第三百零四条）。

（辛）商人自其商业上平常之主顾受有属于其营业范围内之要约，若怠于发出不承诺之通知时，则认为承诺其要约（商行为草案第十条）。

以上所举各点不过推定事实中最显著而最普通者，其余可述者为数尚多，惟以限于篇幅暂行从略。

（二）可反证者。属于此类之重要者有左列之例：

（甲）七岁以上十四岁以下之幼孩无犯罪之意，此为英美法中关于相对犯罪能力之规定。

（乙）刑事上之被告为无罪者。

（丙）失踪人生死不明满十年者，或遇危难人自危难消弭后生死不明满三年者，因法院之死亡宣告认为死亡（民律草案第五十七条），受死亡宣告者之死亡时日为判决内所确定死亡之日（同律第五十八条）。

（丁）商人所为之法律行为，及他人对于商人所为之法律行为，均为商人商业上所为之行为（商行为草案第二条）。

（戊）妻之受胎时期在婚姻有效中，并夫于妻之受胎时期内曾于妻同居者，则所生之子为嫡子（民律草案第一三八一条）。

（己）男女以夫妻之形式而同居者，认为结婚之夫妇，此为英美法之规定。此种推定在证明重婚罪时或离婚分居或宣告婚姻无效时不能适用。

（庚）男人知女人怀孕而与之结婚则以后所生之子视为嫡子，此为英美法之规定。

（辛）票据之承受系有代价者并系经正当程序者。

（壬）保管人（Trustee）买权利人（Cestui que trust，Beneficiary）之财产时，推定为得不正当之利益；监护人、主人、医士、律师买被监护人、仆人、病人、当事人之财产，亦同。此为英美法之规定。

法律上推定之事实既略举如上，请就其应用之点说明之。法律上推定之事实毋肩举证，前既言之，则吾人不难知此种事实对于举证责任之移转有如何之关系。凡当事者之一造，已证明其所主张有利于己之事实时，则举证之责任移转至他造方面；此时他造所主张之反对事实若为法律上所推定者，则毋烦词费时而可使举证之责任复归属于对方之当事人。故法律上推定之事实，为左右举证责任之归属之一大势力。

第四章　不得否认之事实

英美法中有所谓 Estoppel 者，与举证责任之归属有密切之关系，证据法上论之甚详。学者关于 Estoppel 之定义，意见颇不一致。证据法之著作中为避免困难计，常以例证（illustration）代之。然 Estoppel 之定义实甚简单，学者之所以不能意见一致者，乃由于解释过于求详，因而失之偏狭。故吾人可下一简单之定义曰：Estoppel 乃阻止当事者否认某种事实之存在或真实之法律上之原则也。根据此原则之某种事实，谓之不得否认之事实（Facts which a party is estopped from denying）。不得否认之事实为法律所认为存在或真实事实之一种，故主张之者可不负举证之责任。譬如已确定之判决内所认定之事实，法律有不准当事人否认之规定；纵其内容不确，当事人亦不得否认之。故主张之者可不负举证之责任。不得否认之事实与不得反证之法律上推定之事实异，其根本原因在于否认（denial）与反证（Counter-proof，proof to the contrary）之不同。否认者以不承认对方所举事实本身之存在或真实为限者也；反证者，以举出反对或解除对方所举事实之本身或其效力之事实为限者也。故不得否认之事实，当事者虽对其本身之存在不得否认，但不妨另举反对或解除事实以消灭或解除其效力。不得反证之法律上推定之事实则不然，盖其效力无论如何不容消灭或解除也。譬如已确定之判决内所认定之事实，不得否认之事实也。当事者虽不得提出证据，证明其本身之不存在，但不妨从他方面另举反对或解除之事实以消灭或解除其效力。如证明审理该案之推事受贿，是人人所知法律不得反证之法律上推定之事实也，无论其与事实如何不符，其效力绝对不得消灭或解除。

不得否认之事实之性质既如上述，请就其内容一言之。证据法上关于否认禁止（Estoppel）之原则约有三种，即：（一）基于存案之否认禁止（estoppel by record）；（二）基于契据之否认禁止（Estoppel by deed）；（三）基于行为之否认禁止（Estoppel in pais or by conduct）是。根据此三种原则之事实即为：（一）存案上不得否认之事实；（二）契据上不得否认之事实；（三）行为上不得否认之事实。兹将各原则与事实分论于后。

第一节　基于存案之否认禁止与存案上不得否认之事实

基于存案之否认禁止者，即禁止受某种判决（Judgment）拘束之当事者否认该判决中所认定之事实之原则也。存案上不得否认之事实者，即当事者所不得否认之判决中关于诉讼原因之事实也。判决可分为对世的或属物的（In rem）与对人的或属人的（In personnam）二种。对世的判决为关于人（person）或物（thing）之身份（status）或情形（Condition）者。如离婚之判决、确认亲子关系（Legitimacy）之判决及确定嗣续关系之判决是。此等判决有对世的效力，一经确定，则人人受其拘束。故其所认定之事实无论何人不得否认之。然以上所言为判决之效力问题，若自判决之本身言之，则此种原则不能适用判决本身之问题为判决之成立是否正当或适法之问题。如判决之宣告系出于法官与当事者之妥洽（Collusion）、或出于欺诈（Fraud）、或宣告判决之法院对于其判决之事件无管辖权，则判决不能成立，其所认定之事实自无承认之可能。故证据法不认其为不得否认之事实。

对人的判决为关于人或物之身份或情形以外事物者。此等判决仅对于诉讼之当事者及共同利害关系人（privies）有拘束力，故其所认定之事实，亦仅于当事者及共同利害关系人间禁止否认。所谓共同利害关系人者指三种人而言：（一）由于血统关系者，如继承者与被继承者是；（二）由于法律规定者，如遗嘱执行者与已故之夫妇是；（三）由于财产之关系者，如买者与卖者、受赠者与赠与者是。关于对人的判决所认定之事实之禁止否认，英美法之学者中亦有主张不以当事者及共同利害关系人间为限者。其理由为判决本身之效力与判决内所认定事实之拘束力为截然二事。判决之效力虽有对世与对人之别，然判决所认定之事实至判决确定后，无论何人不得否认之。不佞以为此种主张甚为正当，请述其理由于后：

（一）法院之行动以一致为必要。业经确定之判决内所认定之事实关于诉讼原因（Cause of action）部分者，应有拘束以后诉讼当事人之效力，不然则法院前后之行动矛盾，威信岂不扫地。

（二）当事者于判决确定后，如发现新事实、反对事实、或解除事实，不妨声请再审；非谓判决一经确定当事者永无平反之望也。

（三）当事者与共同利害关系人未必尽为与判决之结果真有关系者。如依英国之法律，刑事案件有时须用国王之名义起诉，则诉讼之当事者为国王与被告。若刑事判决内关于犯罪证明及责任所认定之事实得以否认，则以后告诉人或被害人请求民事上之赔偿时，势非将被告之犯罪事实重行证明不可。空费时日与精力，岂法律保障人权之道。复观我国诉讼制度，则吾人所主张之正当更属明显。我国刑事诉讼条例第十一条曰：本条例称当事人者，谓检察官、私诉人及被告；则非告诉乃论之罪之告诉人，乃被害人，非当事人。可知若刑事诉讼判决所认定之事实得否认，则告诉人或被害人与被告间之权利义务无一定之标准，社会何得安宁。

英美法上认外国法院判决内所认定之事实亦有不得否认之效力。惟遇左列情形，此原则不能适用：

（一）宣告判决之法院对于诉讼之事物或被告无管辖权时；

（二）判决因欺诈之手段而得来时；

（三）判决违反自然之正义的原则（rules of natural justice）时；

（四）判决违反国际私法之原则时。

我国诉讼法中，仅刑事诉讼法条例关于刑事判决所认定之事实有所规定。该条列第七条曰：刑事判决所认定之事实以关于犯罪之证明及责任者为限，有拘束附带民事诉讼或独立民事诉讼之效力。所谓有拘束附带民事诉讼或独立民事诉讼之效力云者，即于附带民事诉讼或独立民事诉讼时，刑事判决所认定之事实不得否认之谓也。惟刑事判决所认定之事实须合乎左之条件，方有不得否认效力：

（一）刑事判决必已经确定者。关于此点虽无明文规定，然解释上不得不作如是观；

（二）刑事判决所认定之事实以关于犯罪之证明及责任为限，其关于被害人所受损失之程度者则不在此内。

第二节 基于契据之否认禁止与契据上不得否认之事实

契据为经当事者盖章（Sealed）而递交（delivered）之文件（written instrument）。依英美法之规定，凡契据内关于事实之积极规定（positive statements of fact），履行契据者（party executing the deed）及以其权利为根据者一概不得否认。盖契据内关于事实之积极的规定乃当事者审慎考虑之结果，类能表示当事者之真实意思，在证据上应认为最可靠者也。惟吾人有不得不留意者，即契据内关于事实之积极的规定以与契据之目的（Subject-matter）有关系者为限。因当事者于立契据时所念念不忘者，厥惟契据之目的。关于目的之事实必有充分之了解，故在事实上怀疑之程度甚少。至于契据目的以外之事实则不然，当事者之目光既不在此，则疏略之处自不能免，苟一律禁止否认，殊属不平也。

第三节 基于行为之否认禁止及行为上不得否认之事实

基于行为之否认禁止在英文上谓之 estoppel in pais，此种名称乃自沿革上得来。按 pais 为一法文字，有国家或国家之居民之意。依最初基于行为之否认禁止之原则，凡当事人所为之行为系众人所知者，以后不得否认该行为为有效。譬如土地所有权之让交（delivery of seisin），乃于证人前举行之仪式（formal）；假定（constructive）的土地之让交，凡为此行为之当事者以后不得否认其让交土地之事实。此种原则适用之范围，后因时代之变迁逐渐扩张，而不以土地所有权之让交为限。至于今日，则凡当事者之行为足以表示某种事实存在，而致他人为引诱而变更其地位或情形者，以后该当事者不得否认该事实之存在。当事者之行为可分为积极的与消极的二种。积极的行为即言语动作是；消极的行为即不作为静默容认是。消极的行为之构成禁止之否认，以当事者负作为义务为限；如无作为之义务，则当事者之不作为、静默或容认乃其权利，法律上决无加之以责任之理。譬如依民法之规定，卖主无故将货物指定价格寄于他人，声明于一定之期间内不发不购买之通知，即认为已购买时；如收货人不发通知，仍得否认已购买货物。依商法规定则如买主为收货者平时之主顾，且其所寄之货物为属于收货者商业范围内时，收货者如不从速发不购买之通知，以后即不得否认有购买所收货物之意。盖在民法上收货人无通知之义务，消极之行为不能构成不得否认之事实；反之，在商法上收货人负通知之义务，消极之行为足以构成不得否认之事实也。

基于行为之否认禁止成立之经过，无论由于消极的抑积极的行为，须具左之条件：

（一）所表示者为事实。关于法律者，则不在此限。盖法律为人人所应知者，不得以他人之表示为标准。而事实则千变万化，其真象如何不得而知。吾人所凭借者厥惟他人之表示，故表示之虚伪，应加表示者以相当之责任。

（二）表示之结果。曾使他人对其所表示之事实信以为真、而变更地位或情形。所谓变更地位或情形者，即得丧或变更权利义务之谓。否认禁止之原则以防止不测之损失为目的，如他人受表示后权利义务上不受影响，则法律无保护之必要。故表示之结果必须为受表示者地位或情形之变更。所谓信以为真者，即表示虽假而不知其假之谓。法律行为之成立以诚实为条件，知情而故意取巧者，法律不予以保护。故表示之结果必须为确信所表示之事实为真而生者。

（三）表示之事实须为足以确信者。人之智愚不能一律，行为之表示，普通人知其为假者，极愚者或信以为真。若专以人之知与不知为标准，难免失之不平。故法律认表示之事实是以确信者为限。

第五章 自认与自白之事实

第一节 绪论

自认（admission）者，当事者于民事案件内及刑事案件内不属于犯罪意思或犯罪行为部分事实之承认也。自白（confession）者，刑事案件内之被告关于犯罪意思或犯罪行为事实之承认也。自认与自白之事实均系当事者自己承认之事实。当事者类皆不愿为不利与己之陈述，其自认或自白也，必能以审慎出之。以故自认与自白之事实不真实者甚少，举证之手续非属必要。此现今立法例之所以规定当事者主张之事实经他造自认或自白者毋庸举证也。虽然自认与自白之事实非尽可靠者，法律为发现真实计，不得不设种种规定，以杜鱼目混珠之弊。本章所论即此种规定之大要。兹为便利起见，特将其关于自认与自白之事实者分述于后。

第二节 自认之事实

一、自认事实之条件

自认事实之毋庸举证者必具左之条件：

（一）为当事人主张之事实。举证责任之问题完全因当事者之一造有所主张而他造有所争执而生。若当事者之一造无所主张，则他造无所争执，举证责任之问题莫由发生。自认之事实如非当事者所主张者，则不属诉讼之范围，其应否举证自不成问题。故吾人所论之自认事实以当事者所主张者为限。

（二）非出于胁迫者言。自认事实之所以毋庸举证者，以其出于当事者之自由表示足以代表真象。其以胁迫之手段而得之者，必非出于当事者之自由意思，则其真实之程度殊不可信。若不经举证而以之对抗表示之者，其流弊所至将不堪设想。

（三）非处于错误或相对人之同意者。自认事实之可靠，以其性质之真实。其性质之所以真实者，以其为不利之事实当事者不愿为虚伪之表示。若当事者之表示系出于错误或相对人之同意，则其内容不能代表真象也可知。如亦认为毋庸举证，岂不违反立法之本旨哉！

（四）自认之事实系当事人本人、或其代理者、或其共同利害关系者，或与其利益相连带者、或其所指定以供参考者所陈述或表示者。自认事实之可靠，既缘于其不利于当事者，则其陈述或表示若出于与当事者漠不相关者，自不足凭。故证据法上所承认之自认事实，以出于当事者本人、或其它特定之关系人者为限。当事者本人自认之事实之足以对抗当事者本人甚为明了,可毋庸论兹。所须解释者,即由于其余人自认之事实。请一一分述于后:

(1) 由于当事人之代理人者。所谓代理人者,即当事人之受信托者(trustee)、诉讼代理者妻(以买日用必需品为限)、合伙员等是。此等人于代理之范围内与代理权之存续期间所认之事实,等于当事者自认之事实,故对于当事者有直接之拘束力。

(2) 由于当事人之事之共同利害关系人者。共同利害关系者,分法律上、血统上与财产上之三种,已详述于前章中,兹不赘言。惟吾人所不可不知者,乃此等人所认之事实之所以等于当事人本人所自认者,其故在于其与当事人有密切之关系。依普通之惯例言之,其故意为虚伪之陈述或表示而损害当事人之利益者,绝不多觏。

(3) 由于与当事人利益相连带之人(Persons having joint interest with the party)者。所谓与当事人利益相连带者,即指负连带责任者而言。利益之连带(joint interest)与利益之共同(community of interest)有别。利益连带者,彼此相处之地位为相互代理人之地位。于一定之范围内,此造之行为即他造之行为,他造之行为亦即此造之行为。故彼此自认之事实有互相拘束之效力。利益之共同者则不然,其彼此间关系发生之原因为利益之相聚,彼此之权力仅及于其本人所有之部分,相互代理之关系并不存在。故此造所认之事实,不能视为他造自认之事实。

(4) 由于当事人所指定以供参考之人者。所谓当事人所指定以供参考之人者,即公正人等是。此等人既系当事人所指定者,则其为当事人所信任可知。故其所认之事实,法律上推定为当事者本人所自认者。

由于当事人各种关系之自认事实既分述于上,兹更进一言以补充之。即上述之各种自认事实须具二种共通之条件:

(甲) 自认之事实为属于各人与当事人间关系存在之本旨范围内者;

(乙) 自认之事实系于各人与当事人间关系存续之期间陈述或表示者。

盖由于当事人本人以外之人自认事实之可靠,缘于当事人与此等人关系之密切。一旦关系脱离,则彼此任意行动无所顾忌,陈述之虚伪与否殊难断定,若一律免以举证之责,流弊滋多也。

(5) 事实之承认非系出于和解,而亦非以不提作不利之证据为条件者。证据法中有所谓不得损害表示者利益之自认(admission made without prejudice),其目的在藉退让之方法,以免诉讼之纠纷。当事者之为之,不必尽由于承认相对人所主张事实之存在。故为避免不利计,常以不提作不利之证据为条件。英美之证据法认此种自认不得对抗为之者。当事者之主张基于此种自认之事实者,仍应负举证之责任。考其理由约有二端,兹一一略述于后:

(甲) 当事者之为此种自认既出于和解之意思,自不能推定其所表示者足以证明真正之事实;故不提作不利之证据之条件,应认为有效,以保护当事者。

(乙) 健讼之风最有害于社会之安宁,故现今各国对于民事案件及与公共利益无关之刑事案件,均竭力奖励和解。当事者之表示退让,希图和平了事,与现今之司法政策正相吻合,法律上自应予以相当之保护,以奖宁人息事之风。藉杜雀角鼠牙之讼,若当事者之退让之表示本附以不得用为不利之证据之条件;而法律不予以承认,则虽有退让之表示而被相对人拒绝者,将常蒙不利。势必至表示退让者无人,社会之感情日恶。

不得损害表示者利益之自认(即自认之出于和解而以不提作不利之证据为条件者),所以不得对抗为之者之理由既如上述,则基于此种自认之事实应划出本章所论自认事实之范围也甚明。此吾人之所以规定自认事实之毋庸举证者,以非出于和解,且非以不提作不利之证据为条件也。惟吾人于此有须附带声明者,即不得损害表示者利益之自认事实以由和解之表示所推定者为限。其与和解之表示(即条件等)无直接关系之自认的独立事实则不在此内,盖此等事实之承认为当事者所明示者,其性质之真实殊足凭信,故应认为毋庸举证。

二、自认事实之种类

自成立之形式上言之，自认之事实可分正式的(Formal)与非正式的(informal)二种。自成立之原因上言之，自认之事实可分基于行为的(by conduct)与基于静默的(by silence)二种。兹先就正式的与非正式的二种言之。

（一）正式的自认之事实。此等事实之自认，以在准备书状或言词辩论或在受命推事或受托推事前为之者为限，至于自认方式之如何可以不问。其因推事之讯问而为之者固可，其因当事者自动之意思而为之者亦无不可。

（二）非正式的自认之事实。此等事实之自认可于法院以外之任何地点及任何人前为之。我国民事诉讼条例只认正式的自认之事实毋庸举证，关于非正式的自认之事实无所规定。故自认之事实范围未免过狭，实有补充之必要（民事诉讼条例第三百三十条）。兹更就基于行为与基于静默之自认事实言之：

（一）基于行为之自认事实。基于行为之自认事实有广义与狭义二种。自广义上言之，此等事实包含一切因动作言语及不动作而自认之事实在内。自狭义上言之，此等事实仅以因动作或言语而自认之事实为限。此处所论者，专指狭义之自认事实而言。请举例以明之。譬如甲问乙已否与丁结婚，乙答曰未结婚或已结婚。以后，对于乙主张已否结婚之事实时，乙对甲所言者苟与乙之所主张者相符，则乙所言者为自认之事实。此种自认之事实即基于言语者。又如甲问乙已否与丁结婚，乙不语而惟点首或摇首以答之，则关于已否与丁结婚之事实亦可认为已经自认之事实。此种事实即基于动作者。

（二）基于静默之自认事实。此种自认事实成立之要件为当事者负有动作或言语之责任而不动作或不言语。若当事者本不负动作或言语之责任，则虽以静默处之亦不能视为承认相对人所主张之事实。譬如相对人陈述时，当事人亲自在场，则当事人对于相对之陈述苟不承认，应有所辩白；若静默而无表示，则视为默认相对人之主张之事实。惟有不得不注意者，即基于静默之自认事实，不仅以当事者负动作或言语之责任为条件，亦以当事者之他项表示不能显其有争执之意思为必要。盖当事人表示意思之方法甚多，不应执一以为断也。

三、自认事实之效力

自认事实之效力因正式与非正式之自认事实而不同，兹分别言之于左。

（一）正式自认事实之效力

1. 关于事物之效力。正式自认之事实以本案为有效之范围，其属于他案者，必其自认之事项与本案件争之事项系涉同一事物方得认为有效。

2. 关于人之效力。正式自认之事实仅诉讼之当事者可利用之以对抗相对人；非诉讼当事者则不然。

（二）非正式自认事实之效力

1. 关于事物之效力。非正式自认之事实不论于何种案件内可用以对抗受自认拘束之当事人。

2. 关于人之效力。非正式自认之事实无论何人得用以对抗受自认拘束之当事人。

第三节 自白之事实

一、自白事实之条件

事实之不利于己者，每为人所不敢道。故当事者对于此种事实之不确者固绝无虚构之意思；即对于其真实者亦鲜有承认之勇气。自白之事实为不利于刑事上被告之事实，则被告对之应否认之，不违宁有虚构之理。此证据法上所以认自白之事实毋庸举证也。虽然自白之事实非尽属可靠者，盖方今道德堕落知识增高之时，自白之出于良心或自愿之意思者既难多觏察，则其出于别种原因者必不可免。苟不妥为区别，慎于取舍，则举证之烦虽减，冤屈之事日多。此证据法所以对于自白之事实特设种种条件也。自白事实之条件因英美法与中国法而不同，兹先就属于英美法者一言之。

英美法上关于自白事实之条件分为二种，请分述于左：

（一）自白之事实系被告犯罪成立之基本事实。故被告承认之事实与犯罪之成立无关系者，不得谓为自白之事实。

（二）自白系出于自愿(Voluntariness)。自愿之意义可分二点，言之如左：

（甲）非由于希望有权力者(Person in authority)对于犯罪行为之赦免(forgiveness)。所谓有权力者即指告诉人(Prosecutor)、或其夫、或妻、或代理律师及监视被告之司法官吏及有同等地位之官吏而言。非由于犯罪行为赦免之希望含有二种意义：

① 非出于利诱(inducement)。利诱者，以自由与罪之减免劝之之谓也。故宗教上之劝告与罪之减免无关者不在此限。

② 非出于允许(promise)。允许者，以允许罪之赦免为自白之条件之谓也。故保守秘密之允许(promise of secrecy)与犯罪之赦免无关者不在此限。

（乙）非由于有权力者以现在世界上刑罚之恐吓(threat of temporal punishment)。所谓现在世界者，即吾人所生存之世界也。与现在世界相对者为灵的世界(spiritual world)。现在世界对于犯罪之刑罚为物质的或肉体的。灵的世界对于犯罪之刑罚为灵魂的。前者属于现行法(positive law)之范围；后者则属于宗教之范围。法律上所认为使自白无效之原因，以肉体上或物质上之刑罚恐吓为限，其属于灵魂者不在此内。故被告因法官之宗教上之恐吓而自白者，其自白之事实仍为有效。刑罚之恐吓含有胁迫强暴二义。胁迫与强暴在实际上无甚区别，故英美法上以恐吓(threat)一名词概括之。惟恐吓之可为自白之无效原因者，必须出于有权力者。其出于普通人者，不能使自白无效也。

英美法不认诈欺(Deception)为使自白无效之原因。故法官用诈欺之方法而使被告自白者，其自白事实有对抗被告之效力。

英美法上关于自白事实之条件既如上述，兹更就属于中国法者述之。吾国刑事诉讼条例第三百零三条第一项曰：被告之自白非出于强暴、胁迫、利诱、诈欺及其它不正之方法且与事实相符者，得为证据。细释其意，则自白事实之无须举证者，必具左之二条件：

（一）自白非出于不正之方法。所谓不正之方法者，可分二种：甲为法律所列举者，即强暴、胁迫、利诱、欺诈是；乙为法律所概括的规定者，即一切法律所未列举之不正方法是。刑事诉讼条例之所以规定自白之非出于不正之方法为自白事实条件之一者，乃以不正之方法所致之自白，未必出于自由意思，不能对于被告有拘束力。

（二）自白之事实与真正之事实相符。自白之出于不正之方法者，其事实固不足信矣。然自白之出于正当之方法者，其事实亦有不可靠者。其所以不可靠之原因，约有二种，兹分述于后：

（甲）自白者对于事实之错误。人之智愚不一，则其观察力不能尽同。观察力强者，对于事实或可了然；观察力弱者，对于事实每多误解。刑事上之被告既不能尽属观察力强者，则其对于事实之错误为绝不可免之事。

（乙）自白者之故意自陷。不利之事实虽为常人所不敢道，然被告之为特别原因而故意承认莫须有之犯罪事实者亦意中事。盖人之志趣各有不同，甲所重者为此，乙所重者为彼；甲所爱护者每为乙所忽视，乙所缺乏者非必为甲所需求。苟乙之求于甲者为甲所不重视者，而其施于甲者为甲所亟需者，则甲未有不牺牲其所不重视者而得其所亟需者也。譬如甲为富翁，重视名誉，乙为乞丐，崇拜金钱。甲固犯强奸罪而经检查察官起诉。其强奸行为系实施于晚间，其时被害者丙之卧室内灯光已灭,故甲之面貌未为丙所认识。惟甲之住所与丙之卧室毗连,中间有门相隔,甲之入丙之卧室即由此门。强奸之后,甲逃回己室。起诉以后,甲恐事被败露,遂一方面坚不承认有强奸行为,一方面诱买乙到院自首。乙固重金钱而轻名誉者也,乃虚构事实自白其犯罪情形。此种自白即故意自陷之一例。为法官者苟以自白为己足,而认乙之强奸罪证据确凿;则乙以乞丐为贪得金钱而甘尝铁窗风味固不足惜;然甲以犯罪之主体恃金钱之魔力反得逍遥法外,其如法律之尊严何!

英美法与中国法关于自白事实二条件所不同者共有三点:

(一)英美法所认之自白无效之原因,以足以左右被告真实陈述之意思者为限。故其所认之无效原因为利诱、允许、恐吓三种。至于欺诈则不在其内。吾国法所认之自白无效之原因,以方法之不正者为限,故欺诈及其它不正之方法亦为自白无效之原因。

(二)英美法中自白之无效原因以出于有权力者(Person in authority)为成立之条件,吾国法中则无此限制。

(三)吾国法规定自白须与事实相符,故事实之经自白者并不推定为真确;英美法中无自白须与事实相符之规定,故事实之经自白者推定为真确。

英美法与中国法关于自白事实之条件之异点既述如右,请一较得失:

(一)中国法之以不正方法为自白无效之原因,不若英美法之以足以左右真实陈述之意思者为无效之原因之得当。其理由如左:

(甲)证据法之目的在发见真实(truth),故凡不妨碍自白者之真实陈述之意思者,皆可采为证据之标准。不正之方法不尽足以妨碍自白者之真实陈述。譬如甲不认有窃盗行为,裁判官乃伪称:余曾至汝家调查,据汝妻言,汝曾窃乙之衣服二件,汝妻之言既如是,何得狡赖?甲闻言后,以为其妻果将其窃盗之情事直告裁判官,遂自白其窃盗经过情形于裁判官。裁判官所用之方法虽属不正,然确有使自白者有为真实陈述之决心之效力,故仍不失为发见证据之适法方法。

(乙)法律与道德不同。乞丐之行窃在道德上可以原宥,而在法律上则认为有罪。证据法上所论者,乃某种发现证据之方法是否可靠之问题,并非其是否合乎人道之问题。故意方法之良否,不应以其正与否为断,而应视其可靠与否而定。

惟吾人有不得不留意者,即英美法中认出于酒醉之自白为有效之规定不宜摹仿是也。盖酒醉之人精神昏乱,其认识力既甚薄弱,则其陈述之不符于事实未必能免。苟认其自白有拘束之效力不但将无补于真实之发现,抑且有害于无辜者之权利也。

(二)英美法之规定自白无效之原因以出于有权力者为成立之条件殊属不必。盖自白无效原因之特性,在其能左右自白者为真实陈述之意思。而其所恃以左右自白者为真实陈述之意思者,非尽为原因创造者本人之地位或势力。试举恐吓以言之,则此理自可了然。足以屈服自白者意思之胁迫或强暴,不仅出于有权力者为然,即出于普通者亦未必非是。苟仅以出于有权力者为自白无效之原因,则自白之出于普通人之强暴或胁迫行为者,亦当然成立。人之欲陷人以罪者,可为所欲为矣!法律之保障将安在哉?

(三)中国法之认与事实相符为自白之条件,实能补英美法之不足。盖自白之非出于已列举之无效原因者,不尽可信,其情节之离奇者,得详加研究以冀发见真实也。

二、自白事实之种类

自白之事实分法庭内者与法庭外者二种。法庭内者,为在裁判官前或辩诉状上所陈述者;法庭外者,为在裁判官以外之人前或辩诉状以外之文书上所陈述者。法庭内之自白事实乃对裁判官直接所陈述者,故最为可靠。惟法庭外之自白事实则不然,其陈述之时,裁判未尝耳闻。故自白者之有此陈述与否,非经证明不可。至于举证之责任则属诸主张自白事实之当事者,此盖举证责任之原则也。自白以言语为之为原则,而以动作为之为例外。至于以不动作为之,则为法律所不许。盖自白之成立有关犯罪之证明,其性质最为重要,其表示方法宜以审慎庄重为主也。

三、自白事实之效力

自白事实之一般的效力,因英美法与中国法而不同。自白之事实在英美法上有当然的效力;而在中国法上只有任意的效力。盖在英美法上,自白一经成立,则其事实当然成为对抗自白者之证据。而在中国法上,此种事实之可否对抗自白者,一任裁判官之裁夺也。

(一) 关于事物之效力

自白之事实以告诉者或检察官所主张者为限,其涉于告诉人或检察官所主张之事实外者不足谓为自白之事实也。自白之事实以本案为限,于他案内不能发生效力。盖自白之事实为犯罪成立之基本事实。在他案为范围外之事实主张之必要,而在本案中为已决之事实,无再理之可能也。

(二) 关于人之效力

自白之事实只对于自白者有拘束力,此原则也。惟此原则有二例外,兹分述于左:

1. 共同犯罪之行为经证明成立后,共同被告中一人关于共同犯罪行为事实之自白有拘束其余人之效力;

2. 凡主人对于其仆人之行为负刑事上之责任,对其仆人自白之事实有拘束主人之效力。

第四节 自认与自白事实之异点

一、经由上之异点

自认之事实其陈述不以自愿(voluntary)为必要;自白之事实则不然,其陈述必出于自愿者方能有效。自认之事实可由言语动作及不动作表示之;而自白之事实则仅可由言语表示之,其由动作表示者乃例外也。

二、主义上之异点

法律对自认之事实采宽大主义,对于自白之事实采严格主义。此自认事实之条件所以少,而自白事实之条件所以多也。

三、效力上之异点

自认之出于有代理之关系者及有共同利害关系者等人者,有拘束之效力;而自白则除出于共犯者与主人在刑事上为之负责之仆人外,概以出于被告本人为对于被告有效之条件。

第六章 证人

证人之问题约有五种,即(一)证人之资格,(二)证人之出庭,(三)证人之讯问,(四)证人之拒绝证言权,(五)证人证言之效力是。证人之出庭问题乃诉讼程序上之问题,此处无研究之必要。至于证人证言之效力问题,乃证据分量上之问题,当于本讲义之后部述之。目前所应讨论者,乃其余三种问题。兹依次分述于后:

第一节 证人之资格

依英美法之规定无证人之资格者约有五种:(一)王帝(此专指英国而云),(二)痴人及精神病者,(三)不愿宣誓亦不愿具结者,(四)年幼而不能了解宣誓之意义者,(五)共同犯罪之夫妇。依英美古代法之规定，曾犯重罪之人与利害关系人及其配偶均不得为证人，惟此种规定现已取消。我国诉讼法对于证人除规定公务员有时须得长官之允许外，不加何种限制。虽对于特定人有不得命其具结之规定（民事诉讼条例第三百七十一条第一项、刑事诉讼条例第一百十四条），然此于证人之资格上无甚关系，故此等人之证书法院可认为有效。

第二节　证人之讯问

关于讯问证人之主义共有三种，一为法官讯问主义，一为当事人讯问主义，又一为以上主义之折衷主义。采法官讯问主义者为大陆各国之诉讼法及我国民事诉讼法（民事诉讼条例第二百四十四条）；采当事人讯问主义者为英美诉讼法；采以上二主义之折衷主义者为我国刑事诉讼法（刑事诉讼条例第三百零九条）。惟我国刑事诉讼条例虽采折衷主义者，实际上行之者甚少，盖法官讯问主义已深入人心也。依当事人讯问主义而言，讯问证人可分三阶段，即：（一）初讯问（Examination-in-chief, direct examination），（二）反讯问（Cross-examination），（三）再讯问（Re-examination, re-direct examination）是。兹一一分述于后。

一、初讯问

初讯问者，声请传唤之当事人对于证人之诘问也。其目的在使证人陈述事实，而使法院确信其陈述为真实。故当事人举行此种讯问时，应注意左列二种原则：

（一）讯问证人时不得有引诱之诘问（Leading questions）。引诱之诘问者，诘问之指示被诘问之证人依诘问者之意思陈述者也。例如甲乙因毁坏名誉事涉讼，如其事实上系争之点为乙曾否于所传唤之证人丙前称甲为贼，则甲方之律师问证人丙事，不可直接问其曾否闻乙称甲为贼。盖此种讯问乃引诱之讯问，有指示证人依讯问者之意思陈述之趋势也。故甲方之律师问证人丙时，必诘问于某日某时曾否于某处见二人，此二人为谁？如答曰甲与乙，则当问曾否闻乙对甲言语，如参否打乙而为丙所见。乙方之律师诘问时，不应问其曾否见甲打乙，而应问于某日某时甲乙曾否同在某处，有何事情发生等等。惟遇左列各情形时，则引诱之诘问不受禁止：

（甲）所问之事不关系本事实之本身时，如问证人之姓名位职等时；

（乙）证人之记忆力薄弱，用他种方法不能引起其记忆，而经法院之许可时；

（丙）法院以为被诘问之证人对于声称传唤之当事人有仇意而允许发引诱之诘问时；

（丁）所问之事为他方已经证明之事时。

（二）讯问证人时不应发表示不信任证人之诘问。盖证人既为当事人所声请传唤者，自无不信任之理。惟所声请传唤之证人，有时亦有对当事人有仇视心者。如遇此种情形当事人之律师不妨发左之诘问：

（甲）足以证明本案之事实之引诱诘问；

（乙）证人从前之陈述与现在之陈述是否有异，但诘问此点时，应先使证人注意，从前为陈述时之情形必经否认后方可证明之。

二、反讯问

反讯问者，当事人对于他造当事人声请传唤之证人之诘问也。其目的有二，请分述于后：

（一）使对于己方有利事实或对于他方不利事实之证明出自证人之口。为达此目的，无论何种诘问，只须与系争事实有关均可提出，使证人答复。但法院认被讯之证人与反讯问之当事人有利时，不妨禁止发引诱之诘问。

（二）证明他造当事人所提出之证人不应信任，易言之，即攻击其信用。为达此目的，对此等证人可提出左之诘问：

（甲）彼从前曾否为与现在之陈述矛盾之陈述；

（乙）彼曾否经判决定有犯罪行为；

（丙）彼曾否有未经判定之不正行为。

三、再讯问

再讯问者，声请传唤之当事人于他造当事人诘问后，对于证人之覆问也。其目的在解决由反讯问中所发生之疑问。故所问之问题不得涉及初讯问以外之事实；如涉及初讯问之事实，则非经法院之许可不可。且讯问之后，他造当事人对于提出之新事实须予以反讯问之机会。再讯问与初询问之目的同为使法院确信证人所言系真实，故引诱之诘问于再讯问时亦应禁止。

第三节　证人之拒绝证言权

证人遇左列各情之一者得拒绝证言：

（一）证人为当事人之未婚配偶或亲属者。其亲属关系消灭后亦同（民事诉讼条例第三六四条第一项第一款刑事诉讼条例第一〇五条第一款第二款）。

（二）证人所为证言对于与证人有前款关系之人足生财产上之直接损害者（民事诉讼条例第三六四条第一项第二款）。

（三）于刑事案件内，证人为被告之法定代理人、监护人或保佐人者（刑事诉讼条例第一〇五条第三款）。

（四）于刑事案件内，证人恐因陈述致己身，或其未婚偶、亲属、法定代理人、监护人或保佐人受刑事上追诉（刑事诉讼条例第一〇七条）。或于民事案件内，证人之证言足致己身、或与其曾有或现有亲属婚姻关系之人受刑事上之追诉或蒙耻辱者（民事诉讼条例第三六四条第一项第三款）。

（五）证人就其职务上或业务上有秘密义务之事项受讯问者。但于刑事案件此等证人专指国家之公务员、医师、药师、药商、产婆、宗教师、律师、辩护人、公证人及其业务上佐理人或曾居此等地位人而言（民事诉讼条例第三六四条第一项第四款，刑事诉讼条例第一〇四条第一〇六条）。

（六）证人非泄漏其技术上或职业上之秘密不能为证言者（民事诉讼条例第三六四条第一项第五款）。

（七）于民事案件内证人之证言涉于夫妻同房与否之问题者（英美法）。证人拒绝证言权之原则有一例外，即证人纵为当事人之未婚配偶、或亲属，或其证言纵对于其有未婚配偶或亲属关系之人足生财产上之直接损害，关于左列各款事项不得拒绝证言：

（一）同居或曾同居人之出生亡故婚姻或其它身份上之事项；

（二）因亲属关系或婚姻关系所生财产上之事项；

（三）为证人而与闻之法律行为之成立或意旨；

（四）为当事人之前权利人、或代理人，而就相争之法律关系所为之法律行为（民事诉讼条例第三六五条）。

英美法上关于亲属方面只有妻或夫有拒绝证言权，而此等拒绝证言权之存在，以证言足使其配偶受刑事上之追诉为条件。故仅证言之足以对于配偶生财产上之直接损害，不能为拒绝证言之理由。

拒绝证言乃一种权利（Privilege），行使与否一就证人之便。故证人之舍弃之而为陈述，其陈述仍属有效，不得不注意者也。

第七章　书证及物证

第一节　书证

一、书证之种类

书证有公私原副之别。公书证以国家之官吏或公法人之职员于职务上所作之证书为根据。私书证以私人间所作之证书为根据。原书证以证书之原本为根据；副书证以证书原本以外之本为根据。公私书证甚易区别毋庸赘论，兹单就原副二种书证言之。

（一）原书证（Primary Documentary Evidence）

原书证者，即当庭提出之证书之本身也。证书有分数部分作成者，有同时作成同样之数份而由当事人各执一份者。其分数部分作成者，则各部分均为原书证，其同时作成同样之数份而由当事人各执一份者，则各当事人所执之证书均为原书证。凡提举原书证时，必同时提出作成或参与作成证书之证人。如无此等证人，或此等证人业已死亡、或失明、或无从传唤，则非证明证书为其亲笔作成、或曾经其签名、或盖章不可。惟以上原则遇左列情形之一时则不适用：

（一）提举书证之当事人得提出证书之副本以资证明时；

（二）所欲提出之证书已为对方当事人提出，且对方当事人根据该证书主张权利时；

（三）受提出之证书对抗之人，为在公共职务上负作该证书之义务之吏员，且曾视该证书为依法作成之证书时；

（四）提出之证书作成已三十年，并经适当之保管时。

（二）副书证（Secondary Documentary Evidence）

副书证之意义虽甚明显，然于解释上则较为广泛。此处所论之副书证指左列之物而言：

1. 经审查之本（Examined copies）；有官印之誊本（Exemplifications）；留存之复本；经证明无误之本（certified copies）。

2. 其它根据原本而经证明无误者。

3. 用以对抗非作成者之同时作成之同样本（counterparts）。

4. 曾经目睹证书原本之人对于该证书内容之陈述。

惟吾人有不得不知者即 3.4. 内所举者，仅在英美法中认为副书证；在大陆法及我国法中关于此点既无明文规定，自未便认其为副书证。

二、书证之提举

当事人对于自己主张有利于己之事实既负举证之责任，则其所主张之事实如以证书为根据，对于该证书应负提举之责任。此种原则不仅英美法采之，即大陆法亦皆有所规定。我国民事诉讼条例第四百零三条、德国民事诉讼法第三百八十五条、日本民事诉讼法第三百三十四条之规定即其例也。书证提举之规定因公证书与私证书而不同，兹分述于后。

（一）私证书（Private Document）

关于私证书声明书证时，以提出原书证为原则。惟遇左列情形之一时副书证亦得提出：

1. 原本经证明或显系为对方当事人所执，而对方当事人虽受提出之通知、或命令、或虽负提出之义务而不提出时。

2. 原本为第三者执，经法院发提出证书之命令而拒绝提出时。

3. 原本业已毁坏或遗失，经必要之搜索而不可得时。

4. 原本因性质之关系不易移动（如书于墙上之诽谤）、或原来在外国不准移动时。

以上所述乃英美法之规定。兹更就我国民事诉讼条例之规定一言之。我国民事诉讼条例第四百十七条第二项曰：私证书应提出其原本，但只因证书之效力或解释有争执者，得提出缮本。又四百十八条曰：法院得命提出公证书或私证书之原本，及命释明不能提出之事由（以上第一项）。不从前项之命者，法院依自由心证断定缮本之证据力。一考其意，可知私证副书证之提出以左之条件为必要：

1. 当事人间之争执仅涉于证书之效力或解释时。
2. 法院并未命提出原本时，或虽命提出原本而声明书证之当事人、他造当事人、或第三者能解释明不能提出原本之事由时。

平情而论，我国民事诉讼条例之规定实逊于英美法之规定。盖证书之灭失或隐匿为恒有之事，若不予以通融，则声明书证之当事人无救济之方。名虽谨严，实则徒滋裁判上之困难耳。惟民事诉讼条例所称之缮本，意义殊欠明了。吾人对于其应用虽应采宽大之主义，然对于其意义则宜有严格之规定。英美法中关于此点规定甚为周详，吾人亟应仿效之。

（二）公证书（Public Document）

关于公证书，声明书证时不以提出原书证为必要。易言之，即提出副书证亦可，谓已尽书证提举之责任也。关于此点，我国民事诉讼条例与英美法之规定相同（民事诉讼条例第四百十七条第一项）惟如前所言，我国民事诉讼条例关于缮本之意义未有规定，此则与英美法不同之点耳。

第二节　物证

物证者乃用于系争事实中某行为之物。如用以杀人之手枪，用以刺人之剑戟是也。当事人声明此种证据者，必须将原物呈诸法院，并提出证人证明其为无误。惟原物有时因性质之关系或不能携入法院。遇此情形，法院得于审理前审视之，或取经证人证明之图表模型审视之。证明物证之存在及内容不以提书证物为必要，故用言词证明亦非法之所禁。盖证明物之存在及内容（the existence and contents of real evidence）与证明某物之用于系争行为（the use of a certain thing in the transaction in dispute）不同。后者之目的在证明物证与系争行为之关系。故证物非经提出以证明无误不可；前者之目的在说明物证本身之存在及内容，与系争行为之关系不若后者之密切，故证物之提出非属必要。

第二编　证据之的当

绪论

证据法上有二大问题。一为手续问题，即证据宜如何提举是也；一为性质问题，即证据宜具如何之性质方得接受是也。前者之问题已于前编论之，毋庸赘述。后者之问题简称之为证据之接受可能性（Admissibility of Evidence）之问题。然证据之接受可能性可自二点观之。自证据与所主张事实之关系言之，证据之接受可能性，无非证据所主张事实之论理的联络关系（the logical relation of evidence to the facts to be proved）。自证据之效力言之，证据之接受可能性，乃证据之的当与否。证据法之学者将二点合并研究者，亦有将其分别研究者。著者以为合并研究固无不可，然分别研究较为明晰。爰将证据之接受可能性分证据之的当与证据之分量二编讨论之。兹编所论，即前一问题，我国诉讼法上对于证据之接受（Admission of evidence）采自由心证主义。故关于何种证据为的当一点，毫无规定。民事诉讼条例第三百三十六条曰：当事人声明之证据方法中，法院认为不必要者,得驳斥之。所谓不必云云者,即不的当之谓也。所谓法院认为云云者,即以法官之主观为断之谓也。夫证据之的当与否,为事实问题,解决甚为困难。民事诉讼条例之以决定之权付诸法院固属至当;然法院之为决定要不可不略有标准以资参考,否则武断之弊必不可免。故诉讼法上应于可能之范围内,将何为必要与何为不必要证据一点规定之,以保裁判上之公允。英美法素以具体之性质著称,对于证据之的当一点规定较为周密,正可补我国诉讼法之不足。爰择其要者论述于后。

第一章　关于证据之的当之原则

举证问题之所以发生,以当事者之一方对他方所主张之事实有所争执。证据之功用即在断定此事实之存在与否。故证据的当之惟一要件,即证据之足以证明系争事实及与系争事实有关之事实。惟此原则之应用颇非易易,兹就吾人所应知者略述之,以资参考。

第一节　组成系争事实之事实

当事者所欲证明之事实无非系争事实。然苟与系争事实有密切之关系而成为其一部分,则此事实应认为的当之证据。例如系争之点为甲曾否枪杀乙,左之事实足为的当之证据:

在乙室内之丙在乙未被枪杀前,见一人持枪由窗而入,乙被枪杀于室,于是大声呼曰:"屠夫(甲之名)"来矣。

以上事实无非系争事实(盖系争事实为甲枪杀乙或甲未枪杀乙),然其发生既在乙被枪杀之前,而丙之呼屠夫又系出于自然,颇足为推定甲枪杀乙之根据,与系争事实有密切之关系,而可视为其一部分。故应认为甲枪杀乙之的当证据。

第二节　共犯之行为

二以上之人共同为一犯罪行为时,则于实施犯罪行为之际,无论何人所为之行为或表示,有对抗共同犯罪者之效力,故应认为的当之证据。但关于实施共同犯罪行为所用方法之表示或陈述,仅对于为此表示或陈述之共犯、及亲见他共犯为此表示或陈述之共犯为的当之证据。例如系争之点为甲乙丙三人曾否共同为强盗,则甲曾抢十元一点为对抗乙丙之的当证据。但甲于实施中与乙商定用手枪恐吓被害者一点,如于甲乙商酌时丙在他处,则仅为对抗甲本人于乙之的当证据,盖用手枪恐吓为关于犯罪方法之表示,丙既未尝目睹,自不能负责也。

第三节　惯习

系争之点为惯习之存在否时,则凡足以证明于各特定时期内与该惯习有利害关系人对于该惯习如何了解及如何应付之事实,皆为的当之证据。例如系争之点为甲之赘婿乙依某地之惯习可否为甲之嗣子;则某地丙丁戊等之赘婿曾为嗣子一点系争,与甲乙间之问题无关。然以与赘婿为嗣子习惯之成立有关系,应谓为的当之证据。

第四节　动机预备以后之行为及足供说明之陈述或表示

系争之点为某人曾否为某行为时,则左之事实为的当之证据:

(一)表示此种行为之动机(motive)之事实;

（二）成为此种行为之预备（preparation）之事实；

（三）以后之行为（subsequent conduct）而显系受此种行为之影响、或与之有论理上之联络（logical connection）者。

兹举例以明之：

（一）例如系争之点为甲曾否杀乙，则甲于二年前因为乙告发而入狱，曾声言出狱后欲置乙于死地一点为的当之证据。盖此种事实足表示杀人行为之动机也。

（二）例如系争之点为甲曾否犯某罪，则甲有犯某罪之器具一点为的当之证据，盖此种事实为犯罪行为之预备也。

（三）例如系争之点为甲曾否犯窃盗罪，则甲之逃避、或持有赃物或其代价、或设法湮灭赃物及其它证据等，均为的当之证据。盖此种事实均足以说明窃盗行为而与之有论理上之联络也。

第五节　为解释或介绍系争事实所必需之事实

凡事实之为解释或介绍系争事实所必需者，皆为的当之证据。例如系争之点为甲所发表关于乙之文字是否有诽谤之性质，则甲乙当时之地名及彼此之关系均为的当之证据，以其足以解释或介绍系争之事实也。

第二章　与系争事实相似而无关之事实

人之行为因时间与空间之不同而异（facts similar to but unconnected with facts issue）。在甲时间或空间内有此行为者，在乙时间或空间内未必再有此行为。故同一人在甲时或地所为之行为如与其在乙时或地所为之行为无关系，二者则无相似。前者亦不能为后者之的当证据。例如系争之点为甲曾否窃乙之物。其从前曾窃乙之物、或曾因窃丙丁戊之物，虽与系争之行为相似，然与系争之行为无可靠之联络关系，故不能为系争事实之的当证据。惟以上原则有数例外，兹一一分述于左：

（一）表示故意（intention）、知情（knowledge）、善意（good faith）及恶意（bad faith）等之行为。此种行为于故意、知情、善意、恶意或其它心理状态为系争事实时，为的当之证据。试举例以明之：

（甲）系争之点为甲收受乙之绸缎时是否知其为乙由丙处所窃取者，左之事实为的当之证据：

甲于既往之数月中曾收受许多其它乙由丙处所窃之物，并曾一一抵押之。

（乙）系争之点为甲是否知其行使之钞票系伪造者，左之事实为的当之证据：

甲有伪造之中国银行五元钞票二张，于某日先至乙店取出五元钞票一张买半元油。乙店不知钞票系伪造者，乃找出四元半与甲。甲继至丙店取出另一五元伪票买一元米，要求丙店找出四元。

（丙）系争之点为甲是否知其咬乙之犬为疯犬，左之事实为的当之证据：

甲之犬曾于咬乙之前咬丙丁戊，丙丁戊对甲表示不满。

（二）表示一定计划之事实。此种事实为许多相似事实之一部分。于证明某行为是否出于预谋或偶然时，为的当之证据。试举例以明之：

（甲）系争之点为甲是否意图得保险金而焚其屋，左之事实为的当之证据：

甲以前曾连住于二屋内，并每次将所住之屋保险。此二屋以后均遭火烧，甲于以连得二次之保险金。

（乙）系争之点为甲之浮开工资是否出于故意，左之事实为的当之证据：

二年之内甲于发工资之账簿上屡有浮开之处，是此浮开之处皆有利于甲自己。

（三）业务顺序上之事实。凡某事实之存在为业务顺序存在之当然结果时，则为该业务顺序存

在当然结果之其它相似之事实,均为该事实之的当证据。例如系争之点为某信是否付邮,左之事实为的当之事实:

凡在某邮筒内之信依平常之顺序均曾带至邮局,某信即置于邮筒内者。

第三章　品格

当事人之品格虽常为某种行为之趋势(tendency),然谓其为某种行为之证据则不可。故依原则而言,当事人之品格不得谓为的当之证据。惟此原则有左之例外:

(一)为损害赔偿涉诉时原告之坏品格。原先之坏品格仅于要求损害赔偿之诉讼中可以提出,其目的在减少损害赔偿额。惟坏品格之可为的当之证据,以原告之品格与赔偿额之多寡有重要之关系为必要。故此类证据仅得于违背婚约、略诱、损害名誉等案件中提出之。

(二)于反讯问时被告之坏品格。被告之坏品格可于反讯问时提出之。惟其提出以证明前科为限;如逾此程度,则为不的当之证据。

(三)刑事被告之品格。刑事被告得举自己之好品格以为无罪之证据。但其坏品格除证明犯罪嫌疑外,他造当事人或证人不得举以对抗之。惟遇以下之情形时,则不在此限:

(甲)反证被告方面证人所举关于被告好品格之证据时。此时坏品格之证据以关于被告之名誉为限,为的当之证据。其关于被告之前科及违法行为者,除少数之例外外,不得谓为的当之证据。

(乙)被告有累犯某罪之嫌疑时。此时被告前科及以前生活之情形,均为的当之证据。

第三编　证据之分量

第一章　通论

决定证据分量之标准有三,即(一)证据之数量(quantity),(二)证据与系争事实之关系,(三)证据本身之地位是。依数量而言,证据有充分的(sufficient)与满意的(satisfactory)之别;依与系争事实之关系而言,证据有正面的(direct)与侧面的(circumstantial)之别;依本身之地位而言,证据有最优的(best)与次等的(second-hand)之别。请一一分述于后:

第一节　充分的证据与满意的证据

充分的证据者,证明其事实所必需之法定数量之证据也。此种证据为法定最低限度之证据,故当事者之不能提出此种证据者,其所主张之事实即不能成立之。满意的证据者,足以绝对地证明某事实之证据也。此种证据者,有一定之标准;以能使法院对于所证明之事实无所怀疑为合格满意的证据;此较充分的证据可靠。故当事人对于其所主张之事实,以提出满意的证据为上策。惟满意的证据不可多得,若事实之证明一一以之为必要,则于诉讼上取积极之行动者,十九将遭失败。故依英美法之规定,除刑事上被告之犯罪行为须有满意的证据证明外,其余事实只需有充分的证据证明之,即可成立。顾充分的证据于证明刑事被告之犯罪行为以外之事实时,非绝对地有效。如他造当事人能提出反证,则主张该事实之当事者非提出满意的证据不可。盖他造当事人提出反证后,疑窦不免发生,非有满意的证据排之不为功也。大陆法系中无所谓充分的证据与满意的证据,故无论于民事或刑事案件内证明某事实所需证据之数量均相同。而其数量之济事与否,裁判官有裁夺之全权。考英美法之所以区别充分的证据与满意的证据者,良有用意。盖英美法采陪审制,裁判官与陪审员分工。裁判官有决定起诉权存否之权；起诉权之存在于事实方面以有充分之证据为必要。如无充分之证据，则裁判官得不经陪审员之决定而驳斥起诉；如有充分之证据，则裁判官将各种证据交陪审员以便定夺原告所主张之事实是否成立。此时如系争事实属于民事，则于被告方面无反证时，原告方面只须提出充分之证据即可证明其所主张之事实；如被告方面有反证提出，则原告方面非有满意之真证据提出不可。如系争事实属于刑事，则无论被告方面有无反证提出，原告方面所主张事实之证明概以提出满意之证据为必要。

惟充分之证据与满意之证据往往难以区别。兹举其不同之要点于左，以为标准。

（一）充分之证据为依法律之原则（general rule）足证明某事实之证据、满意之证据为依法律之原则及例外（exception），均足证明某事实之证据。例如杀人罪之成立，依原则而言，须具备二条件，即（一）杀人之故意，（二）实施杀人之行为是。依例外而言，亦须具备二条件，即（一）杀人之行为非出于适法原因，（二）杀人之行为非出于单纯之排除违法原因。是故合乎前二条件者，谓之充分之证据；合乎前后四条件者，谓之满意之证据。关于杀人罪起诉权之成立，以有具备前二条件之充分的证据为必要；然欲证明被告负杀人之责任，则非有具备前后四条件之满意的证据不可。

（二）充分之证据为表面上足证明某事实之证据（prime evidence）。满意之证据为从各方面观察足证明某事实之证据。例如被告所立之借票，骤视之足证明被告欠原告之款。盖依普通之惯例而言，不向人借款者鲜有立借票者也。故此种借票如经证明为被告所立，乃被告欠原告之款之充分证据。如被告方面无反证提出，原告所主张之事实即成立。然被告方面如声明此种借票之成立处于胁迫、强暴、欺诈、或其它使借票无效之原因，而有的当之方法证明之，则原告所提之证据，不但须足以证明借票为被告所立，抑且须足以证明借票之成立非出于胁迫、强暴、欺诈或其它使借票无效之原因。此种证据即所谓满意之证据。

第二节　正面的证据与侧面的证据

正面的证据者，直接证明系争事实之证据也。侧面的证据者，直接证明某事实，由该事实以推定系争事实之证据也。例如甲为乙所杀，丙见乙杀甲为正面的证据，以其足直接证明乙杀甲之事实也；丁见乙，由乙杀甲之手持鲜血淋漓之刀而出，为侧面的证据，以其足直接证明乙曾为杀之行为，而由此杀之行为可推定其杀之客体为甲也。裁判官于接受正面的证据时所须注意者，为证人或证据是否可靠；而于接受侧面的证据时，所须注意者，为由侧面证据所直接证明之事能否推定系争之事实。故正面证据之优点在无推理之错误，而其缺点则在伪证之制造。反之，侧面证据之优点在无伪证之制造，而其缺点在推理之错误。惟正面的证据不问多寡皆可，侧面的证据则非多不可。故自效力上言之，正面的证据较强于侧面的证据。

第三节　最优的证据与次等的证据

最优的证据者，某类证据中最可靠之证据也。次等的证据者，非最优的证据也。人之观察上所知之事实之最优的证据，为其于法庭立证时自己所述之事实。此种证据谓之直接证据（Original evidence）。关于证书或对象内容之最优证据为证书或对象之本身，此种证据谓之原证（Primary evidence）。人之观察上所知之事实之次等证据，为他人或书面代其所述事实，此种证据谓之间接证据（Hearsay evidence）。关于证书或对象内容之次等证据，为证书或对象本身以外之证据，此种证据谓之副证据（Secondary evidence）。至于最优的与次等证据之比较价值，则最优的证据胜于次等的证据自不待言。故事实之证明除少数之例外外，概以提出最优的证据为必要。

第二章　关于证据分量之三大原则

关于证据之分量之原则有三,兹一一分述于后。

（一）证人之证言须根据自己之观察,书证之作者须在庭。

证人之证言所以须根据自己之观察者,厥因有五：

（甲）传闻之首先传说者,既非在法庭为此陈述,每不负责任信口鼓簧。而证人对于自己之观察为陈述时,既在法庭,因畏刑事上之处分,不敢任意妄言。

（乙）传闻之事实最初陈述时,受其对抗之当事人不在场,故关于其真伪无与陈述者对质之机会,片面之谈自不足信。而证人对于自己之观察为陈述时,受其证言对抗之当事者可当庭与之对质,以明是非。

（丙）传闻之事实因传说者记忆力之薄弱及心理上之成见,往往与初传之事实参差,故其与真正之事实相距之远,胜于证人对于自己所观察之事实所为之陈述。

（丁）传闻之最初传说者之品行,法院不得而知,故其所言是否可靠,不无疑问。证人品行之如何,法院可由观察而决定之,故其所言之真伪易于推断。

（戊）证人对于他人所传之事实不负责任,且法律上亦无使之负责任之理。

证书之作者所以须在庭者,厥因有三：

（甲）证书之作者如不必出庭,则为证书者可不负责任,妄为陈述。

（乙）证书之作者如不出庭,则法院无由知其品行学识。其所言之可靠与否,即不得而知。

（丙）证书之作者如不必出庭,则提出证书者可以伪造证书。

（二）证人之证言须根据其所知者,而不得根据其所推想者。传唤证人之目的在使其陈述事实,故证人之证言须根据其所知者。至于事实之推想,乃法院职务上之事,非证人所得越俎也。

（三）书证不得为言证所更改。吾人意思表示方法之困难与表示时注意之程度常成正比例。易言之,即意思表示之方法愈难,表示时注意之程度愈高也。此言果确,则吾人用文字发表意思时较用言语发表意思时所有之注意力强,盖文字较言语为难也。

注意力之程度与意思表示之可靠复成正比例,故文字上之意思表示较言语上之意思为可靠。书证者文字上之意思表示而用为证据者也；言证者言语上之意思表示而用为证据者也。故书证较言证为可靠。夫如是,则言证之更改书证,不第违背证据法之宗旨,抑且反乎表示者之本意,其应行禁止不言可喻。

第三章　间接证据

间接证据者,未出庭之人关于系争事实所为之陈述,或证书而经他人转达于法院也。此种证据之不可靠与无效,已于前章论之。兹所须述者,即此种证据有时可用为有效之证据是。间接证据之有效者有左之十种：

（一）自认与自白。自认与自白之事实皆为不利于陈述者之事实,故人之自认与自白也,纵在法院之外亦必以审慎出之。证据法上之所以排除间接之证据者,无非欲禁止证人利用他人不负责任及易涉虚伪之陈述以为证据。自认与自白既不容轻易为之,自未便与普通证据同视。此证据法上所以规定法院外之自认与自白而经证人证明者有证据之效力也。惟自认与自白之有效,以非出于不正之手段为条件。此点已于第一编第五章详言之,兹不赘述。

（二）反于陈述者记载者利益之陈述或记载（declarations or entries against inteareast）。此种陈述记载之有证据力者,须具左之四条件：

（甲）其性质于为陈述或记载者不利，如医生账簿上关于诊费收入之记载是。

（乙）为陈述或记载者已死亡、或失踪、或因正当事故不克到庭作证是。

（丙）此种陈述或记载成立于诉讼发生之先。

（丁）为此种陈述或记载者，于陈述或记载时无使其陈述或记载为本案内之证据之意思。此种陈述记载之所以可恃者有三原因：（1）其性质于为陈述或记载者不利。为陈述或记载者若不依据事实，是无异作茧自缚，虽愚者亦不至出此。（2）其成立之当时，为之者既无使之为本案内证据之意思，足见其成立纯粹出于真实之表示。（3）为此陈述或记载者既已死亡、或失踪、或因正当事故而不克到庭，则为陈述或记载者之亲自证明陈述或记载之事实为事实上不可能之事。若一味拘守排除间接证据之原则，势非至系争之事实无法证明不可。

（三）业务上之记载（Entries in course of business）。业务上之记载与上述反于为陈述或记载者利益之陈述或记载不同。后者不尽属于业务之范围内，而前者则专属于业务之范围内。后者常于为陈述或记载者不利，而前者有时竟于为记载者有利。

业务上之记载须具左之条件方得有证据之效力：

（甲）记载成立于诉讼发生前。盖诉讼发生后之记载常易因求诉讼之胜利而故意伪造。

（乙）记载非专为一特定人而设者。盖专为一特定人而设之记载，每与业务之全体无关。纵属虚伪，亦无碍大体。为记载者尽可逞其损人利己之意、预为不实之记载也。故记载之可靠者，必对于一人者与对于他人者互相参合，方为合乎条件。譬如原告所提出之账簿，如专记载被告欠彼之款项，则原告之为虚伪记载以利自己乃意中事，以其记载之虚伪不致牵动他种记载也。反之，若原告所提出之账簿同时载有他人对于自己之债权债务等，则其对于被告记载之虚伪与否，每可由其对于他人之记载而知。原告为免牵及他人计，往往不敢于事前对于被告为虚伪之记载。

（丙）记载系于其所关事项成立之当时，依业务进行之普通顺序而为者。于所关事项成立之当时，及依业务进行之普通顺序而为之记载，与同时依同种顺序而为之他种记载有联络之关系。其错误与否，甚易稽核，故业务上之记载须具此条件。

业务上之记载之所以有证据之效力者，其故如左：

（甲）虚伪或错误之记载易于牵及诉讼对方当事人以外之人。故为避免麻烦计，记载者每不屑为虚伪及错误之记载。

（乙）方今交易发达分工制度盛行之时，司记载之事者，每非一人。若业务上之记载必经为之者之证明方得发生证据上之效力，不第事实上颇多困难，且于业务之进行上大有阻碍。

当事人之提出业务上之记载为证据者，负提出原本之义务。故日记账簿上之记载而以总账簿上之记载证明者，非法之所许。盖总账簿乃日记账簿之誊本耳。

抑更有进者，业务上之记载得不需作者之佐证而提作证据，非谓此种记载不得有作者之佐证。故举证之当事者，如能提出作者以证明记载上事实之真实，不第非法律所禁，抑且为法律所欢迎。

（四）非在审理时宣誓之陈述（Sworn statements not made at trial）。当事人声请传唤之证人须当庭陈述，而受他造当事人之反讯问，此英美法之规定也。然此种规定往往不能适用。盖传唤之证人有居于法院管辖范围外而不遵传唤者，有因正当之事故而不克出庭者。此时若归证明之事实关系轻微，当无妨碍；惟苟其证言为案内之惟一证据而有左右诉讼全局之势力，则诉讼之进行非停顿不可。故为补救计，证据法上应设特别之规定，认证人于非审理时之陈述与审理时之陈述有同一效力。此种陈述即非在审理时宣誓之陈述是。兹分法院外之证言（Depositions）及前审中之证言（Testimony in former trial）二点言之。

1. 法院外之证言。

法院外之证言者，于法院外对所指定之司法官所为宣誓之陈述也。其采取之原因大抵为左之数种：

（甲）证人不在管辖区域内；

（乙）证人羁押于监狱内；

（丙）证人因疾病伤害及其它原因不能旅行；

（丁）因保存证据而预讯证人。

以上所言为英美法之规定。

我国诉讼法所规定法院外证言采取之原因如左：

（甲）证人为大总统、国务员、于国会开会期内滞留于国会所在地之国会议员（民事诉讼条例第三六〇条第三六一条第一项第二项刑事诉讼条例第一〇〇条）、及地方最高行政长官（民事诉讼法条例第三六一条第一项）者；

（乙）因发现真实有当场讯问证人之必要者（民事诉讼条例第三六二条第一款）；

（丙）于受诉法院讯问证人有重大之窒碍者（民事诉讼条例第三六二条第二款）；

（丁）证人不能受诉法院者（民事诉讼条例第三六一条第三款，刑事诉讼条例第一〇一条）；

（戊）证人若到受诉法院须多费时间及费用者（民事诉讼条例第三六二条第四款）。

依英美法之规定，法院外之证言采集时，如证人系当事人之一造所提出者，应通知他造当事人，俾得临场反讯问证人。如证人系法院依职权所提出者，应通知双方当事人，俾得各有临场而反讯问证人之机会。法院外证言之采集，依我国法须于法官前行之，而依英美法则无一定。采集之证言须制成章录，由证人讯问之，法官及记录者签名。

2. 前审中之证言。

前审中之证言者，于同一案件内前审中证人之证言也。此种证言，依英美法规定，须具备左之条件方可接受：

（甲）证人已故或因重病而不能为证言，或者精神障碍，或失踪，或在辖区域外。盖证人有受当事人反讯问之义务，非有正当原因不可不出庭也。

（乙）双方之当事人为原有之当事人或其共同利害关系人（privies）。盖如非原之当事人或其共同利害关系人，则后加入之当事人对于前审之证人从未有反讯问之机会，无受其证言拘束之义务也。

（丙）系争之点与前审相同。盖惟系争之点相同，前审之证言方可适用；不然则其证言为不的当之证据矣。

证明前审中之证言时，应述其证言之内容，不可述其结论。譬如系争之点为甲乙之间是否有一口头契约。则第二审之证人丁不得仅述其曾闻第一审之证人丙当庭谓甲乙间有一口头契约，而应述其曾闻丙当庭谓甲乙二人如何谈话而如何订立契约等。盖丙之证言能证明甲乙间之契约与否，应由法院决之也。

（五）关于家族统系之陈述（Declarations concerning pedigree）。关于家族系统之陈述，乃关于人之出生、婚姻、死亡及其发生之时期等之陈述。此种陈述以具备左之条件为必要：

（甲）为此陈述者已死亡。盖不死亡者，可以亲自到庭证明，毋庸斤斤于其以往之陈述也。

（乙）为此陈述者，系血统上或婚姻上之亲族。盖此等人对于家族之系统较为熟悉也。

（丙）陈述系于诉讼关系发生前而为者，盖诉讼关系发生后之陈述，每因利害关系而不免于虚构也。

（丁）陈述即属错误亦于陈述者无益。盖陈述之错误如于陈述者有益，则陈述者每易为自己之私利而故为不实之陈述也。

（六）关于使公众注目事项之陈述（Certain matters of public notoriety）。使公众注目之事项，即一地方之习惯、境界、桥梁、道路等是。此等事项有关于私人者，有关于公众者。惟无论如何，苟其性质足使社会上一般人注目，则一人在法院外关于此等事项所为之陈述，他人可用为证据。盖事项之足使公众注意者,其真象易于发见,且关于此等事项之直接证据不可多得。故他人关于此等事项之陈述虽属间接证据,其可疑之点甚少,舍此而求直接证据徒增麻烦而已。

(七)满三十年之古证书。证书之满三十年者,其作者或参与其作成者多不能存在;且即能存在,对于其内容性质亦难以记忆清楚。不特此也,人之伪造证书以对抗他人,其目的大抵在于极促之时期内达其欺诈之志愿。其于三十年前伪造证书以备日后之用,事实上洵难多觏。故满三十年之证书虽属间接证据,应有证书之效力。惟满三十年之证书往往因保管之不当而失其真实之性质,故提出此种证书为证者,应证明其于三十年中曾经适当之保管。

(八)公证书。公证书乃国家及公共机关之吏员于其职务上所发之文书。此种证书之所以不能不接受为证据,原因有三:

(甲)其作者类能预料其必经公众所察验,隐蔽之处易于发见,故不敢于其上为虚伪之陈述。

(乙)其作者为职务所牵,每不能到庭证明其内容。且此种证书为数颇多,若一一须行证明,其作者将不胜其烦。

(丙)其作者不能久留职守。设或有所调动,或因行踪不明,或因相距过远,不克到庭证明证书之内容。

(九)临死之陈述(Dying declarations)。临死之陈述者,已死之人,于将死之时,自知其将死而为之陈述也。此种陈述可用为证据者,必具左之条件:

(甲)所陈述者系关于致死之原因及其情形;

(乙)此种陈述系用为关于陈述者被杀之案件内;

(丙)陈述者于为陈述时已有死亡之危险;

(丁)陈述者于为陈述时已知自己死亡在即,而绝痊愈之望;

(戊)陈述者有宗教之信仰;

(己)陈述者现已死亡;

(庚)陈述者如未死亡为有证人能力者。

陈述者为此陈述后不必即死。如为此陈述后,其病势未见退减,即虽至数月后死亡,其陈述仍不失为有效之证据,临死之陈述之所以有证据之效力者,以左之原因:

(甲)人至绝望之时,无复有为虚伪陈述之动机,故其所言必属可靠。

(乙)为此陈述者既已经死亡,其所陈述之事实无从直接证明。

(十)为系争事实或行为一部分或与之附带发生之陈述(Declarations or exclamations forming part of or accompanying resgestae)。诉讼上系争之点,有时为某人曾否为某种陈述。此时,如有所待证明之陈述不利于陈述者,则陈述者鲜有肯承认者。如此种陈述有利于陈述者,则陈述者之承认每不可靠。于是他人之证明尚矣。他人之证明惟何?即于系争事实或行为发生之当时或未久以后,闻陈述者为某陈述之人对于该陈述之证明是也。此种证明因所证明之陈述而不同。兹分述于左:

(甲)如所待证明之陈述为关于伤害、殴打、强奸等暴行之被害人者,须证明:(1)其陈述系出于自然者。易言之,其陈述系不经思索而为者。(2)陈述者曾于事故发生之当时为此陈述,或曾于事故发生后立即为此陈述。盖非出于自然之陈述与事故发生久后之陈述,每修饰而涉于虚伪也。

(乙)如所待证明之陈述为关于伤害、殴打、强奸暴行之被害人以外之人者,只须证明曾有此陈述可矣。至于其出于自然与否等,则非所问也。

第四章　臆度证据

证人之职务在陈述其所观察之事实。故证人应述其所知,而不应述其所推想。此臆度之证据,

所以无价值也。惟臆度之证据遇后之情形时,有相当之证据力:

（一）系争之点为人或物之确认(identification of a person or thing)时,如甲是否系乙当时所见杀丙之人,或丁所鉴定之刀是否系乙当时见甲用以杀丙者是。盖吾人见一人或一物后,往往仅能忆其大概,详细形容之,事实上有所不能,故不得不藉直观以证明之。直觉者,仅凭主观之臆度而无理由者也。故遇此种情形,臆度之证据为不可少之证据。

（二）系争之点关于某人或物之显著情形时,如某人之瘦肥,或某物之大小是。此种情形往往不能确切形容,故其所恃以证明者,以臆度之证据居多。

（三）系争之点属于科学之范围而有赖于鉴定人之鉴定时。如某人系何种毒药所杀,其致死之部位安在等是。所谓鉴定人者,即对于系争事实有专门之研究者也。

（四）系争之点为人之操守时。如某人是否诚实或勤俭是。依证据法之原则,关于操守之美恶,只可言其大概。举特殊事实以证明之,非法之所许。故证人除发表个人之意见外,别无他法足资证明。

第五章　关于书证之言证

书证之内容以不得为言证所更改为原则,已于本编第二章言之。兹所须论者,乃其例外耳。请分述于后:

（一）证明书证之成立条件欠缺时,言证可以更改书证。如以言词证明订结契约之当事者某无行为能力是。

（二）书面契约内未提及之事项,经当事人另立言词契约以资补充者,为当事人于订结书面契约时,无视书面契约为完备之意思时,提出言证以补书证之不足。如甲乙二人先立书面契约,规定甲于某月某日须交乙棉花一百斤,乙同时须交甲大洋六十元。其后甲乙二人因于书面契约内未提及交棉花之地点,后经口头议定,以甲之上海营业所为交货地点。日后甲乙间如关于交货发生纠葛,不妨口头证明二人以后所立之言词契约。

（三）书面契约订立后,复经订立言词契约以解除或变更之者,得口头证明后立之言词契约,以解除或变更先立之书面契约。如甲乙书面约定,由甲卖乙书十本,甲乙二人以后不妨口头约定,由甲交乙二十本或将先立之契约取消。

（四）书证解释者可提出言证,确定书证之意义。

（五）书证上未提及之惯习,可用言词证明之。

（六）契约由数部分之书证合成者,可用言证说明各部书证彼此间相互之关系。

于以上（四）、（五）、（六）三种情形中,言证须与书证无冲突,否则言证不得接受。

· 时评 ·

应养力,毋泄气[*]

一听到学生的军事训练,就时常将这些情形在讲堂上向大家宣传。不过因为听我讲过的学生不到千人,所以趁本刊征文的机会,再来与诸位谈谈。如有说得太过火的地方,还请诸位原谅。

在胡汉民先生这次由南京初到上海的那几天,有几个新闻记者去访他,他有一句勉励大家的话,就是:应养力,毋泄气。在胡先生说这句话时,因为时间及地位的关系,没有能详细的发挥,所以这句话所含的至理,也许为大家所不甚注意,但是作者自从在报纸上读到这句话以后,心里就生了许多感想,现在承《民力》周刊来索稿,姑且将所感触到的几点提出来和读者诸君谈谈。

我觉得中国人当今最大的毛病就是"泄气",因为"泄气"太多,所以弄到这一种衰弱的境地,这种情形无论是在政府方面或是个人方面,都可以看得出来,现在姑就最显著的事实来加以说明。

一、关于政府方面的

我们都知道政治的目的是在谋民众的幸福,并不是在求私人的利益,国家在政治上唯一养力的方法是将它的目标集中在于民众有益处的事业上,若是不这样,那就是"泄气",但是中国怎样呢?这个不论,且专谈民国成立以来的情形,从民国元年一直到现在,在中央及外省执掌政治的人是不是将他们的目标完全集中在民众的幸福上呢?请看那历届的政潮内战,他们是不是由于私人的野心和党派的冲突而发生?因为大部分的精神都为私人利益的争夺而泄掉,等到国难当前,民众受辱,就反而无力量去应付了。就如这次的满洲的事件,其发生的主因何尝不是执掌政治的人太泄气!古人说:"养兵千日,用兵一时;兵可百年不用,不可一日无备。"以东三省那么富裕的地方,拥着那么许多的军队,备有那么充分的兵器,何以防御极少数的日军都不能?那些军人,在从事于内战时,是何等的勇敢!在平时对付百姓时,是何等的厉害!但是他们的精气都在这些不属于他们本分的事情上泄掉了;所以一到外侮临头,就一点抵抗的力量都没有,只好拱手让人了。

上面所讲的不过是政府在私人利益问题上泄气的情形,还有一个泄气的事实是在政治工作的程序上可以见到的,目前中国的主要政治工作当然是建设,但是真正的建设至少必须具备两个条件:(一)于民众有实益,(二)有彻底之性质。政府所举办的事业中,具有这些条件的固属不少,但是有很多的建设确是和这些条件不合的,就如政府组织的变迁,自民国成立以来,不知经过多少了,最近在中央方面,将一部分为几部,或将某部的事情划归另设的委员会或机关办理;在地方方面,则将一个系政府里的科改为许多局,政府机关增加了许多,公务人员多添了不少;于是行政开支超出原先所有的数倍,人民的负担不知加重了多少,而实际上行政的成绩是不是会比从前好些呢?这凡

---

[*] 原载于《民力》第1卷第4期,1931年。

是关心此事的人,大概都知道。再如教育和司法,与人民的关系是何等密切!但是政府除对于外来上的事情如名利等等加以改革外究竟有多少有实益的建设?以官僚而同时充当学校的校长,以没有品学的人而为法官,以未学法律的人而做律师,以行政官署而兼理司法——这是何等需要改革的地方啊!但是政府当局对于这些地方都没有注意到,而偏偏将他们大部分的精神用在不彻底而专为敷衍门面的事情上,这岂不是"泄气"的又一明证吗?

二、关于个人方面的

就个人方面讲起来,我们中国"泄气"的地方很多,现在只好就重要的说明如下:

(一)好虚荣

中国人大多数没有一定的主见,很喜欢做那些虚浮而不务实际的事情,这不但没有知识的人是如此,就是那些大名鼎鼎的领袖人物也不能例外。因为大家都存了这个心理,于是无论在何事上,只求表面上好看,不愿意深造,譬如就选择职业一点讲,大家因为都有一种做官热,就不屑以他们所擅长的事业终其生,以致人人都想向政治界跑,于是拍马钻营的事情层出不穷,社会上添了许多寄生虫。再就读书一点讲,大家因为都把那"大学生""学士""博士"等等头衔看得非常之重,就不惜花了许多祖宗血汗换来的金钱和小百姓身上所刮去的官费,远涉重洋到外国去"进学校",国家利源的外溢,不知加了多少,等到一旦虚衔到了手,有一班人就趾高气扬,目空一切,架子摆得十足,回国之后,以为有了一块敲门砖,就到处去鬼混,再也不想对于学问上继续努力,有人问到他们为什么要这样,他们反而假要面子说"中国图书馆不好,杂志不多,参考的材料太少"等等的话,以资掩饰,而他们对于那些没有吃过洋面包的靠自修而有学问的人倒又瞧不起,肚子里时常想想:"他没有出过洋,懂得什么?"所以别的国家的出国留学的一年少一年,而在中国则有加无已,这都是因为学生们太重视虚荣。更就服装一点而论,近一二十年来在中国不知有了多少变化,这些变化的背景都是一种虚荣心,现在正是中日发生问题的当儿,我且引一件关于日本的事来说明一下。有一次马君武先生从日本回来,我有一个朋友问他:"先生此次游日有何感想?"他的回答是:"我十五年前在日本时,到东京帝国大学的科学实验室,对于那里面的仪器,非但都认识,而且都能运用,那时日本人所穿的服装大都是日本固有的,但这次再到了东京帝大时,那科学实验室的仪器,已有十之八九为我所不认识的了,而日本人的服装呢,还和十五年前一样。反观中国就大不相同了,现在所用的仪器,别说是和十五年前相差不多,就是比诸二十年前,也改良有限,而中国人的服装呢,却与前不可同日而语了"。换句话说,有许多中国人的精气都在那些属于虚荣范围的服装等类的事上泄掉了,所以对于那研究学问等类的正经事情倒反而无力过问,日本人刚和我们相反,所以他们有力量干正经事情,我们要养力,就不得不对于这一点加以注意。

(二)无恒心

自古成功大事业的人,不一定具有过人的天才,但是无论怎样,他们必有一个坚决的恒心。中国在各方面之所以不如人家的,就是因为大家没有坚决的恒心向前干下去。就拿对日经济绝交来讲吧,我们抵制日货,何尝自今日始?但是何以没有使日本人屈服呢,其原因不外乎大家没有恒心,未能坚持到底,以致以前所费的精神都白花了,否则经济绝交为对抗暴日最简便而有效的方法,我们又何至到今天的地步呢?所以大家切不可过了五分钟就将气泄掉,我们务必具有坚忍不移的恒心以养我们的力量。

(三)畏艰难

现在在中国有许多事都是不彻底的,这是因为彻底的事是比较难做一些;大家都存了一个畏难的心,只欢喜做那些浮光掠影的工作,对于那彻底的事业就怕去尝试,所以大家的精气都在虚浮的事上泄掉,对于那彻底的事就没有力量去干。譬如反抗日本这件事情,要彻底做起来,决不是贴贴标语、叫叫口号、发发传单、讲讲空话所可以了事的,必定要想出种种可以致日本死命的法子来,实行到底才行,但是因为大家畏艰难的缘故,贴标语、叫口号、发传单、讲空话的人总比那些做比较切实些工作的人要多不少。就拿抵制日货来讲吧,要想彻底地抵制日货,必先提倡国货,要想提倡国货,必先创办制造事业,目前有许多中国所不可缺少的货物,如报纸棉纱等等都是由日本买来的居多,中国若不买日本货,就须买西洋货,西洋货比日本货贵;那末我们若改用西洋货,每年须多花掉许多钱,这真是对于中国与日本两败俱伤的事,像这样的抵制日货,是没有力量,不会持久的。我们要想持久,就非从彻底的方法上做起不可,这彻底的方法是什么呢？就是自行创办这类货物的制造事业,但是做这样的事业,是比较艰难些,大家都有畏难的,肯出来担任这种艰巨的很少很少,因此大家抵制日货都变为不彻底了。最值得注意的,我们所读的报纸,天天都讲抵制日货;我们所见的标语,处处都说对日经济绝交,但是那印报和那写标语的纸有时都是日本货,这在稍有思想的人看了,真是一件可笑可耻的事情,所以我们若要养自己的力量,我们不能任凭自己的精气在那些容易而不彻底的事上泄掉,我们应该将自己的心志完全用在艰难而彻底的事业上。

（四）重私益

中国人过重私人利益而不顾大局,这差不多是不可掩饰的事实,在个人的事业上,固不必讲;就是在公益的事业上,也常把自己的利益摆在前面,所以办理公共事业的人,往往不能全心全力去做事,换句话说,他们的精气已经为了私益而泄去一部,不能再有全副力量去应付事业的本身了。在最近的一二十年内,我们已经目睹许多人在政治工作上或社会事业上最初立了伟大的功绩,但是到了以后竟因自私的念头发生而改变其常态,以致后半世所做的与前半世所做的互相冲突,前半世的成绩因了后半世的行为而归于乌有。这种人若能始终如一,以事业为前提,不把私益放在心上,本来可以用他们全副的力量,完成极伟大的事业,以昭垂于后世;但是因为一念之差,他们的心为私欲所蔽,他们的精气就此泄掉,他们没有力量在就那已造成的伟绩继续努力了。所以若有人问我中国近代的伟人何以如此之少,我敢说过重私人利益就是其原因之一。

由上述的情形看出,中国目前力量不充足的主因的确是大家太泄气,在此外侮紧迫、国难临头的当儿,正是我们大家培养力量的时候,我们要培养力量,就不能再泄气,我们大家应该猛省,我们大家应该常记住胡先生的那句话:"应养力,勿泄气!"

从抗日问题说到中国的民族性*

中国的国际地位在今日已到了极危险的程度,那是一个公认的事实。暴日是这样地残酷凶狠,咄咄逼人,而国联又是那般地敷衍塞责,蔑视公理。我们若不及早觉悟,努力自救,不但东三省的疆土不能保全,恐怕不多时连国家的本身都要消灭。所以目前的抗日运动的确是不可缺少的。但是这次抗日运动的原因,比以前任何次的都要来得严重,我们在这抗日呼声传遍中国的当儿,不但要抱一种坚持到底的决心,并且还应该对于如何致胜之道从根本上加以细密的研究。我们知道日本之侵略中国已非一次,中国之受辱于外人并非自现在始,同胞们为国奋斗的表示也时有所见;但时至今日,只是江河日下,越弄越糟,这是什么缘故呢?经过一番仔细的考虑之后,我觉得其主因是中国的民族性不好。凡是熟悉中国情形的人都承认中国人有"爱好和平"的特点,这种特点,在有些人看来,当然是一种"美德",但是我们若对于它的效果平心静气地研究一下,我们就能发现它和现在中国政局有不可分离的因果关系,我们就不得不承认现在内政外交之所以如此不满人意,都是由于中国人过于爱好和平。在内政方面,历史已经告诉我们,人民的过于爱好和平曾经使他们自己变成一群苟且偷安、毫无抵抗的奴隶,执政者无论怎样不好,他们都不敢表示一点反对的意见,他们所注重的就是谁有势力,谁有门路;至于谁曲谁直,谁是谁非,他们都不甚注意,他们已失去了独立的意志;他们的人格可说已经不单独存在了,所以中国表面上虽是四万万人民的国家,而在实际上却是几个野心政客和投机官僚的求名图利的工具。结果就因一二人专政,而致亿万民盲从,国事愈弄愈坏。在外交方面,事实也已告诉我们,人民的过于爱好和平曾经将他们所有的坚毅奋斗的精神夺去,使他们变成一只温顺的绵羊、驯良的鸽子,听从异族的宰割和节制,他们不但没有抵抗,并且有时还要自动地甘愿到外人的庇荫底下去过日子。这种情形,在稍具观察力的人都能见得到。就拿上海来说吧,那些不怕中国人而怕外国人的是何其之多!那些看不起中国人而巴结外国人的又是何其数见不鲜!那些不服从中国人而甘愿做洋奴的更是何其平常而平常!再看这次东北的事件发生之后,中国负责守土的军队大部分抱着不抵抗主义,那些具有热血肯与日本人作殊死战以为中国民族争人格的将士,除马占山外,能有几人?日本的军队已经深入腹地了,我们的政府还高唱着保持和平的口号,将自己的军队节节后退;人民看得不耐烦起来了,政府还以为他们多事,这种奴隶式的爱好和平,我敢说是世界各国少有的。这种心理存在一天,中国人一天不能维置他们的人格,中国也一天不能脱离次殖民的地位。

外国人时常夸奖我们中国人爱好和平的美德,我们自己有时也不免因此自鸣得意。其实我们都是呆子。试问外国人抱着侵略主义到中国来,他们难道不希望中国人对于他们的一切设施没有阻碍吗?我们若人人都变为绵羊和鸽子,岂不是正合着他们的意思?他们所称为"美德"者,乃是于他们有益而于我们有损的"德";我们若受了他们的欺骗,竭力提倡这种德行,岂不是自速其亡?

我说这一番话,并不是根本反对爱好和平,我们也承认爱好和平是一种美德,但是在现在这

---

* 原载于《决心》1932年,第8/9期。

潮流之中，绝对地爱好和平是有损无益，不能达到和平的真目的。我们该知道现在的世界——尤其是现在的国际——并不是完全受公理的支配的。强权霸道在各处都有相当的势力。一个人民和一个国家之在今日，真好像处在有豺狼的山林中一样。我们固不必故意多事，去惹那些凶狠的野兽；但是那些野兽来侵犯我们的时候，我们若不在可能范围内予以抵抗而让其吞食，我们就不免灭亡。我们若能拼死命和他们抵抗一下，也许他们不能那么为所欲为。他们的野心也许因我们的阻力大大可以收敛一些。换句话说，我们立身处世，虽然应以爱好和平为原则，但是我们在爱好和平之时，为维持自己的人格，保护自己的生命起见，仍应有当仁不让的精神和见义勇为的毅力，我们切不可一味抱着那奴隶的绝对的爱好和平的心。

今日中国所处的地位，诚然是极危险的，但是这样危难的情形，别的国家也曾有过。历史已经昭示给我们许多事例。有许多国家曾经安然度过这种危难而跻于富强之域。它们应付这种危难的方法，并非那奴隶式的爱好和平，乃是那当仁不让的精神和见义勇为的毅力。我们处于今日，不应该消极。我们应该十二分地积极。我们不应该一味地盲从那奴隶式的爱好和平主义，对于侵犯我们权利的人采绝对不抵抗政策。我们应该明白自己的地位，尊重自己的人格，尽自己的本分，行自己的主张。凡是在公道上不可忍受的，我们都应该本着当仁不让的精神和见义勇为的毅力去反对抵抗。我们若能做到这个地步，不但抗日可以胜利，就是强国也不是难事。

关于抗战期间政府组织问题的几种错误见解[*]

关于抗战期间政府的组织问题,国内学者已有很多的讨论。就是政府当局对于这个问题也予以相当的注意。最近政府机构的几次改组,便是一个明显的例子。我们在此地似乎不应该再发表什么意见。不过作者觉得有些学者和政府当局对于这个问题的观察考虑似乎还不十分周到,现在愿将个人的几点感想提出来供大家的参考。

总观以往这几个月中国内论坛的趋势和政治的变迁,作者觉得有些人对于战时政府组织的问题至少有三种错误的见解。现在分别说明于后:

一、第一种错误的见解以为:战时政府的组织应该厉行紧缩。有这种错误见解的人,在国内恐怕很占优势。国府各机关之裁减职员,便是一个最明显的例子。这种见解大概因两种观念而发生。这两种观念各有其出发点。第一种以经费为出发点。抱这种观念的人以为:在抗战时期,国家的财政非常困难,各机关应该缩小范围以节省经费而延长寿命。第二种观念以事物为出发点。抱这种观念的人以为:在抗战时期,某种机关事务减少或根本无事可办,不必再维持平时那样的门面。这两种观念当然也有一部分的真理。我国的政府机关,平时因好铺张门面,安插冗员,而组织庞大,效能缺乏者,不一而足。我们在必要与可能范围内予以调整紧缩,自然是应该的。可是这种调整紧缩,应该以抗战时期的需要为标准,从这一点讲起来,经费之节省虽不可忽视,但首须注意者还是各机关在抗战时期工作之实际需要。因为政府的行政费(事业费除外)究属有限,若斤斤于经费之节省而置工作的实际需要于不顾,未免有削足适履之弊。况且在全面抗战的过程中,民政机关和军事机关是一样地重要。在现代化的战争状态下,前线与后方既无甚区别,而其重要性亦相等。我们在这个时候,当然谁也不敢说:我们的军事机关应该以节省经费为目的而厉行紧缩,那末民政机关之调整紧缩不应以节省经费为主要标准,自然也很明显了。然而我们仔细体察抗战以来政府厉行紧缩政策的经过,觉得有些人太重视经费之节省而忽略工作之实际需要。他们以为在抗战时期许多政府机关无事可做,于是主张裁减职员,归并机关,或改变名称等等。他们认为这种办法是于财政上有利而于工作的需要上无妨害的。诚然,我们政府平时的组织是有叠床架屋之弊,我们的公务员中是混着不少的饭桶,我们为增加行政效率起见早就应该在组织及人选方面有一番革新。但是这与以上这些人所主张的是两回事情。作者以为:我们由政府机关,除掉极少数的例外,如果真想苦干的话,在这抗战时期并非无事可做;目前之所以无事可做者,其主要原因当推大家之缺乏计划与不愿做事。就拿一般人所认为无事可做无足重轻的内政部来讲吧,若是主管者真有计划而愿意做事的话,恐怕要比任何机关忙。如组织民众、救济难民以及其他许多不属其他部会管辖而关系后方秩序安宁的事情,若认真办起来,恐怕就是将固存的内政部职员增加一倍,也未见得干得了。一般人所认为空闲的内政部既然是如此,那末其余的机关更可想而知了。所以我们若要使政府机关在抗战时期充分发挥其功能,只可以工作的"需要"为出发点就组织及人选方面加以必要与可能的调

---

[*] 原载于《经世》抗战特刊 9,1938 年。

整紧缩。至于一味以节省经费为目的而"疏散"职员裁并机关,那简直是"泄气"政策,未免贻笑敌人!我说这话,当然并不是主张那些因环境变迁而事实上确无工作可做的机关以及本质不良而不能当抗战时期重任的机关也须一一保留。不过这种机关,仅居少数,未免应该将它们认清楚。近来很有一批人因战事不利土地丧失而表示过分消极。他们觉得:中国已陷于偏安之局,政府机关所举办的许多事业已无法推动,它们的管辖范围也一天小一天,因此政府机关有缩小之必要。这种思想当然并非绝对无理,不过有些人往往被它整个地笼罩住,未免趋于极端。我们该知道:以往大家所注意的,大概限于中原以及现在已被敌人占领或正在作战的区域;政府对于那些边远省份简直没有下什么工夫;今后当努力开发革新这些区域以作长期抵抗复兴民族的根据地;来日的工作不知要比以前繁重几倍,我们只应该充实调整政府组织以应此特殊需要,决无专顾省钱妄行紧缩之理。我们虽然已蒙着丧师失地的耻辱,却不可小看自己。我们若能将那些还没有失去的地方整理开发革新充实起来,仍不难维持我们抗战的力量而收复已失的山河。我们四川一省就有欧洲中部或西部一国那么大。我们现在所保有的还不止四川一省,我们若想到欧洲中部西部那些国家怎样地振奋有为,我们应该自加勉励努力前进。我们目前不过是一个暂时遭了病魔缠扰的国家。我们所得的并非绝症,我们应该向生路上走,不应该轻易失望而自暴自弃!

二、第二种错误的见解以为:战时政府的组织是必须与平时政府的组织分开而不能混同的,这种见解可由政府未离开南京前的战时组织看出来。上海的战事发生不久,军事委员会便实行改组。结果,添设了好几部。其中有几部是含有十足军事性的,本不足为怪。不过其余的几部,如后方勤务部、第三部、第四部等,却与平时早已存在而战时并未取消的交通部、铁道部、实业部等相重复。推原其故,大概是因为有些人认为那些平时早已存在而战时并未取消的各部不能胜任战时的职务,非另设几个性质相似的战时机关不可。这种错误的见解所造成的政府组织,不但有如萧一山先生所说的"名称杂出,号令不一"之弊,并且还引起下列的困难和矛盾现象:

(一)因这种见解而产生的新组织虽另成一个系统而似乎有其特殊使命,但其长官中有几个却又同时为行政院关系部的长官。即其职员亦大都是由这些部调来的并且这些部的职员还有直接替那些新组织的机关效劳而无名义的,那些新组织的机关所担任的工作也有许多是委托这些部办理的。这是这种见解的产物与事实矛盾的一种现象,还不过是逻辑上的缺点,关系犹小,姑不申论。

(二)因这种见解而产生的新组织虽一部分因人的关系有时与有的关系部取得联络,但因办事手续上有许多曲折,对于这些部所取得的经验,所搜集的资料,所拟的计划,以及所做的准备工作不能充分利用。至于那些无人的关系可凭藉的,那简直与固有的关系部漠不相关。这种事态足以产生两种结果:1.新组织的机关对于所办的事业大部分须另起炉灶,工作繁而收效迟。2.固有的关系部因为有了那些新组织的机关,往往觉得无事可做,对于分内应办的事业不免故意推诿,将平时所计划筹备的许多事情停顿或放弃。我们若将这两种结果总合起来,我们可得一个结论,那就是:因上述错误见解而新组织的机关,反而使得过去和现在失去必要的联贯性(continuity),反而使得本来有人可负专责而能速办的事情无法推行,我们该知道一个理想的政府组织,不但能应付平时的环境,并且还能不经过变动而适合战时的需要。因为一个理想政府在平时举办事业时,对于平时的需要固应顾及,而对于战时的需要尤须重视。它的组织在平时含有应付战时环境的可能性。苏联的政府组织及其所举办的事业便是一个很好的例子。其实德意等国也有同样的趋势,苏联自从欧战以后,除掉极短时期与邻邦有小冲突外,可算一直度着和平的生活。可是它的政府组织及所办的事业(根据几次的五年计划所办的),简直可谓表现着十足的抗战性。近代国家能比得上它的,真不可多见,一个理想的政府组织及其所举办的事业固然是如此,就是那些够不上理想的政府组织及其所举办的事业,虽在平时也不能说绝对不含着应付战时环境的可能性。所不同者不过是程度之深浅而已,所以这些政府组织一到了战时不一定是无用。善于运用政治机构者,当知如何择其可用者而用之。最好的办法,莫若调整充实固有的组织而不根本推翻它,使过去和现在维持必要的联贯关系，而减少许多无谓的消耗。

三、第三种错误的见解以为：战时政府的组织只须在形式及系统上加以改动就行，至于人选的问题则无关紧要。这种见解可从战争发生以来几次的政府改组表现出来。试问：最初在南京的与国府迁渝后的政府改组，在形式及系统上虽翻了许多花样，而在人选方面是否有"换汤不换药"之感？我们该知道：政治的功效不是专靠表面的制度所可发挥出来的；实际上发挥政治功效的主动力还在乎"人"。

我们若忽视了这一点，那简直是自欺欺人而已。根本谈不到什么"革新"，什么"抗敌"！我国以往的毛病就在负政府之重责者不得其人，政治为少数党派团体所把持。凡在这个圈套里面的人，无论他是怎样不学无术卑鄙龌龊，都有担任要职的机会。反之，那些人格健全真有作为的人，因为没有渊源，倒在排斥之列。在这种情况下的政治，当然不会有良好的成绩。然而一般人不反躬自问革面洗心而反将责任完全卸在制度的身上，于是大翻其花样而时常改变制度。这真可谓"肚痛埋怨床脚"了（江苏俗话）。我们固不敢说我国政府的制度完全没有缺点，可是我们若将政治上一切因人选不当而发生的坏事都归咎于制度之不善，那决非平情之论。所以我们要想充实改良战时的政府组织，除对于制度为必要之革新外，尤须对于"人"的方面下一番甄别整顿的工夫！换句话说，那些行为卑劣能力薄弱的人，不应该再让他们占据重要地位而累及国家民族的前途。政府用人，当以"贤"与"能"为标准。不然，纵使将政府的组织改变千次万次，也是无补于实际的！

以上这三种错误的见解，现在也许不一定完全存在；有几种也许已成为过去或将要成为过去。但愿这是事实！作者很希望大家本着"有则改之，无则加勉"的原则做一番反省。本文虽然对于过去有种种批评，但其主要目的是在使大家能知道以往的缺点而赶快想法补救。有些人也许以为现在为时已晚，这种批评已无补实际。殊不知战争才开始半年，以后抗战的日子还长，我们若从现在起放弃上述的几种错误见解，根据合理的原则对于政府的组织做一番必要与可能的调整和充实工夫，那么后事必尚有可为。希望大家不要再因循迟疑，赶快地作"亡羊补牢"之计！

知识界阵线之统一*

一

自从这次的战事爆发以来，大家渐渐地感觉到"联合各党派一致对外"的必要；"统一战线"的口号，几乎各处都能听到。这一种现象，当然是最值得我们欢欣鼓舞的。因为以往我国之所以不行，党派之分歧，实其最大的原因。现在和我们作战的敌人早就知道我们的致命伤是在这里。所以他们唯恐我们国内没有党派，更唯恐我们有党派而能相安无事。他们所馨香祷祝者，乃是：我们国内有党派，而这些党派因自私自利而彼此倾轧，弄得国是不堪闻问。他们非但对于我们历次党派的斗争，流露出一种幸灾乐祸的态度，并且还有好几次积极地用煽惑引诱的方法促成助长这种斗争。这是凡留心我国近代史者所共见共闻的事实。现在大家既觉悟到自己最大的弱点之所在而提倡在同一战线下联合各党派以一致对外，那再好没有了！我们怎得不兴奋！

不过在以往的七八个月里各方面关于这个问题所发表的意见，大都偏重于"国""共"以及其他少数重要派别的调整合作一点，而在讨论这一点时，大家的视线似乎又大都集中在各党各派的团体主张及行动上。其未经充分考虑之点还是很多，而其中最重要的一点当推知识界阵线之统一。现在特地乘此机会，将它提出来和大家商讨一下。

我们知道：凡党派成立，虽由于种种社会背景的存在，可是就那些较为上层的党派而言，若没有知识界的分子为之倡导奔走，恐怕大部分不会产生；即使产生，恐怕也免不了夭折。这一点，只要看已往几十年国内的混乱情形，便可明了。所谓"学术界""文治派"的倾轧斗争固不必说，就是军人与军人之斗争——如内战等等——也大都是知识分子所鼓动成功的。这种情形当然不是近几十年来所独有的，在我国古代——战国以降——就数见不鲜。这种情形也不是我国所独有的，在别的国家也未能免除。所以无论古今中外，凡是要杜绝党派之争而安定社会国家者，大都对于知识分子特别注意。远者如秦代之焚书坑儒，汉朝之独尊儒教，近者如耶稣，意大利，德意志之划一思想，统制文化——这些都是足以直接或间接证明知识分子有举足轻重的权威。我们不要"统一战线"则已，如果要的话，非从统一如知识分子的阵线入手不可。如果知识分子的阵线统一了，则现有的各党各派至少有十之八九会联合起来，战线自然会渐渐地趋于统一。

二

可是知识分子的统一战线，不是可以用强力促成的。那种用强力促成的统一战线，是仅有表面而无内容的，绝不足以抵抗敌人。换句话说，知识分子真正的统一战线，必须要知识分子先有了觉悟方能形成。至于使知识分子觉悟的方法，在理论上虽不一其端，但主要者实不外"反省"两个字。因此我们对于"反省"的对象不可不先加研究。"反省"的对象是什么呢？无他，就是知识分子们的

---

* 《经世》战时特刊，第十二期合刊。

错误的派别观念或行动。这些错误的派别观念或行动,据我们常见的,约有六种,兹分别说明如左:

(一)因纯粹志趣的异同而发生的。所谓纯粹志趣的异同可包括主义的,学说的,及信仰的异同等等,如国民党员和共产党员、耶稣信徒与佛教信徒、新文学家与旧文学家志趣的异同,即其明例。因为这种志趣的异同而发生的派别观念或行动,不一定有什么坏的作用在里面,本来很难予以适当公允的评价。因为这种派别观念或行动,大都是因为寻求真理之途径及标准不同而发生的,而寻求真理之途径及标准乃是相对的东西,不是可以强同的。并且世界文化的进步,得力于这种派别观念或行动者颇多。若没有这种派别观念或行动使人与人间起一种摩擦而有新的觉悟,恐怕世界的文化一定要因为人们"安于现状"或"自以为是"的心理而停滞着。不过,话虽这样说,在实际上人们因为这种派别观念或行动而阻碍文化的进步者,却也常有所见。有些人因为派别观念或行动的关系往往趋与极端,弄得此派与那派如水火之不相容。甲派的一切,在乙派看起来,一个钱都不值,而乙派的一切,在甲派看来,也毫不足取。每一派都觉得自己是绝对有理而别派是绝对无理的。于是自己的缺点固然不知道,就是人家的优点也被一笔抹煞;此派与那派之间无异乎筑有坚固的壁垒。这种现象,当然是违背理性的,当然是反乎真理的。因为世界上的事情至少有许多是相对的。甲派与乙派不同者也许仅在对于真理的"看法"(approach)或方法上;大家所寻求的真理或所努力的目标也就是相同,相近,全无冲突,或互相有益的;甲派所主张的,也许是有充分的经验事实为根据的;这些经验事实也许是乙派所未见到或忽视的。大家只应该虚心地互相切磋琢磨,不应该预存成见感情用事。不然的话,大家的知识范围将一天狭一天,大家的贡献能力将有退而无进;对于一般文化的发展,固然有所阻碍,而对于非常时期的抗战和复兴工作,更说不上有什么帮助。

(二)因私人的利害关系而发生的。这种派别观念或行动是最卑鄙而且普遍的。这种派别观念或行动在任何地方可表现出来。在现在的社会里面那些以狼狈为奸为目的的党派不知道有多少。其范围狭小者虽居多数,可是规模宏大者也常有所见。并且因为每党每派的分子相互间有一种利害关系,其潜势力往往比其他的党派还要大。不消说,我国之所以弄到这个地步,这种党派所引起的派别观念或行动应负最大的责任。

(三)因求学地点而发生的。这种派别观念或行动在我国的学界最为普遍。留学生之看不起本国学校出身的学生,固然不必说得,就是留学生自己里面也有种种派别。留学甲国的学生拼命地标榜甲国,将留学乙国的学生说得一文不值,而留学乙国的学生也拼命地标榜乙国,将留学甲国的学生说得一文不值。大家把自己留学的国度都当偶像一般看待,把自己认作"天之骄子"。所以中国的科学虽然很落后,而派别之多简直足以使任何国家有"瞠乎其后"之感。无论是谈法律、政治、经济、工程、化学、物理或其他学科,都有许多人以留学的国度为旗帜而树立种种派别。有时许多"专家"到了一处,只知彼此歧视,不知通力合作。譬如买一个机器吧,英国留学生便主张向英国去买,美国留学生便主张向美国去买,法国留学生便说法国的东西合用讨巧,德国留学生便说德国的货色价廉物美,结果,弄得"聚讼纷纭,莫衷一是",一件事情也办不好。其实我们若仔细调查一下,那些说甲国比别国好的留学生,未必留学过——或简直没有到过——别的国,那些说别的国家比甲国好的留学生,也未必留过学——或简直没到过——甲国。他们的主张近乎武断,他们的眼光非常狭窄,他们的学问脱不了"肤浅"两个字。说的具体而厉害一些,他们常引用下面一类的逻辑方式:"某某事情应该学某国,因为我曾留学某国"。"某某东西以来自某国者为最佳,因为我曾留学某国。""某国和中国最要好,因为我曾留学某国"。"某国的学者伟人顶多,因为我曾留学某国"。以上这种种情形在平时固足以阻碍我国文化的进步,而在非常时期——即大家应该虚心合作,各献其所长,以抵抗外侮,复兴民族的时期——尤足以削减民族的力量,动摇国家的基础。

(四)因读书或任事的学校而发生的。这种派别观念或行动,无论在留学生或非留学生中,都可见到。我们时常看到某种机关为某某学校派所把持,某种事业为某某学校派所独占,这一派排除那一派,那一派仇视这一派,其影响虽然未必如上面所说的那么大,可是对于国家社会事业的进展却不无阻碍，在这非常时期，尤足以为害。

（五）因所学的科目而发生的。这种派别观念或行动，在现在的中国可谓很时髦。那些学"实用"科目者往往瞧不起学"理论"科目（如文学、哲学、历史等）者，而那些学理论科学者也往往对那些学"实用"科目者起一种反感。不但如此，那些学"实用"科目与学"理论"科目者中又有许多派别。学自然科学者往往斥学社会科学者为"无用"，学社会科学者不免说学自然科学者"头脑简单"。学自然科学者往往以为只有自然科学能复兴中国，什么社会科学都不需要。学社会科学者往往以为复兴中国的重任全在他们的肩上，学自然科学者仅居于次要的地位。在二三十年以前社会科学与自然科学在中国似乎并没有形成对立的局势。以后有一个时期大家对于社会科学似乎比较感兴趣。可是近十余年来大家对于自然科学渐渐地重视。这本来是个好现象。因为中国的自然科学太落后，非赶快提倡不可。但是有些提倡自然科学的人未免趋于极端。他们以为中国所需要的只是自然科学的人才。于是派遣留学生啦，办理学校啦，辅助教育经费啦，甚至于用人行政啦，都侧重自然科学，将社会科学置之脑后。自然科学几成为"百病皆医的药"，自然科学的人才几或为"万能博士"。以上这种种情形当然是很可悲观的。因为：1. 就求知的对象讲，宇宙间的真理，只有一个。所谓"理论科目"或"实用科目"，"社会科学"或"自然科学"，都不过是这一个真理的各方面或达到这个真理的几条路。无论哪一种科目或科学都能直接或间接发明一部分的真理。换言之，无论哪种科目或科学对于知识方面都有其贡献。因此为发现真理起见，各种科目或科学的人才都应该齐备。2. 就社会的功用讲，各种科目或科学对于人类社会都有一部分的益处，有点是关于精神方面的，有点是关于物质方面的，有点这关于事物之本体或实质的，有点是关于事物之组织或程序的。一个文明的、有组织的社会——国家即其明例——和一座房屋一样，需要各种的材料。各种科目或科学便是建筑这种社会的材料，而研究运用各种科目或科学的人便是使这些材料具体化的原动力。这些材料、这些原动力，在这种社会里是缺一不可的。我们若专重视某一类的科目或科学以及研究运用某一类科目或科学的人才，那无异以不完备的材料而想建筑一座富丽坚实的房屋。其在事实上之行不通，谁都知道，尤其在外国，什么科目或科学的可用人才都不够支配，都得好好培养提倡。这次抗战的经验足以充分地说明这个事实。军事、外交、军需制造、军事工程的人才固感缺之，然而法律、政治、经济以及其他有关后方工作的人才也未尝够用，我们现在实在谈不到什么派别，我们只应该互相尊重、协助，共将大家在各种科目和科学上的心得发挥出来，以增厚抗战御侮的力量，促进国家民族的复兴。

（六）因先进后进而发生的。这种派别观念和行动是因所谓"老派""少派"、"前辈""后辈"等对立的情形而发生的。本来这种派别观念或行动是很容易发生的。因为人是时代的产物。前一时代当然和后一时代不同；那末前一时代的人也当然和后一时代的人不同。就思想与行动讲起来，年长的与年幼的确有种种区别。这在别的国家也不能免。不过本文所要提出的并非这一点。我们所引以为忧者乃先进者与后进者之相互歧视，不能合作。我们觉得中国的知识界中——尤其所谓"学者""专家"中——有一个很坏的现象，那就是：出道稍微早一些的人往往歧视那些"后辈"，非但不提携他们，并且还要阻碍他们的发展。"前辈"往往将"后辈"的能力或成就故意低估。"后辈"的本领明明是"好"的，而在"前辈"看来还是不行。"后辈"的本领明明是"很好"，而"前辈"只认为"尚可"。这种抑低他人而提高自己的把戏，在官场中固数见不鲜，而在学术界中也层出不穷。我们不但在工作时观察到这种现象，就是在一般的社交上也有同样的感觉。"前辈"与"后辈"之间好像隔了一条鸿沟。其实所谓"前辈"究竟在能力或成就方面是否一定胜于"后辈"呢？恐怕谁也不敢给一个肯定的答复。因为"前辈"的态度是这样，于是"后辈"便对他们起了一种反感，也渐渐地歧视他们，将他们的纸老虎刺穿。结果，两方面都感到困难。这种现象实在是我们整个国家民族的一种危机。因为"前辈"与"后辈"，虽是不同时代的产物，但是就人类历史的联贯性和社会分子的连锁性讲起来，他们决非漠不相关的，他们应该彼此提携，互相调和。上面所说的那种情形，是和人类进化的原则及社会发展的条件相反背的。若听其存在,我们的国家民族只有退化而没有进步,要想战胜敌人,恢复山河,那谈何容易！上面所说的六种错误派别观念或行动,不过是比较常见一些的。此外还有好多种错误的派别观念或行动——如因地理关系等而发生的——也很值得大家的注意。现在因为篇幅有限姑且从略。

三

我们既然知道当今知识界的错误派别观念或行动是些什么以及它们的影响是怎样,现在便要进一步,研究如何可以避免或去除那些派别观念或行动。专就心理的背景而论,上面说的种种派别观念或行动之发生,大概由于七重原因,即:(一)自私(二)主观(三)虚浮(四)猜忌(五)重感情(六)好立异(七)缺乏国家民族思想。所以若要避免或去除那些派别观念或行动,首先应该消灭这七种原因。换句话说,我们若要避免或去除那些派别观念或行动,首先应该去掉自私的心,以公平、客观、切实、诚恳、合理、中庸的态度,在巩固国家和复兴民族的目标下共同寻求真理,研究事物,发挥能力。就纯粹的志趣方面讲,也许我们的见解或信念在实质上有不同的地方。但是我们若真能将以往那种错误的态度和目标改正过来,也决不会各走极端而将大家立场上相异之点看做那么"硬化"而"神圣"的东西,我们一定能够虚心地互相接受考虑彼此的主张。这一层如能做到,那末因纯粹志趣的异同发生的那种错误派别观念或行动,虽不能完全避免,至少不会像现在或过去那么厉害。我们知道因纯粹志趣的异同而发生的错误派别观念或行动是上面所说的各种错误派别观念或行动中最不容易改正的。现在这里派别观念或行动的改正既是可能的是事,那末其他各种的派别观念或行动的改正更不成问题了,所以要知识界的阵线统一,并不是一回难事。只要大家能够对于过去自己的观念和行动加以"反省"并痛下决心改正那些错误的心理状态,大家自然会站在一条阵线上。自从抗战以来,国内的知识界,因处于领导的地位,似乎最提倡"统一战线"的口号。我们该知道:光叫口号是没有用的;我们应该赶快使这个口号成为事实。凡是知识界的分子,从今日起,应该先努力实行这个口号,事实胜于宣传;愿知识界的同胞们赶快拿出具体的行为来做全国民众的模范！

国民党临时全国代表大会闭幕以后*

"今年的国民党临时全国代表大会已于四月一日闭幕了。大会的决议案和宣言我们也在报纸上见着了。我们对于这次会议的结果,作何感想?我们在这次会议以后,应该有什么觉悟,应该向那一方面努力?这次会议对于中国抗战和复兴的前途有什么影响?……"这一串的思想或问题大概在以往这几天里都不免在一般人的脑海中盘旋着。不但这几天出版的大部分报纸杂志载有以这一串思想或问题为中心的文章,就是一般稍有知识的国民也不免拿这一串思想或问题做谈话的资料。在这些文章和谈话里,我们已经看到或听到许多"名言议论",我们似乎毋庸再"画蛇添足"。不过我们觉得大家的观点未必与我们相同,我们很想将"一得之愚"贡献给大家做一个参考。

我们认为:这次国民党全国临时代表大会会议的结果可从四点去研究,即(一)国民党内部的革新,(二)国民党对于时代的认识,(三)国民党与领袖的关系,(四)国民党与其他党派的关系。现在请就这四点分述我们的意见于后。

一、国民党内部的革新。这次的大会关于党的组织有两个重要的决议案。一个是取消预备党员制,设立青年团,在统一组织之下训练全国青年,使人人信仰三民主义,以便为将来建设国家复兴与民族树立坚固的基础。一个是确立全党领袖制度,选举蒋汪二先生为正副总统,使党内有正式领导之人,以免思想庞杂事权分散。我们知道:三民主义的精神,如能灌输到青年人里面去而成为他们思想行动之一部分,则他们将来发育长成之日,三民主义也可因他们的事业而具体化。如果个个青年现在都能受着三民主义的真正熏陶,那末十年或二十年后中国个个在政府里或社会上负责的人都是三民主义的忠实信徒,他们的一切决不会违背三民主义的。不过话又说回来了。青年团的设立,决不是一件形式上的事情;我们仅有青年团这个名称或形体,那是不济事的;主要的问题还在如何使青年们真能养成三民主义的精神。过去的十余年中国国民党虽没有正式或大规模地实行青年团的制度,可是三民主义与青年们接触的机会却也不少。就党的方面讲,我们曾有过许多青年党员。就学校教育的方面讲,我们曾提提倡实施过"党化教育"。可是我们试平心静气地想一想:过去的青年中有多少是三民主义的忠实信徒?他们当中有多少能奉行总理所提倡的八德?他们当中有多少具有真正的革命精神?这些问题究应怎样回答,恐怕无论国民党员或非国民党员都能知其大概——尤其我们国民党员知之更详。以往的情形即是如此,那末我们便不能不研究其原因何在。讲到这一点,其问题非常复杂。单就学校教育这一方面讲,其原因就很多。如课程之编制、教材之选择、施教之方式等,都与有关系。至于讲到党及一般社会的方面,其值得研究者当也不止一点两点。现在因为篇幅有限,对于这几方面的原因不可一一讨论,只好将左列三点提出来加以简括的说明:

(一)精神训练之被忽视。大家在过去虽提倡党化教育,但是大都偏重于"党义"知识的灌输,而对于革命精神的培养没有做什么切实的工夫。所以"党义"尽管研究得很透彻,而做起事来,常常

---

* 原载于《经世》战时特刊 13,1938 年。

违背革命先烈的遗教——尤其总理所提倡的那八德。

(二)先进者之不能树立模范。党中先进者乃是青年人的领导。他们的一举一动容易为青年人所摹仿。他们的思想行为往往足以决定青年人思想行为的趋向。所以他们如能树立良好的模范,青年人的风气便会变好;不然,青年人的风气便容易变坏。不幸得很,国民党的先进者中,虽不乏富有革命精神的忠实同志,可是有许多颓唐腐败的分子。一般青年同志,在后者领导下,往往不免随着他们堕落。

(三)一般政治社会情形之违背革命遗教。青年人血气未定,知识阅历俱嫌不足,很容易受环境的感化。因此一般政治社会的情形对于他们的思想行动有很大的影响。在以往这十余年中,一般的政治及社会情形之与革命遗教冲突者,不一而足;而其中最值得注意者,莫如一般人之缺乏纪律。服务政府者往往不把法律放在眼里;而其他的人呢,又几乎忘记了"道德"两个字。凡此种种都是缺乏纪律——政治的纪律与社会的纪律——的明证。青年人在这种环境里面,因为看惯了违背纪律的事情,很容易忽视纪律的重要性。于是他们也渐渐地养成了不守纪律的习惯。

从以上这三点看来,我们知道:以后如要使青年们变成三民主义的忠实信徒,至少须办到三件事情,即:(一)实施三民主义之精神的训练;(二)国民党的先进彻底觉悟,自加勉励,为青年们树立良好的模范;(三)纠正政治上及社会上一般不合革命遗教的情形,尤其要使大家纪律化,以整顿风气,而使青年们不受恶环境的熏陶。我们若要使青年团的制度在中国发生预期的效果,对于这三件事情不可不特别努力。我们很希望国内关心青年团这个制度的人——尤其那些负实际责任的人——对于以上所说的情形加以深切的注意。

次论确立全国领袖制度这个决议案。我们知道:国民党自从总理逝世以后在事实上虽有少数人为领袖,可是因为这些事实上的领袖没有取得法律——即党章上的地位,领导的职权并不专一,领导的责任亦欠分明。这次的临时全国代表大会能够确立领袖制度,选举蒋汪二先生为正副总裁并议决"总裁代行党章所规定总理之职权",从此国民党便产生了法律上的领袖,以往种种涣散的情形可望逐衡消除。不消说,这是健全党的组织的一个根本设施。

二、国民党对于时代的认识。这次的全国临时代表大会的决议案中有(一)制定抗战建国各纲领及(二)组织民意机关二项。前者对于外交、军事、政治、经济、民众运动、教育等决定许多基本原则。这些原则都是现在举国上下所希望实现的。后者的目的在设立国民参政会、使国民对于国家的大事有贡献意见的机会。这也是目前所亟需的。从这两个决议案我们可以看出:国民党对于现在中国的需要以及一般舆论的趋向——即时代的要求——确有相当的认识。此后如能本着这种认识领导全国向前努力,使上述两个决议案的真精神具体化起来,那我们抗战建国的力量一定可以一天比一天增厚。

三、国民党与领袖的关系。这次临时全国代表大会所选举的总裁恰好是举国属望的蒋先生,以蒋先生过去对党国的功绩,当然这一种职位非他莫属。蒋先生在没有当选国民党总裁以前,事实上早就是大家所敬仰拥护的领袖。这一次大家选举他为总裁,不过就是既成的事实加以法律的躯壳而已。就临时全国代表大会这方面讲,这当然可以正式表示国民党敬仰蒋先生的意思以及拥护蒋先生的决心。就全国民众这方面讲,这当然是党国领袖所能享受到的一种极大荣益。可是就蒋先生个人这方面讲,凡此种种,除可以给他一些安慰——即因知道全国了解拥戴他而得到的安慰——并加强他为国家民族努力牺牲的决心外,对于他个人的荣益或权利并不足以增加一丝一毫。不仅如此,他的责任倒反而比前加重了。因为以蒋先生过去在党国的地位——尤其在这次抗战中的地位——全国最大的荣益早就属于他,毋庸再加以补充。若讲到"权利",那他早已把这两个字置之度外。他以往那种奋斗牺牲的精神已充分地说明这个事实。况且就政治和社会工作的本质而论,"权利"这两个字就根本谈不到。所谓"权利"无非是政治或社会事业家或服务者对于国家社会所负义务的另外一面。权利与义务是一体而非对立的东西。政治或社会事业家或服务者所行使的

"职权"——权利的别名——乃是为履行义务而设的；其目的在赋予政治或社会事业家或服务者以履行义务的能力或机会。易言之，它只是使政治或社会事业家或服务者发挥"社会功能"（social function）的一种工具，乃是为大众而设而无关个人利害的东西。从广义方面讲，它就是义务的一部分。所以"职权"的提高即是义务的加重。我们敬仰拥护领袖，选他为国民党的总裁，无非是要增加他的负担；仔细地分析起来，是于他个人没有什么好处的。

我们既然将这种重大的负担加在他身上，我们对于他便负有一种道德上的责任。这一种道德上的责任是什么呢？就是：一心一意地拥护帮助他，使他能够以国民党总裁的资格领导党内外的同胞早日完成抗战建国与复兴民族的使命。我们该知道：我们如果是诚意地敬仰拥护他，决不能以在临时全国代表大会的会场里伸手或投票选他为总裁为满足；我们必得于全国临时代表大会闭幕以后藉着我们的思想行动对于他有一些实际的贡献，使他的伟大使命之完成不但不受我们的阻碍而反因我们的努力而早日实现。不然的话，我们便是"拉后腿"，便是对他不忠实，便是大大地对不起他。我们该知道：国民党虽然有了领袖，可是要完成革命的使命，决不是领袖一个人单枪匹马所能办得到的。因为专有贤明的领袖而没有健全忠实的干部或群众，那无论在任何国家都不能有伟大的成就。所以我们要希望领袖完成革命的使命，必得自己和领袖同时努力。我们若专将责任移在他一个人身上而自己一味地取巧推诿，那便不明了革命的真义，便不是革命的忠实信徒。

凡关心国事的人，大概都看得出近几年来敬仰拥护领袖的人很多。其中真能明了敬仰拥护之意义而帮助领袖完成革命事业者虽不在少数，可是那些仅会喊敬仰拥护之口号而不能行敬仰拥护之实者，也未尝没有。他们之所以不能行敬仰拥护之实，有一部分是由于无知识，有一部分是由于不忠实。仔细分析起来，其原因当然很多，不过归纳言之，不外乎二点，即：（一）根本不明了敬仰拥护领袖的真正目的与方法。（二）虽明了敬仰拥护领袖的真正目的与方法而因为怀有不正当的动机，不照那种目的与方法去切实行事，换言之，即虽明了而无坚深的信念。我们不忍看今后的国民党中有人犯这些毛病。我们极愿大家都能认清敬仰拥护领袖的真正目的与方法并对于这种目的与方法有一种坚深的信念。讲到这里，或者有人要问：敬仰拥护领袖的真正目的与方法是怎样呢？要详细地回答这个问题，当然非几句话可以说得完。不过简括言之，我们的回答大概可以归纳为后列二点：

（一）敬仰拥护领袖的真正目的是在：（甲）鼓励慰劳他，使他继续努力为国家民族牺牲奋斗，（乙）给他充分的机会及帮助，使他能早日完成对国家民族所负的伟大使命。我们个人除对于他在礼貌上表示尊敬外、尤须在思想行动上对于他的使命之完成有一种帮助。凡是和这个目的相反的一切思想行动，都应该避免。

（二）敬仰拥护领袖的真正方法是：由大家精诚团结，以忠实的态度及合理的手段，使全国有知识能力的人都能有和他通力合作的机会，以便达到我们敬仰拥护他的目的。所有的门户之见以及有损他的威望，妨碍他的任务的一切态度及手段，都应该避免。

以上虽不过举其原则，但是我们如果照此切实地做去，纵不能完全发挥敬仰拥护领袖的真义，至少也相去不远。我们很恳切地希望国民党的同志今后都对于这二点有清楚的认识和坚深的信念。

四、国民党与其他党派的关系。有许多观察家都认为这次临时全国代表大会的结果足以使国民党"强化"。不错，这次临时全国代表大会的决议案，都是合理的，如果切实推行起来，一定可以使国民党内部的组织健全，建设的能力增加，对外的地位改进，换句话说，一定可以使国民党"强化"。但是所谓"强化"，并非指"增加国民党本身的力量以排斥压倒非国民党员"而言。其真正的意义实不外"增加国民党本身的力量以便领导大家或与大家联合起来赶快完成抗战建国复兴民族的使命"。这里面并无"排斥"或"把持"的意味。况且这次临时全国代表大会关于设立民意机关的决议案明明以"团结全国力量，集思广益！以利国策之决定与推行"为目的；其关于民众运动之决议案也以"发动全国民众","对于言论出版集会结社予以合法之充分保障"等原则为出发点。这都足以证明临时全国代表大会只想使全国团结一致,集中思想与力量,共同抗战建国,而并无"巩固国民党的本身以排斥非国民党员"的意思。所以从国民党这方面讲,以后还得和党外的民众和衷共济;就国民党以外的人这方面讲,大家决不应该因国民党这次的"强化"而发生猜忌的心。必定要这样,全国的人方才能够真正地精诚团结,各献其所长,以达到我们大家所预期的目的。

以上这四点,乃是我们关于这次国民党临时全国代表大会的一些观察。这些观察,在有些人看来,也许不无错误。不过我们有一点可向大家切实地声明,那就是:我们所说的话都是出于善意而毫无作用的。关于这一层,希望能够得到大家的谅解。现在国民党临时全国代表大会虽已闭幕,可是它的收获还没有完全具体化;它的决议案的真精神还要靠我们大家今后的努力才能完全见诸事实。我们若不努力,它的决议案的真精神便不能完全实现,那末它的收获也不会具体化。可是我们若要努力,必须先认清方向,那就是说明了临时全国代表大会的内容和性质。我们提出上述四点的目的,就是要使大家对于临时全国代表大会的内容和性质有清楚的认识。我们很愿意那些盼望中国从临时全国代表大会中得到"收获"的同胞们对于我们区区的意见加以相当的考虑。

我们的出路*

最近有一部分同胞，因为战事不大顺利，对于国家及个人前途不免感觉失望。有些人以为：中国不能再打下去，现在只有屈服、投降；我们不必枉费心血，说什么"抗战到底"。又有些人以为：老跟着政府跑，颠沛流离，不知伊于胡底，不如乘早找一个安全地方去度此余生；至于这个安全地方是否在敌人的势力范围之内，则非所问。更有些人以为：不抗战固然不好，抗战也不好，心理有说不出的烦恼，精神上受到极大的刺激，反正觉得这个世界没有意思，倒不如痛快地自杀以泄这不平之气。另外还有些人以为：战事所给他们的物质上的压迫——衣、食、住、行的困难——已达于极点，正是日暮途穷的时候，倒不如谢绝这个世界以免在人间活受罪。

上述种种情形，当然是一个与敌人抗战的弱国所不能完全避免的，今日发生于中国，不能不说是意中事。不过，我们觉得这些情形是很可悲观的，若听其自然的发生，继续，扩大，我们将不免亡国灭种之祸。所以我们应该赶快予以纠正。我们知道：失败是成功之母；我们在军事上虽属失利，但并不是没有出路，我们不应该失望。我们的出路是什么呢？简括言之，只有一条，那就是：检讨并痛改以往的过失，以坚毅果敢、切实沉着、团结一致的精神继续抗战。大家都知道：土地广、人口众、物产富，不一定可以使一个国家强盛；一个国家所赖以发生的力量主要东西是它的组织与管理以及它人民的能力与自觉。欧美的强国未必尽是土地广、人口众、物产富的国家，可是它们却能侵略那些土地广、人口众、物产富的国家，造成伟大的局面。试问：英、法等国的本身和它们的殖民地在土地、人口及物产上比较起来孰大孰小？若不是因为它们本身有适当的组织与管理以及它们人民有过人的能力与自觉，它们怎能统治这么大的殖民地？再说我们的敌国——日本，以土地、人口、天然资源而论，比我们相差多少？它何以就敢欺侮我们呢？其理由当然也和上面所述者一样。

我们既明了这一点，那末我们应该承认：光失去几块土地，丢掉几个城市，放弃几条铁路线，并不足以致我们的死命。就敌人方面讲，他们出师远征异邦，深入中国内地，军事上的困难将一天比一天增加。他们虽然占领了我们的土地，但是因为中国的民众对他们有敌对的态度和行为，觉得很难应付。他们好像吃了大量的不易消化的东西一样，他们的"肠胃病"在最短期间是不会好的。他们有了这些困难，作战的力量一定会一天比一天削弱。就我们方面讲，这次的抗战已经将我们的缺点指示给我们，我们已经知道应该向哪几个方向努力，并且我们也已经得到许多意外的收获而纠正了一部分的缺点。如团结精神之实现，地域观念之打破，国家民族意识之形成，作战经验之增加等，皆其著焉者。我们的力量实际上只有增加，并未减少。我们如果能够本着坚毅果敢、切实沉着、团结一致精神，一面保持利用我们既得的收获，一面继续努力纠正我们其余的缺点，使我们国家的组织与管理及人民的能力与自觉都日渐进步，那么我们抗战的力量一定能够持久，最后的胜利一定属于我们。反之，我们如果不从这方面找出路，而持上面所述的那些悲观失望的态度，那整个国家民

---

* 原载于《经世》战时特刊17，1938年。

族的前途都不堪设想。

我们须知道：懦弱、屈服、消极、悲观的态度决不能使敌人停止其侵略残暴行为；只有强硬奋斗到底，才能使他们觉悟。那些图苟安于一时而与敌人妥协者，将来终究要死于敌人的铁蹄之下；那些怕吃苦而独善其身者，总有一天为敌人的牺牲者；那些因精神上受着刺激而自杀者，没有能够利用"死"来替国家民族做一种伟大壮烈的事情，于敌人毫无损害，未免不得其当。以上这些人愈增加，敌人的凶暴越厉害，我们希望这些人能够从速觉悟，勿再取此"下策"。至于那些因物质上的压迫而厌世者，其咎在环境而不在他们自己，我们本不应该责备他们。不过这种人一天一天地多起来，很足以使一般人失去自信力。我们希望政府当局与社会的负责团体能赶快救济他们，使他们的生活问题有相当的解决，由消极而变为积极，我们大家对于这些事实都应该有彻底的认识。

现在抗战已到了紧要关头。我们如果能向上述的方向找出路，也许于最短期间能够将敌人打得粉碎。闻军事当局已准备在最近的将来与敌人作一次大决战。我们大家都应该趁这个时候多方地努力，做他们的后盾。我们须知道：卢沟桥事变以来的一切抗战行动都是为要向上述的方向找出路；我们将士的壮烈牺牲都是为此。我们如果在这个时候改变态度，不仅自取灭亡，毫无骨气，更对不住我们那些已经为国家民族作出壮烈牺牲的同胞！

赶快跳出"口号""标语"的圈子*

"口号""标语"之多，在今日之中国，也可算登峰造极了。街头、巷口、门前、墙侧、山旁、水旁、日用器物上、交通工具上、电杆上、树木上……都有口号标语。口号标语上的势力，可谓已伸张到水陆空的领域和动植矿的范围，真有点像空气一样到处弥漫着。

假如专靠口号标语便可改善社会，建设国家，复兴民族的话，那末今日的中国至少应该是世界第一等强国中之一分子。可是事实所昭示与我们者并非如此。民国十六年以前的情形，暂且不必去讲，现在专谈民国十六年以后的情形，并就中日战争开始前后的两个时期加以说明。自从北伐完成一直到去年中日战争开始为止，试问：我们曾经有过多少口号标语？总理的建国方略、建国大纲、三民主义等等已经有大部分成为很普通的口号标语；大家已经听看得熟熟而且有点烂了。可是直至抗战开始的前夕为止，有多少已经成为事实？"革命尚未成功，同志仍须努力"我们努力了没有？我们努力的成绩何在？我们早就举起"完成自治，实行宪政"的旗帜，可是连那最基本简单的"清查户口"都没有能够办得好。我们似乎没有一刻忘了"平均地权，节制资本"，可是国内的贫富不均和经济紊乱依然如故。我们很提倡礼、义、廉、耻，可是那蔑视礼义、不顾廉耻之徒反有"与日俱增"之概。总理在日曾一再提及法治之重要，可是我们这些崇拜他的人始终没有将法治的精神建立。"五权宪法"为大家所熟闻，可是立法、司法、行政、考试、监察五权并未充分发挥，其相互间的关系也没人去好好调整。我们每逢外国人欺辱我们，都不免义愤填膺，要废除不平等条约，撤销领事裁决权，抵制仇货，打倒这个，打倒那个……可是外国人在华的特殊权利以及他们对于我们的侵略仍与往昔相差有限。我们每开一次会，就有许多关于国计民生的议决案及一篇洋洋洒洒、堂堂皇皇的宣言。可是这些议决案与宣言难得有见诸实行的。

以上是这次战争开始之前的情形。现在讲战争开始后的情形。在这个时期，我们的口号标语更新颖与繁多了。著者曾经和几个朋友说到这一点，人家都认为：抗战以来的口号标语，如果集起来，一定可以成一巨册。这是目前大家所共见的事实，不容否认，也毋庸说明。现在我们所要考究者，乃是：这些口号标语有多少已经见诸事实？我们因限于篇幅只好提出几个较为重要的事例来加以讨论。

"全面抗战""全民抗战"是抗战以来最普遍、最基本的口号标语。抗战之前，必须做几种基本准备工作。这种基本准备工作，有人称之为"动员"——即将物力人力组织、配备、利用、发挥或集中起来以便随时适应作战的需要之谓。因此"全国总动员""全国民众总动员"等口号标语随之而起。这些"总动员"又包括许多"局部动员"。于是"军事动员""民事动员""经济动员""财政动员""交通动员""工业动员""商业动员""农业动员""农工商学动员""文化界动员"以及其他种种动员都变为口号标语。可是以上这些口号标语尽管到处流传着，我们始终没有做到"全面抗战"或"全民抗战"。实际在那里直接或间接为抗战努力者，就公务员而论，只有军人与极少数的从政者，就一般人民而

---

* 原载于《经世》战时特刊 21，1938 年。此文前半部分以《"口号""标语"的功效在哪里》为题发表于《新阵地》第 20 期，1938 年。

论,那更是为数寥寥。所谓"动员"尽管叫得满天响,实际上大都以组织几个换汤不换药的或空洞散漫的机关,安插几位不能做事的人员,发表几篇宣言或文章,举行几次说空话的会议,或拟定几种闭门造车式的计划而了事。结果,全国的人力物力有许多被浪费废弃而与抗战没有发生丝毫关系。

"一统战线""联合各党派,一致抗战"等口号标语,好像已经成为抗战时期的天经地义。国内团结的精神的确定已经比以前增加。而这种精神尤以表现于军人为最多。这当然是一件值得高兴的事情。不过我们若做细密一点的观察,总觉得这种精神所表现的程度距我们预定的目标还远。我们置身于政治中心所在地的人时常听到,甚至于亲眼看到,某党或某派在那里钩心斗角,把抗战的需要和国家的民族的前途置之脑后。用人行政还是为门户之见所左右,仍脱不了"包而不办""把持排挤"等毛病。有些新机关在成立之先,大家对于它们抱有很大的希望,以为它们总可以不蹈常习故而放些异彩。谁知等到成立以后,因为内部党派的分歧,竟弄得组织庞大,精神涣散,简直不能做什么实际工作。

"有力出力,有钱出钱"这也是个很时髦的口号标语。但是在实际上我们时常发现一种与此矛盾的现象,那就是:有力者,虽欲出力而无从出力;有钱者,虽能出钱而并不出钱。自从抗战以来,国内的人才——尤其那些用脑力的人才——就始终没有能够依照精密的计划完全被"动员"起来。这在上面已经说过。政府最初因惑于紧缩政策一味归并机关,裁汰人员,将许多比较熟练而容易组织利用的公务员逼得卷着铺盖回老家——有许多是在沦陷区域的——如鸟兽一般四散。那些被裁汰的人员中不免有些无用之才,但是我们决不能因此便说其中没有可用之才。抗战后未久,政府为适应更大的或新的需要起见,曾将某种机关扩充并添设新的机关。照我们的理想,本有两件事应该见诸实行,使有力者有出力的机会,即:(一)对于原来在政府服务的人员,无论被裁汰者与否,按他们的能力在工作方面予以适当的调整和利用。(二)尽量罗致在野的工作人员按他们的能力给以适当的工作。可是事实适与此相反。固有的人员中,有许多在平时专门研究战时问题预备一旦开战为国效力者,反在摒弃之列;政府以前花了许多钱请他们研究所得的结果竟无机会被采用。对于在野的人员,虽有罗致之意,但因震於虚声,囿於派别,惑与感情,往往会用到学识肤浅、人格卑劣、浮夸轻佻、夤缘奔竞之流,而才能卓越、操守端方、讲求气节、注重实际之人员反有"请缨无路"之感,古人甄才治国,以办到"野无遗贤"为目的;总理也教我们"选贤舆能"俾"人尽其才"。所谓"有力出力",从政府方面讲,不外积极向这个方向努力。照上述种种情形看来,能不有些失望?

"有钱出钱"的口号标语,可从两方面去实行,即:(一)由人民自动贡献财物,(二)由政府强制人民贡献财物。就前者讲,我们不能否认在事实上已经得到相当的结果;人民中对于爱国捐、救国公债等不能说没有热心者,不过这些人大都是中产阶级以下的人。至于那些家产在几百万、几千万以上者中,除掉几位华侨外,其真能慷慨解囊者简直是凤毛麟角。但是这都不足怪,因为自动贡献财物,以具有爱国心为前提。国人因为一向缺乏国家观念,要大家自动出钱,本有些勉强。我们所最不解者,乃是:为什么政府不多用强制的方法使有钱者出钱?我们该知道:在抗战时期政府可用以强制有钱者出钱的方法不一其端。除摊派公债外,还有其他许多方法可以利用。如提高或改订所得税率,征收战事利得税,创行战时特种消费税,强制有价征收人民所保有之外国货币、外国银行存款及外国债券、票据或有价证券等等,都是经别的国家在战时试验过而成效卓著者。这些方法的推行当然不无困难,不过这是必然的事,别的国家的经验已经明白地告诉我们。际此国难严重、大家从死里求生的时候,似乎不应该因为国难而不加考虑,不作尝试。据我们所知,国内资产阶级——尤其是那些贪污的官僚政客——平时便好将钱存在外国银行里,在战事发生的前后几天,他们更如疯如狂地将资金输出国外。听说购买外汇至百万千万以上者,大有人在。只要我们用坚毅果敢的手段使这些人多出一点钱,那就很可以解决财政上一些困难了。抗战以来乘机图利因而致富者不一而足。开旅馆饭店者尚不必说;就是做大房东,一、二房东,三房东的,都大赚了钱。在汉口、重庆等处,有专做二房东或三房东而于数月之间赚了几万元者。其他更可想而知了。我们如果对于这些人以及其他具有类似情形者所赚的钱征收一种战时利得税,不但可以整饬风纪,安定人心,维持后方秩序,实行长期抗战,就进对于国家财政也大有裨益。可是政府对于这些方法并不注意,而只晓得靠"劝募"救国公债等迂缓而不彻底的方法以应付这紧张的局面,政府机关为迅速募集公债起见,似乎曾在事实上采取一种局部的强制摊派办法。可是绕来绕去,老是找着几个靠薪水过日子的公务员,何济于事?无怪乎五万万的救国公债发行以后久无下文!

"本位救国"是抗战以来一个很有意义的标语。对它的解释很多,大概有以下几种:(一)救国工作先由各个国民自己做起,莫专责备他人;(二)本"国家兴亡,匹夫有责"之旨,各尽所能以贡献国家;(三)本分工之原则各人忠于职守,负责工作,以直接或间接贡献国家。这些解释都说得通。我们如能一一实行,抗战必胜无疑。可是事实往往与此相反。口号标语虽这样讲,而好说空话,推卸责任,营私舞弊等现象仍层出不穷。

"增进行政效率"在抗战开始时便有人提倡。可是到了现在"行政效率"虽未必比前降低,至多也不过提高有限。不错,政府机关有些已经改组过了,办公钟点已经延长了。在有些人看来,行政效率似乎可以因此提高。不过在实际上这种种设施都没有"搔到痒处",因为政府机关虽经几度改组,并无一贯的严密计划;职权既未划分清楚,人选亦多不合标准,结果系统仍然紊乱,内容依旧腐败。不但如此,经过这几次的更张,人心大为不安,熟手变了生手,有些机关竟愈弄愈糟。(关于此点请参阅本特刊第九期拙著《关于抗战期间政府组织问题的几点错误见解》一文)。至于办公钟点,在抗战开始以前本来就很长,照卫生学与心理学的原理讲,已经达到一般人——尤其用脑力者——工作时间的合理限度;如今再将其延长,适足以增加工作者的疲劳,其无补于工作的效率,也很明显。可是据我们所知,今之谈增加行政效率者,除掉上述这一类不痛不痒的设施外,似乎想不出什么妙法。翻来翻去,老不出这几套花样,至于那些根本设施,如职权之划分、人选之改良、贪污之肃清、工作之考核等,倒反而无人注意。

"巩固后方""充实后方""开发后方""建设后方经济"——这一类口号标语也早有人提倡。可是我们还没有看到过具体的整个计划,所谓"巩固""充实""开发""建设"等等,究竟其范围怎样,步骤如何,目标安在,费时多久,需钱若干,……都没有精密的研究。就现在的事实讲,各种事非常零乱。重工业既未建设起来,轻工业亦陷停顿状态;交通缺乏调整;原料需要补充;治安之问题无妥善之解决,日用之必需之供给消费无适当之管理;难民生计无人顾及;失业农工无法安插;学校待设立;医院须创办。凡此种种都是后方"不巩固","不充实","未开发","未建设"的明证。

上面所举的不过是最近几个事例。但由此我们不难看清楚口号标语在抗战开始以后的效力。读者也许会怪著者说话不简括,太率直。不过著者之所以出此,其目的在避免说抽象笼统的话而使大家明了真相,决非有什么恶意。这是要郑重声明的。

我们看了以上所叙的这几段事实,便不得不发一个很严重的疑问:"口号标语,究竟有什么功用?"有人以为口号标语是万能的,简直和张大帅的符法一样;这未免太幻想。又有人以为口号标语是毫无用处的,可以完全废除;这也未免太固执。我们的论断是口号标语的功用是有的,但不及有人所想的那么大。口号标语的功用是什么呢?简括言之,计有三种,即(一)灌输知识(道德的与科学的),(二)激发情绪,(三)坚定信仰。就这一方面讲我们不能否认口号标语在以往已有相当的效果。不过一件事情,尤其抗战建国的大业之做成功与做得好,绝不是专靠情绪、信仰及不充分的知识(因为口号标语所能灌输的知识是不会充分的)。其最不可缺少的条件乃是"合理的实行"。所谓合理的实行,是一种能改变环境的行为,与那单纯的情绪、信仰或知识有别的,这就是说:专靠口号标语,一件事绝不会成功而做得好。况且有时若无事实放在面前做参考或榜样,即有知识,也未必能准确,即有情绪,也未必能持久,即有信仰,也未必能坚定。口号标语如不实行,则上述三种功用也许还不能发挥,喊口号或贴标语者尽管用尽力气或挖空心思,在旁边的听者或看者或许还不免暗暗地窃笑。

根据上面的论断，我们可以知道：今后如要使抗战胜利，建国成功，除喊口号，贴标语以外，尤须注重"合理的实行"。所谓"合理的实行"，有三个必要条件，即：（一）充分的认识，（二）严密的计划，（三）切实的执行。兹简单说明于后：

（一）充分的认识。所谓充分的认识，就是（甲）客观的认识，（乙）广博的认识，与（丙）深刻的认识三者之综合。现有许多人对于某种事情往往预存成见，不能确知其得失因果及困难容易之点何在而轻易表示意见。因此便有不谙教育而妄谈教育救国者，不懂经济而妄谈经济建设者，不明外交而妄谈国际情势者，不读法律而妄谈改革法制者，自己缺乏修养而专谈领导青年者，未至其地、见其人、或读其书而妄谈其文物制度者。我们所听到的话往往是夸大的，笼统的，武断的，附会的，不合事实的，或恶意的。例如，某种事只在某国是如此，有些人竟断为"普天之下"或"举世各国"都是一样，某种事本利弊兼有，有些人竟断为有百利而无一弊或有百弊而无一利；某种事本极平凡，有些人竟说得它重要非常；某种事本值得考虑，有些人竟认为它一文不值；某种事的因果本非一端，有些人竟强辩只有一种；某种事的是非本有讨论之余地，有些人竟硬说毫无疑义；某种事本有困难，有些人竟看得非常容易；某种事本甚容易，有些人竟视为颇属困难；某种事的程度，本不怎样严重，有些人竟说得它了不得；某种事的优点或毛病本在这里，有些竟强词夺理地说在那里。这些都是没有充分认识的明证。我国所以有革新之名而难有革新之实者，其一部分原因既在此，这种现象之发生，大概是由于我国读书人，一向深中了"绕笔头""说空话"的毒。可是这个调调儿，用在"八股，四六，诗，词，歌，赋"上，或者还无伤大体，若用在今天，未免太不识时务，非赶快纠正不可。

（二）严密的计划。仅有充分的认识而没有严密的计划，那做起事来一定杂乱无章，事倍功半。计划而当得起"严密"两个字者，至少需要两个特征，既（一）通盘的，（二）合乎事实需要的。决定计划时，必就各方面加以考虑，于可能范围内兼顾并筹，而后才可以不发生矛盾挂漏之弊。所以，计划要求其通盘。同时计划必要在实际上行得通而确属有裨於国计民生。要做到这一层，必定要使它处处合乎事实的需要。所谓事实的需要，可从事实体与手续两方面讲。前者指计划目的本身而言；后者指实现该项目之方法而言。譬如，我们要计划救济难民。我们先要决定救济难民之目的，既先要决定：何种难民应受救济，应该受何种救济等等。要决定这些问题，我们必得研究社会上某种人——难民或类似于难民者——本身的实际需要是什么以及在抗战建国的立场上他们应有的需要是什么。我们从这些需要便可知道在实质方面救济难民的计划应注意到何种事实的需要。其次，我们要决定救济难民的方法，即要决定：如果要筹措经费，如何管理难民，如何为难民寻出路，如何避免办事上困难，如何与私办之救济机关取得联络，如何监督协助此项机关，如何使人民及政府机关协助难民救济事业等等。要决定这些问题，我们必得研究政治的机构，财政的情形，一般人民的经济状况，私人救济机关的内容，难民的数额、种类、背景、能力，难民救济事业之必然的与可能的困难等等，我们从这种研究的结果便可知道在手续方面救济难民的计划应注意到何种事实的需要。上述这两方面的事实需要，在拟订计划时应该兼顾并重。否则不是在实际上行不通，便是无裨于国计民生，综括言之，就是不合事实的需要。我国近年来虽重视革新或建设事业，但谈到"计划"两个字，不免有些愧汗。一则提倡这些事业者虽不乏人，其真肯实行者并不多见，根本不大用得着计划。二则有些从事于这些事业者往往喜欢轻举妄动，做到哪里算哪里，懒于计划。三则所拟的计划有许多不通盘或不合事实需要。前二者是随处可见到的事实，毋庸说明。兹专就第三者举一二个事。抗战以来，政府改变组织，提高职权并对于某几种事物实施统制，不能说没有计划。可是论其机构，则叠床架屋，错综复杂；论其事权，则分散冲突，漫无标准。此实计划不通盘之明证。又近几年来所定的计划有许多是关了大门凭空想出来或专从外国书上抄来的；定这些计划的人对于我国的实际情形并没有精确的估计（有些经济计划的起草者便这样）。结果只会定出些牛头不对马嘴的东西来。此实计划不合事实需要的明证。以上这种种坏现象是不容长存的，我们应该从速根据前述的原则加以补救。

（三）切实的执行。仅有"充分的认识"与"严密的计划"而没有人去切实执行，无论什么事都不过是纸上空谈。这是大家所深知的，因为我国最大的缺点就在此。国人有一个很普遍的毛病，那就是：当一件事情在讨论计划的时候，大家似乎很热心；但等到执行的时候，便没有人把它当回事，这种情形在政府机关里尤为常见。今天的公务员大都为了交际忙，联络忙，讲演忙，宣言忙，拟稿忙，盖章忙，签字忙，缮校忙。但是在上的与在下的，发令与受令的，说话的与听话的，主动的与符合的，有许多都觉得这些无非是敷衍门面、应付社会的惯技，只可纸上写写，口里说说，而不能切实执行的。这种毛病非痛改不可。我们要痛改这种毛病，只有下最大的决心养成事事都切实执行的习惯。要做到这一层，我们需履行左列各事。

甲、不营私，即以天下为公，廉洁自重的精神做事——不贪污，不舞弊，不任用私人，不排斥异己。

乙、不瞻徇，即以执法不阿的精神做事——不讲情面，不受运动，不怕威胁。

丙、不推诿，即以负责的精神做事——不延宕，不怠惰，不将事情推在人家身上，能以身作则，尽自己的本分。

丁、不辞劳怨，即以艰苦果敢的精神做事——不畏艰难，不怕被人误解，能与环境奋斗。

戊、不出风头，即以实事求是的精神做事——不好虚名，不图取巧，不求急功，不想骗人，能埋着头，脚踏实地做事。

曾经参加世界大战的德国名将拜尔赫地（Genyal von Bernhardi）将军，在他战后所著的《将来的战争》一书第五章中曾说过："一个多年才结束的战争（即世界大战）已经教了我们辨别外表与真相并在那许多变化的表面事态中认清什么是真正重要的东西。"他说这几句话的目的在告诉大家：德国因为世界大战的经验已经发现自己真正的长处在哪里，真正短处在哪里，以及今后真正应该努力的地方在哪里；在大战揭开序幕以前，德国虽然有多年的准备，精密的计划，长期的修养，可是到了大战爆发以后，竟发现许多事实与他们的理想相反，他们还有许多方面应该努力。我们这次抗战，虽仅有一年多的历史，可是拜尔赫地大将的话却很可引为殷鉴。我们在抗战前的准备、计划、修养等等，老实说，不及当年的德国远甚。经过一年多的牺牲奋斗，我们更容易看出我们真正长处在哪里，真正短处在哪里，以及今后真正应该努力的方向在哪里。我们的真正长处固然要发挥，而我们的真正短处与今后真正应该努力的地方更要认清而不违言。我们的真正短处在哪里呢？就是在有口号标语而不能以合理的方法去实行。我们今后真正应该努力的地方在哪里呢？就是在以合理的方法实行我们的口号标语。

我们目前要以合理的方法去实行的事情很多，而最急切的莫过于今年国民党临时全国代表大会所通过的《抗战建国纲领》。这个纲领虽然有些挂漏的地方（如关于司法等），但就大体看来总算一个比较有系统而合乎时代精神的东西。无怪乎大家都很重视它。可是这个大纲虽然很为大家所重视，但公布至今已有四个多月，其已经被实行的部分尚不多见。现在抗战已到了紧要关头，难道我们还能蹉跎岁月吗？须知：一个纲领，若不实行，不过一张写着口号标语的废纸而已，任凭你把它当《圣经》一样看待，都无补于国计民生。

本刊本期出版的时期适在"八一三"以后的第三天（八月十六日）；本文脱稿的日子正是（八一三）的一周纪念日。报章杂志，大都刊载文字以志纪念。本刊当然也应该有所表示。不过因为出版社的日期不凑巧。要想做篇及时的文字，为时间所不许，只好权拿本文作为我们对于（八一三）的献词。我们的感想虽有多端，但归纳起来，只有一句话，就是：赶快跳出"口号""标语"的圈子！愿大家以此自勉。

· 译著 ·

意大利今日之法律学校[*]

一、意大利人在法律科学及法律教育上,自从以前罗马法学家的时代,即享有盛名。这是举世所共知的事实,因为大家都承认意大利为法学的策源地。近年来因为意大利有种种便利可享,外国往那里研究法律高等学科的学生为数颇多。意大利政府有鉴及此,特于一九三一年在比鲁极亚(Perugia),就原来供一般意大利人读书的大学之所在地,设立一个与该校并立的皇家外侨大学(Royale Université pour Etrangers),以外国语言教授各种科目。这个学校,不仅在欧洲为特例,即在世界各国,亦不多见。尤其因为它是一个研究现代意大利伟大的新异制度,即法西斯蒂法的学校,它现在已到了很发达的地步。在一九三三年,世界各国到那里去上学者几有八百名之多。

二、在没有讲别的之先,我们应该回忆一件事。那就是,自从古昔一直到如今,在意大利有两种并存而完全独立的最高权力。其一是完全关于宗教的,它统治全世界的天主教,以教皇为领袖。其一是完全关于政治的,以意大利国王为领袖,并以墨索里尼为首相。这两种权力,都设有教育机关,并且对于这些教育机关,各别行使指挥监督之权。这些教育机关中,也有法律学校。在意大利——而尤以罗马为甚——设有各级天主教的学校,其中有几个是大学及专门学院。这些学校也颁给学位及博士衔。那里面有来自各基督教国而研究神学、民法、及宗教法的学生。那些出庭于圣所宗教裁判所的律师和那些出庭于世界各天主教主教管辖之宗教裁判所的辩护人,以及世界各国天主教大学里宗教法及神学的教授,就是从这些学校里出来的。我们因为没有关于这些学校的精确统计,并不知其课程内容,对于它们的组织将不加以讨论。不过我们若要完全明了意大利在大学法律教育上的贡献,我们须常记住这些教会大学有多少万的学生将他们所得的学问传播到世界各部去。这些学校中最有荣誉的,当推葛雷哥林大学(Universite Grégorienne)。该校最初系于公历五七五年由葛雷哥(saint Gregoire)创设于罗马,为当时最早之哲学法学及神学学校。这个学校从前的故址,就是在哥爱立乌斯山上(Mont Coelius),至今还有一个班尼狭克丁派神父的修道院(Couvent de pères Benedictins)。里面附设了一个宝贵的图书馆,及研究大学高等科学的专门学院。其次重要的天主教大学,要算传信学院(Collegium de Propaganda Fide)了。另外还有一个叫做圣心大学(Universite du Sacre Coeur),也是很著名的。这个学校设在米兰(Milan)。在那里,学生们须修毕了很严格及很有价值的课程,方可得到博士学位。这个学校受有意大利政府的特别保障,学生将近三千,差不多都非天主教徒。

三、讲到那些非教会的学校,大家都知道古代罗马教授及法学家的无上光荣就是民法汇编大全之编订。这个法律汇编即是罗马法之所由构成。当公历五二五年优斯蒂尼安皇帝将现行之法规

---

[*] [意]赖班亚著,杨兆龙译,载于《法学杂志》第 7 卷第 3 期,1934 年。

编入这个汇编时，他同时也将法院的判例及那些头等法学家的意见搜罗了进去。这些头等法学家的意见即律例汇编(Pandectae ou Digesta)之所由构成，占民法汇编大全之最大部分，且为其中最精彩的部分。这些罗马法学家的学说意见，既经罗马的皇帝采为法律，复因为他们思想之合乎理性，他们在以后的几世纪中，一变而为各国的立法者。因此世人所称为"笔写之理性"(raison écrite)的罗马法就被各文明民族所采用，而成为世界的法律了。现在世界上没有一个法典不是远宗罗马法的。就是中国新修而可佩的民法典，也不能例外。至于罗马的头等法学教授就是：乌而宾纳斯(Ulpinus)，保罗斯(Paulus)，彭波尼乌斯(Pomponius)，盖遏斯(Gaius)，巴比尼安纳斯(Papinianus)，马代斯丁纳斯(Modestinus)，盖而塞斯(Gelsus)，以及其它。

四、这些学派及其法律思想的遗风余韵从来没有绝迹于意大利。在公历五七五年，即民法汇编大全刚施行之后，葛雷哥即在罗马设立一个学校，从那里他派遣许多教师到各处班尼狄克丁的修道院去。这个学校一直到今日都教授法律的课程，毫无间断。经时既久，因为受了新制度的影响以及天主教会的感化，罗马法渐渐的变为宗教法。于是在以后的多少世纪中，在欧洲被认为一种普通法。当中世纪之时，那些修道士——而尤以班尼狄克丁派的为甚——每以罗马法的方法及材料研究宗教法。当时有一部著作，即葛来基安之诫规。这是一一四五年波罗尼阿(Bologna)地方的一个修道士及大学教授葛来基安(Gratien)所著的。这部著作可算是一部宗教法汇编大全(Corpus Juris Canonici)。实际上这部著作为葛氏学说的大全，在欧洲全部具有法律力量，即或不然，至少在欧洲的大部分是具有这种力量的。波罗尼阿大学的教授中最伟大的当推爱奎他麦(Saint Thomas d'Aquin)。他是教会的司铎，生于奈珀耳(Naple)，死于巴黎，曾于一二七五年在巴黎聚徒讲学。他的著作有几百册之多。其中最重要者为神学原理一书。这部书足以将一向所认为至高无上的亚理士多德及柏拉图二人的希腊哲学压倒，而自成一家之言。以烦琐或他麦派的哲学见称于世。爱氏的确是世界各国古今所产生的四五个先知之一，可与古时最大的学者相比而无逊色。其所著之书，至今还被全世界的天主教学院及大学用为课本。

五、将近公历第一千二百五十年的那个时候，因为意尔乃内(Irnerio)的努力，在波罗尼阿产生了一个与上述的教会学校对立的法律学院。这个学院不久就负有盛名而生徒众多，时人称之曰(studio)，即"读书"之意。当欧洲还在野蛮的时代，而这个学院在意大利因为罗马古法条文(实时人所称为"法源"Fonti者，拉丁希腊文俱有)的发见，已产生于世。属于这个学校的学者从事于古时法律条文之解释及注疏，并由其中抽演出一种有系统而具法律效力的民法原理。所以后人以注释派的学者称之。上述的学院，即 Studio，在名义及实质的二方面讲，都可谓以后第一个及其它大学的滥觞。后世所谓 Universite Studiorum(Université des Etudes，译者按殆即指第一个大学而言)者，乃由每个教授指导而联合起来做几种研究学问的工夫之意。在那时候的学生，几乎全是从外国来的。他们是些游行的教士，每往来于各城市之间。他们的行止常以何处的教授有名望而足以吸引人为定。他们就住在那些教授的家里。他们的住宿费，就是那些教授的束脩。Universitas 这个名词，在罗马法上乃指每个人物或权利的集合而言。那些人物或权利，多是各自分开的，但是集合起来，却构成一个联合的单位。易言之，即一个特殊而单一的人格(persona)。依据同样的理由，所谓 Universitas Studiorum 者，也是一个联合的单位，这个单位就是由那些共同生活和共同研究学问的教授及学生所构成的。所谓"自治"及"学生参与学校之管理"等等，在这里是很有组织的，因为这些事所以谋学术上之幸福而保护共同经济利益的。由于这个缘故，这联合起来做研究几种学问的工夫之一回事，是由教授和学生之全体管理的，并且是以法律上的问题为主要之对象的。这第一个大学所足以引为荣耀的教授，当推意尔乃内(Irnerio)、阿古尔锡和(Accursio)、屋驼弗内驼(Odofredo)、及罗芒齐罗郎庭(Rolandino dei Romanzi)。这个大学的声誉，在当时的欧洲是非常的大。凡当时最伟大的人物都因慕名而被它吸引了去。所以波罗尼阿这个城市在当时有"博学者"之称。就是在现在也还有人这样的称呼它。上述那些最早的教授的坟墓就在波罗尼阿的公共地方；

在那里那些教授至今还继续受人们的尊敬和颂扬。现在世界各国所用的欧洲法律术语之产生是应该归功于他们的。尝有人以为法律上的术语,也和权利义务、契约、买卖、犯罪等法律与条例等等一样,是直接从罗马人传给我们的。实则并非如此。要晓得这些术语是被那些波罗尼阿的教授所重新发见的。他们曾研究过古代的法律条文,并且也是像我们今日一样用过这些术语。这些术语,在许多地方,是与罗马法所固有者不同的。其实欧洲所习用的法律术语,正和音乐上的术语一样,是完全发源于意大利的。拉丁文在欧洲的法律学校里,一直到十九世纪的上半叶都是必修的科目;这是公认的事实。现在天主教的大学还常用拉丁文,并且研究罗马法而不读拉丁文,那是不可能的事。上述波罗尼阿的第一个大学还出了一个人,叫做耿梯来阿培内哥(Alberico Gentile,约当公历一五五〇年之时),他著有战时法述义一书;他是国际法之创造者。

六、现在不必一一记述波罗尼阿法律学校著名教授之姓名与该校之发展,以及以后在比鲁极亚(Perugia)、罗马(Rome)、巴未(Pavie)、多林挪(torino)等处继起的法律学校。他们所负的最高盛名,在公历一千五百年以前,从未被人推倒,一直到了一千五百年方才由法国起而代之。此外意大利曾出了一个本国——也可以说是欧洲——最伟大的诗人,就是但丁(Dante Alighieri,生于一二六五年,死于一三二一年)。他也是个研究法律的人,他曾著了一部法律书,叫做帝制(De Monarchia)。另外还有马歇佛利(Machiavelli)也是研究法律的。他的著作中有一部叫做君王(IL Prencipe)。这书至今还推为关于公法最著名的作品之一。若是讲到较近的时期,那么在法学方面意大利曾出过倍卡内亚(Beccaria)侯爵。他因为著有犯罪及刑罚论一书,曾于一七六四年使拷询制度及那些无谓的刑罚被废于意大利。此外还有罗西比来隔内挪(Pellegrino Rossi),他是道德刑法派的创造者。还有满新克(P. S. Mancink),他著有国籍为国际法之基本(De la Nationalité comme fondament du droit international)一书,说明人民之同意为国家之特殊根据等等。所以他可称为宪法学之创造者。再讲到比较近一点的时代,则有法律精神病学之创造者朗勃罗梭(Cesare Lombroso),实证刑法学派之始祖佛利(Enricco Feri),以法学专家闻名于世之罗马法教授斯基亚罗亚(V. Scialoja),海牙国际法庭之庭长安齐罗蒂(Anzillotti),和前司法部长、现任罗马大学校长,意大利刑法典、刑事诉讼法典、公共保安法、监狱改良法以及其它在刑法上足以代表最新思想的法律之起草者洛哥(Alfredo Rocco)。此外意大利在程序方面也久已擅长。如著有法律伦理一书的贝士卡拓来(Pescatore)及以后继起的马帝洛罗(F. Mattirolo),及马大拉(Mortara)等等,都是最精深渊博的程序法专家。他们曾替程序法立好一种基础;这种基础为他们以前的学者所忽视而确是非常重要的。至于现在则有罗马大学的稽文达(G. Chiovenda),及巴驼伐大学(Padova)的卡乃路蒂(F. Carnelutti)。他们的派别虽属不同,但是就这一门法律而论,都可算科学世界中第一流的学者。

七、本文因限于篇幅,只论那些专门以上的法律学校,至于那些中等学校而附设法律的课程者,以及其它研究别种学问的许多重要专门学院而间有一二门法律课程者,如工程学院等等,概不提及。按意大利非教会的大学可分四等。属于第一等者为那十个皇家大学,就是:波罗尼阿(Bologna)、卡掰略内(Cagliari)、基挪伐(Genova)、奈铂耳(Napoli)、巴驼伐(Padova)、巴来谟(Palermo)、罢未亚(Bavia)、匹撒(Pisa)、罗马(Roma)、多林娜(Torino)等十处的大学。这十个大学都已有了好几世纪的历史;里面各种专门学院、研究院、实验室等等,一应俱全。它们都有很充足的捐助基金及很多的学生。它们对于自己的教授也各自夸耀,不肯让人。比这些次一等的有十一个大学。这些大学,或因历史不久而声名未著,或因靠近一个比较著名的大学,所有的学生及教授不似那十个大学之多。这十个大学分设在巴内(Bari)、卡他尼阿(Catania)、非伦才(Firenze)、马赛拉他(Macerata)、梅新纳(Mesina)、米兰(Milano)、谟代那(Modena)、巴耳马(Parma)、比鲁极亚(Perugia)、畲畲内(Sassari)、西安那(Siena)等处。再比较次一等的是那些以地方之收入及款项所设立及维持之大学。他们关于课程及博士考试等事也受政府的监督,但是它们有自由聘请教授之权;而教授之薪金升迁等事都是由教授与学校以契约规定的。属于这一类的为卡梅林挪

(Camerino)、非拉拉(Ferara)、乌皮挪(Urbino)等大学及米兰第二大学。属于这一类的还有一个叫做亚非内盖撒社会科学专门学院(Instituto Superiore di Scienze Sociali Cesare Alfieri)。不过它的性质稍有不同，与其它大学未可相提并论。因为它的宗旨是专门造就一班青年，预备入外交界服务。这个学校也发给博士文凭，这种文凭是很可贵的。除上述之大学外，其余的就是那在巴内、卡他尼阿、非伦才、基挪伐、奈铂耳、罗马、多林挪、屈内斯脱(Trieste)、佛内齐亚(Venezia)等处八个皇家经济商业专门学院和三个以地方收入款项设立维持的学校，就是：米兰的波哥尼商科大学(Universite Commercial Bocconi)与波罗尼阿及巴来谟学院。这些学校的课程，虽以准备学生得经济科学之博士文凭为目的，但有时也对于学生实施一种较为实用而范围较广的法律教育(如商法、海商法、关于银行及证券交易所等问题、关于实业及劳工等问题与外国法等等)。不过这种法律教育不比在皇家大学里那样的整个完备或富于学理及科学的精神。那些想得大学学位的企业家，银行家、实业家、及商人每喜入这一类的学校，因为在这里求学的困难比较少得多。不过那些律师、法官及法学教授们常是从那些历史较久而课程较严的大学里出来的。

八、为发展及补充大学教育起见，在大学的附近每设有许多研究学问的补助机关。这些机关在那些最著名的大学所在地较为常见。它们有时就与它们所属的大学设立在同一地方。其目的常偏于实用方面。如其中之法学研究所(Instituto di Studi Giuridici)，就是以训练青年人学律师们出庭辩论为目的的。这种研究所，每提出些实际的问题来以便用书面或口头解决。又如政治经济实验室，是专门研究经济问题的。内中设有一个专门科学的图书馆。此外如法医研究室、普通检讨室、试教室、古代法律史学院、古文学学院以及其它等等，都以对于某种学问为特别之专门研究为目的。对于教授们和那些程度高尚的学生们，则有那些专门学会、学者联合会、全国委员会、法学文库，以及它们所出的通告、报告、定期刊物和意大利所出的九十八种法学杂志，为他们增进学问及使自己在学术界出名的机关。在这里我还可提及两个机关，就是：罗马国际统一私法学会及国际刑法学会。我也是这两个学会的会员之一。这种学会以促成各友邦间在立法上之合作为目的，曾经拟了一部意法二国合用的债务及契约法典草案。他日这个草案不但是这二国的民商法典，并且也要变为世界各文明国的法典。关于这事有一个人是应该提起的，那就是意大利最高法院的亚米立和君(Mrriano D'Amelio)。他是现在最有权威的法学家，是这些学会的灵魂。

九、讲到在何种条件之下一个学生才准入大学为正式生，而可于修毕四年的课程以后取得博士的学位及文凭。这个问题，我们应该先就那些在大学下面的学校加以简略的说明。有一点是毋庸说明的，那就是，大学的授课、考试及听讲都是公开的。在那个时候，无论何人都可进去。凡是路过的人都可入内听教授讲授。这些教授们讲授时，既不取费，又不拘形式，正如在礼拜堂里一样。那些最著名的教授们，如曾得诺贝尔奖之波罗尼阿诗人卡耳渡西(G. Carducci)与刑法教授罗西比来格内(Pelle grino Rossi)，及今日罗马地方的哲学教授盖蒂来(G. Gentitle)等，在已往及现在都有过一班很热诚忠实的美丽妇女、老年男子、在教授处观闲的人以及教士们，以非学生的资格，听他们授课。这是大家所知道的事实。在意大利，学校的大概组织以及教育的最高监督都是专由全国教育部管的。这全国教育部，在从前叫做公共施教部。其所以改用今名者，乃因为这种名称较适合于法西斯蒂主义的宗旨。因为改良学生及一般人的品格，乃是教育的事情；这种事情，比那单纯的施教和那在意大利已经很普遍的知识之寻求是更重要些。

意大利的小学、中学、及大学，大部分是由政府设立的，并且无论哪个学校非经教育部的认可，是不能开办的。它们都受督学及教育部的特别监督及视察。凡属国民，无论性别及宗教信仰，都有受教育之权。小学的基本教育是强迫的。这种教育的时期有五年，即自第六岁起至第十一岁终止。期满时，须经过成绩考试；考试及格后，即认为强迫教育期满。对于那些不使子女入小学的父母，得处以罚金，甚而至于拘役。这种措置的结果是很好的。现在的青年当中，已没有不识字的现象。意大利的中等学校为数颇多，且因宗旨互异而种类不一。其中有以讲究基本学问为宗旨的，有以讲授技术知识为宗旨的,也有以讲究商业、实业、航业、音乐及美术等等为宗旨的。从中等学校毕业的学生,并非个个都有入大学的资格。预备升大学的中等学校是那些以研究基本学问为宗旨的学校。其训练时期为八年,即公立初级中等学校五年,公立高级中学三年,自十一岁起至十八岁止。这些学校的课程中,有意大利文、拉丁文、希腊文、近代文字中之法文、英文、或德文、哲学、世界史、地理、数学(包括代数及三角在内)、物理、化学、及自然科学。这些科目是很麻烦困难的,有些学生往往不能读完它们。意大利国会中曾经有人反对过这种课程制度,说它近于过分;因为凡是人类的学问几乎都包括在内,只有那些智力高尚的人方才能够应付下去。但是教育部方面曾经有过一个强有力的答复;这个答复就是:对于那些智力及财力赶不上读这种长期课程的人,意大利另外设有几种比较容易而切于实用的中等学校,他们尽可进那些学校;至于那些为升入大学得博士学位而设的高等课程呢,必定要十分艰难,庶几乎这种最高学位才会给那些在智力上及治学的精神上确已证明具有特长的人所得了去。

在每年之末,学生们都须受各种科目的考试。凡不及格者,不得升级。到了公立高级中等学校快毕业的时候,学生们都要受一种国家的普通而非常艰难的考试。这种考试及格的人是和从前得文学得业士学位的人相等的。凡第一年考试不及格的学生只可在下一年再考一次,以后便无应考之权。凡得有公立高级中学毕业文凭的人,得入大学。在大学里他可随意入那一个学院:入法律学院也好,入其它的学院如文学、哲学、医学、数学、物理、工艺、工程等学院也好。在普通大学里,现在已没有神学院;因为神学及宗教的法律学校都归教皇指挥,另外有他们的校舍及教授。现在常有人想把这类学院和大学里其余的学院合设在一个大学里;他们的动机至少是要使宗教法律和上古及中古法律史等科目可以在同一处教授。

十、普通预备得法学博士学位的课程,都是四年制的。凡要执行律师职务的人,必须在得博士学位之后,实习过两年,并曾受过另外一种国家考试。在实际上,意大利最好和最有学问的人,非到了三十岁而上过二十四年的学校不能做律师。虽然如此,但是因研究法学的欲望已经深入人心而很为普遍,并且法学家在社会上所享的荣誉及政治上所占的地位也非常高贵,因此预备研究法学的人仍是时常超过必要的数额。

学生们在四年的大学生活中,至少要经过十八种不同科目的考试,博士的考试还不算在里面。这十八种科目中,有八种是必修科,就是下面所列举的:

罗马法	两年的课程
民法	同上
刑法	同上
民法原理	一年的课程
商法	同上
民事诉讼	同上
刑事诉讼	同上
法西斯蒂法	同上

其余的科目,是由学生们就法学院的科目中选择的。这类科目,在那些学生多的大学里,连主要及辅助的在内,约有五十多种。主要科目中有几种可算是法学通论的入门功课。属于这一类的如下:

法学导言	罗马法原理
罗马法律史	上古及中古法律史
意大利法律史	公法及私法之哲学
比较法学(民法、刑法、宪法)	法律解释及渊源
古文字学	外交学

至于关于公法及私法的主要科目如下述：

实业法	宪法
行政法	国际公法
国际私法	军事法
法院组织法	监狱法
殖民地法	宗教法
警察法	法医学
刑事精神病学	司法鉴定学
裁判心理学	

此外还有关于政治及社会的科目，其主要者如下：

社会学	理论统计
应用统计	政治经济(有好几种)
财政学	官厅会计学
条约史	社会科学与恤贫学
商业史	社会学原理
水利法	土地法
关税法	

在文学院及哲学院里也有许多补助的科目，可供学法律的学生们自由选读。

十一、有一点是应该注意的，那就是：在一个大学里，同时常有几个教授担任同样的课程，他们的主张，有时是不一致的，甚而至于是相反的。这当然是指那些范围最广的课程，如民法、罗马法等等，或争点最多的课程，如刑法（意大利现有二派：一是实证派，一是正统派）、法西斯蒂法（还在草创之期）、社会学等等而言。在这种情形之下，学生们可同时兼读这些相同的课程。就拿法西斯蒂法来讲吧，假使有几个教授同时担任这门功课，学生在事前固须声明从那一位教授学习而受考试；但是对于那位教授以外的教授所担任的法西斯蒂法，也可随意选读。学生们除应该读十八种或二十种的必修科目外，还须读八种至十六种选修科目。这些选修科目，大概每年须读两种至四种。学生们对于以上各种科目，都应努力从事，并须取得修业证。但当他们赴考时，可以不必到校。

各法律学校及其教授依据法律及习惯都有极大的思想及言论自由。这种情形对于各种科学的进步及真理的寻求是大有帮助的；但是对于一般学生们却不无害处。每门功课之考试，都由三个教授所组织的委员会举行之。这三个教授中，有一位是主科的教授，其余都是关系科目的教授。有时典试人员对于重要之点也会意见绝对分歧的；于是应考者往往很难应答适当而使各方满意。我还记得当我受关于法医学的考试之时，典试委员中有实任教授朗勃罗梭在内；在这时候郎氏正享着极盛之名望。他的脾气本是不好的；因为另一位典试的教授不赞成我对于犯罪者精神病问题的答复，他居然和他发生龃龉。于是这两位学者，互相热烈的讨论这个问题，竟达半小时之久；结果，我几乎没有受考而得到最多的分数。每种考试之时间为三十分钟。每个教授在评议时所给之分数以十分为度，每一分合最高分数之三十分之一。凡得三十分之十八之分数者，谓之及格；得三十分之三十分数者，谓之全分；其最优等者可得荣誉奖。凡应过十八或二十种必修科目的考试而及格的人，应提出主要论文。这种论文普遍都是印就的，须有五份。另外还要就那些性质互异而与主要论文之题目不同的科目上种种问题，提出四篇小论文。大概那主要论文常常是预先经该科教授通过，甚而至于参加过意见的。这种论文足以代表一种于学理上有问题之点的、而且具有深奥见解的好的科学著作。不但引证广博，而且就所论制度的历史沿革有所阐发。这种论文谓之专门论文。要著成这种论文至少须花一年的工夫。这个论文须由博士候选者（即论文之著作者）与十二位教授全体出席开会，郑重讨论。这些教授得轮流考问候选者至一小时半之久。由主要论文所关科目之实任教授先问，其它教授继之。等到第五位教授问毕，照普通惯例，其它教授便就那些小论文发问。论文考问既毕，经教授们通过的候选者（因为并非每个人都可通过）便可得法学博士文凭，受法学院长之敬礼及教授朋友之恭贺。考问时的分数以一百二十分之一为单位；应试及格者之分数自七十二分至一百二十分不等。惟从无及格之人而仅得七十二分者。其成绩优异者可得荣誉奖，或由大学出费将其论文付印，以便附入大学会议之决议录。最后这种荣誉是最高贵的，得的人很少。

十二、大学的教授可分四等，就是：一等正式教授，二等正式教授，三等正式教授，及非正式教授。非正式教授包括助教及讲师在内。每一学院有一个院长；每个大学有一个校长。校长是由政府任命的；他是大学的领袖及政府的代表。大学里还有一个议事会（Conseil Academique）辅佐大学校长维持学校纪律等类的事。这个会是由校长、各学院的院长、及每学院的四位教授所组成的，以校长为主席。

凡要做大学教授的人，须经过两种竞争试验。第一，在他得博士学位之后，他须继续研究并出版书籍或在杂志上发表论文。当他觉得自己已有充分的科学知识的时候，他便加入一种竞争试验，以便取得教授随意科目的资格。这种竞争试验每年举行一次；凡应试及格者，得在大学里担任正式科目以外之辅助科目的义务教授。这种竞争试验的典试委员会由三个实任教授组织之；他的职务是要审查应试者之著作或治学成绩；倘若他认为应试者之著作或成绩是合乎标准的（这个标准照例是很严的），便指定一个日期让他试教。凡经通过并准许在大学就其所研究之科目开班授课者，应继续工作三年之久，以便观察他的成绩。他授课的成绩若是满意的话，他便被选为从前教他的那个实任教授下面的副教授。以后他往往要花许多年等候补他所研究的那门科目的实任教授之空缺。这种空缺，须经过一种全国竞争考试，方才可以补入。凡是全国未取得实任教授资格的教授及那些小大学的实任教授都可应试。他们每年由教育部所指派的考试委员会考试。考毕由该委员会宣告中选者；该委员会同时也将其它堪充实任教授而无缺可补者，按其成绩之等次，一一宣告出来。这班人当中有很少数得补以后三年中在小大学里所发生的实任教授缺。等到他们再做过几年的工作及教过几年的课程，并且已经发表过几部有名的著作而享有相当的名望，他们便可参与那些头等大学的教授竞争考试而当选为那里的实任教授；或者他们将成为国内著名学会的会员及国会的议员，或享受各种荣誉及褒奖而为全国所推崇。法学教授们得在上诉法院及最高法院中执行律师职务，并且得于相当之时期以后被任为法官，或经上级参议署之同意被任为上诉法院的参议。他们当中也常有加入政治活动的。自从十九世纪下半叶到现在，那些最好的部长及参议署的署长等等，都是法学教授出身的。如从前代表意大利签订凡尔赛条约的屋多郎氏（V. E. Orlando），至今还是罗马大学的宪法学教授。此外如司基亚罗亚（Scialoja）、富新乃多（Fusinato）、基安土耳哥（Gianturco）、马亚拉乃（Majorana）、罗西（Rossi）等等也都是些法学教授。在现任的部长及国务委员当中，也有由大学法学教授出身的，如司法部长弗郎基斯基氏（P. De Francisci）曾充罗马法律史的教授，农业部长阿盖波氏（G. Acerbo）曾充土地法的教授，国务委员波泰氏（G. Bottai）及洛哥氏（A. Rocco）曾充法西斯蒂法、民事诉讼法及商法教授。

十三、现在意大利的大学生，连那些高等专门学院的（如高等经济及商业专门学院）在内，总数在九万以上。其中属于正式大学（Universites）的，约有六万五千名；在法律学院读书的约有一万四千名；像那些在高等专门学院带学法律科目的学生还不算在里面。在意大利那些得社会科学博士者之外，每年约有三千个得法学博士的学生。在一九三二年那一年，得法学博士者，就有二千九百三十七人之多。在这些人当中，有许多是并无别的目的而专为寻求荣誉的。他们大概是富有而至少无须立即做事的人。那些得法学博士而经法官、外交官、及其它须由具有法学博士资格者应考之公务员等考试录取者，每年有七百余人。据一般人计算，每年大概也有同等数额的人到那些私立的机关去任事（如银行、大商号等等，虽然欢喜用那些得有商学博士的人，有时也欢迎得法学博士者）。此外每年将近有一千四百个得法学博士者开始当律师及公证人。这类人很多，现在可以说已有过多之患。因为这个缘故,意大利的法律界现在已起了一种恐慌。为使这种恐慌不扩大起见,大家对于法学课程已采取比以前更严格的态度。

十四、全国教育部所定一九三〇年至一九三一年之年度中之教育经费为十四万九千五百万利耳(Lires 乃意币,约每四个合华币一元)。一九三一年至一九三二年之年度中之教育经费为十五万九千六百万利耳。其中用于大学校者,在一九三〇年至一九三一年之年度中为一万零三百万利耳,在一九三一年至一九三二年之年度中为九千八百五十万利耳。第二年度之大学经费之所以少于第一年度者,乃由于大学经费项下之数额已有一部分移作别用。除上述之大学教育经费外,另有由各市各团体等等所负担之大学经费,其数远在上述者之上,总计有二万五千万余利耳。

教授们有两种酬劳。一种是固定的,是由国家所出,每月自一千至四千利耳不等。意大利的生活程度一点都不高,这样的收入已算是很好的了。另外一种酬劳不是固定的,他的多少以从各个教授上课、考试、或做论文的学生之数额为转移。据一般人计算,这类的收入常要比固定的薪水贵上一倍。此外教授们每将自己的著作印出来,卖给学生们,或兼执行律师职务;从这类事情上也可赚一点钱。学生们所付的学费及考试费用由各教授按照个人所正式教授的学生之比例分配之。

这些费是固定的,在学法律的四年中都是一样的,每三个月为二百八十利耳。故四年之总数约合四千五百利耳。若加上注册费、考试费、博士费、其总数(因各大学而不同)大概在七千至八千利耳之间。凡学生在考试时得三十分之二十七之中等平均分数而各种分数均在三十分之二十五以上者,得免缴各种费用。其已缴之费用由学校发还给他们。大学里还设有许多奖品、竞赛考试、免费学额、及免费学院。那些已有八九百年的历史的较古的大学校,因为历次所传下来的遗产很多,往往是很富的。他们常给学生不少帮助。

在意大利一个勤劳而不奢侈的学生所需之生活费及学费每月不过五百或六百利耳。所以一个学生,纵得不着任何奖品或免费额,他四年求学的必要费用,连博士费在内,也不过二万至二万四千利耳。凡外国人入各学校上课时,不必出什么费用,也不必花什么钱才能取得修业证书。假如他们愿意得着学位的话,他们须和本国的学生服从一样的纪律,并且遵守一样的考试条件。但在为外人设立的比鲁极亚大学则不在此限。在那里各种费用都是最低的,并且学生们可享受关于生活、考试、及得博士之种种便利。

十五、意大利的大学,也和该国的其它精神上及经济上的组织一样,已因着法西斯蒂政治所造成的新局面而受了很大的影响;就是在纪律方面,也有不少的进步。这种纪律乃是为保护全国较为重要的利益所不可缺少的。为促成大学生活之充实及均衡的发展起见,当局们已经设法使那些关于教授与学生之关系的法律简单化。其法即无形的将大学分为二个互相依靠而不同的部分。关于学问之研究以及与法律科学之本身及其教授有密切关系之事项的那部分,不是归学生管理而专由政府管理的。换句话说,就是取决于关于大学教育之法规的。这类法规归校长及院长所组织的大学议事会解释之。所以校长及院长有决定授课时间、课程数量及性质、必修科目及其它关于课程次序暨效率各事项之全权。学生们至少不得正式的表示任何意见。大家都认为在这些事情上,师长们的经验、责任、及学识是不能容学生们讨论的。学生们虽得对于几种选修科目或对于担任某种同样科目的几个教授行使选择之权,但仍须从学校预先指定的各位教授受其考试。

在大学的正式课程之外,另有三种关于实际生活的机关。这些机关的目的是要补助及发扬大学里的正式课程,以求学术上之合作。它们的主人翁就是那班学生。这三种机关是学生住宅(La Casa delle Studente)、大学联合社(L'Association Universitaire)、大学法西斯蒂团部(G. U. F.)。学生住宅之目的是要对于那些不住在大学以外的青年,以低廉之价格供给一种优美的饮食及住宿处所。大学联合社并非专以经济的事项为目的之机关。它是由学生们联合组成的。其性质和一个供给良好而有益娱乐的大俱乐部相似。其中有跳舞场、会议室、食堂、及新闻纸,杂志等等。大学法西斯蒂团部乃是一个户外游戏及体育的机关。其目的在发展并训练各种户外游戏,如角力、攀高、扎营等等。这三种机关的目的虽然不同,而其组织的分子及精神则属相类。差不多在各大学都设有这样的机关。大学的教授们也常为其中之分子。我们可以说只有少数的人会忽视这事的好处及重要而甘愿放弃加入这种组织之权利。这种机关的各种职务,都是由学生们决定及担任的。这种机关之所以成立而享受政府在经济上之必要供给者,就是因为要培养学生们之创造能力、责任观念、及英国人所称的"自治"之习惯。

要经理一个取费最低(每餐三利耳,较华币七角略少。)而供给整千食量好的青年饮食的饭馆,并且还能够不失之呆板而使大家不时有宴会的机会,那真不是一件简单而容易的事情。这可谓一种很有用而且结果很好的实际训练,因为这类事情也是那些专营旅馆业的人所应该会的。至于青年们所富有的那些好讨论、好露头角及好反对他人的精神,那完全在那大学联合社里表现出来。在这一类的组织当中,大家非常活动。他们有时开会,有时讨论新的时事,有时演滑稽剧,有时举行古歌舞,有时展览滑稽画,更有时候奏音乐。除此以外,这一班快乐的青年们所想到的有趣事情还有许许多多,都可轮流的实行。在这一班青年中,那最聪明、最富于实际思想、最有口才、最敏于应付的人,大概只占少数。他们常练习如何博得大家的信仰,如何与人辩论而推行自己的主张,及如何办理一种事业等等。那些被举为社长、副社长或委员会委员的人,一定是有些辩才的。当选举之时,个人尽管替自己或自己所推的候选人鼓吹,但不准对于那些立于反对地位之竞选者发任何攻击的言论。这些大学联合社中有些是资力很充足的,所以他们往往本着友好及博爱的精神做很多大小慈善事业。其中有好几个曾经设立了平民大学,由一般青年大学生充当教师,教授工人及商店伙友们,并且给他们一些关于法学、政治、经济及社会学的使用与基本知识。在这些大学联合社里,学生尤其会养成合作的精神及敬爱教授的态度。因为教授们虽不能被选任什么职务,却往往热心参加该社之工作及宴会等等。大学联合社常和大学法西斯蒂团部联合起来,由后者将全体学生集合于户外游戏的旗帜之下。这些青年们几乎是完全照军队一样编制的。他们学习运用军器,并在山上、水上、操场上从事于艰难的竞赛,藉以养成好的体格和那户外游戏所应该养成的冒险及爱好健康之心。当举行全国运动会之时,各处都有学生去参加那盛大的比赛,希望得着奖品。取得锦标这件事,乃是每个意大利学生最切的希望,并且也是每个学生最可贵的志愿。因着思想与行为的联合,一般大学生们对于求学便能孜孜不倦,而对于运动也便能持之有恒。如此则一方面修养德行,一方面锻炼身体,将来便可成为墨索里尼所需要的那样智能而强壮的国民。所谓幸福的青年,乃是那具有强烈伟大的志愿而充满了希望的。墨索里尼曾经坚决地说过:"有了枪和书,方才有完全无缺的法西斯蒂党员"(Libro et Moschetto, Fascista perfetto)。因为这个缘故,他曾主张他手下的禁卫军,就是一般人所说的黑衫手枪队,应专由大学生中招募来的人组织之。以最优美的青年而居于最优美的地位,那再好没有了。

(按:本文作者赖班亚教授现任国民政府行政院及立法院法律顾问,曾任意大利罗马最高法院推事,在该国颇负时望。兹因东吴法学杂志社征求关于意大利法律教育之稿件,特由译者请该氏于百忙中以法文撰成本文。该氏之热诚,殊可感佩,特此致谢。)

法律与法学家(庞德教授学术第一讲)*

各位先生,各位女士,我很担忧今天的工作,我本来花了许多许多功夫写了一篇稿子,预备根据稿子慢慢地讲,临时才知道同时要杨先生翻译,这样一来时间上要增加一倍,我只能放弃原来的计划,把比较扼要的讲一讲。

法律是文化的产物

法律这一个名词,有着很多种不同的涵义,但无论你从哪一方面来说,法律都是文化的产物。那么文化又是什么呢?文化是人类生活的高度发展,文化就是人类对自然界的控制的能力,人类对于自己的本能和天性的约束的能力。要求控制自然界的能力加强,先决条件是加强人类自己约束本能和天性的能力,否则一切都是徒劳的。约束又须依靠社会的制裁,例如道德的压力、舆论的压力等等。社会制裁可以分有组织的和无组织的两种;最初当然是无组织的,后来才通过政治组织来达到这种社会制裁的目的。所谓法律,也可以被解释为一种很进步、很特殊的社会制裁的一种方式,换句话说,法律是一种调整各种关系的制度,这是第一种说法;法律又是解决纠纷的根据,或指导工具,这是第二种说法。法律更是根据权威资料来进行解决纠纷的工具,这是第三种说法。

法律的三个范畴

一般人常常机械地,认为法律仅不过是数目繁多的条款,实际法律这样东西,比我们所想象的要复杂得多,严格地说,法律有二个范畴,一个是 Laws,一个是 The Law。前者包括条款技术,以及某一国家民族固有的理想。条款部分,又包括其他原则、概念、标准,一共有四种主要的成分。至于 The Law,则是一种比较更本质的更系统的法学。

条款是我们比较容易理解的,它给予某一特定事实,决定一个特殊的结果,在最初法律制订者,仅就每一种可能发生的事实加以规定,后来渐渐感觉到这种方法是不科学的,因为这样一来,法律的条文将无限制地增加,因此,又想到原则的确立问题,例如民法中,就规定人不能使别人利益遭受损害,而增加自己的非分利得,这个原则足够代替许多条款,而普遍应用了。原则并不是唯一的减少条款的方法。此外概念的应用也很重要,例如英美法上只有人力或兽力的车辆,而现在有汽车和火车了。条款不可能随着物质文明天天修改或补充,但我们可应用概念参照性质相同的条款处理。其次,标准是衡量行为的程度的标准的合理化,也可以达到减少条款的目的。

机械的条款对客观的事实一无用处,因此使条款成为活的东西,成为对客观事实有决定的东西,这是法学家的工作。现我们开始讲"法律与法学家在现代国家之地位"。

---

* 本文是美国哈佛大学法学院院长庞德教授于 1946 年 9 月 4 日所作公开演讲,由杨兆龙翻译。

大陆法和英美法

我们常提到宪政，宪政就是依据宪法的政治，宪法有各种不同的宪法，在美国是一种政治制度的轮廓的规定，除了某一特定部分以外，和普通法律没有两样，都可以由法院执行的。在欧洲大陆，也是一种政治制度的轮廓的规定，特别注重行政机关和司法机关的相互关系，对立法机关并不约束，但由于历史的传统，和立法机关之间一向很融合相处。英国的宪法也是一种政治制度的轮廓规定，但有一点特点，就是议会的至高无上的权威。

历史上有两个宪政最发达的国家，就是共和时代的罗马与英国。近代各国的宪法，其来源也就在罗马和英国，不单宪法，一般的法律也往往以罗马与英国为渊源。

罗马法由于移民的关系，十二世纪普遍地流传到海外。罗马法的特点是系统完整，顾虑到行政与司法的均衡。在习惯上罗马法又称大陆法；和大陆法相对的是英美法，又称普通法，是由日耳曼人流传到英国来的。罗马很早就把法律作为专门的学术来研究，相反的，美国到十九世纪下半叶才在大学里开法律的课程，英美各国可以编出详明的法律字典，或法学的百科全书，但是仍旧很少人对法律作整个的、系统的研究。

中国采用大陆法很聪明

中国采用的是大陆法，这是很聪明的，因为英美法的制度很不健全，并且还保留了许多原始时代的制度，并且是两重的、对立的，制定法和习惯法就是最好一个对立的例子。英美为了补救这些缺憾，定了许多例外来融通处理某一条款，英国已经定了十五个例外，美国考虑根本取消这个条款。所谓法学家，英国包括律师、法官、法学教授这三种人，在英国，律师极受社会重视，法官都是从律师里面选拔出来的，假使一个律师曾执行职务多年，并且有极好的声誉，那么就有希望被选拔为法官。律师有公会的组织，负责审查资格等工作。还有一种不出庭的律师 Solisitor，同样地受人重视，同样地有组织。而且法院里的工作，如审问犯人、收集证据等工作，都由律师去担任。所以英国律师多，而法官少。美国继承了英国的传统，律师简直成法院里的职员。在采用大陆法的国家，询问证人、收集证据等工作都由法官担任，所以律师少而法官多。

法官、律师、学者三者应该并重

法官在英国地位最崇高，做到高等法院的法官，皇家就要颁给爵位，英国的名人录里面连小法院的法官也收录在里面。反是没有做过法官的人，即便有法律方面的著作，也不准印行。美国现在也正在计划提高法官的地位。在欧洲，法官没有人重视，我看到一本欧洲战前的名人录，其中只有一个人是法官，而这个人是有古怪嗜好才放在里面的。

大学里的法学教授，大陆方面比较重视，英国那些教法律的教员，自己也只将自己看成是顾问的性质。美国方面，一八七三年爱姆斯到哈佛大学教法学，这是第一个没有做过法官或律师的法学教授。

我希望中国能够在律师、法官、法学教授这三种人里面，不要对某一种特别重视或轻视。从教育当局方面知道，政府颇有从法律教育着手来从头整顿法治执行法治的决心，我个人觉得这是很聪明的办法。

法学思想与法律秩序（庞德教授学术第三讲）*

诸位，我们知道十九世纪是非常重视历史的世纪，事实也的确如此，无论什么事情，假使不从它的历史演变和历史条件来观察，是不容易得到要领的。美国最高法院推事詹斯第斯曾说起，我们现在的法律，是根据历史上已经有的资料来订定的，这足以证明法律的历史的渊源是如何地值得重视，我今天讲法学思想在法律秩序方面的重要性，就是从历史的分析来开始的。

罗马法和英美法，这世界上两个最大的法系，发展到现在，可以说都经过了四个不同的时期，而现在已进入第五个时期了。

（一）法律的原始时期或萌芽时期
（二）严格法的时期
（三）衡平法自然法的时期
（四）法律成熟的时期
（五）法律社会化的时期

我所引用的这些名词或术语，都是经过商榷的，我可以把这些名词和术语的来源说一说。原始时期这很通俗，可以不说。严格法则见于罗马法。衡平法和自然法，在罗马法、近代罗马法、英美法中都普遍地应用。法律的成熟期，是英国分析学派的法学家，如奥斯汀等先用的。法律社会化，最早由德国的史泰因、英国的格莱图夫所应用，以我个人而论，在四十二年前，就开始应用了。

原始时期：

法律的原始时期，带着浓厚的种族色彩和宗教色彩。纪元前四世纪的罗马法、中世纪初叶的日耳曼法、十三世纪的盎格鲁撒克逊法，是最好的例证。它的特点是根据一向的习惯，因此不但硬性而缺乏系统，并且只注意损害的行为，例如在盎格鲁撒克逊规定损害他人指甲要赔偿一个先令，从这一点看，原始时期的法律，是消极性的，并且极度缺乏行政的性能，要被损害人自己去把罪犯提到司法机关里来。至于一国的国王，他是以基督教教徒的资格，来劝导人民遵守法律，并不是利用自己的权力，来向人民威胁或恐吓的。最滑稽的是损害的补偿，并不是由损害的程度来决定的，而是由被损害人报复欲望的强弱来决定的。在盎格鲁撒克逊，身体的损伤有衣服遮到的部分与衣服遮不到的部分的分别；在威尔斯，疤伤也分为明显的与不明显的两种；在雅典，屈兰克因执政的当儿，规定某一田庄某一城镇的居民被杀害时，报复者可以向对方所属的田庄或城镇杀掉三倍的人。

严格法时期：

严格法的时期，是政治组织比较健全的时期。纪元前四世纪到纪元前二世纪的罗马法，十二世纪到十六世纪的近代罗马法，十三世纪到十七世纪的英国法，都属此。它的特点是着重救济，规定

---

* 本文是美国哈佛大学法学院院长庞德教授于1946年9月6日所作公开演讲，由杨兆龙翻译。

对于被损害人的救济原则与救济方法,并且太拘泥于形式,而忽略事实上的需要。在罗马,树被人砍伐可以起诉,但葡萄藤被人砍伐,假使起诉,便要被驳斥。在英国,假使某被损害人要求赔偿二十先令,而法院审查结果应该多赔一先令或少赔一先令的话,这诉讼便要被驳斥;假使借了钱虽已归还,但没有取得收据,这种案件一上法院,法官虽明知已经还清,但仍要判决债务人应该再归还一次。严格法的对象是人,但这人并不是生物学上的人,必须是有身份的罗马法上的人,是自由人或公民或家长。英国的普通法上,有一种实际仍旧活着而法律上则作为已经死了的人,例如宣称永远不回祖国的放逐者等等。

衡平法与自然法:

衡平法自然法的时期,纪元前二世纪到纪元后二世纪的罗马法,十七十八两世纪的近代罗马法,与英美法均属此。这一时期的特点,就是哲学所给予法律制度的影响很大,无论是罗马法、近代罗马法、英美法,都开始注意到确立原则的重要性,不再专门在条款上用功夫了。并且把道德的原理和法律的原理统一起来,调和起来,形式也不再拘泥。举例来说:在严格法时代,奴隶的解放一共有三种方式:1. 把奴隶的名字登记在自由公民的表册上;2. 举行戏剧性的审判,主人当庭承认已将奴隶解放;3. 主人在遗嘱中给予奴隶自由。假使不采取这三种方式,一概不生效力。到衡平法时代,就不这样严格了,召集了邻居,宣布解放某一奴隶或给奴隶一封信,允许给他自由,都可以从纯粹的法律观点来说,固然还不一定就生效,但从道义的观点,大家都承认某一奴隶已经解放这一事实。罗马法中有人拟加入感恩的规定,但是因为感恩是一种内心的状态,要加以规定,事实上很困难,因此没有实现。衡平法时期的道德观念,并不进步,和近代流行的集体安全观念,根本是两件事。

成熟期:

法律的成熟期,是以詹斯汀奈皇所编法典的出版为起点的。十九世纪中,近代罗马法和英美法,仍旧恢复了严格法的精神,和严格法时期的不同,是前者的重心仅仅是些条款,而后者的重心在正义的表现,同时使法律系统化,一方面承认个人的合理的自由,一方面承认社团的权利。十九世纪末叶,法律本身的演变,使那些最初的原则成为不必要的而予以扬弃。这种现象,德国法学专家颜露尔,在一八九零年就看出来了。

法律社会化:

法律社会化的时期,有几个特点,例如财产权的限制,从前业主有权任意处置自己的财产,例如法国有一件趣事,某甲某乙相邻均甚富有,惟某乙无声望,于是每见某甲高朋满座,心甚怀恨。一日某甲请当时权贵来园中狩猎,某乙乃先集多人于园中,齐鸣钟鼓,而将隔邻某甲园中之禽兽悉被惊走,以致某甲不得不将狩猎取消。这在从前某乙无罪,在法律社会化时期,则是有罪的。对于契约的履行,也有了伸缩性的规定,偿还能力由法院来决定,即使债务人宣告破产,仍旧可以留一部分生活必须的资产。美国的法律,未获得妻子同意,无权出售生活所必需的居住的房屋,即使这房屋是你在婚前自己买来的。法律社会化有一个明显的趋势,就是要求全社会对被损害人负责,所以有工厂工人补偿法,社会保险法之订立。同时认为国家的存在是为了对人民的服务,所以行政和行政的效率,比对以前四个时期更为被人重视。

现在我们再扼要地说一说:第一时期法律的目的,在维持和平,方法是用金钱来代替报复。第二时期法律的目的,在要求安全,方法是国家法律规定救济。第三时期法律的目的,在适合道德标准,方法是义务的执行。第四时期法律的目的,使个人有自由的发展,方法是保障个人的自由。第五时期法律的目的,是调和社会的关系,使之均衡发展,方法是替社会服务。

法律之所以能逐渐进步而系统化,立法家并没有多大的贡献,因为立法家只是根据已有的一些资料来立法而已,使法律进步的,是法学家。罗马法的生命是罗马帝国法学家所写的法学著作,近代罗马法是十七十八两世纪研究自然法的法学家,对各种法律制度比较研究的心血。英国的柯克教授与美国的肯脱教授,则是英美立法史上的大功臣。案件的审判,一般说来,可以分为三个阶段,先找出条款,再加以解释,然后运用,因此找出条款仅仅是工作的开始,而解释和运用,必须借助于法学思想与法学著作,这问题又回到以前这两次所说的法律教育的重要性了,因为法律思想的发达、法律著作的丰收,完善的法律教育是先决问题。

法律教育第一次报告书*

研究至今的结果,使我愈益确信我在初步报告中所竭力提出的主张,即今日中国司法行政的需要,莫过于对中国本身的法律进行充实的统一的教育。兹分四端申论之：(1) 法律教育在现代立宪政体中的地位；(2) 统一法律教育及发展、充实学理上论著的必要；(3) 中国法律教育的特种问题；(4) 促进中国充实的法律教育问题。

一、法律教育在现代立宪政体中的地位

对于现代宪法,可有几种看法。在美国,所谓宪法,首先是一种法律文件,是"国内最崇高的法律"。它不仅规定政府的组织,同时也是规范所有官方行为的法律条款。其中的各项规条,经法院依通常法律程序予以承认及施行。在法国,所谓宪法是指政府的组织,其中立法与行政分立,各有其自主的权限。在这种政治团体中的所谓规条,一部分是习惯的,一部分是法学哲理的,而都是传统的、经过研究的。政府各部门亦即藉此而得到实际上合理的和谐。在英国,宪法是一种不成文的沿袭的政府组织,具有沿袭的一套法律,为法院所承认及施行,以定个人的权利及行政机关的权力,但均受一个万能的立法机关的支配。一个专制君主,或亦可制定一部宪法来规定政府的组织,但往往可由他恣意修改或忽视。虽然如此,在这样一个专制国家里,法院仍能依法从事日常关系的调整及行为的整饬；同时,政府的经常事务,亦能依照政府的组织合法进行。

第一次世界大战之后,崇拜绝对主义的心理弥漫全球。有许多人以为,凡是官方所做的一切,无论是有系统的或是独断的行为,都是法律。但这种法律,当然不是我们在现代立宪政体下所认为的法律。我们所说的法律,是一种有系统的社会管制,亦即系统地使用有政治组织的社会力量来调整关系,整饬行为。法律不是社会管制的描写,而是社会管制的指南针,这是在有政治组织的社会中很专门化的社会管制。

罗马和英国是立宪政体最发达的两个民族,亦即是法律发达到顶点的两个民族。立宪政体的最大特征,是一切都依法而行,此为其与专制政体之所以不同。英国宪政史在 12 世纪到 17 世纪的时期内,法院和法学家,如白拉登氏（Bracton）所云,坚持英王的统治权应受上帝的支配及法律的限制,此一特征是很有意义的。16 世纪,法院坚持议会应遵守宗教管辖和政治管辖间的基本区别,这是中世纪政治团体建立的基石。远在 14 世纪,英国的法院即坚持英王及其僚属应依法律规定的方式行事,不得剥夺人民在文明社会中生活上的合理愿望,此即我们所谓权利者是。又远在爱德华三世执政期间,英国法院已主张国王税捐的征收人员,应凭授权状行使其征收的职权；同时英王不得以私函戳盖私章,停止法院的诉讼程序,或阻挠法院判决的执行。在 17 世纪,直至 1705 年,法院在其一贯的判决中,始终坚持议会不得使任何人就其自身事件自为裁判。17 世纪柯克氏（Coke）所著大宪章诠释一书,即根据普通法法院在中世纪的这种坚决的主张,确立了英国人在普通法上各项权

---

* 本文由庞德教授 1946 年 9 月所著,由杨兆龙翻译。

利的原理,这是政府必须予以尊重的。此种原理滋长于法院与王权的斗争,而在 1688 年革命之后,已被确定为英国宪法内容之一。

美洲殖民地在 1774 年大陆议会的人权宣言中,主张上述业经确立的普通法是他们的天赋人权。美国革命的主要原因,便是因为伦敦的英国政府专断妄为,不依法律统治。美洲殖民地的人民在柯克氏的法学原理第二部、及百里希东(Blackstone)氏的英国法律诠释中,都已学到了立宪政体中人民合法权利应有的保障,而英伦政府却不加注意。美国宪法的起草人引用柯克氏在其大宪章诠释中的用语,称宪法为"国内最崇高的法律"。因此所谓宪政者,照英美人士的说法,是依照法律上基本原则而为治理的政治。这些基本原则,或已相沿成习,一致公认,明示于重要的宪法文件中而由法院解释而发扬之(如在英国);或定有成文宪法,经宣示为国内最崇高的法律,而由法院解释适用之(如在美国)。

现在,我们以宪政团体是法律的政治团体这个命题为出发点开始讨论。

英国的法律体系,在历史上无所谓公法,只有关于个人的法律,属于私法范畴,但亦适用于公务人员。如其逾越法律所认许的权限,或违反法律强制其对于私人履行的义务时,应负责任;人民对之,得依通常起诉方式,向普通法院根据法律的通常条款及原则提起诉讼,以求救济。近年来产生了一种观念,认为国家是一种公共事业机关,因而拥有庞大职权的行政机构应运而生,由此一般人承认了行政法在英美法系中的地位。而行政法连同宪法,使英美法系中开始产生了罗马式的公法。但在英美法中,公法仍是含有分析意义的法律,是法院所承认及施行而用以判断的权威指南。至于罗马人将公法由私法中分离后,其对于公法的解释,是用以规范并限制行政官吏权力的权威规条。在罗马帝国末期,该解释被确立为绝对的理念。在 16 世纪之后,为欧陆诸国尤其为法国所采纳。至 17 及 18 世纪专制政体盛行期间,更予发扬。但在法国革命之后,这种形态的公法,势必经过重大的修正。一部法律史及宪政史,无非是对于在有政治组织的社会中的统治者,如何逐渐限制其专断行为的记录。

立宪政体需要法律,法律则需要有系统的法律教育。有宪政而无法律,宪政不能有效地运行;有法律而无经过系统训练的法官、行政官及法学家,法律也不能发生宏伟的效力。通过法律教育相沿传授,他们才知道如何发扬及适用法律。

我在初步报告中,对于法律与法条曾予区别,兹再简单地重复一遍。法律不仅是法律条文的汇集。法条如无法律教育或法律的讲授,固仍不失其存在,但法律则不然。无法律的法条,亦即无法律教育的法条,虽可存在,但终难切实有效地达到它的目的。古希腊时代,法条虽极繁多,但是没有法律及法律教育,此处所谓法律乃对于法条解释阐发及适用的整个体系之谓;此外,复缺少有权威的传统的技术。但在罗马,自从纪元前 4 世纪法律凡俗化之后,迄于纪元后 5 世纪的"万邦教师"及东帝国的法律学校时代,法律和法律的讲授始终平行地发展着。到了 6 世纪优帝编订罗马法时,对于法律教育同时予以充分明白的规定。现今为世界半数以上国家法律基础的现代罗马法,便是导源于 12 世纪罗马法的讲授。当时意大利各法律学校,都根据优帝编纂的法典教授罗马法,传播及于法院。至于后世的现代罗马法,亦莫非是大学里的产品,现时欧陆的法律,都以之为基础。

苏格兰在 16 世纪之后,有很多法律学生前往荷兰各大学研究,结果现代罗马法也变成苏格兰法律的基础,苏格兰的大学,早就在教授罗马法了。

在英国,自从法院凡俗化之后,普通法即君王法院的法律(与地方性法院的习惯法有别),即在律师会社(Inns of Court)里教授(律师会社是律师的集团,其组织类似英国大学的学院)。高等法律教育,从此发展。大致到 15 世纪,乃登峰造极。从 16 世纪起,律师会社专事训练大律师,至于较低级的小律师,则在其他执业小的律师事务所内受学徒式的训练。

美国系采取英国低级律师的训练方法,律师无大小等级之分,而是混统的。因此直到 20 世纪,美国大多数律师是在律师事务所内阅读教科书及判决汇报而受学徒式训练的,或以后再入学徒式训练的学院。但美国在殖民地时代的有名律师，都是在英国律师会社受过训练的，或是在出身于律师会社的律师训导下学习的。可是美国革命之后，法律的传授始渐依牛津大学为百里希东(Blackstone)所设讲座的办法，为学术性的法律讲演。例如魏得氏(Wythe)在惠廉玛利学院，韦而生氏(Wilson)在费城学院，百克氏(Parkes)在哈佛大学，康德氏(Kent)在哥伦比亚及耶鲁大学，施笃理氏(Story)在哈佛大学等讲座，为其最显著者。同时，独立的法学院也开始设立，其最主要者为李夫法官(Judge Reeve)在考乃第克州李芝菲地方所设的学院。由大学及法学院里的讲述而产生了各种教科书，同时为律师事务所训练学生之用。大学的法学院，经不断地积极发展，迄于20世纪，卒至盛行全国。如今学法的人，可在大学法学院受到统一的训练了。

法律讲述的发展，不但和英美法的发展相平行，同时也和美国立宪政体的发展相平行。柯克氏(Coke)为学生写的原论第二部(尤其是大宪章诠释)，自17世纪以来，在个人自由方面已是宪政发展的指南针，而其影响所及，在美国较在英国或尤为深远。英国在19世纪有司徒白斯(Stubbs)、戴西(Dicey)及安生(Anson)等氏的著作(全是牛津大学的出版品)，都是英国宪政史或宪法学的权威作品。美国则有哈佛大学法学教授施笃理氏的宪法诠解，密希根大学教授柯立氏关于宪法上限制的论著，在19世纪中均被认为教学的基础，并为法院所宗。洎乎20世纪，宪法方面所启发的较新的理念，也多半是戴煜氏(James Bradley Thayer)在19世纪末叶及本世纪初期在哈佛大学讲学的结果。

英国律师会社的法律教育制度是英国法律的发源地，但这种教育制度在一个时期内曾经衰落。在18及19世纪，欲为大律师者，改赴大律师处研读，往往更在特殊辩护士事务所学习很难的普通法上的辩护技术。但早在18世纪下半期，百里希东氏已在牛津大学教授英国法。他所写的一本原理方面的著作，便是他讲学的结果。这本书是英国法律体系的导论，仍为学生首先必读之书。尤其在美国，至今还是如此，新的"现代化的"版本，仍在发行。到了前世纪后叶及本世纪，英国各大学均已逐渐加重英国法律的教授。在现时的英国，一方面法学社(为小律师而设)及律师会社(为大律师而设)仍维持有系统的法律讲授；在另一方面，牛津、剑桥及各省的大学，都设有法学院，且日求进步。结果大学的训练，现已为法学社(负收纳小律师之责)及律师会社(负训练及收纳大律师之责)所认许。

欲明了近代英国各大学教授法律以前的法律教育情况，必须记得在16世纪律师会社停止训练较低级律师之后，其欲为小律师者，只能受到学徒式的训练；至于受大律师训练的，往往是绅士们的子辈青年和同行中的子辈。他们在准备独立执业前，可以得到幼子的津贴维持生活，因此他们可以从容不迫地在会社里读书，或在教师处研读，模仿他们的前辈。花了十年工夫之后，再开始执业，谋取独立的生计。在美国无所谓幼子的津贴，因此，学校必须早为学生们日后执业做充分的准备。今日的英国也只有很少数的人有这份资力，在开始执行律师事务后，仍能长时间地继续受训。时至今日，英国和美国一样，许多情形在迫使学生于受毕正规的法律教育之后，及早独谋生计，致使今日英国的法律教育，全然成为一种职业性的教育。有人仍以为，英国律师来到法庭时，只受了一半训练，等十年后，始有执行业务的能力，以谋生计，其实这已不是英国今日的情形。

当今世界各国，具有发达的法律制度者，莫不有统一的法律教育；有发达的宪政团体者，同时也有发达的法律制度与之并肩滋长。

在这次世界大战之前，有几种和上面所说的很不同的意识极为流行，导致对政府和法律产生了几种异样的概念。标榜这种意识的三个政府"虽已消灭"，但主张拥护这种意识的，仍不乏其人。有一种意识以为凡是官方所做的，就是法律。因此人们只需学习做，毋须知道怎样做。另一种意识认为，政治领袖就个别事件所颁发的指示，就是人们决断的权威指南。又一种意识是各职业团体的委员会，有权裁决各团体内部团员间的纠纷，各团体联合产生一个委员会，解决属于不同团体团员间的纠纷。而每一件事都是就单独的问题，以直觉决断，既无体系，又无理解，亦无预定的规律或标准。这是过去"集团国家"(Corporative State)的制度。最后一说系数十年前某一苏联著述家所主张的,即除行政命令之外,别无所需。马克思的主义认为宗教是人民的麻醉品,今则更有人毫不犹豫地添加一个命题说,法律是更毒更危险的麻醉品。这都不是立宪政体中的意识,设如我们附和其说那就无需乎法律教育了。倘使我们有一种宪法能有力地指示着官方行动的途径,则它不仅是政府组织的规定,同时也就成了一种法律文件。所以凡是执行解释以及适用宪法的人,一律都有受法律训练的必要。

法律教育是法律的基本问题,而法律是宪政的基本问题。所以依我的看法,第一件事,也是中国建立永久的立宪政体的关键,即创设并维持一个组织完美而统一的法律训练体系。庶几整个的中国法律可有一种研习的传统而确保其发展,同时亦将保证稳妥的有效的司法行政,及人民与官吏间公正的和谐关系。此一步骤,颇为重要。

二、统一法律教育及发展、充实学理上论著的必要

我认为中国仍将采用现行法典,或可加以修正。我早在初步报告中说过,中国的法典是很完善的,其中有好多显著的优点,可与任何现代法典媲美。我始终认为中国应当采用法典制度。虽然我自己学的是英美法,且有一个时期曾经在我出生的省份的最高法院担任审判工作,教授英美法已达47年之久,对于英美法系,虽衷心钦仰,但我以为对于缺乏英美法系历史背景的国家并不适宜。中国推行大陆制度已很久,骤然变更其法律制度,定有显著的不利。抑且英美的法学家对于立法工作并不擅长,而重建中国,必须有很多的立法。又英美法缺乏系统,而现代原理上的法律书籍,亦甚缺乏,将使学生深感学习不易。尤其中国人既已受过另外一种法系的训练,或在这种法系下从事审判工作,或执行律师业务,将更感觉学习英美法的艰苦。这两种法系是很不同的,尤以技术方面为然。何况将英美法移植于中国,结果必将许多不合理的历史陈迹连带移入,此种陈迹,即使英语国家自身也已逐渐在把它们消除。例如动产与不动产在技术上的区别,普通法与衡平法的区别,普通法与成文法的区别。又如契约中须有"约因",现在却有许多例外了。他如推定信托、推定诈欺之类,是用绕圈子的方法来获得结果的,其实,用简单的分析即可处理。最后因为囿于旧时英国程序所产生的意识,对于不当得利的法律问题,颇感棘手。至于英美法中可取的东西,例如民商合一、信托概念等,中国都已采用了,这些特色原是很容易适用到大陆法系的法典制度里去的。

中国与英美的关系固甚密切,今后谅必继续如此。但我仍未见有更换法律体系的必要。苏格兰、魁北克及南非诸地,都采用现代罗马法系,但在联合王国或英帝国中,英美法系仍日益繁荣着。路易西亚、普托立哥及运河地带,虽然采用法国或西班牙的成文法,但它们在北美合众国里,似乎亦相处得很好。在南美的拉丁美洲共和国,很多和英国有密切的商业上关系,都不因为这些国家采用了法国民法的制度,而使其关系的发展遭受挫折。

纵然中国改用英美法系(我深信不致如此),我所主张的统一的法律教育,仍是必需的。全部的重新教育恐更需要一个统一的办法。

因此我假定中国法律将仍是成文的法典,中国的法典大体上照现在所颁行的,将继续是中国法律的形式;而中国的法律教育,也将仍是根据这些法典的一种教育。

但最好的法典,亦非不待解释而可自明的,订得最好的条文对于可能发生的有关事件,并非都可以当然适用的。优帝禁止对于他编纂的法典加以注释,认为毋待法律文献加以阐明,即足适用,孰料优帝法典得以成为世界的法律,却全靠注释与学理上的阐发。凡是寓有成熟法律的法典,没有不靠这些助力而得以维持的。1791年普鲁士法律的起草人,主张遇有疑难争点时,送由法典起草委员会解决,希望有了这种官方的解释,可以免却学理上的写作。但这种试验,不久便告终止。凡具有现代法典的国家,莫不有丰富的法律文献,这足以说明法律是端赖法律文献而发扬的。如今还有许多不内行的人,梦想完全自主的立法,可以不需要法学家,这不啻憧憬着一个乌托邦。没有法学家,实际上等于没有法律。

法国民法典规定不涉细琐，足见其起草者见地之高。他们了解到规定无论怎样细琐，终不能使其对于将来所有可能发生的事件，都能预先适合。但同时他们也意识到，对于法典所未规定或规定不详的事件，必须仰求于某种萨维尼(Savingny)所说的"辅助品"，以达到一种预期的结果。因此在法国民法典颁行之后，若干起草委员及大学教授所发表的演讲稿——如奥斯丁(Austin)称之为"关于法典的讲词"——都讲到，除了学理上的写作及判例是最主要的凭借之外，他如罗马法、法典编订以前的法国旧习惯法、法律与正义的一般原则、衡平法则和自然法等，随时都可用以补充法典文本之不足。后来，他国法典往往就上述的辅助品中，选择若干种，并明文规定：如遇法典未有明文规定的事件，或不能以法典解释或有权威的法典适用技术不能解决的事件时，应以这种辅助品为解决案件的资料。德国民法典对于辅助品未有任何规定，那显然是要靠学理上的写作(在法典颁行前已持续不断)及判例了。但是法国民法典演讲词中所罗列的各种辅助品已被公认可以适用于任何现代的法典。瑞士法典从社会功利立场出发，又添加了一个有用的辅助品，即法官得设身处于立法者的地位，视其应如何立法，以解决所受理的事件。中国民法规定了两种习惯与法理。研究比较法学的人于此将对习惯一词提出疑问。习惯系指法典以前的旧习惯法，或同时指地方习惯、商业上或其他经济活动上的习惯而言。而有些条文明定许多细节要依据这些习惯适用。有几条条文规定，后一种习惯可以先于法典的一般规定而适用。前一种当然不能，但可能是有用的辅助品。

至于民法中规定的另一辅助品，即法理。其意义如何，在各法典中均聚讼纷纭。我们要处于社会功利立场，根据整个的法典、现代罗马法及比较法，并根据适合于中国的理想的现代法制(即我们惯常所说的"自然法"而适合于中国者)，加以分析与理解而得到一种广泛的解释，则是必需的，而学理上由此亦可得到充分发展的园地。总之，辅助品的作用还只是次要的，阐明法律的重任，仍是要学理与判例来负担的。

我们必须牢牢记着：一部现代法典的主要目的，仅在供给一个法律上的新起点。法典的条文，并不仅是用以解决其范围内的事件，同时仍须以类推解释的方法加以阐发，以适应新事件的需要，此将有赖于学理上的写作、法律讲授和判例了。

以上所说的，对受过现代罗马法系或大陆法系训练的教师及法学家而言，颇易了解，但是英美法学家，则未必全能领会。因为关于法条适用的技术，现代罗马法系和英美普通法系有显著的不同。依照英美法系所采用的技术，法典或法条(除非仅系不成文法的一种宣示)仅是一种很狭义的规则，对于特定的详细的事实状态，预设特定的详细的法律效果；对于在它范围以外的事件，不能作为类推论断的根据。纵然有了宣示不成文法的立法，传统的不成文法即使法条化了，类推论断的根据，亦不是立法条文，而是普通法的原则。英美法学家认为有类推论断的必要时，即仰求于普通法，仰求于从判例中所提取的原则。现代罗马法系或大陆法系则相反。盖判例可以确定法律上某特定点的意义，可以为某一事件设一规则，而可适用于以后发生的类似事件，但不能作为类推论断的根据；类推论断的根据，只是立法条文。在英美法系，学理上的写作，系从适用于普通法法院即英语国家法院的判决中所提出的原则加以阐发；至于现代罗马法系，学理上的写作系从法典中所含原则的阐发。

但不论哪种法系，遇有新事件而为类推论断时，必须就具有同样权威的各出发点中予以选择。所谓具有同样权威的出发点，其在英美法系，指具有相等说服力的判例；其在大陆法系，指具有相同拘束力的法典条文。这种选择及类推论断的技术，必须经过讲授才能了然。目前美国法学院，尚且把教授英美法的重心置于技术方面。在采用法典的国家，如欲充分讲述这种技术，必须有探讨原理或学理的教科书。这种书籍，原是讲学的结果；法律既在不断地进步着，这种书籍也始终是讲授所必需的。讲学形成著作，著作改善讲学，两者将同使法典的解释与适用达于更完善之境地。

由此可以特别指出：非官方的学理上写作，实胜于琐细的立法。学理上的论著，确可成为法院判案时有力的指南针。它们既是统一法律教育的产品，又可使法律得到统一的发展和适用。但它们不像法典那样具有拘束力,而惟其如此,方可用不同的方式,如新版、新著或判例,随时予以必要的修正或改进,而无仰仗于立法的必要。

我在初步报告中,曾讨论到统一法律教育的需要,并主张迫切地需要有一部原理上的著作。如中国法律原论这种书,可将中国法律写成完整的体系,并提供一种统一的研究方法。习于统一法律教育者,见到中国法官、法律教师及律师等所受训练的分歧,殊觉惊异。有在美国受训练的,也有在英国、法国、苏格兰、德国受训练的,很多却是从日本间接地由德国传统里孕育出来的。就是在本国学习的,也非由同一的传统去认识法典,而是由说不同法律语言的教师们所传授的。中国实在需要彻底统一的中国法律教育来讲述中国本位的法律,这是时候了。

现时法律上首要的工作,应当是放弃研求他国法律中理想的规定,不再就每一细小节目,力图模仿外国,求取最时髦的法律。因为今天看来是时髦,可能在明天就成为落后了。1922年我在剑桥大学讲演时,曾说法律必须稳定,但不能滞留不进。变化是在各地经常发生的,但变化与稳定须得乎其平。过去的经验指示我们,要维持这种平衡,最好的办法,莫过于由法学家对于立法做学理上的探讨及运用判例,这可使法学家的思考置于经验中来试验。但这仍须以有优良的法官和律师为前提,这些法官和律师,应由统一的讲授传统中孕育出来。而这种讲授的传统,尤需根据经理性启发获得的经验,来适合特定时间、特定空间的实际生活。若将他国之制度原则及规律移植于本土,而不了解其过去的历史及经验形成和发展的过程,实是一种错误。尤其是法律中的"新理念",在未置于经验中试验之前即予采用,更属不智。此时亟须对于中国已有的法典予以理解及试验,使成为彻底的中国所有的法律。

三、中国法律教育的特种问题

中国法律教育的首要问题是统一。至于特种问题,是指它的范围和目标。

有人曾问我,法律教育的目的应专在教育法官和律师,还是应当同时培养师资,训练普通文官及外交人员;是否应设专门化学校或学系,分别为法官、律师、法律教师、普通文官及外交人员等,施以不同的训练;抑或用一种共同的法律教育,使每一种人受到全部或部分合格的训练。

关于法官,应否像欧陆那样,同法律教师和从事实务者如律师等多少加以区别,而分别施以专门化的训练;或像英国那样,法官由律师中选拔;或像中国的办法,法官同时从律师和法学教授中选拔,这亦是美国近来广泛施行的办法。这个问题,亦是中国法官遴选与职位安排及法院组织问题的一部分,应特别加以研究。我在研究欧陆现行制度之后,深信英国由律师中选拔法官的制度较为妥善。但观乎中国的情形,犹如今日之美国,上级法院的法官,不妨同时由法学教授中选拔。但无论如何,法学院的普通训练既是日后专门训练的基础,自应一律施诸法官、法律教师及从事法律实务者。

普通文官、行政官员应当受到良好的法律训练,此事至关重要。他们必须了解什么是个人的合法权益,什么是法律规定的保障那些权益的救济办法。所有国家几乎都有一种趋势,行政官员,尤其属下人员,因不能正确体会他们所担任的工作的职责,往往以武断的态度对待个人。他们常假定政府与人民必然是对立的,每忽视个人的权益;而认为与个人权益相抵触的主张,就是他们所想象的公共利益。国家是公共业务机关,这一概念产生之后,行政机构及行政裁判所随之倍增,而上述弊端,其发生愈益频繁和加剧。所以这些行政官员,必须很好地受一番本国法律的全盘训练,俾能领会其工作在整个法律系统中所占有的地位。法律教育应教导人们知道:所有政府机构,都是很专门化的社会管制体系中的一部分,应协同一致,向指定的目标迈进。

因此,行政法的基本原则应当在民刑法导论里就讲授,使法官、行政官及律师都能想到自己是整架政府机器中的一部分。法官、律师和行政官既同受整个法律秩序下传统讲授的训练,并在他们求学时代就养成其合作的精神,在日后司法与行政的行为中,自可得到和谐。在英美法的政治团体中,大半由于历史上的原因,法律与行政双方各存在猜忌和误会,有时甚且发生尖锐的冲突,其所造成的不幸后果,立法上亦甚难处置。欲避免这种情形,惟有使法官和律师都学习行政法的基本原则,以为统一的法律课程系统中的一部分,同时使日后为行政官者,也学习民刑法的基本原则。经过整个法律体系的训练之后,乃再依各学生的志愿,分别予以特种训练,或教以高深的民刑法,或教以高深的行政法,使其明了如何运用。

在意大利,有志于普通文官者,对于法学院的几种学科,必须去听讲若干次。但1922年我到意大利去访问各法学院时,注意到这些有志于普通文官者,出席听讲并不踊跃。他们姗姗来迟,只要点名人员能记下他们的到课;一俟讲演开始,点名人员便不再留意;讲演开始未久,他们即先后偷偷溜走,当然连做笔记的假姿态也没有,好多人简直在看报。反之,志愿做法官、法律教师或律师的学生,从不迟到,谨严地专心一意地听讲,一直到讲演结束为止,并做成详尽的笔记。他们都坐在前排,而有志于文官的学生,都在教室后面。足见对于法学院必修课程必须出席听讲的规定,很容易流于形式。

如另设学校或学院来训练普通文官,是否有益亦很成疑问。健全而广博的教育,似乎最有成功的希望。在政治学及其他社会科学方面有了很好的基础之后,接着至少要研读各种基本的法律学科,是否再进而选修高深的宪法、行政法或其他功课,视其日后所要做的事业而定。对于要做普通文官者,如单从政治叙述的观点来讲解宪法、行政法,而对于要做法官、法律教师及律师者,则只从法律的观点来讲解,均属错误。在一个宪政国家,当然需要了解政府的组织及其政治上的运用,但宪法和行政法,仍是国内法的一部分,由法院予以承认及施行,因此,不论法官、律师或行政官及任何文官,对于政治和法律两方面,都得通晓。做文官的忽视法律方面的训练,只能造成法院和行政机关间的冲突。这种现象,在美国很显著,在英国亦非罕见。

法律教师的培养,牵涉到许多同样的问题。因此,对法律的每一部门都要注意,不仅要了解每一部门本身,而且要了解一部门与他部门及其整体的关系。所以法律教师对于整个法律体系或某几部门的深厚学养,是不会嫌多的。即使他已是某种专门甚至很专门学科的教师,还须根据整个法律体系的知识背景来研究和讲授。他须认识法律整个的体系,及其专科在这体系中的地位;并须认识其他专门科目以便了解其他法律学科中的问题与其专科间的关系,及其他法律学科和其专科中的问题间的关系。

但培养法律师资的问题,终究不若训练普通文官的问题来得困恼而难决。师资的培养和法官、律师的训练,毕竟是相同的,不过他须更进一步研究法律哲学、法理学(Science of Law théorie générale du droit,英文通称为 Jurisprudence)和比较法。这些科目原不是初步原理的学科,一般有志于司法官或律师职业的学生毋须修读。假使他们要多学些东西,学养很深的教师在说明法典时,会辗转地把这些学科里的原则和适用放进去讲解。

在美国,我们觉得在法学院为从事实务者而设的普通课程之外,再加上研究院的科目,确可培养适格的师资。实际上好多有名的法学教授对于法律哲学、法理学及比较法等都是自修的,并未受过正式的教导。但中国的法学院在草创时期,对于法律教师可以、甚至应当有进一步训练的设置。至少在目前中国学理上写作尚未很发达的时候,这些训练教师的设置,对于欲为法官者,亦显然有用。

因此,以教育法官、律师为主要任务的法学院,增补了研究院的科目之后,足可培养师资。这些科目,对于以后不想教书的人,只要他们能多花时间与费用,亦颇有价值。同样,如欲造就学识广博的教师,并为训练普通文官,可以规定须受行政、宪法和立法方面专门化的训练。欲入外交界者,亦可为之设研究院的课程,规定须受国际公法、国际关系、国际贸易与财政的法律问题等专门化的训练。

在法学院中设置研究院的课程,其长处,是本科的学生可各依其所需选择修习。这在哈佛大学已予推行，效果很好。

在初步报告中我曾说过，美国有几所独立的法律外交学院，专门训练外交人员。我在其中一所和哈佛大学合作的学院中，曾讲学几年。这些学院的设置，和训练普通文官的独立学院一样，大致都是国内大的法学院采取短视政策的结果。它们比较忽视国际公法、行政法（最近以前）和公法，而让许多学生到文学院和哲学院去学习这些学科，于是导致这些科目的重复教授，这对于学生未见有利。须知英国的传统法律教育，原是职业的而非学术的。美国的法学院，起初是依照学生在律师事务所中求学的方式来办理的，以后由大学接受过来，仍保持着实务家的观念及理想，结果把法律分散于各种不同的教学部门。中国实不宜模仿。

独立的法律外交学院所教的科目，有国际公法、国际关系与组织、国际贸易与财政、在法律上及外交上的问题、外交史和外交领馆的组织及实务。假使这些法学院愿意改变其方针，在施以透彻的基本法律训练之后，再教授上列科目，我相信所得的结果将更为美满。但美国的法学院，并不就整个法律体系而为基本上的训练，它们循着英美法系法律教育的惯例，专在训练律师。至于独立的法律外交学院所授的一切专门化的课程，牵涉许多法律，并须先懂得许多法律才行。因此，据我所见，每门课程在法律方面的讲授势必单薄。我以为在法学院里奠定了良好的法律基础之后，再继之以像美国法律外交学院所施的特种训练，由受过法律及政治外交方面良好训练的教授来教导，其结果会比较满意。我谨以此意见贡献于中国的大学。关于这一问题，中国与其仿效美国，不如仿效欧洲大陆为宜。

国际公法有其法律的一面，同时，也有非严格属于法律的一面，如关于外交的惯例和实务。在法的方面，法学家正努力使其成为和民法同一意义的法律。如今国际组织产生、国际司法创立，以后或将一反其政治观点，而更趋向于从法律观点来谈国际公法。

教育部交给我的撮要没有提到犯罪学、刑事立法与刑事行政，但这些都是重要的科目，在研究法律教育的范围及目标时，不能不加以考虑。美国对于这几种科目，颇为忽视，一则由于美国法学院狭隘的职业性，已如上述；再则因为在大城市里执行法律实务的经济情形，有以致之。即刑事案件，往往送到阶层较低的律师手中去办理，这对于司法行政是最不幸的，中国应谨慎避免。在我所主张的统一法律教育的系统里，刑法和刑事立法、刑事行政当然也有它们的地位，这可在初步原理的法学书籍里、在法官及律师的训练中予以讲授。但法律教师、行政官员及立法者对于这些科目，除受法官、律师所受的一般训练之外，应进而做高深的研究，俾使法律教师在讲授时，遇到适当的场合，得将科学化的犯罪学与典狱学放进去。所有这些科目，在训练检察官时，亦需予以充分的讲述。

刑法的适用，较之任何其他的法律容易引起公众的注意。社会一般人士，往往即以他们所见所闻所读到的关于刑事案件的审判情形，来判断司法行政之良窳。因此，为使一般人尊敬及服从法律起见，必使刑法的适用能示威信于大众，这是极其重要的一件事。同时为社会安宁起见，应使其发挥可能的最大效力，这也是十分重要的。中国法律教育在这方面，不论对于普通的专科训练或特种事业的补充特别训练，必须有适当的措施。

立法学这门功课，在法学院里亦应予以加强。立法学的原则，即在最狭义的专科训练中，亦值得作为教材的一部分。立法学的原则，过去是放在法律哲学导论里教的，在中国法的初步原理或全部中国法律导论内，它们至少应在上述限度内占有一席之地。事实上这还不够，立法预备程序的机关、其组织与功用、起草的技术、修正与废止的技术及实效，可以合成一个学科，在普通课程表中，列为选修，研究生亦可选读。这不但对于立法者，即使对于法官、律师，亦同样有益，甚至对于普通文官，这一科目也是有价值的。

我要重复一遍，美国法学院一味造就法官和律师，从大处着眼和远处着想，我认为是不明智的。其结果是造成不幸的隔阂：一方面是法学家，他方面是行政官、社会科学教师、社会工作人员及犯罪学家、典狱学家。终于双方时多误会，不能合作，已如上述。更有甚者，这种情形使双方的发展均蒙受阻碍，不能达于至善的境地。假使社会科学有可以指教法学家的地方，法学家也有不少地方可以指教社会科学，其实我应当说其他社会科学，因为法律科学也是社会科学之一种。过去美国纯然的专科训练对于普通文官及外交人员固有甚大益处，但我相信假使从事这些专业的人也像律师、法官一样地受这种训练，将受益更多。中国的法律教育，正在重新改造和谋求统一，应抓住这个机会，使法律训练对于法律、政治和经济三方面，都发生最佳的效用。

美国法学院的训练，对于造就普通文官、外交人员甚至社会工作人员及立法者，偶然也很成功，其主要原因是训练的透彻。受过这种训练之后，已可知道如何控制在其所学以外的事物，所以纵在其他许多场合，都能表现出卓越的成绩。这种透彻的训练，虽限于较狭隘的园地，但其重要性实不容忽视。虽然如此，法学院的主要任务，究在训练法官、律师及培养法律师资，不应当为了在其他方面诸多尝试，而使其主要任务受到影响。

如何消除 19 世纪美国法律教育的狭隘目标，而使律师和法官得到更广泛的发展，这一问题，现在美国讨论得很热烈。有人仍在提出许多方案，也有人在主张做许多试验；或延长学年，以便扩充课程；或将社会科学输入规定的课程表中；或让法科学生到文学院或哲学学院去学习一部分课程；或定一个各学院间合作的计划。这一问题容俟下面研究是否应设置独立的法学院抑或以法学院作为大学之一部分时，再从中国的法律观点详为论述。

20 年前哈佛大学募到一笔额外巨款，用作添设法理学、比较法、犯罪学、刑事立法、刑事行政立法学及法制史等科目。我当时发表了一个计划，把我自己对于扩充法律教育的意见，充分地表达了出来。现正设法觅取一本，送呈司法行政部，以示在美国的法律教育情形下，发生了怎样的问题。我希望这个问题在中国较易应付，因为中国的法律教育，尚未因深长的历史发展而具有定形。

兹就下列各种法律学科予以讨论，这是经特别提出要我表示意见的。

（1）国际私法。此在英美法系称为法律冲突（Conflict of Laws），是一套国际性的法律学理。凡是具有发达的法律体系的国家，都接受为其法律之一部分。

既是各国法律之一部分，则其一切细节在适用于特定一国时，仍将受该国立法及判例的支配。在中世纪，意大利各城市的地方立法甚相悬殊，而当时各城市人民间的关系亦至繁复。为适应时需，意大利各大学根据罗马法里几种特殊的条文，把这些学理引申了出来。它的国际性至今还维持着。

接着便有中世纪后叶的注释家、十七八世纪的许多法学家、19 世纪的有才具的学理上的著述家〔其中以萨维尼（Savigny）及施笃理（Story）为最著〕予以发扬并系统化，从此法律冲突在欧洲成为首要的一门专科科目。在欧洲，个人间各种关系的密切繁复，往往超越其国界，加以各国的立法判例甚至学理上的写作至为分歧，因此常发生何种法律应予适用的问题。

在美国，法律冲突这一科目是煞费心计的。48 个州各有其立法机关，各有其判例，除了有关联邦宪法的问题外，不受任何方面的复核。现时美国最高法院主张，凡联邦法院以当事人州籍不同因而取得管辖权的事件，应依各州立法及各州判例来审判。如今地方立法愈益悬殊，各州判例日趋不同；又因国家经济统一稍具规模的工商业，其活动均不限于一州，大都市如纽约、芝加哥等，实际上伸展及于三州（虽然每州有其分立的市政府）；更因人民流动不居，所以对于某种法律关系交易行为及事实状态，应适用何种地方法律的问题，在各州时常不断地发生。在 19 世纪末期，美国各法学院还不很知道这门学科，现在却在课程表中占了主要的地位。

在面积庞大、政治统一、法律及司法行政业经统一的国家，这个问题便不像在美国及欧陆那样重要而复杂。欧洲的面积原甚广大，但经分裂成许多独立的统治权后，相互间发生各种繁复的关系，其立法及判决亦各不相同。至于中国则不然，姑置国际关系不论，惟一可能发生的法律冲突问题，只是民法规定应适用地方习惯而遇各地习惯不同时，应适用何处习惯，势不得不做一番选择。在罗马，因各省地方习惯法的不同，而产生了最初的法律冲突的学理，但那时的情形，只需要某些基本原则就够了。

欧陆惯用"国际私法"这个名词，在中国，看来是很相宜的。因为在中国，实际上仅限于国际关系始有这种问题发生而需解决，在国内并没有像美国那样的法律冲突情事，因此，无须有关于法律冲突的特殊的中国学理。

国际私法这一项目是不适宜于订成法条的，主要是因为各国立法的不同。若国际间解决冲突的办法发生了冲突，那就更为棘手了。本世纪在国际私法方面有很好的学理上的阐发与说明，所以最好是听其在这种形态下继续发展。至于其在中国法律教育计划中的地位，我以为应是整个中国法系中的一部分。在初步原理的课程中，即应为良好的基本的讲述，此外并应增设选修的或研究院的课程，不但为培养法律教师，同时也为训练法官和外交人员，因为他们的工作或职位，有时要考虑到国际间私人的关系、行为或状态。

(2) 商法。商法在现代罗马法系中是独立发展的。在欧洲大陆及以欧陆法律为蓝本的国家，都有分立的商法典、商事法院及商法学理上的文献，这原是大陆法系的特色。民法与商法的区别，往往是技术上的，从而产生的双重制度，也是很矫伪的。这个区别的起源，纯由于历史上的原因。盖在中世纪时，商人是游方的，他们自以为是一个独立阶级，受其自身习惯的约束。他们的商业活动，跨越封建政体的封界。所以在16世纪以前，即有万国海法及万国商法；而国家思想、领土主权及国家法律的观念，始渐发达起来。英国在十七十八世纪，君王法院(Kings Courts)始采用商人习惯，以受理商事案件。这些案件，原先是由设在对外贸易中心的地方法院所受理的，因此商法遂被吸收入普通法中。我在他处曾经说过，中国民法的设计者排除民商的区别，将商法并入民法，合为一体，犹之英美法院所为者。此一举措，殊足表示其见解之卓越。但这门法律在现代罗马法系中，已有重要的学理上的进展，不仅在一般初步原理课程中需要讲述其基本原则，说明其在整个法系中的地位，并须连同民法中关于商事的条文，为透彻的阐明。此外关于票据的及商业组织的立法，如合伙公司等，应在教授初步原理课程之后，分别续为充分的讲述，以为本科课程表之一部分。

最后，商法在许多方面既然仍保持着它的国际性，而英美法院自中世纪将商法吸收入普通法之后，又大量地利用大陆上的商法著述，同时商业上的制度及习俗，是超越国界而颇具国际性的。所以，为培养法律教师、训练领馆人员起见，不妨设比较商法一科，作为选修的或研究院的课程。学养优良的法律教师，会充分利用这一科目来讲述民法、票据法及公司法等。此外，这种科目可以产生各种论著，中国商事法规之积极发展，实利赖之。

(3) 法制史。法制通史的大纲及中国法的历史导论，在初步原理课程中，应有相当的地位，以表彰法典以前中国法律的特征，并以启示旧法对于现行法律的影响。现代中国法律还说不上有历史，因此即使对于法律教师，亦毋须详述其历史的沿革。美国的法律，从美洲殖民地时代法律制度已见昌明的时期起算，至今只有250年的历史。它的历史还待写作，在讲授的时候，我们惟有很谨慎地依靠经验。至于英国法制史，美国各法学院也从未认真教过，但研究美国法制史，势须进而及于英国法制史。总之，直到如今，我们还没有阐发普通法体系的历史，但这是应做的事。至于中国，实毋庸亟务于法制史。观乎上述美国情形，此说当非谬误。但现代罗马法的历史，却是一门很有用的研究院课程，对于法律教师而言，尤为重要。这门科目可以详述上古时代其内容和材料的发展、中世纪时这些内容和材料的被采纳、随后在现代罗马法中以及最后在现代法典中的被采纳。

最后，我再讲一些关于我屡次提到的初步原理课目，或一般导论的课目。这种课目，在美国法学院并不重视。这也有很显著的理由，一则因为全部英美法并不这么系统化，因此无由产生一部充实的现代的初步原理论著；同时英美法的讲授须着重于技术，故法律教育的内容方面势必会被疏忽。美国法律不能整个地展陈，而只能将各部门分别讲述，同时在本科的合理年限内，始终无法将所有重要的法律部门都教完，这是美国法律教育真正的瑕疵。结果许多学术上的基本问题，只能在从事法律实务时学到，纵使富有经验的律师和法官，有时也懂得很不彻底。中国的法律训练计划，假使能有适当的初步原理论著作为开端,是容易有成就的。想要在美国做到,这真是美国法律教育的一个难题。

我在初步报告中,已充分地指出什么叫适当的初步原理论著。我的意思不仅是把分析学派、历史学派及哲学派的法学绪论适用于中国法,好比本世纪初的德国式的"法律科学绪论",这或许仅是我心目中的书的序论中之一部分。我也并非指法学导论或法学大纲之类的书,这些书在美国多得很,可都没有什么成效。我所指的是像白拉鸟氏(Planio)所著民法要论(Elementary Manual of the Civil Law)一书。不过依法国法律教育的需要,这种书仅以民法为限。而我则愿意见到全部法律大体上都依白拉鸟氏的方法来撰述,如宪法、行政法、国际私法、刑法及民刑诉讼法等,在各部相互关联的中国法律体系的初步原理论著中,各占有一席之地。

四、关于改进充实中国法律教育的问题

关于这方面,向我提出了九个问题,依次论述于后。

(一)应否设置独立的法学院,抑或以之为大学之一部分,或两者并存

假使要定一个最后的政策,无疑地应当把法学院放在大学里,成为大学之一部分,而不设与大学分离的独立的法学院。欧陆诸国、苏格兰、近代美国及大体上近代英国等处的经验,都朝着这个方向发展。

律师业务是一种学识渊博的职业,最好在求学时代能使他们受学术氛围的熏陶,毋使短视于职业上的利益;同时须使法学教授成为大学学院中之一员,生活工作于鸿儒群中,而获切磋琢磨之益。最高法院法官荷姆氏(Holmes)说,法学院应当以高明的方式来教授法律。这在浓厚的学术氛围中,才有此可能。经常和具有不同学术上兴趣的同事们接触,可以增广学识而利讲学。所有职业学校,都有视职业教育为纯粹职业性的趋势,这在独立的法学院,或亦难免。但若以法学院为大学之一部分,使法学教授与其他学院的教授发生日常的密切关系,这种纯粹职业性的趋势便可被阻止。

法学院应为大学的一个学院,我的意思是,它应真正成为大学里的一个学院,和文理学院(或哲学学院)及医学院并驾齐驱。它不依附其他学院,亦不应被视为文学院或文理学院的附属品,这两个学院,自以为并被认为是真正的大学。同时也不应与文理学院疏远,否则法学院为大学之一部分的优点,将丧失殆尽。而文理学院因为有了这样一个法学院,固可自誉为一个大学,但这并不是真正的大学,仍然是两个分立的学院,其间不发生上述有利的接触,并无由改变狭隘的态度,这在纯粹职业性的氛围中是必然会发生的。

在中国,目前由于特殊的地方情形,一时或许还需要设置或维持若干独立的法学院,但在政策上,仍应鼓励以法学院置于已成立的大学中,使它们成为大学里真正的学院,而不仅是名义上的联系。这种独立的法学院,或可作为权宜之计,等大学发展了,再把它们并进去。

我们应当坚持,凡是学习法律的,都要养成一种情怀:不以律师业务为纯然赚钱的行业。纵然它也是维持生计的方法,但仍是一种学术性的技艺,操此业者,应具有为公众服务的精神。因此,法学院应当不只是个传授赢利技艺的学校。根据美国的经验,独立的法学院常易发生这种流弊。在19世纪,独立的法学院及律师业务所中训练律师的办法很盛行,其影响所及,不仅败坏了传统的职业精神,并造成法律与社会科学间的隔阂。律师公会和法律教授们已发奋了二三十年,以图力矫此弊。

启发律师们理解真正的职业精神,是件十分重要的事。欲达到这一目的,我认为,法律教育应当由真正大学里的法学院去办,这是毋庸置疑的。

(二)学生名额多少的问题

依欧陆制度,学生在完成其准备学科之后,即升入大学,选择其所欲研读的学院。英国的大学分为许多学院,并施行导师制,这种旧式英国大学的特色,已不合于法律的讲授。英国的大学中,现

正在发展法学院,这点颇有意义。美国的大学,至少在法学院方面是仿效大陆的。但在第一次世界大战之后,争相改仿英国,限制学生名额的办法亦逐渐通行,一部分理由是因为讲堂及实习室的空间有限。该制度牵涉若干假想,这应从时、地、人、各方面来说明。

这些假想是:(1)只限于有习法才具者,始准入法学院,是否有此种才具,可以某种方法测验之。(2)在大的班级中,杰出的学生,将受多数中材的掣肘。(3)导师制是以少数学生(或者五个)为一集团而训练的,这是最理想的制度。导师的数额既是有限,学生的名额也当然要有定额。(4)从事这种专业的人数应予限制,以免过于拥挤。

这些假想的全部或一部分,对于大学录取学生而言,究有几分准确性,我并不自以为知道。但我做了20年的哈佛大学法学院院长,对于这些假想可否适用于法律教育,曾彻底研究过。我今天可以毫不犹豫地表示我的主张。

所谓某人有"法学才具",并可以某种方法来测验,这是荒诞之说。读法者的业务是多方面的,他也许是个审判官;或是个法律顾问,专门贡献法律上的意见;或因执行其法律上事务而指导某种企业;或在上诉法院专事辩论法律问题;此外他也许专办各种法律文件、产业移转及撰拟文件;或专办商事调解;或办理很疑难的税捐事件。在任何场合,他固然多少需要些特种才具,但说他们有一共同的"法学才具",却并无其事。学习法律的人所应具有的不过是智慧勤劳、正确的习惯和优良的训练而已。依我的经验,在一个良好的学校毕业,取得优良的成绩,这才是对于一个法律学校可能期望于学生的较为准确的目标。

我教了47年的法律,所得到的经验,使我不能接受第二个假想。我教过的班级,大至250人,小至25人,不论班级大小,成绩优劣的比例总是差不多的。小的班级中并非都是些超人。假使教师知道怎样把握大的班级,则许多学生想到而提出的问题亦多,其可提供考虑及作为论据的论辩亦繁,这有引人入胜的刺激作用。25人的班级绝不会像250人的班级那样踊跃地对教师听讲的提问。此外多数中庸之材,绝不致阻碍杰出的学生,在大的班级中,常多杰出的学生,一班里有了很多的好学生,彼此可互收切磋琢磨之益。至于对于程度较差的学生,固然须多花些时间,但就程度好的学生而言,并非一种损失。在班上和程度良好的学生讨论时,不妨用深入浅出的方法,使程度较差的学生亦能了解,结果双方都可受益。

导师制需要大量的导师,而学生名额有限,殊属浪费。且导师具有杰出的法学教授的学养才能及力量者,至难觅致。像魏立斯登(Samuel Williston)那样的学者大师,使其教一个大的班级,实较10个导师教导10个小的班级为更有价值,对于学生的教益亦将更多。

在美国,所谓专业人员拥挤,并非指出身于教学严格的头等法学院的学生,而是指来自程度较低的法学院的学生。这些法学院的学生,程度既差,所受的训练亦劣,许多不能立身求进,混迹于职业较低阶层。须知像哈佛大学法学院的那些毕业生,并非都是永久执行律师业务的,一部分在工商界担任董事、经理职位,一部分入银行及金融界服务,一部分入政界,又一部分从事文艺写作而有显著的成就。一个良好的法学院的训练,不仅对于执行律师业务,即使对于许多其他事业,亦同样地有用。

中国现在需要足量的经过良好训练的法学家,以充实司法界、学校及行政外交机关。除了应有良好的预备教育,即毕业于一个良好的学校且成绩优良之外,我觉得对于习法的学生,没有加以其他限制的必要。

(三)学习法律的年限

该问题牵涉法学院入学的条件,留待下面详论。有关专科课程表的范围与内容,以及专科训练所需要的时间,在上面已经讲过。

我以为最应考虑的有下列两端:(1)法律是一种深邃的专门学问,并非只是敛财妙计,所以律师应有良好的教育,俾与其职业相称。惟有如此,司法行政方能有最完美的结果。(2)开始执行法律实务,应在 25 岁以下,此后大致还需 10 年工夫,才能得到充分完善的发展,而在法律的广大活动范围中,才能确立一个有保障的永久地位。假使以圣经所定人的寿命以 70 岁为准,那么他在 25 岁开始,到了半生就取得了他职业上的地位和可能最高的效用。从 25 岁到 35 岁,是人一生体魄最强盛的时期,因此可以用他全部精力来争取他的地位。罗马时代 25 岁是被认为完全成熟的年龄,他很可以为他日后的事业做准备,假使更予充实的训练,必能老练地有把握地完成他的一番事业。

假使法律学生已经受过良好的预备教育,确能使其成为一个知识成熟的饱学之士,则在法学院受 3 年严格的专门教育,即已足够,这是一向被视为标准的年限。美国一部分人,常想把法律教育的年限加长,这是出于二种原因:第一,一般人觉得在前世纪末叶及本世纪初期,美国法学家所受的训练不够圆通(编者注:意即于事理无不通达,且能灵活运用)。第二,英美法的训练,在技术方面需要很多时间,因此主张要把前所未有或教得不够的新科目及新法律部门,编入课程表内。所以,一方面是外界的压力,主要来自其他学院,欲把原属于一般预备教育的东西加入法学院,使一个法学家具有当今的学识渊博者所应有的知识。他方面是内部的压力,来自法学院本身。他们要增添新学科而苦无余隙,所以想把原属于严格专科训练的一部分学科,推到其他学院去,以便为新的科目留余地;否则,即须延长法律教育的年限。

我看中国不见得有这些问题,即使有之,亦未见尖锐。美国法律教育最受批评的问题,正是中国大学教育的主要内容,这似乎尚未见有被忽视之虞。否则,或可规定在入法学院之前需受全部大学教育。同时在现行中国法典之下,不致像美国的法律教育那样,需要着重评断法院判决的技术。因此,中国法律体系的全部充分说明,只要学生具有良好的大学教育,在 3 年之内未见得不能教完。

总之,欲从事法律实务方面工作者,不能迟于 25 岁,或中国算法的相当年龄。

最理想的目标,一个学生在 22 岁的时候,受完全部的大学教育,然后再入法学院受 3 年的专科训练。

关于这一个建议,日后我将另拟一个特种报告来评估 1945 年教育部公布的法律学系课程表。

为培养法律教师及从事于某种专业的人员,可增设研究院,年限可以较短,并不必在本科卒业后,立时继续。至于许多其他的专业人员,读了一般基本科目之后,继以选修科目,亦已足够了。

(四)关于入学条件

下列两点考虑至关重要:(1)学生必须相当成熟,俾使法律讲述,能取得良好效果。(2)学生是在学习一种渊博的专科,故应将其专科的研究,建筑于良好圆通的普通教育之上。

过去的经验说明,学习法律需要相当的成熟。依照我们美国的教育制度,中学毕业生,尚未见成熟。现在各处规定至少需要两年的大学教育,这还未可保证其是否足以养成苦思及细析的能力,以应付法律功课。总之,我们认定这是最低的限度。

上述第二点考虑,尚需加以引申。法学家须受良好的教育,其学识不应仅限于法律,其理由在初步报告及上述各节中,已予说明。第一,前举理由中曾说过,律师业务系一种职业,而非经商,这一点与整个司法行政有着很深切的关系。第二,从律师中选拔的法官,绝对必须受过圆通的训练。因为法官对于所受理的争端中的人际关系,必须能有贤明的见解;关于法条的运用,能悟解其中的理想;不仅应知维持正义的重要,更须使大众共睹确已做到正义的维持。第三,法学家必然要对很多立法的工作贡献意见或起草法案,其事项不以法律自身为限,且及于其他许多方面。至于改进法律,尤其是他们的特殊使命。如其为法官或教师,则须从事法律的发展和适用,而法律的生命,亦即在其适用之中。所以法学家应受广博的普通教育,俾使对于各种问题,能从许多方面观察,而不限于纯粹职业上的见解。第四,纯粹职业的训练,容易促成各种事业或行业间的猜忌、误会与狐疑,这是社会秩序受到严重困扰的根源。人类大都习于一种特殊的行业,并据此观点以判断事物。假定这种行业纯粹从狭隘的本行立场来训练,则每人将根据其自身的打算,来估量他人,而不能领略其他方面的问题和理想。此在各种行业均无例外。教育对于这些猜忌、误会和狐疑,具有绝大的融化功能，教育愈是圆通，融化的功能愈大。诚然，我们不能苛求从事每一种行业的人，都受过完善的普通教育，但于充任法官职务而以维持人间正义为职责者，实非苛求，所以必须超越一般其他职业的水准。我们主张整个司法界及律师界，须经过一番良好的教育，不仅以具备执行实务的纯粹本行方面条件为已足，这是十分重要的事。且司法界及律师界中人所受普通教育的程度，不宜悬殊。若一部分在上者受过广博的普通教育，在下者只受过狭隘的本行教育，大部分在中层者虽不致有狭隘的本行见解，但其普通教育恐未必能达到相当的标准，而使其对于社会不能体现出应有的价值；此种程度之等差，实为维持正义的障碍。

前人对于人类才识的看法，认为每个人生来是适合于每一种工作及职业的。随后又流行着一种错误的民主观念，将各种职业放在同一基础之上，以为这都是个人生财的方法。以致美国在立国初期，忽略了各种职业必要的普通教育，其所产生的后果，我们正在沉痛地纠正着。现在两年的大学教育，是公认的必要的最低限度。目前各州，以大学毕业为入学资格的规定，已日益严格，一般觉得这是应当企求的目标。

我们应积极主张广博的普通教育。若在法律预科课程之后，即将原本属于严格的专科训练的学科降列于大学，殊属错误。美国所以有人主张这种办法，其原因已如上述，即一方面，因为19世纪法学家所受训练范围的狭隘，以致法律界漠视社会立法，漠视新兴的社会科学；他方面，因为要把新的科目勉强编入已很繁重的法学院的课程，不得不把其他科目排挤出去。

假使要设法律预科的话，仍应谨慎计划，使纯粹职业性的看法与态度能够去除而不致加强。在中国，法律预科的课程似无设置之必要。

我们应当切记，在任何法律预科学习法律者，对于文字的训练，应特加注意，对于应用语文，须力求其通达。他或要起草法案，撰拟法律政治制度的修正及改进方案；或草拟条约公约；充任法律教师，或要有所著述；从事实务，需要草拟各种文件，如契约、运输契约、遗嘱、信托协议、和解文约、合伙公司及其他商业栈内的文件。若能做得完美，对于社会的价值，不言自明。许多不必要的浪费的诉讼，多由于文件措辞的含糊。此外，律师须能在法院中费极短的时间而为极有力的辩论。所有上述诸端，均非语文通达不为功。而欲求语文通达，惟有受健全的语文训练。

此外，司法人员以维持民族正义为职责，理应了解该民族的文化及其性格与理想，这些最好能求之于它的文学。古希腊罗马的文学，流传到西欧及美洲已成为它们文化的主要成分。在中国则不然，中国有其自身的经书子集，纵无决定中国文化的功效，至少已经渗透于中国的文化。圆通的中国教育，决不能疏忽中国的经书子集。

最后一点，学习法律的人，必须懂得有层次的思索与理解，又须知道怎样细密分析，明辨类别和正确演绎。我做了多少年法学教授所得的经验，觉得在大学里数学成绩优良的学生，学习法律特别成功，这颇耐人寻味。

以上所述，其目的在于说明，激发法学家所应习的专门科目的热诚时，不应忽略一个重要前提，即学生在入法学院前，必须已受过良好圆通的大学教育。

(五) 关于每一科目应需若干小时

我在六个美国法学院教过书，也在剑桥大学教过一个学期，兹就我的经验以及我在欧陆对于法律教育观察之所得来讨论本问题。写这一节，是根据我上述的设想和目标，而不是根据1945年教育部公布的课程表。这个课程表，似乎是为过去拟的，那时中国的法律尚未形成，或仅部分形成而未统一，其重心在于欧美法律及法律制度的介绍，而不在于中国法典解释适用的启发。我在写这一节的时候，这一时期已成过去。中国法律教育是以中国法律为内容的教育，虽然我采取的立场是世界的、历史的、有系统的，但却是实际的。我在上面已经提到，关于现行课程表之得失，将另草报告详陈之。

在这里，美国法学院的经验，不能作为唯一的指南针。因为美国的教育是采取例案方法的、并着重于解决法律适用问题的英美式的技术,英美适用法律是根据判例,而不是根据法典及法律条文。但是我根据美国经验所得到的若干结论,加以在他处所观察到的,我自觉有相当的把握,提出来做一贡献。

关于初步原理科目,我觉得每日一小时每周六小时,定为两个学期,实属必需。如此方可将整个体系透彻说明,其原则与适用原则的技术,方能明释引解。民法、刑法及民刑诉讼法等,我认为每天一小时每周六小时亦属必需,俾有充分之时间细加阐述、详为批评。其中民法的分量较重,只能分为数部讲述。至于其他科目及选修的科目,有几种可定为每周三小时,在一学期或两学期授毕,其他可定为每周二小时,在一学期授毕。这些比较高深的科目,我深信隔日授课,实较每日连续为宜。隔日的办法,使在两次讲授之间有温习功课的机会,或加以思索,提出问题而解决之,纵不解决,亦可保留于下次在班上提出讨论。以我的经验,这是很有益的。美国法学院过去便是如此。数年前改为每日连续授课,或在周初,或在周末,这从有效讲学的立场来说,并未胜过隔日制,这是出于教授的意思。盖于周初或周末完课之后,其余时间,可在美国法学会工作,或从事其他类似活动。就教授而言,这无疑是很有利的,但从讲学的最佳效果而言,不若采隔日制为宜。

以上所述,仍必以标准课程表之式样及细目为依归,容他日另拟报告。

(六) 例案方法

这种教导方法,是根据英美法的形式而设的。在英、美,法规既非用立法方法制定(比较很小一部分的法律是采取这种形式的),裁判的根据及方针,须从英、美较高级法院已宣示的判决里去找。英美法中的根本技术是用法律的理解能力,从判决里去找寻法律。因此,为训练学生善于运用起见,美国的法律教育,不得不依此目标而定其形式,而例案方法确实极为成功。学生并非学习他人从已判事件中推演出来的原则及其类推适用,他是学习怎样由他自己去发现这些原则及其适用。再则,英、美的法规,很快地会经法院的判决予以注释及适用,从注释中攫取裁判或法律上意见的根据。例案方法,很合于这种技术的教授。此外,这种教导方法还有一种好处,它能启发学生的分析能力,并使其能根据原则及观念,而为正确的演绎与选择类推理论的起点。

在另一方面,例案方法亦有其特殊境遇及目标的限制。它假定吾人手边没有法典或其他法令所给予的现成原则,而须用分析方法,从复杂而无系统的一堆各级法院判决中去寻找,因此所花的时间势必冗长,教师很少能在合理的时限内,把全部功课讲完。因为:(1) 这种方法原为教授英美法的技术而设。(2) 每门功课的讲述,须慢慢进行,往往不能在规定年限将全部法律讲完,或在规定期限将每门功课分别讲完。这二点考虑,可以说明对于依欧陆方式编纂为法典的法律,例案方法不能用为惟一的甚至主要的教导方法。有了法典之后,原则大抵是现成的了,所要教的不是原则之发现,而系原则之适用。固然法典的条文需要解释来阐发其所确立或设想的原则的意义,但用解释条文的方法来确定一个原则,与用分析判决的方法来发现一个原则,究属两事。

虽然如此,例案方法亦有其世界性的一面。大陆法学家亦曾注意及此,加以研究。在法典制度下,以分析及类推方法,将条文适用于具体事件是法学家的重要工具,但其对于法律上理解力之启发,究不能与例案方法相比。据说中国亦曾采用例案方法而有良好的成绩,所成问题的,倒是不易获致适当的"例案汇编",以为中国讲学之用。具有世界性的科目,如国际公法及国际私法等,现行美国例案汇编,可以译成中文,如学生通解英文,可直接应用,会有良好效果。其他科目如契约法、刑法总则、票据法及公司法等,纵然各国法律对于细目规定有所不同,但实际上所发生的问题,大致是世界性的,亦可利用例案汇编,不仅可表达法典或法规的适用情形,且可与英美法作一比较,以明法典的立法理由。

但为训练法律上理解力所花的时间,必须有个限度。最好的办法,或可把例案方法用之于某几种科目的实习。在欧陆各国教授法律,往往以实习补讲演之不足。同时例案方法可用以讲述若干科目,如国际私法。关于这些科目我们手边已有良好的美国例案汇编,并有相当的国际性。对于这些科目及民法中若干部分及刑法总则，如能编印良好的中国例案汇编，例案方法亦是可用的。美国例案汇编中所载案例的事实部分，大致可以首先利用，其中可以找到适用于中国的事实状态；至于法官的论断，亦可供作班上讨论的绝好资料。编纂良好的例案汇编，需要丰富的经验：对于特种事实状态中可能引起研讨之点需要正确的判断力；对于冗长的案件报告，加以鉴别，以去其不必要者，需要精细的鉴别力，所以要发展良好的中国例案汇编，实在需要一较长的时间。我相信目前可以设法将少数标准美国例案汇编，撮要译成中文，使其适合于中国的用度，其结果在某几种科目，必能令人满意。

（七）法学研究院

设置法学研究院的重要，其范围、目标及其与本科之关系等，上面已经述及，都是没有疑义的。但是应否设立独立的法学研究院，或在法学学院内设一分立的研究部。何者为宜，颇成疑问。在一个良好的法学院里，本科和研究部的课程，应合成一个整体。天赋独厚的学生，可准其选修研究科目以适合其特殊需要。又本科和研究部是相互为益的，教授在研究部讲学后，对于本科学生讲学时，必有进步；同时其在本科教授所得的经验，可以指示其在研究部教授时，决定教些什么，如何教法。这至少是我在哈佛法学院的本科及研究部教了十几年书的经验。譬如教过了英美法的科目，可以知道对于美国法律教师讲述比较法时，应教些什么；同时教了比较法后，讲述英美法，愈有良好的成绩。已故毕尔（Beale）教授系国际私法大师，他给三年级学生教这门科目，同时对同校研究生教授国际私法，成绩均佳。许多美国法学院的法学教授，及美国与世界各地的法学院毕业生，都到他那边去学习。毕尔教授并无分身之术，如其仅限于教授本科或研究部，则两方面都要蒙受损失。纵使法律教授仅教本科或研究部，则在同一校舍内，他们易与法学院其他同仁发生接触，这对于其自身之学养及讲学，都有益处。教授们每日相互在图书馆或教授休息室内，作非正式的商谈和讨论，对于讲学及学识之增进，均有极大裨益，年轻的同仁往往都来征求他们的见解。法律是一个整体，如若把它分裂，在分设的学院里讲述分立的科目，或分设教育等级，实是浪费。不但上述的接触无由发生，且教授的兴趣亦趋于狭隘。同时校舍图书馆及教授配备势必重复，如研究院教授不知本科教授讲过或漏讲些什么，难免重复讲述之弊。

设置独立学院的惟一理由，据我所见，是因为妒忌研究部的工作把应当用于法学院初步目标的财力及人力分散了。有时，我知道有人觉得，研究院的功课似乎是法学院真实工作的附属品，但这种观感，在美国法学院里已经改变。这种观感的发生，有其历史上的原因，大致由于原先律师事务所中的老式学校招收大量学徒，而教学成为律师的主要工作。中国的法律教育，并没有摆脱学徒原始观念的需要。因此，我希望中国法律教育的态度，自始就该不同。

设置独立的法学研究院，另盖校舍及图书馆，并另聘教授，将发生许多重复，实属得不偿失。

（八）法学教授的地位

在现代中国法律的草创时期，法律教师及法官应有首要的地位，这是毋须多说的。此尤于法律教师为然。因为他们以训诲日后的法官和律师为职责，此辈法官、律师以及日后的法学教授，将真正是创造法律及使法律达成其目标的人物。边沁（Bentham）说过，法律是由法官及其伙伴创造的。其意盖谓律师在法院的辩论，及法院因其辩论而为的判决，造成过去英国的法律。采用法典制的国家（即在英美法制亦非边沁预料所及），学理上的写作及法学教授的著述，对于法律之形成，影响尤大。在罗马，法律大学士同时是教师、著述家及顾问。中世纪时，法院所适用的法律，是由大学法学教授所给予的。法学教授在法律政治团体中的这种传统地位，随后流传到现代罗马法的世界。在大陆国家，大学法学教授的地位，较法官更为崇高。假使一查欧陆各国的名人录，可以找到主要法学教授的名字，而很少见有法官的名字。此种现象，殊属不当。盖法官创设法律、执行法律，其地位也应当是十分尊严的。但欧陆法学教授的尊严、独立及其固定的地位，使法律教育能得到才能训练及学识俱臻上乘的教授，此于法律积极发展，实属必需。

在英国,法官行使君王司直(编者注:司直即裁判官)的职权(在理论上,君王法院系在英王殿前开审),具有压倒的无上尊严,致使法学教授屈居下位。中世纪时,律师会社的教师是会社的领导者及治理者,他们的教授职务,至为显著。律师会社既经衰落,法律教育于16世纪之后,即由大律师肩负,招收学徒,在其事务所教读。直至白里希东氏(Blackstone)在大学中给予法律教育一个新的地位之后,法学家工作的重要性始重被认定。在本世纪,各大学愈益重视法律教育,法学教授以其工作重要,其地位亦日益崇高。

美国系接受英国的法律及律师事务所教读的制度,所以法官崇高的地位,过去也长使法学教授的地位无由进展。但初时的大法官如魏思(Wythe)、康德(Kent)、施笃理(Story)及以后的柯立(Cole)诸氏,同时也是杰出的法律教师。法官于退休后执教于法学院,成为常事。有几所法学院,居然能吸收第一流的法学家,如葛林里夫(Greenleaf)、卜生(Parsons)、华煦本(Washburn)、麦诺(Minor)、田卫第(Dwight)、卜墨味(Pomevy)、麦格林(MacLain)诸氏,并都给予法学教授以应有的尊严。1870年后,专任法学教授的制度产生,法学院在训练法律人才方面,也逐渐处于优越的地位。结果使法学教授与最高法院的法官,在同业人士及社会一般人士心目中,居于相等地位。法学教授现已享有其应有之尊严、独立及永固的职位。在许多州省,其薪给与法官相等,退休后受到优厚的养老金。近几年来,联邦法官及各州法官的薪给大增,因此有名的法学教授,多有脱离教职而被吸引到法院去的。目前正在全盘调整薪给的时候,必须将美国法学院的薪给表重加调整,犹之在二三十年前之须将薪给增高一样,使法学院得从最近的成绩优异的毕业生中,求得师资。大城市中的律师事务所,亦争相招聘成绩最优的毕业生,非将薪给增高,不足与之竞争。总之,美国法学教授的地位,业已确立固定。

目前中国的主要课题是统一法律,并使其法典在尽可能的范围内,成为维护正义的最佳工具。因此,便需要训练及造就最好的法学教授和法官。教授和法官的职位必须稳固,并须设法诱致法律界中最有才能的人才。自今而后,用于研究外国法典及外国法律制度,以期在纸面上具有最新立法及最优法律制度的心力、财力,最好改用于扶掖法学院及法院,使其能充分发达,以造成统一的中国法律。

(九)法律图书馆

法律自来有须经教师讲述的一种传统,而这一传统的最大库藏是法律图书馆。法学院若无充实的法律图书馆,不免有所残缺。好久以前,美国法学院协会决定,最低限度的法律图书馆,为法学院被承认立案的要件。现在应有书籍量质的最低限度且已增加。教授与学生均须随手有参考书,以便参考查阅;在学生方面须同时自修阅读,惟其如此,才能获得教读的完满结果。在中国未有完满法律文献之前,法律图书馆不仅应包含现有的中国法律书籍,至少尚需具有上选的现代罗马法的基本论著,和对于中国法典曾有贡献的主要大陆国家的学理上的著述。法学院有了这最低限度的基础,慢慢自可建立一座宏伟的图书馆。

如有需要,我很愿意为中国法学院拟一最低限度的及一较长的书单,包括国际公法、国际私法、英美法初步原理的古籍、比较法及法理学。但在开始的时候,具有现代法典国家的学理上著述,实为阐发中国法典所必需,亦为写作充实的中国学理上论著所必参考,自应首先备置。

近代司法的问题[*]

一、系统的法(Law)与个别的法(Laws)——裁判过程(the judicial process)与法律秩序(the legal order)

今日的中国,在与西方文物制度之演进隔绝数百年后,大家都热烈地期望"现代化",——即有西方高度发展的政治法律制度。但关于"现代化"这个名词,我不得不于开始时提出一个警告。在西方政治法律制度中有很多的成分是离"现代化"很远的。其中有许多东西,在今日正在试验中,且已经证明并非持久可靠的。盖今日所认为合时的,明日即将落伍。这种危险是不可不注意的。

所谓"现代化",不一定指人类才智所最近发明或想到的政治法律制度而言。理智不是万能的,必待适用及考验后,始能证实它是否行得通,如司法裁判那样的实际工作尤其如此。现代化就是适合当代"时"与"地"的要件的意思,和为他时代所设计、而与所接触的生活脱节的那些设施正相反对。所以我们对于司法制度以及一般法律制度的目的必须从这种观点来加以研究。

法律(Law)一名词在西文中含有好多种意思。其中有一种指法律秩序而言,即借政治组织社会强制力的系统的规律的运用,使人与人间的关系调整、行为正常的一种制度。

政治组织的社会,在西方自16世纪起即成为社会管制的极重要机构。社会管制的机构普遍有三:(1)道德;(2)宗教;(3)法律。如果我们把法律当作法律秩序来看,我们可以说它已经成为维持及推进文明生活最直接而实际的工具。但法律一名词另有第二种意义,照此意义它也可解为解决争议之权威的根据或指导,其作用在调整人与人间的关系及使人类的行为正常。法律的第三种意义是裁判过程,即借着上面这种权威的根据或指导而评定争端,解决纠纷,以维持所谓法律秩序的一种程序。依照这种解释,我们在这里所要注意者乃裁判的过程。但我们须要记取:我们在这里是把法律看作法律秩序中的一种过程,即一种依据裁判的权威的根据或指导、技术、理想而发生的程序。

曾有人称上述第二种意义的法律为个别法的集体或总称,但实际上这种定义还不能包罗无遗。因第二种意义的法律可以给个别的法律一种生命力而使它们在裁判上生效,能凭借着它的原理,即法律理论的权威出发点,而适应现代进步的社会里不断发生的问题。因为有了这种意义的法律,我们可以不必有法律幼稚时代那许多详细的规范,我们的法律不至于因数量过多而不能研究、学习及了解。这种意义的法律在古代罗马时代即开始有高度的发展而为近代社会秩序奠定了基础。

幼稚的法律制度往往仅有一套规条(rules),即对于某种特定的详细的事实附以特定的详细的法律效果的规定。但成熟的法律制度却有法律规范(precepts),包括规条、原则(pr.nciples)、观念(conceptions)、标准(standards),并且另外还有一种解释、适用及发展这些法律规范的权威技术。

---

* 庞德(Roscoe Pound,1870—1964)系当代国际著名法学权威。自1916年起任美国哈佛大学法学院院长长达二十年之久。杨兆龙教授于1934—1935年留学哈佛攻读法学博士期间,曾受教于庞德教授,并在庞德亲自主持下,顺利地通过了法学博士论文的答辩考试。1946年夏,经杨兆龙教授建议,庞德教授应聘出任南京国民政府司法行政部顾问。《近代司法的问题》就是他于1947年11月在全国司法行政检讨会议上所作的专题报告。由杨兆龙任翻译。

这种技术的权威性与重要性，并不亚于规条。第二种意义的法律到了这个阶段便成为一套有组织的，经理智培养过的经验及由经验考练过的理智。由于这种理智与经验之结合，乃产生了法律的学理，即关于法律规范之解释与适用，法律原则之选择适用的一套教训。

在今日法律科学中用以创造、解释、适用法律的方法计有二种。其一为关于利益的理论（theory of interests），即关于如何将人类在社会生活中所欲满足、而为法律秩序所必需顾及之欲望及要求确定分类的理论。其二为关于某一时代与地方的权义假定的理论（theory of jural postulates），即某种特定时代及地方的文明生活所假定、而为法律秩序所必需维护并促进的条件。上述第一种理论的作用在立法者方面较易看出，第二种理论的作用在法官方面较易看出，惟在法学家及法学教授方面则二者均属切要。现在让我们找找看究竟有哪几种文明社会中生活所假定的条件是法官们在裁判时所企图遵循、而凭借着法律规范的力量使它们发生效力的。

第一种假定条件是：在文明社会中人们必须能够相信得过他人，不对他们有故意侵犯的行动。在野蛮社会中人们必须武装外出，小心掩避，接近生客时必须谨慎戒备。在这种社会里自无分工之可言。当人类的精力完全用之于防御敌人时，绝无充分的时间做研究、调查及实验的工作，借以战胜和控制自然，以供人群的利用。所以这一种假定条件的承认和发展实为文明社会建立的基础。

在现代法中，这一种假定条件还包含一个原则，即凡人之行为在表面上对于他人有损时，其行为者，除非能证明其行为系为公共或社会利益而未超出其必要范围外，应负赔偿之责。

法律史告诉我们，人类最初对于各种侵害的行为曾以许多详细法律分别予以规定。直至罗马共和时代才开始有一般性的抽象法律原则，从此人们才发现并提出上述第一种假定条件。至 19 世纪，我们又将这种假定条件所包含的原则发挥出来。由于这些原则的存在，法院可以无须有详细的立法而能解决许多案件。其业经详细规定的原则可加以解释，适用于类似的事实，以获得类似的法律效果。故 30 年前的法律所不能保护的经济有利关系，在今日如有人加以侵犯，法律已能予以纠正。

第二种假定条件是：在文明社会里，人们必须能够相信得过他人之行为不至无理由地加害于他们；凡无理加害于他人者，必须负损害赔偿之责任。以今日机械设备运用之广，其因运用此类机械设备而加害于他人之可能性日益增加。法律对于人们不能不定一种注意的标准，使大家对于一般的安全及个人生命不至无理地加以危害。

第三种假定条件，直至近百年来始被大家坦率地承认。那便是：在文明社会中，人们必须能够相信得过，凡保持一种依照经验足以逃走或不能控制或足以加害于人的东西或从事一种依照经验足以发生危险的活动者，必须于适当范围内予以管制；如有超过此种范围者，即负损害赔偿之责。依照旧例，如豢养之野兽或恶性家畜，因未加管制而出而害人，其主人无论有无过失，均负赔偿之责。依照新例，水池之破坏、炸药之燃放或电线之装置，无论有无过失，均足以引起赔偿之责任。昔时之自然法基于道德观念，将责任视为过失之结果，例如 1804 年之法国民法及 19 世纪之法学理论，均以此为绝对原则。但在今日，则为适应一般安全之需要，大家不得不承认一种无过失的责任。根据同样原则，英美法亦承认本人对于雇佣人及代理人在任务范围内之过失须负责任。

在今日工业社会中，又产生了第四种假定条件：凡经营事业者，遇其受雇人之健康、生命或肢体因执行职务而受损时，应负损害赔偿责任。工人补偿的制度即其最著之例。这是复杂的经济的工业社会中新承认的假定条件。这一种假定条件在 19 世纪的末叶被承认而订入法律，到了 20 世纪在立法、司法及法律理论方面更不断进展而发挥极大的效力。

第五种假定条件是：在文明社会里人们必须相信得过凡与他们日常交往的人都能本诸善意而行动，因此：(1) 能满足其行为或诺言对他人所引起的合理期望；(2) 能依当时当地的道德标准处理事务；(3) 能将因暴力、诈欺、错误、预期事项之失败或其他不可预料情形而取得之财物或利益原璧归还，或以其他方法填补其损失。上述关于善意行动的假定乃近代契约法之基础。其中所包含的第一及第二点乃关于法律行为的法律,尤其商事法的基础;第三点乃关于不当得利之一般理论的基础,溯源于罗马法中关于不当得利的格言。

第六种假定条件是:在文明社会中人们必须相信得过他们能为着有利的目的控制其所发明的、或据有的、或凭其劳力所创造的、或依当时经济社会制度所承认的程序合法获得的东西。这一种假定条件自古即被人承认,但在今日却成为争议之点了。法律往往不承认所有权而承认占有的控制权。现代对于所有者的使用、享受、及处分之自由所加之限制,已使所有者的控制权仅及于有益的事项。这一种假定条件的困难之点乃是:在这个高度工业化的时代,只有极少的东西是任何一个人劳力的产物,一般东西都是许多人合作的产物,这许多人分别对于机器、工具、设备、劳力、设计、材料、工厂的建筑布置及商业经验等有所贡献。其贡献劳力者可不论事业之成败,获得固定的工资,故无风险之可言。但是合乎上述假定条件的东西在今日并非没有,此在农业社会里尤其容易看到,至于文学的作品、商业及制造秘密等亦其著例。

自罗马法的古典时期至 19 世纪末叶还有一个假定条件,即人们可以相信得过,在文明社会里死者的财产当依顺序由血统最近者继承。在 20 世纪已另有一种思想产生,即死者之财产应由负抚养义务者接受。

用客观的、权威的、不偏颇、不疏忽及不腐败的程序确定系争事实,然后用客观的权威的程序适用法律,并将法律加以发挥,使适合特定时代及地方的权义假定,这就是今日宪政法治国家裁判过程的使命。

二、法官的任务

法律史上有二种趋势互为消长。一种是依环境的需要自由适用法律,另一种是以机械的呆板的方式适用法律。前者宜于行为问题所引起的案件,后者宜于财产问题所引起的案件。

19 世纪间法学界,对于十七十八世纪之极端伦理性的自然法起了一种反响,于是产生了一种观念的法学。依据这种法学,凡裁判的决定都得从一些普遍有效的原则,用逻辑的方法演绎出来。这些普遍有效的原则是一切案件推理的出发点,可以适用于任何事实,成为解决一些纠纷之正确的根据。19 世纪的各种法典所宣示的,据一般人看来,无非是这种原则。但 20 世纪初叶,这种观念法学引起了一种反响,于是在大陆方面产生了许多关于司法裁判的学说,引起了几十年的争辩。但有一部分学说至今还有人主张。一方面,若干国家以百年以上的老法典来勉强用从前那种逻辑方法应付变迁的环境;另一方面,继 1900 年的德国民法典而产生的新法典,引起了新的说明、解释及适用法律的方法的要求。关于老的法典,则法儒谢尼(Geny)的自由科学研究的学说——以社会哲学的理论,就社会伦理的主要原则加以发挥,并根据理论研究的结果,配合到法典的运用上面去——号召力最大。关于德国民法典及以它为模范的法典,则对于分析的、历史的或平衡的方法选择问题,大家的意见不一致。因此产生了下列几个问题:人们究竟应该将法典中的各条规定视为法典公布施行时的一种东西,而根据当时的了解来加以适用呢?还是应该将每个条文视为一种悠久历史的产物,而根据历史及当时起草者的情形加以解释与运用呢?还是应该将法典之条文视为法院公平裁判的一种指导,而斟酌案件之实际情形于法典以外期求公平的裁判结果呢?在大陆方面,有一种所谓"法的自由探求"(free finding of law)的方法,在各处曾有很大的进展。这一种方法就是从法典规定中选择法律推理的出发点,然后参照理想及价值标准寻求可以适用的法律原则。

在美国,为解决上述的困难起见,有一种自命为"现实派"的法学出现。这一派的法学否认逻辑与法学原理,而认为裁判过程不过是处理各个案件的一种程序,无系统及继续性可言,并且完全取决于各法官之经济的或心理的因素。此派思想过于褊狭,从来没有为一般人所附和。在整个欧洲,除受以下将要讨论的极权政治思想影响之处外,法律的解释及适用已趋于一个固定方向,即以一种代表当时当地的社会理想、或已流行的关于法律目的的理想因素为其根据。

法律之探求含有很大的造法的成分,这种造法工作,虽如贺尔姆斯(Holmes)所云,仅能在隙缝中实施,然亦未便忽视。在这种造法工作中,凡足以影响立法者的因素,亦足以影响法官。但立法者得依其所好,寻觅其出发点而发挥之;法院则不然,其出发点必须在其权威的法律资料中寻觅之,然后再以权威的技术发挥之。

近来讨论法官任务的人往往注意到法官本人而没有注意到法院,只将法官当作一个独立的人看待,而没有将他当作许多法官所组成的法院的一分子看待;同时也有人认为法官的任务仅止于法律之探求,其实这都是错误的见解。裁判过程可分析为下列各部分:(1)认定事实;(2)探求可适用之法律规范;(3)参照事实确定该项规范之意义(解释);(4)将已解释之法令适用于认定之事实。吾人须注意法律之适用与解释性质不同,如分别不清,则非但裁判不能依据法律,而法律反随裁判为转移了,那么法律的条文又将变为迎合预定的裁判的一种东西,这正与依法寻求公平的原则相反。法律的解释在探求法律时所发生的作用,较诸在适用法律时为大。探求法律时往往须从许多权威相等的法律条文中寻觅可适用的条文,但在做此选择时,如条文的意义不甚明了,还得参照该案事实以决定其意义。这种任务必须靠下列各种方法以完成之:(1)就各该条文加以分析并与其他条文比较,使于可能范围内成为一个在逻辑上互相关联的体系。(2)研究各该条文之历史及其制定之理由。(3)依社会功利的立法原则决定条文之意义及取舍。上述三点即民法第一条所称之"法理"。所谓"法理",包括三者而非仅上述之第一种。此三点为了解法律条文及取得裁判之可靠的出发点所必需者。法律条文无论拟订得如何完备,都不能靠他们自己来解释及适用。其中有许多专门名词及词句乃是罗马法学者以迄现在之经验及理智的结晶,经数百年之教育、著作、裁判而取得特殊的、正确的意义,此外还有一套传统的解释及适用法律的技术,可以使法院办理普通案件的工作趋于简单化,这些东西是积累而成的。今日法院办案,毋庸就每个案件按部就班地经过全部的过程,因为理论的著作及判例的报告已将过去的工作供人参考,许多解释及适用问题均已凭累积的经验予以解决,而这些问题解决的结果也已成为法律之一部。

这种程序着重于法律的确定及一致,因为有时人们只要法律的确定,至于用什么方法——分析的、历史的、社会学的——往往在所不计。工商业之发展,有赖于司法裁判高度的确定性、一致性及预测性。一般人,除非能确知遇有问题发生时执政者的态度如何,往往不敢从事长期的,需要巨额投资、宏大设备、大量人力的事业。凡法律没有充分发展的地方,其经济秩序必脆弱,工商业必停滞,一般事业亦必不发达;凡工商业发达之处,法律亦必高度发展。因为如无法律所保证之确定性及预测性,人们将无所依据,对于创业、投资及其他种种的结果将毫无把握。

如果可能的话,我们本来应该有一种理想的制度,对于每种足以引起纷争的事实设立一个规条,详明地规定其法律效果,使大家对于案件的结果可以预先确切地知道。这样,裁判过程便成为在事实确定以后将事实配合法条的一种机械的工作。在过去法律史中,屡次有人想以立法及法典来求此种理想之实现,但结果一切的努力都是徒劳。因为生活的要素便是变化,人类生活环境的种种变迁以及人类活动细目的不断更易——这些无穷尽的变化,使得大家对于一切应由法院处理的事件不能有所预测,或预为详细布置。罗马学者早已有鉴于此,所以他们早就信赖法律推理、法学原则、推理的权威出发点以及法律观念,以补立法之不足。诚然,有经验的法官往往获得一种适用法律的直觉,并非在办理每个案件时都要经过详细推理的过程;不过这种直觉不是凭空而来的,乃是经长期技术的训练而获得的,它简直和人的第二天性一样。但办理案件专靠直觉是不够的。遇到不普通的案件时,直觉往往无济于事,只有以批评的方法对于法律推理的权威过程加以运用,我们才能使裁判有确定性、一致性、预测性。法律推理不仅须对法条做类推的解释,以求适合于事实;并且还须在若干权威相等的原则中择一以为出发点,然后以类推的方法加以发挥,也可以说法典因类推解释而可适用于某案。所谓类推解释,乃以法典中某原则(principle)为出发点,然后将该规条适用于该案,使达到法理及社会功利所要求的目的——一方面与固有的法律体系配合,另一方面与当时当地正义的需求不违背，这样，法典的规条便变为法律原则。这种情形之发生，或得力于司法裁判，或得力于法学著作，有时法典所规定者非规条而系原则，所以我们可以说：法律推理之出发点可于立法、判例、法学学说及著作中求之。在理论上，仅有权立法的机关制定的法有拘束力；但实际上法院之裁判例，因为有高度的权威，往往形成法律之一种；至于法学著作，其权威亦属相等。因此最高法院的裁判例到处都有实质的绝对权威。法学著作虽从无这样绝对的权威，但其影响一向是极大的。就以往而论，其影响一般地较大于判例，后者在大陆方面直至最近始趋于重要。法学学理的著作可以使司法裁判有坚实及稳定性，除非裁判过程已因累积的经验而具有充分之基础，法学学理的著作是不可缺少的。在工作上帮助法院的有司法行政部或其类似机构、检察官、律师及专家；此外如私人的法律研究机构、自诉人、自己进行诉讼的当事人及当事人提出的专家等，对于法院亦有帮助，不过成效较上述机构稍差而已。法律之发展乃立法者、推事、法学家或法学著作家大家的工作。在这一方面立法者一向为公众最注意，但实际上，立法者对于法律的发展所担任的工作最少，在法典的后面往往有一套历史悠久的裁判例、法学学说及著作为其背景。

  在美国，我们大概都靠私人组织的机构做准备立法的工作，每个工商业及职业团体都有关于立法的组织及委员会。每当立法机关开会时，这种委员会便带着仔细准备好的、与该团体自身利益有关的法案，以便提出。美国全国律师公会及各州律师公会均曾用这种方法，对于司法的改革有很多贡献。其他私人组织如全国保护管束协会、全国监狱协会、全国社会工作协会或类似的组织及许多私人设立的研究机构，也都对于这方面做了很多的工作。惟私人研究机关的工作虽已做了不少，他们的工作往往缺乏协调及联系，既缺乏连续性，亦没有全面性，有时并且是片面的。工商团体对所遭遇之困难虽能用新的立法加以救济，但对其他有关方面的利益并未加以调整，因此往往更使整个法制陷于矛盾及混乱。

  中国设置司法行政部确属贤明之举，其作用颇为重要。此种机构在大陆法系的国家乃当然的，且已有高度的发展。但在英美二国，则尚付阙如或虽有而组织颇不健全，因为此二国都特别靠私人的力量发动立法的改革及研究工作。在英国，司法行政部的一部分工作是属于大法官（Lord Chancellor）的职务范围的。在美国，联邦的司法部及各州的国家律师长的公署，都不过是追诉犯罪的机构及在法院中代表国家或对于行政部门贡献法律意见的机构。行政机构各为其自己之目的及立场建议或准备新的立法，至于如何调查整个的司法制度，发现法律上疏漏之处或法律程序、法学学说或法规上之缺点，以及如何为一般人的利益而准备立法，则无人过问。

  近百年来，英美二国提倡设置司法行政部之呼声已一天高一天。英国著名法制改革家及立法学之创始者边沁（Bentham），曾不断地主张此事。在 19 世纪中叶有威斯脱伯来爵士（Lord Westbury）者亦提倡之。1918 年赫尔顿爵士（Lord Haldane）于其"政府组织之改造"的报告中亦提及此事。由于赫尔顿爵士的建议，英国曾设置一法律修订委员会，该会对于英国法的改善曾提出有价值之建议，但是这并不是彻底的办法，而世界大战之来临又使它的工作归于停顿。本人于 1912 年及 1917 年先后在哈佛大学及美国全国律师公会讲述"法学理论与立法"一题，曾主张设置司法行政部，其后卡多梭推事（Justice Cardozo）在哈佛法学杂志上亦著论力予提倡。结果，在纽约成立了一个与英国法律修订委员会相似的机构，另有半数的州亦举行司法会议，以担任类似的职务，这是美国司法的改革计划中的一个重要项目。

  讲到检察官，纵有人不把他当司法官看待，他却是近代法院一个重要职员，在刑事裁判方面是推事的一个极重要的帮手。本人发现在中国对于英美的公诉制度有许多误解。在英国，除政治犯的追诉外，所有一切刑事追诉事项原操之于私人，即当事人自延律师用英王的名义进行诉讼。1883 年斯蒂芬勋爵（Sir James Stephen）——英国刑法史学者——曾注意到英国的制度实际上已起了一个根本的变化，这种变化已将今日英国重要的刑事追诉案件变为公诉。英国现在设有一个公诉主任、一个公诉局、若干对于刑事追诉有经验的"财务部律师"，这些机构均从事重要刑事案件的追诉。

苏格兰则设有检察官,其制与近代罗马法的国家类似。美国并无私诉,1705年康奈克铁克脱州(Connecticut)在每郡设一皇家律师执行公诉人之职务,其他各处亦有继起仿效者。依联邦法院的组织,每一区(district)有一区律师(district attorney);依各州组织,则每州有若干区律师或州律师或公诉律师等,他们对于刑事案件的追诉均有完全的控制及进行权。私人虽得为告诉并请求拘捕他人,但以后一切追诉的事项均由公诉人任之,公诉人或大陪审团均可自动发动公诉。

我在中国所听到的对于检察制度的批评攻击,亦即在美国及其他国家有些人对于区律师或公诉人之批评攻击。这是由于大众的安全与个人生活之间要维持或求得平衡,在本质上是一件困难的事情,这种困难事情是足以使所有执行刑法的人束手的。美国有些重大的流弊是因公诉律师受政治影响而发生的,但公诉律师的职权,在任何民主制度的国家,都难免引起这种流弊。至于公诉律师与推事的关系,也和在中国一样,颇受人指摘。这一类的困难在一个民主国家只好听其自己去解决。总之,有效的刑法是为维持大众安全所必需的;而要使刑法有效,则必须有一批干练的、受过适当训练的效能高的公诉人。

三、司法机关任务的最近方式与理论

在大陆的宪政制度下,司法机关有一个特点,即一向为执行部门之一部,此种情形溯源于罗马时代之政制,当时司法权系由行政官吏行使。英美二国司法机关向为一独立系统的组织,自17世纪英国司徒瓦特(Stuart)王朝诸王拟攫取司法权为王室工具而失败后,司法组织即颇与行政分立。中国今日采取司法独立的制度,据我观察,是贤明的措施。但此种制度有利亦有弊,其弊在使政府的作用缺乏联系或不一贯。在17世纪之英国,国王、国会、法院有时互相协调,有时背道而驰。在美国,立法机关、行政机关与法院有时循同一之途径,有时循二三不同途径。这种政治各部门及机关间缺乏合作的情形是美国特有的现象。为谋合作与工作效率之提高,以往曾采取两种方法:一种是实施调查,另一种是有关机关或人员的会议。当我主持美国首次举行的司法调查,即担任1922年之克利扶兰(Cleveland)刑事司法调查团团长时,当地法官以为这种调查是一种含有政治作用的视察,其目的在暴露他们的缺点与错误而损害他们的独立,因此起初不愿协助。我们当时第一步工作就是使他们不为此种思想所欺骗,使他们知道我们的目的是要帮助他们,而绝不是要破坏他们。我们要发现弊端之来源,寻求消除弊端之途径;并指出法院工作之困难,及应付之方法;探讨法官遭遇之问题,及其顺利推行工作所需之职权及设备。他们了解这种情形以后,便竭诚赞助了。

我在中国所倡导的各种调查,其目的仅在探讨中国司法在组织、设备、适用法律等方面之情形,及司法人员训练等所有之困难与缺点,以及其必须解决之问题。此外我所希望举行的全国性或地方性的会议,其主要目的在交换经验,使各种调查及下面将提到的法学学理的研究及著作可以注意到司法制度方面有何得失,何者见诸实施,何者不能见诸实施及其原因何在,有何疏漏之处,何者需要司法行政部方面有所行动或加以立法的补充。这样我们可以对于具体的情形谋应付之道,而不必就假想的情形寻求抽象的解决方案,或不问一国的实际情形如何,而一味将其他国家的制度拿来适用。我所倡导之调查、会议及法学的研究及著作,应由法官、教授及律师在政府之扶助及指导下合作进行。惟此种工作,虽有时需要官厅的协助或与官署办事程序之改革不无关系,却不能完全当作衙门里官样文章看待。英美的法学家最擅长以私人的力量发动并合作一件事情,我个人相信:我们从美国法学家可学的东西,关于此种精神方面的,要比关于英美法之详细内容方面的多。

现代司法最迫切的问题都是从一点而产生的,即大众生活所代表之社会利益必须与个人生活所代表之社会利益获得平衡。19世纪的美国几乎只注意到大众的安全,但是近来已有一种反对趋势,特别注重个人生活的利益。大众的安全与个人的生活这两种观念如果依逻辑来尽量发挥,本是彼此排斥的,所以要二者同时兼顾而使其充实表现,彼此无损,一向是件困难的事。今日中国在战争及敌人长期占领之后,坚决地维护社会秩序所代表的大众安全,实为当前的需要。如果有人劝中

国马上采取美国近来关于所谓"社会化的司法"(socialized justice)所经验的制度时,大家须记住这一点。中国必先就大众的安全建立一个坚固的基础,才谈得上用松懈宽大的方法尽量发展个人的生活。大众的安全与个人的生活二者中,无论哪一样尽量地过分发展,则其他一样必不能存在。但是如果我们要使一个文明的民族中有一种社会秩序,便应该先顾到大众的安全,中国必先为法律及秩序建立一坚固的机构,然后才可以变通法律秩序的设施,以维护个人的生活。须知西方国家,在开始使法律的运用个别化以前,早已确立一种侧重大众安全的刑事制度。"社会化的司法"这个名词实在是很容易使人发生误解的。盖一切刑法的目的皆在保护社会利益,而大众的安全及个人的生活都是社会利益。美国一般人所谓"社会化的司法"乃侧重于个人生活的"个别化司法"(individualized justice)。

在大陆法系之国家,法院在法律的发展中已渐渐地占取重要的地位。至于在英美法系的国家,法院复负有改造裁判所根据的法律,使适应新法律观念的要求之责任。在法院案件异常多的今日,如何报告判例及如何于裁判时顾到创造的目的,都已成为迫切的问题。要使判例法发挥作用,必须要有一套权威的判例的报告。一种对于法官律师有用的判例报告,必须要有一种高明的技术方能产生。仅有判例里面的法律要旨是不够的,必须对于法律可适用之事实,为简明准确之叙述,并对于某法律原则何以可适用于该事实及适用之程度如何,予以说明。如美国判例报告中那样关于事实问题的冗长讨论,以及大陆国家关于从前流行的抽象法律原则的、枯燥乏味的要旨,都是不合于现代需要的。所以如何使判例报告适合20世纪法院的需要,在各处都是一个严重问题。

法律的完美发展是立法、裁判及法学著作共同促成的。但现代的立法机构,对于民事立法的细目不大愿意过问。益而尔勃特(Iibert)尝谓英国国会对于"律师们的法律",即法院所据以调整私人关系的法律,并不感兴趣。目前立法机关都忙于经济的问题、行政的管制、外交的事件,因而无暇顾及民事裁判的改革问题。同时一般人对于立法机关的民事立法之不注意,到处都可看得出来。当年卡多梭推事(Justice Cardozo)主张设立司法行政部时,曾指出一点使大家注意,即纽约州的立法机关未能尽其制定法律之责任俾法院有所遵循,使法官方面平添了一种创造法律的负担。法学学理的著作在大陆早就是形成法律的主要工具,但如上所述,其重心已渐转移于法院,惟大陆的裁判都有历史悠久的法学学理的著作为其根据。我们如果将美国的司法裁判当作一种创造法律的工具看,则在宪法的方面它们是以英国柯克的法学原理第二册(Coke's Second Institute)为根据的,在私法方面他们是以黑石(Blackstone)和肯特(Kent)的著作为根据的。同时我们却也不能不承认,1804年的法国民法典有波的哀(Pothier)的著作为根据,1900年的德国民法典有温夏特(Windscheid)的著作为根据。由此可知近代法律,不论其为法典或判例法,皆具有一种学理的基础。中国法律尚缺乏此种学理的基础,目前可资应用者仅为有关大陆法典之著作。此种著作由法学著作家直接应用,较由法院直接应用,易于生效。我们纵然承认中国法律有以判例发展之必要,法学学理的著作仍不失为目前所必需的基础。

抑有进者,藉裁判以形成法律,在中国殊属困难,因为法院工作之繁忙使法官们不能在裁判上做什么创造的工作,这种情形在美国也可见到。英国在17世纪时,法院有时间让当事人对于案件反复辩论,那时法院的案件比较少,并且各个案件都经过一番充分的辩论与考虑。1783年至1860年是美国法凭借着裁判而形成的时期,在这个时期中,虽轻微案件也容许详细精密的辩论。我们如果拿现在的情形与19世纪初叶的情形比较,可以得到一种教训。在19世纪初叶,美国最高法院案件与法官之比例为12∶1,现在则为130∶1。由于同样的缘故,近来各州最高法院亦难得有时间对案件做充分的辩论,每造之辩论时间往往仅限于半小时。美国联邦第二巡回区(包括New York、Connecticut、Vermont三州)之巡回上诉法院受理全国商业及金融中心区最重要的案件,每造之辩论时间仅以三刻钟为限,其辩论书不得逾50页,有时除就适用法律之事实有所评述外不能再有何重要作为。法院工作既如此繁忙,我们不能像以前那样太依赖司法裁判以发展法律。目前中国的法官，在同样忙碌情形之下，自不能期望其从事艰巨的创造工作。

大陆法系与英美法系的司法问题并不完全相同，不过大陆法或近代罗马法系与普通法或英美法系之区别，属于形式及技术者多，而属于实质者少。现在文明各国的民事法律实质上大致颇同，惟大陆法之技术及形式，对于一个在二三十年内必须培养一种现代法律制度的国家，较为适宜。况且英美法里面还保留着一些幼稚的制度，如属物财产与属人财产之区别、普通契约之不可不有约因等。此外如法院与陪审团权限之划分问题、因陪审制而产生的证据的原则、普通法与衡平法之区别以及普通法与制定法之双轨制，也是英美法的麻烦之处。我曾在英美制度下受训长大，执行律师职务，充任推事、教授，觉得一个具有英美历史背景的国家的民族采取这种制度，颇值得欣羡。但是因为曾研究并教授大陆法律达 48 载之久，我承认在一个无英美法那样历史背景的国家，大陆法却有其优越之点。大陆法系制度有一个特点，即都有一个司法行政部，一种用检察官担任刑事追诉的制度，法典、法学学理之著作以及一种培养法律哲学的法学科学。英美法比较缺乏系统；得力于私人之倡导者多，而由于官府发动者少；信赖判例报告之处多，而引用法典之处少；重视依字母编列之判例汇编、法律词汇及关于法律专题之著作，甚于一般系统的法学著作与法学评释的著作。这种制度对于分析派的法学，即对于成熟的法律制度作比较的分析的法学，虽有相当贡献，对于其他方面则贡献有限。上述二种制度均已多少改变其特质而有互为转移的趋势。英美服务国家之实现及行政之发展，对于此事有很大的影响。在此，一国中由政府处理的事渐渐多起来了。主要部门的法律，尤其是商事法，均渐订成或正在订成法典，至少在美国现在正有人在那里积极地提倡哲学的法律科学。英美二国民事方面的陪审团显已成为过时的制度，在美国刑事案件不采陪审制而专任法官裁判之趋势，亦一天扩大一天。现尚保持之特点乃英美推事较高之威望与较大之职权及英美诉讼程序中律师较被倚重。因为要保持司法的独立，美国人对于司法行政部的设置曾踌躇不定，并有人引法国司法部干涉法院工作，使斯塔维斯基（Stavisky）一案发生流弊等例以为理由。美国宪法曾借分权制度防范此类情事之发生。中国宪法关于此点亦采有效之预防方法。但英美制度中推事有较高威望及诉讼程序中律师之较被倚重，在讨论中国司法制度时，却值得深切考虑。

在英美制度之下，宪法往往引起重要而困难的问题，请推事们解决。在宪法保障制度之下，法官与立法、执行、行政各部门及陪审团之关系，也引起种种问题。英国的推事不发生与立法机关关系的问题。上述各种问题对于法国的推事都不会发生。中国采取折中的制度，所以中国的推事不得不遭遇到上述问题的一部分。关于此点我将于下面讨论。

至于十年前盛行的独裁国家法院工作之理论，我们只要费极短时间略加说明。其内容颇简单，即推事办案时，解释及适用法律，须照领袖或统治者之意思为国家的利益着想。照他们的说法，人民即国家，而国家就是享有控制权的分子。我们关于近年来所谓现实派的法学理论也毋庸多说，这些理论并非宪政国家所主张的依法裁判的理论。现代的国家是宪政的国家，当然谈不到这种理论。

四、中国裁判过程上的问题

兹先就中国之立场一言之。中国已有很优良的新式法典，今后不应该再详细模仿别的国家了。我曾说过："一个制度必先有定形（form）而后才可谈到改革（reform）。"一种稳定的制度施行以后，自然会有机会进步的。目前所需要者，乃中国法学家依中国之需要而培养成的一套中国法律。这种中国法律，纵然有采取近代最优美立法之处，仍能顾到中国的国情。

目前所应特别提出者约有三点：（1）法学学理著作在任何法律制度中，尤其法典制度中之重要性；（2）中国法典解释及叙述之必须统一；（3）国际私法之重要。第三点不仅对于各大商业中心有重要性，并且各省习惯之不同及民法典中关于适用习惯之种种规定亦能显示其重要。法学学理的研究在中国特别需要，因为中国的法官、法学教员、律师所受的训练不同，法典的解释及适用之统一不免遭遇到困难。造成一种解释及适用中国法典的第一条件，乃建立一个中国法的学理基础。中国民法典大部分受瑞士法典的影响,取材于该法典者甚多。关于瑞士法有不少很好的学理著作,但这些学理的著作只代表瑞士的经验及瑞士法学家运用德国法学理论之经验,并且这些著作在中国不一定买得到。中国所需要者,乃根据中国的经验,对于中国情形的认识,及中国生活上的问题,就中国法典所培养出来的一套有系统的学理,那就是具有中国特性的中国法。中国人相互间的关系及行为,应赶快受真正的中国法之支配调整,专靠肤浅的比较法是不行的。换言之,中国法应以参照近代最优良的法典而制定的中国法典为根据,一方面不应该仅凭肤浅的比较法来解释适用法典,另一方面也不应该专对于法典条文用刻板的方法予以机械式的运用。所以要建立现代的中国法,即现代化而同时又合乎中国情形的法,使它成为世界最好而又非违背国情而一味模仿他国的法,最先要做的一步工作就是完成一部大的法学原理的著作。此项著作由中国人为中国而写成,借以使法官、法学家及法学教师们能有一种一致的方法及看法,而不至于用机械的方式适用条文。这种著作不是法律而是法学的学理,仅有指导劝告的作用,而无绝对的权威。但如能在政府的赞助之下予以完成,则其左右法界的力量很大。这种著作的一部分可对于现代法典作一种分析的、比较的研究,并对于中国立法者当年拟订法典时所应用的资料加以探讨。但除此以外需要做的事情还很多,一方面固须对于法典条文的特殊情形及问题加以研究,另一方面也要将这些情形与问题和大陆现代法典所针对的那些情形及问题作个比较。因此,为准备上述中国法学原理的著作及改进司法起见,我建议举行各种调查及会议。

  19 世纪的历史派的法学家尝谓:法律为民族生活之产物,只能发现而不能创造。此种极端的学说固不足取,但是我们必须承认:如果法律还可以创造的话,则人们应该使它适合其所支配的人民而不应该勉强使人民去迁就法律。因此中国法虽根据于大陆制度,必须具有中国的特性。因为法国法虽根据于罗马法,却具有法国之特性;美国法虽根据于 17 及 18 世纪之英国法,却具有美国的特性。中国法也未可例外。中国已经采行了一部具有中国特性之宪法,这部宪法虽以现代宪法之比较研究为根据,却并未一味模仿任何国之制度,如能继续不断地将宪法与法律由中国法学家为中国人的需要而发展成为真正的中国的制度,则其能维持久远可以断言。

  中国法典有三种特点尤其应该保存发扬,而不为外国抄袭来的制度取而代之。这些是:(1) 刑法理论之统一。认刑事上一切违法或过失行为(offences)为犯罪(crimes),既不采英美重罪与轻罪(felonies and misdemeanors)之二分制,亦不采大陆各国之三分制。因为这些分类制度皆系历史的产物,在经验及理智上都立不住。(2) 民商合一制度。因为民商法之划分乃大陆法中由于历史而产生的一种不合理的制度。(3) 不采英美法历史上遗留下来的普通法与衡平法对立之制度。罗马优斯梯尼安皇帝时代以前也有此制,但以后的罗马法便将它取消了。

  如果现代的法官适用法典时必须使法典与人民之生活相接近的话,那么他所须接近的应该是人民的高尚道德标准,而不是低的道德标准。所以一种发达的法律系统中必含有一种理想的成分(ideal element)。这种成分乃是法官及法学教授心目中对于人民高度道德的生活的一种传统及牢固的印象(在希腊文中 ideal 之原意为印象或图画 picture)。这种印象所假定的文明社会生活之合理的期望,这种印象所认为的法律规范应臻之境地及这种理想的成分,足以左右法律推理的出发点之选择、法院裁判时对于法律之解释以及标准之适用。中国以往有一套由传统的道德哲学所形成的伦理习惯,这可以说是一个有利之点。这种伦理的习惯,可以对于社会关系的调整及人民行动之正常化,供给一个可靠的理想基础。无论如何这种情形在历史上不乏先例。中世纪之神学的道德哲学曾长期发生此项作用。清教徒的革命理想在美国法的形成时期及整个 19 世纪也曾发生同样作用。这种伦理的思想确是法律秩序的堡垒,这种思想的衰落显然已驱使西方的法律制度走向混乱之途。所以如果为了时髦而放弃固有的、坚强的道德传统思想,代以外国输入的思想,那将铸成一个重大的错误。

  有人或者要问:中国法官们如果确立依法律求公平的制度,除掉利用现有工具或方法彻底妥慎处理案件外,还可以做些什么呢?我以为他们目前所能做的只有对于所遭遇的困难及解决的方法做一番批评的研究。例如:使他们感觉困难者,主要的是何种问题?法典中何种条文需要解释或说明?何种案件无明文规定或规定不充分?他们所勉强得到的结果中,何者还不能使他们满意?在设备方面有何需要?关于法学图书馆,他们觉得有何需要?法院关于事实与法律之见解及对于法律之运用,得力于律师者究有多少?法官的工作繁重到什么程度以及他们应付这工作的修养如何?以上所举各点,如果由大家亲身经历而仔细的体会后,再加以妥慎的考虑与讨论,则获益一定很大。司法会议的目的就是要讨论这一类的问题。所以,不但对于司法行政及立法方面能有极大的贡献,即对于中国法学原理的著作亦具有极重大的意义。因为这种著作可因此而对于具体的法律问题及抽象的理论予以兼顾。

尝闻人言:观于将来中国与英美二国的经济商业关系之特别频繁,中国应改采英美法制,因此中国不必对于参照大陆法而起草之法典谋解释及适用之统一,而应循英美法之途径另起炉灶。但是法律之一致并非经济关系密切之必要条件,这一点在今日世界有很多例子可以证明。在美国路易士安那州,采用法国法,而其他各州则采英美法。在英帝国内,英格兰沿用普通法,而苏格兰采近代罗马法,南非洲的属地则采罗马与荷兰的混合法。在加拿大,魁北克(Quebec)实质上采法国法,而翁太里奥(Ontario)及滨海诸省则采英国普通法。这些地方所采的法律制度虽不同,彼此间却有很密切的经济及商业关系。采英美普通法的纽约州与采法国法的魁北克彼此间有密切的经济及商业关系。但如果为了经济与商业关系而不惜为如此激烈的一种改革(即使彼此法律一致),实得不偿失。莫说中国已费了几十年的时间参照大陆制度修订法律,一旦改制谈何容易,就是从今天起才开始改采西洋法制的话,要想把英美那种不成文而又缺乏大陆法方面那样有系统著作的法律制度整个地搬到中国来,必不免遭遇到几乎不可克服的困难。中国之采取大陆法制,在数十年前即已决定,路已走得很远,已不容许你们放弃这种制度了。

目前急切的基本的工作,乃使法典的解释及适用统一。这种解释及适用的统一要靠法学学理的著作及统一的中国法律教育来促其实现,而统一的中国法律教育应该以中国的法学学理的著作所培养发展的中国法为根据。关于宪法之解释及适用,其情形亦同。宪法是法律的也是政治的文件,在实施时一定会发生职权之重复的问题,因而对于权限的划分不能不做一番工夫。在法国,行政及立法权的范围如何,只有行政及立法部门自己可以决定。其关系之调整,一方面凭过去的经验,一方面凭理智。所谓理智,无非是由法学著作及学说所长期培养出来的、以自然法为根据的一种东西。在中国宪法上,五院的关系也可以引起类似的问题,这些问题将不得不以同样的方法求其解决。诚然,宪法对于这一类具体问题应如何解决已有所规定,但是如果关于这些问题还没有一套因先例而产生的学理,仅凭个别的决定,是不足以得到永恒的调整的。由经验中发挥一套合理的法律原则,只有法学教授及法学学理的著作家担当得起这种工作,这种工作也非他们莫属。所以关于宪法方面,我所建议的中国法学原理著作也可以马上找到研究的适当对象。美国斯多莱(Story)教授(斯氏曾任美国最高法院的推事及哈佛大学法学院院长)之《美国宪法评释》,百年以来为美国法律学校及法院的宪法权威著作。中国的公法教授应该仿照斯氏的方式对于中国宪法产生一部或几部著作出来。有人曾向我谈到,宪法问题或许可让各政党的领袖去会商解决,我未敢赞同。因为用这种方式对于宪法所下的解释,将被一般人视为当权者一时武断之决定或多种矛盾的思想的一种让步。思想的出发点如果矛盾,则政府必脆弱而动摇。

在前面讲到中国司法方面的特殊问题时,我曾提及国际私法这门科目之应加以学理的研究发挥。由于交通运输设备之发展以及因此而引起的世界经济之日趋统一,国际私法在各处都已成为法律的重要部门之一。1889年当作者尚在校读书时,法律学校中尚无此科目。在50年前,美国的判例要旨汇编及法学词汇中无国际私法之节目。但时至今日,法律学校、判例要旨、汇编及法学词汇对于这门科目都颇为重视,并且法院也对于它不断地加以注意。在中国大的工商业中心,这种科目一定会一天一天地迫使法院对此予以更多的注意。据上海高等法院郭院长告诉我,上海的法院在民国三十五年一年中有一百二十余件案子需要适用 15 国以上的外国法律。这类案子一定使法院方面感到大的困难,要解决这种困难不但要有学理的著作指示法院适用何种法律,并且还要有完备的、容易利用的图书馆,以帮助决定某国的法律究竟是如何。我们不能期望中国在短期内都能有这样完备的图书馆供他们利用,实际上行得通的办法,当不外在司法行政部设置一完善的图书馆,并建立一种向部里请求解答外国法问题的制度。至于法院究应适用何种法律,乃是裁判上的问题,固非司法行政部所能指挥,但某外国关于某种事件之法律如何,在英美法上乃是一个事实问题,不妨由法院根据专家的证明决定之。如果一个司法行政部能有一个充实的图书馆,这种专家的证明的责任便可由部里担负起来。

关于中国问题的西方著作家往往称中国人无"公平"(justice)的观念。"公平"一词含有好多种意义,它可解为各人的道德、人与人间的理想关系或一种社会管制的制度。我也曾在西方人士关于中国文物制度的著作中发现,他们认为中国人将道德与法律混为一谈,因此无法律观念。这种关于中国法律及政治思想的说法在欧美颇流行,但我对于它们不无怀疑。在国家组织的初期,只有个别的法而没有系统的法。古典时代的罗马法与 17 世纪及 18 世纪正统的近代法,都曾想把道德与法律打成一片。二者之严格划分,乃是 19 世纪思想的特点。在古典时代的希腊,只产生了道德哲学与个别的法,而无系统的法。甚至现在大陆的法学思想都受到我们所翻译的法律(law)一词的影响,因为这个名词含有伦理与法律的双重意义。目前中国已经产生了一种在别的地方称为法律制度的东西,这种东西是由政治组织的社会里的机构运用的,它已将昔时西洋历史上的宗法社会所应用的伦理习俗取而代之。如果我对于昔时法家与儒家之争没有误解的话,那么我可以说这种争论产生的时期,与其谓为系统法时期,毋宁谓为个别法时期。当时法家认为法律是惩罚性的,他们想靠刑法来控制社会;因此他们这一派没有继续下去。儒家则主张一种较广义的社会控制,以为社会之内在的秩序就是一种伦理的秩序。

所以我要向诸位说:你们应该信任你们自己。中国现在有干练的法学家,他们有充分的能力来根据现有的法典发展中国法。抄袭模仿外国制度的时代已经过去,现在正是在你们现有的法典上树立一座中国法的坚实建筑物的时候。

从欧美法律教育的经验谈到中国法律教育[*]

一、法学院与其他学院的关系

第一个问题,讲法学院与其他学院的关系。这个问题的发生,是假定一个大学由数个学院所组成,而法学院是其中之一。我们先讲些历史。要讲历史,如同任何其他学问一样,需从希腊谈起。在当初,教员并没有固定的讲学处所,奔走于各城市间,讲授文法、修辞学和哲学。随后有许多哲学家招收学生,讲授哲学,其中包括各种学问。学校的形成,由来于此。当时有许多罗马人前往希腊学习普通学科,但同时他们另外建立了一种特殊的法律教育。自从法律脱离宗教的束缚之后,法学家始成为法律教师,同时是法律顾问。由于法律渐渐发达,法律的讲授工作,也就愈形重要。奥古斯都(Augustus)帝时,法律的讲授成为大法学家的主要活动。私立的法律学校在帝国初期已经存在。在第阿克莱丁王朝(纪元后284年)之后,在帝国西部的罗马、迦太基(Carthage)东部的伯尔底斯(Berytus)、君士坦丁堡(Constantinople)、亚力山大(Alexandria)、西塞里(Caesaraea)、雅典(Athens)、安迪克(Antioch)等地的许多学校,几可与我们所称的大学相比拟。其中最大的学校是在伯尔底斯,纪元后239年时已很著名,纪元后5世纪遂发展至最高峰。至6世纪优士丁尼(Justinian)帝时法律学校和教员的数目,均受限制,讲授的课程亦予规定,同时制定了教员行为的规则。从那时起至12世纪复兴时期,在意大利大学中,罗马法的讲授未曾间断。

中世纪在欧洲大陆发展的大学,内部分为神学(包括哲学)、法学和医学等学院。后来学术脱离了宗教的羁绊而凡俗化,于是大学分为神学、哲学(包括一切普通文化及科学学科)、法学和医学等学院。最近,工程学、应用科学、师资训练和商业教育都另行分设学校。但是,在美国的倾向是,大学增设许多学院,有些大学且设有普通行政学院。在英国,初期的法律教育(教会法庭除外)为职业律师所掌握。16世纪以后,遂有学徒制或类似学徒制的产生。低层职业者成为真正的学徒,上层职业者乃随开业律师学习。在大学中讲授法律是晚近的事。至于在大学中设立法学院乃是更近的事。在美国,学徒制是仿效英国的,私立的法律学校,在学徒制的形式下也设立了起来。这种私立法律学校,不久即为大学所吸收,而成为所有一流大学的法科或法学院。事实上,整个西方的法律教育,如同中世纪以后在欧洲大陆一样,都已在大学中分别成立独立的法学院。这种制度在欧洲大陆上之所以继续存在,以及最后为英语国家所采用,确实说明这是一种可贵的经验。但无论如何,法律的讲授和学习应当有一般文化的学术氛围方能得益,亦是毋庸置疑的。

在有些欧陆国家,参加文官考试必须学习法律,因此,课程讲授的安排,一面要顾及文官考试,而主要是还要顾及法官和律师的训练。在欧洲大陆上,立法机关万能,行政机关是其本身权力的裁判者,并无英美法意义上的宪法。所谓宪法就是宪法习惯和政府各部门组织的理论,这是法学家参酌自然法而完成的。因此,政治、哲学、经济学和社会学,在法律学校的课程中,亦有其地位。但是,这些课程是由受过法律训练的教师,以法律的观点,从法律方面来讲授的。在英国的法律教育中,

---

[*] 本文是庞德于1948年2月在国民政府教育委员会第五次会议上的讲词,杨兆龙先生担任现场口译。

这些科目都没有地位，因为在英国，整个法律科学就是分析法理学。在美国，法律和政治在宪法之下有密切的关系，因此，最近在法学院以外有一种新兴的运动，要使某种社会科学参入法律课程。但一般法律教师均觉得至少要审慎从事，他们以为法律教师应当认真研究各种社会科学，从而能了解如何运用各种社会科学来讲授法律的各种题材。我以为社会科学的大纲，应当属于普通教育，在学生没有受过法律专门训练以前，即应讲授。法律专门科目的具体讲授，比抽象的政治学、经济学和社会学，对于法律的适用更为有益。

根据上述观点，我想谈谈关于中国的法学院在法律学系外，并设政治学系、经济学系和社会学系的制度。我对于中国实际情形的了解，虽不如各位，但我敢说，这个制度是一个错误。或许这是中国法律教育制度草创时期的产物，在那时，你们的制度的大纲尚待建立，宪政体制在法律及政治方面的发展尚待定形，法典及补充立法尚待制定。但现在，这些初步工作都已完成。为了发展统一的法律教育，为了解释、适用法律而使法律切实有效，都需要在整个制度方面、法律的各部门、尤其是法律的技术方面，有透彻的训练。这种工作，用法学院的全部时间和精力来应付，尚不嫌多。倘使一个法学院同时又是一个其他社会科学学院，则法律教育及其他社会科学的训练两者中必有一种失败，甚至两种同归失败。倘使我们希望两者同时有充分的透彻的训练，则必将证明两者均告失败。如在欧洲大陆上，预备做文官的学生，上课常抱着一种敷衍的态度，每种学科都受着肤浅的训练。像法律这样的科目，需要受过高度训练的专家；法官的训练须使之能确切地适用法典；律师的训练须使之对于案件能熟练地申述，而协助法院给当事人以明智的指导，使其能节省时间和用费。倘使法官必须在法庭上学习法律，律师必须在审判程序中学习法律，乃至法官和律师在法院或事务所中发生各种错误，都是造成重大经济浪费的原因。法律学校必须造就受过高度训练的法律专家，对于整个法律学科的各种题材具有精深的知识，然后使之讲授法律或法律的应用技术，这种技术是取用不尽的，是学习法律的学生必须获得的。专门习法的学生能以其全部时间和精力学习法律，实是聪明之举。

二、法科的研究工作

法科的研究工作，对于造就优良的法学师资，是一件首要之事。法律教师的训练方法各国不同。中世纪时，大学有一种博士学位，教拉丁文的教师得到博士学位，就有做法律教师或辩护人的资格。在法国，大学毕业再继续得到博士学位，可以成为辩护人或教师。许多采用大陆法制的国家，至今仍沿袭这种制度。在德国，要做教师，在获得博士学位之后，还要写一本书，证明他有做创造性研究工作及思考的能力。在英国，自己自修而得到普通学位之后，再写一本学术性的著作，就可得到博士学位，有时还要经过考试，有时则无需。在美国，近一个世纪来，研究工作已有惊人的发展。很多法律学校的博士或硕士学位课程，在前一世纪已经开设，但这些课程对于法律教师效用较少，当时亦没有想到需要如此。为了法律教师需要更深的造诣，为了大学毕业学生希望成为法律教师，哈佛大学于1912年开始设立法学研究院，很快就颇见成效。不少法律教师为了取得博士学位，都利用假日或其他机会来到学校工作。许多重要的法律学校，亦开设同样的课程。因此，美国今日大部分法律教师，都曾受过研究院的训练，受特殊训练的法律教师，久已成为美国法律教育的特征。在开业律师指导下的英国式的纯实务训练，一直延续至本世纪，现在的法律学校仍有其遗迹。当兰地尔(Langdell)担任哈佛大学教务长初期，只有退休法官和律师可以担任法律教师，只有年轻的律师可以担任兼任教师，后者的精力主要用在做律师而不是教书。兰地尔首起推翻这种制度，在当时确是一种勇敢的举措。他聘请从未从事实务的爱姆斯(Ames)为教授而获得卓越的成功，从此，一般人方承认专任教师及法律教师专业化的重要。造就法律师资，还只是研究院的次要工作。随着国家事业化、行政机构急剧增加且拥有庞大的权力，因而需要一套新的法律，如此则亟待研究院加速训练许多行政法教师；再则，法律教师觉得在讲授英美法或做研究工作时，需要对于罗马法、比较法、法制通史、英国法律史的适当研究和知识。由于以上两种原因，研究院乃得加速发展。

在美国曾有一种趋势，认为法学研究院应当以文理学院中哲学博士所需要的条件作为蓝本，这对于法学研究院实是一种打击。哲学博士所需要的各种条件，是从德国大学里抄袭来的。在美国，法学士的学位，需在修毕文学士或理学士的课程后方能取得，所以法学士与其说是等于文学士，毋宁说是近于哲学博士。把美国的法学博士与哲学博士等量齐观，乃是一种错误。

法学研究院的功用是在造就博学而又兼通实务的法律学者，上述趋势于此是有妨碍的。我甚盼中国不要犯同样的错误。同时，在没有充分的基础以前，不要做不成熟的研究工作，务望中国能避免这种错误。使法学博士的条件与哲学博士的条件在形式上两相附合，适足以贬抑法学研究院真实的价值。

近年来有一种运动，可使法官和律师在法律学校研究，而促进法律在司法上的发展，为此，部分人士还主张设置研究院的课程。然而，研究院训练教师的方法，并不适合于法官和律师。训练法官和律师的最佳办法，还是律师公会通常举办的所谓学社（Institutes）。在这里，法律教师就其专门学科讲授法律理论和立法的最近发展及法律的适用。每次讲演完毕后，学生继续向讲师提出问题并讨论，这种学社成为律师公会的经常工作。在纽约，有一种组织称为法律实务学社，领导者是律师公会的会员，收容许多从战争复员回来的律师。在法律教师的协助下，许多专家完成了很多有价值的专门论著，他们的工作是颇有希望的。在中国，要想做训练法律教师以外更多的工作，时机尚未成熟。关于教师的训练工作，如在德国，法律教师的资格需有法学著作；在法国，需有博士学位；在美国，需有硕士及博士学位。这种制度对于造就法律学者已有很多贡献，在美国且有很多不朽的著作。

在中国，教授职业化尚未能充分发展，所以我认为法律学校的研究工作，实属重要。美国的制度，似乎可以采取，但或许更广泛地包括各种社会科学的应用法理学（不仅是分析法理的，而是一种融会贯通的法律科学）、罗马法、比较法和以社会史为出发点的中国法律史。至于法律哲学，亦应包括在内，使之成为法律学科中的诸多概念，以便评析而形成系统。

在美国，有人认为只有少数有特别完备的图书馆的学校，或有多数专任教师和充分研究设备的大法学院，方可有研究院的课程。但是，鉴于训练法官、律师以及法律教师，需要有充分的设施，我并不希望中国采取这种政策。我以为中国在每一个大都市中，至少应有一所优良的法律学校，其他的地方依照交通的情况、距离的远近和当地实际的需要来决定。在每处似乎都需要大量地训练法律教师。少数设备特别优良的法律学校，固然可以为全国各地造就优良的教师，如在美国有几个学校已经办到。不过，这几个学校造就的人才，很难满足全部的需要，因此，设有研究院的法律学校渐渐增加。中国的幅员如此广大，以后法律的发展如是之多，法典的统一解释和适用以及根据法典建立中国本位法律在技术方面的发展等所需要做的工作又如是之繁，所有这些工作，实非少数几个学校所能胜任。在美国，我曾竭力主张，在一个地域广大的民主政体国家，每一重要地域都应有几所优良的法律学校。在中国，我亦同样主张，正确的政策是要尽其可能地迅速建立足数的设备充分完备的法律学校。

三、学理著述及讲授的重要

立法的功用在给法院的裁判以一种有拘束力和有权威的根据或指导。就事情的本质和依据经验的启示，立法机关对于将来发生的争端，可预先予以规定，但对于法院将来遭遇的每一争端，不可能都给予有权威和拘束力的裁判依据。很明显，法院在缺乏有权威的法规时，不能代以抽签、投骰或神誓，而使双方当事人屈服于法官无规律的独断的意思。我们的出路，惟有依靠法律教师在其理论著作中阐述的法律科学。法学家的努力，是在寻求法典条款中所合乎逻辑的可能事物，用各种假设的案例来辩证他们的理论，由此阐明适用法条的各种可能性。他们以理念来阐发法典适用的经验，因而发现一切类似情形可能发展的程度。他们把发生疑问的法条适用于各种假设的案例。这些法条，法院在处理实际的争端上，可能偶然适用到。他们把法典中疑难的条款，依据逻辑划分清楚，将其差别之点阐发成为各种原则，而寻求其合理的前提。这些原则，一旦为立法机关采纳或为法院适用，就可成为裁判的权威基础。即使在其未被采纳或适用以前，亦可成为低级法院法律上理解的依据，及律师对于当事人指示的基础。所以法律学理是法律发展的首要因素，对法院是一种帮助而不是一种束缚。学理的著作，旨在讨论法律上一切可能的解释和适用，使法院对于法律问题的解决，能有更广泛的选择，对其取向及取向的理由，能有确切完满的考虑。对于案件繁忙的法院，学理的帮助尤属切要。现在的法院很少能有时间像法律教师和法学家那样适合于做这些工作。法官对于法律发展的贡献是有限的，因为司法立法的性质是片断的。他们受着审级管辖或地域管辖及当事人对于法院主张的限制，不得不片断地处理各种具体案件中的法律问题，不能着眼于整个的法律体系，亦不能顾及特殊例案与全部实际的或假设的例案间的关系、特殊例案与精密的法律理念间的联系。法学家的研究，则并不限于特殊的案件，他可以就一个题目无限地发挥，直至他能完全把握为止，他不要急于判决一个悬案。法律圆满地发展，同时需要立法、司法裁判的立法和学理的著作。学理著作虽然没有像其他两种具有权威的拘束力，但是很多地方可以影响和指导他们。它是欧洲大陆法律形成的首要因素，而对于英语国家法律形成的影响，较之英美法的理论尤为深远。再则，法律技术也是法律体系中的一大部分，这是法律著作和法律教学所必需讲授和阐发的。中国采用的大陆制度的技术，特别适宜于学理的发展。从古时罗马法以来，学理就是大陆制度成长的主要因素。

欧陆的法律教育，很久以来，就是一种讲学、专著阅读和实务练习的制度。英国的法律教育在中世纪时是一种讲学、习题辩论和到法院记笔记的制度，但现在已改为专著阅读，以及在律师的教导下起草意见书或答辩书。这种制度，在美国也已采行很久，不过逐渐改为法律学校的讲学或专著阅读，继而又改为在课室中研读一些挑选出来的判例并加讨论，而在讨论过程中予以讲授。在这种制度下，重要学理著作的研读仍是继续的，学生觉得有此需要，而教师亦同时指定有关的参考书。因此，任何地方，学理是教学的基础，而且是主要的基础。把学理阐发成一种有系统的规条和原则，成为有系统的法律理念的基础；在各种原则中加以思维的技术、各种规条的解释和适用。凡此诸端，乃是成文法国家法律教育的正确方式。我们不要轻视或忽略法律的理论方面，以为不切实际。美国的学徒制度，即使是实际的，亦不过是限于诉讼程序方面，而这种所谓切实的训练效果，亦并不令人满意。因而在这一世纪，法律教育已转向学术性的法律学校。理论必须用经验来试验，但经验必须用理念来阐发、组织而使其系统化，没有法律理论，司法行政将不能推动。理论和实际是不可分的，实际需要藉理论来组成和发展，理论需要藉实际来试验和纠正。我们做事除非去尝试便不会有进步，理论给我们一种做事的计划，依此计划，我们再去尝试。假使说法官毋须理论而可依据法律行使裁判，这种说法本身，即是不健全的理论。因为这样将使法官在处理实际案件而又无法可依的时候，审判程序将依其个人独立意志而进行，或将依据法条的字面意思盲目地适用法律，而不顾法律的精神和真谛。在现代国家，上述的两种情形中，任何一种都不应再存在下去。

中国法律发展的关键，是在法律学校，这是毋庸深论的。我们有赖于法律学校的是：（1）训练适量适格的法官和律师，否则司法行政方面，将赶不上复兴建国时期的需要。（2）训练适量适格的法律教师和法学家，根据法典和中国人民的需要，建立起一个法律体系。（3）致力于有系统的著述，这是讲授法典、解释和适用技术的基础，并供给法院裁判的资料，裁判是法律最后的定型，且是律师指导当事人的指南针。因此教师的人选、课程的教材，均有决定性的重要意义。

在可能范围内，所有的教师必须全部或差不多全部是专任教师，纵令他们有时候要从事公务或备私人咨询。没有人能够同时侍奉两个主人，教书和从事实务两者都是十足的主人，若同时担任，其中必有其一受到损害。依我的观察，受害的是教书，因教书需要一个人的全副精力和热忱。教师的选择,必须注意他们的训练学问(普通的和法律的)、教授才能和有助于法律发展、改进的具有创造性的著作能力。要求多种能力同时具备,实非易事。一个学院有几个具备这些能力的人已属不易。教授才能固然重要,但若非同时具有学问以及创造性的著作能力,仍是不足的。我知道有些教员具有高尚而令人敬佩的品性,然而缺乏正确的法律学识和法律理解的技术,仅仅肤浅地知道一些法律,灌输给学生错误的印象,再纠正时已感困难。这种教师,一时也许可以得到成功,但长此以往,对于学校将是一种损失。另一方面,有些教师很有学问和创造性的著作能力,然而没有合理的教授才能(就我所知不止一个),以致造成不平衡的现象。有些教师不能胜任其教课的应有担负,因而加重他人的负荷,实有害于工作的协调及效率。选择优良法律教师的重要,并不亚于选择优良的法官。就现时的情形而论,我不敢确定地说,选择优良法律教师不是更为重要的事。有久远的法律历史和丰富的法律文献的国家,学生经自修亦可有很多收获,但是一种没有学术著作配合的法典,是不适宜于自修的。在中国的法学家尚未完成一种完备而系统的法律文献之前,学识优良经验丰富的教师的帮助还是必须的。但是我们所需要的那种法律教师,不容易给予适当的薪给。美国的法律学校,曾不得不和都市中大的律师事务所争聘有能力的大学刚毕业的学生。教师负担的合理化,亦是重要的,要使他们能有学习、研究和创作的机会。凡此诸端,当非一蹴可就,不过必须以此为不可忘怀的目标。

至于课程方面,其要点是在求其平衡。基本课程必须注重,使其能有透彻的了解。少数基本课目有了透彻的讲授,其余的课程可依各学校的需要、学生的类型以及当地的诉讼情形来设置。法律学校课程的通病就是抱着过分的野心,要想把一个学法律的人所应知道的一切都包罗进去。一个学生将来定能知道很多在学校里不能讲授的东西,学科的深入比广泛更为重要,最好的学校并不是开设课程最多的学校。

在另一方面,我愿意谈谈普通的法律图书馆,这对于研究生的教导、研究和创作、课程以外其他材料有效的教授,都是必不可少的。法律技术的应用,最好在一个优良的法律图书馆中学习。再则书籍对于施教亦同等重要,据我看来,这是最大最迫切的需要,因为不论法律教师、法官或法律顾问,都需要法律文献。而法律和法律文献是交互增长的,建立一个完美的法律体系的主要工作,应当是准备学理的论著或丛书。由此法律可以得到良好的讲授;法官对于法典的解释和适用问题,可以很有条理地予以讨论;法律顾问可以此为指导当事人及从事重要事业者的根据。

在讲授的材料未经熟知和试验以前,一个标准科目表的内容,不能切实决定,即使初步的或合格的试验式的教材,也必须立刻从事准备。在中国最好的法学家的指导下,由适当的著作家,配以适当的顾问,把整个的法律体系作一番完备的探讨,这在发展中国法律的计划中,实是"必须"的一项。

四、学生人数的多少问题

这个问题,我在 1946 年 9 月第一次法律教育报告中已作过充分的讨论,这里我再简略地讲几句。

在欧洲大陆,已经完成其大学预备学程的人,可以进入大学而任意选择他所愿入的学院。在英国,进入律师公会学院学习法律,需要被选为学院的会员,而大学的组织和导师制度,都需要对于学生的人数加以限制。在美国,大学的法学院,起初是仿效大陆制度的。但在第一次世界大战以后的倾向,与其说是模仿大陆,毋宁说是仿效英国,而法律学校限制学生人数,也随之成为普遍现象。赞成这种办法的理由有两种,均属正当。第一种理由是课室和自修室的空间的限制。有些学校在这方面,因人数过多而感到不便。第二种理由是认为大的班级不适于例案的有效讲授。主张这种理由的时期,正当许多大学采用英国导师制,所以认为人数多有碍于讲授的效果。然而课室讨论例案的方法,在大的班级中,人数虽超过主张限制者所可容许的数目,仍可有效地进行,这是我亲历的经验。我不认为美国的头等法律学校对其人民和法律界已尽了充分的责任,因为它们把许多准备充足的候补者拒之门外。我不信所谓才能试验之所示,能等同于真实的才能。我很清楚,把许多人走向从政途径的关键阶段排斥出去,是一种不健全的政策。

例案讲授制不宜人多的说法,在中国是无论如何不能成立的。因为中国既采行大陆式的法典,其讲授方式亦是大陆制的,在那种制度下,可以容许大量的人数。研究生的人数可以限制,这是对的。但是我也看见欧洲大陆一个法学大师指导一班研究生,其人数和美国法律学校所谓过大的班级一样。在职业性的学校中,导师制实在是一种浪费。导师制的先决条件是一个全能的导师,以及包括拉丁文、希腊文和数学几种有限科目的古老文学院科目表,所以一个导师与五个学生是有效的比率。格菲尔总统(Garfield)的理想是,麦克·霍泼金(Mark Hopkins)先生在一边,另一边是一个学生,这在今天已无从谈起了。在民主时代的 20 世纪的大学里,我们不能为每一个或五个学生请一个霍泼金先生,或以霍泼金先生的数目来定学生的多寡。除非因受物质设备的控制无法多收学生外,装腔作势的限制人数,我以为是不经济和不民主的。

关于上述情况,在中国更不必多所顾虑,因为中国现在有训练更多的法官、法律教师和律师的绝大需要。假使教师、图书馆、书籍都能充足,那么适合于中国法律制度的教导制度,很可以周全地照顾所需量的学生,欧洲大陆大学法学院的经验已予以充分说明。

五、法律学校的发展和分布应以各地实际需要为依归

法律学校地理的分布问题,任何地方从未有过缜密的计划。中世纪,意大利的法律学校产生于伦巴底(Lombardy),至 12 世纪才发达起来,在诸大城市及宗教中心亦逐渐设立,意大利、法国和西班牙均是如此。在德国,实际上分为许多独立的政府,15 世纪之后,每个统治者均以能在自己领域内设立一所大学为荣。19 世纪开始前,柏林(Berlin)一直没有一所大学。在英国,直至 19 世纪,只有三所大学,即牛津(Oxford)、剑桥(Cambridge)和敦汉(Durham)。但是和欧洲大陆的大学不同,没有法学院,讲授的科目仅限于罗马法和教会法,英国本土的法律只在伦敦的律师会社(Inns of Court)内讲授。英国的几所古老的大学,最近方开始设立法学院。然而在今天,所有较大的城市都有一所大学,而且同时都有法学院。总而言之,惟有法国有着很好的地理分布,每一都市和往昔的司法行政中心,都有一所设有法学院的大学。在德国,以往昔政治的历史的地区而论,虽有很好的地域分布,但是有些已有都会规模的城市,直至 19 世纪甚至到 20 世纪方有一所大学,每一所大学照例都有法学院。在意大利、荷兰和瑞典都有同样的地域分布。苏格兰仿效的是欧陆制度,而不是英国制度,设立了三所大学,两个大都市各有一所,另一个设在往昔的宗教中心,每所大学都有法学院。

在美国,法律学校的由来,是律师事务所的扩张。这种律师事务所的主要活动,与其说是执行法律实务,毋宁说是教书,不久,均为大学所兼并。但是,有些独立的法律学校仍然存在,不过没有一个是第一流的。州立大学和最近的市立大学亦建立了起来,它们自始就有法学院或法科,起初常称为法律学系。法律学校分布的决定因素,一部分是教会和慈善家择地捐立的大学;另一部分是自 1930 年以来,多数的州都需要有一所州立大学,包括文、法、医等学院;再另一部分是大都市对于法律学校的需要。在美国,还有一种因素,就是罗马天主教会希望有一套他们自己的学校制度,以天主教大学为其学校制度的首脑。这些天主教会的法律学校,很少能达到第一流。

倘使要说,美国在这方面有什么制度,那就是每个都市区域有一所法律学校(但纽约有四所,波士顿有三所一流的,芝加哥、费城、洛杉矶都有两个一流的),任何地域都是根据人口的状况和交通的近便而设校(纽约城外三所大学,阿海阿四所,佛琴尼、泰尼斯、密苏里、加里福尼亚等州各三所,北加洛里、路易士亚、印第安、泰克斯、艾瓦等州各两所,费城以外彭士威尼地区两所)。法律学校地域分布的任何计划,必须考虑到地方的需要和交通情形,哪些地方有较多的学生需要法律教育,哪

里是人口较多的区域需要训练有素的律师。一味依地图设计的纸上计划；或参照政治的地域分配，以那里的政府是单一的而不是联邦为由，就把地方的需要置之不顾，在我看来，均属不智。在美国，有几个州其农业研究所、师范学校、师范学院等的校址，都是照上述计划设立的，但都已确证其不智。从经验上看除了我上面所建议的根据之外，我不知道还有其他办法。

在纽约城，有四所私立的法律学校（其中一所是全国历史最久办得最好的学校之一），对于这样一个都市并不算太多。放弃或合并，最大的利益不过是表面的、理论的，放弃其中任何一所具有良好传统和声誉的学校，都是浪费或错误。在芝加哥，情形也是如此。那里有两所规模宏大的学府，都有健全的法学院，虽则在地理中心的另一所州立大学，也有同等健全的法学院，这两所学校仍有其并存的充分余地。几所私立学校，已做了很多法律教育的基本工作，与美国的州立法学院有同等的地位，如哈佛、耶鲁、哥伦比亚、卡纳尔、芝加哥、西北、斯坦福及杜克等，都是范例。其中加州的斯坦福大学，被认为与加利福尼亚州立大学是同等的，北卡罗里那的杜克大学与州立大学是相等的。据我的判断，中国的情形与此相似。阻挠或限制学生进入私立的法律学校，都是严重的错误。

六、法学院是大学的一个单位

对于欧洲大陆国家或采行大陆法教育的国家，这个问题实是毋庸深论的。不过，我很担心在中国，法学院在大学里的地位不幸有英语国家的传统，因此，我要把这个问题提出来谈谈。美国最初的高等学府，是为训练基督教士而设的，很久以来，至19世纪末叶，大多数的大学或学院都在教会的掌握和控制中。最初为了训练教士，仅有文科，而无理科、法科、医科。法和医是受学徒训练的，即在法律学校设立之后，这些学校在一个长时期内仍是学徒式的。在19世纪初期二三十年间，州立大学开始设立，并包含法学院。其中之一即密西根大学。它创设了一个规模宏大的法律学校，为中西部和西部服务很久，现在仍是一个杰出的州立法律学校。早在18世纪末叶，已有像牛津大学Blackstone那样的讲座，但这些讲座，仅限于法律和政治学初步纲要等一般普通知识的讲授。另有几种情形：私立法律学校并入了大学；有的和大学的机构保持松散的联系；有的到最后全都和大学混合成一体。然而学徒制的教学方式仍甚流行，而法科仅被认为是文理学院中的一系，而不是分立的一个学院。在密西根大学，法科已久被称为法律学系，结果文理学院控制了大学，且自视为大学，而把法科认为文理学院中之一系或是大学的一种附属品。

在美国，还有一种情形使法科在大学里的地位愈益困难。法律的职业，开国以来就是从政的有效途径，大部分美国总统不是军人就是律师，有几位总统曾服过兵役同时又曾做过律师。于是一般有志的青年都首先群集于法科，而这些法科，也就靠着学费维持。这笔学费的收入确实可观，大学其他科系的负担或大学的经常费用，都以之挹注（编者注：从中分利以补不足）。为了消除这种情形，很多学校曾做过艰巨的奋斗，方使法学院对于其自身的学费和捐款能供自己使用，对于大学一般的行政费的负担，不超过其合理的一分。当人民要求有在州立大学受高等教育的自由时，随之而来的问题，便是专拨给大学的税款的分配。此处，把法学院视为一系的观念又复呈现，他们把它视同希腊文或拉丁文或修辞学的系，而不是与文学院并立的院，这对于法学院的发展及应有设备的获得，实是一种阻挠。当大学有了实验室后，给予充实和维持实验室的大宗用费，似乎成了大学里一件当然的事，然而法学院的图书馆却似成了一种累赘，必须等待大学本身（那就是文理学院）的需要首先满足以后。45年前，当我是一个州立大学的教务长时，我对这种观念不得不起而攻击。当时这所大学的校长曾做过一个教会学校的校长。这个教会学校，只有文科和理科，没有职业性的学科。幸而他是一个有学问而明达干练的行政当局，很快就找到对于法律学院的正确观点。

在教师待遇平等的呼声下，法科仅是文学院的一个系的观念，又一度出现。因此，一个实力雄厚的法学院所需要的那种法学家，竟无法罗致，因为不能和律师事务所竞争。法律学校很久以来只能聘用兼行实务的兼任教员，或一些已逾服务年龄的退休法官和律师，这都是几所大的法律学校在过去的经历。他们曾领导过律师、法官和普通文官的训练，领导过以后由律师公会继续推动整个一代的司法行政改革运动，曾领导过创造性的著述工作，尤其是美国法律的编修工作。这种经验，我想对于中国是不会没有教益的。

假如我的记忆不错，最初的高等学府，大部分是在教会及教士控制之下设立的。最初的几所法律学校就是这些学府的一部分或其附庸。美国人此时的观念，大都是如我上面所述的，即使欧洲大陆的大学，也多少受这种观念的影响。他们以为法律的讲授不应是大学中的一个学院，而应是文学院中的一个系。

在美国，一个很大的州立大学有一个故事，你们或许不是完全不知道的。这所大学的法学院现在有很高的地位。一个理学院的教师发明了一种改良的测试牛奶品质的器具；一个法学院的教师写了一本重要的证据法著作。学校告诉法学院说，牛奶对于国家的福利是如此重要，可能支配的金钱必须全部供给研究牛奶的科系。司法行政和牛奶工业对于国家具有同等的重要性。牛奶工业及其研究、发展之所以可能，实是因为司法裁判的得以行使和经济秩序的得以维持。改良寻求确实证据方法的发明，与改进测验牛奶品质器具的发明，对于国家的重要性至少是同样的。然而所有这些，都很难使思虑仅限于文理学院的大学当局入耳。其实，自然科学在注意力仅限于文学、数学和哲学的高等学府里能获得一席之地，也是经过长期的艰苦奋斗的。在现代民主的宪政下，法律的重要，已使法律教育成为大学的首要任务了。

现在，自然科学在文理学院中已与文学或哲学获得同样的地位，所以大学当局亦能顾念到自然科学而了解到大量实验室费用的必需。倘没有实验室，物理学和生物学的有效教授和研究就成为不可能。然而他们很难了解法学院之与法律图书馆，犹之理学院之与实验室。他们认为：法律是永久固定不变的，是一种机械式的学习，毋须有像科学那样的研究。然而法律是生活的规范，而生活的基本要素就是要能适应环境，所以法律亦必须适应不断变化的生活。经验是由理念发展的，而理念是藉经验来试验的。在法学家的各种报告和学理著作中，记载着有系统地运用有政治组织的社会力量来调节人类关系和整饬人类行为的经验。从这种经验中，法学家可以得到运用的理念和考验理念的资料。学生必须学习运用这种经验的技术，法学教授必须藉研究来发现，如何使法律秩序能更有效地保持和发扬我们的文化。

在大学行政方面，另有一种更大的困难，就是不容易找到有适当素质的法律教师。在德国，在一个长时期内，教授享有很高的社会地位，所以用比较低的待遇可以罗致第一流的教员。这一来源，在当今世界上已告枯竭。能力高强的人，执行律师业务可以获得很高的金钱报酬，美国的法学院要和他们竞争来保持其高标准，实在颇感困难。但有极个别的学院已达到很高的标准了。不宁惟是，我们对于法律教师的要求，必须是一个法学家，能做创造性的研究和著述工作。倘使他教书的负担使他没有一点余暇，或是在教书之外必须同时从事实务以维持生活，那么他再无余力来做他最有意义的工作了。整个大学规定一个机械式的酬报额，设定一个一条鞭的薪给标准，固然可以避免嫉妒而谋取和谐，但结果是同时造成了一个平庸的、甚至还不如平庸的法学院，这是美国几个好大学已经受到的教训。

最后，从美国的经验来看，我们必须知道法学院应是一个独立的单位，和其他主要的学院应有同等地位，而不是某一学院的一个系。倘使它必须与其他的系在一条水平线上争一个妥适的地位，它将无法达成其本身的目的。它必须与有研究的文学院、理学院或社会科学院有同样的独立性。法学院的工作必须合乎研究的水准，其组织必须以此为鹄的。法学院必须有法学家而兼长实务的通才，如贺尔姆（Holmes）所谓，能以高明的方式讲授法律。再说，法律科学是一种社会科学，但不等于说，法学院就是或应是其他社会科学学院的一个部分。

论中国宪法*

一、中国需要一种具有中国性格、合乎中国国情之中国宪法，不必抄袭外国

制定宪法时最应注意之点乃使宪法之内容配合一国之历史与文化背景及社会环境。立宪政治并非可于短期内专凭理想制造之物。立宪政府必须由一国人民原有之文物制度及传统之理想中逐步形成发展，绝非一种长成后可任意由一国移诸他国之物。中华民国之创造者孙中山博士有见于此，故主张先予中国人民以过渡之期间，以便为实行宪政而做相当之准备。1936年宣布之宪法草案（编者按：即五五宪草）系根据此项计划而起草者。该项宪法草案乃根据中国之历史文化背景及社会情形为中国人而起草，并非为西欧或美洲之人民或理想的乌托邦之居民而起草。

法国革命前后，宪法历经变更，1946年复另订新宪。法国于18世纪末叶，10年间采行三种宪法，于19世纪采行六种宪法，而在20世纪之一半尚未度过之今日，复另采一新宪法。总计法国于157年间共采行十种宪法。

美国情形则适相反，美国联邦成立后从未更换宪法。当南北战争之时，仅三度修正宪法，但政府之一般组织并未受其影响。诚如英国大政治家及思想家蒲莱斯（Bryce）所云："凡是以令人服从尊敬者，必在以往即具有一较深之根基；凡制度之产生发展愈缓者，其寿命亦大都最长；美国宪法并非例外。"

美国革命后之情形颇与抗战八年后今日中国之情形相类似。当时美国经济遭受严重之破坏，今日之中国亦然。昔年美国制宪，对固有制度尽量保存，故其宪法能适合国情。法国当年制宪，过受十七十八世纪时流行抽象思想之影响，未能考虑本国之历史背景及社会情形，故虽屡易宪法而政局不能稳定。中国今日制宪似不应专抄袭西洋各国之制度。

一国宪法之价值未可专凭纸面上之规定而论断之，今日有若干国家仅为纸面上之民主国家（Democracies on paper）。中美南美若干共和国及欧洲东南部若干新兴国家即其明例。此类国家制宪之道不足为训。在此类国家中，一般人民实际上尚不知或尚无机会得知如何在政治上运用宪法所赋予若干之参政权。

有人以为可就欧美各国今昔之宪法加以精密研究，可发现一种可普遍适用于世界各国之理想宪法。此种见解之错误，实与迷信可以制定一种可普遍适用于世界各国之理想民刑法典相等，人类之经验实与之相反。

宪法之制定须顾及时间、区域、人民三者之需要。中国所需要者乃一种具有中国性格、适合中国情形之宪法，非抄袭外国之宪法。1936年之宪草对于此点予以注意，较属可取。英国学者蒲莱斯尝云："所关紧要者，乃事实，非名称。任何人对于中国环境不能如中国人自己认识之真切，惟有中国人自己能运用其才智为中国制定一种能持久之宪法。余对于今日中国为公众服务之人观察良

---

* 本文是美国哈佛大学庞德教授发表的论文，它对中国制宪应注意之基本原则以历史的、比较的方法及社会法学的实用哲学的眼光详加论列。由杨兆龙翻译。

多。余之观察已足以使余信任其能力、诚挚及智慧。故余敢以爽直之语气对彼等曰：'诸君应信任自己,诸君应根据自己之见解学识,推行当前之任务。'"

二、三权制并非民主或立宪政治之必要条件

三权制原为希腊学者亚里士多德所创之理论,当时,并无事实之根据,古希腊当时尚无所谓分权。

英国在17世纪时虽逐渐分权,但并未达到法儒孟德斯鸠所述之程度,实际上在英国所有权力均集中于国会,距三权制颇远。美国实行分权制,曾遭遇种种困难,盖政治与法律皆为实际事务,未可全凭逻辑以划分一国之政治权力。

三权制并非立宪或民主政治所必具之条件。一般人认为此种制度系可以普遍适用于世界各国之理想制度,未免忽视此种制度所由产生之特殊的历史与社会背景。盖无人能主张三权制乃惟一保障自由、宜于立宪政治、符合民主理想之制度。

民主有名义上之民主与实质上之民主。世界上名义上之民主不乏其例。吾人应努力于实质民主之实现,不必拘泥于名称。民主之方式各有不同,故其权力上之分配亦未可一概而论。

君主有专制与立宪之分,民主亦有专制与立宪之分。在人民知识水准低落及政治训练不足之国家,多数人之意见未必可取,且大众未必均能热心国事,结果多数人之民主政治,无非少数官僚政客之专制政治。况宪法之规定能限制官吏,未必能限制一国主权所在之全国或多数人民,如人民教育程度不足,宪法所预期之目的未必能实现。

现代国家已由以行使统治权为目的之权力国家转变为以服务人民为目的之"服务国家"(Service State),行政活动之范围日渐推广,其重要性亦日渐增加,故行政权不应过受限制。今日中国行政上所迫切需要者乃统一性、继续性、稳定性与效能之提高。中国既缺乏美国当年之历史及社会背景,并无采三权制之必要,且三权制对于今日中国政治上之迫切需要,亦未必适合。

三、中国究应采责任内阁制、总统制抑其他制度

宪法讨论者往往认为近代国家不采责任内阁制即须采总统制,实则民主国家之政府组织并无绝对仿照二者中任何一者之必要。19世纪中最露头角之民主国家,当推英美二国,其制尝为其他多数国家所采。

但英国之责任内阁制流行虽广,其在他国实行之成绩鲜难令人满意。盖此制之优点依若干人士之意见为：(1)能使人民之意思迅速地完全发生作用；(2)能使行政部门与立法机关之多数分子合作而发挥政府之效能；(3)能使责任集中。而其弊则为：(1)易使党派之偏激精神发挥至于极端,并使党派观念时时主宰一切；(2)使内阁过分注意如何迁就当时民众之幻想以博得其拥护,而对于国家之真正需要,过于忽视；(3)常因关于特定事件内阁在国会中之失败连续迫使政府所需要之人员脱离行政职务；(4)权力之集中于国会及重要决策之须迅速定夺及实行,使主其事者无深思熟虑之机会。诚如蒲莱斯在其名著《近代民主政府》一书中所云："其错误有无法补救者。"

况主张内阁制之优点者往往假定人民之意思系易于捉摸者,人民在一定时间之意思系固定者。在疆域甚小、文化纯粹、教育一律、消息灵通、组织紧凑之国家,此种情形或系事实。惟在今日及最近将来之中国,此种假定恐难成事实。

美国之总统制流行于南美若干共和国。此制产于美国革命以后,其目的重在维持国家之安全秩序。其利为：(1)国家之政策可不因内阁骤然失败而中止执行,使行政较富于继续性；(2)总统与内阁可不必为反对言论及倒阁活动而分心,能致力于工作；(3)立法工作受党派斗争观念支配之程度较浅,盖各种事件之处理可不至牵及党派间力量之比较；(4)因各方在政治上所占之势力仅可于规定时期调整之,政治较为稳定。

总统制优点之重要性如何，美国史已一再予以证明。当林肯总统因1862年国会选举，而对于国会失却控制能力时，彼尚能继续从事南北战争。此在责任内阁制之下当为不可能之事。倘在1863年行政部门忽遭改组，则美国将不堪设想。

总统制在美国相当成功，但在其他国则成效未著。其不能任意移植，正与英国之责任内阁制同。

除上述二制外，尚有古代及瑞士若干州之直接民权制，瑞士联邦之行政委员会制及俄国之逐层议会制。前二者不宜于中国之环境，无待赘言。至俄国之制度系由俄国之特殊历史及文化背景中发展而成，其利弊若何，尚难断言。

中国宪法起草者鉴于中国情形之不同，未拘泥于任何制度而酌采各制之某部分以适合国情殊属可嘉。

四、中国应采单一政体，其中央与地方职权之划分宜采概括规定，而不宜详细列举

就各国之历史言之，疆域广大之国家虽不宜将权力集中于中央政府，然多外患之国家，其疆域虽大，亦不能不采单一政体。联邦政体大都为历史之产物，殊不足以充实国防，抵抗强邻之侵略，当国家有外患之可能时，宁牺牲联邦制而建立强有力之中央政权。美国、加拿大、英国澳洲殖民地及南非洲共和国向无严重之外患，故无建立强有力之国防制度之必要，其采行联邦制似无不可。中国今日之处境不同，制宪者应顾及国防之需要，故单一政体较为可取。

至中央与地方职权之分配，应以维持均衡为主旨，即事权之有关全国一般性者应属于中央，其与地方关系较切或具有地方特殊性者应属于地方。惟二者之界限未便严格规定，盖二者在任何时期均不容绝对地划分清楚。所谓全国性与地方性并无普遍之标准，前代所认为具有地方性者，今日每认为具有全国性。美国当年制宪幸未对于规定政府职权时所用之名词于条文中详加解释，故以后尚能以巧妙之解释扩张中央政府之职权，以适应新时代之需要。美国中央与地方职权划分之界限常在移动中，非固定不变者，而其趋势则为全国性事权之扩张，即中央权力之加强。吾人如以今日之情形与40年前相较，当知以前许多地方性之事权已因环境之变迁、事实之需要及法院之解释而成为全国性之事权。美国宪法当年对于此点仅规定大纲而将详细之点留待日后解决，藉收因时因地制宜之效，实计之得者。

中国宪法起草者采中央与地方均衡制，殊属妥适。其对于均权制度仅设一般原则而不作详细之具体规定，使立法机关将来得因时因地而立法，宪法之解释权固得因时因地而为解释，与美国行宪之经验若合符节，可谓善取他人之长也。

五、人民权利之保障

17世纪以来个人主义者及自然法学派尝曰权利为神圣不可侵犯之物，近今学者则有否认权利之存在者，二者皆失之偏激，均不足取。盖前者过重个人之利益，后者则过重一般之秩序，在今日以服务为目的之国家中，二者应互相调和，维持均衡。

个人之权利与政府之职权应如何划分，其界限因时因地而不同，考历史所昭示于吾人者殊不一致，对于人民权利之规定实非易事。

中国宪草关于此点之规定大体妥适。惟个人对于违宪之法律能否如美国人民向法院请求救济，未有明确之规定。如就宪草第9条第3款、第26条等作综合之观察，立法机关若违反第25条之规定，人民似无权向法院请求救济。

中国应否采行美制许个人对于违宪之法律有请求救济之权，须视中国之环境而定。美制可溯于中世纪，其目的在防止国会之专横，美国人民虽尝表示不满，然直至现在联邦及各州仍采行之。此制之推行有赖于健全之法院，其法官除具备法律知识外，尚需明了一般政治经济及社会情形。中

国是否宜于采行此制值得考虑。

六、五权之分配

中国宪草最显著之特点乃政府职责之五分法，余认为"权之分立"(separation of powers)，不如"权之分配"(distribution of powers)之妥适。

前已言之，三权制或二权并非立宪或民主国家必采之制度，故五权制未必不宜于立宪或民主国家。

五权制下政府之各部门地位平等，无此高于彼之情形。法国与美国因政府某部门之地位超越其他，常至彼此不协调，破坏政治上之一致性与继续性。中国宪草第 45 条规定："总统得召集五院院长会商关于二院以上事项及总统咨询事项。"足以防止法、美等国可能发生之摩擦而提高政治效能。

或以为美国之三部门另设二部门，将有增加摩擦或分歧之可能，殊不知第 45 条已足以防止或减少此种可能。况在中国历史上此种制度确有相当根据，当能适合国情而发生良果。

宪草中之立法院与英国国会不同，其权力有相当限制。行政院亦与法国之行政部门不同，其职权之行使不受司法院等之控制。行政院译为英文，有称"执行院"(Executive Yuan)者，含义似嫌过狭，似可改译为 Administrative Yuan(即行政院之意)。

考试院是中国之特别制度，其优点颇多，此实为确保文官之任免脱离政党政治之良法。美国因政党之活动关乎公务员之任用尝发生所谓"分配战利品之制度"(spoils system)，即政治上得胜者可将政府职位作为胜利品分配与其党人或拥护者。考试院之制度可免此弊。考试权之保障亦颇值得注意。

监察院亦为中国固有而适合现代需要之特别制度。人人得过问之事，往往无人过问。官吏腐败在西洋国家每易逍遥法外，或者以为选举能制裁官吏之失职行动，然往往以事隔过久，该项行动早为一般民众所忘却。外国立法机关之委员会、行政官吏及检察人员权限不明、责任不专，其检察官吏之成绩亦难令人满意。国会之弹劾权，在美国已多年不运用，在英国则为一般人所厌恶。如中国监察院之立于超然地位而能专其职司者，在西洋殆不多见。此种制度并非专凭抽象之理想而产生者，在中国有其悠久之历史背景，当能有伟大之贡献。

或问行政院应否改为"责任内阁"，受立法院之控制，使立法院成为英国之国会而兼管立法以外之职务。余意此种规定将使立法院不能致力于立法工作，立法机关而不能重视立法实为一大错误。

或问行政院应否对总统负责。余以为不可，盖如是则总统将失其超然之地位。

司法院为最高之司法机关，其所处之地位颇似英国之贵族院。据余想象，将来当由法学家与政治家合组之。若然，则赋予解释宪法之职权，可望胜任愉快。

中国宪草中尚有一值得注意之点，即监察院有权将宪法问题向司法院提请解释。依此项规定之理论，法律之违宪似为立法机关之失职行为，应受监察院之制裁。

七、国民大会

国民大会虽有二千余人之代表，较诸美国各大政党之全国会议(到会者超过 1 000 人)尚不可谓为过于庞大。倘能得适当人才参与其事，并对于开会之仪式及程序等有明确合理之规定，当不至流为不负责任之民众机关。

或问国民大会内应否另设一小规模之常设代表机构。余以为此种制度易使少数人流为独裁者，宪草对于国民大会之召集既有多方面之规定，实毋庸采此制度。国民大会设立之目的，在使其过问国家之大事，政府之一般事项，实无由其管理之必要也。

比较法及历史在中国法制上应有之地位*

在中国关于法律的制定及法律的改造,曾有两个极端的思想:一方面主张从别的国家,尤其是西洋的法律制度方面加以模仿;另外一方面主张以中国固有的制度作根据,加以改造。现在中国已有较完备的法典,内容上有很多地方均受此二派思想的影响。有人主张如此,又有人主张如彼。但在解释和适用法典时,此二种思想往往难免冲突。在中国法制尚未完全发展到较高度时,有一个极根本的问题,即解释的技术与适用的技术问题,需要解决。

关于此问题,即两者区别,我们究应采取历史法解释呢,抑采取比较法解释?此问题在从前19世纪时,曾有很多的讨论。在欧洲集权的国家,如德意志民法典,曾有人主张采公平原则,且主张将解释法典的方式,以法律规定之,此思想现已成过去。现在,大家主张要采取功能原则,使法典的解释,达到法典适用的功能;亦就是采用社会法理学的方法加以解释,使达法典预期的目的。

19世纪时,有历史法学派,主张一个国家应有其自己的法律,当然此说亦属于正确。一个国家、一个民族,有其固有的一切,欲改变其整个的法律,殊不易易。所以欲藉法律的力量,改造一个国家、一个民族,毋庸说是藉民族力量改造法律好些。中国自与西洋文化接触后,中国人并未以西洋文化来完全改变自己,但也很受其影响,此由于各种环境之因素,同时现在也很少有人主张,仍沿用古老的制度。民国初年,当中国初完成革命时,改造法典者,也很少能有从容的时间,依中国固有的伦理学说,发展成自己固有的制度与体系。

19世纪时,历史法学派学者,如萨维尼(Savigny),有一个理论,此理论在当时很流行,近世纪开始时亦然。此理论谓法律是可以发现的东西,不是可以创造的东西。法律只可发现,不可创造,在当时几成固定信条。政府立法机关所制定之法律,乃将已成的信念,加以形式化。照历史法学派学说,法典与制定条文,无非将固有规范,予以宣示。法律乃民族精神表现之产物,法律也可以说是民族伦理信念之表现。这种伦理的信念,经久渐成一种习惯,此习惯由法学家加以改造,法院加以加工,而渐成法律的规范。

17、18世纪的法学家,曾将法律看作经国家程序而表达的理智,将法律规范视作从自然、从天性而得来的纯理性之产物。19世纪历史法学派法学家又不相同,将法律另作别看,视法律无非经验,以为法律不过经过经验表达出来的一种规范,此经验由国家经各种方式以表现。历史法学派以为法律是人类中,每个人自由意志活动的范围受他人自由意志活动范围的限制,渐成习惯,经由国家形式,使成法律规范之表现。萨维尼谓:法律的标准形式即习惯。惟习惯足以代表法律规范,除习惯外他种法律规范无非习惯之另一种方式。历史法学派不大相信在习惯之外,尚有法律之存在,如在习惯之外另创造法律,乃不可能之事。此派学说(历史法学派)已在30年前绝迹,但历史法学派之许多学说已流传入社会哲学派中,并且我们应承认历史法学派仍有许多真理之存在。法律并非一口气所可吹成者,我们先有经验,然后再以理智发展此经验,使之发扬光大,最后,旧的经验发

---

* 本文是美国哈佛大学法学院院长庞德教授在南京各大学的讲演词,由杨兆龙翻译,此为陈锡祥所作的笔记。

展成新的经验,以新的经验回照旧的经验,视其是否仍行得通。有许多法律改革的方案,内容固好,成效则慢,结果有许多失败,原因在太激烈,未注意一般人已养成之习惯与行动,忽略了习惯的深入性。法律的规范须与受其支配之人民相配合,非受其支配之人民来配合法律规范。近世有欲以武力统治国家者,如20世纪初,第一次欧战后,此思想甚为普遍,使法学家们一时认为法律除权力之外,将无所寄托,因而产生一思想,即除权力外无法律,认为官吏之行为即法律,此思想因时代之进展,以后将很少听见。

19世纪之历史法学派,固有其缺点,但吾人若不以武断眼光观之,则其仍有甚多足供中国法制之参考。中国宪法中有许多固为近代比较法研究之结果,但源于中国固有之旧思想者亦复不少,此思想久为中国人所习惯。中国宪法是否要以历史的眼光或固有的思想制度作标准来制定,抑以1946年当时中国之情形作标准来制定?中国此时之情形与1788年美国制定联邦宪法时之情形显有不同。美国宪法背后有很久之历史,其思想有许多发源于中世纪之英国,此制度再由英国流入其北美殖民地,更适用于独立后之美国,故宪法之原则为美国人所已习惯。美国法学家兼政论家蒲莱斯(Bryce)谓:美国宪法很少是新的。中国则不同,宪法发展史上并无很长的历史。当然,每一种宪法都多少有其历史背景在。中国宪法之条文,溯其源甚远,或来自德国,或来自英国,属中国固有者,仅其中之一部分。此来自德英各国之条文,固有其历史,但中国宪法精神与理想究有多少为中国所固有,究应从历史方面去找,抑由英美方面去找?至于民刑法典,亦有相同问题发生。就近代各国一般的法典论,中国的法典是相当好的。中国的法典乃经由各国法典之比较研究,聪明的选择,适当的编制而成的。但法典之适用究竟应如何始适合中国人民的生活?有一部分人认为此新的中国法典即使不加以推翻,另起炉灶,至少也要将中国人民之伦理习惯,先加以明了,使解释上与之适合,然后方切实际。举例言之:中国固有之老年继承制的伦理习惯,此继承制度与古罗马法之制度较近,与欧洲大陆制度较远,中国欲从欧洲大陆之继承制度找模仿是很难的。当时起草法典者,据我所闻,即将中国固有习惯、伦理观念弃置,结果于适用上发生困难。如此,则历史法学派之理论又足供我们参考。

另外,陪审制度最近在中国又有人主张设立,其理由谓中国古时天子有"询万民"之制。国家元首询万民,乃氏族社会常见现象,并非中国所独有。古希腊时,一人被杀,要求赔偿,由地方士绅决定数额,此在荷马(Homer)史诗曾有记载。西欧有关此制之情形如日耳曼(Germans)亦有寻请邻人中之自由人组庭审判纠纷之制度。但以上所述种种制度,与以后佛兰克(Frank)民族之国王所遗留之收税陪审制度而来自罗马者不同。此制度在诺曼(Norman)征服时期,政府用之以收租税,迄威廉第二(William Ⅱ)即用作审判用,至亨利第二(Henry Ⅱ)时代,认为此制用作审判,甚为幼稚,又废置不用。就此言之,陪审制度往往被历史转做他用,所以历史可见是不可靠的。实际地讲起来,在中国的种种伦理思想风俗习惯上,很不容易发展成如英美之陪审制度。就中国目前论,法制应从理智上找根据,完全从历史上找根据是很难的。

最近世界经济的统一、交通的发展,已使全人类天涯若比邻,故法律亦趋于世界性发展,在联合国(United Nations)方面,亦有趋于政治统一运动,此对比较法学上有了鼓励。但是,详言之,各不同民族,基于经济、地理、语言、传统、习惯、思想、个性的不同,需要很长久的时间,始可趋于统一。虽然如此,但迄今为止,各国法制,仍有罗马法时代所确定之法律原则,17世纪法学者发现之法律原则,亦仍为若干民族所采用。由此,故可明显看出,法律亦可求出一般性原则,适用于各地,各不同民族经过长时间的适用,此一般性原则渐感习惯,而成为其所固有。由此知各国不必充分具其本国色彩而有其自用之法律。

在希特勒(Hitler)执政时期,德国拟全去掉外来原则之立法,以恢复古日耳曼之法制。但日耳曼法之较有永久性成分者,已为罗马法所吸收,如法国、西班牙、意大利、德国等,迄今仍保存此原则于各地方风俗习惯中,并在转变成为法律。德国除了这些永久性的原则被吸收外,剩余者已无存在之价值,且缺少有系统立法之程序与长久发展之原因,故德国此次之法律改革运动终归失败。

以上为历史法学派之理论。

历史法学派谓法律可发现，不可创造。19世纪，英国分析法学派出，与此说正相反，认法律可创造，不可发现。分析法学派之所以产生，乃应英国19世纪拟作立法改革之需要。依照分析派之法律定义，法律不过是经由政治社会组织之立法机关制定之规范以约束人民之行为者。任何规范如不经国家主权机关之承认或盖印于其上，均非法律。分析法学派所指者即制定之成文法、法典条文等。当时在分析法学派后面影响他们的是功利主义思想派，此派是伦理的哲学思想，而非立法的哲学思想。照分析派之说法，立法机关对于国家立法之不足，可以比较法学派补其不足。依彼言之，各国之法典，皆可供参考，而以理智作决定取舍之标准，而后再发扬光大之，最后经主权者之认可而成法律。虽然分析法学派为自然法学派之反动，但二者亦有其共同之点，即二者均认为有一种伦理的思想用理智发现之，然后由立法机关制成法律，而共同承认有最高之立法者。自然法学派学者认为，法律之根据为一种普遍实用的伦理规条，用理智发现之，由立法机关变为法律。分析法学派亦认为宇宙间人为社会中有一种普遍的功利原则或信条，由理智发现之，再经由立法机关变成法律。惟二者间亦有其相异之点：前者注重历史的一般性，后者注重现在社会的功利。但此乃不易发现者。历史派不以此为困难，认为与律师推事无关，即认为法律一旦经立法机关制定之后，法官即无事可做，仅以之适用解释而已。法律的批评，乃立法机关之事，非法官之事。法律的解释，应依立法机关之意思解释，方为真的解释。如立法机关并未依功利主义立法，则可请立法机关加以制定或修改，法院仅可依其解释之意思行之。

19世纪英国分析法学派，其所想者，乃当时英国万能之国会，在英国无一人能对议会之立法有所怀疑或反对，执行法律者仅能执行或适用。在中世纪时，亦有同样事情发生。罗马流传之法律法典，在基督教国家内无人能反对，法院亦仅能执行、适用，而不能反对。英国近代虽以国会万能，但与中世纪时对国会之思想不同。盖当时国会对宗教团体范围内之法律，无权过问，此情形直至宗教革命时，始告改变。在1688年以前，法院一向主张，若国会制定法律有违反人民利益原则及人民一般之信念时，应为无效。即一人不能自己为法官而裁判其自己之案件。

1688年之革命，因当时君权过高，本欲压抑君主权力之独裁，故提高国会之权力，但为英人始料所不及，国会独裁代替了君主独裁，由此奠定了国会独裁之基础。在美国，因殖民时代目睹英国制度之不良，乃用法学家Coke之理论。Coke于著书时，即将一个限制定入美国宪法，以停止议会之专权。但在美国由于合理（reasonable）之标准过于严格，且有时错用之结果，因观念之不同，致生不良之效果，使美宪限制过严，发生流弊，使立法机关陷于进退维谷之地，不能擅自运用其职权。故最近有一种趋势，反对"限制立法之职权"，以提高议会之权位。但亦有人反对，以为立法机关之武断专权，为一般极端国家常有之现象，故不可取。英国1943年曾有人主张：议会万能不合理，议会什么事都可做，甚至可通过一法案，使在某种年龄以上之人均可处死。同时在法国，立法机关权限亦甚大，无任何机关可以否定立法机关之作法，除非它本身，故在法国亦有反对此趋势之发展。法国大法学家狄骥（Duguit）曾主张予立法机关以限制，使其合于一切社会中均具有之联立关系。狄骥谓此联立关系在任何社会中均具有之，每一社会中之人，皆宜以分工方式进入此联立关系，故立法机关立法亦应遵此原则，如有违反，则由国家组织一委员会制裁之。故照今日之趋势观之，立法机关有其自己最后之决定权，并非一般国家普遍之趋势。

总括言之，英国分析法学派则与18世纪时历史法学派相反。分析法学派谓立法并非理智的发现，乃一种法律创造之工作，其目的在适合功利社会组织之需要。换言之，法律为某一时代、某一地方特别制定之规范。历史法学派之主张则否，认为法律至多是根据经验，用政治或其他方式表达之规范，在历史过程中继续不断地用一种自由的观念发现之。

19世纪，历史法学派与分析法学派均有一错误，即将法律当作规定制裁之产物（强制力），认法律皆为规条，而忽略了"原则"（principle），同时也忽略了法律里面的标准和观念（conception）。抑有进者,是二者都忽略了法律的技术,即各种规范如何使之体系化之方法,及将其变为法律后,如何去解释适用。此种法律的技术,一部分是有创造性的;从另一方面看,法律技术的作用,亦不视为立法的作用,或由司法上发挥之,或由法律研究上表现之,无论在立法上、司法上表现,均利用立法之原理、作用与技术。而立法作用并非毫无头绪与政策者,亦必有相当法典,以已有之规范为根据,经选择取舍而制定为法律,并蕴蓄已被吸收之理想于其中。故创造法律时往往以固有之规范作依据,以适应社会之需要,或以法律之理想作根据。此不仅为造法,且为发现法律的作用。不单是依此发现为根据,且须从历史上找其连续性。历史法学派与分析法学派在 19 世纪时所提出之极端主张,已为世人所唾弃。过去法律学者之研究,着重在"什么叫法律",现在则着重于"法律之作用为何?"但在中国,有些情形则有不同,盖中国既无新法典(指中国自己之法典),且在历史上缺乏法律之一贯政策。究竟中国宜采取固有之观念,抑另外创造呢?亦即中国究应以固有的背景(习惯历史制度)着手,抑专就立法技术着手呢?颇值研究。

  法律究为创造,抑为发现?在逻辑上不能并存,采其一,必弃其他。但实际言之,也可说法律一方面有创造的成分,一方面也有发现的成分。创造的成分乃适应新的环境需要,发现的成分乃整理历史上传统之移交。传统之伦理习惯与经验,法院不能以之为借口而不用,亦不能以西洋无此制度而弃置取消。另一方面吾人亦绝不能因中国有历史的法律,即据之为解释或制定法律之惟一标准。吾人采历史之传统者,厥在能使之成一独立体系之法律而不互相矛盾。历史上传统之遗留与创造新的法律,须相配合而融会为一。故我主张不应一味地模仿外来法制,应由中国的法学家研究中国固有的法制,使之配合现代中国人民之生活。但非谓中国应回复古制,或停止进步,而完全采用历史法学派之立法原则。我所主张的是:中国法典的解释、适用方面,不要盲目地抄袭外国人的,因为它要适用在中国人民自己身上和管理中国人民自己。

  近代所谓法律,与其谓为适合一国民族生活之产物,毋庸谓为许多民族根据理智而产生之共同产物。当然,中国有其自有之传统伦理与哲学,足以成为一套思想理论以适应其自己。在西洋中世纪时神权道德思想,在美国清教徒之理想,均会发生同样性质之效用,影响法律制度与社会秩序方面。此伦理道德思想,曾为法律之有力支持者;此伦理道德之衰落,在西洋已造成法律上紊乱之脚步而起了甚大的影响。中国法典之解释与适用,欲使其完全适合中国之需要,将来可从伦理方面下番工夫。比较法及历史法固均属重要,但专靠比较法及法制史,皆不能使中国法制有适当的发展。

  我们既然明了比较法与法制史之作用,进一步可研究其应用之方法。照社会法学派或功利法学派之理论,谓在适用解释法律之机关,遇有条文上两种以上之解释不相适合时,应根据一定之原则与法律的理想加以选择,作为裁判之根据,而收调和之作用(中国固有之伦理思想,即可作此种之根据)。社会法学派学者,注重法律制度之功能,以法律为控制社会之工具,故其主张解释、运用、发挥法律规范,均求适合社会之需要,以社会利益为目的。采取成文法典之国家,法院遇到案件时,采用分析的方法和历史的方法,将法典或其他法律规范,依据固有理想,加以发挥即可。至于一般人民之理想,也应予以适合(一般被承认之理想)。

  当一个新的正义观念正在发展流行,旧的正义观念衰落的时候,吾人究应以何理想,以确定此民族之理想,甚难为定。于此时,法院法官辄以直觉为之。所谓直觉与理想实无关系,直觉为经验之产物。凡有经验之法官,以其经验培养成适用直觉的习惯,此为经验的直觉,实则已非直觉。所谓直觉乃由运用法律的技术、经验的累积,逐渐培育而成为法官的第二天性(second nature)。在无学识或无经验之法官,其直觉无根据,往往是不可靠的,法律则重确实与公正。欲测好法制是否能兼顾此二者,可藉批评以达此目的。

  凭直觉判案或解决法律纠纷,唯在依日常经验,即众所周知的事件中,可依据第二天性而不生错误,其他则甚危险。有甚多特殊案件,不为普通经验所常有,则须运用法律的学识、裁判的经验、批评的方法所综合成的法律技术处理之,方不致出毛病。

· 立法文献 ·

吴经熊氏宪法草案初稿试拟稿*

第一篇　总　　则

第一条　中华民国为三民主义共和国。
第二条　中华民国之主权属于人民全体。
第三条　具有中华民国之国籍者为中华民国人民。
第四条　中华民国人民无男女种族宗教出生阶级职业之区别，在法律上一律平等。
第五条　中华民国之领土依其固有之疆域。
第六条　中华民国之领土非经国民大会议决不得变更。
第七条　中华民国之国都定于南京。
第八条　中华民国国旗定为红地左上角青天白日。

第二篇　民　　族

第一章　民族之维护

第九条　国内各民族均为中华民族之构成份子，在政治上一律平等。
第十条　中华民族以正义和平为本，但对于国外之侵略强权政府应抵御之。
第十一条　他国以武力侵占中华民国之土地，不得以媾和或订立和平条约割让之。
第十二条　秘密条约为民族主义所不容，应认为无效。
第十三条　中华民国与各友邦缔结条约，应基于国际平等互尊主权之原则，其有违反此原则者，应设法修改或废除之。

---

* 1933年春，杨兆龙经其师吴经熊（时任立法院宪法起草委员会副委员长）之推荐，受聘为宪法起草委员会专员。并于当年5月受其委托，草拟《中华民国宪法草案》初稿。它的基本框架是根据宪法起草委员会部分委员所提出的原则确定的。大意是"五权宪法不但可以有它特殊的内容，还可以很自然地以三民主义为经、五权制度为纬，自成一种形式与体系"。在沪经过一个月的紧张工作，完成了宪草初稿。为便于唤起各方之注意，引起各方之批评，经立法院院长孙科认可，决定以私人名义，即《吴经熊氏宪法草案初稿试拟稿》，于是年6月在《东方杂志》第30卷第7号上全文发表。此事内情迄今仍鲜为人知。史书只记载宪委会以此为契机，参照张知本提出的另一个宪法草案及各方对吴氏宪章提出的批评意见，经过十多次讨论，反复修改，七易其稿，历时两年半，终于1936年5月5日正式公布《中华民国宪法草案》，简称《五五宪草》。

第十四条　国际法上公认之规章,凡不背本宪法之精神者,视与中华民国法律有同等之效力。

第十五条　国内之弱小民族应扶植之,使有实行自治之能力与充分发展之机会。

第十六条　侨居国外之中华民族应由国家按其情形保护并扶植之。

第二章　民族之培养

第十七条　婚姻为民族发达之基础应受国家之保护。

男女两性应本平等互助之精神共谋家庭之幸福。

患精神病及其它遗传性之恶疾者,有贻害于民族及社会之危险,得以法律禁止其婚姻或防止其生育。

第十八条　妇女在生产前后,应由国家按其家庭环境身体状况予以相当之保护。

第十九条　未成年之男女,应由国家按其知识程度身体状况予以必要之保护。

第二十条　非婚生子应由国家保护之,使与婚生子享有生存及发展能力之均等机会。

第二十一条　民族地位之提高端赖教育,为父母者于其子女之德智体三育应注意之。

孝敬父母乃中华民族固有之美德,为子女者应遵守之。

第二十二条　有关历史文化艺术之古迹古物应由国家保护或保存之。

第三篇　民　　权

第一章　人民之权利义务

第二十三条　人民有依法律行使选举罢免创制复决之权。

第二十四条　人民有身体之自由,非依法律不得逮捕拘禁审问处罚。

人民因犯罪嫌疑被逮捕拘禁者,执行机关至迟应于二十四小时内,将执行原因告知其本人或其关系人,并移送于该管法院审问,本人或其关系人亦得声请该管法院于二十四小时内,向执行机关提审。

法院对于前项声请不得拒绝。执行机关对于法院之提审亦不得拒绝。

违反前三项规定者,均以私禁论罪,并负担损害赔偿之责。

第二十五条　人民除现役军人外不受军事裁判。

第二十六条　人民有居住之自由,其居住处所非依法律不得侵入搜索或封锢。

第二十七条　人民有迁徙之自由,非依法律不得停止或限制之。

第二十八条　人民有集会结社之自由,非依法律不得停止或限制之。

第二十九条　人民有秘密通信通电之自由,非依法律不得停止或限制之。

第三十条　人民有言论著作及出版之自由,非依法律不得停止或限制之。

第三十一条　人民有信仰宗教之自由,非依法律不得加以限制。

第三十二条　人民之财产非依法律不得查封或没收。

第三十三条　人民之财产因公共利益之必要,得依法律征用或征收之,但应予以相当之补偿。

第三十四条　人民有依法请愿诉愿及为行政诉讼国事诉讼民事诉讼刑事诉讼之权。

国家为扶助人民伸张正义起见,得设法律专员,指导诉讼程序及出庭辩护。

国家为巩固人民权利,减少人民诉讼起见,应设公证人励行公证制度。

第三十五条　人民有依法律应考试之权。

第三十六条　人民有依法律监督财政之权。

第三十七条　中华民国人民之权利,除本章规定者外,凡无背本宪法之原则者均承认之。

第三十八条　本章前列各条所称限制人民自由或权利之法律,非为维持公共利益或避免紧急危难所必要者不得制定之,其超过必要之程度者亦同。

第三十九条　戒严之法律超过维持公共利益或避免紧急危难必要之程度者无效。

宣告戒严应得立法院之同意。如遇有紧急情形时得于宣告后通知之。但经立法院表示异议者应即撤销。

第四十条　人民有依法律纳税之义务。

第四十一条　人民有依法律服兵役之义务。

第四十二条　人民有依法律服公务之义务。

公务员应由国家予以保障,保障法另定之。

第二章　国民大会

第四十三条　中华民国国民大会依左列方法选出之代表组织之:

一、县选举。每县及其同等区域选出代表一人,但人口超过百万者,得增选代表一人。

二、市选举。市人口每三十万人选出代表一人。

第四十四条　国民大会代表之选举,以普通平等直接之方法行之。

第四十五条　中华民国人民年满二十岁者有选举代表权,年满二十五岁者有被选举代表权。

第四十六条　国民大会代表之选举法另定之。

第四十七条　国民大会代表之任期为三年,于每届常会开会前六个月选定之。

第四十八条　国民大会于每三年之三月一日自行集会一次,其会期为一个月,但有左列情事之一者得开临时会:

一、国民代表三分一以上联名通告;

二、国民政府之牒集。

第四十九条　国民大会之主席由代表互推之。

第五十条　国民大会代表之职务于次届常会开会之前一日解除之。

第五十一条　国民大会之职权如左:

一、选举罢免总统副总统立法委员监察委员司法院院长副院长考试院院长副院长;

二、罢免国民政府之其它公务员;

三、提出法律案于立法院;

四、复决立法院所制定之法律;

五、决定宪法之采择施行及修正;

六、受理人民之请愿;

七、审核国民政府之政治报告;

八、解决国民政府提请解决之事项;

九、对于国家大政方针提出意见;

十、对于国民政府提出质问。

国民大会对于前项第五款之职权,应有全体代表三分之二出席,出席代表三分之二之同意始得行使。

第五十二条　国民大会之议决不得涉及左列事项:

一、变更国体;

二、移转主权。

第五十三条　国民代表有按照其所代表之县或市多数人民之意见提出议案于国民大会之义务。

第五十四条　国民代表不称职时，得由原选举区域随时撤销其代表资格，其程序另以法律定之。

第五十五条　国民代表在会议时所为之言论及表决对外不负责任。

第五十六条　国民代表除现行犯内乱犯或外患犯外，在会期中非经国民大会之许可，不得逮捕或监禁之。

第五十七条　国民代表大会之组织法另定之。

第三章　中央政制

第一节　国民政府

第五十八条　国民政府由总统及立法行政司法监察考试五院组织之。

第五十九条　国民政府对于国民大会直接负其责任。

第六十条　国民政府以总统为对内对外之代表。

第六十一条　国民政府之国务会议，由总统与五院院长组织之。以总统为主席。行政院各部部长，各委员会委员长，立法院各委员会委员长，依各该院院长之提请，得列席国务会议。

第六十二条　具有左列性质之事项由国务会议解决之：

一、与二以上之院有共同或牵连关系者；

二、需要二以上之院合作或互助者；

三、院与院间难以解决者；

四、关于简任以上公务员之任免者；

五、其它依法律应付国务会议解决者。

第六十三条　公布法律由总统以国民政府之名义行之。

第六十四条　国民政府发布命令，由总统依法署名，并经主管院院长之副署行之。

第六十五条　五院院长均得依法发布命令。

第六十六条　国民政府编制预算决算统一会计统计。

第六十七条　荐任以上之公务员，由各该长官提请国民政府任命之。

第六十八条　国民政府组织法另订之。

第二节　总　统

第六十九条　中华民国人民，年满三十五岁，完全享有公民权者，得被选举为总统。

第七十条　总统之选举应本下列之原则，其详以法律定之：

一、经国民代表二百人或省民代表三百人或五省以上之法定团体提名于国民大会者，为选举总统之初选候选人；

二、初选候选人应提出国事应兴应革之政见书于国民大会；

三、经国民大会初选后，以得票最多数之前六名为决选候选人。

第七十一条　决选时以得票最多数者当选为总统，次多数者当选为副总统，票数相同时，由国民大会复决之。

第七十二条　总统与副总统之任期均为六年，不得连任。
第七十三条　总统因故不能视事时，由副总统代行其职权。
总统与副总统俱不能视事时，由行政院长代行其职权。
第七十四条　总统应于任满之日解职。如届期次任总统尚未选出，或选出后尚未就职，次任副总统亦不能代理时，由现任副总统暂代。现任副总统亦出缺时，由行政院院长暂代。依前条及本条之规定，行政院院长代行总统职权时，其期限不得逾四个月。
第七十五条　总统为中华民国海陆空军大元帅统率海陆空军。
第七十六条　总统代表国民政府对外宣战或媾和，应依立法院之决议行之。
第七十七条　总统代表国民政府与外国缔结条约或协议，非经立法院之同意不生效力。
第七十八条　总统就行政院所辖之事项与行政院院长对于国民大会连带负责。
第七十九条　总统除犯内乱或外患罪外非经罢免或解职不受刑事上之诉究。
第八十条　总统副总统之岁俸以法律定之。

第三节　立法院

第八十一条　立法院为国民政府最高立法机关。
第八十二条　立法院设院长副院长各一人，由立法委员互选之。
第八十三条　立法院立法委员之名额不得过二百人，其任期为三年，连选得连任。
第八十四条　立法院开会时以院长为主席。
第八十五条　立法院有议决法律案、预算案、大赦案、宣战案、媾和案、条约案及其它关于重要国际事项之权。
第八十六条　总统及行政司法监察考试各院院长得向立法院提出法律案。
第八十七条　总统与五院院长或二以上之院长对于立法院已议定之法律得于公布前联名提请复议，立法院复议后仍持前议者不得再交复议。
第八十八条　总统及五院院长副院长各部会长得于立法院列席发言但无表决权。
第八十九条　立法委员于院内之言论及表决对外不负责任。
第九十条　立法委员于执行职务时，除现行犯外，非经立法院之许可，不得逮捕或监禁之。
第九十一条　立法院议决之法律案国民政府应于送达后十五日内公布之。
第九十二条　立法委员不得兼任中央政府地方院府各机关之职务。
第九十三条　立法院组织法另定之。

第四节　行政院

第九十四条　行政院为国民政府最高行政机关。
第九十五条　行政院设院长副院各一人由总统提交国民政府任命之。
第九十六条　行政院设各部会分掌行政职权。
第九十七条　行政院各部设部长次长，各会设委员长副委员长各一人。
第九十八条　行政院会议由行政院院长与各部部长，各委员会委员长组织之。会议时以行政院院长为主席。
第九十九条　左列事项应经行政院会议议决：
一、提出于立法院之宣战媾和或条约案；
二、提出于立法院之法律案；

三、行政院所属之概算案，拟定预算案及行政预算案；
四、行政院所属荐任以上公务人员之任免案；
五、行政院各部间不能解决之事项；
六、与二以上之部有共同或牵连关系之事项；
七、需要二以上之部合作或互助之事项；
八、应提交国务会议解决之事项。

第一〇〇条　行政院组织法另定之。

第五节　司法院

第一〇一条　司法院为国民政府最高司法机关。
第一〇二条　司法院设院长副院长各一人。其任期均为三年，连选得连任。
第一〇三条　司法院设最高法院及各级法院掌理司法审判事务，设专部掌理司法行政事务。
第一〇四条　关于特赦减刑或复权事项，由司法院院长提请国民政府议决行之。
第一〇五条　司法院院长监督所属法院裁判之执行。
第一〇六条　最高法院有统一解释普通法令之权。
第一〇七条　特别法院非本宪法所许可者不得设立，但军事法院不在此限。
第一〇八条　法官依据法律独立审判不受非法干涉。
第一〇九条　实任法官非受刑罚或惩戒处分或禁治产之宣告不得免职，非依法律不得停职转任减俸。
第一一〇条　司法院组织法另定之。

第六节　考试院

第一一一条　考试院为国民政府最高考试及铨叙机关。
第一一二条　考试院设院长副院长各一人，其任期为三年，连选得连任。
第一一三条　考试院得设部会办理考试及铨叙事务。
第一一四条　左列资格应先经考试院考试铨定之：
一、公务人员之任用资格；
二、公务人员之候选资格；
三、专门职业或技术人员之许可资格。
第一一五条　考试院组织法另定之。

第七节　监察院

第一一六条　监察院为国民政府最高弹劾及审计机关。
第一一七条　监察院设院长副院长各一人，由监察委员互选之。
第一一八条　监察委员之名额不得过五十人，其任期为三年，连选得连任。
第一一九条　监察院设审计部掌理执行预算及其它财务事项之事前审计事后审计及稽察事务。
第一二〇条　审计部设部长次长各一人，以长于会计学术并富有经验者充之，由监察院院长提请国民政府任命之，其任期为十年。

第一二一条　监察委员于执行职务时所发之言论对外不负责任,但处于故意诬陷他人者不在此限。

第一二二条　监察委员于执行职务时,除现行犯外,非经监察院之许可,不得逮捕或监禁之。

第一二三条　监察委员不得兼任中央政府地方政府各机关之职务。

第一二四条　监察院组织法另定之。

第四章　地方政制

第一节　省

第一二五条　省设省民代表会,代表全省人民行使省政权。

第一二六条　省民代表会由全省各市县参议会选出之代表组织之。

第一二七条　省民代表会于每年之八月一日自行集会一次,其会期为一个月,但有左列情事之一者得开临时会:

一、省民代表三分之一以上联名通告;

二、国民政府或省长之牒集。

第一二八条　省民代表会之职权如左:

一、选举省长省参议员;

二、向中央提请罢免省长;

三、向省长提请罢免省政府所属之公务员;

四、向立法院提出法律案;

五、向立法院提出法律复议案;

六、受理人民之请愿;

七、审核省政府之政治报告;

八、对于省政府提出质问;

九、就与本省有关系之事项向中央提出意见;

十、其它依法律应属于省民代表会议职权范围内之事项。

第一二九条　省设省政府。以省长及所属各行政长官组织之。

第一三〇条　省长受中央之指挥,执行省内之国家行政。

第一三一条　省长代表省民处理省务监督全省县自治。

第一三二条　省长由省民代表会选举三人,提请国民政府择一任命之,任期三年连选得连任二次,但未达完全自治之省,其省长由国民政府直接任命之。

第一三三条　省长经省民代表会全体代表三分之二出席,经出席代表三分之二同意,得请中央政府罢免之。

中央政府得将罢免案发回复议。若经省民代表会复议后仍持原议者,中央政府应即将省长罢免。

第一三四条　省设省参议会。由省民代表会选举之省参议员组织之。

第一三五条　省参议员之任期三年。每年改选三分之一,连选得连任。

第一三六条　省参议会之职权如左:

一、议决省预算决算及募债事项;

二、议决省单行法规事项;

三、建议省政兴革事项;

四、审议省长交议事项；
五、其它依法律应属于省参议会之议决事项。
第一三七条　省民代表、省长、省参议员之选举法，省民代表会、省政府、省参议会之组织法另定之。

第二节　县

第一三八条　县设县政府以县长组织之，县长由县民选举后提请省长转由国民政府任命之。
第一三九条　县长受省政府之指挥，综理全县政务。其任期为三年，连选得连任。
第一四〇条　县设县参议会，由县民选举之县参议员组织之。
第一四一条　县参议员之任期为三年，每年改选三分之一，连选得连任。
第一四二条　县参议会之职权如左：
一、议决县预算决算及募债事项；
二、议决县单行法规事项；
三、建议县政兴革事项；
四、审议县长交议事项；
五、其它依法律应属县参议会议决之事项。
第一四三条　县民得依法行使罢免创制复决之权。
第一四四条　县长县参议员之选举法，县参议会县政府之组织法另定之。

第三节　市

第一四五条　工商繁盛人口集中之地，得依法律所定标准设市。直隶中央或省政府。
第一四六条　市设市政府以市长组织之，市长由市民选举后其直隶中央之市，应提请中央任命之，其隶属省政府之市，应提请省政府任命之。
第一四七条　市长视其市之所隶属，受中央或省政府之指挥，综理全市政务。其任期为三年，连选得连任。
第一四八条　市设市参议会，由市民选举之市参议员组织之。
第一四九条　市参议员之任期为三年，每年改选三分之一，连选得连任。
第一五〇条　市参议会之职权如左：
一、议决市预算决算及募债事务；
二、议决市单行法规事项；
三、建议市政兴革事项；
四、审议中央或省政府交议事项；
五、其它依法律应属市参议会之议决事项。
第一五一条　第一百四十三条之规定于市准用之。
第一五二条　市长市参议员之选举法、市政府市参议会之组织法另定之。

第五章　中央与地方之关系

第一五三条　中央与地方采均权制。凡事务有全国一致之性质者划归中央。有因地制宜之性质者划归地方。
第一五四条　左列事项由中央立法并执行之：

一、国籍；
二、民法刑法诉讼法；
三、司法；
四、国防及军制；
五、外交及侨务；
六、考试；
七、历度量衡及其它全国应有一致规定之计算制度；
八、币制及国家银行；
九、国有财产、国税、国债及其它关系中央之财政事项；
十、邮政电报及其它国营水陆空交通或运输事业；
十一、国家工程及关系全国之建设事项；
十二、国营独占专卖及其它国营经济事业；
十三、商标专利特许及其它全国应有一致规定之经济权利事项。

第一五五条 左列事项由中央立法执行或由地方执行：
一、监察；
二、户籍；
三、土地制度；
四、地方政制；
五、教育及文化；
六、移民及垦殖；
七、财政及财政监督；
八、银行保险及其它金融事业；
九、卫生防疫及医药；
十、矿业森林及渔业；
十一、两省以上之水陆交通及水利；
十二、其它应有全国一致规定之事项。

第一五六条 凡未列举于前二条之事项，由地方立法并执行之。但其性质与中央及地方均有关系者，得由中央立法执行或委托地方执行或由中央规定原则，由地方立法并执行。惟在中央未有表示以前，其管辖权属诸地方。

第一五七条 中央对于地方所征租税为维持公益或保护民生起见，得以立法程序制定原则以资遵守。

第一五八条 地方之天然富源与大规模之工商事业，因资力不足不能由地方单独发展或兴办者，中央应予量力协助。所获纯利中央与地方政府各占其半。

第一五九条 海陆空军属于中央，依法律征集之。其驻在地以国防地带为限。
地方政府不得自置军队，设立军官学校及军械制造厂，但为维持地方治安得设警备队。
中央除对外战争不得调遣各省警备队。
各省非至自力不能平复内乱时，不得请求国军援助。

第一六〇条 地方政府所制定之法规与中央政府依本宪法所规定之法律抵触者无效。

第六章 财政及财政监督

第一六一条 各级政府之岁出岁入，均应编造预算。其预算在中央须经立法院之通过。在地方须经其参议会之通过，方得执行之。其执行应具备簿据。执行之结果应编造决算。由监察机关审核，分别定其责任并公告之。

各级政府之总预算及总决算均每一会计年度办理一次。

各级政府预算会计决算之范围及程序以法律定之。

第一六二条　左列各款事项，在中央政府非经立法院之议定，在各级地方政府非依法律并经其参议会之议定不得为之：

一、税赋、捐费、罚金、罚锾或其它有强制性质收入之设定及其征收率之变更；

二、公债之募集及增加公帑负担之其它契约之缔结；

三、授予专卖独占或其它特权契约之缔结或取消；

四、属于公营之专卖独占或其它有营利性质事业之设定或取消。

第一六三条　中华民国国境以内一切货物有自由流通之权。各级地方政府不得禁阻之。

关税应于货物出入国境时征收之，并以一次为限。对于国内货物之流通，不得设置关卡，以任何名义征收通过税，但因改良水陆道路而对于通过舟车征收之使用费不在此限。

出产税、消费税或其它对于货物征收之税捐，其征收之权属于中央政府。各级地方政府非因中央之委托不得征收之。

第一六四条　交通运输及其它公用事业之属于公营者，其价格在中央政府应由立法院议定之，在各级地方政府应由其参议会议定之。

各级政府之公营事业，均以营业管理办法管理之，得自行筹措其经费而负担其债务，但其净盈余或净亏空仍应编入总预算。

公营业之预算会计审计及决算程序以单行法律规定之。

交通运输及其它公用事业，非由中央政府经营者。因国防上之紧急需要，得由中央政府临时管理之。

第一六五条　预算中对于应举办之事项，其完成之期间在一年以上者，得设定继续经费。对于每岁支出之数额永久不变之事项，得以法律设定恒久经费。

第一六六条　凡政府机关之财务行政，均应用联立综合之组织。其办理预算决算会计统计之人员，应由超然之主计机关，掌其任免迁调，并监督指导其事务，其办理现金出纳之人员，应由统一之出纳机关，掌其任免迁调并监督指导其事务，其办理审计核查之人员，应由独立行使监察权之审计机关，掌其任免迁调并监督指导其事务。

第一六七条　凡有中华民国国籍之人民，对于该管各级政府之财政簿据得依法纳费。请求阅览除关系军事秘密或外交秘密外，各级政府机关不得拒绝之。

第四篇　民　　生

第一章　国民生计

第一六八条　经济组织应本于公平之原则，使国民均得维持相当之生存。

第一六九条　中华民国人民俱有不背正义与人道为精神上或体力上劳动之义务。

第一七〇条　有劳动能力非因怠惰或过失而失业者，政府应予以协助，使有适当之工作机会，其有工作者，应由政府制定保护法规，以改进其生活。

第一七一条　老弱残废失去劳动能力者，应由政府予以相当之救济。

第一七二条　为发展农村经济，政府应积极实施左列事项：

一、垦殖荒地开发水利；
二、设立农业金融机关奖励农村合作事业；
三、实施仓储制度预防灾荒充裕民食；
四、发展农业教育改善农民生活；
五、改良农村住宅兴筑农村道路；
六、改善佃农地位增进农工福利。

第一七三条　政府为保护人民生育安全及身体健康起见，应设公立医院助产治疗施送诊药。

第一七四条　劳资双方之关系以协调互利为原则。

第一七五条　人民之契约及职业自由，在不妨害公共利益及善良风俗之范围内，应保护之。

第一七六条　对于私有土地应以法律规定，严防滥用荒废及集中于少数人。

第一七七条　凡生产事业应由政府奖励并保护之。

第一七八条　重利之借贷及动产不动产之重租，应以法律禁止之。

第一七九条　对于遗产之承继应以法律或课税加以限制，但以不使承继人丧失生存及发展本能之必要资力为度。

第一八〇条　为谋国民经济之发展，政府应提倡各种合作事业及保险事业。

第一八一条　凡具有专利性质或独占性质之产业，应由政府集中资本为独立之经营。

第一八二条　人民生活必需品之产销及价格，得由政府调正或限制之。

第一八三条　中央及地方均得设立经济委员会，其详依法律之规定。

第一八四条　中央及地方关于经济事项之立法，应征询经济委员会之意见。

第一八五条　经济委员会除依前条之规定应提出意见外，并得为左列各事：
一、关于经济立法及行政自动建议于政府；
二、关于经济事项提出法律案于立法机关；
三、督促政府与农民工人商业实业团体之合作暨农民工人商业实业团体间相互之合作；
四、解决劳资之争议。

第二章　国民教育

第一八六条　中华民国之人民教育之机会一律平等。

第一八七条　实施教育时人格之培养与其它目的并重。

第一八八条　已达学龄之儿童，至少应使受六年之免费基本教育。

第一八九条　未受基本教育之人民，应一律由国家设法施以免费补习教育。

第一九〇条　已受基本教育成绩优异或有特殊天才而无力升学者，中央或地方政府经考验后，应设法补助之，俾得受中学以上之教育。

第一九一条　担任基本教育之教员，应予以保证并从优待遇。

第一九二条　中央与地方应宽筹教育上必须之经费并保障其独立。

第一九三条　私立学校成绩优良者应予以奖励及补助。

第一九四条　各学校教员应受检定方法以法律定之。凡检定合格之教员应予以奖励及保护。

第一九五条　华侨教育应予奖励及补助。

第一九六条　全国公私立学校，应设置免费及奖金学额，以奖进品学俱优而无力升学之学生。

第一九七条　关于学问及艺术之研究有发明及特殊成绩者，由国家奖励并保护之。

第一九八条　学术之研究及思想与社会秩序无直接妨害者，应保障其自由。

第五篇　宪法之保障

第一九九条　凡法律与本宪法抵触者无效。

第二〇〇条　本宪法非经四分之一国民大会代表或四分之一之省民代表会或四分之一之省职业团体之提议，并经国民大会之议决不得修改之。

第二〇一条　为直接或间接保障宪法之实行及解决关于宪法之纠纷，应设国事法院。

第二〇二条　国事法院之职权如左：

一、解释宪法上之疑义；

二、审查违宪之法令并宣告无效；

三、关于违宪行为之处分；

四、解决中央政府各机关间各地方政府间及中央与地方间之权限争议及其它不能解决之事项；

五、受理行政诉讼；

六、统一解释行政法令；

七、受理公务员被弹劾之案件，并惩戒被弹劾人及其它在行使国事法院职权时所发见应受惩戒之公务员；

八、移送负刑事责任之被惩戒公务员于普通法院审判；

九、解决其它直接或间接违背宪法而非普通法院所得解决之政治上事件。

第二〇三条　国事法院在其职权范围内所为之决定及解释，有拘束普通法院之效力。

第二〇四条　遇行政法令之解释与普通法令之解释有冲突时，由国事法院与最高法院各推相等之人数合组委员会互相讨论以求统一。

第二〇五条　国事法院设评事十一至十五人，其中过半数由国民大会直接选举之，余由国民政府五院各推二以上之候选人提请国民大会选举之。

第二〇六条　国事法院之评事须具左列资格：

一、年满三十五岁；

二、完全享有公民权；

三、曾在专门以上学校研究法律政治或经济之学毕业而有后开情形之一：

甲、关于法律政治或经济有专门之著作或有价值之贡献；

乙、在专门以上学校教授法律政治或经济之学三年以上；

丙、有五年以上行政或司法经验；

丁、经考试或铨叙合格。

第二〇七条　国事法院之评事中研究法律者至少应占五分之二，研究政治、经济至少应各占五分之一。

第二〇八条　国事法院设院长副院长各一人由各评事互选之。

第二〇九条　国事法院之评事，非经国民大会过半数代表之出席，出席代表三分之二之赞同不得罢免之。

第二一〇条　除前条规定外，国事法院之评事，非经监察院立法院之联合弹劾，再经监察院立法院最高法院所合组之委员会之惩戒，不得免职停职减俸或调任。但受刑事处分或受禁治产之宣告者不在此限。前项合组之委员会由监察院立法院各推二人最高法院推五人组织之。

第二一一条　国事法院之评事，除现行犯外，非经最高法院之许可，不得逮捕或监禁之。

第二一二条　国事法院之评事,为现行犯被逮捕或监禁时,逮捕或监禁之机关须于二十四时内将逮捕或监禁之理由通知最高法院。

最高法院接到前项通知后应即为许可与否之表示。

第二一三条　国事法院之决定或命令,由该法院自行执行或嘱托中央或地方政府机关执行之。中央或地方政府受前项嘱托者应立予执行。

第二一四条　国事法院之组织法、国事诉讼法、违宪罚法另定之。

国家总动员法*

第一条　国民政府于战时，为集中运用全国之人力物力，加强国防力量，贯彻抗战目的，制定国家总动员法。

第二条　本法所称政府，系指国民政府及其所属之行政机关而言。

第三条　本法称国家总动员物资，系指左列各款而言：

一、兵器弹药及其它军用器材；

二、粮食饲料及被服品料；

三、药品医药器材及其它卫生材料；

四、船舶车马及其它运输器材；

五、土木建筑器材；

六、电力与燃料；

七、通信器材；

八、前列各款器材之生产修理支配供给及保存上所需之原料与机器；

九、其它经政府临时指定之物资。

第四条　本法称国家总动员业务，系指左列各款而言：

一、关于国家总动员物资之生产修理支配供给输出输入保管及必要之实验研究业务；

二、关于民生日用品之专卖业务；

三、关于金融业务；

四、关于运输通信业务；

五、关于卫生及伤兵难民救护业务；

六、关于情报业务；

七、关于妇孺老弱及有必要者之迁移及救济业务；

八、关于工事构筑业务；

九、关于教育训练与宣传业务；

十、关于征购及抢先购运之业务；

十一、关于维持后方秩序并保护交通机关及防空业务；

十二、其它经政府临时指定之业务。

第五条　本法实施后，政府于必要时，得对国家总动员物资征购或征用其一部或全部。

第六条　本法实施后，政府于必要时，得对国家总动员物资之生产贩卖或输入者，命其储存该项物资之一定数量，在一定期间，非呈准主管机关，不得自由处分。

---

* 《国家总动员法》系杨兆龙教授奉命于1937年7月草拟完成的重要法律文件，当年8月初由立法院通过。但因原国民政府推迟对日宣战，故该法至1942年3月29日才正式公布，于同年5月5日施行。

第七条　本法实施后,政府于必要时,得对国家总动员物资之生产贩卖使用、修理、储藏、消费、迁移或转让,加以指导管理节制或禁止。

前项指导管理节制或禁止,必要时得适用于国家总动员物资以外之民生日用品。

第八条　本法实施后,政府于必要时,得对国家总动员物资及民生日用品之交易价格数量加以管制。

第九条　本法实施后,政府于必要时,在不妨碍兵役法之范围内,得使人民及其它团体从事于协助政府或公共团体所办理之国家总动员业务。

第十条　政府征用人民从事于国家总动员业务时,应按其年龄性别体质学识技能经验及其原有之职业等为适当之支配。

第十一条　本法实施后,政府于必要时,得对从业者之就职退职受雇解雇及其薪俸工资加以限制或调整。

第十二条　本法实施后,政府于必要时,得对机关团体公司行号之员工及私人雇用工役之数额加以限制。

第十三条　本法实施后,政府于必要时,得命人民向主管机关报告其所雇用或使用之人之职务与能力,并得施以检查。

第十四条　本法实施后,政府于必要时,得以命令预防或解决劳动纠纷,并得对于封锁工厂罢工怠工及其它足以妨碍生产之行为严行禁止。

第十五条　本法实施后,政府于必要时,得对耕地之分配、耕作力之支配及地主与佃农之关系加以厘定,并限期垦殖荒地。

第十六条　本法实施后,政府于必要时,得对货币流通与汇兑之区域,及人民债权之行使,债务之履行,加以限制。

第十七条　本法实施后,政府于必要时,得对银行信托公司,保险公司及其它行号资金之运用,加以管制。

第十八条　本法实施后,政府于必要时,得对银行公司工厂及其它团体行号之设立合并、增资本、变更目的、募集债款、分配红利、履行债务及其资金运用加以限制。

第十九条　本法实施后,政府于必要时,得奖励限制或禁止某种货物之出口或进口,并得增征或减免进出口税。

第二十条　本法实施后,政府于必要时,得对国家总动员物资之运费、保管费、保险费、修理费或租费,加以限制。

第二十一条　本法实施后,政府于必要时,得对人民之新发明专利品、或其事业所独有之方法图案模型设备,命其报告、试验并使用之。

关于前项之使用,并得命原事业主供给熟练技术之员工。

第二十二条　本法实施后,政府于必要时得对报馆及通讯社之设立、报纸通讯稿及其它印刷物之记载,加以限制、停止、或命其为一定之记载。

第二十三条　本法实施后,政府于必要时,得对人民之言论、出版著作、通讯、集会结社加以限制。

第二十四条　本法实施后,政府于必要时,得对人民之土地住宅或其它建筑物,征用或改造之。

第二十五条　本法实施后,政府于必要时,得对经营国家总动员物资或从事国家总动员业务者,命其拟定关于本业内之总动员计划,并举行必要之演习。

第二十六条　本法实施后,政府于必要时,得对从事国家总动员物资之生产或修理者,命其举行必要之试验与研究,或停止、改变原有企业,从事指定物资之生产或修理。

第二十七条　本法实施后,政府于必要时,得对经营同类之国家总动员物资、或从事同类之国家总动员业务者,命其组织同业公会或其它职业团体,或命其加入固有之同业公会或其它职业团体。

前项同业公会或职业团体主管机关,应随时监督并加以整理改善。

第二十八条　本法实施后,政府对于人民因国家总动员所受之损失,得予以相当之赔偿或救济,并得设置赔偿委员会。

本法实施停止时,原有业主或权利人及其继承人,对于原有权利有收回之权。

第二十九条　本法实施时,应设置综理推动机关,其组织另以法律定之。

关于国家总动员物资及业务,仍由各主管机关管理执行。

第三十条　本法实施时,前条综理推动机关,为加强国家总动员之效率起见,得呈请将有关各执行机关之组织、经费、权限,加以变更或调整。

第三十一条　本法实施后,政府对于违反或妨害国家总动员之法令或业务者,得加以惩罚。

前项惩罚以法律定之。

第三十二条　本法之公布实施与停止,由国民政府以命令行之。

国家总动员之施行日期令:三十一年四月二十五日。
国家总动员法定自民国三十一年五月五日起施行此令。

附:国家总动员法实施纲要*

第一　实施国家总动员法之使命与要领

国家总动员法之使命在于集中全国人力物力达成军事的胜利第一之目标,其方法为增加生产,限制消费,集中使用,而管制物资之生产、分配、交易、储存,乃至征购征用,实属紧要之图。

国家总动员法之实施,必须努力使各部分齐头并进,盖任何部分之动员均与其它部分有密切之连带关系,故应就人力物力各项动员拟定整个计划,使人民之业务劳动与物资之生产、交易、消费,以及财政、金融、运输等各部分,在共同目标之下联系合作,完成使命。

国家总动员法之实施,又须努力使在全国任何地区普遍推进,惟以我国幅员广大、社会情形、物资分布、生产条件、经济组织、乃至政治设施,均受地区之自然限制,而有发达不均之态势。为期推动之便利计,凡属国家总动员物资及业务之有全国性者,应于全国各地同时普遍实施;其有特殊性者,则应择时、择地分别进行以期兼顾而省纷扰。

第二　实施国家总动员法之机构与业务分配

甲　中央主管国家总动员业务之机关与其分掌

国家总动员业务应由主管部会署局分掌,必要时得酌增人员。其无主管机关者,由行政院斟酌指定之,并得于必要时增设专管机关。事涉两机关以上者,应由关系机关会商分掌范围,并由院长指定其中一个机关负综合联系之责。至若各部门总动员业务之综理、推动、联系、配合、审议与考核,则由国家总动员会议总揽之。

兹依国家总动员法所定业务,就主要有关机关按照下列规定分配掌理,行政院认为必要时,得指定其它有关机关加入。

---

* 《国家总动员法实施纲要》于1942年6月20日由国民政府颁行。该《实施纲要》不能确认是否由杨兆龙起草,但鉴于其与《国家总动员法》密切相关,故作为附录,以备参考。

（一）第五条"国家总动员物资之征购征用"，由经济部、粮食部、军政部、财政部、交通部、运输统制局、卫生署等掌理之。

（二）第六条"对国家总动员物资之生产、贩卖或输入者，命其储存该项物资之一定数量，在一定期间，非呈准主管机关不得自由处分"，由经济部、粮食部、军政部、财政部、交通部、运输统制局、卫生署等掌理之。

（三）第七条第一项"对国家总动员物资之生产、贩卖、使用、修理、储藏、消费、迁移或转让加以指导、管理、节制或禁止"，由经济部、农林部、粮食部、军政部、财政部、交通部、运输统制局、卫生署等掌理之。

（四）第七条第二项"对国家总动员物资以外之民生日用品之生产、贩卖、使用、修理、储藏、消费、迁移或转让加以指导、管理、节制或禁止"。粮食由粮食部掌理，盐糖油柴等专卖品由财政部掌理，其余民生日用品由经济部掌理。

（五）第八条"对国家总动员物资之交易价格、数量加以管制"，由经济部、粮食部、军政部、财政部、交通部、运输统制局、卫生署等掌理之。第八条"对民生日用品之交易价格、数量加以管制"。粮食由粮食部掌理，盐糖油柴等专卖品由财政部掌理，其余民生日用品由经济部掌理。

（六）第九条"在不妨碍兵役法之范围内，得使人民及其它团体从事于协助政府或公共团体所办理之国家总动员业务"及第十条"征用人民从事国家总动员业务时，应按其年龄、性别、体质、学识、技能、经验及其应有之职业等为适当之支配"。由社会部、经济部、军政部、农林部、粮食部、财政部、交通部、运输统制局、教育部、卫生署等掌理之。

（七）第十一条"对从事者之就职、退职、受雇、解雇及其薪俸工资加以限制或调整"。由社会部、经济部、财政部、农林部、军政部、交通部、运输统制局等掌理之。

（八）第十二条"对机关团体、公司行号使用员工之数额加以限制"，由社会部、经济部、财政部、交通部等掌理之。

第十二条"对私人雇工役之数额加以限制"。由社会部掌理之。

（九）第十三条"命人民向主管机关报告其所雇用或使用之人之职务与能力，并得施以检查"。由社会部掌理之。

（十）第十四条"以命令预防或解决劳工纠纷，并得对于封锁工厂、怠工，及其它足以妨碍生产之行为严行禁止"。国营事业之属于军政部及其它军事机关主管者，由军政部掌理之；国营事业及私人企业之属于其它各部会署局主管者，由社会部掌理，各主管机关协助之。

（十一）第十一条"对耕地之分配、耕作力之分配及地主与佃农之关系加以厘定，并限期垦殖荒地"。由地政署、农林部、财政部、粮食部、社会部掌理之。

（十二）第十六条"对货币流通与汇兑之区域加以限制"。由财政部四联总处掌理之。

（十三）第十七条"对银行、信托公司、保险公司及其它行号资金之运用加以管制"。由财政部、经济部四联总处掌理之。

（十四）第十八条"对银行、公司、工厂及其它团体行号之设立、合并、增加、以资本变更目的募集债款、分配红利、履行债务及其资金运用加以限制"。由财政部、经济部四联总处掌理之。

（十五）第十九条"奖励、限制或禁止某种货物之出口或进口，并得增征或减免进出口税"，由经济部、财政部掌理之。

（十六）第二十条"对国家总动员物资之运费、保管费、保险费、修理费或租费加以限制"。由交通部、运输统制局、军政部、经济部、财政部、粮食部等掌理之。

（十七）第二十一条第一项"对人民之新发明、专利品或其事业所独有之方法、图案、模型、设备，命其报告、试验并使用之"及第二项"关于前项之使用，并得命原事业主供给熟练技术之员工"。由经济部、军政部、教育部、交通部、运输统制局、农林部、卫生署、水利委员会、社会部等掌理之。

（十八）第二十二条"对报馆及通讯社之设立报纸、通讯稿及其它印刷物之记载加以限制、停止或命其为一定之记载"。由内政部、军事委员会、战时新闻检查局及行政院中央图书杂志审查委员会掌理之。

（十九）第二十三条"对人民之言论、出版著作通讯加以限制"。由内政部、军事委员会、战时新闻检查局、行政院中央图书杂志审查委员会、军事委员会邮电检查处掌理之。

第二十三条"对人民集会、结社加以限制"。由社会部、内政部掌理之。

（二十）第二十四条"对人民之土地、住宅或其它建筑物征用或改造之"。由地政署、内政部、军政部掌理之。

（二十一）第二十五条"对经营国家总动员物资或从事国家总动员业务者命其拟定关于本业内之总动员计划并举行必要之演习"。由各主管部会署局分掌之。

（二十二）第二十六条"对从事国家总动员物资之生产或修理者命其举行必要之试验与研究或停止改变原有企业从事指定的物资之生产或修理"。由经济部、军政部、交通部、运输统制局等掌理之。

（二十三）第二十七条第一项"对经营同类之国家总动员物资或从事同类之国家总动员业务者命其组织同业公会或其它职业团体或命其加入固有之同业公会或其它职业团体"及同条第二项"前项同业公会或职业团体主管机关应随时监督并加以整理改善"，由社会部、经济部、财政部、交通部、农林部、粮食部、运输统制局、卫生署等掌理之。

（二十四）第二十八条第一项"对于人民因国家总动员所受之损失得予以相当之赔偿或救济并得设置赔偿委员会"。由行政院于必要时设置委员会掌理之。

第二十八条第二项"本法实施停止时原有业主或权利人及其继承人对于原有权利有收回之权"。其决定由原购征用机关行之。

（二十五）第四条第五款中之一般卫生业务由卫生署掌理；伤兵救护业务由军政部掌理；难民救护业务由赈济委员会掌理。

（二十六）第四条第七款关于妇孺老弱及有必要者之迁移及救济业务由地方政府掌理；其救济业务由社会部、赈济委员会掌理。

（二十七）关于协助各主管机关推行动员法令，检举违反动员法令案件，并执行各种动员业务之检举事项，由国家总动员会议检察机构掌理之。

（二十八）关于国家总动员物资缉私特种货运之稽查及保护，由财政部掌理之。

关于国家总动员法中所定业务之分掌大体如右。尚有第四条中所定业务，其主管机关至为明显，无须再为指明者，不另列举。而右订业务分掌，于必要时，得由国家总动员会议，依国家总动员法第三十条之规定，建议行政院加以变更或调整，各主管部会署局亦得提出变更或调整之意见，呈请行政院交国家总动员会议审定后订之。

乙　省市主管国家总动员业务之机关与其权责

省市县政府为地方主管国家总动员业务之机关，依照中央主管机关所订各项动员计划与中央政府颁行之法令，切实办理各项动员业务，并监督所属各级机关努力执行。各省市县政府暨所属机关为办理动员业务必须增加人员时，应于报经行政院核准后行之，但不得新设机关。中央直属机关在各省市者，对于各该省市政府主管范围内之动员业务，应受各该省市政府督导，并与各级地方机关密切联系。各省市县动员会议任推动、联系、审议、考核之责。

省及直辖市政府为执行中央所颁国家总动员方案计划与法令，必要时得制订单行法令规章或实施办法，其制订与施行，应经省市动员会议之审议，并依一般法令所定或惯行之手续分别报请行政院或主管部会核定。

县市政府应切实执行中央颁布之方案、计划或命令内所订事项，暨省政府颁布之省单行法令规章中实施办法内所订事项，不得自行制订县市单行法规。

第三　国家总动员计划之要则

一、各主管部会署局对于人力、物力、财力应综合过去各方面之调查与统计，加以整理、估计，以为决定计划之根据，同时迅即施行必要之调查。

二、关于军事需要，应由军事机关依照作战要求及建军需要，参酌以往调办情形，分别军需成品之征购及军需之生产，拟具供应计划、生产计划与夫军事所需成品原料、生产工具等之军需总预计表及劳工预计表。

三、一般需用物资之机关，应就所管范围最小限度之需要物资，提出需要物资预计表及劳工预计表。

四、关于劳力及技术人员之供需，应在不妨碍兵役范围内由主管机关拟定运用计划。

五、主管物资之机关应就所管物资之生产、储藏及供需情形，并就军需总预计表及一般需要机关需要物资预计表，与各有关机关协议，初步供应计划，其不敷分配之物资未能协议者，提出于国家总动员会议解决之。

六、关于劳力应就增加收入、节约不必要之支出、管制金融等必要之措施拟定计划，并对于物资供需费用应考虑物价之波动予以合理规定。

七、主管运输机关应按事实需要，努力增进运输效能，有效利用水陆联运，妥善计划。

八、总动员物资应按物品种类、生产情形，以分区、就近、平均供应为原则，其需速济者应妥善筹划运输方策。

九、精神总动员应本意志集中力量集中之最高原则，以文化力量增强民族力量，妥善定计划。

十、各主管机关依照限期将所拟各项计划提出于国家总动员会议。

十一、国家动员会议就所需民用及资源供应情形详加审议，作成综合国力之总动员计划，由行政院呈经国防最高委员会核定施行。

十二、在总动员计划未制定前，其应迅即提前办理之重要措施，由各主管机关先提出于国家总动员会议核定施行。

第四　从事国家总动员业务之经济组织

一、公营或民营之公司、工厂、行号等应遵照非常时期工商业及团体管制办法，限期为公司登记或商业登记，并限期组织同业公会强制加入。

二、法令许可不为公司登记或商业登记之小规模营业，凡属经营公用或生活必需之物品者，无论临时或永久设立，均应向各该业同业公会登记并受其约束，履行非常时期工商业及团体管制办法之任务。

三、各级政府为管理动员上必要，得指定不同种类或不同地点之同业公会组织联合机构，各同业公会亦得自动申请组织，其办法由主管及关系机关商定之。

四、各县市政府除依照县各级合作社组织大纲之规定完成各级合作社之组织外，尤应注重消费合作社及产销合作社，各级合作主管机关并应次第限期组织县省中央联合社。

五、各级政府对上列各种经济组织，得命令其从事动员业务或授权办理指定之动员管理工作，并直接向政府检举违反动员法令规定之经济行为。

六、各级政府主管机关对上述各种经济组织应随时督导、考核，并得调训其工作干部或辅导自行训练其会员。

七、制定国家总动员法之意义在加强国防，对于一切生产力谋增殖。实施该法第五条之规定时，征用民营工厂当以违背动员法令及私人能力确难经营者为原则，其业有成效者应予以指导扶植。

第五　有关国家总动员业务之人民团体

一、各级主管社会行政机关,应限期完成各种职业团体,自由职业团体及其它与国家总动员业务有关之人民团体之组织,并分别强制或劝导各个人民必须加入一种团体为会员。

二、各种与国家总动员业务有关之人民团体,法律已有上级联合会之规定者,主管机关须限期强制其组织或参加。

三、各级主管社会行政机关,得依据动员法或管理动员机关之合法委托,随时分配人民团体以动员业务,并得授权办理指定之动员管理工作。

四、各级主管社会行政机关对各种人民团体应随时派员督导、考核,并指导演习动员计划或调训其干部及辅导自行训练其会员,对职业团体并得派遣书记或补助经费。

五、自由职业团体之工程师、医师、会计师、药剂师、新闻记者等团体关系动员业务甚大,应特别注重其登记调查及培养调节,以便随时征调使用。

动员法总论*

导　言

抗战以来,"动员"两个字差不多已成为家喻户晓的名词。有许多人,日夕所忙者也大都跳不出这两个字的范围。在军事方面,我们有所谓"军事动员";在经济方面,我们有所谓"经济动员";在工业方面,我们有所谓"工业动员";在文化方面,我们有所谓"文化动员";在民众方面,我们有所谓"民众动员";推而至于其它方面,我们还有其它种种"动员"。这些"动员"综合起来,我们便有所谓"总动员"或"全国总动员"。虽然"动员"两个字在事实上所达到的程度以及所采取的方法未必能使大家满意,可是国人之重视"动员",乃不可否认的事实。

最近国内讨论"动员"问题者很多。不但坊间发行着许多关于"动员"的书报杂志,就是学校及训练班里也往往设有关于"动员"的课程。这些关于"动员"的书报杂志及课程,究竟有无价值或是否切合需要,现在无暇讨论。不过有一点似乎是值得我们注意的,那就是:大家对于"动员"在法律方面的问题不甚注意。报章杂志上关于这种问题的文字固属凤毛麟角,而那些所谓"抗战丛书"、"战时丛书"等等里面至多也不过找得出一、二册毫无计划、毫无系统、杂凑成功、片断挂漏的战时或抗战法令汇编。至于那有计划系统的、讨论"动员法"原理的著作,据著者所知,还没有一本出现。这不消说是一个很大的缺憾——至少是法学界一个很大的缺憾。

上述情形之所以发生,其原因当然不止一端,不过国人之不重视法律,实其最主要者。自从"军事第一,经济、外交次之"的口号盛行以后,法律的"灰色"成分比以前格外加重。大家每不免把法律看作一种限制行动、阻碍抗战的东西,似乎只有"迂腐"者才应该去研究它。于是许多"文化人"都觉得与其谈法律,毋宁谈军事、经济、外交等等。这种态度的错误,当然是无可讳言的。因为一个国家,必须有组织与秩序。没有组织与秩序的国家,乃是一个不可思议的东西。一个国家,无论采行什么政体,或进化或落后到何等程度,总得有个统治机关,而这个统治机关总得在统治的领域内多少维持一点纪律。所谓"统治机关"与"纪律",便是一种组织与秩序的表现。法律是促成并维持国

---

* 在一九三八年十月全国总动员一致抗日的国难时期,军事、经济、文化、民众等各方面的动员舆论充满报刊,唯独"大家对于动员在法律方面的问题不甚注意",有关这方面的文章和著作均告阙如。杨兆龙认为这是"法学界一个很大的缺憾"。因此他在1937年起草了《国家总动员法》之后,翌年撰写了一部"有计划系统的、讨论'动员法'原理"的专著,为宣传全民抗战必须立法的事业做出了应有的贡献。该著作发表于《经世》战时特刊上,从第22期起开始连载。由于各地图书馆保存的期刊残缺不全,本书只收集到"导言"及"第一章动员法之性质",包括性质、任务、产生和演变三节,以飨读者。

家组织与秩序的最有力的工具,所以无论在何种国家都不可缺少;其所不同者,不过形式之好坏,内容之优劣,与数量之多寡而已。我们抗战时期,虽然有种种新的需要,但是仍不能没有组织与秩序——其实我们需要组织与秩序的程度,比平时还要厉害。因此我们对于法律,至少应该如平时一样地注意。

根据上面所说的,我们可以知道:动员法之研究乃今日所刻不容缓的一件事。著者学识疏浅,对于此道未敢说有何研究。不过近数年来曾特别留意于斯学并曾参加动员立法之实际工作(本年八月一日施行之军事征用法及军事征用法施行细则与去年八月间由立法院通过而尚未经国府公布之总动员法皆著者所起草者);一得之愚,或可供大家的参考。所以敢大胆地根据经验与研究所得先就动员法的总论部分,即动员法的几个基本共通的问题,加以简明的阐述。唯这是初次的尝试,谬误之处,在所不免。海内同好,幸予指正。

第一章　动员法之性质

动员法之性质,可从几个观点去研究。这些观点是:(一)动员法之定义,(二)动员法之任务,(三)动员法之产生与演变,兹分节说明于后。

第一节　动员法之定义

我们若要下一个最简单的定义,那我们可以说:动员法乃是关于"动员"的"法"。不过有些人看了这个定义,对于"何谓动员法?"这个问题还不能得着一个明了的答案。因为他们根本对于"动员"与"法"两个名词的意义就不大清楚。所以在说明动员法之定义时,我们应该进一步研究"动员"与"法"的意义。如果我们能够对于这两个名词得着确当的解释,那末我们自然会知道什么是动员法。

何谓"动员"呢？这个问题的答案因时代而不同。在最初的时候,"动员"即法文之Mobilisation,德文之 Mobilinaohung,仅指军队之召集、调遣、配备,以便作战而言。它是以"人"为主要对象的,虽然国家在作战时,除掉召集、调遣、配备军队外,不免有许多现在所称为"动员"的设施,如征用物品、募集战费等,但是在术语上这些设施都不叫做"动员"而别有名称。德国一八七三年战时国民应征法(Kriegsleistungsgesetz)及法国一八七七年军事征用法(Loi relative aux requisitions militaires)之将军事征用与军队动员划为二事,即其著例。我国的"动员"二字,袭自日本,专照文字解释,也可谓含有召集、调遣、配备人员(即军队)的意思,与上述德法二国的法律在十九世纪所采的解释如出一辙。日本之采用此二字,正是因为其国内的学者在明治维新之初受了西洋各国立法例的影响。

"动员"二字意义之扩张,可以说是最近二三十年来的事。从前军事家与学者大都以为:作战之胜负,取决于军队者最多;军队以外的一切,如一般民众的组织运用、经济财政的充实调整、国内资源的利用管理等等,虽有时被认为与战争的进展有相当关系,但不一定如军队那么重要,未便与军队相提并论。所以大家没有想到将应用于军队的"动员"这个术语扩张到军队以外的事物上面去。但是最近二三十年以来——尤其欧洲大战以来——军事家与学者的看法与前大不相同。大家都已明了:军队以外的一切对于战事的进展有时比军队还要重要;一个国家,在作战时,不但要"召集、调遣、或配备"它的军队,并且还要"集中、组织、发挥、或运用"它那军队以外的一切人力、物力,以适应战事的需要。这种军队以外的一切人力、物力的"集中、组织、调整、发挥、或运用",至少是和军队的"召集、调遣、或配备"有同样的意义的;谓之"动员",正所以表现它与战事的真正关系。因此大家渐将"动员"这个术语应用到这种事情上面去。到了现在,"动员"的适用范围,已经扩张到极度。简括地说一句,举凡一切因适应战事的需要而所有对于人力、物力的设施都可以"动员"名之。我们解释动员法的意义时所说的"动员"二字,就是这个意思。

其次,我们要研究什么是"法"。这个问题,在法律哲学上很引起一番争论,究应如何回答,至今都"学说纷纭,莫衷一是"。我们现在不是研究法律哲学,对于这个问题毋庸作过细的讨论,致引起题外的枝节。著者之所以提起这个问题,其目的只在说明一点,那就是:我们此处所说的"法"包括些什么东西?易言之,它是广义的呢还是狭义的呢?关于此点,著者可以简括地说一句:此处所说的"法"是广义的。凡是一种社会规范(social norm),遇必要时得有国家强制执行或维持者,都属于它的范围。它不仅是狭义的,由近代立法机关制定的法律,如英文的 statute 或 act、法文的 loi、意文的 degge,或德文的 Gesetz,而是一切遇必要时得有国家强制执行或维持的社会规范的综合。易言之,它是法文的 droit、意文的 diritto,或德文的 Recht。

根据以上的说明,我们关于动员法可得如下的定义:动员法者,乃关于集中、组织、调整、发挥,或运用人力、物力,以适应战事的需要,并遇必要时得由国家强制执行或维持的社会规范。

第二节　动员法之任务

动员法之任务,总括言之,不外适应国家因应付战事所发生之需要,但分析言之,则有下列二种,即:(一)规定此项需要之范围,(二)规定适应此项需要之方法与程序。

国家应付战事时所需要的东西,当然不外乎人力与物力二种。但是人力与物力范围很广,种类不一,究竟哪一种人力与物力是国家所需要的,在法律上不可无明确的规定。否则一般人民的权利固没有保障,就是执法的机关也无所适从。譬如:国家需要人当兵打仗,它所需要的究竟是何种人,易言之,究竟何种人应该当兵呢?是不是小孩子呢,是不是女子呢?因为要回答这些问题,各国的兵役法(即动员法之一种)或与兵役法具有同等性质的法令对于有当兵义务的"人"的范围不得不有所规定(参阅我国兵役法第三条)。又譬如:国家需要军需物而欲以征用的方法取得之。这种军需物究竟是些什么东西呢?是不是无所不包呢?是不是仅包括特定的或是有特种情形的几种物呢?因为要回答这些问题,各国的军事征用法(亦动员法之一种)或与军事征用法具有同等性质的法令对于被征用"物"的范围不得不有所规定(参阅我国军事征用法第二条、第三条、第七条至第十一条)。

仅规定需要之范围而不规定适应需要之方法与程序,那一般人民的权利还是没有保障,执法的机关还是无所适从。譬如:法令虽规定某种人应服兵役,但兵役究竟应该怎样服法,在事实上很有问题。管理这件事的是什么机关呢?人民应该怎样入伍呢?人民如违背法令,有什么制裁呢?人民如受了委屈,向哪里去请求救济呢?……这一大串的问题都不是很简单的。若听各人随便去解决,一定不会得着一致的答案,结果必不免发生纠纷。所以各国的兵役法或具有同等性质的法令对于服兵役的方法与程序都有所规定(参阅我国兵役法,兵役法施行暂行条例,违反兵役法治罪条例,修正陆军兵役惩罚条例等)。又譬如:法令虽规定某种物可以征用,但征用究应如何开始,由何种机关主管,对于被征用之物应否给予代价,其决定代价之标准与手续如何,人民对于主管机关之不当或不法处分有无救济办法,人民如非法违抗应如何制裁,行使征用权者如滥用职权应如何处罚……都很有讨论的余地。要使物的征用真能有益于国家而不令人民作无谓之牺牲,非一一予以规定不可。所以各国的军事征用法或具有同等性质的法令均能注意到军事征用的方法与程序(参阅我国军事征用法及军事征用法施行细则)。

各国的法令,因为立法政策与立法技术的关系,对于上述二点的规定,详略未必相同,内容不无出入。但这是另一问题,与上述关于动员法的任务各点是没有冲突的。凡是研究、起草、解释,或执行动员法的人对于前面所说种种应该时刻加以注意。

立法的人或解释法的人在决定动员法的任务——即确定上述之需要范围与适应需要之方法及程序——时,不能不有一个标准。这个标准,或是根据历史或习惯的,或是根据时代精神或心理的,或是根据哲学思想的,不一定都一致。唯无论如何,大家在抉择这个标准时所要考虑的一个根本问题只是,怎样调整国家的或社会的利益与个人的利益?换句话说,就是:将重心放在哪一种利益上?放在国家的或社会的利益上呢?还是放在个人的利益上呢?还是同时放在各方面——国家、社会、个人——的利益上呢？所以我们在研究或决定动员法任务的内容时，不可忽视这个问题。至于这个问题究应如何回答，当另行讨论（见后）。著者现在附带提及此点，其目的只在唤起读者的注意而已。

第三节　动员法之产生与演变

"法"是一种文化的产物，是一种文化的现象，动员法也不能例外。因此动员法的产生与演变，正和其它"法"的产生与演变一样，是随着各时代文化的需要与动向而转移的。

法的形式与内容在各时代未必尽同，动员法亦复如是。不过就作用而论，各时代的动员法是应该有一个共同之点的，那就是：它们都是关于集中、组织、调整、发挥、或运用人力或物力以适应战事的需要的社会规范。我们如拿这个标准去衡量各时代的社会规范，那我们可以说：动员法在有国家的时候就产生了。

不过在这里我们对于"国家"二字应该加以解释。历来讨论法与国家之关系的学者，因为对于"国家"的定义意见不一致，不知费了多少口舌，打了多少笔墨官司。有的说：法先于国家而产生。有的说：法后于国家而产生。又有的说：法与国家同时产生。这种种学说究竟孰是孰非，以"国家"二字究该如何解释为断。我们知道：国家的形式与内容，在各时代也不是尽同的。我们不应该专拿某一时代的国家为典型而以为凡与它不同者都非国家。我们只好拿国家的几种最基本共同之点来作决定的标准。从这几种最基本共同之点看来，国家者，实不过一种有相当组织的、自己在事实上构成至高独立的单位而服从一个最高统治权的、多数人的结合。依照这个定义，就是那些初开化时期，不受其它人节制的、规模最小的人的结合，即氏族或宗族（Clan），也不失为国家——即起码的国家。①

我们知道：在那些规模最小的人的结合，即氏族或宗族里面，人们便开始有一种共同遵守而遇必要时由统治者强制执行或维持的规范；这种规范，从国家的立场看来，便是"法"。所以"法与国家同时产生"这句话是对的。在那些自成至高独立单位的氏族或宗族——即起码的国家——之间，斗争是常见的事，这种斗争便是现代国际战争的雏形。因为有了这种斗争，各个氏族或宗族里面，在最初时便产生一种关于集中、组织、调整、发挥、或运用人力或物力，以适应斗争的需要的社会规范。这种社会规范，在必要时，是可由氏族或宗族里面的统治者强制执行或维持的。这可以说便是当时的动员法，便是现代动员法的滥觞。所以我们说：动员法在有国家的时候就产生了。

讲到动员法的演变，可从两方面加以说明。第一，从动员范围方面讲，最初的动员法内容虽简单，但照比例说起来，其范围却很广泛。因为"全民战争"或"全面战争"，在那氏族国家、宗族国家、游牧国家，或部落国家时代，甚而至于都市国家时代，几乎是典型式的战争。为了适应这种战争的需要，非将全国动员起来不可。这种"全民战争"或"全面战争"之所以会发生，其原因约有三种。

一、当时一般人的利害共同观念（idea of solidarity）很强。一国对外的战争是与每个老百姓的命运有密切关系的，非将全国的力量放进去不可。这种观念发生的主要原因是：（一）国家的规模小，构成分子不多，彼此易通声气，一般人比较会觉得自己在国家里面的地位相当重要，因而富有"国家兴亡，匹夫有责"的思想；（二）国家的构成分子，因为深觉得大家都是从同一个根源上产生出来的，彼此间有一种浓厚的感情，并且大家会感到共同的荣誉与耻辱；（三）亡国的惨痛结果——作奴隶或被屠杀——是极明显而极容易临到头上来的，大家都觉得有精诚团结以维持国家生命的必要。

二、战争在当时几乎是人类达到生存的必经过程。在那生产能力极薄弱而需要大面积的土地以维持人类基本生活的时候，战争是一种供给或维持生活基本需要的常用的手段。所以大家非以

---

① 国家起源于氏族或宗族之说，主张者甚多。德国已故法学泰斗科勒氏（Josef Kohler）即其中之一（见氏著《法律哲学读本》Lehrbuch der Rechtsphilosophie 一九〇九年版第八章第十二节）。

三、当时分工制度尚未发达。备战与作战的事，不像近代这样专由某种人负责担任。所以一到战争爆发，往往各方面的人都得贡献一部分的力量以适应战争的需要。这在一方面固然是由于时人分工观念之薄弱，但在另一方面却是由于人数过少，不敷分配。

但是上述的原因不久便渐归消灭。等到国家的范围扩大、生产的能力增进以后，一般人的利害共同观念渐趋薄弱，战争与人类基本生活的关系不复像从前那么深切，而分工的制度也慢慢地发达起来。于是"战争"渐由全国人参加的事而变为由全国一部分人代表参加的事。以后更经过历史的演变，它与一国人民的需要愈离愈远，一变而为少数崇尚虚荣、富有野心的首领扩张势力、提高威权的工具——即有关少数人利益而无补全国人幸福的事。因为这个缘故，动员的范围，在比例上，亦较前缩小。易言之，从前的全国动员倒反而变为局部动员。

不过在那专制政体盛行与人权思想不发达的时代，首领的意旨就是法律，人民适应战争需要的义务可以由首领以强力任意扩大。并且有时战争会接连几十年或整百年地打下去，全国各方面的人力或物力都会用到这上面去，其效力有时实与全国动员相差有限。

第一，就实际情形而论，那种在比例上范围最狭的动员——也可说，动员法——乃是那战争的规模性质与前尚大致相仿而法制与人权思想却已经盛行的时代的产物。这在十八至十九世纪的西洋宪政国家很可以看出来。当十八至十九世纪之际，西洋法治的思想与天赋人权的学说，正由理论而变为事实；个人主义异常发达；有许多国家的宪法与普通法律对于人民的基本权利（Grundrechte），如身体自由权、财产权、契约权、职业权、思想权等，予以特别保障。同时因为战争的设备与技术没有像最近五六十年来这样进步，国家在战争上所要求于人民者也不必怎样多，所以当时的动员法所涉及之范围很狭。现在所熟闻惯见的战时经济统制等等，见于法令者固属极少，就是那军事征用一类的事情，在法令上也没有大刀阔斧的规定。①

可是最近五六十年来——尤其欧洲大战以来——情形大不相同。一方面，战争的设备与技术随着科学而有长足的进步，从前简单的军队战争已一变而为科学的与经济的战争，大家非以全副的力量去应付它不可。另一方面，个人主义的思想渐失势力，法律的精神也随之改变。所以到了欧洲大战爆发以后，几个主要参战国的动员法便立刻随着战事的需要大大地扩充其范围了。② 今后的战争，在规模与性质上更有比欧洲大战伟大严重的可能，其需要或许比欧洲大战还要多。因此我们预料今后动员法的范围必有加无已。

第二，从动员法的形式方面讲，最初的动员法大都是不成文的。即或偶尔有成文的，也大都是简单的、片断的或散见各处的。其主要原因约有五种：（一）当时的法以习惯居大部分，其中制定的部分极少；（二）当时的社会情形简单，不需要条文详密的法；（三）当时立法事业不发达，立法技术还幼稚；（四）当时的人对于动员无整个的计划；（五）在专制的以及立法权与其它权不划分的时代，统治者的意旨就是法，不必讲求形式。

那有系统的、详密的、成文的动员法，大都是近代的产物。然而这句话在最初也只适用于少数的动员法，如军队编制法、兵役法、戒严法、军用刑事法（包括实体与手续法）、军事征用法等。至于其它的动员法，如关于战时经济的等等，仍是零零落落的。后者一直到欧洲大战的前夕止都没有取得一个完整的形式——老实说，这一类的动员法在那时简直还没有产生。在大战期间各主要参战

---

① 欧洲大战以前的德法英美等先进国动员法之不完备，即其明例。关于德法英三国的情形，可参阅 Heymann, Die Rechtsformen der militaerischen Kriegs Wirtschaft 一书第三八页至第七三页。

② 这只要看各国的战时法规汇编，便可知道。如德国 Guethe 与 Schlegelberger 二人合编的《战时法规》Kriegsbuch 一书有十二厚册之多，其中各种动员法规都有；其余如法国 Librairie generale de droitetde jurisprudence 书局出版的《战时立法》Liegislation de la guerre 一书（以一九一四年至一九一八年的立法为限）与奥国 Breitenstein 及 Koropatmicki 合编的《奥国战时法》Die Kriegsgesetze Oesterreichs（至一九一六年止）等都有七八厚册之多，也包括各种动员法。

国所颁行的这一类动员法,数量很多,但其形式完整、规定详密者,并不多见。这大概是因为事前无准备,而临时有不及通盘计划的缘故。大战以后,这样的动员法似乎可以多生产一些,但实际不然。①

世界各国中有没有一个国家已经制定一个综合的、有系统的、完密的、包括一切动员事项的,如民法典或商法典一样的动员法呢?这或者是大家所要提起的一个问题。著者的答复是:还没有。在欧洲大战期间英国曾颁行一种国防法(Defence of the Realm Consolidation Act)②,并且曾根据这个国防法由内阁以英王名义颁行一种国防条例(Defence of the Realm Regulations)。前者是一种授权法,后者是根据授权法制定的一种条例。二者可以算大战期间比较有系统而包罗丰富的动员法,但是严格讲起来,离上面所说的那种综合的动员法还远。大战以后,有些国家,如意大利、日本等,有所谓全国动员法或总动员法之制定。③但此项法规之主要目的,在授权与立法机关以外的政府机关,以便就各种动员事项直接制定条例规程或发布命令;易言之,它们大都是授权立法的——即立法机关将立法权授予其它机关的——文件,其主要任务是确定一些授权立法的标准;至于其它关于动员的详细规定,不包括在内者颇多。它们在性质上与英国的国防法无甚差别,所不同者,不过形式较为整齐而已。这并不是因为各国不情愿制定一个综合的、有系统的、完密的、包括一切动员事项的动员法,而实在是因为这种动员法的制定为事实所不许。因为有许多动员事项是贵乎临机应变而不宜于预为详密规定的(经济动员,即其一例)。如不论巨细都一律规定于一个法里面,将不免发生三种结果:(一)因对于某种事情在事前所见不周而规定失之挂漏;(二)因立法时见解的错误而规定不当;(三)因修改法律需经过立法机关,手续麻烦而费时误事。

---

① 只有日本等少数国家制定这类动员法(如日本之军需工业动员法),但所及之范围亦极小。
② 按该法溯源颇古,于一八四二年以前即已制定,唯名称稍异。大战中该法曾屡经修正补充。
③ 意大利于一九二五年颁布《全国动员法》;日本于本年(一九三八年)颁布《国家总动员法》(报载已施行)。

军事征用法[*]

第一章 总 则

第一条 陆海空军于战事发生或将发生时,为军事上紧急之需要,得依本法征用军需物及劳力。

陆海空军机动演习之征用,依第五章之规定。

第二条 前条第一项军需物及劳力,具备左列各款情形时,始得征用之。

一、确为军事上所必需者;

二、确为应征人所能供给,而不致妨害本人及其家属之基本生活者;

三、不能依其它方法取得,或虽能依其它方法取得而需时过久足以贻误军机者。

第三条 职业上所必需之物,不得征用。但于紧急危难之时,已无从执行其职业,或该物质征用并不妨害本人或其家属之基本生活者,不在此限。

第四条 军事征用权限,于左列各长官行使之。

一、陆海空军总司令;

二、军政部长、海军部长、航空委员会委员长;

三、陆军总司令、总指挥、军长、师长、独立旅旅长;

四、海军舰队司令、分遣舰长、陆战队独立旅旅长;

五、要塞或要港司令;

六、空军区司令指挥官;

七、兵站总监。

第五条 军事征用应视征用标的之性质,人民之便利及地方之供给力,适宜划分区或行之。

第六条 实施征用之时期及区域,由最高军事机关决定之。但遇战机紧迫不及由其决定时,有征用权者得先行决定,呈请补行核准。

第二章 征用标的

第七条 左列之物,除本法有特别规定外,得征用之:

一、弹药、枪炮、电信器具材料及其它作战之工具;

二、粮食、饮用水、饲料、燃料、饮食及烹饪器具;

三、服装及服装材料;

四、卫生医药之器具材料;

---

[*] 1937年7月12日公布,1938年7月1日起施行。

五、房屋、厩圈或仓库；

六、乘驮挽用之牲畜、车辆、船舶、铁道、火车、电车、航空器暨各种搬运及交通设备；

七、造船厂、航空器制造厂，及其它可供军用之工厂；

八、医院；

九、土地；

十、其它军事上所必需之动产及不动产，经国民政府以命令指定者。

第八条 征用物以征用区域或应征人现有者为限。但制造物得由有征用权者酌量制造者之能力，限令于相当时期内制就，以便征用。

第九条 养老院、盲哑院、慈幼院、托儿所、贫儿院、孤儿院、栖留所，战时救护组织及其它慈善机关使用之必要场所建筑物及设备，不得征用之。

第十条 左列各款，非在合围地内或紧急危难之时而确有征用之必要者，不得征用之。

一、政府及自治机关使用之场所、建筑物及执行职务所必要之物；

二、消防机关使用之场所、建筑物及执行职务所必要之物；

三、图书馆、博物馆、学校、习艺所及其它教育艺术机关使用之场所建筑物及设备；

四、公务或交通用必要之车马及供孳育之种牛种马。

第十一条 外国使馆领事馆及其所属人员之财产，不得征用。

外国人之财产，除条约另有规定外，依本法之规定。

第十二条 有征用权者对于征用标的，得视军事上之需要，为左列之处分。

一、使用；

二、其它军事上必要之处分。

第十三条 征用左列之物时，得并征用其操业者。

一、轮船、铁道、火车、电车、汽车、航空器、骡车、马车；

二、造船厂及其它可供军用之工厂；

三、医院。

第十四条 年满二十岁未逾四十五岁、身体健全之男子，为军事上必需之服务，得征用之。

前项规定，于左列之人不适用之：

一、正在服兵役中者；

二、公务员；

三、外国使馆领事馆所属人员及依条约应免征者；

四、学校之教职员及在学校肄业者；

五、独自经营农工商业，而因征用其所营事业无法维持者；

六、因被征用而家属之生活难以维持者；

七、职务上对于所在地之民众有重大贡献，而为该地民众所不可缺少者。

第十五条 人之征用次序如左：

一、无职业者应先于有职业者；

二、年少者应先于年长者；

三、多壮丁之户应先于少者。

第十六条 被征用之人，应按其职业经验学识技能及体质等，分配适当之工作。

第十七条 被征用之人，关于给养卫生纪律裁判事项，准用关于现役军人之规定。

第十八条 被征用人之财产，除第十三条所规定者外，不得征用。

第三章 征用程序

第十九条 征用由有征用权者签发征用书，交付于省行政长官，由省行政长官酌量地方之供给力，令其所属市县行政长官自行或委托区长乡长镇长实施征用。

直隶于行政院之市征用书，应径交付市行政长官，由市行政长官酌量地方之供给力，自行或委托区长实施征用。

第二十条 遇左列情形之一时，征用书得径交付市县行政长官区长乡长镇长。

一、征用标的为土地房屋饮用水，应就地征用者；

二、事机危急，不能依前条之规定办理者。

第二十一条 轮船、铁道、火车、电车、汽车、航空器，与其它类似之交通运输物及设备，不归省或直隶行政院之市管辖，或归二以上之省直隶行政院之市管辖者，征用书应交付于中央主管行政机关，由该机关斟酌情形，自行或委托所属机关实施征用。

第二十二条 遇必要时，征用书得径交同业公会，由该会负责人酌量同业之供给力，实施征用。

第二十三条 应征人无正当理由，拒绝或怠于交付征用之物或供给征用之劳力时，得强制征用之。

第二十四条 有征用权者收到或占有征用物后，应立即填发受领证，径行或转由征用区域之行政长官交应征人收执。

征用区域之行政长官或受委托征用者，应于应征人交付征用物时，发给临时受领证。

物主或占有人于实施征用时，不在征用地者，其受领证及临时受领证，由受委托征用者或所在地之警察机关或自治团体暂行保管，并应立即通知物主或占有人，无法通知者，应将征用标的物名称及被征地牌示或登报公告之。

第二十五条 有征用权者，应按已征用之劳力，填发证明书，交由应征人收执。

前项证明书，应于征用期终填发之。但征用期在一月以上者，应按月填发之。

第二十六条 有征用权者，征用区域之行政长官及受委托征用者，应将征用之人及物，详细登记簿册。

第二十七条 征用区域之行政长官，受委托征用者或应征人，如认征用为不当或不法，得向有征用权者或接受征用书者或受委托征用者请求纠正，如不为纠正时，得依左列规定声明异议。

一、对于行政长官或受委托征用者之处分，得向其直接上级机关声明异议，如不服其决定，得依次再向其上级机关声明异议。对于区长乡长镇长之处分，得径向市县行政长官为之。对于同业公会之处分，得向其所在地之市县行政长官为之。但对于行政院之决定，不得声明异议。

二、对于有征用权者之处分，得向有征用权者之直接上级机关声明异议，如不服其决定，得依次再向其上级机关声明异议，至最高军事机关为止。

前项所列受理机关收到声明异议后，至迟应于三十日内予以决定。

第二十八条 前条之声明异议，无停止征用之效力。但有征用权者，征用区域之行政长官或受委托征用者认为必要时，得自动停止或暂缓实施征用。

第四章 赔 偿

第二十九条 应征人因征用所受之损害，除本法另有规定外，应赔偿之，其损害之赔偿以现实直接者为限，赔偿金额应参照征用物之买卖或使用价格或劳力之代价定之。

前项价格或代价，依征用时之法定标准定之，无法定标准者，依有征用权者或征用区域之行政长官或受委托征用者与应征人之协议定之，不能协议时，依征用地于战事发生前三年间之平均价格或代价定之。

第三十条　战事发生后，由外国进口之物，以买入之价格及必要费用，另加周息五厘，法定标准买卖价格。

第三十一条　非现存之物，其成本高于战事发生前三年间之平均价格者，如不能协议价格，应以其成本及周息五厘为法定标准买卖价格。

第三十二条　依第十三条被征用之操业者，应按其征用时由服务机关或雇用人所得之报酬，给以劳力之代价。

第三十三条　被征用人工作完毕后，应资遣回原征用地。

仅供使用之征用物，应于使用完毕后发还原物主或占有人，除依第二十九条给予使用代价外，并应就其因使用而生之损坏或减少之价值，予以赔偿。

前项损坏或价值之减少，以非日常使用所生之当然结果者为限。

依第二项发还之物，如有损坏或减少价值情事，原物主或占有人未即当场验明者，应于发还后五日内，向有征用权者，征用区域之行政长官或有受委托征用权者提出书面声明。但其损坏或减少价值之情形，于五日内不能发见者，应于发见后五日内提出声明。其不提出声明，或其发见在发还后逾一月者，不得请求赔偿。

第三十四条　对于左列各款之使用，除有损坏或减少价值之情事外，不得请求赔偿。

一、无建筑物之空地；

二、牧场；

三、森林地；

四、私有之街道、巷弄、桥梁及其它类似设备；

五、空余之寺庙祠堂及其它类似之公共建筑物。

第三十五条　对于应征人因征用所受之损害，应于填发征用物受领证或征用劳力证明书后三个月内赔偿之。损害之程度不能实时确定者，其赔偿金应于损害确定之日起三个月内发给之。但有征用权者与应征人另有约定者，依其约定。

第三十六条　征用物运至交付地之搬运费及保管费，由实施征用者所属之机关先行垫付，于交付时由有征用权者偿还之。

第三十七条　应征人因征用所受损害之程度，于填发第二十四条之受领证或第二十五条之证明书时可以决定者，应由填发者于受领证或证明书内载明赔偿金额。其损害程度于发还征用物时始可决定者，应由发还人于发还时出具证明书，载明赔偿金额。

损害程度不能于前项时期决定者，应由有决定权者于决定后填发通知书，载明赔偿金额。

第三十八条　前条第二项赔偿金额之决定，由有征用权者或其代表为之，如有征用权者或其代表不在征用地或损害发生地或不为决定时，由该地行政长官为之。

第三十九条　应征人接到受领证证明书或通知书后，对于所载之赔偿金额，认为不足时，得于五日内向征用地之地方军事征用评定委员会声明异议。

第四十条　不依第三十七条之规定填发受领证明书或通知书，或怠于决定赔偿金额时，应征人得向地方军事征用评定委员会申请补填或决定。

第四十一条　不服地方军事征用评定委员会所为之决定者，得于决定书送达后十日内，向高等军事征用评定委员会再声明异议。但赔偿请求额在三百元以下或所争执之利益不满百元者，不得再声明异议。

对于高等军事征用评定委员会所为之决定，不得声明异议。

第四十二条　地方军事征用评定委员会，由左列人员组织之：

一、市县地方法院或其同等司法机关之推事或审判官一人；
二、市县行政长官或其所指派之代表一人，在直隶于行政院之市社会局长、或其所指派之代表一人；
三、所在地较高级军事机关之代表一人，如系同级，其公推之代表一人；
四、市县立法机关之代表一人，无立法机关者，由市县行政长官指定当地有资望之公民一人代之，如征用径由同业公会实施者，由该同业公会之代表一人代之；
五、当地商会代表一人。

地方军事征用评定委员会，以推事或审判官为主席。

第四十三条　高等军事征用评定委员会，由左列人员组织之：
一、高等法院或高等分院之推事一人；
二、省或直隶于行政院之市行政长官或其所指派之代表一人；
三、所在地较高级军事机关之代表一人，如系同级，其公推之代表一人；
四、省或直隶于行政院之市立法机关之代表一人，无立法机关者，由省市行政长官指定当地有资望之公民一人代之；
五、省或直隶于行政院之省商会代表一人。

已参与地方军事征用评定委员会者，关于同一事件，不得参与高等军事征用评定委员会。

高等军事征用评定委员会，以推事为主席。

第四十四条　第三十九条第四十条之声明异议，在地方军事征用评定委员会未组织前，得向征用地行政长官声明保留其声明异议之权利。

第四十一条之再声明异议，在高等军事征用评定委员会未组织前，得向省或直隶于行政院之市行政长官声明保留其再声明异议之权利。

第四十五条　因征用而受损害者，应于第三十五条所定赔偿金发给期开始后，或于赔偿金额经决定确定后，即将受领证明书或通知书或地方或高等军事征用评定委员会之决定书，提示于市县政府，汇经上级机关，向最高军事机关具领。

第四十六条　征用物之发还，由有征用权者或其代表，会同征区行政长官或受委托征用者行之。

第五章　陆海空军机动演习之征用

第四十七条　陆海空军为实施机动演习，得征用不动产。
前项不动产，具备左列各款情形时，始得征用之：
一、确为演习所必需者；
二、其征用不妨害应征人及其家属之职业，或使其生活发生困难者；
三、不能以其它方法取得者。

第四十八条　第九条第十条及第十一条所列之不动产，不得征用之。

第四十九条　第四条第六条及第二十三条之规定，于本章之征用准用之。但第六条之但书，不在此限。

第五十条　本章之征用，由有征用权者签发征用书，交付予演习地之市县行政长官，由市县行政长官酌量地方情形，自行或委托区长、乡长、镇长实施征用。

接受征用书者或受委托征用者，应于实施征用前，以书面通知应征人。

第五十一条　被征用之不动产，应于演习完毕后，立即由有征用权者会同接受征用书者或受委托征用者，交还原物主或占有人。

交还被征用之不动产时,应给予使用之代价,如被征用之不动产一部或全部损坏或毁灭,并应予以赔偿。

前项代价与赔偿之数额,依所在地当时通行之标准定之。

凡因演习而受第二项以外之损害者,亦得依第三项所定之标准请求赔偿。

第五十二条　前条第二项及第四项之有赔偿请求权者,应于征用之不动产交还或损害可发见之日起,五日内,径行或经由第五十条第二项之人员,向有征用权者提出书面声明。

第五十三条　有征用权者对于第五十一条第二项及第四项之使用代价及赔偿金额,应于决定后,以书面通知不动产之原物主占有人或请求赔偿者。

第五十四条　不动产之原物主或占有人认征用为不当或不法或征用代价为过低,或有损害请求权者不服有征用权者之决定时,得于收到征用之书面通知或征用代价或损害赔偿之书面决定后十日内,向所在地之第一审法院起诉。

第五十五条　前条起诉无停止征用之效力。但法院于判决前以裁定停止征用者,不在此限。

第二十八条但书之规定,于前项情形准用之。

第五十六条　第五十一条之使用代价及赔偿金,由征用地行政长官汇经上级机关,向最高军事机关具领分发。

最高军事机关接到具领使用代价或赔偿金之申请后,至迟应于一个月内发给之。征用地行政长官领到使用代价及赔偿金后,至迟应于十日内分发之。

第六章　惩　罚

第五十七条　应征人无正当理由而拒绝或怠于应征者,处一月以下之拘役或一百元以下之罚金,其教唆他人拒绝或怠于应征者亦同。

第五十八条　接受征用书者或受委托征用者,无正当理由而拒绝或怠于实施征用时,处一年以下之有期徒刑拘役或一千元以下之罚金。

第五十九条　第四条之有征用权者或接受征用书者或受委托征用者,实施征用时,滥用职权,拒绝或怠于履行第二十四条第二十五条第三十七条第四十五条或第四十六条之义务者,处五年以下之有期徒刑拘役或一百元以上三千元以下之罚金。

第六十条　第五十条第一项之接受征用书者或受委托征用者,无正当理由而拒绝或怠于实施征用,或滥用职权,或拒绝或怠于履行第五十条第二项及第五十六条第一项或第三项之义务者,处拘役或五百元以下之罚金。

第六十一条　第五十条第一项之有征用权者,滥用职权,或拒绝或怠于履行第五十一条第一项及第五十三条之义务时,处一年以下之有期徒刑拘役或一千元以下之罚金。

第六十二条　依第五十七条第五十八条及第六十条应处罚者,及依第五十九条应处罚之第十九条人员,依刑事诉讼法由普通法院审判之。

第六十三条　有征用权者应依第五十九条及第六十一条处罚时,由军事法庭审判之。

第七章　附　则

第六十四条　本法施行细则,由行政院会同最高军事机关定之。

第六十五条　本法施行日期,以命令定之。

军事征用法施行细则[*]

第一章　总　则

　　第一条　陆海空军征用军需物及劳力,在本法施行前者,除本施行细则有特别规定外,不适用本法之规定。
　　第二条　陆海空军于本法施行前,已颁发征用之命令,或通知而尚未实施征用者,除颁发征用命令,或通知之程序外,余均适用本法之规定。
　　第三条　陆海空军于本法施行前,已实施征用,而尚未发给赔偿金者,其赔偿金之数额,依本法决定之。但征用机关与应征人关于赔偿金之数额已有协议者,不在此限。前项赔偿金,由征用机关于数额确定后,遵照本法规定之期限发给之。
　　第四条　本法第四条所规定之人,于本法施行时,或施行后,在名称上如有变更,其军事征用权,由职务相等之人行使之。
　　第五条　本法及本施行细则,对于应征人所赋予之权利,及对于物之所有者,或占有人所加之义务,得由代理人或继承人享受或履行之。

第二章　征用标的

　　第六条　征用本法第七条第五款至第十款之物时,得一并征用其必要之从物或设备。工厂之现存原料,及医院之药品器械,以前项之从物或设备论。
　　第七条　依本法第八条征用之非现存物,以供消费或收归国有者为限。
　　第八条　本法第十二条之规定,仅适用于物之征用。
　　有征用权者,对于被征用之物,行使本法第十二条第二款之职权时,得为左列之处分:
　　一、收归国有;
　　二、改变其形体或结构;
　　三、暂由政府管理;
　　四、其它军事上必要之处分。
　　第九条　本法第十四条第一项之规定,于正在依国民工役法服非常时期之劳役者,不适用之。
　　本法第十四条第二项第一款之规定,仅于现役军人适用之。
　　本法第十四条第二项第三款之规定,于服务于外国使馆领事馆之中国人,不适用之。
　　第十条　本法第十五条第三款壮丁之数额,应除去本法第十四条第二项各款之人,及本施行细则第九条第一项之人计算之。

---

　　[*] 1937年12月16日行政院训令通行。

第十一条　依本法第十六条分配工作时,应使被征用之人担任与平时职业相等之职务,无相等之职务可分配时,应使担任与平时职业相类似或相近之职务。

第三章　征用程序

第十二条　征用书于必要时,得由邮局或电报局发送之,遇邮政或电报发生障碍时,有征用权者,得先以电话将征用书之内容通知接受征用书者,提前实施征用,事后仍迅速送达征用书。

第十三条　物之征用书,应载明左列事项：
一、征用物之名称,种类,及数量；
二、征用物如系制造品,其式样大小；
三、征用物如系土地或建筑物,其坐落地地址及面积或容量；
四、交付征用物之限期；
五、交付征用物之地点；
六、对于征用物所拟为之处分；
七、征用之事由；
八、接受征用书者。
前项征用书,应由签发征用者署名,并盖用其所属机关之印钤。

第十四条　人之征用书,应载明左列事项：
一、征用人之种类,数额；
二、对于征用人预定之工作；
三、送交征用人之限期；
四、送交征用人之地；
五、前条第一项第七款及第八款之事项。
前条第二项之规定,于前项征用书准用之。

第十五条　签发征用书者,得于征用书内列入第十三条第一项及第十四条第一项以外,关于征用标的应说明之特殊事项。

第十六条　接受征用书者,或受委托征用者实施征用时,应先调查所属区域或人民之供给能力,然后按照比例,决定各区域人应负义务之多寡。

第十七条　依本法第二十三条强制征用时,得准用行政执行法之规定。

第十八条　遇左列情形时,接受征用书者,或受委托征用书者,为迅速适应陆海空军关于物之需要,或免除人民之负累,得不实施征用而自行供给征用物。
一、征用物系动产；
二、征用物系供消费或收归国有者。
供给前项征用物之必要费用,由接受征用书者,或受委托征用者所属之机关先行垫付,然后向最高军事机关或其指定之机关具领。

第十九条　有征用权者,收到或占有前条之征用物后,应立即填发受领证,由供给征用物者所属之机关收执。

第二十条　建筑物与其从物或设备一并被征用时,填发受领证或临时受领证者,应同时发给征用物之清单。
前项规定,于征用其它需要详细记载之物时准用之。

第二十一条　本法第二十四条之受领证及临时受领证,与本施行细则第十九条之受领证,应载明左列事项：

一、征用物之名称,种类,及数量;
二、征用物如系制造品,其式样大小;
三、征用物如系土地或建筑物,其坐落地址及面积或容量;
四、应征人之姓名,住址,及其与征用物之关系;
五、应征人交付征用物之日期及地点;
六、对于征用物所拟为之处分;
七、征用物如系旧物,而其原有之价格可以稽考者,其原有之价格;
八、征用之赔偿金额,如可决定者,其金额。赔偿金额如系协议决定者,其协议决定之事实;
九、发给受领证之机关。

临时受领证中记载之征用赔偿金额,如不适当,得由有征用权者,于填发受领证时更正之。

第二十二条　本法第二十五条之说明书,应载明左列事项。
一、应征人之姓名,年龄,籍贯,职业,住址;
二、应征后所任之工作;
三、应征后工作之机关及期间;
四、工作之报酬额,如系协议决定者,其协议决定之事实;
五、填发证明书之机关及日期。

第二十三条　接受征用书者,或受委托征用者,送交被征用之人时,由有征用权者填发报到证,交由接受征用书者或受委托征用者收执。

前项报到证,应载明左列事项:
一、前条第一款第二款及第五款之事项;
二、报到之地点及日期。

第二十四条　受领证、临时受领证、证明书及报到证,均应由填发者署名,并盖用其所属机关之印钤。

第二十五条　填发受领证、临时受领证,证明书,报到证,及征用物之清单时,应留存根或副本。
前项存根或副本,应分别载明受领证、临时受领证、证明书、报到证及清单所载之事项。

第二十六条　征用之物及人,得由受委托征用者径行送交有征用权者指定之地点及机关点收,但应即将经过情形,呈报接受征用书者备查。

第二十七条　本法第二十七条第一项所规定之请求纠正及声明异议权,及第二十八条但书所规定之权利,亦得由接受征用书者行使之。

第四章　赔　偿

第二十八条　本法第二十九条第二项之法定标准,包括具有强制性之左列标准。
一、法律所定标准;
二、政府主管机关依据法律颁布之条例或命令所定标准。
任意性之法定标准,应后于协议标准适用之。

第二十九条　本法第二十九条第一项之价格或代价,无本施行细则第二十八条第一项之法定标准可依据时,亦得依接受征用书者,与应征人之协议定之。

第三十条　本法第二十九条第二项所规定战事发生前三年间之平均价格或代价,如无从调查,得代以战事发生前一年内之平均价格或代价,如该项平均价格或代价亦无从调查,得代以战事发生前一个月之平均价格或代价。

征用之实施,如系在战事发生之前,其赔偿金额参照征用实施时之价格或代价定之。

第三十一条　因物之征用所受之损害,无从依收归国有或使用之原则决定,或依该原则决定而显有不公平之虞者,比照前条及本法第二十九条所定标准,并斟酌征用实施时之社会情形,按其实际损害程度赔偿之。

第三十二条　本法第三十条及三十一条所称之周息五厘,以利润五厘论。

第三十三条　遇左列情形之一时,应预付全部或一部赔偿金。

一、征用非现存物时,应征人缺乏必要之资金者;

二、征用劳力时,应征人之家属缺乏必要之生活费者。

前项预付之赔偿金,由接受征用书者,或受委托征用者所属之机关,先行垫付,然后向应征人扣算,或发给赔偿金之机关,或有征用权者具领。

第三十四条　被征用人之赔偿金,除依前条之规定发给,或被征用人表示同意外,应按月分期发给之。

前项赔偿金,得不依本法第四十五条之程序,由应征人径向有征用权者或服务之机关具领。

第三十五条　被征用之人,于被征后,及到达有征用权者所指定地点前之食宿旅费,均由接受征用书者或受委托征用者所属之机关先行垫付,于被征用之人到达指定地点时,由有征用权者偿还之。

第三十六条　本法第三十六条之费用,亦得由接受征用书者所属之机关先行垫付,于交付征用物时,由有征用权者偿还之。

第三十七条　本法第三十三条第二项至第四项之规定,于受本施行细则第八条第二项第二款至第四款处分之征用物准用之。

原物主或占有人依本法第三十三条第四项得提出之书面声明,亦得向接受征用书者提出之。

第三十八条　征用物之主要部分毁损或改造,而不合原物主或占有人之用者,原物主或占有人得请求将征用物移归国有,给予赔偿金。

第三十九条　预定供使用,或受本施行细则第八条第二项第二款至第四款处分之征用物,于征用期间全部毁损者,原物主或占有人得于征用事由消灭,或发见征用物毁损之事实后,随时请求本法第三十八条之人,为赔偿之决定。

本法第三十七条第二项之规定,于前项情形准用之。

第四十条　发还征用物时,发还人应于原物主或占有人或其代理人,或继承人收执之受领证上,注明征用物已于某日发还字样,受领证仍由原物主或占有人或其代理人或继承人保留。

第四十一条　依本法第二十一条及第二十二条征用之物,得由有征用权者或其代表会同接受征用书者发还之。

第四十二条　发还征用物时,如原物主或占有人或其代理人或继承人不在原征用地,应将征用物交由当地警察机关或自治团体暂行保管,并由该机关或团体立即通知原物主或占有人或其代理人或继承人,其无法通知者,由该机关或团体牌示,或登报公告之。

第四十三条　遇前条情形时,本法第三十三条第四项所定提出书面声明之期间,及发见发还物损坏或减少价值等情形之期间,自原物主或占有人其代理人或继承人接受发还物之日起算。

第四十四条　依本法第三十七条第二项及本施行细则第三十九条第二项填发之通知书,应由填发者署名,并盖用其所属机关印钤。

第四十五条　依本法第三十五条能实时确定之损害程度,以下列者为限。

一、经有征用权者与应征人双方一致决定者;

二、经有征用权者决定,而应征人实时声明抛弃声明异议,或表示同意者;

三、依法律之特别规定,不容应征人有何争执者。

第四十六条　遇征用物为本法第二十一条之物时,如有征用权者或其代表不依本法第三十八条为赔偿金额之决定,或不在征用地或损害发生地,其赔偿金额之决定,应由中央主管机关为之。

第四十七条　本法第四十条关于补填受领证、证明书或通知书时，及决定赔偿金额之声请，与本法第三十九条之声明异议同其效力，地方军事征用评定委员会关于该项声请所为之决定，亦与关于声明异议所为之决定同其效力。

第四十八条　本法第四十二条第一项第一款及第二项之审判官，包括兼理司法县政府之承审员及其它类似性质之人。

第四十九条　地方及高等军事征用评定委员会之主席，综理委员会之行政事务。

第五十条　地方及高等军事征用评定委员会，得设书记官及其它职员。前项书记官及职员，得向所在地之司法或行政机关调用。

第五十一条　本法第四十三条第二项之规定，于本法第四十二条及第四十三条以外之人不适用之。

第五十二条　本法第四十四条第二项关于保留再声明异议权利之声明，亦得向为决定之地方军事征用评定委员会为之。

第五十三条　在地方军事征用评定委员会未组织前，如关于本法第二十一条之物。有依本法第三十九条或四十条声明异议，或为声请之必要，由应征人向中央主管机构声明保留其声明异议或为声请之权利。在高等军事征用评定委员会未组织前，如有依本法第四十一条再声明异议之必要，由应征人向为决定之地方军事征用评定委员会或中央主管机关声明保留其再声明异议之权利。

第五十四条　关于本法第二十一条之物，依本法第三十九条及第四十条声明异议，或为声请时，由直接管理征用物之机关所在地之地方军事征用评定委员会受理之。

第五十五条　对于地方及高等军事征用评定委员会之声明或声请，除在言词辩论中所为者外，应以书面提出之。

第五十六条　地方及高等军事征用评定委员会，不得征收任何讼费或费用。

第五十七条　地方及高等军事征用评定委员会审理及评议系争事件，委员应全体出席。

第五十八条　评议前条事件时，如出席人员，对于赔偿金之应否给付意见不一致，应先就该点表决之。

第五十九条　地方及高等军事评定委员会之评议，取决于出席人员过半数之意见。

评议赔偿金之数额时，如出席人持三种以上之不同意见，而持每种意见者，均不及过半数，应重行表决，如重行表决后，仍不能产生过半数之意见，应将赞成最多额之人数，与赞成次多数之人数，依次相加至凑满过半数为止，即以最后加入之人所主张之金额，为应征人征得之数额。

第六十条　本法第四十五条之受领证、证明书、通知书、或地方或高等军事征用评定委员会之决定书，遇征用物为本法第二十一条之物时，应提示于中央主管机关。

第六十一条　应征人将受领证，证明书，通知书，或地方或高等军事征用评定委员会之决定书，提示于市县政府或中央主管机关时，应由市县政府或中央主管机关发给收据。

前项收据，应载明受领证、证明书或通知书所载之事项，或决定书内左列之事项：

一、决定书之号码；

二、作成决定书之地方，或高等军事征用评定委员会；

三、赔偿金额；

四、赔偿之原因；

五、决定书送达之日期；

六、决定书之收执人。

第六十二条　最高军事机关因领赔偿金者之需要，及发款之便利，得会同行政院指定其它机关发给赔偿金。

第六十三条　市县政府或中央主管机关领到赔偿金后，应即通知或公告应征人，凭本施行细则

第六十一条之收据分别具领。

第五章　陆海空军机动演习之征用

　　第六十四条　本法第五十条之接受征用书者,及受委托征用者,得依本法第二十七条请求纠正或声明异议。
　　第六十五条　本法第五十一条第四项之规定,于应征人以外之人准用之。
　　第六十六条　本法第五十六条第一项之使用代价或赔偿金,得由征用地之行政官径向有征用权者所属之机关具领分发。
　　本法第五十六条第二项之规定,于前项之有征用权者准用之。其第三项之规定,于前项代价或赔偿金之分发准用之。
　　第六十七条　依据本法第四十九条实施强制征用时,得准用行政执法之规定。

第六章　处　罚

　　第六十八条　在本法第二十七条声明异议之期间,对于本法第五十七条及五十八条之嫌疑犯,第五十九条滥用职权之嫌疑犯,及有第六十条拒绝或怠于实施征用之嫌疑者,得停止裁判。
　　第六十九条　在本法第五十四条之起诉,及诉讼期间对于本法第六十条滥用职权之嫌疑者,得停止裁判。

第七章　附　则

　　第七十条　本施行细则自本法施行之日起施行。

惩治汉奸条例*

第一条　惩治汉奸，依本条例之规定，本条例无规定者，仍适用危害民国紧急治罪法、中华民国战时军律、刑法及其他法律之规定。

第二条　通谋敌国，而有左列行为之一者为汉奸，处死刑或无期徒刑。

一、图谋反抗本国者。

二、图谋扰乱治安者。

三、招募军队或其他军用人工、役夫者。

四、供给、贩卖或为购办、运输军用品或制造军械弹药之原料者。

五、供给、贩卖或为购办、运输谷米、麦面、杂粮或其他可充食粮之物品者。

六、供给金钱资产者。

七、泄漏、传递、侦查或盗窃有关军事、政治、经济之消息、文书、图画或物品者。

八、充任向导或其他有关军事之职役者。

九、阻碍公务员执行职务者。

十、扰乱金融者。

十一、破坏交通、通讯或军事上之工事或封锁者。

十二、于饮水、食品中，投放毒物者。

十三、煽惑军人、公务员或人民逃叛通敌者。

十四、为前款之人犯所煽惑，而从其煽惑者。

犯前项各款之罪，情节轻微者，处五年以上有期徒刑。

第三条　曾在伪组织或其所属之机关团体服务，凭借敌伪势力，为有利于敌伪或不利于本国或人民之行为，而为前条第二款以下各款所未列举者，概依前条第一款处断。

第四条　前二条之未遂犯罚之。

第五条　预备或阴谋犯第二条之罪者，处一年以上，七年以下有期徒刑。

第六条　明知为汉奸，而藏匿不报，或有包庇或纵容之行为者，处一年以上，七年以下有期徒刑。

第七条　故意陷害，诬告他人，犯本条例之罪者，依刑法规定，从事处断。

第八条　犯第二条第一项之罪者，没收其财产之全部。

前项罪犯未获案前，经国民政府通缉，而罪证确实者，得单独宣告没收其财产之全部。

第一项未获案之罪犯，虽未经国民政府通缉，而罪证确实者，得由有权侦讯之机关，报请行政院核准，先查封其财产之全部或一部，如系军人，报由中央最高军事机关核准之。

前项财产查封后，应即报请国民政府通缉。

---

* 此条例于1945年12月6日由国民政府颁布实施。

第九条　依前条没收或查封财产之全部时,应酌留家属必须之生活费。

第十条　依第八条第三项查封财产,得委托该管地方行政机关执行之。

执行查封之机关,应即造具财产目录,分别呈报行政院或中央最高军事机关。

第十一条　依本条例没收或查封之财产,应由执行机关公告之。

第十二条　明知为汉奸,将受没收或查封之财产,而隐匿收买寄藏或冒名代管者,处五年以下有期徒刑、拘役或科或并科三千元以下罚金。

第十三条　依本条例判决之案件,被告如系军人,应于宣判后三日内,缮具判决正本,并令被告提出声辩书,连同卷证,呈送中央最高军事机关核定。但有紧急处置必要者,得叙明犯罪事实,适用法条及必须紧急处置理由,电请核示。

中央最高军事机关对于前项呈核之案件,得行提审、派员莅审或移转管辖。

第十四条　汉奸案件应迅速审判,并公开之。

第十五条　曾在伪组织或其所属机关团体担任职务,未依本条例判罪者,仍应于一定年限内,不得为公职候选人或任用为公务员,其详细办法,由考试院会同行政院定之。如系律师,并应于一定年限内,禁止其执行职务。

第十六条　本条例自公布日施行。

战争罪犯审判条例*

第一条 战争罪犯之审判及处罚,除适用国际公法外,适用本条例之规定,本条例无规定者,适用中华民国刑事法规之规定。

适用中华民国刑事法规时,不论犯罪者之身份,尽先适用特别法。

第二条 具有下列情形之一者,为战争罪犯。

一、外国军人或非军人,于战前或战时,违反国际条约、国际公约或国际保证,而计划阴谋预备发动或支持对中华民国之侵略或其他非法战争者。

二、外国军人或非军人,于对中华民国作战或有敌对行为之期间,违反战争法规及惯例,直接或间接实施暴行者。

三、外国军人或非军人,于对中华民国作战或有敌对行为之期间,或于该项事态发生前,意图奴化摧残或消灭中华民族,而(1)加以杀害饥饿歼灭奴役放逐,(2)麻醉或统制思想,(3)推行散布强用或强种毒品,(4)强迫服用或注射毒药,或消灭其生殖能力,或以政治种族或宗教之原因,而加以压迫虐待,或有其他不仁道之行为者。

四、外国军人或非军人,于对中华民国作战或有敌对行为之期间,对中华民国或其人民,有前三款以外之行为,而依中华民国刑事法规应处罚者。

第三条 前条第二款之暴行,谓下列行为之一。

一、有计划之屠杀谋杀或其他恐怖行为。

二、将人质处死。

三、恶意饿毙非军人。

四、强奸。

五、掳掠儿童。

六、施行集体刑罚。

七、故意轰炸不设防地区。

八、未发警告,且不顾乘客与船员之安全,而击毁商船或客船。

九、击毁渔船或救济船。

十、故意轰炸医院。

十一、攻击或击毁医院船。

十二、使用毒气或散布毒菌。

十三、使用非人道之武器。

十四、发布尽杀无赦之命令。

---

* 此条例于1946年10月24日公布。1947年6月中旬,杨兆龙教授以中国司法代表团团长的身份,赴英伦敦会晤联合国战罪委员会主席及秘书长详论战罪问题,并报告我国处理战罪事件之情形,并应邀出席该会举行的审查会。

十五、于饮水或食物中置毒。
十六、对非军人施以酷刑。
十七、诱拐妇女,强迫为娼。
十八、放逐非军人。
十九、拘留非军人,加以不人道之待遇。
二十、强迫非军人从事有关敌人军事行动之工作。
廿一、军事占领期间,有僭夺主权之行为。
廿二、强迫占领区之居民服兵役。
廿三、企图奴化占领区居民,或剥夺其固有之国民地位权利。
廿四、抢劫。
廿五、勒索非法或过度之捐款或征用。
廿六、贬抑货币价值,或发行伪钞。
廿七、肆意破坏财产。
廿八、违反其他有关红十字之规则。
廿九、虐待俘虏或受伤人员。
三十、征用俘虏从事不合规定之工作。
卅一、滥用休战旗。
卅二、滥用集体拘捕。
卅三、没收财产。
卅四、毁坏宗教、慈善、教育、历史建筑物及纪念物。
卅五、恶意侮辱。
卅六、强占或勒索财物。
卅七、夺取历史艺术或其他文化珍品。
卅八、其他违反战争法规或惯例之行为,或超过军事上必要程度之残暴或破坏行为,或强迫为无义务之事,或妨害行使合法权利。

第四条 第二条各款之行为,以发生于中华民国二十年九月十八日以后,中华民国三十四年九月二日以前者为限。但第一款及第三款之行为,发生于中华民国二十年九月十八日以前者,亦得追诉之。

刑法第八十条关于追诉权时效之规定,于战争罪犯不适用之。

第五条 外国军人或非军人,于中华民国三十四年九月三日以后,集中以前,有第二条各款行为之一者,依中华民国刑事法规,由普通军法裁判机关审判之。

第六条 战争罪犯虽于中华民国三十四年十月二十五日以后恢复中华民国国籍,仍准用本条例之规定。

第七条 外国军人或非军人,对中华民国之盟国或其人民或受中华民国保护之外国人,有第二条各款行为之一者,分别准用本条例之规定。

第八条 战争罪犯不因下列事由而免除其责任。
一、犯罪之实施系奉其长官之命令。
二、犯罪之实施系执行其职务之结果。
三、犯罪之实施系推行其政府既定之国策。
四、犯罪之实施系政治性之行为。

第九条 对于战争罪犯处于监督指挥之地位,而就其犯罪未尽防范制止之能事者,以战争罪犯之共犯论。

第十条　战争罪犯有第二条第一款或第三款之行为者,处死刑或无期徒刑。

第十一条　战争罪犯有第三条第一款至第十五款之行为者,处死刑或无期徒刑,有第三条第十六款至第二十四款之行为者,处死刑、无期徒刑或十年以上有期徒刑,有第三条第二十五款至第三十七款之行为者,处无期徒刑或七年以上有期徒刑,有第三条第三十八款之行为者,处无期徒刑或七年以上有期徒刑,情节重大者,处死刑。

第十二条　战争罪犯之行为合于第二条第四款之规定者,依各该刑事法规所定之刑罚处断。

第十三条　民国三十三年六月十七日颁行之减刑办法,于战争罪犯不适用之。

第十四条　战争罪犯之案件,由国防部配属于各军事机关之审判战犯军事法庭管辖。

第十五条　前条规定,于已经同盟国特设之机构审判之战争罪犯,仍适用之,但其已执行之刑罚,得免于执行。

第十六条　审判战犯军事法庭之设置及其职权之划分,由国防部会商司法行政部后,提交战争罪犯处理委员会决定之。

第十七条　审判战犯军事法庭,由军法审判官五人及军法检察官一人至三人组织之。但案件较繁之法庭,得增置员额。审判战犯军事法庭开庭时,由军法审判官三人或五人出席,军法检察官一人莅庭。

第十八条　军法审判官,由审判战犯军事法庭所配属之军事机关遴选军法官三人,并由司法行政部遴选所在省市区之高等法院推事二人充任之。

军法检察官,由司法行政部遴选所在省市区之高等法院检察官一人或二人,并得由所配属之军事机关遴选军法官一人充任之。

依第十七条第一项但书增置员额时,由国防部会商司法行政部办理。

军法审判官、军法检察官,一律专任。

第十九条　审判战犯军事法庭,以司法行政部遴选之军法审判官一人为庭长,并以所遴选之军法检察官一人为主任军法检察官。

第二十条　审判战犯军事法庭庭长、军法审判官、主任军法检察官及军法检察官,由所配属之军事机关报请国防部,并由司法行政部分别提经战犯处理委员会决定后,由国防部呈请国民政府任命之,增置员额时亦同。

第二十一条　审判战犯军事法庭所在省市区之高等法院及所配属之军事机关,应分别指定推事、检察官及军法人员各一人或二人,准备于军法审判官或军法检察官出缺或不能执行职务时补充之。

前项人员经指定后,应由高等法院及所配属之军事机关通知审判战犯军事法庭,遇有军法审判官或军法检察官出缺或不能执行职务时,得由审判战犯军事法庭通知先行到庭执行职务。

第二十二条　审判战犯军事法庭庭长、军法审判官、主任军法检察官、军法检察官及其他需用人员之阶级,由国防部编制之。

前项审判战犯军事法庭需用之其他人员,由审判战犯军事法庭庭长荐由所配属之军事机关派用,报请国防部备案。

审判战犯军事法庭所需之经费预算粮服及其他设备,由所配属之军事机关长官拟定,报请国防部核定之。

第二十三条　审判战犯军事法庭庭长、军法审判官、军法检察官、书记官、通译等出庭时军服,并佩领章。

第二十四条　战事罪犯案件,由军政宪警机关,因人民之告诉、告发,或依职权,督率所属检举之。

前项调查检举程序,除本条例及其他法令另有规定外,由战争罪犯处理委员会决定之。

第二十五条 战争罪犯案件,经向审判战犯军事法庭径行告诉告发者,得由军法检察官侦查办理,但应于收案后一星期内,报请战争罪犯委员会备查。

第二十六条 战争罪犯案件,由军法检察官提起公诉。

第二十七条 审判战犯军事法庭审判战争罪犯案件时,得准被告选任具有中华民国律师法规定资格并在所在地法院依法登录之律师为辩护人,其未选任辩护人者,应指定所在地法院之公设辩护人为之辩护,所在地法院无公设辩护人者,应指定律师为辩护人。

第二十八条 审判战犯军事法庭关于战争罪犯案件之言词辩论及裁判宣示,应于公开法庭行之。

第二十九条 审判战犯军事法庭庭长,得于开庭前,指定军法审判官一人或二人,进行审理战争罪犯案件所应准备之事项。

第三十条 审判战犯军事法庭遇必要时,得指派军法审判官三人,军法检察官一人,至犯罪地审理战争罪犯案件。

第三十一条 审判战犯军事法庭宣告无罪,或军法检察官为不起诉之案件,应于宣告或处分后一星期内,报请国防部核准。国防部认为前项案件有疑义者,得命令再行侦查,或发回复审。

第三十二条 审判战犯军事法庭判决有罪之战争罪犯案件,由所配属之军事机关,连同卷证,报请国防部核准后执行之。但处死刑或无期徒刑者,应由国防部呈请国民政府主席核准后执行。

国民政府主席或国防部认为原判决违法或不当者,得发回复审。

前二项之规定,于复审判决仍适用之。

第三十三条 战争罪犯案件经判决后,除具有陆海空军审判法第四十五条各款情形之一者,得为复审之呈诉外,如对原判别有所申辩时,得于判决送达后十日内,提出申辩书,呈由原军事法庭转呈国防部核办。

第三十四条 战争罪犯之逮捕羁押审判及裁判,执行机关应随时将办理情形分别列表,报请国防部及司法行政部备查。

其详细办法由国防部会同司法行政部订定之。

第三十五条 本条例自公布日施行。

附:战争罪犯审判条例第二十五条及第三十二条修正条文*

第二十五条 战争罪犯案件,经向审判战犯军事法庭径行告诉告发者,得由军法检察官侦查办理。但应于收案后一星期内,报请战争罪犯处理委员会备查。

第三十二条 审判战犯军事法庭判决有罪之战争犯罪案件,由所配属之军事机关,连同卷证,报请国防部核准后执行之。但处死刑或无期徒刑者,应由国防部呈请国民政府主席核准后执行。

国民政府主席或国防部认为原判决违法或不当者,得发回复审,认为处刑过重者,得减轻其刑。

前二项之规定,除减刑外,于复审判决仍适用之。

---

*此修正条文于1947年7月15日公布。

联合国宪章[*]

序言

我联合国人民同兹决心

欲免后世再遭今代人类两度身历惨不堪言之战祸,

重申基本人权,人格尊严与价值,以及男女与大小各国平等权利之信念,

创造适当环境,俾克维持正义,尊重由条约与国际法其他渊源而起之义务,久而弗懈,

促成大自由中之社会进步及较善之民生,

并为达此目的

力行容恕,彼此以善邻之道,和睦相处。

集中力量,以维持国际和平及安全,

接受原则,确立方法,以保证非为公共利益,不得使用武力,

运用国际机构,以促成全球人民经济及社会之进展,

用是发愤立志,务当同心协力,以竟厥功

爰由我各本国政府,经齐集金山市之代表各将所奉全权证书,互相校阅,均属妥善,议定本联合国宪章,并设立国际组织,定名联合国。

第一章 宗旨及原则

第一条

联合国之宗旨为:

一、维持国际和平及安全;并为此目的:采取有效集体办法,以防止且消除对于和平之威胁,制止侵略行为或其他和平之破坏;并以和平方法且依正义及国际法之原则,调整或解决足以破坏和平之国际争端或情势。

二、发展国际间以尊重人民平等权利及自决原则为根据之友好关系,并采取其他适当办法,以增强普遍和平。

三、促成国际合作,以解决国际间属于经济、社会、文化及人类福利性质之国际问题,且不分种族、性别、语言或宗教,增进并激励对于全体人类之人权及基本自由之尊重。

---

[*] 1945年4月,反法西斯盟国的代表在美国旧金山开会。正式宣告成立联合国组织,通过《联合国宪章》。6月26日各会员国正式签署。中国代表团特派该团法律顾问吴经熊博士将该《宪章》外文本带回重庆,以便组织人员译成中文,在国内外从速发表。杨兆龙教授独受青睐,不辱使命,出色地完成了此项重任。《联合国宪章》于1945年10月24日正式生效,成为国际社会最重要的基本法律文献。在华语世界已经通行了半个多世纪,该《宪章》中文译者是谁,迄今仍鲜为人知。故此次收入文集,自属顺理成章。

四、构成一协调各国行动之中心,以达成上述共同目的。

第二条

为求实现第一条所述各宗旨起见,本组织及其会员国应遵行下列原则:

一、本组织系基于各会员国主权平等之原则。

二、各会员国应一秉善意,履行其依本宪章所担负之义务,以保证全体会员国由加入本组织而发生之权益。

三、各会员国应以和平方法解决其国际争端,避免危及国际和平、安全及正义。

四、各会员国在其国际关系上不得使用威胁或武力,或以与联合国宗旨不符之任何其他方法,侵害任何会员国或国家之领土完整或政治独立。

五、各会员国对于联合国依本宪章规定而采取之行动,应尽力予以协助,联合国对于任何国家正在采取防止或执行行动时,各会员国对该国不得给予协助。

六、本组织在维持国际和平及安全之必要范围内,应保证非联合国会员国遵行上述原则。

七、本宪章不得认为授权联合国干涉在本质上属于任何国家国内管辖之事件,且并不要求会员国将该项事件依本宪章提请解决;但此项原则不妨碍第七章执行办法之适用。

第二章 会 员

第三条

凡曾经参加金山联合国国际组织会议或前此曾签字于一九四二年一月一日联合国宣言之国家,签订本宪章,且依宪章第一百一十条规定而予以批准者,均为联合国之创始会员国。

第四条

一、凡其他爱好和平之国家,接受本宪章所载之义务,经本组织认为确能并愿意履行该项义务者,得为联合国会员国。

二、准许上述国家为联合国会员国,将由大会经安全理事会之推荐以决议行之。

第五条

联合国会员国,业经安全理事会对其采取防止或执行行动者,大会经安全理事会之建议,得停止其会员权利及特权之行使。此项权利及特权之行使,得由安全理事会恢复之。

第六条

联合国之会员国中,有屡次违犯本宪章所载之原则者,大会经安全理事会之建议,得将其由本组织除名。

第三章 机 关

第七条

一、兹设联合国之主要机关如下:大会、安全理事会、经济及社会理事会、托管理事会、国际法院及秘书处。

二、联合国得依本宪章设立认为必需之辅助机关。

第八条

联合国对于男女均得在其主要及辅助机关在平等条件之下,充任任何职务,不得加以限制。

第四章 大 会

组织

第九条

一、大会由联合国所有会员国组织之。

二、每一会员国在大会之代表,不得超过五人。

职权

第十条

大会得讨论本宪章范围内之任何问题或事项,或关于本宪章所规定任何机关之职权;并除第十二条所规定外,得向联合国会员国或安全理事会或兼向两者,提出对各该问题或事项之建议。

第十一条

一、大会得考虑关于维持国际和平及安全之合作之普通原则,包括军缩及军备管制之原则;并得向会员国或安全理事会或兼向两者提出对于该项原则之建议。

二、大会得讨论联合国任何会员国或安全理事会或非联合国会员国依第三十五条第二项之规定向大会所提关于维持国际和平及安全之任何问题;除第十二条所规定外,并得向会员国或安全理事会或兼向两者提出对于各该项问题之建议。凡对于需要行动之各该项问题,应由大会于讨论前或讨论后提交安全理事会。

三、大会对于足以危及国际和平与安全之情势,得提请安全理事会注意。

四、本条所载之大会权力并不限制第十条之概括范围。

第十二条

一、当安全理事会对于任何争端或情势,正在执行本宪章所授予该会之职务时,大会非经安全理事会请求,对于该项争端或情势,不得提出任何建议。

二、秘书长经安全理事会之同意,应于大会每次会议时,将安全理事会正在处理中关于维持国际和平及安全之任何事件,通知大会;于安全理事会停止处理该项事件时,亦应立即通知大会,或在大会闭会期内通知联合国会员国。

第十三条

一、大会应发动研究,并作成建议:

(子)以促进政治上之国际合作,并提倡国际法之逐渐发展与编纂。

(丑)以促进经济、社会、文化、教育及卫生部门之国际合作,且不分种族、性别、语言或宗教,助成全体人类之人权及基本自由之实现。

二、大会关于本条第一项(丑)款所列事项之其他责任及职权,于第九章及第十章中规定之。

第十四条

大会对于其所认为足以妨害国际间公共福利或友好关系之任何情势,不论其起源如何,包括由违反本宪章所载联合国之宗旨及原则而起之情势,得建议和平调整办法,但以不违背第十二条之规定为限。

第十五条

一、大会应收受并审查安全理事会所送之常年及特别报告;该项报告应载有安全理事会对于维持国际和平及安全所已决定或施行之办法之陈述。

二、大会应收受并审查联合国其他机关所送之报告。

第十六条

大会应执行第十二章及第十三章所授予关于国际托管制度之职务,包括关于非战略防区托管协议之核准。

第十七条

一、大会应审核本组织之预算。

二、本组织之经费应由各会员国依照大会分配限额负担之。

三、大会应审核经与第五十七条所指各种专门机关订定之任何财政及预算办法,并应审查该项专门机关之行政预算,以便向关系机关提出建议。

投票

第十八条

一、大会之每一会员国,应有一个投票权。

二、大会对于重要问题之决议应以到会及投票之会员国三分之二多数决定之。此项问题应包括:关于维持国际和平及安全之建议,安全理事会非常任理事国之选举,经济及社会理事会理事国之选举,依第八十六条第一项(寅)款所规定托管理事会理事国之选举,对于新会员国加入联合国之准许,会员国权利及特权之停止,会员国之除名,关于施行托管制度之问题,以及预算问题。

三、关于其他问题之决议,包括另有何种事项应以三分之二多数决定之问题,应以到会及投票之会员国过半数决定之。

第十九条

凡拖欠本组织财政款项之会员国,其拖欠数目如等于或超过前两年所应缴纳之数目时,即丧失其在大会投票权。大会如认拖欠原因,确由于该会员国无法控制之情形者,得准许该会员国投票。

程序

第二十条

大会每年应举行常会,并于必要时,举行特别会议。特别会议应由秘书长经安全理事会或联合国会员国过半数之请求召集之。

第二十一条

大会应自行制定其议事规则。大会应选举每次会议之主席。

第二十二条

大会得设立其认为于行使职务所必需之辅助机关。

第五章　安全理事会

组织

第二十三条(注:1963年12月17日经大会通过修正,1965年8月31日生效。二十三条的修正案将安全理事会理事国自十一国增至十五国。)

一、安全理事会以联合国十五会员国组织之。中华民国、法兰西、苏维埃社会主义共和国联盟、大不列颠及北爱尔兰联合王国及美利坚合众国应为安全理事会常任理事国。大会应选举联合国其他十会员国为安全理事会非常任理事国。选举时首宜充分斟酌联合国各会员国于维持国际和平与安全及本组织其余各宗旨上之贡献,并宜充分斟酌地域上之公匀分配。

二、安全理事会非常任理事国任期定为二年。安全理事会理事国自十一国增至十五国后第一次选举非常任理事国时,所增四国中两国之任期应为一年。任满之理事国不得即行连选。

三、安全理事会每一理事国应有代表一人。

职权

第二十四条

一、为保证联合国行动迅速有效起见,各会员国将维持国际和平及安全之主要责任,授予安全理事会,并同意安全理事会于履行此项责任下之职务时,即系代表各会员国。

二、安全理事会于履行此项职务时,应遵照联合国之宗旨及原则。为履行此项职务而授予安全理事会之特定权力,于本宪章第六章、第七章、第八章及第十二章内规定之。

三、安全理事会应将常年报告、并于必要时将特别报告,提送大会审查。

第二十五条

联合国会员国同意依宪章之规定接受并履行安全理事会之决议。

第二十六条

为促进国际和平及安全之建立及维持,以尽量减少世界人力及经济资源之消耗于军备起见,安全理事会借第四十七条所指之军事参谋团之协助,应负责拟具方案,提交联合国会员国,以建立军备管制制度。

投票

第二十七条(注:1963年12月17日经大会修正,1965年8月31日生效。修正后的第二十七条规定安全理事会关于程序事项决议,应以九理事国(前为七理事国)之可决票表决之,对于其他一切事项之决议,应以九理事国(前为七理事国)之可决票包括安全理事会五常任理事国之同意票表决之。)

一、安全理事会每一理事国应有一个投票权。

二、安全理事会关于程序事项之决议,应以九理事国之可决票表决之。

三、安全理事会对于其他一切事项之决议,应以九理事国之可决票包括全体常任理事国之同意票表决之;但对于第六章及第五十二条第三项内各事项之决议,争端当事国不得投票。

程序

第二十八条

一、安全理事会之组织,应以使其能继续不断行使职务为要件。为此目的,安全理事会之各理事国应有常驻本组织会所之代表。

二、安全理事会应举行定期会议,每一理事国认为合宜时得派政府大员或其他特别指定之代表出席。

三、在本组织会所以外,安全理事会得在认为最能便利其工作之其他地点举行会议。

第二十九条

安全理事会得设立其认为于行使职务所必需之辅助机关。

第三十条

安全理事会应自行制定其议事规则,包括其推选主席之方法。

第三十一条

在安全理事会提出之任何问题,经其认为对于非安全理事会理事国之联合国任何会员国之利益有特别关系时,该会员国得参加讨论,但无投票权。

第三十二条

联合国会员国而非为安全理事会之理事国,或非联合国会员国之国家,如于安全理事会考虑中之争端为当事国者,应被邀参加关于该项争端之讨论,但无投票权。安全理事会应规定其所认为公平之条件,以便非联合国会员国之国家参加。

第六章 争端之和平解决

第三十三条

一、任何争端之当事国,于争端之继续存在足以危及国际和平与安全之维持时,应先以谈判、调查、调停、和解、公断、司法解决、区域机关或区域办法之利用,或各该国自行选择之其他和平方法,求得解决。

二、安全理事会认为必要时,应促请各当事国以此项方法,解决其争端。

第三十四条

安全理事会得调查任何争端或可能引起国际摩擦或惹起争端之任何情势,以断定该项争端或情势之继续存在是否足以危及国际和平与安全之维持。

第三十五条

一、联合国任何会员国得将属于第三十四条所指之性质之任何争端或情势,提请安全理事会或大会注意。

二、非联合国会员国之国家如为任何争端之当事国时,经预先声明就该争端而言接受本宪章所规定和平解决之义务后,得将该项争端,提请大会或安全理事会注意。

三、大会关于按照本条所提请注意事项之进行步骤,应遵守第十一条及第十二条之规定。

第三十六条

一、属于第三十三条所指之性质之争端或相似之情势,安全理事会在任何阶段,得建议适当程序或调整方法。

二、安全理事会对于当事国为解决争端业经采取之任何程序,理应予以考虑。

三、安全理事会按照本条作成建议时,同时理应注意凡具有法律性质之争端,在原则上,理应由当事国依国际法院规约之规定提交国际法院。

第三十七条

一、属于第三十三条所指之性质之争端,当事国如未能依该条所示方法解决时,应将该项争端提交安全理事会。

二、安全理事会如认为该项争端之继续存在,在事实上足以危及国际和平与安全之维持时,应决定是否当依第三十六条采取行动或建议其所认为适当之解决条件。

第三十八条

安全理事会如经所有争端当事国之请求,得向各当事国作成建议,以求争端之和平解决,但以不妨碍第三十三条至第三十七条之规定为限。

第七章 对于和平之威胁、和平之破坏及侵略行为之应付办法

第三十九条

安全理事会应断定任何和平之威胁、和平之破坏或侵略之行为是否存在,并应作成建议或抉择依第四十一条及第四十二条规定之办法,以维持或恢复国际和平及安全。

第四十条

为防止情势之恶化,安全理事会在依第三十九条规定作成建议或决定办法以前,得促请关系当事国遵行安全理事会所认为必要或合宜之临时办法。此项临时办法并不妨碍关系当事国之权利、要求或立场。安全理事会对于不遵行此项临时办法之情形,应予适当注意。

第四十一条

安全理事会得决定所应采武力以外之办法,以实施其决议,并得促请联合国会员国执行此项办法。此项办法得包括经济关系、铁路、海运、航空、邮电、无线电及其他交通工具之局部或全部停止,以及外交关系之断绝。

第四十二条

安全理事会如认第四十一条所规定之办法为不足或已经证明为不足时,得采取必要之空海陆军行动,以维持或恢复国际和平及安全。此项行动得包括联合国会员国之空海陆军示威、封锁及其他军事举动。

第四十三条

一、联合国各会员国为求对于维持国际和平及安全有所贡献起见，担任于安全理事会发令时，并依特别协定，供给为维持国际和平及安全所必需之军队、协助及便利，包括过境权。

二、此项特别协定应规定军队之数目及种类，其准备程度及一般驻扎地点，以及所供便利及协助之性质。

三、此项特别协定应以安全理事会之主动，尽速议订。此项协定应由安全理事会与会员国或由安全理事会与若干会员国之集团缔结之，并由签字国各依其宪法程序批准之。

第四十四条

安全理事会决定使用武力时，于要求非安全理事会会员国依第四十三条供给军队以履行其义务之前，如经该会员国请求，应请其遣派代表，参加安全理事会关于使用其军事部队之决议。

第四十五条

为使联合国能采取紧急军事办法起见，会员国应将其本国空军部队为国际共同执行行动随时供给调遣。此项部队之实力与准备之程度，及其共同行动之计划，应由安全理事会以军事参谋团之协助，在第四十三条所指之特别协定范围内决定之。

第四十六条

武力使用之计划应由安全理事会以军事参谋团之协助决定之。

第四十七条

一、兹设立军事参谋团，以便对于安全理事会维持国际和平及安全之军事需要问题，对于受该会所支配军队之使用及统率问题，对于军备之管制及可能之军缩问题，向该会贡献意见并予以协助。

二、军事参谋团应由安全理事会各常任理事国之参谋总长或其代表组织之。联合国任何会员国在该团未有常任代表者，如于该团责任之履行在效率上必须该国参加其工作时，应由该团邀请参加。

三、军事参谋团在安全理事会权力之下，对于受该会所支配之任何军队，负战略上之指挥责任；关于该项军队之统率问题，应待以后处理。

四、军事参谋团，经安全理事会之授权，并与区域内有关机关商议后、得设立区域分团。

第四十八条

一、执行安全理事会为维持国际和平及安全之决议所必要之行动，应由联合全体会员国或由若干会员国担任之，一依安全理事会之决定。

二、此项决议应由联合国会员国以其直接行动及经其加入为会员之有关国际机关之行动履行之。

第四十九条

联合国会员国应通力合作，彼此协助，以执行安全理事会所决定之办法。

第五十条

安全理事会对于任何国家采取防止或执行办法时，其他国家，不论其是否为联合国会员国，遇有因此项办法之执行而引起之特殊经济问题者，应有权与安全理事会会商解决此项问题。

第五十一条

联合国任何会员国受武力攻击时，在安全理事会采取必要办法，以维持国际和平及安全以前，本宪章不得认为禁止行使单独或集体自卫之自然权利。会员国因行使此项自卫权而采取之办法，应立向安全理事会报告，此项办法于任何方面不得影响该会按照本宪章随时采取其所认为必要行动之权责，以维持或恢复国际和平及安全。

第八章　区域办法

第五十二条

一、本宪章不得认为排除区域办法或区域机关、用以应付关于维持国家和平及安全而宜于区域行动之事件者；但以此项办法或机关及其工作与联合国之宗旨及原则符合者为限。

二、缔结此项办法或设立此项机关之联合国会员国，将地方争端提交安全理事会以前，应依该项区域办法，或由该项区域机关，力求和平解决。

三、安全理事会对于依区域办法或由区域机关而求地方争端之和平解决，不论其系由关系国主动，或由安全理事会提交者，应鼓励其发展。

四、本条绝不妨碍第三十四条及第三十五条之适用。

第五十三条

一、安全理事会对于职权内之执行行动，在适当情形下，应利用此项区域办法或区域机关。如无安全理事会之授权，不得依区域办法或由区域机关采取任何执行行动；但关于依第一百零七条之规定对付本条第二项所指之任何敌国之步骤，或在区域办法内所取防备此等国家再施其侵略政策之步骤，截至本组织经各关系政府之请求，对于此等国家之再次侵略，能担负防止责任时为止，不在此限。

二、本条第一项所称敌国系指第二次世界大战中为本宪章任何签字国之敌国而言。

第五十四条

关于为维持国际和平及安全起见，依区域办法或由区域机关所以采取或正在考虑之行动，不论何时应向安全理事会充分报告之。

第九章　国际经济及社会合作

第五十五条

为造成国际间以尊重人民平等权利及自决原则为根据之和平友好关系所必要之安定及福利条件起见，联合国应促进：

（子）较高之生活程度，全民就业，及经济与社会发展。

（丑）国际间经济、社会、卫生及有关问题之解决；国际间文化及教育合作。

（寅）全体人类之人权及基本自由之普遍尊重与遵守，不分种族、性别、语言或宗教。

第五十六条

各会员国担允采取共同及个别行动与本组织合作，以达成第五十五条所载之宗旨。

第五十七条

由各国政府间协定所成立之各种专门机关，依其组织约章之规定，于经济、社会、文化、教育、卫生及其他有关部门负有广大国际责任者，应依第六十三条之规定使与联合国发生关系。

上述与联合国发生关系之各专门机关，以下简称专门机关。

第五十八条

本组织应作成建议，以调整专门机关之政策及工作。

第五十九条

本组织应于适当情形下，发动各关系国间之谈判，以创设为达成第五十五条规定宗旨所必要之新专门机关。

第六十条

履行本章所载本组织职务之责任，属于大会及大会权力下之经济及社会理事会。为此目的，该理事会应有第十章所载之权力。

第十章　经济及社会理事会

组织

第六十一条（注：1963 年 12 月 17 日经大会通过修正，1965 年 8 月 31 日生效。六十一条的修正案将经济及社会理事会理事国自十八国增至二十七国。该条的进一步修正案于 1973 年 9 月 24 日生效，将经社理事会的成员自二十七国增至五十四国。）

一、经济及社会理事会由大会选举联合国五十四会员国组织之。

二、除第三项所规定外，经济及社会理事会每年选举理事十八国，任期三年。任满之理事国得即行连选。

三、经济及社会理事会理事国自二十七国增至五十四国后第一次选举时，除选举理事九国接替任期在该年年终届满之理事国外，应另增选理事二十七国。增选之理事二十七国中，九国任期一年，另九国任期二年，一依大会所定办法。

四、经济及社会理事会之每一理事国应有代表一人。

职权

第六十二条

一、经济及社会理事会得作成或发动关于国际经济、社会、文化、教育、卫生及其他有关事项之研究及报告；并得向大会，联合国会员国及关系专门机关提出关于此种事项之建议案。

二、本理事会为增进全体人类之人权及基本自由之尊重及维护起见，得作成建议案。

三、本理事会得拟具关于其职权范围内事项之协约草案，提交大会。

四、本理事会得依联合国所定之规则召集本理事会职务范围以内事项之国际会议。

第六十三条

一、经济及社会理事会得与第五十七条所指之任何专门机关订立协定，订明关系专门机关与联合国发生关系之条件。该项协定须经大会之核准。

二、本理事会，为调整各种专门机关之工作，得与此种机关会商并得向其提出建议，并得向大会及联合国会员国建议。

第六十四条

一、经济及社会理事会得取适当步骤，以取得专门机关之经常报告。本理事会得与联合国会员国及专门机关，商定办法俾就实施本理事会之建议及大会对于本理事会职权范围内事项之建议所采之步骤，取得报告。

二、本理事会得将对于次项报告之意见提送大会。

第六十五条

经济及社会理事会得向安全理事会供给情报，并因安全理事会之邀请，予以协助。

第六十六条

一、经济及社会理事会应履行其职权范围内关于执行大会建议之职务。

二、经大会之许可，本理事会得应联合国会员国或专门机关之请求，供其服务。

三、本理事会应履行本宪章他章所特定之其他职务，以及大会所授予之职务。

投票

第六十七条

一、经济及社会理事会每一理事国应有一个投票权。

二、本理事会之决议，应以到会及投票之理事国过半数表决之。

程序

第六十八条

经济及社会理事会应设立经济与社会部门及以提倡人权为目的之各种委员会,并得设立于行使职务所必需之其他委员会。

第六十九条

经济及社会理事会应请联合国会员国参加讨论本理事会对于该国有特别关系之任何事件,但无投票权。

第七十条

经济及社会理事会得商定办法使专门机关之代表无投票权而参加本理事会及本理事会所设各委员会之讨论,或使本理事会之代表参加此项专门机关之讨论。

第七十一条

经济及社会理事会得采取适当办法,俾与各种非政府组织会商有关于本理事会职权范围内之事件。此项办法得与国际组织商定之,关于适当情形下,经与关系联合国会员国会商后,得与该国国内组织商定之。

第七十二条

一、经济及社会理事会应自行制定其议事规则,包括其推选主席之方法。

二、经济及社会理事会应依其规则举行必要之会议。此项规则应包括因理事国过半数之请求而召集会议之条款。

第十一章 关于非自治领土之宣言

第七十三条

联合国各会员国,于其所负有或担承管理责任之领土,其人民尚未臻自治之充分程度者,承认以领土居民之福利为至上之原则,并接受在本宪章所建立之国际和平及安全制度下,以充分增进领土居民福利之义务为神圣之信托,且为此目的:

(子)于充分尊重关系人民之文化下,保证其政治、经济、社会及教育之进展,予以公平待遇,且保障其不受虐待。

(丑)按各领土及其人民特殊之环境,及其进化之阶段,发展自治;对各该人民之政治愿望,予以适当之注意;并助其自由政治制度之逐渐发展。

(寅)促进国际和平及安全。

(卯)提倡建议计划,以求进步;奖励研究;各国彼此合作,并于适当之时间及场合与专门国际团体合作,以求本条所载社会、经济及科学目的之实现。

(辰)在不违背安全及宪法之限制下,按时将关于各会员国分别负责管理领土内之经济、社会及教育情形之统计及具有专门性质之情报,递送秘书长,以供参考。本宪章第十二章及第十三章所规定之领土,不在此限。

第七十四条

联合国各会员国共同承诺对于本章规定之领土,一如对于本国区域,其政策必须以善邻之道奉为圭臬;并于社会、经济及商业上,对世界各国之利益及幸福,予以充分之注意。

第十二章 国际托管制度

第七十五条

联合国在其权力下,应设立国际托管制度,以管理并监督凭此后个别协议而置于该制度下之领土。此项领土以下简称托管领土。

第七十六条

按照本宪章第一条所载联合国之宗旨,托管制度之基本目的应为:

(子)促进国际和平及安全。

(丑)增进托管领土居民之政治、经济、社会及教育之进展;并以适合各领土及其人民之特殊情形及关系人民自由表示之愿望为原则,且按照各托管协议之条款,增进其趋向自治或独立之逐渐发展。

(寅)不分种族、性别、语言或宗教,提倡全体人类之人权及基本自由之尊重,并激发世界人民互相维系之意识。

(卯)于社会、经济及商业事件上,保证联合国全体会员国及其国民之平等待遇,及各该国民于司法裁判上之平等待遇,但以不妨碍上述目的之达成,且不违背第八十条之规定为限。

第七十七条

一、托管制度适用于依托管协定所置于该制度下之下列各种类之领土:

(子)现在委任统治下之领土。

(丑)因第二次世界大战结果或将自敌国割离之领土。

(寅)负管理责任之国家自愿置于该制度下之领土。

二、关于上列种类中之何种领土将置于托管制度之下,及其条件,为此后协定所当规定之事项。

第七十八条

凡领土已成为联合国之会员国者,不适用托管制度;联合国会员间之关系,应基于尊重主权平等之原则。

第七十九条

置于托管制度之下每一领土之托管条款,及其更改或修正,应由直接关系各国、包括联合国之会员国而为委任统治地之受托国者,予以议定,其核准应依第八十三条及第八十五条之规定。

第八十条

一、除依第七十七条、第七十九条及第八十一条所订置各领土于托管制度下之个别托管协定另有议定外,并在该项协定经缔结以前,本章任何规定绝对不得解释为以任何方式变更任何国家或人民之权利,或联合国会员国个别签订之现有国际约章之条款。

二、本条第一项不得解释为对于依第七十七条之规定而订置委任统治地或其他领土于托管制度下之协定,授以延展商订之理由。

第八十一条

凡托管协定均应载有管理领土之条款,并指定管理托管领土之当局。该项当局,以下简称管理当局,得为一个或数个国家,或为联合国本身。

第八十二条

于任何托管协定内,得指定一个或数个战略防区,包括该项协定下之托管领土之一部或全部,但该项协定并不妨碍依第四十三条而订立之任何特别协定。

第八十三条

一、联合国关于战略防区之各项职务,包括此项托管协定条款之核准、及其更改或修正,应由安全理事会行使之。

二、第七十六条所规定之基本目的,适用于每一战略防区之人民。

三、安全理事会以不违背托管协定之规定且不妨碍安全之考虑为限,应利用托管理事会之协助,以履行联合国托管制度下关于战略防区内之政治、经济、社会及教育事件之职务。

第八十四条

管理当局有保证托管领土对于维持国际和平及安全尽其本分之义务。该当局为此目的得到用托管领土之志愿军、便利及协助,以履行该当局对于安全理事会所负关于此点之义务,并以实行地方自卫,且在托管领土内维持法律与秩序。

第八十五条

一、联合国关于一切非战略防区托管协定之职务,包括此项托管协定条款之核准及其更改或修正,应由大会行使之。

二、托管理事会于大会权力下,应协助大会履行上述之职务。

第十三章 托管理事会

组织

第八十六条

一、托管理事会应由下列联合国会员国组织之:

(子)管理托管领土之会员国。

(丑)第二十三条所列名之国家而现非管理托管领土者。

(寅)大会选举必要数额之其他会员国,任期三年,俾使托管理事会理事国之总数,于联合国会员国中之管理托管领土者及不管理者之间,得以平均分配。

二、托管理事会之每一理事国应指定一特别合格之人员,以代表之。

职权

第八十七条

大会及在其权力下之托管理事会于履行职务时得:

(子)审查管理当局所送之报告。

(丑)会同管理当局接受并审查请愿书。

(寅)与管理当局商定时间,按期视察各托管领土。

(卯)依托管协定之条款,采取上述其他行动。

第八十八条

托管理事会应拟定关于各托管领土居民之政治、经济、社会及教育进展之问题单;就大会职权范围内,各托管领土之管理当局应根据该项问题单向大会提出常年报告。

投票

第八十九条

一、托管理事会之每一理事国应有一个投票权。

二、托管理事会之决议应以到会及投票之理事国过半数表决之。

程序

第九十条

一、托管理事会应自行制定其议事规则,包括其推选主席之方法。

二、托管理事会应依其所定规则,举行必要之会议。此项规则应包括关于经该会理事国过半数之请求而召集会议之规定。

第九十一条

托管理事会于适当时,应利用经济及社会理事会之协助,并对于各关系事项,利用专门机关之协助。

第十四章　国际法院

第九十二条

国际法院为联合国之主要司法机关,应依所附规约执行其职务。该项规约系以国际常设法院之规约为根据,并为本宪章之构成部分。

第九十三条

一、联合国各会员国为国际法院规约之当然当事国。

二、非联合国会员国之国家得为国际法院规约当事国之条件,应由大会经安全理事会之建议就个别情形决定之。

第九十四条

一、联合国每一会员国为任何案件之当事国者,承诺遵行国际法院之判决。

二、遇有一造不履行依法院判决应负之义务时,他造得向安全理事会申诉。安全理事会如认为必要时,得作成建议或决定应采办法,以执行判决。

第九十五条

本宪章不得认为禁止联合国会员国依据现有或以后缔结之协定,将其争端托付其他法院解决。

第九十六条

一、大会或安全理事会对于任何法律问题得请国际法院发表咨询意见。

二、联合国其他机关及各种专门机关,对于其工作范围内之任何法律问题,得随时以大会之授权,请求国际法院发表咨询意见。

第十五章　秘书处

第九十七条

秘书处置秘书长一人及本组织所需之办事人员若干人。秘书长应由大会经安全理事会之推荐委派之。秘书长为本组织之行政首长。

第九十八条

秘书长在大会、安全理事会、经济及社会理事会、及托管理事会之一切会议,应以秘书长资格行使职务,并应执行各该机关所托付之其他职务。秘书长应向大会提送关于本组织工作之常年报告。

第九十九条

秘书长得将其所认为可能威胁国际和平及安全之任何事件,提请安全理事会注意。

第一百条

一、秘书长及办事人员于执行职务时,不得请求或接受本组织以外任何政府或其他当局之训示,并应避免足以妨碍其国际官员地位之行动。秘书长及办事人员专对本组织负责。

二、联合国各会员国承诺尊重秘书长及办事人员责任之专属国际性,决不设法影响其责任之履行。

第一百零一条

一、办事人员由秘书长依大会所定章程委派之。

二、适当之办事人员应长期分配于经济及社会理事会、托管理事会,并于必要时,分配于联合国其他之机关。此项办事人员构成秘书处之一部。

三、办事人员之雇用及其服务条件之决定,应以求达效率、才干及忠诚之最高标准为首要考虑。征聘办事人员时,于可能范围内,应充分注意地域上之普及。

第十六章　杂项条款

第一百零二条

一、本宪章发生效力后,联合国任何会员国所缔结之一切条约及国际协定应尽速在秘书处登记,并由秘书处公布之。

二、当事国对于未经依本条第一项规定登记之条约或国际协定,不得向联合国任何机关援引之。

第一百零三条

联合国会员国在本宪章下之义务与其依任何其他国际协定所负之义务有冲突时,其在本宪章下之义务应居优先。

第一百零四条

本组织于每一会员国之领土内,应享受于执行其职务及达成其宗旨所必需之法律行为能力。

第一百零五条

一、本组织于每一会员国之领土内,应享受于达成其宗旨所必需之特权及豁免。

二、联合国会员国之代表及本组织之职员,亦应同样享受于其独立行使关于本组织之职务所必需之特权及豁免。

三、为明定本条第一项及第二项之施行细则起见,大会得作成建议,或为此目的向联合国会员国提议协约。

第十七章　过渡安全办法

第一百零六条

在第四十三条所称之特别协定尚未生效,因而安全理事会认为尚不得开始履行第四十二条所规定之责任前,一九四三年十月三十日在莫斯科签订四国宣言之当事国及法兰西应依该宣言第五项之规定,互相洽商,并于必要时,与联合国其他会员国洽商,以代表本组织采取为维持国际和平及安全宗旨所必要之联合行动。

第一百零七条

本宪章并不取消或禁止负行动责任之政府对于在第二次世界大战中本宪章任何签字国之敌国因该次战争而采取或授权执行之行动。

第十八章　修　正

第一百零八条

本宪章之修正案经大会会员国三分之二表决并由联合国会员国三分之二,包括安全理事会全体常任理事国,各依其宪法程序批准后,对于联合国所有会员国发生效力。

第一百零九条(注:1965年12月20日经大会通过修正,1968年6月12日生效。第一百零九条之修正案将该条第一项修正,规定联合国会员国为检讨宪章,得以大会会员国三分之二表决,经安全理事会任何九理事国(前为七理事国)之表决,确定日期及地点举行全体会议。在规定由大会

第十届常会考虑举行检讨会议之第一百零九条第三项中,原有之"安全理事会任何七理事国之表决"字样则仍予保留,因 1955 年大会第十届常会及安全理事会业经依据该项规定采取行动。)

一、联合国会员国,为检讨本宪章,得以大会会员国三分之二表决,经安全理事会任何九理事国之表决,确定日期及地点举行全体会议。联合国每一会员国在全体会议中应有一个投票权。

二、全体会议以三分之二表决所建议对于宪章之任何更改,应经联合国会员国三分之二、包括安全理事会全体常任理事国,各依其宪法程序批准后,发生效力。

三、如于本宪章生效后大会第十届年会前,此项全体会议尚未举行时,应将召集全体会议之提议列入大会该届年会之议事日程;如得大会会员国过半数及安全理事会任何七理事国之表决,此项会议应即举行。

第十九章　批准及签字

第一百一十条
一、本宪章应由签字国各依其宪法程序批准之。
二、批准书应交存美利坚合众国政府。该国政府应于每一批准书交存时通知各签字国,如本组织秘书长业经委派时,并应通知秘书长。
三、一俟美利坚合众国政府通知已有中华民国、法兰西、苏维埃社会主义共和国联盟、大不列颠及北爱尔兰联合王国、与美利坚合众国、以及其他签字国之过半数将批准书交存时,本宪章即发生效力。美利坚合众国政府应拟就此项交存批准之议定书并将副本分送所有签字国。
四、本宪章签字国于宪章发生效力后批准者,应自其各将批准书交存之日起为联合国之创始会员国。

第一百一十一条
本宪章应留存美利坚合众国政府之档库,其中、法、俄、英及西文各本同一作准。该国政府应将正式副本分送其他签字国政府。

为此联合国各会员国政府之代表谨签字于本宪章,以昭信守。

公历一千九百四十五年六月二十六日签订于金山市。

·往来信函·

杨兆龙致函复旦大学法学院院长张志让[*]

季龙先生有道：

  弟以法部首批人员，匆匆离渝，未克告辞为歉。抵京后，以公私猬集，百端待理，久稽函候，尤感不安。复旦课程，势难兼顾。拟恳另聘他人担任。章任堪兄，长于国际私法，且对比较法亦有相当研究，如一时无人，似可邀请兼课，不识尊意以为如何？

  弟对于教课极感兴趣，且引以为终身职业。此次实出于不得已。将来如有机会，当继续效力，以补不足。

  友三兄前，乞于便中代为道歉。林一民教务长、法律系张主任均请代为致意。

专此，敬颂

道安

弟 杨兆龙 顿首

十二、廿六

  弟已领一二部分钟点费应如何退还，乞示。

批示：以教务处名义婉覆，比较法绪论一门，已请江海潮先生继授。林一民。卅五、一、三。

---

[*] 本信写于1945年12月26日。点校人：王伟。信中"季龙"即张志让，时任复旦大学法学院院长。"友三"即章益，时任复旦大学校长。"法律系张主任"指复旦大学法学院法律系主任张定夫。点校过程中，复旦大学校史办钱益民老师提供了很多帮助。

庞德与杨兆龙的来往函件

尊敬的庞德院长：

八年的战争拉长了我们之间的地理距离，但是，如果不能说每一天的话，至少每一周都和您连在一起。无论是工作中还是日常生活中，这些年来学生不时地受到您的大作及思维方式的启发，这使您鼓舞人心的形象在学生的脑海里历久弥新。

我想您也依然记得我们在南京机场相遇的那个早上，其时您和夫人正准备离开南京去中国古老的首都北京。自那时起时事变迁甚大。战争把我们逼到了重庆，而将父母、子女及众多的亲戚朋友留在了敌占区，同时饱受生活中的其他艰辛。

如您所知，您上次来南京时我是国家资源委员会的技术专家。我在那儿工作了几年。在那期间曾致力于草拟一些立法文件，同时做一些经济立法和战争立法方面的研究。之后我被任命为西北联大法商学院院长。1941年秋，我被调任教育部参事，对法律教育体系及期间的问题产生了浓厚的兴趣，并开始做一些法律教育改革方面的筹划。今年春，教育部正式组建了法律教育委员会，学生现为该委员会的秘书长。过去六年中，我从未放弃过法律教育工作，如今我依然在重庆的一些法学院里教授比较法和法理学。

中国政府决意要对司法和立法体系进行改革。一年前，司法行政部长谢冠生博士邀请学生去任刑事司司长，但由于我在教育部所担任的工作的原因，直到两个月前，我才接受了这一邀请。尽管我已经辞去教育部参事一职，但在法律教育委员会的任职依然如故。中国司法行政部是以欧洲国家的司法部为模版建立起来的，对于法院、检察院及监狱享有相当大的监督权，同时也在立法改革中起着重要的作用。当前司法行政部面临的大事是立法和司法体系的重建和合理化。谢博士和我近年来经常谈起您，我们一致认为您最有能力帮助我们完成这件大事。谢部长已就此事与行政院的宋博士商谈过。他已愉快地同意司法行政部特邀请您做顾问的想法。

考虑到您年事已高以及您在美国的重要地位，在做此邀请前我们当然也曾犹豫不决。但您对中国以及中国学生的同情以及您过去对法律改革的执著让我们坚信：您一定会做出对我们最有利的决定。一旦收到您的同意，我们将会把盖有司法行政部印章的正式任命文件寄给您。

由于美元对中国货币的汇率偏高，所以尽管中国存在通货膨胀，中国的生活成本依然远低于美国。我相信您会很容易适应在中国生活。

吴博士数月前从美国归来时告诉我美国及世界其他一些地方的法学家们决定出版论文集以庆祝您75岁华诞。如今我们要提交英语论文已经来不及了，所以让我们以正在准备撰写并出版的中文集为您祝寿。

学生近期只留意到您新出版的一至两本书。学生急于想得到过去八年中您所出版的著作的清单以及销售它们的书店名称和地址，学生对您的那本关于法理学的书特别有兴趣，就是学生在剑桥时您和斯通博士正在筹备出版的那本。

过去九年中我已和法学院的摩根、比尔、格卢克、西维、威林顿、沃纳等各位教授以及米克西小姐和其他朋友们渐渐失去联络并希望得知他们的近况。请您向他们转达我的问候并告知一些他们的近况好吗？

随信附上写有谢部长及我本人的地址的中文字条。需要给我们寄信时只需要把字条贴在信封上就可以了。谢博士的信连同此函将通过中国外交邮递系统递送,假使您的回信可以通过美国外交邮件系统递送的信,我们可以更快收阅。

祝福您和夫人！

您的学生：杨兆龙
1945 年 10 月 28 日于重庆

尊敬的庞德教授：

我们如期收到您的电报及随后寄来的信函,司法行政部长谢博士和我都感到一种难以言表的荣幸。

司法行政部最近已从行政院拿到同意任命的正式文件。部长对您的建议感到非常满意。望您能通过电报告知我们六月您是独自来中国还是携夫人同行；是坐飞机还是坐船,以便我们安排你的旅行费用。

我们会很快将每月的薪酬汇给您。至于旅行费用,我们也很愿意事先汇给您,但是由于我们不清楚实际要花费多少,所以也就很难向控制外汇的央行申请正好足以支付旅行费用的外汇。您看是否可以等您到中国后再给您报销这部分费用。

本月 15 日,谢部长发电报以确认对您的任命并表达对您的欢迎。由于电报工人罢工,该电报发到了纽约并由纽约转发给您。我们将另函寄送任命书并附上英文译本以供您参阅。

由于需要使用中文名字,我们斗胆为您选了一个由两个汉字组成的名字,发音与您的名字相似,意为"崇高的美德"或"伟大的人格"。

中国报纸对您接受顾问任命一事深感兴趣。南京的《中央时报》还刊发了 1937 年我们在南京中山陵前拍的照片。我很高兴将该照片寄给您。

司法行政部打算收集世界各主要国家在法院组织和司法部方面的有用的著述和材料以及不同时期在比较立法和法理方面富有影响且最具代表性的著述,以便在需要时将这些资料作为对外国法的可靠的参考。有时间的话,谢部长恳请您能给我们整理并寄送一份书目。（若能让书商列一个价目表,那就更好）。

很高兴获悉您健康状况甚好,且对教学与写作的热情不减当年。您寄给我的 1940 年以前您的著作的目录尚未收到。可能由于我去年 12 月中旬来了南京,该邮件被误递到了别处。上次随信寄去的地址条已不再能用。我和谢部长从现在起大部分时间将在南京。此函寄上写有部长及我的姓名和地址的字条。

非常感谢您向摩根教授、格卢克教授、西维教授、威林顿教授及米克西小姐转达了我的问候。我已知悉摩根教授现任法学院院长,我会很快写信给他的。比尔教授两年前辞世,学生深感悲痛。不知比尔夫人近况可好,学生深以为念。

吴博士依然在立法院任职,立法院尚未返回南京。他正积极参与宪法草案的讨论。我已将您的信转交给他,兴许他已复函于您。他可能于五月或六月前来南京。您给他的任何信件均可通过我转交。

望能常收到您的来信并盼早日见到您。

您的学生：杨兆龙
1946 年 2 月 19 日

尊敬的杨博士：

很高兴收到你 2 月 19 日写来的信。我正通过电报告诉你我将坐飞机去中国（如具可能的话），我夫人伴我同行。

你们对我薪酬的安排我很满意，事实上真的令我感激。至于旅行费用，等我到了南京再安排就行了。

非常感激你们为我取了个中国名字，但想要名副其实恐怕真的不容易啊！很高兴收到你寄给我的 1937 年在中山陵前拍的照片。我对那次相聚印象非常深刻，这些照片是珍贵的纪念。

至于法院组织和司法部方面的书，我觉得最好的办法是我先寄去一份完整的书目过去，然后再不时地对其进行选编。首先我想推荐的是全国司法委员会会议赞助出版的司法行政系列丛书中的三本，即庞德著的《法院组织》，1940 年由波士顿的 Little, Brown & Company 出版（这本书包含所有关于美国和英国的法院组织的书的书目）；瓦伦著的《交通法院》，1942 年由波士顿的 Little, Brown & Company 出版；海恩斯著的《法官的选任及任期》，1944 年由全国司法委员会会议出版（这本书包含关于英语国家的机关制度的详尽书目，其中也有一些是关于外国法律体系的）。我不认为交通法院的问题已在中国受到重视，但是未来城市中汽车使用量的增加将使其重要性逐渐显现出来。司法行政系列丛书每本售价五美元，Little, Brown & Company 出版的两本书的价格可查询，他们的地址是马萨诸塞州波士顿市贝肯街 34 号。《法官的选任及任期》一书可向全国司法委员会会议执行委员会主席阿瑟·范德比尔特索取，地址是新泽西州涅瓦克市百洛蒂街 744 号。关于法理学和比较法，我所写的《法理学教学大纲》第 5 版（1943 年由哈佛大学出版社出版）中有一份完整的书目。我将寄上一本《法理学教学大纲》。我目前正在编写世界各地关于法院组织的著述书目，不日将寄给你。

至于价格，目前很难确定。由于各国外汇和货币状况的变化，书商列出的价目表已不再有用。我所见到的惟一的新的价目表是由海牙的马蒂内斯·尼杰霍夫出版的，以瑞士货币和荷兰货币标准参考价格。我觉得如果打算大批量购买的话，最好等外汇行情好转些再说。哈佛法学院这边，我们是通过英国伦敦 Sweet & Maxwell 公司购买图书的，一切由他们安排好。他们的地址是伦敦西区 2 号官署弄 293 号。我们与这家公司的合作已长达两代人之久，他们为我们提供的服务从来都是最好的。另一家位于欧洲大陆的书商给我们提供的服务尚不尽如人意。也许对于你们来说，最有可能的是通过位于荷兰马蒂内斯·尼杰霍夫购买这些书。我们和那家的关系非常好。

真诚地祝福你！

庞德教授
1946 年 3 月 9 日

尊敬的院长：

您在中国的短暂停留无论对于中国政府，还是您在中国的朋友及崇拜者而言都是一种激动。所以，不难想象我们有多么怀念你和庞德夫人。祝愿你们返家的航程一帆风顺，并希望您如期到达剑桥，开始教授新的课程，处理其他的紧急事务。庞德夫人在离开上海时身体不太好，不知是否忍受这一路的颠簸。我和内人期待在一周左右得到您的消息。

我 21 日回到南京，从那时起一直在为您收集一些材料。很荣幸此函可以给您寄上《中国宪法草案》的翻译本以及《全国重建纲要》。后者的原则或多或少地被实施中的《临时宪法》及《国民政府组织法》所沿用。这就意味着那些原则已在实践中经受了近 20 年的考验。

在一、二日寄出的另一封信中，我将附上《临时宪法》及最新的《国民政府组织法》的英译本。希望有时间可以写出我自己的看法并总结一下其他一些人对这一问题的意见。但是我觉得如果您可以就我摘要中列出的内容写个简单的意见和建议并寄给我们的话，那就更好了。鉴于国大将于 11 月召开第一次会议，所以如若可能，请于 11 月中旬或 10 月底前寄来。

我这儿有一份孙中山先生提出的"三民主义"的英译本,我将于三四天后寄给您。

我已收到丘特先生寄来的一些东西:其中书有《理论与实践中的犯罪——缓刑与假释的社会关系》《标准的少年法院法案》《政府监管下的成年人缓刑和假释体系》以及一些小手册。我将写信向他致谢。毫无疑问,这些资料对司法行政部门以及我个人都会是很大的帮助。

我将通过航空邮件另函寄送给您留给我的信件,希望您收到这封信的差不多时候可以收到它们。我已通过航空包裹的形式将您的书寄出,并将在大约一周内将您在法律教育方面的报告寄给您。

我们正在安排将您7至12月的薪酬汇给您,您已支取的部分将依照目前的汇率折算后从总额中扣除。

不知您是否抽出时间在联邦俱乐部发表演讲。中国报纸发表社论称赞您对中国的贡献以及您的观点的正确性。我会履行承诺,在我闲暇一些时将这些报纸剪辑整理出来并寄给您。

我将于11月离开中国。我国政府打算送两个人去国外学习。司法行政部正在考虑让卢峻随同我去。我不知您对这种安排有何看法。

您一定已经和一些大学或学院谈起我去讲学的事。如果有什么消息,请尽早通知我。如果您觉得我的请求不太过分的话,请给我发份电报告知已经安排好的学院的名称,以便我心中有数。

随信附上几张地址条,您可以用来给我和部长寄信。

南京的天气已逐渐凉爽,假使您和夫人还在这儿的话,我相信你们一定会更喜欢这儿的生活的。庞德夫人给我们看的照片确实很引人入胜。贱内恐怕就很难在南京找到能拍这么好的照片的地方了。

您可能觉得好笑,立法院里竟然有人提议要建立陪审团制度。谢部长指派我代表司法行政部去立法院参加会议并陈述我们的观点。我将给那些盲目照搬外国制度的人沉重的打击。

由于我急于将此信寄出,其他未尽事宜我将在下封信中叙。

请向所有认识我的哈佛学院的教授和其他成员转达我的问候,并请转告庞德夫人,我和内人都很想念你们。

您的学生:杨兆龙
1946年9月24日

尊敬的院长:

我想您应该已收阅我于24日写的信。此信我特寄上《临时宪法》和《国民政府组织法》的英译本。

您一定记得我在第一封信里说过正在将您留给我的信件寄出还给您。但不幸的是邮包太大,不能经过航空寄送,所以我自作主张将信封去掉而将所有的信件装在一个信封内寄出。邀请函和卡片还在我这儿,我将另寄给您。

为便于您确认收到所有的信件,我对寄给您的信编了号,这是第5封。

您会发现我在其中一封信中附寄了两套您的照片——那是李将军送给您的。

盼尽快回复!

您的学生:杨兆龙
1946年9月28日

杨:

我刚收到你于9月24日和9月28日写的信。我原本希望可以早点就《临时宪法》和《国民政府组织法》的英译本展开工作,但在收到这些英译本之前却做不了什么。我现在正在阅读这些译本,会尽快将手写的看法和建议寄给你的。我知道我必须快速完成,这儿与南京之间的传递比正常的要慢得多。

您把我留下的东西寄给我的方法是非常正确的。我已如期收到那五个信封。

一周前我给司法行政部长写了封信,告诉他我和夫人已安全抵达以及我正在这里任教的情况。正巧哈佛学院的课程始于9月23日这一周,我的第一节课被安排在25日上午9点。我们是24日午夜刚过时到达的,正好赶上25日的课。但是时间很紧张,差点就没赶上。

　　我至今未收到关于法律教育的报告。鉴于这儿与中国之间的邮件传递速度如此之慢,我几乎没有奢望过在这之前收到通过航空包裹寄来的书。

　　感谢你们按信里所说的汇给我薪酬。

　　我已在信中告诉司法行政部长,我没能在联邦俱乐部发表演讲。由于在上海和关岛的耽误(在关岛我们与飓风擦肩而过),等我们到达旧金山时已比预计时间晚了。直到21日晚上总领事等才把我们带出来。礼拜六和礼拜天我们在旧金山,但却不是联邦俱乐部聚会的日子。礼拜一由于安排有午餐演说,所以也没时间。只是,当我们到达波士顿时,被专门安排和英格兰报界代表会面,我在那次会上的演说受到了广泛的报道。我接下来的三场演讲分别是:25日在纽约的午餐演说,11月1日在纽约的晚宴演讲以及11月22日在波士顿的一次午餐演说。

　　在我确切地知道你来美的时间及你期望的报酬之前,我恐怕不能为你在大学或学院的讲座做确定的安排。哈佛法学院这边新学期于下周开学,但由于有了一个很长的夏季学期,大多数法学院将于本月的最后一周开学。法学院院长们都还在休假,现在要联系他们很难。我会尽量抓紧去办的,等有准信我会通知你的。

　　我真诚希望中国不要犯建立陪审团制度这个错误。如果需要的话,我很愿意在这个问题上表明自己的强烈看法。

　　请接受我和夫人的诚挚问候!

庞德教授
1946年10月16日

尊敬的大使先生:

　　随信附上我应中国司法行政部门的邀请而写的一份报告。我已于10月22日将这份报告寄给设在南京的司法行政部的杨兆龙博士。信被送到了旧金山,一段时间后又被退回给了我。而且信被折成现在你看到的样子,邮票也丢了一张,信封上的附言说到中国的航空邮件的重量不得超过两盎司,但当初我把信和报告拿到剑桥这儿的邮局去寄的时候,并没有人告诉我有这种限制。而最让我感到烦恼的是:信在旧金山时信封和报告都被拆开了。事实上我收到的从司法行政部寄来的所有的邮件都是被拆过的。我实在不明白为什么我们的邮政官员要拆开并检查我和中国司法行政部之间的通信。

　　这份报告现在本应该在司法行政部长谢博士手里的。你们是否可以通过一定的方式将这份报告如期地、正常地递送给司法行政部?我与司法行政部的通信内容只涉及司法行政部向我提出的法律问题,而从不涉及别的事情。为什么有人会觉得有必要拆开检查我给司法行政部以及司法行政部给我的信函呢?我实在百思不得其解。

庞德
1946年10月29日

杨:

　　我21日写的信连同随附的报告今天早上从旧金山退还给了我。这令我感到很不安。这封信先是被送到了旧金山,过了一段时间后又从旧金山退回到我这里。邮局的附言说到中国航空邮件重量不得超过两盎司。信在我这儿寄出时没有人告知过我这种事情。当时我拿到剑桥的邮局去寄的时候,他们称超重,我付了4.2美元的邮资。最让我生气的是:信在旧金山被人拆了,我写的信连同报告都被人拿出来检查过,共一张一美元的邮票也被拿掉了。你们寄来的所有信件也被以同样的方式拆开检查过。我已经给中国驻华盛顿大使写过信,一方面问问他是否可以将我的信及报告递送给你,另一方面也对邮政官员拆开我们之间的所有通信的行为表示不满。他们这么做是毫无理由和依据的。我只能怀疑旧金山邮局里也许有人想知道我正为你们做的事情,以便将此作为新闻卖给一些报纸。不管怎么样,我希望大使先生同邮政部去交涉一下这件事情。

恐怕报告寄到你那儿时已错过时间。但这当然不是你的或我的错。你们寄来的信件在递送过程中被长时间搁置,而且全部被拆开过。邮局不及时告知我数量限制而将我的信搁置一周的做法同样是不可原谅的。而且,他们通过火车而不是航空运输将信退还给我又浪费了很多时间。

祝福你!

庞德教授
1946 年 10 月 29 日

尊敬的庞德院长:

非常高兴地通知您,我们已经收到了您 10 月 29 日寄来的信件,以及写给南京司法行政部杨兆龙博士的报告。

我们将会按照您的要求,将报告转交给杨博士。我相信不出意外的话,它能够如期送到杨博士手中。

中国驻美国大使馆(华盛顿)
1946 年 11 月 4 日

尊敬的庞德院长:

您 10 月 21 日,29 日,11 月 8 日的来信及随同附上的报告我已收到。虽然报告原件经大使馆转交后于十天前才收到,但直接邮寄给我的复印件却早在 11 月 8 日就收到了,正好赶上出版。我很高兴地告诉您,您的报告为我们更好地理解制宪的基本原则作出了巨大的贡献。

新宪法已经于上周通过,而且明天即将实施。它的诞生是在很多方面折中的结果,而且也有很多不尽如人意的地方。不久我们就可以具体地来谈论这个问题。

我们都很感激您为我们所做的一切。对于现在来说得到一致的观点是绝对不可能的。所以说见到有些人在看待事物上的不同,我们也就不必感到惊奇。只要我们追求真理,说出真理我们就不会有遗憾。

最近我在准备去合众国讲学的事宜,可以肯定地说在大约十天的时间里我将要起程。我已与海军航空运输服务处联系了航班。但是如果乘船更方便的话我将会乘船前往。为了此事,我也带了比较多的行李。不管怎样,我相信在二月初以前我肯定会赶到美国的。

谢部长希望由我通知您关于司法行政部将于明年进行编写中国法通典的决定,并且希望您可以准备一份这方面的计划大纲。

我想您已经收到了 1946 年下半年的薪金。为了符合会计程序上的要求,主管会计要求我给您汇出所附上的收据;希望您可以在收据最后一栏中签名,然后通过挂号空邮的方式寄回,把附上的纸条直接贴在信封上汇给司法行政部的主管会计,夏林汉(音译)先生即可。

我将会发电报告知您关于我准确的出发及到达时间。由于最近几周以来我一直非常忙,所以也未能给您送上圣诞的祝福。但我想您跟庞德夫人肯定过了一个非常开心的圣诞。我跟我的妻子一起祝福您跟庞德夫人新年快乐,并盼望着早日与您相见!

您的学生:杨兆龙
1946 年 12 月 31 日于南京

尊敬的庞德院长：

　　我已于1月30日抵达旧金山。您的信我也已经如期收到。今天下午五点钟的时候我就要离开去纽约，明天早上将会到达。在那里大约要待两三天的时间，然后离开再去剑桥。

　　昨天，我通过美国快递公司邮寄了两件行李到剑桥，需要由您帮我代收。他们可能会需要您支付23美元，然后等我到达剑桥的时候再还给您。如果您觉得代我保管那些行李不方便的话，请您通知快递公司把它们送回宾馆好吗？

　　感谢您为我所做的一切！

您的学生：杨兆龙
1947年2月2日于旧金山

（译者注：以下是庞德教授写给美国华盛顿国务院推荐杨兆龙博士的信件）

尊敬的艾奇逊先生：

　　请允许我向您介绍杨兆龙博士，现任中国司法行政部的刑事司司长。杨兆龙博士是哈佛的法学博士。他不仅在美国而且在英国、法国、德国深造过。您会发现他是一位非常有涵养的绅士，也是一位知识渊博的法学家。

　　您为他所做的一切，我将不胜感激。

您的朋友：庞德
1947年6月10日

（译者注：以下是庞德教授写给美国华盛顿参议院办公室的推荐杨兆龙博士的信件）

尊敬的格林参议员：

　　请允许我向您介绍杨兆龙博士，现任中国司法行政部的刑事司司长。杨兆龙博士是哈佛的法学博士。他不仅在美国而且在英国、法国、德国深造过。您会发现他是一位非常有涵养的绅士，也是一位知识渊博的法学家。

　　您为他所做的一切，我将不胜感激。

您的朋友：庞德
1947年6月10日

（译者注：以下是庞德教授写给美国华盛顿参议院办公室的推荐杨兆龙博士的信件）

尊敬的塔夫托参议员：

　　请允许我向您介绍杨兆龙博士，现任中国司法行政部的刑事司司长。杨兆龙博士是哈佛的法学博士。他不仅在美国而且在英国、法国、德国深造过。您会发现他是一位非常有涵养的绅士，也是一位知识渊博的法学家。

　　您为他所做的一切，我将不胜感激。

您的朋友：庞德
1947年6月10日

（译者注：以下是庞德教授写给华盛顿布鲁斯特参议员的推荐杨兆龙博士的信件）

尊敬的布鲁斯特参议员：

　　请允许我向您介绍杨兆龙博士，现任中国司法行政部的刑事司司长。杨兆龙博二是哈佛的法学博士。他不仅在美国而且在英国、法国、德国深造过。您会发现他是一位非常有涵养的绅士，也是一位知识渊博的法学家。

您为他所做的一切,我将不胜感激。

您的朋友:庞德
1947年6月10日

(译者注:以下是庞德教授写给英国剑桥大学温菲尔德教授的推荐杨兆龙博士的信件)

尊敬的温菲尔德教授:

  请允许我向您介绍杨兆龙博士,他是哈佛大学的法学博士,并且在英国、法国、德国也都曾深造过。他现任中国司法行政部的刑事司司长,因司法行政部的图书馆在日本占领期间被毁,他正在欧洲购书准备重置。您会发现他是一位非常有趣的年轻人,并且我相信你们将会成为朋友。

  真诚地问候您!

您的朋友:庞德
1947年6月12日

(译者注:以下是庞德教授写给英国剑桥大学格特里奇教授的推荐杨兆龙博士的信件)

尊敬的格特里奇教授:

  请允许我向您介绍中国司法行政部刑事司司长杨兆龙博士。他是哈佛大学的法学博士,并且在英国、法国、德国也都曾深造过。您会发现他是一位知识渊博,经验丰富的法学家。他正在欧洲购书准备重置司法行政部的图书馆,因其在日本侵占期间被损坏。我相信您会发现他是一位值得结交的朋友。

您的朋友:庞德
1947年6月12日

(译者注:以下是庞德教授写给英国剑桥大学霍兰教授的推荐杨兆龙博士的信件)

尊敬的霍兰教授:

  请允许我向您介绍杨兆龙博士,哈佛大学的法学博士,现任中国司法行政部刑事司司长。他不仅在哈佛大学学习过,也曾在英国、法国、德国深造过。您会发现他是一位知识渊博,经验丰富的法学家。他正在欧洲购书准备重置司法行政部的图书馆,因其在日本侵占期间被损坏。

  您为他所做的任何事情我将不胜感激。

  真诚地祝福您!

您的朋友:庞德
1947年6月12日

(译者注:以下是庞德教授写给英国牛津大学古德哈特教授的推荐杨兆龙博士的信件)

尊敬的古德哈特教授:

  请允许我向您介绍杨兆龙博士,现任中国司法行政部刑事司司长。杨博士是哈佛大学的法学博士,而且也曾在英国、法国、德国深造过。他是一位知识渊博,经验丰富的法学家。我相信您会很高兴地认识他。他正在欧洲购书准备重置司法行政部的图书馆,因其在日本侵占期间被损坏。

  您为他所做的任何事情我都会衷心地感激。

您的朋友:庞德
1947年6月12日

（译者注：以下是庞德教授写给英国伦敦伊斯克检察长推荐杨兆龙博士的信件）

尊敬的先生：

请允许我向您介绍杨兆龙博士，现任中国司法行政部刑事司司长。杨博士是哈佛大学的法学博士，而且也曾在英国、法国、德国深造过。您会发现他是一位知识渊博，经验丰富的法学家。他正在欧洲购书准备重置司法行政部的图书馆，因其在日本侵占期间被损坏。

您的朋友：庞德
1947年6月12日

（译者注：以下是庞德教授写给奥地利维也纳大学温格教授的推荐杨兆龙博士的信件）

尊敬的温格教授：

请允许我向您介绍杨兆龙博士，现任中国司法行政部刑事司司长。杨博士是哈佛大学的法学博士，而且也曾在英国、法国、德国深造过。您会发现他是一位非常有涵养的绅士，也是一位知识渊博、经验丰富的法学家。此次他去欧洲的目的是为了购书准备重置司法行政部的图书馆，因其在日本侵占期间被损坏。

您为他所做的任何事情我都会衷心地感激。

我同内人深深地祝福您和夫人！

您的朋友：庞德
1947年6月12日

（译者注：以下是庞德教授写给荷兰海牙尼杰霍夫的推荐杨兆龙博士的信件）

尊敬的尼杰霍夫先生：

请允许我向您介绍杨兆龙博士，现任中国司法行政部刑事司司长。杨博士是哈佛大学的法学博士，而且也曾在英国、法国、德国深造过。此次他去欧洲的目的是为了购书准备重置司法行政部的图书馆，因其在日本侵占期间被损坏。您会发现他是一位非常有涵养的绅士，也是一位知识渊博、经验丰富的法学家。

您为他所做的任何事情我都会衷心地感激。

您的朋友：庞德
1947年6月12日

（译者注：以下是庞德教授写给意大利罗马Vecchio教授的推荐杨兆龙博士的信件）

尊敬的Vecchio教授：

请允许我向您介绍杨兆龙博士，现任中国司法行政部刑事司司长。杨博士是哈佛大学的法学博士，而且也曾在英国、法国、德国深造过。您会发现他是一位非常有涵养的绅士，也是一位知识渊博、经验丰富的法学家。

真诚地祝福您！

您的朋友：庞德
1947年6月12日

尊敬的庞德院长：

我于6月20日抵达英国，拜访了赖特爵士及马修先生。由于不得不赶往法国，我也就未能到牛津、剑桥拜访那里的教授。未能与庞德夫人会面，感到非常的失望。

6月27日我乘火车到达巴黎。我已经在这里待了两天时间，也与一些供书商谈了。收集到了一些书籍。接下来的时间主要是购书,并联系一些教授和朋友。一些老书现在已经很难买到了。但我已经跟一些书商联系了,他们会尽可能帮我收集更多的书。

会议已经于 6 月 10 日开始。我被政府指派作为中国代表团的团长,正准备于 9 日前往。我可能会参加另一个国际会议。

在比利时的会议结束后我将去德国,然后再去意大利。您可以写信给中国驻梵蒂冈的代表团转给我。我可能要将从英国离开的日期推迟到 8 月后了。

祝福您和夫人!

您的学生:杨兆龙
1947 年 7 月 7 日于巴黎

· 其他 ·

关于司法改革的若干提案*

请确定简化诉讼程序之基本原则案

查近年以来简化诉讼之论甚嚣尘上，英美各国之诉讼程序富有历史色彩，异常繁复，往往不合现代需要，故多数学者认为有简化之必要。我国诉讼程序较为简单，应否再予以简化似不无考虑余地。复查程序法之规定，涉及当事人者固属不少，而限制法院本身者实占重要部分。在基层法院未臻十分健全以前，此种规定应否减少并减少至何种程度，似亦有考虑之必要。本部顾问庞德教授对于上述各点略有意见，兹另纸移译提请讨论。至本案究应如何办理之处，仍候公决。

提案人　司法行政部刑事司司长杨兆龙
庞德顾问

简化诉讼程序

简化诉讼程序为一久悬未决之问题。当法律进展之最初阶段关于权利之实体法尚付阙如之时，诉讼程序之规定，乃防止裁判官专擅之惟一方法。故在硬性法律时代，所谓法律，实具有威权之意义，与裁判时所应遵行之规定，多属程序法性质。此时所谓法律，实由于当事人在法律上有何救济之命令及如何裁判之强行规定所组成，其对于现代法律制度之影响，至最近始成陈迹，即如程序法之功用在于防止裁判机关之专擅，虽在今日仍属重要。现代进步之法制，因以法律原则、观念、标准及在技术上如何将其发展与适用为内容，渐使硬性程序法失其重要，其仅因历史上之理由而遗留之硬性规定亦不复存在。惟一般人以为，诉讼可由两造当事人及裁判官集合，并立即裁判系争之法律关系，此种简化主张于今日之复杂工业社会实不可能。

按程序规定在现代法律制度中有六种功能：

（1）可使两造当事人有充分之机会各提出其所请求及反对之主张，并使明了法院得据为裁判之基础。

（2）使当事人之请求暨答辩尽量提供于法院。

（3）使每一当事人依法定顺序按次陈述。盖经验所示，程序规定及法定程序之作用，可以节省法院之时间及精力。倘采用自由顺序，则非但不能使案件进行迅速，且易致迟延诉讼已。

（4）已经法院裁断之争点并已记明笔录，可以防止异日之旧案重翻。

（5）判决如有待于外国执行或于外国发生疑问时，则为判决之国内法院，因有详细记录，对于

---

* 在1947年11月上旬召开的前南京国民政府全国司法行政检讨会议上，时任刑事司司长的杨兆龙与司法行政部顾问庞德教授合作联名提出了三项司法改革的议案。另有三项系杨兆龙教授单独提出的。这些提案的中心思想旨在改善法制、维护民权。在今天也许不无参考价值。上述提案收集于《全国司法行政检讨会议汇编》。

法院之管辖，业经裁判之事项暨据以裁判之理由，均不患无据。

（6）为保证执法之公正不偏，则完全依法律规定裁判之案件均有记录可供查核。故一定之程序规定，乃对裁判机构专擅最有效之防止。

依上所述，则程序之过于简化，实有危险，仅因沿革上之理由而规定之程序要件，自应删削。在中国民事诉讼法草订以前，各国几已彻底检讨，并实行修订。此类法律过于简化之危险，已见于英国及美国之行政程序。

在两国为求直接便宜处理案件起见，曾使行政官吏依通常之经验法则自由行使权力，不受程序规定之限制。此项漫无标准之行政程序，至少易引起五种恶劣趋势：

（1）未经当事人陈述或仅由一造陈述或仅具陈述之形式即予裁判；

（2）就未经提出于法庭之基础事件或秘密报告或提供之证据未予以辩论机会而为裁判，或采用未经他造在场之一造陈述，或摘取未经当事人得以不完全或片面为理由而异议之证据；

（3）渐易漠视管辖之限制，因而引起对于规定行政机构活动之法律，有逾越或出入之结果；

（4）渐易流于采用无合理证明力之证据，以致漠视积极的、不矛盾的及有价值之证据；

（5）渐有屈服于环境或政治及其他压力以牺牲法律或敷衍了事之趋势。

此种趋势曾经英国法院就行政程序审慎研讨并奋斗达二十年之久。而美国律师公会由于十年来不断之攻击，该国始于1946年制定行政程序法，根据法律之精神规定程序之要件。故英美两国由于其丰富之经验，充分感觉程序要件对于防止不依法律及证据而裁判之情形实属必要。

在19世纪末及20世纪初，世界各地均有简化诉讼程序之运动。美国则因受殖民地时代程序规定甚为散漫及审判官法庭（Magistrate Court）之传统影响，自1907年至1938年均反对普遍化之改革。嗣后联邦程序法终于简化，而一部分州政府亦有所改进。在中国民事诉讼法制定以前，欧洲大陆已对简化程序顺利完成，故中国之民事诉讼法实系以今日最佳之法律为蓝本。

在中国最为人所反对者厥为推事之职责过于繁重，盖为裁判基础之事实与法律均由推事任之也。实则推事应认定事实与法律，其重要性可见于美国1946年制定之行政程序法。欲知裁判是否合理，除就其认定之事实及引用之法律研究外，别无良策。为使免于贪污昏昧及片面而草率之裁判起见，中国与各国之法制关于类此之规定均属必要。如抹杀或放松为裁判基础之要件，殊属害多于利。

英美之衡平法律有一便宜制度于中国情形似不可采。其制度为衡平法庭先就两造之争点宣告其抽象之法律见解，然后使有关一造之代理律师据以作成并提供判决初稿，另将缮本送达于对造，俾其得声明异议，旋于法庭内开始为承诺或拒绝或修正该判稿事项之辩论，直至成立正式判决时为止。现今美国联邦法院推事皆有法律助理员，此辈均为法校毕业人员，于其执行律务或在法律教职以前均在法院内充任短时期之助理员，对于推事甚有帮助。但鉴于目前中国之情形，此种制度未必适合，因法律助理员须受与律师同等之训练，而目前中国则无充分数量之人员也。

关于简化程序之诸问题，似以延至调查全国司法方面之困难与解决之方策以及对于整个司法问题应采取之措施充分研讨以后再为提出较属妥善。

附注：庞德教授曾拟有调查全国司法计划，尚在本部核定中。

关于公务员违法侵害人民之自由或权利的惩戒与赔偿应如何实施案

（新宪法第24条之规定应如何实施案）

查新宪法第24条规定：凡公务员违法侵害人民之自由或权利者，除依法律受惩戒外，应负刑事及民事责任。被害人民就其所受损害并得依法律向国家请求赔偿。其因公务员之违法行为而受侵害之人民应如何保障之，现行立法有无补充修订之必要，其向国家请求赔偿时应采用何种程序，应由何种机关受理，刑事被告经法院宣告无罪而不能证明法院承办人员有何过失时，国家对于该被告应否予以赔偿,各国立法对于上述各点规定既不一致,我国究应采何方针,似有详慎考虑之必要。兹由本部顾问庞德教授拟具意见数点另纸附发,究应如何办理之处拟请公决。

提案人　司法行政部刑事司司长杨兆龙
庞德顾问

关于人民身体自由之保障程序应如何实施一案

（宪法第 24 条之问题）

　　曾有以本条所发生之三问题见询者：(1) 国家所负责任之限度；(2) 公务员(包括代表人及雇员下同),所负民事责任之限度；(3) 公务员所负刑事责任之限度。欲解答上述诸点,势须探究宪法制定者所面临之问题,借以了解草拟本条之动机,良以私人因政府之措施或其所属公务员之行为致受有损害,究应如何救济,大陆法与英美法争论颇烈。制定者之心目中显示忘怀于此类之争执。

　　按公法普通原则,国家对于私人受害本无任何责任,故纵对私人有所救济,亦系出自恩施,而非由于私人有此权利,仅为一立法上或行政上之事件。此在英国普通法则有所谓"君主无不法行为"(The king could do no wrong)之说,惟公务员如为直接不法行为人,其应负责任之性质,在渊源于罗马法之大陆法认为属于行政事件,仅构成惩戒处分问题。而英美法则视为司法案件,除能证明其行为系职权范围内之事项外,应在法内对受害人负责,与通常之不法行为人无异。两派最初均不认私人能对国家为何种主张,已如上述,但大陆法对不法之公务员毕竟认为有行政上之惩戒；而英美法对于公务员逾越职权之不法行为视同其私人所为,不能免责,则均成定制。

　　自法兰西立法之时起,大陆法系始于 20 世纪确定国家因政府行为而对私人负责之制度,美国立法之趋势亦复相同。例如纽约州即规定,通常司法机关得受理关于确定州政府之责任及损害赔偿额之诉讼事件,此与政府乃为人民服务之近代理论相通。盖损害既由于维持公共利益之设施而发生,则偶蒙牺牲之个人不宜使其自任损失,应由公众代其负担,惟此项原则尚未彻底实施耳。中国宪法制定者似欲将大陆法之行政惩戒处分与英美法之私人司法责任合并采用,并兼顾国家负责之近代理论,此观于宪法第 24 条之文义甚属明了。

　　试就本条分析公务员之责任要件,应以违法侵害人民之自由或权利始能成立,故如私人受害系由于政府之措施而非由于公务员之行为,自不包括在内。公务员如有本条之行为,其本人应负：(1) 惩戒责任；(2) 刑事责任；(3) 民事责任。被害人并得就其所受损害向国家请求赔偿。本条后段是否系以法兰西制度为蓝本,尚不明了。依法国立法例,国家之责任由司法方面决定。如本条采同一见解,似应予以表明。

　　国家负责之根据系因某项不法行为由于其所属公务员于行使职权时所为,且属政府之活动范围。目前国家活动之范围至广,几及于各方面,国家任用大批公务员,对其任用期间及职务范围内之行为应负责任,实渊源于英美法之雇佣关系。英国、美国对于私人雇佣诉讼事件,虽尽量适用雇佣关系之理论,如于国家对于公务员负责之情形,则尚踯躅采用宪法第 24 条。仅以违法行为而言,则非恶意行为所致之损害,国家即不负责。例如无辜之受刑人,其受审非由检察官不正当之追诉,亦非由于伪证或明知为伪证而采取,此常见于证人误认之场合,法院本于该项证言而误为定罪之判决,此际实施侦查与审判之公务员,其行为均属正当,私人纵因而蒙受损害究无违法或不法之可言,此种情形及本条所举国家因公务员之不法行为应为赔偿之情形,似均宜另定法律俾便实施。

　　至于本条规定公务员应负民事责任之情形,不外 (1) 与职权无关之行为或毫无理由之专擅行为。(2) 显然无效之行为,例如上级公务员违背本法第 8 条之规定对人民实施逮捕并便宜处决,则该颁发命令及服从该命令之公务员均应负责任。(3) 虽非显然无效,但无人能认为该项命令为正当,则上下级公务员仍应同负责任；如该项命令可认为正当,则颁发者之责任虽不能免,但对于服从其命令之下级人员则应予以保障而免除其责任。(4)外表虽属正当,实际逾越权限之行为。关于超过部分,英美法视同私人所为,但依本条规定,此种情形应认为包括于违法行为之内。(5)因过失职务行为致人民受有不合理之损害,则该公务员对其损害之结果应负责任,不能因职务而受保障。

上述诸种失职行为,在英美法均认为属于违反法律事件,被害人得以诉讼救济。因之本条所指违法行为一语,于上列情形应解为有其适用。

至于公务员之刑事责任亦有三种情形:(1)假借职权(包括无权及越权)而故意加害于人,于此场合似以重大损害为成立刑事责任之要件为宜;(2)恶意滥用权力;(3)由于恶意或贪污而拒绝或消极地不尽其对人民应尽之职责,致受损害;尚有第四种情形亦得而述者,即因过失而滥用权力或未尽其应尽之职责致人民受有损害,亦不能免于刑责,惟其失应以重大及轻率者为限耳。

最近美国一州立疯人院之负责人轻率释放一著名之嗜杀狂疯汉,渠曾犯杀人案件,迨开释后又杀一人,法院认为该公务员及其所属之州均应对此负责。惟依本条所规定,此种情形该公务员应否负过失杀人之罪名不无疑义。

就本条文义观察,亟应另定法律以实施本条所规定之事项实属切要。兹略述如下:

(1)于国家应负之责任。旧例以立法机构审查损害赔偿请求之事实、法律及数额,实毋庸由宪法特为规定,而立法机构对于受害人请求国家赔偿之事件,应予拨款亦成定例。惟最新之立法例,则将审查损害事实及赔偿数额之职权移于司法机构,立法机构仅依判决之数额而为拨款。目前美国最进步之各州立法即采此制,根据美国经验,如由立法机构审核对国家(州)之损害赔偿请求实多流弊。最显著即因政治压力徇情偏袒党派关系,致对某人有失公平,而另对某人过于保障。世界各处之立法机构均有此不良现象,英国人民对国王呈递之权利请求状(Perition of nights),例由总检察长签注"秉公办理"字样,关于责任成立之事实及赔偿之数额,悉由通常司法机构依通常诉讼程序管辖。美国亦渐采行此制。中国所应考虑者,厥惟此类事件究由通常法院处理抑另专设法庭审核,是已鉴于法庭不宜多设之理由,则特设专庭之制似非必要。

将来制定法律时,应规定私人因公务员贪污、恶意或重大轻率过失、滥用权力、逾越职权或不尽其应尽之职责致受损害,得于所在地之通常法院请求审定损害之事实及国家应赔偿之数额,同时应规定传唤适当公务员之程序,此类程序务与通常之损害赔偿事件相接近。如宣告国家败诉,其判决并应送达于行政院,俾便列入预算。此外关于无辜受刑人之赔偿问题应予研究,制定此类法规,务宜慎重。已确定之有罪判决,不应常由法律程序撤销之,如有显著之新事实足认受刑人应受无罪之判决,一般之法例均以行政上之特赦救济为已足,并由立法机构应被害人之请求而为拨款以资赔偿。惟徇私情不公平之情事时有发生,欲避免此不良现象,似以法律规定行政元首遇有根据新证据而请求特赦事件,得移送通常司法机构加以审核,如受刑人果能证明无罪,即应决定应予赔偿损害之数额。此项判决应分送于元首及行政院,俾前者可据以行使特赦,后者可据以列入预算。此项规定仅限于对国家请求赔偿时始有其适用,应不影响元首一般之特赦权。

由于国家因公务员贪污之积极或消极行为致对人民负赔偿损害之责任,似可有助于调查及防止贪污之作用。

(2)宪法第 24 条规定公务员应负之民事责任,除法律中应载明由适当之法院依通常民事诉讼程序受理外,似无另为规定之必要。

(3)至于公务员之刑事责任,除应规定适当之法院依通常刑事诉讼程序受理外,并应规定由于过失而逾越或滥用权力或由于过失未尽其应尽之职责,致人民受有损害之责任要件,此项过失得成立。刑事责任必须其越权滥权以及怠于注意之情形已达到巨大及轻率之程度,在实质上与恶意不法行为相等,始可构成。同时因过失招致之损害必须巨大,并应预为列举规定,但对于人身上之侵害则不在此限。

关于人民身体自由之保障程序应如何实施案

(新宪法第8条之规定应如何实施案)

查新宪法第8条对于人民身体自由之保障程序有详密之规定。其第2项所称"移送法院审问"应如何解释，其对于逮捕机关所加24小时之限制执行时有无困难，如有之，应如何解决，有无补充立法之必要，凡此种种，似非详慎研究不可。兹由本部顾问庞德教授似具意见数点另纸附发，究应如何办理之处拟请公决。

提案人　司法行政部刑事司司长杨兆龙
庞德顾问

宪法第8条所生之问题

第8条之规定显有下述三种困难：(1) 条文用语似嫌含混；(2) 检察官职务之性质问题；(3) 如以采自英美法系之弹劾制 (Accusatory Criminal Procedure) 并入大陆法系之纠问制 (Inquisitorial System) 中殊有未妥。

关于第一种困难：根据予所有之第8条先后二份英文译文，易使人发生误解。在较早之译文中内云：被捕之人民应在24小时内将其送往"适当之法院审判"(To a competent court for trial)，在后来之译文中则谓应将其送往"该管法院审问"(Hearing to a court of law having jurisdiction over the case)。若任一译文确有表示应于24小时内审讯之意义，则检察工作将大受其牵制矣。盖由于所定时间之短促，加以目前之交通困难及进行审判前证据之搜集，该条势难适用。予认为应译成"将其移送有管辖权之司法当局讯问"(Turned over to a competent judicial authority for hearing) 较为恰当。

关于第二种困难。中国所称之检察官 (Procurator)，在英美法律名词中并无相等之名词。其与英美制度之初级调查推事 (Examining Magistrate) 及公诉人 (Public Prosecutor)(二者有别) 不同，又与大陆法制之公益法官(即检察官)(Minister Public) 有异。彼不仅有控告提起及指挥公诉之权，且有大陆制度中预审推事之权，又有英美制度中大陪审官 (Grand Jury) 及初级调查推事之权，更有英国验尸官 (Coroner) 及验尸陪审官 (Coroner's Jury) 之权，故彼实为第一审之刑事推事、司法方面之刑事侦查员及一公诉人。就提起公诉及决定应否接受人民所提出之控告而言，彼又似法国之预审推事。在高等法院所受理情节较重之案件中，彼又为一起诉人。今第8条所称之逮捕，并非检察官侦查及讯问之结果，仅为警务机关或基于告诉人之要求所为之结果而已。彼既有司法权进行初步讯问及决定起诉与否，则为切合第8条之精神起见，所谓司法当局应解为检察官，即被捕人民自逮捕之时起应于24小时内移送检察官讯问。

在采取纠问制度之国家中，对于检察官之性质意见分歧。有谓系司法官，有谓系行政官，有谓行政司法兼而有之。依欧洲大陆诸国政体而言，司法机构多为行政机关之一部分，故不生问题。然在中国，检察官究系司法官惟兼具有行政任务，中国宪法既无美国宪法所规定严格分权之特性，则此种综合性检察官之存在自无不可。

第8条之制定乃顾及目前中国刑事政策之规定，用以防止警务当局之久为羁押与非法审讯及禁止私行羁押与讯问，以及杜绝如流行于美国所谓之"疲劳讯问"(Third Degree)。

关于第三种困难前已提及，吾人应加以注意。按中国刑事诉讼程序所根据之大陆制度乃采取纠问制，而英美制度则采取弹劾制。欲调和二种不同制度之主张或其组织殆非易事。兹所讨论之第8条实具有第一种制度之特色，然其将侦查员、起诉人及法庭之事务合于一身则又属第二种制度矣。

依英国所采之弹劾制，凡情节较重之案件，其控告得由大陪审官直接提出，或由人民先向大陪审官呈递起诉状,经大陪审官认为"应予起诉"(True Bill)后再行起诉。根据大陪审官之控告或人民之起诉状,被告始被逮捕,送往陪审官前审讯。但在呈递起诉状前,人民得向初级调查推事具结,请求发出逮捕状(Warrant),捉拿被告。又某种案件虽无逮捕状亦得径行逮捕,惟于"立即"(Forthwith)逮捕送往初级调查推事后欲加以羁押时,仍须有起诉状及押票。在上述各种情形中,应由初级调查推事作初步讯问,借以决定是否具有起诉原因,以便将被告"扣留"(Bound),静候大陪审官之决定。在美国已废止大陪审制,各州中被告须被扣留以待公诉人之处置。在采取纠问制之欧洲大陆诸国,第一审推事办理刑事案件时,实具有双重性格,即刑事推事与刑事侦查员得依其自由之意志或人民之告诉,传讯或逮捕嫌疑人犯或传讯证人。凡被警方所拘捕之人民,亦送至推事前由其讯问,根据调查所得,以为他日追诉之地步。

采英美法制之国家尤以美国为最易生滥用职权之情事。警务机关、公诉起诉人或双方对于嫌疑人犯往往不依法申请延长羁押之期间,且于索取口供时不惜施行种种残酷方法及禁止与其亲友或律师接触。倘无控告或逮捕,则英美普通法所称应将逮捕之人民立即移送初级调查推事之规定亦无从适用。故以法律规定被捕之嫌疑犯应迅速在一定时间内(24小时)将其移送至初级调查推事前,在实施初步侦查前之羁押,仍须有起诉状及押票始可谓为合法。由第8条之语气观之,不难知系依照英美之立法也。

第8条之用意在于防止警察机关或私人侦查机关之非法长期羁押及非法讯问,并明令将被逮捕之人民自逮捕之时起于24小时内移送检察官依法侦查讯问,殆无疑义。但绝不能谓重大刑事案件应于逮捕后24小时内审理,或误为逮捕应延至审判前24小时内为之。实应解为于逮捕后,由警务当局或私人侦查机关迅速将被告送交司法当局,俾使许可交保案件之被告能获保释。故应注意者不问是否具备控告原因,于24小时内被告应能在检察官前受司法讯问,不得由警务当局做非法审讯。该警务机关并无司法当局及刑事诉讼法所规定对于人民身体之保障与责任也。

又违反第8条之规定时将发生如何之结果,中国宪法并未规定废弃在逮捕后所为之控告或其程序之效力,不似美国数见不鲜,故其结果不出(1)由施行逮捕及羁押被告达24小时以上之人负民事或刑事责任;(2)向国家请求赔偿。然逮捕究非违法,仅超过24小时之羁押及未将逮捕原因告知本人,或其所指定之亲友于法不合耳。且其延宕若非出于故意,或其疏忽亦非由于重大过失所致,似不能科以刑事责任。至于向国家请求赔偿一点,因迟延移送所生之损害不至巨大,又除因公务员之故意或重大过失拖延羁押,以致发生重大损失之案件外,余者皆可用补充第24条立法之方法以谋解决。故第8条在适用上所生之问题并不如表面上困难。

因此第8条之立法似无补充之需要,盖现行法律已有详细规定。且第24条内对于公务员之刑事及民事责任以及国家之赔偿责任亦有规定,若能补充第24条之立法则已足矣。

切实研究短期自由刑之存废及替代问题案

查短期自由刑之存废及替代问题自19世纪中叶即为欧美学者所讨论。各国学者大都承认短期自由刑足以使偶犯成为习惯犯或职业犯,其无改善犯人之效力乃极普遍之事实。近代各国刑法偏重于自由刑之适用,而实际处短期自由刑者往往占全体处自由刑者70%以上。故短期自由刑之减少,不仅有裨于犯人,且为疏通监所、改善监所之有效方法。此问题现已引起联合国之注意,其负责人曾向本席征求论著。今后改革司法,宜从根本着手此问题之解决,似刻不容缓。拟请由本部指定专人切实研究拟具方案付诸实施,借收感化之实效,以符用刑之目的。是否有当敬候公决。

提案人　司法行政部刑事司司长杨兆龙

审查报告:原案通过

大会决议:照审查报告通过

通盘研究幼年犯问题以便修订补充现行制度案

　　查幼年犯问题已引起吾国朝野之注意。本部于 1936 年曾有审理少年案件应注意事项之公布，本年奉行政院转下三中全会关于设立少年法庭之决议案后，复指定首都地方法院先行试办。政府政策既定，似须切实推行。惟幼年犯之处理问题牵涉至广，法院之组织，审判之程序，刑法之实体规定，监所及感化学校之组织设备等均与之有关系。吾国现行刑法典虽有相当伸缩性，然应付幼年犯犹嫌不足。至刑事诉讼法则有待修订补充之处更多，法院组织及监所感化学校等之组织设备亦需改进。凡此种种似宜由本部邀集专家，广征意见详密研究，然后草拟改革方案，依法定程序逐步推行，以期周密而收实效。是否有当敬候公决。

　　　　　　　　　　　提案人　司法行政部刑事司司长杨兆龙
　　　　　　　　　　　审查报告：对于幼年犯审理等程序拟订办法大都市先行试办
　　　　　　　　　　　大会决议：照审查报告通过

尽量沟通民刑诉讼以适合国情而树立司法威信案

　　吾国古代民刑诉讼界限不明，法官之权虽大，争讼可望速决。以近代眼光视之，其制虽属陈旧，然便民之处亦有无可厚非者。清末改采西洋近制，将民刑诉讼截然划分，刑事被害人虽得提起附带民事诉讼，而应否与刑事同时裁判，法院有自由认定之权。立法初意原在予法院以权变之机会，惟不负责任之法官往往乘机取巧，将民事部分轻易移送民事庭审判，洎至有刑事部分审理多次，延一二年不决，而判决时仍将民事部分移送民事庭审判者。被告虽已处罚，而被害人损害之补偿，仍未经法院之考虑，其缺乏教育或法律常识者遂不免因此而怀疑现行司法制度，法院威信颇受影响。查法律制度不合国情，西洋近制之所以不能使民刑诉讼充分沟通者，其主要原因在民刑法院之分别发展，组织不同。此类原因在吾国并不存在，似不必过事模仿，而置本国人民之需要于不顾。以上所举不过民刑诉讼应尽量沟通之一例，其他类似之问题尚多，似宜由本部邀集专家着手征集资料，详加研究，拟具民刑诉讼法修正方案，送请立法机关办理当否敬候公决。

　　　　　　　　　　　提案人　司法行政部刑事司司长杨兆龙

杨兆龙副团长在杭州司法调查座谈会上的发言[*]

今天法律顾问团与各位检察官、司法员警一起参加会议，觉得非常欣幸。此次本团主要目的，为要研究司法工作困难情形以及法律与人民之间是否脱节？如果脱节，则其程度如何？故出发前经调阅卷宗，并且经过长时间的研讨，目前最重要的有数点：

一、宪法上规定人民身体之自由应予保障。除现行犯之逮捕有法律另定外，非经司法或警察机关依法定程序，不得逮捕拘禁，并至迟于廿四小时内移该管法院审问。但所谓非法院不得审判与处罚，而非法院处罚之违警法也何尝不是法。所以对处罚二字，司法院有特别解释，可见当时立法，没有意会到这一点。中央所定的检察官与司法警察官联系办法，是另谋解决各项所想不到的问题。

二、对幼年犯问题，今年全国司法会议通过，须特别注意。幼年犯逮捕时要有适当的处置，如适用保护管束及保安处分等，又对讯问与羁押方面尤宜注意。

今天各位检察官、司法警察官来共同开会讨论，足证合作情形很好。希望以后更能密切联系，寻求合法解决。庞德博士到中国来，很喜欢调查中国情形，他回国后写许多文章说中国人民的艰苦和改革，中国诉讼上的许多问题引起重视。今天诸位有困难的地方，请尽量提出，俾能交换意见。

---

[*] 本文写于1948年6月19日。

庞德顾问在杭州司法调查座谈会上的发言*

我很抱歉,我不会说中国话,请各位原谅!一个国家的事情,全靠各机关推动,并能自动合作。这种自动合作如果不能实现,还得要设法使它实现。在专制国家是有皇帝,依传统关系,可以强制下面人的行动,可用独裁的方法对付老百姓。而在民主政治国家,各部门可以自由单独行动,所以民主政治的重要工作,需要有一个自动合作的精神。在美国本乡附近有一件事:就是本乡附近有二个救火站,各自管辖自己的区域,有一次发生火警,这火警地是靠近不属其管辖的一个火警站,当时较近的火警站因非其管辖知而不救。可是有管辖权的火警站相距甚远,闻警往救,已不及扑灭,结果损失很大。又在百多年前,在纽约黑森河交界的地方,一边是纽约州,一边是纽得塞。有一天,察警在纽得塞河里发现女尸,因为发现之女尸系从纽约州方面黑得森汆来,谓非纽得塞地方发生,所以纽得塞警察不管,而纽约州因为在纽得塞河发现,亦不管,结果双方无人管理,迁延十几天之久,以致凶手无从拘捕。

在英国,最近亦有同样事情发生,在欧洲方面比较少些。迨至 20 世纪,都趋向集权统治,与之有相当的联系。在民主国家,如果要维持合作,确实很难。不过许多事情能否解决,要看它处理方法如何而判断。美国的行政员警机构因组织之不同,故认为尚无必要。在中国各地刑事处理机构,听说缺乏合作,但在杭州所见与其他地方不同,合作较为密切,这点很重要。因许多事情做得好否,视机关之合作情形而定。中国行宪后如果有一个很好的处置方法,一定可取得很好的结果,这一点,今天我特别提出来。

---

* 本文写于 1948 年 6 月 19 日。

关于撰写《中国法通典》的计划大纲[*]

1946年8月,受中国政府之聘,时任司法行政部顾问的庞德博士就中国司法改革提出的系列创意,重点是创设"中国法学中心"(The Chinese Juristic Center)。该中心的首要工作:中国法律的编纂计划,即准备《中国法通典》(The Institutes of Chinese Law)的编著。同年9月18日,庞德顾问返美处理哈佛大学法学院院务,由杨兆龙率领的中国司法考察团随后于同年11月前往。在美国哈佛期间,杨兆龙团长协助庞德顾问将他所建议的那部法学巨著的计划大纲拟定出来呈部长核定,嗣奉部长指示谓计划可行。以下为编制较简的计划大纲和编制较详的计划大纲,供当局选定。

较简的四卷本计划

第一卷

第一篇 绪论
 第一章 法律学概论
 第二章 中国法律之沿革
  民国以前中国法律之沿革
  法典改制及编纂经过
  罗马法及近代大陆法之沿革——现代法典之渊源
 第三章 中国司法机构之组织
  政府之组织——从宪法之政治观点予以诠释
  司法制度——法院组织法之诠释
  行政制度
第二篇 法律之体系
 第一章 公法
  公法概说
  宪法概说
  行政法概说
  权利保障及其实施方法
 第二章 刑法之原则——特别就刑法典研究
 第三章 国际公法在文明国家法律中之地位

---

[*] 本文由庞德与杨兆龙于1946年10月合著于美国哈佛大学法学院。

国际公法就其通常适用部分之沿革及诠释加以简述
第四章　国际私法在文明国家法律中之地位——一般原则上之基本诠释
第五章　民法典之目的及其范围

第二卷

第三篇　程序法
第一章　民事诉讼程序——民事诉讼法之诠释
第二章　刑事诉讼法程序——刑事诉讼原理及其与民事诉讼程序之比较（附注解）
第三章　行政诉讼程序

第三卷

第四篇　民事实体法
第一章　民法总则
　　　　特别申说商事法主体
第二章　债法

第四卷

第三章　物权
第四章　亲属法
第五章　继承法

较详的七卷计划

第一卷

第一篇　绪论
第一章　法律学概论
第二章　中国法律之沿革
　　第一节　民国以前法律之沿革
　　第二节　法典改革及编纂经过
　　第三节　罗马法及近代大陆法之沿革——现代法典及立宪制度之渊源
　　第四节　英美法制之沿革对于中国法规之影响
　　第五节　大陆商法之沿革与中国民法典之关系
第三章　中国立法与执法机构
　　第一节　政府之组织
　　第二节　立法制度
　　第三节　司法制度——法院组织之诠释
　　第四节　行政制度

第四章　中国法规之形式及内容
第五章　中国之法律制度
　　第一节　类别——中国法律与各国法律之比较
　　第二节　宪法与法典之关系
　　第三节　法典之体制
　　第四节　特别立法在法律体系中之地位

第二卷

第二篇　宪法与行政法
　　第一章　公法概说
　　第二章　宪法概说
　　　　　国际公法与国内法之关系
　　第三章　行政法概说

第三卷

第三篇　民事实体法
　　第一章　民法总则
　　　　　本章包括独资、合伙团体及公司之讨论，并就财团之规定及其与英美法上之信托制度比较说明。
　　第二章　债法及基于商行为发生之债

第四卷

　　第三章　物权
　　　　　包括无体财产权——商标权专利权版权一般原则
　　第四章　亲属法
　　第五章　继承法

第五卷

第四篇　刑事实体法
　　第一章　刑法总则
　　第二章　刑法分则及特别刑法

第六卷

第五篇　程序法
　　第一章　程序之原则
　　第二章　宪法上权利保护之原则
　　第三章　行政救济之原则

            第四章　民事诉讼程序之原则
            第五章　刑事诉讼程序之原则

第七卷

    第六篇　国际私法与国际合作
        第一章　国际私法之概说
        第二章　司法上之国际私法合作

出席美国政治社会科学研究会报告书*

呈　为呈报事　窃本年二月十八日准本部总务司函开,奉谕派职赴费城代表参加美国政治社会科学研究会年会等情,当于四月上旬遵谕前往出席。按该会系于四月五日上午十时开幕,次日下午十一时闭幕。到会者计千余人。世界重要国家均有代表出席。每日集会三次。第一次自上午十时起至下午一时止,第二次自下午二时半起至下午五时止,第三次自下午八时十五分起至下午十一时止。讨论之总题为"民治主义社会主义与法西斯主义之比较及评论"。出席演讲者共有二十二人。其讨论要旨如左:

一、近代民治主义之缺点。依多数之意见,近代民治主义之缺点,在不能使人民享受真正之自由平等。近代民治国家在法律上虽承认人民自由平等,而在实际上则各种机会每为有产阶级及其它特殊阶级所把持,多数人民仍处于被压迫之地位。此种见解颇与先总理所主张者相似。

二、应付之方法。关于应付现状之方法意见颇分歧。归纳言之不外三类:

(一)保守派之主张。此次演讲者中有少数保守派在内,如 Coar、Salvemini、Ward、William 等是。此派认为最近政治及社会状况之不满人意,非由于民治主义之不良,实由于一般人之不能贯彻民治主义之原则。若辈主张国家对于人民应听其自由发展不加干涉;现在政治社会之纷扰,皆政府当局之妄加干涉有以致之。

(二)渐进派之主张。此派认为民治主义虽不无缺点,然补救之道,不在采取社会主义或法西斯蒂主义,而在就固有之制度加以局部之改良。盖民治主义实际上已试行数百年之久,不无相当价值。与其根本推翻而引起政治及社会之剧变,毋宁存其所长而补其不足。若辈对于保守派之意见亦不赞同。盖政府因时代之需要而对于人民之自由加以相当之限制,与民治主义并无不合。至于绝对之个人主义,则为现代民治主义所不能容。主此说者为 Czenner、Lorwin、Montague 等数人。

(三)急进派之主张。此派认为现代民治主义之最大缺点,在个人主义之发展。补救之道,厥惟以政府之权力对于各种事业或制度(尤以关于经济者为甚)施以统制。而其致此之道,因社会主义派与法西斯蒂主义派而不同。社会主义派认为法西斯蒂主义乃变相之资本主义,与真正之自由平等冲突,故不及社会主义之彻底;反之,法西斯蒂主义派则认为,社会主义涉于理想,徒滋纷扰而无补于事,故不如法西斯蒂主义之切于实际。主前说者有 Allen 氏,主后说者有 Pei 及 Dennis 诸氏。

按:美国政治社会科学研究会出有会刊一种,每二月出版一次。名为 Annals of the American Academy of Political and Social Science。此次开会之演讲稿,将于该会之七月期刊披露。除俟该刊出版后寄呈外,谨先摘录此次赴会经过连同秩序单及到会代表人名录各一份呈请钧鉴谨呈

次部长

职杨兆龙谨呈　四月二十日

---

* 本文是杨兆龙于 1935 年 4 月出席该年会所作的报告。

第三十九届年会秩序

第一次大会　　　四月五日星期五上午十时举行
院长代表研究院致欢迎词　　　　　　　　　　　　　　　　　　　　白戴生
主席　　　　　　　　　　　　　　　邓皮(宾夕法尼亚州菲列得而非亚城)
讨论项目
"个人之自由与国家"
"何谓自由？"　　　　　　　　　　萨而惟尼(前意国佛罗棱萨大学历史教授)
"个人之权利与团体行动"　　　　　　　　　　　　白密列(纽约城学院)
"远东政治趋势之重要性"　　　达期(华盛顿美国天主教大学远东问题特约讲师)
"德国之统权国家与个人"　　　　　　　　　　　　　　　罗温斯登(德国)

第二次大会　　　四月五日星期五下午二时三十分
主席　　　　　　　　范希列白(宾夕法尼亚州菲列得而非亚城犹太教改进会法师)
讨论项目
"民主政治之交替"
"有秩序的过度民主政治"　　　俄当(北卡罗来纳查泊尔山社会学研究所主任)
"经济统制之形式"　　　　　　　　　　　杜孙(华盛顿放俟信托公司)
"布而扎维主义法西斯主义及自由民主主义"　　　　　鲍美而(华盛顿)
"美国法西斯主义之发展"　　华德(美国反战争及反法西斯主义联合会主席)

第三次大会　　　四月五日星期五晚八时十五分
主席　　　　　　　　　　　　　　　　　　　　　　　　　李希(马里兰)
讨论项目
"美国之民主政治"
"美国行法西斯主义欤"　　丹尼(独立著作家兼讲师，"资本主义将灭亡乎"之著作人)
"社会主义：民主政治之进阶"　　　　　　　　爱伦(那佛郎梯新闻社主笔)
"美国民主政治之前瞻"　　　　　　　　　　　　　威廉(菲列得而非亚)

第四次大会　　　四月六日星期六上午十时
主席　　　　　　　　　　　　　　　白德生(宾夕法尼亚州菲列得而非亚城)
讨论项目
"政治组织及社会设计"
"政治组织及经济秩序"　　　　　　　　　　　　　　　　石南(匈牙利)
"设计国家与民主理想"　　劳温(白鲁金研究所，新任日内瓦国际劳工局经济顾问)
"社会主义法西斯主义及民主主义"　　克立司的克斯(匈牙利倚丽沙白王家大学)
"新复兴法有法西斯主义性质乎"　　　　　　　　　　　蒙德格(纽约)

第五次大会　　　四月六日星期六下午二时三十分
主席　　　　　　　　　　　　　　　黑其杜恩(宾夕法尼亚州菲列得而非亚城)
讨论项目
"几个基本问题"
"新闻事业与政府"　　　　　　　　　葛鲁克(纽约时报驻华盛顿通讯员)
"言行一致说"　　　　　　　　　　罗素(纽约哥伦比亚师范大学教务长)
"宗教对复兴的凯撒主义"
　　　　　　拉而(世界基督教公会美国执行委员兼纽约基督教教堂同盟会外国文秘书)

"世界变化中对宗教之挑战"　　　　　　　　华而希（乔治镇大学副校长兼华盛顿外交官训练所监督）
第六次大会　　　　　四月六日星期六晚八时十五分
讨论项目
"民主政治与国际问题"
"民主政治与世界贸易"　　　　　　　　　　　　　　　　　　　　　　　柯何（萨隆诸塞州）
"国家主义与经济恐慌"　　　　　　　　　　　　　　　　　　　　　　佛拉（政治社会学院毕业）
"今日之欧洲与每周之比较"　　　　　　　　　　　　　　　　　　　　　　拉绪威而（纽约）

出国考察及参加国际会议之经历*

一、导言

今天奉命报告出国考察及参加国际会议之经历,觉得非常荣幸。去年奉派出国之目的原有三种:(1)协同本部顾问庞德教授从事若干问题之研究,以为我国将来法制改革之准备;(2)考察研究近十余年来欧美各国法制之变迁,尤其战后有关法制之重要设施;(3)乘便宣扬我国近年来法制改革之情形,期于可能范围内减少欧美人士,尤其美国人士,对我国之误解。惟至临行时,一面受教育部朱部长之委托代为考察欧美各国之法律教育及搜集有关法律教育之资料,一面受其他方面之嘱代为搜集有关宪法实施各项法规如选举法等之资料。抵美后复应若干大学如依阿华、印第安纳、范德别尔脱等之聘前往讲述中国法制史、中国法制改革、中国现代法之精神及中国宪法等问题,并由若干团体如美国外交政策协会、对外关系协会等邀请讲述中美关系、中国建设等问题。本年6月间接国际刑法学会通知当选为该会总会理事并被指定为中国分会筹备人及会长。该会于7月初在瑞士日内瓦举行第五届大会,故又决定以该会理事资格出席该会。迨7月初抵巴黎,适国际统一刑法学会第八届大会及国际罪行研究委员会会议将在比京布鲁塞尔举行,我国曾被邀派代表出席。我驻法钱大使阶平认为本人对刑法较有心得,特嘱担任我国首席代表,偕同我驻法大使馆赵秘书前往参加。旋国际刑法学会亦邀请我国政府派代表参加,钱大使复于本人在柏林考察期间电嘱改以政府首席代表资格前往日内瓦出席。故此行任务头绪纷繁。惟以时间短促,精力有限,未能照预定计划有颇多收获,不无愧憾。

次述此次出国的行程及时间的分配。此次出国先到美国,当时为便于:(1)与庞德顾问合作;(2)利用完美之图书;(3)先对于近十余年各国法制之变迁有所认识;(4)与各方接洽联络起见,决定先赴哈佛大学。因为哈佛大学法学院所藏世界各国法典、法学著作及刊物不下100万册,其教授中亦不乏比较法之专家,而对于本人复可予以特殊便利,对于工作之推动确有极大的帮助。

在哈佛最初居留2个月,除与庞德教授合作研究各项问题外,并搜集资料,设法明了各国最近法制变迁之概况,以为考察之准备,预备学术及其他讲演及与各方联络。旋即出发参观法院监所并赴各处讲演。至6月中旬乘飞机离美赴英。于伦敦勾留一星期,除作广泛之考察外,并访晤联合国战罪委员会负责人,参加其战罪审查会,并索取资料。嗣转赴法京巴黎。7月中旬复赴比京参加国际统一刑法学会第八届大会及国际罪行研究委员会会议。旋至德国,留柏林较久,除调查研究法制变迁及盟国管制情形外,并访晤以前在柏林大学读书时之老教授。7月初由德抵日内瓦出席国际刑法学会第五届大会。8月初赴意大利,然后由罗马再赴法国,取道巴黎伦敦返美。一面整理考察资料,准备返国手续,一面继续研究若干问题。于9月20日偕庞德顾问夫妇乘机离美,9月22日抵

---

* 1946年11月前南京国民政府组织中国司法代表团,任命杨兆龙为团长,率团赴欧美各国考察近十余年来法制之变迁及法律教育的状况,并与先期返美的庞德教授在哈佛合作就中外法制进行深入的比较研究。在此期间还参加了各种国际刑法学大会和国际战罪组织的重要会议。并应若干大学和团体之邀做学术演讲。1947年9月20日偕同庞德夫妇同机离美返国。同年11月初在当时的全国司法行政检讨会议上作上述报告。

达上海。

此次在国外除考察、讲演、出席会议外，大部分时间用于资料之搜集及问题之研究。庞德顾问曾于去年来华时建议邀集国内法学专家编纂一部关于中国法制有系统的巨著。此种巨著不但学理与实际并重，并且还要就中外法例作深刻的比较研究。去年夏天庞德顾问与本人曾费一二月之时间就我国所流行的法学教科书做过一番初步的检讨工作。我们发现有许多在大陆及英美法学著作或法律制度上颇为大家所注意讨论，而在中国亦为不可避免的问题，在我国的法学著作里面或语焉不详或毫不提及。庞德顾问觉得我们应该一面注意本国国情，一面对于我国法律所根据之外国立法作深刻的比较研究，以发挥一种有系统的法学理论，使法律之解释及适用臻于统一，而许多迫切之问题亦可得到合理的解决。所以本人抵美后，即协同庞德顾问将他所建议的那部法学巨著的计划大纲拟订出来，呈送部长核定。嗣奉部长指示谓该计划可行，乃进一步共同对于各国法制之研究、材料之搜集，以及特殊问题之探讨做初步之准备。

二、本报告之范围

关于此次出国的详细经历将来当编一书面报告送请诸位指教，惟此项书面报告篇幅较长，而所有资料大部尚在国外，一时不易运到，恐须经过相当久的时期方能完成。今天因为时间有限仅能做极简单的报告。此项报告可分为二大部分。其一，为关于考察及出席会议者，包括五点：（1）欧美近十余年来法制之变迁及改革趋势；（2）重要国家司法行政之组织及工作；（3）各国监所概况；（4）联合国战罪委员会及各国处理战争罪犯案件之情形；（5）出席国际统一刑法学会、国际罪行研究委员会及国际刑法学会等会议之经历。其二，为关于特殊问题之心得者，包括：（1）冤狱赔偿问题；（2）幼年犯问题；（3）短期自由刑问题；（4）检察制度问题；（5）民刑诉讼之沟通问题。此类问题中第一问题系出国前奉部长面谕研究，本会此次提案亦有涉及者，故特提出报告。其余各问题皆系当前切要问题，此次提案亦曾涉及，故一并提及。惟今日时间颇短，不知能一一报告否。

三、考察及出席会议之情形

（一）欧美近十余年来法制之变迁及改革趋势

近十余年英美二国法制的变迁较大陆为少，所以今天的报告似侧重于大陆方面。大陆各国中的变迁以德、意等较多，不过其他国家如法、比、瑞士等亦有值得注意的改革。兹先从德国说起：

德国的变动可谓最多，一则因为德国在二次世界大战结束前法制上有许多重要变革；二则因为战争结束后它又为盟军占领，纳粹时代的法律有许多已被推翻。德国法制变迁之值得提起者约有以下数点：

1. 私法方面变动较少

在纳粹当政时期民法的亲属与继承部分有重要变动，对于犹太人等颇不利。商法中有关公司等部分亦略有修改，以贯彻所谓"领袖原则"。战争结束后，上述制度本应全部废止。惟盟国管制委员会法制委员会觉纳粹时代之法律亦有为固有法律所不及之处，故决定局部废止。

2. 刑法方面曾有极基本之变革

希特勒秉政未久，即于刑法典中增设类推论罪处罚条文。此项规定固早为苏俄之刑法典所采纳，惟在非共产主义之国家尚属近代之创例。德奥等国刑法学者关于罪刑法定主义之实际限度，本有种种不同之学说，其中有认为类推主义事实上无法避免者，亦有认为类推主义实际上已为法律所许可者。而征诸法院之判例，亦不无与此类学说暗合之处。盖法院办案时，纵不敢公然用类推方法论罪定刑，有时实不免藉扩张解释之名行类推解释之实。不过这种情形所发生之影响，究不及刑法上明文规定承认类推主义那么大，纳粹当政时曾利用类推制度造成很大的罪恶。此外纳粹政府为贯彻政治主张，曾在刑法方面增加许多罪名，对于异己予以种种虐待。所以纳粹政权崩溃后，盟国管制委员会立即将上述种种制度取消。

3. 刑事诉讼法方面有四点值得注意

（1）陪审与参审制之改革及废除。德国于1924年前兼采陪审与参审制。后者由推事与普通人民（参审员）合组而成，对于事实之认定及法律之适用共同参加意见决定之。前者则陪审员与推事之间工作划分，陪审员决定犯罪责任之事实问题，推事决定处罚之法律问题。陪审之制原盛行于英国，法国大革命后随拿破仑之刑事诉讼法典流传欧陆各国。惟此制运用结果颇不满意，德国于1924年首先放弃之。该年1月4日政府根据授权立法之命令将原由推事3人与陪审员12人组织之陪审法院改由推事3人与陪审员7人合组之，并规定共同决定犯罪责任及处罚问题。于是陪审制名义上虽属存在，实质上已成为参审制。纳粹党秉政后，觉1924年之改革无济于事，复于1939年将普通法院之陪审制及参审制一并取消。二次世界大战结束后，盟国管制委员会已将上述二制恢复。

（2）预审制之由强制性变为任意性。大陆各国刑事诉讼受拿破仑法典之影响，大都有预审之程序。此项程序，于某种情形系强制性的。国社党秉政后，觉此制不便，将其改为完全任意性的，预审程序之应否举行由检察官决定之，名存而实废。

（3）检察官职权之扩大。由于预审制之完全丧失强制性，检察官关于起诉与否之决定权扩大甚多。大战结束后盟国管制委员会认为易滋流弊，已将其废止而恢复国社党秉政以前之制度。

（4）处刑命令适用范围之扩展。德国刑事诉讼法原规定处刑命令之程序仅适用于初级法院管辖之案件，国社党秉政后将初级法院之管辖范围大事扩充，因之处刑命令程序适用之范围亦随之推广。此制于战争结束后无大变动。

4. 在一般公法方面德国在国社党秉政时期发生最激烈之变化

其主要趋势为提高领袖之职权及地位，使中央集权，排斥犹太人，以发扬狭义德意志民族精神；不承认宪法有甚大之权威，反对三权划分之传统理论，打破一般所谓"自由民主国家"之法治国家观念，提倡对外强力主义，否认条约之绝对拘束力。关于这方面的法律，尤其关于行政方面者，汗牛充栋，兹不赘述。惟战争结束以后这一切都已废止。现在大家正研究如何为未来的德国制定一部宪法。有许多人建议采行美国式的制度，将来能否成为事实尚不得而知。

次论意大利。意大利自19世纪下半叶起，对于统一立法的工作一向努力。其刑事法尤为一般人所推崇。1915年以后复改订许多重要法律。1930年公布新刑法典及刑事诉讼法典，1940年公布新民事诉讼法，1942年复公布新民法。兹就下列各点说明其梗概。

（1）刑法方面虽未如德俄等国容纳类推主义，但将保安处分之种类及适用范围扩充甚大，使国家对于有所谓"社会危险性"之分子有充分机会限制其自由或加以变相的处罚。

（2）刑事诉讼法方面有种种改革，其重要者如下：① 陪审制度之变质及参审制之采行。意大利以前因受法国法典之影响，亦采陪审制，但现行法令已将陪审法院改依德国参审法院之例组织之。1935年公布之陪审法院条例即如是规定。其行使职权之方法，与德国1924年以后之陪审法院略同。② 检察官职权之扩展。依照大陆各国之传统制度，检察官并无如吾国检察官所有之广大职权。除极少数案件外，检察官无传唤、讯问被告及证人，拘提、羁押被告及实施搜索与扣押之权。近代各国中只有苏俄已赋予检察官以如是广泛之职权，一般国家大概将这类职权赋予预审推事或其类似性质之人。意大利之新刑事诉讼法，将预审程序分为二种：一为正式预审；一为简易预审。正式预审由推事举行，简易预审由检察官举行。凡举行预审的推事及检察官都有我国检察官在侦查时之职权。但适于简易预审之案件种类不少，范围相当广，其中有一种系依法应处有期徒刑以下之刑罚而证据可认为确凿之案件。证据确凿与否既可凭检察官之主观认定之，则检察官可藉扩充简易预审之范围而扩张其自己之职权。此种情形较诸我国与苏俄，虽不足为奇，但与欧洲传统的制度却颇有出入。③ 被告无罪推定之否定。英美法例均推定被告为无罪，大陆近代法制亦采此原则。

意大利之新刑事诉讼法则既不推定被告为无罪,亦不推定其为有罪。④ 刑事执行监督推事之设置。意大利新刑事诉讼法规定刑事执行监督推事之制度,使刑事之执行有专人监督而有一定之计划,并纠正法院将刑事案件判决后即不加注意之通病。

(3) 民商法方面有一极基本的改革,即民商法典之合一。近代采民商合一制者已不乏其例,惟意大利民商合一之程度及方式与一般国家如瑞士、苏俄等不同。1942 年公布之新民法典,除另附 31 条之一般规定外,共分六编如下：人与亲属;继承;财产;债务;工作;权利之保障。工作编包括一般劳工法之规定,公司法之规定,关于合作事业、相互保险及工业发明等之规定。普通商法典之其它规定,则一部分列入债务编及航行法典,一部分见诸单行法规。

(4) 一般公法方面在近二十年来有很多的变革。在行政法方面已完成几部大的法典,1942 年公布的航行法典即其一例。该法典有 1 331 条,对于海空航行各方面的问题都有详尽的规定。不过战争结束以后,意大利在墨索里尼时代的基本政治制度非放弃不可,亟待制定一部新宪法。本人在意大利时已见到一部公布过的宪法草案,该草案的基本原则系根据英美宪法及联合国宪章。意大利以前虽与德国站在同一阵线上,却因为墨索里尼下台较早,以后成立的政府以敏捷的手段转变方向,国家的情形才没有像德国那样糜烂,而墨索里尼时代所订的法规,除一部分关于公法者外,大体均继续有效。这实在是意国人民所值得庆幸的一件事。

现在再略述其他国家如法、比、瑞等国的情形。法国因抗战很久,且一度处境非常艰难,这十几年来没有完成很多的大改革,其值得提起者乃政府已着手起草新的刑事诉讼法及民法。刑事诉讼法草案已完成初稿,系由法国司法部延聘巴黎大学教授 Donnedieu de Valrrs 等起草。该草案一面简化程序,依据 1945 年的刑事诉讼法修正案,将原有之陪审法院改为德国 1914 年及意大利现行的陪审法院,一面提高检察官之权力,俾得行使我国检察官在侦查时所得行使之职权。法国之新民法草案,当本人离法时尚未完成初稿,惟大体计划业经决定。其编制大致如下：总则;人与亲属;财产;债与担保;婚姻财产、继承及赠与。

比国的司法部亦正在准备修订各项法规,已完成民事诉讼法及刑事诉讼法之初步起草工作,其刑事诉讼法草案闻系以法国之草案为蓝本。

瑞士联邦方面近十余年来制定之新法律较多。在刑事方面有 1934 年之刑事诉讼法典、1937 年之刑法典等;在民商事方面有 1937 年之合作社法及商业登记法、1943 年之团体协约法等;此外尚有 1943 年之法院组织法。其中值得特别注意者乃刑事诉讼法典,依该法典之规定,检察官于侦查期间有传唤、讯问、拘提、羁押有关人等之权,其检察官之地位与我国现行制度及法国刑事诉讼法草案相近。

以上系就重要国家的变迁及趋势分别的说明,现在再进一步综合地观察。从欧洲各国法制变迁的情形,我们至少可以观察到下列四点：

第一,在程序法方面,许多国家都有提高推事或检察官之职权或避免不必要之组织或手续,以简化诉讼之趋势。此观于刑事方面陪审制度之变质或废除、处刑命令适用范围之扩展、检察官职权之提高等,盖可知之。

第二,在刑事实体法方面虽有少数国家曾设法打破罪刑法定主义,一般国家却尚未明白地放弃这种制度。德国的失败大概将使非罪刑法定制度在最近的将来无法普遍流行。

第三,在民商事的立法方面有两种显著的趋势：其一为内容之革新。以前传统的民法典及商法典所涉事项,范围过狭,不足以适应现代社会的需要,因此必须根据时代与地域的情形扩充其范围,并移转其重心。法国巴黎大学某教授最近讨论法律教育课程问题时,曾竭力指陈以罗马法为主要根据之民法,在今日已不及以前之重要;学法者应移一部分精力研究新问题或新兴之学科,如劳工法、经济行政法、国际私法等。其言实具至理。最近意大利之民法典实与此项主张互相呼应。其二为立法技术之改进。大陆法系近百年来民商事立法之技术可谓有二种相反之趋势。其较早者为拿破仑法典技术之流行,此项技术有三特点:(1)民商分立;(2)对于法源无适当之规定;(3)甚少关于总则之规定。以后百余年中逐渐产生一种反对趋势,将此项技术一一放弃。德国 1900 年之民法典创立总则之体制,惟关于法源问题仅于施行法内略予规定,而对于民商分立则一仍旧制。瑞士 1907 年之民法典及 1911 年之修正债务法,一面对于法源有详细之规定,一面采民商合一制。最近意大利之民法典采民商合一主义而分为六编。虽未设总则编,然属于总则编之原则已分别列入各章,较法国民法典有系统。法源问题,则于另附之 31 条一般规定予以解决。凡此种种情形足以证明:法国民商法典之技术已不复适合于今日。

第四,欧洲若干国家目前在立法方面所努力争取者,我国近四十年来大体均已获得,所不同者不过内容之详略而已。所以我国在大陆法系中虽是一个后起者,在立法方面的成就却已远超过许多先进的国家。我们今天对于诉讼法往往觉得太复杂,需要简化;对于法官之职权往往觉得太小,需要扩大;对于陪审制度往往觉得颇为时髦,非采不可。实际上我们诉讼法之简化,法官职权之扩大,已非一般大陆法系的先进国家所能及;我们所希望有的陪审制度,正是大陆国家急欲放弃的东西。我们现行制度之不能发生良好效果,未必由于制度本身有何毛病,实在因为运用之不得其道。

(二)重要国家司法行政之组织及工作

司法行政的组织及工作问题,一般人不甚注意,殊少系统地、比较地研究。本人第一次出国时,虽就比较司法制度,即各国的法院组织与程序,有所研究,但对于司法行政的情形未及多加探讨,所以此次出国对于这一点较为注意。

司法行政在英美很少有系统的、健全的组织。英国虽是英美法的发源地,但是其司法行政的机构最为割裂分散。现在主持司法行政者有两个机构:一为掌玺大臣,即俗称之大法官(Lord Chancellor);一为内政部。内政部除处理有关法院的一部分事务外,兼管监狱行政。美国各州虽有司法部(Department of Justice)之设,但领导该部之州"律师长"(Attorney General)不过一最高级之检察官兼州政府的法律专家或顾问,对于法院并无监督之权,对于监所亦未必有权过问。加以有若干州之州律师系民选的,州律师长连监督指挥州律师之权也没有。

美国联邦的司法部较各州的司法部为健全。领导此部者亦称州律师长,其本人之身份与各州之州律师长大同小异。不过他对于联邦的"区律师"(即 district attorneys,等于大陆的检察官)有指挥监督之权,对于监所有管理、指挥、监督之权,此外尚兼管一部分关于外国之事务。联邦司法部有一很著名的机构,即联邦调查局,对于各种案件,尤其刑事案件之调查侦查颇有贡献,其设备亦特别精良完备。不过联邦司法部规范虽大,工作虽繁,只可谓为一权力较大的总检察署,尚比不上大陆的司法部。

英美人士觉得有许多大陆国家司法部所管的事情在英美往往无人过问;最感到不足的是法律的起草及修订工作及司法机关的联系,所以近二三十年来屡有人主张依照大陆各国之制设立司法部。

大陆各国的司法部因为都是根据一个制度而来的,组织大致相同。其基本部门为民、刑、监等司,另设关于人事、会计、统计、总务、秘书等部门。不过近年为适合新的需要,往往有设立专司主管外国法律的搜集、研究甚至问题之解答等职者。法国司法部自 1870 年起,即附设一国法制之研究搜集机构,供给资料于法院及政府各部门备其咨询,其所翻译的外国法典亦颇可观。比利时及西班牙均于司法部内设一部门专司其事。此外,为使刑罚及保安处分的执行有效起见,亦有于主管监狱之部门外另辟一部门主管感化教育者,法国最近已采此制。足证司法行政机关的组织,不必拘泥于成规,而贵乎适应时代之需要。

二次世界大战予欧洲各国以精神上及物质上极大的破坏。战争结束以后,司法行政方面发生许多从前所没有的困难,其中最普遍的为:刑事案件之增加、生活之高涨、人才之缺乏。

战争可以破坏家庭及社会的制度,养成急躁残酷的性情,降低道德的标准,陷无数人于贫困,犯罪的激增乃是必然的结果。第一次世界大战后欧洲各国如德、奥等都是很显著的例子；二次世界大战当然也不能例外，因为这次的战争打得特别厉害，其结果比第一次大战还要严重。欧洲各国固不必说，即美国亦感到犯罪的增加。这表示司法机关方面必须要加强设备及组织，以应付犯罪的问题。这种工作的推动，当然是司法行政机关的责任。

经济的恐慌、物资的缺乏，几乎是战后世界的普遍现象。司法人员在这种情形之下的工作情绪当然要差一点。欧洲许多国家已将俸给提高，但是不断上涨的物价，绝非增加的俸给所能赶上的。所以在这时候要提高司法人员的工作效率，比较困难。

战争曾使许多法学界的人死亡或变节，而许多培养法学人才的学校中途亦遭受阻碍，或则被毁，或则停顿，可用的法学人才远不及战前那么多，因此法官的来源相当缺乏。这种情形在德国等处固特别厉害，即在法、比等国亦相当严重。

欧美各国的司法行政近十余年来，尤其在二次大战以后，大概侧重下列三点：

（1）国际性的工作。现代国家与国际间的关系比一个世纪以前密切复杂得多，各国的政府及人民彼此间接触之点非常之多，所以涉外的法律事件一天比一天多。这类事件的合理解决，一方面有赖于外国法制的研究；另一方面亦有赖于国际间的合作，如人犯之引渡、外国判决之执行、国际法上若干原则之确立及统一等。这类事件所引起的问题，在我国从前因为领事权及不平等条约的关系，并不显得重要，所以大家一向不甚注意；但在西洋各国却早为司法当局及法学界所重视。因此司法行政方面不但对于民商事有种种设施，就是对于刑事亦不断地设法与国际方面取得联系或推动种种工作，期配合对外的需要。

（2）立法的工作。英美的司法行政机构不健全，所以没有能负起立法改革的准备工作，英美人士深引以为憾。大陆各国的司法部对于这种工作确甚注意，每个司法部大概都有一个主管立法的部门，并且规模相当大。大陆各国的司法部推动立法改革工作，并不完全靠这种专设的部门。这种部门的主要作用在搜集有关资料、明了实际情形、发现问题所在、与各方取得联系；至于起草的工作，往往须借重法学教授。此观于从前德国之起草民刑法典、瑞士之起草民法典、意大利之起草刑法、刑事诉讼法及最近的民法与民事诉讼法，及最近法国与比利时之修改各种法典，都可以看出。

（3）刑事的工作。现代司法行政机关最重要工作之一为防止及应付犯罪，以维持法律的秩序，所以各国的司法行政机关对于推动这种工作的必要设备，都在那里不断地设法充实加强。这种情形在美国联邦司法部尤为显著。上面已说过，二次大战结束以后，各国犯罪有激增之势，司法行政机关在刑事方面的责任当然格外重要。

（三）各国监所概况

关于各国监所的概况，今天不预备多报告，其原因有二：其一，今天时间有限；其二，倪参事征暎去年由国外归来所提出的报告对于此点已详细论及。今天所要讲的约有五点：

（1）欧美各国监所的设备虽有不同，有一点却是共同的，即大家都在努力使被羁押监禁的人分房别居，不但对于幼年犯是如此，就是对于成年犯亦是如此。因为杂居制的必然结果是同居的犯人彼此在习惯思想上多少有点影响，往往一个很平常的偶犯会因此变为习惯犯；至于同居者疾病之传染，生活习惯之不和等，尤其余事。本人曾经参观法国几处监狱，发现有若干幼年犯独自在禁闭之室内做木工或其他工作，据主持人称，此亦所以预防犯人彼此熏染。其分房制实施之彻底可见一斑。

（2）欧美各国监狱，对于犯人作业均相当注意。所聘之教师较有训练；犯人因作业所得之报酬亦相当优厚；司法行政当局对于监狱作业大都能按一定计划责成监狱人员切实推行。

（3）欧美各国监狱最注重者为感化教育。其推行感化教育之主要方式约有下列四种：① 于普通监狱内加强图书及其他教化之设备，并以较优之待遇罗致教化之专家。各国中似以美国办理最善，其专家中有大学教授出身者。② 利用监狱外之人或机关，如慈善及宗教团体等，至监狱内实施教化。③ 设置假释监督人员，对于假释人犯予以必要之指导及监督。此制在美国颇为流行。④ 设立感化院及感化学校。此在欧美重要国家均甚普遍，其感化学校往往毫无监狱意味，且程度有与专科学校相当者。

（4）关于设备及待遇，英国及大陆一般国家均较美国为逊。往昔美国过于偏重人道主义，对犯人过于优待，监内设备及生活反较监外为优，近年来渐为识者所不取，惟一般情形仍非其他国家所及。英国与大陆一般国家，因限于财力，向不主张过于优待犯人，惟对于犯人之营养、卫生及娱乐等仍予以相当之注意。

（5）刑罚及保安处分贵能个别化。此为近代刑事政策之基本原则。欧美国家之监狱对于监犯之作业、教化、待遇等均注意犯人分类之工作，即先将犯人按其年龄、性别、教育、经历、犯罪情节、刑罚种类、刑期长短、家庭背景、体格性情等分为若干类，然后拟定适当管理计划分别施行。

（四）联合国战罪委员会及各国处理战争罪犯案件之情形

联合国战罪委员会设于伦敦。此次经过该处时，特赴该会参观，因得与该会主席及秘书长详论战罪问题，并报告我国处理战罪案件之情形。该会举行审查会时，亦曾被邀出席，与会者皆各国长期驻会之代表。该会对于我国去年公布施行之《战争罪犯审判条例》甚为满意，认为与该会政策及国际法之最近发展不谋而合。惟该会迄未收到我国关于办理战罪案件之报告及关于战罪判决之译文与资料，甚盼我国能与其他各国采一致步骤早日送往。留伦敦时曾将我国对于处理战犯案件所遭遇之法律问题提出与该会专家讨论，据告其中有若干问题亦为其他各国所有者。该会对于我国将一部分重要战罪案件送经该会远东分会审查通过，而将其余战犯案件送由我国战罪委员会审查通过一节亦表赞同。该会已决定将各国法庭及纽伦堡东京国际军事法庭审理战罪案件之情形汇为报告分期发行。其第一册已于本年出版，所载多英美二国军事法庭审理之案件，以后各期当续刊关于纽伦堡等国际军事法庭及其他国家法庭审理之案件。

（五）出席国际统一刑法学会国际罪行研究委员会及国际刑法学会等会议之经历

1. 国际统一刑法学会第八届会议

国际统一刑法学会第八届会议系于比京司法大厦（Palais de Justice）举行，会期共有5日，自本年7月9日起至13日止。到会者有中、美、法、巴西、智利、丹麦、挪威、瑞典、荷兰、比利时、土耳其、葡萄牙、意大利等33国代表及有关法学之国际学术团体之代表。大会开幕之日，本人当选为大会副会长。

本届大会所讨论之问题有二：其一，刑法上关于伪造或变造公私文书规定之统一；其二，违反人道罪之定义。以上二题，以第二题关系较大，故讨论较久。小组审查会对于前者通过条文多种，以不甚重要，兹不赘述。大会关于后者通过一定义如下：凡因种族、国籍、宗教、意见之关系，在平时或战时杀人或为其他足以致人于死之行为，均构成违反人道罪，应依杀人罪处罚。二者均由大会照案通过。

2. 国际罪行研究委员会会议

国际罪行研究委员会，如依法文直译，应为"惩治违反国际法罪行及事敌行为国际常设研究委员会"。该会于本年7月14日及15日在比京司法大厦举行会议。到会者有中、比、法、波兰、荷兰、希腊等十余国代表。我国代表系以观察者之资格出席。

本届会议所讨论问题为：其一，战争罪犯及奸伪之引渡；其二，奸伪判罪后之再教育及恢复常态。此二者均为战后国际刑法及国内刑法上之迫切问题。关于第一问题大会决议：凡犯违反人道罪或战争罪者均应引渡；至引渡之办法不应由甲国与乙国以条约规定而应以国际公约规定之，此项公约应由联合国发动由各国参加，将来应由联合国设置国际刑事裁判机关控制其执行。关于第二问题大会决议认为：对于战争罪犯及奸伪予以再教育俾得恢复常态确属有益之举。

3. 国际刑法学会第五届会议

国际刑法学会第五届大会于瑞士日内瓦城日内瓦大学举行。会期4日，自本年7月28日起至

31日止。到会者有中、英、美、法、意、土等二十余国代表。各国对于本届会议均甚重视,曾派重要人员出席。如法国代表为现任陆军部长前阿尔及尔大学刑法教授,土耳其代表为现任司法部长,意大利代表为财政部长,美国代表为纽伦堡国际军事法庭首席检察官。大会第1日,本人当选为大会副会长。

本届会议所讨论之问题有三:其一,一国如何藉其国内立法以保障他国之和平?其二,刑事追诉究应采法定主义,抑应采便宜主义?其三,儿童犯罪问题。关于第一问题大会决议五点:(1)各国应以有效之方法制止、处罚危害他国安全之行为;(2)本国货币与外国货币在刑事上应予以平等之保护;(3)战争罪犯不应享受普通政治犯之权利,应予以引渡俾受应得之惩罚;(4)国内法应从严处罚一切为侵略战争宣传或便利侵略国活动之行为;(5)应设立国际常设法庭以解决管辖问题并受理破坏和平罪、战争罪、违反人道罪之案件。关于第二问题大会决议交国际刑法学会理事会组织委员会,搜集各国资料后作进一步之研究,并提出意见交下届大会讨论。关于第三问题仅由到会者发抒意见,未作何决定。

4. 对于各种会议之观感

上述三种会议所讨论者大部分涉及国际刑法实体上及程序上之问题。此类问题在二次大战以前为一般研究国际法及刑法学者所忽视,惟自二次大战以来日臻重要。因现在世界各国之集体安全重于一切,而破坏集体安全之方法亦层出不穷;爱好世界和平之国家如不对于此类问题合力速谋适当有效之解决,以维持国际间之法律秩序,则未来之国际关系殊难乐观。此次日内瓦举行之国际刑法学会第五届会议所讨论之第一题关系尤为重要,故各国不惜派大员参加。我国学者对于国际刑法等学科注意者甚少,一般研究普通刑法者,对国际性之问题亦无暇详细研究。今后实应认清环境,急起直追,努力研究,以适应新时代之需要。

四、关于特殊问题之报告

今天本想就五个问题做一个简单的报告,但是时间已晚,只预备提出两个问题来讲一讲:一是冤狱赔偿问题,一是幼年犯问题。

(一)冤狱赔偿问题

我国新宪法第24条规定:"凡公务员违法侵害人民之自由或权利者,除依法律受惩戒外,应负刑事及民事责任,被害人就其所受损害并得依法向国家请求赔偿。"有人以为这是与冤狱赔偿有关的,因此近来颇多为配合行宪而主张实行冤狱赔偿制度者。实则吾人所称之"冤狱赔偿",在西洋往往称为"对于司法上错误之赔偿"(如法国等)或"对于宣告无罪者之赔偿"(如德国等)。此种赔偿并不以司法机关之公务员有故意的或过失的违法行为为条件。在多数案件中司法机关承办案件者依法定程序进行诉讼,未必有故意或过失之违法行为。然而依冤狱赔偿的法例,被告却有要求赔偿之权。宪法第24条所规定之赔偿以公务员有违法侵害人民自由或权利之故意或过失行为为条件,其范围反不及冤狱赔偿之广。此外还有一点应注意,即冤狱赔偿通常仅适用于狭义的司法事件中之刑事案件;即普通法院所处理之刑事案件,至多不过包括军事法庭处理的刑事案件;至于民事案件、行政事件均不适用冤狱赔偿的规定。宪法第24条包括一切公务员之故意或过失的违法行为在内,涉及司法以外之事件,其范围又比冤狱赔偿广。所以冤狱赔偿制度之推行与宪法第24条之实施是两件事,未可并为一谈。

冤狱赔偿之制,各国采行者甚多。宪法第24条所规定者虽属另一事,我国今后应否采行此制,确颇值得考虑。如果应采此制,则吾人应进一步研究此制应如何规定以保障人民之利益,而同时又顾到本国之国情。关于此问题本会此次已有正式提案,现在预备将个人考察研究所得报告一二以资参考。

各国关于冤狱赔偿的制度可大别为二类:一类采立法特许主义,即被告或其利害关系人之能否要求赔偿及应如何受赔偿,由立法机关就各个具体案件临时分别决定。此制流行于英国及美国若干州。另一类采法定准则主义,即被告或其利害关系人之能否要求赔偿及应如何受赔偿在法律上均预先定有标准,俟案件发生后分别依照办理。此制为多数国家所采,美国少数州亦予采行。兹就后种制度说明如下:

1. 请求赔偿之原因

各国法例所承认之赔偿原因可归纳为下述七种:(1)经判决确定后,依再审或其他救济程序宣告无罪;(2)经判决确定后,依再审或其他救济程序改判,处较轻之刑;(3)起诉后,经判决无罪或免诉,而于诉讼期间曾被羁押;(4)案经行政首长特赦;(5)案经不起诉处分,而于侦查期间曾被羁押;(6)曾受保安处分;(7)曾受军法裁判,而有(1)、(2)、(3)情形之一。

以上各种原因中之(1)、(2)、(3)较为普通。惟各国中有专采(1)种者,如意大利、葡萄牙、法兰西、巴西、西班牙等是;有兼采(1)、(3)二种者,如瑞典、挪威、丹麦、匈牙利、荷兰及瑞士拜尔恩等州是;有兼采(1)、(2)二种者,如比国等是;亦有兼采三种者,如德、奥等是。第(4)种为美国California、North Dakota及Wisconsin等州所采。此数州亦兼采(1)种。第(5)种为挪威及一部分瑞士州如Baselstadt及Vaud等所兼采。第(6)、(7)二种为德国等所兼采。

2. 关于赔偿决定之程序

关于此点有下列问题值得研究:

(1)赔偿问题应否由法院解决?关于此点有三种主要制度:① 法院解决制,为法兰西、意大利、巴西、墨西哥、葡萄牙、西班牙等所采。② 行政机关解决制,为瑞典等所采。③ 法院与行政机关解决之混合制,为德、奥、匈等所采。

(2)其采混合制者,应先由法院抑行政机关解决?关于此点有三种不同制度:① 先法院而后行政机关。此制为匈牙利及1918年以前之奥国所采。② 先行政机关而后法院。此制为美国California、North Dakota、Wisconsin等州及1918年以后之奥国所采。③ 先法院而后行政机关,必要时再经法院。此制为德国所采。

(3)其采法院解决制或先法院而后行政机关解决制者,其程序如何?关于此问题有二点应考虑:① 法院应否依职权有所决定?一般制度均规定法院仅得因申请为之。② 法院应于何时决定?主要之制度有二:其一,于宣告无罪判决时同时为之,如法、德等是;其二,于另一时间为之,如匈牙利、丹麦、瑞典等是。

(4)其采混合制者,法院与其他机关应如何分工?关于此点主要的有下列三种制度:① 法院先决定应否赔偿,然后行政机关决定数额。如匈牙利等是。② 法院先决定应否赔偿,然后行政机关决定数额;如不服,再由法院做最后决定。如德国及1918年以前之奥国是。③ 行政机关先决定应否赔偿及赔偿之数额;如有不服,再由法院做最后决定。如上述美国之三州及1918年以后之奥国是。

3. 请求赔偿时所必需之证据

被告或其利害关系人为赔偿之请求时,应否提出被告无罪之积极证据,各国法例不一,共有二种制度:其一,必须提出被告无罪之积极证据者。如匈牙利、瑞典、巴西等是。其二,不必提出被告无罪之积极证据者。如荷兰、葡萄牙、瑞士之Basel和Tessin等州是。

4. 赔偿请求权属于何人

有两种制度:其一,限于本人。匈牙利关于普通宣告无罪之案件采此制度。其二,不限于本人。采此制者有德、奥、意、比、丹麦等多数国家。

5. 对于赔偿请求权之其他限制

德、奥、匈、瑞典、挪威等国规定被告因故意或过失而促成起诉、判罪及羁押等情者,不得请求赔偿;意德等国并规定曾受某种刑之宣告者亦不得请求赔偿;此外逮捕时形迹可疑或正在警察等监视中者,依若干立法例亦构成排斥请求权之原因。法国之制度则适相反。凡被告因再审而宣告无罪者皆有请求赔偿权,法律上并未明白加以如上述之限制。易言之,其请求能否成立得由法院依自由裁量决定之。

6. 赔偿请求之时效

一般立法均规定有请求权人应于无罪判决宣告或送达之日起三个月至六个月内向主管机关提出请求。有少数国家如意大利等曾将该项期间延长至一年。德法等法例均规定法院须于判决无罪时同时决定赔偿问题,故赔偿之请求应于判决前为之,其时间之限制最为严格。

7. 赔偿之范围

赔偿之范围有限于物质损害者,亦有兼及物质与精神二方面之损害者。前者为一般法例,奥、德、瑞典、挪威等足以代表之。后者为法国及瑞士之 Neuchâtel 州等之制度。各国对于赔偿之金钱数额有加以限制者,亦有不加以限制者。前者如德国及美国之 California、North Dakota、Wisconsin 州等是。后者如法国等是。关于物质损害之范围,各国法例有规定种类或性质者,如德国等是;亦有不予规定者,如法国等是。

8. 其他补偿方法

各国法例有于金钱方式之赔偿外规定其他补偿方法以济其穷者,其最常用之方法为公告。现代法例中以法国之制度最为详备。被告依再审程序宣告无罪后,法院须为下列之措置:

(1) 将无罪判决于下列地点张贴公布之:① 宣告有罪判决之城市(Ville);② 再审法院所在之城市;③ 犯罪案件发生之区(Commune);④ 请求再审者住所所在之区或司法错误(即俗称冤狱)之被害人于死亡前最后住所所在之区。

(2) 将无罪判决刊入政府公报(Journal Official),或因被告或其利害关系人之申请将其交由被告或其利害关系人选定之任何五种报纸。

9. 冤狱赔偿责任之最终归属

国家对于司法错误之被害人固应直接负赔偿之责任,然司法错误之造成,可能有种种原因。被害人本身之故意或过失、告诉及证言之虚伪、证物之假造、法官之舞弊等均足以促成司法程序或裁判上之错误,国家于赔偿被害人后能否转向促成此种错误之告诉人、证人、伪造证物者及法官要求赔偿,乃一值得研究之问题。依民法侵权行为之一般原则言之,此类人员对于国家应负赔偿之责任,故原则上多数法例均承认国家得要求此类人员补偿国家所赔偿被害人之损失。惟法官之责任究属如何,各国规定不一。有免除其赔偿责任者,如法国是;亦有采相反之制度者,如德国是。

10. 外国人之赔偿请求权

遇司法错误之被害人为外国人时,冤狱赔偿之制度能否适用,亦值得研究之问题。现代各国法例大都不出二种制度:一为国民待遇制度,即外国人得与本国人享同等之权利,应适用关于冤狱赔偿之规定;一为互惠制度,即外国人之得请求冤狱赔偿,以其本国法律准许所在国之人民在该国享受同等权利或条约有特别规定为条件。前者之例为法国刑事诉讼法之规定,后者之例为德国 1904 年关于依普通程序宣告无罪或免诉者之损害赔偿法(该法之目的在赔偿因羁押所受之损害)。

(二) 幼年犯之问题

幼年犯问题牵涉之方面甚多。兹拟分下列五点简述之:幼年犯之范围、处理幼年犯之机关、处理幼年犯之方法、处理幼年犯之程序及结论。

1. 幼年犯之范围及种类

幼年犯在西洋每称为 Juvenile Offenders 或 Juvenile Delinquents。前者范围较狭,以有违反刑事法规之行为者为主;后者范围甚广,有时包括流浪者、被遗弃者、不能自立者、道德或精神堕落者在内。美国各州立法大都采后种解释,欧洲若干国家如意大利、葡萄牙、西班牙等亦大致相同。现代法例有将幼年犯依年龄分为二级、三级或四级者,其目的或在决定犯罪责任之轻重有无,或在决定划分处理机关管辖权之标准。采三级制者有法兰西、罗马尼亚、波兰、挪威、希腊等国。采二级制者有德、意、奥、匈、比、捷(克)、瑞(典)、英、墨(西哥)等国及澳洲若干区域。采四级制者有南非共和国。

2. 处理幼年犯之机关

处理幼年犯之机关可分为检举侦查的、审理的、执行的三类。此三类机关有专为幼年犯设置而为独立之机构者,有附设于处理成年犯之机关与其他部门划分者,亦有与处理成年犯之机关完全混合者。美国一般立法趋向于第一种制度,欧洲若干国家如意大利等亦同。第二种制度较易节省经费与人力,流行较广。德、奥、匈、比、荷兰等及美国一部分州关于幼年犯之审理大体均采此制。第三种制度为近代刑事政策所不取。采第一种制度者,其法院一部分人员往往调自处理成年犯之机关,此可谓虚拟的独立机构制。现代法例有依幼年犯之年龄而将其分别由不同性质之机关处理者,法、德、意等国关于幼年犯审理之制度即其著例。

审理幼年犯之机关,有系法院者,如丹麦、挪威及瑞士一部分州之制度是;亦有一部分系法院,一部分系行政机关者,如瑞典等国之制度是。审理幼年犯之第一审机关处理幼年犯案件时,有采独任制者,如比利时、希腊、荷兰、波兰等是;有采合议制者,如丹麦、瑞典、挪威、西班牙、墨西哥、葡萄牙等是;亦有兼采二制者,如意大利、匈牙利等是。

各国关于审理幼年犯案件人员规定亦种种不一,约有五种制度:(1)以法律家为限者;(2)准许非法律家充任者;(3)必须包括非法律家,如教育家、社会学家、心理学家、医学家或其他儿童问题专家或参审员等在内者;(4)必须包括女性一人或若干人在内者;(5)以女性为限者。第一种制度设备简单,且与一般司法制度相符合,凡对于幼年犯无特殊设备之国家多采之。第二种制度在司法组织本身不健全而对于幼年犯复无特殊设备之国家较为流行。第三种制度为现代关于幼年犯较新之一般法例所采。意大利、德意志、葡萄牙、哥伦比亚、捷克、丹麦、西班牙、墨西哥等皆属之。第四种制度为美国一部分州、墨西哥、挪威及战前之丹泽(Danzig)自由市等所采。第五种制度为美国柯克郡(Cook County)及哥伦比亚特区(District of Columbia)等所采,仅适用于女性幼年犯之案件。

以上所述,皆以审理机关为主。至于检举侦查机关,为幼年犯专设者甚少,大都由处理成年犯之固有机关兼充,仅有少数刑事政策较进步之国家如意大利等有专设机构。惟关于幼年犯案件之执行在现代各国中颇多专设独立之机关,或于成年犯之执行机关内专设部门,或设置专人主持其事者。幼年犯之感化院及学校在欧美各国已不乏其例,此外在意大利则有幼年犯案件之执行监督推事、幼年犯观察院等,在美国则另有保护管束人员等辅佐执行机关推动工作。

3. 处理幼年犯之方法

幼年犯是否适用成年犯之处罚,各国制度不一。惟多数法例所采之处罚或措施方法与适用于成年犯者不同,其要点可略述如下:(1)将适用于成年犯之刑罚减轻后适用于幼年犯(德、奥、比等);(2)使适用于成年犯之某种处罚不适用于幼年犯(如褫夺公权之在德国、驱逐出境之在奥国、徒刑罚金之在荷兰);(3)扩充缓刑之适用范围或延长缓刑之期间(德及澳洲之Victoria);(4)采用不定期刑(德、奥等及美国若干州);(5)采用笞刑(英、埃及、瑞典);(6)采用训诫(葡萄牙、丹泽、比利时、希腊等);(7)责令保护管束或监视(包括家庭、学校、其他特定机关、特定人之管束或监视,见于德、葡、奥、比及美国与澳洲若干区域);(8)具结释放(英及澳洲之Victoria);(9)对行为以某种限制(如不近烟酒等,奥国等采此制);(10)交由亲属处罚(澳洲之Queensland);(11)代觅工作或职业(奥、葡等国);(12)施以种种福利教育(奥、比);(13)责令本人或父母赔偿损害(美国若干州及Victoria等)。

上述方法大部分为多数国家所兼采,惟其重心往往置于教育或感化性的方法。少数国家如挪威、丹麦、保加利亚甚至规定对幼年犯仅得适用教育之方法或措施,不得处罚。

4. 各国处理幼年犯之程序，有适用成年犯案件所适用之原则者，有予以变通者

现代多数国家均采用第二种制度，惟其变通之程度则彼此不同。兹为节省时间，仅将其与处理成年犯之程序不同之点归纳如下：（1）处理案件时，尽量避免诉讼色彩，不拘形式，使幼年犯不受刺激或发生敌对仇恨等心理，而知改悔。（2）设置专审幼年犯案件之法院，或至少于普通法院内专设一部门审理少年犯案件，开庭地点与普通法庭隔离。（3）审理程序不公开，仅许亲属或其教师等旁听，以维持幼年犯之名誉及羞耻心。（4）审理时特别调查研究幼年犯之社会环境、以往历史及其身体心情，由专家施以生理及心理等检查或测验。（5）于可能范围由各种专家或幼年犯之教师等参加讯问，必要时征求其亲属、教师之意见后决定措施方法。（6）于可能范围避免拘捕羁押；如拘捕羁押为必要，则将幼年犯与成年犯分别收管，以免受不良之熏染。（7）使程序简单化，普通刑事诉讼程序中之自诉及附带民诉等均予删除。（8）必要时列幼年犯之父母为被告，以加强其教养责任之观念。（9）与成人牵连之案件划归幼年犯管辖之机关审理。（10）执行幼年犯之案件时特别注重感化，其方法须力求个别化。（11）幼年犯案件之执行机关尽量与成年犯之执行机关划分，其设备及管理方法以适合感化教育为主。（12）幼年犯案件之执行于可能范围，由其他机关，如教育及社会行政机关及各种公益及慈善团体等协助之。

5. 结论

以上乃关于幼年犯制度之极简单之说明。惟吾人于此可得下列几个结论：

第一，关于幼年犯的种种法律或制度在实体及程序方面都与适用于成年犯者不同。如果要改革关于幼年犯的法律或制度，依照各国的经验，大概非先从修订实体法与程序法入手不可。

第二，幼年犯的问题不仅是幼年法庭的问题，因为幼年法庭仅能解决幼年犯的审理问题。至于幼年犯的执行问题等实际上比审理问题还重要，更应该加以注意。

第三，幼年犯问题之适当解决乃现代各国司法行政上一个极重要的问题。尤其在此次大战以后，各国的幼年犯都有激增之势，颇值得大家以极大的努力来解决这个问题。我国自二十六年抗战以后，不知有多少幼年人颠沛流离，因环境之恶劣而堕落，我们对于这个问题当然要特别注意。不过我们的现行法无论在实体或程序方面都不足以应付幼年犯的问题，我们的执行机关等还需要建设与改造。我们如果不先从法律的修改及设备的充实方面做一番准备工作，则幼年犯的问题必不易得到满意的解决。

关于因保险赔款涉讼案的民事判决*

【判决要旨】

1. 契约当事人关于发生债权之法律行为之成立要件及效力；约定适用外国法律者，除该外国法律与本国之公共秩序或善良风俗相抵触外，应依约定适用之。

2. 当事人对于所主张有利于己之事实，虽负举证之责，但此项原则之适用，除法律有特别规定外，以积极事实为限；至于消极事实，则此项原则不能适用。

3. 保险人损害赔偿责任之发生，依照英国法律，虽以所保危险为损害发生之近因（Proximate Cause）为条件。但英国海上保险法之判例，关于何为近因之解释，并不一致。约分二和：（甲）近因乃最终原因（Last Cause）；（乙）近因乃主要有力原因（Predominating, Efficent Cause）。但后者之解释，较前者为合于正义与理性。盖以时间上之次序决定近因，往往与事实不符；根据该项标准以为之判决，最难公平。

上海公共租界临时法院民事判决

（十八年总字第 6107 号）

原　　　　告　　大纶号（营业所：上海福州路西中和里 77 号）
右诉讼代理人　　沈越声律师
被　　　　告　　阿旭纶斯育宁保险公司（营业所：德国汉堡）
右法定代理人　　柯门（住上海霞飞路 1409 号）
右诉讼代理人　　魏律律师　陆聪祖律师

右两造因保险赔款涉讼一案。本院审理判决如下：

【主　文】

被告应赔偿原告银一万一千两，及自民国十八年六月二十二日起至执行终了日止，周年五厘之利息。

原告其余之请求驳斥。

诉讼费用归被告负担。

【事　实】

缘原告于民国十八年一月二十八日，以装载于平福轮船上之疋头货物 30 件，向被告投保水险。保险金额为 1.1 万两。由被告出立保险单一纸，载明原告货物于自上海至四川重庆之程期内，因轮船

---

* 本"判决"系杨兆龙于 1930 年担任上海公共租界临时法院推事（法官）时所写的涉讼民事案件的判词。时年 26 岁。该判词于 1930 年由当时著名法学家吴经熊主编的《法学季刊》第四卷第 4 期公开发表。判词反映了这位年轻法官处理涉外司法实务的水平，并可资说明当时的《字林西报》之所以对他倍加赞赏的原因之一。

搁浅沉没,及与他船舶碰撞所受之损害,均由被告赔偿。惟被告对于该货物,因战争、暴动、内乱、及海盗所受之损害,及因装载于驳船甲板上所受之损害,概不负填补之责。嗣平福轮船于民国十八年二月十七日上午十一时四十分左右,行经宜昌上游崆领塘急流处,与石岛上珠(译音)相撞,损及船之右舷机器间及汽锅间。江水由损坏处涌入,将机器间及汽锅间之火扑灭。致船身不由司机者之指挥,而触于左近之石岛二珠(译音)上。尔时因前进之力甚强,该轮被二珠岛上之石侵入颇深,故与该岛相触后,船身之前部即坚贴其上,而不可脱。该轮之船长,以船身之后部(即机器间及汽锅间所在之处)沉没水中,深恐船身自石岛脱落后,乘客及海员有生命危险,当即嘱一切人等离船。附近居民目击此情,遂乘机登船劫取行李货物,劫取后复在船上放火,结果原告之货物全部损失。原告以该项损失应由被告负责,于民国十八年六月二十二日致函被告,要求给付1.1万两之保险金。嗣因被告拒绝该项要求,乃诉追该款及自民国十八年二月七日起至执行终了日止周年八厘之迟延利息,并请求宣示假执行到院。

原告辩论意旨约分五点:

1. 原告之货物于平福轮遇险时,确系在该轮上。关于此点有该轮所出之收单,及轮船公司所出之提单为凭。收单已由原告呈案。提单曾由原告于十八年七月十日函寄被告,可责令被告提出证明。

2. 触礁为保险契约内所称搁浅之一种。本案之危险为应由被告负责之危险。

3. 原告之货物,究系置于平福轮之何部,并是否因触礁或当地居民之劫取与放火行为而直接损失,虽不可必;但当地居民之劫取,与放火行为均系触礁之结果。原告货物损失,实系因触礁而发生者。被告应负赔偿之责。

4. 保险法规系强制的性质,其适用与否,不容当事人任意以契约决定之。中国保险法及海商法均已颁布,本案应适用该二法之规定。

5. 被告一再拒绝付款,实属有意延宕。将来执行判决,必多困难。应请对于本案判决,宣示假执行。

被告辩论意旨亦分五点:(1) 本案应适用英国法律,为双方所约定,且为中国法律适用条例及国际私法所许。原告主张适用中国法,殊无理由。(2) 触礁虽为应由被告负责之危险,但原告应提出收单与提单,以证明其货物确曾于危险发生时装载于平福轮上。原告既未提出提单,其货物之是否遭遇危险,殊属可疑。至原告所称该提单现由被告收执一节,为被告所否认。原告不能免除提出该提单之责。(3) 原告之货物是否损失,未经证明,被告无赔偿之责。(4) 依照英国法律,赔偿责任之发生,以所保危险为保险标的损失之近因(Proximate Cause)为条件。所谓近因者,即照时间上距损害之发生最近之原因。故凡损害之发生,有二以上之原因时,应以最终之原因(Last Cause)为近因。本案原告货物损失之最终原因,系海盗而非触礁,被告不应赔偿该项损失。(5) 本案历次审讯时,被告均曾依法到庭,被告之拒绝付款,并非故意延宕;原告关于假执行之声请,应请驳斥。

【理　由】

本案应审究之点有五,兹分别说明于下:

1. 本案应否适用英国法。查契约当事人关于发生债权之法律行为之成立要件及效力,约定适用外国法律者,除该外国法律与本国之公共秩序或善良风俗相抵触外,应依约定适用之。此项原则,不仅为近世国际私法所承认,抑且为中国法律适用条例第1条第23条第1项所规定。本案原告所填写而交与被告之要保险单(Application Form),及被告所出之保险单上均有适用英国法律之记载。是就双方之意思表示而论,英国法实为本案所约定适用之法律。本案系争之点,既因发生债权之法律行为,即保险契约而起;而英国关于本案之法律,又无与中国之公共秩序及善良风俗抵触之处,原告自无主张不适用英国法律之权。

2. 平福轮触礁时,原告之货物是否在该轮上。查轮船上所出之收单(Mate's Receipt),为货物装上船后所发给。故该项收单为货物已上船之有力证据。本案原告关于被保货物,确曾于平福轮触礁时在该轮上一点,既曾提出平福轮所出之收单为证,而该收单上所载之记号、数量、性质,又与被保险货物所有者相符,其主张之事实,自属可信。被告以原告未提出提单,而否认该项事实,难认为有理由。况据原告提出十八年七月十日致被告一函,及被告于同年同月十一日之复函,证明原告货物之提单,确曾于十八年七月十日由原告寄与被告,并经被告查收无误。该项提单纵为必要之证据,原告亦无将其提出之义务。被告关于本点之抗辩,显属毫无理由。

3. 原告之货物是否损失。查当事人对于所主张有利于己之事实虽负举证之责,但此项原则之适用,除法律有特别规定外,以积极事实为限;至于消极事实,则此项原则不能适用。故系争之事实,如系消极事实,其主张之者,除法律有特别规定外,不负举证之责。易词言之,此项系争事实,于对造当事人无反对证据提出前,推定为真实。本案原所主张货物之全部损失,自原告方面视之,根本为消极事实。其举证责任之归属,法律上并无特别规定。故在被告无反证前,原告毋须举证。被告关于此点所举出之证据,为那罗(Frank Laloe)之证言。惟该项证言所能证明者,无非平福轮上货物中曾有无记号之疋头货物十件、及无记号之绵纱三十包(合1 206索)被捞数。至该疋头货物十件究系何人所有,则未经证明。其不足推翻原告所主张之事实,甚为明显。故原告货物业经全部损失,应推定为可信之事实。

4. 被告对于原告货物之损失应否负责。查保险人损害赔偿责任之发生,依照英国法律虽如被告所主张,以所保危险为损害发生之近因(Proximate Cause)为条件,但英国海上保险法之判例关于何为近因之解释并不一致。英国关于本点之判例约分二种。依第一种之解释,近因乃最终原因(Last Cause);依第二种之解释,近因乃主要有力原因(Predominating, Efficient Cause)。前者之例如1809年Livie v. Janson(12 East. 648)一案;1863年Ionides v. The Universal Marine Jnsurance Company(I. Asp. P. 356.)一案;1833年Cory v. Bwrr(IV. Asp. M. L. C. 190)一案;及1890年Pink v. Fieming(Vi. Asp. M. L. C. ,554)一案是。后者之例,如1816年Bondreti v. Hentigg(Holt N. P. 149)一案;1824年Hahn v. Corbett(2 Bing. 205)一案;1894年Reischer v. Borwick(2Q. B. 548)一案;1908年Andersen v. Marten(Xlll;Com. CAS. ,205 and 321)一案;及1925年Mancomunidad Del Vaper, Fruniz v. Royal Exchange Assurance(I R. B. of 1927, P. 567)一案是。以上二种判例均有其赞同者,但第二种判例实较第一种判例为合于正义与理性;盖以时间上之次序,决定近因往往与事实不符,根据该项标准所为之判决最难公平。此点观于Andersen v. Marten一案极易明了。该案被告保原告之船不受海上危险(Perils of the Sea)。但声明对于因被捕及被夺等(Capture and Seisure etc.)所遭受之损害不负责任。时当日俄战争,该船因装运违禁品,为日本巡洋舰捕获,旋经捕获裁判所宣告没收。于被捕之后,及宣告没收之前,该船因与大冰山相触,致破裂搁浅,全部遭受损害。英国上诉院(Court of Appeal)审理结果,认该船遭受损害之近因为被捕。因一经被捕,该船即入于为日本捕获裁判所宣告没收之危险中;在船舶所有者视之,已等于全部之损失。此项损失,在英国保险法上谓之准全部损失(Constructive Total Loss)。以后因触冰搁浅等危险所生之损失,只能视为捕获者之损失,与船主并无关系。故该船损失之原因,自原告方面视之为被捕,并非触冰危险,按该案原告之船在当时之特殊情形下,纵不遇触冰搁浅等危险亦难免被没收。原告之损失,既非因轮船触冰搁浅而始发生,复不因遭受该项危险而加重。被告对于该项损失不负责任,自属当然之事。英国上诉院之所以如是判决者,实因该院于决定该案原告损失之近因时,以原因之是否主要与有力为标准,而不以其发生之先后为标准。设该院舍主要有力原因说,而斤斤以最终原因说为正当解释,其判决必与正义理性大相背谬也。本案被告所引为根据者,为英人阿纳尔特(Arnold)所著第九版海上保险法一书。该书第2册第783节及第818节,虽主张近因为最终原因,但该书第十一版对于该二节,已加以改正,而主张近因为主要有力原因,又该书第九版第820节内曾采用上述Anderson v. Marten一案之原则,是即就该书而论,最终原因说亦不足取。故被告主张以最终原因为近因,不能认为正当。近因之解释问题,既经解决如上,则被告之应否负赔偿之责,不难迎刃而解。查被告之负担赔偿责任,以轮船触礁为货物全部损失之主要有力原因为条件。而轮船触礁之是否为货物全部损失之主要有力原因,须视货物之全部损失,在本案之特殊情形下,是否为轮船触礁之当然的与可以预料的结果(the Natural and Probable Consequence)而定。本院按宜昌崆岭塘急流处,荒僻异常,居民稀少,生活艰苦,知识幼稚。平福轮与石岛二珠相触后,即坚贴其上,而不可脱。当时因船身之后部沉没水中,乘客与海员之生命危如累卵。船长迫不得已,乃嘱一切人等离船登陆。在此情形之下,船上人员对于所装载之货物,不啻已失其管领之力。该处既无警察,或其它人员保护或监视,而船上货物又无其它可安放之处,当地无知贫苦居民之敢擅取货物,能在船上放火,自属当然的与可以预料的结果。申言之,原告货物之损失,虽不能断言直接发生于触礁,但无论如何,触礁确曾直接将货物置于船上人员管领权力之外,致不能避免当地居民之攫取毁损,而完全损失。当地居民之行为纵属海盗行为,原告货物之全部损失,纵系由于该项行为,该项行为亦只能视为触礁危险之一部分,不能视为独立之危险。其所发生之结果,应认为触礁之结果。被告对于该项结果,不能免除责任。此项论断,在英国判例中非无根据。他且勿论,即就上述采取主要有力原因说之案件中,与本案情形相似者而言,本案论断之正当,已不容否认。兹将该数案之经过情形略述于后,以资比较。

(甲) Hahn v. Corbett 一案。按该案被告保原告之货物不遇海上危险,但被捕及被夺(Capture and Seizure)不在此限。货船行抵马拿开波(Maracaybo)附近地方时,搁浅于沙滩上,致一部分货物遭受损失。时该处发生内战,为西班牙军队所驻。因船上货物系供敌军之用,船及货物均被没收。英国法院认原告货物损失之原因,完全为搁浅。盖货船一经搁浅,货物即入于全都损失之危险,而难以幸免。

(乙) Mancomunidad Del Vaper Frunia v. Royal Excnange Assurance 一案。按该案原告保被告之船不受因与水以外之任何物碰撞所生之损害[Damage Received by Collision with any Object (ice included)other than Water]。但对于其它损害,绝对不负责任(Free of Particular Average Absolutely)。该船行抵中途时,与苏格兰岛西岸之石相触,致被损坏,而搁浅该处。当其未脱险时,天气忽起变化,致其损坏部分加增。旋因将船身与所触之石离开,该船之他部又被损坏。原告请求判令被告对于全部损失负责。英国法院认因天气变化及与所触之石离开所增加之损害,在该案之情形下,无可避免,应认为搁浅之当然之结果。故被告对于该项损害,亦应负责。该案之审判长罗起(Roche J.)谓"吾人应查究损害发生之真原因,真原因一经发见,则凡自该原因所发生之当然的结果,亦应包括在内"。

被告对于原告之损失,应负赔偿责任,既如上述。次应研究者,为赔偿数额问题。按本案保险金额为1.1万两。原告之货物即已全部损失,被告应给付原告之赔款,自以该数额为标准。又原告货物损失后,被告须有调查真相及搜集证据之机会。故平福轮遇险之日,被告尚无给付赔款之义务。原告主张被告自十八年二月十七日即平福轮遇险之日起负迟延给付之责,未免近于苛刻,依法不应照准。顾原告于十八年六月二十二日致函向被告为给付之请求时,距平福轮遇险之日,已逾四月。被告对于本案事实,已有充分调查机会。当早知对于原告所受之损害,不能辞赔偿之责。其免除迟延给付责任之原因不复存在,故其迟延给付之责,应认为自该日起发生。再原告所请求之迟延利息为周年八厘,此项请求与最近立法例未尽适合。被告应给付之迟延利息,应改依周年五厘计算。

5. 本判决应否宣示假执行。查判决之宣示假执行,除具备民事诉讼条例第462条第1项各款情形外,以债权人之声请,及判决在确定前不为执行。债权人有受难于抵偿或计算之损害之虞为条件。本案原告虽曾请求为假执行之宣示,但对于判决确定前不为执行、务受难于抵偿或计算之损害一点,未曾证明,故该项请求应予驳斥。

依上论断,并依民事诉讼条例第97条,特为判决如主文。

中华民国十九年二月一日
上海公共界临时法院民庭推事　杨兆龙

中华人民共和国成立以后

马列主义法学概论*

第五章

第四节　对各类法律初步介绍

一、国内法

（一）国家法

（1）名称问题。原是德国学者所采用，苏联学者亦采用此名称，但英美法则不用此名称，它们用宪法之名称。

（2）内容问题。有三种不同的制度：

A　在有些资产阶级国家中，国家法包括宪法与行政法，德国学者写国家法著作时，即采用此内容（如德国学者 Lsareis）。

B　有些主张以宪法为主，行政法为辅（如德国学者 Lseorg meyer）。

C　国家法就等于宪法（苏联），宪法有广义狭义之分，苏联国家法中所讲之宪法不是最广义的，也不是最狭义的，苏联国家法中所包括之内容：① 要研究宪法的本质。② 讲一个国家的社会结构（经济基础阶级成分）。③ 讲国家的结构以及关于国家的重要学说。④ 公民的基本权利与义务。⑤ 有时还要讲国家发展阶段以及国家本质。（不包括行政法在内也不是纯法律技术观点来研究。）

（3）国家法是根本法：

A　是其他法律的根据。

B　是国家的根本的思想。

（二）行政法

（1）名称。在资产阶级国家中所谓六大法系用此名称，这名称在法国使用，德国普遍使用，以后流传到其他国家，有许多国家以前无此名称，其内容则放在宪法中讲。

苏联法学界现在亦采用此名称（但本质是不同的）。

（2）内容。简单地讲是包括主要的是讲到国家的管理机关的组织以及活动的法律原则。

一般地讲国家法的原则是行政法的出发点。

行政法的内容具体地包括以下几点：

A　关于行政组织的法律原则。（行政机关相互间的关系。）

---

*　这部法学概论原来是完整的，上海法学会1958年4月编辑出版《杨兆龙反动著述选集》时，有意删去了前四章及第五章的前三节，为了批判而按需取材，这种做法在当时是常见的。这份讲义纲要是在1951年给东吴法学院一年级新生讲的，是在特定的历史环境中写的，因此，不免反映那个时代的特点，更不能代表作者原来的法理体系。

B　关于行政活动的原则。① 一般的行政活动。② 立法性的行政活动。
　　C　关于行政监督以及行政救济的原则。（例：市长对各局有监督权，人民监察委员会也可行使监督权）。
　　行政救济。是行政发生错误及违法时，人民按一定程序向上级机关请予一定处理。
　　行政法之重要性。在新类型的国家中行政法比一般资产阶级国家中显得重要，其原因有二：① 在新类型国家中政府所管的事情比资产阶级国家中多。（即干涉多采干涉主义主要表现在经济方面和一般生活方式上）。② 在新类型国家中政府工作人员纪律性很高，组织性很强。说明国家对工作人员管得很严，因此又加强行政法的内容。民法中有很多的东西，在新类型国家中大都搬到行政法中去。

　　（三）财政法
　　名称。德国法国都有这一科目，但本质不同，苏联法学界现在亦有此科目，财政法之所以成为单独一个科目，是因为它显得格外重要。在新类型国家中财政法的影响面比资产阶级国家广，在资产阶级国家中有两种不同的称呼：① 财政立法，② 财政法或财务法。财政法实际上和国家法行政法民法有关系，它是把国家法行政法民法中有关财政的法律汇集起来组成一种财政法。

　　（四）土地法
　　（1）名称。资产阶级国家因不重视以至不普遍在新类型的国家中则重视此法。
　　（2）内容。大概有三大部分：① 土改，② 一般的土地行政，③ 关系土地的权利义务的问题。（如土地移转抵押使用。）
　　（3）法律成分。分三种：① 有一部分是由国家法中来的，② 另一部分是从行政法中有关土地的法律，③ 另一部分是从民法中有关土地的法律。
　　（4）土地法之重要性。因国家特别重视土地问题，因此土地法就特立一个部门。

　　（五）民法
　　1．名称的来源，有两种原因：
　　（1）历史原因。罗马时代，有一时期是一城市国家，那时有一种法律成为 Jus Curle（拉丁文）市民法，要具有罗马市民资格才能使用此一法律，市民同时亦就是公民（刑民法未分开），后来由城市国家发展到大规模的罗马帝国，有时候亦用市民或公民的名称（名称异，内容同），罗马法率流传到近代资产阶级国家中的以民法（所谓私法）为最多，因此尚用公民的名称。
　　（2）根据近代资产阶级国家中的法学家等的认识，以为民法中规定的东西是一般公共生活方面比较常见的或基本的事，是同一般公民有关系的，因此称为民法。
　　中国新民主主义国家和苏联社会主义国家之所以仍保留这名称，因为目前尚无一个很好的名称。
　　2．内容方面：（在资产阶级国家中有民商合一制和民商分裂制二种不同的制度。）
　　（1）民法中一般比较基本的原则，即民法总论。
　　（2）债务关系或债权关系（非常复杂）。契约，不法行为（如由打架而损坏物质）。
　　（3）物。
　　（4）亲属继承。包括父母与子女之关系，夫妇之关系，主要的是财产继承，此外在日本有儿子继承户主权，在中国满清时代有宗祧继承，即人格继承。
　　在新民主主义国家和社会主义国家只有财产继承，不动产不得继承。
　　（民法的内容，尤其在新类型国家中，有劳动法、契约法。）
　　3．民法的重要性。在一般资产阶级国家中认为最重要的一种法律是完全受了罗马法的影响，照现在看来民法虽然重要但不如从前那么重要，因为现在新民主主义国家中民法中有很多的法律移到其他法律中去，如劳动法在资产阶级国家中在民法中的雇佣关系，而现在则为独立一个部门的劳动法,成为一种离开民法而独立的重要法律。

（六）劳动法

（1）名称。资产阶级国家到了20世纪初开始有此名称,但到目前世界上所有资产阶级国家尚未一律用此名称,一部分国家称为工业法或实业法（在法国还用此名称）,有一部分国家成为劳工法,另外有一部分国家则称为劳动法（以上是名称来由）。

（2）内容：主要有三个来源,国家法及民法和行政法等来源。① 劳动组织。（包括劳动纪律。）② 劳动契约关系（包括工资待遇问题）,广义的包括劳动保护,劳动福利。③ 劳资纠纷。（在资产阶级国家中很重要,但在新民主主义国家中是临时性的重要。）

（3）劳动法的重要性,在资产阶级国家中是理论与实际相脱节的,在新民主主义国家中是非常重要。

（七）集体农庄法（其中所讲的是集体农庄组织法等）。

（八）亲属法（一般在民法中讲,在苏联是单独的一个部门）。

（九）刑法

（1）名称：在资产阶级国家里有二种不同的名称：

① 刑法（德中法日）。② 犯罪法（英美）。苏联仍用刑法。

（2）内容：分二大部分。

刑法总的原则（总论或总则）是犯罪一般构成的条件,以及犯罪一般的处理的方法（例如"构成"奉公安局命令,将犯罪执行死刑）。

（十）刑事诉讼法

在资产阶级国家中有此名称,在新类型国家中也有此名称,但这名称因翻译得不很妥当,应译为刑事程序法（Criminal Procedure）。一部分是刑事诉讼,另一部分是刑事执行,有一部分牵涉至司法。

（十一）民事诉讼法

应为民事程序法。但民事诉讼法比刑事诉讼法的事情较多,所以更重要为民事程序法。而其中所讲的 1. 诉讼, 2. 执行, 3. 非讼事件（如失踪、登记）。

（十二）司法组织

许多资产阶级国家把司法组织放在诉讼法中讲,苏联把它单独立为一个部分（法、德）,但分为广义的和狭义的,广义的司法组织是包括司法行政。狭义的司法组织只限于法院组织。苏联采取广义的。

以上12类的法律,在国内法中比较重要者,国内法中有大部分名称是和从前资产阶级国家的法律名称相同,但是内容和本质上是完全不同的。（以上都是国内法。）

二、国际法

国际公法之名称。很不一致,最初时称为国际法,以后有了国际私法。因此,国际法加一"公"字,以资区别。旧国际公法从十七十八世纪积聚起来成为一个体系,提倡国际公法是荷兰人Grotius是根据自然法而来的,它有自然法的意志在支配着,是挂着自然法的招牌,实际上是为少数统治阶级的利益和剥削而服务的。

国际法分为二个部门：

（1）平时国际公法。

（2）战时国际公法。

国际公法的政治性是最高的。

国际私法:

(1) 名称。如英美称为法律冲突(Conflict of Laws, Internationales Privatrecht, Droit international)德国称国际私法,法国称私国际法。

(2) 内容。分国际刑法,国际行政法,国际民事诉讼法,国际民法,国际商法。

(例:如甲乙方战争时,甲方向乙方射击。外侨在本国是否纳税。华侨和外侨为了钱债纠纷,本国向国外开支票取款。)国际私法是必须加以比较,因此必须有社会主义的立场观点来加以批判。

第六章 法律的形态

第一节 何谓法律形态?

(1) 法律形态的意义。即法律规范或原则所用来表达的方式,即谓法律的形态。例:杀人者处死刑(即是法律的规范或原则)。有的国家放在刑法典中表达,有的国家放在法院中表达,有的在习惯上表达。又如民法上借人家的钱,则全数归还,是一种法律原则。

(2) 法律渊源。即法律形态,多数国家采用渊源,我国则采用形态,苏联大部分书籍上用渊源的名称。

渊源有四种不同的意义:(Sources of Law)(最注重判例来研究条文。)

A 形成法律规范的权力。例:英国国会,中国是中央人民政府委员会,其权力使法律成功。

B 形成法律规范或原则的因素。例:习惯,宗教,道德,法律科学。

C 制定或承认法律规范或原则的机关或手段。例:裁判,立法,制定法律程序,或立法机关,司法和行政。

D 可以找到法律规范的地方。例:判例或判决,法典,法学著作……

以上表达法律规范或原则的方式。

第二节 何以研究法律形态

主要有二个原因:

(1) 各国法律形态种类很多,因有几种相互间的关系很复杂,例如:习惯上有抢亲,法律上禁止抢亲,在欧洲中古世有习惯抵触法律。但习惯上仍有此例。

(2) 各国法律形态并不一致。有的大致形同,有的部分不同,以判例(Case Law)而论。近代资产阶级国家中的大陆法的系统中(如德国、意大利、比利时、西班牙、法国),另外国家中认为法学著作作为法律形态(如罗马),在新类型国家中如政策主义也为法律形态。

第三节 我国法律形态有下列几种

(1) 共同纲领,为根本法。

(2) 人民政府颁布的法律,如镇反条例、婚姻法、土改法。

(3) 人民政府颁布的法令。

(4) 人民政府颁布的决议。

(5) 人民政府颁布的命令。

(6) 人民政府颁布的政策。

苏联有法令,法令解释"是非立法机关所颁布的,而依据或执行法律抽象性,而颁布一般性的规范或原则"。

决议,一般地讲,比较高级的政府机关有权颁布。例如:公安局及卫生局,维持当地的秩序及卫生,固定某地可设摊否等。

命令和法令不同,有二种:1. 一般性,2. 非一般性。

例:教育部在暑假期中给予命令,如登报招生,必须通知教育部批准,这是一般性的命令(前为通知),如无法律、法令,则依据政策。

一般地讲法令与法律互不能抵触,颁布法令的机关阶层如何?下级服从上级。有二个基本标准来决定。1. 看法律本身的权威性而决定。2. 如看不出权威性,则根据机关而决定。

根据自己执行职权而颁布的,在法律上没有明文规定,法令依据法律而规定。根据第四条不承认习惯是法律形态,因习惯是旧时代遗留下来的东西,有封建的、压迫的、剥削的,为人民法院审判案子将习惯作为事实而考虑。例:租屋,讲租屋年份而不讲租金,则根据一般习惯性的租金来决定,作为此习惯支配,而受政策的支配。

苏联法律形态有以下几种:(1)立法机关制定的法律,如最高苏维埃,包括根本法、普通法。(2)即政府机关颁布的法令,以及最高苏维埃的主席团所颁布的决议、命令。(3)司法机关一般性的指示,苏联法院办案子一般性的指示。(4)习惯。(5)条约。(6)政策。

对习惯限制很严,对一般在海商的案子则运用习惯,并结合海商法,其他则不承认习惯上的类比。

苏联在刑法上有类推解释或类推适用,我国则无此情形,而只用政策。

资产阶级国家的法律形态与中苏二国的法律形态有很大的区别。

资产阶级国家的法律形态分二大类:

(1)成文法。立法机关或有权立法机关制定一般性的法律规范或原则,称成文法,例:美国国会授权陆军部。总统有紧急命令权。

(2)不成文法。没有经过立法机关或有权立法机关制定一般性的法律规范或原则,称不成文法。

如刑法典上无明文规定者,则类推适用,苏联在一般民事案件上发生之事,无明文规定,则类推适用及依照政策。

成文法在资产阶级国家中可分为三种:

(1)经常立法机关制定一般性的法律规范或原则。

(2)宪法上所规定的非经常立法机关。例:有些国家中总统有紧急命令权。特别在第一次世界大战时,因不及召开国会会议,则临时采用一般性的法律(如征兵),而颁布命令。

(3)授权立法,即非立法机关,本无立法权,经过立法机关授权立法。例:海关征税法,凡违背本税法者,则侦缉逮捕法办。

(1)习惯。一般资产阶级国家,照最近趋势而论,或照历史上而论,皆承认一般性的习惯,例:如民事案子如没有明文规定者,则依照习惯。

(2)判例。有些资产阶级国家不论在理论上或实际上,皆认为很重要,如英美国家,它们将判例看得比法律还重要,其权威甚至盖过了法律。

资产阶级国家将判例看作很重要,有下列几种原因:

A. 因英美国家将判例善为保守,想将资本主义有利者,通过判例的名义,继续保持下去。

B. 因英美法学家,不喜欢走群众路线,并希望保持法律上的秘密,别人不知,唯我知之,例:英美律师希望编成法典,而律师便卖弄法律上的技术。

理论上作为参考,但实际上则运用判例,如法国律师写一张状纸,则采用最高法院的判例。法国在形式上仍照拿破仑法典,而实质上则采用该法典中的一小部分。

（3）法理。所有的资产阶级国家中皆采用法理，它们的法律是有条文，判例尚不够，而认为法理最重要，有的国家称为法律的一般原理。有的国家称为自然法。有的国家称为类推。但彼此名称相异，而本质相同于法理。

资产阶级国家的法理和新类型国家的政策，本质上是不同的，政策是一致的，而法理是不一致的。此外，是权威机关的独立解释。在反动政府时的独立解释包括在判决中，即为附带解释。在新类型国家中有制定解释法律权。

有权威性的法学著作，被法院在审理案子所为采用。在六世纪时将法学家的教科书，也列为采用，作为法律形态，它的本质在资产阶级国家中被资产阶级所列用，则为其服务。

在十八世纪后称为罪刑法定，但资产阶级国家用罪刑法定是假的。

资产阶级国家，对刑事案子很有限制，罪刑法定主义，没有法律明文规定者，则不得处罚，大陆法成文法都有规定，罪刑法定主义当时有进步性，如对于反动政府专制帝王如此做是对的，在新民主主义国家及社会主义国家是不适用的。

各种形态法律有以下四种缺点：

1. 法律形态不可能有一元化，在历史发展上也不可能有一元化，但临时性是有可能的（在罗马时代将法律刻在铜碑上，巴比伦将法律刻在石板上）。这表明一元化是不可能的。因社会不是静止的，而法学家也没有预见未来的事情，所以成文法是不够的，也不能包罗万象，但也有缺点。

2. 文字本身不能表达全部所有的意思，例：资产阶级国家订契约，要有诚信。如损坏人家的东西，则赔偿相当的价格，所以文字表达是抽象性的、含糊不明的。

3. 各专家起草的法律相互间有矛盾，即脱节。

4. 法律经过了很久的年代，而不适用于新时代，例：前清的法律，男女结婚，必遵父母之命，媒约为定，但在民国初年则解释为双方自由互爱。

名称：在中国文字上很难区别。但西洋文字有区别，如法国的 Droit，德国的 Recht，法国国会通过的法律为 Loi，德国国会通过的法律为 Gesetz，上为法律总称，包括所有的法。中国在解放之前，有一般称为法律，而有一般称为法。

第四节　各种形态的法律如何形成

狭义的法律，立法机关或有权立法机关制定的法律，即根本法，普通法，一般而论，这类法律，一定要经过立法机关或有权立法机关来制定。制定的机关，有的是临时特别组织或是经常存在的机关，其任务为制宪机关。

法律制定的程序，一般的要经过审查而成。1. 起草，2 讨论，3 通过，4 公布，5 施行。在一般的国家有专有机关公布权，起草法律以各国制度不同，如中国有法制委员会，后由中央人民政府委员会决定。如其他各国则由各行政业务部门来起草。有的以立法机关来起草。如英美法国家有私人起草。

授权法。如英国国会授权财政部，将法律贴示在要道口，给各议员参看，提供意见，如三个月没有反映，则为有效。

决议。每一种方式，并无规定，必有一集体性，但公布后有效。

命令。内部手续不一致，颁布命令，以本机关而定之。

习惯形成是很特殊的，有下列几种：

1. 相当长的时间，一再被人遵守，但在法律中无明文规定，必经过国家的政权机关承认。

2. 在法院的判例中承认，但依据政策来决定是否承认习惯，如中国，只要不违背新民主主义政策。苏联,不违背苏维埃政策。英美国,不违背公共秩序,皆予承认。

第五节　各种形态法律有哪些特征

狭义的法律,即成文法,优点方面有下列几种:
1. 比较明确。
2. 比较统一。
3. 容易促成法律的改革。
4. 容易民众化或民主化,在资产阶级国家中十七、十八世纪有一法典运动,有此运动产生。
5. 容易流传。

缺点方面:本身有五大缺点,除此外,还有一种。
6. 容易使法律停止在一个阶段,缺乏伸缩性及应变性。

习惯的优点:有下列几种:
1. 比较容易从实际出发。
2. 比较有伸缩性及应变性,能配合具体情况。

习惯的缺点,有下列几种:
1. 保守性。
2. 不明确。
3. 不统一。

政策及法理,有应变性及灵活性。缺乏稳定性及明确性。

第七章　法律的效力

第一节　何谓法律的效力

第一,可能的意义:所谓法律的效力者,即为法律的效果,何谓法律的效果?法律能否达到某种目的或发生的作用,例:刑法的效果是镇压犯罪,并改造犯罪者。另一般法律,是维持有利于统治阶级的社会秩序。

新民主主义国家的法律,是减少剥削直至取消剥削。

总而言之,所谓法律效力,法律适用范围能在那一种场合可以适用法律。

第二,本章意义,专指法律适用范围来讲。

第二节　法律效力的保证:有二个原则

(一)法律效力的保证,基本上靠国家机关的强制力,来保证它发生效力。但有二个原因:
1. 在有种场合,不等到国家的强制力拿出来,法律便发生效力。
2. (法律中有小部分由各机关去执行,例:宪法中规定立法机关违反政策,也无权责问,虽有此少数的例外,则无)。在新类型国家中的强制力的基础较大,在旧类型国家中的强制力的基础较小,因此,在资产阶级国家中有许多法律是有名无实的,相反在新类型国家中的法律是有实质功效的。

(二)法律的效力除靠国家机关的强制力保证发生作用外,同时靠法律的内容和社会实际的需要而配合,如不能配合者,则法律不能发生效力。

第三节　法律范围所及的范围

可分四种，但皆牵连关系的。

（一）人的范围。是依据人而论，在国家中虽有很多的法律对一般人能适用的，但有部分法律对特定的一般人适用的，例：在资产阶级国家中，有一种商法或商事法，有一时期，适用于具有商人身份者，如另一国家的法律，往往对本国人适用，对外国人而不适用。关系土地所有权的法律，在资产阶级国家中如此，有一种法律适于成人，而不适于小孩。有的适于小孩而不适于成人。有的是军事刑法，适于军人身份者，普通人适用普通刑法，在历史上有一种法律适于贵族，而不适于贫民，有的适于贫民而不适于贵族。在古时罗马时代有此情形。除此外，另有具体事实，在古时罗马，本国法律对外籍人完全不适用。

对有外交特权的人物可不使用本国法律的制裁，如中国的毛泽东、周恩来、朱德等，苏联的斯大林、莫洛托夫等，依照国际私法上有许可别国人的法律制裁。

（二）事物范围。因为事情和物的性质不同，而使法律适用范围效力也不同。例：法国同样的买卖衣服有二种法律适用。1. 私人卖于店铺，即适用民法。2. 店铺卖于私人，即适用商法。

另一例：一戏院中演戏便缴纳娱乐税。但在为捐献而义演则不缴纳娱乐税。又例：人身保险，财产保险。

（三）时间范围。法律范围到时间上，看其何时开始及何时终止，但有下列几种原则。

1. 法律上有明文规定者，则依照法律：
   A　自法律公布日起。
   B　法律上有明文规定者。
   C　法律回到未公布前也有效。

基本上有一种制度，法律自公布日期起发生效果，远地则扣除在途期间，终止也扣除在途期间。
   A　法律有明文规定者，废除日起，这样有公布程序，但有扣除期间。
   B　有新的法律颁布后，有抵触旧法律，则旧法律取消。
   C　有欧洲中古世国家中，法律年久不用，则失效，但其中有新的习惯及风俗。

法律应否有溯及既往的效力，据苏联学者的说法，假如法律中无明文规定者，今天以前的事不适用。如法律有明文规定者，今天法律颁布后，对法律不溯及既往者（使法律能解释的原则，不是立法机关的原则），则仅乎法律解释的原则。有此溯及既往者，将过去封建剥削连根拔掉。

在资产阶级国家中形式上没有溯及既往的效力，但本质上有二种：（1）法律上有明文规定者，则有溯及既往的效力，（2）隐暗地使法律有溯及既往的效力。例：某案发生在旧法律时，而结案在新法中终结。

（四）地域的范围。在单一组织的国家中，其中央所颁布的法律，如无相反的规定，其效力普遍全国，如地方颁布的法律，唯有其所属地方行政的范围内发生效力。但无论是中央及地方所颁布的法律，只限于地区的不同（如西藏），其效力并不超过本国领土为原则。

领海以陆地的海岸线出去三海里。

飞机、轮船是领土的延长。

例外：如属地主义。

属人主义。

以属地为原则，以属人为附带原则，但有下列几种：

1. 外交使领馆，以及外交使领人员，在新旧国际公法都一致遵守，但领事不予特权，而仅是商事代表，只有外貌上的客气，不予有其他特权，但苏联主张给予特权，因所有驻外使者，都是人民的代表。

2. 国家的元首或有特殊地位者。
3. 国际私法上所许可当事人适用本国法（华侨夫妇二人至国外，如欲离婚则以中国法判决）。
4. 在没有国家可管者，则我国法律便有效（如在太平洋上发生海盗案件，如那一个国家捕获者，则运用那一个国家法律制裁）。
5. 不管行为发生在何处，皆可以本国法处理之，如贩卖鸦片。
6. 有许多罪行，对本国有危害性者（如美国勾结反动分子，欲向中国进行反革命活动者，则以本国法处理之）。
7. 是特立的享受领事裁判权的侨民，则也以本国法处理之。

第四节　法律效力的等次

（复杂些，但以基本摘要来讲。）

法律效力的等次，有下列六点：

（一）新法及旧法在效力上的等次，但有一基本原则，如果新法及旧法性质相同，除了法律有相反的规定外，则新法胜（优）于旧法。

（二）普通法及特别法效力的等次，因普通法适用范围广，而特别法适用范围狭，所以特别法胜（优）于普通法。

特别法及普通法共同颁布施行，但重视特别法，如公布前后，则也以特别法为重视。普通法为一般人民所适用，但特别法仅适用于法律规定的某一部。

（三）普通法及普通法效力的等次。但有二种类型：

1. 同时属于同一部门的普通法，如民法典，则依新法胜于旧法。
2. 不属于同一部门的普通法，如民法典及民事诉讼法二部分。民法典中规定有行为能力者，并年满 20 岁者，则能诉讼。民事诉讼法中规定有诉讼能力者，并年满 21 岁者，则能诉讼。但二部门规定不同，则以各部门的法律规定处理之。

（四）特别法与特别法效力的等次（较复杂），基本上的原则，如性质相同者，则仍运用新法胜（优）于旧法。如二种以上性质不同者，则很难办（解放前的贪污案件，捕后处罚。在南京法院根据惩治贪污条例，处以死刑。而根据海关缉私条例，则无死刑，最严厉的处刑，只有无期徒刑。但结果仍以惩治贪污条例，处以死刑），但从考虑方面有二种：

1. 以范围的大小而定。
2. 以颁布的先后而定。

（五）根本法与非根本法效力的等次：根本法有二方面解释。

一方面，所规定者是关于国家根本的事情，另一方面，其他法律的依据，为根本法。

有二个等次：某一国家具备上面二种意义的……

另一国家的根本法和非根本法在效力上并无区别，根据法律颁布先后来决定，而仍适用新法胜（优）于旧法。

（六）中央法及地方法，其效力有下列几种不同点：

1. 中央产生的法律其效力高于地方产生的法律。譬如：中央所决定的法律，但大行政区的法律，如抵触中央的法律，则以中央的法律为主。
2. 并无规定中央法及地方法效力的高低，则依据各单位职权而行。

这两种以第一种较为合理。

第八章 法律的解释

第一节 法律解释的重要性

从四方面来证明法律解释的重要性：

（一）一般人的看法，有的法律条文是明确的，有的法律条文是不明确的，为什么呢？因为法律条文或多或少有专门性或技术性，因有此情况，故不容易看得懂，所以需要解释，为了使法律知识普遍，则需要解释。

（二）从法律适用方面来看，法律不适单纯的适用。但有下列二个步骤：1. 从抽象到具体。2. 从不明确、不完备到明确而完备。

（三）从发展方面来看，法律发展有很多方式，有的以习惯或以立法机关制订，或以法律解释是推动法律发展的重要工具，配合新社会的需要。

（四）从法律科学发展的需要，并从法律科学本身来认识法律解释的重要性，假使有法律的条文，而不一定有法律的科学，习惯法及其他法律规范也没有法律的科学。而要有组织、有体系，则是法律的科学。有组织有体系主要的因素，则为解释。

以上四方面，才证明了法律的重要性。法律解释为我们所最主要而注意的。但我们的过程中，有二种任务：（1）能创造或发现法律。（2）能解释法律。

第二节 法律解释的种类

从各人不同的角度来解释法律，其结果，解释的法律也不同。
（一）从解释的依据来分类的标准，可分为二大类：
1. 注重发挥立法者之意思或立法的精神。
根据这一点标准，可分为以下四类：
（1）文字的（或文法的）解释。
资本主义国家及社会主义国家所采用，性质相仿。
（2）逻辑的或理论的解释。
这一点比较文字的或文法的解释范围广，资本主义国家采用形式逻辑，新民主及社会主义国家采用形式逻辑外，尚采用辩证逻辑。
（3）历史的或沿革的解释。
资本主义国家采用唯心的，没有阶级立场而不明确的解释，新民主及社会主义国家采用唯物的有阶级立场而明确的解释。
（4）系统的解释。
资本主义国家采用个人主义、改良主义来看问题。新民主主义及社会主义国家采用集体主义、广大人民来看问题。
以上四种解释都为资本主义及社会主义和新民主主义国家所采用，但新民主及社会主义国家其本质不同，总之要注重发挥立法者之意思或立法的精神。
新民主主义和社会主义国家的政策，是站在无产阶级的立场看问题。
2. 注重时代的需要或实际的需要而分类：
在资产阶级国家中的学者主张有此口号，因还不能满足上述四种解释的要求，则还有针对时代的需要，特有下列二种：

社会主义国家有此口号,但是这一要求,将上述四种解释来满足其需要的要求。

(1)"自由法"的解释。

有一种学派为自由法派,这一派的主张,不根据条文及立法精神和时代的需要,要根据我们公平合理的解释,才合乎时代的需要。虽有其口号及要求,但不能贯彻到实际行动中去,其任何的自由跳不出资产阶级的范围。

(2)"文化"的解释。

德国学者说:法律是文化的现象,是文化的条文,根据我们文化的要求。

(二)从解释的影响来分类。兹举下列六种对比的解释。

1. 创造性与非创造性。为资产阶级国家及社会主义国家皆采用。通过法律解释能创造法律的原则,为创造性。通过法律解释不能创造法律的原则,为非创造性。

2. 扩张的解释与限制的解释。

例如:国立大学教授。以扩张的解释为公务员,以限制的解释为非公务员。

扩张解释为社会主义国家所采用。限制则为资产阶级国家所采用。

3. 直接解释和类推解释。

如直接根据法律的条文及法律原则的解释,为直接解释。如间接根据法律的条文及法律原则来类推为类推解释。资产阶级国家采用类推解释。社会主义国家采用直接解释。

4. 功能的解释和机械的解释。

功能的解释是法律为人而服务,机械的解释是人为法律而服务的。但资产阶级国家采用机械的解释,而社会主义国家采用功能的解释。而功能的解释比较机械的解释好。

5. 实质的或形式的解释。

社会主义国家采用实质的解释,而资产阶级国家采用形式的解释。

6. 抽象的解释与原则的解释和具体与结合具体的解释。

社会主义国家采用原则的解释和具体与结合具体的解释,资产阶级国家采用抽象地解释。

(三)解释的机关或主题来分类。有以下几种:

1. 立法的解释,中央人民政府组织法,指定颁布法律后他有权威解释法律。

2. 司法机关的解释。

3. 行政的解释。如政务院来解释。

4. 专家的或学理的解释。专家的解释,在罗马时代很有权威,英国有此例子。迄代国家的例子较少。

第三节 法律解释的权限

分二部门来研究。

(一)从解释对象的性质及范围来看,才能看出法律解释的权限。一般分为普通法和根本法,因为有此二种,很可能发生普通法律的权威没有根本法高,法院能以解释法律的错误来纠正立法机关。

(二)从法律解释的创造性,才能看出法律解释的权限。有的承认有创造性的解释,有的是不承认的,而从法律本质上来看不得不有创造性的解释,将抽象原则联系到具体中去。

社会主义国家的法律解释机关有创造性,资产阶级国家在形式上否认了这一点,在实质上有创造性,其目的是欺骗人民。

第四节　法律解释与立场观点方法

解释不能盲目的,而是代表一种阶级的利益,因代表一种阶级的利益,故要看解释的人的立场观点方法,才看出他代表那一个阶级利益而解释,所以牵涉到法律科学或是法律哲学。在社会主义国家将其放在马列主义中去高度研究。

立场观点:例如:房东及房客之间的关系,房东要租金高,而房客要租金低。

方法:是唯物辩证的方法:例如:大学教授要分等级而决定其职位,凡在五年以上的副教授则升为正教授。

资产阶级国家的立场观点为当时的统治阶级而服务,表现在以下几种方式:

1. 保护少数统治阶级以及剥削者的既得权。

2. 将个人的利益及社会的利益对立起来,由此,处处地方保护个人利益如契税自由,在于我们私人间的同意所订立的契约,政府不得干涉我们的自由。但是依照马列主义将个人的利益及社会的利益相互结合的。

3. 从假平等、假自由、假民主而出发,不从基本上来看问题,但是这种假平等、假自由、假民主是抽象的,实际上为了少数富翁而服务的。

4. 没有将理论和实际联系起来,资产阶级国家解释法律时不联系实际,故在资产阶级国家中的法院、法官及有权解释法律的专家们为了少数的统治阶级的利益而服务的。

第九章　几种基本的法律概念

第一节　法律本身的概念

有以下五项不同的概念。

(一)系统法与个别法

如婚姻法,土改法,镇压反革命条例等,是直接用于各单纯部门的,为个别法。如婚姻法要结合到婚姻制度及有关婚姻事件者,则讲解全部的婚姻者,则为系统法。

系统法与个别法的区别:

以条文,判例,习惯为限,讨论问题不完全者,无组织、无系统,没有全面性者为个别法。

根据各种法律形态的规范或原则,但要有全面性,有组织,有系统者,为系统法。

系统法是有科学性的,而个别法不一定有科学性。

国外立法机关所指定的法,如德国(Gesetz)为个别法。如颁布有系统的有组织的法(Recht)为系统法。俄国的系统法为"Право",个别法为"Закон"。

(二)理想法及现实法

如法律之前人人平等,及法律要公平合理的原则,这是一种形容的空谈口号的方式,无实际表现者,则为理想法。

如马列主义充分地将法律表示出来,法律是广大劳动人民压迫剥削阶级及统治阶级,则为现实法。

我们研究法律的人应注重现实法,才知道法律的本质。资产阶级国家中研究法律的人,重点放在理想法。

(三)书本法及实践法

在书本上知道的法律是基本的认识没有体会实际生活,为书本法。在实际生活中行动中所结合的,为实践法。

(四) 法律规范及法律秩序

如规定财产所有权要保护,这是抽象的,为法律规范。

如有公安机关保护所有权,但已成制度,并具体者,为法律秩序。

如婚姻法上规定男女自由,一律平等,这是抽象的,为法律规范。

如在普遍的一般的实际生活中有了真正的平等,自由者,则为法律秩序。

(五) 法律本身的概念在文字上的表达方式

在西洋文字上,如德、法、俄、西班牙等文字,皆代表一个方式,但在文字有毛病,每一个字有几种不同名词的解释,如补救者,则加主观的或客观的。(如主观权利、客观法律。)而中国的文字没有此现象。

第二节 权利(俄文 Право,德文 Recht,英文 Right)

中国古书上无权利的名称,而权利的名称是由日本传流过来的,有一日本人名曰津田,根据德国学说将 Recht 改为权利,而流传到中国。

何为权利?(因没有确定,故很复杂)。权利者,即请求权,如房屋租赁,则有所有权,即请求权。进一步说:当我提出一种要求,如对方的人不遵守我的要求,则使国家权力机关来强制他,来遵守我的要求的可能性,则为请求权,称权利。

资产阶级国家对权利有几种说法:(后面还有补充)

1. 权利者,权力也,这一点的坏处,可控制别人的权力,极容易造成直接压迫别人。
2. 权利者,是代表一种能力,如我有某一件东西,则我有能力拿走。
3. 将权利当作意思的支配权。
4. 将权利当作人格的引申(即财产方面)。
5. 将权利当作自由看待或意志活动的范围。
6. 权利者,利益也,是法律保护的利益,由此很容易帮助个人自由主义思想,德国康脱学者主张法律的引申,其表明了帮助个人自由主义的思想。(参阅列文论国家与法律的概论书中第 91—100 页)。

请求权是代表一种可能性,使国家机关对负担义务的人实施强制办法。

7. 权利者,当作社会功能或质能说。

中国的权利的来源,根据日本津田释成而传来的将西洋文字上的权力及利益合并起来成为权利。

权利可分为二大类:1. 绝对权。2. 相对权。

1. 如租屋的权为绝对权。(物权)
2. 如钱债的权为相对权。(债权)

其两者的区别:

绝对权是对抗任何人。相对权是对抗特定人。

"动产,占有权假定或准定所有权。不动产,是很慎重而肯定。"

例:租得某屋者则有租赁权,为绝对权。而票据初有相对权,但后有绝对权。

资产阶级国家对权利有几种说法:

权利定义:苏联学者说:权利者,即请求权。

使国家机关对义务人实施强制办法的可能,更具体些的请求权,是法律上所承认的,实现与义务对待的利益的可能性。

此定义有何好处,主要的优点有下列四种:

1. 可指权利系统与国家的关系,使国家机关有强制力。
2. 指出权利和法律的关系,使法律所承认的可能性。
3. 说明权利的阶级性,其权利通过国家机关或法律。
4. 指出权利并非是权利人直接支配义务人的权力。

有以上四种优点,必须通过国家机关的强制力来支配,有何好处,不使人有幻想的思想,即压迫行为。

批判资产阶级国家学者的权利定义,有以下七种:

1. [编者按,此处文字为上海法学会编辑时删除。]
2. 权力主体,极容易造成权利人直接支配义务人,并可任意压迫别人。
3. 能力说和权力说相仿,(1) 没有将国家的关系,没有表现出来,(2) 容易使权利人直接支配义务人,由此,也可压迫别人。

意志说也犯了上述二种毛病。

4. 人格说有二种缺点:(1) 没有将国家权力表达出来,(2) 将权力为人格的说法,是一种神圣的说法。
5. 自由说可能有二种缺点:(1) 容易把权力变为漫无边际来看,(2) 容易将权力联系到自然法上去。
6. 利益说,较进步,(1) 打倒自由说及权力说等,(2) 权力和法律关系联起来了。其缺点,没有指出权利和国家的关系。
7. 社会功能说和质能说,其优点:(1) 打倒自由说、利益说、权力说,(2) 反对个人思想。其缺点:(1) 没有将权利和国家的关系指出来,(2) 此说法可能引起误会,明明是自私自利,而掩饰了自己的缺点,来强调社会功能,用好的名称来掩饰坏的事情。

第三节　义务

何谓义务?可能有几种:

1. 义务者,权利之对待物,例:债务人及债权人。
2. 义务者,是法律加给人(特定人及一般人)的拘束。

资产阶级国家的法律,其重点放在权利上或放在义务上,但有二种本位,1. 权利本位的法律,2. 义务本位的法律,所以资产阶级国家的学者说,权利本位的法律转入义务本位的法律,但他们是有名无实的。

第四节　权利及义务的主体

何为主体?即享受权利的人及负担义务的人称为主体。权利及义务的主体,可分为下列二种性质的东西。

1. 人(自然人):自然人,可分个人的自然人及多数的自然人。
2. 非自然人:ⅰ是人的集体体、ⅱ机关或财产。如人的集合体(集体农场),机关或财产,推定有某一个人为本单位的负责人,为法人(即法律承认的人)。

在近代的新类型国家中权利与义务相平等的。而在资产阶级国家中只有义务主体而没有权利主体。

自然人作权利的主体,限止条件较少;自然人作义务的主体,限止条件较多。

主要注意以下几点：
法律形态和法律渊源比那种好，什么原因？
各种法律形态的特征。
法律体系方面，新内容与旧内容之不同点。
法律的效力所及范围。
法律的解释有什么重要性。
解释的种类（据立法精神或政策……）
资产阶级国家与新民主主义国家有何不同之点，表现在何处。

第五节　权利及义务的客体（即对象）

有以下几种可作客体：
（一）物。可分为动产与不动产，一般讲物都可作为权利及义务的客体，但有二个例外（显著的）。
（1）在社会主义国家及新民主主义国家，在某种场合，法律上他是不承认私有制度，因此有很多东西不能作为私有权利和私有义务的客体（如苏联的土地只有国有制，没有私有制，在苏联国营企业很多工厂及企业也不是私有的客体，轮船也不能私有，只有一般的动产可作私有）。
在中国现在有很多土地不许私有了（矿山）、交通事业（铁路），私有权利范围一天天缩小，国有权利一天天扩大。
（2）在一般国家内法律上不承认其是私有权利之客体：
A　一般国家规定相同的：公海（如太平洋）及一般的河流，一般的道路，不能作为私有权利之客体。
B　个别国家规定不同：有些国家黄金不能作私有财产，有些国家对国防上的原料及手枪不能作为买卖对象。学校在资产阶级国家是私有化，但在社会主义国家则不能。
物除了动产及不动产外，并可分为有生命物及无生命物。
有生命物是指动物，在古代奴隶制度社会，将奴隶也作为动物，又将女子作为物，在解放前将小孩也作为物（如福建、广东等地），如美帝将南非洲的黑人也作为物。在现时代是没有的。
无生命物，有些不能作为权利客体，如太平洋不能搬到中国。
（二）精神产物也可作为权利的客体，譬如：发明某一种东西，则可享受对制造方面有专利权，演戏也如此，由此可鼓励他人热烈地发明而创造。
（三）身体也可作为权利的客体。人格权包括名誉、姓名、身体……等，捐毁身体则不可能。
（四）商号、商标等也作权利客体。商标不得有类似的标志，商号名称不得有同样的名称。
（绝对权无义务客体，相对权有义务客体，此是一般讲，并非是例外。）
（五）在古代的落后国家，尤其是封建时代的国家，一般官吏的职位，是绝对权利的客体，如爵位，并有专卖权，如店基可出租等。

第六节　法律事实

何为法律事实？就是一种情况，这一种情况构成权利义务取得或丧失或变更的条件，如取得财产的遗产权，但可分二大类：
1. 事件：何为事件？由于一个人的自由意志而发生此情况或其发生与人的自由意志无关系的情况，例生孩子、人的死亡、天灾成祸等皆谓事件，但这一种事件的发生与权利客体有关系。
2. 行为：可分为广义的和狭义的，何为法律上效果？即权利、义务的变化，具体的权利、义务的取得。

广义的,包括一切足以引起法律上效果的合法的行为。

狭义的,有一定的目的的意思表示,要达到法律的目的。

行为可分,1. 合法行为;2. 违法行为。

合法行为分二种,(1) 法律以外的合法行为;(2) 狭义行为。

狭义行为分二种方式:

1. 单独方式,例:人死时,订立遗嘱,分拨财产。

2. 双方行为,例:以得到双方同意者,如契约、规约(指多数人订),是不是我所有意思表示发生法律条文(有否资格——行为能力),例:孩子购买布匹,因其认识及辨别能力尚不够,则不能作为其意思的表示。

1. 特殊行为,例:结婚,以各国限制年龄的不同,因年龄是代表身体发育及辨别能力的标志。在资产阶级国家中对女性结婚后,有许场合失却行为能力(如买衣料)在日用必需品则有行为能力。在瑞士民法中规定结婚后则为成年。

2. 意思表示,法律行为目的是否合法,例:公司雇员,被雇者一辈子服务于本公司,只有公司可以任意停雇,而被雇者不得向公司回绝,如此情况,为不合法的。

3. 行为出于行为人的意思表示,例:强盗逼迫交出款项,不合法的,一时模糊及欺骗等。

4. 行为的意思表示可能在某种场所合乎要式行为及非要式行为,例:结婚须要有证婚或法院证婚,土地须要有买卖仪式,双方订立租借或出卖契约。并向地政局变更登记。

契约除一般要件之外,尚有下列数点:

Ⅰ 双方意思表示一致,要约及承诺也一致(要式行为)。

可能表面上一致,而实际上没有一致(非要式行为)。

Ⅱ 要约及承诺一定在规定期间方面要一致。

隔地订契约,如上海某厂向南京某厂订购货物,写信到南京订约,以三天为标准。狭义的,以受信或发信或邮章等的日期为标准。

法律行为:

违法行为,有以下二大类:

1. 刑法上的犯罪行为,例:强盗、杀人。

2. 刑法以外的法律上的违法行为或不法行为。

此二种行为都能引起权利、义务发生变化,例:刑法上的犯罪行为,甲将乙的衣服撕破或打伤,则赔偿损失,因此,乙可向甲有请求损害赔偿请求权。本无请求权,因侵犯它。夫妇间,男者重婚,在刑法上犯了重婚罪,受重婚侵害者,则女方得取得离婚请求权,并附带发生赡养费。

在刑法以外,如:劳动法、民法、行政法等,例:普通行政户口登记,根据登记法,当地公安局限于几日内办理户口登记,如不履行,则丧失市民权。养子及养父母,抚领他子,认作己子,则负抚养义务,如有虐待及照顾不周等情,仍未负义务责任。

犯罪一类在刑法和民法中没有严格的界限,在有许多场合在刑法中禁止而在民法中也禁止。

如重婚在刑法上是犯罪行为,而在民法上是损害或侵害或不法行为。

在刑法中规定的犯罪行为,而在其他法上都是不法行为,但在民法中禁止的,或许在刑法上不禁止的或不犯法的。

在资产阶级国家中的重婚者,在刑法中是犯罪行为,而在民法并无限止(这是日本的规格),在民法上为不法行为或侵害行为,但在苏联为加害行为或损害行为。在刑法上称犯罪行为。

有错误行为等于过失行为或不法过意行为。

无过失或无错误的负责行为,例:工厂中有安全设备,而厂中工人因工而受伤者,在资产阶级国家中认为工人不当心而受伤者,厂方不予赔偿。但在新民主主义国家中要赔偿的,因为一方面企业单位照顾工人,另一方面,其受伤原因还是为了企业工作而受伤。

行政法内的违法行为,例:公务员犯官僚主义作风,某件公事,限期七天办理完毕,但延误时间,在行政法内认为重大过失行为,轻者警告;重者撤职;介乎轻重中间者降职。这一点也影响到权利关系。在行政法、民法、劳动法中也有部分刑法规定在内,如:解放前,票据法中规定开空头支票,则要处罚或拘禁。另一种海商法,主要研究人力运输、货物运输,如运货及载客的汽船在太平洋中失事,船长应负挽救义务,而另一汽船见死不救者,则也要处罚。

"不当利得。共犯。意思联络。"

第十章 法律关系与法律制度

第一节 法律关系的一般性质

分为五点:
1. 法律关系的意义:法律关系是一种社会关系,何为社会关系? 有了社会便有关系,没有社会则没有关系。必占有许多人才有社会关系。社会关系不一定有法律关系,例:男女结婚,则有法律关系。法律关系就是法律所规定的或承认的社会关系,这一种关系也就是拘束关系。何为拘束关系? 在法律上发生拘束或拘束作用。例:女方父母,生活困苦,则男方应负抚养义务。法律关系,要有国家才有法律关系的存在。
2. 法律的构成要素有二种:1. 权利,2. 义务。是法律所承认的权利和义务。
3. 法律关系的种类,根据三种不同的标准:
（1）依照法律关系所根据的法律来讲法律种类,例如国家法、民法、刑法、劳动法、亲属法、财政法。
（2）参加法律关系的主体来分:
Ⅰ 个人或个人的集合体相互间的法律关系,例:个人相互间的法律关系,如父子、夫妇。个人的集合体,有一个厂,内有许多股东合伙经营。
Ⅱ 个人或个人的集合体,同国家之间的关系,例:向工商局申请营业执照,某厂店营业要向国家完纳税款。
Ⅲ 个人或个人集合体与国家机构间的关系,例:行贿干部及工作人员,可检举国家机关工作人员的错处。
Ⅳ 国家机构相互间的关系,例:中央司法部及中央教育部,主要在宪法、国家法、行政法等。
Ⅴ 国家与国家之间的相互间的法律关系,主要在国际公法中规定。
（3）依照法律关系所根据的法律事实来分类:契约的关系,不法行为的关系,犯罪行为的关系,亲子的关系,男女的法律关系。此外,经济的法律关系,宗教的法律关系,政治的法律关系。
4. 法律关系的发生与变化,其发生与变化根据什么而有发生与变化,有二种:
（1）法律规范所规定的事实,即法律事实,也就是权利、义务的关系。
（2）具体情况,但具体情况一定包括法律事实,而法律事实不一定包括具体情况,例:法律上规定不得任意盗窃别人财物,如窃盗,则处罚。但具体情况不一定,如家贫如洗,无钱请医,则盗窃别人财物,弥救病荒,则不包括在法律事实中。在审判中,则参考其他具体情况。

另一种经济情况很重要（也包括在具体情况中）,例:订契约,相互间不得压迫。如果有钱人与贫人订契约,贫人急需现钞,而有钱人故意不付货款,则是一种不法的压迫。

经济情况不一定包括在法律事实,而超出法律事实。
5. 法律关系的决定因素,是物质的生活条件。从二方面来看,一般讲法律本身是社会经济的上层建筑,因此法律本身也受社会经济的支配。

另一方面从具体事情来讲,看经济关系是否平等来决定相互间的平等。

第二节 法律制度的一般性质

1. 法律制度的意义:即法律秩序。法律制度是法律一再运用的结果,例:婚姻制度,是维持社会秩序。

2. 法律制度和法律关系的区别:

(1) 法律关系是根据法律制度而确定,例:男女之间的关系,根据婚姻制度来确定是否有夫妇关系,同时法律制度,因法律关系一再发生而再发生,更加强,更具体化。

(2) 法律制度的变化一定影响到法律关系,例:前为一夫多妻,现为一夫一妻制。但是法律关系的变化并不一定影响法律制度,有时也可能影响法律制度,例:资产阶级国家的法律制度,没有规定夫妇之间有离婚,则影响夫妇之间情感的恶劣,即变相夫妇,似此情况,便成为有名无实的法律制度。

(3) 法律制度威迫权利义务的关系,法律关系一定有权利义务的关系。例:诉讼程序中规定有证据制度,法院有权调查证据,不一定牵涉权利义务关系,法院可根据证据来决定其价值,但申请人只有向法院建议之权,并无直接过问之权。

第三节 对于几种法律制度的初步介绍

有下列六种:

1. 财产制度,可分为下列五种:

财产的意义:

(1) 物。财产与物的不同,财产范围比物广,尚有几种物可作财产。

(2) 无形物。无形物是一种权利,但与债权不同,如专卖权,商标权,商号权,发明权,专用权,出版权,著作权等,不能有同样情形。

(3) 债权。债权与无形物不同,债权是对特定人的请求权。

(4) 不特定的财产或综合性的财产权。例:商务印书馆的股份财产,不得任意拿取,但在年底时只有分红权,股东会议时有选举权,对本馆不得直接管辖,只能向行政上提出建议。

(5) 财产继承权。

2. 财产种类。财产所有权是否属于个人或集体,有三种:

(1) 国家所有制,系社会主义化。

(2) 合作社或集体农场公有制,系半社会主义化。

(3) 私人所有制,系私人资本主义化。

资产阶级学者保持私有财产,反对公有制。它有下面三种理由:

(1) 如果采取公有制,对自觉性及创造性不够提高。

(2) 公有财产有很多,国家及时管理不了。

(3) 公有财产制度不公平。

以上三种说法,都是阶级立场问题,因私有财产的存在,会造成阶级斗争及剥削阶级的行为,所以一定予以取消。

3. 财产权的限度,从三方面来讲:

(1) 如上述第一种所讲的五种财产以来,尚有财产权的对象来讲,某一件物不可能作私有财产,而仅能作公有财产,另一种财产可以私有,但有限制,例：黄金,目前尚能私有,但禁止在市场上流通。而数量也有限制,棉花除留下自用外,其他则由国家征为国有。使用方面也有限制,如在药房中可存放毒品（鸦片等）,住户不得存放。古物也作为公有财产。

（2）财产权程度的大小。其程度为所有权,如衣服、皮鞋、钢笔等是最完整的所有权,但不可规定所有,尚有占有权,占有权在法律上有保护,并有一好处,即占有权变成推定所有权。（举证责任即证人。）占有权在我们日常生活中起有极大的作用,是引用普通动产,但不动产及特殊动产例外。

他物权,人可以有他物权,例：房屋典押即有典权,另一种是抵押权。即债权担保,有了抵押权而不能有使用权,而典权有使用权。在动产方面的抵押稍有两样,如向典当当东西称为"质",即质权。但质权适用于动产,在商业上也有质权。

地役权,例：三楼甲要经过二楼乙,再经过底楼丙的地方,但乙及丙必须让甲通行,此为地役权。

但所有权只能在地面,而不能在地底及无穷的天空。

（3）处分使用权,何为处分权？将自用钢笔赠送或卖掉或焚烧,皆是引用,为处分使用权,在现代新旧国家中或多或少都有些限制,例：故意烧屋,则为放火罪。

资产阶级国家的法律和新类型国家的法律,对财产处分使用权有不同之点。

新类型国家对财产处分使用权范围小。

资产阶级国家对财产处分使用权范围大。

因新类型国家的限制多,其原因是个体利益服从整体利益。

处分使用权有那些限制：基本上有一个原则,处分或适用财产时,不损害他人利益为条件。例：南京路（即住宅区）开设化工原料厂,则工务局不发执照,因为要妨害人民健康卫苼。

处分权也有限制,例：故意烧屋,则为放火罪,因妨害他人财产。

4. 财产之取得及移转：

财产之取得有两种：

（1）原始取得——原有财产,并无物主,则为己有。例：地下发现银子,则为己有。沙滩的低涨,则也为无形的增加或减少自有财产。不动产的原始取得,应该办理手续,如登记、完税等。公然占有,如经过年久后,则为己有。

国家给人民的财产,如奖金,给予土地或住屋等,也为原始取得,但原始取得从无到有。

（2）继受取得——1. 买卖, 2. 赠与, 3. 继承。

但继承取得分两种：

① 遗嘱继承——在财产未死之前,立一遗嘱,将所有财产分别传予子孙。普通以人数决定而平均分传遗产。如一部分传予外人,则为财主之权。

② 法定继承——在法律上已认为某人为财主的亲子,不论其子在生活行为上的好坏,或对父母的善恶,则也有继受一部分的遗产权。

其制度有两种：a. 任意遗授。b. 不能将财产专授一人。（法律上为特留份或强制保留份）但资产阶级国家采取任意遗授,而新类型国家采取不能将财产专授一人。

移转。包括以上的继受取得外,且主要依靠买卖。普通财产移转方面,以所有权.除所有权外,为使用权。但移转也有限制,有许多财产不准移转,如手枪,租赁权,药房中储放毒品。

财产权的移转根据社会经济需要而有许多限制,例：数来的限制,如到米店去赈买食米,购买数量为一百市石。因自用不需要一百市石的白米,故限制购买。

财产的移转越到新类型国家中,其财产的限制愈觉厉害。其原因是限制财产不正当的移转。

有以下几点不同：

（1）新类型国家中的私有财产渐渐失去,而公有财产渐渐扩大。

(2) 新类型国家中的财产限度较小,旧类型国家中的财产活动较大。
(3) 新类型国家中的财产移转取得较严,旧类型国家中的财产移转取得较宽。

总而言之,财产权是服从社会及整个利益,旧类型国家中的财产权,是自个人利益而出发。所以新类型国家中的财产转移没有危害性。而旧类型国家中的财产移转是有危害性。

第十一章 家庭制度

家庭制度最主要的是婚姻制度。最基本的为夫妇间的家庭,新婚姻法中规定第一条中包括以下四种原则。

第一节 新婚姻法的基本原则

有以下四种:1. 婚姻自由;2. 一夫一妻制;3. 男女平等;4. 保护妇女和子女合法利益的原则。

一、婚姻自由——可分以下几点:
(一) 为什么要婚姻自由,有以下三点:
1. 因为婚姻是男女间最密切最长期的关系,必须出于自觉自愿,经过自己主动的负责的慎重的考虑。
2. 婚姻后果是最极其重视,因婚姻的牵涉面,不仅是夫妇之间而牵涉国家,如夫妇不睦,则影响整个社会及国家。
3. 因婚姻关系建筑在爱情方面,而爱情是自觉自愿的。
(二) 中国以往有没有婚姻制度:
1. 中国以往是封建婚姻,a. 尤其女子,曾受父母的控制。b. 旧礼教的束缚。c. 门第限制。d. 贫富的限制。e. 迷信的拘束。f. 轻视女子的思想。
2. 在一般大城市中亦是父母之命、媒妁为主,因聘礼促成买卖婚姻,主要是社交不公开。不自由婚姻有以下几种。a. 童养媳,有的以买卖而得,有的以未生夫而先定妻,有的以劳动力缺少而收之。b. 指腹为婚。c. 妻子可出租。d. 典妻。e. 卖妻。f. 抢亲。g. 收买女子为妻或为妾。h. 冲喜。如男女订婚后,男者病时,则娶女者为冲喜。i. 限制或禁止寡妇结婚。j. 强迫寡妇结婚。因经济困难,逼令改嫁。k. 抢寡妇。l. 卖寡妇。m. 望门寡。如订婚,因男者病死,女者则在娘家守寡。n. 招赘。
3. 对离婚方面也有限制。a. 离婚。以男方有离婚权或休妻权,这是错误的。b. 礼教。结婚后再离婚而再结婚是不可能,且经济也有问题,因此有种种困难,女子不敢离婚,在国民党时法律及实际是脱节的,但有下列几种原因。Ⅰ 社会经济情况对女子不利。Ⅱ 法院中的法官也有封建的成见。
(三) 婚姻自由的界限有下列几点。
1. 婚姻自由不是漫无自由也不限于一方面所有,新婚姻法的精神不是限于漫无自由,而合乎男女双方,结婚或离婚要合乎法律规定才准之。
2. 以往有不正常的表现。例:在老解放区中有一杯水之爱,这一种偏差现已纠正。另一种为通奸,第三种为重婚,第四种为纳妾。但新婚姻法的精神,是反对以上种种行为。
(四) 婚姻法的规定,(在新婚姻法第一、二、三、五条中规定)。

二、一夫一妻的原则,则分三点。
(一) 为什么要一夫一妻制,有下列几点理由:

1. 为了实现男女平等。
2. 为了保护女子的利益。
3. 为了建设和睦、愉快、团结的家庭,一定要一夫一妻制。
4. 为了教养好下一代,故要一夫一妻制。
5. 为了大家都要有娶妻的机会,故要一夫一妻制(以往是重男轻女,女者多做劳作)。
(二)中国以往如何,分以下几点:
1. 中国一向未贯彻一夫一妻制,有时在法律上许可一夫多妻制及变相的一夫多妻制。
2. 以往事实上有一夫多妻制,在中国古代时,以重婚为合理的。继承族叔之嗣,因此有双重之妻。在国民党时的法律,对重婚者制裁不严。
(三)中国社会上有许多变相的一夫多妻制,如纳妾、通奸。
三、男女平等。
(一)为什么要男女平等,有以下三点:
1. 因要扫除婚姻中的封建压迫,保护双方,尤其是妇女的利益。
2. 为了维护人权。
3. 为了建设大家都幸福的家庭。
(二)中国以往是男女不平等的,在民国时代,所谓新式的婚姻,是形式上的,但有二种不平等现象。
1. 男子自认为特权阶级,亲自压迫女虐女子,表示在虐待、重婚、纳妾等。
2. 女子依赖男子。
(三)但有二种形成的原因:
1. 重男轻女的思想。
2. 女子的经济地位差,不能独立谋生,文化程度低。
(四)婚姻法的规定,互为平等的原则,如第7、8、9、10、11、12条。
平等真正的意思如何,从实质上来看男女的平等,(经济上)双方利益平等,机会均等。
四、保护妇女及子女的合法利益的原则
(一)有下列四种理由。
1. 妇女在生理上及传统的社会经济地位和文化水平上处于不利地位。
2. 为了保护下一代。
3. 为了保护人权。
4. 为了实现男女真正的平等。
(二)中国以往如何
1. 以往对妇女的照顾不够(如有孕妇女)。
2. 对子女的照顾不够(如私生子)。
(三)婚姻法的规定(第四章至第六章)。
以上四个原则是新婚姻法的四个柱子。

第二节 婚姻的成立

婚姻的成立包括订婚——预约。虽订婚但不能强制结婚。且订婚,并不反对。
一、结婚,应有几个条件。
1. 男女双方完全自愿,并要本人自愿。
2. 年龄,男的为十九岁,女的为十七岁(虚年岁)。是照顾到民族健康和男女的需要。

3. 未另有配偶——包括四种。
(1) 已有妻子的不准结婚。
(2) 无妻而有妾者不准结婚。
(3) 虽经配偶同意，欲重婚者不许可。
(4) 婚姻法施行前已有事实婚姻者也不可。
4. 没有婚姻法第五条所规定的情形。
男女双方有下列情形者不准结婚。
(1) 直系血亲。如旁系血亲则按习惯(姑表结婚尚可)。
(2) 如有生理上的缺点不能实行。
(3) 患花柳麻风神经等。
(4) 养子与养女可结婚，因其没有直系血亲关系。
5. 婚姻一定履行登记手续。
登记是婚姻的有效条件——所在地人民政府。
6. 附带条件：
国际问题——如条文上没有明文规定者，则根据政策等。
(1) 军队及外交干部绝对不准与外籍人结婚。
(2) 一般的干部可与外籍人结婚，但有下列条件。如与外籍人(对方)结婚者，对方的国家与我国无外交关系者，则依照我国法律办理，有外交关系者，则采用两国法律办理。
(3) 一般人民可与外籍人结婚，但要经省人民政府批准——是否来历清白。
(4) 在组织内的党员要经组织批准。
7. 犯罪人能否结婚：
有一受管制者仍可结婚，如判处徒刑在执行期间不能结婚。
如果区人民政府来不及办理结婚登记手续，则往往法院公证，法律一定要仪式。
二、结婚条件适用范围：
在新婚姻法施行前，如已结婚者。
1. 以前的婚姻不必登记。
2. 以前的事实认为有效。
3. 以前重婚而娶妾则采取不告不理的方法。

第三节　婚姻关系的解除或终止

1. 离婚的原因或条件：
(1) 对方对本人不忠实，例：与人通奸及与人重婚等。通奸是妨害其他一人的婚姻关系，一方是有夫之妇或有妇之夫和另一人有活动。
(2) 对方犯了某种犯罪，如汉奸反革命等是构成离婚的原因。
(3) 原被父母或其他人包办的婚姻，且结婚后，毫无感情，但被压迫的一造可请求离婚。
(4) 对方加以虐待或危害者。
(5) 妾自动提出离婚者。
(6) 原为童养媳而结婚的(要女子提出)。
(7) 对方在婚姻法公布后，离开家庭两年，而无通信关系者，或在婚姻法公布前，离家两年，婚姻法公布后一年无通信者。
(8) 生理上有缺点或原来有精神病等。

(9) 不务正业,感情不好者。
(10) 双方自愿离婚,而对子女有适当安排者。
新婚姻法要办理登记手续,由区政府给予证书或到法院公证。

2. 离婚限制:
(1) 女方在怀孕期间,男方不得提出离婚,要待其分娩后,满一年后,才得提出离婚。
(2) 对方如是现役革命军人与家庭有通信者,要得到他的同意,才能离婚,如童养媳提出离婚,有上项情事,则予保留。

3. 离婚效果:
(1) 双方可自由结婚。
(2) 离婚后可恢复结婚,(因夫妇间旧情深厚)但要重新登记。
(3) 离婚的父母与子女的关系在二十条二十一条及二十二条中规定。
(4) 离婚后对家庭财产及共同生活之影响。

法的阶级性和继承性*

苏联共产党第二十次代表大会以后，全国法学界对过去的法律研究及实际工作进行了全面检查，做出了初步总结。在总结里面，除肯定过去的伟大成就外，并着重指出法律和法律科学落后的情况及其落后的原因。

最近半年来，苏联法学界展开了热烈的讨论和研究。法律、法律思想及法律科学的阶级性和继承性问题，也已经在论著或讨论中被接触到。我国学者过去对这类问题研究得不多，有些重要论点还没有获得一致。我对于这类问题不敢说有什么研究，但鉴于问题的重要性，愿将平时一得之愚在本文中提出一部分来和大家商榷。①

一、法律的阶级性

首先要说明的是：本文所称的"法律"是广义的，乃是一切法的规范的总称，不仅指立法机关制定的法的规范，其他的法的规范也都包括在内。

其次要谈一谈阶级性问题和继承性问题的关系。法律有阶级性——这是大家所熟知的，至于法律有无继承性，则大家的认识并不一致，恐怕至今还有很多人根本否认或怀疑法律有继承性。否认或怀疑法律有继承性的论点，固然不止一种，但是最常听到的乃是以法律的阶级性为根据的理由。例如，我们常听到人说：旧社会的法律具有旧社会的反动阶级本质，因此和新社会的阶级要求不合，不能由新社会继承，是应该全部摒弃的……这样的说法是否对或是否全对，可留待后面讨论。但由此可以看出，在许多人看来，法律的继承性是决定于它的阶级性，所以要解决法律的继承性问题，必须先进一步研究法律的阶级性。这种情形在法律思想及法律科学方面也同样存在着。本文题目之所以将阶级性和继承性并举，也就是为此。

法律的阶级性究竟表现在哪里？它的表现方式怎样？这些问题在过去虽然被接触到过，但是一般人的认识还是相当地抽象、模糊。现在让我们从国内法与国际法两方面来加以研究。

（一）国内法的阶级性

关于国内法的阶级性，过去曾有过下列几种不正确或似是而非的看法：

1. 认为法律的起源是决定法律的阶级性的惟一标准

照这种看法，凡是产生在某一阶级社会里的法律规范，永远具有那个阶级社会的阶级本质。这种看法的缺点在于将法律规范的起源作为特定阶级性的惟一标准，而没有注意到法律规范的阶级性主要是决定于每个时代的社会经济以及政治文化的条件的。② 例如，同样一个"不得杀人，杀人者处死刑或徒刑"或"不得窃盗财物，窃盗财物者处徒刑或死刑"，在奴隶社会、封建社会、资本主义社

---

* 原载于 1956 年 12 月《华东政法学院学报》第二期。
① 这样做是为了叙述的便利，并不否定法律科学上"法"与"法律"等的区别。
② ［苏］卡列瓦主编：《国家与法的理论》教科书，1955 年俄文版，第 77—79、270 页。

会及社会主义社会,其作用便各不相同,因此,其阶级本质也不能相提并论,其主要原因是各个类型的社会里的社会经济及政治文化条件使这个规范发生不同的作用,而具有不同的本质。如果因为这个规范最初产生于奴隶社会而便认为它永远具有奴隶社会的阶级本质,那就大错而特错了。① 这也就说明为什么近代各国的,甚至于苏联的法律里还有不少发源于古代的规范。

2. 认为法律规范的阶级性是固定的、一成不变的

照这种看法,凡被某一个阶级社会的统治阶级采用过的法律规范,永远是为那个阶级服务的,不能改为其他阶级服务,即使被另一个阶级采用,它还仍旧保持着它原来的阶级本质。十月革命后的最初十年间,苏联的法学界就有过这样的看法。如芮叶斯纳尔(M. Рейснер)认为,当时苏联的法律是由三种不同阶级性质的法组成的复合体系,其中包括:(1)工人阶级的社会主义法;(2)农民阶级的土地法;(3)资产阶级的民法。② 这种看法的缺点在于机械地、孤立地看问题,而没有想到旧社会采用过的法律规范在新社会里,因为社会经济及政治文化的具体条件不同,可以具有新的内容而发生不同的作用。

3. 认为法律的形式是法律的阶级性的可靠标志

照这种看法,凡形式相同的法律,其阶级性亦相同,资产阶级国家的法学家对社会主义国家的法律有时就采取这种看法。我国解放后反对旧法的学者,在旧法能否被批判地吸收这一问题上,也往往表现出这种看法。这样的见解显然是错误的,法律形式的相同并不一定意味着内容的相同。同一形式的法律规范在不同的社会经济及社会文化条件之下可以具有不同的内容,为不同的阶级服务,从而表现出不同的阶级性。③

4. 认为一个法律体系内的法律规范在反映阶级利益或立场时其作用是一样的,没有主次之分

照这种看法,凡是一个法律体系内的法律规范,其阶级性都是一样强,这样的见解是与事实有出入的。实际上一个法律体系内的法律规范,都可以分两大类:一类是主导性或关键性的,一类是辅佐性或从属性的。主导性的规范是纲领,是主干;辅佐性的规范是细则,是树叶。主导性规范的变动是可以改变法律的阶级本质的,而辅佐性规范的变动则往往无伤于大体。主导性规范往往只能用于某一个特定阶级社会,而辅佐性规范往往可以用于各种不同性质的阶级社会。例如,在社会主义国家内关于确立公有财产制的法律规范是主导性的,而关于保护公有财产制的方法的规范则是辅佐性的。如果将前者废除或加以基本改变,则社会主义的法律将失去其社会主义的特点;如果将后者删去或吸取资本主义国家的法律规范以替代之,那就不一定会发生这么大的影响。从另外一方面来讲,如果将社会主义国家关于确立公有财产制的规范移植到资本主义国家去,那么资本主义国家便失去资本主义的特点;如果只将社会主义国家关于保护公有财产制的法律规范移植到资本主义国家去,那就不会引起这样的结果。

5. 认为一个国家的法律只有一个阶级性④

照这种看法,一个国家的法律规范,不问性质如何,都只能为那个国家的统治阶级服务。这对社会主义国家来讲是对的,但对剥削阶级国家来讲,则未必完全说得通。这有以下几个事实可以证明:

首先,从历史的发展来看,过去在剥削阶级国家里领导统治权不一定完全掌握在一个阶级手中,它可能在某个发展阶段掌握在几个不同的阶级手中。而这几个不同的阶级力量的对比也可能是不相上下或无大区别的,这从某些资产阶级国家过去议会中各党派或成分所占的席次往往可以看出来。如法国大革命初期的制宪会议及国民会议的组织成员中有僧侣及贵族代表,也有新兴的

---

① [苏]卡列瓦主编:《国家与法的理论》教科书,1955年俄文版,第73页。
② [苏]维辛斯基:《国家与法权的理论问题》,1949年俄文版第17页,中文版第19—20页。
③ 柯罗文:"国际法的现代理论的几个问题",载《苏维埃国家与法》杂志,1954年第6期,第35页。
④ [苏]卡列瓦主编:《国家与法的理论》,第73页。

资产阶级代表,其党派或集团中有替封建僧侣贵族说话的,有替农民说话的,也有替工商界说话的。他们往往是势均力敌的,他们维护着不同阶级的利益,因此他们所制定的法律也是反映着不同阶级的立场的。

其次,在现代的资本主义国家里垄断资本家虽占领导地位,但劳动人民的觉悟一天天提高起来,反抗反动统治的进步力量也一天天壮大起来。掌握统治权的资本家及其伙伴们不得不对进步人民的要求做一些让步,因此出现了一些对进步人民比较有利的法律。统治阶级之所以同意制定这些法律,是为了对自己的利益作长远的打算,就这点来讲,这些法律的制定可能还是间接反映着统治阶级的立场。但是从被统治阶级的角度来看,这些法律毕竟是他们初步争取到的,是或多或少地符合他们的利益的,是可以直接反映他们的立场的。就意志表现的程度来讲,这些法律里被统治阶级意志表现的程度无疑要比统治阶级意志表现的程度强得多。因此在体系上这些法律虽是资产阶级法律的一部分,而在实际作用上它们却反映着被统治阶级的阶级性。

再次,进步势力在某些资本主义国家的发展情况以及苏共第二十次代表大会的决议已经证明:通过议会斗争的方式过渡到社会主义,在某些国家并不是不可能的。在这些国家里当进步力量强大到和敌对力量相等或超过它,而在议会中力量的对比上得到相应的反映的时候,则议会所制定的法律就不可能反映一种阶级性。那么在同一个国家的法律体系里面,在某一个阶段,也许一个相当长的阶段,包含着两种或更多种的不同阶级性的法律规范。这些不同阶级性的法律规范,在进步力量完全可以控制整个形势而在议会中各种力量的对比上反映出来时,是会统一的,但在这以前是不可能马上具有一个阶级性的。

从以上三点看来,法律的阶级性在任何时代,任何国家必然是统一的——这样说法是值得考虑的。这里所谈的乃是我个人研究的一点体会,特别希望法学界的同志们作更进一步的研究。

或许有人要问:你在上面既然批评芮叶斯纳尔的看法不对,为什么现在又说在剥削阶级国家里法律的阶级性未必统一呢?我的答复是:这两种说法是不矛盾的。其理由如下:(1)苏联在十月革命后,虽然吸取了一部分过去在资产阶级国家或革命前所见过的法律规范,但这些法律规范在苏联的法律体系内是受社会主义的主导法律规范的支配而适应苏联过渡时期的需要的,它们不是和统治阶级建设社会主义的意志对立的,相反是促成其顺利地实现的。它们之被吸收,既不是出于苏联统治阶级的让步,也不是出于哪一个对立阶级的要求。它们乃是苏联人民,通过代表他们的立法机关,为了过渡到社会主义,有计划地吸收到苏联的法律体系里去的。所以它们并不具有不同的阶级性。(2)剥削阶级国家里代表某一阶级利益的法律,往往是和其他阶级的利益对立的。一个法律体系内所包含的阶级性不同的法律规范,是因为阶级的互相斗争或让步而产生的。其产生不是为了实现什么长远的共同目标,往往是无计划的。这里主要是创制或认可法律规范的问题,并不是单纯吸取一些旧法律规范的问题。

上述五种不正确的看法的缺点,归纳起来,不外乎机械地、孤立地、简化地、形式地、不加分析地看问题。正确的办法应该是根据法律规范的性质,联系具体社会经济及政治文化条件,来分别决定法律的阶级性表现在哪里。

专就性质来讲,法律规范可分为四类:

(1)法律规范的本身是对某一阶级或某一部分人不利或反人民、非正义或反人道的。如:维护有产者的特权或压迫贫穷者的法律;以出身、性别、种族、财产条件来限制劳动权及选举权或被选举权的法律;排斥有色人种担任某种任务、进某种学校或享受某种权利的法律;根据种族、出身、信仰、社会地位等原因限制或禁止结婚的法律;限制寡妇结婚以及依据宗教的封建迷信传统禁止离婚的法律;承认高利贷的法律;不必要地剥夺或限制人民的基本权利,如言论自由、学术自由、出版自由、信仰自由、居住迁徙自由、人身自由等等的法律;对性别、种族、出身、社会地位等不同的人,犯某种罪采用不同的处理方法的法律;准许或鼓励用残酷刑罚或虐待方法来处罚、威逼或折磨诉讼当事人或刑事被告或嫌疑人的法律;不尊重诉讼当事人或刑事被告的诉讼权利的法律;推定刑事被告为有罪,以禁止上诉和秘密审讯为原则,以刑事被告的自白或证人的证言为定罪的唯一基础,而不考虑自白或证言的真实性的法律;对于犯罪构成要件、刑罚种类、量刑标准、执行方法等漫无规定或基本上规定不明确,从而造成审判及执行人员的专横武断的法律;①保持法律的秘密性的法律②等。这些法律本身就是非正义的、反人道、危害人民的、对被压迫的某阶级或某部分人不利的,只有剥削统治阶级才会采用它们。剥削统治阶级采用这些法律,是因为这些法律本身的反动性最符合他们的意志,最能保护他们的利益或巩固他们的地位。这些法律本身的反动性就表现了剥削统治阶级的反动性,所以他们的阶级性主要表现在他们本身的反动性上。

(2) 法律规范的本身是正义的,符合人民要求的。如:保护人民的基本权利的法律;主张不论性别、信仰、种族、经济地位、职业等一律平等的法律;保障当事人诉讼权利的法律;保证正确公平裁判的法律;禁止刑讯或变相刑讯的法律;限制政府机关职权,明确政府机关办事程序,以防止专横渎职及官僚主义的法律;主张罪刑法定主义的法律;废除残酷刑罚及禁止虐待犯人的法律;保护人民请愿、诉愿及对政府机关违法及不当行为提起诉讼之权的法律等。这些法律的本身是有进步性的,如果认真地执行,基本上是和剥削统治阶级的利益冲突的。剥削统治阶级怕执行这些法律,因此不免故意逃避它们或设法曲解它们;可是被统治阶级却利用它们作合法的斗争,这从现代资本主义国家劳动人民反抗统治阶级的斗争事例中可以明显地看出来。剥削阶级国家之所以采用这些法律,主要有三个原因:① 统治阶级,因为人民有此要求或愿望,不得不让步;② 统治阶级想借此装饰门面,欺骗人民,博得民主法治之名,以巩固政权;③ 统治阶级的某些成员有时也觉得,如果不采用这些法律,遇到自己人的权利受侵害时,将没有保障。所以仔细分析起来,在剥削阶级国家里,这些法律虽然在形式上是剥削统治阶级意志的表现,但在实际运用上,它们的阶级性不表现在它们的本身,而表现在它们在具体情况下所服务的对象。但是在社会主义国家的情形就不同了,在这里这些法律本身的进步性是和无产阶级的要求基本符合的,因此他们本身的进步性基本上已就是他们阶级性的表现。③

(3) 法律规范的本身是有反抗性的,是长期为剥削阶级国家的被统治阶级用来对抗统治阶级的,如承认罢工权的法律。这一类法律在剥削阶级国家是反映劳动人民的意志和利益的,是进步的。但在劳动人民自己做主人的国家里,其破坏性往往大于进步性,就未必符合劳动人民的意志和利益。可见其阶级性决定于其运用的场合或用来对付谁。

(4) 法律规范本身不一定表现得出具体的阶级性,它们大都是辅佐主导的法律规范,有关于调整各种关系的一般标准及处理各种事件的程序方法,根据过去的经验的累积而制定或形成的。它们主要可分二种:① 关于权利义务或法律关系的发生、变更、丧失的辅佐性的或带有一些国际共同性的法律规范。如规定确定损害程度的标准的法律,规定亲子相互间抚养义务的法律,规定夫妇同居义务的法律,规定带有一些国际共同性的事项,如票据、海商、邮政、电报、国际航空等的法律。② 关于保障权利或法律关系及法律程序的法律规范,如刑法中非主导性的规范,刑事诉讼法及民事诉讼中多数的规范。这些法律规范的具体阶级性决定于和它们有关的主导性法律规范的阶级性。主导性法律规范的阶级性是和当时统治阶级的具体性一致的。所以我们也可以说这些法律规范的具体阶级性决定于当时统治阶级的具体阶级性。所谓当时统治阶级的具体阶级性是决定于当时的社会经济及政治文化的具体条件的。各个社会发展阶段及各个国家的具体经济条件既然不同,那么与其有牵连关系的政治文化条件,也必然有出入。因此,反映当时的统治阶级的具体阶级

---

① 以上五种类型的法律规范在苏联及人民民主国家,尤其在苏共第二十次代表大会以后,已经普遍地遭到严厉批评,根本违反社会主义的法治原则及人道主义。论著颇多,兹不赘引。
② 这在罗马古代曾有过。见 Fustel de Coulanges 著:《古代城市》(La cité antique),第 3 卷第 11 章。
③ [苏] 卡列瓦主编:《国家与法的理论》,第 14—15 页。

性的主导性法律规范,尽管形式相同,也必然是有性质上或程度上不同的内容;而上述辅佐性的法律规范,由于受到当时主导性的法律规范支配或影响,尽管形式相同,也必然具有性质上或程度上不同的内容。

(二)国际法的阶级性

先谈国际公法的阶级性问题。这一问题,可分两部分来讨论:一是阶级性的有无;一是阶级性的表现方式。

1. 国际公法有无阶级性

关于这个问题有两种不同的看法:一种承认国际公法有阶级性,这是苏联一般法学家的看法。另一种否认国际公法有阶级性,但有两种不同的理由,第一种认为国际公法是国际交往的工具,是和语言一样,没有阶级性的;第二种认为国际公法的规范具有客观的公平合理性、普遍性和永恒性,不是专为某些国家或阶级服务的,所以没有阶级性。前一种理由过去曾为苏联一部分学者所采用;①后一种理由一向是资产阶级国家所流行的。

我个人认为承认国际公法有阶级性的看法是正确的。这有以下各点可以证明:(1)从国际公法的发展史来看,近代国际公法有很长一个时期是所谓西方"文明国家"之间适用的法。这从资本主义国家某些学者关于国际公法的定义就可以看出来,在国际公法里有很多原则,是专从帝国主义的立场出发的。关于租借地、租界、外交团、外国驻军、势力范围以及所谓"国际干涉"等片面无理的原则固不必说,就是关于国家的承认、战争的发动、战争的状态、交战国的权利、限制条约的修改等原则,也主要是从当时的强国的角度出发。(2)从实际运用的情况来看,近代国际公法,是往往以某些国家的片面的解释或惯例为根据,或者专被某些国家当做武器运用,而别的弱小国家只好俯首从命或随声附和。甚至国际领导机构,如过去的国际联盟及现在的联合国等,尽管在文件上规定得冠冕堂皇,在实际上曾有过某些国家企图将它变成自己的或少数集团的工具。如我国从九一八事变起,一系列遭受日本帝国主义者侵略的事件,没有得到及时有效的解决,以及最近几年来联合国对某些国际纠纷的不合理的处理方法就是证明。

2. 国际公法的阶级性表现在哪里或如何表现出来

这个问题很不简单。苏联法学界曾有过不少争论,至今还没有得到统一,有些人怀疑国际公法的阶级性,也与此不无关系。现在先将苏联学者的几种不同的学说简单介绍一下,苏联学者一般都承认国际公法里有不少一般国家公认的规范(Общепризнанные нормы)也有不少非一般国家公认的规范。后者的阶级性,似乎没有引起什么问题,但关于前者的阶级性的具体表现问题,看法并不一致,约有下列几种说法:

第一,资产阶级说。这种说法的主要理由可能②是:这些规范形成于社会主义国家尚未出现之时,是一向或长期被资产阶级国家所利用的。

第二,社会主义法律规范说。这种说法认为一般公认的规范是具有社会主义性质,而被资产阶级所接受的法律规范。其理由可能③是:这种规范是正义的,符合无产阶级的要求的,其本身的性质是与无产阶级的阶级性一致的。

第三,半社会主义性、半资产阶级性说。这种说法的主要理由是:这种规范是社会主义与资产阶级的两种不同制度的互相让步的结果,是法律上双重阶级性的东西。④

第四,不同的法律性的上层建筑中的相同规范说。这种说法认为一般公认的规范虽被资产阶级及社会主义国家所共同承认,但承认的动机既不同,而规范所保护的利益及所具有的目的亦各

---

① [苏]柯罗文:"论国际法的一般公认的规范",载《苏维埃国家与法》,1951年第9期,第16页。
② 同上第16页,该文未说明理由。
③ 同上第16页,该文关于这一点也未附理由。
④ 同上第16页。

异,它们是不同阶级性的上层建筑,即法律里相同的部分。①

第五,社会主义的及资产阶级的两种上层建筑的构成部分说。这种说法认为上述的第四种说法是不正确的,而其不正确之处,主要在于将一般公认的规范看做两种不同阶级性的上层建筑中的相同部分。因为不同阶级性的上层建筑中,只能有形式相同的部分,而不能有本质相同的部分。②

第六,与本国生产关系间接联系说。这种说法认为国际公法(包括一般公认的规范在内)是通过国际关系而间接和不同阶级国家本国的生产关系联系的,而国际关系乃是各个国家本国生产关系的派生的关系。结合到阶级性来讲,这似乎是说:国际法规范的阶级性间接决定于参加或发生国际关系的各个国家本身的阶级性,它们的阶级性是各个国家本身的阶级的反映。③

第七,各国统治阶级意志表达说。这种说法认为国际公法(包括一般公认的规范在内)可反映不同社会结构的国家间的关系,当它反映着这种关系时,它也就表达了这些国家统治阶级的意志。④

以上前二种说法有一大缺点即都没有考虑到国际公法是社会主义及资本主义国家阵营的国家所共同遵守或适用的,它们与事实不符,故不足取。第四及第五种说法也有一大缺点,即将国际法的规范当做各个国家法律性的上层建筑的一部分,忘记各个国家是国际法上的主体,是受它拘束的,因此也不足取。第六种说法从各个国家的生产关系间接联系到国际公法的规范,将国内的生产关系和国际关系相提并论,不甚恰当,有些教条主义的气味,并且也未说明各种不同生产关系的国家所共同遵守的国际公法究竟具有什么阶级性,因此也未见得可取。第七种说法指出:国际公法的规范反映不同社会结构的国家间的关系并表达这些国家统治阶级的意志,能说明一部分事实,但也没有说明国际公法规范究竟反映着什么阶级性,未免美中不足。第三种说法说明了国际公法规范的一部分真实情况,可以补第六种说法的不足,但仅把这两种说法合起来,还不够全面。

以上所谈的是关于苏联学者对于国际公法阶级性表现的看法,而且侧重于一般公认的规范方面,不够全面。现在让我们来正面地谈一谈我们所应该具有的正确看法。

我们应该知道:国际公法乃是从各国之间的合作与斗争中成长起来的,它的规范是国际合作与斗争的一种结果。⑤ 合作的结果必然意味着各方意志的一致;斗争的结果有时意味着各方由互相让步而归于意志一致,也有时意味着一方压制他方,使他方勉强地与其意志一致。从这个角度来看,我们可以说,国际公法是国际社会里各国统治阶级在国际合作及斗争的过程中意志一致的表现。⑥ 在某些场合这种意志一致的表现,只反映着某些国家或某种类型国家的利益,因此专门呈现出这些国家统治阶级的阶级性。这种情形在帝国主义国家独霸世界,社会主义国家尚未出现或力量尚未壮大以前,是相当多的。这就说明了为什么现代国际公法中还保留着一部分专对资产阶级有利的规范。不过这类片面性的规范,在社会主义阵营的压力下,将来是会逐步减少,乃至消灭的。在另外一些场合这种意志一致的表现可以同时反映各种类型国家的利益,因此呈现出几种阶级性。因为一个公认的规范或一个由各种类型的国家参加的条约或公约,虽然只具有一个形式,但对各种类型的国家来讲,可以在不同的方面满足不同的要求,保护不同的阶级利益,这正和普通的买卖契约可以有利于契约当事人双方一样。在这种情形下,国际公法的阶级性不一定表现在它的规范本身,而主要地表现在各国对规范的实际运用或从规范所获得的或预期获得的利益。因为国际公法

---

① [苏]柯罗文:"论国际法的一般公认的规范",载《苏维埃国家与法》,1951年第9期,第16页。此为柯罗文本人一度所主张,但以后被放弃。
② 见前引柯罗文"国际法的现代理论的几个问题"一文,第34页。
③ 见"国际法现代理论几个问题的讨论总结",载《苏维埃国家与法》,1955年第5期,第46—47页。后面一段关于阶级性的说法是我补进去的。
④ [苏]苏联科学院法学研究所:《国际法》,1951年版,俄文版第11页。该部分亦为柯罗文所写。
⑤ [苏]柯谢尼柯夫(Ф. И. Кожевников),《国际公法教程》,1947年俄文版,第24页;李索夫斯基(В. И. Лисовский)《国际法》,1955年俄文版,第13页。
⑥ 李索夫斯基的看法与这种说法近似。见氏著《国际法》第14页。

中有不少是一般公认的规范。这些一般公认的规范有以习惯法的方式出现的,也有以条约或公约的方式出现的,其本身是合乎正义的要求或有助于国际友谊的培养、增进或国际纠纷的合理解决的,不是专对一种类型的国家有利的。

现在让我们来略论国际私法的阶级性问题。① 这个问题也包括两点:(1)国际私法有无阶级性?(2)它的阶级性表现在哪里或如何表现出来?

关于第一点,我们可以肯定地说,国际私法是有阶级性的。其主要理由是:国际私法是与内法及国际公法有局部共同之点的,就现阶段的实际情况来说,它的规范大体可分为国际法性质的和国内法性质的两部分,我们既不否认国内法及国际公法都有阶级性,当然应该承认国际私法有阶级性。

关于第二点,我们应按法律规范的性质采取不同的看法。对于具有共同性,而有国际条约或国际协议为根据的规范,应照上述对于国际公法中一般公认的规范的看法决定其阶级性。对于其余的规范,应照上述对于国内法或国际公法中其他规范的看法分别决定其阶级性。因为第一类规范是和国际公法中一般公认的规范在性质上基本一样的,并且它们的国际共同拘束力,通过国际条约或协议也表现得特别明确。单具有国际共同性而无国际条约或协议为根据的规范是被国内法片面地吸收进去的,无国际共同拘束力,仍不失为国内法。至于具有国内特殊性的规范,那更不成问题,是国内法的一部分。

二、法律的继承性

过去七八年中由于客观形势的不同,大家的革命警惕性提得特别高,因此对于法律、法律思想及法律科学的继承性问题没有予以应有的重视,在思想上往往存在着一些简化的、机械的、脱离实际的看法。兹专就法律的继承性方面的问题重点地提出三点来谈谈。

(一) 法律中的遗产

过去由于对法律的阶级性缺乏全面的、正确的认识,有些人曾否认法律中有遗产可以继承。根据本文上面关于法律的阶级性的分析,我们可以知道法律中有许多规范的阶级性不表现在规范的本身,而表现在谁运用它们或用它们来对付谁,尤其在国际法里面有许多一般公认的规范或具有国际共同性的规范,它们或是人类正义感的表现,或是被人类长期的经验证明为有益于共同生活的规范。我们不但不应该将它们摒弃,相反对于其中某些部分是有必要更好地发挥其作用的,这些法律规范,虽然被旧的或剥削统治阶级利用过,但在新社会的各种新的条件下是可以取得新的内容,发生新的作用的。有人可能认为承认法律的继承性是一种复古主义的表现,这是一种幼稚的看法,任何一种新的东西决不能从"无"中产生出来,它必须在不同的程度上利用一些旧的或原有的东西作为根据、起点、资料或参考,法律当然也不能例外。

罗马法是奴隶社会里发展出来的东西。但是后代各种类型国家的法律中有很大部分是从它的老的规范中直接或间接演变出来的,就是苏联的法律也不能完全例外。因为罗马法的编制和规范在中世纪以后是被大陆及英美各国在不同的程度上吸收了的,而近代资本主义的法典对苏联的立法在某种程度上也起了一些参考作用。据苏联民法学家瑙维次基(И. Б. Новицкй)教授表示,苏联民法中有些名词和概念是发源于罗马法的,研究了罗马法,才能更好地理解它们。②

法国拿破仑时代所制定的各种法典,一面吸取了法国习惯法及封建王朝时代的立法经验(如海商法等),一面又吸取了过去法学著作中的研究成果,以后间接或直接流传到别的国家,也被广泛地吸收。这些法典在形式上对社会主义国家的立法也有一定的影响。

英国的宪法是从封建社会中产生出来的,它在英国本土上已经过了几个发展阶段,但有些基本

---

① 国际私法的一般性质及内容问题,因限于篇幅,从略。
② 见氏著《罗马私法》,1948年俄文版第6页。

原则和制度至今还大体保留着。英国的宪法在法国大革命的前后被各国广泛吸收,为条件不同的社会制度服务,影响颇大。资本主义国家的法学家过去曾这样说过:在私法方面,罗马法统治了世界;在公法方面,英国的宪法统治了世界。今日社会主义国家的宪法当然不能和资本主义国家的宪法相提并论,但在形式上也不能说完全没有直接或间接参考英国宪法之处。在某些进步力量正在用议会斗争的方式争取过渡到社会主义的国家,如意大利等,将来的新议会也必然从现在的旧议会中演变出来。这就意味着将来的宪法和现在的旧宪法间的继承关系。

在人民民主国家,有个别国家至今还利用着人民民主政权成立前的立法。如德意志民主共和国成立后一直到如今利用着希特勒以前的民法典、刑法典及民事诉讼法典,不过对旧法典做了一些补充和修改,旧的刑事诉讼法典直到 1952 年 10 月才废止。波兰至今还利用着 1932 年的刑法典,新政权成立后仅做了某些补充和修改。当然德、波二国在法律方面所作的这些补充和修改大部分是关键性的,具有主导作用的。不过这可以很好地说明资产阶级的法律规范中有许多是可以被社会主义国家吸收或继承来为新社会服务的。

(二) 法律继承的性质

所谓继承是一个借用名词,实际上仅指局部地吸收过去的或先产生的东西。对我们今天来讲,法律的继承只能理解为对过去的或先产生的法律,根据马列主义的原则及国家的基本政策和纲领,结合具体情况与需要予以批判的有选择的吸收。这绝不意味着全盘地、机械地、无原则地抄袭或复制,这是毋庸详细解释的。这里所要说明的只有一点,即从旧的或不同的法律体系中所吸取来的法律规范,在被吸收到新的或另一个法律体系内以后是否还具有原来的内容?根据本文上面所已经附带提到的情形,我们可以这样说:从旧的或不同的法律体系中所吸取来的法律规范在被吸收到新的或另一个法律体系内以后,尽管还保持着原来的形式,在新的社会经济及政治文化条件之下,是会失去它原来的内容的。正如苏联科学院法学研究所 1955 年编辑出版的《国家与法的理论》教科书所说的,"当一个新的阶级对于社会取得政治领导权时,如果还有一部分旧的法律保持其效力的话,这就说明在这些旧的法律中已经注入新的阶级内容了。"① 有些学者甚至还有更进一步的看法,认为在这种情形之下被吸收或保留的旧法律,不但在内容上变成新的法律,并且在形式上也变成新的法律。如德意志民主共和国德国法学研究所最近编辑出版的《德意志民主共和国民法》(总编) 曾这样说:"旧法律及旧法律的制度被赋予了新的阶级内容这一事实,使得一种在内容上和形式上都是新的法律由旧的法律中演变出来。旧社会的一些法律规范之保持效力并不意味着,并且也不可能意味着在新政权所制定的规范体系以外,还存在着某种特殊的法律体系。这不过说明:我们的统一的社会主义的法律,即我们人民民主国家的法律,在为维护新法治的斗争中,根据任务即阶级要求等,利用了一些完全变了质的旧法律的规范。"②

(三) 法律继承的重要性

新的法律或后产生的法律吸收旧的或先产生的法律,在过去是常发生的事实,这在上文已经说明过。这种事实的发生不是偶然的,而是有其必然性的,因为在任何一个新政权建立后,不可能创出一套形式与内容都是新的法律及法律制度。这不但在新政权刚建立时是如此,就是在新政权建立很久以后也是如此。这里面当然有程度上的差别,但这并不等于说新政权的法律及法律制度中没有一点旧的东西。实际上当一个新政权建立以后,它只能制定一些主导性的或关键性的法律规范,但这些主导性或关键性的法律规范,也不一定是完全从"无"中创造出来的,很可能是参考过去的或别的国家的法律或受其启发而制定的,至于那些辅助性或从属性的法律规范,其牵涉面很广,并且绝大部分是过去长期经验智慧累积的结果,如果因为是前人或别的国家有过的而一概摒弃,其

---

① [苏] 卡列瓦主编的《国家与法的理论》,第 73 页。
② 见 Dornberger 等合著的该书德文版第 103 页所引波兰法学家 Muszkat 教授的意见。

结果将不堪设想。就拿刑法及刑事诉讼法为例,社会主义国家的刑法及刑事诉讼法与旧类型国家的刑法及刑事诉讼法的主要区别,一方面表现在法律规范的形式,另一方面表现在法律规范的内容。就形式方面讲,二者之间的区别主要表现在少数的主导性或关键性的规范,如有关犯罪概念、犯罪构成、刑罚目的、刑诉的基本原则、基本阶段等规范。但是就这些规范来讲,旧型与新型的法律之间也不是彼此没有一点共同之处。至于其余的辅佐性的规范,则形式上共同之点更多。如果社会主义国家的刑法及刑事诉讼法将形式上与旧类型国家的刑法及刑事诉讼法或其他法或多或少有相同之点者一律摒弃,那么剩下来的规范一定很少,与犯罪作斗争的任务必无法完成。刑法和刑事诉讼法尚且如此,其他部门的法律可想而知。以上这些情形都充分说明了法律的继承和任何法律体系的形成发展以及任何阶级统治的成功,有着永远不可分割的关系。

附:上海法学会关于"法的阶级性和继承性"座谈会报道

关于法的阶级性和继承性问题,目前法学界正在展开讨论,大家的看法还不一致。首先,去年的《华东政法学院学报》先后发表了李良的"百家争鸣和法律科学"、刘焕文的"在百家争鸣中谈旧法思想"以及杨兆龙的"法的阶级性和继承性"三篇论文。接着今年出版的《法学》双月刊、《政法》双周刊和中央政法干校校刊《教与学》都陆续刊登了有关这方面的文章。多数法学家认为在浩如烟海的旧时代的法律资料中,是有着丰富的遗产的,经过批判后可以吸收利用的,但对于刘焕文提出的"新旧法有内在的思想联系"和杨兆龙在论文中提到的关于法律的阶级性和继承性的某些重要论点还有不同的意见。为了贯彻百家争鸣的方针,寻求知识,上海法学会乃于三月十四日召开了第二次学术座谈会。参加座谈会的有华东政法学院、复旦大学法律系、上海法律学校的教师和上海市各政法机关的法律工作者以及社会法学界人士共五十余人。

座谈会提出下面的几个问题进行研究:(1)法和经济基础的关系;(2)法的阶级性是否统一;(3)新旧法、新旧法思想和新旧法学是否有内在联系;(4)旧法能否在社会主义国家利用;(5)法学遗产的意义和范围。

会上杨兆龙首先就自己论文的主要论点和写作经过做了说明。接着在会上发言的有杨峰、高炀、刘焕文、潘念之、幸世才、周子亚等人。

关于法和经济基础的关系问题,座谈会上有几种不同的看法。杨兆龙认为法律是受经济基础最终决定的,但政治、文化等因素对法律所起的作用也很大,如我国西藏和印度的法律制度有很多是受着宗教影响的。他说,法律和经济基础的关系是互相制约、互相影响的,在某种历史情况下新的统治阶级是先建立了统治权以后才建立它的经济制度,如苏联和蒙古人民共和国都是在新的经济制度建立以前就制定了法律。刘焕文认为法律在其表面上看来,它是经济制度的产物,但从实质上看,它是在新的经济制度建立以前就早已有其思想根源的。苏联在十月革命时并没有社会主义经济制度,却已有社会主义法律思想,即可以说明这点。杨峰、高炀、潘念之等人在发言中不同意以上意见,他们认为政治与法律同样都是由其经济基础来决定的。杨峰说,法是被奉为法律的统治阶级的意志,它是由该统治阶级的物质生活条件决定的。当这个阶级在经济和政治上占据统治地位时,它为了不让本阶级的经济利益受到敌对阶级的侵犯,便将本阶级的意志通过国家制定为具有普遍约束力的法,并利用它来维护、巩固和发展对其阶级统治有利的社会关系的秩序。潘念之指出,经济基础决定上层建筑,不能像母鸡生蛋那样简单地理解,这里面人的意志(即阶级意志)是一个关键问题。革命胜利的阶级根据社会发展的要求,有着摧毁旧经济制度、建立新经济制度的意志,在自己的政权建立后就制定自己的法律来建立、保障、巩固和发展这一基础。但人们的意志和要求仍然是一定的经济关系和经济条件所决定的，这是一个辩证的关系，不能机械化的。苏联固然在颁布土地法令以后才有土地国有制度，但绝不能忘记土地法令颁布以前，苏联人民对于封建土地所有制所反映出来的生产矛盾早已作过长期的顽强的斗争。

座谈会上引起争论的另一个主要的问题是法的阶级性是否统一的问题。这里又分为以下四个问题：

第一，什么是法的阶级性和有否没有阶级性的法律。杨兆龙认为，法律规范按其性质来看，可以分为主导性和辅佐性的两种，主导性规范往往只能用于某一个特定阶级社会，而辅佐性规范却可以用于各种不同性质的阶级社会。例如，在社会主义国家内关于确立公有财产制的法律规范是主导性的，而关于保护公有财产制的方法的规范则是辅佐性的，如果将前者废除或加以基本改变，则社会主义的法律将失去其社会主义的特点；如果将后者删去或吸取资本主义国家的法律规范以替代之，那就不一定会发生这么大的影响。许多同志不同意这一意见。幸世才认为，考察法律的阶级性不仅应该从统治阶级制定的法律的条文上去看，而且还应从一个法律的内容、制定和执行的整个过程来看。如果只从条文或字眼上看，认为这一条文或这一个字眼对人民有利就认为没有阶级性，就认为可以继承，那是不对的。潘念之指出，法律不能脱离社会阶级关系的各种因素来看，它的阶级性只能从它在当时社会中是用来对付谁和保护谁的利益来体现。高炀也认为，如果把法律的阶级性认为只有主导性的法律规范才有阶级性，而辅佐性的法律规范没有阶级性，那就很难说明制定法律的任务。他指出国民党时期的商标法为例，这商标法的第五条是反映帝国主义利益的，而商标法施行细则第二十一条具体地完成了这个目的。又如杀人是否一定判死刑来说，也有其不同的阶级内容：在奴隶社会，奴隶是被当做财产来看待的，奴隶被人杀死可以用赔偿的办法来抵偿；而在苏联，死刑是作为保护社会主义政权的斗争工具，它的适用仅被限在几种重大的叛国罪行。

第二，法的阶级性是不是单一的。杨兆龙认为，法律的阶级性在绝大多数情况下是单一的。但在不同的历史条件下由于国家统治权掌握在几个不同的阶级手中，而这几个不同的阶级力量的对比也可能是不相上下的，这就可能出现有代表几个阶级性的法律规范。他举出法国大革命初期的制宪会议及国民会议的组织成员中有僧侣及贵族代表，也有新兴的资产阶级代表为例，认为这些党派或集团中有替封建僧侣贵族说话的，有替农民说话的，他们维护着不同阶级的利益，因此他们所制定的法律也是反映着不同阶级的立场。高炀和其他同志不同意这种看法。他们认为，同一个国家的法律只有一个阶级性的，否则，像中华人民共和国当前制定的法律是否也是代表几个阶级呢？高炀指出，法国资产阶级革命时期的议会虽然也包括了僧侣、贵族和新兴的资产阶级，但当时法国的阶级力量的对比，资产阶级是占领导和支配地位的，三级会议只是一种妥协的形式，它所制定的法律是受当时的资产阶级的意志所支配的。比如革命胜利初期制定的"人权宣言"中所体现的"保存私有财产神圣不可侵犯"和"人人平等"这两者就贯穿在一切的法律中。

第三，在资产阶级社会里有没有代表无产阶级的法律。杨兆龙认为，在现代的资本主义国家里，垄断资本家虽然占领导地位，但劳动人民的觉悟一天天提高起来，反抗反动统治的力量也一天天壮大起来。在这种情况下，掌握统治权的资本家就不得不对进步人民的要求作一些让步，因此出现了一些对进步人民比较有利的法律，而这些法律是可以直接地反映进步人民的立场的。在这些法律里，被统治阶级意志表现的程度无疑地要比统治阶级意志表现的程度强得多，因而在体系上这些法律虽是资产阶级法律的一部分，但在实际作用上它们却反映着被统治阶级的阶级性。杨峰和潘念之不同意杨兆龙的意见。他们认为在阶级社会中，法律绝没有以保护全体人民利益为目的的，更不可能有反映无产阶级的意志和保护无产阶级的利益的无产阶级的法律。杨峰说，在现代资本主义国家里，由于人民觉悟的逐步提高，反抗反动统治的进步力量的加强，掌握着统治权的资产阶级被迫对进步人民的要求作某些让步，同意制定一些对劳动人民比较有利的法律是可能的。但这完全是为了本阶级的长远利益打算,所以它在完全从资产阶级利益出发的法的上面,贴上"民主自由"和"平等权利"等商标来欺骗、麻醉劳动人民,借以进一步扣牢他们手上的镣铐。潘念之指出,资产阶级在宪法中虽也写上一些冠冕堂皇的话,但在实施中总是用其他法令来限制它、取消它。例如言论出版自由,差不多所有资本主义的法律都有这样一条规定,而真正能在论坛上或报刊上发表自己意见的,除了资本家和其御用政客、学者外,劳动人民即使用尽力量出一本小小刊物、组织一次集会,也常被没收、禁止和捣毁。所以潘念之认为这些貌似正义的于劳动人民有利的法律是出于统治阶级的战略,其阶级性仍然是一致的。

第四,国际法有没有阶级性。杨兆龙认为国际法是有阶级性的。周子亚基本上同意这个说法,但他不同意杨兆龙在其论文中的某些论证。周子亚说,国家法和其他部门的法律一样是有其阶级性的,但它与国内法不同,它所表现出来的阶级意志不是一个国家的统治阶级的意志,而是社会经济制度不同的两个或两个以上国家的统治阶级的意志。这些意志的协调和一致所形成的法律规范,并不直接地和社会经济性质不同的国家中的现存生产关系发生联系,而是通过国际联系发生联系。这种国际经济关系,和最终地决定国际法规范的各个国家内的现存生产关系相比较,马克思和恩格斯把它们叫做派生的第二性的非原本的生产关系。周子亚接着指出,这种经济关系,其本身不是一种经济制度,而只不过是不同社会制度国家之生产关系的联系,把它当做是一种单独的经济基础而说国际法公认规范建筑在它上面是错误的。

座谈会上也讨论了关于新旧法律、新旧法律思想和新旧法律科学的继承问题。这里的意见比较分歧。杨兆龙认为资产阶级的法律规范中有许多是可以被社会主义国家吸收或继承来为新社会服务的。他举出波兰至今还利用着1932年的刑法典以及德意志民主共和国自成立后一直到如今还利用希特勒以前的民法典、刑法典及民事诉讼法典这两个例子来说明他自己的论点是有根据的。刘焕文认为,新旧法律思想是有联系的,而且法律思想虽然是反映经济基础的,但它本身却不是没有自己的历史的,因为在新经济基础上制定新法律,也是通过人们对旧法律制度的斗争的思想意识的基本观念作成的。刘焕文认为如果否认了新旧法律有内在的思想联系,那无疑地就是否定历史唯物主义的原理。但尽管如此,他不同意用"继承"这个字眼。幸世才认为法律文化中是有"遗产"的,"继承"两字也可用。我们理解继承的涵义时不应限于狭窄的范围,因为对旧的法律资料的整理、研究、批判的本身就包含着继承的意义。高炀认为新旧法律不可能有继承关系,新旧法律思想也不可能有内在的联系。他说,旧法中只有一些知识元素是可以为我们新社会所吸收利用的。潘念之认为,把继承和遗产这两个概念使用在新旧法的关系中是不够妥当的。他指出,遗产总是基本上有用的东西,继承总得基本上接受过来,它包含着"一脉相承"的意义。我们的法律和剥削阶级国家的法律在阶级本质上是根本对立的。作为旧法律规范来说,绝对的没有什么"遗产"可以被"继承"的,对于旧统治阶级的法律思想和法律科学也同样不能继承过来。要说旧时代的法律资料中有遗产可以继承的话,那仅是旧时代中被统治阶级对于法律的思想和主张和在人民起义时所制定的纲领、制度和法令。如我国的太平天国和法国的巴黎公社都有一些法制值得我们去学习。但这些是应该和旧统治阶级的法律规范严格分开来说的。潘念之认为,旧时代统治阶级的法律、法学中只有一些知识、经验可以吸收利用,这里绝不可能有如母子继承的关系存在。

以上是座谈会中涉及到的几个主要的争论问题,由于时间限制,还有一些具体问题尚未得到充分的讨论,最后由座谈会主持人曹漫之同志集中了几个问题要求大家继续深入研究,准备在适当的时候再举行另一次座谈会。

(整理者 梅耐寒)

刑法科学中因果关系的几个问题*

一、怎样才算"把马克思列宁主义关于因果性、必然性、偶然性的原理运用到刑法科学中来"

所谓"把马克思列宁主义关于因果性、必然性、偶然性的原理运用到刑法科学中来",可能有两种不同的解释:一种是"不考虑刑法科学中因果关系问题的特点,而将马克思列宁主义的经典著作中关于这方面的一切论点原封不动地照搬到刑法科学中来";另一种是"结合刑法科学中因果关系问题的特点,适当地将马克思列宁主义的经典著作中关于这方面的一般原理或基本论点,运用到刑法科学中来"。我认为后一种解释是对的,前一种是不对的。其主要理由如下:

(1) 每门科学都有它的特点,这些特点未必都能概括到马克思列宁主义的一般原理里面去,因此在解决因这些特点而发生的问题时,有时必须结合这些特点将马克思列宁主义的一般原理,即基本论点加以适当的、具体的运用和发展。刑法科学中的因果关系及其有关问题是有其特点的,这些特点——至少其中一部分——在马克思列宁主义的一般原理里还没有,并且也不可能有机会被全面地、具体地考虑过。刑法科学的任务之一就是要结合这些特点,将马克思列宁主义的一般原理中关于因果关系及其有关问题的论点,加以适当的、具体的运用和发展。

(2) 马克思列宁主义的经典著作中关于因果关系及其有关问题的论点,除具有一般性的,即各种科学所共同的以外,还有一部分是或多或少结合某些科学范畴内的特殊情况而发展出来的,是不大好搬用的。例如,经典著作里关于自然科学和历史科学中因果关系及其有关问题的论点,就有一些是由于这两种科学的特点而具体发展出来的。它们可能和刑法科学中问题的性质不合,如果照搬到刑法科学中来,就未必能正确地解决问题。

因此,所谓"把马克思列宁主义关于因果性、必然性、偶然性的原理运用到刑法科学中来",只意味着将马克思列宁主义关于这方面的一般原理或基本论点(并非一切论点),根据其精神、实质并结合刑法科学中问题的特点,加以适当的、具体的运用和发展。这也就说明为什么因果关系及其有关问题,除在马克思列宁主义的一般原理和经典著作中予以阐述外,还要在刑法科学中加以研究讨论。

二、需要进一步明确的几个基本概念

某些基本概念,如原因、结果、因果性、因果关系、必然性、偶然性、必然因果关系、偶然因果关系、主要原因、决定原因、次要原因、非决定原因等,过去虽被大家用得很多,但实际上大家对于这些概念的认识并不一致。因此大家所用的语言的形式虽相同,但实际所指的东西并不一样。这有时就引起了一些不必要的争论或混乱。例如"原因"和"结果",在历史科学中,可能是个别复杂而长期延续的事件,这个别是包括许多的或一系列的因果关系的,但在刑法科学中就并不如此复杂,在自然科学中则更为简单。所谓"因果关系",有些人将它理解为一种过程,有些人将它理解为一种事物

---

* 原载于1957年《法学》双月刊第1期。

的联系,又有些人将它理解为一种规律。"必然性"与"偶然性"在某些资产阶级的学者看来是对立的,互相排斥的。在马列主义的学者看来,它们是互相密切联系的,前者指事物的一般性、规律性,后者是前者在特定条件下的具体表现。但在具体运用上,特别是在刑法科学的具体运用上,大家的认识往往有些模糊。所谓事物的一般性与规律性,在犯罪事件的因果关系上究竟是怎样具体地表现出来呢?如果将行为(包括作为与不作为)的"偶然结果"看做事物的一般性与规律性在特定条件下的具体表现的话,那么行为的"必然结果"将通过什么方式表现出来呢?"偶然的结果"与"必然的结果"究竟有何区别呢?"偶然的结果"与"偶然事件"是否有什么不同呢?

以上所举的这些基本概念问题,固然在不同的程度上牵涉马克思列宁主义的一般原理及某些论点在刑法科学中的具体运用问题,但同时也说明了一点:即这些概念在有些人的认识上难免是分歧的、模糊的。这种情况的存在,很足以阻碍大家对于刑法科学中因果关系及其有关问题顺利地得出正确的结论。所以在研究因果关系及其有关问题时,应该首先对这些基本概念作一番精密的探讨。

三、刑法科学中关于因果关系的原理和哲学及其他科学中关于因果关系的原理是否一致

刑法科学中因果关系和哲学及其他科学中的因果关系,在苏联及人民民主国家,都是以马克思列宁主义的一般原理或基本论点为基础或出发点的,从这方面来看,它们是基本一致的。但哲学是一般性的,刑法及其他科学都是各有其特殊性的。刑法与其他科学都是在马克思列宁主义哲学的一般原理的基础上结合各该科学中问题的特点具体发展起来的。所以它们关于因果关系的原理,在实际运用上也免不了或多或少地要结合本身的特点,根据马列主义的一般原理,作一些具体的发展。

我们都知道:宇宙间物质运动的各种形态是互相联系和互相影响的;这种互相联系和互相影响的关系或作用是普遍的、整体的,严格讲起来,是无始无终的。但是为了认识、掌握某些具体情况起见,无论在实际生活中或科学研究中,我们都有必要将个别事物从自然的或历史、社会的普遍整个联系中提出来而加以研究,说:这是原因,那是结果。所以因果关系乃是人们从宇宙间事物普遍整个联系中提出来的一个片段,正如列宁所说的,是一种"人为的隔离(或'孤立')"。正因为如此,因果关系的概念是有一定的局限性的。但是,这并不等于说:因果律是人脑子里凭空造出来的东西,相反地它是以客观事物为根据的,是反映客观真理的,它本身就是一种客观规律。这在实际生活和科学实践中都已经得到证明,因为实际生活和科学实践中许多问题是经常经过因果律的运用而获得解决的。

刑法科学也和别的科学一样,不能不运用因果律,因此也就不能不谈因果关系。可是在运用因果律时,为了配合与犯罪作斗争的要求,却具有某些特点,其中最主要的,可简单说明如下:

(1)将人的行为(包括作为和不作为)在因果关系中突出。刑法科学所研究的最主要的问题之一,乃是何种行为(即有一定目的作为或不作为)构成犯罪。有许多问题,包括因果关系问题在内,都是环绕着这个问题来研究的。为了确定某种行为是否构成犯罪,刑法科学不但要研究这种行为是否为某种结果的原因,并且还要对这种行为作政治上、道德上的评价,以决定法律上的责任(这里是刑事责任)。在这种评价时,固然要考虑到这种行为在因果关系中所起的作用,但这还不够,更重要的是要考虑行为人对于行为结果的事先的认识及态度。在考虑行为人的这种认识及态度时,主要的是研究行为人对于行为与结果之间的关系——即因果律的具体体现——如何认识以及想如何运用因果律以达到什么目的(包括犯罪的目的在内)。这一事实非常重要,因为它足以使因果律的运用在刑法科学中有时起着和在别的科学中不同的作用。例如,在哲学及自然科学甚至历史或社会科学中,在研究因果关系时,人们只考虑人的行为或活动在因果关系中所起的作用,不一定有必要来同时对人的行为或活动作某种评价。但在刑法科学中这种评价是经常要做的,是必需的。因

此在哲学及别的科学中(尤其是自然科学中)所要考虑的主要是(当然并非毫无例外)或者只是原因与结果的关系,而人的行为或活动不过被看做一种原因或结果;在刑法科学中所要考虑的主要是行为如何认识及运用因果律的问题,因果关系的问题是在这个前提下来被考虑的。

(2) 因果律的运用,受到行为人主观条件的某些限制。由于上述第一个特点的存在,刑法科学在运用因果律时,便不能像哲学、自然科学、历史或一般社会科学那样,根据事物的客观情况寻出因果关系,就算了事;它还得进一步研究行为人对自己行为和某种结果的因果联系是否在事先已经、可能或应该预见到,以便据以决定他应否负刑事责任。大家都知道,一般人对于哲学及各种科学的知识不可能都是很高的,如果我们拿哲学及各种科学关于因果关系的知识做标准来决定刑法科学中行为人对于自己行为和某种结果的因果关系,是否在事先可能或应该预见到的话,那不知有多少人要受到刑事制裁,这是极不合理的。如果刑法科学这样做,那就要使刑法及刑法科学大大地和实际生活及实际政治脱节。所以在考虑行为人是否在事先可能或应该预见到某种因果联系时,刑法科学有必要根据人们的一般知识,而不一定根据哲学及各种科学的知识水平来决定衡量的标准。这种哲学上及科学上因果律在刑法科学中的运用,就受到了行为人主观认识和意图的一些限制。例如,某种药品多吃了会使人中毒或死亡,而这点只有医生才知道。某甲不知道这种情形,根据医生乙的处方所开的超过应有标准的分量买来给丙吃,丙因此中毒或死亡。照哲学或自然科学关于因果关系的看法,乙的处方和甲的购药及给丙吃,都是丙中毒或死亡的原因,并且都可以说和丙的中毒或死亡有"必然的因果关系",可是在刑法科学看来,乙对于丙的中毒或死亡应负刑事责任,是无问题的;至于甲因为事前不知道,并且也不可能或应该知道会发生这种后果,就不应负刑事责任。这种对于因果律运用的限制,是哲学及其他科学所没有或不常见的。

四、因果关系在刑法科学中的地位

从以上所论各点,我们不难看出因果关系在刑法科学中所占的重要地位。不过在刑法科学中却曾经有过一些不正确的看法。现在将它们摘要提出,予以批评。

资本主义国家的刑法学者中,除了某些否认因果关系的客观性外,曾经有人认为:刑法科学可以不必对因果关系加以研究。其主要理由之一是:刑事责任不是决定于什么因果关系,而是决定于行为主体与结果在目的上的联系。这样的看法显然是不对的。因为它只片面地强调行为人的主观条件与刑事责任的关系,却忽略了另一个重要环节:即在考虑行为人的主观条件的同时或以前,刑法科学必须要考虑到行为与结果间的客观因果联系,以便决定行为人是否可能或应该预见到结果的发生。这种客观的因果联系,在绝大多数的场合,是一般人所能理解的,因此所谓可能或应该预见的结果,在绝大多数的场合,也就是合乎这种客观因果律的结果。只有在少数场合,才会发生因果关系超过一般人(包括行为人在内)理解或预见水平的情况,也只有在这些场合,才有必要来以行为人主观的认识或意图来对因果律的运用作一些必要的限制。如果照某些学者所主张的那样,将因果关系从刑法科学中撇开不谈,则对于某种结果的可能或应该预见与否,将找不到客观标准来决定。

刑法学者中,也有一部分只知道一味强调运用客观的因果律,将刑法科学中因果关系的问题,看做和哲学及其他科学中因果关系问题完全一样,而没有考虑到刑法科学除研究因果律外,还要考虑到行为人对因果律如何认识以及想如何运用它的问题。这些学者的主要缺点在于没有重视刑法科学中问题的特点。因为根据我上面所讲的,考虑行为人对因果律如何认识以及想如何运用它以达到某种目的(包括犯罪目的在内),从而对行为人的行为予以政治上、道德上的评价——这是刑法科学的一个主要特点。如果不考虑这个特点而简单地搬用因果律,那是不可能使刑法科学中有关因果关系的问题,全部得到合理地解决的。

此外,还有一部分学者认为因果关系不是犯罪构成的要件。其理由是:在考虑某种行为和某种结果的因果关系时，不但要检查行为的客观方面，还要检查行为的主观方面及行为主客观方面的联系。换句话说，行为的主客观二方面及主客观二方面间的相互联系，都受着因果律的支配。这种看法能反映出行为的主观条件，即行为人对因果关系的认识等在考虑因果问题时的重要性，这是好的一面。但是，它主要有两个缺点：第一，它将客观的因果律和行为者对于因果律的认识及意图，与刑法科学根据行为者这种认识及意图，在某些场合对客观因果律的运用所作的限制混为一谈，容易使人误信因果律本身没有客观性。第二，它将因果关系排除出犯罪构成的范围，并没有举出充分的理由。因为因果关系无论与主观方面或主客观二方面有没有联系，都可以作为犯罪构成的要件，仅凭它与主观方面或主客观二方面有联系而否认它可以作犯罪构成的要件，那是没有逻辑根据的。

法律界的党与非党之间*

法律界过去有矛盾吗？无疑是有的。它主要存在于哪一方呢？初看起来，它似乎主要存在于年轻的和年老的法学家之间，或者说得直爽一点，在进步的和落后的法学家之间。可是实际上并非如此，它主要存在于党与非党之间。

过去的司法改革是有一定的收获的。可是改革的结果，将大批非党的司法工作人员（尤其是审判人员）调出司法机关之外。有的被派到医院去担任事务及 X 光挂号登记工作、有的被派到火葬场去做杂务、有的被派到房管处等机关去工作、有的被派到中小学去当教职员、有的在家赋闲。这些人中，一小部分是年老的，大部分是少壮者和青年。他们都是解放后被留用或录用的，都经过审查，一般讲来，政治上没有什么严重问题。他们对业务有专门的研究，对马列主义理论及政策并非都格格不入，他们的作风也并不见得都是坏的；并且即使是坏的话，也不可能都坏到不可改造的地步。他们过去办案或做其他司法工作，并非都是毫无成绩，很可能在今天看来，他们工作的质量，在某些方面还是今天司法机关某些在职干部所不及的，如果给他们适当的机会，他们并非完全不可能改造为有用的司法工作者。可是他们的命运已注定和人民政权下的司法工作绝缘，这是一方面的情况。另一方面，司法改革后在职的司法干部中有一部分也是"旧司法官"或"旧法"出身的，他们是党员，解放后就担任司法部门的总的或部门的领导工作。如果司法部门在司法改革以前有毛病的话，主要的责任应该由这些同志负担。这些同志的业务水平有的固然很高，但有的并非如是，至于他们的政治水平，在党的不断教育下，是比一般的党外人士高一些。但这些情形是否就足以说明他们和被调出去的党外人士相差得如此之大，以至于前者可以担任司法部门的领导职务，而后者只能改派到火葬场、医院等处去做杂务呢？显然不是。此外，司法改革后，在职的干部中有不少是解放后从各大学法律系毕业的非党青年，法律业务有一定的基础，中文也有相当水平，可是好多年来一直没有机会提升为审判员，而有些领导他们的党员审判员或审判长等有的却不懂法律而中文水平也很低，甚至连独立写判决书的能力都没有。

1952 年的高等学校院系调整，一般讲来，有相当好的效果，但是在法律教育方面事情的处理却不能尽如人意。院系调整的结果，除几个私立的法学院被取消外，还有好几个国立大学（如北大、南大等）具有几十年历史的法律系被合并到几个新成立的政法学院去。在这些新成立的政法学院中，除在北京的有一部分被并学校的党外教授参加上层领导外，其余大多由党内干部担任行政及教学领导，党外教授参加上层领导者几乎完全没有，且担任基层行政及教学领导者，也非常之少。照理，被并学校的教师应该按照中央规定的院系调整办法到新成立的学校去正常地工作。可是事实并非如此。在 1952 年，有些新成立的政法学院虽然吸收了一部分党外的教授，尽管这些教师从 1949 年以来在业务上及政治上已有提高，却一般都没有机会担任实际教学工作，使大家感到非常苦闷。这种情况恐怕到现在都还没有完全扭转过来。

---

* 原载于 1957 年 5 月 8 日《文汇报》。

更令人失望的是，有些新成立的政法学院，将被并学校的学生、一部分年轻助教（多数是党团员）及图书馆接收过去以后，竟将党外的所谓"学旧法"的中老年教师全部拒绝于门外，弄得大家好几年来哭笑不得。1954年，有几个综合性大学恢复了法律系。事前，一般中老年教师们以为这一次可以得到工作的机会了，因为在1953年中央举行的高教会议上，曾发现过去对政法院系教师处理的不当，已决定纠正。可是，在这一次恢复的法律系中，有的在领导方式上采取了几乎是清一色的、从行政到教学的党内干部领导制，在教学工作的分配上，基本（当然有少数例外）采取党内干部及年轻助教或讲师教课制，除酌量吸收了本校原有的一部分教师外（在有的学校只有极个别的），对其余的教师（尤其原来在别的学校的）一律挡驾。殊不知在解放以后，一般法学教师在业务上及政治上都有所提高。尤其经过思想改造，大家都有很大进步，并非如某些党内干部所想象的那样落后，如果让他们继续在实际工作中提高，他们不但不会落在人家后面，而且是可以有一番实际贡献的。

在解放后成立的几个新型大学及着重改造旧法人员和训练政法干部的学校里，法律部门的行政与业务领导基本上都由党内干部担任；法律教学工作基本上由苏联专家和党内的中老年及青年干部或教师担任（当然有个别例外）。在这些学校里，党外的法学家一般只能做学员，不能做教师，在新型大学里对中老年的党外法学家前往学习还有相当限制。他们里面虽有几位"旧法"出身的党内学者，但过去曾经有一个时期（有的自始至终）充满了一种鄙视党外的"旧法学者"、认为他们不可能改造为人民的法学教师或司法工作者的论调。这些学校的看法和经验流传到各处以后，对全国政法院系的调整起了很大的消极作用。有些新成立的政法学院及法律系，不但照搬，而且还变本加厉地推广了这种看法和经验。

最近一年来，各学校为了贯彻中央关于知识分子的政策，在这方面已做了一些改进工作，这是值得庆幸的。但是，由于某些干部的看法尚未完全转变过来，还没有能从根本上进行改革。因此，现在的法律院系在高等学校的系统里，还在不同的程度上保持着它那与众不同的特殊风格。

以上这种情形究竟是怎样产生的呢？据我看来，主要是以下三种观点所引起的：

（1）过分强调法律的政治性而基本忽视了它的专门性和科学性；

（2）将党外的"旧法出身"的人士估计得很低，认为他们不可能或者很难改造为对新社会有用的法学人才；

（3）不信任党外的法学人才，不敢放手使用他们。

这三种观点的不正确，可以用很多的理由来加以证明。但是为了节省篇幅，我们可以拿苏联及东欧人民民主国家的实例来说明。法律是为统治阶级服务的，因此我们必须重视它的政治性。但这不过是问题的一面，法律还有它的丰富的独特内容和技术，须加以系统的研究，关于法律的全面正确知识乃是一种专门的科学，不是任何人都懂得的。重视法律的政治性并不等于可以忽略法律的专门性和科学性，这也就是说明为什么在苏联及东欧人民民主国家的科学院里，都成立了法律科学研究所等部门，为什么一般人要钻研好多年才能获得法律科学硕士及博士等学位。如果不是这样的话，那只要多设几个马列主义学院也就行了。正因为法律是有专门性、科学性的，所以东欧人民民主国家一般都规定：法官须由法律系科毕业而且具有比较高的文化水平的人担任。在苏联，当提名竞选法官的候选人时，实际上也很注意候选人所受的法律教育。同时，这些国家的科学院院士及大学教授中，有不少是"旧法出身"的法学家。他们在新政权建立前，就已经在大学里教法学，并发表过著作，其中有不少党外人士，是现在法律科学研究机关及大学法律院系教研室的领导人，是公认的当代权威法学家。这些都可以说明：过去那种宁可信任不懂或不大懂法学的少数干部，而不敢放手使用专门研究法学的党外人士的看法是很成问题的。

这种错误看法在过去七八年中，除制造了党与非党之间许多矛盾外，还阻碍了我国法律科学及教育的提高与发展，耽误了立法工作的及时开展与完成，引起了司法工作方面的一些混乱与落后现象。它促成了一般人对法律科学及法学家的轻视与失望,对社会主义法治和民主的怀疑与误解。

　　苏共二十次代表大会以来,社会主义阵营各国的情形都说明社会主义法治和民主的建设是如何的重要。在这种建设的过程中,有许多重要的任务摆在法律科学和法学家的面前。可是苏联及东欧人民民主国家的经验告诉我们:新的一代法学家的成熟,没有富有学识与经验的法学家的帮助指导和青年们自己一二十年的努力,一般是不可能的;如果我们将一切任务都摆在正在培养中的人身上,而不及时利用老一辈在法律科学上已有的成就,那么法律科学的发展、法学人才的培养、立法的改革、司法的建设,将无法顺利进行。我们应该吸取十月革命后在列宁领导下的苏俄如何不分彼此地发挥苏俄法律界的潜在力量,在五年内创造性地全部完成各种法典;捷克斯洛伐克在工人阶级完全取得胜利后,如何不分彼此地发挥法律界的潜在力量,在三年内全部完成各种重要法典的宝贵经验。我们应该吸取苏联及其他兄弟国家如何于建立新政权后不分彼此地动员法学界的力量来发展新的法律科学、培养新的法学人才、建立新的司法制度的宝贵经验。总之,我们应该贯彻毛主席的指示,赶快设法消除在法律界所存在的那种党与非党间的矛盾,使大家都能热情地、无保留地投入社会主义法治和民主的建设。

我国重要法典为何迟迟还不颁布？*
——社会主义建设中的立法问题

一、立法和社会主义建设的关系

社会主义的建设并不是单纯的物质建设。它除包含合乎无产阶级要求的物质建设外，还包含各种为保证或推动这种物质建设的正确发展，提高人民的文化水平，调整社会主义社会的各种关系以及建立巩固无产阶级的政权所必要的非物质建设。这些非物质建设中特别值得注意的是社会主义的法治（有人用"法制"这一名称，与苏联及人民民主国家学者的一般说法不符合，故不采用）和社会主义的民主。这两者正如1956年苏联的《苏维埃国家与法》杂志第3期一篇社论所指出，是不可分割的，构成一个有机的统一体的东西，它们是一事的两面。因为社会主义法治是社会主义民主的构成部分，同时也是它的体现；社会主义民主是社会主义法治的指导原则，同时也是它的内容。无产阶级的专政，虽然对于阶级敌人不必讲民主，但在人民内部却必须实现真正的民主；至于法治，那就是对于阶级敌人，也是不应该有例外的。社会主义法治和社会主义民主的这种有机联系及统一，乃是社会主义国家法律和政治制度的一个基本特点。

在实践中，社会主义民主的建立和发展，在许多场合是非靠法律不可的。它要靠法律的制定，将民主的原则变为具有强制力的行为规范，它要靠法律的执行，将法律中所包含的民主原则贯彻到实践中去。在这个意义上，社会主义法治的这一面往往显得更重要，因此有些人特别强调社会主义法治的重要性。这种提法曾经引起一种错觉，以为在社会主义国家可以多谈法治，少谈民主，甚至可以只谈法治，不谈民主。实际上这种看法是没有根据的，因为依照我们上面所说过的，强调社会主义法治的重要性也必然意味着相应地承认社会主义民主的重要性，否则就不可能有真正的社会主义法治。

社会主义国家的法律在表现形态上有一个特点，即它的大部分规范必须用成文法——立法机关或有权立法的机关所制定的法规——的形式表达出来。这种情形的产生完全由于客观的要求，是不可避免的。因为当无产阶级取得政权时不但没有一套现成可用的法，就是社会主义的经济基础也还没有，而事实上大家又非有一套法以资遵循不可。正如列宁在《国家与革命》一书中所说的"如果我们要不犯'乌托邦主义'的毛病的话，我们就不应该以为推翻了资本主义，人民便可以立刻学会没有任何法的规范而为社会劳动，并且资本主义的废除也不会立刻造成足以引起这样变化的经济条件。在这种情况下，必须用最快最有效的方法制定出一套法规来适应各方面的需要；而这种最快最有效的方法，主要是立法，即由立法机关或有权立法机关制定法规。"为什么说立法是最快最有效的呢？主要理由是：只要我们努力，我们可以在很短的期间，基本上完成一套比较系统的法规，而这套法规可以将各种原则和办法，具体明确地规定出来，使大家有清楚的、一致的认识而保证法的统一性、明确性和稳定性，因而更好地发扬社会主义的民主和法治，促进社会主义经济基础

---

* 原载于1957年5月9日《新闻日报》。

的形成和发展,并提高人民对新政权的信任。倘若不采取这个方法而改用其他方法,如专靠大家的革命法律意识或社会主义法律意识或大家从经验实践中慢慢地创造出的法的规范来解决问题,那就不知要等到什么时候才可以有一套比较完整的、统一的、明确稳定的法律出现,那就要使法律制度的发展大大落后于社会主义建设的要求,就要造成法律制度和各种建设事业的脱节,甚至于矛盾。所以在社会主义国家和在剥削阶级国家不同,立法是建设中占特别重要的地位的工作。

二、苏联及欧洲人民民主国家立法的经验

苏联及欧洲的人民民主国家在成立之初,都认识到社会主义国家必须要很快地具备一套基本上完整的法规,因此都在客观情况许可的条件下,致力于立法工作。不过在最初一个阶段,由于立法经验的缺乏以及政治上待解决的问题太多,来不及将所有部门的法规都制定出来,一般只能先重点地颁布一些有关基本法(如宪法、政府组织法等)的法规及其他重要事项的关键性的法规,如土地及企业国有化、劳动关系、粮食及其他日用品的管理、重要民刑事件(如婚姻家庭关系、阶级敌人的镇压、民刑裁判程序等等),将社会主义的法律制度的骨干建立起来,同时又明令废止反动统治时代的基本法及某些法规的关键性的部分并宣布暂准援用未经废止而与新政权的法规及革命的信念、意识或社会主义法律意识等不抵触的旧法规。

以上是苏联欧洲人民民主国家在刚成立的一个短的阶段内的情形。至于在其他阶段的情形,那就不一致了。主要的有两种发展的方向:一种是苏联及保加利亚所代表的;另一种是欧洲其余的一般人民民主国家所代表的。兹分别简单介绍如下:

(一)苏联和保加利亚

苏联在列宁的领导下(大家该知道列宁对法学很有研究),对于立法一开始就特别重视。在新政权建立的最早阶段苏俄就颁布了许多法规,解决了一些关键性的问题。同时在1917年11月至1918年7月的8个月中,苏俄又颁布了关于法院的三个法令(第一号颁布于1917年11月24日,第二号颁布于1918年3月7日,第三号颁布于1918年7月20日)。在1918年11月30日及1920年10月21日又两度颁布了苏俄的《人民法院条例》。这些法令及条例都明确规定了法院的组织及权限、民刑法裁判的程序及法律根据。当时的政策是一面加紧起草新的法典,一面尽可能地颁布新的单行法规,使利用旧法的需要很快地减少,以致不存在。所以早在1917年的年底,在苏俄的人民司法委员部里就成立了一个法案及法典起草机构,它的任务是:(1)将革命政权建立后所颁布的法规(最初原想包括未经废止而可利用的旧法规在内)整理出一套法规汇编,将其中矛盾之处去掉;(2)起草当时所需要的法规;(3)起草法典。如果不受帝国主义干涉和内战的影响,这些工作当然可以进行得很快。不过,虽然如此,在革命政权建立后不到一年的时间所颁布的关键性法规已经很多,这些法规和各行政部门行政指示配合起来,已可以基本上解决一般问题。所以在第一号及第二号关于法院的法令里虽然规定准许在某种条件下用旧法规,在第三号关于法院的法令里却不再提到旧法,而只说:"地方人民法院,有权根据工农政府的法令和社会主义良心判处5年以下的剥夺自由"(第3条)云云。所谓"社会主义良心"含义不甚明确,在适用时当然不免发生偏差。这说明:新的法规更有充实的必要。因此从此以后一面加紧起草法典,一面颁布更多的单行法规。单行法规中有不少是极有意义的。就拿刑事方面的法规来说,1918年7月23日颁布的"关于作为刑罚方法的剥夺自由及执行这种刑罚方法的程序的临时指示",对于自由刑的执行就作了比较详细系统的规定;1918年11月6日全俄苏维埃第六次非常代表大会,关于释放犯人的决议,曾命令对被捕两周而不能证明有罪者应予释放等等;1918年11月25日人民司法委员部,关于假释的决议,对于刑事犯的假释作了较具体的规定;1919年12月12日由人民司法委员部决议的"苏俄刑法指导原则",共27条,对刑法总则的各种问题作了全面系统的规定;1920年11月15日人民司法委员部决议《苏俄

《普通监狱场所条例》对监狱的管理有二百数十条规定;此外,还有不少关于个别犯罪行为的法令及指示,也明确了刑法分则中的一些原则。

列宁对法规汇编及法典起草工作特别注意。在1922年2月15日写给台·伊·库尔斯基的一封信里,列宁写道:"如果我们的法律是'矛盾的'话(无疑是有的),那么要人民司法委员部和法案起草部门干什么呢?你们在法典起草方面究竟做些什么?在消除法律的矛盾方面做些什么?"以后在同年9月25日写给库尔斯基的一封信里他又这样说:"关于发刊苏维埃政权的法规汇编的事,你们在做些什么?法典起草部门正在睡觉呢,还是将准备一点东西出来迎接五周年的国庆呢?必须唤醒这个部门……"他的督促和关怀使从事法典起草的部门格外地努力,所以在1922年一年中苏俄就颁布了五种重要法典,即刑法典、刑事诉讼法典、劳动法典、土地法典、民法典(另外还有几种重要条例如关于劳动者土地使用权、律师、检察监督、法院组织的条例等,不算在内)。在1923年除颁布了苏俄民事诉讼法典外,还开始颁布了几种联邦法规,如苏联最高法院条例等。在1924年联邦立法又增加了不少,其中有苏联宪法、联邦盟员身份条例、苏联及盟员共和国法院组织纲领、苏联及盟员共和国刑事立法的基本原则、苏联及盟员共和国刑事裁判的纲领等。苏俄的努力大大启发了别的盟员共和国,在1922年12月就出现了乌克兰共和国的民法典,从此以后各盟员共和国的法典都陆续颁布,它们大体都以苏俄的法典为蓝本。同时苏俄又不断地颁布新的法典及单行法规并修正、补充、重订已颁布的法典及法规。

苏联的立法经验给欧洲的人民民主国家的立法指出了基本的方向。许多人民民主国家都参照苏联的先例,结合本国的具体情况,进行了立法工作。在这方面保加利亚的办法和苏联的比较接近,而且在某些方面可能比苏联的更周到一些。

保加利亚在1944年初步建立了革命政权以后,除及时地颁布各种基本法及关键性的法规以外,还继续利用了一部分旧的法规。这些旧的法规,有的是经新政权加以修改过的,如于1948年经过修改而准许适用的1896年的刑法典及1897年的刑事诉讼法;有的是未经新政权正式修改过的,如新政权初建立时未经废止的,或没有被新的法规替代的一般旧法规。后者的适用须不违反劳动人民的法律意识。因为1944年的人民法院法第9条曾这样规定:"审判由法院根据理智和良心自由进行。"所谓"理智和良心"就是劳动人民的革命的法律意识。这种办法当然不完全符合新政权的要求。不过为了不造成无法规可适用的脱节现象,保加利亚政府在重要的法典及法规没有完全公布以前,并没有完全废除旧的法规。直到1951年11月,那时新的完整的法院组织法、检察机关组织法、刑法典、民事诉讼法典及重要民事立法已经具备,而刑事诉讼法典草案也已完成(1952年2月4日公布),他们才颁布一个法律,废止1944年9月以前颁布的一切旧法律。特别值得注意的是,保加利亚的法典和重要立法,虽然在极短的期间完成,但并非粗制滥造,他们一面吸取了苏联法制中比较好的东西,一面又照顾到本国人民的要求。法典的形式及内容,在某些方面比苏联的更合理,表现了更高的立法水平。例如,关于刑事被告无罪推定的原则,在苏联的司法实践及法学理论中虽已得到广泛的承认,但尚未规定为法律条文。而在保加利亚1952年2月4日公布的刑事诉讼法典中已首先将它订入,该法典第8条规定:"刑事被告,未经证明有罪前,被认为无罪。他有诉讼防卫权。"这无疑为社会主义的立法树立一个民主法治的先例,不能不说是一大贡献(1953年3月30日公布的阿尔巴尼亚的刑事诉讼法典第12条也仿此例作类似的规定)。

(二)欧洲其他人民民主国家

由于篇幅的限制,这里只略谈捷克斯洛伐克、波兰、德意志民主共和国的立法经过。这三个国家的立法的总方向以及对待旧法规的态度是一致的,但就目前已达到的发展阶段来讲,他们是有程度上的区别的。他们在新政权建立后都继续准许适用了很多旧法规,他们采取的方针基本上是:在逐步制定新法规以替代旧法规的条件下,逐步废除旧法规。他们都不采取到了某个阶段或一开始就一次完全废除旧法规的方法。同时他们废除旧法规时，不一定都采概括规定（如说：所有以前某些法规都废除）的方式，而往往采列举规定（如说：某种法规的某些部分废除）的方式。这样做的主要目的是要避免造成新法规不完备而旧法规已全部废除所可能引起的无法规可适用的脱节现象。

捷克斯洛伐克的立法工作进展得比较快。从 1948 年 2 月工人阶级完全取得胜利以后，在短短的三年内，即到 1951 年 1 月止，国家的新宪法和重要法典，如民法典、民事诉讼法典、家庭法、刑法典、刑事诉讼法典等以及有关法院组织的法令都已公布，并且这些立法成果都不是草率之作，立法的内容和技术都很进步。就拿刑法典为例，它可以说是到现在为止社会主义国家最完美的一部刑法典。它第一个废除刑法上的类推解释的制度（其次就是匈牙利 1950 年的刑法典总则篇），第一个对刑法的原则及犯罪的构成要件与处罚作比较细密精确的规定。现在别的人民民主国家如波兰及德意志民主共和国等都拿它作为主要参考。

波兰立法的进展也相当快。从 1944 年起，除颁布了一系列的基本法规和关键性的单行法规（其中有不少是比较具体系统的，如 1945 年的"关于国家复兴时期特别危险罪的法令"、1946 年的"关于最高人民裁判所的法令"、1946 年的"关于社会法院的法令"）外，就着手起草法典。在 1949 年颁布了刑事诉讼法典，1950 年颁布了民法通则（相当于民法典的总则篇）、家庭法、著作权法、普通法院组织法、波兰共和国检察机关法、律师制度法及一系列的劳动法。刑法典草案于 1951 年即完成初稿，提出来由各方面讨论，1956 年上半年又将修正的草案公布展开全国性的讨论。而此前（自新政权建立以来），一直局部地适用着 1932 年的刑法典。

德意志民主共和国成立后，继续适用的旧法规最多。到现在为止还在不同的程度上适用着 1870 年的刑法典、1877 年的民事诉讼条例、1896 年的民法典、1897 年的商法典。现在的法院组织法及刑事诉讼法到 1952 年才公布，在这以前曾适用 1877 年的法院组织法及刑事诉讼法条例。现在正在起草刑法及民法典。

从以上可以知道：捷克斯洛伐克、波兰、德意志民主共和国在新的立法的发展和程度上及旧的法规的利用程度上代表三个不同的阶段。可是他们都有一个共同点：在条件许可的情况下加紧新的立法工作，但为了使大家有一定的法律规范可以遵循起见，在新的法规颁布以前不轻易废除暂时可用来为社会主义建设服务的旧的法律规范。

三、对我国立法应有的基本认识

1949 年 4 月间大陆尚未全部解放时即由中共中央发出指示："废除国民党的六法全书"，同时由华北人民政府训令各级政府"废除国民党的六法全书及一切反动法律"。在同年的 3 月间，南京尚未解放前，新华社还曾发表过一个关于为什么要"废除伪法统"的解答。以后 1949 年 9 月 29 日由中国人民政治协商会议第一届全体会议通过的共同纲领第 17 条又正式规定："废除国民党反动政府一切压迫人民的法律、法令和司法制度，制定保护人民的法律、法令，建立人民司法制度"。这就明确了一个基本原则：过去国民党政府统治时代所颁布的法规一律废除，应由人民政府的有关部门制定新的法规，以资遵守。这个原则根据苏俄 1918 年 7 月 29 日人民委员会决议的关于法院的第 3 号法令颁布后的经验（该法令颁行后不再适用旧法规），是行得通的。同时，就当时国内的形势来讲，国民党统治集团还未完全屈服，他们还想标榜旧"法统"以和人民政府对抗，为了端正大家的视听，采取这个原则，也是可以理解的。

为了贯彻这个原则，自 1949 年以来我们一面坚决地肃清旧法的观点和影响，一面从事新法规的制定和推行。到现在为止，我们已颁布了不少法规，并且这些法规中有很大的部分是基本的或关键性的，它们足以表示我国无产阶级专政的特点。所以我们不能说，过去的立法工作没有一定的成绩。不过我们过去八年的成就同欧洲人民民主国家在 1952 年左右所达到的一般水平相比，还差得很多。这几年来我国的国际地位蒸蒸日上，国内各方面的建设也进展得很快，人民的觉悟和对民主及法治的要求都不断地提高。我们过去在立法方面的努力实在跟不上实际的要求，例如，平常与人民的基本权利的保障及一般社会关系的调整最有密切关系的刑法典、刑事诉讼法典、民法典、民事诉讼法典等至今还没有颁布。什么是合法的，什么是违法的，什么不是犯罪，什么是犯罪以及应如何处罚等等，在好多场合，一般人无从知道，就是侦查、检察、审判人员也没有统一明确的标准足资遵循。这就使得我国法律制度的建设在整个的社会主义建设中，变成了最薄弱的一环。我们应该知道，法规的颁布对于人民及政府人员是能起很大的教育作用的。上述这些法律的不及时颁布使大家不能于事前在这方面得到应有的教育。因此就发生了一些无根据的控告和不应该有的错捕、错押、错判的情况，并且无论在刑事或民事方面都难免使坏人感到无所顾忌，好人感到缺乏保障，因而引起不必要的矛盾。这些情形，在干部水平较高的大都市常常发生，在干部水平不高的地方尤为数见不鲜，这样就很容易影响人民群众对政府的信仰。我们过去只偏重于制定有关政权机关的组织及一般职权的法规和某些行政法规，而没有及时地兼顾到上述这些法律，这不能不说是一大损失。当然有些重要法律，如刑法、民法、诉讼法等在人民政府成立不久即着手起草，最近全国人民代表大会常委会及中央某些部门对于法律起草工作也相当努力，刑法及海商法草案等也都有了定稿，这是好的现象。不过在过去的七八年中既没有及时地颁布过一部完整的法典，又没有设法弥补这个漏洞（如由主管部门颁布一些有系统的条例规程等），使许多事情长期没有法规可以遵循，因而造成某些混乱现象，这不能不说是一种严重的事态。这种情况，如果继续存在下去，很可能成为制造不安与矛盾的一个重要因素。党的领导同志无疑早已注意到这一点，所以刘少奇同志和董必武同志在"八大"的报告和发言中都指出今后立法工作必须很好地展开。为了及时有效地消除人民内部矛盾，我们实在有必要尽最大的努力，多多吸取兄弟国家的宝贵经验，赶快制定出一套形式比较完整而内容相当详备明确的法律，以符合广大群众的迫切要求。

我们的立法工作在某些方面进展得慢的主要原因是过去在我们中间对这种工作存在着一些不正确的或片面的看法。这些看法主要地可归纳为下列十种：

（1）认为自己有一套（如老解放区的那一套），只要将这一套搬用一下就行，不必有什么大的改革，因此不必急急乎立法。这种看法忽略了一点，即过去那一套，在当时那样的环境中虽然可用，在现在这种要求高的环境中未必都行得通，我们必须制定一些法律来建立各种新的更适合需要的制度。

（2）认为中国的情况特殊，别的国家，甚至如苏联等国的立法可供参考之处很少，必须靠自己创造出一套经验来作立法的根据，在这经验未创造出以前，不应轻易立法。这种看法的缺点在于：(1) 过分强调中国的特殊性而忽视了社会主义国家间很大程度的共同性和类似性；(2) 过分相信自己的创造能力，而没有想到专靠自己创造经验而不吸取别国的经验是会限制并推迟自己发展和进步的。

（3）认为主张立法，尤其主张及早地系统地立法，就是"旧法"或"六法"观点，甚至于就是立场有问题。这种论调，我在一位高级干部处听到过，我们只要略微看看苏联及其他兄弟国家的情况就知道它是如何幼稚可笑。

（4）认为只要懂得"政策"，有了正确的"立场、观点、方法"就可以解决法律问题，司法及一般政府机关如果有了可靠的干部，虽无法律也没有关系，因此应先培养干部，晚进行立法。这种看法的缺点在于：① 误认政策、立场、观点、方法就是法律，而不知法律的内容是比较具体细密而专门的，它和政策、立场、观点、方法并非完全相等；② 没有把干部的培养和法律制度的改善充实都看作建立发扬社会主义民主和法治的基本要件；③ 没有注意到在现代这样复杂社会里，在绝大多数的场合，一般老百姓，没有法律的明确规定是不大能辨别合法与违法的。

（5）认为中国正在大的变化过程中，尚未定型，不妨等到发展得更完备些，即情形比较稳定些的时候,再加紧立法,借收一劳永逸之效。这种看法的不正确性表现在:① 没有研究为什么别的社会主义国家在大的变化过程中积极地进行立法工作;② 不知道大的变化过程是一直在进展的,是相当长的,在这个悠长的过程中,我们不能没有比较完备的法律,以资遵循;③ 忽视了法律在国家的发展变化过程中的积极推动作用,以为没有法律可以顺利的、健康的发展变化;④ 误认立法必须一劳永逸,而不知它是应该随时配合国家的需要,随时加以修改的,要想订立一种一劳永逸的法律是不可能的。

(6) 认为在国内外现阶段的动荡局面中政府应该有可能灵活地应付各种局面,现在如果制定一套完密的法律,难免限制政府机关的应付事情的灵活性。因此某些法律,如刑法典、刑事诉讼法典、民事诉讼法典等,不马上制定出来,也没有什么大害处。这种看法的主要错误在于:① 没有考虑到政府机关那种无明确法律限制的办事的"灵活性"有时颇足以破坏社会主义的民主与法治,从而影响人民对政府的信仰;② 把解放了八年的中国还当作一个基本上没有上轨道的,需要用什么特别方式来治理的国家;③ 忘记了在社会主义国家里,无论在什么时候,无论对什么人(哪怕是反革命分子)都必须"依法办事",给坏人以应得的制裁,给好人以应有的保护。

(7) 认为中国从老解放区那种水平发展到现在这样的立法水平,已经跨了一大步了,我们应该表示满意,不应该要求过高。这种看法既反映了一种不应该有的自满情绪,又低估了人民政府的工作能力和水平,更没有考虑到广大群众的迫切要求。

(8) 认为中国缺乏能胜任法律起草工作的法学家,老的有旧法观点,新的又未完全成熟,最好等待一个时期再展开立法工作。这种看法不足取的原因是:① 它没有研究别的社会主义国家,尤其苏联,是如何克服困难,发挥老的法学专家的力量来推动立法工作的;② 未做详细调查而把中国的法学家,尤其是老的法学家的能力和水平估得很低,实际上这是一个对某些法学家的信任与否的问题,并非法学界中有无人才的问题。

(9) 认为在较短期间不可能将各种重要法律都制定出来,这种看法没有考虑到兄弟国家的立法经验,缺乏事实根据。

(10) 认为立法工作过去既然已经拖迟了好几年,现在不必着急,不妨再拖迟几年,将工作做得彻底一些。这种看法反映出一种无原则的容忍精神,它没有考虑到:① 过去我们对于某些重要法律的起草并没有动员一切可能动员的力量在那里继续不断地深入地进行;如果照过去那样因循下去,再拖迟十年也不能解决问题;② 某些重要法律迟出来一天,在六亿人口的中国会使多少人遭受到多么大的损害。

以上这些看法,有一部分在目前当然已经不存在,就是在过去它们也未必在同一个时期或在同一个工作部门都表现出来。不过有一点是可以肯定的,就是:这些看法在过去曾或多或少地对立法工作的顺利及时开展起了一些消极作用。它们在领导部门可能会使某些人对立法(至少对某种性质的立法)不重视或缺乏信心,对立法起草工作不热烈支持和适当督促;它们在立法起草部门的本身可能会引起对工作要求的错误看法,对工作方法的无谓争论,对工作力量的不适当的调配,对劳动成果的不正确的评价;它们在法律实践机关可能会助长某些工作同志强调经验,轻视立法的保守思想;它们在法律教学及研究机关可能会产生一种对立法工作不愿关心或不敢关心的态度,而使大家不能在立法问题上展开自由的讨论和批评或提出正确的意见和主张。为了积极展开立法工作,争取在最短期间制定出各种重要法律,特别是本文所说的与人民的基本权利的保障及一般社会关系的调整最有密切关系的法律,我们必须纠正这些看法。我们应该很好地学习苏联以及其他兄弟国家那种重视立法工作的精神,充分发挥国内的潜在力量来很快地完成这方面的基本任务,为建立社会主义的法治和民主打好初步的基础,为展开社会主义的全面建设和消除人民的内部矛盾创造有利条件。

附：上海《新闻日报》关于《我国重要法典为何迟迟还不颁布》座谈会报道

【本报讯】本报五月九日发表杨兆龙教授所著"我国重要法典为何迟迟还不颁布"一文后，受到读者及有关方面的广泛注意。为了进一步引起党和政府重视这个问题，本报编辑部特于昨天下午邀请了法学工作者举行座谈会，就杨兆龙教授的专文发表意见。会上情绪活跃，发言热烈，大家对目前法律科学的落后状况和加强社会主义的法治问题，都作了恳切的发言。参加座谈会的有魏文翰、洪文澜、陈文藻、李树棠、何济翔、李国机、张汇文、王造时、孙晓楼、徐均、王容海、向哲浚、叶克信、杨兆龙、高炀等。

座谈会的发言稿正在整理中，将于日内在本报发表。

1957年5月21日

编者按：五月九日本报发表了复旦大学教授杨兆龙先生所著"我国重要法典为何迟迟还不颁布？"的专文后，受到读者与有关方面的广泛注意；为了帮助读者进一步明确这个问题，并引起党和政府的重视，本报在5月20日又邀请了部分法学专家和法律工作者对这个问题进行了座谈。兹按发言记录的整理先后，陆续刊载。

进一步建立民主法制秩序————王造时（复旦大学教授、美国政治学博士）

阶级斗争已经基本上结束，我们国家的政治生活已经开始进入一个新的阶段，这个新阶段就是民主生活的扩大。在阶级斗争没有基本上结束以前，因为要对付阶级敌人，所以偏重了专政，现在阶级斗争已经基本上结束，处理人民内部矛盾关系便成为主要的问题，我们今后便不能不重视民主。

既然要扩大民主，就不能不加强法治。民主是原则，它的体现有赖于法治，换句话说，民主原则须通过法律的规定，成为共同遵守的行为规范，才得以实现，因此要讲民主就不能不讲法治，讲法治虽不一定要讲民主（因为以前德、意的法西斯统治也有一套法律），然而在近代，法治的趋向必然是民主。社会主义的民主基于生产资料公有制，自然比基于剥削制的资本主义的民主更广泛、更丰富、更真实。在社会主义国家里，政府管的事情越来越多，与人民的关系越来越密切，更不能不加强法治，否则便搞得手忙脚乱。

我们中国经过几千年的封建专制统治，向来重人治而轻法治，解放虽已经八年，但是在我们大家的思想上和生活习惯上，还有不少的人治主义的封建残余。因此我们要特别注重民主法治的宣传和教育。

要进一步建立民主法治秩序，我们第一便需重视宪法、奉行宪法。宪法是国家的根本大法，应该被认为是神圣不可侵犯，但颁布以后好像逐渐被人漠视，这个现象千万要不得。我们要维护宪法上所赋予我们的权利，也应该尽我们的义务。谁要破坏宪法，我们就应起而力争，那么宪法的尊严便可得以保持。第二，除宪法以外，我们需要制定各种重要的法典，如民法、刑法、民事诉讼法、刑事诉讼法等，作为我们共同生活的准绳。否则国家干部无法可依，一般人民无法可守，权利与义务搞不清楚，犯罪不犯罪没有明确的界线，人治主义便要抬头，社会就不容易纳入轨道。第三，解放以来，政府也颁布了不少的法律或法规，但因为我们的变革很快很大，其中有的已经是不符合当前的情况了。立法机关应该赶快进行把应该修改的加以修改，应该废弃的加以废弃，否则司法机关难以执行，一般人民更不知何所适从。第四，重视法治以后，将来国家需要法学人才的数量必然越来越多，要求的质量必然越来越高。因此从目前起，我们不能不注意到法学人才的培养与安排问题。十年树木，百年树人，培养一个人才不容易。我们一面应该根据今后的发展，改进现有的政法学院和法律学校，另一面还应该赶快安排没有得到安排的老法学人才，或再安排已经安排而不得当的法学人才，使他们能各得其所，为祖国的社会主义建设献出力量。第五，也是最后一点，上海的老法学家很多，冬蛰已久，现在应该响应党的号召，争鸣起来，对于现在的立法工作和司法制度有什么意见或建议，尽管提出，积极帮助政府来解决各种矛盾。

要加强法治，首先要树立法治观念——张汇文（复旦大学教授、美国斯坦福大学政治学博士）

立法的目的是建立秩序。社会越进步，分工越要精细；分工精细，需要法律的地方也就越多。

参加了中共市委召开的宣传工作会议，听到许多有关党群关系的发言，矛盾多，我认为并不是不健康的现象。问题在于今后如何解决矛盾，光承认错误不能解决问题，应该针对关键性的问题，从思想上来抓一抓，看看是否有共同一致的东西。我认为法制观念未受重视，是矛盾存在的一个重要因素。

在宣传会议上，听到许多发言，我还有这样的感想：首先，我觉得有许多矛盾并不是主观动机上不好造成的。动机很好，为什么反而搞得很乱？我要引用两句古语来回答，就是："治人之官多则乱，治事之官多则治"。在我们革命的前一阶段，重点工作放在治人方面是对的，但在社会主义建设时期，如果仍然是治人之人多，而治事之人少，那么，在人民群众的观念上，党群的关系，只是治人与被治的关系了。因此，我认为今后重点工作应该放在治事方面，以培养出更多的治事之人。

其次，我感到，几年来，各方面处理问题偏重于用政治方式，例如犯错误，采用检讨，这固然是有效的，但不能普遍、永久的采用这个方式。现在也要把重点放在通过法律方式来解决。这也就是法制的问题。

建立法制很重要。我看更重要的还必须培养尊重法律的精神，树立法制观念——特别是"公法"观念。不但群众如此，司法工作干部更是不能例外。公法观念，包含制度观念和责任观念两个重要内容。建立制度，如果没有制度观念，还是流于形式。因为在一个单位里，只有通过制度，相互尊重、相互帮助，才能推进工作。也就是说，尊重工作上的关系（职权关系），才能把工作做好。至于责任观念，那是我们新社会的一个美德，也是一个特点。这在我们是有基础的。但一般只是有政治责任感，而没有法制责任感。究竟是采用政治责任、行政责任、道德责任或者是法律责任呢？通常的看法，却很模糊。所谓责任，应该理解为职权相符。如不相符，在法律上来说，就应负一定的后果责任。有了责任观念，工作就必然有效果。因为，有职有权而无责任观念，职权也等于虚设的了。

用民主推动法制，用法制保护民主。我们社会主义的人民民主法制，我相信，必然能够逐步完备起来。

无法可依　工作难做——徐均（第二法律顾问处律师）

对于重要法典的颁布可以说是人人有此要求，人人有此呼声。特别是我们做实际工作的人，在工作中深深感到没有法典就没有依据，对合法与违法的界限很难分，对违法与犯罪的界限更难分，因此工作也就很难做。

譬如，在宪法中对于私有财产是保护的，但究竟如何保护，保护到什么程度？就不明确。我们也知道社会主义财产是神圣不可侵犯的，而对私有财产的保护又不是确保的。因此在工作中碰到房屋问题业主认为权利受到侵犯要求保护时，我们就很难回答，而且上海又没有房屋租赁条例，我们也就无法应付。

也正因为没有应有的法典可以依据，所以审判员兼任了立法工作，也发现了稀奇古怪的判决。虽然是个别的，但使党和人民政府的威信受到一定的损失，人民遭受了一定的损害。

为什么会造成这种情况呢？杨先生的专文中已有所分析。据说有人认为有了法典会麻烦，会束缚手脚。我认为这种想法是站不住脚的,这样的司法工作人员也是应该淘汰的。大家晓得,苏联在革命成功四年以后就颁布了法典,而我国建国已有八年,特别经过去年的合营高潮和合作化运动之后,复杂性已大为减少,法律工作方面的经验并不是没有可以总结的东西。那么问题到底何在呢?我看主要是"司改"以后对法学方面的重视不够,甚至到了鄙视、漠视的程度所造成。如有些老的法学家被"打入冷宫"了,而对新的法学工作者也不重视,譬如有人对青年法学工作者的看法就是:"这种知识分子有什么可贵呢?还不是靠他父亲剥削来的钱读了几天大学?"是的,他们是靠剥削来的钱读的书,但他们今天却是在为人民服务呀!以苏联来说,他们对旧俄的法律是推翻的,但他们对能接受新事物的知识分子并不是排斥的。我不反对工农干部做审判员,但也不能把知识分子关到角落里去,否则就会造成一方面不敢关心,一方面又有顾虑,甚至法院里要做总结都会发生困难。因为有些干部文化水平有限,总结不出经验来,而能写出总结来的干部由于当时的工作不是他们做的,或者说做工作时的政策思想不是他们自己的,那怎么会总结出经验来呢?不要说今天的一般知识分子还有谁敢来对立法工作写一篇文章了。我看这恐怕就正是重要法典迟不颁布的主要原因。

因此,我殷切希望党和政府的领导不要再等待"红色法学家"出来才放心。况且"红色法学家"也还要等老法学家来培养的,等苏联留学回来的也是等不及的。因此对老教授、老法学家还要重视,不要弄得许多老法学家都离开法学工作的岗位,如司法改革中刘少荣先生给调到一个医院里去做挂号员(最近才又调到某校去教书)。这不是把消极因素变为积极因素的做法。因此,我赞成"整风",要去掉宗派主义,要"拆墙填沟",但不要把新旧划得太远,不要排挤旧的法学人才。

在社会的巨大变革时期要制定完备的法律大不易——王容海(高级人民法院)

刑法、民法、刑、民诉讼法,是基本的重要法规,还没有在已有的若干单行法和司法实践经验总结的基础上,使之成为一套完备的法典,加以公布,我也觉得时间上慢了一点,但是稍微慢了一点还是太慢了呢?就很难说,这是值得讨论和对立法机关提出要求的一个问题。

解放八年来,国家处在巨大的变革时期,社会生产关系始终在发展变化,整个经济形态和社会制度处在不稳定状态中,这是我国过渡时期的特点。法律是上层建筑之一,反映基础,为基础服务。要在解放后的短时期里,制定一套比较能完全适应这一特点的法律条文,客观上是办不到的。看来,这是制定刑、民法等法典迟延的根本原因之一。

其次,法律是统治阶级意志的表现,每一条文贯穿阶级意志,同时,法律规范与道德规范虽然有区别,却又有一定的联系,由于社会生产关系在过渡时期中处于不稳定的和迅速发展着的状态,作为被法律直接体现的阶级意志以及与其相联系的道德观念,也在不断发展。人们在生活和生产活动中,行为的规范也不可能一下子都能够有一个比较统一的和比较固定的标准。如果一下子制定完备的一套,不能比较充分地反映阶级意志,反而必然陷于机械,难期尽量适应具体情况。这样,就需要从总结分析人们的生活、生产和阶级斗争的各种现象和司法活动的经验,来制定法律。看来,这是制定刑、民法等法典迟延的原因之二。迟延的主观原因有没有?立法工作没有一点缺点么?缺点在那里?情况不了解,未便多加推测。但是立法工作中过高的求全求好的思想以致不能早一些制定,看来是主观方面的主要原因。

杨兆龙先生文章谈了立法工作上的许多主观原因和缺点,作为对立法工作的批评,我的看法,当然是可以的。但是作为全面地探讨我国当前的立法工作说,则感到不够,因为文章没有论述到客观方面的原因。

走群众路线的立法方法,是我国立法活动的根本特点。苏联和东欧各社会主义国家在革命取得胜利之后的一段时间里,曾经运用过部分旧法规的问题,我个人的意见,还需要从他们的具体历史条件进一步加以研究。

解放以来,国家制定了各项政策,政府颁布了许多单行法律和法令,在各种暴风雨似的革命运动中，都有一套法律来保证运动。例如土地改革法、惩治反革命条例、惩治贪污条例，社会主义改造高潮中的初级的和高级的农业生产合作社示范章程、公私合营企业定股定息和清产核资办法等等。惩治了犯罪行为，保护了人民民主制度和人民民主权利。但是社会现像是十分复杂的，人们行为的法律规范也是不简单的，所以作为常法来说，只有若干政策原则、纲领、单行法规是不能完全适应需要的。因而我认为，立法机关如果就刑、民法的"指导原则"，早作一些规定，当然比较好。

现在，刑、民法典和诉讼法都已在积极起草，并征询有关部门的意见，我们希望能够早获成果。

确切保障公民权利　必须制定法典、法规——陈文藻（华东政法学院教授）

我国的法制工作，过去固有很大成绩，对社会主义经济基础的建立、巩固与发展，曾有不少贡献。但，无庸讳言，我国的立法工作是赶不上形势发展的需要。因此，法制工作的巨大力量，还没有在社会主义建设中得到应有的发挥。

我们相信，党对于公民权利和自由的保护，经常表现出很大的关怀。但这种关怀，必须通过法律形式和程序来实现，这样才可以获得确切的保障。自宪法公布后，人民热切地期望着重要法典的公布，但忽忽数年来却未见诸实现，最重要的法规如民法、刑法、民诉法、刑诉法还未公布，这就对人民基本权利的保障，难免不发生问题。对于个别人民基本权利的侵犯，实际上就是违反国家社会主义法制的行为。国家不仅应要求公民遵守义务，同时也必须用自己的机关、制度保护每一个公民使他们安心参加社会主义建设。

由于法制的不完备，事实上带给我们建设事业的危害已很明显。因此，广大群众都殷切地期望着重要的法典从速公布。这种心情是可以理解的。因为我国人民数千年来形成一种信赖法律的思想，即所谓"任法而不任人"，没有现行法规，就像失去了生活行动的标准。例如，有些华侨他们想到祖国投资、储蓄，也都因缺乏明确的法规而观望徘徊。这些情况，说明了社会主义法制不健全，也就难以发挥社会主义的积极作用。我希望在党和政府的英明领导下，从速制立、颁布重要法典来满足人民的迫切需要。

应有完备的成文法　要事事按照法律办事——洪文澜（上海法学会常务理事）

"由于社会主义革命已经基本上完成，国家的主要任务已经由解放生产力变为保护和发展生产力，我们必须进一步加强人民民主的法制。"这在党的第八次代表大会上已经有了决议。所谓人民民主的法制，就是社会主义的法治。加强社会主义的法治，必须做到两件事：第一，要有完备的用文字表达出来的法律；第二，要事事依照法律办事。就第一件事来说，我国封建统治时代，"有治人，无治法"的观念，普遍地存在人们的脑子里，小说中和戏剧中的包拯，就是人民意识里塑造的"治人"。照这种观念，必然地会发生"人存政举，人亡政息"的结果。封建社会的法律反映封建地主的意志，是压迫人民、剥削人民的工具。人们痛恨法律，时时刻刻在那里希望有圣君贤相出来拯救他们，他们抱着人治观念，是完全可以理解的。到了社会主义社会，法律由全国人民代表大会制定，是劳动人民意志的表现，是促进社会主义建设并由社会主义逐步向共产主义过渡的有力工具，假使还抱着人治观念，那就是违背劳动人民的意志而倾向个人崇拜了，这显然是违反马列主义的。至于我们的法律，是否已经完备？董必武院长在"八大"会议上发言中说："我们不仅已经有了国家根本法——宪法，而且有了许多重要的法律、法令和其他各项法规。现在的问题是，我们还缺乏一些急需的较完整的基本法规，如刑法、民法、诉讼法、劳动法、土地使用法案……法制不完备的状态，在新建的国家内是不可避免地会存在一些时候的……但是，现在无论就国家法制建设的需要来说，或者是就客观的可能性来说，法制都应该逐渐完备起来。法制不完备的现象如果再让它继续存在，甚至拖得过久，无论如何不能不说是一个严重的问题"。就司法方面来说，刑民法典没有制定颁行，不但公民不知道某些行为是否构成犯罪，某些情形下权利义务究竟属谁，就是审判员也很难判断。同样案件由不同的审判员来审判，往往不能一致甚或完全相反。因为刑民诉讼法典没有制定颁行，审判的正确和民主，就没有很好的保证。"八大"闭幕以来已经八月，当时即已脱稿的刑法草案、刑事诉讼法草案还没有和人民群众见面，更淡不到人民望眼欲穿的法典的制定、颁行。就法治所要求的严格遵守法律来讲，董必武院长在"八大"会议的发言里说："我认为还有一个严重的问题，就是我们少数党员和国家工作人员，对于国家的法制有不重视或者不遵守的现象，并且对这些现象的揭露和克服，也还没有引起各级党委足够的注意。"现在党的整风已经开始，关于党员严格遵守法律问题，不久就可得到适当的解决。但非党员的国家工作人员严格遵守法律，还没有得到保证，我以为颁行国家工作人员惩戒法是完全必要的，这是对于自觉地不遵守法律者的措施。不遵守法律也有因为不懂法律而出于不自觉的，所以，要保证国家工作人员严格遵守法律，还须加强这些人员对法律的学习。国家工作人员严格遵守法律这一点，如果没有得到保证，就做不到事事依照法律办理，虽有完备的法律，也谈不到什么法治。

不能仅凭政策、指示办事　制定完备法律刻不容缓——李国机（第四法律顾问处律师）

关于法律不完备的问题：目前我国系统的法律还没有公布，仅凭一些政策、指示或单行法规办事，而且这些指示、政策、法令也经常在变化，不说一般人民群众不了解，就是吃这行饭的有时也会不了解，因此造成实际工作中政策执行上的混乱。往往同是一个法院，处理同样性质的案件，会有几种不同的结果。我们律师在答复人民询问法律问题时，也会有口径不一致，造成人民群众无所适从的情况。哪个对、哪个错没有一定的标准，有些不学无术的审判员，就凭他主观臆测，高兴如何判就如何判，什么法不法也不管，简直是知法犯法。如以法院的肃反为例，法院总该搞得清楚什么是反革命，什么不是反革命，为什么偏偏把一些什么问题都没有的知识分子干部，当反革命斗呢？甚至斗得要自杀，跳黄浦江；又如在法院处理车祸案件时，律师从过失罪上去辩护，并从因果关系上去分析被告是否应负刑事罪责，而某院长竟对承办人指示："管他什么故意过失，什么因果关系，车子碰死人就应该判重刑。"像这还能谈得到什么法制。由于没有健全的法制和完备的法典，表现在实际工作上就产生了量刑的幅度上的没有依据和畸轻畸重的现象。而审判员提笔多划一年，就是360天，人权又从何取得保障？！我们检查一下法律判决书，它的根据不外是"根据国家政策法律"、"按双方具体情况"、"综合上面事实和理由"，判决如下。试问啥政策、啥法令，恐怕连审判员自己也不知道，如果有"法"恐怕是审判员自己立的"法"。所以现在审判员权太大，既执法，又立法，真是封王了，形成无法可依、有法不依、有法乱依的现象。为了克服当前存在的问题，完备的法律是刻不容缓的要公布。

法律界的党群关系：更确切地讲是党对法学界知识分子的处理问题。前几天我在有些座谈会上也谈起过这一方面的问题，过去对老年的法律学者是采取否定一切的排挤办法，今天在座的老教授们是很有体会的。而解放后大学毕业的青年法律工作者的遭遇，命运还不也是前途暗淡吗？二三级书记员定终身，普陀区法院有个解放后复旦大学法律系毕业的同学，至今还当书记员，他说："我做七年皮匠也该满师了。"这句话听起来使人痛心。

关于检察、公安机关的守法问题：检察院是国家法制监督机构，但往往本身却不守法，如草率批准捕人，事后也不及时纠正。如有个工商界技术人员，在1955年被错捕了，关了几个月只好放了，但是公安局将错就错，判了他的管制。去年来到法律顾问处要求申诉，虹口区检察院也认错了，应撤销管制，但就不给书面文件给他正式撤销。结果当事人跑了市区检察院几十次，我也亲自同虹口区王副检察长联系过两次，至今还没有下文。我认为不是拖拉，而是自己错了怕承认错，这是与毛主席的有错必纠的精神相背的。

律师工作：律师制度是国家法制建设之一。我认为律师制度的推行是存在一定问题的，如组织机关化、行政人员过多、协会组织机构庞大、领导机构不是民主选举产生、待遇不公平、同工不同酬及入会资格问题等。

综合各点，正当现在整风时期，我完全同意黄绍竑先生的意见，为了巩固整风的成果，立即公布完备的法律，以健全的法制来管理国家。

谈法治必须要有法律，建立社会主义没有法治不行——向哲浚（复旦大学教授）

解放后，人民政府做了不少的工作，成绩惊人，使我国国际地位大大提高。但缺点并不是没有的,如司法工作方面的缺点就很多。有缺点并不是一件不得了的事情,问题在于我们如何对待缺点,是加以改正呢？还是听其发展下去。当然我们应该及时加以改正,否则,就会严重影响人民生活和阻碍社会主义的建设。

各国人士看了我们在各方面的伟大成就,都在赞美我们。但我们的司法工作干部中有些人的水平却很低,甚至有个别的人,常识尚嫌不足。这在一些落后国家里也是不应当有的现象,显然和我们日益发展的祖国不相适应。我认为：一个司法工作者要有法学修养和业务修养,至于普通常识的水平,更应该在一般人民之上,若单凭一些政治积极性,是远远不够的。

谈到法治,必须有好的法律、好的司法机构、好的司法干部,人民必须有守法的精神。

报纸是教育人民的工具,可以做许多关于加强法治和改善司法的宣传工作。我希望法院向报纸多提供可以教育人们的司法消息,就是司法上的缺点,如果能对群众起教育作用,也不要怕家丑外扬而不予宣布。报纸进行这种教育工作,必能引起党和政府的重视,促使注意加以必要的改善。

法治工作做不好,对其他方面的工作也会有坏的影响。要建立一个真正的社会主义强国,没有法治是不可能的。因此,我希望我国的刑法、民法、民刑诉讼法等许多重要法典能够及早陆续颁布。事实上不可能,理论上也不应该等到有了一套完备的东西,才去把法律加以制定、加以颁布,天下没有那样理想的事情。事物总是在不断地发展中,法律也是如此,可以并且也应当随时加以必要的修改。及早颁布一些重要法律,对社会建设和人民利益是有好处的。

过去,我个人和其他许多旧司法人员的旧法观点虽然是错误的,但是我们都是爱国、爱人民的,也是奉公守法的。经过了多年一系列的学习和改造,我相信许多旧司法工作者、旧法学教学者和研究者,都可以归队为人民服务。

我参加过一次有关司法的国际会议,出席过一次国际军事审判,在工作中知道我国有些法学工作者的水平,并不低于国际标准。今后,我愿在我现有的法学教学和法学研究的岗位上继续贡献自己的力量。同时,希望党和政府对学有专长、思想进步的旧法学人员充分利用,使他们能够在加强法治的工作队伍中发挥积极力量,为共同建设社会主义的新中国而奋斗。

重要法典迟迟不予颁布有政策原因也符合发展规律——魏文翰（海商法专家）

杨兆龙先生的文章在现在发表是及时的,它反映了各界人士的愿望。去年,全国人民代表黄绍竑视察工作后,也盼望早日制定民法、刑法。

这几年,国家虽没颁布刑法,但大家了解"坦白从宽,抗拒从严"两句话。这两句话在具体运用时,虽然也能恰到好处,但终因太简单了些,有时不无偏差,如由于"抗拒从严",就有人不敢辩护,也不敢上诉。

我认为国家迟迟没有颁布民法、刑法,有其政策上的原因,这与杨兆龙提出的十个原因,看法上有些出入。《再论无产阶级专政的历史经验》里说："……到了剥削阶级已经消灭、反革命力量已经基本上肃清以后,无产阶级专政虽然对于国内反革命残余（这种残余在帝国主义存在期间不可能完全肃清）仍然是必要的,但是它的主要锋芒应该转向防御国外的帝国主义势力。在这种条件下,当然应该在国内政治生活中逐步发展和健全各种民主的程序,健全社会主义法制,加强人民对于国家机关的监督,发展国家管理工作和企业管理工作中的民主方法,密切国家机关和企业管理机关同广大群众的联系,撤除损害这种联系的障碍,进一步克服官僚主义的倾向……"这段话明显地指出立法是有步骤的,不是不制定,不是早制定,不是迟制定,而是到了一个阶段必须制定。同样,在中国共产党第八次全国代表大会关于政治报告的决议中也说："……我们必须进一步加强人民民主法制,巩固社会主义建设的秩序。国家必须根据需要,逐步地系统地制定完备的法律。一切国家机关和国家工作人员必须严格遵守国家的法律,使人民的民主权利充分地受到国家的保护。"毛主席在今年二月间的最高国务会议和三月间的中共宣传会议上,也谈过这个问题。因此,我认为国家迟迟不颁布民法、刑法是有其政策上的原因,而且是符合发展规律的。

我认为，说中国的法学家不能制定法律，是不正确的。王造时先生说过，要相信专家，特别是本国的专家，这句话很中肯，近年来，对于知识分子有时是低估或者漠视了。对于外国来的专家，我们很恭敬，这是对的，但是在法律领域内，外国专家究竟知道外国的多，知道中国的少，甚至只了解外国，不了解中国。解放八年来，我们多少经过了学习，旧法律观点的帽子不一定要套了。中国的法学家对于新的、老的、中国的、外国的、社会主义国家的、资本主义国家的法律也多少懂得一些，即使是片面的，但几个片面凑起来，也可能会全面的。

我是研究海商法的，我也参加海商法的起草工作。海商法是民法的组成部分，也牵涉刑法。我个人意见，在民法、刑法、诉讼法颁布后再颁布海商法，也不算迟。

立法为了保障民主，对调整人民内部关系有好处——何济翔（第二中级人民法院）

对于杨兆龙先生《社会主义建设中的立法问题》一文我是同意的，特别是其中第三部分"对我国立法应有的基本认识"第一段所提出的意见，我非常表示同意，现在谈谈我的一些补充意见。我谈两部分：

第一部分：为什么必须赶快立法？谈下列几点：

（1）社会主义法治与民主，是必须依靠许多基本法典来体现的，而社会主义法规的完备与得到遵守，正是表示社会主义优越性的一面。从古至今人民群众要求有法，历史上充满着人民要求有合乎正义的法和反动统治阶级用以镇压人民的法的斗争，人民要求遵守正义的法与统治阶级玩法违法的斗争。即在旧的统治阶级，凡是政治清明，国家富强之时，必是讲求法治之时，如秦代的商鞅、三国的诸葛亮、明朝的张居正等，都是特别重视法的。但是他们的法，只是为少数统治阶级服务的，而今天人民要求立法则是为了保障人民民主，今天才有可能实现人民所要求的法治。

为什么要有法呢？因为有法才有秩序，有规可循。衡量一个国家是否上正轨，就要看这个国家的法律是否完备，法治精神是强是弱。今天我们是人民民主国家，这就完全有可能实现过去所不能实现的人民愿望，而且我们的法是可以和道德品质、党纪一致的，是与人民利益一致的。我完全同意这个说法，就是说，社会主义的法治和社会主义的民主，是不可分割的，构成一个有机的统一体，它们是一事的两面。我们社会主义的优越性就在于法治和民主的统一，而法治则必须依靠基本的法典来办事，否则，在工作中很容易出错误。因此，一定要依靠基本法典、法规来体现社会主义的优越性。现在是到了必须颁布基本法典的时候了。

（2）社会主义立法，是为人民共守的规范，并能起教育人民的作用。基本民刑法典，是人民日常生活中行为的规范，使大家知道，哪样做对，哪样做不对。司法机关也必须依法办事，不能违法，使大家守法，才能体现法治精神，否则无法可依，就失了共同守法的依据。而且法规能起教育人民的积极作用，能教育人民怎样和一切违法现象作斗争。

（3）使司法工作者有法可依，能减少不必要的错判。目前有许多案件判得不尽合理甚至有错，部分司法人员水平不够是一原因，而基本法典不完备，至少也是原因之一，这就会造成一部分人民群众的不满。当然并不是说有了法典，就可以保证百分之百不犯错误。

（4）充分体现了法治精神，可以减少和消除某些人民内部的矛盾。因为有了法规可循，大家都有所依据，就可以少犯错误，人民内部关系可以得到某些自动调整，可以起消除和减少人民内部的矛盾的作用。

（5）有利于人民大众，为巩固法治和民主而奋斗。因为有了法典，当事人可以依法而争，使大家都有所遵循，与非法作斗争。

（6）有了完备的我国社会主义法典，将进一步加强和提高我国国际威望。

（7）有了社会主义法典，可以推进和巩固社会主义建设事业，这点不言而喻的了。

第二部分：我国基本民刑法典的立法工作，为什么今天不能再迟了？

（1）我国建国已经八年了，在解放初期，马上要有完备的法制，这是不切合实际的，但今天再讲不应该要求有完备的法典,我认为无论如何是说不过去的。因为,我们不是没有经验,不是没有人才,那么为什么不能制定呢?如说今天要求制定比较完备的法典还不可能的话,我是不同意的。董老在"八大"会议上,就曾作过"有法可依,有法必依"的呼吁。所以时间是不能再拖下去了。

(2) 今天已确有立法条件,问题就在于领导上的决心。解放这许多年中的案件,是可以积累群众实践经验予以总结的,同时,又我国法学家的理论知识相结合。因此,"知人善任,责以事功,必有成功"。

(3) 全国人民也迫切需要有基本的法典,这可从最近报纸上看到各方面对此有意见,尤其是司法干部更有迫切要求。

(4) 一国固有其特殊情况,但国与国之间,也有其共通性,我们不能说中国的情况是超出任何国家之外的。不要把立法工作看得太神秘化,其实,就是日常生活中的现象,有什么不能概括为法律条文呢?因此不能强调特殊性,而思想上老是认为我国立法工作太困难。中国在历史上法律科学并非落后,并且有国际上的立法经验,我们可以参考,并不困难。

(5) 不要以为定了法规,就会束缚住自己的手脚。现在暴风雨时期已经过去了,现在是社会主义建设时期,急切需要有一套为政府与人民共守的法典来遵循。

(6) 有人说:"今天立法还不能完全适应国家发展的情况,定了后,又要修改。"这等于说不要立法,要知道社会在不断发展,我们要不怕修改,随时适应变动,这有何不可?因为,国家、社会是在不断变动发展中,不可能有一成不变的法律。如果说要等到社会变稳定了之后才来立法,那显然是不恰当的。

根据以上的理由,我认为在最近期内,应赶快建立国家的基本法规。这对调整人民内部关系,显然将起完全良好的作用。

最后,我也不是说我国现在没有法,而主要是说基本民刑法典必须及时颁布了。

法律问题岂能行政解决　颁布法典条件已经成熟——叶克信(第一法律顾问处律师)

现在革命的暴风雨时代已经过去,迅速公布完备的法典是非常必要了,否则不但不能更好保护公民的权利而且对生产建设是不利的。譬如我们担任机关、企业、团体法律顾问工作中,就发现有些企业、团体、机关存在严重违法现象。如某厂工人停职反省、行政上不发工资,我们向这个工厂提出意见,他们回答说:"这不是法律问题,你们不了解。"某厂干部犯了严重责任事故,造成死亡后果,我们建议移送检察院侦查,他们说行政可以处理。有的工厂买房屋时因违反国务院规定,房管局不准过户,而这工厂还是要买,以致在群众中造成很不好的影响。我们建议有些单位应聘请法律顾问,但他们认为一切可以行政解决,牵涉不到法律问题。这些情况,都说明大家守法观念很差,这与我们今天法典还不完备有关系的。

关于我国重要法典不完备的原因,我认为杨先生的文章中对客观情况分析不够。法典是反映阶级统治的意志的,不是一朝一夕所能制成的,必须在日常工作中积累经验,逐步形成,使之成为完备的法律,才能符合人民要求。同时,也不能生硬照搬苏联的经验,当然,苏联与其他民主国家的先进经验,我们应该很好的学习,但如机械搬用,极易犯教条主义的错误。因此,立法必须经过一定时期的摸索,才能逐步做好。同时过去几年是革命的大风暴时期,有些地方需要群众的直接行动,以解放生产力,如果过早的公布一些不适时的法规,必然会束缚群众的斗争。所以当时有些法典没有公布自有它的客观因素。但今天,条件已经成熟,如再迟迟不公布,那就落后客观形势的发展了。

三个主义影响法制　法律科学不能不重视——孙晓楼(复旦大学教授)

我认为解放到现在,各种科学和文艺在党和政府的领导下,都有飞跃的进步,可是法律科学还是非常落后的。其主要原因,可以说是由于领导方面对于法律科学的不重视,具体表现在法学界旧知识分子的安排方面,有些法学教授和学者过去于法律科学的研究有一定的成就,解放后也经过不断的学习和改造,可是到现在还没有得到适当的安排,有的在公司里当办事员,有的在图书馆里当职员,有的在中学里教语文、历史,甚至有的还赋闲家居。用非所学,或学而不用,都是法学界的损失,也是国家的损失。

在法学人才培养方面,从 1953—1957 年只培养政法人才四千多人,而理工人才就培养 28 万多人,即要培养 38 个理工人才,才培养一个政法人才。再有在法律出版界方面,解放到现在,还没有看到一本二百页以上的法学著作(苏联译本除外),别的国家出版的法学刊物,有的多到几十种,而我们这样大的国家,只有法学刊物两种。中国科学院有 50 多个科学研究所,而法律科学还是一个缺门,这些都说明了领导方面对法律科学的不重视,也可以见到中国法律科学的非常落后与贫乏。

今天我们党在进行整风,要整思想上的主观主义、工作上的官僚主义和组织上的宗派主义。的确这三种主义的滋长,可以阻碍社会生产力的发展,可以危害到社会主义建设前途。党重视整这三种主义,是完全必要的,也是完全正确的。可是这三种主义的造成,原因并非一端,我个人认为现在有很多机关学校,缺少一定的章则制度,没有走上制度化的途径,至少助长了三种主义的滋长,即是为三种主义找到了温床。因此,要消除三种主义,首先必须在各机关学校建立一定的章则制度,使之制度化,也即是使之科学化。所谓章则制度,所谓制度化,即牵涉法制问题,也即是牵涉法律科学问题。因此,我希望我们的科学领导者能通过这次整风,扭转对法律科学的不重视,使社会主义民主能够通过社会主义法治,更好地在各种行政组织、企业机构中发扬起来。

矛盾客观存在　法律不是万能——李树棠(上海市律师协会)

我对杨兆龙教授文章中的一些论点,有些不同看法。特别是文章中提到没能及时颁布一部完备法典"很可能成为制造不安与矛盾的一个重要因素"的这种提法是值得研究的。这样看来,好像法律万能,法律可以决定一切了。事实上,法律是上层建筑的一部分,为经济基础服务,是促使其形成与巩固的。大家晓得我们国内的主要矛盾,已经不再是敌对阶级间的矛盾,已经是人民对于建立先进的工业国的要求同落后的农业国的现实之间的矛盾,已经是人民对于经济文化迅速发展的需要同当前经济文化不能满足人民需要的状况之间的矛盾,这些矛盾是当前的客观存在。当然,由于法律的不完备,在实际工作中有些应该保护的没有及时保护,甚至发生一些错误,这是应该承认的,但却不是完全由于法律的完备与否所决定。同时,我们建国以来,先后制定了许多法规,中央国家机关和过去各大行政区就发布了四千多件,各省市级机关公布的就更多了。这些法规对国家的建设,经济的发展和维持革命秩序都起了很大的作用。

当然,这也不是说,在今天制定完备的法典就没有必要了。恰恰相反,现在革命的暴风雨时期已经过去了,新的生产关系已经建立,斗争的任务已变为保护生产力的发展,斗争的方法亦应随之改变,因此制定完备的法典是非常必要而且迫切的了。就以刑事诉讼而论,虽有一个审判程序总结可资遵循,但有些问题没有解决。如就辩护人是否可以参加侦查的问题发生争论,我个人认为应该允许,从告知开始参加,这是保障被告人辩护权的最实际的一种保证,同时也是提高侦查质量的有效办法。又如强制措施中的羁押问题,虽有逮捕拘留条例为依据,但对于有固定职业和住所而没有逃避侦查或审判可能的被告人,在什么情况下羁押不明确,有待于刑事诉讼法作明确的规定。例如孙乐平案我个人认为就不应羁押。

另外,我有二点建议:第一,我们律师组织——"律师协会筹备会"成立一年多了,到现在为止有关律师的法律还没有,因此对于律师的资格、社会地位等问题都不明确,应迅速制定"律师条例"并成立全国律师协会联合会。第二,公民对于国家机关的行政处分不当或者违法以致损害权益时是可以申诉的,但关于这方面的程序、处理机关和时间等问题没有规定,应该制定一个"申诉条例"以免各机关转来转去不能及时解决。

我谈几点意见——杨兆龙(复旦大学教授)

今天,不预备多发表意见,只就比较重要的方面(小的问题以及在文章中已经说明白的问题都不谈)提出以下几点来谈一谈：

1. 我国某些重要法典，如民刑法典及民刑诉讼法典等，未及时完成、颁布，是否有其政策上的原因或是否合乎一定的规律？

魏文翰先生刚才对于这个问题作了很肯定的答复。我认为这样的看法是缺乏事实根据的。人民政府成立以来的政策是一贯地主张及时制定各种重要法律（包括民刑法典及民刑诉讼法典在内）的。这表现在：（1）1949年9月29日通过的中国人民政治协商会议共同纲领第十七条关于"制定保护人民的法律、法令，建立人民司法制度"的规定。因为要保护人民，就必须制定有关人民基本权利的保障及一般社会关系的调整的民刑法典，要建立人民司法制度，就必须制定保障人民的诉讼权利及防止侦查、追诉、审判机关的偏差的民刑事诉讼法典；（2）1949年9月27日通过的《中华人民共和国中央人民政府组织法》第十八条关于设置"法制委员会"的规定；（3）法制委员会在成立的初期（即1949—1950年）对于民刑法典及民刑诉讼法典起草的努力（到了1950年夏已经有了两次的刑法草案，一个诉讼通则草案，民法典草案也已在着手准备中，后来因为大家的看法不一致，就将工作延搁下来）。魏先生说："八大"的文件及"再论无产阶级专政的历史经验"一文中所反映的政策是主张慢慢地制定上述那些重要的法典或法律的，这恐怕与原意有出入。因为刘少奇同志在"八大"政治报告中所说的"在革命战争时期和全国解放初期，为了肃清残余敌人，镇压一切反革命分子的反抗，破坏反动的秩序，建立革命的秩序，只能根据党和人民政府的政策，规定一些临时的纲领性的法律……"云云。只不过说明在革命战争时期及全国解放的初期，事实上不可能立刻将党和政府的政策用详细完备的法律表达出来，这并不等于说党和政府本身不赞成争取克服困难，将某些重要法律或法典早些制定颁布。董必武同志在"八大"的发言中，非但没有说不及时制定某些重要法典或法律是党和政府的政策，而相反地，强调指出了赶快加紧立法，完备法制的必要，以唤起大家的注意。至于《再论无产阶级专政的历史经验》一文，在这里面我们根本找不到一处足以表示魏先生所说的政策。相反地，文内却不止一次地提到建立和加强社会主义法制（即我所说的法治）的重要。

其次，谈到规律，我觉得苏联与欧洲人民民主国家的立法经验已经证明：在三年五载内基本完成重要法典或法律并不违反任何规律。如果我们主张这在中国是违反规律的话，应该对这种规律的存在加以证明。至于说海商法的制定一定要在民法典或民刑法典完成以后，才合乎规律，那更没有根据。因为：（1）在历史上海商法和民刑法不但有不同的起源，而且在有些国家（如法国大革命前，德国联邦初成立时）往往先有海商法典而后有民刑法典；（2）海商法与国际贸易有密切关系，在国际贸易亟待展开的我国，不可一日没有一套基本完备的海商法以调整国际贸易中发生的关系，否则遇有纠纷发生时别的国家有法可依而我国却无法可依，影响非浅；（3）现在我们所急需的法典不止一种，应该由各部门尽最大努力赶快完成有关法典，不应该互相观望。

2. 我国某些重要法典未及时完成、颁布在何种程度上可以归责于客观原因？

我的意见是：客观原因在最初的二三年中，即暴风雨基本还未过去的时期，虽然足以对于立法的基本完成不可避免地起一些推迟作用，但如果我们能够吸取苏联及其他兄弟国家的立法经验，尽主观上可尽之努力，我们并不难在过去七八年中基本完成某些重要法典或法律。因为所谓"过渡时期的经济基础的不稳定"、"过渡时期的缺乏经验"、"过渡时期人们思想意识的不断发展"、"革命初期的暴风雨"、"每个国家有它的具体特点"等情形在苏联及其他兄弟国家也未尝不存在，就苏联来讲，这些情形可能还严重得多，可是苏联及其他某些兄弟国家并没有因此而推迟立法工作的基本完成。

3. 我国某些重要法典的未及时完成颁布是否由于我们对立法的要求高？

我认为：某些人对立法虽有正确的严格要求，但也有不少人对立法并不是真有高的要求，而是具有一种缺乏法律科学根据的庸俗经验主义的看法，因此对真正的法学专家往往缺乏信任，或对他们起草的法案轻易挑剔，而自己却拿不出一套正确的东西出来。这只要看刑法、诉讼法等起草的经过,便可知道。人民政府成立不久,即着手起草刑法与诉讼法,但到现在还没有正式的刑法与民事及刑事诉讼法出现。难道这些法律的制定真正难得不得了吗?并不见得。因为关于这些法律苏联及别的兄弟国家已经积累了许多经验可供我们参考,只要能很好地吸取这些经验,结合我国具体的情形,动员适当的力量来认真起草这些法律,那就不难,如苏联及某些人民民主国家那样,在三、五年内完成工作。况且即使我们对立法的要求真是高的话,我们也不应该以此为迟缓立法的正当理由。

4. 我国某些重要法典不及时完成、颁布,会不会成为制造不安与矛盾的一个重要因素?

董老在八大的报告中曾指出:"法制不完备的现象,如果再让它继续存在,甚至拖得过久,无论如何,不能不说是一个严重的问题"。问题的"严重性"表现在哪里呢?我想象董老这样一位精通法学而有丰富的历史知识、生活体会与革命经验的最高人民法院院长,掌握很多的材料,了解国内外的情况,一定知道得很清楚。不过有两点是可以肯定的:(1)建立社会主义的民主与法治,必须要有一套基本完备的、政府与人民共同遵守的法律,作为政府(包括一般行政、公安、检察、审判等机关)办事及人民生活行动的依据,否则政府可以随便行动,而一般人民却苦于无所适从。政府机关内部尽管可以有几百几千种指示、办法、总结、规章、通告等等,而一般人民却知道得很少,政府机关的人员即使胡作非为,一般人民也无法判断其有无法律根据,这种违反民主与法治的基本要求的情况是足以导致人民的不满而引起不必要的矛盾的。(2)过去几年来所发生的错捕、错押、错判、错执行等事故以及一般行政机关的错误措施与"无法可依"或"无完备精确的法可依"实际上有很大的关系,这已经在人民中间造成了相当的不安以及对政府的怀疑。

最后,我要附带说明一点,即我在文章中并没有主张延用国民党政府的旧法,更没有主张原封不动地延用这种旧法,而只主张在废止旧法以后及时系统地制定新法,尤其某些重要法典。同时我也没有主张过照抄苏联及其他兄弟国家的法律。不过我认为:不照抄别的国家的法律并不等于不吸取别的国家的先进经验,更不等于自己不尽主观上应有的努力,克服困难,争取及早完成某些重要法典。

立法工作不能生搬硬套,旧法条文不能赋予新意义——高炀(高级人民法院)

现在,革命的暴风雨时期已经过去了,新的生产关系已经建立起来,斗争的任务已经变为保护社会生产力的顺利发展,斗争的方法也跟着改变了。因此,制定比较系统和完备的法律制度,就是十分迫切的任务。只有法律制度完备了,才会进一步加强我们的人民民主法治,我们的社会主义就会建设得更快、更好。

当然,我们也应该知道,社会生活千态万状,错综复杂,制定系统、完备的法律是一项繁重而必须审慎、细致的工作。制定一个法律,只要某几个条文甚或某几个词句写得不妥当,对国家和人民就容易在不易察觉的状态下带来很大的损害。

由于当前法律还不完备,不能完全适应新形势下的国家生活需要,因而有的人便认为我们过去几年早就应该颁布比较系统和完备的法律或者在解放后应当使旧六法继续生效。我的看法是:

(1)人民建立了自己掌握政权的国家以后,究竟应在三年之内(如捷克斯洛伐克)还是五年、七年之内(如苏联、波兰、保加利亚)完成比较系统、完备的法律,应依其不同的情况与条件,不能拿来作为定律。更重要的是应当认识:我们建国几年来斗争的主要任务是彻底摧毁反动统治的残余势力,以及从旧的生产关系的束缚下解放社会生产力,是要通过社会改革运动在短短的时期内解决平日很久还不能解决的问题。斗争的主要方法是人民群众的直接行动,所实行的是一种革命的处置,是像翻修大街、扩建马路那样的一项去旧布新的巨大工程。各个时期根据党和政府的政策,根据需要与可能,也只能综合已经成熟的经验,制定一些单行的通则性的法律和法令,不可能也不应该主观地、生硬地制定一套完备的法律。如果硬要这样做,其结果只能是不合乎实际,不利于人民的革命事业。例如,五反运动中,揭发了为数不少的偷税漏税行为,我们对于自动坦白的,只补不罚,而且只补1951年的,这乃是适应当时需要的一项革命处置,不是常法。如果我们很早就制定一套系统、完备的刑法典,写上一个关于偷税漏税的行为,处徒刑、拘役或罚金的条款,我想,写这个条款并不是困难的事情。我们过去并不是没有法律制度和不讲法治的,而问题在于几年来为了洗涤旧社会的污渍,不能不靠人民群众直接行动,因而有人就习惯地以为靠运动可以办事了。他们在一定程度上忽视了法律制度的作用,也在一定程度上有不遵守法律制度的现象。直到革命暴风雨时期已经过去了的今天,也还没完全警觉,这的确是极为有害的。我们所应集中批判的乃是这个方面。

（2）在解放后,应不应该使全部或一部分旧法继续生效？姑勿论波兰、捷克斯洛伐克、德意志民主共和国等人民民主国家的做法与条件怎样,但从我国的生活实际来看,主观地、生硬地制定一套系统、完备的法律既不可能也不应该,使旧法继续生效也是格格不入的。例如,由一千二百二十五个条文所构成的旧民法,整个是贯穿着保护与调整帝国主义、封建主义、官僚资本主义联合统治下的财产关系的。如果解放后我们采用这个旧民法,过去几年中,地主就要依据旧民法第219条要求农民"依诚实及信用方法"履行解放前的债务;资本家依据旧民法第618、628、720条拿着仓单、提单、无记名证券去"踢皮球"、投机倒把,就合法化了;这将是多么令人难以容忍的事情。我国古代法学家韩非说:"法与时转则治,法与世宜则有功"。解放了,旧的时代变成新时代,旧的反动统治世界变成人民当家作主的世界,为什么必须使旧法继续生效呢？我们斩钉截铁地废除了旧法,从中央到地方颁布了一系列的如新区农村债务纠纷处理办法以及市场管理暂行办法等等法规,规定解放前农民及其他劳动人民所欠地主的债务,一律废除;并规定禁止交易双方不以现货交割,买空卖空,或以栈单计算盈亏收付差金。地主不能向农民要债了,资本家不能拿着一纸栈单、提单"合法"地去投机倒把了,这恰是"好"而不是"糟",因此,我们废除旧法是正确和必要的。

刑事法律科学中的无罪推定与有罪推定问题[*]

导言

无罪推定在苏联早已成为公认的原则。远在 1927 年苏俄的最高法院就在一个刑事上诉案的裁判里明确了这个原则。[①] 嗣后经过法学家和苏联最高法院不断的努力,这个原则就很快地得到广泛的承认。在苏联法律科学的影响下,欧洲人民民主国家也已经在法律理论和司法实践中接受了这个原则。所以就今天的实际情况来讲,无罪推定可以说已经是社会主义国家的一个基本的法律原则。它是社会主义民主和法治的一种保证,同时也是社会主义民主和法治的一种具体表现。

和无罪推定对立的是有罪推定,任何一种违反无罪推定的要求的事实或法律原则都是有罪推定的表现。[②] 所以,为了正确理解无罪推定的要求,为了充分保证无罪推定的贯彻,都必须在研究无罪推定的同时对有罪推定加以适当的分析和考虑。

无罪推定和有罪推定不仅是刑事程序法上的问题,也是刑事实体法上的问题,有些有罪推定出现于刑事程序法中,有些却出现于刑事实体法中。无罪推定具有积极与消极二方面的要件。积极方面的要件大都属于刑事程序法的范畴,但消极方面的要件,即法律原则及法律实践中无罪推定的迹象,都必须贯穿于刑事实体法和刑事程序法两个范畴。因此我们有必要将无罪推定与有罪推定当做刑事法律科学(包括刑法学与刑事诉讼法学)的共同问题来加以研究。

无罪推定和有罪推定的表现形式种种不一。有的通过成文法(包括立法机关及有权立法的机关制定的法规)的规定表现出来;有的通过不成文法(包括成文法以外的法的规范,如习惯法、裁判例、"法律原理"或"法律意识"等)表现出来;[③] 更有的通过法律的实践(包括司法及其他方面的法律实践)表现出来。[④] 通过成文法的规定表现出来的和通过不成文法表现出来的都可能具有两种形式:一种是直接形式,即正面地将无罪推定或有罪推定的公式提出来;另一种是间接形式,即虽不正面地提出无罪推定或有罪推定的公式,而实质上却具备无罪推定或有罪推定所必需具备的条件。[⑤]

本文的主要目的是要对无罪推定的理论及实践做比较全面系统的研究,对有罪推定的研究主要是为了更好地划清有罪推定与无罪推定的界限。全文主要分三大部分。第一部分为无罪推定和

---

[*] 本论文系杨兆龙教授于 1957 年 5 月底在复旦大学第四届科学论文报告会上所作的法学专题报告。全文共分三大部分,第一部分为无罪推定和有罪推定的一般性质及理论;第二部分为无罪推定和有罪推定的历史发展;第三部分为无罪推定的具体运用。这里提出来的只是第一部分,由于随后开始了反右运动,故本文未公开发表。

[①] [苏]格拉莫夫(Громов)与拉格维尔(Лагвер)合著:《刑事审判的证据》,1929 年俄文版,第 82 页。此书为维辛斯基著:《苏维埃法中审判证据的理论》(А. Я. Вишинский теория субеных Доказамельсмв Всовемском Праве)一书,1950 年俄文版,第 250 页所引。

[②] 详见本文第一部分。

[③] 这里所说的不成文法的内容系根据过去一般的说法,因本文重点不在此,不详加说明。

[④] 司法实践有两种意义:(1)裁判的先例;(2)裁判中遵守或采用无罪推定或有罪推定的实际情况。这里所说的是第二种意义。"法律实践"亦具有类似的意义。

[⑤] 详细情形当于本文第二部分说明。

有罪推定的一般性质及理论，着重研究无罪推定的一般概念、基本特征、主要涵义及理论根据，必要时与有罪推定做一些对照。第二部分为无罪推定和有罪推定的历史发展，拟根据剥削阶级国家及社会主义国家各时期的法律原则及法律实践，分别对二者做历史的叙述。第三部分为无罪推定的具体运用，拟就无罪推定在具体运用上的一些问题加以分析讨论，借以明确具体贯彻无罪推定的途径（这里提出来的只是第一部分）。

本文主要以苏联的法学理论为根据，各部分所用材料却不限于苏联一个国家。在某些方面苏联的法学理论尚未统一，在另一些方面对问题研究得还不够深入全面。这主要是由于：法学家们在科学上对无罪推定做系统深入的研究，为时还不久；在大家的认识上还存在着相当大的局限性。本文的次要目的之一也就是要在这些方面提出著者自己的看法，试图解决一些存在的问题。

一、无罪推定和有罪推定的一般概念

（一）什么是无罪推定及有罪推定

苏联的刑事诉讼法学者斯特罗葛维契（М. С. Строгович）教授曾经这样地说过："无罪推定的公式是这样：任何刑事被检举人，①在他的有罪未被依规定的合法程序证明以前（即在他没有被依规定的合法程序证明有罪以前——著者），认为无罪（Считается невиновым）。"②有罪推定的公式与此相反，他说："有罪推定就是：任何刑事被检举人，在他的有罪尚未被证实以前，即被认为有罪。"③这种看法是苏联及人民民主国家的法学家们基本上一致同意的。

苏联另一位（同样有权威性的）法学家柏梁斯基（Н. Н. Полянский）教授对于斯特罗葛维契教授的这种看法，除一点外，也完全同意。他所不同意的一点就是上述无罪推定公式内的"认为"字样。照他的意见，"认为"应改为"推定为"（Предполагается），如果要保留"认为"字样，应将"认为无罪"改为"不认为有罪"（Не считается виновным）字样。④ 至于上述有罪推定公式内的"认为"字样应否一并改为"推定为"，他却没有表示意见。主张无罪推定公式内的"认为"应改为"推定为"的主要理由是："无罪推定是以这样一个推定（或假定——著者）为根据的，即苏维埃联邦的公民是正派的人。无罪推定的意思并非刑事被告被认为无罪，而是他被推定为无罪。"⑤或……"不被认为有罪"，因为，"不被认为有罪"是和"都被认为无罪"意义不同的。⑥ 如果照斯特罗葛维契的说法，那就要发生这样的问题："如果刑事被告被认为无罪的话，那么为什么要对他进行诉讼并对他采取一些刑诉上的强制措施呢？刑事被告被认为无罪这一命题是和他已经被正式宣布为被检举人这一事实绝对抵触的。"⑦

柏梁斯基这样的看法，仔细研究起来，未见得正确。首先，斯特罗葛维契所说的"认为无罪"乃是在"未被依规定的合法程序证明有罪以前"暂时"被认为无罪"的意思，是附条件的，并非完全肯定的，实质上和"推定无罪"基本一样，不过语气较强一些而已。因为照斯特罗葛维契的方法，俄文的

---

① 在苏联及人民民主国家的刑事诉讼法规中往往在各种不同的阶段用各种不同名称来称呼犯罪嫌疑人或刑事被检举人，如嫌疑人、被检举人、受审人或被告等。许多资本主义国家的刑事诉讼法规也采用这些称呼。这里所说的被检举人实际上乃一个总称，它包括犯罪嫌疑人、被检举人或被告在内。这种用法和苏维埃刑事诉讼中的一般用法不同。我国解放后的法律实践似乎已惯于用"被告"这一名称来称呼犯罪嫌疑人、被检举人、受审人等；为使大家容易了解起见，也不妨用"刑事被告"代替"刑事被检举人"。所以著者在"社会主义建设中的立法问题"一文（见1957年5月9日《新闻日报》）中谈到无罪推定的原则时不说"刑事被检举人"而说"刑事被告"。

② [苏] 斯氏：《苏维埃刑事诉讼中的实质真实和审判证据》（Материальниа исмина и суж ооказамельства совемском ироцессе），俄文1955年版，第183—184页。

③ 斯氏同书，第184页。

④ [苏] 柏氏：《苏维埃刑事诉讼理论的问题》（Воиросы меории совемского уlоиоbного ироцесса），莫斯科大学1956年俄文版，第182页。

⑤ 同上，第182页。

⑥ 同上，第187页。

⑦ 同上，第192页附注。

Предпалагаться 含有"猜想"的意思,还不足以显示无罪推定原则的性质,不及 Считаться 之肯定有力。① 苏联最高法院全体会议的决定过去也曾采用过斯特罗葛维契所主张的无罪推定公式,说:"刑事被检举人,在他的有罪未被依规定的合法程序证明以前,被认为无罪。"② 这说明在法律用语的习惯上用"认为无罪"字样,并无不可。况且,从加强法治、发扬民主等角度来讲,用"认为无罪"字样以加强语气,可以更好地引起大家的注意,实际上也未尝没有好处。其次,"不认为有罪"就是"认为无罪",尚在"不认为有罪"的阶段亦就是在"认为无罪"的阶段。柏梁斯基主张以前者代替后者,理由并不充分。再次,所谓"认为无罪"乃是法律在某种条件(即被检举人的有罪已依规定的法定程序被证明)未具备完成前认为被检举人无罪之意。只要这种条件一完成,这种法律上的认定就被推翻而代之以"有罪的认定"。反过来说,如果这种条件始终没有完成,那么这种法律上的无罪认定便长期地继续有效,并且要在判决书内予以明确的表示。换句话说,所谓"认为无罪"云云,只反映一种客观的法律要求。如果各个诉讼阶段的参加者,如侦查、检察及审判人员等,能在证明犯罪方面做到这个要求,他们是有权认定特定人为有罪、并能根据各该阶段中法律所赋予他们的职权宣布他为被检举人或被告,并对他采取必要的强制措施的。③ 所以采用"认为被检举人无罪"字样,并非如柏梁斯基所想象的那样,和宣布特定人的刑事被检举人或被告或对他采取一些刑诉上的强制措施有什么抵触。此外,还有一点应该指出,即"认为被检举人无罪"云云和宣布特定人为刑事被检举人或被告或对他采取一些刑诉上的强制措施有抵触,在逻辑上并不等于说改为"推定被检举人无罪"云云便可免除这种抵触,因为"推定被检举人无罪"云云也不过反映一种客观的法律要求,即在参加诉讼者,如侦查、检察、审判人员等,未依规定的合法程序证明被检举人为有罪前,法律推定被检举人无罪。其性质与"认为被告无罪"云云,基本一致。那么柏梁斯基所顾虑的"抵触"也同样有发生的可能。

不过,斯特罗葛维契关于无罪推定的公式并不是在任何时代、任何国家都可以采用的。他的公式内有"依规定的合法程序"字样。这对于苏联来讲是适合的,但对于剥削阶级的国家来讲,则未必恰当。因为苏联现阶段的法律制度对于刑事被检举人的诉讼保障已经予以全面的规定,关于证据制度的原则及理论也已经建立起一个合理的、进步的体系。为了充分发挥无罪推定原则的作用,今后的主要任务应该是正确地、严格地遵守执行现行的法的原则与规定。当然这并不等于说苏联的立法今后毫无修改补充之必要,事实上苏联的法学家及党政领导人员也从来没有这样想过。但是,就无罪推定原则的推行与贯彻而言,立法的修改补充还不是重点,其重点在现行立法原则与规定的切实遵守执行。所以无罪推定的公式内加入"依规定的合法程序"字样是很有意义的。可是在剥削阶级国家里情形就不同了。在那里无罪推定原则之不被承认或重视,不一定是由于法律的原则与规定遭到破坏,而往往是由于法律本身不承认无罪推定原则或含有与此原则相抵触的规范。因为过去的剥削阶级国家中曾经出现过不少反人民的、不合理的、野蛮的、同时是否认或排斥无罪推定原则的或足以使无罪推定的原则变成具文的法律制度或规范。④ 很显然,在这些国家里,所谓"依规定的合法程序证明有罪"的刑事被检举人未必是真有罪。如果将"认定刑事被检举人有罪"建筑在这样一个证明的基础上,那么,"无罪推定"的原则实质上不但无法贯彻,而且很容易为"有罪推定"的原则所代替。斯特罗葛维契的关于无罪推定的公式是针对苏联的情况而提出的,当然不一定有必要考虑到剥削阶级国家的情况。不过,我们如果想根据多种不同阶级性的国家法律制度的不

---

① 斯特罗葛维契有时曾用"推定为无罪或认为无罪"字样或单用"推定为无罪"字样。可见"推定为"与"认为"在他心目中并非有什么大区别(见前引斯著同书第 197、201 页)。不过他认为:无罪推定的"推定"与普通的意见、猜想等不同,它是法律性的指导原则,所以用"认为"字样来表达较为恰当(见同节第 202—203 页)。

② [苏]切尔促夫(Н. А. Чельцов):《苏维埃刑事诉讼法程序》(Совемский уlоlвный),1951 年俄文版,第 147 页。

③ 这一点牵涉到无罪推定的适用范围及其在各诉讼阶段中的具体运用问题,此处暂不详论,留待本文第一部分的后面有关部分及第三部分深入研究。

④ 关于这方面的具体例子留待本文第一部分的后半部分及第二部分评述。

同形式和内容并从无产阶级及进步人民要求的角度,来正确地区别有名无实的无罪推定和名副其实的无罪推定,从而进一步提出一个合乎无产阶级及进步人民要求的、或者在剥削阶级国家里可作为无产阶级及进步人民努力争取的目标的(这个目标在剥削阶级国家由于客观条件的限制,当然很难完全争取到)、关于无罪推定的总的原则的话,那么我们应该对剥削阶级国家的情况加以适当的考虑。因此,我认为斯特罗葛维契的无罪推定公式中,"依规定的合法程序"字样应改为"依照对于他(即刑事被检举人)的基本权利(包括诉讼权利在内)有合理保障的法律原则或规定及法定程序"字样。这样的提法,主要特点乃是对于无罪推定的被推翻的条件,也就是保证无罪推定原则贯彻的条件,不但在形式上并且也在实质上基本上作了明确的解释。这表现在:(1)要求"对刑事被检举人的基本权利(包括诉讼权利)有合理保障";(2)要求"法律原则或规定"和"法定程序",即刑事的及其他有关的实体法和程序法,都能合乎这个"合理保障"的要求。

或许有人要问:"一般涉及无罪推定原则的论著里大多数没有像斯特罗葛维契那样,将'依规定的合法程序'字样写入无罪推定的公式,我们为什么不干脆这样说:任何刑事被检举人,在他的有罪未被证明以前,被认为无罪?"我的答复是:这样的公式太简单笼统,因为仅凭"证明"字样不能明确指出"证明"的根据及方式。实际上,"证明"的根据及方式可能是反动的或落后的、不合理的,它(这样的公式)根本没有对于无罪推定原则在法律生活中的真实体现提出必要及可能的保证条件。

或许又有人要问:"你所主张写入无罪推定公式中的'依照对于刑事被告的基本权利(包括诉讼权利)有合理保障的法律原则或规定及法定程序'一语中有若干用语,如'基本权利'、'合理保障'等概念并不明确,这不是和上述一般论著中关于无罪推定的公式同样地不明确吗?那又何必将它加入公式中呢?"我认为这样的看法是不正确的。其主要理由是:(1)"基本权利"、"合理保障"等用语,从不同的阶级观点来看,虽具有不同的内容,但所谓"基本"与"合理"究竟不是完全没有一点儿客观标准的。剥削统治阶级固然不免对这些用语加以歪曲的解释,但是由于不敢随意揭穿自己的假面具,有时就不便毫无忌惮地将大家所公认的客观标准完全抹杀。因此将这些用语加入无罪推定的公式,多少要对他们起一些约束作用,同时被统治阶级也可以根据这些标准作必要的与可能的斗争。(2)在马列主义的法律科学(包括刑事法律科学在内)中,刑事被检举人的"基本权利"、"合理保障"等用语的内容具有一定的标准的,这种标准是不难获得大家一致的(或者至少基本一致的)认识和支持的,将这些用语加入无罪推定的公式,不但可据以正确地估计剥削阶级国家的所谓无罪推定原则的实际意义,并且也可据以对社会主义的法律制度作进一步的改善。

或许在有些人的思想上会发生这样一些疑问:"无罪推定的公式应以一个国家现行法律制度为根据,还是应以它的法律制度应该达到的合理标准(即应该努力争取的合理目标)为根据?如果只应以一个国家的现行法律制度为根据,那又何必不直截了当地以各个国家的具体法律制度中的所谓无罪推定的原则为标准呢?"这牵涉到法律科学的基本任务问题。马列主义的法律科学的基本任务不仅是要研究现行法律制度,并根据这种研究的结果提出符合于这种制度的原则,更重要的,是要根据无产阶级的要求,适当地结合每个时代的具体条件,批判现行法律制度,并指出改进法律制度的努力目标及实施方案。如果只把法律科学的基本任务局限于现行法律制度的叙述性的研究,而不关心法律制度的批判和改进,那就少不了要犯某种资产阶级法学流派,如所谓纯粹法学派、经验学派等的学者所犯的毛病。[①] 如果我们对于无罪推定的公式只局限于现行法律制度的叙述性研究,我们就免不了将世界上进步法制中名副其实的无罪推定原则和反动或落后法制中有名无实的无罪推定原则混为一谈,而不能明确地指出批判和改进法律制度的标准。这是违反马列主义的刑事科学的要求的。

概括上述各点,我们关于无罪推定的定义可以得出如下的结论:"无罪推定乃是:任何刑事被

---

① [德]宾德:《法律哲学》(Julius Binder, Philosophie des Rechts),1925年德文版,第183—186、196—203页。

检举人,在他的有罪未被依照对于他的基本权利(包括诉讼权利在内)有合理保障的法律原则或规定及法定程序证明前,认为无罪。"在这里,我们也应该解决一个有牵连关系的问题,即有罪推定的公式究应如何表达出来?如大家所已知道的,对于这一点,连斯特罗葛维契也没有予以足够的重视。在他的公式里,连"依规定的合法程序"字样都没有写入。有罪推定和无罪推定虽是对立的,但二者之间有着密切的联系。我们对于无罪推定既应作如上的解释,那么为了明确起见,也应该将有罪推定的公式相应地修改如下:"有罪推定乃是:任何刑事被检举人,在他的有罪尚未被依照对于他的基本权利(包括诉讼权利在内)有合理保障的法律原则或规定及法定程序证明前,即认为有罪。"

(二)无罪推定和有罪推定的基本特征

先谈"无罪推定"的基本特征。这里所说的基本特征就是"无罪推定"原则的性质在各方面的表现。这个问题牵涉面很广,如果结合具体的方面深入地研究,可以包括"无罪推定"的一切问题。在这一节里只能就以下几个方面做总的讨论:

1. 无罪推定与刑事被检举人在诉讼上的法律地位

无罪推定原则和刑事被检举人在诉讼上的地位究应有何关系?这个问题过去曾在苏联法学界引起理论上的一些争执,主要有两种不同的看法。

第一种看法认为,无罪推定是一个客观的法律原则,同时也是刑事被检举人在诉讼上受法律保障的地位的一种总的表现。因此,它明确了刑事诉讼法的各个参加者,自最初阶段的治安、侦查机关及其工作人员,至最终阶段审判机关及其工作人员,应如何在尊重刑事被检举人的这一法律地位的要求下,行使自己的职权并履行自己的义务。这种看法的主要代表人物便是斯特罗葛维契教授。他说:"无罪推定并非习惯上所说的推定(Предположение)(按这字亦可译为"假定"或"猜想"——著者),即意见("猜想的"或"假定的"——著者)、解释、猜想等,而是一个决定刑事侦查追诉机关和法院的活动、并保障刑事被检举人的诉讼防卫权(право на защиту)①的指导性法律原则。"②无罪推定不是表示诉讼参加者的主观意见,而是表示一种客观的法律地位。这种客观的法律地位可以这样地表达出来:在那些认为刑事被检举人有罪的诉讼参加者未证明刑事被检举人确属有罪以前,法律认为刑事被检举人无罪。③ 这里所说的"侦查追诉机关和法院的活动"的"决定",主要是指它们在刑事程序中对刑事被检举人的职权和义务的确定;至于所说的"刑事检举人的诉讼防卫权"的"保障",乃是苏维埃法律所规定的,旨在保卫刑事被检举人的权利,保全他的合法利益的诉讼保障的总和。④ 所以照他的看法,无罪推定是和刑事程序上各种诉讼保障及侦查追诉、审判机关的活动的合法性有着有机的联系的。这种情况就反映出刑事被检举人在诉讼上受法律保障的总地位。他所以提出上述主张的理由可归纳为以下二点:

首先,刑事被检举人乃是"人",是享有诉讼权利的主体,并非被研究试验的非人的对象,他和自然科学实验室的研究试验的对象不同。因此,侦查、检察机关及法院在刑事诉讼程序中不应该像自然科学实验室的工作人员那样,只管单纯地研究特定的"事件"或"事实",而不管其它;相反地,他们应该在研究"事件"或"事实"的同时,注意到刑事被检举人作为一个诉讼权利主体所应有的特定的诉讼法上的地位。这种诉讼法上的地位,一方面表现在刑事被检举人对于侦查、检察机关及法院的权利和义务,另一方面表现在侦查、检察机关及法院对于刑事被检举人的职权与义务。换句话说,

---

① 按我国一般的法学著作或译作里常用"辩护权"这一名词,著者认为范围太狭,与俄文原意不符,故改用"诉讼防卫权"一词。
② 斯氏同书,第 202 页。
③ 同上,第 203 页。
④ 同上,第 163 页。

刑事被检举人的这种诉讼法上的地位，表现在他和侦查、检察机关及法院之间的相互诉讼关系上。①

其次，如果否认无罪推定是表示刑事被检举人的客观的法律地位的法律原则，而将它看做诉讼参加者对刑事被检举人的主观意见或猜想的话，那就会发生一些混乱情形。或者诉讼参加者误认为在充分证明被检举人有罪前，无论在任何场合，自己主观上都不应该有被检举人有罪的思想，即将自己的主观意见当做和无罪推定脱节的东西；或者他们将自己的不正确见解当作无罪推定所要求的东西，将无罪推定误认为只指导侦查、检察人员及审判人员的思想，而专靠这些人的批评与自我批评发挥作用的东西。如果承认无罪推定是表示刑事被检举人的客观法律地位的法律原则，那就不会发生这些混乱情形。因为在这种了解之下，无罪推定的推定就成为法律对刑事被检举人的法律地位的认定，对诉讼参加者的客观要求。这并不排斥诉讼参加者在诉讼程序逐步发展的过程中，根据所搜集的证据，发生被检举人有罪的印象或确信。问题主要是在诉讼参加者能否根据多方面的调查研究，提出证据，充分证明被检举人是有罪的。如果如此，那么主持各个诉讼阶段的人员就可以依照各该阶段所许可的形式，做出认为被检举人有罪的表示或决定（如正式宣布特定人为刑事被检举人、起诉、判决的诉讼文件）。这样，他们主观的努力就符合无罪推定的要求。如果不能如此，那么他们对于被检举人的看法，只不过是对于某些有关犯罪事实的可能性的假定（гипотеза，hypothesis），不能作为各该阶段认为被检举人有罪的根据。假使勉强做出认为被检举人有罪的表示或决定，那就违背了无罪推定的要求。②

第二种看法认为，无罪推定只适用于事实的侦查和证据的评价，并不适用于刑事被检举人与侦查、检察机关及法院之间的诉讼法上的关系，就刑事诉讼法上的关系来讲，无罪推定并不表示被检举人有第一说所主张的法律地位。这种看法的主要代表人物为莫斯科大学卡列夫（Л. С. Карев）教授，于1956年在莫斯科出版的《苏维埃刑事诉讼程序》一书的著者。该书著者不同意斯特罗葛维契的看法，因而提出第二种看法。其主要理由如下：斯特罗葛维契在考虑无罪推定与刑事被检举人在诉讼上的法律地位的关系时，实际上只从刑事实体法的角度出发，并未从刑事程序法的关系的角度出发。就刑事实体法的效果来讲，一个人在判决有罪以前虽可认为无罪；但就刑事程序法的关系来讲，他从被正式宣布为刑事被检举人起就不能被认为无罪。因为正式被宣布为刑事被检举人及正式起诉等诉讼活动必须具备一个法定条件，即已经有了足以推翻被检举人的无罪而推定他有罪的证据，依规定的合法程序宣布为刑事被检举人，就说明已经有证据推翻被检举人的无罪。同时，诉讼防卫权并不足以表示刑事被检举人在无罪推定原则下的法律地位的特征，从宣布为刑事被检举人时起，侦查机关就有权对被宣布为被检举人者适用程序法上的强制措施（包括拘捕、羁押在内），这些强制措施对于被认为无罪的人是不能适用的。③

以上两种看法中，我们应该说，第一种是正确的，第二种不足取。这有下列五点理由可以说明：

（1）第一种看法的根据，在斯特罗葛维契的著作中，已有详细说明（见本文关于第一种著作的介绍）。它所提出的论点是比较有说服力的。

（2）第二种看法将刑事实体法和刑事程序法割裂开来看，好像刑事被检举人的有罪或无罪，在某些诉讼阶段，只决定于刑事程序法而与刑事实体法无关，好像刑事实体法与刑事程序法对有罪或无罪的看法采用不同的标准。这是不科学的，同时也是违反事实的。刑事实体法与刑事程序法是相互联系、相互为用的，其最终目的是一致的——在不牵连好人的前提下与犯罪作斗争，它们对有罪或无罪的看法都应该服从一个标准，即特定犯罪的构成要件事实确属存在。当然，在贯彻这种目的和标准时，刑事实体法和刑事程序法之间有必要采用一个分工的原则，即让刑事实

---

① 斯氏同书，第194—195页。
② 斯氏同书，第202—204页。
③ ［苏］卡列夫主编：《苏维埃刑事诉讼程序》(*Советский уголовный процес*)，1956年俄文版，第79页。

体法规定哪些事实构成某种犯罪以及这种犯罪应如何制裁,让刑事程序法规定如何来确定这些构成犯罪的事实是否存在。但这并不等于说它们的最终目的及对有罪或无罪的看法采用不同的标准。因为在判决执行以前的各个刑事程序的阶段中,其中心问题都应该是:刑事实体法所规定的某种犯罪的构成事实是否经证明确属存在? 在法院审判阶段固然如此,在这以前的各阶段也未尝不如此。当然,由于各阶段的诉讼参加者的法学及其他知识水平不同以及各阶段了解事实的难易程度有别,对于有罪或无罪的认识的客观正确性可能不同。正因为如此,我们才不将最后的决定权完全信托给侦查机关或初审法院,而采取层层监督纠正——从侦查、起诉到上诉、再审——的办法。但这并不等于说各个诉讼阶段的参加者无须尽主观上最大努力,争取符合刑事实体法及程序法所提出的要求。

(3) 第二种看法将刑事被检举人的诉讼防卫权和无罪推定割裂开来看,是不正确的。刑事被检举人的诉讼防卫权乃是一种范围广泛的权利,它包括一切使刑事被检举人有实际可能替自己对被控告的罪进行诉讼上的防卫:证明自己无罪或虽有罪行其程度不及所控告的那样严重的诉讼权利的总和。① 这些诉讼权利的本身就是对公民的权利及合法利益在诉讼上的一种直接或间接保障,所以在这个意义上可称为诉讼保障。② 可是它们本身的效力的贯彻又往往有赖于诉讼法以及其他法(如刑事实体法、民事法、行政法、司法组织法等)中别的法律原则或规定(如联系宪法及法院组织法关于公民的人身、住宅、书信秘密的不受非法侵犯的规定,法院组织法及各加盟共和国刑事程序法关于公开言辞审判等原则)对它们所给予的支持即保障。这些别的法律原则或规定从刑事程序的角度来看,也都是公民的权利及合法利益在诉讼上的直接或间接保障。所以苏联宪法第 111 条所规定的"对刑事被检举人诉讼防卫权的保障"乃是苏维埃法律所规定的、旨在保卫刑事被检举人的权利、保全他的合法利益的诉讼保障的总和。③ 诉讼保障是和刑事案件中的真实的发现,即刑事侦查、追诉及裁判的正确性分不开的。斯特罗葛维契教授说得很对,"刑事被检举人的权利的诉讼保障是确定案件的实质真实(情况)的必要条件。……要客观地调查研究案情,必须要使受控告的人有机会辩驳控告,提出为自己辩护的理由及事实"。因此,对被检举人的保障和发现实质真实的任务并不矛盾,而是有助于它的,是任何刑事案件中实质真实发现的必要条件及手段。④ 无罪推定乃是刑事被检举人的诉讼保障中最重要的一种,是和发现实质真实的任务有直接关系的。同时,它也是和其他的诉讼保障及诉讼防卫权有着有机联系的。⑤

(4) 第二种看法有将各个诉讼阶段的参加者对于特定人有罪或无罪的主观认识和无罪推定完全混为一谈的倾向,因而将正式宣布为刑事被检举人当做推翻无罪推定的或与无罪推定不可两立的事实。实际上,如上文所指出,各诉讼阶段参加人的主观认识与无罪推定是两回事。诉讼参加者的主观认识有时是符合无罪推定的要求的,有时是不符合或不完全符合无罪推定的要求的。因此正式宣布特定人为刑事被检举人,可能是有根据的,也可能是无根据或不完全有根据的,未可一概而论。

(5) 第二种看法对于刑事程序中的强制措施缺乏全面的了解,因而认为:(甲) 包括人身不受非法侵犯权的诉讼防卫权,并不足以表示刑事被检举人在无罪推定原则下的法律地位的特征;(乙) 侦查机关对被检举人采取强制措施就是被检举人有罪的证明,就足以推翻他的无罪。实际上,如上文所指出被检举人的身体不受非法侵犯权乃是诉讼防卫的一部分,而诉讼防卫权是和无罪推定有着有机联系的,是被检举人在无罪推定原则下的法律地位的主要特征。同时,刑事诉讼

---

① 斯特罗葛契同书,第 163—164 页。
② 柏梁斯基同书,第 202 页。
③ 斯特罗葛维契书,第 163—164 页。
④ 同上,第 165—166 页。
⑤ 同上,第 183、191 页。

上对被检举人的强制措施（尤其拘捕、羁押）的采用虽需依法为之，但事实上也常有违背法律要求之处，并且大部分强制措施的采用是为了保全证据或防止被检举人及其有关系者湮灭证据，就是拘捕和羁押这样严厉的强制措施的采用，也不是完全因为被检举人的有罪已经证明或无可怀疑，①即使是合法的话，也不一定能够推翻被告的无罪。

2. 无罪推定与举证责任的关系

依照无罪推定的原则，刑事被检举人，在他的有罪未被证明前，即被认为无罪，他本人当然毋庸证明他的无罪，否则无罪推定将毫无实际意义。所以免除被检举人对自己的无罪的举证责任，乃是无罪推定原则的必然结果。依照苏联最高法院的判例及多数法学家的意见，刑事被检举人如果自己愿意的话，有权证明自己的无罪；但是如果不愿意的话，任何机关或人不得强迫他证明自己的无罪，并且不得因为他不这样做或不能这样做而认为他有罪；因为刑事被检举人根本没有对自己的无罪举证的义务。② 不过，大家对于刑事被检举人对自己的无罪不负举证责任这一点意见虽属一致，但对于被告有罪的举证责任究竟应由哪些机关或人员负担这一问题的看法却不一致。照斯特罗葛维契的看法，被检举人有罪的举证责任应由检举者（Обвинятель）负担；所谓检举者乃是指侦查员及检察员而言并不包括法院在内。③ 可是照卡列夫主编的1956年在莫斯科出版的《苏维埃刑事诉讼程序》一书的看法，这种举证责任应由侦查员、检察员及法院负担。④ 此外，照柏梁斯基的看法，只有检察员才可以被认为负有这种举证责任，对于侦查员来讲，便谈不到举证责任，因为举证责任的问题只能发生于二造以上的当事人之间，在侦查阶段侦查员并非当事人。⑤

这种看法的分歧主要是由于对于"举证责任（或义务）"或"证明责任（或义务）"（Бремя доказывания 或 Обязанность доказывания）一词的形式及涵义的理解不一致。刑事诉讼上的"举证责任"，一般讲来，是指有两造以上的对抗的当事人参加的刑诉中证明义务的分配或归属而言。它必须具备三个条件：（1）有两造当事人对抗的形式；（2）负举证责任者都是当事人；（3）诉讼制度主要采当事人进行主义，因而证据的搜集或提供主要由当事人进行，审判人员或机关基本上采比较消极的不干涉的态度。因此，在历史发展上，曾有人认为：举证责任的问题，只发生于采取所谓"弹劾"或"告劾"主义的刑事诉讼程序或一般民事诉讼程序中；在采取所谓"纠问"主义的或以所谓"职权"进行主义为主的刑事诉讼程序中，这种问题不会发生，因而也不值得注意。但是这是对举证责任的一种片面的理解，也可以说，是一种在资产阶级国家的习惯的、形式主义的理解。从实质上来看，举证责任的问题，并不是采取所谓"告劾主义"的刑事诉讼程序所专有的，它也可能发生并且实际上常发生于采取所谓"纠问主义"或以所谓"职权进行主义"为主的刑事诉讼程序中。过去的封建剥削阶级国家流行过的纠问式刑事诉讼程序中和近代欧洲资本主义国家的刑事侦查程序以及以职权进行主义为主的法院的刑事审判程序中，法律或司法实践所加于刑事嫌疑人或检举人的无罪的举证责任就是最显著的例子。⑥ 况且，所谓"举证责任"，在实质上不外乎是运用或根据证据或事实以证实某一事实或论点的责任。这种责任，就特定人有罪这一点来讲，是可以并且也应该由侦查、检察及审判机关通过侦查、检察及审判人员来承担的。因为事实上，侦查机关或人员在宣布特定人为刑事被检举人的文件中，检察机关人员在起诉书中，审判机关或人员在有罪判决中，都必须履行这种责任。我们不应该仅因为某些刑事诉讼阶段在形式上无两造当事人的对抗而认为不发生有罪举证责任问题。

---

① 参阅苏俄刑事诉讼法典第157—158等条，我国1954年12月20日由全国人民代表大会常务委员会通过的《中华人民共和国逮捕拘留条例》第5条。
② 参阅前引卡列夫主编：《苏维埃刑事诉讼程序》，第70—80页；斯特罗葛维契同书，第220—223页。
③ 斯氏同书，第224—225页。
④ 见该书第79页。
⑤ 柏梁斯基同书，第186—187页。
⑥ 详见本文第二部分。

现在,让我们根据这种理解来回顾一下上述三种不同看法。很显然,其中只有卡列夫主编的《刑事诉讼程序》一书的看法即刑事被检举人有罪的举证责任应由侦查员、检察员及法院负担——是正确的。斯特罗葛维契与柏梁斯基的看法都不足取。他们二人的看法,实际上和他们关于宣布特定人为刑事被检举人的文件、起诉书及有罪判决的看法,在某些方面是互相矛盾的。例如,斯特罗葛维契曾在讨论无罪推定时强调指出:凡诉讼活动的主体(包括法院在内——著者),确信并主张刑事被告有罪者,应毫无怀疑并完全可信地证明这个事实,在没有做到这一点以前,被检举人被认为无罪。① 柏梁斯基也曾主张:侦查员必须在宣布特定人为刑事被检举人的决定中列举足以为这种决定的根据的主要证据。② 这都说明侦查员、检察员及法院对犯罪嫌疑人或刑事被检举人的有罪分别负有证明或证实的责任。

或许有人会这样想:从事实上看,侦查员、检察员及法院对犯罪嫌疑人或刑事被检举人的有罪固然负有证明或证实的责任,但是如果不用"举证责任(或义务)"这一名词来表达这一情况,究竟有什么坏处?相反地,如果用了这个名词,又有什么好处?我的答复是:用"举证责任(或义务)"这一名词来表示这一情况是有好处的。这种好处主要表现在这几个方面:第一,侦查员、检察院员及法院对于犯罪证明或证实的责任可因此而更具体化,容易唤起大家的注意而消除侦查员、检察员及法院方面对这个问题常会发生的模糊认识。因为实际上,有些侦查员、检察员及审判人员往往会由于对"内心确信"、"依职权进行"等缺乏正确的了解或对于证据的调查没有足够的主动积极性而不感觉到自己应负什么举证责任。第二,犯罪嫌疑人及刑事被检举人对于自己的无罪不负举证责任这一原则可因此而得到比较有效的保证。这也就是说,无罪推定的原则可因此在实际上更受到尊重。因为实际上,有些侦查员、检察员及审判人员往往会由于犯罪嫌疑人及刑事被检举人有罪的举证责任的归属不够明确,而有意或无意地将无罪的举证责任推到犯罪嫌疑人及刑事被检举人身上去。

3. 无罪推定与其他法律原则或制度的关系

无罪推定不是如一般人通常所想象的、一个局限于刑事程序法方面的单纯的关于犯罪证明的法律原则。它不仅和刑事程序上各种诉讼保障有着有机的联系,并且还和其他各部门的法律原则或制度,如刑事实体法、民事法、司法组织法、行政法、宪法等(尤其是刑事实体法及司法组织法)的原则或制度,有着密切的关系。现举两类例子重点说明:

首先,在有些国家的刑事实体法中,往往一面规定某种犯罪的构成要件,一面又推定这些要件中的某一要件为存在。在这种情况之下,必须要等到被告有相反的证明或侦查审判机关已依职权发现有相反的证据,才可认为这种要件确不存在。例如,故意与过失,照无罪推定的要求来讲是应该经证明以后才可以认为存在的。但在英美法里曾经有过这样的原则:一般的故意(即对于行为的自然和必然的结果的预见或要求发生的意图)毋庸证明,只要有行为的发生,就可以推定他是出于故意的;只有特定的故意(如意图犯某种重罪而侵入他人房屋及意图以欺骗方法取得财物而伪造文件)才需要证明。③ 依照国民党政府的海商法第44条的规定:凡船长在航海中遇有危险而放弃船舶时,非将旅客救出,不得离船,并应尽其力之所能及,将船舶文书、邮件、金钱及贵重货物救出,如不这样做,处7年以下有期徒刑,因而致有死亡者,处无期徒刑或10年以上之有期徒刑。其第41条又规定:船长对于执行职务中之过失(这里所说的"过失"乃广义的,应包括故意在内——著者)时,应负证明之责。换句话说,船长如主张他违反第44条的规定非出于故意或过失,应负举证之责。特别值得注意的是:过去在资产阶级国家的刑事法律中,往往有对犯罪行为发生某种较严重的结果而加重处罚的规定。这种较严重结果的发生,有时是行为人所不应并且也不能预见的,因此

---

① 斯氏同书,第204页。
② 柏氏同书,第196页。
③ [美] 克拉克:《刑事诉讼程序手册》(Clark, Handbook of Criminal Procedure),第3版,第218—225页;英国学者侃奈:《刑事法大纲》(Kenny, Outlines of Criminal Law),第7版,第329页。

既非出于故意,也非出于过失,但法律一律使行为人对这种结果负责(如德国刑法典第 118 条、178 条、220 条、221 条、224 条、226 条、227 条、229 条、239 条、251 条、307 条)。① 这说明在某些资产阶级的刑法中还存在着一些不容许反证的、对行为人的故意或过失推定。很显然,上述这些刑法的规定或原则的存在是和无罪推定的原则抵触的。如果一个国家不将这些规定或原则取消,那纵然在刑事程序法中明确地规定了无罪推定的原则,也是不彻底的。

其次,有些资产阶级国家的司法组织采陪审制及法官选举制,这从表面看可能是好的。但是由于这些国家的政治及经济制度有毛病,加以陪审制及法官选举办法的本身有缺点,实际效果并不好。首先,陪审团的权限太大,它不仅有决定事实的最终权,而且实际上有解决法律问题之权。法官就等于运动会上的评判员,几乎毫无主动性。这种情形在美国有时很显著。② 所以尽管法律上规定了无罪推定原则,陪审员们还是照他们自己的普通的想法,甚至照自己对被告的偏见行事,并不尊重这个原则。其次,在美国这一类的国家,法官的选举往往是政党操纵的,法官的候选人主要由政党提出,真正有学问而守法不阿者不一定为政党所喜欢,往往得不到他们的支持。加以当选以后,任期既短(有些规定为 2 年,较普通的是 6 年至 9 年),如不好好地敷衍他们的主子,下次就不能再当选,因此,在审判案子时就有可能不依法办事。③ 在这种情况下,如果刑事案子的被告是一个和法官的后台老板的政党敌对的人物,那么法官为了见好于他的主子,就不得不抛开无罪推定的原则。所以要保证无罪推定原则的贯彻,还得有一套健全合理的司法组织。

从以上这些例子可以看出:无罪推定原则的贯彻是有赖于其他的法律原则和制度的适当配合和支持的。我们不应该机械地将它看成一个孤立的东西,而应该将它和一切有关的法律原则和制度联系起来观察理解。惟有这样,我们才能了解它的实质,辨别它的真伪,才能知道如何使它逐步贯彻。

4. 无罪推定与法律实践的关系

任何法律原则或制度都不能脱离实践,不过无罪推定原则,在实践中所牵涉的问题有时特别细致而深刻,在实际贯彻上往往遇到一些特殊的困难,我们对于它与实践的关系有特别说明的必要。

无罪推定原则的形成和发展固然要受经济基础及政治文化条件的影响,但它的表现形式主要不是立法,而是法律理论和法律实践。在资产阶级国家,这个原则最初是在法律理论及司法实践中得到承认的,在很晚的时期才在少数国家的立法中有正面的规定。在社会主义国家,这个原则最初是在苏联的司法实践及法律理论中获得承认的,以后又传播到别的兄弟国家去,并且某些国家的刑事程序法典,如保加利亚国民议会于 1952 年 2 月通过的刑事诉讼法典(第 2 条)及阿尔巴尼亚于 1953 年 3 月 30 日通过的刑事诉讼法典(第 1 条),都对它作了正面的规定。因此,在苏联和其他社会主义国家的立法中虽还没有普遍地对于这个原则作正面的规定,但已经从侧面对于和这个原则有关的原则作了比较详细的规定,实际上和有正面规定一样。而这些侧面的规定虽然也出现于一般资产阶级国家的立法中,可是由于这些国家的法律理论并没有将这些规定和无罪推定的原则联系起来,在法律实践中这个原则又不被重视,其实际情况和社会主义国家,尤其和苏联,有显著的区别。因此在资产阶级国家里,尽管在形式上早就承认无罪推定的原则,在法律实践中却往往藐视这个原则(至于那些过去一向不承认这个原则的国家,就更不必谈)。关于这方面的例子,我们将在论述无罪推定及有罪推定的历史发展时作一些介绍,在这里不能详谈。现在只引证资产阶级国家某些法学家对这方面所揭露的事实来作一个总的说明。

美国一位有名的法学教授及法官勃鲁斯(Andrew A. Bruce),谈到美国的警察机关时曾这样讲

---

① [德]李次脱:《德意志刑法教科书》(v. Liszt, Lehrbrch Des Deutschen Strafreches)德文版第 23 版,第 164 页。
② [美]勃鲁斯:《美国的法官》(Bruce, The American Judge),1924 年英文版,第 192—193 页。
③ 同上,第 92—93、126—127 页。

过:"我们的无政府状态极不安宁和我们法院里案子的过分拥挤,有很大的一部分是由于我们惯于以被逮捕人的数量来衡量警察机关效能的高低,而在许多州里,是由于采用一种向被捕收押的人收取费用的制度,使逮捕成为正式合法的赚钱的事情。美国的警官和一般警士基本上是人的逮捕者和拿警棍的打手……只要稍微看一看我们大城市中执行法律、或者宁可说不善执行法律的历史,就可发现美国人中最无纪律、最不守法的就是美国的警察机关,而在许多场合是美国的警察裁判官。这在外国人居住的地区尤为明显,在那里刑事被告不会用英文讲话,并且不知道美国法律所赋予他们的是些什么权利。不但因轻微案子而进行了不必要的逮捕,将'不守秩序的行为'这种无所不包的罪名来笼罩法律从来没有想处罚的行为,并且将男男女女带进法院加以审判,像将牲畜带进屠宰场那样地迅速和草率。……无论什么时候,只要一种坏事引起大家的注意,警察机关便觉得有责任来进行大逮捕并侵入各种处所,以表示他们对于这件事情的卖力,在大逮捕时常常没有拘票或有权逮捕的证据……"他讲到这里又举了一个实例,他说在麦金莱(Mckinley)总统遇刺之时,被认为有教唆行刺嫌疑的戈尔特曼女士(Miss Emma Goldman)逃避了警察机关的注意达三星期之久,但是警察机关却有必要做出一种卖力气的样子。于是,每个被称为无政府主义者,无论他是科学的无政府主义者、恐怖主义者,无论他是不抵抗主义的泰尔斯泰的或向鲁萨哥夫尼哥莱(Nicolai Russakoff)掷炸弹的恐怖主义者的信徒,无论他是男人、女人或小孩子,没有拘票、不经告诉就遭到逮捕并且被剥夺了交保或请教律师的权利。"①

谈到检察人员的问题,勃鲁斯曾这样指出:"我们的国家律师(即公诉律师,相当于别的国家的检察员——著者)通常是一种选举产生的公务员,常需考虑到提名选举及一般选举和他们的关系问题,而选民们也主张以他们在公诉中所促成的有罪判决的数量来衡量他们的效能。因此极常见的现象是:他们似乎认为他们的职责是使人受有罪的判决,而不是主持公道。我们的国家律师也常常为了博得个人的名誉或满足群众的要求而控诉被告以较严重于被告实际所犯罪的罪名。当一个人犯了普通杀人罪(Manslaughter)时,他们使他或争取使他依恶意或预谋杀人(Murder)判罪;当一个人只犯了轻微窃盗罪(Petty Larceny)时,他们使他或争取使他依严重窃盗(Grand Larceny)判罪。报纸登载着在陪审团前所进行的审判中的各种情节,他们却只用几行的篇幅来报道上诉法院的诉讼情况。因此极常见的是:他们不参加案子的审判则已,一经参加了,他们就觉得无论如何非在陪审团前胜诉不可。另外极常见的是:公诉律师问一些他们无权问的问题,辩护着他们知道是不大有根据的法律论点,不是帮助,而是欺骗主持审判的法官。"②

此外,当谈到法院判案的情况时,勃鲁斯又说:"像曾经多年担任芝加哥市法院首席法官并在这以前曾经多年担任公诉律师的如高尔生法官(Judge Hary Golson)那样的一个权威,坚决地认为:几乎所有近年来(即 1922 年以前的一个时期——著者)发生于芝加哥的恶意或预谋杀人案都是那些应该被有关当局发现有神经病而早就应该被隔离禁闭的人所犯的。"③这种说法虽然有些夸张,但却可以说明一点,即在美国有些地方,在所谓"神经正常的推定"(Presumption of Sanity)的影响下,④法院的审判人员已预先怀着被告无精神病、应对行为负责的成见,因此不虚心研究被告的精神状态究竟怎样,而贸然判决被告有罪。这是违反无罪推定原则的。

同时勃鲁斯又指出:"1914 年、1915 年、1916 年三年中,每年平均有 200 人被关在北达科打州的监狱里面,至于那些在市监狱和郡监狱里面服刑的犯人还不算在内。我们对于被逮捕的人数并没有确切的记录,对于那些没有引起逮捕的犯罪更没有确切的记录。但是有记载的数字无论怎么样可以说明曾经有过很多刑事审判,也曾经有过很多的刑事有罪判决。可是在上述期间只有 15 件刑

---

① 勃鲁斯同书,第 94—96 页。
② 勃鲁斯同书,第 83 页。
③ 同上,第 103 页。
④ 侃奈同书,第 54 页。

事案子是上诉到北达科打州的最高法院去的。几年以前卡脱尔首席法官（Chief Justice Orrin N. Carter）曾经调查过伊利诺斯州科克郡的情况而得到一个类似的、可是更惊人的结果。他发现从 1908 年 12 月 1 日起到 1909 年 12 月 3 日止，曾经有过 4 091 个刑事有罪判决。而在这许多有罪判决中，只有 45 件案子是上诉到上一级法院去的；从 1909 年 12 月 3 日到 1910 年 12 月 3 日止，在 4 484 个有罪判决中只有 37 个是上诉的。他又发现在这些上诉的案子中，有 3/5 的有罪判决是被上级法院维持的。"[①]这里所提到的情形说明一点事实，即刑事被告对于有罪判决的上诉受到了限制。因为照英美普通法的原则及美国许多地方的立法，刑事被告的上诉一般是要先经过申请而由法院核准的，一般上诉人对原判决提出的事实或法律问题要在法院核准上诉之后才能得到上诉法院的裁判。法院之所以限制上诉，一方面固然由于法律本身的不合理，另一方面也由于法院的法官已经肯定被告有罪，认为毋庸再作进一步审判。这显然也是违背无罪推定的原则的。

从上述这些情况可得出一个结论，即在资产阶级国家——美国不过其中之一，其他资产阶级国家也有类似的情形——从警察人员到国家律师和法官，从初审法院到终审法院，都难免在法律实践中破坏无罪推定的原则，而仅从他们的法律理论或法律规定看，我们是不能得其真相的。

以上所讲的都是关于无罪推定的特征。现在让我们来谈一谈有罪推定的特征。有罪推定就是无罪推定的否定。凡是足以破坏无罪推定的要求的情况都是有罪推定的具体表现。根据这个说法，我们可以将有罪推定的基本特征归纳为下列各点：

（1）法律或法律实践许可、要求或鼓励将犯罪人及刑事被检举人的犯罪的举证责任加在犯罪嫌疑人及刑事被检举人身上；

（2）在刑事程序法、刑事实体法及其他法律中，有推定某种犯罪的构成要件事实的全部或一部分已存在的原则或在法律实践中承认这种原则；

（3）犯罪嫌疑人及刑事被检举人应有的诉讼保障，在法律上缺乏全面的规定，或在法律实践中没有得到全面的承认，使他们在未被证明有罪以前即丧失了一个无罪的公民所享有的对自己的基本权利的防卫权，或使侦查、检察及审判人员有可能不尊重他们的基本权利而轻率地将他们当作有罪的人看待；

（4）在法律实践中，没有事实的根据或没有全面调查事实而预先断定犯罪嫌疑人或刑事被检举人有罪，或明知他们无罪而企图把他们证明为有罪。

这些特征过去的剥削阶级国家的法律制度及法律实践中都曾有过表现，本文遗留问题以后当另行说明（见本文第二部分）。有不少实例，在讨论无罪推定的特征时已指出，这里不另提出例证。现在所要指出的，是上述四个特征相互间的关系。首先，这些特征和无罪推定的特征不同，在有罪推定的具体表现上不一定要同时都存在，实际上只要有了一个，就足以引起有罪推定的作用。无罪推定的特征则不然，只要缺少了一个，就足以使无罪推定成为有名无实的东西。其次，有罪推定的特征，都是对犯罪嫌疑人或刑事被检举人的成见表现形态，但相互间未见得都有必然的联系，所以这个特征（如第三、四个）的存在不一定以那个特征（如第二个）的存在为前提。无罪推定的特征则不然，它们相互间是有必然的联系的，这一个特征是以那一个特征的存在为前提的。这些都说明：要贯彻无罪推定是如何地不易，要体现有罪推定是如何地便当。因此我们可以理解：为什么在法律史上有罪推定是常见的现象，为什么在今天的社会主义国家，大家要为无罪推定的贯彻作种种努力。

此外，还有一个问题是值得研究的，即无罪推定与有罪推定之间是否可能存在第三种，即中间性的原则，即犯罪嫌疑人及刑事被检举人，在未被证明有罪以前，既不被认为无罪，也不被认为有罪？从表面看来，这样的中间性原则似乎是可能存在的。但仔细分析起来，这种中间性原则的存在

---

① 勃鲁斯同书，第 81—82 页。

是和无罪推定的要求根本抵触的。这从下面几点可以看出：

第一，无罪推定要求：在犯罪嫌疑人及刑事被检举人未被证明有罪前，认为他们无罪，所以未经证明有罪，即是无罪。这是法律充分保护公民的安全与基本权利，使不轻易受到侵害的一种政策。如果准许采中间性的原则，就可能发生这样的结果：未经证明有罪的公民，不被认为无罪。这无异从根本上推翻了无罪推定的原则。

第二，无罪推定要求：犯罪嫌疑人及刑事被检举人的有罪必须经多方面调查研究后充分证明属实，毫无疑义，才能认为成立。如果所有的证据及各方面的情况尚不足以毫无疑义地证明有罪，那么即使有可疑，也应该认为无罪，即原有的公民地位不受任何影响。倘若照中间性的原则处理，便不能这样做，并且很可能在刑事判决书中下这一类的结论："被告犯罪虽未经证明，但究属不无可疑"、"被告犯罪证据不足"……有些法院还可能根据这一点对被告采取一些措施或作一些决定，如："被告应予交保释放"、"被告应予管制"、"被告免予刑事处分"……这样就在被告头上拖一条辫子，使他的公民地位不明确或受到限制，这是完全违反无罪推定的原则的。

第三，无罪推定要求：必须有充分的、无可怀疑的证明，才可以推翻犯罪嫌疑人及刑事被检举人的无罪。侦查、检察、审判机关及人员应先主动积极充分搜集调查对犯罪嫌疑人及刑事被检举人有利与不利两方面的证据及事实，然后做出客观的论断；必须做到完全充分无疑地证明有罪，才可以做有罪的论断。如果采取中间性的原则，侦查、检察、审判机关及人员就会不这样切切实实地做，对犯罪嫌疑人及刑事被检举人的保障就显得不够，这就违反了无罪推定的要求。

第四，无罪推定要求：不得将无罪的证明责任加在犯罪嫌疑人及刑事被检举人身上，更不得因为他们不能证明自己无罪而认为他们有罪。中间性的原则没有明确这一点，在举证责任上对犯罪嫌疑人及刑事被检举人缺乏保障，这是为无罪推定原则所不许的。

从以上我们可以得出如下的结论：关于刑事案件中有罪或无罪的认定，实际上只能有两个对立的、互相排斥的原则，即无罪推定的原则或有罪推定的原则，不可有第三种中间的原则。斯特罗葛维契教授说得好，"要么无罪推定发生作用，要么有罪推定发生作用，第三种东西是没有的。这就是事物的逻辑，我们不应该不注意这一点。"①

二、无罪推定的基本涵义和根据

（一）无罪推定的基本涵义

无罪推定的基本涵义和无罪推定的基本特征是分不开的。上文关于基本特征所讲的种种情形有一部分已可以说明无罪推定的基本涵义，关于这部分只需要简单地提一提。这里要作比较详细说明的乃是上文所没有谈到的一些方面。所谓无罪推定的基本涵义可分为二部分：一部分是关于无罪推定的内容，另一部分是关于无罪推定的作用。

关于无罪推定内容方面的基本涵义，苏联学者的说法并不一致。照斯特罗葛维契的意见，无罪推定包括三个基本内容：(1) 要求充分无疑的有罪证明作为有罪判决的必要条件；(2) 要求有罪主张的绝对真实性；(3) 有罪的举证责任属于侦查及检察机关（如上文所已指出，斯氏的这样说法不完全正确，应该再加上"法院"或"审判机关"字样——著者），刑事被检举人对于自己的无罪有举证的权利，但无举证的义务。②

照柏梁斯基的意见，无罪推定包括四个基本内容：(1) 解除刑事被检举人对自己的无罪的举证责任，被检举人之被判无罪不以被检举人证明自己无罪为条件；(2) 在侦查及审判程序中主动地考虑足以证明被检举人无罪的各种证据（包括被检举人所未提出的在内）；(3) 在为有罪判决前法院

---

① 斯氏同书，第 195 页。
② 斯氏同书，第 196—200 页。

对被检举人的有罪不表示自己的确信;(4)遇有怀疑时,作有利于被告的解释。①

关于举证责任的归属及有罪证明的程序问题,斯柏二氏的意见相同,不过提法有别而已。至于他们二人所提出的其余各点,也都是重要的。不过我觉得还应该加上一项,即对刑事被告要有合理的诉讼保障,包括采证方法及证据评价的合理化、民主化在内。这一点,如本文在前面所提出,对剥削阶级国家来讲是很必要的。因为苏联的法学家们所谈的无罪推定是以苏联法律所规定的合理的诉讼保障为前提的,这些诉讼保障未必在任何国家都有,我们有必要将它们突出。

所以总起来说,无罪推定的基本涵义在内容方面应该包括以下六点:

其一,有罪的举证责任属于侦查、检察及审判机关人员;刑事被检举人对自己的无罪有举证的权利,但无举证的义务;任何机关或人员,不得强制他对自己的无罪提出证明,也不得因他不提或不能提出这种证明而认为有罪。

其二,在犯罪的调查、侦讯、追诉及审判(包括上诉审理)程序中,调查、侦讯、追诉及审判机关及人员应该全面地、多方地调查事实、搜集证据,并主动地考虑足以证明被检举人无罪的各种事实及证据(包括被检举人所未主张或提出的在内)。

其三,被检举人在一切刑事的调查、侦讯、追诉及审判程序中享有合法诉讼保障,在未被证明有罪前,他作为一个无罪公民所应该享有的基本权利不应该遭到不必要的限制;不合理的法定证据制度应予废除;刑讯、逼供、骗供、诈供、套供、疲劳讯问等采证方法须绝对禁止,拘捕羁押等强制措施也不可滥用,讯问证人时不得有威胁利诱及套诈等情事,应让他们客观地自由地反映事实,以免发生故意或被迫诬陷被检举人等情事。

其四,被检举人的无罪,必须有充分无疑的有罪证明才可以推翻,如果对于被检举人的有罪尚不无疑义,应认为被检举人无罪,为无罪的判决。

其五,关于被检举人有罪的主张或认定(包括检举及起诉的决定和有罪判决在内),必须做到或争取做到具有绝对的真实性,即不以"概然的"或"相对的"真实为根据,而以"绝对的"、"客观的"真实为根据。

其六,在被告的有罪未经充分证明前,侦查、追诉及审判机关不得有被告有罪的确信,并不得用检举及起诉的决定和有罪判决的方式将这种无根据或无充分根据的确信表达出来。

无罪推定在作用方面的基本涵义包括四点,即民主原则;法治原则;人道主义原则;公私两利原则。② 现在简单说明如下:

其一,无罪推定是民主原则在法律上及法律实践上的体现,它的民主性表现在:(1)它能防止刑事侦查、追诉及审判机关及人员对刑事被检举人及证人的主观武断、官僚主义及压迫行为;(2)保证刑事被检举人及证人的诉讼防卫权,使他有机会自由发表意见以及为自己做种种防卫;(3)它能发扬侦查、追诉及审判机关及人员对一般人民及刑事被检举人负责的精神,因而克服官僚主义及主观主义的作风。

其二,无罪推定也体现了法治主义,因为它对有罪的认定提出严格的条件,足以保障刑事被检举人作为一个公民在诉讼上的权利及合法利益,而使好人不受到冤枉与侵害。

其三,无罪推定反对把刑事被检举人当做一个非人的研究对象,反对用不正当的方法讯问、压迫或诬陷被检举人,而主张将被检举人当做一个有法律地位的人或诉讼主体看待。因此起了保障人权的作用,发扬了人道主义的精神。

其四,无罪推定不仅足以保障刑事被检举人的权利及合法利益,同时还足以通过民主、法治及人道主义的发扬,加强广大群众的安全感,增进他们对政府的信仰,提高政府的威望,从而巩固国家

---

① 柏氏同书,第191—192页。
② 关于这些涵义可参阅同上第188、192页,前引斯特罗葛维契同书第196、208页。

的政权，于公于私都是有利的。

（二）无罪推定的根据

刑事法律中为什么要有无罪推定呢？说法种种不一。有的人提出一种理由，作为无罪推定的惟一根据，有的人提出几种理由，作为无罪推定的共同根据。主张一种理由的学者往往只从总的方面来看问题，想找出无罪推定的一个总的根据。例如，有人认为：无罪推定的惟一根据乃是改善刑事被检举人在诉讼中地位的民主自由倾向的努力。① 主张几种理由的学者往往从各种不同角度来综合地或分析地看问题，想找出无罪推定的各种可能的根据。从法律科学的要求来讲，第二种看法较为适合。因为无罪推定的根据实际上有主要的与次要的，而主要的与次要的根据都不一定只有一种，如果局限于一种，那就考虑得不全面，不能解决问题。

无罪推定的主要根据，照苏联学者比较多数的看法，似乎只有一个，但这一个究竟是什么，大家的认识不完全一致。大概有以下七种看法：(1) 认为是苏联宪法第 111 条所规定的对被检举人的诉讼防卫权的保证；②(2) 认为是刑事诉讼法中的法治原则与被告的诉讼防卫权；③(3) 认为是刑事诉讼法的法治原则及客观与全面考究审究事实的要求；④(4) 认为是刑事诉讼对实质真实的要求和被检举人的诉讼防卫权及诉讼保障；⑤(5) 认为是对于一般公民的忠诚守法的推定（即公民的忠诚守法是原则，犯罪是例外的推定）；⑥(6) 认为是上文所已指出的改善刑事被检举人在诉讼中地位的民主自由倾向的努力；(7) 认为是对"无罪"这一事实（有人认为是消极事实）加以证明在逻辑上的不可能，及因此而产生的免除被检举人的无罪举证责任的要求。⑦

以上第一至第四种看法，意思都差不多，都反映法律的基本政策，不过第四种较为具体详备，比较可取。第六种与第七种，一则失之空洞，一则过于片面（只能作为次要根据），均不足取。第五种反映一种根据统计所得的客观情况，足以说明无罪推定的客观事实根据。所以我认为：无罪推定的主要根据实际上不止一个，上述第四与第五两种看法里都可以找到无罪推定的主要根据。

在任何一个国家里，无论它的法律阶级本质怎样，就平时的一般统计数字来讲，"犯罪"者在总人口中总是占极少数。所以"不犯罪"是通例，"犯罪"是例外。正如我们所说的，百分之九十几都是好人，只有百分之几是坏人。这百分之几，过去虽专指阶级敌人而言，但实际上连普通犯罪都包括在内，也不过百分之几。例如，以中国的 6 万万人来说，如果全国犯罪者达到 5%，就有 3 000 多万，平均在每 10 万人口的地区就要有 5 000 个犯人，像上海这样 600 多万人口的大都市就要有 30 多万的犯人。但实际上我们绝不可能有这么多犯人。这说明：关于一般公民忠诚守法的推定是有事实根据的，我们不应该因为极少数人的例外情况而忽视这一推定的正确性和重要性。当一个公民被控犯罪时，在没有获得充分确切的有罪证明以前，应该把他的犯罪的可能性当作社会关系中的一种例外情况，而不轻易地相信它（这种可能性）。如果不这样，那就不可避免地要将许多实际上无犯罪可能的公民牵累在里面，弄得大家不安，制造出种种不必要的矛盾，这对于政权的巩固来讲，只能起消极的作用。因此在法律政策上完全有必要在这一事实推定（即上述第五种看法所指的推定）的基础上明确一系列防止错误的（即上述第四种看法所指的）要求或原则。刑事证据上的实质真实的要求和刑事诉讼程序中对被检举人的诉讼防卫权及诉讼保障的尊重，基本上都是从一般公民忠诚守法的推定及因此而产生的不轻易把一个公民当作犯罪者的要求出发，其目的基本上都是防止错误，使好人不受冤枉和侵害。无罪推定的主要根据就是上述的事实推定和法律政策。在事实方面，它

---

① 同上，第 183 页所引的看法。
② 卡列夫主编的同书，第 75 页。
③ 切尔促夫同书，第 146 页。
④ ［苏］拉虎诺夫（Р. Рахунов）："苏维埃的审判及其在巩固法治中的作用"，载《共产党人》1956 年第 7 期，第 47 页。
⑤ 斯特罗葛维契同书，第 191 页。
⑥ 柏梁斯基同书，第 185 页。
⑦ 柏梁斯基同书，第 182—184 页所引的意见。

以一般公民忠诚守法的推定为基本出发点；在法律政策方面，它又和证据上的实质真实的要求及刑事诉讼程序中尊重被检举人的诉讼防卫权及诉讼保障的原则有着不可分割的关系；它是这些要求及原则的原因，是它们的结果，也是它们的一个有机组成部分。

以上是关于无罪推定的主要根据。现在再谈一谈无罪推定的次要根据。这种根据有两个：(1) 刺戟真实的发现；(2) 解除被检举人证明自己无罪的困难及不能证明自己无罪的后果。

无罪推定对调查、侦查、检察及审判机关与人员在调查证据、举证责任及认定事实等方面提出严格的要求。这可刺激大家在这方面多多努力，借以发现真实。① 一般讲，由于被检举人负担证明自己无罪要比侦查、检察及审查机关证明被检举人有罪更困难些。这主要表现在以下几个方面：

(1) 被检举人搜集证据及提出证人，有时有较大的困难。有些证据（如公文书、档案、由不在当地的人收执的文书对象等）及证人（如与被检举人多年不见的、或久不通消息的人、居住遥远的人、下落不明的人等）要花许多时间、精力及金钱才能找到，被检举人，尤其已经被捕或在羁押中而失去自由的被告，往往没有足够的条件找到这些证据或证人为自己作证明。这种困难在侦查、检察及审判机关是可以、而且容易克服的。

(2) 无罪的证明，对于不作为犯（即不作为构成的犯罪）来讲，主要（当然有例外，如"无犯罪故意"）是排斥这种不作为的事实的证明。这种事实往往是一种或一系列的作为，如果是一种作为，证明起来，一般还不困难，如果是一系列的作为，那证明起来就较费事。至于作为犯（即由作为构成的犯罪），那情形就更复杂了。这时候无罪的证明可能包括以下各种事实全部或一部分的证明：(甲) 排斥犯罪的不作为（如强盗案中被检举人"未有强盗行为"，赌博案中被检举人"未有赌博行为"）；(乙) 排斥犯罪的作为或情况（如强盗案发生时被检举人系在另一地方作另一件事或身染重病不可能有强盗行为等）；(丙) 排斥犯罪构成要件事实的个别情况（如无犯罪故意、未辨清犯罪对象、不知某物会引起犯罪结果等）。甲丙两种事实有时很难证明，乙种事实有时证明起来也相当麻烦。如改由侦查、检察及审判机关提出有罪的证据或事实，可能要便当得多。

(3) 有些不应该由被检举人负责的"偶然事件"及"巧合事件"的因果关系往往需要用科学鉴定来确定，由被检举人提出证明实际上往往是很困难的，有时甚至于是不可能的，只有侦查、检察及审判机关才有条件提出证明。

(4) 有时会发生这样的情形：对被检举人有利的某些事实发生时，除被害人外，只有被检举人一人在场，或者连被害人都不在场；或者就是有人在场的话，这种人已经死亡或不知下落；或对当时的情况未加注意，已经不能回忆，曾在无意中观察错误或者只知道一些片断。这种情形在人们的正常生活中是常有的，因为越是正常，就越不能引起大家的注意，就越容易被忘记或错误观察，如果将对于这类事实的举证责任加在被检举人身上，那就使他背上一种无法解除的负担。

无罪推定将被检举人有罪的举证责任摆在侦查、检察及审判机关身上，就解除了（如上面所指出的）被检举人证明自己无罪的困难。不但如此，它还同时解除了被检举人因不能证明自己无罪而可能遭遇的后果——被认为有罪。因为无罪推定的基本涵义之一就是：不得因被检举人不提出或不能提出自己无罪的证明而认为他有罪。

有人曾对无罪推定表示过反对的意见。这些反对意见也曾对这个原则在立法上的规定及法律实践中的贯彻发生或多或少的消极影响。现在将它们重点地介绍批评如下：

(1) 有一种意见认为：无罪推定是资产阶级国家法律原则，不适宜于社会主义国家。② 这种意见的缺点是很明显的，它表现在：① 把一切在资产阶级国家法律中出现过的东西当作落后反动的东西，而不知无罪推定乃是资产阶级法律中有一定进步意义的原则，对社会主义的法律来讲并非毫

---

① 柏梁斯基同书，第 182 页所引的意见。
② 斯特罗葛维契同书，第 194 页批评的意见。

无可供参考的价值;② 将社会主义法律中的无罪推定看做是和资产阶级法律中的无罪推定完全相同的东西,而不知社会主义法律中无罪推定有它的特点,和资产阶级法律中的无罪推定名虽相同而实则有别;③ 没有注意到社会主义法律中有不少原则,如刑事诉讼中的公开审理、言词审理、直接审理、当事人对质等原则,并不因资产阶级法律中有类似的原则而遭摒弃或不被重视。

(2) 也有一种意见认为:一个公民之被检举为刑事被告就说明他是有罪的,在这种情形之下无罪推定便不能适用,所以无罪推定实际上无多大意义。① 这种意见有一个缺点,即他把一个公民的被检举为刑事被告和他的真正有罪混为一谈,实际上被检举者不一定都真正有罪。正因为如此我们要提出无罪推定这个原则来,防止无罪的人被冤枉。

(3) 有些人有这样的意见,即无罪推定是一种有利于被告的偏见,它会便宜了被告。② 这种意见的主要缺点在于:① 它没有注意到无罪推定的性质。无罪推定是法律向侦查、检察及审判机关及人员所提出的关于如何慎重执行职务,而不是好人因做了被检举人而蒙受冤枉的一种要求,是发扬法治和民主的法律政策的具体表现,它并不禁止这些机关及人员对真正有罪的人采取法律所许可的必要措施。② 它误认为做刑事被检举人是一种对一个人的精神及身体毫无威胁或限制的寻常事件。实际上做了刑事被检举人的人,在精神上及身体上往往受到威胁及限制,如果他是被冤枉的话,他所受的委屈绝不是无罪推定所给他的保障可以抵偿的,根本谈不上有什么便宜。

(4) 有些人有过这样意见,即当一个国家需要和犯罪,尤其是危害国家的犯罪,如反革命罪等作坚决斗争时,无罪推定会限制侦查、检察及审判机关及人员积极活动,妨碍与犯罪作有效的斗争。③ 这种意见,乍一看似乎很有理由,但仔细分析起来,有以下两个缺点:① 它认为和犯罪作坚决斗争时,可以不必对刑事被检举人予以保障,实际上对好人没有保障的那种便宜行事的乱斗争,不是真正地和犯罪作斗争;② 它误解了"有效斗争"的真正意义,因为和犯罪作有效的斗争不专指使有罪的人受到应有的制裁,同时也包括使无辜的人不被冤枉。无罪推定的主要目的就是要保证无辜的人不受到委屈。

(5) 在苏联还曾有过这样的意见,即苏维埃刑事诉讼法中没有、并且也不应该有无罪推定;因为:① 在社会主义国家社会利益和个人利益是和谐地结合着的,既不应该专从社会利益出发而承认有罪的推定,也不应该专从个人利益出发而承认无罪推定;② 当一个公民因特定违法行为这样的事实而被检举以后,就不应该适用无罪推定,而应该一面由被检举人证明自己的无罪,一面由社会和国家证明他的有罪。④ 这种意见,从表面看来,也似乎很正确,但实际并非如此。主要理由为:① 社会利益和个人利益的和谐结合主要表现在这两种利益的相互依赖和不对立,实际上在很多场合社会利益(如法治、民主等)必须通过个人利益的合理保障才能得到体现,无罪推定就是保证社会利益通过个人利益的合理保障而得到体现的一种法律制度或原则;② 一个人被检举这样一种事实,并不足以证明他的有罪,他的有罪的证据还有待于侦查、检察及审判机关提出,不能仅凭他被检举就将无罪的举证责任加在他身上。

---

① 拉虎诺夫同文,第47页;切尔促夫《苏维埃刑事诉讼程序》一书,1948年版,第182页;德意志民主共和国的《新司法》(Neue Justiz),1956年18期所载斯特拉爱脱(Streit)著"贯彻无罪推定的原则"一文所批评的意见(第562页)。
② [美]葛吕克(Gluech):*Crirne and Justice*,1945年版,第94页;柏梁斯基同书,第184—185页所引 Тадевосян 的意见。
③ 斯特罗葛契同书,第196—197页所批评的意见。这种意见在我国似颇流行。
④ 斯特罗葛维契同书,第192—193页所引 Тадевосян 的意见。

关于社会主义立法的若干问题[*]
——致最高法院董必武院长的一封信

董老：

兹就我国社会主义立法的若干问题概述如下，供阁下参考。

1. 民法典、刑法典、民事诉讼法典、刑事诉讼法典等重要法典，如果在过去几年中加紧起草，能否早一些完成颁布，或者说得更具体一些，能否在现在已完成颁布？

2. 过去在起草这些法典的工作上存在哪些缺点？今后应如何补救？

3. 过去那种起草方法是否已经做到动员国内可动员的法学家的力量？某些法典的起草工作似乎只由某些对法学并无精深研究的党内人士在那里指挥掌握，你看这样做是否妥当？

4. 民刑诉讼法典主要规定审理及执行民、刑案件的各种程序；照各国的经验看来，并没有什么太大的具体特殊性，某些人士强调中国的特殊性及经验的缺乏等，作为延缓完成颁布的正当理由，你看对不对？

5. 刑法典已有草案，但分则部分（即规定何种行为或不行为构成犯罪以及应如何处罚的部分）规定较为简单，且有些概念很不明确，量刑幅度（即一种罪名的最高刑与最低刑之间的距离）太大，似乎还有修改的必要，主管部门是否已考虑到这一点？

6. 民法典听说正在起草，不知有无总的计划？据你估计，大约要到何时才能起草完成？

7. 在起草法典的工作方面，我国究竟有哪些特殊问题，我们过去有未做一些准备解决这些问题的具体工作（请具体指示）？这种准备工作做得够不够？是否太慢？是否有"坐而言，不起而行"的毛病？

8. 我国中央主管部门，过去对苏联及人民民主国家的立法经验及内容有否作过系统深入的研究？您看专靠我们自己创造经验而不吸收别国的经验，能不能顺利地立法？这样的做法是否科学？

9. 过去大家似乎很强调在革命的暴风雨时期不可能制定民刑法典及民刑诉讼法典。苏俄在十月革命以后暴风雨既厉害而又延续较久，但在五年内完成颁布了各种重要法典。这说明我们过去那种说法并不正确。您看如何？

10. 我国自解放以来各级法院检察机关已经积累了不少经验，应该及早将这些经验系统地整理出来，向全国人民公开并作立法参考。不知这种工作已做到什么程度？大家尤其渴望的是最高人民法院的裁判例及指示汇编，不知何时可以刊出？

11. 据你看，过去所发生的错捕、错判、错执行等事故在何种程度上与上述重要法典的不及时

---

[*] 杨兆龙教授早在1950年7月在全国首届司法工作会议期间，经最高法院副院长张志让介绍与政务院政法委员会主任董老会晤，畅谈新中国的法制建设问题，深得董老赏识，最后，问及杨在南京方面的情况。杨如实相告，并提及已收到上海东吴法学院董事会聘书，请他出任院长一职，董老当场表示支持，并表示助其顺利起任。1957年5月下旬，杨兆龙教授就社会主义立法的若干问题，草拟了一封致当时的最高法院院长董必武的信。本想由《新闻日报》记者陈伟斯通过该报驻京办事处转送最高法院，但此信被截留。原件被砍头去尾作为"反面教材"见于1958年《法学》第1期傅季重的批判文章的附注里，至今鲜为人知。

完成颁布有关?

12. 现在全国检察院及法院的检察人员及审判员中有不少是不懂法律并且文化水平很低的,过去在司法方面造成不少混乱现象,今后似应有一番根本的改革,您的意见如何?

杨兆龙敬上
1957 年 5 月 25 日

在法学会民主与专政问题座谈会上的发言[*]

提纲中提出的几个问题,作为政法工作者应系统、深刻地研究,苏联教科书如何深刻谈这个问题,还谈不到,自己水平低,理解也还不透彻。

无产阶级专政是否有民主,有法制的问题,资产阶级学者有许多误解。斯哥拉的攻治学教科书中说,苏联的制度与民主是抵触的,牛津大学有个教授写的一本法律理论,把无产阶级专政与独裁相提并论。最近苏联《共产党人》报登有两篇文章,说明社会主义民主的伟大和他的批评者的无力,批判了加拿大的一本民主与自由与马列主义的书,诬蔑苏联无产阶级专政。资产阶级学者的歪曲宣传,因为在十月革命前拉斯基和布哈林等出版的书,美国加利福尼亚大学教授在翻译上书注解中说,布尔什维克社会主义集团是赞成恐怖政策的。十月革命没有经验难免有缺点,不奇怪。法国大革命也产生许多缺点。而当时列宁主义没有得到普遍宣传。

列宁说:专政是不受法律限制的,不以法律为根据的。但在其他著作中又说,专政照拉丁字说法,不过是工人阶级获取领导权,来领导广大劳动人民推翻剥削阶级,巩固社会主义制度(俄文本列宁文集29本387页)。

照此说法是工人阶级取得领导权不完全靠强力。第一个定义和第二个定义是有矛盾的。许多资产阶级学者就利用这点进行歪曲宣传。

民主问题,民主早在希腊就成为最好、最重要的东西——自由、平等。以后主张参政,还指出多数人参政。英国女皇说,为多数人谋福利就是民主。林肯解释民主说:属于人民,为人民,由人民自己做。有的认为选举很重要,选举才民主,有的主张党政制,议会制,还提出个人与国家关系,公务员与人民地位平等等。说明过去对民主从各个不同角度来看,应重新批判地研究。

社会主义民主,基本上是合乎要求的。平等是建立在经济基础之上的,广大人民参政,尊重民意,如宪法连里弄居民也参加讨论。选举也普遍。个人与整体最初很模糊,苏联也是如此,近十年来已改正,个人利益得到重视,同时法制也很重视,这是真正的民主。苏联20次代表大会提出,离开法制就没有民主,离开民主就没有法制。

资本主义国家民主情况,意大利墨索里尼和德国希特勒法西斯时代,他们说民主对个人是没有地位的,一切都是属于国家。但国家连普通资产阶级也没有地位,只是墨索里尼和希特勒集团的。他们说领袖即可代表人民意志,领袖的一举一动都代表人民,好像我国封建时代的皇帝(天子)。

通过议会斗争,和平过渡到社会主义问题,并非说没有斗争,苏联有些人同意陶旦亚蒂的说法,我以为通过和平斗争也可以产生无产阶级专政。照列宁对专政问题的第二种定义是可以的。

---

[*] 本文是杨兆龙于1957年2月作的会议发言,原载于上海法学会编:《杨兆龙反动言论集》,1957年10月,第15页。

在法学会关于法的阶级性和继承性问题座谈会上的发言*

这二文是经过思考的,现在我想对刘、李两先生②的文章加以注解。先谈旧法问题,并不是把旧法全盘的拿来用,也决不是不站在马列主义的立场观点来批判旧法,来运用旧法,也要避免一谈旧法就乱扣复古这一帽子。

首先,法律本身有无继承性,是否可以像遗产一样继承呢?法律与法律科学应有区别。法律继承是旧的法律与新的法律之间有无联系,联系有积极的与消极的。积极可能的是旧法规范有部分可用的,消极的是因旧法中有害的应避免了它。另一种是吸取,把旧法中好的吸收到新法来,这解释一面是全部的,另一种是局部的。我相信目前还不是全部的。苏联没有旧法这种名称,只有古代法与资产阶级法之分,而不要用旧法这名称。一听旧法好像是过去的东西,似乎太笼统。

另外,古代法,资产阶级法是否可作为法律科学来研究。应是可以的。资产阶级法虽然很反动,但不研究、批判,就很难显出宪法的优越性。所以古代法、资产阶级法都应为研究对象。

研究法律的继承性,首须解决法律的阶级性。法律是有阶级性,但阶级性表现出什么地方?法律是统治阶级意志的表现,代表统治阶级的意志,这是总的说法。但法律体系中有个别规范。如资产阶级法律体系中,有的是反动的。如选举权,在资产阶级国家中,因制度不同,劳动阶级很难分享。但要是把这选举权的原则拿到新社会中就可充分利用。如资产阶级的法律有个别规范,在当时有进步意义,现在也是有进步意义。苏共第 20 次代表大会提出的,在许多国家可以通过社会斗争过渡到社会主义社会的问题,就应研究资本主义的各种法律规范。如劳动保险,是因劳动人民反对统治阶级颁布的规范,对劳动人民是有利的,这部分规范是进步的。如有些规范放在资本主义国家是进步的,放在社会主义来是反动的,这部分规范是进步的。如有些规范放在资本主义国家是进步的,放在社会主义来是反动的,像罢工。根据苏联的法律理论,是承认古代法有部分是可利用的。如东德的民法典,刑事诉讼法典里面也有古代的。波兰的刑、民法典也是如此。

对古代法、资产阶级的法如何处理,采取如何态度:

(1) 要批判来吸收。如洗冤录,里面有的是可吸收和有科学根据的。我们不能因为它有一点不好,就全部否定。

(2) 有的人谈古代法,往往有"不能为科学而科学",我个人不同意这种提法,因为这样往往把科学看为无用。既然是科学,就会有用。

(3) 关于新旧法思想的问题。古代法、资产阶级法的思想不能说是全不足取。作为它的体系,要否定,但个别的思想,有的可能是进步的。如有的经过劳动人民斗争后,产生的法律思想是。这是民主的思想。

---

* 本文是杨兆龙于 1957 年 3 月 14 日作的会议发言,原载于上海法学会编:《杨兆龙反动言论集》,1957 年 10 月,第 16 页。
② 刘焕文教授在华东政法学院刑法教研室;李良教授时任华政图书馆馆长。

杨兆龙教授谈知识界贯彻百家争鸣问题[*]

要发挥老法律科学工作者的积极性,在学校要让他们教书,在科学研究机关要让他们参加科学研究的领导工作,在政法部门要让他们参加工作担任适当职务。

高等学校教师的特点之一,是喜欢发表意见,一个原因是,一般教师都是比较有专门研究的,遇到与他研究的业务有关的问题就要发言;另一个原因是,高等学校是讲真理的地方,作为为人师表的教师,感到有追求真理的责任。提出不同的意见,当然决不等于反对政府和反对党,可是过去有人爱用这样的逻辑。不平则鸣,过去没有"鸣"的地方,于是,知识分子和党与行政之间产生了距离。现在,党中央和毛主席再一次鼓励大家"放",什么意见都能说出来,我想以前的距离是会缩短以至于消弭的。

因为大家不大习惯争鸣,开始"放"的时候,免不了有"放"过头的现象,但决不能因此而怀疑"放"的方针。我认为只能放不能收的提法很对。事实上,收也收不了。争鸣要很自然地养成习惯,随时随地有人提意见,对方听了也没有不愉快的表现。争鸣发展到这样的水平,民主空气将会大大发扬起来,对各种工作都会产生很大的好处。否则,争鸣不是真鸣而是假鸣。贯彻这个方针,只许成功,不许失败。

达到这样的要求,要做许多工作,主要是党和行政要从各种行动中使人看出欢迎争鸣,不把教师当外人,大家以诚相见,互相信任,这才能做到随便讲话,随时可鸣。话虽简单,做到却不容易,这就需要人们有肚量、有耐心、有决心。

目前在法律科学方面开展百家争鸣还很困难,主要是这门科学不被重视,这几年对法律问题的看法,定出了许多清规戒律。人们只强调法律科学的政治性,而很少理解法律科学的专门性。因此,对研究这门科学的老年教师重视不够。目前领导法律科学的部门和从事法律科学教育的,不一定真正懂得法律科学,而搞法律工作的人,也有不少人不懂法律。要发挥老法律科学工作者的积极性,在学校里要让他们教书,在科学研究机关要让他们参加科学研究的领导工作,在政法部门要让他们参加工作担任适当职务。现在,法律科学研究机构还没建立,许多老法律科学工作者还没能够回到学校教书,在政法部门中老的法律工作者很少,并且不都是有职有权。

法律科学著作发表的园地很少,专著出版更成问题。解放以来,我国学习和编著的两百页以上的法律科学专著,我还没有见过。应该鼓励法学家多做科学研究工作,更重要的是给以发表的园地。

在百家争鸣中,还希望领导方面注意法律科学方面存在的问题如法律系课程、法律学科的教学方法等,都还没有经过很好的讨论研究。我们应该一方面向苏联学习,一方面根据本国各学校的情况总结出一套经验来,进行一些有效的改革。

---

[*] 本文是杨兆龙于1957年5月1日答《光明日报》记者的采访。

杨兆龙：歧视老一辈，令人有点心寒*

杨兆龙说，有的青年教师，对老教师的要求很高，一定要事事精通，一事未通就是"饭桶"。他们要求老教师的研究报告"要有现实意义"，意思是要有他们感到兴趣的东西。他认为青年教师对老教师的估计不够正确和公允，比如说，老教师过去的著作、学位、学衔他们不承认，可是对某些新归国的人，却又承认。评级时，说老教师思想改造后"断过气"，停顿了几年，硬打个八折。有时领导上为照顾老教师，从青年教师那里分几门课出来给老的教，他们就大闹。有的老教师就说："你们是来日方长啊，未免太小气了！"

杨兆龙还谈到1954年党报上的一篇社论，在谈了半天应该如何尊敬老教师之后，还拖了一句：我们要培养我们自己的教师。他说，老教师看了真有点寒心。

杨兆龙和其他一些教授说到，有些青年教师害怕"百花齐放，百家争鸣"，怕一放之后，他们过去那一套简单化的教条主义理论吃不开了，所以在开始"放"时，常用"围剿"的方式，反对不同的意见。

---

* 本文是杨兆龙在上海市委召开的知识分子座谈会上的发言，原载于1957年5月4日《新民晚报》。

在市委宣传会议上的发言稿[*]

各位同志：

这次有机会出席中国共产党上海市委员会宣传工作会议，感到非常兴奋。使我兴奋的原因主要有三个：(1) 这次的宣传会议以及即将开展的党的整风运动乃是人民政府成立以来最伟大的发扬民主的运动，是符合于广大人民要求的；(2) 在这次的宣传会议及党内整风的基础上党群间的矛盾将很快地消除，而代之以起的将是人民内部更进一步的空前大团结，使社会主义的建设能更顺利地全面展开；(3) 我在会议中不但听到许多宝贵的意见，并且也还获得了自己发表意见的机会，这是令人兴奋的。

最近一个月来有很多党外人士在报纸上及各种座谈会上提到法治这个问题。我在本月8日的文汇报及9日的新闻日报上所发表的两篇文章也曾谈到这个问题。现在想就今后建立社会主义法治应有的努力，提供几点不成熟的建议，以备参考。

关于法治的重要性及一般涵义，我在过去发表的两篇文章中已经谈过。听说王造时先生也将在这次会议上就这些方面发言。我现在只集中地谈一谈关于加强法治的几个必要条件。根据各国的历史经验和许多法学家的意见，我们可以说：加强社会主义法治，必须具备以下四个条件：(1) 完备精确的法律，(2) 法律的严格遵守及正确执行，(3) 适当的工作干部，(4) 高度发展的法律科学，社会主义的起码要求就是董必武院长所说的"有法可依"和"有法必依"（见董老在八大的发言）。这就是上述的第一和第二两个条件。法律需要适当的干部去制定和执行，这就是第三个条件。法律有它的专门科学性，这就是第四个条件。为节省时间我预备结合这几个条件提出几点建议。

Ⅰ 通过立法加强保障人民权利

我国过去几年的立法工作，虽有不少成绩，在某些方面还存在着一些片面性，这主要表现在以下几个方面：

1. 有时因强调集体利益而不免忽视个人利益。有些人认为：个人利益是和整体利益完全或基本对立的；维护整体利益就不可能照顾个人利益，维护个人利益就会影响整体利益。因此在制定法规时，对个人利益不免考虑得不够，实际上在一个社会主义的国家，在一个没有剥削的国家，整体利益是和个人利益和谐地结合的，个人利益固然要通过整体利益的保障而得到保障，而整体利益也常须通过个人利益的维护而体现出来。为了加强社会主义法治，必须将各人利益的保障，提到一定的重要地位。

2. 过去所颁布的法规中关于政府机关组织及职权者比较多，而关于一般公民的相互关系者比

---

[*] 本文是杨兆龙在上海市委宣传会议上的发言稿，原载于上海法学会编：《杨兆龙反动言论集》，1957年10月，第28—31页。

较少,因此牵涉到公民权利及相互关系的一些问题有时缺乏明确的规定。

3. 法规的灵活性有时不免太大。这主要表现在:(1)某些刑事法规对犯罪的概念有时规定得不够明确,(2)量刑幅度有时太大,(3)对加重减轻处罚的情节规定得不够具体,(4)在民刑事审判上法院的自由裁量权比较大。

今后的努力方向应该是针对这些情况采取一系列的措施。这些措施包括以下几种:

1. 制定比较完备的民法典,民事诉讼法典、刑法典、刑事诉讼法典等。在民法典及民刑事诉讼法典中,须分别做到以下几点:

(1)确立罪刑法定主义,废除类推解释。罪刑法定主义的主要内容是:无论何种行为,在它发生的当时,法律不认为(即明白规定为)犯罪而加以处罚者,不得作为犯罪了加以处罚,换句话说,司法机关决定某种行为是否构成犯罪时,应以法律的明白规定为根据。类推解释的主要意义是:一种有社会危害性的行为,在法律上无明文直接规定将它当作犯罪而加以处罚时,可以比照那个规定在严重性及种类上和该行为最相似的犯罪的条文加以处理(如苏俄刑法典第16条就这样规定),换句话说,刑事法律无明文直接规定的行为,在某种条件下(这种条件在司法实践中,有时并不明确,很容易弄错),也可以当作犯罪加以处罚,类推解释制度在德意志民主共和国、波兰、南斯拉夫、匈牙利、捷克斯洛伐克始终未被采用,其余如保加利亚、罗马尼亚等最初虽曾采用它,现在也已经将它废除。苏联学者中远在二十年前就有人反对过这个制度,二十次党代表大会以后,主张废除者更多。所以罪刑法定主义已成为在现在社会主义国家获得广泛承认的刑法基本原则。

(2)确立无罪推定的原则,这个原则的主要涵义有三:

ⅰ.刑事被告(包括犯罪嫌疑人、被检举人),在未经充分证明犯罪以前,推定为或认为无罪;ⅱ.刑事被告对自己的无罪不负举证责任;侦查,检察与审判机关及其工作人员对刑事被告的有罪应负举证责任;ⅲ.当刑事被告的有罪发生疑义时,应判决被告无罪。它是苏联刑事法上一个基本原则。在欧洲人民民主国家已得到广泛的承认。

(3)在民事及刑事诉讼方面酌采三审制度,使有些重要案件能得到最高人民法院的审理,予当事人,尤其刑事被告,以更多的保障。这样的做法,不但可以纠正省市以下法院的错误裁判,并且还可以通过最高人民法院的裁判,保证法律的统一解释。

2. 建立行政诉愿制度及行政诉讼制度,行政诉愿制度的主要内容可大体归纳如下:(1)行政机关的行政处分或行为(包括行政命令及发布的行政决定等)如有违法或不当情形,有利害关系的公民可在一定时期内向该机关或其上级机关表示不服,请求予以撤销或改变(这种表示就称为诉愿);(2)如该机关不愿撤销或改变原处分而其上级行政机关又不能满足诉愿人的要求,一般可提起再诉愿,即申诉予再上级行政机关;(3)诉愿与再诉愿均依照一定的法律程序而进行;受理机关不得拒绝受理或拖延不理,它们须如期作出决定。行政诉讼制度比诉愿制度更正式一点,其主要内容,可大体归纳如下:(1)有利害关系的公民,如认为行政机关的行政处分或诉愿或再诉愿的决定违法(某些国家还包括"不当"在内),可向行政法院或具有行政法院性质的机关正式提起行政诉讼,请求予以撤销或改变;(2)行政法院审理这类案件,须依照一定的诉讼程序(大体类似于民事诉讼程序)。这两个制度都可以在某种程度上防止行政机关的官僚主义及违法或不当行为,社会主义阵营的某些国家有的已经逐步推行,有的正在考虑采用。有些人过去曾因为它们被资本主义国家采用过而反对它们,这是不正确的。

3. 改进立法技术,保证法律的完密性、正确性、稳定性和统一性。这点非常重要,在苏联和欧洲人民民主国家很受重视。我国过去在这方面做得还不够,应特别注意。我认为在起草中的一些法律,尤其是刑法典,应该尽可能地符合这个要求。在起草刑法时,应该将条文规定得详细具体些,将各种可能的犯罪尽量包括进去,对各种犯罪的构成要件作具体详细的规定,尽量避免以内容不明确的口号或用语(如"勾结帝国主义""招摇撞骗"等等)来替代犯罪的定义,明确地规定刑罚的适用标准等等。

Ⅱ 保证法律的严格遵守及正确执行

我们过去对于法律的严格遵守及正确执行是很重视的,但在某些方面还有不够之处。这从以下的事实可以看出:

1. 宪法的某些规定尚未充分贯彻,这表现在:某些重要法律还没有依照宪法的规定或配合宪法的要求如期制定出来;宪法中有二十几项提到"依照法律"、"根据法律"、"服从法律"、"法律的保障",但这些有关的法律只有一小部分已经制定出来,还有待今后更进一步的努力。

2. 有些宪法的原则还没有能够进一步通过普通法律更条文化、具体化。如《宪法》第17条规定:"一切国家机关必须依靠人民群众,经常保持同群众的密切联系,倾听群众的意见,接受群众的监督。"第87条规定:"中华人民共和国公民有言论、出版、集会、结社、游行、示威的自由,国家供给必要的物质上的便利,以保证公民享受这些自由。"这些规定充分表现出我国宪法的民主精神,但是因为没有进一步通过普通立法而更具体地条文化,一般人对于这些规定未必都能有正确的理解,因此在执行上不免发生一些困难。

3. 有时某些普通法律的原则没有被很好地贯彻执行,这从司法等部门的一些错捕、错押、错判的案子可以看出来。董老在八大的发言已经提到这一点。最近报纸及刊物上也有不少关于这方面的报道和文字。此地不详细列举了。

Ⅲ 法律人才的培养、改造和使用

在这里只预备谈三个问题:(1)我国究竟需要多少法学人才?(2)现有的法学人才够不够?(3)应该怎样来培养、改造、使用"新""老"法学人才?

有人说:我国现在的法学人才已经足够,甚至于已经有些过剩;他们甚至于为本年暑假即将毕业的法律院系的学生担忧,怕他们找不到工作,我不大同意这样的看法。因为目前需要法学人才的不仅是司法部门,而且还有行政、外交、立法、企业、法律研究及法律教育机关。我们无论根据总人口的比例或根据各部门的需要来作估计,都可以想象得到这个需要的数字是如何庞大。根据总人口来讲,如果每一万人需要一个法学人才的话,全国应该有六万个以上才行。从农村人口分布的情况来看,每一个法学人才所服务的地区该是多大啊!

根据各部门的需要来讲,我们可以作出如下的大概估计,县市司法机关:以每县平均15人计算全国2 063县(西藏除外)共需30 945人(包括审判、检察一部分记录人员、律师、一部分公证人、一部分监所领导人员在内)。

县市行政机关:以每市平均12人(包括公安人员)计算,

全国2 063县共需	24 756人
人民代表机关:以每县4人计算	8 252人
中央及各省直辖市(包括司法机关)	约2 000人
外交人员(包括领事)	约300人
企业	约1 000人
科学工作者及教师	约600人
合计	约67 853人

以上这些数字虽不过是个大概的估计,但足以说明现有的法学人才,远在实际需要的人数之下。问题是过去几年来大家没有看清各方面对法学人才的需要,未曾准备在各方面是当地配备法学人才。过去那样的办法虽然出于必要,但是从今后的发展和需要来看,各机关企业以及各阶层多配备一些法学人才还是很有必要的。况且有些机关及企业所需要的还不是普通的法学人才,而是

很高水平的法学专家；以目前的情形来讲，我们还没有足够的人才来满足它们的需要。

从上面所讲的我们可以转到第三个问题，即：应当怎样来培养、改造、使用新老法学人才？这个问题包括两点：(1) 如何培养和使用新生力量？(2) 如何发挥和使用现有力量，尤其中老年法学人才的力量。

关于第一点，我认为过去存在着两个缺点：(1) 对于培养新生力量的目标及方法缺乏正确的认识，这主要表现在：(甲) 偏重于司法部门法律工作者的培养；(乙) 法律专业水平的要求太低；(丙) 课程的内容有时不免简单粗糙；(丁) 没有很好地注意培养学生的独立思考及独立研究能力；(戊) 科学研究的气氛不够浓厚；(己) 法律科学研究及教学的设备（如图书资料等）太少；(2) 对新生力量的使用缺乏正确的认识，这主要表现在：(甲) 对新生力量现有的水平往往没有正确的估计；(乙) 对工作的需要缺乏全面的考虑；(丙) 过份加重新生力量的工作负担，使大部分人没有足够的时间与精力很好地从事于法律科学进一步的研究；(丁) 对有一部分在解放后由法律院校毕业的人，甚至在院系调整后毕业的人，没有分配适当的工作，使他们获得在工作中提高的机会。

关于第二点，我认为过去曾经发生过一些偏差。解放后有些中老年的法学人才遭到轻视，在司法改革及院系调整以后中老年法学家在认识及业务上都有了提高，应该充分使用他们，让他们有机会将自己的力量贡献出来，但是实际上在这方面做得有时还不够，很明显在最近一二十年的青黄不接的时期中我国有关法律方面重要工作的推动与顺利完成，在某种程度，还不能不靠中老法学人才的协助和努力。如果不充分发挥这些人的力量那不但法律制度的建设和法治的推行要遭到一些困难，就是新生力量的培养也要发生问题。最近党和政府对于这个问题已加以适当的注意。这是很值得庆幸的。我希望在这次整风运动中能够对这个问题多加以研究，使大家在认识上取得一致。

结论

有关法律方面的问题是头绪纷繁的，详细讨论为时间所不许。这里所谈的不过是几个重点，并且谈得很不深入，可能在事实方面还不免错误。希望大家指教。

检查一下历次运动的合法性，尤其是肃反运动[*]

今天党的整风是在什么情况下进行的，希望党员都能理解，我们党外人士也要了解。刚才杨副校长讲过去在民主革命运动中党外人士也出过力，流过血汗，大家都很感动，我也感动。这一点，领导同志了解，下层不了解，愈是下层，愈不了解。院系调整时本人不敢来复旦，以为复旦马列主义水平高。现在看下来，这不是马列主义，而是教条主义。复旦的教条主义很严重，过去我在的外文系严重。现在我在的法律系更严重。如讲法律是阶级镇压的工具，这定义今天是否要改一改？中国今天镇压对象只有百分之几，百分之九十几的人民要不要法律？可见法律又是同一阶级内部维持纪律的工具。但在法律系我不敢多提，不然修正主义的大帽子要压下来。"再论"出来以后，法律系除了教条主义外，又多了个修正主义。本人写篇文章，有些创造性，党支书就写文章戴我个修正主义的帽子，我这个刚翻身的教授，实在吃不消。还有，青年教师把老教师到底当作什么人看？当普通人、特种人或是快要死的人？这几年优待给些肉吃吃算了呢，或是你还有十年好活先给草料吃吃。这样对待人太不人道，太残酷。人总是要老的。你们也要老的。理科教师也不要神气，十年之后红色专家出来会接替，已有党员干部不小心流露出来，这也很残酷。在军代表接收学校后，非党老教师的团结就成问题，因为党团员鼓励有方，要你提意见，让你狗咬狗，这种情况到肃反时达到高潮。这对青年一代教育很不好。今天请青年人做座上客，过去打入冷宫的，今天报上又出现了，今是昨非，青年脑中转不过弯来。这样的错误以后不能再有了。党员对党外人士的确有架子，尤其是学校里负责的党员同志，和人在一桌吃饭，出去就不认识，这对青年党员影响很不好。党的制度也有问题，民主集中制，事实上只有集中没有民主，党员没有独立思考，光奉命办事。这种作风带到系里来，就如小媳妇出身的婆婆，虐待起人来更厉害。

另一个大的问题，是解放来历次运动的成绩到底如何？有好有坏，不能都肯定，如法律系就是本校办得最坏的系，是公安机关、法院的作风。所以，不能说成绩是基本的错误是次要的。如都肯定成绩，还检查什么错误。要检查错误，希望大家检查一下历次运动的合法性，尤其是肃反运动。有法院检察院在，要法院检察院是干什么的。其次，还希望检查一下有无坏分子乘机报复。

此外，对评级评薪和工作安排希望也认真检查一下，有那么多安排不当的人。法律系有教授参加科学讨论会，系里报作教员，问人事处，说是校长没有批下，校长日理万机，人事处是干什么的。许多制度也要研究一下，教授看病也有两种待遇，问人事处，说是限于制度，无法变动。而有的制度，又可打开其后门。这些事实是有思想根源的，这就是：看人打发。

---

[*] 本文是杨兆龙于1957年6月3日在复旦大学教师座谈会上的发言，原载于上海法学会编：《杨兆龙反动言论集》，1957年10月，第32页。

在民盟政法座谈会上的发言*

（一）政治科学与法律的命运一样被否定。法律系恢复了，政治系还没。恢复政治系要经过坚决斗争，在江苏省只有一个综合大学，浙大改组是个损失。法律比较具体，法院内有些案子判得没有规格。但政治系很难在5分钟被人重视。没学政治的人，政治工作也搞得很好，究竟好否？须看整风。法斯特政治史翻译了，在苏联已开始重视了，在苏联，政治学可能要抬头。在中国有政治学者，能恢复最好。

（二）政治系在法国巴黎大学不单设，在美国分立、分开是进步的。比如在法国行政学在哪一系学呢？恢复政治系是必要的。过去强调阶级本质、阶级观点，否定了政治学。对美国政治文件不学习，不对。

（三）政治学科加强与培养人才有很大作用。我们过去强调建设人才，但不注意管理人才，在资本主义国家一技术人才二管理人才。国家集中管理应该比资本主义国家更高。如此需要但政治系不设立，管理人才如何解决？

（四）在社会主义国家，建立社会主义民主和法制，不是空谈，要有一套办法。比如防止官僚主义要有一套手法，我们没有行政诉讼制度，诉讼制度没有，如何进行呢？

又如选举吧，我们选举方法是否很好呢？是否可以合乎民主要求呢？英国学者骂美国，奥国学者骂法国政治，这个方向都要提出来值得研究了，我认为行政管理将来很重要。现在人事工作只管历史、阶级出身不好，评薪评不好，我国现在有些设备还不知道如何使用。复旦有3 000学生，教职员工1 500，没有科学管理。

法律系、政治系之间有何界线？如何划分呢？我认为牵涉到"法"的两个系都开（如宪法）。行政法、政治系也要学，师资充足两系都应开。

政治系有民法、刑法，我认为也应学。有些课两系可以合并。

政治系，摆在综合大学好，还是在政法学院好？哥伦比亚大学，政治、历史，合在一起。两者不好分开。独立的政治学院具备历史系有困难。现在有人认为经济系也分工，这是进步。

---

* 本文是杨兆龙于1957年6月8日在民盟政法座谈会上的发言，原载于上海法学会编：《杨兆龙反动言论集》，1957年10月，第36页。

附　录

追怀庞德教授[*]

谢冠生

三十五年春　政府将自重庆还都南京，谋所以改革庶政，余呈准主席蒋公，延聘美国法学家庞德教授，任司法行政部顾问。是年七月，庞氏来京就职，两月后返美，继续任教，并收集有关资料，翌年九月复来，至三十七年十一月，重返美国。计先后在华时间，约一年有半。凡所规划，大半皆付实。亦有因环境关系，未及措手者。归国后，时有新著及建议寄来。兹闻以九四高年，病逝哈佛医院，言念前尘，不胜怆然，特检录三十五六年间日记数则，以致哀思。至庞德先生在世界法学上所占之地位，及其著述之宏富，影响之深远，世多知者，不复赘述。

三十五年七月一日　本部顾问庞德及夫人，自美抵京来部相见，款以茶点，邀高级员司作陪，畅谈两小时，大扣大鸣，小扣小鸣，每一问题无不穷源近委，折中至当，闻者皆大悦服。庞氏今年已七十有六，尚在哈佛大学每周授九小时课，谈次屡屡以工作相询，余请其先事研究现行诉讼法及法院组织，因两者有待改革之处较多，影响人民利害亦最深远。

七月二日　夜在家中设宴，为庞德夫妇洗尘，邀郑万庭、刘亦锴等作陪，谈中国法律多因袭欧洲大陆，较为适合国情。七月三号，本日中央日报社论题为欢迎庞德教授，对庞氏推崇备至，谓此次东来，对中国新法学之建立必有甚深影响。

七月六日　偕庞德教授赴朱骝先宴于教育部，饭后纵论当代法学名家。于德国推服可拉，对史丹木勒，未云尽美。于法国服膺萨来，其他狄骥、奥留、艾斯曼，亦皆友善。奥国凯尔逊，今年曾邀至哈佛讲学，颇觉名过其实云。

八月二十三日　奉蒋主席电令，于月内邀庞德顾问赴牯岭一叙。庞氏偶于小腹上发现硬核，由马歇尔派飞机送东京检查，尚未返京。

八月二十四日，庞德顾问自东京归。往访长谈。庞氏到京后，写来报告三件，一为七月十二日初步报告，一为八月十七日关于《法律中心》之报告，最近又送来关于《法律教育》之报告。其中意见，可归纳为下列数点：（一）保留本位法系加强法律教育，储备司法人才。（二）提倡法律著述，统一法律解释。（三）法律应做弹性之规定，留有解释余地。（四）法律学校，不仅训练法官律师，亦且训练普通文官及外交官。（五）鼓励中国法律专家（包括法学教授、法官、律师）注释中国法典，由司法行政部部长主持其事，其机构称为《法律中心》。（六）专家由主持人聘请，并组织七、八人之委员会，用以解决学术上之争议，又组织三五人之小组，襄助或指导专家从事著述工作。（七）庞氏愿就工作计划负起草责任。（八）关于法律教育之十大问题。

八月二十九日，偕庞德夫妇乘中航机至九江，换舆登牯岭，下榻仙岩客寓。庞氏初入大学，系修植物学，有著作行世，今日坐车中，为余术沿途草木之名，兴趣盎然。

---

[*] 著名法学家庞德教授病逝于美国医学院，享年94岁，谢冠生于民国54年撰《追怀庞德教授》悼之。当时蒋公尚健在，杨兆龙陪同庞德夫妇与谢冠生一起应蒋公邀请同赴庐山牯岭，杨当双语翻译，因杨留在大陆，故本文避而不提杨兆龙同行可以理解。

八月三十日　夜偕庞德夫妇赴蒋主席及夫人宴。同座有美国文摘记者玛丽莱特女士等。主席先对庞氏致殷勤慰劳之意，饭毕，还至门前散步，同坐小桥上，仰观星月，俯听流水，意殊闲适，返入客厅，先后与庞氏夫妇对弈，渠等初不解此，由蒋夫人任指导，盘桓至11时始散。席间余转述庞氏建议注释法典计划，主席称善者再。

　　九月二日　当晚再偕庞德夫妇再赴蒋主席宴于官邸花园，同座者有马歇尔将军伉俪及美国军官二人，肴馔约而精，炉灶。即设在园中，蒋夫人躬亲指挥。席间谈笑风生，饭后入厅事弈棋，至十时许尽欢而散。几次，主席再三留庞氏在山上多住几时，以便多得机会晤谈，并嘱余邀赴杭州一游，最好能至海宁观潮，意至恳切感人。

　　九月三日　清晨雇轿下山，至江西高二分院、九江地方法院及江西第一监狱等处视察，傍晚乘中航机返京。庞夫人颇感不耐，庞德先生则仍悠然自得，不以为意。

　　九月四日　庞德顾问自本日起，在京作学术讲演三天。今日讲题为法律与法学家，在国民大会堂二楼开讲，由余主席介绍。虽天气炎热，满座之外，尚有数十人倚墙环立。大意言英美法系保守传统习惯太深，颇多不合理想处，不足为外人取法。中国采用大陆法系成规，甚合国情。中国法界，充满有能力人士，应有自信心，向前迈进。又讲大体说来，英国偏重法官，美国偏重律师。大陆国家偏重法学家（英国法官，不论位置高下，皆载入名人录内。法国某年名人录余仅发现法官一人，且因其有特别嗜好而被列入。）其实三者应予并重。又所谓宪政国家，事事皆取决于法律，而非由于人情好恶。今日所讲，最初解释法律涵义，深入显出，其后比较大陆法与英美法系之得失，瞽瞢动听。

　　九月五日　庞德顾问今日所作学术演讲，题为法院组织与法律秩序，假座文化剧院举行。大意言行使司法权方式，大别为三种：（一）以立法为主，制定法律，附带行使司法权。（二）以行政为主，附带行使司法权。（三）纯粹由司法机关之法官，行使司法权。第一种情形下，英国最为流行，至今尚未绝迹，初期之美国亦如是。第二种情形，流行于罗马，其后为法国所承袭。法国法学家曾谓，法国法官甚少贪污，但感受行政之压力，影响裁判者，往往有之。以上二者皆极有流弊，不足为训。中国法院，采用法国之三级制，至为适合。以后应多利用律师，以分担法官之劳，如是则法官人数，与司法经费，皆可减少。至培养律师，应从法律教育着手。职业道德，与职业技术，应同时兼顾。

　　九月六日　今日庞德顾问在文化剧院讲法学思想，大意言罗马法与英美法，发展到现在，皆经过四个不同的时期，目前则已进入第五时期。即（一）法律的原始时期与萌芽时期，纪元前四世纪之罗马法，中世纪初之日耳曼法，十三世纪之央格鲁撒克逊法属此。其特点是注重习惯，不但硬性，且缺乏系统，其目的在维持和平，方法是用金钱代替报复。（二）严格法时期，纪元前四世纪至前二世纪之罗马法，十二世纪至十六世纪之近代罗马法，十三世纪至十七世纪之英国法属此。其特点在拘泥形式，目的在要求安全，方法是用国家法律规定救济。（三）衡平法或自然法时期，纪元前二世纪至后二世纪之罗马法，十七十八世纪之近代罗马法与英美法属此。其特点在融合道德与法律之原理，不拘泥形式，目的在适合道德标准，方法是义务的执行。（四）法律成熟时期。十九世纪中，大陆与英美，又在恢复严格法之精神，但其重心不在条款，而在正义的表现，同时使法律系统化，目的在使个人有自由的发展，方法是保障个人自由。（五）法律社会化时期，目的是调和社会关系，使之均衡发展，方法是替社会服务。因一般既认为国家之存在，是为了对人们的服务，故行政与行政效率，较之以前四个时期，更为人所重视。最后强调法律之进步，立法者之贡献不多，而法学家之影响甚大。

　　九月七日　午后访庞德顾问，长谈两小时。余谓中国旧日之司法制度，形似行政兼理司法，实是法官兼理行政。因地方官之主要任务，即为平事狱讼也。今昔相较，无论处理案件之速度与法官对于裁判所负之责任，皆今不如古，以是新制每为社会所误会。渠极为注意，尤悉心研究。据庞氏言，南美洲及印度等地，昔时诉讼，多取决于教主、军官，往往片言析狱，后改新制，应依法进行，人民大以为苦，此不独中国然也。又谓诉讼迟延之病，举世皆是，实为一世界性问题，值得大家多费些心思。

　　九月八日　昨晚立夫自牯岭来电话，转述蒋主席意思三点，皆关于庞德顾问者：（一）庞氏聘约，明年必须续订，待遇需从优厚，以示尊礼贤者。（二）庞氏返美后，法部应派员随往，帮同工作。（三）中国宪法草案，庞氏有何意见，希就近询问。

　　九月十七日　午后赴江湾机场，送庞德顾问行，以机件欠佳未飞，改至明日。

　　十二月八日　庞德顾问自美寄来对于中国宪法之意见，即为摘译大意，连同原稿，转呈蒋主席阅览。

　　十二月二十三日　本日上海大公报有论文两篇，批评庞德教授之宪法意见。按大公报自张季鸾故后，论调常不免流于偏激，如日前王芸生著论，谓中国当统一时期，每每引起外侮，反之在分裂之际，群雄并起，边疆亦赖以又安。又如今日社论，谓宪法不必适合国情。凡此种种，不但强词夺理，且于一般人心理，发生不良影响，殊可惜也。

　　三十六年四月三日　庞德顾问自哈佛来书，报告工作近况，并寄来法典诠释委员会计划两种，甲种拟成书五钜册，乙种七钜册，每册一千二百页，嘱为选择，即电复可采乙种。

　　九月二十五日　庞德顾问夫妇与杨兆龙司长，自美行抵南京，晤谈良久。

　　九月二十六日　访庞德顾问，谈工作计划一小时，渠拟于编著专书之外，同时赴外县进行实际调查。夜宴庞德夫妇，并约亮公、立夫、柏园、立武等，亮公对庞氏计划，至感兴味，所虑协助人选及参考书报，搜集为难，或不能剋期完工。

　　十月十日　清晨，亮公先生来久谈，对庞德顾问计划，认为过于庞大，应就我国需要作标准，酌加修正。

　　十月二十五日　蒋夫人约庞德夫妇茶会，主席亦于百忙中抽暇出见，略事周旋，并对庞氏工作情形，有所咨询。

　　十一月五日　全国司法行政检讨会议今晨举行开幕礼，午后第一次大会，庞德顾问演讲司法问题，博得彩声甚多。（讲词另有记录）

　　十二月十九日　庞德顾问于本月十五十七及今日，三度至政治大学演讲。第一日讲比较法学，第二日讲统一法律解释，第三日讲中国宪法问题，余曾往听两次。（讲词另由政大印行）

　　十二月二十七日　陪庞德顾问至孝陵卫法官训练班讲演，历二小时。大意言法律为理智与经验之结合，两者不可偏废，例举史例，以为证明。又言近来各国立法机关，皆为政治问题所困扰，于法律不感兴趣，故改进法律之事，法院不能不多分其责。所惜法官多劳于案牍，因此法学家之意见特别值得吾人重视。且法学家之研究问题，往往能会其通，不如法官之局于一隅。反通盘观察之结论，足以增加稳定性之成分。稳定性之于法律，非常重要。尤其欲求工商事业之发展，非此莫属。所论至为精辟。

　　三十七年二月四日　赴教育部主持法律教育委员会议，余致辞后，朱馏先报告最近法律教育各项设施。旋由庞德顾问讲述欧美各国法律教育之历史及新趋势。略述欧洲各国古代学制，最初仅有神学院，以后渐设医学院及法学院，法学教师限于律师等职。余顾谓馏先，秦始皇不焚医药卜筮之书，凡学律者，以吏为师，与庞氏所述如出一辙。庞氏主张法学院应仅设法律系，其他政治经济等系，不应间入，馏先亟思依此改革。余言我国大学法律系条件，与美国不同，还当慎重考虑。

　　五月二十九日　庞德顾问来长谈。拟于日内偕司法调查团同人，赴沪杭一带实施考察。

　　七月一日　赴教育部主持法律教育委员会议，朱馏先、庞德、盛振为先后致辞。庞氏率领本部司法调查团，赴沪杭一带司法机关调查实务，甫于昨日返京。（调查报告另附）

　　九月十日　午后在国际联欢社茶会，招待全国律师公会联合会各地代表百余人，余即席作简短演说，祝大会成功。继由庞德顾问讲述美国律师公会对司法之贡献，约分四点：（一）改革诉讼程序（二）统一法律见解（三）提高律师资格（四）监督同业风气。又谓英文 Profession 一字，与普通职业,如工商业或运动家等,涵义不同,其他职业,或谋本行之利益,或求炫耀于社会,而 Profession 则着重以个人修养所得贡献人群,教士、教员与律师,皆其例也。

十一月十七日　夜宴庞德夫妇于龙门酒家,邀燕召亭、沈季璜、翟俊夫妇等作陪,庞君奉美大使馆通知,即将返国也。连日徐州战事,我方颇称得手,但美使馆根据共方广播,谓徐州已于十五日失陷,昨一日间,发通告四次,催庞氏离京。

十一月廿一日　庞德顾问夫妇今晨离京返国,往国际联欢社话别。据言迫于美使馆之敦促,不得不行。返美后仍当为我国司法效劳,并嘱代陈主席致谢。别时紧握余手,泪盈于睫,盖其所感者深矣。

法院组织与法律秩序（庞德教授学术第二讲）*

根据南京中央日报报道

【中央社讯】教育部与司法行政部联合聘请美国哈佛大学法学院院长庞德教授作学术演讲，昨（五）日为第二日。上午九时半，假香铺营文化剧院举行。标题为《法院组织与法律秩序》，由司法行政部倪参事征噢翻译，兹志其演词原文如下：

诸位，今天是讲法院组织与法律秩序，从法律的演进史来说，法院的成立，是在有法律之先，固然从理论上来说，是应该先有法律然后才有法院，但历史的发展往往是不合逻辑的。现在有许多社会学派的法律学派，不承认先有法院而以后才有法律。例如格拉费特就是其中比较著名的一个，他们对于法律所下的定义和我所下的定义，有着距离，所以结论也有显著的距离。

法院的组织问题，是一个法律上的根本问题。最初一国的帝皇，就是法官，他以家长的资格行使裁判，处理讼事。后来有裁判官，受命国王来行使职权。在这个时期，司法机构，同时有立法的责任，这机构是一种委员会的形式，便是后来法院的雏形，司法独立的观念，在那时候根本谈不到，这是后来才有的。

行使司法权的方式，大别为三种：第一，是以立法为上，制定法律，附带行使司法权。第二，是以行政为主，附带行使司法权。第三，是由纯粹司法机关的司法官来行使司法权。立法机关兼理司法，是一种很不经济，很不完善的办法，但是在英国，立法机关兼理司法的制度，一直到十九世纪末依然存在。我们知道日耳曼的立法机关，是由某一区域的代表所组成的，在英国地方上的法院，也是居民代表所组成的。这一种士绅的集团，就是后来国会的雏形，同时对立法可以裁量提供意见。在美国方面，由于英国这种传统，国会有权审判刑事案件，英国国会可以判决死刑或轻微一些的处罚，乔治第四企图通过国会来对付皇后卡洛莲，结果没有如愿。国会又可以行使弹劾权，众议院有权纠举不守官常的官吏，贵族院有权以之提付审判。在英国历史上，弹劾华尔斯狄斯，与戴微尔爵士，是两件最大的案子，结果时间拖延得非常之长。国会处置离婚案件的权限，直到十九世纪中叶，依然未取消。直到现在，国会总算只处理终审的上诉了。一八四二年通过了一个法案，这法案把国会的立法工作，和处理终审上诉的工作，很清楚地划分开来了。一八七六年通过另一个法案，明白规定贵族院执行司法，这样一来，谁也不会再误解司法是立法的一部分了。

在十七世纪，美国完全模仿英国立法兼理司法这一套，在一八四六年的时候，纽约州的参议员，也就是终审上诉的受理人，各州立法机关有权允许离婚的制度，以及有权处理破产的制度，都要到十九世纪中叶才废除。在美国独立之前，殖民政府一直在兼理司法，执行遗嘱，决定继承，有时候在初级的法院里已经输了的案件，可以请求殖民政府重审，十九世纪末叶，各州才规定立法不兼理司法，但威斯康辛州直到二十世纪，才废止这种兼理司法的制度。

---

* 本文是美国哈佛大学法学院院长庞德教授于 1946 年 9 月 5 日所作公开演讲，由倪征噢翻译。

一般地说，立法兼理司法的大弊端，还不在拖延时间这些小地方，是在容易受政治的牵制，在英美实行这种制度都没有好的结果。因此，联邦宪法的颁布，就禁止立法兼理司法，各州宪法亦明文禁止立法兼理离婚，结果全凭个人的爱憎而判断，立法兼理弹劾，十之八九是出于政治的背景，一八四六年曾有纽约某法院的法官，通过立法机关来弹劾官吏，南北战争以后，杰斐逊总统之被弹劾，也是有背景的。一八八三年密苏里州有一件弹劾案，证据还没有收集到三分之一，就冒冒失失提出来了。

罗马时代流行一种类似群众审判的形式，所谓群众，当然不可能是某一区域的全部群众，而是以一些经常的代表参加的，这就是后来的法院。罗马的法院，当然受理司法，但皇帝也可以指定审判官，所以这很有行政兼理司法的意味。法国最初也是立法兼理司法，不久就司法独立了。因此，欧洲大陆立法兼理司法的情形，比较少。罗马的制度，在那里面，行政和司法各有主管的人，主管司法者并不参加审判，不过规定审判程序指定公诉人而已。严格地说，罗马是一个行政兼理司法的国家，欧洲中古时期，所有权可以包括审判权，官吏有法学教授来做他的顾问，以备咨询，某人的臣民，只有某人来审判。

法国的制度审判，分三级：一、地方法院；二、上诉法院；三、国王受理终审上诉。因此，司法可以说是行政的一部分，行政兼理司法的弊病也很大，因为司法要追究是非，而行政只顾自己的政策，行政兼理司法，审判绝不会公平。法国的法学家曾确切地说，法国的法官绝少贪污，但很多感受到行政的压力，而影响到案件的判决。中国用法国式的三级制，很能适合中国国情。英国的法院，有的在中世纪成立，有的在托狄王朝或史都华王朝成立，因之数目众多，种类不一，十八世纪有一个法学家写了一本《法院管辖权》，主张把全国九十个法院，合并成司法院。当时的法院，混乱到什么地步呢？有专管宗教案件的，有专管继承案件的，有专管儿童案件的。这使人民感到非常痛苦，往往弄不清楚，某一案件究竟要到哪一个法院去控诉，那位法学家的理想虽没有完全实现，但英国法院却有了一次整顿，法院行政事务都集中办理了。

在美国法院的行政事务都集中在首长，虽然有民事刑事两庭，但推事可以互相换用，并不十分固定。

初级法院的诉讼费用，是法学中的最大难题。比较地说：英国的初级法院，就是健全的，完备的，可以供我们参考。至于诉讼费用，大宪章也可规定司法经费不用当事人负担，但事实上往往无法预算，而超过了司法机关所能负担的数目。

中国今后应该多用律师，现在法官所做的某些事务，不妨由律师去负责，那么法官数目可减少，司法经费也减少了。律师的培养又是法律教育的问题了，职业道德和职业技术，应该是法律教育的两大重心。

我和《剑与盾》

房 群*

我和上海《东方剑》文学杂志社还有一段难以忘怀的历史渊源；《东方剑》的前身——《剑与盾》和我的长篇小说《剑与盾》同名亦非偶然。

早在上世纪50年代中叶，"肃反"以后，接踵而至的是"甄别定案"补办法律手续。大量的案件堆积如山。我是"上海市水运(专门)检察院"审批组的组长。为了这批急于解决的案件，"上海市检察院"由副检察长林道生负责，抽调了几名干部，专事这批案件的审批工作。我亦是奉调干部之一。

案头堆积着批不完的案件，扰得我头脑发胀，疲惫不堪。就在这个时候，一部数十万字的厚厚卷宗，又摆上案头，愁得我脑袋几乎胀裂。然而，没有想到的是，案卷打开以后，即被吸引了进去，反而促使头脑清醒，疲而不倦。这就是孕育了27年，陪伴了我半生的长篇小说《剑与盾》的创作起因。

《剑与盾》的主人公——徐汉威，即是以眼前这部厚厚案卷的被报捕对象杨兆龙为原型的。

杨兆龙，字一飞，解放前是"国民政府"的首席检察官。1904年农历十月初二，他出生于江苏省金坛县西岗镇东岗村。1916年，12岁的杨兆龙，考入镇江教会私立润州中学。念完初、高中，1922年，考入北京燕京大学哲学系，仅用两年即修满学分，成绩优异，提前毕业，获哲学学士学位。1924年，以优异成绩提前两年毕业后，转至上海东吴大学法学院习法科。1927年，毕业于东吴大学，获法学学士学位；同年又获律师证书。1927年，受聘为上海法政大学教授。讲授《证据法概论》、《商法概论》、《海商法》等课程。同年受聘于东吴法学院，任教授……

1948年底，南京政府最高检察长郑烈辞职，当局有意请杨兆龙代理此职。但其因已决定脱离政坛，当然无意升迁官职，故以婉言推辞。此时，正在南京从事中共地下党活动的沙轶因闻讯后，一面劝姐夫杨兆龙暂缓推辞，一面迅速向中共地下党领导请示。果然，上级指示力劝杨兆龙留下，接受最高检察长的职务，并由中共南京市地下党市委成员白沙，代表党组织面见杨兆龙，表示欢迎杨留下来，明确要求营救中大学生朱成学、华彬清、李飞三人。基于一位法学家的良知，欲做一些伸张正义之事，杨兆龙毅然决定接受最高检察长的任职，并设法营救进步学生、爱国志士及被捕的中共党员。

尽管当时南京地下党指名要求营救的政治犯，仅指朱成学、华彬清、李飞三人，而杨兆龙却想方设法，利用和谈的时机，取得司法行政部部长张知本在行政院会议上的支持，以微弱多数通过释放政治犯的动议。于是就进行了一次全国性的大释放。在南京撤销了对"五二〇"学运中被捕学生的公诉，释放政治犯一百余人，上海释放三百六十余人，全国共释放一万余人。还以司法应当统一为

---

* 房群，男，1931年生于大连。1947年参加革命。1949年春考入"大连海关"。1953年调到上海海运管理局，同年入中央政法干部学校学习。毕业后分配到上海水上运输检察院工作，任检察员兼审批组长。1956年调上海市人民检察院。1983年在机关法制办工作到离休。

由,力主撤销了司法行政部的特刑司和中央及各地的"特刑庭"。

上海解放后,杨兆龙遂将最高法院检察署之全部档案移交给上海市军管会。不久,杨兆龙举家迁回南京。当即受聘为中大法学院教授。在南京时遇见中大常务委员熊子容教授,当时有被释放的中大学生在场,熊教授对那些学生说:"你们来见见杨先生,他就是你们的救命恩人。"

1950年,杨兆龙以特邀代表的身份,参加南京市首届人代会。一同与会的金陵女大校长吴贻芳教授,鉴于新解放区即将开展土地改革,遂敦促杨兆龙说:"你是法学家,应该建议政府制定土改法,使土改工作有法可依,以保障其健康发展。"

是年7月,杨兆龙与南京市法院院长鞠华同赴北京出席全国首届司法工作会议,经最高人民法院副院长张志让介绍,与政务院副总理兼政法委员会主任董必武会晤,畅谈社会主义法制建设。董老对杨的学识非常赞赏,问及其在南京的工作情况,对其意欲受聘东吴法学院继任院长兼教授一事表示支持。

夜深阒静,浮想联翩,掩卷沉思——杨兆龙到底算是一个什么样的人？是非曲直,千秋功罪,谁来评说！数十万字的一部卷宗,我一字不漏地看了一遍。除一页"呈批意见表"(由报批单位填写)和一份"综合报告"(由承办人、单位撰写),几乎全是报捕对象——杨兆龙个人写的交代材料(包括自传、事情的经过、思想批判、提高认识等)然而,报批的罪行触目惊心:

"罪行"之一：屠杀革命烈士。

"罪行"之二：蓄意破坏土地改革。

"罪行"之三：特务嫌疑。

杨兆龙的案卷在我的手里"耽误"太久,超过了审批十件案子的时间,引起掌控案件的副检察长林道生的注意。我如实汇报,并提出对杨兆龙一案的处理意见。因杨兆龙属"十个方面"(有影响的代表人物)的案子,林道生不便擅断,命我写一专题报告,上报市委。有幸的是市委批准了我们的建议。

自此以后,我便萌生了将杨兆龙的案子(故事)编写成文学作品,以飨读者以鉴世人。不幸的是,1957年那场"反右"的"浩劫",我和杨兆龙都没有躲过。司法界对杨兆龙的批判,我是从报纸上看到的,触目惊心。感情上的迫使,心理上的不平,非但没有遏止我的创作欲念,反而像团火似的燃烧起来。

下乡劳动改造时,我把每月配给的一点照明的煤油,用墨水瓶做成油灯,孜孜不倦地写我的长篇小说。在别人看来这近乎是一种"疯狂"的行为。讥讽道:"右派分子写的东西,不可能给予发表。"

"文革"结束,三中全会以后,我即和上影厂编辑曹松茂同志联系,他建议我名正言顺地重整我的长篇小说。

南京《钟山》(大型文学期刊)在苏北召开作家座谈会,是顾萍浩同志,推荐编辑部的同志来沪向我约稿。我接受了《钟山》编辑部的建议,开始了长篇小说《剑与盾》的再创作。

1982年盛夏,孕育了27年的长篇小说《剑与盾》终于问世。

《剑与盾》连出两版(一版印79 000册,二版印159 000册),影响较大,特别是在南京。对杨兆龙经历的知情人,不难看出小说的主人公徐汉威,原型就是杨兆龙,故事也是发生在杨家身上的事。人们议论纷纷,令他们疑惑不解的是,作者不是年逾古稀的老人,又不认识杨兆龙,怎么会对杨兆龙的事知道得如此清楚？杨兆龙的后人找到了我,表示"先父(杨兆龙于1979年病逝)在九泉之下,也能为有人以文学形式为他正名而感到欣慰(杨兆龙1980年平反)。

更有意思的是小说出版以后,我去拜访南京地下党市委书记陈修良大姐(解放后任浙江省委宣传部长,她读过《剑与盾》,也想见见我),老大姐善意地批评我写小说要尊重事实,不能把女人写成男人。我知道老大姐指的是什么,解释道:"我写的不是新闻报道,而是文艺作品,而且当时我也确实不知道您是位女同志。"

我的长篇小说《剑与盾》的书名,是编辑部主任顾关荣同志题的字;上海市公安局创办的刊物《剑与盾》,是时任公安部长的刘复之题的字。两人的字体有点相仿。我从《文学报》调回机关之际,正值刊物创刊之时,正在斟酌"刊名"。据悉北方已创办有"金盾"、"蓝盾"等刊物,不便重名。斟酌再三,还是决定采用《剑与盾》,筹备创刊的一位老同志还来征求我的意见,我完全同意,并且组织上有意希望我到新创刊的《剑与盾》去工作,只是当时我已接受了长春电影制片厂之约,正致力于电影剧本的创作,谢辞了组织上的美意。这就是我和《东方剑》的前身——《剑与盾》的一段历史的回溯。

杨兆龙的功与"罪"

穆广仁[*]

杨兆龙这个名字,今天已经很少有人知道了。但在上个世纪,却是名扬国内国外法学界的精英,在中国的法学界扮演了一个历经磨难、家破人亡的悲剧人物。本文根据中共南京市委原书记陈修良留存的资料,杨兆龙的亲属杨黎明、陆锦璧的受访记录和朱正著《反右派斗争全史》的有关摘录,还原杨兆龙的功与"罪"。

一、立功

1949年4月13日,也就是离南京解放只有10天的那一天,南京爱国民主学生运动的领导骨干朱成学、华彬清、李飞,在首都监狱里度过282个日日夜夜,经历了秘密逮捕、严刑审讯、法庭辩论、牢狱斗争,终于被释放了。同时,在首都监狱里的所有共产党员和政治犯也被释放了。

不只是在南京,全国监狱里有万余名政治犯,也都被释放了。在国民党政权摇摇欲坠、毛人凤之流在下野而仍操纵大局的蒋介石的指令下正要举起屠刀的时候,怎么会发生这样的事情?这和一个关键人物有关,他就是著名法学家、南京政府任命的最高检察长杨兆龙。

朱成学、华彬清、李飞,都是南京中央大学的中共地下党员,1948年7月,党组织拟将他们撤往皖西解放区时,遭国民党特务抓捕。此后,有大批地下党员和进步学生陆续遭到逮捕。中大师生组织了大规模的营救活动,并得到社会上有力的声援,有些被捕同学陆续被营救出狱。而朱、华、李等少数人被判处徒刑,仍被关押在监狱。

中共地下党南京市委一直关注着营救工作。市委认为,蒋介石下野,解放大军陈兵长江北岸的情况下,李宗仁代总统并不想与共产党拼战到底,企图与中共和平谈判,划江而治。其时政府官员离散者众,人事更替频繁。公众要求"释放政治犯"之声与日俱增。在此情况之下,解救在狱中的共产党员及其他政治犯,是存在机会的。

地下党市委的学委负责人之一沙轶因找到了机会。沙轶因住在她姐姐沙溯因和姐夫杨兆龙的家里。杨兆龙原是国民党政府司法行政部的一名司长,1948年底被任命为最高法院检察署检察长,同时又是中央大学法律系的教授,既是官员,又是学者。他的妻子沙溯因曾参加抗日救亡运动,思想开明。沙轶因认为争取杨兆龙协助营救工作有成功的可能,就将杨兆龙的情况向市委领导汇报,市委指示:可以先与姐姐商量,取得她的合作,然后以一个进步知识分子的身份与杨兆龙进行推心置腹的谈话,劝说杨为今后出路着想,为释放政治犯出力。杨兆龙开始感到风险太大,对共产党的政策也有疑虑,因而犹豫不定。经过沙轶因与他多次谈心,晓以大局,阐明共产党的政策,杨终于为之所动。但他觉得沙轶因和他不过是个亲戚关系,这件大事要有共产党负责人的认可。沙轶因向地下党市委报告后,市委书记陈修良派负责策反工作的白沙与杨见面。一天下午,白沙到杨兆

---

[*] 穆广仁,新华社原副总编。

龙家里面谈,希望杨留下为新中国服务,并保证其身家性命之安全,杨终于答应尽量出力。

1949年3月,南京政府行政院改组,由何应钦取代孙科任行政院院长,内阁部部长中由辛亥革命老人张知本任司法行政部部长。杨兆龙与张知本在30年代曾在立法院同为起草宪法共事,相交甚笃,张知本是位好心肠老人,易于沟通。杨兆龙遂坦诚相告,为释放政治犯做些好事。说那些热血青年,为爱国而坐牢,实不应该。杨建议张知本在行政院会议上提出释放政治犯的提案。张同意杨的建议,在行政院会上提出这一提案,虽遭朱家骅、吴铁城等人反对,但由于张知本坚决主张,会上才以微弱多数通过释放政治犯的决议,并命令司法行政部执行。张知本拿到决议指令后,立即训令最高检察署拟具详细办法,通令全国各级司法机关一律释放政治犯。按照宪法,此通令须有总统签字,当时李宗仁因事去广西,杨兆龙不敢耽搁,飞往广西面见代总统李宗仁,李遂在通令上签了字。杨兆龙拿到总统签字的通令后,立即用代电方式通告江苏、安徽、浙江等十几个法院检察院立即执行。根据各地法院向杨兆龙回报执行情况,除南京释放了包括朱成学、华彬清、李飞三人等100余人外,全国有一万余人获得释放。

陈修良在1987年的一篇记述中说:"杨兆龙为人民立了一大功。"

1949年4月23日南京解放。同年冬,杨兆龙被聘为中央大学(后改为南京大学)法学院教授。陈修良曾亲自到杨兆龙家里,就此事向他当面表示感谢。

二、获"罪"

全国解放后,杨兆龙的厄运一个接着一个:肃反时遭到诬陷,1957年被打成右派,"文化大革命"中被判处无期徒刑,死后才得到平反。

获"罪"的根本原因,是他的"原罪":一个典型的高级知识分子,一个国内外有名望的法学家。杨兆龙的前半生的记录写着:

1924年毕业于燕京大学哲学系,1927年在上海东吴大学法学院毕业,1928年受聘为上海持志大学教务长兼教授。

1933年任民国宪法起草委员会专员,草拟了《中华民国宪法草案》。

1934年哈佛大学博士研究生,取得法学博士学位。

1935年柏林大学博士后研究生。1936年秋回国后直到50年代初,曾在上海法政大学、中央大学、浙江大学、东吴大学、西北联大、朝阳法学院、复旦大学等校任教授。

1937年奉命起草《国家总动员法》《军事征用法》等。

1944年抗日战争胜利前夕,在重庆受聘为司法行政部刑事司长。为惩治日本战犯和汉奸,起草《战争罪犯审判条例》《汉奸惩治条例》。日本投降后,国民政府成立战犯罪证调查室,杨兆龙任主任,组织700余人搜集日寇侵华罪行材料30余万件,由杨最后审定后,部分重要战犯的罪证送交远东国际军事法庭,其余部分送交中国战犯审判委员会。这些罪证对远东国际军事法庭审判日本战犯起了重要作用。

1946年任中国司法考察团团长,考察欧美七国法律制度和法律教育。

1948年海牙国际法学院在世界范围内评选50位杰出法学家,中国仅两位获此殊荣,杨为其中之一。

从这份记录来看,杨兆龙不仅为营救在押的共产党员和政治犯立过大功,对民国时期的法制建设、对惩办日本战犯、惩治汉奸等许多方面,也是有功绩的。

南京解放前夕,杨兆龙接到加拿大某大学终身教授的聘书、荷兰海牙国际法学院当选杰出的比较法学家专家的证书和会议的邀请书,两国驻华使馆送来赴任的签证,但并未成行,因为营救政治犯,南京中共地下市委书记陈修良决定将杨兆龙留在大陆。南京解放后杨在中央大学任法学院教授。1950年,东吴大学法学院院长盛振为被上海市军管会免去院长职务,同年秋东吴大学聘请杨兆龙接任院长。1952年全国大学按照苏联模式院系调整,南大、东吴等校法学院被取消。在重人治忽视法治、重工科教育忽视法学教育的政策指导下,所有留任的法学教授均被冷落,不能继续为法学教育效力。他们或被安排到图书馆从事杂务工作,或赋闲在家。杨在家赋闲一年之后,被分配到复旦大学,却不是教法学,而是教俄文。

麻烦是从对高级知识分子的思想改造开始的。思想改造运动迫使大学教授们交代个人的"反动历史"和"罪恶思想",违心地自我诋毁,给自己扣上许多大帽子。有些教授被迫编造不实的交代。杨兆龙并未胡编乱造,而是按照要求如实地写下自己的自传、处世经历、思想批判等交代材料。柯庆施在主政南京时,就对杨兆龙提出法治的主张深有反感,现主政上海,领导肃反工作,杨兆龙不能不谨慎以待。复旦大学肃反时,以杨兆龙的思想改造时的交代材料为依据,给他扣上3项罪名,一是杀害革命烈士,二是蓄意破坏土改,三是特务嫌疑。所谓杀害革命烈士,是指上海工人王孝和一案,1948年国民党为加强镇压人民反抗国民党政权的群众运动,拿上海杨浦发电厂工人王孝和开刀,以破坏电力公司的机器设备的罪名,判处王孝和死刑,由特刑庭审决,由蒋介石核准,司司法行政部会签。当时杨兆龙作为该部刑事司司长,虽对判刑并不认同,但又无权改变。在杨的交代材料里提及此事。领导人竟据此将"杀害烈士"的罪名加在杨兆龙头上。中共南京地下党市委王明远得知此事,力为杨辩诬,在东吴法学院主持思想改造时对杨兆龙说:"此事根本与你无关,你写它干什么,你就是丢掉十顶乌纱帽也救不了一个王孝和。"

至于"蓄意破坏土改",也是强加之罪。1950年,杨兆龙作为特约代表参加南京市首届人大会议,会上,金陵女大校长吴贻芳博士提议,请杨兆龙这位法学博士向政府建议制定一部土改法,"以保证土改的健康发展"。因而,杨兆龙在人大会上倡言,拟定一部土改法是有积极意义的,但他并未提出拟定土改法的具体方案。杨兆龙作为合法代表,在人民代表大会上提出某个建议,本是完全合法之举,却被指为"蓄意破坏土改"。所谓"特务嫌疑",更是荒唐,在肃反中,竟因为杨兆龙身为国民党政府高官,却没有逃亡台湾,而留在大陆,因而推断杨是负有特殊任务的特嫌分子。杨兆龙被任命最高检察长之职,是陈修良为了解救狱中的政治犯而劝他接任的;留在大陆又是陈修良把他留下的。办案人员根本不考察杨留在大陆的缘由,就武断地扣帽子,这是专政体制下典型的有罪推断。身负以上3条莫须有的罪名,杨兆龙在肃反中受到大会小会批斗多次,苦不堪言。直到肃反后期,负责核查杨兆龙的专案组组长房群同志,经过调查研究,认为以上3项罪名均不能成立,主张对这样一个为共产党立过功的大学教授应当团结,不应立案。专案组的意见得到上海市公安局主要负责人许建国的同意,并报请中央批准,杨兆龙才免除这场浩劫。

1957年反右,杨兆龙不再有逃脱劫难的幸运。这年春天,民主党派和高级知识分子响应党的号召,纷纷在各种场合大鸣大放。柯庆施等领导人鼓动杨向党建言,一些报刊也邀他发表文章。杨兆龙按捺不住,先后在报刊上发表了几篇在法学界很有影响的文章,成为重点批判的法学界"右派"言论。他在5月8日《文汇报》上发表的《法律界党与非党之间》一文,批评了1952年司法改革工作的缺点。他说,司法改革时"将大批非党的司法工作者(尤其是审判人员)调出司法机关之外",被分配到火葬场、房管处、中小学校等处工作。"他们政治上没有严重问题,对业务有专门的研究……他们的工作质量在某些方面还是今天司法机关某些在职干部所不及的……可是命运注定他们和人民政权的司法工作绝缘。而有些领导他们的党员审判员或审判长却有时既不懂法律,中文水平又很低,甚至连独立写审判书的能力都没有。"杨兆龙的这些观点,后来被法学家郭道晖的文章所举证。据统计,在司法改革中总共清洗掉6 000多名"旧法人员",把大批从农村和部队进城的文化低、毫无法律知识的"法盲"调入法律部门,充当有生杀予夺权力的审判员。杨兆龙的文章还对与司法改革同时进行的大学院系调整提出批评。几个私立大学的法学院干脆被取消了,北京大学、南京大学的法律系被合并到新成立的政法学院中去,损害了我国的法学教育。

紧接着,5月9日《新闻日报》又发表了杨兆龙呼吁实行法治的文章,标题是《我国重要法典何以迟迟还不颁布》。他说：社会主义法治是社会主义民主的构成部分，社会主义民主是社会主义法治的指导原则。无产阶级专政虽然对阶级敌人不必讲民主，但在人民内部却必须实现真正的民主；至于法治，那就是对阶级敌人也不应该例外。对于人民，应在立法方面保障他们的基本权利，对于一般社会关系的调整，也应颁布与其最有密切关系的法典，如民刑事诉讼法典、民刑法典等。他说，至今这些法典没有颁布，"什么是合法的，什么是违法的，什么不是犯罪，什么是犯罪，以及应如何处罚等等，一般人固然无从知道，就是侦查、检查、审判人员，也没有统一明确的标准足资遵循……因此就发生一些无根据的控告和不应有的错捕、错押、错判的情况。这不能不是一种严重的事态"。他批评那种认为制定一套完善的法律会限制政府处理事情的"灵活性"的观点。他说，那种无明确的法律限制的灵活性，足以破坏社会主义的民主与法治。

杨兆龙认为，1949 年我国废除国民党的《六法全书》和一切法律，就当时国内政治形势而言，是可以理解的，问题是在制定新法以代替旧法方面，则难以令人满意，比起苏联和东欧国家的立法成就，我们还差得很多。他举例说，保加利亚的《刑法典》第八条规定："刑事被告，未经证明有罪前，被认为无罪，他有诉讼防卫权。"这是刑法学的无罪推定，是合理的。杨兆龙认为，我们既没有制定新法，却又早在新中国成立以前就完全废除《六法全书》是不适当的，实际上，在解放区若干年来也一直施用六法。他说，法律就是为调整一般社会关系、保障人民的基本权利而制定的。法律最重要的目的是维持秩序，治国就需要法律。《六法全书》是国民政府时期由中国最好的一批法学家制定的，即使有问题，也不能全盘否定。在政权发生更替的时候，新政权不可能立即全方位地制定新法，取代旧法；而是在损益旧法的基础上制定新法。"法律的继承和法律体系的形成发展，以及任何阶级统治的成功，有着永远不可分割的关系。"

在另一篇文章《法律的阶级性和继承性》中，他说，在国际法中"有许多一般公认的规范或具有国际共同性的规范。它们是人类正义感的表现，是人类长期的经验证明为有益于共同生活的规范，不应当把它们摒弃，而应对其中某些部分有必要发挥其作用的"。当一个新政权建立以后，它所制定的法律并非完全是从"无"中产生出来的，而很可能是参考过去的或别的国家的法律而制定的，因为它们是过去长期经验智慧积累的结果。

1957 年 6 月，在上海民盟主持的座谈会上，杨兆龙呼吁实行民主和法治，说社会主义民主和法治不是空谈，应当有一套办法；没有一套行政诉讼制度，是无法制止官僚主义的；现在的人事工作只讲历史和阶级出身，是不好的……

杨兆龙这些观点，在朝野同声呼吁以法治代替人治的今天，仍有积极的意义。但在当时反右斗争中，成为法学界巅峰的事件。杨兆龙被错划为"极右"，遭到重炮轰击，中央和地方报刊合力围剿。行政上给予停职降薪处分，月薪从 300 元降到 35 元，杨本人被逐出原居所，强制劳动一年有余，直至累得吐血，送往医院。他的 3 个亲人（女儿、长子、次子）因不同意父亲被错划右派或莫须有的罪名而划为右派。

反右斗争后，杨兆龙家被实施监控，安全部门在杨家安装了窃听器，连家里的保姆也是公安局派来的。从这些监控手段来看，已经超出对一般右派的监控，而是将杨兆龙包括其家人以特务嫌疑对待。为了证实这种怀疑，公安局甚至设置圈套，布置特工人员诱取罪证，施以逮捕。一个张姓的特工，经常来找杨兆龙谈话，佯做同情，说杨这样的人才在大陆遭受这般委屈，令人惋惜，百般鼓动杨逃离大陆。张某说他有朋友在广州的渔船上，可以偷渡香港。但杨兆龙始终拒绝逃离。不幸，杨不知张某是个特工，最后还是中了圈套。复旦大学一个被打成右派的学生，不愿放弃学习，求教杨兆龙。杨说可以去香港继续上学，把张某的关系介绍给他。张某答应帮她去香港，但要索取 2 000 元的费用，这位同学拿不起这么多钱，张某要学生打张借条，由杨兆龙作保，杨在借条上签了名。这就成为杨的罪证。结果，这个学生不想走了，去火车站退票时被特务们抓捕，秘密关押了 4 年，后判 9 年徒刑。1963 年 9 月 23 日，上海市公安局派七八个便衣特务闯入杨家中，给其戴上手铐,连同他儿子两人,以"现行反革命"、投敌的罪名,同时被捕入狱。他的儿子在交通大学读书时被打成右派,下放劳改,因十二指肠溃疡大出血送进医院抢救,接着又令他和一批右派学生去新疆劳动。杨母担心儿子赴疆小命难保,曾同意儿子与张某联系(杨家不知张某是特工)去香港转美国继续上学。结果父子双双被捕。儿子被判处10年徒刑,杨兆龙却一直没有宣判,狱中8年吃尽苦头,长期背铐,忍受各种酷刑。直到1971年才作判决处理。据杨的女儿杨黎明事后所知,其父原被判处死刑,后来上报到中央,考虑到杨兆龙在国际上是个知名的法学家,才改判为无期徒刑。1975年,中央决定对"国民党县团级人员"实行特赦,杨兆龙被特赦释放。他这个73岁的老人,拖着伤痕累累的身心,回到家中。他回家后不见妻子沙溯因,女儿瞒他不过,只好告诉他,母亲于1965年受到降职降薪处分,于1966年"患脑溢血死亡"(实际上,沙溯因不能理解"文革"之所为,对现实和未来都已绝望,自缢身亡)。闻讯之下,父女抱头痛哭。

杨兆龙以特赦人员的身份被释放,却已无家可归,只得到浙江海宁的女儿家暂住。1977年10月,突发脑血栓,瘫痪失语。1979年4月1日,因脑溢血逝世,终年75岁。但至死他的冤案都未得到平反。中共南京市委原书记陈修良在上海高等法院举行的一次听证会上慷慨陈词地说:"把杨兆龙留在大陆,是我动员的结果。杨对我党立了大功!是我害了杨兆龙和他全家……我欠了他们的债,现在我要还债!"

杨兆龙的冤案直到"文革"结束后的1980年1月,政府才作出决定,撤销原判,宣告无罪,恢复名誉,发还家产。但这时他已经魂归黄泉。

1980年4月12日,上海社会科学院法学研究所为怀念杨兆龙举行了追悼大会。大会在龙华公墓举行,上海市政法界人士有数百人参加,主持人在悼词中说,由于杨兆龙勇于担当释放全国政治犯的责任,使许多革命同志获得了自由,保存了党的力量。他不愧是一位起义的立功人员。而且在全国解放后,又为我国的法治建设提供了可贵的建设性意见。

图书在版编目(CIP)数据

杨兆龙文集/杨兆龙著;陆锦碧编. —上海:复旦大学出版社,2018.7
(复旦法学百年文丛)
ISBN 978-7-309-12364-7

Ⅰ.杨…　Ⅱ.①杨…②陆…　Ⅲ.①杨兆龙-文集②法学-文集　Ⅳ.D90-53

中国版本图书馆 CIP 数据核字(2016)第 141048 号

杨兆龙文集
杨兆龙　著　陆锦碧　编
责任编辑/张　晗

复旦大学出版社有限公司出版发行
上海市国权路 579 号　邮编:200433
网址:fupnet@fudanpress.com　http://www.fudanpress.com
门市零售:86-21-65642857　团体订购:86-21-65118853
外埠邮购:86-21-65109143　出版部电话:86-21-65642845
浙江新华数码印务有限公司

开本 787×1092　1/16　印张 43.5　字数 1166 千
2018 年 7 月第 1 版第 1 次印刷

ISBN 978-7-309-12364-7/D·827
定价:158.00 元

如有印装质量问题,请向复旦大学出版社有限公司出版部调换。
版权所有　侵权必究